磔刑の彼方へ（上）

小田原紀雄社会活動全記録

【発行】インパクト出版会

【編集・制作】小田原紀雄社会活動全記録編集委員会／羽生の森教会

●編集にあたって

＊小田原紀雄が書いた文章をできるかぎり集めて、活動ジャンル毎に分類し、編年で構成した。全原稿に通し番号をふり、掲載メディアと掲載年月日を記載した。同一メディアに掲載のもののデータは省略した。かなりの文章は無署名なので、なかには筆者が異なっているものがあるかもしれない。ご容赦を。

＊用字用語は原文を尊重したが、数字は基本的に洋数字に統一した。ただ、古典文学関係の原稿のなかの数字は漢数字のままにしたものがある。

＊最終章の「説教集」は、毎日曜日に羽生伝道所（羽生の森教会）での「説教」だが、数編の掲載にとどめた。

＊人名索引は、「同志・交友」、「敵対・愛憎」、「共感・敬愛」の関係で選択したので、全人物を網羅したものではない。

▲寒灯舎 25 周年パーティーで（2010 年 1 月 23 日）
photo by YOSHIKAWA,Nobuyuki ©

▼ 山谷労働者福祉会館を建設し、多田謡子反権力人権賞を受賞。
1989 年 10 月 19 日付朝日新聞「ひと」欄に登場。

日雇い労働者のための会館づくりを進める

小田原《おだわら》　紀雄《のりお》さん

ひと

広島県生まれ。国学院大文学部卒。大学時代に洗礼を受け、日本基督教団社会委員会所属。山谷労働者福祉会館設立委員会事務局長。学習塾経営。44歳。

「山谷にも東京都の城北福祉センターはあるが、施設を利用できるのは休日か仕事が終わった夕方以降です。しかも、住所が定まっていない人も多い。何かといえば住民票の必要な公共の施設は敷居が高いのです」

東京・山谷で九月に着工した日雇い労働者の活動拠点「山谷労働者福祉会館」の設立委員会事務局長として、学習塾経営のかたわら、建設運動の先頭に立ってきた。

山谷の労働者との出会いは六年前。学生時代の友人に誘われ越冬支援に参加した。

「元気な労働者が炊き出しをして、野宿している仲間と一緒に食べるのです。『今日は稼げた』と言って、弁当をどっさり買い込んで、配る人もいます。『仲間の命は仲間で守れ』という彼らの信念に頭が下がった」

暴力団による賃金のピンハネや労災事故のもみ消しも少なくない。八六年一月には、山谷争議団の指導者が道路で暴力団員に射殺された。

医療施設や労働・法律相談所、休憩・娯楽室などを兼ねた会館を目指している。資金がまだ一億円近く足りない。

日雇い労働者たちも「労働者実行委員会」を結成し、労賃分だけは安くあげようと労働奉仕で工事を手伝っている。

「昼間から酒を飲んでぶらぶらしたり、問題のある労働者がいるのも事実。しかし、よく見ると、けがなどで仕事にあぶれた人たちが少なくない」。高齢者が増え、労災による障害者も多くなった。仕事ができなくなった途端に、寂しさから浴びるほど酒を飲み出し、病気になるケースが多いという。

「みんなで集まって映画会をしたり、楽しめる場所にできればと思う。みんなそんな場をほしがっているんです」

（佐藤　昭仁記者）

▲ 2003 年、羽生にて

◀羽生に遊びにきた
大好きな子どもたちと (2002 年)

磔刑の彼方へ（下）

小田原紀雄社会活動全記録

【編集・制作】小田原紀雄社会活動全記録編集委員会／羽生の森教会
【発行】インパクト出版会

●編集にあたって

＊小田原紀雄が書いた文章をできるかぎり集めて、活動ジャンル毎に分類し、編年で構成した。全原稿に通し番号をふり、掲載メディアと掲載年月日を記載した。同一メディアに掲載のもののデータは省略した。かなりの文章は無署名なので、なかには筆者が異なっているものがあるかもしれない。ご容赦を。

＊用字用語は原文を尊重したが、数字は基本的に洋数字に統一した。ただ、古典文学関係の原稿のなかの数字は漢数字のままにしたものがある。

＊最終章の「説教集」は、毎日曜日に羽生伝道所（羽生の森教会）での「説教」だが、数編の掲載にとどめた。

＊人名索引は、「同志・交友」、「敵対・愛憎」、「共感・敬愛」の関係で選択したので、全人物を網羅したものではない。

▲ 1999 年、対馬鰐浦（和珥津）の
韓国展望所にて、緑さんと。

▼三多摩ネットワーク主催の
「日の丸・君が代集会」（国立）
で講演する小田原紀雄（1998 年）。

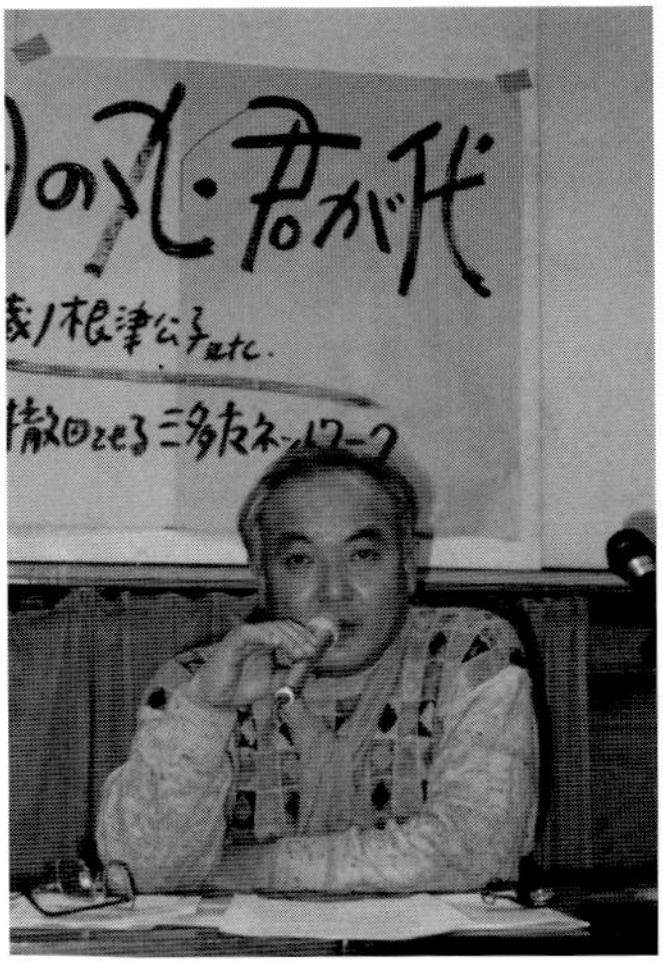

▲対馬市厳原（厳原町資料館）の
朝鮮通信使碑の前で小田原、星山
両夫妻と。

▲熊野古道遠望。

熊野古道の王子▼▶

▶「日の丸・君が代」反対！集会（日本キリスト教会館 1999 年）。

▼沖縄の海を見つめて……。

はじめに

小田原紀雄が逝って4年目に入りました。彼が諸運動の中で発表したものを、ともにそれらの運動を担った仲間の皆さん、周辺でいろいろ学んでおられた若い人たちが、それぞれに忙しい時間を工面してこのような形でまとめて下さいました。言葉で言いつくせないほど感謝しております。居なくなられてしまって、寂寥感に苛まれていましたので、こうして彼の足跡を、その時どきに何を考えていたのかを、もう一度辿ることができ、私自身もあの時間、あの言葉を思い出し、脳に響く彼の口調をなぞることができますから。

活動の場も、食べるための仕事の場も東京でした。たまに同じ電車で一緒に東京に出る時に、「毎日違った行先で、乗り換える時にうっかり間違ったりしないの？」と聞いたことがありました。「ない」ということでした。思えば、一騎当千の兵に、アホな質問でした。行き先がどこであろうと、目的地までは、羽生からは2時間以上かかります。しかしいつも帰宅してくれました。大抵は終電でしたけれども。もめることといえば、行く前は「今日は10時過ぎ（あるいは11時過ぎには帰れる）」と言うのです。でも実際には、いつもと同じ、終電です。となるとやはり帰着は12時半。いつもより早く帰るというのは、私をなだめる為ばかりでなく、自分自身もそう願っていたのだと思います。読みたいもの、読まねばならないものがごまんとあるのに、時間がないといつも言っておりましたから。

日本中に、様々な関わりでの運動仲間がいて、若い人たちに、どこであろうと、泊めてもらえる所を紹介すると自慢していました。そういうことができるということが、とてもうれしくて誇らしいようでした。

学習塾稼業でしたから、早朝家を出るということはありませんが、授業時間にギリギリ間に合うように出かけるのではなく、皆と一緒では授業についていくのがきつい生徒の為に、一コマ分早く行くことなどはほぼ日常でした。コスモだけでは時間が足りないと思ったら、終始「羽生にお出で」と言っていて、何人もの生徒さんをお迎えもしました。若い人たち相手の塾稼業は「天職」だったのでしょう。その意味では幸せな人でした。この仕事に就いた始めのうちは、受験戦争に加担するとんでもない仕事という意識がありましたが、生徒たちと本気で向きあうことで、たんに古文講師であることを乗り越えてからは、つまり「中学・高校をヤメた」ことである種、罪悪感・落ちこぼれ感を持っている受講生たちと、「君はヤメてよかったのだ」ということを共有できるようになってからは、授業もその他の問題も全部ひっくるめて、まるごとつきあっていたのです。そしてその傍らにはいつも、名古屋コスモ（紀雄は東京コスモと名古屋コスモ両方で講師をしていた）の堀直樹さんがいらして、塾生と講師をつなぎ、時には講師のお尻をたたいて助けて下さいました。

紀雄が牧師の一人であった羽生の森教会には１８００坪の土地が付属していて、そのうちのわずかな部分を畑にして、細々と野菜を作っておりました。コスモの現役生や卒業生たちが折にふれ集って畑作業をし、有機肥料、完全無農薬のとても素敵な野菜を作ってくれました。何度も合宿が行なわれ、昼は作業、夜は銘々の勉強とおしゃべり、中にはしばらく羽生に住み込んで、農業だけでなく、生きるために必要と思われる勉強もしたいと願う若者も出てきていました。しかしその核心の人物を失い、計画は破綻しました。残念です。

今は新たな話し合いの結果、別途の計画が進められています。

２０１８年３月

小田原　緑

【小田原 紀雄　略年譜】

1945年2月11日　広島県呉市で誕生。小中高校を呉市で過ごす。呉宮原高校へ通う。
1964年4月　国学院大学文学部哲学科入学。在学中、学生運動へ。
1965年12月25日　友人の影響でキリスト教に関心を持ち、日本基督教団駒沢教会の國安敬二牧師より受洗。
1968年3月　卒業後、いったん呉へ帰る。
1968年3月〜8月　（株）日本技研で働く。呉黄幡弾薬庫闘争に専心。
1969年　東京に戻り、駒沢教会で青年会をまとめて反万博闘争へ。キリスト者反戦会議結成。この年、緑さんと結婚。
1969年3月〜10月　鋼管機械工業（株）に勤務。
1971年7月27日　第47回東京教区総会（5／25山手教会・渋谷）の件で3名が逮捕。小田原は全国指名手配となる。後に逮捕され、12日間勾留の後、不起訴処分。
1973年4月〜76年3月　新日本興産（株）に勤務。
1977年2月　埼玉県草加市で学習塾「アデオ」を始める。
1982年　教団常議員に選出。
1985年　関東神学ゼミナール開設。
1988年〜　河合塾コスモに古文講師として東京校、名古屋校に勤務。
1989年　春季教師検定試験合格。

１９８９年９月　山谷労働者福祉会館着工、翌年開所。
１９９５年　羽生伝道所開設。
２００１年５月11日　関東教区総会にて准允を受ける。
２０１１年　伝道所に隣接する土地１５００坪を購入。
２０１４年８月　ＮＰＯ法人「羽生の杜」設立。理事就任。
２０１４年８月23日　うっ血性心不全で死去。享年69。

目次●CONTENTS

小田原紀雄社会活動全記録

4—3 靖国・天皇制問題③（2000～2013）——467

16 本を読む（1974〜2013）——1033

17 説教集（2002〜2014）――1169

拒否としての印章

——東京教区闘争の新たな展開のために——

東京教区総会闘争統一被告団
東京キリスト者救援会

001
『拒否としての印章―東京教区闘争の新たな展開のために―』

（東京教区総会裁判闘争統一被告団、東京キリスト者救援会刊行委員会　１９７３年８月10日）

Ⅰ　東京教区総会闘争中間総括

Ａ　闘争中間総括

はじめに

闘争主体の階級性と決意性との脆弱さを情況の困難とすりかえてはならない。日本階級闘争の全課程で、情況が革命の可能性を垣間見せたのは唯一第二次大戦直後のみであって、それ以外はひたすらに茨の道であった。確かに67年10・8羽田闘争以後の数年は瞬時革命的情況を現出しはしたが所詮革命的でしかなく、小インテリの観念の解放と口舌の徒の饒舌とだけが残ったのではなかったか。こういう言い方で67年以降の新左翼諸党派に領導された闘争を賤しめるつもりは毛頭ない。確かに全共闘運動はエエ気分だったのだ。

しかし、あのエエ気分のまま70年代の闘争の困難性をピーピー泣いている馬鹿共が我々の周辺に多すぎはしないか。情況の困難性を客観主義的に語るか、一度たりともまともな闘争を組んだことのないくせに、闘争者と大衆との垂離を口にすることによって転向ともいえない無残な変身をなそうとする者が、それも口舌の徒としての最小限度のモラルである己れの転回基点をも明らかにすることなくイケズーズーしく進歩派面した馬鹿共が余りに我々の周辺に多過ぎはしないか。

いわゆるキリスト者戦線において問題は厳として以下のように立てられねばならない。

1、未だ一つの教会をも革命の拠点として全面的に人民の前に解放できえないでいることを深く全人民に自己批判し、近い将来必ずなしとげることを確約すること。

2、「宗教の本質」を根底的にえぐりだす作業を貫徹すること。

3、戦線内部に断固たる整風運動を巻き起し、堕落著しいエセ反戦派を大衆的に断罪し、その闘争を通じてより戦線をうち固め、闘う全世界プロレタリアートとの結合の質を深めること。

4、そして何より、以上の闘争を通じて我々の運動の孕むインテリ思想運動的性向と訣別すること。

革命は常に兵士の血と死を求めるものであることを更に明確にする必要がある。エエカッコしてこういう言い方をしているのではない。ブルジョア社会における日常生活の安定のその先にバラ色の変革の夢を描いている馬鹿共が我々の周辺に余りに多過ぎはしないか。こういう者達は、「イエスの死」を教訓化できていないし、まして全歴史的過程における人民の解放闘争は更に教訓化できていない。

刻々と正念場を迎えつつある日本階級闘争の中にあって同志諸君そろそろ腹をくくろうではないか。我々の1971年5・25東京教区総会闘争は、70年代闘争を敗北の予感のもとに自主規制し、ブルジョアジーの許容の枠内での左派として社民的に延命の道をたどりつつある多くの進歩派キリスト者共にはっきりと訣別し、勝利か敗北か、我々がブルジョアジーを打倒するのか、それとも我々が敵に殲滅されるのか、すべての被抑圧人民と共にそういう闘いへと自らを押しあげる一歩以外のなにものでもなかった。

我々東京教区総会闘争統一被告団の舌足らずな総括は、新たなる闘いへ向けての戦闘宣言以外のものではない。再度、再々度闘いの中から全国の同志へ共闘の呼びかけをしよう。それがその都度の総括である。

呉々も理解して欲しいのだが、我々は決してイキがって大言壮語しているのではない。確かにシンドイ。教会闘争などあまり面白みのない闘争であることは確実だ。しかし、そこに腰を据えつつ、浸り切ってしまわない闘いが続けられない限り将来の我々に何ができるだろう。

決してルターでもカルヴァンでもない我々は、今永い教会闘争のトバ口を開いたばかりだ。

一、階級情勢一般について

日本階級闘争は正に言葉の真の意味において階級決戦の時を迎えようとしている。日本帝国主義の矛盾の激化はおおうべくもないところまで露呈し、内外からする体制的危機は、ベトナム人民による米帝への政治的・軍事的勝利に象徴されるように、アジアへの帝国主義的侵略は、帝国主義本国の根底的崩壊の危険性を有していることを充分承知しながら、猶、日帝をしてアジアへの侵略へと駆り立てている。侵略によって延命できず、侵略によって帝国主義本国の崩壊もまた必然であるという、正に行くも地獄、残るも地獄という地点に歩一歩と日帝ははまり込みつつある。池田、佐藤というブルジョアジーの政治委員会によって敷かれたアジア侵略の路線を、とりわけ佐藤によってなされた、いわゆる沖縄「返還」政策＝5・15体制をそのまま踏襲した大ボラ吹き田中は、全世界プロレタリアート、なかんずくアジア・アフリカ・南アメリカの植民地解放闘争及び革命運動を担う部分への裏切りともいうべき中国スターリニスト政権の「日中正常化」政策を免罪符として、日帝の戦後処理の完結を人民にイメージづけることによって、逆に国内的矛盾を一挙に隠蔽し、人民の総動員体制を構築し、労働者への収奪を一層強化しながら侵略の路線をひた走っている。デマゴーグ田中のいわゆる「日本列島改造論」こそ新全総の全国的規模拡大化の方向であり、日帝のアジア侵略を保障する国内的経済態勢構築の一大プランである。我々は正に全国津々浦々で反撃を開始し、この計画を破産に追いこみ、日帝をその下部構造から切り崩し、砂地獄へとたたきこんでやらねばならない。

また、我々は、こうした日帝の侵略へむけての国内体制構築の重要な環として、天皇制及び天皇制イデオロギーの政治過程への再登場をはっきり見てとらなければならない。中教審の「期待される人間像」から紀元節復活、靖国神社国営化の試みの中に、我々は天皇制イデオロギーの復活を予感した。帝国主義的侵略は帝国主義本国における「国民的合意」なしにはなしえないことは帝国主義者自身が充分承知しており、日本に於てそれを担いうるのが「天皇」以外ないことも彼らは知り尽くしている。明治維新を絶対主義権力の形成過程かブルジョア革命ととらえるかは未だ議論の余地を残していることであろうが、この問題を今後に残すとしても、明治10年代から日本資本主義は急速に成長し、侵略帝国主義として確立され、それと同時に、明治10年代後半から「天皇制」が国民の前に正面から登場してきたこと、教育勅語、帝国憲法にみられるように、「家族国家観」に裏打ちされながらも郷党社会と国家＝天皇制を峻別し、統治形態として、被統治者の「上」に立つ権力としてのみならず、「中」にある権力として、人民の日常的営為をまるごと中側から律する存在として機能してきたこと、そのことによって日本帝国主義の侵略へ向けての、それは日清、日露という戦争として具現したのであるが、その侵略戦争へむけての国内的イデオロギー体制構築の為の統合軸として天皇制が機能したことは衆目の一致するところであろう。日清・日露から第二次大戦まで、天皇制と天皇制イデオロギーが帝国主義者にとってどれほど役に立つかを彼らは深く教訓化している。天皇制のボナパルティズム的支配形態は、そうであるからこそ第二次大戦の日帝の敗北にもかかわらず、ヨーロッパにおける絶対主義的統治形態のように、敗北即絶対主義権力の崩壊という道をたどることなく延命する。天皇制は神島二郎の表現でいうならば、正に無倫理性であり、非常に特殊な支配形態であるが故に、政治権力としてのモラルを持たず、戦後30年にならんとするこの時代を生きのびている。逆にここにこそ天皇制の不死鳥的こわさがあるのであり、現実的な政治権力を掌握した者の意図によって如何ようにも変容しつつ再生する。戦後の「人間宣言」、新憲法による「象徴」の規定などに幻想を持っている輩は基本的に天皇制なるものがまるで見えていないのであって、戦前といささかも変ることなく多少「愛される共産党」風に「愛される皇室」として登場の仕方をここ25年ばかりかえてはいるが、その本質はまったく変ることはないし、ひとたび帝国主義者共が侵略の野望に燃えたならば、ただちに侵略体制構築のイデオロギー統合軸として必ず登場する。現にその兆候は天皇ヒロヒトの広島行き、訪欧としてあらわれているし何よりも5・15の欺瞞的な沖縄「返還」の日に佐藤が場違いにも、尤も彼としては充分計算の上で、本音を出したのであろうが、「テンノウヘイカバンザイ」を叫んだことによって明白である。更に日帝は天皇の沖縄行きを画策している。戦没者慰霊祭に出席して「ごくろうさま」と言い、広島へ行って、原爆慰霊碑に頭を下げて「お気毒さま」といい、今度沖縄へ行って米軍基地を避けて遠まわりしながら、ひめゆりの塔にでも言って「大変でしたね」とでもいうつもりか。馬鹿めが。我々は天皇ヒロヒトの沖縄行きを絶対に許してはならない。反戦を口にしながら戦後天皇と共に生きのびた者の責任においてあらゆる手段を用いて阻止せねばならない。「日中正常化」が日帝の戦後処理の完結であるなら、天皇の沖縄行きこそ戦犯天皇から戦犯イメージを除去する最終過程である。富村順一氏、沖青委、沖青同によって本土プロレタリアートにつきつけられた真っ赤な刃を我々は痛苦の念をもって受けとめねばならないし、それは革マル派諸君のいうように、沖縄「返還」によって沖縄闘争は権力の側に先取りされて終焉した、というような問題ではなく、沖縄闘争の永続的発展を断固として担うことによってのみ受けとめられることである。「本土復帰」に託された沖縄人民の解放へのエネルギーは、その意識の所在を更に深化させせつつ継承し、本土―沖縄を貫く全日本プロレタリアートの革命へのパトスへと転化させねばならない。具体的には沖縄現地における全軍労労働者の闘いに固く結合して闘われている反基地闘争に本土全域での反基地闘争の高揚で応え、自衛隊＝日本軍の沖縄派兵をなんとしても阻止せねばならない。富村順一氏の「日本人よ、沖縄のことに口を出すな」という叫びは日帝による沖縄「返還」政策後益々鮮明になってきており、この叫びに、我々は沖縄と本土のプロレタリアの団結によって応えてゆこうではないか。

以上によって明らかなように、沖縄闘争と天皇制・天皇制イデオロギー打倒の闘いをこそ、70年代日本階級闘争の正面に据えきり、日帝にじりじりと攻めのぼる武器としなければならない。

二、「我々」の運動をふりかえって

いわゆる闘うキリスト者として我々が登場したのは全国学園闘争の激昂期1968年であった。一つには各キリスト教主義大学におけるキリスト者学生の組織体として、他方はいわゆる教会青年として教会の中から組織化しようとする者との二通りがあったように思う。

この両者の合流は1969年9・1以降のことである。双方共初期の段階において己れらをキリスト者として立てることからキリスト教主義の堕落と教会の救いようのないまでの体制ズブズブ主義とを根底的に批判する地点に立ちながら、闘争の過程でキリスト教主義の、あるいは教会の中に我々の真正の敵を見る所へと移行した。いわゆる教会闘争の本当の意味での苦闘はここから始まり、また、ここからが教会闘争が階級闘争の中で重要な意味を持ち始めたのである。しかし、或る者はキリスト教主義大学でキリスト教主義の名の下に弾圧され、あるいは教会で異端者のレッテルをはられ、教会特有の真綿で首をしめるようなしめあげ方に屈服して、戦線を離脱するか、他の戦線へ移っていった。これらの者を批判することは容易であるが現時点では差し控えたい。既に述べたように、残っている我々は教会を戦線として明確に位置づけ、教会の反人民性を徹頭徹尾追及し、宗教信仰という形で表現された大衆の現実の苦闘を現実的に解決をつけていく場として教会を我々の側に獲得すること、キリスト教イデオロギーに対して他のイデオロギーを対置することで何ほどかなしたつもりになるのではなく、教会をして「宗教を後光にもつ憂き世」の変革即ち革命の拠点として我々が獲得することを第一義的な課題とせねばならない。我々に対して教会を信仰から切り離して革命の拠点にしようとしている、と批判にもならない批判をしている者達には言わせておけばいい。革命を単純に政治権力の交代、プロレタリアによる独裁政治と恐怖する者達には恐怖させておけばよい。確かにブルジョア社会で快適に生活している者達にとっては恐怖であるのだから。我々は一途に戦線を打ち固め、教会に固執し続け、信仰という表現をとった大衆の苦悩に想いをひそめその苦悩をわがものとするところから、革命という人間の全領域にわたる解放に向けて自己を組織し、他者を組織せねばならない。その過程で、この度の東京教区指導部に象徴的なように、我々に明確に敵対し、権力に売ってでも延命しようとする者達に対しては革命的鉄槌をもって断固として粉砕し、その鉄槌を人民の意志として自他共に確認できる域にまで、ここの闘争主体をねりあげ、鍛えあげなければならない。

A、「戦責告白」について

我々の運動をふりかえる時、やはり、1967年イースターに、時の日本基督教団議長鈴木正久の名で出された、いわゆる「戦責告白」について考えることを落としてはなるまい。この問題については、伊谷隆一という我々と殆ど同年代の評論家の指摘がそれなりに正しいと思う。この人についてはは全体として、特にその発想の仕方について批判しきってはおかなければならないが、とにかく、東神大キリスト者平和の会の「戦争責任の告白の前進を願って」という文章を引きながらの彼の主張を紹介してみることにする。[「私共は、第二次大戦下の日本の教会の罪と誤謬を反省しようとする時、安易に無責任に当時の教会指導者の告発、非難に陥ることを警めねばなりません。国家権力の悪魔化、社会思潮の反動化の波の凶猛さとそれに対する基督教会の社会的少数者性と敵対宗教性という当時の状況の困難さを理解するなら、今日、私共が『言えるから言う』式で発言することは許されないことです。さらに今日に至るまで戦争責任を告発しえなかった20余年の空白期に目をとめる時、当時の教会的神学的欠陥を今日の教会が体質的に保持しており、反省はあくまでも徹底的自己反省を伴い、今日的緊急性を有して行われるべきことが求められていることを、私共は明確に確認しなければなりません」なにもお前さんがたがそう下手くそな坊主懺悔をすることはないだろう、と言ってみたくもなるようなしろものではあるが、日本のキリスト者のなかでは恐らくもっとも若い世代に属するのだろう人々による告発でさえ、この程度であれば、あとはそうたいしたことはない。このなかで彼らはいったい何を告発し、何を求めているのだろうか。要するに戦争中は大変だったのだからそのことをよく考えておかなければならない。日本のキリスト教の弱さに対しては体質的に今日もあるのだからそのことの自己反省を忘れてはならないということ、すなわち、告発された者との体のいい和解が語られているということ以外ではない。そしてこの和解の形式こそが彼らの言う「体質的弱さ」の表現であり、まさにこのような表現のなかでこそ日本のキリスト教は、支配権力の最も遅れた部分とも最も進んだ部分とも和解した。そして何よりも、和解せざる者をふみにじり、日本の近代の総ての秩序と和解した」。

先の東神大キリスト者平和の会の文章は67年11月のものであり、それ以降日基教団の激動期の中で我々もまた様々に変容をとげており、伊谷ごときになめられることはないが、当時の我々の「体質的弱さ」は見事につかれている。東神大のこの文章は「戦責告白」に関するキリスト教進歩派の平均的意識であろう。スパッと言い切ってしまうなら階級性の欠落であるが、それにしても我々は未だに「戦争責任追及の思想的根拠」を明確に定めえていないのではないだろうか。戦時下、キリスト教はついに大衆と共にありえなかった。キリスト者青年の戦争への決断の根拠はキリスト教信仰とは別のところにあったのではないか。それを奮い立たせる時、それはキリスト教信仰を断ち切り、上野英信いうところの〈いわれのない神〉＝天皇を幻視のなかにみることによってではなかったろうか。

こういう表現は用いるのに若干の躊躇を覚えるが、いわば民族の原質を断ちわって、その地点で大衆との日常的接点をキリスト教はついに持ちえないのではないか。そうだからこそ、戦後のふやけたとしかいい様のない生きのび方を自らに許してしまったのではないだろうか。その典型が北森や山本和であり、この者達には、大衆がそれによって生き、それによって死ぬ決断の根拠といったものなど彼らが情況しだいによってデッチあげる一編の文章と同じくらいにしか思っていないにちがいない。

B、キリスト教主義大学闘争

我々被告団のみならず、東京教区で共に闘ってきた者達の中にもいわゆるキリスト教主義大学における闘キ同といわれた組織の中であの昂揚期を担った者がいないし、その後も充分な連帯を持ちえているとはいえないので、この項について発言することはさしひかえたい。ただ、明学の闘キ同委員長であった赤松桂君が「凶悪なる状況に対する否を」という論文の中で、「われわれは殉教者の勇気を、実存を賭けて闘った信仰の重みを自己実現に対峙させ、自治権奪還闘争を最もラディカルに展開しキリスト者が生きることが神を志向し、イエス・キリストの実存と自己を絶えざる止揚関係に置くことがすなわち証しであると確信する」と書いているのは当時の闘うキリスト者の思想のありかを示して面白い。

今、我々が言いうることは何故にキリスト教主義大学におけるいわゆる造反キリスト者と我々の教会の中から闘いを起した者とが結合できなかったか。その傾向は東京に特有なものであるかもしれないが、我々は現在裁判闘争を闘っている東神大の諸君とさえ充分に共闘関係にあるとはいい難い。これは何故なのか。かつての闘キ同の諸君もここに少数者集団となりながら総括作業を続けていることをうわさに聞くのだが、キリスト者の戦線という小さな世界でさえこうなのである。我々は何としてもこの分断されている状況を突破しなければならない。

C、万博闘争

万博闘争こそ、闘うキリスト者をして、キリスト教の枠組みを破らせ、階級闘争の前線へと押しあげ、その過程でキリスト教そのものをも対象化するところにまで突き進ませた闘いであった。先の戦責告白の表明と交換条件的に持ちだされ、殆どまともな討論も経ずして教団をあげて参加することにした万博が、階級情勢全体の中でどういう位置をもったか、3年たった現在、とりわけ欺瞞的な沖縄「返還」の後の沖縄海洋博との関連において、日帝のたくらみは明々白々となった。我々は既にそれを見抜いたからこそ、これへの参加が、時を得るも得ざるも伝道するなどといったキリスト教の自己増殖と拡大の願望によって正当化されるようなことではなく、それこそが不充分ながらも戦責告白した教団の歩みの総てをもとのもくあみにすることだと主張した。残念ながらそれが通らなかった教団の、キリスト教会の体質の中に、我々は戦責告白の無内容性を読まざるをえなかった。我々の教会闘争の歩みは正にここからその一歩を踏みだしたと言える。己れらの青春を賭して現代世界を生きる根拠を求め、キリスト信仰を己れの存在の根基に据えんと決意した。このことはいささかも不明確にしてはならない。我々はキリスト者として立つことを決意し、大衆の前に表明した。その決意を更に鍛え、持続さすべく共に励ましあう群れとして教会があった。我々にとって教会とは現代世界に立ち向かう、この歴史に責任を負って生きる生き方を共にさぐる同信者の共同検証の場であった。しかし、これが幻想であったことを万博闘争は思い知らせてくれた。それはまさに痛撃ともいえるものであった、この衝撃に耐ええずどれほどの青年が教会を去ったことか。これらのことを感傷をもって思い返しているのではない。万博闘争こそがそのうちに我々の後の歩みの総てを含みこんだ闘いであった。一つはキリスト教の枠組を破った政治過程への登場として、他方は歴史の中にキリスト教の果す役割を徹底的に問い直す作業として。この後者の課題の延長線上に、いわゆる個別教会闘争があり、宗教批判がある。

D、個別教会闘争

69年9・1教団常議員会大衆団交の総括の席で、小林俊彦君によって提起された全国教会闘争の激化の方針は、関西三教区と東京教区において熾烈な闘いとして展開された。東京教区では反万博共闘会議から反安保キリスト者共闘に結集する同志達によって広汎な闘いとして、十指に余る教会に於て教会の告発が開始され、ねばり強く継続されていた。現在それらの多くが戦線から離脱した。とはいえ、5～6の教会においては、うわべの平静さの中で、暗闘は続けられている。面白いことに、これらの教会がすべていわゆる進歩派牧師の教会である。ここに既述したように、いわゆる進歩的インテリゲンチャによる70年代の敗北の予感からする後退現象が顕著にみてとれるのであり、こうして居直ってしまったインテリほど始末におえないものはない。既に我々の教会闘争が個別教会の告発闘争のレベルではない以上、何も消耗な闘いをくりかえす必要もなさそうであるが、にもかかわらず、我々被告団は、現在、所属教会を持たない者、あるいはきまった教会へ出席していない者に訴えたい。再度教会へ帰らねばならない。我々の教会闘争はキリスト教イデオロギー批判から始まったのではなく、我々の所属する教会の欺瞞性と体制べッタリズムの批判から始まったのではなかったか。現在の混迷を突破する道を求めに再度教会に足をつけよ。そこから、新たな闘いを創出せよ。教会に集まる人々の苦悩をもう一度聞いてみよう。そこから現在の教会が本当にその苦悩から解放する方向を指し示しうるのかどうかを共に検討してみよう。しかる後、断固として我々の戦列に組織せよ。教会を我々の手に奪還せよ。

E、宗教批判

我々は我々の闘いの中から、歴史過程に現象したキリスト教の犯罪性追及の中から、宗教それ自体の批判へと至った。それは万博闘争を契機にし、個別教会闘争の過程で更に深化発展させられた。それは人間の宗教意識の構造の切開といわれたり、宗教の観念と現実との回路の逆転といわれたり、人によって様々の表現で語られてきたし、現実なお追求の途上にある課題である。しかし、我々はこれらのことを現実の闘いの中で感得し、自分達の言葉にして表現したことを忘れてはならない。宗教批判は原理的にはマルクスによって完結されているものであり、我々の闘いはこれをどう学びつつ、現実にある宗教の態様及び機能をどう批判し、とりわけ、その犯罪性をどうつぶすかにかかっているのである。この課題について多くを語ることよりも、すべての同志は教会に密着し、その中のあらゆる事象に目をこらし、その中から大衆の苦悩をひきだし、それをどう解放してゆくのかを真剣に考えてほしい。宗教批判をする主体の思想とはそういうものでなければならないのだから。

三、5・25闘争は何であったのか

既にこの闘争の直後に確認したことであるが、我々は今この時点で再度、この闘いを勝利的に総括せねばならないだろう。理由の第一は、東京教区は種々の策謀にもかかわらず、今なお流動化情況を続けており、殆ど正常化の目論見を立てえないでいることである。万博闘争以後、今回の裁判の敵側証人である三崎町教会牧師新里昌平の言葉に象徴されるように「万博など教会の信仰とは関係ない」として一貫して、彼らの主観においてはこの世と接点を持たない信仰を追求し続け、尤も、だからこそこの世の中で価値をもつものとして、体制公認イデオロギーとして宗教なかんずくキリスト教はあるのだが、そんな事彼らにわかるはずもないし、わかったところで、益々嬉しくなって伝道に励むだけのことだが、ともかく教会秩序維持にとって甚だしく邪魔である我々を排除することによって静かに祈りながら現体制護持の方向を考える場としての教会とそれの地域的集合体としての教区を早急にとり戻したいと欲しながら未だなしえないでいることは、正に慶賀の至りである。我々にとって教区の長期にわたる流動化、あるいは無秩序化がそれ自体として戦略的課題であるのではない。キリスト教主義大学闘争、万博闘争が提起し、えぐりだした教会を、キリスト教を根底から問い直す作業は、秩序主義者共によって力で切り捨てられるようなものではないし、わかった風な顔をして、この問題は大変な問題だから教区を正常に機能させながら時間をかけてゆっくりやりましょうという問われた事柄をその問いを出した情況と切り離して終末のかなたまでひきずることによって要は時間が解決するさとばかり我々の消耗を待っている者達によって風化させられるようなものではない。その為にも我々は１９６９年９・27常置委による各団体一名の陪席全員傍聴の決議を、それが相手方の会議制の枠組みに組み入れられたものだという一部の批判に対して、勿論、我々は早晩この地点をも突破することを明らかにすると同時に、現時点でなおこれが教区正常化の策動を揺り動かしうる以上、戦術的にもこれに執着し、教区首脳部が逃亡しようが、代行主義的に精算をたくらもうが、断固としてこれを突き付け、教区内のあらゆる会議に我々は正当な権利をもって介入せねばならない。５・25教区総会で我々を排除しようとする教区執行部の姿勢に対し、これをはねのけ、ガードマンを粉砕し、突入を貫徹せんとした我々の闘いは全面的に正当であり、この闘いの姿勢は今後共堅持されなければならない。

勝利的総括の理由の第二は「総会粉砕」のスローガンを単なる決意表明としてではなく、現実的に我々の闘いによってもぎとったことである。我々の再三再四にわたる、69年教区総会における「継続審議」決議の正当性による万博問題討論の更なる深化の要求に対して、一切耳をかさず、対策的な総会問題懇談会で逃げ切ろうとし、教区人事、要するに教区首脳部の首のすげかえと、そのことによる教区内造反派の圧殺を志向する者達に対する我々の鉄槌は、ねらい誤たず、敵の脳天を撃ちぬき、彼らはなす術なく現在に至るまでも右往左往している。我々の「総会粉砕」のスローガンは、こうした人事のみの総会を許さず、69年以降の激動を継承し、問題を更に深化・発展せよ、という想いをこめたものであったことは様々のビラ、論文等で既に衆知のことであった。これを単なる総会の暴力的介入としてしか理解できず、否、そう理解することによって、警察権力と一体化した防衛によっても、ついに総会は流会とせざるをえなかったという事実は、キリスト教界における一定の反権力幻想に助けられたとはいえ、それもまた我々の闘いによって顕在化したものである。我々の戦列以外の人達の闘いを決して過小評価あるいは無視するつもりはないし、それどころか、そういう人達に支えられて5・25闘争はあったし、その後の困難な闘いもまた継続しえたと考えている。しかし、同時に我々のあの闘いがもしなかったとしたら、あるいは我々が弾圧を充分予想しながらも、なお、あそこまでも闘いとして貫徹しなかったら、現在の東京教区は上べの平静さの中で、絶望的な退廃が進行していただろう。

勝利的総括の理由の第三は、あの闘いによって教会の一側面を鋭く切り出してみせたことである。それは既に述べたように教会なるものが自己保身の為なら何でもする。当然権力にも売るということをはっきりさせたことである。こんなことは各キリスト教主義大学で実証ずみであるし、教団立神学校東神大もまた然りであり、ここでは教師がポリ公に学生の名を指して教えもすることを明らかにしたが、「教会」が、キリストの体である教会が、いつでも警察と仲良くし、ツーカーの関係であることを皆さんの幻想からの覚醒をせまる形で示しえたことはやはり大きい。勿論、キリスト教とは、あるいは教会とはこれだ、と言うつもりは毛頭ない。これほど単純明快であるなら教会なぞ焼き払えばいいのだが、既にのべたように、宗教、あるいはキリスト教とは我々が全生涯かけて格闘するに価するものであり、鷲山その他誰かがダメだから、もしくは馬鹿だからキリスト教はダメなのだなどと思ってではない。しかしまた、それもいつわりなき教会の姿であることは明白である。

勝利的総括の理由の第四は、いわゆるキリスト者戦線の健在を知らしめたことである。ひとえに我々の消耗を待ち、頃やよし、とばかり人事総会の強行を画策した教区首脳部に対して、我々の戦列は69年以降の激動の中で鍛えられ、地域及び生産点での闘争を担いながら、なお教会闘争を担っていく意志は強固であり、事あれば結集し、断固として闘いぬくことを明らかにした。この我々の戦列を更に拡大強化し、我々の意向を無視しては教区総会開催を画策することなどできないという情況を継続させなければならない。

四、キリスト者戦線を更に打ち固め、全国教会闘争の永続化と靖国闘争の革命的前進を勝ちとれ!!

以上述べて来たすべてを踏まえ、我々被告団は、キリスト者戦線の最先頭で今後共に闘い抜く決意であることを表明し、同時に、分解現象が始まりつつあるキリスト者戦線を断固として左側から再編し、全国の教会での組織化を貫徹することによって日本階級闘争の一翼を担いきる部隊であることを、自他共に認めるところにまで我が戦線を引きあげようではないか。その戦いの主要な課題として我々は靖国闘争を革命的に前進させることをもって第一の任務としなければならない。現在に至るまで戸村政博氏等によって指導されてきた「反ヤスクニ運動」を質量共に凌駕する闘いとして、我々が担ってきた教会闘争の延長線上に、天皇制と天皇制イデオロギー打倒を正面に据えた闘いとして、また在日アジア人、未解放部落民と固く連帯しつつ、靖国へと集約されてゆく、帝国主義のイデオロギー攻勢を打ち破り、日帝打倒の日まで共に闘う部隊をなんとしてもこの教会の内側で育てなければならない。そのことによって「教会」がどうなるのか、これこそが「神の審き」であり、甘んじて受けねばならぬだろう。

＊001-2「続・拒否としての印章」(→56ページへ)

002

東京教区闘争はこれから

・「声」—「教団新報」3793号（1974年3月30日）

敵権力による私の不当逮捕・拘留に対して、権力と、自らの延命のためには恥を知らない者たちとへの怒りをこめて、東京キリスト者救援会へ闘争資金としてカンパをお寄せいただいた全国の皆様方に、心よりお礼を申し上げると共に、若干の報告と、いかような弾圧を浴びようとも潰えるはずのない固い決意を込めて再々度の私自身の闘争宣言を発します。

先に逮捕・拘留された三同志に比して12日間という短い拘留期間であり、不起訴という結果は、それがいわば「軽い」だけに、そうであるからこそ怒りは体内深く沈殿し、腸をよじるような怒りがこみあげてきます。私への容疑は、暴力行為のいわば共同正犯ということであろうとずっと考えておりましたが、逮捕状は傷害容疑で出ていました。しかし容疑事実などというものは私どもにとっては勿論、敵にとってもどうでもいいことなのであって、要は先の三同志の時と同様私をパクりたかっただけなのです。ですから私に容疑事実を全否定されるとあわてふためき、71年5月25日当日、前日鷲山林蔵さんと渋谷署との打ち合わせどおり、朝早くから現場に来ていた渋谷署公安係加藤幸夫の現認報告書なるものを持ち出してくる。ところがこの現認報告書なるものこそ、須郷、小西、岩切、小田原をなんとかパクりたいとの切なる思いで書きあげられたデッチあげ文書で、この文書がもし裁判にでも持ちだされれば、証拠としての根拠を一切失ってしまうようなデタラメな箇所が多々あり、どうせウソでももう少しまじめにやらなきゃあといったものです。それでどうにもならなくなって不起訴なのです。

本当なら不起訴を勝ち取ったとかなんとか格好をつけたいところなのですが、それをいうのさえ馬鹿馬鹿しい感じです。だからといって鷹揚に笑ってすますつもりは毛頭ありません。何しろ私個人の心情のレベルでいっても、起訴さえデッチあげられぬような容疑で約三年弱もいわゆる市民生活さえ奪われたことに我慢できぬ腹立たしさを覚えますし、何よりも、万博問題に端を発し、現代社会における教会のありようから、キリスト信仰そのものへと問を深化させてきた者が、総会の場で徹底した討論の中から己れらが生き方を求めようとしたのを、バリケードとガードマンによって、そして警察権力とタイアップ（私は拘留中、確かにタイアップといえる事実を担当刑事の口から聞いた）して排除したそのやり方は、とても金持ち喧嘩せずという具合にはゆきません。

この3月15日先の同志たちの初めから有罪の確定した裁判という権力に歯向かう者への民主主義的断罪（判決）が下ります。この裁判が終わりに近づいた頃、前教区運営委員長及川泰夫さんから、裁判長に情状酌量を申しでようかなどという心優しいご配慮をいただきましたが、盗人たけだけしいとはこのことで、馬鹿といえばこれ以上の馬鹿はないお申し出を当然私どもは拒絶しましたが、これにもみられるように、彼らはこれで一件落着とでも思っているようです。しかしそれはとんでもない思い違いで、私どもからすれば、これでやっと足枷がとれて、また以前のように自由に闘えるというだけのことなのです。

東京教区における闘いは今全く新たに再出発します。裁判は終わったし、小田原はカタがついたしこれで教区総会が開ける、など考えるのは少々読みが甘すぎます。69年の総会が流会になったなどと歴史の偽造をし、ついに誰一人として責任をとろうとすることなく代行主義で問題をかわそうとする者たちに、教区総会を開催する最低の条件は、69年秋の総会を時の鵜飼議長が総括し、その後教区権力をほしいままにした鷲山氏が71年5月流会総会に至る全過程を総括し、その後仲間うちで適当に運営委員長の座をたらいまわしにした過程を総括すること。69年総会の議長団が万博問題を継続審議とする宣言をしたことを継承すること。これが最低の条件です。このくらいのことがなせずに集まって教区の将来について話してみたところで、そこから何かを生めるなどと考えることはできません。

東京教区は新しい一歩を踏みだしました。教区に関わるすべての者が真摯に事柄の本質に迫るべく努力をしたいものです。私どもも努力を惜しまぬ覚悟です。

（小田原紀雄　東京教区裁判闘争統一被告団）

●参考資料

・「教団新報」第３９６６号（１９８０年11月29日）

「東京教区問題」判断できず　またまた常議員会に付託

議案42号「東京教区総会闘争裁判並びに東京教区問題について東京教区常置委員会の誤りを認める件」（17回総会からの継続審議）は、二日目午後上程され、小田原紀雄議員によって問題の教区総会時の事実経緯をめぐる資料が提出されたが、審議は夕食後に持ち越された。冒頭、葛西恒悦議員が「原提案者須郷議員の欠席理由、同議員が就職時に有力者を利用したといううわさ、教会生活をしていないこと」等につき質問のかたちで発言し、議論は思わぬ方向に発展した。小田原議員は「教会から国家権力に売られたのだから、この問題に決着がつかぬうちは教会に行けぬのは当然だ。就職に関し、コネ利用の証拠はあるのか、伝聞か推測ではないか」と反論。議場からも、個人に関する誹謗中傷はやめるべきだとの発言が相次いだ。審議終了間際、葛西議員は議場と須郷氏に陳謝して発言を取り下げた。

「東京教区問題に決着をつけなかったことがここにも表れている」と指摘した後、小田原議員は、鷲山林蔵議員からの発言を求めて実質審議に入った。

鷲山議員は「あれから10年、私も小田原氏と同様、心が重い。『謝って、スッキリしたら』と人から言われるが、やはりできない。それは、東京教区問題が教団問題であり、教会の宣教論に関わる根本問題だからだ。教会は『世に仕える』のではなく『キリストにのみ仕える』ので、その点で、教団の宣教論に危惧を覚える。教団は宗教改革者の信仰、福音によってのみ救われることを忘れているのではないか。戦いは終末信仰から生まれる。福音主義信仰に立つか否かが問題である」と、自分の信仰史を含めて、三十数分間発言。さらに、小田原議員提出の文章に、項目毎に言及し、いくつかの事実関係に異議を述べた。小田原議員は、これに対し、「細かい点でいま反論せぬ。我々は確かに実力を行使したし、熟慮足りず、いたらない点があった事は率直に認める。しかし、警察権力を導入して守る教区総会、鷲山氏はじめ常置委と警察権力との関係だけは明確にされるべきだ。我々をマルクス主義者だ、と規定するが、推測であり固定観念だ」と論述。大塩清之助議員も「警察権力導入は、強者側に立つ論理であり、弱者を圧殺する宣教論・信仰論である」とし、安易な判断で採決せず「継続審議」にすべき態度を明らかにしたところから、議案の取扱いについての論議がなされた。

山口隆康議員による「重大な議決であり、紛争の事態を十分把握できぬ限り、責任ある議決はできぬ。東神大問題に関する議決によって事態は好転しなかったこともあり、慎重であるべきだ」との発言などもあり、継続審議か、常議員会付託かが議された。一時は議案承認一歩手前まで行った面もあったが、常議員会付託が可決された。

003 新常議員に聞く

・「教団新報」4068号（1984年12月29日）

「ともに前進を―革新しつつ合同教会をめざす」の主題のもと、第23総会期がスタートしました。新報では新常議員の方々に、①常議員に選任されての抱負は？ ②現在の教団で最も問題と思う点は？ ③現在の教団で最も評価する点は？ ④第23総会期の常議員会が取り組むべき最重要課題は？ の4点についておうかがいしました。（以下略）

小田原紀雄（駒沢教会員）

①格別に抱負はありませんが、一期目は様子をうかがっていましたので、二期目の今回は、多少、言うべきを言わせていただこうかと考えています。

②恐らく「戦責告白」以来のことなのでしょうが、いわゆる進歩性へのよりかかり現象がみられます。進歩性などという、たかだか相対的であやふやなものを基準にして教団はどこへ行こうとしているのか、と気になります。この進歩性が結構強気で、種々議論はしても、落ち着くところは既定の方針通り、というのが今の教団のあり様のように思えます。だからといって、絶対的な価値基準などをふりかざす一部の人々など、冗談はよせよ、というところではありますが。

③教師検定試験問題。このまま検定試験を続けることはできません。教団存立の根幹をゆるがしつつ、再度日本「キリスト」教団があることの意味を考える時ではないでしょうか。

００４

・「教団新報」４０８２号（１９８５年７月20日）

総会への熱意見える——第２回東京教区教会協議会に３００名

６支区長の主催による第２回東京教区教会協議会が、６月28日午後６時半より９時まで、聖徒教会を会場に２９５名が出席して開かれた。昨年７月に三崎町教会で第１回協議会が開かれて以来、ほぼ１年ぶりである。今回は「裁判問題」をテーマに、小田原紀雄、鷲山林蔵の両氏が発題したが「裁判問題」で対立する双方（救援会と常置委員会）が同じ場で話し合ったのは、東京教区では初めてのことであり、両氏の発言に参加者は熱心に耳を傾けていた。参加者数や議場の雰囲気から、教区総会開催への願いを十分に感じさせるものがあったが、今回の協議会を設定した６支区長が、今後どのようにして総会開催準備のステップを踏み出すのか、大いに注目されるところである。

鷲山、小田原氏の発題は平行線
六支区長の今後の対応に注目

会は山添順二氏（東支区長）の司会による小礼拝で始められ、続いて竹前昇氏（西南支区長）は、協議会を開くにあたって、特に六支区総会と六支区常任委員会の支えがあったことを確認したいとまず述べた上で、今回の協議会の主旨について、「『裁判問題』は教区の問題として、また総会開催のためにも、避けて通れない課題であり、他の問題とも関連しているので、対決や対話でなく、対論がなされるよう希望する」と語った。

その後、30分ずつの発題に移り、鷲山林蔵氏は、71年5月25日の「衝突」に至るまでの経過を説明してから、以下のように発言した。

常置委員会では、教憲・教規に基づく総会でなければならないと考えており、それが反万博共闘会議側の意見と対立するものであったのは、やむをえなかった。当時の資料によると、反万博側の人の中には、当時の出来事を、教会を真の教会たらしめる闘いだと言っているが、反万博共闘会議の小田原氏は「それは幻想である」と批判し、教会を拠点にして、国家権力や天皇制と対決していこうとする思想を語っている。このような、教会が本来受け入れるはずのない考え方を教会に導入しようとしたことこそが「裁判問題」の背景にある、本質的な問題である。

小田原紀雄氏は、以下のように語った。山手教会での出来事は、双方が状況的に「衝突」へと煮つめていった結果、起こったことであり、入口にバリケードを作り、ある牧師がそこから、今日は一人も通さないと叫んでおり、そういう状況下で起ったことだ。「衝突」の時にも警察はいたが、問題は①その場で現行犯で逮捕されたのではなく、三カ月後に「公安課」の警察により、公安事件として逮捕された、②逮捕された三名は、いずれも各グループのリーダーであり、逮捕者の選定は「殴った者」という基準でなされたわけでない、③当時の「正常化同盟」に属する人と警察の密接な協力関係の中で、診断書が出され、逮捕者が選定され、裁判が行われたということをどう考えるか、という点だ。我々はすでに何度も行き過ぎがあったことを認めてきたが、鷲山氏の側は反省すべき点はないのか。あのような出来事が再び起こらないよう、まず双方が反省すべきであり、国家と教会の問題を含めて、問題を真剣に論議すべきである。

20分の休憩の後、発題者が五分間ずつ補足発言をした。鷲山氏は「小田原氏は反省していると言うが、国家を打倒の対象と考え、そういう考えを教会に持ち込むことへの反省がない限り、同じことが起こりうる」と語り、小田原氏は「誰が警察に協力したのか、また国家は将来なくなっていくべき対象であると考えることの、どこがいけないのか」と問うた。

国家をどう考えるかをめぐるやりとりがあった後、質疑に移り、参加者からは「牧師が公安警察といっしょになって教会青年の逮捕に協力したことの問題性こそ、まず論議すべきだ」「国家があって、宗教法人法で認められて初めて教会は教会としてあるわけなのに、国家を打倒の対象として見ない限り総会を開かせないというのなら、総会開催は絶望的で、こういう協議会を何度やっても同じだ」等の意見があった。

また「①教団・教区の場で、暴力や威圧行為によって自己の意見を主張するのは正しいと思うか、②暴力行為を国家が裁くことをどう考えるか、③国家の解体後は何を考えるか」との質問に対して、小田原氏は「①私は常議員会等で大きな声を出して威圧したことは一度もなく、むしろ質問者こそ意図的な文章を読まされているのではないか、②5・26以外で暴力行為をしたことはないが、あれは情況が煮つまって起った出来事であり、不幸なことと言っているわけで、では暴力行為を引き出した側の責任をどう考えるか、③具体的イメージはない」と答えた。さらに「教区や常置委が逮捕に協力した事実はあるのか」との質問に対して、鷲山氏は「私が直接関係したのは、5・25に警察の出動要請をしただけで、教区としてというのはない」と答えた。これらの論議の後、時間切れとなり閉会した。（以下省略）

発題を終えて　小田原紀雄

率直な感想を、と言われればああまたしても、というほかない。それにしても、東京教区総会開催への道の困難さを象徴的に示したのは、川名勇牧師の「国家あっての教会であり、そのことは、宗教法人法で私達は免税されており……」という発言であった。語るに落ちたとはこのことで、鷲山さんを応援するつもりの発言であったのだが、さすがの鷲山さんもこの応援発言には一瞬たじろいだように見えた。

正直といえばこれ以上の正直はなく、結構多くの牧師の本音かもしれないが、ひとにはテレというものがあって、こうもアケスケに本音を言われては、言葉につまる。御愛敬と笑ってすませばいいのかもしれないが、この本音に、少しの色気もつけずに、そのまま実践してしまうのだから笑ってはいられない。

「教会と国家」だか「国家と教会」だかという議論など一切無意味で、親方日の丸万歳を呼号し、それを批判する者は教会からも、教会の親方＝国家からもたたき出せと言われたのでは、どこで討論が成り立ち得るのか。それでもいい。だから教団から出て行けと私達は決して言わない。とにかくしかたなくでも一緒にいることを認めあえないものか。

6支区長会へ一言。一年一回の協議会開催を生き残りの免罪符とするような真似をせず、ただちに解散してください。その方が確実に総会への近道です。

005

新春座談会
これからの教団を考える――論点と課題

・「教団新報」4325号（1995年1月28日）

を探る

山北宣久（聖ヶ丘教会牧師）、原田佳卓（大和郡山教会牧師）、小田原紀雄（駒沢教会信徒）

司会　第29回総会が終わり、いよいよ第一回の常議員会を迎えますが、総会の評価、総括と29総会期の教団の課題をどう展開していくのかをお話し下さい。

山北　総会では選挙が一つのポイントでした。三役が再選され、竹前昇東京教区議長が対抗馬としてあったがかないませんでした。今まで議長が二期やらないということはなかったから、その意味では他の人がなったらクーデターみたいなもんです。常識が働いたと思います。

常議員選挙では東京教区からは前期の六人から二つ議席を減らしました。女性が減りましたね。なんでだろうと思いました。それに推薦議員が三役含めて30人中5人も入っている。これも気になります。今、東京教区は議員を出しているのですから、推薦議員の性格を考えなおす時期だと思います。

今後は対立していくことと、右も左もいっしょにやらなければならない事があります。「合同のとらえなおし」は大いに議論をかわさなければと思う。小島副議長は時期尚早といいつつ再選されたわけですから。財政は右も左もなく、主義主張を越えてきっちりやっていかなければならない。東京からいえば三里塚問題の扱いは大変不満です。遺憾どころか憤りを感じる。

原田　第29回総会は近年の教団総会史上、一番心配のない常識的な総会でしたね。事前に案じていたことがいざ開かれると総会をたてていこうという議員の思いが感じられました。教団をもういっぺんもりたてなあかんという常識が随所に働いたと思います。教団が一つになって新しい歩みを踏み出す態勢がかろうじて整ったという感じです。

それと、教区で受けとめればすむ問題が教団総会に集まってくる。最後の訴えどころになっています。教団総会という貴重な場なのですから教区で受けとめればよいと思うし、当事者でないとわからないし、なじまない。三里塚の問題は東京教区が未開催だった時からの経緯があるのでやむをえないでしょうが。

今後の教師問題は早くけりをつけなければと思いま

す。次回総会までには二種教職制の方向だけでもつけたい。

教団財政の危機に関しては議員に浸透しましたね。29総会期の常議員会で大きな位置をしめるのではないでしょうか。身近な所では献げたいと思うが、今の教団では、右から左に消えるような使い方をされるのではないかという不信感が教団にあります。このように使われるのなら喜んで献げるという、信頼関係の回復が課題だと思います。

小田原　確かに常識的なところに落ち着かせようとした総会でした。対立局面が出るような「合同のとらえなおし」は協議会にするとか。選挙の結果も常識的なところでしょう。東京教区、教会連合が勝手にこけてくれたので、こっちはずいぶん楽だった（笑）。議長選挙も百票の差というのは、妥当な線で、まだ東京から議長がでる時期ではないという常識でしょうね。

常議員選挙も、前回の東京から6人というのが異様で、今回でも多すぎるほどです。

残念な事は、合同問題が協議会になった事です。議案にしてきちんと激突したらよかった。この問題は沖縄との合同の問題に限らず、教団のこの20数年間の全体的な総括にかかわることだと思っています。それを協議会にしたのは本気で考えていた人たちや、沖縄からいえば、はぐらかしです。機が熟さないというが、じゃあ、いつ機が熟すのかと平良修さんがよくいっておられますよ。

財政について言えば、高齢化の傾向は、世間より早く教団に来る。10年後の教団財政はどうにもならなくなると思う。すでに礼拝出席者の平均年齢が六十歳をこえるところがかなりありますから。機構改正も含めて大胆にふみこまなければならない緊急の問題です。でも山北さんのいうように財政は共にできるとは現時点では思えません。宣教の問題とからんできますから。

ふれるつもりじゃなかったんですが三里塚については東京教区があいう処置をしたんですもの。他教区には迷惑でしょうが、何回でもやらなきゃ仕方ありません。この中では私だけが信徒ですが、牧師にはお前は気に入らないから首だと簡単にいわれるのは、言葉にならない怒りを感じます。次の教団総会で片をつけましょうね。山北さん。

山北　それはちがう。教団は現場を大切にしろとよくいうが、千葉支区であり、東京教区ですよ。東京教区が再開されたんだからその現場に戻すべきです。東京で僕らが解決すべきです。

小田原　それらのすべてがまともに対応しないからこういうことになったんでしょ。ボタンのかけちがいなら最初にもどさないと。意固地ですね。

司会　三里塚問題で終わってしまいそうですが（笑）。

山北　いやすみません。とにかく東京教区模擬総会のようなのがつきまといますね、教団総会は。東京でちゃんとやってこいっていう印象ですよ。僕らも責任感じますが、それは困る。

小田原　だって教会連合っていうか東京ばかりしゃべってるじゃないですか。

山北　僕は2回しかしゃべってませんよ（笑）。

原田　やはり東京教区の出方というか、20数年間参加してなかったのだから、数期は謙虚に勉強させてもらうという意思表示があってしかるべきじゃないですか。

山北　第27回総会でそれをいったら、顔がみえないとか、不気味なヤツだといわれたでしょ。今度発言すればしゃべりすぎというのは納得できませんね。言うべき時に言ってこそ責任を担えるわけで。

司会　でも東京教区は山北さんほど深刻にうけとめてないんじゃないですか。

山北　そうでもないと思う。常議員の数を減らしただけでなく、東京が言えば言うほどリアクションがある、と感じていると思う。

小田原　ただ東京は「首都」である分、担わなければならない政治的な位置があるよね。どうしても東京の問題が焦点化してしまう。そこをわかってもらわないと東京もつらい。

山北　大いに一致します。

原田　みんなそう理解してますよ、東京は大きな力と責任をもっているのだから発揮して下さい。

司会　教会連合は29総会期で教団の路線を変えようとしていたのですか。

山北　ええ、現体制では財政危機が乗り切れないと思いました。原議長の財政の裁き方は不満でした。信徒議員が真剣に発言を求めていたのに、押えるように可決してしまった。財政は東京を軸として責任をとらなければと思っています。竹前さんが落ちたのは東京だったからではなく二期は現任でという常識が働いたからだと思っている。

小田原　竹前さんが落ちたのは東京がただ教団の中枢の

権力をとりに出てきたからだと思いませんか。あなた方も、権力の中枢をとりたがるだけでなく、財政についても青写真を示さなくては。

山北　詳しくいうと教会連合イコール竹前ではありません。連合はこういう教団にしたらという七カ条の主張を示しています。

司会　福音主義教会連合紙で主張している常議員会運営の正常化についてはまだそのような批判はありますか。

山北　あります。推薦議員、陪席、宣教、信仰職制について批判があります。

　財政でいえば、２０１０年には3分の1の教会が無牧になります。信徒がふえない、出版局の本が売れないという事になる。数をいわずして宣教を担い、かつ黒字を出すというのはまず無理です。財政と宣教は密着していますが、今の宣教方策会議に出るような話ではとても無理です。共生とかヒューマニズムの連帯はあっても、数、伝道をいわないのは、ずれています。

小田原　２０１０年に牧師が半分になるとか、信徒の高齢化という事態はしょうがないと思います。数の問題というより、今の時代にキリスト教が次の世代を担う若者たちにどういうメッセージを送るのかという指針がないことが問題だと思っています。わたしたちが時代にむけて何をどう語るのか、そのことを真剣に考えぬきたいと思っています。数はその成果、あるいはその結果なのであった、それ以上のものではありません。

「伝道」に反対するつもりはないですが、都会以外の地域でどれだけ伝道に励んでも教勢が上がるかどうか、みんな苦労しているのです。

山北　それはまさに「告白は一つ、証しは多様」という事です。都会と地方、社会派、教会派という差をこえて、多様な活動を展開していけるとするなら、そのもとに告白は一つという信頼があって初めてできるのではないでしょうか。差別とか、天皇制とかが全面に出てくる。沖縄の問題にしても名称変更や信仰告白改訂に問題が流れてしまう。私たちの教団だという信頼関係を作るのが「告白は一つ」です。

小田原　告白は一つをどうやって確認するんですか。

山北　現行の信仰告白です。

小田原　共に教団にいるというだけでいいじゃないですか。そうでないとまたぞろ信仰告白そのものを基準にしなければいけなくなります。それがかつて不幸を教団にもたらしたことは事実です。
それに、証しの多様性というけれど、沖縄にある教団の教会との告白の一致をいう前に、琉球処分以降放置し、塗炭の苦しみを与えてきた現在も続いている歴史があるわけです。その中にあって教会を担い続けてきた人たちと、どう僕らは共に生きるのかという方向で考えるべきで、証しの多様性の前提があるでしょうに。

山北　だから日本基督教団に連なる沖縄の教会とともに告白は一つなんです。それを共有しましょうよ。なんで信仰告白改訂が沖縄の痛みを知ることになるのか僕にはわからない。一億円献金をしましょうよ。お金を出すことによってこんな大変な問題を担っていると学ばされますよ。それを名称変更、信仰告白改訂とかのプログラムだけ先にきてしまい、痛みを共有できない方向にますますいってしまう。

小田原　今総会期ではあいまいにせずにきっちり進めましょうね。

司会　財政問題についてはどうですか。

原田　大阪教区にとっては発言しにくいんですが、負担金は各教区、諸教会にとってはこれが限界だという声があります。解決策としてもちろん数の面もありますが、機構改正に手をつけなければならないと思います。教団もこれだけリストラしたという予算を大枠だけでない詳細な資料を見せることが大切です。だから諸教会も応分の財政再建の協力をと訴えれば、教会の側にとっても励みになりますね。

司会　前教師委員長として、今期の教師問題についてはどうですか。

原田　神学校での履修と教師検定試験で科していることの格差が問題になっています。検定試験でパスした後、教団が責任をもって養成していくことを考えなければならない。
二種教職制については三委員会連絡会、常議員会での議論をつみ重ねながら、今期教規の面に手をつけなければと思っています。

山北　教規改正の発議だけでもと思いましたがかないませんでした。議案として議論した方が前進すると思いますからね。補教師でいきなり主任教師として派遣されるというようなことは以前から少なかったので、教規が現状に合ってないです。だからといって教規改定まで現行でという信頼感がないとアナーキーになります。養成については東京神学大学学長が総会なり常議員会なりに来れるような態勢をつくるべきですよ。

小田原　山口さんは来るじゃないですか。

山北　山口・近藤氏が教授会を代表しているわけではない。悪いのは「東京」「連合」「東神大」この三つというのはもうやめにしてほしい（笑）。

小田原　制度が現状にあわなくなったから二種教職制をやめるということではないですよ。今回議案化できなかったのは、20年間この問題を担ってきた者が、議案化する過程に位置づけられていなかった。言うだけ言わせて別のところで検討するというやり方はもうやめにすべきです。当事者を真中において議案を作成することに、今期できるだけ早く着手したい。

神学校と教団にずれが生じるのは当たり前の事です。僕も新任教師オリエンテーションに一度行って、ただただその時間を黙って耐えているという様子をみてがっかりしたんですが、継続的に教団の担っている問題を、現場から戻ってきて学ぶ場、継続教育を考えることが必要です。

ちょっと話を財政のところに戻しますが教団の機構改正も教団の宣教態勢を協議した上で、事務局体制を整備するのならしなおすことだと思う。

司会　最後に常議員として今期の抱負を。

原田　積みのこしを処理することで手いっぱいになると思いますが、議論がつみ重ねられるようにと思っています。

小田原　合同のとらえなおしを具体的に進めたい。宣教の課題としての合同のとらえなおしが自分の課題だと思っています。それと「社会活動基本方針」の議論と。

山北　暴力がみられなくなった分だけ、かなり議論が深まると思う。お互い情熱がなくなったのか（笑）。

決定的な不一致あるいは分裂を含んだ議案が沖縄だと思っている。名称変更だけが突出した形ででると分裂のきざしがでますよ。

小田原　それは脅しですよ。それほどの問題ですか。

山北　名称変更でくる限りそれほどの問題なんです。踏み絵をふませるんだから。

小田原　ごく一般的な意味で合同した小さい側が名前で証しをみせてくれといったらそりゃなんとかしなきゃと思わない？

山北　伝道協力をしたり、人事交流し、一億円献金をしてからやろうというならわかるが、名称が先というのは踏み絵です。

小田原　銀行でも合併したら名前を変えるでしょ。

山北　だって名は体を表すのだから。問題は中味!

006

・「教団新報」4374・4375号(1997年1月1日)

新春座談会
どうなる教団、どうする教団

第30回教団総会が終わって

府上征三(洛陽教会牧師)、**山北宣久**(聖ヶ丘教会牧師)、**小田原紀雄**(駒沢教会信徒)

司会　第30回総会の総括と、この総会期の課題を率直にお話し下さい。まず今回の総会をどう評価するか、その点から伺います。

山北　東京教区が総会に参加して4年。その東京の一人が副議長になった事は大きな変化です。しかし僕は東京だから選ばれたとは思っていない。今までの暴力に象徴されるような対話路線では収まらないという、リアクションの結果だと受け止めています。

つまり、右も左もなく教会が教会としての実質をもつということです。しかし「急ハンドルは事故のもと」といいますから、さあとったぞ、バリバリやるんだとは思っていません。継承するところは継承します。

府上　副議長就任おめでとうございます、と申し上げます。しかし東京方式を教団に、というやり方は通じないと思うので、よくわきまえて三役のお役目をはたして下さい。

30回総会は阪神大震災の影響が大きかったです。救援募金は全国や海外からの総額が四億円を越えています。わずか一年半の期間で諸教会が力を合わせればこれだけのことをやれたんだ、との評価はしてもよかろうと思います。ただ、救援活動をめぐっての疑義や批判があり、十分に理解をもって受けとめられなかったことは大変残念です。

「2・1問題」は別にしても、被災地の問題が同じ目線で捉えられたか、情報が不足し、届かなかった面もありました。総会で河村宗治郎さんが挨拶されたのは評価してよいと思う。

それと今総会で痛感したのは昨今の日本の政治、社会の右傾化現象が、教会の世界にもかなり影響を及ぼしているということです。たとえば高齢化、過疎化、バブル崩壊後の経済状況の危機が教団総会の選挙に関しても影響を及ぼした。つまり教会が自分の足場をかため、どう守るかに傾いているということです。

小田原　総会で印象的だったのは、東京って大きいなあということです。74票というのは、4~5教区分ですよね。全部が山北さんたちの票とは限りませんが、教区執行部を掌握するとその影響は強いわけで大きな教区が人事を独占する傾向にならざるを得ない、これは尋常なことではない。

選挙の結果は府上さんの言った通りです。阪神大震災の影響をもろに受けた。有り体にいえば救援活動の一部をめぐって我々は打たれ続けたといえます。山北さんが一気に暴力批判のトーンを上げたものね。

その攻め方は今総会の選挙を意識しての攻め方だったと思います。もっと露骨にいえば、これまで議長・副議長は立場の違う者がやってきたのに今回は独占です。地震の救援をめぐる、地震を抜きにした選挙クーデターだと思わざるを得ません。

山北　いや、それは具体的には「ナイフ問題」になりますが17回総会以来ずうっと暴力できたんですよ。東京教区が出てきて、やっと暴力問題が沈静化してきたと思っています。

もうナイフ問題のようなことをやめよう。告白は一つ、証しは多様というところでやろうとしたのです。

今までの教団の方向を変えるとの意味で、あのナイフ事件は一つのエポックメイキングでした。この20数年間教団に潜在化してきたことが、阪神の地震で表われ出たと思ってます。

小田原　状況抜きにナイフ、反ナイフと分けるんだったら、私だって反ナイフです（笑）。

山北　ならばいっしょにやりましょうよ。

小田原　いや、これは総括に関わる問題です。この20数年間内在化してきたとした暴力性がああいう形で噴出したという言い方は間違いです。非常に突出した、被災地の外にいる者には誰にも理解できない。あの地震の状況で起きてしまったことです。この一年常議員会に山北さんのグループが沢山動員されて、彼らの言ったことはナイフ事件だけじゃないですか。政治的にそういうとりあげ方をしておいて、今になってこの20

数年間の総括問題だとするのは欺瞞です。

山北　いや、対立問題からでてきた必然なんです。それを清算するってことです。

府上　震災のとりくみで苦心したのは暴力の問題をどう清算するかという事でした。調査委員会等で受けとめる場があったのであえてふれなかったんですが、救援活動内部にはクリアできたと思っています。外からは槍のような批判ですが。

山北　クリアできてたらああいう票じゃなかった。

小田原　教団にはクリアすることをあらかじめ拒否する勢力があったということです。救援の現場ではもう済んだ問題です。

教団内の前からある対立した問題、山北さんのいう伝道の復権、僕らの宣教の課題という事柄が、対立することなのか、互いに証しの多様性で克服できるのか、その事自体を討論せずに、たまたま起こった現象をきっかけに、政治がらみの問題にしたと思います。

山北　政治がらみというなら「悪いのは東京、東神大教会連合」といわれたが、その僕がわずか四年で副議長に入るという事態はおこらなかったと思う。

そうでなくこんなことをしてたら各個教会はもたない。長い間の教団の行きづまりの中のいらだち、怒りが表現されたのではないか。政治的というなら相手のミスにつけこんでということになるじゃないか。

小田原　私たち自身、各個教会に手が届くような言葉を発してこなかったのではないかと自省しています。

山北さん派の「教団21」というのはある種のファシズムですよ。彼らの主張と運動のスタイルを見ているとヒトラーユーゲントを想起します。一点突破という政治技術だけです。教会の「反暴力」的な体質を利用したキャンペーンのみで、あなた方から救援活動に対する提言は皆無でした。

今後関係の修復はかなり難しいと思います。端的に表われたのは、「合同問題」です。

常議員選挙では教職も信徒もトップは沖縄でした。しかし例えば大城実さんの発言の後すぐ、全く違うトーンの、沖縄をいわば「国内植民地」にしてきた事が当然であるかの発言が延々と続く、ああいう感覚が議場を支配してきたと思う。大城さんの発言にたじろがない、準備してきたメモを読みあげる、そういうのを僕はファシズムと言いたい。

司会　常議員選挙についてはどうですか。

府上　議長・副議長選挙と基本的には変わりません。地震の対応の仕方の結果が表われたと思っています。常議員会付託議案が70もあるが、それが震災を引きがねにし、右寄りに傾いたというのは否定できません。常議員会の拮抗していた関係が二対一の関係になり、女性教職は一人も入ってません。男性主導の硬直化した構成で、僕は「復古」だと思う。山北さんは「改革」といいますがね。

山北　復古とはいつごろの事ですか。

府上　69年合同以前ですよ。常任常議員会をおいていた頃です。

山北　ああ、よかったですね、あの頃は（笑）。

小田原　僕らはあの時代の最後の頃、出てきたんですが、常任常議員会の方々は時代と全然関係ないなと思いましたよ。万博が問題になっていることをそもそも知らない。そうやって伝道していられる人々だった。

山北　その時代には戻れないですよ。

小田原　山北さんが伝道を強調するとついエッと思ってしまいます。

常議員の構成をみると旗色を鮮明にした人だけど、調整する立場の人がいない。激突するしかない訳だけで、数は圧倒的な差がある。要請陪席など第一回目からほとんど仕事ができない常議員会になってしまわないかとの危惧をもってます。そのへんは冷静に歩みよるところをさがさないと。

山北　そうですね。しかし要請陪席に象徴されてきた問題性がありますからね。要請陪席も認めないという閉鎖的な会議はあり得ない。要請陪席についてはそのつど決めたらいいと思っていますが。

小田原　そんなこと言って東京教区でやったこととよく矛盾感じないですね。要請陪席を東京は切ってきたじゃないですか。この一年あなた方の大量動員がそういう発想を生んだんですか。山北さんもずいぶん政治的だなー。

山北　そんな、僕は動員してないよ（笑）。

小田原　だから山北さん「たち」といっているじゃないですか。

山北　東京教区の代弁するつもりはないが東京も二人落ちている。惜しくも次点なんです。なんとも慚愧にたえないよ（笑）。

小田原　しらじらしい。

司会　議長、副議長は常議員会運営に関してモデレーター役を発揮してほしいですね。

山北　議長をさしおいては言えませんが、今でもいっしょにやれることは決断してきました。これからも少数の声を受けとめると思っています。

府上　これまでも要請陪席の問題は大きな問題でした。多様な意見を切りすてないことを継承してほしいですね。それによって宣教の幅広さ、豊かさを表わしてきたと思います。

山北　常議員会で、どうしてもこの人でないと聞けないという人は要請陪席にしますよ。少数者の意見を代弁する常議員もいるわけで、その時の判断です。

司会　この30総会期の課題を伺いましょう。

府上　「合同のとらえなおし」です。29回、30回とも常議員会提案はなかったです。今回特に沖縄からの具体的名称が出てきたし、これは5月の教区総会で決めたわけです。にもかかわらず、29総会期に8回も常議員会をやっているのに、意志決定をしなかった。一方の当事者としての責任は重いです。具体的名称案ということでなくとも、教団議長が第30回総会には提案すると約束していたではありませんか。常議員会できちんと受けとめなかった責任は大きい。

名称変更問題は単に名前を変えるだけでなく、一方の当事者である本土側の教会の主体性だと思います。意志決定を何もできなかったというのは大変残念です。さし当たっては合同特設委員会の構成からよく検討してほしい。前期のような構成メンバーだったら初めからブレーキかけてるようなもんです。

山北　府上さんは運営委員長と特設委員長を二つもあの時期にやったことは非常に残念なことになってしまった。無理だったですよ。二ついっしょは。僕らもフォローできなかった。

5月の教区総会へ向けての常議員会で教団の対応が決まらなかった時、僕はもう特設委員会はすてたんだなと思った。全然迫力なかったもの。地震は地震だけどどうしても通さなきゃならない、常議員会はこの総会期にどう責任をとるんだ、やっちゃいられないよ！というような迫力がなかった。そし52たら沖縄から出てきたでしょ。その沖縄もしょっ中変わるんですね。今度は差別です。社会的にも沖縄はクローズアップされてきた。しかも高里前議長の召天もあり、大変な思い入れがあったと思う。しかし今度は差別という。また論点が違ってきた。それがいつもわかりにくくさせていると思う。
もう一つ、20年かかってまだこんなことやっているのかというが、東京教区が教団総会にいないところで危く決まりそうになった。手続き不備の問題で救われたようなもんですよ。

小田原　それは東京教区の責任もあるわけでしょう。

山北　そんなことない。東京教区総会を開かせない人たちが沖縄を推進してきたのですもの。

小田原　そういう認識だとやっぱり今回の選挙はクーターとしかいいようがないよ。今の山北さんの言い方は、東京教区総会が開かれなかったのは全部他人のセイで、全く自ら反省するところはないんですね。いっしょに「打開する会」をやってきて開催はむずかしいってことを認識したじゃないですか。沖縄の問題についても自分たちが参加してないところで危く決められそうになったというが教団の一員だったんだし、東京の諸教会も、合同のとらえなおしの事は考えてきたんでしょう。自分達がいない時という発言は副議長として穏当な発言じゃないよ。

府上　東京がブランクがあったから課題共有しなかったというのであれば他の教区は納得しませんよ。

山北　課題共有はしてましたよ。でも決断する場にいなかったじゃないですか。

小田原　ところで山北さんのいう、今度は差別か、という言い方ですが、こちらは沖縄をのみこんだ側ですから、のみこまれた側が問題の所在を明らかにすべくいろいろな切り口をつかうのは当然でしょう。差別した側が居直るのは、考えなおさなくては。

府上　教区、教会の意識の差がありますね。勉強不足です。

山北　すると反対論は勉強不足ですか。勉強した結果、これは違うぞということが出てくることだってある。

小田原　沖縄と日本との歴史関係で、日本にとって沖縄はただ利用するだけの対象でしかなかった。それを前提にして考えなければといっているのです。

山北　その事はわかります。しかし積み重ねがある。初めに議定書ありきだと思うし、それにうたわれていることを実質化するべきではないか。その実質化の過程で沖縄の事が各個教会に響いてくると思う。名前だけが変わって、教会は何が変わるのっていう疑問がある。

小田原　むこうには変えさせたんですよ。

山北　名称は切り口だというが、議定書も何もかもとびこしてしまっている。

小田原　実質化というならあなたのいう実質化を前提にしても、いずれ名称変更にふみこまざるを得ない。そのために特設委員会をぜひ積極的な人にしてほしいです。のみこまれた側が名称変更して「合同」の証しを見せろといっているのに、のみこんだ側がこれでいいんだというのでは差別以外のなにものでもない。

府上　となえなおし問題は今総会で半分扉は開いたと僕はみてます。教区毎に賛否両論ありながらもみんな受けとめたんだと思う。二年後は今回のようなわけにはいかない。ある意味でもっと認識を深めてくると思う。その時に常議員会はどういう判断をして臨むのかということです。内容がともなわない判断だったら常議員会不信ということもある。議論を停滞させないようくれぐれもよろしく。どういう方向になろうが、内容をともなってほしい。一方の当事者としてこの問題を共有しているんだ、と受けとめてほしい。

山北　でも常議員会への付託議案じゃないです。

府上　運営の仕方、特設委員会の構成等、23回総会の推進決議をやってほしいです。小島議長は総会で特設委を継続すると明言したわけですから。

司会　今後の常議員会については何の具体性もないという意味で不満です。常議員会でどうするのか、現地での救援活動を新体制となった常議員会はどう引きついでいくのかと考えさせられます。教団は体制がかわったが現場は続いているんです。その意味で救援を途切れさせてはならない。議論の中で気になっていたのは会堂牧師館の建設という発想が、山北さんのいう伝道と連動して、大きな落差を感じる。地域にあり、人々と共にある教会にしか教会の展望はないでしょうに。

府上　中長期の支援委員会はできても、被災の現実が続く以上、これまでの募金を含めて三本立でいくしかないのではないですか。いずれにせよ、具体策は常議員会にゆだねられたのですから、被災教会の再建計画をきっちり受けとめる信頼関係をつくるべきでしょう。

山北　今迄の救援活動がきっちりしておればよかったんですよ。

司会　教師問題、財政問題など、まだお聞きしたいことが沢山ありますが、今日はこのへんで。

（司会・文責編集部）

001-2
「続・拒否としての印章」

「拒否」に固執する

さかしらに情況の先読みができていると自惚れている者達の時代であろうか。自負において先読みのつもりかもしれぬが、その射程は決して先にではなく、真に闘った者は死に、真に闘うことのなかった者のみ生き残るの理の通り、死者の遺産を喰いつぶし、矮小な解説なぞしながら己が身の安泰を確保した上での、精々愚にもつかぬ小さな権力を妄想する手合いが、情況の間に間に、既に腐臭さえただよわせつつ、本人達にとっては結構大まじめの稚拙な政治技術を弄しているというのが、現在の教団の様であろう。

しかし、死んでもいなければ消耗してもいない。そうである。何とでも言えばよいが、「真に闘う者」を自負する者として、はっきりと今生きており、闘いを継続していることを再び宣言する。「血によりてあがないしもの育くまんにああまた統一戦線をいう」や「美化されて長き喪の列に訣別のうたひとりしてきかねばならぬ」なぞという歌を残して若くして自死した歌人岸上大作の、その死に対して、吉本隆明が「岸上君、なにはともあれ自殺なんてべらぼうなことではないか。なぜなら、弱者は時代に耐ええず死ぬ、とうそぶく連中がいるかぎり、わたしたちはみずから死んではならないのだ」(「去年の死」)と言ったように、我々の死=消耗を期待している者達の前で、美事に死んでみせるほどの奉仕精神は持ち合わせていない。

同時に、その場その場の力関係の中で、ほどよく進歩性を保つなぞという器用さを持ち合わせていない我々は、情況とは自らの心のうちに醸成するところからしかありはしないと考えるが故に、己を転向も自責も何の含羞もなしになりゆきにまかせるなぞという恥晒しな真似もしない。

(*この文章の続きは、紙面構成の都合上、153ページに移行します)

2 「指」に書く

007

「宗教」を追って更に遠く
——教会解体から全人民的共同体獲得へ

・「指」235号（1972年2月）

昨日はおよそ責任を持たなかった大衆が、今日ではすべてを理解しすべてを決定しようとする。暴力による天啓を受けた民衆の意識は、すべての和解に反抗する——F・ファノン

我々は平和風社会から平和風の鉄面皮をひっぺがしたいと欲している。思想性の原則主義的貫徹に伴う狂気というよりは、窮鼠猫をかむとでもいう大衆（この際は柳田流に常民といった方がぴったり来るかもしれない）の側の狂気や、石牟礼道子の『苦界浄土』に象徴的に表現されてある、谷中村から始まる企業の私害の歴史を黙してわが身に受けとめてきた大衆の怨念や、「生まれたときから、気ちがい、で、ございました。ここは奈落の底でござすばい、墜ちてきてみろ、みんな。墜ちきるみゃ。ひとりなりととんでみろ、ここまではとびきるみゃ。ふん正気どもが。なんとここはわたしひとりの奈落世界じゃ。ああ、いまわたしは墜ちよるばい、助けてくれい、だれか。つかまるものはなんもなか。〝みい、とぉ、れぇみい、とぉれぇ〟」という呪詛、はたまた呪殺という言葉さえも陽の当る場所へ出させて生気たっぷりに活躍させてやりたい。平和風の皮相一枚下の社会で、これらの言葉と、これらの言葉に己れらの思いを込めた人達は、いつかの噴出の時を待って息をこらしているのではないか。67年10月8日以後の歴史的激動は、瞬間、平和風の仮面の下を垣間見させてくれたが、今また平和風は大きな顔をし始めている。いわゆる公害（この言葉ほど事実を隠蔽する表現はない）闘争も、一見平和風をひっぺがすかのように見えるが、少なくもジャーナリズムが「自然をかえせ」と煽り、それに乗って光化学スモッグ云々と言っている一般大衆の公害感覚が、公害を平和風社会にあってはならないこととしてしか扱っていない以上、平和風はデンと尻を据えているのである。

我々のいわゆる教会闘争はこうした状況の下にある。既に一昨年になるが日本基督教団第16回臨時総会を終始こちら側のヘゲモニーで貫徹した後、その総括の段階で、個別教会における総反乱を創出してゆくという方針を確認した。我々キリスト者反戦会議もまた深刻な混迷を経験しながら教会闘争を継続している。

　ここでまず簡単にキリスト者反戦会議について記しておきたい。我々の出発は１９６８年の４・28沖縄斗争からである。４・28斗争に個人として参加したいわゆるキリスト者が、斗争後、同じ斗争を担いつつ己れらは無傷でシャバにおり、多くの同志が傷つき、不当な逮捕により自由を奪われている、ということに対して非常に即時的に救援組織の結成へと至った。「４・28不当逮捕者負傷者を支援するキリスト者の会」がそれである。救援活動の出発にあたって我々が確認していたことは、権力による政治活動への弾圧による被逮捕・負傷は悉く不当になされたものであること、我々は決して不当に逮捕され、負傷したキリスト者を支援するキリスト者ではないこと、この運動を通してキリスト教会の政治的痴呆性を告発する、等であり、そこから救援連絡センターに加入し、「４・28の会」の拠点が日本キリスト教団駒沢教会であったことから世田谷救援会と連帯しつつ様々の救援活動を展開した。同年8月、己れを斗争主体へと組織し、反権力斗争における救援は斗争主体同志で担うべきであると考え、「キリスト者反戦会議」へと組織的再編をする。

今から考えると冷汗ものであるが、当時の我々にとっては「キリスト者であるが故に」というのが自己の総ての行為を規定する原点であり、そこから諸斗争を担って行った。キリスト教の歴史の総検証を口にしながらも、それは単にキリスト教の歴史の批判的検証にとどまってしまっていた。それは先にも書いたように己れらのキリスト者であるという自己規定を露ほどにも疑わず、キリスト教の歴史がどれほど誤謬に満ちたものであろうと、キリスト教そのものの責任ではなく、その時代を担ったキリスト者の誤りであると考えたところに要因がある。こうした傾向はキリスト者進歩派には一般的であり、そこには過去の時代を担ったキリスト者と己れとを質的に区別する傲慢がある。例えば、ある進歩派牧師として自他共に任じている人が、第二次世界大戦下の教団首脳部の誤りは信仰に堅く立っていなかったからであると言い放った。傲慢の典型であろう。第二次大戦下の戦争責任は信仰が、あるいは祈りが、足らなかったというようなところに要因があるのではなく、社会科学的力量の決定的不足であり、それを必然的に誘発せずにはおかない信仰という名の絶対者への自己明け渡しにこそその要因があったのである。もしくは、現実の諸矛盾を観念の領域において解決をつけようとするたぐいの矛盾を、個の、それも幻想領域に投げ込むことによって解決をはかるという、キリスト教信仰の構造の必然的帰結として把握してみなければならない。そこからいわゆるキリスト者の没歴史性没階級性即ち没主体性が生じてくるのであった、これを自問するだけの質もない無知こそが問題なのである。現在、我々キリスト者反戦会議は、フォイエルバッハからマルクスへと継承されたキリスト教批判を更に徹底化しつつ、ある意味で宗教の内側にいる者として、この信仰を切開し尽すところから新たなる教会斗争の展望を切り拓かんとしている。それは、昨年来キリスト教界における論争の焦点でもある、イエスとキリストの問題にも深く関連するであろう。

次に、我々にとって教会斗争とは何であるかについて考えてみたい。まず一般に教会斗争と言われている斗争に、大まかに区分して二つの流れのあることを、こうした区分が無理であることを充分承知していながらも、教会斗争の今後にとって一定の意味があろうかと考え、はっきりさせておきたい。

一方は、キリスト教の根底的批判、あるいは自己否定を通してキリスト教の再生を志向する。歴史状況に対する鋭い分析を持ち〈イエスは主なり〉という告白の現在的展開を「言葉の神学」の揚棄から言葉と行動の統一として実践的に獲得しようとする。おそらくは既成のキリスト教批判の論理などではその思想の核を決して撃ち得ないようなキリスト教の構築かもしれないし、主観的にはキリスト教の揚棄をその指向性の内に孕んでいるかもしれない流れである。いうなれば我々が信頼と尊敬をもった共闘関係をつくっている「70年の会」（東京反万博教職グループ）などの傾向はこちらであろう。しかし、こうした志向は、主観的意図にかかわらず、キリスト教をして時代妥当的なものへと転換せしめようとする努力、という批判をしないわけにはゆかない。

他方は我々をも含む、宗教の揚棄を志向する流れである、イエスの指向性（甚だ曖昧であるが、他に何とも表現しようがないのでこのように言っておく）を現在の我々が継承しようとする時、それは〈イエスは主なり〉という、イエスと己れとの関係の特殊化さえも棄てることを迫るのではないか。それは、〈キリスト〉に立ち帰るところから現在を生きる己れの生の方向性を獲得するのではなく、いいかえれば、緻密な現状分析を有しながらも己れの行為を決定する最終的価値基準を観念の領域に措定し、そこを経由して実践過程へ移っていくという論理をとることを拒否し、歴史内存在としてのイエスと同じく歴史内存在としての己れを相互主体的に対峙させることによってその方向性を決定することを迫るのではないか。ここから、宗教の揚棄が射程に入れられるのである。

右の両者は今迄のところ共闘関係にあり、現象的には殆ど同じ闘争を組んでいるのであるが、今後は両者間の討議の深化こそが急務であろう。ここでは前者から後者へ一つの批判と反批判を挙げておきたい。『福音と世界』1970年9月号に掘光男氏が「今日における教会と国家」と題された論文の中で、「〈イエスは主〉という表現は、当時の宗教イデオロギー的表現」であるが、「それらが実存的心理の表現であり、あるいはそれらの表現の背後に実存的心理が少しでもかくされている限り、それらを単に宗教イデオロギーとして捨て去ることはできない。客観化された表現に、もはや実存的内実が対応しないといってそれを簡単に切り捨てる時、少なくともそのような表現が成立した時点において、そのような表現にしか表現されえなかった実存的内実も失われる危険がある。〈イエスは主〉という時の〈主〉は、イエスとわたしとの関係を表現している。したがって、〈主〉という言葉を単にイデオロギー的幻想として切り捨てる時、そこにはやはりイエスとわたしの関係についての何ものかが失われる危険がある」、と書いておられる。これは明らかに我々に対する批判であるが、以下二点の反批判をしておく。一、関係を何らかの表現によりシンボライズした時、関係のダイナミクスは失われはしないか。二、堀氏の言われるように〈イエスは主〉という表現の「実存的内実」が奴隷社会における奴隷の自己解放の宣言であり、ローマ皇帝の権力支配への否定を意味したとしても、否、それを意味するからこそ、〈イエスは主〉という告白が一定の集団の中でなされ、集団の肥大化と歴史を経ることによって、それが宗教へと形成されることによって宗教の枠内で必然的に絶対者と己れとの幻想的主従関係へと至ることを拒絶せねばならないのではないか。しかし、堀氏は信仰の「実存的内実」を強調されるばかりに、「実存的内実」の集団化こそが、「人間存在が真の現実性をもたない場合におこる人間存在の空想的な実現であり、なやめる者のため息であり、心なき世界の心情であるとともに精神なき状態の精神である」(K・マルクス)宗教へと形成されてゆくことを落としておられるのではなかろうか。再び繰り返すなら、イエスと己れとの関係は、〈イエスは主〉の告白のように特殊化してそういった告白者集団を形成すべきものではなく、更に言うなら資本制社会における大衆の日常的営為の過程での搾取、収奪、抑圧といった苦悩は、〈イエスは主〉という告白によって、それの必然的帰結としての宗教へと吸引され、そこにおける観念的解放によって解決されるべき問題ではなく、現実の矛盾を現実的に解決すべき方向へと向うべきである。

我々は、今、如何なる意味においても真の〈教会〉を形成すべきではないし、〈イエスは主なり〉と告白することによって己れをただならぬ人にすべきでもなく、ましては被抑圧者に対して匿名的連帯者になるべきではない。どこまでも大衆の一員として、現実の支配力からの解放を目指して、日々不断の闘争を展開してゆかねばならぬ。又、この文章の最初に書いたように権力のイデオロギー攻撃をはねのけて、大衆は己れの任務を自覚し、体制が自らの補完物として生み出す宗教のからくりを見抜くであろう。我々の宗教揚棄の闘争は、日常感覚の中から己れの宗教への志向性を揚棄すべく厳しい自己検証が必要であろうし、同時に宗教を培養する諸組織諸集団の現実的解体をも獲得せねばならない。その時初めて我々は、キリスト教が有していた一つの共同体のイメージを宗教共同体の枠から解放し、全人民的共同体獲得へと進み得るであろう。

以上の具体化として我々はいくつかの教会で闘争を展開している。とりわけ、日キ教団進歩派として教団首脳部近くにいる国安敬二氏が牧する駒沢教会において、昨年春より熾烈な闘争を展開し、現実的解体から世田谷地域の諸斗争の拠点化を勝ちとりつつある。

008

南無や大悲の地蔵尊

・「指」268号（1974年1月）

南無や大悲の地蔵尊　無仏世界の能化なり　是れは此の世の事ならず　死出の山路の裾野なる　西院の河原の物語り　聞くにつけても哀れなり　一つや二つや六つ七つ　十より下の幼子が　西院の河原に集まりて　父を尋ねて立ちめぐり　見れど

も見ゑぬ悲しさに　父上恋しと声を上げ　亡きこがれては母恋し　恋し恋しと泣く声は　此の世の声とは事かわり　悲しさ骨身にとうるなり　父母恋しの心から　流れる水の音さいも　親が呼ぶかと喜びて―

天皇制をその根基で支える民衆意識を撃つ、などと言ってみたところで、それが確かに天皇制という特殊な支配形態の構造を見抜いたところでの言葉であるにしても、正直なところ近頃の私には少なからぬたじろぎがある。例えば、後藤総一郎が雑誌『情況』の73年9月号に書いた論文「天皇信仰の心性構造」の中で、〈こうした不可視の、自然信仰としての、幻想としての、しかも非権力の体系としての非制度における天皇信仰感情が、悠久の常民の心意世界に祖先宗拝・氏神信仰とセットとして宿りつづけていたことが、それを可視的世界で超越的・宗教的神として、さらに権力の体系として制度化することの成功に導いていった、もっとも根源的な理由であったといえる。〉という時、その内容において全面的に了解できるのだが、が、後藤が〈常民の悠久の心意世界〉という、日本の民衆が日々のくらしの中で形成した心性構造の何処まで私は理解し得ているか、という思いを払うことができない。私はかつてあるところに、〈キリスト教はついに「衆」に至り得ない〉と書いたことがあるが、私が迷いつつ少しでも前へと念じて進めて来た宗教批判の作業の方向は、確実に「衆」へと至るものであったか、果たして〈悠久の常民の心意世界〉の真只中を断ち割って入り、したたかな現実性を有した非権力の幻想としての権力天皇制を根底的に破壊する力を何ほどかでもそこで明らかにし得る可能性をもったものであったか。絶望などしてはいない。若い感性に見え、吐いた言葉は過たず的を射る方向を持っていたと信じている。事は、それを充分に展開する力を持っていなかったということなのだ。

こうして〈悠久の常民の心意世界〉に分け入るべく、何をしてよいかわからぬままにそこいらの中をほっつき歩いているのだが、その中から先頃数度訪ねた岩船山の地蔵信仰について少し書いてみる。

栃木市と佐野市の中間、岩船町にかつて癩患者の信仰を集めた山があるということで出かけてみる気になった。天刑病などという差別的な名を与えられた病者の信仰を集める山が如何なるシンボルがあり、如何なる御利益が期待でき、期待をもたせたのか、このことは、最も激しく鋭い収奪と抑圧にさらされた階層に時として狂気のような信仰が宿ることがあることを知る者として、その狂気の中に現情況の全否定への志向を孕むものがあることを知る者として、是非共訪ねてみたいという思いに駆られた。

この山、岩船山というのだが、古くは京都から奥州に通ずる東山道、近世は日光東照宮への例幣使街道の道筋にあたり、日光連山が関東平野にせり出す突端にあたる。この山より切り出された石は、古くより岩船石として北関東一帯の建築・築堤工事に用いられ、山は殆ど無残ともいうべく岩肌をむき出し垂直に近く削り取られている。夕刻近く、六百余段の参道の石段を息を切らせて登る。石段のわきには数多くの石仏があり、どれにも小石が山のように載せられ、小さな祠は小石の重さにひしがれている。肥満体とはいえ健常者である私が、これほどまでに苦労する石段を癩患者がどれほどの思いで登ったろう、と、ひとは肉体の苦痛の極限で精神の解放をうるという、それはそれで人間の精神のあり様の一面の真実ではあるにしても、やはり太平楽な精神の持ち主の無責任な放言などを思いながら登りつめる。頂上からは関東平野が一望でき、遠く筑波山が霞んで見える。

頂上には、岩船山高勝寺という寺がある。天台宗ということであり、かつて、それは近世初期であろうが真言宗から改宗されたとかいう。私にはさしたる興味もないのだが、一応「縁起」なるものを高勝寺寺務所発行のパンフより御紹介しておく。〈当山は日本三大地蔵（下野岩船、上総、越後）の名刹にして人皇四十九代光仁帝の御宇宝亀八年（西暦七七五年）伯州（島根県）大山の麓に弘誓坊明願と言う沙門あり、地蔵尊を深く信じ生身の尊容を奉祠せんと祈念して止まなかった処、一夜霊夢の告を拝し奉り当山に堂宇を建立。岩船蓮華院高勝寺と号して本尊を安置今に至った。後年新田義貞難病に罹りし時本尊に祈願し平癒したれば参詣して供田二十石を寄進した時、縁結び子授け子育ての地蔵として全国に信徒を有し、春秋の彼岸七日間を御縁日として参拝するもの参道は織る如く盛況をを呈する〉のだそうだ。伝承なり伝説なりを茶化するつもりはないが、信者の側で営々と語り継がれたものとしてではなく、大本営発表にはいずこも内容的に大差はない。それどころか、岩肌の出た高い山に死霊が登るという固有信仰に発し、いわば大衆信仰のスターである「地蔵」信仰へと発展した岩船山への信仰にみられる民衆の日常的済度の願望により維持発展させられた歴史より、新田義貞を引き合いに出したり、ここにはないがやはり伝承として徳川四代将軍は岩船山子授け信仰による授かりものだなどという言い方で寺を権威づけようとする魂胆は、言っても詮方ないことながら不愉快ですらある。それに、すぐ続いて明らかになるが、この「縁起」には神仏混淆の歴史が切り落とされている。

やはり頂上に二軒の宿があって、お茶を戴きながらしばらく話をする。

ここは玉置屋っていう旅館で、今でも掃除して泊れるようにはしてるけど、旅館としてやってていたのは私が20才の頃までですね。今72だから50年ばかり前までですね。ここに泊っていたのは、晦日籠りって、晦日ってと旧の晦日で、あの30日に来て、おついたち詣りして帰るようにね。私はここで生まれてここで大きゅうなったんだけど、こっちのおばあさんは92で、17の時養子に来て、そうだったよね。昔は、昔っても私が子供の頃にゃ飯炊きの女から草むしりのおじいさんまでいたったけど、今はもうねえ。栄えたんだけどねえ。縁日の時よりほか来る人もないし、秋んなると風が強くて寂しいよねえ。昔はほら、お妾さんっていうか、こういうところへほらかこっていたのよね。二階が広いからね。二階に二組くらいいた。ここへ連れて来ておいて、日曜日にゃお詣りみたいして遊んでいったんだよね。やっぱり何かのできる女が多かったですね。造花などものすごくこしらう人だのね。お針ができて、昔被布なんつって、そんなの縫ってもらって私など着たことあるから。造花なんかったら、あの三階の、三階っても一間きりの中三階みたいだけど、そこにいた小山のおばちゃんとかいった、造花、藤の花なんかすごいのね。ここは昔孫太郎さんってのにみんなお詣りしてたんだよね。家内安全、武運長久って日露戦争の頃にゃすごく額をあげに来たったよね。今は風で飛んじゃったけどね。孫太郎さんは前には孫太郎神社って言ってたよね。私の子供の頃、お寺さんが守ってるんだから神社じゃなく孫太郎尊だって鳥居なんかこわしたものね。癩病の人はお彼岸の物もらいでね。信心じゃないでしょ。普段にゃ来ないんですから。乞食で名物だったんだから。岩船の彼岸は乞食でいっぱいでいやだやねてみんな言ってたから。汽車乗って来たんだよね。
石段のとこ下から上までずっといたよね。

癩患者の信心云々は私の誤聞だったようでこれで終りである。それにしても、民衆の信仰を広く集めたところに遊郭と賭場はつきものだとしても、全山が信仰の対象である岩船山の高勝寺と隣りあわせのたった二軒しかない宿に妾を置いておいたとは愉快である。大黒屋、玉置屋の二軒のうち玉置屋の「玉置」は「魂置」ではなかったか、などとフォークロアの常套である類推をしたりしていたが、結構字の通り「玉」を置いていたのではないか、などと下種な勘繰りをしてひとりニタニタした。やるもんだわい、である。

先の縁起は、「岩船山地蔵尊縁起和讃」のいわば口語訳である。ここに明らかなように、岩船山の信仰は「地蔵」信仰を中心としたものであるが、一方で、死霊の登る地としての固有信仰におけるいわば恐山の小型ともいうべき霊山であり、この両者が現在に至るまでも並立している。この山が神仏混淆のなごりを残していることは既に書いたが、この山の隣に位置する太平山もそうであり、この太平山の麓にある太山寺など、私共のように宗教＝キリスト教という世界で宗教とは表向きイデオロギーの純粋性を志向するものだと考えて来た者にとってちょっと理解を絶するものである。同じ敷地内に神社と仏閣とがあるのはまだしも、豊川稲荷も天女もゴチャゴチャであり、そこには仏教の坊主がいるのだ。つまらないことだがこのあたりのことに慣れないとちょっと日本の宗教なり信仰なりには手が出ないという思いを強くする。

さて地蔵なのだが、釈尊入滅後、弥陀仏の出現までの無仏の世界を済度する菩薩として、平安中期以降、とりわけ近世には熱狂的な信仰を集めた対象であり、現世利益はもとより彼岸六道の苦界をもあまねく救うと信じられ、民衆の間に広く迎えられた。特に、子供を失った親たちは賽の河原で踏み迷う子の守り仏としてこれを崇める俗信を育み、そこから地蔵の多くが童形であるという現象をつくり出した。最初の引用は高勝寺に伝わる「西院《さい》之河原和讃」の冒頭部である。高勝寺西院《さい》之河原堂の周辺にも賽河原地蔵の群れがあり、野球帽を被せたり、よだれかけをしたり、真赤な服を着せられた童形の地蔵は、子を失った親の気持ちを思うと心がしばしば硬直する。

しかし、童形の地蔵は、地蔵菩薩が仏でなくひとであり、ひとの心根の優しさの表象として民衆の間に童形をとって伝承されたとのみ考えていいのだろうか。なぜ童形なのか。私共は日本の歴史の中で親が子を失う場合の最も悲惨な形が間引きであったことを知っている。地蔵の形象の歴史的転変などが問題なのではない。童形の地蔵の柔和な表情は、情況から間引きを強制された親達の救いのない怒りを押し殺した果ての諦観と、絶望的な済度願望との凝縮ではないだろうか。日々の暮らしの中で、ついに陽の目を見ることなく逝った者達の此岸から彼岸への一環した済度を祈念し、その祈念に親としての謝意と、あわせて己らが日常の果てしない苦闘からの解放への願いをこめる。思い入れが強すぎるかもしれぬが更に言うなら、生れ、育つのではなかった、何も知らぬ頑是無い子供のままでいた方がよかった、というにがい後悔と、「この世が人の世でない事」を願わずにいられない情況への否定的真向いが地蔵を童形にしたのではないか。

高勝寺境内の、例えば「釈　智静童女俗名辻静子之霊位」などと書かれた塔婆に囲まれた薄暗い所に、血の池なる五坪ばかりの池がある。薄汚くよどんだ水は何かしら臭うようであり、中央に観世音が立ち、池の片わらの解説に〈人工流産など女の業を負った女性のお詣りが多い〉などというヘドの出そうな文章がある。現代的間引きである「子おろし」を、どうせ子捨て子殺しの常習者である寺の坊主という男が女の業などと言い放つ。そこには、地蔵を童形にするという民衆のくらしの中で男と女の支えあってしか生きられぬ心情の優しささえない。菩薩が童形をとるということは、女ひとりが子を失った悲しみの表現として為したことでは決してない。

これらはみな私の思い込みかもしれぬが、存在の根拠を求めるとか、己の生のあり様を求めるとかいう信仰としてではなく、子を失うという優れてくらしの中での苦痛の経験からの済度の願望は、その祈りにそのまま己らが暮らしの艱難を直接的に投影してしかありえない。地蔵の表情を立ちつくして見つめながらこう考えるほかなかった。

同じような考察をこけしについて松永伍一がしている。『こけし幻想行』の中で松永は、「こけし」は「子消し」ではないのかという。〈百姓ども、大勢子供これあり候へば、出生の子を生所にて直ちに殺し候国柄もこれある段相聞え、不仁の至りに候〉、〈陸奥出羽の両国ばかりにても、赤子を陰殺すること年々六、七万を下らず〉等の記録にもみられる通り、食えなければ後から生まれる者の生を断つことで既に生きている者の生を継ぐほかない状況下で、「こけし」は「子消し」の道具として使用されたのだと考えられなくはない。〈母は暗い嘆きを織り合わせて、出会ったこともないわが児のイメージを描くしかなかった。写し絵の代わりに、形あるものが必要になってくるのである。「子消し」の罪のつぐないのために、幻のわが児を「木ぼこ」すなわちこけしに形どって、棚に飾ったのではあるまいか〉。間引かれた子は性も定かでないのになぜこけしには女の可愛い顔が描かれているのか。〈間引かれたのが多くは女であったということを、われわれは知っている〉。こけしの〈よろこびあふれた表情が悲しみと無縁でありえようか。怨念こめた表情を描き出したとしたら、苦しまねばならないのは罪をおかした大人である。救いを求めて描くとき、こけしはまるで菩薩の顔になるのである〉。

童形の地蔵はまさに菩薩である。

大悲の御手をのべ給ひ　未だ歩まぬ幼子を　抱きかかいて撫でさすり　可愛不愍の子供ぞや　親を慕ふて訪ぬれど　汝が親は沙婆にあり　今日より後は我れをこそ　父とも母とも思ふべし　哀れみ給ふぞ有難や　是を思ひば皆人よ　子を先立てて悲しくば　西に向って手を合わせ　残る我身も今しばし　命の終る其時は　同じ蓮の台にて　導き給へ地蔵尊　導き給へ地蔵尊

こうして子を失わされる、失わざるをえない情況へ真向うことなく宗教の領域へ問題がとりこまれてゆく回路が素朴であるだけに、露骨に示される。頂上附近一帯の霊位を示す塔婆といい、地蔵といい、肉親を失うことによる悲しみの情に示される親―子という関係のあり様が、どういう回路を経て祖霊信仰へと至るのか。これは初めからそういうものであると考えるところからは何も引き出せない。この回路、そこには「忠」「孝」のイデオロギー注入の為に意図して継承された「家」があろうし、その他種々の回路中の問題を一つ一つ洗い出してみることを通して祖先崇拝―氏神信仰―天皇信仰の関係を断つ為に今必要な作業ではなかろうか。要するに宗教とは世界観なき世界の民衆のうめきであるのだから、宗教的表現をとってあらわれる民衆のくらしの中での思いを

どう正確に引き出すのかということをしばらく続けてみようと考えている。（未完）

＊署名は羽田敬

009
〈衆〉の信仰は屈折して――南無や大悲の地蔵尊・その二

・「指」276号（1974年9月）

再び後藤総一郎であるが、例えば氏が「天皇制の呪縛構造を国家として『作為』し、現実に支配原理として機能させることを可能にしたのは、天皇制国家制作者としての明治国家権力の頭脳もさることながら、それ以上に、ポテンシャルに、『国民』ではなく、悠久の『常民』の感情世界にあるいは幻想としての天皇信仰のそれが強く存在していたということである。祖先崇拝を家永続の原理とし、その親和としての共同体の守り神である産霊神、氏神信仰を心意世界の生活原理としてきた常民にとって、天皇信仰は、その延長線上における経堂の幻想としての、また悠久の自然信仰としての信仰対象として存在しつづけてきたのである」（『情況』1973・9）という言い方をするのはどんなものだろうか。これに対して綱沢満昭氏は二点にわたる批判をしている（『伝統と現代』1974・9）。一、たとえ天皇制を日常性のうちで支えるものが祖先崇拝であり、氏神信仰であったとしても、天皇が王権の一面をもちながら存在する以上、それでもって、その王権の非日常性が解明されるということにはならない。二、祖先崇拝は、あくまで日本人の固有信仰の一つの柱であって、それでもって民衆のすべての心性がわかるというものではない。天皇制を支える無形の心意が、そこに集約されるものでもない。この二点の批判は的をいている。しかし、まだ天皇及び天皇制をその総体として論じることが可能でなく、それぞれの糸口をたぐりあっている現状であることを後藤自身も、また綱沢もよく知っているのであってみれば、この批判が後藤のどこまでとどくかはまた別問題である。私は、もう少し別の視点で後藤に批判を出してみたいと思う。それは、常民の生活原理＝祖先崇拝―氏神信仰―天皇信仰＝日本人の固有信仰という構造で常民が日常性のうちで天皇制を支えるというのは、あまりにも論理的整合性に足をとられすぎるのではないか。常民が心意世界の生活原理として日常的に意識しているのは精々のところ祖先崇拝までであって、その先は、「常民ならぬ者」がたぐり寄せた論理の構造でしかないのではなかろうか、ということである。なぜこういうことになったか。その理由の一は、祖先崇拝なり氏神信仰なり、日本人の固有信仰といわれてきたものについて、その「信仰」といわれるものの内実の検討が充分なされていないが故の結果である。理由の二は、日本における戦後の天皇制論の主流をなしてきた丸山真男を批判しようとして、丸山の土俵（論理の構造）にすっぽりはめられたままであるということ。この二点である。前者については私は前回「南無や大悲の地蔵尊」を描いて、日本人の祖先崇拝といわれるものの内容を少しでも明らかにしようとし、もちろんそれは充分ではなく今後も続けねばならないことなのだが、ともかく祖先崇拝―氏神信仰―天皇信仰というような直線的な展開としてあるのではないことだけは示せたと思う。

さて、『指』1月号に「南無や大悲の地蔵尊」を書いて、未完ということで継続的に書き継ぐことにしたまま半年以上もたってしまった。この間に生活地を二度も変えたし、何より数年ぶりでパクられて渋谷署に入ったりした。日本基督教団東京教区での71年5月の闘争で御苦労にも約3年も地下生活（というほどのものではなく、人民の海を泳ぐという大袈裟なものでもなく、精々のところ数十人の仲間に支えられて結構のんびりやった。尤も要するに敵さんが私のような小物を真面目に捜さなかったというのがその理由の一番だろうが）を強いられた挙句パクられて、そもそもがデタラメの容疑だから、こちらが容疑事実を全否定すれば実証の術もなく、不起訴などというマンガだった。それでも約二週間世話になったので、どうせ留置場では本が読めるわけでもなし、色々考えてはきた。ひとつは、これは考えるというほどのことではないのだが、将来私自身に必要かどうか定かでないが、渋谷署留置場の構造を頭にたたき込んできた。半年たった今でも目をつむれば全景が浮いてくるという具合に。留置されている同志をどうしても実力で奪還する必要のある向きには智恵をお貸しする。ふたつめは、こちらが肝腎なのだが、いわゆるアウトローにとって〈天皇制〉とは何かということである。例えば丸山真男が〈「國體」における無限責任〉を問題にして「日本の天皇制はたしかにツァーリズムほど権力行使に無慈悲ではなかったかもしれない。しかし西欧君主制はもとより、正統教会と結合した帝政ロシアにおいても、社会的責任のこのようなあり方は到底考えられなかったであろう」（『日本の思想』）といい、この〈国體〉を支えた「家族国家観」について触れながら、「この同族的（むろん擬制を含んだ）紐帯と祭祀の共同と、〈隣保共助の旧慣〉とによって成立つ部落共同体は、その内部で個人の析出を許さず、決断主体の明確化や利害の露わな対決を回避する情緒的直接的＝結合体である点、また〈固有信仰〉の伝統の発源地である点、権力（とくに入会は水利の統制を通じてあらわれる）と恩情（親方子方関係）の即時的統一である点で、伝統的人間関係の〈模範〉であり、〈国體〉の最終の〈細胞〉をなして来た。それは頂点の〈国體〉と対応して超モダンな〈全体主義〉も、話合いの〈民主主義〉も和気あいあいの〈平和主義〉も一切のイデオロギーが本来そこに包摂され、それゆえに一切の〈抽象的理論〉の呪縛から解放されて〈一如〉の世界に抱かれる場所である」（前掲書）と位置づけた（この位置づけそのものにも批判があるがそれは後で述べるとして、ここではまあ〈天皇制〉の構造として問題をたてればそういう風にもいえるだろうというように了解するとして）部落共同体なるものからはみ出した者達にとって、丸山のいう部落共同体―国體＝天皇制と如何なるものとしてあるのかについて同房の人達と少しずつ話しを進めてみようとした。確かに丸山のいうように天皇制は「同族的紐帯と祭祀の共同と、隣保共助の旧慣」とを共有しうる者にむいてしか支えようのないものであるかどうか。こういう問題のしかたは私には以前からあって、例えば「内鮮一体」という幻想を押しつけられて朝鮮人の妻になり敗戦後祖国に帰ろうとしたら国家はもちろんの事、親族にまで受け入れを拒否された婦人達にとっても問題は同じように立てられるだろう。森崎和江や山崎朋子がかかわっている「からゆきさん」にしても同じように言えるかもしれない。何も外国に追いやられ、置き去りにされた人達に限ってではない。国内的棄民ともいうべき例は数限りない。いつだったか国の偉い人が水俣病の患者を見舞った際、患者の一人が「天皇陛下万歳！」と叫び、歌にならない「君が代」を唄ったという、このことはどう考えればいいのだろうか。水俣の地においてその市民から疎外され「隣保共助の旧慣」からはじき出されているだろう人の口から出た叫びは、部落共同体―国体＝天皇制という構造的把握の破れを突いてはいないか。それどころか常民の「くらし」総体を引き裂く叫びにさえ思える。ともかく国内的棄民の一例であるアウトローにとって天皇制とは何であるのか、という問題を考えてみることは大きい。それは、家—部落共同体—天皇制・国體という幻想の発展段階を踏むことで自然に醸成される、即ち日本人として、ある土地に根を下した親から生まれ、〈常民〉として生きればそのまま天皇制を支える心意世界を自然に自らの内に育む、ということになるのかどうか。後藤のいう祖先崇拝を心意世界の生活原理とした常民の規定が丸山の同族的紐帯と祭祀の共同と隣保共助の旧慣とによって成り立つ部落共同体の内にある者と考えられるのならアウトロー達は自分の意志によってなのか、何らかの要因があって閉め出されたのか、とにかく部落共同体からはみ出た者であり、それは即ち常民の枠からもはみ出した者達である。彼らに「家」の意識は強いように見受けられた。とりわけ母親との関係の中に。これは、「親に貰った大事な肌を、スミでよごして白刃の下を、つもり重ねた不幸の数を、なんと詫びようかお袋に」という唐獅子牡丹流のセンチメンタルな関係を、何かしでかす度に思い起こすことと、彼らなりの世のしがらみの中で瞬時甘い追憶の中で「家」を純化することでしか現実の苦悩を耐えられないということによってなのだろうが、それにしてもそこにみられるのは祖先崇拝といったものではなく、共に生活した者へのなつかしみの感情としてでしかない。一体しかし、継続させねばならぬ家を日本の下層大衆が日常意識の中にもったのはいつ頃のことなのだろうか。私には三十三回忌で弔いあげという習慣にみられるのは、生者の中に死者との関係の持続意識が保てるのは33年が限度だということを意味するのではないかと思われる。それは先に言ったように、祖先崇拝といわれるものも、共に生活した者へのなつかしみの感情に由来するものであって、そこからは、自分が生きてつくった家内の関係、それが決して優しく労りあうものとしてばかりではなかったとしてもそこにしか安らぎを求めようのなかった者共にとって、自分が共に生活する時はなかったにしても、自分の祖先から子孫にわたって「家」が一度として凌ぎやすいことのなかった世の中で、唯一心を安らげる場であって欲しいという願いが生じるのは当然であろう。もちろんそこには生き延びるためには家を崩すことができないということもあったであろう。が、それが日常生活の原理として家永続を志向するということではなかったように思う。流れることを強いられて、流れることで亡びを避けてきたというのが民衆の生活とその拠点としての家であったというのが本当のところではないのか。そうであれば、三十三回忌の弔いあげの後死者は姓を失って共同体の守り神、即ち氏神になるなどということは民衆の生活の中から生まれた信仰だとは言えないのではないだろうか。

私は氏神信仰については、祖先崇拝の延長線上にではなく、別にその根拠を求めねばならないと考える。ここはそれについて書く場ではないので、要は祖先崇拝と氏神信仰とは全く関係ないというのではないが直線的に繋げられるようなものではなく、ましてや天皇信仰の基礎でもないことだけが言えればよい。天皇信仰といわれるものについて書くのも今回の目的ではない。そのようなものが確かに日本の民衆の心意世界の一部にある。これは否定できない。それは同房のアウトローの中にもあった。が、これとても先の水俣の患者の「天皇陛下万歳！」の叫びのように、いわれなく死を強制される者からする告発の呪文とも変容するのであって、一律のイメージで括れるようなものではない。

前回書いたように、例えば情況から間引きを強制された者にとっての信仰といったようなものは、その信仰自体の内にそうした「悪」への抵抗を含み、情況に向ってわが身を突き出すという内質を孕むものである。下層民衆の生活が一度たりとも安穏であったろうはずがなく、祖先崇拝という何やらおだやかな日常での祖先への静かな思いと子々孫々への優しい心配りといったイメージを想起させるような心のゆとりを持てるような日々であったなどと考えられない。日常が過酷であればあるほど願望として、「家」永続を願わざるをえなかったろうし、祖先崇拝といわれる信仰も持ったろう（先に書いた意味での「家」「祖先崇拝」の内容において）。そうした日常の過酷さの度が増せば増すほど、焦燥と憤怒の思いの裏側にある反権力的志向を信仰という形で表現せざるを得なかったのではないか。そうすることでしか生きる術はなかった。それは諦観といったようなものではなく、〈人の倫〉としてそういう生を生きることとしか許されていなかった者共の一つの抵抗の表現として受けない限りそこにこめられた思いは引き出せない。

生硬で問題意識がこなれないままに、心に力をこめて書いたというようなもので申し訳ないと思う。次回からは前回のようなものを地道に書き続けることで問題意識を展開してゆきたいと思っているが一度だけこういうことを書いてみたかった。柳田常民学への回帰ブームの中で、それが革命の思想ででもあるかのような把え方があることを苦々しく思っている。後藤がそうだと言うのではないが、民衆の信仰にこめられた思いの掴み方があまりにも平板なように思えてならない。私の誤解かもしれないが、祖先崇拝―氏神信仰―天皇信仰という構造的把握には「常民」への心からの優しさが欠如しているように思う。学とはそういうものであるのなら私には無縁なものだ。

010
教団総会は面白くなかった

・「指」280号（1975年1月）

69年から71年の過程での激烈な調子でのいわゆる「問題提起」なる我々の営みをふりかえって、未だ仲々客観的には言いきれぬのであるが、やはりあれは日々絶望を深めつつもひたすらに教区・教団及びそれを構成する人々への求愛の行為であったように思う。今次総会に出席していて、私は何度か今何かを言わなければと焦った。そして挙手をして二、三度発言の機会を与えられたのだが、立ち上がるともう舌がひきつって何も言えなかった。というより立ち上がった途端にもう何も言う事はないように思った。議場でなされている「対話」なるものも何かしら風景でしかなく、遠くまで来たという感慨だけがあった。

　この文章も恐らく「総括」というようなものではなく、単なる感想にならざるを得ないだろう。一言で言えば総括すべき内容など何もなく、ただ進歩派諸氏の政治性と、いつもの事ながら「問題」とは関係なく（こういう言い方は今や教団挙げての対話路線下では失礼か？　これは大衆蔑視などでは決してなくこういう対応がこの人々の政治性なのだ）手を挙げる時と選挙を待つ人々のにこやかな無表情とだけを見て来たというだけのことである。

　話は違うが、私の友人が『映画評論』という雑誌から原稿を依頼されて、そのテーマが「シラケから優しさの時代へ」というのだったそうだ。70年代初期の敗北の季節から時代はというより情況はファッションが30年代へ回帰し匂やかな女らしさと気品ある男らしさを謳いあげる。あの調子で不毛の底で強制された優しさ（即ち従順さ）を要請されているのだろうか。人民の優しさなどというのは、本来最も良く闘う者達の感性によって代表されるものでしかない。ということで私も流行おくれのシラケなどやめて人民の優しさをこめて言うだけはいうことにする。

まず、12月総会という会期についてなのだが、なぜ戸田議長は多くの教区長の反対の中で12月総会を強行したか、あるいは強行してもやれると判断したか。ここにこそ戸田対話路線の本質があると思われる。簡単に言うならばクリスマスまでになんとしても教師検定試験〈合格者〉の承認をしたかったということであろう。かつて自分も含めて特別措置に鋭い批判を提出し、それなりに教師検定問題の核心を突こうとしながら、教団議長という職に就くや否やそこには政治技術的乗り切りの論理のみが働き始める。即ち「諸教会の要請」という錦の御旗にもならない旗を振りかざしてはいるが、要は福音主義連合に代表されるいわゆる教団内右派への政治的配慮として合格者承認が持ち出されている。こういう我々の側からする批判に対して戸田氏の反論の根拠は、「いや、あの西中国教区でさえ合格承認の必要を認め、今総会でそれをなすことを希望している」ということである。悲しいことではないか。自らの正当化をそれより一歩進歩的な者を引いてなすなどということは。そして承認されないが故に苦闘している教師達の現状を縷縷述べたてる。確かに、〈合格〉しながら承認されないという不安定な状態のまま置かれていることはそれとして辛かろう。何の根拠があるのか知らぬが補教師、正教師という位階制があり、補教師としては教師として為すべき業さえ制限されるとあっては己れの教会員に対しても肩身の狭い思いもせねばならないかもしれない。しかし、そうであってみればなおこの人々は、何故の位階制かを厳しく問うてみるべきだろうし、教団議長を含めて全教団的に教職制そのものへの深い問いを問い続ける作業が必要であり、それを要求する事でしか問題の真の解決の方向はないのではないか。戸田氏には言っておいたが、承認を待ちわびている人達の苦労もそれなりに理解できるが、受験を拒否し、拒否させられた者達はどうするのか。総会議場で久保田氏が東神大全共闘関係者二名の者の自死を語るに及んで絶句したが、この人達も、そして私に「まだ教団にかかずらわってやっているの、よくやるねえ」と言ったやはり東神大元全共闘の人間の精神のあり様も含めて教団は己れの問題としてかかえねばならない。それを、とりあえず〈合格者〉承認だけはして、今後の教師検定試験は拒否している人達も含めて受験できるようなものにしたい。自分のイメージしている形はそういうものとして具体化されつつあるし、する決意であるなどと戸田氏は言う。教団議長とは辛いものです。総会をなんとしてもやる為には我々に向かってあり得もしない事まで真心こめて言わなければならない。そんな試験を誰がノコノコと受けにゆくか。回り道をしてしまった。要は12月総会はこうしてなんとしても〈合格者〉を承認したいという一点のみによって強行されたものであり、戸田氏にそれをさせたのは、かの教区総体が進歩的な西中国教区もそれを望んだが故である。こういう言い方をすると私にも知人の多い西中国の人達は必ず反論されるであろうことは充分予測できるが、戸田氏にはこの程度の水準でしか受けとめられていませんよ。それともそれを見越してなお〈合格者〉承認を主張する何かが西中国の内部にあるのか、しかし、戸田氏が西中国云々というのは我々をそれで納得させ得るからと思うからであり（我々もナメられたものだ。西中国がどうこう言うのではない。先にも書いたように己れの主張あるいは政治的乗り切りを他に根拠を求めるようなヤワな精神で我々をなんとかできると考える戸田氏に対してである）、本音は右を向いての政策でしかない。そして左には万博と東神大は必ず決着をつけますという。これが正しく戸田対話路線の中味である。彼は淡白で政治性のない人なのだそうだ。笑わせちゃあいけない。これだけやりゃあ充分よ。個人的に一杯飲むようなことでもあれば、いいオッサンだなあと思うかもしれないが、そのいいオッサンが政治の場に出てくるとこうなる。げに政治とは恐しいものです。

　それでは左に向いての政策である万博、東神大関係議案はどうなったか。これが一番シラケた。まず万博。またまた西中国教区だが、この万博議案の内容は69年頃に我々が主張していた内容の水準を一歩も出ず、それ以降の闘争過程での展開・深化が全くない。まあそれはそれとしても、万博が良くないとすれば、沖縄海洋博もナンセンスだし、こういう形でアジアへの経済侵略を大国主義意識の中に埋没させるやり方が良くないのであれば、少々短絡的に言うが日本資本主義とまともに対峙するしかあるまい。根が単純な私などはすぐ喜んで愈々愛する教団も日本革命に向けてまっしぐらかと思ってしまう。万博をめぐってスッタモンダの挙句所属教会を叩き出されたのだが、教団が決議をしたんだからと教会へ帰って行ったら、かの進歩派牧師国安さんも教会員もやっぱりアンタらの主張が正しかった、自分らは間違っていたと暖かく迎えてくれるか。問題を歪曲するな、オマエらが宗教批判をしたから叩き出したんだと言うだろうが、万博を契機として教会の現実のあり様への批判からキリスト教そのものへの批判へと突き進んだのだ、それもこれも万博のせいよと言ってみたところでどうにもなるものではないし、大体万博反対の議案に賛成した議員諸氏よ、あなたの教会の一人一人を思い浮かべてみよ、教団は国家のあり様を批判する質を持ち合わせていると思いますか。この決議は、戦責告白と同様、教団に再度免罪符を与え、「万博問題」は教団では終った。

次、東神大関係諸議案。4つか5つかあったがこれを総て通してしまった。中には吉田満穂氏が出した、氏がどういいくるめようと基本的に東神大当局への批判の集中をそらす為の議案もあったのだが、これを通すことで東神大当局批判の議案の可決は総てその内容を失った。しかしそれにしてもだ、なぜ東神大だけこんなにイジメルのか。同志社、関学その他教団認可神学校の教師達はいいのかね。機動隊導入は東神大だけなのか。金権選挙とかで糸山英太郎だけを血祭りに挙げることで結局何が見失われたか。東神大当局に言うだけ言うたったからこれで東神大問題も終り。あとはこの教授会が生産する教職志願者をどんどん教団に組入れて教職制度も安泰。元全共闘数十名の学生さんさようなら。

再びしかしそれにしてもだ。東神大教授会の機動隊導入が悪いなら東京教区常置委員会による四名の者の警察への売り渡しも悪いと教団で決議して貰おう。そんなことで死んだ者が生き返りもしないし、未だこの件の後遺症で病にある者が治りもしないが、教団としてのスジを通して貰い度い。再々度しかしそれにしてもだ。なぜ東神大問題は一日余かけて討論され、東京教区問題はこちらが黙っていればついに一時間の討論もせず終らされようとするのか。これは冗談とヤッカミが半分ずつで言っているのではなく、先にも書いたが東神大の特殊化が教団内にあるのではないか。教団立だからということでは説明のつかない近親憎悪とでもいうべき匂いを感じるし、ウチの子(ウチの教会から送った学生)をどうしてくれるんだというキャラメルママの水準での問題の立て方もあるように思う。だから少々センチメンタルに教授会だけを悪者にして言いつのるという感じになってしまうのではなかろうか。それはまあいい。次回教団総会が将来開催されるとすれば、まず我々は東京教区問題から始めることを要求しよう。もしそれをしないとするならば正しく今回の万博・東神大決議が教団における69年以降の過程を祭り捨てるものとしてしかなかったことを自ら暴露するであろう。

　東京教区は一つの光として当事者双方と支区長会による三者共催討論会を我々が提起し、支区長会と共に努力をしたが、常置委による逃げで暗礁に乗り上げたままである。鷲山氏の「暴力行為によって刑に処せられ」た者という発言に象徴される体質を徹底的に切開しない限りにおいては展望は一切ない。教団においてゆかれた東京教区は、またこういう情況下で消耗な「対話」の要求をし続けねばならない。しかし我々の「対話」のイメージは戸田氏とは少々異なるもので、鷲山氏のような挑発的な言辞を弄する人の挑発にはどんどん乗って、その肉体を打ち叩いてでも肺腑をえぐる問いと答えの厳しい切り結びを求める。それが71年5・25東京教区総会闘争の本質であり、それは決して自己絶対化というような位相の問題でもなく、暴力一般の問題でもない。「言葉」を持って生きる者の倫理の問題として大衆の前に己れの言葉を晒し、その結果として無告の大衆からまた己れの肉体を打たれようとそれをしも引き受けねばならない。

　ダラダラと書いているうちに紙数も尽きて、常議員会選挙について書けなくなった。結論として言えば皆さんそれぞれ策を弄しての結果であり、教団の体質をそのまま反映している構成員であろう。戸田氏は確かに二階へ上げられて梯子をはずされた。さてどうするか。菅沢邦明氏はこのような常議員会は機能させないと言っているし、彼がやるのに高見の見物というわけにもゆかない義理があるので、消耗だが、「たかが教団」にまた今年も精々付き合うことにしよう。シンドイ話だ。〈合格者〉承認ができなかった事は余りに当然すぎることで感想とてない。

011

「6・23沖縄敗戦記念集会」報告によせて

・「指」286号（1975年7月）

もう7年も前になる。丁度今頃のように暑い最中、私は郷里にある米軍の黄幡弾薬庫から岩国、板付へ向けて出る弾薬輸送列車阻止闘争に走りまわっていた。労働者の街ではあったが、いわゆる新左翼の登場は初めてであり、公安担当刑事のマンツーマンの尾行の中で神経を擦りへらしながら、ベトナム人民への連帯の意志と、若さ故の気負いと、昼間の労働後殆んど寝る間もなく夜の活動を続けるという状態の中で眼だけギラギラさせていたように思う。基地突入闘争や、一隊が出発する列車の前に座り込み、もう一隊は少し距離を置いた陸橋を占拠するというようなことを繰り返していた。この運動の中に素朴な表情をした寡黙だが戦闘的な人がいた。船本洲治君といった。その後故あって私はこの戦列を離れて上京し、運動自体もついに充分に労働者に浸透することなく消え去った（尤も私は敵前逃亡ともいえる形で戦列を離れたのでこのような突き放した物言いは慎むべきであろう。離れるには離れるでそれ相応の理由はあったし、大袈裟だが懊悩もあった。しかしかつての仲間への負目は今も抱えており、この負債は生涯に亙って負い続ける覚悟でいる）。

60年代後半の新左翼運動の「革命的昂揚期」、東京での大きな集会で二、三度山谷の隊列にいる船本君と顔を合わせることがあった。やさしい顔で笑ってはいたが相変わらず多くを語らなかった。彼を見掛けなくなり風の便りで釜ヶ崎に行ったと聞いていたが、間もなく不愉快極まる形でどこへ行っても彼の顔を見るようになった。爆弾犯人として公開捜査の対象にされ、警察署は勿論、パチンコ屋、銭湯、そして一杯飲みにゆく先々どこにでも彼の写真があった。馬鹿な話だが私にも少々似た様な経験があるので、食扶持はどうしているのだろう、連絡がつけば当座の生活費は何とかできるのにと思ったりした。馬鹿な話だ。こちらから連絡をつけることができるわけでなし。とにかく元気で無事逃げ切ってくれることを願うほかなかった。

その彼が、昭和50年6月25日深夜、沖縄嘉手納基地ゲートわきで焼身自殺した。瞬時、真夏の炎天下、旗を掲げて弾薬輸送列車に向けて突撃する隊列の風景が真っ白に見えたり、陰画で見えたりし、頭がクラクラした。その時間、私は「6・23沖縄敗戦記念集会」を一応成功させて、〈沖縄―天皇制〉問題の運動的展望が少しでも拓けたと甘く考えていたりしたのだ。

友人の自死それ自体は、悲しいことだがとりわけて驚きもしない体験をしてきた。確かに焼身という自死の方法の衝撃性はあるが、それとてさしたる問題ではない。彼の死は私の腹の内に納めておけばよい。ただ、なぜ彼は沖縄へゆき、沖縄で死んだか。このことは考えておかねばならぬ。新聞の報道によると、彼には遺書があって、〝狼〟とか〝さそり〟とか名乗った人達への熱い連帯の意志を書いていたということである。アジア〈窮民〉との連帯による日本帝国主義中枢の大企業への直接的攻撃という戦術について云々することはさておき、アジア〈窮民〉との連帯という、この連帯がどういうものとしてあるのだろうか。このアジア〈窮民〉と沖縄人民は、我々日本人の中で通底しているのではなかろうか。日本という出口のない絶望のみ募る島〈共同体〉の枠を内部から破砕できないと思い知った時、我々はかなり安易に、アジア〈窮民〉、沖縄人民の中に起爆剤としての位置を求めていはしないだろうか。船本君が沖縄へ行ったのは単純に本土で追いつめられた結果であるかもしれない。しかし、山谷にも釜ヶ崎にも己れの身の置き所を見失った時、沖縄へゆけば、と考えやすい体質は私にもある。

沖縄へ行ってみれば、そこもまた生活者の日常の積み重ねの場所でしかない。そのことは承知の上でなお沖縄には何かありそうな気がする。私達の「6・23集会」にもそうした何かがあったように思う。端的に言えば、皇太子の訪沖に本土の私達は反対してもそれ以上のことはできないが、沖縄は何かやるかもしれない、否やって欲しい。やれば断固支持し、連帯する。こういう心の動きは私一人では決してないはずである。この連帯とは一体何であるのか。

前置きばかりが長くなった。「6・23沖縄敗戦記念集会」の報告に移ろう。今集会は主に二つの方向を有した運動の合流という形で準備された。一つは、昨年も「6・23集会」を設定した「天皇の軍隊に虐殺された久米島住民と久米島在朝鮮人痛恨之碑実行委員会」という沖縄問題を、本土―沖縄の加害―被害関係としてまず鮮明に歴史の中から浮き出させる方向で運動を進めて来た人達。もう一方は私達、東京キリスト者救援会、70年の会であるが、反万博闘争の延長線上に海洋博を据え、同時に皇太子訪沖に反靖国闘争の一環として反対するという立場である。両者は共に本土の人間である。そこに古波津英興氏が沖縄の立場から、沖縄人における戦争責任という視点を持ち込まれて今集会は成立した。これらを総括的に表現したものとして集会の案内文があるので少々長いが引用したい。

6・23沖縄敗戦記念集会

天皇の戦争責任追及！　皇太子の訪沖反対！
沖縄海洋博反対！　CTS（金武湾原油基地）反対！

　6・23こそ日本（本土）人民にとって、その戦後史を生きるにあたって精神の基底に据えられるべき日であった。その日は沖縄人民にとって一日たりとて忘れ得ようもない日である。そうでありながら本土人民にとって第二次世界大戦の終戦の日が8・15であるとされてきたことの中に既に沖縄は切り捨てられていた。そして沖縄を切り捨てるということにおいて、第二次大戦を自らの問題としてかかえることを放棄した。この二重の〈切り捨て〉により日本人はついに自らの戦争責任を己れの手で切開するという戦後史の最初の時点で最低限為しておかねばならないことを放棄した。それ以降の思想的、精神的頽廃は必然であった。

　この戦争責任は、日本人がひとしなみに己れらの負債として負わなければならない。沖縄人民にとっても同様である。本土―沖縄はその歴史を一貫して加害―被害関係としてしかなかった。がしかし沖縄人民もまた被害者がそのまま加害者に転ずるという様を第二次大戦下に晒したのではないか。戦争責任は本土―沖縄を通底してある。強いられた皇民化教育の結果であるなどと言ってはならない。それが事実であるにしても、この姿勢からは思想の深化へ向かうことはできない。権力に強いられてでない人民の生き様というものがどれほどあったろうか。

　この戦争責任を最も鋭く己れに引き受けるべき〈天皇〉の子、皇太子が海洋博開会式に臨むという。米帝を頂点とした世界資本主義体制のズタズタの崩壊後、アジア侵略によってしかその延命をはかれないことを以前にも増して痛感している日帝が、70年万博―75年海洋博と計画を進めてきたその意図は明白である。その沖縄海洋博に皇太子を送り込む。国内的危機―侵略によるそれの打開。そしてそれを背後から支える天皇制イデオロギー、この構造こそ明治百年の歴史であった。

　今、何らの戦争責任についても言及せぬ〈天皇―皇太子〉を沖縄に行かせる事は、本土人民にとっては己れの腐敗を更に進める事になるであろうし、沖縄人民にとっては〈天皇―天皇制〉―戦争の呪縛からの脱却の武器を手放すことになるだろう。(後略)

講師は、沖縄青年委員会3青年による皇居突入闘争の弁護団長であった猪俣浩三氏と新里金福氏にお願いした。新里氏は日米両帝国主義の72年沖縄返還政策から海洋博へと一貫している意図を、ニクソンドクトリンによるアジアにおける日帝の米帝への肩替り、即ちアジア人民同士による戦争政策であると断じ、海洋博の産軍複合体的性格を具体的事例を挙げて話された。一、三例を挙げるなら、たかだか半年間の海洋博の為に6車線という道路が建設されており、この位置等を考えるならこれが明日に一旦緩急あれば滑走路として使用されるものであること。海洋調査をしているが、これは海底地図を作る為のものであること。等々。時間の制約の為その話は早口であったが、沖縄出身者として日本の沖縄支配を貫徹している差別排外主義、全くの植民地支配に対し静かにしかし厳しく批判された。残念ながら時間切れにより天皇制問題については話し及ばれなかった。私達が続けている天皇制連続講座の講師に御願いして続きを是非うかがいたいと考えている。

集会は講演の後、参加団体、個人からのアピールを受け、大会決議文を全員で確認し、終った。

さて、先の連帯のことにもどるが、沖縄人民にしてもアジア〈窮民〉にしても、侵略帝国主義本国で思想的にも運動的にも行きづまりを感じるが故に幻想的架橋を為さんとする者が、ふにゃふにゃと手を差しのべたところで拒絶されることは目に見えている。ましてや安易に〈国境〉を越えられるなぞと考えている者が、たとえアジアに行ったり、沖縄に行ったりしてみたところで連帯しうるのは精々のところ行く先々の己れと同じ様な者達でしかなく、最後は生活に肉体をたたき切られるのがオチである。国家の枠と民族のナショナルな原質とは日々の生活の中で形成されているのであり、くやしいことだが市民社会の生活の中にどっぷりひたって生きてみないことには連帯など叫んでみたところでそらぞらしい放言にしかならない。メシの食い方をなめるとシッペがえしはきついように思う。

船本君。君の死んだ場所へ行ってみたいと考えている。死を決意した君が見た風景を私もまた見たいと思う。これは私の感傷である。醒めた私は、面をあげてこの国で生き続けたいと考えている。もう二人の子持ちだ。この子らを育てながら、大妄想ではなく、党派性に依拠したものでもない連帯を考え続けて行くことにしよう。

「6・23集会」の報告がとんでもないことになった。私の良くないところで、違うとは思っても戦闘的にやっている人達に何となくうしろめたい気持ちがあって、それが友人であり、それが死んだとなるとやりきれないもので、へんなことばかり書いてしまった。悪い時代だ。

012
南無や大悲の地蔵尊・その三

・「指」290号（1975年11月）

きみようてうらいしなのなる　三国むそうのぜ
んこうじ　大門前のきちぞうは　おやこ三人ぐら
しにて　母はさきにとよをさりて　父上様はなさ
けなや　ながの病《ヤマヒ》にふしなやむ　一人娘のかなめ
こそ父の病をなほさんと　年は十九で花さかり
父のやまひをなほさんと　ぜんこうじ様へがんを
かけ　三七日のそのあいだ　大がんかけて寺へま
へり　父のやまひをなほさんと　〈言葉〉　なむぜ
んこうじ様　父のやまひのそのために三七二十一
日の大がんねがいひをいたせしに　さてこそけち
がんの今日なれど　さらに足こし立たぬとはぜん
こうじ様もおき丶なされて下さらぬのか　〈ちい
ん節〉　父のやまひがなほるなら　みどりのくろ
かみすりおとし　くろの衣に身をまとひ　しつけ
となりて父のため　寺入りなされて母のため　こ
れほど大がんかけたなら　父のやまひもなほるだ
ろう　かへりみちにて母上の　ぼさんいたしてね
んごろに　わがやをさしてもどらるる　このよの
うちにあるなれど　まくらもとにとありありと
〈昭和節〉　さんぞんみだぶつあらわれて　日のた
つほどに父上の　やまひなほりてありがたや　大
がんじょじとふしおがむ　これよりのちはかなめ
こそ　ころの衣に身をまとひ　ぜんこうじ様ので
しとなり　父も寺入りされた　大がんじよじのぜ
んこうじ　三国むそうのぜんこうじなむやしなの
のぜんこうじ　三国むそうのぜんこうじ　なむや

しなののぜんこうじ　あゝありがたやぜんこうじ

栃木市蒲生下都賀郡都賀町に接するあたりにある天神山宝徳院東善光寺で、かつてもたれていた十九夜講の際の念仏のテキストと思われる筆書きのものからの写しである。つい明治の頃まで八町八反何がしかの山林と一町余りの田畑を有し、近隣近在にその名を轟かしたといわれるこの東善光寺であるが、今はもう見るかげもなく荒れ果てている。山門と堂がまだやっと立っているという状態で、一説に運慶作といわれる時価1000万円とやらの仏像もまわりの雰囲気からして何やら薄暗がりですさまじい表情にさえ見える。余談だが、この荒寺のわきに小屋を建てて住んでいる人がある。それは本当に小屋としかいいようのないもので、水道は勿論ないということだから、どのような生活をしているのか。村落からやや離れた山間で、私も数度この寺へ行ったのだが、住人とはついぞ出会うことはなかった。小屋のまわりが少し耕してあることが住人のあることを示すにすぎない。地元の人達は顔だけは知っているようだが、尋ねても口ごもるばかりである。聞くところによると「頭がおかしくなった」夫婦だというし、あるいは「戦後流れて来た部落民をたたき出した」その夫婦ともいう。いずれにしても尋常なことではない。電気は勿論、水道さえないところにはじき出しておいて、都市近郊農村の典型ともいうべく、己らは立派な家を建て、一見平和な部落共同体を形成しているというあり様は尋常ではない。しかし、考えてみればまさにこの形態こそが尋常であったのが日本の農村の、否農村と限定せずとも〈常民〉の日常生活のあり様の歴史そのものであったのではなかろうか。共同体がいけにえを分泌しては己らが内部に生じた亀裂を埋めるという構造は、ほとんど〈常民〉の生活の常であったといって決して過言ではない。石田郁夫が自分の故郷の小さな島の村人たちによって、一度めは殺人者として、二度目は放火者としてでっちあげられ、共同体の枠から締め出された体験から、共同体と差別の問題として展開している文章の中で、「私は、ある種のおびえと戦慄なしには、故郷の村をふりかえることはできない。その暗部を見ないものたちによる村的なものへの郷愁めいた理想化や、土着共同への楽観論には、私はほとんど体質的な嫌悪や恐怖すら感じる」と書き、「氏神氏子の結合を基礎とした〈里〉の原形は、柳田国男のいう〈祖先崇拝＝家永続の願い〉を中心とした土地とわかちがたく結ばれた家々の連合による保障としてあらわれる。その家とは、柳田式にうたいあげるならば〈愛慕の交換と連鎖〉の単位であり、その土地による結合が村となる。まぎれもなく土地持ち百姓の恒産を土台とし、その保全を目的とするこの共同体が、内部においては被差別部落民をはじめとして、下層農民の存在をまったくかえりみない構造になっていることはすぐわかるし、内部では差別としてあらわれるそれが、外にむかっては排他主義として働くことになるのは明らかだ」と怨嗟ともいうべき思いを叩きつけているが、私もまた構造的にいうならば全くこのとおりであろうと考える。そして石田は都市浮浪民となり、谷川雁流の言い方でもってすれば「ペンで恨みをはらす」道を「僕の知っている恩返しの方法」として選択したのであろう。

しかし、石田も続いて言っているように「〈祖先崇拝＝家永続の願い〉といった祭祀の観点のみによって共同体が日常的に機能しているわけでありうるはずがなく、田地のけずりとりからはじまる、さまざまな家々の争いの修羅場であることの方が本来的だったわけだし、家もまた〈愛慕の交換と連鎖〉の単位どころか、骨肉相喰む確執の場であることもまたその一面ではあった」。この通りである。誰しも己れの育った家及び村をちょっと目を凝らして見れば、生意気だがこの程度のことはすぐ読み取れる。柳田もつまるところ〈常民〉のタテマエから多く出てはいない。まして石田が怒りを叩きつけている前田俊彦の「里の思想」など殆ど問題にするにあたらない。が、ここまで石田が言うのであれば、〈常民〉の〈祖先崇拝＝家永続の願い〉が一つのタテマエであり、願望であって、実体とはかなり差異のあるものであるくらいは見てとれるはずである。永続させねばならぬ、永続させうる家を持った〈常民〉がどれほどいたことか。一方で確かに日常的に誰かを己らの内部の亀裂補修のイケニエとして共同体からはじき出しつつ、天候異変によったり、地方権力の収奪がちょっと度を過ぎると逃散一揆でもするしかなかったのが〈常民〉といわれる者達ではなかったか。

味噌桶捨て村捨て夜逃げの谷
家系絶ちて咲け摩訶曼荼羅華曼珠沙華
刈田ゆく男柱時計を横抱きに
逆光の風車へ遊撃の小百姓

酒井弘司『南山一揆余話』

冒頭に引用した、十九夜講という女人講、これこそ正に村共同体内側にある者達の集団であるが、その講での念仏にしても、確かにいうところの〈愛慕の交換と連鎖〉の表現が基軸ではあるが、底流に流亡の意識を読み取ることはできぬだろうか。それに、解説抜きで断定するが（次回できれば試みたい）、〈祖先崇拝＝家永続の願い〉なるものは、決して〈常民〉個々人の内発的意識というよりは、氏神―氏子関係が成立している共同体の規範の枠の中で成長と共に持たされたタテマエに過ぎない。

　共同体のイケニエといえば、山形県で「百姓以下の貧乏人の子供」として育ち、小学校を出てすぐ上京するというはじき出され方をした者として詩人黒田喜夫がいる。彼はかつて『日本読書新聞』に「われわれにとって、流亡の虚妄なること流亡せざると相同じ矣。つまりは、われわれの生の底にある基調は流亡にあり、逃れて亡びさる流亡にあるとは思わないか。封建の権力のもとで死をもって土地から離れることを禁じられていた時代にも、ある絶対的な窮地に追いつめられたときわれわれは流れ去ったし、土着して生きたものも精神の深いところで流れ去る形のものに身をよせて生き延びたのだ。われわれは拒絶せず、いつも拒絶され流れ去ってきた」と書いた。その彼の詩集『不安と遊撃』の中から「空想のゲリラ」と題された詩を少々長いが引用する。

もう何日もあるきつづけた
背中には銃を背負い
道は曲がりくねって
見知らぬ村から村へつづいている
だがその向こうになじみふかいひとつの村がある
そこに帰る
帰らねばならぬ
目をとじると一瞬のうちに想いだす
森の形
畑を通る抜道
屋根飾り
漬物の漬け方
親族一統
削り合う田地
ちっぽけな格式と永劫変らぬ白壁
柄のとれた鋤と他人の土
野垂れ死した父祖たちよ

追いたてられた母たちよ
そこに帰る
見覚えある抜道を通り
銃をかまえて曲がり角から躍りだす
いま始原の遺恨をはらす
復讐の季だ
その村は向こうにある
道は見知らぬ村から村へつづいている
だが夢の中のようにあるいてもあるいても
なじみない景色ばかりだ
誰も通らぬ
なにものにも会わぬ
一軒の家に近づき道を訊く
すると窓も戸口もない
壁だけの唖の家がある
別の家に行く
やはり窓もない戸口もない
みると声をたてる何の姿もなく
異様な色にかがやく村に道は消えようとしている
ここは何処で
この道は何処へ行くのだ
教えてくれ
応えろ
背中の銃をおろし無音の群落につめよると
だが武器は軽く
おお間違いだ
俺は手に三尺ばかりの棒片をつかんでいるに過ぎぬ？

余談としてちょっと触れるつもりのことからズルズルとここまで来て、前回、といっても昨年の九月号に書いたことの補足のようなことになった。

今回は、十九夜講を扱いながら部落共同体と共同体の信仰というようなものを考え、書くつもりだった。正確に言うと共同体を維持する為の信仰といった方がよいのかもしれない。次回に譲ることにするほかない。

十九夜おねんぶつ
きみょうちょうらいかんぜおん　一におあみだ
二におしゃか　三にあさまのこくぞさま　四にはしなの、ぜんこうじ　五にはおうしうゆどのさま
六に日光　七筑波　八に駿河の富士浅間　九には熊野のさんじゃさま　十でおあたご地蔵菩薩

これを唱へる人々は　十あくさいなんのがるべし
九日十九夜おほけれど　丑年九月十九日　十九
夜お念仏はじまりて　十九夜御堂をお建てやる
往生しらずの札うけて　十九夜さまへとおさめお
く　死して冥土へまいるには　地蔵菩薩が先に立
ち　勢至観音もろともに　八万余壘の血の池を
かすかの池と見て通る　帰命重来観世音—

013

天皇制批判の視点について

・「指」295号（1976年4月）

亀井勝一郎に「疑似宗教国家」と題するエッセイがある。頭に「今日では（1956年—筆者註）天皇と天皇制についてあらゆる非難が可能だが、非難することで遊離してはなるまい。今日の天皇制否定論者が、そのことで国民のひろい層に説得力をもつかどうか、私は疑問に思っている。天皇崇拝の感情のあるという、その最低線まで降りて行ってみなければならない。なぜそうなるのか。その実感を自己のものにしないかぎり、歴史の底を衝くことは出来ないだろう」と書いている。日本の民衆意識の最深部に「天皇崇拝の感情」が真に存するかどうかは疑問のあるところであり、これについては後述するが、講座派による天皇制批判及びこの成果の上になる戦後の近代主義者によるこれへの批判の射程が問題の核心に届き得ていないことは見抜いており、日本浪漫派の生き残りとして、戦後社会にむける天皇あるいは天皇制に対する批判の喧噪の中に居ながら微動だにしない自信を露わにしている。これらの批判、反批判を否定媒介的に継承しうる位置にいる私共にとって、天皇制に関わる思想的作業は如何様にあるべきであるか、本誌前々号小林平和論文及び同前号桑原論文とに触れながら、現在の私のこれに関わる視点を提出しておきたい。

さて、先の亀井であるが、天皇制が民衆の間に定着した理由について以下の五点を挙げている。

①いわば「民俗学的天皇」とでも言うべき、祖先崇拝という固有信仰の収斂する位置にいる者として、その関わりに何かしら親近感を持たせ得る存在としてある。そこでは天皇は「制度」及び「政治」から切り離された一種の超越的存在であり、後藤総一郎流

の言い方を以ってすれば「悠久の心意世界」にある者として、天皇と民衆一人一人との関係には「王」に対する人民の関係とは異質の言いようのない親近性があった。

②「講」との関わりにおいて、徳川時代以降庶民の生活意識の中に定着した「講」と天皇制との関係は非常に深いものがある。天皇制確立の基盤を日本の古い家族制度におくのが戦後一般的であるが、その家族制度に集団的行動性を与えたのが「講」ではないかと考えられる。

③「国家装飾化」としての天皇。いうところの儀式祭典位階勲章が何程か意味を持ちうる、その中心にある存在として。

④日本的画一性の原型であり同時にその総合体としての天皇存在。

⑤日本人の架空の権威の跪拝、事大主義との関わりにおいて、我々の公道に一般的に見られる傾向として、架空の権威を立てて、その名において、しかもかなり自由気ままな事をするという一種の画一性がないだろうか。権威あるかのように見えるものへの事大主義である。

この亀井の提出した天皇制の定着した理由の五つの指標は、勿論為にする為のものであるので充分に批判の余地のあるものではあるが、明治国家が創出した「作為」あるいは「擬制」としての天皇制とは別の、民衆と天皇の関わりをこそ問題にせねばならないと主張するものであり、其の限りにおいて重要である。即ち天皇制の宗教的側面及び、柳田国男により提出された「常民」の農耕を中心とする「共同体」における祖先崇拝という固有信仰の中に天皇信仰の重要なファクターが存在する、なぜという政治過程的な視点のみでは充全に把握し得ない問題であることを指摘したという意味において。

何もここで亀井を持ち出して、日本浪漫派の生き残りを批判しようと思っているのではないし、何よりダメなキリスト者のヤスクニ運動（信教の自由派）が、この亀井の挑戦の前に手も足も出まいとヤニさがる為でもない。しかし少々余分であるが名前が出たついでにホンの少しだけ信教の自由派に触れておく。この亀井の提出した五つの視点で彼らが己れの問題として天皇制を考える時、彼らの批判の射程が届き得るとすれば（勿論それは表層においてのみではあるが）、③と⑤の問題のみである。なぜなら、天皇制下における位階制の具体的な表れとしての勲章等に対して、まっとうなキリスト者は批判しうる質を有しているだろうし、「国家」が自らの装飾に浮き身をやつす時は如何様な時であるかについては常識として理解できるから。⑤については天皇に代わる権威を彼らが有しており、その権威のもとにおける画一性こそ彼らが最も好むものであり、事大主義はキリスト教イデオロギーの非常に重要な構成要因をなすものであるから、近親憎悪の感情は自ずと湧いてくるであろう。

これ以外の①②④の問題については彼らの想像力の限界を越えるであろう。なぜなら、明治百年のキリスト教は、それに関わる者個々人の己れらのうちにある日本人としての心意世界を切り断ち、意識と生活との上昇志向に賭けてゆくものとしてしかなかったのであり、抜き差しならない体質となっている近代主義は精々のところ丸山真男あたりの分析に追随し、それを許容するのが精一杯というところである。だから、例えば「講」なぞという組織にしたところで、社会学的分析は可能でも、これが何故に現在に至るまで民衆の間にすたることなく続けられているか、それを支える者の心性にまで断ち入ることは不可能である。彼らが「この道はいつか来た道」なぞと靖国神社国営化の策動の皮相な政治過程的位置づけをやっているうちはまだ可愛らしくもあり罪も軽かったが、いつの頃からか私共より五年くらいおくれて天皇制云々しはじめた。

「政治権力としての天皇制というのはあまり重要でないと思います。現在の政治権力が倒れれば天皇制も倒れるんです。しかし問題はそういうことじゃなくて、つまり倒れても倒れなくとも依然として宗教性としての天皇制というのは、もし手をつけなければ残るわけです。このことはいくら政治的に処理してもどうしようもないくらい重要なことで、これはやはりはっきりしておかなければならない。」（「国家論ノート」）という吉本隆明の有名な指摘にでも教えられたか、日本人の意識がどうこうなぞと言い、今年の2・11の講師は色川大吉とあいなった。しかし、天皇制そのもののもつ宗教的構造、あるいはそれを支えた民衆の意識といったようなものをどうせ近代主義の視覚から切り捨てることしかできはせぬのだし、その程度のことは丸山真男が既に完了している。これを更に上塗りするつもりでいるのなら、信教の自由派なぞと軽い揶揄で笑ってすますわけにはゆかなくなるだろう。どうもムキになる。自戒。

さて、問題は亀井でもなければ信教の自由派でもない。

小林平和氏の『天皇制に迫る道を求めて―2・11東京集会報告』と桑原重夫氏の『「昭和」の天皇制をめぐって』と題された論文で提出された問題についてである。

　小林氏の論文は、氏も含めて私共が準備し、設定した2・11集会での基調報告を基にして書かれており、私共がこの三年間続けて来た天皇制連続講座での成果等を踏まえている。従って勿論氏の独創性は充分認めるにやぶさかでないが、同時に私共の天皇制に関する把握の地平が示されていると言ってさしつかえないように思う。これに対して関西の桑原氏から、「その問題意識は関西のそれと殆ど同じであり、全体として異論はない」と前提されながらも、天皇制の「本当に問題にしなければならない」基本的な視点で批判が提出された事は有意義であり、今後双方でこの問題の思想的深化の為の作業が進められることを切望する。

　小林氏の主張の主要部分を引用しつつ要約すれば以下のようになるであろう。

> 「天皇制の支配の様式は、様々なレベルにおける同化である」が、この同化作用について、「一方的に強制された同化、というような言い方は、本質的にはそうであるにしても、民衆の生活過程に即して言えば、決して正確な言い方ではないということである。同化の根元には、民衆がそれぞれの生活の中から共同の幻想を生み出していかざるをえない必然のようなものがあったのであり、そこにたまたま天皇制のイデオロギーが与えられたということなのである。」
>
> 「それにしても、民衆が一つの共同の幻想に身をゆだねることによって、自らの生を位置づけ確認しようとしたとき、そこにははっきりと一つの志があったのであり、しかもその志は彼らの倫理でさえあった」し、この「民衆の同化には、何がしかの本気があった」。「しかし以上のことを充分ふまえながらも、なおかつ、民衆の同化が強制された同化であった、ということはやはり言わねばならないであろう。民衆の生活とそこから生じる内発的な志や倫理自体が、既に強制されたものとしてしかありえないという意味において」。こうした同化の構造の切開過程で「一つの予想」として次の様に言いうる。即ち、「民衆の同化の過程には、必ずあるとびこえの瞬間がある筈であって、決し

て順接している」わけではなく、「そのとびこえられたものは何であったか、どこからどこへのとびこえだったのか、また何がとびこえを可能ならしめたのか、そこをおさえることによって、回路を逆転させる何かが見えてくるのではないか」。

これに対して桑原氏は以下の様に批判される。

「天皇制イデオロギーの本質からみる時、ここで〈なおかつ〉以下の論法を一つの要素として取り入れるよりは、専一に前述の論理（小林氏の主張の前半部分―筆者註）を徹底しておし進めていくことにおいて天皇制イデオロギーの本質が見えてくるのではないか」、「そして、小林氏のいうように〈あるとびこえの瞬間〉があるのではなくて、民衆が天皇制イデオロギーに同化していく（むしろなだれこんでいく）過程は、むしろ思いのほか〈順接〉しているのではないか」と。

これに対して私は、「とびこえ」という様な表現を取るか否かは別にして、民衆のナショナルな心情とナショナリズムとの間には大きな落差があり、この間には必ずある種のイデオロギーが介在して両者を繋ぐ作用をするという意味あいにおいて、「民衆の一つの共同の幻想」と天皇制イデオロギーの間は決して「順接」してはおらず、両者を繋ぐイデオロギーがあったはずだと考えている。確かに桑原氏の指摘されるように、明治近代国家形成過程即ち天皇制形成過程における国家の側からする民衆への作為が破綻し、富国強兵政策＝西欧列強との同格化＝民衆の生活の近代化＝耐乏生活からの解放といった幻想のことごとくが破砕され、その挫折が国家への不信の感情を生み、「血盟団事件」、「5・15事件」ひいては「2・26事件」への民衆の側でのある種の共感と期待を生んだ事も事実であろう。更にこれらのクーデターを領導した人達が疲弊した農村の惨状に心を痛め、「天皇親政」による「世直し」を考えたことも、例えば一つの典型として磯部浅一の獄中記の「陛下　なぜもっと民を御らんになりませぬか、日本国民の九割は貧苦にしなびて、おこる元気もないのでありますぞ。陛下がどうしても菱海（磯部の号―筆者註）の申し条を御きききとどけ下さらねばいたし方御ざいません、菱海は再び陛下側近の賊を討つまでであります、今度こそは宮中にしのび込んでも、陛下の大御前ででも、きっと側近の奸を討ちとります」などからも充分推察できる。其の意味で誤解を恐れずに言えば、「昭和」の天皇制は、「民衆が一つの共同の幻想に身をゆだねることによって、自らの生を位置づけ確認しようとした」志によって、あるいは「人々が〈生きる〉道を得られると信じ」賭けようとした思想の果てに形成されたと言ってよいかもしれない。しかし、だからと言ってそれが「順接」というような言い方をされてよいかどうか。私は否定的である。この問題のゆきつくところが桑原氏の言われるように、「本当に問題にしなければならないのは、〈天皇制〉そのものの問題でもなく、〈国家〉そのものの問題でもなく、自らの真の生きざまを求める過程で、必然的にそんな分泌物を滲出させざるを得ない〈民衆〉の問題が基本になるのではないか」ということは認めるが、私共はその前にまだせねばならないことが残ってはいないだろうか。それは、先にも言ったように、民衆が己れらの生の意味を確認したいとする「志」、それを支えた「倫理」を天皇制イデオロギーへと媒介したイデオロギーを鮮明にさせ、それを撃つことである。過酷な情況からの解放が近代国家の確立などという国家の側の意図などでは何ら為し得ないことをしたたかに思い知らされた民衆が、とどまるところ己れらの日常の生活のあり様にこだわり続けて生きるほかないと思いを固めようとした時、再度救抜の方途として天皇制イデオロギーを担ぎ出したのは何物であるのか。よしそれが民衆そのものの意識下に潜むものであったにしても、イデオロギーとそれに形を為さしめたものは明らかにしておかなければならないし、それが私共が為さんとする宗教批判＝イデオロギー批判の課題ではなかったか。

　桑原氏のいわゆる「大義名分や〈上からの〉呼びかけを聞き流しながらいつも自分の生活の座にこだわって生きようとする、〈革命性〉をはらんだ庶民意識」というものに私はこだわっている。それは、昭和のクーデターの試みが「革命性」を含んでいたからと言ってそれと「順接」しうるような質のものではないと考えている。

014 反省や決意ともいえぬ決意など

・「指」299号（1976年8月）

まとまって何かを書くという状態にない。主に精神的にである。原因は自分にも定かではない。乱飲の果てと言ってしまえばそれまでだが、それはさて何故の乱飲であるかとなれば、無間の自問のみとでも言うほかない。書き出してからこうくると何やらアル中寸前のようだが、それほどの事では勿論ない。ただ根からの怠惰に身を任せてマゾヒスティックな喜びを感じているだけかもしれないし、意志してこういう状態に自分を追い込んでいると言えなくもない。というのは、何かを考えたり、本を読んだり、その結果として何かを書こうと考えたりする事にどうも適性を欠いているのではないかと思ったりして、生活者に徹して可愛くてたまらない子供達と遊び呆けている事の方が、少くとも子供達だけでも喜んでくれるのではないかと思ったりするからである。しかし勿論、悲しい事だがこれではいけないという気持ちもあって、ある日、突然早起きして本を読んだりもする。要するに特別の事ではない。普通の人になりつつあって、これは慶賀の至りとでも言った方が良いのかも知れぬ。

要は書くべき事（編集者から「指」誌上での「天皇制論争」に更に真面目にかかわれと、7月号の小林平和氏の論文の原稿を送り付けられていた）が書けぬ言いわけで、身辺の事、あるいは近頃読んだ本の事なぞ思いつくままに書かせて戴くことの弁明でしかない。

先に「可愛くてたまらない子供達」なぞとやわな事を書いたが、親と子の関係について近頃目にしたものの中から三つの関係のあり様の例を挙げて、自分の事も合わせて考えてみたい。

ひとつは、松永伍一の『子消し曼陀羅』で示された氏の視点である。

わが子は十余に成りぬらん　巫してこそ歩くなれ　田子の浦に潮ふむと　いかに海人集ふらん　正しとて　問ひみ問はずみなぶるらん　いとほしや

という平安末期に集められた『梁塵秘抄』巻二の中のこの歌謡に触れて、「この母親の内面に生起するのは、失ったものへの切実な愛である。抱擁することのできないものへの狂乱のパントマイム的愛撫」であるが、このどこにでもありふれた母親の愛のありように「エゴイズムの平板さ、ある瞬間から狂い出したように愛に身もだえする本能の激しさ、罪と抱き合わせてことの本質をつかむ素朴さ、それは親というものの愚しさと同時に、怖さを感じ」るという。氏もいうようにこのような親からの関係のとり方は、子供の側からすれば、「守奉公に出すなよ親は、親だないぞえ子の仇」「子守さすなよ邪険な親が、なぜに乞食をさせなんだ」という子守り歌にみられるように、子を手放さざるをえなかった親の立場なぞ理解の外でしかなく、憎悪として返される。しかしこの激しい憎悪も、共生の願望を深く秘めており、「パラドキシカルな抱合」を意味するものでしかない。子の側からの対応はともかく、親である私の問題としてみれば、「狂乱のパントマイム的愛撫」に身を揉めば揉むほど、そこに己れひとりの贖罪と済度を願う身勝手さを読みとるべきであろう。以前、地蔵信仰に触れて、「子消し」「子がえし」を強制した情況への抗いの表現であると書いた事があるが（その視点は今も正しいと考えているが）更に親の子に対する愛が、子を切り捨てて（それがどれほど強制されたものであろうと）猶、罪の償いとしての信仰という形をとりつつ、己れの救済を願望する残忍さを孕む事を見てとらねばならないだろう。甚だ言い辛い事だが、近頃新聞紙上で、第二次大戦末期中国大陸で生き別れた子供の生存が確認され、再会を一日千秋の想いで待つ母親の記事なぞが紹介されているのを目にするが。これ以上は言うまい。他人の介在を峻拒する親と子の間の問題である。ここでは、親は子を殺し得るし、生育途中で手放し得るが、子は親に対してそれを為し得ないという事を確認し、私もまた可愛くてたまらないなぞと言いながら、この関係の中にいる事からまぬがれえない事だけ自覚すればよい。ただ情況の平穏さの故にそれが露出しないだけの事である。

　ふたつは、前の例と問題領域としては同一であるが、昭和という時代の日常性としてあったという意味で、更に疎外された情況では親はかくまで言い切れるという意味で例を挙げてみる。『伝統と現代』41号の「昭和民衆精神史ノート」と題された後藤総一郎の論文からの娘の身売りについての記事の孫引きである。その前に、やはり同論文中に情況を知るのに都合の良い、当時の或る小作農の一日の食費の表があるのでしるしておく。

　或る小作農（五人家内）一日食費

朝食　粥　七銭五厘
　　　沢庵漬　二銭五厘
昼食　粥　七銭五厘
　　　豆腐のから　一銭五厘
　　　沢庵漬　一銭五厘
夕食　麦飯（米三麦七）　十四銭五厘
　　　野菜の煮物　九銭

沢庵漬　一銭五厘

これとても最低という事ではなかったそうである。

さて、娘の身売りの記事だが、『週刊朝日』の昭和6年11月22日号の「『乙女の居ない村』を訪ねる」というルポタージュの中に、23歳の長女を売った40代のその母親の言葉が紹介されている。

「借金を返すためと一人でも家族を少なくするために長女を売ったのだが、その身代金は六ヵ年で八百円、その内二割を周旋料、別に仕度料その他を差し引かれたので、手どりは五百円になった。自分の娘を自分が育て自分で売ったのだから、別に悪いとは思わない。他所には娘を売った金で善光寺詣りや金華山詣りをしたり、鳴子温泉あたりに湯治に行くものさえあるのに、自分のところでは借金を返すために売ったのだから、少しも恥じることがないと考えている。」というものである。勿論こうした言葉の裏側にはりついているであろう想いが如何なるものであったか推量の術もないし、ルポの題からして記者のひからびた精神のありようが透けて見えるようなものだが、ともかく限定された情況下では、娘を育て売ることがひとつの「産業」となりうる事は事実である。そこでは「子消し」「子かえし」という事もなく、女の子の生産は即ち商品の生産であるという、想像を絶する親子関係が、たとえ瞬時にしても成立していたと考えざるをえない。例外としてなら現在でも時折中学生の娘に売春をさせていた母親の記事なぞ見かけるので、そういう事もあるか、という程度で済ませればいいのだろうが、ある時代のひとつの地方で、こういう親子関係が定着しつつあったという事からすれば、民衆意識の暗部に未だ継承されている問題として考えておかなければならないだろう。母子心中という日本的現象の原質は、こうした親子関係の中にあるのであろう。

みっつ目は、森崎和江の『からゆきさん』が伝えるおキミと綾との義理ある母子関係についてである。「おまえのような不良少女のめんどうをみてやるのはわたししかいないよ。どうするかい、わたしの養女になって親を養うなら、女学校にいかせてやる。いやなら、すぐいんばいになれ。いんばいになるかい。それとも、女学校へいって親を養うかい」「あなた、売られるということ、少しはわかった？　一代ですまないことなのよ。売られた女に溜まったものは、その子の代では払いのけられそうもないわよ、どこまでいっても。あたし、わからないの。売られなかった女というものが少しもわからないの」

「いんばいになるか、死をえらぶか、といわれたら、死ぬんだった。うちは知らんだったとよ、売られるということが、どげなことか……」「もう、あたし、だめ。あの人負いきれない。やっぱりもう棄てる」「このいんばいおなご！　嫁いったとおもって恩を忘れたか。ひとりの男も百人の男もおなじこつ。うちはおまえの腹んなかを、ようしっとるよ。おまえのいんばいをようしっとるよ。おまえが奥さんづらしたって、おまえがいんばいちゅうことを、ちゃんとしっとるよ」「キミはわたしを自分のなかまだど信じつづけるために、わたしを養ったのね」「ウェヌム、チャシキッ！」。

ここにある関係は、私の想像の射程を越える。型通り、あらゆる情況から疎外された人間の、深く傷つけ合う事によって互いに泣いている瞬間にのみ共生を実感する関係、親子関係の中にそうした質があるなぞと言ってみても何も言った事にはならない。

ともあれ、この三つの例はすべて母子関係であって、母の共犯者である父と子の関係については触れていない。日本における親子関係とは即ち母子関係であるというところに問題はあるのであろうが、その問題を深化する力は今の私にはない。

問題領域は全く異なるが、近頃読んだ本について、紹介やら感想やらを書いてみる。

遠藤鎮雄著『加波山事件』。もう4、5年前に出された本である。著者が私が学生時代4年間下宿していた家の4軒隣りに住っておられ、時折本を借りる為に伺った事のある方であるという事と、色川大吉氏の影響もあって、自由民権運動左派というか、今風でいう過激派に興味を持ちながら読まずにいたものだが、最近電車の中で読んだ。扉に「テロリストとして、あなたがたを葬り去ってはならない。草莽掘起のあらわれとはげしさとを、何としてもここに留めて、不滅たらしめたいと、純烈なる反逆精神をつらぬいた、自由民権の志士あなたがたのみ魂に、わたくしは熱く祷って告げる」という著者の辞があって、8、9年前、近所の何者とも知れぬ若僧には決して見せられなかった面を知り、惜しい事をしたとの思いしきりであるが、あるいはこちらの方で読みとれなかっただけの事かもしれない。

内容は、著者もあとがきで述べておられるように、長く偏見の中に放置されてきた、加波山事件について、いわば「定本加波山事件」とでもいいうるような通史を書かれたものである。その文章の凛とした張りは村上一郎にも通じるものがあり、「志士」を扱う者の心の立て方を思い知らされるようである。2年ばかり前、私が栃木市に住んでおり、本書中に随所出て来る地名、それは、住居のすぐ近所にあった錦着山という小高い丘で、志士達が運動会と称する武闘訓練をしたとか、時折飲んではふらふら歩いていた旭町、あるいは万町界隈で彼らが種々の会合を持ったとか、懐かしさも手伝って、乗り換えの為のホームでも歩きながら読み続けるほどであった。

読みながらふと思った事だが、先の村上一郎に『志士の文体』という文章があるが、加波山蜂起の際の「檄文」の文体の貧弱さについてである。この点は遠藤氏も指摘しておられて、氏は「兵馬倥偬の間に成ったもの」であるからとされながら、やはりその質を問うておられる。引用すると「抑モ建国ノ要ハ衆庶平等ノ理ヲ明ニシ、各自天与ノ福利ヲ均シク享クルニアリ、而シテ政府ヲ置クノ趣旨ハ人民天賦ノ自由ト幸福トヲ扞護スルニアリテ、決シテ苛法ヲ設ケ厭逆ヲ施スヘキモノニアラサルナリ（中略）夫レ大厦ノ傾ケル一木ノ能ク支フル所ニ非スト雖モ、奈何ソ座シテ其ノ倒ル、ヲ見ルニ忍ヒンヤ、故ニ我々前ニ革命ノ軍ヲ茨城県真壁郡加波山上ニ挙ケ、以テ自由ノ公敵タル専制政府ヲ転覆シ、而シテ完全ナル自由立憲政体ヲ造出セント欲ス、嗚呼三千七百万ノ同胞兄弟ヲ我党ト志ヲ同フシ、倶ニ大儀ニ応スルハ豈ニ正ニ志士仁人ノ本分ニ非スヤ、茲ニ檄ヲ飛シテ天下同胞兄弟ニ告クト云爾明治十七年九月二十三日」というものである。気迫が足りない。平尾八十吉の筆になると言われるが、志のはやりのみあって、勁さが足りない。追いつめられた果ての挙兵であったが故に、三千七百万同胞への優しさの不足の故であろう。比較する事その事が加波山の志士に対する無礼となるかもしれないが、昭和維新を断行すべく結集した「桜会」の、橋本欣五郎大佐の筆になる結成「趣意書」の文章など、昭和維新を志す者達の質を露呈して余りある。曰く「（前略）而して今や此の頽廃せる政党者流の毒刃が軍部に向い指向せられつつあるは、これを〝ロンドン条約問題〟に就て見るも明らかな事実なり。しかるに混濁の世相に麻痺せられたる軍部は、この腐敗政党政治に対して奮起するの勇気と決断を欠き、（中略）過般、海軍に指向せられし政党者流の毒刃が、陸軍軍縮問題として現われ来るべきは明らかなる処なり。故に吾人軍部の中堅をなすものは充分なる結束を堅め、日常其心を以て邁進し、再び海軍問題の如き失態なからしむるは勿論、進んでは強硬なる愛国の熱情を以て、腐敗し竭せる為政者流の腸を洗うの概あらざるべからず。」

世にいう10月事件首謀者の文章である。このような文章を書く者が、事挙げを決してしてはならない。ひるがえって自分はどうであるかとなると、60年代から書き散らしたアジビラの文体などぞ、文体とも言えず、志の弱さを思い知らされる。

先の村上に「ますらおが世を歎くことを知るとき、変革は起こるので、青写真のみ尊とんで、悲憤慷慨を馬鹿くさく思ってはなるまい」(『非命の維新者』)という言葉がある。

もう一度最初から考え直して再出発しようと思っている。丁度勤めていた会社が倒産して、浪人という身ではあるし、いい機会だろう。日本キリスト教団東京教区へのかかわりにしても、「悲憤慷慨」にどれほどの優しさと勁さとをこめうるか。31才である。まだ出直すには大丈夫な年であろうと考えている。

015

・「指」301号(1976年10月)

座談会 「指」300号——総括と展望

小田原紀雄　桑原重夫　小柳伸顕　真田治彦　田村信征　宮滝恒雄

宮滝　まず300号という点ですけど、前の195号までは事実上赤岩栄さんがやったわけで、300号というようなことばにこだわって、それをなんらかの成果にふまえた座談会という、そういう気持で300号ということはいいたくない。むしろ号に関係なく、今「指」が充実しているかどうかということが問題だと思うんですよね。200号から300号にいたる9年間の100号というものは、やはり現在の活動のいろんな意味での現実的な成果という、そのへんは問題にせざるをえないと思います。九年間をざっとふりかえってみますと、この8月号にぼくがちょっと書いたことですけど、「指」が面白くなるのはこれからだという、こういう自画自賛が、はたして強がりに終わるのか、それとも、あるていど客観的に事実といえるのかどうかという、そのへんの評価につながってくると思うんですが、もうひとつは、9年間で「指」はかわってているということ―、これは異論がないと思うんです。

大きく前半と後半にわけますと、田川建三さんが外国へ行かざるをえなくなったというような事情が、ちょうどまんなかあたりに位置すると思うんですけれど、その事情がやはり「指」の内容的にも学園闘争という、あるいは70年安保というそういうこととひじょうに深くかかわっているので、そういうことで外国に行かざるをえなくなったというふうなことが、ぬくわけにはいかないことです。そのことは現在の「指」のことにも多少つながってきますけれど、堀田さんとか、あるいは坂田さんという、ちょうど十代の終わりに70年学園闘争をやっていた人たちが、その経過をたんに過去のものとせずに、その問題を問いつづけていると いうことで、現在の「指」にひとつの執筆者をかたちづくっているということをふまえなくてはいけない。もうひとつの問題は、田川さんが外国に行かざるをえなくなったちょっと前に、東京をはなれざるをえなくなったわけですけれど、それで関西の自牧連(自立的牧師連合)なんかとのコンタクトができて、外国へ行くような事情になったときに、その後持続するうえでの、自牧連の協力というか、参加という問題になったと思うんです。それからあとの問題として「指」の執筆の上にあらわれてきた問題は、教団闘争と、最近の天皇制をめぐる論争―そのことが現在、いくつかの柱になってると思うんです。このことは、これからの展望というところで、あとで問題にしていただきたいと思います。

それが前半、後半、ですが、その変化を別の面からいいますと「指」の再刊当初、われわれが一種の気負いでやってたことは、われわれは直接キリスト教の問題を批判的に論じることと同時に人間の問題ということはやはり考えていた。ところが最近、そういうふうな意識があまりなくなって―、逆にいいますと、人間性の問題をわれわれが全面的に「指」のひとつの柱と考えたのは、やはりどこかキリスト教的な意識の裏返しにすぎなかったんじゃないかという気持があります。だから、今あえてそんな意識を持たなくても、黙って、それならそれで言えばいいじゃないかというふうな感じがしますね。そういう変化ができたのは、やはり、そういうキリスト教の裏返しとして人間性の問題をわれわれがはじめて問題にできるんだという、そういう気負いがちょっとなくなったんじゃないかと思うんです。そういう感じで現在のところへ来てるわけですけれども。そのへんで、これから面白くなるというふうなそういう変化へ向かっているのかどうかですね。一方でやはり批判があると思うんです。「指」の文章そのものがジャリの文章になったとか、商品価値がないとかいう話があるわけですけれど。では商品価値とはなにかという問題になると運動のなかから主体的に出た評価じゃなくして、むしろ商業資本的な評価を商品価値だと考えているという問題があるとすれば、それは別に聞く必要はないということになりますけれど。

1・「トータルな人間」をいわなくなった

真田　トータルな人間というふうないいかたは、おそらく赤岩さんがやってたころの個人雑誌的な性格―そのばあいに、なにか書かれている思想というよりも、赤岩さんの人間性というのかな、人格的な影響力というのがあって、「指」と読者との関係は、なにかひじょうに人間的な関係だったと思いますね。そういうイメージが再刊以後まもなくまでつづいていたと思うんですね。さっきいわれたように、それが全体的な人間ということを問題にしなくなったというそこの問題を、もうちょっとほりさげていいような気がするんですけどね。なぜそうなったか―、なるべくしてなったというのか、意図的にそうしたのか、意図しないで自然とそうなってきた情況的な問題があるのか、あるいは執筆者のなかに、人間の全体ということをいうほど力量がないということなのか。そのあたりがやはり、昔の読者と、最近の新しい読者との移りかわりみたいなことにもあると思うんですね。

桑原　いま面白さという話が出たがそれについて。いま面白い方向をむいているかどうかしらんが、たぶんむいてるだろうね。「指」をいちばん最初手にしたころ―赤岩のころ―、ひじょうに面白いと思ったのね。何号だったかな、チェホフの「桜の園」の批評が出とった号です。それで面白いと思ってね、創刊号から手に入れて、ずっと読んで、いまでも持ってるわけです。ところが、最近それを取りだして読んでみたら、ぜんぜんそのころの、面白くないんですよね。けっきょくそのころの面白さというのはいまの全人間的なとらえかた、といいましたけども、ぼくにしてみれば、やはり、きわめて非主体的な興味のなかで、あるスタイルとか、気どりとかね、そういうところにたいする、自分とちがうものにたいするおどろきみたいなものが占めておったと思うわけなんです。読んだら自分とはちがう世界のイメージが究明されていて、面白いと思っているんですが、しかしそれはすぐ飽きてしまうし、何か変に嫌味がだんだん増してくるような文章。

ところが、それとちがったところで、こんど途中から面白いと思いだしたのは、赤岩の生前時代からだけども、八木とか田川が登場しはじめて、それがちがう斬新さというものをぼくたちに示してくれる。そういう流れのなかで、復刊号からずっとつづいてきていると思うわけでしょう。こんどは自分自身のいろんなかかわりとか、教会のなかにおける問題意識とか、わずかな闘いとかを通して、自分の主体的な変化とか物の見方の相違とかあったと思うんですよ。そういう点での面白さがつづいてきているんじゃなかろうか。そういう目からみると、復刊以前の、ほとんど読めない、というところで、やはり宮滝さんのおっしゃった、面白さとはなんであるかということとともに、どういうふうに問題をとらえるかという、人間そのものの、主体に語りかけ、文体から発してゆく文章が、ジャリであれなんであれ横溢しているというそのことは、評価できると思ってるんですがね。

宮滝　桑原さんがいま、復刊以前と以後の面白さの対比ということでいわれたことは、ぼく自身は、復刊以後の前半と後半で、ちょうどそういう感じをうけるんですよ。自分も復刊にかかわって、前半ひじょうに一生懸命やってきたつもりですけれど、そういう面白さというのは、復刊後の最初の時期と、最近とでかわってきているようなんですけれど。だからやはり、トータルな人間ということを、いままでのキリスト教的なことばにかわることばとして、初期のうち使っていたような気がする―それは、人間の問題というものを、われわれだけが、独自な切りこみかたをできるんじゃないか、そういうものがあったんじゃないですかね。そういうのはひじょうに独善的ないいかたであって、そういうことはあえてもういうことは必要ないというふうに最近なってきてそれで自然とそういうことはいわなくなってきたんじゃなかろうかと思うんですね。

真田　トータルな人間というのはやはり宗教の裏返し、裏側というような、いままでキリスト教でやってきていて、それを脱出したという時点で、宗教にかわるものとして、全体的な人間というのはいわれていたような気がするんです。それがいえなくなった理由はいくつもあると思うけれども、ぼくはキリスト教批判ないし現代批判というようなテーマが、かなりはっきりしてくるにつれて、全体的な人間という問題設定がちょっとおかしいんじゃないか―、そういう問題がありはしないかと思うんですね。つまりキリスト教批判とか現代批判ということをつづけてゆくばあいに宗教の裏返しとしての全体的な人間という見方がまちがいだと―そこまでいえるかどうかしらないが―、そういうふうになってきたような気がします。

宮滝　だからそういう関連のものが最近の「指」にないわけじゃないですね。岩浅さんのドストエフスキイとか、小田原さんの一連の「南無や大悲の地蔵尊」的な流れとも、ぼくもたまに書きますけど。かつては、それをあえて、これはトータルに人間性を扱うんだと位置づけをしたかったわけです。最近もうそんなことはなくて、たとえば、一見ぜんぜん関係もない「ラリーの話」とか、載りますね。それを結びつけなくてもういい、というふうなね。そこには、結びつけないけれど、結びつくようなものだというね、すでに予感しているようなところがあるんじゃなかろうかという気がするんです。

小柳　だから、言いかたかえたらね、編集というか、書くほうもそうですけども、「指」にたいする気負いがなくなった。―「指」だからなにか新しいものを出さなきゃならないとか、あるいは最先端をゆくようなものを出さねばならない、というようなものがあったのかなかったのかしらないけれども。赤岩さんの「指」のばあいは、来月号ではなにをいうかという、読者にたいする期待をいだかせるような―いいかわるいか別にして―そういうものがあったと思う。そういうものが再刊以後初期のものはあったですね。八木がなにをいうかとか、田川にしたってなにをつきだすかというかたちがあったんですけども、最近はそうじゃなくて、みんなが闘っているとか、みんなが経験していることを、それぞれ書くなかで、「指」の場所みたいな、広場みたいなものが形成されているんじゃないかと思ってますけど。

小田原　ひとつは流行もあると思うんですけどね。ある思想的な課題を表現するときの、表現の流行ですよ。あるというのは、トータルな人間とかいうようないいかたが――、私などはよくわからないが、おそらく60年代の前半ぐらいでいわれたことなんで、まだ中学生か高校生ごろのことの話のわけですから、私なんかが知ってる限りでいうと、60年代の後半に「ただの人」になるとかね――全共闘運動の――、ああいう表現というのは一所懸命いわれたわけですよ。あれがある種のトータルな人間といういいかたの表現をかえたかたちだったろうと思うんですね。ところが、70年代に入ってそういういいかたをしなくなったという、ひとつの流行でもあるだろうという問題と、いま小柳さんがおっしゃったように、気負いがないということがあると思うんですよ。これは、ひとつは再刊のとき以後の、田川さんや八木さんやの、時代を切りひらくみたいな書きての気負いがすごくあったと思うんです。ところが、こう運動そのものが大衆化してきて、運動にかかわっている者だって、別にめずらしくもなんともなくなってきたんです。もっともそのころの大衆性みたいなものがあるのかもしれませんが。なんか人間の問題を語るったって、なんていいますかね、ひどい話ですが、私なんかだったら、小沢昭一なんかを読みながら、けっこう考えてるなというところにあたったりするわけですね。もうみんなよってたかってそういう感じになってきてるんじゃないですかね。だからもっというと、吉本隆明の表現が、――私らの世代が、60年代の後半ぐらいから、吉本の表現というのがまたよかったわけですよね。ところがあれも別にどうってこともなくなった、というのがあるでしょう。

2・気負いがあってもいいではないか

桑原　ぼくはさっきの宮滝さんの感じとはちょっと逆になっているんでね。やっぱり、幼稚なのか若いのかわからないけれど、気負いが欲しいんですよ。その気負いが、赤岩というのはもうちょっと嫌味がね、その体質というのがついてくる。あのへんにいた連中はいま、井上良彦とか小田垣とか、ああいうふうになってゆく素質の者が、同類が集まってやっていたときがあるから、あすこはちょっといただけんけれども、しかし、復刊後の、とくにＩＣＵ闘争やっていたころの余波というか、ほとぼりみたいなものが感じられる田川の文章―、そういうものにたいしては、いまでもひじょうに共感というかおもしろさを感じるわけですよ。それが一般化されてしまって、なんだか腑ぬけたような、逆の意味でおとなびたような文章が登場してくるというようなことになってくると、これがいいのかしらんけども、ぼくはやはりそこに全体をそうとらえて一般的にね、語っていって、ぼくらは禅坊主みたいなことはやらなくていいんだから。やっぱりひたむきな執着と、なにか賭けたところから出てくる人間理解というものが、もうすこし出てくる、そういうところが最近ちょっと、―まァ、自分自身はとうていだめだとしても―、欲しいような気がするんだけどなァ。その点あかんのかねェ、やっぱり。

小田原　いや、私がいったのはね、いいわるいの問題じゃなくて、そういうふうになってきつつあるだろうと。というのは「指」だけじゃなくて、ほかの雑誌を見ても、気負った文章というのはなくなってきてるわけですよ。たとえば気負った文章ばかり載せていた「現代の眼」という雑誌がね、やっぱりあれ、私の表現でいえば、息子が立つぐらいの迫力が（笑い）、60年代の後半なんかあったわけですよ、あれ読んでることでね。夜中に消耗してですよ、家へ帰って、デモでぶったたかれたかなにかで帰って、あれ読んで、斉藤龍鳳や平岡正明や何やガーッと書いてるとですよやはりある種の燃えるところがあったわけですよ。ところがね、ぜんぜん燃える文章だれも書かなくなったわけですよ。これはね桑原さん、期待しても無理なんであってね、ぼくは情況的にもうだめだと。いまとりあえず燃えてこないわけですよ、これは。

3・現実はつづいている！

小柳　今日も電車のなかで、もう一回、田川の「ウィリヤム」を読んできて、やはりああいうかたちで書評なら書評ができるとすればやはりキリスト教批判を具体的に展開できるんじゃないかな、と思いながら読んできたんですけどね。そのへんがちょっとないなァと思う。ぼくらがしてないことも含めて。だから、たとえば、八木は八木でこっちへいってしまう、滝沢克己は滝沢であっちへゆくというのをね、まァそれもいいだろう、というかたちで「指」は見送ってるような感じがしないでもない。かつては、去る者は追わずといういいかたじゃなくて、そういう意味でのキリスト教の問題のしかたもあるのじゃないか。

桑原　その点では、八木は全くおかしいし、滝沢もどうなのかしらないけども、まァ本流といったらおかしいけどもね、そのキリスト教自体のいくじなさというか、ほんとに批判をそそるような、食指が動くような挑戦がないということが大きな原因でしょう。やはりやれば、もういいふるした初代教会から歴史的な問題を含めてね、そういう問題、また万博問題と正常化批判ぐらいしか、神学的業績としてもまったくないでしょうね。この前大阪で市川恭二とパウロ主義批判の論争―論争じゃねえや、ばからしい―をやったよ。あれでもうがくんときたもんねえ。そういう状態がねえ、相手の責任にするのは悪いけれども。こっちから新しい批判を作っていかにゃいかんし、そういうことじゃないかな。だから別に宗教批判というかぎり、滝沢あたりね、対象にみすえてのりこえるようなものを総合的に訴えてゆくほかないだろうね。

小田原　いまのキリスト教批判なんかの問題でいえば、私らの世代でいえば、なんか終わったんだというようなところがあるわけですよ。というのは、どういってみたところで、かつて「指」で書いてた人たちがいってしまっていることを、もう一ぺんいってるだけにすぎないという気がありますね。だから本来ならやっぱり二十代の前半から後半ぐらいにかけてですよ、とにかく意地になって直対応的にでもつっぱってゆくみたいなところがあればよかったと思うんですよ。60年代の後半から70年代の初期にかけて、われわれの間でよく話されたのは、すくなくとも、一番最初の時点では井上良雄を徹底的にたたきつぶして次へ一歩出ようと。そのつぎにおそらく滝沢ぐらいの射程まで含めての問題になってくるだろうというようなことをいって、やれやれってんで、一時期須郷さんが井上良雄論を、自分としては整理するぐらいのつもりで書くというような感じだったと思うんですよ。ところが、あれも途中で消えてしまって、一度もぼくらとしては、まともにねバチーッとあたらずにね、もうすんでしまった問題として、「指」はすでに終わったんだという感じがあって、ついにやってしまわずにずるずるきて……とまァそういう感じですよ。

小柳　田川の宗教批判とかキリスト教批判ではないですけど、理論的には終わっているけどね、現実の問題としてぜんぜん終わっていない。それをやっぱりどうするのか、そのなかで自分たちはどういうふうに、運動としても、理論・ことばの上でもやってゆくのかという問題というのはあると。執拗にやってゆかなきゃならないんじゃないかと思うんですよ。

宮滝　たしかに批判として終わっているということと、しかし現実はつづいているということをどうするかという問題は、依然としてあると思うんですね。あるいは理論の内容としてひじょうに低いレベルだということで無視しようとしても、そういう低いレベルで存続するのが宗教だという現実が一方であるわけですね。

桑原　そのことにかんして、関西で万博の闘争が起こったころ、天皇制国家批判といっしょに宗教批判という問題が起こってね、その時分にわれわれがいってたことは、そういうことですよね。たとえば、そういう仲間が尖鋭な論議をし、宗教批判をやりきったとしても、そんなことと関係ない教会がいっぱいあるし、教会がつぶれれば他の教会が繁昌するだけだということでね、若い青年たちがいってましたけども、その点にかんしてはあまり興味がないんやね。それはたとえば「指」とか、そういう論争とか議論によって生みだしていったり、なにか「指」でとりあげるような課題とちがって、それは実際に労してひとつひとつつぶしていってあるいはそれとの直対応的にでもね、できあがった現象にたいして講じてゆくことじゃなかろうかと思うているわけです。ただ、それをもう少しひろげてゆくならば、小田原たちがやっている「南無や大悲の地蔵尊」とか天皇制の問題とか、ああいうところとの関係で、そこらあたりの問題と結びつけばそれなりにおもしろいと思うけれども。民衆論のようなものがでてくるけれども。

小柳　ただね、あれを読んでもう一回考えなおそうというような論文があればおもしろいなァという気はする。いろいろやってて。自分がやってて考えてそこから進まないときに、「指」にあれがあったな、ということになれば。そういうものとして、どこかで理論構築しておかねばならないんじゃないか。

4・生活の場そのものの問題

小田原　もういうことないですね—「指」でということじゃなくて—。もうみんないいたいことは全部いったという感じになってきて、突破口がひらけないですね、そうでもないですか。そうなぜてる、一所懸命なぜてるという感じになってしまっている。先ほどもいいましたが、ほんとうにこう燃えてくる文章ってなくなりましたよね。たとえば、日韓の問題で韓国の状況を論じたり、「世界」に載っていた韓国からの通信を読んでると、しんどいなァとすごく思うし、きついだろうな、という感じはしてもですよ、こっちのパトスになってこないんですよね。なかなか。そういうことが全体にいえるんじゃないですかね。

宮滝　9年間で変るものはかわって、変わらないものは批判の火種をたやさないという持続性の意志だけであるということを書いたのですが、それは最低限のところを書いているわけです。さっき桑原さんは、燃えるような文章を書かなくちゃいけないといわれましたが、頼むほうからいうと、みんな書きづらくなってるというか、そうとう元気出して書かないと書くことが大変だというときだという感じがしますね。ところが再刊のころは、そんなに元気出さなくても書けたというところがあるわけですよ。その変化というのは何だろうという気がします。

桑原　やっぱり敵が明確に見えない、だいたいボヤーッとしていても生きていけるという、そういうことで。このまえ「歴史的類比の思想」見ていたらね、わりあい燃えるものがある。

宮滝　たとえばあの本の後書きで、あの本が台湾で印刷されるということについてまで、きりっといってるわけでしょう。かえって日本にいると、いろんな身のまわりの品が、韓国など労働力の安いところでできている、そういうことにいちいちいわないですね。逆に田川さんなんかに指摘されるとアッと思ったりしてね。そういう点はありますよね。

田村　田川さんのあれなんか読んで、まァいってるな、という感じでね、そうはいってるけども、そうでもしなければ商売が成りたたんよ、という感じの方が強いからさ、かぶる気しないですよ。田川さんはあの立場であればいえばいいんでね。ぼくなんか安い下請けを探してね—朝から晩まで。そういうふうな感じで。田川さんこういうことをいうのかな、という感じでね。ぼくなんか宮滝さんとはちょっとちがった印象で受けとめちゃうんですね、ああいう後書きは。ふるいたつというよりも、自分をむりやりにふるいたたせようとしないと、ぜんぜんたたないんだよね（笑い）、最近は。だからがむしゃらにね、自分のできる範囲でやることだけは追いこんでゆくというような感じになって、疲れてばかりいるんですね。

桑原　たとえば、あなたが沖縄にいったでしょう。そういう問題にふれ、人に接して、どういうぐあいに感じるわけですか。

田村　沖縄にいっても、そこに生きてる生活者の感じは伝わってくるんだけどさ。ぼくのところは零細中小企業だけどね、やっぱり商売ということになれば、ずいぶん酷なこともやるわけですよ。まさにそういう部類の人たちが、たとえば沖縄なら沖縄で象徴されるのだとしてもね、ちょっと距離をおいちゃうんですね、どういうわけか。

小田原　強いていえば、やっぱり生活の場そのものの問題までいっちゃうものですからね、まァいいかげんなところにしとこうかというようなところがあるのだと思うんですよ。だからこの前浜田さんは自分の生活の場を書いてたわけですが、田村さんも私もほとんどそういう問題にふれないというところがあるわけですね。きついですよ、やっぱりふれていくと。今おっしゃったように、印刷が台湾でされるとかなんてな問題は、ほんとに日常的にあるわけでしょう。台湾でやらないだけで、彼がいうように、身近にいくつかある大中の下請けを順番にたたいていって、あい見積りで安いところにさせるというのは常識の問題でしかなくなってしまっているわけで。そこで、自分らよりもっと底辺の労働者がどれくらいしぼられているかというところは、―問題指摘はそのとおりなんですけどね―これをたんに、それこそ後期資本主義というか、それの構造の問題としてさあっといってみたところでどうにもならないというところあるわけでしょう。ほんとはもならないといても。最近読んで面白いなと思うのは、先ほどからいってるように、燃えてこない、文章なんか読んでいても。最近読んで面白いなと思うのは、鎌田慧という人がいるでしょう。やっぱり面白いと思うんですよ。彼の視点がどうこうじゃないんですよ。書いている現実そのものがきついなァ、というあの迫力というものはあると思うんですね、現実の迫力というのは。そういうものがぼくらが欠けてるというのはね、彼の場合でいうと、彼はそこで食ってるわけじゃないから。時どき、日産の工場に2年間つとめましたと。その結果として書くんだけれども、彼はそこで死ぬまで食うわけじゃないし、ぼくらはその世界で食ってようと思ってるから、そのへんが対象化しきれないで、ずるずるいく。ほんとはそのへんを対象化しきればきっと面白くいけると思うんだけれども、まだそのへんで突破しきれないというところあると思うんですね。小野木祥之さんなんか、また別の組合という視点がはっきりしてますんでね。また別でしょうがね。

5・批判しきるということ

田村　宗教批判にしてもなんにしても、宗教批判というのは、くたびれちゃったね（笑い）。論理的には終わった、現実がつながるんだということをいうんだけどね。で具体的にかかわっている現実というようなものが、ぼくなんか教団・東京教区だけど。ぼくなんかきのう会社休んでるんだ。一月に一回会社休むわけですよ。なんで休むかというと、西支区の常議員会と教師委員会があるから、聖書と賛美歌持って（笑い）いくわけだよ。くだらないし、いらいらしてくるのね、牧師の馬鹿どもの話をきいていると。だけども一緒につきあって、批判しきるということはどういうことなのかな、ということは、時どきそういうところにいくとね、身にしみて感じるわけですよ。論理の上で馬鹿にしきるということは、ぼくらはしてると思うんですよ。あいつらのキリスト教というのは、おれたちがキリスト教として、批判とか宗教批判とかいってるような相手ではない。たとえばさっきいってたような井上良雄とか滝沢だという考えかたをするんだけれども。そうはいってもやっぱり、現実に日常的につきあうキリスト者の連中、あるいは牧師たちというのは、もっと下世話なところで動いているわけで、そういう下世話なところの動きかた、様式みたいなものは、いつもキリスト教の論理のなかでオブラートに包まれていくでしょう。そこをぼくなんか宗教批判という場合にはねすくなくとも、そういう現実の下のほうでうごめいているキリスト教のどろどろしたところを、どの程度、ぼくらの論理でそこを突きぬけていけるか、ということでこだわるこだわりかたしか、宗教批判ということはいえないんだろうな、―宗教批判の狭義の意味でね。そういうところでつきあう以外ないんじゃないかという感じがする。―馬鹿にするのはすごくかんたんなんだけど。最近はどうも、一所懸命になって、カッカしないで、さめて眺めていく雰囲気が東京はあるもんですから、そういう雰囲気でもう片づけちゃうんだけども、そのへんで片づけられないのが、―たとえば、ぼくなんかでは、西支区なんかはそのへんでは片づかないわけ。ケロッと笑っていたら、どんどんぼくらはつぶされていくからね。やっぱり馬鹿にしきったところでも、徹底的に食いこんでいけるところというのは、探していかなきゃならないんじゃないか。

宮滝　ぼくなんかあまり教団問題にかかわっていない。しかしいずれ宗教批判だという課題は、自分になんらかの形で課そうという気持はあるわけです。それで上原なんかで赤岩栄研究なんかやってて、時どき、滝沢の魅力―われわれのいう魅力じゃなくて―とかね、なかなか越えられないところがある。やはり滝沢というのはそういうのを占めてるというような―、真田さんのいいかたによると、変わらないものの美しさじゃないかというわけね。それをひとつひとつたどってゆくと、やっぱり、上原にしろ赤岩栄にしろ、バルト批判が十分になかったんじゃないか、というところにいって、けっきょくバルトか滝沢にぶつかるかとなると、一方ではもうしんどいという感じがあってね。バルトを信じてやっている人がいるのに、批判がとどかない、そういうところが依然としてあるわけです。小柳さんがさっきいったような、ドロドロしたところが、こちらで指摘してもそれと無関係につづいている、という……。

真田　たとえば滝沢批判やるときに、バルト批判をやらなきゃいかん、というのは筋道はわかるんだけど、ぼくはてんから読む気しないわけ。悪いけどさ。最近の「指」では変わらないものの美しさにひかれるのかどうかしらないけれども、日本浪漫派の問題を菅沢氏なんかが書いている、ああいうやりかたのほうが、ぼくは面白いと思う。それでやりぬいたほうがかえっていろいろ見えてくる。だから滝沢もそのひとつのヴァリエーションにすぎぬと開きなおってもいいと思うんだね。

6・パウロ主義批判の総括を

宮滝　さっき日本浪漫派の問題が出ましたけど、かなり最近の「指」の編集は幅広くなっている。広げることは広げてきたし、若い人もずいぶん励まして書かせているわけですね。面白い面も出てきているし、桑原さんの単行本も励まして出すようなことになってます。パウロ主義というふうなことが依然として一方であるとしたら、単行本で出すのは、月刊誌で読みすごされるのとちがった提案になるだろう。

真田　いろいろ広がりすぎてる面はありますね。現実には、執筆者が少なくて原稿が集まらないというのがひとつあるんだけども、ただやっぱり、頼めば書いてくれる人がけっこういるということ、なんとかキリスト教批判を普遍化したい、一般化したい、―つまり、一般のキリスト教じゃないことばで出してもそれが通じるというような。それから、おのずとキリスト教批判から、いろいろ自分の穴ぼこのなかに入りこんじゃって、そこで自己展開してゆくほかない情況があるんだろうと思うんですね。そこのところでやってゆくしかちょっと手がないんじゃないかと。なにかこう見えてくるような予感がするんですけどね、―人のを読んでいくと。（笑）さっきもいったんだけど、キリスト教批判というのが拡散しすぎているんじゃないかという反省もあるわけで、その意味では３００号のあたりである程度、総括をしていかなくちゃいかんでしょうね。やはりパウロ主義批判の問題がここ数年のひとつの総括みたいな形で理論化される必要がある。それも、できればストレートなパウロ主義批判を通して、当然出てくると思うんだけれども、国家とか政治とか、民衆とかね、そういう問題の視点を提出してみるのも、「指」なんかのひとつの仕事ではないかと思う。

小柳　広がったというのは、拡散しているということと同時に、やっぱり「指」にそれだけ書いてくれる人たちがいるということは「指」に対するうけとめかたがね、かわってきたということでもあると思うね。あれはいままではだれかの雑誌、ということで、いわれたら、一緒に作ることに参加しようかということだね。この問題持ちこんでも、いまの「指」だったら載せてくれる、というそういうかたちに徐々に変化して、それが残ってきたもののひとつの「指」のスタイルじゃないかな、と思ってるんです。それと少し先の話になるがね、桑原さんの本を出すというのは、キリスト教批判に対する、つまり自分たちの姿勢というか、しかも自分たちのなかから出すということでは、そこまできたという。

真田　たとえば、滝村隆一さんなんかがいってる国家の宗教性なんかの問題を、こんど桑原さんが書くパウロ主義批判の問題でね、ああ同じことをいってるな、キリスト教の方の例でいうとこういうことになるのか、という形で、それ以外の領域でやっている人との相互影響というのはもっと本質的にないといかんと思うね。

7・「指」読まねばヤバイというぐあいに

桑原　書けいうて頼むでしょう。「指」はね、構えなきゃだめだから、というのおりますね。ぼくらいまだってそうやもん。はじめのイメージがね、なにかものすごく偉い大先生がずーっと並んで、高嶺の花のようなところでね。

小田原　ほんとにその通りですね。69年ごろだと思うんです、私最初に読んだのは。そのころはキラ星の如く輝かれる諸先生なわけですよ。それで70年ごろから、ちょろちょろっとわたしなんかが話をする人たちが書いてるという感じになってきて、最近になると、彼とかわたしとか、いつも酒飲んでるのが書いていて、これはやっぱりジャリの文章が多いといわれるのも、事実だよなァと思って、しみじみ思ったりします、自分のを読んで。(笑い)

宮滝　ぼくは今後、宗教批判というようなことにあまり関連づけるということを意識しないで、自分に関心のあることは、その関心に徹底して書いたらと思うんですね。たとえば岩浅さんがドストエフスキー書くときは、彼は慎重に、「指」の読者よりはむしろドストエフスキー研究者に発表するみたいな気負いで書いているわけです。ああいうのが必要だなって気がしてますね。そうしないと、「指」そのものもだんだん内輪的になってゆくんですね。「指」そのものよりは、関心があるときは、そっちの方向にむかっても十分読ませるということでゆけばね、そういうふうに開けてゆくような気がしてるんですがね。

桑原　よく似たことですがね、この前、自牧連で集まりましてね。そのときにやっぱり、われわれとしてはキリスト教そのものの思想的な討議が全くないというのは自牧連としては嘆かわしい。それをやらでなぜ自牧連かということになって、ひとつ一ぺんでもやろうじゃないか、ほんとうに腰をすえて追及しようということになってみなその気になっている。そういう点をね、ひとつは作ってゆきながら批判をしてゆけば、逆にこんどは、キリスト教を―ほんとの意味で、これ読まなければ、なにかものがいえないとかね、自分がヤバイとかいう質のものをね、できたらと思うわけであって、その点がもちょっときびしくやってゆかなければ。

真田　課題としてはね、宮滝さんがいったように、あまりウロウロ見ないで、焦点を定めて深めていかなくちゃいかんな、という反省はありますね。

016
敗北のきしみの中から

・「指」308号（1977年5月）

バイパスという名のついた新しくもうけられた道路を車で走っていると、時折廃屋を見かけることがある。勿論好んで捨てたのではなかろうが、庭の隅に家同様打ち捨てられ朽ちかけた屋敷神の小さい堂祠を見つけたりすると、やはり心穏やかでいられないものを覚える。屋敷神といわれるものが、家共同体の中で如何なる位置をもってきたものであるか、それを民俗学や宗教学でどう扱ってきたのか詳しいことは知らない。それにしてもこれが祖霊信仰に発するものであり、農耕社会において豊穣を祈念する対象であったことは確かであろうし、屋敷内という身近にあるだけに、他にも増して日常的祈りの対象であったろう。それを捨ててどこへ行こうとしているのかという思いはいつもしつこく残る。同様の現象は方々に表出しているのだろう。たまたま田舎に住んでいるので、散歩の途中などで石佛や道祖神をよく見かける。これらの荒れ方も随分なものである。時代を経て風化するのであれば仕方がない。『教行信証』に「阿弥陀佛も涅槃に入る時あり」とあるように、佛もまた仮の姿として人間の形をとっているのなら、風化し果てて末の死は必然でもあり、あるいは望むところであるかもしれない。しかし。ことはそれほどのんびりしたことではない。石佛一体一体に地縁一帯の者のそれぞれの思いがこもっているように、此の頃は骨董屋の店先に見かけたりするところにまで至っている。先頃『朝日ジャーナル』に大城立裕が、沖縄のある村の御嶽が乱開発で破壊されたことや、本土の骨董屋に雇われた学生などが墓荒しをして、亀甲墓のなかから厨子甕などを盗みだす事件のあったことを書いていた。これについてある巫女《ゆた》の、「私たちはそんなことをすれば罰を被りますが、ヤマトンチューは罰を被らないんでしょうか」という何とも辛い言葉を添えて。

捨てたものは大きいように思うし、民衆の信仰という表現をとっての窮状からの済度の願望の歴史を心なく踏みにじる行為に憤りを感じはする。しかし、だからと言ってこのことのみをあげつらって、あたかも義憤を覚えるということではない。それらの生活にとって意味を失ったものへの対応としてはとりたてて珍しいことではないだろうし、逆に悲憤慷慨してみせたりする輩に対しては、何やら策意が透けて見えるようで嫌な思いをする。しかし世は「宗教ばやり」である。先に数年ぶりにちょっと帰国した田川さんの日本の本屋の印象は「随分宗教書が多いねえ」というものであった。石佛に限っても、写真集も含めて色々本が出ているし、旅の雑誌のグラビアでもしばしば目にする。尤も雑誌などは例のディスカバージャパンとやらへの相乗りくらいのことでしかないだろうが、それだけですまされないようにも思える。

枕のつもりが長くなってしまった。要は、一方で宗教書ブームとでもいいうる現象がありながら、他方、生活の中にあった信仰、あるいは生活そのものとしてあった信仰が観光の対象にしかならなくなっている傾向が顕著である、その意味を考えてみる必要があるように思うのである。国鉄も含めた観光資本の側の意図は勿論露骨なまでに顕であるが、民衆の側（こういう問題を考える時、一体民衆という語でどういう人々を括れるのか甚だ曖昧であるが、さして厳密に考えずともこの際あらゆる意味で主義者ではない人々とでも考えて戴くのがよかろうと思う）においてこうした現象が進行しつつあることは、宗教イデオロギーを批判の対象に据えている者として喜ぶべきことであるのかどうか。先のブームともいわれている宗教書を買って読むような人達は民衆の枠外であることは言うまでもない。こういう本など手にとったこともない人達、宗教あるいは信仰とは、くどいようだが、日常の窮状からの済度の願望を託するものであるか、日常の平安（それは豊作や無病息災や安産やその他生活に不安を与える一切の事柄からの回避）を祈念するものとしてあり、あった人達の意識の中で信仰が風化してゆく傾向は、今更言うまでもないことかもしれないが、生活の根を失いつつある現象のように思えてならない。生活に不安を与える要因が消滅したと言えるような情況では決してない。にもかかわらずこうした現象を生じるのは何故であろうか。結論的に言うならば、外部注入される強力なイデオロギーを生活の場で押し戻す力を民衆の側で失っているということにほかならない。言い方をかえれば新しいイデオロギーなり制度なりに巧妙に生活丸ごととりこまれたと言ってよいだろう。そのとりこまれ方について生活の全領域にわたって云々する力は勿論私にはないので、問題を宗教及び信仰の領域のみに限って少し考えてみることにする。

とりこまれるという表現は正確でないかもしれない。吉本隆明氏の表現を借りるなら「共同幻想の交換―混合―統合」ということである。こうした例は枚挙にいとまがないが、一、二例を挙げてみたい。

ひとつは先頃読んだ本からの引用あるいは孫引きである。鶴見俊輔著『グアダルーペの聖母』の中の表題と同一の題を持つ章に書かれているメキシコにおけるアステカの宗教とカトリックとの関係についてである。鶴見はメキシコ滞在中にグアダルーペ寺院の祭を見物した。その折、カトリックの寺院の前で、キリスト教伝来以前からの原住インディオの宗教的儀式あるいは魔術時の治療等がなされているのに接し、奇異の念を持つと同時に、「キリスト教文明の崩壊のまぼろし」を見る。当の寺院の成立が、インディオの宗教的体験をカトリックの神父が聖母マリア信仰へ転生させるところから発し、その後この寺院がメキシコ独立運動の拠点となった歴史を経て、現在白人は殆ど寄りつかないこの寺院で先に書いたような祭が営まれていることからして鶴見はこのような感想を持つに至ったのであるが、同所に引用されている増田義郎の『古代アステカ王国』においても同様のことが書かれている。キリスト教とアステカの宗教の類似点を多数挙げた上で、「そこで、スペイン人に強いられて、キリスト教に〝改宗〟したメキシコのインディオが、どのくらい本質的に、彼ら自身の古い宗教を棄てて、精神的にヨーロッパ化したか、はなはだうたがわしかった。名前だけが変わって、相も変らぬ昔のものを、彼らは信仰しつづけたのかもしれなかった。カトリックの僧たちは、もちろんこのことにすぐ気がついた。しかしどうすることもできなかった。いくらインディオに、悪魔の恐ろしさを説いても無駄だった。彼らは、悪魔と天使を混同して、区別をつけることができなかったのだから。そこで、ついには、軍神ユイツィロポチトリがスペインの戦争の守護者イヤゴになり、トナンチン女神は、グアダルーペ寺院の聖処女になってしまった。同じような現象は、メキシコ文化のあらゆる面でおこった。ヨーロッパ文化は一見インディオ文化を征服したかに見えた。だが、ほんとうに征服されたのは、ヨーロッパ文化だった。」ということである。長々と孫引きしたからと言ってこんなフヤけた結論に同意してのことではない。ヨーロッパ近代主義に対する批判の武器として第三世界を持ち上げるというこういう安易な讃美のしかたをする人達をよく目にするし、フォークロアを方法として民衆史をやっている人達の中にもこれと似たことを言う人をたまたま見かけるが、それなら天皇制イデオロギーに集約されきらないところで営まれている日本人の生活は随所にあるわけで、それを指して宗教としての天皇制の崩壊の予兆をみることができるであろうか。この例から引き出しうるのは、現場で見聞したわけではないので断定することは差し控えるべきだろうが、カトリックという強固な組織とイデオロギーを有した宗教が土着の宗教におおいかぶさり、土着の宗教を形成するエトスの核を吸い上げつつ両宗教間の交換から混合が生じ、現象的には一部統合の枠からはみ出した部分を残しながら大枠において統合が成就しているという構造を読み取るべきではなかろうか。吉本氏の指摘を借りるなら「本来的に自らが所有してきたものではない観念的な諸形態というものを、自らの所有してきたものよりももっと強固な意味で、自らのものであるかの如く錯覚するという構造」(「敗北の構造」)をひとは有しており、一方で飲み喰いするという日常生活の場での近代化はほぼ全面的に圧倒的な力で進行しているであろうことを考慮に入れるなら、「ヨーロッパ文化は一見インディオ文化を征服したかに見えた。だが、ほんとうに征服されたのは、ヨーロッパ文化だった」などと太平楽な戯言を言ってすまされるようなことではない。

第二の例として、民衆の窮状からの済度の願望の集約的表現として「世直し」を掲げて登場した天理教と宗教としての天皇制の関係について見てみたい。この場合は交換—混合などというより、観念の統合を国家権力により強引に推し進めた結果として混合が生じたと考えるべきだろう。非常に顕著な表現として教祖中山ミキによる『みかぐらうた』の序歌と明治37年につくられた『天理唱歌』を比較してみたい。「よろずよのせかい一れつみはらせど　むねのわかりたものはない　そのはずやといてきかしたことはない　しらぬがむりではないわい　このたびはかみがおもてへあらわれて　なにかいさいをときききかす」。ここには「三千世界をたすけるため」に教祖となった中山ミキの素朴な世直しへの志とそれを待望した民衆の心情が表れているが、それが『天理唱歌』になると、「神に代りて大君は　この国民を子の如く　慈

愛みつつ天が下　治めますこそ賢けれ　この大君は久方の　天つ御神の御裔にて」と、書き写すのも腹立たしいことになってくる。天皇制を支える記紀神話に対抗するかのように『泥海古記』という創世記まで生み出した天理教にしてこの体たらくである。これ以後の天理教の歩みは推して知るべしとしか言いようがない。組織の肥大化と平行して、ひたすら安寧秩序を旨とする権力の宣撫班といういずれの宗教もが取る道を選んでいる。ただ天理教の場合、「せかいぢういちれつわ　みなきょうだいや　たにんとゆうわさらにないぞや」という親神の心を体して、近代天皇制に真向から挑んだ「ほんみち」を典型として、他のいわゆる新興宗教という蔑称で総称される民衆宗教の中で、天理教系教団群とでもいうべき特異な性格を有した教団を生んでいる。即ち、あくまで己れらの生活の場にこだわり続けること、そのことを通してというよりそのことから必然的に生じてくる世直しの願望を堅持しようとする志を持った一群である。高橋和巳の『邪宗門』は、これらの教団に題材を取った上で、フィクションによる観念の徹底化の思考実験ともいうべきものだろう。

「ほんみち」はともかく、この二つの例にみられるように民衆の側の宗教は完膚なきまでに敗北し屈服させられた。私はいわゆる神武景気以降の高度経済成長時代から低成長時代に入ったといわれる現代に至るまで、民衆の側の宗教は、近代主義による「発展」とか「成長」という巨大なイデオロギーに対する総敗北の過程であると考えている。冒頭に書いたような現象はこうしたものとして受け止めるべきだろう。

にもかかわらず私が民間信仰とか民衆宗教とかいわれるものにこだわり続けているのは、キリスト教イデオロギーなり近代主義あるいは天皇制にとりこまれつつ、しかもなおそれらを撃ちかえす民衆の原質とでもいうものをそこに探りたいからに他ならない。生活の根とか生活の場とかいう何やら実感できそうでいながら、その実何も言ったことにならない表現を用いつつ、それらに意味を与えうるとすれば、それは民間信仰とか民衆宗教の中に屈折した表現で表れているのではないかと考えている。勿論、太田竜風に辺境最深部に退却して前近代から近代が撃てると甘えてもいないし、丸山照雄のように天皇制に仏教を対置するというようなところからは、思想の水準では何も生めないことも承知している。ただ以前にも書いたことだが、祖先崇拝という固有信仰が天皇制の原基になったというとらえ方は間違いであることははっきりしながら、現実には家族国家観という欺瞞にとりこまれることにより、天皇制を支える根拠であったかのようなことになった、そのとりこまれるというか敗北の際の接点あるいは接ぎ目のところでのきしみの中に、更に言えば、「ほんみち」に見られるように民衆の済度の願望を担って登場してくる民衆宗教が、大勢としては大きな流れに呑み込まれながら、それでも続々と新たな宗教が生まれ、そして次々と強固なイデオロギーに統合されてゆく、その統合される際のきしみあるいは抗いの中に、近代主義や天皇制を撃つ視点を探りたい。キリスト教イデオロギーについても同様である。

それにしても、宗教批判の作業の一つの課題として、宗教史を民衆の精神史及び生活史の視座から捉え直してゆく必要があるのではないだろうか。何もことさらいうまでもなく、田川さんの研究など充分そのあたりを踏まえてのことであろうが、日本宗教史に対してこういう作業を綿密にやってゆくと、天皇制に迫る新しい視点が開かれるかもしれない。

017 トルコ・カッパドキア地方を旅して

・「指」313号（1977年10月）

旅の話というのは、気の置けない人達と一杯呑みながら、想い出すままにするのはいいが、文章にするとなると妙にとまどう。理由は簡単である。メモをすることがひどく苦手であるから記憶に頼らざるを得ないのだが、その記憶も怪しげなものである。

先頃機会があって約45日間ほど旅をした。フランスからトルコまでの車旅行である。瓢箪から駒とでもいうか、いつもの通り半分は冗談で、行くぞ行くぞと言っているうちに本当になってしまった。以前田川さんがアフリカに居る時にも、アフリカへ行こうとそそのかして歩いていたら、本気にして積み立てを始めた人が出て、そうなるとこちらが怖じ気づいたりしたものだが、今回は生真面目な人がいて、着々と計画や準備をされるものだからこちらもついその気になってしまった。こんな体たらくだから初めから物見遊山の気分で、それに何しろ田川建三という願ってもない通訳、ガイドつきとくれば、旅行社の企画する団体旅行に入ったようなものだと、てんから準備をしようという気もなく、立ち寄る国の名前くらいはさすがに知ってはいたが、その国の何処へゆくのかなぞ考えてみもしないという始末で出発した。こんなことだから正確な記憶なぞ望むべくもない。

それなら書くな、と言われそうだが、そこはそれ色々準備もあるわけで、それについ、遊んでばかりいたわけじゃあなく、見るところは見て来たというのを一言言いたいという助平根性も働いて、トルコの話でも報告がてら書いてみることにする。

トルコを取り上げた理由は他でもない。いくら準備をしないと言っても、旅先のうち一ヶ所くらいは多少の知識を持っていたいと思って、出発の前日に、ズブの素人が飛行機の中ででも読める物という条件で家内に選ばせた本が、柳宗玄の『秘境のキリスト教美術』（岩波新書）という本で、この本の前半分はトルコ・カッパドキア地方の洞窟修道院の壁画を扱っている。同行者四名でこれを回し読みした結果、どうも胡散臭い。本の所有者であるお前が一言文句を言え、ということになったからに他ならない。柳宗玄氏こそいい迷惑かもしれないが、仲間うちの約束もあって、氏の本への批判（それにしても歴史学は門外漢であり、美術史なぞましてやそれらしい本を一冊も読んだことのない者の批判なぞ、適わぬまでも一太刀とまでもゆきはすまいが）という形を借りて、トルコ・カッパドキア地方の旅の感想なぞ書くことにした。

しかしそれにしても、真夏のトルコ・カッパドキアの荒寥とした様はすさまじいもので、自然といえばすぐ緑をイメージする日本人からすると、ここの自然は生命の存在を拒否するのかと思えたりする。乾期の間中雨一滴降らない乾涸びた高原地帯では、汗と砂埃に塗れて動きまわっている自分達をひどく異質に感じたりするのだが、これとて旅の者のいい気な感傷でしかないわけで、この土地でも太古より人々は営々と生きて来た証をすぐ目にする。例えば、キリスト教に少しでも関係した者は、カッパドキアと言えばすぐ洞窟修道院を連想するが、この住居の様式にしたところで、何も修道士達が発明したわけではないのであって、キリスト教伝来の歴史よりはるかに古くから、日々の暮しの中で作り上げられた様式に学び、たかだかその洞窟内部をビザンチン式の教会の内部とそっくりそのままに作り上げてみせたりしたに過ぎない。何を今更と言われそうだが、こういう常識が結構忘れられているのが歴史学ではないのだろうか。生意気言うようだが柳にもそれは言えるように思う。それはこういうことだ。「それがいつ頃のことであったかは、明瞭ではない。しかし少なくとも、すでに4、5世紀の頃には、黒衣の世捨人たちがこの渓谷に入り込んだのであろう。世俗の絆を断ち切り、孤独のうちに、天と地、生と死、永遠と時間の問題と対決すべく」というような書き方に見られる何故だか知らないが、修道士に思い入れた結果の常識の欠落である。まず著作の表題にも用いられている「秘境」なのだが、こういうこけ脅しの言い方からして少々おかしい。何も人跡未踏のところへ修道士達が行ったわけでもあるまいし、修道院群としかいい様のない、賑賑しく洞窟修道院の密集したところは、即ち水のあるところではないか。ということはカッパドキアでは比較的恵まれた地域であり、こういうところは昔から人が住んでいたはずで、そういう奥まってはいるが条件の良いところを捜して行ったのではないのか。おおまかに言って10世紀間にも及ぶ歴史なのだから、確かにその中には隠修士と呼ぶに相応しい人もいたではあろうが、ベリスィルマ渓谷やゲレメ周辺の最盛期には、地域一帯修道士でごったがえしていたと想像するのが常識である。とりわけ柳氏が関心を寄せられているイヒララ近くのベリスィルマ渓谷の緑の美しさと水の透明さとは、私共同行者の間では、ここはカッパドキアの桃源郷だという結論に達したほどである。そんなことは美術史という学問の対象にとって関係ないという反論もあるだろうが、それは違う。洞窟修道院の建設にしても、その内部の壁画にしても、その量もさることながら、質というか、そこに見られる技術の高さは大変なものであり、到底素人の為しうる業ではない。小アジアの奥地でこれほどのことが為しうるということは、その作り手達の力があなどり難いものであったことを証しているだろう。とても孤独を求めて一人秘境に入った修道士（それが複数であったところで）の為しうることではない。

何やら一端の口をきている風で我ながら恥ずかしい。この時代のキリスト教史なぞ何も知らずにいて、素人の常識でものを言っているに過ぎないのである。盲（ママ）蛇に怖じずのでんでもう少し言うと、修道院の内部の墓穴跡に、明らかに幼児のものとみてとれるものが多数あるのだが、この理由を柳は、中世の頃この地方では2人以上の子供が生まれるとそのうち一人を必ず修道院に捧げたと伝えられている、とさらっと言ってのけているのだが、これは本気で言っているのだろうか。捧げるというからには信仰の対象としてすることなのだろうが、何分中世の頃の人達の信仰を推しはかるにはこちらの信心が余りに不足してはいるが、それにしても素人の常識からはほど遠い。中にはそういう信仰厚い人がいたかもしれないが、自分で作った子を自分で喰わせられるなら、通常親は我が子を人様に捧げたりしないものではなかろうか。これは間引き、あるいは子捨てのこの時代、この地方のひとつの形ではなかったろうか。どうも自分が育てるより修道院に捧げた方が我が子にとって生き易いと考えた上でのことのように思われる。何も子供に限ったことではないわけで、別に特別の教育を受けていなければならなかったようでもないようだし、徴兵でも逃れられるということになれば、あそこに行って修道士になろうという人が多数出ても不思議ではない。ましてやどうもそこでの方が生活が楽だとなると、不景気時代には公務員志願者が多くなるといったようなもの、とまで言うといくら素人でも言い過ぎか。

　しかし、こういうことでも言いたくなるほど人々の暮しは楽ではないように見受けられた。各戸に井戸がなく共同水場を用いるということだけからしても並大抵のことではあるまい。そこを旅する日本人というのも異様なものではあろうけれど。

3

教団社会委員会通信

教団社会委員会通信

：発行所 日本基督教団
社会委員会
東京都新宿区西早稲田
2-3-18-31
：発行人 桑原重夫

第1号　　1985年11月22日

ま え が き

このたび，日本キリスト教団社会委員会では，こんなパンフレットを出すことになりました。名付けて「教団社会委員会通信」といいます。現在の委員構成による第1回の委員会のときに，委員の一人であるトムソンさんから「いま社会委員会がとりくんでいる，いろいろな問題を，わかりやすく解説しているハンドブックのようなものを発行しては」という提案があり，それが実ってこのような形になったのです。

当分の間，この作成について具体的な責任を持つのは，小田原紀雄さんです。

日本キリスト教団における社会委員会の役割も，この十数年間に大きく変化したようです。

かつては，社会委員会が何かの問題にかかわって行動するというようなことではなく，各地域や各教会で取りくんでいる色々な課題に対して，その活動のキリスト教的な意味付けを与えていくということが主な仕事であると見うけられました。その結晶が，現行の「社会活動基本方針」（1966）といえるでしょう。

けれども，それ以後の社会の情勢とそれに対する教会の責任の自覚は，一歩進んだ関係を教会に促しているようです。さらに深く教会が現実の問題に関わりながら，そこで明らかになる認識を，教会の日常の宣教の中でどう生かすか，ということが問われています。それもただ，もっと活発に社会活動をすればよいということでなく，教会の宣教において……問題がどう生きてふまえられるかということが問われていると思うのです。社会委員会から「"社会活動基本方針"再検討」を提起した意図も，そこにあります。

現在，社会委員会はこんな姿勢で働きを続けています。

しかし，委員会で取りあげている問題や関心を払わなければと思えている問題は岐にわたり，しかも専門的な知識を要す柄も多いため，いきなり教会に訴えてもかなか理解されないのではないかというを持ちます。たとえば，署名の要請一いても，それが何のことかなかなかわい場合が多いと思うのです。

そこで，社会委員会が取り組んでいを一つずつとりあげて，簡単な解説を教会の皆様の理解の便に供しようといこのパンフレットの発行の意図です

毎回，一項目か二項目ずつ発行しはじめは「パンフレット」というにいビラのような体裁になりますがンバーとページをつけ，毎回同じ出していきますので，綴じていくの社会問題パンフレットになりま

社会委員の中でそれぞれ専門に人が執筆しますが，時として委もお願いするかも知れません。と思うテーマをお知らせ下さ内容が豊かになるだけでなく働きが大いに助けられること

皆様のご協力とご支援をお

０１８
パレスチナ

・「教団社会委員会通信」1号
（１９８５年11月22日）

パレスチナは遠く、私たちには関わりの必然性がもうひとつ定かではありませんが、キリスト者の場合、そういうわけにはゆきません。宗教的出自が同じであることから、無意識のうちにも人口比としてはイスラム教徒の多いパレスチナ人より、ユダヤ人に、その国家であるイスラエルに親近感を抱いて来たことは否定のしようのない事実ですし、パレスチナ側から何度とりやめて欲しいという要請があっても「聖地巡礼」なる旅行を相も変わらず続けて来たのですから。これらが、イスラエルの暴虐の数々を暗黙裏に支えて来たのではないでしょうか。

日本基督教団は１９８２年７月13日付、第５回臨時常議員会の名で「イスラエルのレバノン侵略を非難する声明」を出しました。まだ御記憶に新しいところだと思いますが、米国の最新鋭兵器で武装した10万にも及ぶイスラエル軍が、レバノン国境を越え、南部レバノンにあるパレスチナ人居留地を徹底的に破壊し、西ベイルートでは、イスラエル国家に丸がかえにされているキリスト者の軍事組織と一体になって、パレスチナ民間人の大虐殺を行いました。これらの記録は、第22回教団総会議場のロビーでも展示されました。この抗議に対する駐日イスラエル大使館よりの返書は、「真っ赤な偽や悪意あるゆがんだ報道に根ざした一方的な非難」であり、「真実の犯罪人―ＰＬＯテロリスト達―を非難」すべきであるというものでした。

イスラエルによるパレスチナ人に対する非人道的行為の数々は挙げれば際限がないのですが、近頃では、イスラエル当局が東エルサレムにある「ホスピス病院」を今年７月末日で強引に閉鎖したことなどもその一例です。この病院は１９５６年オーストラリアのカトリック教会によって建設され、以来特にパレスチナ・アラブ人のための病院として運営されて来ました。東エルサレムに住む約７万人のパレスチナ人は、健康保険も持たされていないのです。この人々のための病院を閉鎖したのです。教団社会委も、カトリックからの要請に応えてイスラエルに抗議の電報を打ちました。またごく最近では、チュニジアにあるＰＬＯの本部をイスラエル空軍が爆撃しました。イスラエル国内でのテロの全責任はＰＬＯにあるというのが理由です。日本はまだＰＬＯを承認しておりませんが（米国に追随して）、世界中の半数を超える国々がＰＬＯを国家として承認しているのです。その本部を爆撃するとは。

教団社会委では、決してＰＬＯを全面的に善とし、イスラエルを悪としているのではありません。国家間の問題であり、とりわけ複雑な歴史をもった地域でのことです。しかし、圧倒的な力の差があり、現在客観的にみて、相対的に支持・支援せねばならないのはどちらの側であるのかは自明であると考えています。ユダヤ人とパレスチナ人との共存の可能性をさぐる動きも出てきています。こうした動きに期待しつつ、教育委員会に要請して、今年の教会学校のクリスマス献金から、ＰＬＯの「赤三日月社」のボランティア医師として活動しておられる信原孝子氏を支えるべく援助金を送るよう働きかけています。尚「働く人」３３１号の村山論文をご参照下さい。

後記

年３〜４回「教団社会委員会通信」を発行する予定です。各頁上の□の中の数字は、これから続いて発行してゆくこの通信の通し頁です。この頁数が１００以上にでもなりましたら、今日の世の問題の把握のための大切な資料であろうと思います。内容の充実のために御智恵を。そして何より各教会におかれまして充分に御活用下さいますよう。

019

・「教団社会委員会通信」2号（１９８６年４月）

事務局から

「島田事件」再審請求署名運動と「原子炉等規制法」の改悪に反対する署名にご協力を。

この２件につきましては、別途郵便にて各教会へ依頼を致しますが、「社会委員会通信」でも重ねてお願いを申し上げます。

前者は、朝日新聞等でも再審確実と即に１９８６年の段階で報道されるという、えん罪の疑いの非常に濃い件です。「犯人」とされた赤堀政夫さんは、いわゆる「障害者」であり、この点を警察にうまく利用され、自白を引き出されました。しかし、一審以降無実を主張し、現在まで32年間、日々死刑執行の恐怖の中で、宮城拘置所に拘禁されています。私たちが作っているこの社会の「障害者」

「病者」に対する差別性を思うとき、決して身を避けて通ることのできない問題です。

後者の件は、原子力の平和利用として、テレビ等でも絶対に安全であると宣伝している原子力発電に関わる問題です。その安全性についても深い疑念があり、原子力発電そのものに反対すべきと考えますが、百歩譲ったとしても、この原子炉が排出する放射性廃棄物の処理・処分については厳しい監視が必要です。ところが、科学技術庁は、「原子炉等規制法」を改悪して、放射性廃棄物の貯蔵・処理・処分を民間業者が代行しうるように改悪しようとしています。これを一般産業廃棄物並みに処理しようとしているのです。将来の人間社会を考える時、私たちはこれを決して認めることはできません。

以上2件の署名運動にご協力下さい。

★映画「山谷―やられたらやりかえせ」上映運動にご協力を。

東京の寄せ場山谷の実態―構造不況下での慢性的就労不可能、悪徳手配師による収奪、行革による行政の締め付け等々をカメラに収めつつ現代日本の一つの面を鋭く切り出してみせた映画です。だからこそというべきか、この映画は2人の監督、佐藤満夫氏と山岡強一氏が右翼暴力団に殺されました。寄せ場という、日本資本主義の矛盾が集約して現れる場でのこれが現実です。4月以降、日本国粋会が武装して労働者を襲撃し、生命の危険のある者を含み重体者が続出しています。

教団社会委員会では、この映画の上映運動に協力することを決定いたしました。教区単位で、あるいは各個教会で、この映画の上映会を企画して下さるようお願い致します。詳細については、社会委員会担当職員立嶋までお問い合わせ下さい。

020

社会委員会から

・「教団社会委員会通信」3号
（1986年7月）

7月1～2日に行われた第6回教団社会委で決定されたり、討論されたりしたことの一部を報告します。

1．「日本基督教団と沖縄キリスト教団との合同のとらえなおしと実質化」に関する件について。

この件は、今秋の教団総会において最も重要なテーマとして扱われる予定ですが、社会委員会でも毎回論議を続けています。国家レベルでの欺瞞的な〝本土復帰〟が、象徴的には新石垣空港建設計画の強行にみられるように、また、反戦地主の土地の20年強制使用策動にみられるように、沖縄の軍事基地機能を一層拡充する結果を導き、いわゆる本土資本による土地の買い占めの端緒を開く等々多くの問題を孕んでいることは周知の通りです。ひるがえって我が教団を考える時、これと同質の誤りを犯していないかどうか、熟考せねばなりません。沖縄吸収併合のイデオロギーとして天皇制が機能してきたように、「信仰告白」絶対視のイデオロギーが沖縄キリスト教団との合同を、吸収にしてしまっていないかどうか。新たな関係をどう作っていくか具体的な運動を進めながら考え続けたいと思います。

2．9月21日(日)、社会委主催で「死刑制度を考えるシンポジウム（仮称）」を行うことにしました。教団は、既に死刑制度反対の決議をしていますが、昨年も3人に対して死刑が執行され、死刑判決も数件ありました。このシンポジウムを、単なる反対の決意表明集会にすることなく、キリスト者として、死刑制度に反対する根拠といいますか立場といいますか、そういうものを互いに求め合う討論の場にしたいと考えています。会議が教団の会議室ですので、遠方の方々の参加は困難でしょうが、特に、教師をしておいでの先生方の参加を切望します。

3．統一教会・原理運動に関する件については、数教区から、教団として立場を明らかにし、この問題に関わって苦闘を続けておられる方々をバックアップするよう求められています。社会委では、この問題を異端狩になるような方向をとることなく、現代の大きな社会問題のひとつとして、社会委の中に2名の担当者を決め、今秋、全国の関係者の連絡会議を設けるよう準備を開始することを決定しました。ご協力をお願い致します。

4．パレスチナ問題に関する件

A、昨年の教会学校クリスマス献金の一部をパレスチナの子ども達に、ということでご協力いただきましたが、この度、教育委員会から300万円を受け取り、うち200万円を、現在シリアのダマスカスにあるパレスチナ人キャンプで医療活動を続けておられる信原孝子氏に、100万円をパレスチナ人医療協会連合（Union of Palestine Medical

Relief Committee）を通してイスラエルによる占領下にある子ども達のところへ届けることにしました。ご協力ありがとうございました。

B、「戦下のベイルートへの1000万円キャンペーン」への協力の訴え。レバノンの首都ベイルートの、サブラ、シャティーラ、ブルジ・バルジネなどのキャンプに、約10万人のパレスチナ人が生活しています。そのほとんどが女性と子ども、そして老人で、子どもの数は数万にのぼるとみられています。子ども達の中には、この間の戦火で親を失った子どもが数多くいます。パレスチナの子どもの里親運動をしている人たちから、社会委員会へ協力の要請がきました。協議の上、できるだけのことをしようと決めました。あれこれの問題にとびついて、すぐカンパを！と訴えるのではなく、社会委なりに継続的なかかわりを持ち続け、自らの問題として取り組みたいと考えています。具体的には別便でお願いしますのでご協力を。

021 社会委員会から

・「教団社会委員会通信」4号（1986年11月）

この「通信」を作成中の教団事務局の窓の下、教団玄関前で死刑制度廃止を求めるハンストが行われています。日本死刑囚会議＝麦の会、東アジア反日武装戦線への死刑重刑攻撃とたたかう支援連絡会議、後宮教団議長ほかバプテスト連盟、聖公会、日本基督教団の人々による呼びかけで作られた死刑「制度・判決・執行」に反対するリレーハンスト実行委員会らの人々によるものです。教団社会委員会がこれの後援をしています。

この死刑の問題については社会委としては、9月26日に「死刑について考えるキリスト者集会」を設定しました。発題をホセ・ヨンパルト氏（上智大学法学部教授）、大島孝一氏（前社会委員長）、徳永五郎氏（城西教会牧師）の3氏にお願いをしました。教団で公的に設けられた、死刑廃止に向けた初めての討論の場として意味があったと考えています。参加者は60名で、終始おだやかな中にも課題のもつ重要性に身の引き締まるような会でした。ホセ・ヨンパルト氏は神父でもいらっしゃるのですが、この会と教団の取り組みに大変喜んで下さって、今後の協力を約束して下さいました。この発題内容はパンフレットにして討議資料にしていただきたいと、現在準備中です。教団総会には間に合わせます。各教会で用いて下されば幸いです。

先のハンストは、10月25日から11月7日まで行われています。死刑制度は世界的に廃止の方向で進んでいますが、我が国では、これが話題になることさえまれという状態です。家永三郎氏は、死刑制度の存廃について問われて、「死刑廃止が望ましいと思います。〈合法的〉殺人としての戦争と死刑とを全廃しなければ、人間の尊厳が守れません。」と答え、文芸評論家の秋山駿氏は同じ問いに、「死刑は廃止すべきです。それは新たなもう一つの残酷です。」と答えておられます。教団社会委としても概ねこれらのお考えの通りであると考えています。いわゆる先進国のうちで日本ほど犯罪の少ない国はないと言われますが、先のホセ・ヨンパルト氏は、ある文章の中で、「皮肉にも、犯罪の最も少ない日本という国は、実に死刑執行のメッカである」と仰っています。今年も現在わかっているだけで2件の執行がありました。どこかいびつな社会なのでしょう。避けては通れない問題として是非教会でお考え下さい。

※ベイルートの子ども達への緊急1000万円カンパについて

昨年の教会学校クリスマス献金のうち300万円をパレスチナの子ども達へ、ということで、今夏、現在ダマスカスキャンプで診療にあたっておられる信原孝子さんのところへ200万円、イスラエル占領下にあるパレスチナの子ども達へ100万円、それぞれ確かに届けました。ご協力ありがとうございました。

続いて社会委では、現在もなお戦闘の続くベイルートにいる子ども達への1000万円カンパキャンペーンに協力することを決定しました。別便で詳細と、お願いを送らせていただきましたが、子ども達に思いを馳せて下さりご協力賜りますよう。猶、教団総会会場ロビーでは、前回に引き続き、パレスチナキャンペーンを社会委の責任で行います。

※フィジー島サイクロン被害救援募金の集まりが大変悪いのです。既に社会委員会からお願いしてあります。この件については、身近でないということが主たる理由でしょうが、募金の集まりが他に比して大変悪く、今後もしばらく継続していますので、ご協力をお願い致します。

※いわゆる「島田事件」、障害者差

別による無実の死刑囚赤堀さん関係の署名運動を行います。ご協力を。

022

社会委員会から

・「教団社会委員会通信」5号
（1987年2月）

1987年1月8日〜9日にかけて行われた教団社会委員会で討論された内容について報告します。

（1）死刑制度廃止に関する件

別紙で要請しますが、カトリック正義と平和協議会から、死刑確定囚袴田巖さんは無実であり、早急に再審が開始されるべきであるという署名運動への協力要請があり、討議の結果、これに全面に応ずることにいたしました。ご協力をお願い致します。

再審請求についてもう一件お願いを申します。現在仙台刑務所に収監されている赤堀政夫さんの件についても、再度署名活動を展開しています。赤堀さんについては、いわゆる「島田事件」弁護団も触れないようにしているのですが、明らかに障害者差別の問題を含んでいます。従って社会委員会においても教団のこの部門担当の小委員会とも相談しながらかかわってきました。赤掘さんの方の署名の集約期限は、3月5日です。期間が短く、申し訳ございませんが、袴田さんの件ともどもよろしくお願い申し上げます。

今年は既に2件の死刑判決があり、最高裁でも2月〜3月にかけて死刑にかかわる口頭弁論が3件続いてあります。春にはこれらが確定してゆく予定になっています。現在の私たちの力ではこれを阻止することは困難ですが、無力感に陥ることなくなすべきところをなしながら、死刑制度廃止に向けた運動を着実に前進させて行きましょう。

（2）新石垣空港問題及び未契約の沖縄軍用地20年強制使用問題に関する件

仲尾次委員よりこの間の情勢について報告を受け、新石垣空港問題は、単に環境破壊問題としてのみ把握するのではなく、何故石垣島に巨大な空港建設がもくろまれているのか、その計画の本質を見抜かなければならないこと、軍用地20年強制使用問題は、要するに基地の恒久化を意味するものであり、最近の軍事大国化傾向の中にあって、使用契約を拒否して闘っている人々をなんとしても支えてゆかなければならないことなどを話し合いました。猶、今年開催される沖縄国体に天皇が出席する問題についても話し合い、これらの問題を教団における日本基督教団と沖縄キリスト教団との合同のとらえなおしと実質化の討論に反映させてゆかなければならないと確認しました。

(3) パレスチナ問題に関する件

担当委員よりシリアのパレスチナ難民キャンプで医療活動に当たっている信原孝子氏宛に送った献金の用途について、信原さんからお礼と受け取り先の領収書が送られて来たことが報告された。この献金は、教会学校のクリスマス献金の一部であるが、昨年ヨルダンを訪問した社会委員会担当君島幹事の報告によっても、パレスチナから教団に対する期待は大きく、医療・教育を中心に継続的な献金の可能性について考えねばならない段階に至っていると思われる。猶、社会委員会では、イスラエルによる被占領下にある聖公会のビショップを年内に日本に招待し、講演と交流の機会を持つことについての可能性についてＮＣＣ及び聖公会と協議の上模索することにした。

(4) その他「統一原理問題連絡会」「社会活動基本方針再検討」「破防法」等についても討議をしましたが、今期委員会任期最後の委員会であることから、今回は、全体として討議して内容を深化するというよりも、問題を整理して、次期委員会へ申し送ることに重点が置かれました。

従って、この「通信」も小田原、君島、立嶋による編集は今号で最後です。新担当者になりましても、私共同様宜しくお願い申し上げます。皆さんの一層のご活躍をお祈り申し上げます。

023

・「教団社会委員会通信」6号（1987年6月）

事務局から

1987年3月26～27日、今期の第一回委員会を開催しました。第一回ということもあって、今回は前期委員会からの申し送り事項の整理と新委員会メンバーの自己紹介等、なごやかな雰囲気の中で、教団社会委員会が現在かかえている課題、これから取り組むべき問題について意見を交わしました。新体制は、桑原重夫委員長、島しづ子書記です。

この「社会委員会通信」は、今期も前期と同じスタッフで年3～4回発行を続けることになりました。ご愛読の上、ご意見をお寄せ下されば幸甚です。

以下、委員会そのものの報告ということではなく、委員会が関わりをもってきた事柄の、最近の情勢等についてご報告します。

1　東アジア反日武装戦線の大道寺将司、益永利明両氏の死刑が確定しました。

3月24日、予想された通り、上告棄却判決により両氏の死刑、黒川正芳氏に無期懲役、荒井まり子氏に懲役8年の刑が確定しました。勿論私たちは、彼らの選択した戦術を是認するものではありません。しかし、彼らが爆弾闘争という手段をもってしてまで激しく問うた第二次世界大戦下におけるアジア人民の殺戮とあらゆるものの収奪、それのみならず、戦後も軍事侵略こそしていないものの経済侵略による戦前、戦後以上の徹底した収奪の上での現在の私たちの生活のみせかけの繁栄と安定に対する批判は、私たち日本キリスト教団に属する者にとっても決して人ごとではないと考えて、教団社会委員会は、彼等を死刑にすることによっては何も解決はしないし、それどころか、日本人の現在のありようへの真摯な問いを圧殺することになると訴えてきました。

死刑そのものに反対であるという立場は勿論前提です。しかし、一切は聞きいれられませんでした。

荒井まり子氏への8年の懲役というのも大変な問題です。氏は、東アジア反日武装戦線のメンバーではなく、彼らがどういう戦術を選択したかも知らないままに、カンパに応じたかがゆえの8年です。裁判所は「精神的無形的幇助」といいました。私たちは、全世界の人間の尊厳と解放を求める闘いを「精神的無形的」にしか「幇助」できない自分を恥じこそすれ、それが罪であるなどと一度も考えたことはありません。これは、人の思想への国家権力からする重大な挑戦です。

思想を裁くといえば、つい先頃、東京高裁は、破防法裁判で有罪判決を出しました。国家社会の安定、秩序が個人の思想に優先するのは当然であるとでもいいたげな判決でした。

「国家秘密法」が国会に再上程されようとしています。この国は、本当にのど元過ぎれば熱さを忘れる人々によって支配され、そうされることを喜ぶ人々ばかりなのでしょうか。

2 パレスチナ子どものための1000万円カンパキャンペーンはまだ続けています。一層のご協力を!!

戦時下、キャンプでの生活を強いられているパレスチナの子ども達に、医療品を、学用品を、衣料を、という訴えを受けて教団でも全教会に協力の要請を致しましたが、現在のところ約50万円しか集まっていません。ご協力戴いた教会には大変感謝致しておりますが、猶一層のお力添えをお願い申し上げます。

キャンプが包囲されていたりして連絡が困難ですが、4月6日に届いたテレックスによりますと、一部はベイルートとサイダにあるレバノンの福祉団体へ、残りはシャティーラとブルジ・バラジネのキャンプの総ての子ども達に靴と下着を購入したとのことです。

024 事務局から

・「教団社会委員会通信」7号（1987年9月）

方々の雑誌で「天皇訪沖特集」を組んでいるのに、屋上屋を重ねる感なきにしもあらずだが、しかしそれでもなお「社会委員会通信」も、「天皇訪沖特集」に参加することにした。キリスト者に特別の視点があるなどというのではない。天皇が現時点で沖縄へ行くことのもつ問題性はほぼ語り尽くされたといっていいだろう。いわく、中曽根首相のいう「戦後政治の総決算」路線のもとで、天皇訪沖は、天皇の戦争責任の免罪を意図したものである。あるいは、天皇が今回沖縄で行おうとしている慰霊の行事は、それ自体が優れてイデオロギー的なものであり、沖縄全体の「靖国」化を推進する。また、今回の沖縄における地域戒厳令態勢のごとき重警備は、天皇にまつろわぬ者の存在を一切許さないことを国家の意志として示すものであり、こうした思想統制を認めることはできない、などである。もちろんこの外にも問題性の指摘はあろう。ひどいことになってしまったものである。うかうかと時を過ごしていた訳ではないのだが、それにしてもの感が深い。国全体の動きもさることながら、天皇周辺を巡るマスコミの敬語表現は異様である。皇太子が結婚したころまではさほどでもなかったのだが、このごろでは殆ど絶対敬語である。

天皇の孫が小学生だったころ、学校の運動会でかけっこをするのに、右翼が嫌う朝日新聞でさえ（尤も朝日の皇室好きはかなりのものではあるが）「お走りになった」と書いた。マンガである。たかだかガキがかけっこをしただけのことではないか。民主主義というものの基本が人間存在に軽重はないということであるなら、日本の「戦後民主主義」なるものは、この一点だけでも虚妄である。時代はここまできた。「社会的問題にばかりかかずらわっていないで、まず伝道を」などとノンキなことを言っていられはしない。

　私たちが天皇の訪沖を考える際にこういう視点を手放してなるまい。天皇とは存在自体が不平等を象徴するものであり、天皇制とは同心円構造をなし、中心からの距離で存在の意味を計るものであることを。

　さて、今秋も教区社会委員長会議を開催することになった。テーマは「急増する在日外国人労働者と〈新国家主義〉（仮題）」である。使い捨て用未熟練労働力として酷使され、揚げ句の果ては民族排外主義の煽動の的にされるという構造に、天皇制イデオロギーがどうからむか。真剣な学びの時としたい。

025
事務局から

・「教団社会委員会通信」8号（1988年1月）

　今号は、北海教区アイヌ民族委員会の全面的協力を得て編集しました。中曽根前首相の「日本は単一民族国家」発言から、マスコミ等でも急激に関心が持たれるようになりましたが、この国における「アイヌ民族問題」の歴史は、恐らく古代史にまで遡らなければならないほどのものでしょうし、一時の話題にして済まされるようなことではありません。

　今回北海教区アイヌ民族委員会にお願いしたのは、日常的で地道な活動を通して関係を作り直してゆくことを抜きに一切の事柄は前に進まないという、問題の深さと重さをご理解いただきたく願ったからです。私共の教団の中に、このような働きがあることを誇りにしたいと思います（勿論、ほかにもたくさん良い働きがあるのでしょうが）。

　カットは、アイヌ紋様を使ってみました。単にデザインとしてではなく、それぞれの紋様に、民族文化にとっての意味があるそうです。いつかの機会にそういう解説も載せて「社会委員会通信」の内容にふくらみをもたせられればと考えています。

今号の「アジア・太平洋から」は、タイからの通信ですが、実はこのお便りは、昨年8月にいただいたものです。しかし、お便りの中にあるピン川の氾濫による影響は、教団の君島幹事が11月に訪問された際にも続いていたとのことです。大変な環境の中で奮闘しておられる浅井重郎さんがご健康でご活躍下さいますように。

この間の、「天皇病気報道」はすさまじいものでした。不快感を伴ってしか読めないほどの敬語表現で、マスコミ人の感覚を疑いますが、何よりもまず、あの圧倒的な量が、普通の人ではないのだという、マスコミの意識の反映なのでしょうし、それを許している大多数の日本人もまた大きな問題です。象徴天皇制という制度が近代国家の人民統合にとって非常に都合のよいものであることが、次第次第に明らかになってきています。憲法が「国民統合の象徴」と定めているのだし、「国事行為」のみをしているのであれば、あれはあれでいいではないか、などと言っておられるような存在ではないことを露呈してきています。教団の中でも、やっと、Xデーをめぐる論議が始まってきましたが、この論議を、キリスト教にとって再び受難の季節がやってくるのではないか、教会は、これをどうくぐり抜けるか、といった水準で展開するにとどめず、教会がこの世にあって果たすべき役割にまで拡げて討論してゆければと願っています。いつ来ても不思議ではないXデーです。社会委員会としても次号ではある見解を出したいと思っていますが、皆様、重々ご注意下さいますように。

026

事務局から

・「教団社会委員会通信」9号（1988年6月）

6月といえば「安保」でした。決してスケジュール闘争という意味ではなく、1960年以降、この月には「反戦・反安保」について考え、この国の軍事大国化に歯止めをかけるべく闘いを創り出す月であったはずなのです。しかし、80年代後半になって、人々の意識の中から「安保」がすっぽりと抜け落ちてしまったのではないか、と思えて仕方ありません。とりわけ中曽根政権以後、軍事の突出に慣らされてしまったのでしょうか。

『社会委員会通信』の今号では、「安保」を念頭において全国の「反戦・反基地」闘争を特集してみました。沖縄から北海道まで、様々な闘いの様子を知らせて頂きました。みかけの平和の裏で、着々と軍事大国化が進行していることを感じ取って頂けるでしょうか。勿論ここにご報告頂けなかったところでも地道な「反戦・反基地・反安保」の闘いがなされていることでしょう。それらの闘いのひとつひとつと社会委員会は繋がっていたいと願っています。

今回の、闘いの報告をお願いしながら、キリスト教関係者が、どの闘いの現場でも重要な役割を果たしておられることを知りました。それが単に「牧師は昼間割合暇だからとか、世間向けに丁度手ごろだから」というような水準を越えて、大きな任を負っておられるようで心強いです。

027 アイヌに関するもうひとつの署名にもご協力ください。

・「教団社会委員会通信」10号（1989年2月）

1月26～27日の教団常議員会で社会委員会から緊急署名を訴えました。内容は、「二風谷ダム建設工事に伴う、未買収地について強制収用しないよう」求める要望書です。理由は、「二風谷の地はアイヌ民族が古くから生活の根拠地として重んじて、多くの文化と伝統を生み出した地」であり、「それを一方的に日本国の法律をもって強制収用することは、アイヌ民族の尊厳を踏みにじる事であり、人間の生存権に対して挑戦すること」である、また、「北海道の先住民族である地権者たちの訴えに耳を傾け、その生存に関わる固有の権利と生活習慣の回復を保障し、それらを尊重すべきである」というものです。アイヌの人々を殺戮し、土地と言葉を奪い、今残されたわずかな土地を強制的に奪おうとする国家の企みを、私たちは絶対に認めることはできません。多数の人々のための公共事業と称するこの邪悪な行いの共犯者になることを拒否する意志の表明として、この署名にご協力下さい。

二風谷の土地強制収用反対の署名は、直接に札幌市中央区北三条西6

丁目北海道庁内、北海道知事、土地収用委員会会長宛に2月11日までに送って下さい。署名用紙は、各地の常議員が持っておられます。必要であればこちらからも送らせていただきます。

事務局から

今号では「死刑問題」を特集しました。世界的な趨勢としても死刑廃止に向かっており、教団も死刑制度反対の立場を明らかにしましたが、この国では一向に反対運動の拡がりは見られず大変残念です。一部の人々の本当に真摯な取り組みにだけ任せておけるような問題ではなく、私たちも反対の声明を出しただけに終わらせず、地道な運動の展開に努力したいと考えています。何しろ１９８８年には、21件もの死刑判決が出され、世界の趨勢を嘲笑うかのような法務省、裁判所のこの状態を放置しておくことはできません。

028 事務局から

・「教団社会委員会通信」11号（１９８９年10月）

「社会委員会通信」第11号をお送りします。予定より少し遅れてしまいましたことお詫びします。

私ども教団社会委員会のメンバーであった、社会事業同盟のスタッフ、ローレンス・H・トムソンさんが、9月9日、出張先のマレーシアで心筋梗塞のため急逝されました。まだお若かったのに残念でなりません。

社会委員会におけるトムソンさんの存在は、ともすると重箱の隅をほじくるような、ある種専門的な議論になりかかった時、「それはどういうことですか」とゆっくり質問されることによって、熱中していた討論からふっと冷静さを取り戻すという大切な役割をもっておいででした。そして何より、この「社会委員会通信」は、トムソンさんの発案で始めることにしたのです。折角様々な情報を持っており、いろいろな議論をしているのに、それが全国の教会の共有財産にならないのは不幸なことであり、それに、ちょっとした手間で、問題の本質が理解できるようなものが必要ではないかということだったのです。おかげで、「社会委員会通信」も11号にまでなりました。

トムソンさんの社会委員会でのお仕事でもうひとつ忘れてはならないのは、この「通信」の中から、是非外国の人にも知っていただきたい記事を英語に翻訳してくださったことです。現在も教団を訪ねられる外国からのお客さまにはそれを差し上げています。天皇制に関する文章の翻訳などどれほど面倒なことだったでしょう。

　トムソンさん、ありがとうございました。ご家族の皆さんに慰めがございますよう。

★今号ではパレスチナについて特集を組みました。社会委員会では、ここ数年の念願であった、社会委員長をやっと今年パレスチナに送ることができました。委員長派遣の意図は、ご自身の文章で明らかです。中でも触れておられますが、教団出版局から出ている『信徒の友』の「聖地旅行」案内広告掲載の件については、出版局は、「営利を考えざるをえない」と木で鼻をくくったような返答をして済ましているのですが、ここに書かれた事実を前提にもう一度返答をいただけるよう迫ってみることにしましょう。

　その他、パレスチナの地で長く医療に従事してこられた信原孝子さん、パレスチナの子供たちとの交流をしておられる高見敏雄さん、委員長に同行していただいた山岡さん、数少ないパレスチナ問題の専門家である村山さんにご執筆いただきました。

★社会委員会担当幹事君島さんに、ボリビアの沖縄コロニーについて報告していただきました。さらっと書いておられますが、一文一文に私たちが避けて通ることのできない問題が出されています。日本基督教団と沖縄キリスト教団の「合同」の問題から、「棄民」として南米に「追い出した」人々が、現在こちらに出稼ぎにくるという現実は、日本社会の何を物語っているのでしょうか。亡くなった上野英信さんの『出ニッポン記』に「棄民」の事実と南米にいる人々の現状は詳しく書かれています。ご一読ください。

★社会委員会がこれまでも協力してきた白保から、以下のような協力要請が届きました。

「『白保の海を守れ!!』の声、再び世界へ―海外紙誌意見広告運動へのカンパのお願い」

　新石垣空港の建設地は、今春、白保北1・5kmのカラ岳東海域に変更されましたが、この新予定地海域も白保とひと連なりの生態系であり、貴重なサンゴの群生域であることが研究者の調査で明らかになりました。

　当会では、あらためて国内外の

・世論を盛り上げ、白保サンゴ礁全体を守りぬくため、「ニューヨーク・タイムス」と世界的に権威ある自然科学誌「ネイチャー」に「白保の海を守れ!!」の全面意見広告を載せる運動を始めました。ぜひご賛同下さいますよう心からお願いします。◆募金目標600万円◆掲載カンパ　1口1000円（できれば5口以上）◆カンパ振込先　郵便振替口座　東京0＝409763（加入者名＝白保意見広告運動）◆報告　掲載紙の写しを送付◆主催　八重山・白保の海を守る会

★10月16～17日と全国社会委員長会議がもたれます。こういう時期ですから、テーマは勿論「天皇制」です。アキヒト天皇制の危険性について実りある討論ができることを願っています。エコロジスト＝フェミニスト＝護憲天皇の裏側をひっぺがしたいものです。

029 事務局から

・「教団社会委員会通信」12号（1990年4月）

★今年の全国社会委員長会議は、7月3～4日に東京で開催される予定です。テーマは、何分にも「即位礼・大嘗祭」の年ですからこれを取り扱うほかないのですが、どうも最近の教団内の論議は、ここを目標として頑張ろうというような調子が強すぎるように感じています。そうではなくて、象徴天皇制とりわけ今後のアキヒト天皇制は、どういう天皇制であり、「即位礼・大嘗祭」という巨大なイベントを通じて天皇制の側は何をもくろみ、何を獲得しようとしているのか、その辺りをこそ問題にすべきなのでしょう。その時に、全体状況の認識も大切ですが、「地域」でどのような状況がつくられているのか、その中で私たちが為すべきことは何であるのか、毎度のことですが、社会委員長会議ではここら辺りで丁寧な議論をしておきたいと願っています。

★教団社会委員会も熱心に応援してきました「山谷労働者福祉会館」が完成を目前にしています。

　この建物は、教団の日本堤伝道所（戸村政博牧師）が、教会であると同時に、東京の寄せ場山谷の日雇い労働者の自立・解放の拠点として建設しようと試みたもの

で、社会委員会はその志に賛同し、これを応援してきました。建設会社に工事を依頼することなく、同じくこの試みに感動した建築士が設計・工事管理をして、山谷労働者自身が自らの建物として「労働カンパ」という形で工事に参加、間もなく完成にまで至っています。2億1000万円という東京ならではの巨額の土地代金・建築費のすべてを全国の教会及び一般のカンパで集め、あと一歩のところまでたどりついたのです。新しい宣教の拠点としてどのような展開が見られるか、社会委員会としては今後の協力も含めて見守りたいと考えています。今後10年間、毎年85万円の返済と、一切お金を生まない建物で、医療、労働・法律相談、労働者の文化活動を支えていこうとする試みですから、あらかじめその大変さは火を見るより明らかです。現在、月額2000円の賛助会員を募集中とのことですから、是非ご協力を！　詳細は社会委員会事務局にお問い合わせください。

★「核燃の白紙撤回を！　4・9共同行動」にあたって、教団社会委員会と奥羽教区宣教委員会は賛同団体となり、核燃料サイクル阻止運動に連帯の意志を表わした。4月9日、桑原重夫社会委員長、井東炤奥羽教区宣教委員長、君島幹事、それに神奈川教区社会委員会のメンバーや奥羽教区の牧師たちは六ケ所村村長土田浩氏（野辺地教会員）と面談した。桑原委員長は教団総会で「六ケ所村燃料サイクル建設反対」の声明を決議したことをふまえ、『凍結』を掲げて立った村長の対応を期待をもって見つめている。日本キリスト教団に属する諸教会の願いをくみとり、また『推進派』に否の意志を表明した民衆を尊重して、核燃の白紙撤回の運動に共に力を合わせて下さるよう」要望した。

「凍結」は「慎重な推進」との土田氏の発言（4月5日の毎日新聞）に関し、質問が出たが、そういう発言はしていない。近いうちに決論を出す、とのことであった。開発に期待をかけてきたため、村は荒れはててしまった。村民の間に対立を生んでしまった。子どもたちの多くは核はいらないと言っている。こういう状況をふまえて、態度をはっきりさせると発言された。今後を見守りたい。

村のあちこちには企業の支援看板が乱立し、巨大な建物が見え隠れする。核に村の将来を託そうとした結果、村は自然から、土地から引き離され、核の脅威にさらされてしまった。村の再生は何によってか、六ケ所村は問われている。最後は桑原委員長が村長のために祈った。

030 事務局から

・「教団社会委員会通信」13号（1990年9月）

今号も色々な人々にご協力いただいて「社会委員会通信」を発行することができました。ありがとうございました。

今号では、これまで殆ど問題にされることのなかった「青年海外協力隊」を取り上げてみました。日本の「海外援助」の問題性については様々な角度から批判がなされ、特にアジアの人々からは鋭い指摘がされていますが、それをある意味で前線で担っている「青年海外協力隊」そのものについては意外にその実態も知られていないものです。ちょっと資料として古いのですがその実態の一部でもと考えて以下の資料を挙げておきます。

①農林水産 1838人 31・0％
②保守操作 1217人 20・5％
③教育文化 1065人 18・0％
④土木建築 681人 11・5％
⑤保健衛生 492人 8・3％
⑥スポーツ 447人 7・5％
⑦加工 191人 3・2％

《隊員派遣数》（ ）内は内女性数

1975 439（57）
1976 447（66）
1977 488（74）
1978 513（76）
1979 594（105）
1980 703（117）
1981 849（154）
1982 935（172）
1983 1064（205）
1984 1129（254）

《隊員年齢》84・3・1

20＝3 21＝10 22＝66 23＝149 24＝154 25＝138
26＝115 27＝88 28＝78
29＝60 30＝51 31＝39 32＝32
33＝30 34＝23 35＝18 36以上＝10

1985・8・1

派遣中の国 30ヶ国 派遣した

隊員　５９３１人
派遣中の隊員　１４４６名
派遣職種　約１３０種

こうやってみると大変な数に登っているのだということをしらされます。一定の訓練期間をもって派遣される「青年海外協力隊」の「訓練」の中身も気になるところです。

さて、「即位の礼・大嘗祭」が近付いてきました。徒に危機意識を煽るのではなく、かといって教会と無関係ででもあるかのようにやり過ごすのではなく、この社会で「宣教・伝道」の任を果たさなければならない私たちにとって、この「天皇祭」がどういう意味をもっているのか冷静に考えつつ、為すべきを為してゆきたいと切望します。時あたかも教団総会の季節です。実り豊かな討論ができますよう。総会によって教団社会委員会のメンバーも入れ替わります。「社会委員会通信」の編集も現メンバーにとって最後になります。ご愛読多謝。みなさんお元気で。

031

事務局から

・「教団社会委員会通信」14号（１９９１年６月）

☆教団社会委員会は今期、村山盛忠委員長を選出して新しくスタートしました。この時に当たって、これまで長く委員長を務められて、教団社会委員会の名をこの社会にあって矛盾に苦しんでいる人々の間に、信頼にたる機関として知らしめてくださった桑原重夫前委員長に心からの感謝を申し上げます。

☆それにしても、何から何まで本当に激動の様相を呈する時代になってきました。

単純に危機意識を煽るなどというようなことではなく、世界史的激動としか表現しようがない状況です。

社会主義諸国の崩壊は相次いでいますが、だから資本主義が勝ったのだ、だから日本は安泰だなどとテレビに出てくるくだらない情勢分析屋どもは脳天気なことを言っていますが、そんな呑気な事態ではありません。

土木・建設産業に携わる労働者の街＝寄せ場＝大阪・釜ヶ崎や東京・山谷では仕事が減ってきたといわれます。方々でバブル経済の末期現象も報道されています。

アジア・アフリカ・中南米諸国からの収奪の上に安楽な生活を築き、そのことの意味さえ問わずに過ごしてきたこの30年位の期間に終わりが近付いているのではないでしょうか。単純に坂を転がり落ちるということではないでしょうが、確実に一歩一歩この国の経済は後退して行きます。そういう事態にたちいたった時、この国の人々は、またぞろ天皇を担いでよじれた民族主義を復権させるのでしょうか。この国の人々という表現の中には当然キリスト教も入っているのであって、決して他人ごとではありません。

　すでに、京都あたりの学者たちの間から「近代の超克」論が語られ始めました。キリスト教世界の言論を見る限り、相も変わらず隠語・符丁の類で、自分たちが何者であるかを表現することにのみ腐心したものばかりで、時代に拮抗する思想をうち建てようという気概も、力量も感じられません。みんなと一緒に脳天気というところなのでしょうか。

☆新しい社会委員会が発行する『社会委員会通信』が教会のお役に立てるようなものであればと願っています。ただし相当毒をもった教会の現状批判ではあるでしょうが。

・「教団社会委員会通信」15号（1991年11月）

032 事務局から

☆ＰＫＯ法案をめぐる臨時国会が、11月5日からと噂されています。さる参議院議員からの情報ですから、かなり確度の高いものだと思われます。一部新聞もそう報じています。

　宮沢政権が出来て直後のことですから、先ずは施政方針演説からの再スタートでしょうから、少々時間をかけてゆっくりやるという情報もありますが、この辺りは何とも判断の分かれるところです。

　といいますのは、宮沢は、とにかく親米政権であるから、とりあえずの手土産として「国際貢献」を錦のみ旗に、ＰＫＯ法案を早期に通してしまう、という可能性も充分あるからです。何分にもブッシュが11月27日か28日に来日しますから、それまでに決着を付けておくのではないかという分析です。

それに対して、社会党右派の中から「国際協力庁」とでもいうような「庁」を作れば、という自民党にとって誠に都合のいい案が出てきたので、この際、現在の法案を廃案にして、来春の国会で、社会党も完全に巻き込んだ形で、関連する法の「改正」もして完全な形で通すのでは、という推測もあり、何とも言えない状況です。

いずれにしても、「憲法」などあって無きがごときで、愈々「戦後政治の総決算」時代に突入したことだけは確実です。

目を醒ましていたいものです。

☆「中東和平国際会議」なるものが、10月30日からスペインのマドリードで開催されることが決定的になりました。新聞各紙を読んでみても、「アメリカのアラブ一極支配構造」という書き方はしているものの、総じて、「中東に平和が」と、歓迎しているようです。

しかし、本当でしょうか。教団社会委員会は、この間の最も主要な課題のひとつとしてパレスチナ問題に取り組んできましたが、パレスチナの立場から見る限り、「和平」などという言葉とはまったく裏腹な事態が進行しているとしか考えられません。

ＰＬＯは、ヨルダンとの連合代表団としてしか参加できないという屈辱的な立場を飲まされました。それでも、「我々はこれに参加することが大きな後退を強いられることになるだろうが、参加を拒否することによってすべてを失うよりは」と、苦しい胸のうちが伝えられています。

今号の山川暁夫論文を熟読してださい。ソ連の「崩壊」という事態が、現代世界にどのような影響を与えているかが明らかにされています。パレスチナにおいてもまったく同じような影響が出ています。ソ連からの援助を期待できなくなったアラブ諸国は、雪崩をうってアメリカ詣でを始めています。「アラブの大義」など打ち捨てられてしまいました。先の「湾岸戦争」という名のアメリカによる「世界石油支配戦略戦争」に、エジプトもシリアもサウジアラビアも「参戦」して忠誠を示し、今また「中東和平国際会議」なるアメリカによる「中東＝石油一極支配会議」に積極的に参加しようとしているのです。あのカダフィのリビアでさえ、エジプトを仲介にしてアメリカに近付こうとするような事態が生じているのです。

イスラエルが閣僚の中にも反対者がありながら参加することを、賢明な対応であるかのような書き方を新聞各紙はしていますが、これはまったくの誤りです。イスラエルにしてみれば、ソ連からの膨大な数の「帰国者」を、パレスチナの地に入植させるには、これまた膨大な費用がかかり、この会議に参加するか否かが、アメリカからの援助の条件にされたが故の参加であり、この会議の期間だけ少々入植を遠慮がちにしておけばいいだけで、あとは何の譲歩も必要ないのです。

　では、パレスチナ人民の立場はどうなるのでしょうか。この会議で何が得られるのでしょう。何もありません。インティファーダを続けるだけです。パレスチナ人民と連帯を。

033

・「教団社会委員会通信」16号（1992年4月）

事務局から

☆どうなるのか政府自民党自身、ふらふらと方針が揺れていたPKO法案ですが、このところ急激に「なにがなんでも」の雰囲気がつくられてきました。6月には各国からのPKFがカンボジアに揃い、9月から雨期あけで全面展開という予定とのことです。とうとう「国際貢献」という美名の下に「日本軍」のアジアへの派遣が強行されてしまいそうな気配が濃厚になってきました。

☆その6月に、教団は長い間かかって準備をしてきた「合同問題協議会」を沖縄で開催する予定です。今号では、この協議会に合わせて特集を組みました。それにしてもこの協議会については、事柄の本質ではなく場外乱闘ばかりが目立っています。教団の歴史を検証し、これからの在り方を共に模索しようとする試みに、つまらない「政治」を持ち込んで。

034

・「教団社会委員会通信」21号（1995年4月）

事務局から

久々に明るいニュースです。

教団常議員会は、今年2月15日に「川嶺（奄美）・豊原（沖縄）での新たな軍事基地建設に反対する声明」、「佐藤・ニクソン会談での核密約及び宝珠山発言に関する日本基督教団の声明」を承認・議決しました。この常議員会は大阪で開催されましたので、3月22日〜23日の社会委員会の前後に、この「声明」をもって防衛庁及び首相官邸に抗議・要請行動を行ないました。

別にその結果ということでもないのですが、3月31日付「琉球新報」は「那覇防衛施設局（早矢仕哲夫局長）は30日、本部町豊原で進めている海上自衛隊P3C送信所建設計画の本年度着工を正式に断念し、業者との工事契約を解除した」と報じています。

地元の人々の粘り強い反対運動の成果ですが、防衛施設局側は「今回契約を解除したからと言って、本部町が適地であることに変わりはない。状況が好転するように努力しないといけない」と言っているようですから、油断大敵。沖縄教区の諸教会もこの反対運動にコミットしておられるので、社会委員会もできるかぎりの側面的な援助を続けたい。今期の社会委員会にとっても「沖縄」は重い。こういう問題を抜きに「合同のとらえ直し」を謳ってみても、の感が深い。

035
どうして、今、破防法なのだろうか

・「教団社会委員会通信」23号（1996年9月）

現在、国家公安委員会段階にあるオウム真理教に対する破壊活動防止法の団体解散適用を、我々はどう考えるべきであるかについて、小論であるから、問題点の指摘にとどまるが、日本のキリスト者という立場から提示しておきたい。

まず歴史の教訓から学びたい。破防法は、その制定時から治安維持法の再来と言われてきたが、その主たる原因は、これが国家にとって最高の治安法であるということだけでなく、その法律の内容において、「為ニスル行為」という規定をもっていることによる。それが治安弾圧にとってどういう意味を持つものであるかを簡単に歴史をたどってみたい。治安維持法が制定されたのは、1925年であった。これは、第一条の「国体ヲ変革シ又ハ私有財産制度ヲ否認スルコトヲ目的トシテ結社ヲ組織シ又ハ情ヲ知リテ之ニ加入シタル者」にみられるように、それ自体一個の宗教的イデオロギーとしての「万世一系の天皇支配」という国体の観念を持っていた国家による共産党弾圧法であった。経済的疲弊の極にありながら、それを侵略戦争によって打開したいとした国家が、国家内部の反対勢力の一掃を期して制定した法である。そして１９２８年の３・15弾圧によって共産党中央は壊滅する。この年6月、この法律は一部「改正」される。ここで「目的遂行ノ為ニスル行為」もまた処罰の対象にするという規定が加えられるのである。これが以後の１９３３年の小林多喜二虐殺にまで至る共産党の周辺の文化運動のみならずリベラリストに対する弾圧にまで道を開いた。そして１９３５年の第二次大本教弾圧であり、引き続いての天理本道、燈台社への弾圧であった。燈台社弾圧が１９３９年、宗教団体法による日本基督教団成立が１９４１年である。

１９５２年に制定された破防法は、制定当初から第八条に「団体のためにする行為の禁止」という規定を持っていた。内務省警保局を思想的にも人的にも継承した公安態勢は、この「為ニスル行為」という規定が、国家の恣意のままになる至極都合のよいものであることを充分承知していたからこそこの文言を入れたのである。

ところで現在、オウム真理教に破防法が適用されようとしているのだが、この団体に「当該団体が継続又は反覆して将来さらに団体の活動として暴力主義的破壊活動を行う明らかなおそれがあると認めるに足りる十分な理由」があると考えている人は、まずあるまい。にもかかわらず日本国家は適用を強行しようとしている。理由は、次の2点であろう。①今年6月19日、7月10日の公安調査庁による団体解散請求の直前、公安調査庁局長会議が開催され、その冒頭挨拶で、杉原長官は「沖縄の反基地運動が全国に波及する恐れがあるので、これへの対応を準備するように」という旨の発言をした。まさか大田知事に破防法の煽動罪を適用するつもりではなかろうが、重大発言ではある。②95年度警察白書は、「組織犯罪の広域化」と「治安体制のターニングポイント」をキーワードとしており、「組織犯罪対策法」とでもいうべきものの準備にかかるという方向性を打ち出している。

日本国家が、通常の治安体制では治安を維持できないことを自ら暴露するという、メンツをかけた大きな賭けになぜ今出るのか、共に考えたい。

036

・「教団社会委員会通信」26号（1998年11月）

この国は「戦争への道」を辿るのか——生活者の日常感覚と政治との大きな懸隔という危機

生活者の日常感覚と、政治との間に大きな懸隔が生じてきた時、その懸隔の狭間が危機を孕むに相違ない。

政府の無策の結果、「恒久減税」策など選択しようもなくなった日本経済だが、取り合えずの目先のゴマカシのために、公明党グループの選挙公約であった、日本人と永住権を持つ外国人全員に一人3万円の商品券をバラ撒くという、ほとんど冗談にしか受け取れない案を、政府はバラ撒き対象を縮小して実施するのだそうである。政府の中枢にいる政治家どもが、会議をしてこれを決定するというその政略の愚劣さに怒りを覚えるというより、笑うしかないような事態など、先の懸隔の内ではまだまだ小さい方である。

長銀の国有化というのも、いったい全体日本資本主義は、革命を経ずに社会主義へと転化するのではないかと、生活者の日常感覚とは随分遠い、これまた政策というより、ドンヅマリのコウスルシカナカッタ式の選択ではあるが、しかしこれもまだまだ生活者の想像の範囲を越えてはいない。ナンデモヤルナ〜と多くの人々は模様眺めの気分であろう。

ところが「戦争準備体制の構築」となると、苦い笑いどころの話ではない。何しろ目前のハエを追い払わねば政権が持たない状況であるから、夏の臨時国会でも扱えなかったし、11月末に再召集されるという臨時国会においても、これを扱うことは無理だと予想され、来年の通常国会になるのだろうが、いずれにしても国会に上程してブラサゲラレタままになっている「周辺事態法」という名の「日米共同作戦実施要項」のことである。

同法案の第一条。「この法律は、我が国周辺の地域における我が国の平和及び安全に重要な影響を与える事態に対応して我が国が実施する措置、その実施の手続きその他の必要な事項を定め、もって我が国の平和及び安全の確保に資することを目的とする」

作家辺見庸が「朝日新聞」で、「日

本語を愚弄するな」と激しく怒っていたことをご記憶の方も多かろう。「周辺とは地域的概念ではない」と政府は答弁しているのだが、強弁すればするほど日米安保条約の及ぶ範囲の世界規模への拡大の意図が透けて見えるし、「事態」とは、かつて「満州事変」「北支事変」「上海事変」と言いなして侵略戦争を仕掛けた、あの表現と符号が一致する。ましてや「周辺事態」に対して「我が国が実施する措置」の「措置」とは一体何であるのか。すなわち「日米共同作戦計画及び日米相互協力計画」の発動以外のなにものでもなかろう。

それにそもそも「我が国の平和及び安全に重要な影響を与える事態」とは、どういう事態を予想してのことであるのか、この「作戦計画」の実施については国会の承認を必要としないというのであるから、政府の一部の者が「事態」と考えれば、それが「事態」であると言っているだけである。

こんなことで「戦争」に巻き込まれたのではたまらない。生活者の日常感覚と政治との懸隔の最大級のものである。

（日本基督教団社会委員会委員長
小田原紀雄）

037
2・11メッセージ

・「教団新報」1999年2月27日

今年も2月11日がやってきます。通常国会の予算委員会で日米安保条約新ガイドラインに基づく周辺事態法案の審議が本格的に開始されました。そこでの議論は「事態」の「周辺」をなぞっているばかりで、事柄の本質にはまるで触れようとしていません。「後方支援」として武器の運搬に関与することは憲法九条に違反するのか否かなどという議論を聞かされると、腹立たしくなってさえきます。

新ガイドラインが想定する「戦争」が、世界規模での国家間戦争ではなく、地域紛争型の戦争であるにしても、否、逆にそうだからこそ、日本国家に関与が期待されている地域紛争がアジア・太平洋地域を指すことは自明のことなのですから、そんな所への武器の輸送など前方も後方もありません。隣接地域への武器輸送なのです。とすれば、その戦争に直接関与することと「後方支援」とは同義です。

「戦争」に関する基本法の制定を、言葉のあやでかわそうとする政府の姿勢には茫然とさせられます。

最近しばしば新保守主義という言葉が聞かれます。「戦争」が露出しつつある状況の下で、新保守主義という言葉で何を表現しようとしているのか気になるところです。

学校での処分を伴った「日の丸・君が代」の強制も一段と強化されています。「日の丸」掲揚の際に着席していただけで教員が処分されているのです。ここには内心の自由さえ認めない狭量さが表れています。「天皇抜きのナショナリズム」などという表現も登場してきました。もうなんでもアリの世の中になってきました。この猪突猛進がどこへ向かっているのか、重々警戒したいものです。

（日本基督教団社会委員会
靖国・天皇制問題情報センター）

038

許すな「組対法」

・「教団社会委員会通信」27号（1999年7月）

組織的犯罪対策三法をめぐる国会情勢

組織的犯罪対策三法（以下組対法と略す）は、一昨年の段階で国会上程されていたが、当時の自民党単独政権下においては、これを強行採決する力を、特に参議院において持っていなかったことと、自民党内部においても立法事実に疑問が出てくるなどして、棚晒しの状態であった。

これが急激に浮上してきたのは、アメリカ帝国主義の世界一極支配の一翼を、自らのアジア・太平洋地域における権益擁護と覇権確立の野望とからませて担おうとするガイドライン関連法案（戦争法）の強行突破を狙って、自公連立政権が生まれ、更に政府の側からするこれの補強目的と、何とか政権内に橋頭堡を築きたい公明党・創価学会の長年にわたる悲願とが合致して、実質的な自自公政権が成立したことによって、「何でもできる政権」が生まれた結果である。こうなると国会情勢的には敵なしである。狙ったものは確実にモノにする盤石の体制が構築された。

周辺事態法は民主党の（自由党の小沢にシンパシーを抱く者から社会党ヤメ組までいるゴッタ煮集団の必然として）部分的修正を求めはするものの原則的賛成と、日本共産党の安保凍結という信じられない方針転換とによって、粛々と可決された。

こうして、政府が今国会の「絶対目標」としているもうひとつの法案である組対法が、国会攻防の焦点になってきたのである。公明党はまたしても全面的賛成という愚を犯した。「公明新聞」などで、公明党の求めた修正案によって、この法の適用に厳格な規制をはめたなどと大ウソを創価学会向けに主張しているが、そもそも「盗聴法」が欲しくてたまらないヤメ検神崎が代表であるし、昨年秋には、組対法反対集会に出席した弁護士アガリの代表代行浜四津は「人権を犯す組対法は絶対に許せない」と発言しておきながら、舌の根も乾かない内の変節に、創価学会員にして、いくら何でもウソが丸見え、と言われる始末である。現在のところ民主党は原則的に三法案反対の立場を鮮明にしている。共産党は、かつての国際部長緒方宅が神奈川県警によって組織的に盗聴された経験を持っているから、三法案の内の「盗聴法」だけに反対している。社民党は三法案反対を掲げて抵抗の最前線に立っている。しかし、社民党は何分にも党の存在それ自体が風前の灯である。

衆議院では、法務委員会において、審議の進行について委員長に一任するという国会始まって以来初めての強行採決をして突破し、本会議においても三党の反対の声を自自公一体となった「権力極楽体制」で強行突破した。しかし、参議院に回付された後、6月初旬にはただちに審議入りしたい政府＝公明党だが、野党三党よく結束して抵抗し、この原稿を書いている現時点（6月20日）では、まだ実質的な審議に入っていない。本来の通常国会の会期末は6月17日であったから、既に過ぎた。もちろんそれを見越していたからこその会期延長である。組対法をめぐる国会攻防は8月13日まで延長された。

今国会では、「地方分権一括法案」と称される、素人には何が何だか理解できない500近い法案をひとまとめにして突破させようとする法案も出されている。日本基督教団の関係で言えば、この中に沖縄米軍基地特別措置法の再改悪案が入っている。要するに軍事基地の使用等に関して地方自治体の長が国の決定に逆らえないようにする法である。そもそも決定権を国が奪ってしまおうとしている。沖縄を差別して恬として恥じることのない日本基督教団の中には、当然ながらこの法案に反対して起ち上がり、全国的な反対運動をつくりだそうなどという気配は微塵もない。まるで関心もない。

更に今国会では、住民基本台帳法の改悪という名の国民総背番号制法案も出されて、強行突破されようとしている。ガンジガラメの国民管理の最終段階へとこの国は突き進もうとしている。Ｎシステムの全国化といい、この国民総背番号制といい、戦争法の策定と軌を一にしたものである。

組対法は何を狙っているのか

既に述べたように組対法は三法案からなっている。まったく性格の異なる三法案を組対法として一括しているところに政府・法務省の意図は明らかであるのに、共産党など一部の運動が、盗聴法のみに限定して反対運動をしているのは、この法案の危険性の認識が足らないというよりか、あらかじめの敗北である。

三法案の内、第一は、組織的犯罪の重罰化である。ここでいう「組織」についての規定は何もない。

警察が「組織的犯行」であると認識すれば「組織的犯罪」である。そうすれば刑の加重がなされるというものである。現行刑事訴訟法においては「組織的犯罪」については、「共謀性」の立証が必要であったが、警察・検察にとってこれの必要がなくなったことは、組織攻撃にとってこれ以上の武器はない。要するに「組織丸ごと一網打尽」に道を開いたのである。この法案の中には、いうところの「マネーロンダリング規制」も含まれている。犯罪収益を洗浄して表に出すことを規制しようというものである。暴力団による麻薬・銃器売買による収益を罰するためと称しているが、つい近年「暴力団対策法」を制定し、「麻薬取締法」の罰則規定を重くしたばかりである。このように屋上屋を重ねる意図はまったく別のところにあることを認識しなければならない。ひとつは、金融監督庁の設置である。尋常ならざる金の動きがあった場合、金融機関は金融監督庁に届け出での義務が課せられた。しかし、金に金の入手ルート、入手目的が書き込まれているわけでなし、結局のところ金の動きを日常的に監視されるということに過ぎない。その二は、「犯罪収益」と称して労働争議における解決金などの没収を可能にした。争議過程で警察が「逮捕・監禁」「強要」があったと見做せば、刑の確定前にこれを没収することができるのである。その三、犯罪収益収受罪とでもいうべき弾圧に道を開いた。即ち、誰かから受け取った金が「犯罪収益」であったと警察が認定すれば、受け取った者を罰することができるというものである。現在東京拘置所に不当拘留されている安田弁護士は、まさにこれを適用されたのである。これなら誰でも弾圧できる。受け取ったカンパが犯罪収益であるとされるのであれば、運動それ自体が成立できない。

盗聴法は、既に警察が散々やっている盗聴の合法化である。予備盗聴、事前盗聴まで認めているのであるから、もう一日中全部我々の通信は警察の手の中にある。

もうひとつの法案は、我々が「デッチ上げ法」と呼んでいるものである。裁判における検察側証人の住所、氏名を明示する必要がないというものである。被告とされた者の防御権、弁護権は全否定される。

これほど危険極まりない法を日本国家は警察に与えようとしている。警察はますますのさばるであろう。

＊（この文章は、56ページの「001-2「続・拒否としての印章の続きです。）

第20回教団総会の準備が進められている。我々が先に「拒否としての印章」を刊行して以来、そして奇しくもこの前書きを書いている日、先の発行日から丁度5年を経過した。この5年間の教団の動向は、当然の如く（当然とは思わない者が多いことがキリスト教界の問題性でこそあるのだが）世のそれとつりあっている。「右」の政治過程への明確な登場がまず挙げられる。次いで、機を見るに敏な中間諸潮流の総体としての体制化・右傾化。そして、いずこでも同様な闘う者の孤立。否。表面的な孤立という現象の中で、深く激しく進行する体制の十分の激化に対応して、怒れる者の結合もまた大きく前進している。それが見えない者に限って、情況の先読みをしたつもりになっていたりするのである。20回総会準備委員会の発想なぞこの典型である。「苦悩を担って前進」なんぞというやわなスローガンの出所はどこにあるのか。「視座の転換」なんぞという小賢しい表現はどこから生まれてきたのか。そして今総会の座標軸に据えるという、「機構改正に伴う推薦事項」なんぞという古き良き時代の文書を持ち出してきた意図は何か。結論のみ言うならば、「右」との手打ちの為の、中間諸潮流の精一杯の政治性のもたらしたものである。彼らの先読みとはこの程度のことなのである。何の為のこの10年になろうとする教団の苦しみであったのか。先に引用した岸上大作の歌を音誦してみよ。思想性抜きの大連合がどれほど無意味であるどころか、人民の歴史の発展を阻害するものであるかが、ここから読みとれはせぬか。

ひるがえって、わが東京教区はどうであるか。教区常置委員会の逃亡と居直り。それを追撃し続ける我々。そしてここでもまた情況の先読みができていると自惚れている者達の画策。常置委から総会準備委へ。その準備委の破産から何の総括も為し得ないままの総会開催委の形成。そして為すところのないままの時間のみの経過。この詳細については本文において論じているので、そこにまかせるが、とにかく既に17回の会合を持った開催委において、第1回からずっと「陪席」問題のみ論議が集中し、それでも猶、未だ一歩も前へ出られないという異常さは、東京教区の問題性の深さを示して余りある。当事者の一方である我々は、この常ならない状態打開の責をも負う者であるが、ここに飛び交うのは、「異端」排除の思惑ばかりが強く、「右」の対決的姿勢の一層の強化である。「右」と言ってみたところで、何の思想性があるのでもなく、ただ直感的に自らの延命の為には、時の権力に媚を売ることだと知っている者の謂でしかないのだが。しかし、事は決して、キリスト教界内における考え方、あるいは神学的立場の相違ということにとどまることではないのは自明のことであり、そうであれば、我々も曖昧な妥協を己れに許すことなく、断固として闘いを続けるのみである。

我々の闘いの姿勢は「拒否」に貫かれている。情況は己れのこころのうちに醸成するところからしか発しないと言い切った者として、闘争者の心ばえを示すものは「拒否」を言い続けることとおいてしかない。

既に10年に及ぶ教団―教区への「拒否」的関与の中で、「過激派青年」も「子連れ中年」になろうとしている。しかしまだ大丈夫だ。

1978年8月10日

刊行委員会委員長　小田原紀雄

情報センター通信

者：天皇代替りに関する情報センター（代表・後宮俊夫）
東京都新宿区西早稲田2-3-18日本キリスト教会館内　☎ 03(205)7363　FAX 03(207)3918
替：東京4-145275　日本基督教団
創刊号　1988.3.14

次

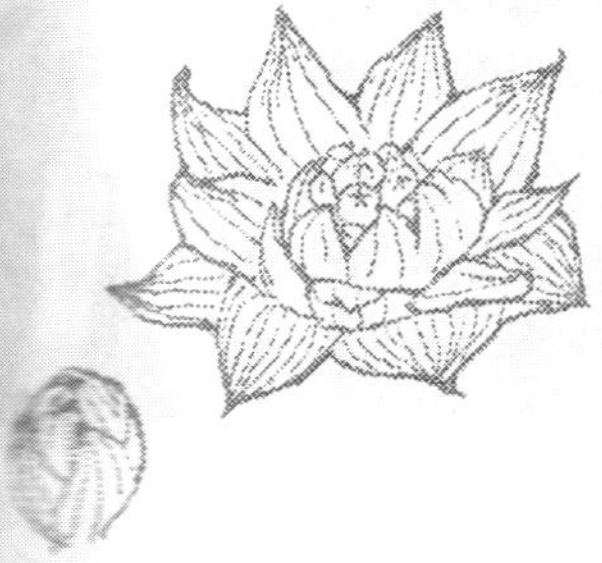

「情報センター」設立あいさつ

代表：後宮俊夫（日本基督教団議長）

戦後日本は「民主的」な装いのもとに、敗戦の焼野原から再出発したわけでありますが、その後の歩みを考えるに、わたしたちは非常に危惧の念を強くせざるをえません。

天皇制についても、そのことは同様です。かつての天皇よりは「柔らかい表情」をしているとはいえ、外交を含めた天皇の政治的活動の領域は膨れ上がり、マスメディアの操作によって、天皇の影響力は国民の生活や文化領域にまで深く浸み込んできています。最近の国家権力による言論・思想の統制や管理の強化は、こうした天皇制のあり方を背景としているのです。

わたしたちは、断じて、このような動きに手を貸すことはできません。日本基督教団も「戦争責任告白」をはじめとして、日本の戦前・戦中の歩みに、責任的に関わろうとしてきました。しかし、わたしたちがかつて侵略戦争に加担した歴史的罪悪を問うことだけではなく、戦後も、かの天皇を戴く国家に生きてきたことの責任が、今再び、鋭く問われていると思います。

「天皇代替り」は、天皇制による管理・支配強化の季節です。しかし、国家による侵略や支配を正当化するための天皇制の存続を、わたしたちはもうこれ以上望んではいない。その声が大合唱としてまき起こっていく……そのために、「情報センター」がたとえ僅かでも役立つことができますよう、みなさんの力添えをお願いいたします。

039

反天皇制闘争を

・「反天皇制運動」No・3（1984年6月1日）

5・20反天皇制運動交流集会に参加して、他の発言者の皆さんが随分自重しておられる様子に、つい年がいもなく「反天皇制闘争を日本革命の中で」うんぬんと、流行らなくなったスタイルでやってしまい、我ながら顔の赤らむ思いをした。

しかし、いまさらと思われるだろうが、当然のことをもう一度言っておくことにする。反天皇制闘争は、敵が露骨にしかけてくるのに対応する形では顕在化するが、日常的には甚だ照準を定めづらい闘いで、そこに心性構造だの宗教性だのという陥穽があるのだが、闘いの具体化を求めるあまりに、玉串料訴訟などという運動の組み方をしてみても天皇制の根基を撃つことにはならない。立川の闘いの大きな意義は、基地―天皇を連関させているからであって、反天皇制闘争とは、即ちこの支配の構造総体の解体へ向かうことをおいてなく、ヒロヒトの戦争責任などを「良心的」に訴えて多数派運動を形成しようなどと考えると、とんでもないことになるだろう。

040

差別と天皇制

―被差別部落、在日朝鮮・韓国人、障害者

・『インパクション』39号（1986年11月）

今更の感なきにしもあらずだが、やはり、天皇制あるいは天皇制イデオロギーが、それ自体として孕むか、また他の諸要因と連動して生み出すかするところの差別・差別思想を、大枠で構造的に把握するところから始めよう。

この不可分としかいいよう様のない天皇制と差別の問題は、二つの領域というか、表裏をなす一つの事柄の両面にわたって考えられなければならない。ひとつは、言うまでもなく、権力による社会構造全体を貫いてなされる差別である。つまり、法制や法制権力に、戦後40年を経てなお決して遺構となり得ず、具体的・現実的に存在する支配の問題としての差別である。他方は、この権力による、支配のひとつの方法としての差別を積極的に許容し、あるいはそれを支える側の意識の問題である。決

して好きな言葉ではないが、日本における共同幻想や共同体の問題と言いかえてもよい。先に、一つの事柄の表裏と言ったのは、このことに関わってである。即ち、共同幻想、共同体の問題と言ってみたところで、これもまた権力による歴史を貫徹しての支配―被支配関係の中で、あたかも別物でもあるかのように言いなす風潮があるが、明らかに誤りである。こういうところからは、思想的解明の道も袋小路へ入ってしまうだろうし、何より現下の天皇制・天皇制イデオロギー攻撃の進行に抗すべき闘いの視座を据えることもできない。ただ、この日本における共同幻想あるいは共同体の問題は、権力の歴史過程を通してのイデオロギー注入の結果であるとは言っても、意識の中に、いつ差別を生み出すような質が根付いたかを、それこそ歴史的に解明するのは、殆んど不可能に近いほど、我々日本人の心性の奥深くで、自然性とでもいうしかないほどに根付いているものだから、とりあえず、領域を分けて考えてみようというほどのことである。

ここは、天皇制形成過程の古代から、あるいは更に、日本人の固有信仰といわれるものの生み出されるところにまで遡って考えてみるような場ではないので、とりあえず、明治以降に限ってのことにするが、日本国家とは、とりもなおさず、この二面を有するコインが、あやうく立っているようなものとしてあるのではないだろうか。立たせている力は、資本制的生産様式そのものと、それを持続させたいとする力である。資本制的生産様式は階級・階級秩序を必然化するし、この秩序志向は差別を内包する。この必然と内包を、トータルに統括しうるものとして天皇制・天皇制イデオロギーは機能してきた。言葉遊びではないが、必然は必然であるが故に、権力はこわもてをもってしても、この必然を保持しなければならない。内包であるが故に不可視であり、「故郷喪失は世のならいとなる」ではないが、ならい性となるまでに自然化され、必然の秩序を無意識にも支える基盤をつくり出す。これが天皇制イデオロギーの本質である排外と同化の根基を形成し、支配の形態の転換をも乗り越えさせるのである。

部落差別は、日本人の有する差別観念の原初的形態ともいうべき、長い歴史と根の深さをもつものであり、同時に、「解放令」にみられるように、資本制的生産の最下層の貴重な労働力としてとりこむ対象として部落大衆が位置付けられているところに問題の本質がある。これを象徴的に示したのが、上野英信が明らかにしようとした、例の肉弾三勇士の出身が被差別部落であるという巷間の噂である。この噂の出所についての結論はついに不分明であるが、種々の資料からして、噂の源泉は陸軍にあるのではないかと上野は推測している。内包する差別意識をうまくとりこみつつ、資本制的生産様式の矛盾を集約的形態である戦争の最先頭で任務を担わせるという、でき過ぎではないかと思われるほどの仕方で、天皇制の果たすべき役割を見事に演じてみせている。

在日朝鮮・韓国人差別は、日本帝国主義成立期に、天皇制に求められる機能を十全に果たした例として考えられる。朝鮮の植民地化は、日本帝国主義の発展過程での、それこそ必然的侵略の結果であろうし、「万世一系」の統治者を有する、世界に冠たる大和民族という内包された意識を基盤として、単純な経済的収奪にとどまらず、文化総体の収奪と圧殺にまで至り得たのである。この天皇制イデオロギーを根拠とする他民族差別思想の朝鮮人差別に先行する例としては、沖縄人、アイヌ人差別があるが、これは現象的には天皇制イデオロギーを振りかざしてのものではなかったにしても、ならい性となった差別意識に立脚することにおいて、同質と考えてよい。それ故に第二次大戦期以降の沖縄人差別については、朝鮮人差別とまったく同質の様態を露呈している。

ことは、在日においても同様である。関東大震災の際の六千人にものぼるといわれる虐殺は、支配の秩序、即ち生産様式の転換の拒否と、生産の持続をはかるために、内包された差別意識を煽った結果としか考えようがない。

身障者、精神障害者差別は、例えば、天皇が国体等に出掛ける際に、精神障害者のチェックと隔離が行政権力によってなされるというように、部落差別と同様、貴賤との関係による伝統的差別観念に根拠をもつものであることは勿論だが、その本質は、何よりも近代以降の生産にとっての無用者排除の原理であろう。合理性の追求の裏側に張りついている、近代社会が必然的に孕み、また、戦後の一定の反差別の常識のやさしさが内包する、ならい性となった隔離による差別である。

ここまでのわずかな叙述ではあるが、理解していただけたと信じたいのだが、一部にいわれているように、天皇制なるものは法制や法制権力の遺構であって、これに根拠をもつ差別観念もまた「遺制」的なものであり、それらは資本制が解体すれば、自然に解体するか部分化する。問題は、共同幻想や共同体にこそ、という論の立て方は、ほんのわずかの部分で同意できるにしても、その多くは誤りである。

遺構、遺制に見えつつ、必然と内包とは、なまなかのことで分離されうるようなものではなく、時代の要請を受けて、いつでも新しい装いで再登場してくるのである。

041
拡大する反天皇制運動
――皇族の沖縄訪問を前にして

・『インパクション』49号（1987年10月）

杉村昌昭・小田原紀雄 vs 天野恵一

1、反天皇制運動とのかかわり

天野　ここ数年、反天皇制運動はある程度の拡がりをみせてます。そして、3人ともその渦中にいるわけですが、とりあえず何を契機として反天皇制運動にかかわり出したかということから始めていきたいと思います。

小田原　やはり70年7月の富村順一さんの東京タワーでの、左翼流には決起というのでしょうが、そのころからですね。それ以前から僕は戦後史を考える時に天皇と沖縄が軸だと考えていましたので、非常に象徴的かつ乱暴に「天皇と沖縄」がまとめて突き出されたので、これは本気で取り組まねばと思いました。キリスト教会にはこの前からごぞんじのとおり反靖国運動というのがそれなりにあって、71年に分裂するんですね。分裂の前段階にいろいろあったわけですが、結論的には近代主義にそのまま接ぎ木したような反靖国運動とは何なのかといった批判を私達はしていました。同時にこの運動を中心的に担っていた人々の間には天皇制を課題に入れると運動の幅が狭くなるという認識があったりして分裂しました。これは、今年初めての試みであった広島の反核運動と反天皇制運動の出会いの中でも、広島の側の一部にあった自己規制にも似たところと同質のものですね。僕自身どうして天皇制に関心を持ち、かかわり始めたのか、自分でも考えてみることはあるのですが、よくわからないですね。今から考えればさる党派のなかにいてボナパルティズム論というのを読んでまして、これではダメなんじゃないかと思ったのが内容的な契機でしょうか。それから先のキリスト者の反靖国運動の分裂後の71年に、反天皇制連続講座というのを始めて、あとはズルズルとただただマイナーな戦線でやってきました。

天野 杉村さんはどうでしたか。

杉村 運動として実際に天皇制にかかわったのは、今回の「うねりの会」を作る過程から現在までですから、準備段階を含めてせいぜい3年くらいですね。ただ僕個人の天皇制についての意識とか認識についていえば、高校時代、4月29日の天皇誕生日に毎年体育館に集ってアッセンブリーというのをやるという伝統のある高校にいたものですから、とにかく毎年4月29日にはほとんどの学生が体育館に集って天皇制とは何か、なぜ4月29日を祝わねばならないかという議論をやった。教師なども出て来て議論したりする伝統があったもので、問題意識を持ったのです。もっとさかのぼっていうと日の丸・君が代の問題がある。愛知県の教育は今や千葉県とならんで管理教育のメッカだとよく言われますが、実際いま想い起してみると昔からそのとおりで、小中学校の入学式、卒業式は日の丸・君が代があたりまえのなかで育ってきたわけですね。空気みたいに日の丸・君が代の雰囲気を吸って育ってきた。しかし問題意識は全く感じなかったかというとそうではなくて、何か儀式の時には必ず日の丸・君が代が出てくるので、何となく気色悪いものだという感じがあったわけですね。そういうしだいで、日の丸・君が代も天皇誕生日も、天皇という存在に対しても、案外わけのわからないながらも一定の問題意識を持ってはいた。

3年くらい前から関西で反天皇制運動を準備していくなかで一番感じたのは、天皇制反対の眠っている鉱脈みたいなものの存在ですね。ちょうど左翼の大衆運動の衰退期というか後退期というか停退期というか、そういう状況のなかで、天皇制の問題というのは大衆的な広汎な運動を作りうる大きなテーマであり基盤になるのではないかと。何となくうすうすそういう意識がもとからあったんですが、それを運動を通してある程度実感したわけです。例えば住民運動とか教育運動といった個別の課題で大衆運動を展開する場合どうしてももうひとつ眼に視えない大衆の意識が表現されてこないような状況が続いてきたと思うんです。それが天皇制という問題をたてることによって眼に視えない大衆の世の中に対する不満だとか矛盾の意識だとかいったものがかなり大きく浮上してきて、今までの課題別の闘争を超えて、曖昧ではあるけれど広汎な、体制に対する異議申し立ての潮流を作り出せるんではないかというようなことを、「うねりの会」を準備する段階からかなり手ごたえをもって感じてきたということがありました。そういう意味ではこの運動は、ある程度明瞭な形をとって表現されつつある状況だと思うんです。ただ、これからどういうような問題をすくいあげていかなければならないかというところで、僕自身、まだ明確な方針を持ちきれていないというところです。

天野　僕の場合、大学で左翼的な観念をいろんな運動経験をとおして身に付けた時も、天皇制の問題というのはかなりドロップしていたんです。このままでいいんだろうかというところから、理論問題の方から考えていったというのが、正直なところです。多少運動的なこともからめて天皇制を考えたのは、70年代の頭ぐらいからで、いろいろ眼に視える形で天皇制が政治的に動きだしてくるのが視えやすくなってきた段階でですね。ストレートに運動しだしたのは83年の立川の「昭和」記念公園反対運動に現地の闘いを支援する形で参加し、あらためてテーマの重要性を感じた時からです。その闘いはすさまじい戒厳体制下、子供がパレードの旗ふりに動員されるのを阻止しようとした教員の闘いや区職労の抗議の時限ストがあったりかなり広範囲にいろんな立場の人がとりくんだ。その時、課題の重要さがものすごくはっきり僕に視えたんですけど全体的な戦線としては天皇制の問題についてはやろうというところはまったく少ない。かつて理論的な問題で欠落していることがおかしいと思った以上に、運動的な問題としてやろうというとこがないのは、かなりのピンチだと感じた。そこで「反天連」を作り、いろいろ運動をやっている人間を糾合する形での反天皇制運動の展開が、どの程度可能かを実践的に追求してみた。いまの杉村さんの話ですが、ある点で非常に独特だと思うんです。普通の「常識」では、反天皇制運動というのは大衆的結集を狭め、一番重い課題で非常にマイナーな展開になることが必定であるといわれてきた。そうした固定観念が歴史的に形成されている。後退期における大衆運動のそれ自体の大衆的な結集の基盤みたいなやつを反天皇制運動で作れるという気持ちは、僕には始める時はほとんどなかったですね。マイナーであっても、これは重要な課題である、やらざるをえないという決意で始めた。いろんなテーマをあまり矛盾しない形で横断的につなげていく経験をへて、意外とドンドン拡がっていくことがわかった。大衆運動の基盤が拡がっていく。全体的な落ち込みのなかではよく拡がったという感じを僕も持ってるわけです。だから、杉村さんの直観というのは、非常に根拠ある直観だったことは間違いないようです。

杉村 僕なんかむしろ、天皇制の問題というのは政治運動あるいは新左翼の運動のレベルではマイナーな課題ではあったかもしれないけど、社会的にみて日本最大のメジャーの課題だと思っていました。しかも、体制の方が安心してほっておいてメジャーになっているのかというとそうではなくて、体制の方がひじょうに神経を使っているからこそメジャーになっている。つまり、抵抗していく上でも、そのような基盤からして当然メジャーの課題であるだろうと思っていたわけです。そういう意味では政治的な状況が大きく右傾化してきたこの時期に、天皇制の問題を運動的に、こちら側からも拡げていける基盤は、僕らが案外知らないようなところで急速にひろがってきていたのではないだろうか。

小田原 僕なんかも、反天皇制というのはかなりマニアックにやる戦線だとずーっと思っていた。僕らがそう思ってたというよりも、少なくとも戦前の日本共産党の歴史を多少学べば、これを言うのはヤバイという感覚があって、戦後もそういうタブーが続いているという気分を持たされてきたんでしょうね。最近になってこの気分の原因を考えてみると、要するに文化の問題として全然天皇制が押えられないで、それこそ政治権力の問題だけで展開しようとするから、日本におけるむき出しの権力問題になって、きついなーと思ったりするんでしょうけれど、もう少し文化の拡がりのなかで考えるようにすると、これまでとはかわった局面があるかなと思いますね。

2、反天皇制運動はどう拡がってきたか

杉村 ヤバイという感覚は左翼が作り出した神話でも何でもなくて、おそらく儀式というのが社会的な組織運営の重要な環になっていることと深い関係があると思う。国家というのがやっぱり儀式によって成り立つみ

たいなところがありますね。日本の近代の場合、儀式に必ず日の丸・君が代がくっついてくるという歴史がある。で、ヤバイという感覚は、子供の時からみんなある種の儀式を通して一種の緊張感、神聖な感覚みたいな雰囲気と表裏をなすものとして作り出される。だからそういった日の丸なんかをおったてたおごそかな儀式をこわすということは大変な異端で弾圧の対象になるという感覚は、だいたい子供のころからの様々なミクロな儀式を通して作られてくると思うのです。ところが、一方で、特に高度成長以降、日本の社会はある面でリベラルな空気を醸成してもきたから、どうしてもそんな堅苦しい儀式に耐えられないというところもある。それが矛盾した意識として心の中にたまっているというのが、天皇制に反対する運動を支える基盤になっているんじゃないか。日本人の生活様式、生活形態は良くも悪くもかなり近代化してますから、天皇が何したかにしたというのは知識としてあっても、それが今の生活とどこでどう結びついているかということになると、どっかでパチッと断絶があると思うんです。この人々の生活意識と天皇制の歴史みたいなものの切れ方みたいなところを、もう少し我々も運動的に生かすような情報とか学校の歴史を考える必要があると思うんです。

一つは情報とか学校教育ですね。うちの子たちも小学校の社会科で歴史やり始めるでしょ。それで天皇の名前、覚えていくんです。ところが僕が、あんなのは全部神話でデッチ上げだと言うものだから、うちの子もそう思ってってね。しかし「まあ、そうだとしても覚えなければいけないんだ、お父さん」と言うんですね。「おまえは立派な子だ」と言ってるんだけど(笑)。例えばフロの中で、子供たちと話をしながら、日本には天皇という王様がいて、自分がなりたくないと思ったってならねばならん人がいる。生れた時から王様になることに決まっている奴について、どう思うかときくと、うーん、そんなのはいない方がよい、と言う。歴史を知的に覚えていく過程と、今の世の中で子供が感じている民主感覚は切れてるんですよ。切れているけど学校教育では天皇中心の歴史知識を教えられるから覚えないかん。そして、だんだん物心ついてくるころになると日の丸・君が代があらわれる。しかし、日の丸・君が代と天皇制というのは必ずしも結びついてないわけですよ。ただ、儀式の時の緊張感が身体を通して心も呪縛する。これは神聖なものだからこわしちゃいかんという感覚が国家大に拡大されて、日本社会のあり方みたいなものと根本のところでつながっているわけですよ。そしてそれが非常な抑圧感として沈澱してきている。こういう儀式的なアクセントをつけることで日本の会社なり企業なり役所なりも運営されているところがあって、非常に一般的に言ってその点に天皇制の持っている間接的な抑圧効果があるように思う。どっか基本のところで精神のエコロジーをダーッと抑圧している。それに対してこころよく思ってないけど、それを表現するとヤバイし、面倒くさくなる。もっと端的に言えば、天皇制があるから電気代が上るわけでもないしね、物質的な生活のレベルと天皇制による精神的な抑圧のレベルが切れてるんですよね。だから、この間関西で「うねりの会」をやってきた過程でも、どっちかというと、物質的・経済的なレベルにおける生活闘争をやってる人は天皇制の問題、あまり関心ないんです。労働運動が天皇制ににぶいというのは、経済主義的な生活の向上を中心にやって来ているから、人間解放、社会解放という理念からいって本来むすびついている筈の天皇制の問題が見えない。しかし今後、きっかけさえつかめば労働運動もね、天皇制の問題を軸にしながら、旧来の革命運動として の反天皇制運動とか、革命運動としての労働運動というのじゃなくて、もっと日本社会の自由な雰囲気を作り出すための運動を展開できるのではないか。自由な雰囲気を基盤にすることによって労働運動であれ何であれいろんな運動がはじめて有効に機能するようになるんだというところで、何かきっかけさえあれば、反天皇制運動がもう一段深い社会運動になるんではないかと、多少楽観的に明るく考えたいと思ってるんです。

天野　いまの杉村さんの話、よくわかるんですけどね、ただ始めた時は、重要な問題だからこそ困難だけど大衆運動として作らなければダメだというかなり悲愴な決意があった。山谷のテロの問題も含めて、かなりありましたから。それ突撃だという位の僕らの決意や覚悟とまったく違うところでいろいろつながってくるということのなかで、いま杉村さんが言ったような意味合いは、わりと経験的にわかるという構造に、ここ3～4年でなってきている。

一つは昨日の広島集会で一人のおとしよりが、32テーゼの話をして、反天皇制を押しつけられると運動が狭くなったという歴史的経験を話したのですが、そういう経験というのは、権力の弾圧がすごいということだけじゃなくて、コミュニストも反天皇制についてゴリゴリ押しつけた。結局国家権力を打倒し奪取する革命闘争としてのみ反天皇制運動を位置づけ、大衆運動としての反天皇制闘争という発想がまるでなかったんじゃないかと思うんです。天皇制と言えばもう日帝打倒と言うしかないという感覚で受けとめてたところに問題がある。日本資本主義論争というのが天皇をめぐってあったわけですが、よく考えると、そこらへんの問題はあまり大した問題ではなくて、結局革命闘争としてしか反天皇制闘争を位置付けないという作風（あるいはヤバイからと労農派的に革命闘争からは天皇制の課題を全部ドロップアウトさせるかしかなかった）。これが問題だ。このコミュニズム運動の歴史の限界みたいなものは、権力を単純に暴力装置とのみ考えちゃうような発想と全部つながってるわけですから。必然的に武装蜂起みたいたイメージじゃないと天皇制について言えないみたいな、蜂起を大衆組織のなかに強制してくるみたいなニュアンスでしかない。だからものすごく運動が貧しかったことの結果でしかないと思うんです。それが戦後、そのことのリアクションもてつだって天皇制の問題が象徴天皇制になってよく視えなくなって、天皇制を問題にしない歴史というのがずっと続いてきた。問題にしだした時には、僕らの観念も非常に古い発想みたいなやつにどうしても呪縛されていた。だから、大衆運動として拡げようと拡げていった時に、それがそれなりに拡大したいま、杉村さんがおっしゃったような問題に始めて逆に遭遇したんじゃないかと思うわけです。国家が暴力装置なんていう単純な問題だけじゃなくて、様々な日常諸領域の文化とかイデオロギーのシステムの蓄積の上に成立している構造が、当然国家自身の本質としてあるとすれば、これはもう日常のなかいたるところに天皇制の問題があると問題がたてられる。だから、一番普遍的で一番横のつながりのできる可能性のある大衆の運動のテーマなんですね。論理的にはわかっていたということもあるんですが、そこのところが経験的によく視えてきたんじゃないかという感じがします。

小田原　ただ気になるのは、いまおっしゃったように反天皇制運動が拡がってきたのは、それはそのとおりだと思うんですがね。反天皇制運動の展開過程の中で一時期、何でもかんでも内なる天皇制という言い方をした時期がありましたね。それが、内なるなんて言うと、日本人は全部死なきやダメなのかと言うような話から随分時代もたっていまのところまで来たわけですが、最近ちょっと気になるのは、またぞろ何でも天皇制のせいにすれば日本における左翼の闘いが成立するみたいな論理構造を見受けますね。このあたりは気をつけないと、ちょっと雑になってるなという気がします。もう一つはこれは今回たくらまれている天皇による沖縄での慰霊の儀式の位置づけにもかかわってきます。アジテーションとしては自分もさんざん言ってるんですが、慰霊の行事を通して沖縄人民は天皇制イデオロギーに吸収され屈服するという言い方をしますね。こういう言い方はやはり人民の一側面しかとらえていないところがあって、考えようによって随分愚弄しているという感じもするんですね。杉村さんがおっしゃるように、日の丸や君が代を、しょうがないから歌うんだけど、その先にある天皇制に丸ごとからめとられてしまってるわけでも何でもないわけですよね。どうも下部構造の問題と上部構造の問題がキチッと整理がつかずにね、最近の傾向としては上部構造の問題として慰霊の儀式を通して観念的にかすめ取られていったら、全体として体もみんなくっついて吸引されるというふうな言い方が出ている。この二点は考えておかないといかんなと思います。

天野　「内なる天皇制」の問題というのは一種の文化理論みたいな形で出てきた。非常に非政治的な形態であるとされている象徴天皇制みたいなものを前提にしてわりかし様々な文化の次元に天皇制を読むわけですけど、それは現実にあるいまの生の政治問題とは全然関係のない文脈でフワフワはやった。だから僕らが大衆運動として天皇制を考えた時に、政治闘争だということにこだわったのは歴史的な根拠があることだと、そのことでは感じるんです。単純に政治権力の問題として政治ってことを言ったんじゃなくて文化自体の持っている政治性を問題にした。文化の問題もナマの現実に国家権力を持っている政治と絶対無縁ではないというところで立てない限りは、文化の問題として天皇制を問題とすること自体が無意味だという感じがするんです。

小田原　そりゃあ、そうです。そこらへんが天野さんと僕らとが最初にもう一つうまくいかなかった点ですね。僕らはマイナーな戦線で政治なんかと切れたところでやっていかないとヤバイと思っていたということと、権力問題としてだけで天皇制を立てるとその本質を見失うということから、文化の問題だということだけを意識的に言いつづけたわけですね。そこへ天野さんがトーンと政治の課題だというふうに。桑原重夫さんにも天野さんたちの主張へのとまどいが当初ありましたよね。

天野　桑原さんに、かつて天野は反天皇制運動で党を作るつもりではないかと私は批判された……（笑）。

小田原　ハハハ…、座談会か何かで言ってますね。ただね、「マイナー時代」からの残存分子から言わせれば、最近のような運動の拡がりは、何となく眉ツバだという意識はぬぐい難くありますよ。

3、慰霊儀式の持つ意味

杉村　慰霊の問題ですけど、誰でも死んだ人を悼むというのは大衆的な諸個人の感覚からいってあたりまえのことで、それに反対する奴はお前は人間かという話になる。僕は慰霊の中味として、死んだ者に対して生きてる人間があの人はこういう人だった、ああいういい面もあれば、こういう悪い面もあったというようなことをみんなで集ってワイワイ言いあうというのは結構なことだと思うんですよ。ただ慰霊のやり方に実に上手に権力なり国家なりの網がかけられたりするというところが問題だと思うわけです。もっと言えば国家や権力に吸い取られていくのではないカウンター慰霊のね、こういうやり方もあるんだよというのは出せるような習慣をつける必要がある。だから、慰霊なんてのはそもそもナンセンスだと決めつけて、しょせん国家に収れんされるワナだ…と単純に図式化していくと大衆運動として空虚になると思うんです。

小田原　反天皇制闘争というのはやっとこの頃、そういうところを超えられたかなと思わんでもないけど、一貫して暴露闘争なんですよ。向うが仕掛けたのにこっちが撃つという構造がずっと変らずにあるわけでしょ。そうすると向うの意図するところをこちらが暴露する、今回も天皇が沖縄でしようとしている慰霊の儀式は問題だと言っているわけでしょ。これは反天皇制闘争がほとんど宿命的に抱えていく構造だと思うんです。杉村さんがおっしゃることは暴露闘争の段階を越えてこちら側の文化を対置しなければならないという意味では本当にそうなんです。ただ非常にむつかしいところがあって、例えば総評が8月15日に千鳥ケ淵でやっている慰霊の儀式を含めて、やっぱりよくない。あれは労働者の先輩を祀る位のつもりでいるんでしょうが、死に方を問題にせずに、単純に戦争の犠牲者であるというようなことではないはずです。そもそも霊なんて誰も思ってないのにね。

杉村　慰霊祭に出席する人もべつにみんな霊があると思ってるわけじゃなくて、ただ他にやりようがないと——つい、こう金があり、権力を持っているとこはそういうイベントをやっちゃうから、それに参列すると自分も何か一つの緊張感を持って死者をとむらったというカタルシスが生じる。だから教会の儀式なんかとよく似たことで…。

小田原　全く同じです。死を媒介に宗教が成立しているわけです。どういう形で行なわれようと慰霊といわれている行事は全部、宗教の形式ですね。

杉村　死んだ人間が立派な活動家であった時の追悼などもどことなく慰霊と同じことになっちゃうんですよ。大体死んだ人をとむらうので一番いいのは、酒飲みながら、あいつはあんないい奴だったけど、あんなアホなこともやっとったなあとか、生身の人間として、みんな自由に言いあうこと、そのイメージがみんなに主体的に共有されていくような場をもつことが大事なことだと思うんです。

小田原　そうです。ごく日常的な、病気になって死んだというなら、そういうことになると思うんです。ただ非業の死をとげた時、非業の死が生者に持つ規定力ってのか、何か強制力があるんですよね。これはまいったなという感じがする。その非業の死が戦死者だったら、今度の沖縄の問題のようになるのでしょう。生き残った者に、何となくうしろめたさがあるんです。山谷の山岡強一さんの時には、僕にはうしろめたさがありましたから。だからこそ、国家権力だけでなく、様々な非業の死に際して人間の集団はどんなレベルの集団でも慰霊祭をとおして負い目を感じさせる儀式をやるんだと思いますね。私は、この負い目の意識が、現実の矛盾をかくしてしまう働きをすると思っています。階級意識の解体なども含めて。そうであるからこそ、華々しいしかけの慰霊祭をするのでしょうから。

杉村　儀式だけが形式化していく。日本だけじゃないかもしれないけど、ある種の型の文化の力みたいなのが結晶して、それに圧倒されていく…。

小田原　それの一番大きいのがXデーの儀式でしょうからね。

天野　儀式として形式化していくのは、日本的というスタイルということになって、レーニンのミイラを作っていくという具合に、もう全く同じで、『社会主義』だって生身の人間をすっ飛ばした美談の枠の中に大体押し込んで、人間ってのを神聖化していった。死者を悪く言ってはいけないというムードがどの時代も一定程度支配的なものでしょうから、それが英雄譚につながって、国家へつながっていくというスタイルは、どこも共通してるんではないか。皇室情報を読んでいておもしろいのは、生身の人間を濾過した全く人間味のない人間として、皇族というのは描かれていて、それがいかに素晴しいものであるかという常套句のなかだけでしか生きていない。肉体が全然ない人たちの世界なんです。スキャンダリズムを全部取っちゃった。そういう日常感覚の操作みたいなところが、何か国家の神聖さを支えていくことにつながってるんじゃないですかね。儀式化していくってことは内容を空洞化していくってことだと思うんです。そこで天皇制国家信仰が作られていく。それを断ち切ることをしないと、国家がゆらぐとか壊れるということはおそらくないんだろうという感じがしますね。そのへんは天皇制の問題、靖国神社の「慰霊」の問題などを見ていると反対に非常にわかりやすいですね。

4、〝象徴天皇制〟と反天皇制運動の今後の課題

天野　象徴天皇制というのは非常に視えづらい支配制度としてある。いわゆる政治制度ではないと憲法で宣言しているわけですけど、70年代、アメリカに行ったりいわゆる外交をしながらはっきりと政治的な発言をしだした。今回の沖縄行きってのも高度に政治的でしょう。そこいらへんの問題を少し話していただきたいと思います。

杉村　憲法が日本の戦後の民主化のある意味でバックボーンになったということ、これはまあ事実だと思うんです。しかし第一条があああいう規定になっていることの持つ意味を、案外みんな軽く考えてきたんじゃないかという気がします。大体どこの国の憲法でも、一条には理念として一番大事なことが書かれているはずなんです。日本国憲法の場合でも、前文があるにしても一条というのは一番大事なことが書いてあるわけで

しょ。それこそ西ドイツの憲法は、個人の尊厳は不可侵である、と書いてあったりするわけですね。イタリアでは、イタリアは労働に基づく民主主義国家で、主権は人民に属する、なんてことが書いてある。それが抽象的理念にしてもね。ところが日本はああいうことになっているということに関して非常に軽く考えている。軽く考えていたのがどんどん重くなって来て、最近それがもう究極みたいになっているということだと思うんです。象徴というのはもともと英語でシンボルですね。シンボルというのは非常に強い意味なんですね。飾りとかしるしとか、そんな軽いもんじゃないんですね。

小田原　サインじゃないんですね。

杉村　語源的に言うと一種の身分証明みたいな意味があるわけで、日本国民統合の象徴であるというのは、外国の人から日本人とは何者であるかとか、日本国家とは何かという時に一番わかりやすく説明するんだったら天皇を見て下さい、天皇家を見て下さいと、そういう意味が含まれてるんだということですね。実に迷惑な話ですがね。天皇が外国へ行くというのは、日本人はこういう国民ですよということを看板にして行ってるわけですよ。だからある意味でイギリスの王室外交と似ている面があるわけですけど、しかしそれ以上に憲法にあんな規定があるということ自体、大変な役割を果している。たとえばヨーロッパなどの多少日本のことを知ってる人は、日本はいまでもエンペラーの国だなという。その場合エンペラーというのは非常に強い意味ですね。そういうふうにものすごい機能をする。だから中曽根が外国へ行っても政治としてやってるなと見ているだけですけど、天皇が行くと、日本が来たという絶大な効果を持つわけです。それに関して日本人は案外無頓着だということの落差を、もう少し究明する必要がある。日本人の意識の問題として。天皇なり皇族なりが外国へ行くということが普通の日本人にとってどれほど迷惑な話なのか、もう少しきちっと我々の側から対象化していくような説得力のある見解を明らかにする必要があるんじゃないか。

天野　外から見た日本国家は、戦後もあまり変貌してないということを、皇室外交の歴史を見ながら指摘する人が多いですね。

小田原　僕も象徴ってのにひっかかるのは、象徴というのはある人間集団の中で共通の了解の上に成り立つだけの話であって、了解事項がこわれたらサインでもシンボルでもなくなるわけですね。しかし戦後象徴天皇制というのはそういう共通の認識、約束ごとの上に成り立ってるんではなくて、戦前の権力・権威をそのままスライドさせて「象徴」の位置についただけなのです。サインではなくてシンボルがある種の象徴性を帯びるとしてもそれはそれをシンボルとするという確認があってのことでしょ。戦後この確認の手続きをしないままに、集団の枠組みというか、内容は変ったはずなのに、シンボルだけは以前のままなんですよ。まずはあの「人間宣言」というだましに一発かまされて。次が新憲法の「戦争放棄」の規定という目くらましで、どうもこのあたりの検討を日本人は欠いたんですね。戦前の「現人神」よりはまあいいやと思いもしたのでしょうが。だから主権在民と統合の象徴ってところの関係がごっちゃになって、主権在民だから私たちがアレを象徴と認めたんだと言いくるめられたんだと思うんです。中・高と憲法を習う時に。

天野　解釈学の学者としては、そういうふうに解釈することで戦後を民主化しようと必死だったんですね、善意でね。おそらく。

小田原　その努力を否定する気なんか全然ないんだけれど。

天野　「国民の総意に基く」という文章があって、それでそういう解釈が成立するわけですけど国民の総意なんて一度も問われたこと、ないわけですね。問われないことを前提にして書いているだけだから、実態としてそういう文章があること自体の欺瞞を、本当は憲法学者は問わなきゃいけなかった。決してそうしなかったのは、戦前との対比でずっとよく「民主化」されているから、これをもっと進歩的に解釈していく方向でやるのが日本の民主化に役立つという一つの政治判断みたいなことから、戦後の民主主義解釈憲法学ってのが作られてきて。大体僕らの教育は、そのセンで受けてきたということとなんじゃないですか。だから逆に、そのことで問題を視えなくさせられてきたわけですね。

杉村　いわゆるシンボルとしての強みもあるわけですけど、それとは別に、天皇というのはものすごい現実的な外交機能を持ってるんですね。ニカラグアの大使が大阪に来た時聞いたのですが、日本に来ている外交官というのは皇室から一年に何回か招待を受けるわけです。天皇の印のついている招待状が来たら革命政権といえども断れないというんです。断ったら外交問題に発展する可能性があるんだと。彼がそう思いこんでいるというのではなく、そうなっていると言うんですね。そこがまた天皇制みたいなことで。(笑) とにかく皇族一族がズラーッとならぶわけでしょ。小っちゃい子供、孫がいて、最後に中曽根夫妻がならぶ。大使は天皇から順番に挨拶させられる。だから日本は天皇マフィアの国だと思わざるをえない。実に象徴の名に恥じない機能をしているわけです。

小田原 8・15の式典に天皇が行くでしょ。あの時、「天皇陛下のご臨席を賜り…」と各国大使館へ案内が行くんですね。反靖国の運動をしているキリスト者としては各国大使館へ、特にいわゆるキリスト教国の大使館へ、あれは神道色の強い儀礼だから行かないで欲しいと要請の手紙を出すんですよ。しかし、どこの国の大使館もそれはそれとしてやはり天皇が出席するところに欠席するのは具合が悪いという感覚があるようですよ。

天野 天皇はものすごい数の人を迎えているんですね。接待している。いわゆる「後進国」といわれる国の政治家、王様のたぐい、ものすごい数、来てるんですね。ほとんど新聞に載らないでしょ。この前、見てたらブータンの…。

小田原 そう、ああいったものですね。

天野 やっぱり、ブータンの国王会見粉砕闘争みたいなものを…

小田原 ちょっと組めないですからね。スケジュールもよくわからんし。(笑)

杉村 外国人が日本国憲法を日本語で読むわけじゃないし、天皇はシンボルだと読むわけでしょ。シンボルに会わなきゃ日本に行ったことにならない。そういう強い役割を果してるわけですよ。フジヤマ、ゲイシャ・ガール、テンノウと、大体こういう感じになってるわけですね。我々が気がつかないうちに、あのおじさん一族が頼みもしないのに勝手に日本の接待係をやっとるということで、大変迷惑なんですけどね。しかしそれが実に政治的に機能しているという現実があるんです。

天野 そうしたことを丁寧に見ていけばいくほど、日本の場合の近代国家の中心軸に皇族が存在して、非常に政治的な機能を様々な領域で発揮しているというのは、外交の立ちふるまい一つを見ても割と鮮明だと思うんです。

いま三代の訪沖を前にしてるんですが、今後どんな運動が考えられるかという点を少し…。

杉村 一つは天皇の戦争犯罪の問題。これは歴史的にも継承されているので反天皇制運動の根強い基盤になりうるわけですが、ヒロヒトが死んでしまったら、これはアキヒトに戦争責任があるって言うわけにはいかないわけですよ。個人としてはね。制度としては、天皇制という制度がヒロヒトみたいな戦争犯罪人を生むのであって、天皇制をなくさないとまた同じようなことを繰り返すんだという論理でいけますけどね。

小田原 私はアキヒトにそのまま継承させるべきだと考えていますが、それにしてもインパクトが違いますね。肉感的なとこがね。

杉村 戦争中、実際に生身の肉体で動いたあのおじいさんと比べて、戦後アメリカのキリスト教の教育を若い頃受けたようなおじちゃんが今度天皇になるってことになると。これはちょっと違ってくる。ただもう一つ、天皇制が生活の様々な局面で身心を規制することによって、日本社会の諸個人の抑圧感が相当高くなっている。だから天皇制のもつ社会的、人間的抑圧機能をターゲットにした闘いを組まねばならないと思ってるんです。

天野 佐賀の植樹祭の反対運動を担った人の文章に「天皇制のない明るい日本を作ろう」という、杉村さんごのみのスローガンがありましたね。(笑)

杉村 お年をめした方は戦中の問題意識でやってきてます。が、若い世代というのは、あいつがおるだけで気にいらないという何かわけのわからない直観的論理ですね。とにかく天皇などという不条理な存在が君臨しているために社会のいろんな場面でいろんなバリエーションをともなって何か抑圧感がある、抑圧感の元凶というのは天皇制ではないかというところが、印象的・直観的に共有されているんじゃないかと思うんです。そこのところをもうちょっと現代社会論として緻密にいろいろな角度から押し出していくような、生活感覚と結びついた反天皇制運動の理論づくりをきちっとすすめていく必要があるんじゃないかと思ってます。

小田原 日常の生活感覚としての抑圧感ってのはすごくあるんだけど、管理機構の進んだ近代国家特有のね。この国では日本だけじゃなくってどこの国でもやってることとしてのうっとうしさみたいなことと、天皇制が持つうっとうしさとが重複して相乗効果になってきているんだと思うんです。そこらへんを、運動に見合った僕らの言葉でキチンと分析しておかないと、何でも天皇制のせいにしてしまう。これはある種の思想的怠慢だという気がするんです。

天野　それと運動のスタイルの問題なんですが、一点集中結集全国動員型っていうのは僕らの時代の習い性みたいなところがあるでしょ。人が一番集るところを作ってブチ込む、政治的にそれで元気作っていくという型を、一般的には否定しないけど、そこらじゅうでいろいろやってるのが全体に視える関係を作っていく方がずっと必要で、同じ場所に集めるよりははるかに諸領域でやっていることが視える関係をつくることの方が大切だ。こうした関係を作るよりは「全国動員一点集中型」で人を集めることに熱心だという発想は絶対にやめた方がいい。結局そんなことでは、人も集まらなくなってしまう。

小田原　キリスト教会のなかでいうと、2・11に向けて教団の機関紙に、全国で予定されている集会の案内を掲載するんです。それこそ10人集まるのか、１００人集まるのか。ともかく全部の集会をズラッと並べる。あれは、はげまされるもんですよ。三里塚を各地で闘うっていったってあんまりおもしろくない。これはやはり時々三里塚に集った方がいい。逆に天皇制の場合には、日常的に、ものすごく広く分離したところで、いろんな闘いがあり、これを可視的につなげてゆく、そういうことでしょ。とにかく、大都市の集会場で天皇制を云々するより、隣の家のオヤジに反天皇ですという方がよっぽどキツイわけだから、そのキッサをつながないと。

天野　「植樹祭」とか「国体」とか、諸地域が主体で闘争が組めるようになってきたというのもいいことだし、そういう日常のところで主体がたって、全国の支援体制がつくられればベストですよ。

杉村　北海道であろうと九州であろうと沖縄であろうと、反天皇制ということである限り、必ず東京・皇居と結びついていくわけですよ。とにかく天皇はあっちこっち行っておみやげ残しているわけですね。戦後だけでも天皇の作った史蹟というのは馬糞みたいにばらまかれているわけでしょ。そういう意味ではどこでやっても必ずそれが収斂していまの天皇の「大本営」のあるところへ結びつく。しかも東京は政治首都なわけで、だから反天皇制運動は必然的にイメージとして東京に結びついていくわけだから、必ずしも東京へ集って何かやるという必要はない。しかし、そのネットがあちこちでできてきて自然に皇居へ行って包囲しようかというように盛りあがるといった経過を経た上でだったら、実に意味があることだと思います。

小田原　ただ今回の10月に関しては、沖縄とこちら日本という関係のなかでは、何が何でもやはりあいつらを出させないという必要がある。

杉村　それはまさにそうなんですよ。

小田原　本当に東京での政治決戦スタイルではなくて、全国どこであろうと、毎年行なわれる植樹祭なんかにとにかくゾロゾロいろんなとこから、5人でも10人でも集ってきて文句いうたるという関係が全国で作られていくこと、こういう関係が確かに5年前よりはずっとできてきたけどまだまだ少ないわけです。もっとゴチャゴチャできて、行ったり来たりできる関係が作れると、相当おもしろくなるでしょうね。

天野　バラバラが共通性を持ってる構造を、作っていくためには、自分たちの自前のコミュニケーション・ルートをどう作っていくかということについては、相当自覚的にならなければならないと思いますね。

杉村　反天皇制運動というのはまだまだ日本人のなかの天皇はイヤだ天皇制はイヤだという潜在している意識を掘り起しきれていない。言いかえればそういう意識にピタッとあった表現をみつけてない。表現をみつける運動、体動かすだけじゃなくって酒でも飲んでいるときにキラッと出てくるような、今まで眠ってたものが表現を与えられて活性化してくるような、生活感覚と結びついた反天皇制運動の理論づくりは、まだまだこれからやっていかなければならないと思います。

（1987年8月7日、京都にて）

042

「天皇代替りに関する情報センター」設置の意図と今後について

・『インパクション』52号（1988年4月）

はじめに

1988年1月28日、日本キリスト教団常議員会は、教団内に機関として「天皇代替りに関する情報センター」を設置することを決議した。教団組織としては、靖国神社問題特別委員会の下に置く機関であるが、当センターの代表は教団議長後宮俊夫氏であり、宣教委員会、社会委員会、先の靖国神社問題特別委員会の長それぞれを運営委員にすることによって、全教団的にこれに取り組むという意志を人事によっても示した。3月14日には旗揚げの記者会見（これを報じたのは「赤旗」のみであった）、記念集会を設定し、先のメンバーの外に、NCC（日本キリスト教協議会）靖国委員会委員長大島孝一氏、反天皇制運動連絡会の天野恵一氏の発言を受けた。

このセンターを設置すべきであるとの言い出しっぺであり、具体的な準備に関わった者として、一言述べておくことにする。

先の常議員会において、一部、「天皇の代替りなどという『一過性』の問題にとらわれることなく、教団は伝道に邁進すべきである」という意見があったにもかかわらず、大多数は、重大問題であり、これを避けて通っては後の歴史に禍根を残すのではないかとの真摯な発言が続いた。曰く、「Xデー下においては、極端な言論統制が強行され、思想表現の自由が大幅に侵害されるのではないか」「我々キリスト者は、再び戦前戦中のような弾圧にさらされ、礼拝においては歌舞音曲の自粛を強制され讃美歌を歌うことも禁止されるのではないか」、「こういう状況下で、『昭和史』とそれに対する天皇の責任を問題にするような発言をした場合、弾圧を受ける可能性がある。その際教団として断固として対応できる機関がなくては不安である」というようなものである。正直なところ穴があれば入りたくなるような思いでそれらの議論を聞いていた。仕掛けた側の者としては、好都合な発言ばかりであり、ほくそ笑んでいれば良いのかも知れないが、左翼諸氏からは、苦笑いと共にしか「キリスト者」と言って貰えないような者ではあっても、この世界でそろそろ25年も生きているのである。正直なところ身も世もないような恥ずかしさで、「あなた方は本気でそれを言っているのか。大丈夫です。今の時代のキリスト教など弾圧されるわけがない。私が保証します。礼拝も讃美歌も、たとえ諒闇の期間中にクリスマスがあって、これを楽しく祝っても、権力がそれにチョッカイを出すようなことはありません。」と大声で叫び出したいほどであった。

なぜ「教団」が「Xデー情報センター」を作らねばならなかったか

かつて竹内好は、「近代主義と民族の問題」(『文学』1951年9月号)で、「マルクス主義者を含めての近代主義者たちは、血ぬられた民族主義をよけて通った。自分を被害者と規定し、ナショナリズムのウルトラ化を自己の責任外の出来事とした。『日本ロマン派』を倒したものは、かれらではなくて、外の力なのである。外の力によって倒されたものを、自分が倒したように、自分の力を過信したことはなかっただろうか。」と、「日本ロマン派」に対する内在批判の必要性を主張した。同主旨のことを中野重治も1952年発行の『近代日本文学講座』第4巻(河出書房)所収の「第二『文学界』・『日本浪曼派』などについて」で述べている。少々長くなるが引用してみよう。「大体からいうと、第二『文学界』や『日本浪曼派』などが何だったかということはこんにちまだ明らかになっていない。これはわたしがそう考える。わたしの知るかぎりでは、第二『文学界』や『日本浪曼派』グループについて、それらがなにをしたかということは一おう明らかにされているが、どうして、なぜ、それをすることになったかということは明らかにされていない。(これはしかし、かれらが『何をしたか』が明らかにされていないということでもある。)わたしの言葉でいえば、『こういう要素を思うままに振るまわせねばならなかったところの当時の日本文学の社会的事情』が明らかにされていない。それだから、グループの演じた役割りは、その役をした主な人々、出演者その人たちの手で、1952年の今になって、ほとんど全く同じ道でつとめられている。かりに、当時その侵略的なコオスの立役者では決してなかったようなこれらのグループの一人を取ってみると、あのときも今も、全く同じ調子とポーズとで物を書いている。その立役者であって、人間としての立場いかんにかかわらず―実地にはその立場との必然的な関係によってではあるが―かんばしからぬ行動に出た人々は、今も全く同様の、人間としてかんばしくない行動に出ている。これは、プロレタリア的な立場、人間的な立場を取っていた人々が、長い戦争のうちに戦争勢力に引きずられ、これに屈服し、そのためいろいろの誤りをも犯したについて、自分たちの文学行動によって、自分およびひろく日本人に災害をあたえたことについて、第二『文学界』のある主宰者たち、『日本浪曼派』

のある指導者たちが、文学者として人間的に何か思いなやんだという跡は1945年以降においてまだ認められていない。そしてそのままに、日本の帝国主義的復興・帝国主義勢力による日本の軍事基地化・植民地化のために同じ形で積極的に働こうとしているのが認められる。」というものである。これらの文章のある部分をキリスト教、教会、キリスト者にかえてみれば、内在批判の必要性について、そのままキリスト教界にあてはまるのではなかろうか。「日本ロマン派」あるいは「日本浪曼派」のところに「日本的キリスト教」を入れれば、類似どころではない、構造的にそのままである。

かつて、天皇制下、天皇制の教義を相入れない宗教は厳しい弾圧にさらされたとする「神話」がある。事実、極少数者ではあるが生命を賭して天皇制イデオロギーに抗った宗教者があったことは承知している。そういう人々にとって「神話」などと言われること愉快でなかったろうという程度のことも承知している。そしてこの人々が示した「宗教的良心」が戦後を生きる我々にどれほどの大きな遺産としてあるか、これも重々承知している。しかし、自らもその延長線上にある組織なり団体、あるいは宗教界の歴史を検討する場合、「良心」だけを称揚して済ますわけにはゆかない。大多数の者が選んだ道を明示せずして、あたかも一部が全体ででもあるかのような言いくるめはすべきではない。この辺については常々桑原重夫氏が展開しておられるところであり、『聖書と教会』(1988年2月号)に「日本のナショナリズムと日本の教会」と題する論文を寄せて、「『宗教弾圧と抵抗』という視点からだけ見たのでは、明治以降の近代国家の中での天皇制とキリスト教の関係を正しく把えることが出来ない」とし、国の「宗教報国」政策の一貫として合同した日本基督教団が発表した『日本基督教団戦時布教方針』を引用しつつ、「『大東亜戦争』を讃美し、『本教団はそれを翼賛するために神からつかわされた』と前置きして、『天皇制国家体制の本義に徹し、忠君愛国の精神を涵養し、戦争目的を完遂せよ』という勧告が出され、そのために特に『敬神崇祖の国風を重んじよ』と強調されている」し、「冨田満が教団統理者の資格で天皇に『拝謁を賜わる光栄』に浴しているが、その時も感激して『全キリスト者たるものは天皇への忠誠をつくせ』と訓令を発し」た事実等を明らかにしている。

引用ばかりで恐縮だが、いうところの「日本的キリスト教」なるものの主張するところを若干挙げてみよう。

『基督教の日本的展開』と題する著作で、著者は、戦後も神学校の教授を勤めた比屋根安定氏である。叙文に当る「『基督教の日本的展開』自ら餞して」なる文章において「曾て萬葉歌人は、『御民われ生ける験あり天地の栄ゆる時にあへらく念へば』と詠じましたが、近時特に我日本が国運愈々盛に、前途益々多望なるを観るの今日、我等は深く比感謝の念に堪へませぬ。実に日本は、其凡ての方面に於て展開の頗る著しきものが認められます。我日本の展開に伴うて、此国の基督教も亦自ら発展せざるを得ないことは、贅言を俟ちませぬ。西洋諸国に於ても、其国家が興隆し其民族が発展した時には、必ずや之と前後して其国家の基督教、其民族の基督教も亦、自ら著しく展開して来ました。これと共に、基督教が愈々其真理を発揮して、真に国運に貢献し、人心を善導せざれば已みませんでした。基督教の歴史には、其証跡が著しく現れています。」赤面するほど素直に国家と宗教の歴史的な関係を述べている。また「第十八章　支那に対する日本基督教徒の使命」においては、「今回の支那事変は、日支両国史上の大痛恨事である。蔣介石の無理に独裁した国民党政府が、対日態度を謬って久しく、其謬まれる抗日政策に執着した結果、我日本は遂に武力を以て応懲するの已む無きに至った。日支間の事変は、支那に於ては期したろうが、日本に於ては欲せざるところで、東洋平和のため悲しまねばならぬ。然し個人の生活に於けると同じく、民族の運命に於ても、禍が転じて福となることを度々にして、今度の事変の中から、東洋の平和に対する自覚が支那民衆の間に起り、具体的なる平和体制が現れるならば、今回の禍は転じて福となること謂うべく、日支両民族は他日必ずや感謝の裡に、此事変を回顧するに相違ない。随て我日本の武力発動は、決して支那の領土を獲得するとか、支那の民族を征伐するとかいう意図がなく、専ら支那に於ける一部の抗日勢力を打倒し、従来これに操縦されていた人々を悔改せしめ、斯くして後、日支両民族をして真に親善せしめ、以て東洋永遠の平和を増進せんがため提携するに在る。我等は斯く考うるが故に、今度の支那事変は、日本の指導的推進力に動かされ、東洋に平和の好機会を与え、日支両民族の親善を基として、東洋の平和を保ち、文化を興し、使命を現しむるところの、世界史的意義を有するものである」とも述べて、何とも幸せ一杯の日本人の代表選手の如きである。元々宗教史家で、イデオロギッシュな文章を書くタイプの人ではないのだが、それにしてももの感は深い。

竹内から始まって長々と引用ばかりしてきたのだが、「日本浪曼派」については、充分な内在批判が貫徹されなかったが故に、桶谷秀昭などから再評価の言論が出て来たり、ポストモダン以降の若い物書き達の中から、妖しげな言辞が飛び出したりするような時代にはなっているが、それでも橋川文三の仕事もあれば、吉本隆明（朝日新聞で富岡多恵子に吉本興業ならぬ吉本隆明とキツイ一発を喰らっていた）もこの問題については良い仕事を残している。

それにもかかわらず、キリスト教界では、戦時下の己れらの思想と実践についての内在批判は殆んど皆無であった。煽動者達は全く沈黙してしまうか、１９４０年～45年にかけての5年間は歴史上無かったかのように振る舞うかであった。また、青年期に「日本浪曼派」の影響を強く受け、戦後を生きるために何としても一定の決着をつけておこうとした橋川も吉本も、キリスト教界には登場しなかった。それどころか、誰が仕組んだのか、「戦時下キリスト教は厳しい弾圧にさらされ、身を屈して生き延びるのが精一杯であった」という神話ばかりが宣伝されたのである。

ようやく、１９６７年になって『第二次大戦下における日本基督教団の戦争責任についての告白』が明らかにされた。内容は以下の通りである。

「第二次大戦下における日本基督教団の戦争責任に　ついての告白」

わたくしどもは、１９６６年10月、第14回教団総会において、教団創立25周年を記念いたしました。今やわたくしどもの真剣な課題は「明日の教団」であります。わたくしどもは、これを主題として、教団が日本及び世界の将来に対して負っている光栄ある責任について考え、また祈りました。まさにこのときにおいてこそ、わたくしどもは、教団成立とそれにつづく戦時下に、教団の名において犯したあやまちを、今一度改めて自覚し、主のあわれみと隣人のゆるしを請い求めるものであります。

わが国の政府は、そのころ戦争遂行の必要から、諸宗教団体に統合と戦争への協力を、国策として要請いたしました。

明治初年の宣教開始以来、わが国のキリスト者の多くは、かねがね諸教派を解消して日本における一つの福音的教会を樹立したく願ってはおりましたが、当時の教会の指導者たちは、この政府の要請を契機に教会合同にふみきり、ここに教団が成立いたしました。

わたくしどもはこの教団の成立と存続において、わたくしどもの弱さとあやまちにもかかわらず働かれる歴史の主なる神の摂理を覚え、深い感謝とともにおそれと責任を痛感するものであります。

「世の光」「地の塩」である教会は、あの戦争に同調すべきではありませんでした。まさに国を愛する故にこそ、キリスト者の良心的判断によって、祖国の歩みに対し正しい判断をなすべきでありました。

しかるにわたくしどもは、教団の名において、あの戦争を是認し、支持し、その勝利のために祈り努めることを、内外にむかって声明いたしました。

まことにわたくしどもの祖国が罪を犯したとき、わたくしどもの教会もまたその罪におちいりました。わたくしどもは「見張り」の使命をないがしろにいたしました。心の深い痛みをもって、この罪を懺悔し、主にゆるしを願うとともに、世界の、ことにアジアの諸国、そこにある教会と兄弟姉妹、またわが国の同胞にこころからのゆるしを請う次第であります。

終戦から20年余を経過し、わたくしどもの愛する祖国は、今日多くの問題をはらむ世界の中にあって、ふたたび憂慮すべき方向にむかっていることを恐れます。この時点においてわたくしどもは、教団がふたたびそのあやまちをくり返すことなく、日本と世界に負っている使命を正しく果たすことができるように、主の助けと導きを祈り求めつつ、明日にむかっての決意を表明するものであります。

1967年3月26日　復活主日

日本基督教団総会議長　鈴木　正久

この「告白文」の真摯さを認めるのは勿論やぶさかではない。がしかし、ここにも充分なる内在批判が貫かれているとは到底言えない。

ついにキリスト教界は、第二次大戦下、天皇制イデオロギーに屈服し、積極的にそれを支え、アジアにあるキリスト者に対して神社参拝を説得し、天皇と共にある生き方こそがキリスト者のキリスト者たる姿であるとまで言ってきた己れらの思想と実践とを、己れらの思想と信仰との検討の中から批判的な営為を重ね、次の世代に総括として残せないのであろうか。

天皇代替りに関する情報センターは、勿論以下若干触れるような内容の通信を発行し、Xデー情況下の情報戦の一翼を担ってゆきたいと考えているが、それは、単に一応全国組織であり、種々の情報が入手しやすく、センターの役割りを果たすのに好都合な組織であるから、その任を担うということであってはなるまい。「内在批判」を貫徹するひとつの試みとしてこのセンターが機能しえたならば、それは決してひとりキリスト教界に資するのみではないはずである。そういうものとしてもセンターを位置付け、生身をさらしつつ、どこで天皇制イデオロギーを破れるか、思想戦の一翼をも担いたい。

天皇代替りに関する情報センターは、以下のような通信を発行する

既に創刊号は3月14日付で発行された。目次からその内容を簡単にお知らせする。連載ものとして、「皇室情報の読み方」(天野恵一氏担当)、「ヤスクニをめぐる動き」(土方美雄氏担当)がある。第2号からは新たに、戸村政博氏、桑原重夫氏担当による連載も開始され、四本のそれぞれ個性的な執筆者による連載は、情報戦として展開されるであろうXデー情況下、敵の試みを多角的に抉るだろう。その他創刊号では、民社党議員滝沢幸助による「皇位継承に関する儀礼等についての質問主意書」とそれへの内閣からの「答弁書」を全文掲載し、Xデーに向けた「法整備」の現段階についての解説。いいだもも氏への「赤報隊」による脅迫状、その他各地の報告等を掲載した。現在2号を準備中であるが、2号では、東京東久留米市の教頭会で、日の丸・君が代をめぐり、「皇室国家に生まれた日本人としての喜びと誇りをもたせる指導」などと書かれた文書を使って学習会をしたようで、その文書を入手したので全文を掲載する。また、香川県で5月に予定されている植樹祭の情報。いわゆる〈本土〉の新聞は一行も書かなかったが、沖縄では卒業式における日の丸をめぐっての攻防戦は今年も行われており、それのひとつの例として浦添市の仲西中学における生徒の

闘いを、それを担った生徒へのインタビューという形で掲載する。その他入手し得たちょっとした情報も含めて盛りだくさんである。

３月29日付朝日新聞によれば、知花氏の裁判に関して、沖縄へ右翼が四百名結集したとのことである。右翼の動きが激しい。天皇制は、まつろう者にとっては安心立命の境地を保障するかのようであるが、まつろわぬ者にはむき出しの暴力で対応してくる。その突破口は、いつの時代でも民間右翼が先陣を切ってきた。権力そのものの暴力化はその後からなされるのが通常のパターンであった。三号では、「反憲学連首都圏ブロック」による社会党への公開質問の形をとった恫喝の文書を掲載する。右翼の動きについては細心の注意を払ってゆきたい。

「天皇代替りに関する情報センター」は日本キリスト教団の中の機関であるから、勿論財政的な基盤はキリスト教界で負担してゆかなければならないが、常時事務局員を置き、電話での相談その他に応じつつ、一ヶ月に２号の割合で通信を発行してゆくとなると、経済的な負担も相当なものである。そこで「通信」については個人購読料年額１万円。団体（20部まで送ります）同２万円でお願いしている。是非多くの方に御購読いただきたくお願い申し上げます。

詳細については、東京都新宿区西早稲田２—３—18日本キリスト教会館内天皇代替りに関する情報センター

043

「アイデンティティ・クライシス」を一層拡大し、「元号」の途絶という裂目から、「昭和」を総括しなければならない。

・「天皇代替わりに関するセンター通信」第３号（１９８８年４月18日）

社会党が「天皇と国民の絆を断ち革命状況を創出せんとする」党であるとは、余程特殊なイデオロギーの持主でない限り誰も考えはすまいが、「元号」の廃止＝天皇制の廃絶、と右翼が判断して危機意識をつのらせていることは理解できるし、その判断は正しい。

勿論、社会党が「西暦一元化」を主張するのは、個々の党員の考え方についてはいざ知らず、党として天皇制

の廃絶など考えてのことではあるまい。おそらくは諸外国が西暦を用いているということと、元号法制定当初の約束と異なり、行政の窓口等でのかなりの強引な「元号」の強制に、いわゆる反動化を感じてのことであろう。しかし、特にゆっくり考えてみるほどでなくとも、天皇なくして「元号」はないのであるから、「元号」を廃止する一番の近道は、この際天皇制を廃止してしまうことではないのか、と考えるのがごくまっとうなことではあろう。そこまで射程にいれないでの「元号」廃止論議は、結局のところ、「元号」などアナクロで、という近代主義でしかないのではないか。

それはさておき、この「反憲学連」の主張の内容を見てみよう。まず軽いジャブから。社会党に対する質問として、「憲法第一条を尊重するか否か」というのがあるのだが、この組織の正式名称は、「反憲法学生委員会全国連合」というのである。何か滑稽ではないか。社会党が、「第一条のみならず、憲法そのものに反対です」と、あるわけがないが、もし万一答えたら、「反憲学連」は共闘の意志があるか。御都合主義的な言辞で、「弾劾」などと口にすべきではない。

彼らの言う「文化伝統」について、個人的な好みの問題でもあるが、食事をしつつコーラを飲むような若者に対して、筆者は、「きさまら日本人の食文化を何と心得るか」と腹が立ち、農作業をしているお百姓さんを見ると、何となく心が落ち着くというアブナイ「農本主義」的傾向を持っている。がしかし、「元号」が、我々の「文化伝統」であるなどと考えたことは一度もない。「元号には日本人の祈りが籠められている」などとデタラメを言うのではない。「かつては大きな天災などがあった時に、平安を祈る気持ちから改元がなされました」というのもデタラメである。日本史をもう少しまともに学ばなければならない。一体いつ人民の平安を祈って改元したというのか。大きな天災の際も天皇の命乞いか、天皇制の護持を願ってのことばかりではないか。そうでなければ今次大戦の敗北後、なぜ改元しなかったのか。改元すればよかったと言いたいのでは勿論無い。日本史上未曽有の危機であったはずである。しかし、占領軍の判断で、天皇制が維持できることになったから、そのまま「昭和」を使用し続けたのであろう。裕仁氏の命に別状がなかったが故に、この際日本人が殺戮したアジア人民のことは置くとしても、数百万という日本人が死に、国中が壊滅状態になって大半の生産がストップするという事態に至っても改元されなかったのではないか。

044

長谷川きよしコンサート
今は冬 私が私であるために 7・16集会報告

・「天皇代替わりに関する情報センター通信」10号（1988年7月30日）

7月16日（土）午後6時、小雨が降り続くという悪条件にもかかわらず、会場であるサンシティ越谷市民ホールに続々と人びとが集まりだした。多くの障害者を含めて、最終的には1000人を越す参加者だった。越谷というさして大きくもない町で、雨の中、車椅子や杖を使用している人たちが、たくさん集まるというそのことの中に、今回の集会を準備した人たちの営々とした努力の積み重ねがどういう質のものであったかがわかろうというものである。当初、「今は冬」という題が、7月に行われる集まりにしては何ともそぐわないかのようであったが、準備の過程のほんのわずかの部分に関わらせていただきながら、障害者にとって、この時代が確実に「今は冬」という感じでしかないということを実感させられ、同時に、車椅子でこの集会に向けた情宣活動として駅頭でビラまきをした人、カンパ活動をした人などの話を聞きながら、「冬」を押し返す堅い意志も感じた。

「それぞれの人がそれぞれの在り方で生きていける社会へ向けて」とビラに書かれていたが、本当に困難な課題に一歩でも近付こうとする願いが、さりげなく表現されるところに、越谷の「わらじの会」を中心とした障害者解放運動の底力をしみじみと感じさせられもした。

この集会は、同時に、学校の先生たちが一方の担い手だったので、テーマの中に、日の丸・君が代の問題もあり、知花さんの闘いを支持し、裁判闘争を支援するという課題もかかげていた。

集会の第1部は発題とディスカッションだった。司会者と1人の発言者が障害者であり、そこにこの報告を書いている小田原が加えていただいた。言語障害がかなり強い荒井さんの、「みんなと一緒に、この社会で生きたい。」という訴えは、参加者の胸を激しく打ち、一緒に参加した若い人があとでその感動を、私に語ってくれた。一小田原は天皇制と差別の問題を話させていただいた。

般論としてではなく、天皇・皇族が出掛ける時、「目障り」なのか、それとも「邪魔」なのか、特に「精神障害者」を中心に、警察と地域が一体となって差別的な対応をすることをいくつかの事例を挙げて話した。後に本番のコンサートを控えての短い時間だったので、ディスカッションらしいディスカッションはできなかったのだが、とにかく埼玉県の一地方市で、「障害者問題」と「天皇制」をかかげて集会を設定できたということだけでも大きな成果だろう。

長谷川きよしさんのコンサートも素晴らしかった。ご本人が視覚障害者であること、そして間もなく学齢に達する子供をもっておられるということなど、明るく語りながらの歌は本当に素敵だった。若い人は知らない歌が多かったのだろう、盛り上がりの中心は中年女性で、これも一味違ったコンサートだった。

純益が何と70万円。その中から知花さんの裁判闘争支援のカンパとして10万円もいただいた。たいしたお手伝いもできなかったのにと思うと、涙が出るほど嬉しかった。

045 今も歌っているこんな校歌①

「寮歌祭」などで感情移入たっぷりに蛮声を張り上げている年寄りなど、不愉快ではあっても、まあ可愛いものだ。本人らは決して帰らぬ青春を懐かしんでのことであろうが、他人の目にはエリート意識丸出しの知性のかけらもない茶番だ。それでも目くじらたてるのも大人げないかとも思ったりする。そういえば、情報センターのある日本基督教団の建物の近くに、さる大学があって、野球の試合の後、他人の迷惑顧みず肩を組んで陶酔顔で校歌など歌っている若者も、同じ類いであろう。日本の将来にとって悲しむべきことである。

とまあ、憎まれ口はここまでにして、しかし、笑って済まされないことがある。学校の校歌が、戦前・戦後全く変えられないで同じものが用いられているのである。全国の学校の校歌を検討してみようではないか。先ず第一番は、新潟県のさる小学校の校歌から。

作歌　佐藤忽之助
作曲　林　松木

その一
弥彦はるかに空澄みて
流れつきせぬ信濃川
清き精神《こころ》の友として
学ぶみどりの若草に
希望の道は尚《なお》高し

その二
由縁《ゆかり》貴《とうと》き蒲原の
青海神垣敬ひて
進み勤《いそ》しむ春や秋
一路撓《たゆ》まず健《すこ》やかに
正しき知識養《やしな》はむ

その三
昇《のぼ》る朝日の美《うる》はしく
皇国《くに》の光ともろともに
仰ぐ師の恩親の恩
雪に蛍に睦《むつ》まじき
学びの窓の愉《たの》しさよ

　現在この学校では、皇国を単に「くに」とだけ表記して、この校歌を用いているそうである。しかし、それでは、「由縁貴き蒲原の　青海神垣敬ひて」はどうなるのだろうか。問題は、個々の言葉にあるのではなく、どうせ戦前の教育観に基づいて作られた校歌なのであるから、それ自体を現時点で責めるのではなく、戦後教育の中で、この学校でも多くの教師達が、なかには当然日教組の教師もいたであろうに、この校歌が問い直されることがなかったというそのことにある。

　今後、多くの学校の校歌をこのコーナーで取り上げてゆくつもりでいるので、それぞれの子供のころの校歌を知らせていただきたい。

・「天皇代替わりに関する情報センター通信」12号
（1988年8月31日）

046

8・15集会報告＝仙台

第3回「8・15」を問い返す集い

主催者の集会設定の意図について、今年の8月15日付けで発行された、昨年の同集会報告集から見てみよう。「〈アジア〉と〈地域の戦いの歴史〉から『8・15』を問い返そうという問題意識は、今日の状況をどう捉えようとするのかという実践にとってますます重要な意味を持ってきている」が、天皇ヒロヒトの死を目前にした今、「天皇X―DAYとそれを引き金にした歴史の改竄にたいして、私たちはどのように戦っていかねばならないのか。このことを考える時この国の民衆が15年に亘る侵略戦争をどのように総括していくのかが重要な問題であることは明らか」でありながら、未だ「私たちが戦争の被害者であったと同時に加害者であったということを統一的に捉えきれてはいません。おそらく、それは『8・15』以前を『暗黒時代』と見なし戦時下の戦いの歴史を語り継いでこれなかったことに起因しているのではないでしょうか。戦時下においても、強制連行されてきた朝鮮人・中国人らの大小の抵抗の戦いがあり、少数ではあれともに戦おうとした日本人がいました。これらを手掛かりとして、未だに天皇制を存続させている私たちの歴史総括の不徹底さを越えて行けるのではないでしょうか」というものである。この意図は、今年の集会にも当然継承されており、それは、集会のプログラムでも明らかである。第1部は、『皇軍と虐殺―南京大虐殺の現地報告―』。第2部、『天皇Xデーとは何か―昭和が〝終わる〟とき―』。第3部、『敗戦直後、宮城県の社会情況』、と日本近・現代史を貫く視点で企画されている。

今年の集会は、仙台市戦災復興会館の大ホールで持たれた。

第1部の糟川氏による報告は、氏自身の数度に亘る中国現地調査を踏まえた、実証的かつ日本人の自らの現代史に対する姿勢を厳しく問う報告であった。南京大虐殺が〝まぼろし〟であったとする鈴木明から始まる山本七平、渡部昇一等のデマゴーグを完膚なきまでに粉砕し、最近の傾向としての〝新まぼろし派〟、即ち、戦時下、それもかなり混乱した戦場であったのだから、ある程度の殺戮はあったであろう、と認めた上で、虐殺の数について争うという姑息な連中＝自衛隊戦史家、文部省に対しても実証的研究を通して厳密な批判を展開された。

氏の報告中、考えさせられたのは、上海に上陸後、南京に向かう過程で、「ひとが鬼になる」ということであった。それこそごく普通の兵士が、殺人を一切の躊躇なく行える人間へと変貌してゆくことによって、南京大虐殺は、必然的な帰結であったことが、陣中日誌等によって明らかにされた。また、考えてみれば当然のことであるが、先の奥野の「侵略する意図はなかった」旨の発言について、氏は面白い比喩で、日本人の退廃を指摘された。即ち、アメリカの閣僚に、「広島、長崎に原爆を落とす意図はなかった」などと今ごろ言う政治家があるだろうか。誰がどう考えても侵略以外の何物でもない行為を、ヌケヌケと「意図はなかった」などと言わせているのは、日本人全体の責任ではないのかということである。

第2部の講演は、小田原が担当した。内容は大まかに3部に分け、「天皇の『死』と『再生』の連続性を示すイデオロギー発生装置としての儀式」、「Xデー状況下におけるマスコミの機能と権力による警備＝治安弾圧」、『日本文化論』者たちの危険な役割」というものであった。自分の話を報告するというのも具合の悪いものであるから、以上のテーマから話の内容を御推察いただきたい。

第3部の山田文二氏（全日本農民組合連合会）の発言は、宮城県における敗戦直後の農地改革運動の実践的担い手であった氏であればこその生々しい発言であった。かつての仲間であった人々が、多く中央の政治家になっていったにもかかわらず、宮城の地に腰を据えて闘いを続けられた氏は、最後に、集会に参加している若者に、激しい勢いで、「新しい時代は諸君のものであり、惰眠をむさぼることなく、起って闘え」と檄を飛ばされた。

集会後の、交流会も一杯やることなく、真摯かつ情熱的な討論に終始した。午後1時半から7時半までの全過程、実に充実した集会だった。参加者は、120人。仙台で、この種のテーマで、100人以上を集められた主催者に心からの敬意を表したい。

047

ヒロヒトが死んだ。「昭和」が終わった。目出度くもあり、目出度くもなし。

・「反天皇制運動」号外（1988年9月Xデー）

人の死に際して、目出度いなどという不謹慎な感情を抱いたことなど、さすがの私も初めてである。なぜ目出度いのかなどという理屈など抜きで、あのヤローもとうとうくたばったかと思うと、腹の底から、フッフッフッと笑いがこみあげてくる。それにしても、しぶといヤツだ。どうせくたばるのだからひとおもいにさっさとくたばればいいものを。「情報センター」という仕事をしているものだから、しぶとく頑張られれば頑張られるほど、こちらの緊張状態がつづいて、本当にくたびれた。しかし、考えてみれば、コイツのしぶとさは、今に始まったことではない。だいたい戦後をノンシャランと生き続けたことそれ自体が、完全に人格が崩壊してしまった男であるか、相当しぶといヤツでなければできる芸ではない。まあそれにしてもヤツのしぶとさを今更論じても仕方がなかろう。何だかヒロヒトを誉めてでもいるような気分になってくる。この辺りのところが本当にヤツのしぶとさなのに違いない。この「しぶとい」という言葉から離れようと思えば思うほど「しぶとい」にとりつかれる。このしぶとさがヒロヒト天皇制の真骨頂かも、などとまたぞろヤツを誉めそうになる。クソッ。

　フッフッフッと来たあとで、今度はフツフツフツとまた腹の底から怒りがこみあげてくる。ヤツにとうとう喉元に突き刺さるような感じで、責任の重さを知らせてやる機会を作り出すことができず、内心はいざ知らず極楽トンボ面して老後を送り、喉元過ぎればなんとやらの日本人どもから、結構いいおじいさん風の扱いを受けて死なせたことに、大きな責を感じる。多くの渡辺清さんに申し訳なく、自分に腹が立つ。

　それにしても、ヤツ自身もそうだが日本人の極楽トンボぶりはどうしたことか。

　特にマスコミのとぼけた忠臣ぶりには腹が立つより、その倫理観にホトホト参ってしまった。天皇報道では他紙を抜いて忠臣ぶりを発揮している『朝日新聞』9月21日夕刊の「素粒子」引用してみよう。「必要とあらば何十年分でも差し上げるが。輸血のほかに何かすべはないか。天皇のご病状」。これはなんだ。これは。もう死んでしまったのだからどうでもいいようなものの、これは絶対に執筆者名も明らかにしたうえでアジア各国語に翻訳してバラ撒いてやる。何が何十年分の血でも差し上げるだ。アジア人民2000万人以上の血と、日本人民数百万人の血を吸って生きてきたヤツに、まだこれ以上の生き血を吸わせるのか。一滴の血も輸血することはなかった。吐血と下血にまみれてのたうちまわらせればよかったのだ。それが日本人として戦後の「繁栄」を、天皇と共に生き延びた者の最低限度のモラルだったのではないか。勿論、ヤツだけではない。自らもそうした運命を辿って一切泣き言を言わないくらいの覚悟が、アジア人民の前に必要なのではないか。とまあ、ちょっと「血債の思想」風なことも言ってみたくなるようなハレンチな文章ではないか。勿論アタシャヤダヨ。天皇と一蓮托生なんざ。

さて、「昭和」が終った。しかし、一体全体本質的に何が終ったのか。戦前・戦後を完全に切断して生きたくない。生きた日本人の、その真似をしてだけは生きたくない。大きなことは言わない。どうせ私ごとき何もできはしない。今まで通りやっていくしかない。

ない、ない、ない、では寂しいから仲間達よまず一杯呑んでからゆっくり考えようではないか。

048

・「天皇代替わりに関する情報センター通信」14号（1988年9月30日）

「象徴」とは「血」を求める存在か

この国は、あるいはこの国の人々は、言葉の真の意味で、恥じ知らずなのか。それとも今更の感なきにしもあらずだが、アジアの人々を人と思っていないのか。

1988年9月21日、「朝日新聞」夕刊、「素粒子」欄に「必要とあらば何十年分でも差し上げるが。輸血のほかに何かすべはないか。天皇のご病状。」と書いている。なるほど老齢の病人を前にして、出来ることなら何でもしたい、と考えるのはごく常識的なことであろう。しかし、この「何十年分」の血でも差し上げるという昂ぶった表現には、率直な感情の表出以上のものを感じずにはいられない。「忠臣」という嫌な言葉が胸に浮かぶ。天皇をして「象徴」などという曖昧な位置に置いておいたことの意味が、今明らかになりつつあるのではないか。制度的には甚だ座りの悪い位置である分だけ、イデオロギー的な効果が大きいことは既に指摘されてきたことであるが、「国民統合の象徴」というイデオロギー機能が完全に果たされていることを眼前にして、冒頭の感を抱いた。

それにしても、先の「素粒子」はひどすぎないか。ここには第二次世界大戦に対する日本人の「戦争責任」、そしてそれを代表する天皇の「戦争責任」などには、一点の顧慮もなされていない。天皇は２０００万人を越えるアジア人と数１００万の日本人の血ではまだ足らないと言うのか。

049

『秋の嵐』、明治神宮前で「天皇賛美」に抗議する

―警察の不当排除、暴行、糾弾！

「反天皇制全国個人共闘・『秋の嵐』」は、原宿の歩行者天国でアピールをするために結集したのだが、雨天のため、予定を変更して、明治神宮前に様子を見るため移動していった。9月23日の午後のことである。ところが、彼らは参道入口あたりに着いた時、いきなり警察にとりかこまれて、中に入ることを何の根拠もなしに拒まれたあげく、殴る蹴るの暴行を受け、無理矢理排除されるという不当な処遇を受けた。

さらに、この警察権力のやり口に抗議するため、再び、20名くらいで抗議にいったところ、今度は機動隊と制服のはさみうちに合い、すんでのところで逮捕されそうになるという、極めて理不尽なめにあった。この警察権力の「無法状態」の横行について、インタヴューしたので、お伝えする。

―情報センター近辺にも「私服」がうろつきはじめたけど、「あちら」もずいぶん興奮しているんじゃない。

＝ええ、ぼくらが明治神宮に行ったら、待ちかまえていたみたいに、むこうから声かけてきて「おまえらは中には入れんからな」と、イキナリですよ。ぼくなんかの名前もちゃんと知っていてね。全くあいまいなまま「連れていこう」とするんですよ。法的根拠を示せ、と言ったら、「そんなものが要るか」と言わんばかりの対応ですからね。

―そうだね、二重橋前で情報センター局員もほぼそれと同じ対応をされたようだけど、「天皇」批判になると、もうそれだけで逮捕していいとい

う感覚で動いているね。

＝ぼくらだけじゃなくて、服装や格好を見て「コイツは…」と思う者はみな排除したんですよ。中には、関係ない人たちもいてね、一緒に抗議したりしたんです。

だけど、警察権力は、まあだいだいこんなもんだろうと思いました。そりゃ、いつもよりは強硬に出てくることは許せないけれど。

—まわりにいた人たちの反応はどうだった？

＝それなんです。ぼくら、むしろ、そっちの方が怖かったくらいだな。

—と言うと？

＝いつもは原宿でパフォーマンスやったりするんだけど、そんな時、天皇のことをかなり露骨に批判しても、何らかの反応があるんです。「そうだ、そうだ」と言う人もある。だけど、今度はぜんぜん違っていたなあ。

ぼくらは排除されて、明治神宮内への立ち入りを阻止された、何の根拠もなしに、警察はこういうことをやるんだ、などとアピールしていたんです。すると、みんな取り囲んで「なんだ?.なんだ?.」と最初は言うのだけど、だけど結局「（あなたたちとは違って）私たちは大丈夫ね」とあっさり言い捨てて、中に入っていくんだもの。

それからね、石までは投げられなかったけど、「あんたたち！何よ、やめてよ。日本が厭なら、日本から出ていきなさいよ」とか「陛下に楯突くバカタレ」とか、そういう声が群衆の中から聞こえてくるですよ。「あんたたち…」と叫んで、掴みかかってきたのは、ぼくらと同じくらいの女の子だった。イヤーナ気分。

—へえ、凄まじい…普段、天皇についてはは「全く関係ない」と言って生きてきたんだろうね。たぶん、彼女たち。だけど、この「天皇重体報道」の事態で、変わってきたんだろうね。態度を決めてしまうんだ。自分は「×印の日本人」よりは「〇印の日本人」でいたい。そんな感じだね。こんな雰囲気が作り出されていて、警察はその様子を見ながら、ニタニタしている。そういう感じなのかな。冗談じゃないね。

050

・「天皇代替わりに関する情報センター通信」18号（1988年11月30日）

無我利道場への「松魂塾」による破壊、傷害行為を糾弾する

10月30日白昼、右翼団体「松魂塾」の殺意に満ちたムガリへの攻撃は、前号「緊急アピール」でお伝えしたとおりである。その後、ムガリから生々しい写真と「訴え」が「情報センター」に届いたので、あらためて報告する。

松魂塾の襲撃に抗議にでた新井孝男さんは、倒れているところをダンプカーにひかれた。肝臓破裂、骨盤開放骨折4ヵ所の重体で、今も入院している。戦闘服を着た「松魂塾」生は、倒れた新井さんの足先の方から、後退りしてきたダンプにひかせたという。「一人くらい殺してもいいんだ」と叫びながら……。

何も「右翼」だけではない。彼らと結託した地域権力者や露骨な追い出しを扇動した警察。「自然をいつくしみ、隣人も、遠くの他の人をも、決して踏みつけにしない、真に人間的な生活と平和を求めて、この地で努力を重ねて」いるムガリに対する、そしてそのように願う生命に対する権力からのこの「応答」の意味を、我々はしっかりと読み取り、糾弾し、撃ち返していく必要がある。

051

・『インパクション』56号（1989年2月）

裕仁の死んだ日の情報センターの一日

裕仁が死んだ。勿論、何の感慨もなくただほほえましい。

個人の感懐としては当然のことであるが、世間全体としてもこんなところであろうか、と思っている。「長患いするものではない」と老人の声が聞こえてきそうな気がする。「あの陛下でさえ、長患いなさるから、国民に飽きられてしまった。まして下々の者が……」などといううつぶやきをしつつポックリ寺詣りなどされたのではたまらないなあなどと年老いた母を持つ身は考えたりする。

裕仁は長患いの限りを尽して苦しみ抜けば良かった。途中から「傾眠」などという救いがあったのはよろしくない。下血・吐血にまみれて極限の苦痛を味わえば良かったのである。

天皇代替りに関する情報センターなどというところにいると本当に様々な意見に接するのだが、先頃何とも不愉快な電話をかけてきた男がいて、腹立たしくて途中で切った。

その30歳代と思える男はこういうのだ。

「お宅ら戦争責任というけれど、戦争責任は日本人全体のもので、誰かに責任をおっかぶせて自分は逃げる気なんじゃないの。」

これはごくまっとうな主張のよりに聞こえる。いかにもそうだ、と同意しそうになる。

しかし戦後民主主義の誤りはここにあったのである。いわゆる一億総懺悔である。内在的な主体の意識の問題としての戦争責任については私も日本人全体に戦争責任の問題について余りに無自覚というか、極楽トンボの傾向があると考えている。しかしそれと、制度の問題とを一緒にされては困る。これをゴッチャにして曖昧にしてしまったところに戦後民主主義のまやかし、うすっぺらさの原点があったのではないか。

天皇の戦争責任を考えれば、田中角栄の5億円も、近頃のリクルートも、まして自分の後援会にリクルートが会員になっていて年会費48万円を受け取って大臣を振った男などかわいそうなくらいのもので、責任の序列のつけ方を知らない戦後社会の病理だと思えてくる。

先の電話の男はこれらのことを重々承知の上で、一億総裁悔の中に裕仁の責任を埋めこんでしまおうとの意図である。こんな話につき合っている程センターは暇ではないから途中で電話を切った。それに丁寧な物言いではあるが、「お宅」らは右翼である。こちらは電話番号も住所も明らかにして市井に身をさらして「反天皇」を主張しているのである。そこへ向けて名も告げずに何やかやと言ってくる右翼など一顧だにするつもりもない。無礼である。

急に村上一郎氏の名など思い出す。晩年不幸なことになってしまったが、ひとを責める際のこちら側の「志」のあり様を教えていただいた。長崎の本島市長を責める右翼輩の志の低さは何たるザマであるのか。この頃同様の者がセンターにも時折電話をしてくる。

さて、与えられた課題は、裕仁が死んで天皇代替りに関する情報センターに居て見えてくる状況・情況についてである。

テレビもラジオも向うから勝手に何やかや言ってくる押し付けがましいメディアは嫌いであるから身辺になく、従って天皇の死を知ったのは電話でである。８時頃であったろうか。後から考えると７時55分に小渕官房長官が発表したのだから、早速電話をくれたのだ。情報センターなどという位置にいるのだが、それでも特にスワという感じもなく、冒頭に書いたような感懐で。そういえば山さんが殺された時も電話を貰って、しばらくボーッとしていたなあということなど想い出した。ついでのことになるが、これを書いているのが１月13日午前２時である。山さんが殺されたのが３年前の今日。そして今日の午後、我々は山さんも望んだ山谷の労働者の自前の建物、「山谷労働者会館」建設へ向けて、その大きな第一歩として。土地の最終代金を支払って40坪の土地を手に入れる。我々の、山谷労働者の土地である。私有財産を持つ気か、などとシャラクサイ非難を浴びせた者達よ、我々はこのブルジョア社会に「私有財産」を確保した。文句があるなら陰でゴチャゴチャ言ってないで正面から来い。春から「私有財産」の建物を建て始める。山谷労働者が自らを解放してゆく闘いの不抜の拠点である「私有財産」の建設である。全国からカンパを寄せて下さった皆さんありがとうございます。「ブルジョアではなく、プロレタリアートが、それも山谷の地で１億円以上も集めようという意気に感動しました」という言葉と共にカンパを寄せて下さった方ありがとう。私達は１億円以上も出して土地を購入しました。これからまた何千万円ものお金で三階建の労働者会館を建設します。これからも御支援下さいますよう衷心からお願い申し上げます。これに直接にかかわっている者、火だるまのようになって全力で駆けています。力を貸してください。

全然関係のないことを長々と書いたが、一方でこういう闘いを続けており、また様々な闘いが今現在方々で継続中であることを承知している者にとって、裕仁が死んだからナンジャイ、ドコゾノオッサンデモ死ンダカイノ、—という具合でもあるのである。こういうことを言ったからとて目くじら立てて怒らないで欲しい。私達の闘いはこのように余裕をもっているということを言いたいのである。反天皇制闘争一本に賭けて一点突破全面展開を幻想するのではなく、多様な戦線での闘いを豊かに展開しつつ、今この時反天皇制闘争に力を傾注しようという風でなくては、未来を展望することなどできうるはずもないではないか。

もっとも、逆に言うならば、個別戦線にいて、その闘いはそれとして重要であることを認めるにやぶさかではない。少しもなく、敬意さえもつ闘いでも、今この時「反天皇(制)」が課題にならないような闘争の将来は正直に言ってダメだろうとも思う。私達の文化の基底の問題を抜きにしてこの社会の変革など展望しようもないではないか。

またさて、電話で起こされて早稲田の情報センターに向った。情報センタースタッフ4名中一番のり。すぐに若い二人が現われる。とにかく電話がすごい。すべてと言ってよいほど行動方針についての確認と問い合わせである。死んだ当日日本キリスト教会館で午後7時から「昭和天皇賛美を許すな！　天皇代替り反対！　緊急集会」を開催することは、これまで方々で情宣していたが、これの確認である。とにかく電話はずっとふさがっていて、情報センターであるからこれも大切な仕事とは思うが、各地の運動体が電話がつながらないでイライラしているだろうな、と気にかかる。途中で新橋の救援連絡センターから、「そちらが話し中ばかりでつながらないから、こっちに電話がかかってくる。今日は大変な数になるから、大きい会場にした方が良い」との連絡が入る。情報センターへの電話の量からしてもそれが充分予想されるので、急いで早稲田奉仕園スコットホールを借りて会場変更。電話応対と平行して、「情報センター通信号外＝教団声明」の印刷。昼前後からは応援の人達がボツボツ集まり始める。日本キリスト教団の社会委、靖国委担当職員のTさんが応援と同時においしいジャンボいなりの差し入れ。皆な朝食をしている余裕などなかったから助かった。ドアツカマシイやつも含めてマスコミの電話取材が多い。それにしても、どうしてマスコミのヤツラはああ態度が横柄なのだろうか。アホな若僧のクセに生意気な口をきくヤツが多過ぎる（親しくさせていただいている何人かの方。勿論皆さんにこういう感情をもっていないことは態度で示してあるはずです）。こちらが営々とした努力の結果としての人間関係の中で得た情報を電話一本で貰えると思っている根性が気にいらない。態度が悪いのは日本のマスコミだけではない。外国の通信社、新聞社も例外ではない。「英語でインタヴューしたい」などと言ってくる。なんでこちらがクソイマイマシイ英語なんかしゃべらなきゃあいけないんだ。天皇制を巡る用語は日本語でだって難しいのである。それを英語でなんぞ。クソ忙しい時に、というものである。こうしたマスコミの態度は私達運動の側にも責任の一端はあって、今後考えなければならない問題である。

　またまたさて、午後6時頃から教団前の駐車場に人が集まり始めた。しかし会場は6時半からしか借りられなくて、入ることもできない。スコットホールはウェディングフェスティバルとかで、実に愛らしくも華やかに結婚式の飾り付けがしてあるのだ。ここの結婚式場は、以前反死刑のハンストを教団前でやっている時、結婚式に死刑、死刑と縁起でもないと反キリスト教的イチャモンをつけて来て以来不愉快極りないヤツラだと断定していたのだが、この日の可憐にしてかつきらびやかなジャンジャジャーンの様は、教会でのキリスト者でもないヤツラの結婚式などクソ馬鹿ラがとしか思わないが、この日だけはよろしい。自粛もせずよくやりました。

　開場の6時半にはもう駐車場のあたりにはチラホラの私服も花を添えてもう相当な人出。7時開始時には既に満席。それでも後から後から人はつめかけて、受付は「前へつめて下さい。外にはまだ100人くらいが入場できずに待っています。」と叫び続け、壇上から通路まで超満員。なんと600名もの人々が参加した。集会の内容については「情報センター通信」に書いてあるのでそちらを読んでいただきたい。とにかくお一人お一人の発言も素晴しく、いい集会であった。

　やったやったといい調子で皆な呑みに高田馬場へくり出すのに、情報センターは号外の発送と電話連絡等あるために教団事務局内に泊り。

　深夜まで電話はなり続き、全国で様々な反撃が闘われており、その様子が次々と知らされてくる。

　大きな網を敵はしかけてくるだろうし、それへのそなえを慎重にしなければならないが、まず初戦は押し気味という感じだ。

052

さよならヒロヒト　サヨナラよしもと
——吉本隆明批判

・「反天皇制運動」No.60（1989年3月1日）

「たしかに日本資本主義だって欠陥だらけであって、

変えなきゃいけないところはたくさんあるでしょう。しかし、7、8割の人たちを主観的な中流意識にまで持っていったというのは、どうしようもなく凄いことなんだと僕は思ってます。それを悪だというインチキな左翼を僕は絶対認めないですね。

とにかく、数十年の間に大衆の生活レベルをこれだけにもっていったのは、日本資本主義のお手柄だと思ってます。そういう意味では否定的じゃない。飴玉二つ買うと一日の小遣いがなくなっちゃったときと比べると、今は大変なものだよなと考える面のほうが僕は多いですね。」(「週刊文春」89年1月5日号)

誰であろう吉本隆明の言である。ここまでアッケラカンと日本資本主義賛美をやられると、この豊かさは何によって保障されたのか、などというある種倫理的な雰囲気のする議論が何とも青臭く感じられて、初めから気分が萎える。この男に、帝国主義の何たるかを説くのも今更の感どころか、蛙の面に小便であろう。

しかし吉本によるこの言は、単純な経済的比較である分、今からする指摘に居直るだろうけれど、現在の吉本の位置が明確であってよい。吉本が少年だったころ、つましくも日本の庶民のすべては、子供に飴玉二つ買う小遣いを与えられたかというと、とてもそうは言えない状態であった。例を挙げれば限りがないが。恐らくは吉本とほぼ同年代であろう石元シゲ子の『いのちの底が抜けたァ』(径書房)一冊でも読めば、このことは明らかである。そして、『共同幻想論』は御本人の弁によると20万部近く売れたのだそうで(残念ながらそのうちの一冊は私)、初版の時の値段が580円であるから、どういう契約になっていたか知らないが、常識的な線で10%として計算すると1000万円を越える金である。『言語にとって美とはなにかⅠ・Ⅱ』『心的現象論』が売れた三部作なのだそうである。そうであれば、今から20年近くも前に吉本は大変な額を稼いでいたことになる。吉本がいくら稼ごうが興味はない。資本主義社会だもの。売れる物を作った者は稼げるのであるから、吉本が大衆受けしたからといって、それ自体が批判されるようなことではない。ここで言いたいのは、吉本は自分を基準にしてしかこの資本主義について考えてはいないのではないか、という事だけである。現在確かに豊かになった。7、8割かどうかは知らないが、多くの者が中流意識を持っていることも承知している。が、意識を支える生活実態は本当にそうか。その中流意識は、吉本程度の稼ぎの上でのことか。今更「大衆の原像」はどうしたなどとは言いたくもないが、すべてが結局のところ吉本の主観の産物でしかなかったのではないか。これは吉本の思想のかなり根深いところの問題性でもあり、かつ吉本の強さでもあるのだろう。先の「文春」のリードは、「一生活者としての〝巨人〟」と吉本を評している。生活実感からかけ離れてしまった論理を弄んできた知識人達の多くに対し、即ち、佃島だの、門前仲町の「青空塾」だの、東洋インキをやめた後の半プロのパチンコでの生活だの、かつての吉本の読者としては、なつかしく思い出せる事々のすべてが、考えてみれば自分らが大学で教えられているどうでもいいような事と、どうでもいいような顔をして講義をしている教師達に対する痛烈な批判として受け取れた、あの快感には捨てがたいものがあった。が吉本よ、「いま自分が親として、子供がそういう思い（「貧乏すると人間というのは小さくなる」と吉本の父親が言ったという貧乏＝筆者註）をするのは避けなければならんというか、そういう気配を見せちゃいけないという気持ちはありますね」などと言い出すにおいては、ハイハイソウデスカ。ケッコウデゴザンスネ、ヨクオカセギニナラレテ、としか言いようがない。一生活者＝いいオトーサンでいいですね。私らよそ様の子の服装を見て、常々、すまんなオヤジの稼ぎが悪くて、と我が子に心の中で手を合わせておりますよ。それでどうした。心が鈍しているというなら言え。つい「どうせ私を騙すなら死ぬまで騙して欲しかった」風になってくるからこの辺りでやめにする。要するに一切合財自分を基準にしての「主観の産物」としてしか吉本の思想はない、ということを言いたいがついでのことである。

　先ごろ必要あって『共同幻想論』を読み返した。20年ぶりのことである。何が書かれているのか理解できず、己れの頭の不出来を恨んだのを思い出しつつ読んだが、多少賢くなった頭にもトント理解できなかった。何のことはない。クソ面白くもない実証主義を称揚するつもりはないが、この書は、吉本に「自己幻想―対幻想―共同幻想」という観念の構造に対する枠付けがあらかじめあって、その構造の弁証のために『古事記』と『遠野物語』とを利用したに過ぎず、本人も他の資料を用いたいという誘惑はあったが、などと言ってはいるが、かなりいい加減な利用の仕方ではある。例えば『遠野物語』。遠野地方に語り伝えられた伝承を時代的背景の検証を抜きにして、近代の知識人たる柳田国男が採録した、その話を戦後知識人の吉本が、自らの枠組みに都合のいいように用いるという離れ業をする。それが国家発生の段階を説明する原理論になるという、考えてみれば悩んだあの頃がうらめしいような書物である。この書は、つまるところ、マルクス主義に対する批判として、観念領域の下部構造決定論的解釈は誤りであり、観念領域には、下部構造とは相対的に独自な領域がある、というただそれだけのことを一言で言えば済んだものではないのか。このことだけについて言えば、マルクス主義者ではない筆者には当然過ぎるほどのことであって、それ以上ではない。『共同幻想論』を読んだのは、勿論天皇制論とのかかわりがあってのことであった。『共同幻想論』から『南島論』という吉本の道筋をたどって、吉本天皇制論を検討する必要があったからである。吉本天皇制論については、菅孝行が「吉本隆明は、大嘗祭や、琉球王国における巫女の継承儀式の分析を通じて、天皇制国家成立の経緯を、原大和的な古代国家から、天皇制国家への『継木』であると分析し、被支配者としての民衆の日常生活体系が、異族の共同宗教を受容することによって、一体化し、ひとつのあたかも統一的な、継ぎ目の定かでない国家を形成する」とした吉本の指摘を評価しつつ、「万世一系の無根拠性を摘発し、原日本への回帰とは論理的には天皇制の否定であるというためには、これですでに十分である」としながら「だが、現在、万世一系の無根拠性をあげつらうことにどれだけの意味があるだろうか」と疑問を提出している（『吉本隆明論』）のですべては尽きているように思うが、先頃安丸良夫が、ある集会で述べた「いま我々が天皇制と思っている観念の数多くは、幕末から明治維新に作為的に作られたフィクションが大部分である。政治権力と離れた日本文化の精神や伝統としての天皇制が日本の歴史を貫いたものとする考え方は、いま支配層の核心にある天皇論だ」というのを、安丸には多々言いたいことはあるにしても、吉本には言っておこう。

ところで、吉本は、京都新聞の1月10日から12日まで、「昭和の天皇とその時代」なる山折哲雄との対談を掲載している。ここで吉本は、「象徴天皇の方が正統で現人神天皇は駄目だったんだという言い方では否定できない。現人神天皇と人間天皇が二重化されている天皇制の全体性を無化する方法を作れなければ否定できないだろう」と無化はともかく、まあ当然のことを言っている。しかし、他方で象徴天皇制の基盤としての農業問題に触れ、「平成の天皇は見かけ上は象徴天皇の延長ということになるでしょうが、(中略)第三次農業革命が大問題になると思います。(中略)ごまかすことのできない大問題で、そこでは象徴天皇制の基盤が問われます」と言っている。面白い指摘で、考えてみてもいいが、観念領域の自立性をとみに強調してきた吉本が言うのであるから、アラッである。天皇制の下部構造決定論ではないか。象徴天皇制下の資本主義賛歌を歌う吉本よ、最低限度の論理的整合性はやはりいるよ。

053

・「天皇代替わりに関する情報センター通信」26号(1989年3月31日)

「天皇の時代」文化人たちは?
―松本健一は新世界史の哲学派になったのか

さあ軽いノリで行ってみたい。

誰がこの間どういう発言をしたかということを踏み絵にして面罵する気はないが、しかし、この「通信」の記録としても多少名を挙げて批判をしておくことは必要であるように思う。

この間の天皇についての発言で気付いたことであるが、インタヴュー取材は除いて、テレビの画面に出てしゃべった者たちは、ほぼ100パーセント駄目な発言をしている。筆頭は村上重良。ここ数年象徴天皇制擁護の発言が目立っていたが、今回は黒ネクタイでテレビに登場した。こうなると発言の内容などほぼどうでもよくなってくる。2・11集会で村上を講師に依頼していた主催者たちがくさり果てていたが、大嘗祭へ向けて村上がどういう位置をもってくるか、冷ややかに楽しみつつながめていたい。天皇制イデオロギーの磁場では、曖昧さは通じないのであって、村上は確実に向う側に引き寄せられるであろう。そういえば小中陽太郎も黒ネクタイ組。いわゆる良識派知識人の一人なのであろうが、結局のところテレビという媒体は、それ自体が踏み絵になってしまって、本人がその枠内で二枚腰をきかせているつもりでいても確実に取り込まれてしまうしか道はないようである。小中よ、日本共産党も了解しての都知事候補だったりしたこともあるのだが、小中も日本共産党も元々人畜無害体制内左派であると言ってしまえばミもフタもなくなるが、「平和と外交、護憲」の明仁天皇のもと、確実に天皇制批判のキバを抜かれた。こういう人たちについていちいち批判をすることにどれほどの意味があるのか、若干のとまどいがあるのも事実ではあるが、もう少し続けよう。

最悪は大島渚である。今更の感なきにしもあらずだが、「陛下、陛下」と連呼する様は、日本型転向知識人の典型で、この男は際限なく後退し、間もなく西部邁とまでは言わないまでも、栗本慎一郎とオッツカッツのところにまで行くであろう。60年代の彼の作品が持っていたある種の戦後批判の鋭さに一定の評価を与える者として、誠に残念なことであるが、もう遅い。確実に単なるダボラ吹きに堕すことは明白である。

猪瀬直樹という男は、デビューからして既にうさん臭さを見せていたが、『ミカドの肖像』が無内容極まるどうでもいいようなウンチクの集積でしかなかったのと同様に、今回も毒にも薬にもならぬどうでもいいことばかりしゃべり、書き散らしている。この男「朝日ジャーナル」で田中康夫に、江藤淳のところの正月パーティーだかに編集者に頼みこんで連れて行ってもらって、イタリアのカルチェだかウンガロだか、おっとコムデギャルソンだかダンヒルはたまたカルピスか、とにかくちゃらちゃらした洋服着て若い衆に毒づいていたとスッパ抜かれて、マスコミで生き残る道は竹村健一風デマゴーグとしてしかありはしないのだから、いいかげんで覚悟を決めて、いっぱしの口をきくのはもうおしまいにした方が良い。

野坂昭如もひどかった。一日一日後退してゆく様は無残で正視できないほどであった。

ひどいとまで言わないが、今後の「象徴天皇制」のあり様をめぐってきちっとした論争をしておかなければばと感じたのは、小田実、星野安三郎、色川大吉。現在、日本はこれでいいのか市民連合の代表が小田、色川の二人だが、他人のグループにさしでがましいことだが、この二人、天皇制論議をめぐって分解してゆくだろう。もしそうでないなら小田の今後に若干の危惧を持たなければならないことになろう。この人とは運動の上での接点があるだけに、注目していたい。

「朝日ジャーナル」で本多勝一に水を向けられて大西巨人が「変節」文化人を一刀両断にしているのは、いかにも大西らしく痛快だった。この人にかかれば大抵の売文稼業の徒は顔色ないのだが、いつか大西に戦後天皇制をどう考えているのか展開して欲しいものではある。

井上ひさしは、自説を述べて悠揚迫らざるところがあり、加藤周一は硬派の知識人とし立派としか言葉もなく、このように時代に迎合せぬ言説をいつでも述べられる最後の大知識人ではないか、との思いを強くした。

「天皇儀礼」の解説者として梅原猛と中沢新一が登場すると予言していたのだが、これははずれた。機を見るに敏な中沢は、ここいらで登場して猪瀬直樹らと同列に扱われたのでは、益々大学で喰ってゆく道を狭めると判断したのであろうか。梅原は先の「朝日ジャーナル」に大論文執筆中であって、これに目下集中しているのであろうか。それにしても「朝ジャ」も御苦労なことで、壮大な駄大論文ができあがるのは火を見るより明らかである。想像力と言えばきこえはよいが、単なる思いつきを、他人の営々とした実証的研究を借りて裏打ちしただけの「梅原日本学」を評価するのは、国際日本文化研究センターで禄を食む学者たちか、吉本隆明か中上健次くらいのものである。

しかしこの二人、大嘗祭に向けてのどこかの局面で必ず出てくる。楽しみに待ちたい。

ところで松本健一である。「中央公論」4月号のトップ論文が彼である。題して「〈世界史のゲーム〉に日本は勝てるか」。

この100枚くらいの論文は、松本が近代主義に対する批判を有していることはよくわかるが、それで何がいいたいのか、ただ奇妙なレトリックでいわく言い難い雰囲気を醸す評論家でだけはあるというほぼ確定した評価そのもので、一体何が言いたいのか、決してこちらの頭が悪いのではなくわからない。この論文で、松本は、今迄にもましてヤバイところへ一歩踏みこもうとしているが故に、論理展開が一層不鮮明になっているのである。同論文の結末はこうである。

「そして、その〈世界史のゲーム〉の一環としての日米貿易戦争、経済戦争でどのような結論が出るかによって、日本が「覇権国家」となるのか、それともそういう覇権システムはもはや終焉をむかえていて、日米同盟の『世界的パートナーシップ』——これを〝アメリッポン〟と呼ぶのは、野合を連想させてじつに不愉快である——が強固に結ばれるのか、それともまた『環太平洋経済圏』という武力によらざる日本中心の大東亜共栄圏が築かれるのか、が決まってくるだろう。それは、良くも悪しくも、わたしたち日本人がその精神の内部で、近代以後の〈世界〉をどのように形づくろうとするかの問題と関わるのである。

〈世界史のゲーム〉は、まさに、わたしたちの精神の内部で始まったのだ。」

　覇権システムが終焉を迎えることなどあり得ないことも、武力によらざる日本中心の大東亜共栄圏の構築などあり得ないことも、いくら何でも松本も承知している。しかし、「正論」「諸君」から「中公」へと至る道程は、幻想性の度合いを深めていくことでしか登り詰められなかったのであろう。結論のすさまじさについては、ここまでデタラメを言うのかとあきれていればいいのだが、戦後思想史の問題としては、「世界史の哲学派」の再評価の方が大きい。「世界史の哲学派」とは、１９４２年～43年にかけて「中央公論」に3回にわけて掲載された「世界史的立場と日本」、「東亜共栄圏の論理性と歴史性」、「総力戦の哲学」なる座談会に参加した西田幾多郎、田辺元の弟子、高坂正顕、鈴木成高、西谷哲治、高山岩男の４人である。高坂の「世界史の課題を担ひ、且つ実現しつつあるといふやふな、世界的な風格を帯びた日本人」、「道徳的エネルギーの上からも向うの人に〈なるほど〉と納得が行くやうにさせる」という発言に明らかなように、「道徳」「精神」の優越性を強調することによって、アジア支配を正当化する「哲学」をうち立てたグループに、その師西田に「先見の明」があったなどと評価することが、現時点でどういう位置と意味を持つか。「日本文化論」が天皇中心文化論の展開であることと歩調を合わせ、「日本精神」の称揚から「大東亜共栄圏」の盟主たる日本を、その「精神性」の高さにおいて正当化する。

　機を改めて詳論したいが、反撃の陣型を固めて備えたい。

＊署名は「ペ」

・「天皇代替わりに関する情報センター通信」27号（１９８９年４月15日）

054

校歌にみる天皇制②

1、千歳の松の色も濃き
見よ長迫《ながさこ》の丘の上に
甍《いらか》聳《そび》えて学舎《まなびや》は

朝日夕日に輝けり

2、地上を譲らぬ灰ヶ峰
西中《さいじゅう》選ばぬ呉の海
雄々しき姿に育まれ
希望に燃ゆる少国民

現在も小学生たちが歌わせられている校歌に、相変わらず文語調が多いのも気になるところです。この歌詞の意味など小学生のころには何のことかさっぱり解りませんでした。一番の最初のところの「色も濃き」など「いろもこき」と一息で言うのですから、「もこき」というのは日本語なのだろうかと悩みました。校歌でなくともこういうことはしばしばありました。「夏は来ぬ」という歌を同じく小学校の時に習いました。これなど、高校に言って古典文法を習って、これが完了の「ぬ」であることを初めて知り愕然としたものです。何しろずっと「夏は来ない」という歌だと思っていましたから。「うーのはなーのにおおかきねにー、ほーととぎーすはやもきなきてー、しーのーびーねもおらあすー、なつーうはきぬーー」にしても、小学生には理解不能です。なぜこういうことにこだわるかと申しますと、自分も含めてのことですが、どうも文語調だと格調が高く、内容があるかのように考えてしまう傾向がいまだに抜けないのではないかと常々考えているからです。こういう「文化」のあり方が、「言葉」を持った者の特殊化を生み出したのだと思うのです。

それはそれとして、「少国民」を今でも歌わせているという感覚は、一体どういうことなのでしょう。筆者の妹の子供が同じ学校へ行っていますので、つい先ごろ電話で歌わせたところ、「しょーおこーくみーん」と歌い終りました。「戦後民主教育」とは……。

055

5・29知花「日の丸」裁判報告＝廷外篇

・「天皇代替わりに関する情報センター通信」31号（1989年6月15日）

もう沖縄は梅雨。当日も一日中雨にたたられた。午後1時に那覇地裁前に集合して、傍聴券を手に入れるべくズラッと並ぶ。雨でもうひとつ気勢が上がらない気分でいたが、いつも、どこでもと言えば何となく支援運動の貧困をイメージさせるが、決してそういうことではなく、見知った顔とヤーヤーと挨拶を交わしているうちに、少し気分がのってきて、その上に、右翼の街宣車が例によって元気よくがなりたててくれだしたので、否応なく気合いが入ってきた。単純なものです。こうなってくると雨も結構演出効果があって、かえって精神を昂揚させる。本当に単純なもので、こうやってもう20年以上もやっているのです。

傍聴券には当ったのだけれど、残念ながら中に入る組にはいれてもらえず、外に待機してデモをする組になった。

１００名ばかりのデモに、右翼は車で突っ込んでくるわ、雨樋だかなんだかパイプをもって殴りかかってくるわ、とにかくやりたい放題。そうして、いいようになぶられているかというと、決してそうではない。とにかく読谷村の実行委の皆さんの元気なこと。ウチナーグチで歌いながら実にのびやかに楽しいデモを繰り広げる。右翼も脅かし甲斐がないというものである。その理由は、「日の丸」を焼いたことそれ自体に対する沖縄の人々の評価については詳しくは知らないが、ソフトポール協会というヤマトが強引に読谷村に「日の丸」を押し付けたからこういうことになってしまったのだ、本当にヤマトはろくなことをしない、というところでは、かなり認識の共有があるようである。従って、知花が「国賊」だなどとがなりたてる右翼を支持する人などてんでいないのである。そういう暗黙の雰囲気の中にデモ隊はいるのであるから、右翼などなんということもない。ただ、この即自的な「反ヤマト感情」はまったく根拠のあることなのだが、これからの沖縄における運動の形成と展開を考える時、少々気分が重いのも事実である。難しい。

＊署名は「ぱ」

056

反天皇制運動の大衆化の中で

・『天皇制なんかいらない！』（日本基督教団・天皇代替わりに関する情報センター編、新地平社。１９８９年６月）

確実に新しい思想というか生き方が根付き始めているのだろうと思う。「反天皇制運動」の昂揚の中にいてつくづくとそう思う。

かつて、と言ってもほんの2~3年前まで、私達が様々な運動に「反天皇制」の課題を持ち込もうとすると、必ずと言っていいほど、「天皇制」は大衆運動になじまず、運動の拡大を阻害すると拒絶されたものだったが、昨年秋の「昭和天皇」吐血・下血以来、「反天皇制」は、一気に大衆運動の中心課題になった。勿論、状況が状況だからということはあろう。しかし、主体の側の条件を抜きに状況などというものは有りえないのであって、その意味で、新しい生き方が根付き始めたと言いうるのではないかと思うのである。それはどういう新しさか。

この社会で「反天皇制」を口にすることが、まだまだかなりしんどいことであることにはかわりはない。昨年来の昂揚を経て、「反天皇制運動」が「日本人みんなの課題」であると大衆運動の中で認知されたと、まあ普通考えられるような状況であったように思うのだが、今春、全国的な規模で行なわれたさるエコロジカルな集会に、「4・29」のビラを撒きに行って、いい顔をされなかったことからも、それは、明らかである。こういう傾向については、根底的な批判を加えておかなければならないと考えてはいるが、今ここでは置いておいて、そういう人々（生活保守主義の延長にエコロジー運動を据えている人々）にとって、「運動の拡大を阻害する」というのは、半分本音であるかも知れないが半分は口実である。正直なところ、自分が「反天皇制」などというヤバイ運動と一緒にされたのではたまらない、というところであろう。「反天皇制運動」は、こういう人々にとって、この程度にはヤバイのである。

もう一つ例を挙げよう。「天皇代替りに関する情報センター」（情報センター）というのは、日本基督教団の正式な機関で、教団は自分たちの「信仰」や歴史に果たすべき任務と天皇制は決して相容れないと考えて、全体として天皇制と闘うことを決めてこういう機関を設置しているのだが、教団内の「反天皇制運動」は昂揚しているとは言えない状態である。教団の多くの会議は殆ど牧師で構成されていて、そういう場では、牧師たちのまず殆どが「反天皇制」を口にするが、そういう牧師たちが、自分の教会でどの程度まで天皇制について語り得ているかというと、かなり疑問である。会議などという場でないところでは、「反天皇制運動にかかわった結果、教会の重要なメンバーが教会に来なくなった」などという不確かな噂話が結構飛び交っており、これは勿論、あらかじめの自主規制のための伏線である。やはりこの程度には「反天皇制」はヤバイのである。

しかし、ヤバかろうがどうしようが私は私。それにホントノトコロ何もヤバクないじゃない。いつかヤバクなる日が来るのならそれこそ厭だから、今のうちに言うだけ言っておこう、と考えている人々が。本当に全国くまなく、津々浦々にいるのである。

それは、本書を読んでいただければ一目瞭然である。その中からいくつか気付いた点、特徴的な点を挙げてみよう。

「反天皇制」を日常語で表現することが始まった。これは先のエコロジー運動の影響が考えられるし、もう一つ女性の参加者、それも単に集会に参加するというのではなく、準備の段階から女性の発言力が増していることも示していよう。それは、筆者自身、たいして内容があるわけでもないのに方々にお座敷をかけていただいて、話しに伺った先で実感させられたことでもあった。大都市と違って、小さな集まりが多いのだが、その中心に女性がおられること、そしてエコロジー運動の担い手がそのまま「反天皇制運動」の担い手であった。私共の『情報センター通信』第28号で、能登にお住まいの落合誓子さんが、ご自身の運動を「『原発反対運動』などというくくられ方は私の好みではないけれども」と書いておられたが、落合さんは、反原発も、反天皇も、そして様々な身近に巻き起こる諸問題の総てに関心を持ち、それなりのかかわり方をしておいでであろう。こういう生き方が、自然体でできるようになってきているように思うのである。

さて、「反天皇制運動」の日常語についてであった。2月24日。「大喪の日」。全国の抗議・反対集会の名称をいくつか見てみよう。「たいそうエラいことするじゃんか!! 2・24」、「なぜやすみなの? 2月24日。おしつけはいやだ—大喪の礼(てんのうのそうしき)」、「『天皇制』これではたまらん多摩市民の集い」、「『もーいやじゃ大喪』の集い」、「天皇なんかいらない!大分行動」、「2月24日を楽しく過ごす市民の会」、「トークインお元気ですか天皇制」、「天皇制にはだまらん!会」、「この日ばかりは、テレビを観たくない人のためのフィルム・マラソン」。そしてとどめは「〝たいそう〟な葬式だそうでふざけないでよ!天皇制、みんなで明るく非国民小金井集会」。

あの60年代をくぐってきた筆者としては、少々気恥ずかしく、やっぱり闘争はまなじりを決して、「大喪粉砕！……決戦勝利」などというのが気分が出るという残滓を引きずっているのだが、こういう時代になったのだなあとしみじみと思いしらされる。

集会名称の日常語化だけなら、さして言挙げして云々するほどのことではない。こういう集会名を掲げて、自分が生活している場で、素顔をさらしてビラを撒き、デモ行進をするということは、先に書いたヤバサを振り切ってでしかできないことである。新しい生き方が始まったというのは、このことを指している。60年安保の時には、下宿のおばさんに、今からデモに行ってきますと挨拶して出掛けたものだと、安保世代の人たちが私たちの世代の運動の広がりのなさに対する批判として言っていたのを思い出すが、所帯持ちになった私たちの世代も、今やっと生活領域で「反天皇制」の立場を明らかにして生きるところにまで来た。勿論まだまだ少数派でしかないのは事実である。しかし、「反天皇制」を掲げて生きる少数者など、この日本でなかなか粋ではないですか。

当初私たち「情報センター」は、「2・24集会」は全国で２００箇所、参加者は2万人という判断をしていて、この数については、短い時間のうちに連絡がとれる団体で、かなり確度の高い数なのだが、本書を編集する過程で、どういうルートで私共の作成した「2・24闘いの記録」用紙を入手されたのか、それまで連絡のなかったグループから、どんどん報告が入ってきた。現在は、３００箇所、３万５０００人の参加者と訂正している。

そして、特筆すべきは、ご報告をくださったグループに、「連絡先公開の諾否」を問うたのに対して、正確に計算したわけではないが、95％以上のグループが公開を了解してくださったことである。この種の運動体の連絡先を公開することに躊躇がなかったわけではない。これまでの常識からすれば、「反天皇制運動」団体の住所を公開するなどということは、利敵行為以外の何物でもないだろうが、逆にいつでもそういう発想をしていることこそが運動の発展を阻害するものであり、もっとアッケラカンと、天皇制の賛美・強化に反対する共同声明運動が掲げた「民主主義に天皇制はいらない」とばかりに、私たちはこういう者ですと明らかにした方がよかろうと考えて公開に踏み切った。

連絡先の公開に応じてくださった全国の仲間の皆さん、警察や右翼がウダウダとうるさいようでしたら、各地域の日本基督教団の教会へ行って、連絡先を引き受けさせてください。全部が全部とは残念ながらまいらないでしょうが、2～3箇所回れば何とか引き受ける教会もあるでしょう。どうしてもそれがなかったら、私共にご連絡ください。こちらから強く要請します。教団が「情報センター」を設置した理由の中には、そういうことも含んでいたのですから。とりあえず権力は宗教法人には手を出し辛いのです。今のところ。今後もし大きな弾圧があったとしたら、それは甘んじて受け、反撃の闘いを教会として組織すればいいのですから。かつて第二次大戦下、私たちが犯した誤りは、そんなことで償えるようなものではなく、こと天皇制に関する限り、どういう目に会おうとも再びこれに屈することなく闘わなければ、私たちはアジア人民に顔向けができないのです。もっとも、こういう言い方をすれば、別にキリスト者でなくとも日本人全体の問題であって、そうであれば、仲間の皆さん、精々頑張りましょう。

楽しい話をしているうちに紙幅が尽きてきた。ここらで結論にせねば。

「情報センター」から見た現在の反天皇制運動の状況は、初戦勝利であることは間違いない。その理由を述べる余裕はないが、権力の側が、葬列見送りに100万人動員という目標を掲げたにもかかわらず、半数にも満たず、警視庁発表では、当日の反対派の動員は全国で5700人ということであるが、どっこい大阪だけでも5500人。それより何より、警察庁中国管区の発表が、中国地方で60箇所、6500人と発表してしまっているのである。この数字だけでもかなり楽しい。

みんなイキイキと自由に、「主権在民」などというなんだか身近でない言葉に寄り掛かるのではなく、「私らがいる。私らは言いたいことを言う。私らは生きたいように生きる。その時、はっきり言って天皇はじゃまだ。ひとりだけ特別なヤツ、特別な一家はいらない。一家がうれしいのは笹川だけ」と人民の本音を言って、来秋の「大嘗祭」まで、「反天皇制運動」をさらにさらに拡大し、しっかりとしたネットワークを形成しつつ頑張りたい。本書がそのために用いられれば幸甚である。

終わりに二つのことだけ。今回の状況の中で、岩波文化人を代表とする「大文化人」の役割は完全に終わったことをみんなで確認したい。彼らは一言も発しなかったが、発する言葉がなかったのだ。その意味では、さあ、仲間たちよ、自分の足で立ち、自分の頭で未来を切り拓こう。

そして、もう一つ。筆者は、さる町の公民館で古典文学のクラスを担当させていただいているのだが、そこでの昨秋の話し。ここ数年、老人医療費がかかり過ぎるとかいって、渡辺美智雄が、「枯れ木に水はやらなくてもいい」などというふざけ切った発言をしたことがあるが、公民館の市民講座の70代の女性が、「あの一言は、ズシッと胸に響きました。ところであの人（ヒロヒト）は枯れ木ではないんでしょうか」とおっしゃった。こういう感覚は大衆の中にしっかりとあり、そういう質に学びつつゆけば、私たちの運動には将来性があることを確信したい。

・「天皇代替わりに関する情報センター通信」35号
（1989年8月15日）

057

北海道はまなす国体反対!!

9・17札幌現地闘争へ

8・4アキヒト夫妻記者会見は、アキヒト天皇制の本質をあますところなく露呈した。従来の天皇記者会見では、あらかじめ提出した質問事項を宮内庁がチェックし、天皇＝宮内庁にとって不愉快な項目は削られていたが、今回は「昭和天皇の戦争責任」なり「天皇制」そのものについての質問もそのまま認められて、「開かれた天皇制」なぞと、またゾロマスコミ記者が持ち上げていた。何のことはない。どんな質問にも公式見解以上の事を言うつもりはないから何でもこい、と笑顔の鉄面皮を見せられたことではないか。例の天皇警備の「ソフト化」についても、憲法問題に触れて、「私にとっての憲法は日本国憲法です」と「護憲主義者」を喜ばせておいて、親父も憲法にのっとって生きた、と言い放った。「笑顔の鉄面皮」とはこういうことを指してのことである。

ところでこのアキヒトが、ハレの場へのデビュー戦として、護憲の横路、「食の祭典」の大赤字で足下がゆらぎはしたが、先の参院選で大勝利し日の出の勢いの北海道「革新」に迎えられて北海道はまなす国体へ行く。2巡目国体第2回大会である。

1巡目北海道国体は第9回目であった。この年裕仁は戦後「巡幸」最後の地として、北海道各地を訪れていた。戦後「巡幸」としては初めて夫婦で。その旅のフィナーレが国体開会式への出席であったのである。この旅の終りにあたり1954年8月23日、裕仁は異例の長文の感想を発表している。曰く「顧みれば昭和21年以来全国各地を回り直接地方の人達に会い生活の実情に触れ相ともに励ましあって国家再建のため尽くしたいと念願してきたが、今回の北海道旅行によって一応その目的を達成出来て満足に思っている。精神的にも経済的にも非常な混乱状態で困難を極めたはじめのころに比べ今日においては明るい、しかも力強い国民の姿に接することが出来るようになったのは感慨特に深いものがあり、この間困苦に耐えこれを克服し着々国家再建の基礎を築いてきた国民諸君の努力を深く多とするとともに心から敬意を表する。しかしながら今後のわが国の発展途上にはなお多くの困難があることを思いさらに一層国民諸君の努力に期待し、これを乗越えて新しい日本建設のため力をつくしたいことを念願し今後も地方旅行の機会にその成果を見ることを楽しみにしている」というものである。「～してくれてありがとう。～を希望します」式のひとをなめ切った口調は相も変わらずで、この男から「諸君」などと言われるすじあいは一切ないが、この発言の中に戦後天皇制のこの社会での役割は凝縮されている。1936年秋の陸軍大演習の際に大元帥陛下として「北の守り」の地を踏んで以来の地に再度足を踏み入れて裕仁は、自らの任のまだ大きいことを再確認してほくそえんだことであろう。

それでは今回アキヒトは、北海道で如何なる自らの任を発見するだろうか。

短い文章であるから詳述することなどできはしないのだが、以下の事だけは明らかであろう。

①、はまなす国体には大量の自衛隊が動員される。日本において天皇と軍隊が切っても切れない縁であることは、あらゆる日本軍研究が明らかにしているところである。「北の脅威」を煽ることによって形成されてきたと言って過言でない自衛隊の「北の守り」の地へ天皇が行くことの意味は、自衛隊にとって決して小さいものではない。

②、日本が多民族国家であることなど中曽根でも勿論知っていた。殺し尽くせなかったアイヌが存在することなど承知の上で「単一民族国家」であると言い放ったのである。それは、何よりも天皇にまつろわぬ者がいることを認めたくなかったが故である。私達は天皇にアイヌの地を踏ませた回数さえ知らないほどにこの問題に無自覚

であった。これ以上放置することは、自らの退廃を招く。③、そして護憲知事と「護憲」天皇のドッキングである。国体会場に並ぶ二人の姿は、アキヒト天皇制の今後のあり方を象徴するだろう。

黙ってはいられない。9・17札幌へ。

058

・「天皇代替わりに関する情報センター通信」39号（1989年10月15日）

12／2（土）〜3（日）「〈象徴天皇制を問う〉全国フォーラム」を成功させよう

第9分科会「単一民族国家」イデオロギーを撃つ—異文化の民が共に暮らす社会を求めて

準備が遅れていてまだ不分明なところが多く、報告するには若干の躊躇があるが、それでも現在考えているところについて述べて、大方のご意見をいただくことにしよう。

日本が「単一民族国家」などであろうはずのないことは、中曽根だって勿論知っていた。中曽根の同発言の際についでに名を挙げた「立派な学者」梅原猛、上山春平だって当然そんなことは承知している。だからあの発言の直後に梅原は札幌で講演して「アイヌが古モンゴロイドで縄文文化の人々。一般に日本人と言われている人々が新モンゴロイドで弥生文化。『古事記』では、この両者をアマテラスとスサノオの姉弟にしている（当然日本人が姉でアイヌが弟）。これが日本文化の優しさだ」などと贔屓の引き倒しというか、言わずもがなのことを口走って「天皇制単一民族国家」の「本質」を露呈してしまったのだ。

昔から北方の諸民族はこの列島にたくさんいたし、その後沖縄の人々を「強制的に誘い出し」たし、更に「強制的に連行」して膨大な数の在日韓国・朝鮮人、そして中国人がこの列島に居住していること、最近では「アジアのエル・ドラド」となって、アジア民衆を金で縛って引きずり出していて、一体どれだけの異民族が一緒にこの社会を構成しているか素人にはよく分からないほどだ。

　事実がそうであってもやっぱりこの国は「単一」でなければならぬ。なにしろ「天皇様が支配なさる天皇単一文化日の本の国」以外のあり方など想像もできないことなのだ。

　この分科会では先ごろ『歴史の道標から』を出された栗原幸夫さんに「日本の大衆文化」についてご講演いただき、続いてアイヌ、沖縄、在日韓国人、日本人が発題討論をする。そして何より事実として「多民族社会」であることを互いに確認する場として、それぞれの民族の酒、料理、民族芸能を持ち寄って楽しい語らいの時を創りだすべく準備をしている。まだ隠し玉もある。絶対楽しい。

・「新地平」No．176（1989年8月）

059

特集　広島・長崎・沖縄から
―反戦・反核運動の新たなうねりを

地域での生活と「日の丸裁判」
（基地の島　沖縄・読谷村から）対談

知花昌一（平和のための読谷村実行委員会）
小田原紀雄（日本基督教団　天皇代替りに関する情報センター）

小田原　昨日（5月29日）、「日の丸」裁判が那覇地裁で行われて、私も行ってきたんですが、右翼も50人くらい来ていましたね。

知花　「Xデー」以降としては初めての公判ということで右翼も力を入れて来ていましたね。公判の途中に「非国民はだまれ」「知花、おまえを殺すぞ」とわめいて、3人が退廷を命じられて。ただ、裁判所の側は僕の支援者に対しては、ヤジでも飛ばそうものなら即退廷を命じるのに、右翼に対しては1分以上騒がせてやっと退廷を命ずるという状態です。しかも公判中には、右翼は支援者に対して「殺す」など脅迫を続けています。公平、公正な裁判を受ける権利さえないがしろにされている状態です。

地域共同体のなかで

小田原　知花さんが国体ソフトボール会場で「日の丸」を燃やした直後、右翼が読谷村に押しかけ、知花さんの経営するスーパーに放火する、あるいは「チビチリガマ・世代を結ぶ平和の像」を破壊するといったことがなされた。その経過については知花さんがお書きになった『焼き捨てられた日の丸』（新泉社）などに詳しいのですが、その後も知花さん自身は生活の影響をまったく変えずにおられるということが、私どもには不思議な気もします。それは知花さんの〝人望〟ということもあるんでしょうが、地域のありかたということもあると思うのですが。

知花　僕の住んでいる部落は村落共同体が色こく残っている地域で、約６００世帯が生活し、その内の５００世帯ほどが僕のスーパーを利用しています。スーパーをして10ヵ年もすると部落中の人の顔と名前をおぼえてしまいます。

村落共同体は、年会や地域・職場・親戚ごとの模合（無尽こう）や農耕作業における「ユイマール」という互助グループ等によって深く結ばれているのです。だから私の「日の丸裁判」にも、商売や地域でのつきあいの中でまず理解しようとする前向きの動きが出てくるのです。

小田原　そうした「ユイマール」というものは、長い年月の中でつちかわれてきたものですよね。私などは、ずっと東京で反天皇制運動をやっていて、大都市の運動の困難さについてはそれはそれであるのですが、他方日常生活をしている地域でやるのはしんどい。しかし、そのしんどいところでやるのがだいじなのであって、自分の住んでいる地域で運動をする必要を実感しています。ところで、たとえば「日の丸」焼き捨て以降、知花さんは波平の公民館にかかわっておられ活動しておられますが、そこでの活動に不都合が生じるといったことは起こっていないんでしょうか。

知花　公民館が使えなくなるということは全然ありませんでした。なんせ、私のスーパーと公民館は同敷地内にあって、兄弟的つきあいをしているのですよ。いまでも。

僕は商工会の副会長もしていたんですが、商工会では、全国組織につながるものですから、〝処分〟をしないわけにはいかないということになったようで、〝

処分〟の方法としては辞表を提出させる、除名、除籍などがあるんですが、除名しろという強硬意見に対して、彼は正しいと思ってやったのだから除名というのはやり過ぎだ、彼を除名するなら自分も辞任するという理事も出てきた。理事会としては困ってしまって…。会長が私のところに直接会いに来て、結局、私が辞表を出して辞任するというかたちになりました。
　それ以後も待遇などは全然変わりなくきています。

「日の丸」をめぐる意識

小田原　日常生活が何も変わらずその後も続けられるのは、やはり沖縄に固有のことだと思います。「日の丸」を焼いたということが、右翼にとっては象徴的なできごとと受けとめられても、ふつうの人にとっては「日の丸」を焼いたぐらいのことという受けとめられかたのようで。右翼がスーパーを襲撃したというのは、ある意味では当然のこととして、地域の人たちからも非難、中傷されとても商売など続けられまいというのが「本土」の人間の感覚なんですが、それが今でも商売が続けられているというのは…。

知花　逮捕された時に、警察も、お前はもうスーパーを続けられないよ、右翼がおしかけてくるし、地域からも支持されないよ、と言ってましたが、僕は続けられるという自信があったんです。商売というものは、保守とか革新といった政治区別の上に成り立つものではなく、正直にまっとうな気持ちで接していればお客はきてくれるものだと信じていたんです。この部落は革新が強くて、票にすると七対三くらいですが、一〇人のうち三人いる保守の人が右翼が押しかけているからといって買い物にこなくなるということはありませんでした。

小田原　売り上げが落ちたということは…。

知花　もちろん右翼が押しかけて騒いでいた最中は売り上げも落ちたんですが（笑）。ところが、右翼が来たということで、逆に部落外からも買物に来てくれる人がいて、今ではすっかり戻っていますね。
　自分なりに地域の中で正直にやり、作りあげてきたものがあったので、「日の丸」を焼いたぐらいでスーパーがつぶれるなんて、ちっとも考えませんでしたね。「日の丸」については、それほど大げさに考えていないということもあるんでしょうね。
　保守で「日の丸」賛成の人でも、弘瀬のあの強引なやり方には、皆、頭にきたわけですよね。しかもヤマトンチューだということで感情的な反発も強い。だから、僕のやり方に対して、過激だな、やり過ぎだなという気持ちはあるけれども、それでもわかるという人たちは保守、革新を問わずたくさんいる。そういう人たちが基盤になっているから、商売も続けられているんでしょうね。

小田原　デモをしていても、おばあさんが手を振ってくれたり、ビラもほとんどの人が受けとってくれる。このデモがわりあいに受け入れられているんだということが肌で感じられて、厳しい敵意の視線がほとんどないという気がしました。「ヤマトンチュー」の弘瀬が強引に「日の丸」を持ち込んできた。つまり「ヤマト」が沖縄にまた強引なことをしたからこういうことになったんだという受けとめ方があるんでしょうね。

知花　当時の新聞に、あるタクシー運転手のことばが載っていました。私は「日の丸」が好きだ。祝祭日には必ず掲げている。それが、ああいうかたちでヤマトがまた強引に押しつけてくるのに対しては、知花のように燃やすぐらいしなきゃいけないし、読谷村ももう少し頑張れなかったのかという内容のもので…。こういう感情は一般的にあるんじゃないかと思うんです。

地域の共同性を破壊するもの

小田原　地域の共同性が残っているところでは、ある種の〝うっとおしさ〟がありますよね。すごくいいところがある反面、生まれた時から、皆、周りが顔見知りでしょう。東京などでも例えば家宅捜索を受けたら、とたんにアパート出ていってくれと言われるなんていうのはままあることで、それが沖縄だったら、いっそう厳しかろうと思うのですが、知花さんは商売を続けられている。それは、地域での共同体性のいい面が残っていて、政治的主張とは別の信頼関係ができ上がっているということですよね。

ところで、そういう地域にスーパーマーケットの大型店に代表される外の資本が入って来るということは、商売の問題に限らず、地域性が解体されていくきっかけをつくりますね。

知花　商売自体も無気力になるんですよ。どだい大型店には勝てないと思ってしまうし、商工会の活性化ものぞめなくなる。自力でやるという方向を持っていないとだめなわけで、僕らの地域づくりは、とにかく自力で、ということでやってきたんですが…。

たとえば最近では、リゾート建設の問題も変な方向に行きつつある。リゾート建設地では、墓があけられたりしている。沖縄の墓は亀甲墓といって、たいへん大きなもので、沖縄の人にとってはひとつの拠り所のようなものなんです。その墓が、本土の資本によってつぶされたりしていくのを見ていくと、実に悲しい気分になって…。坪あたり1万５０００円くらいで、本土の資本にとってはただ同然の価格で買い占められてしまう。

小田原　基本的には行政の問題なのでしょうが、貧乏していて一度に億単位の金をつまれれば、やっぱり動揺しますよね。

知花　リゾート建設の説得のしかたというのも、農協に口座を作って3億円を入れて、やる気はあるんだ、土地代はこれでまかなうということを最初に地域のボスに示す。リゾートは公害もない、地域から雇用もする、地域の産物を使うと言っている。これは素晴らしいということで話がまとまってしまうんですね。ところが、建設の段階になると、地元の業者を優先して使うと言っていたのが全然使っていない。農産物も業者まかせで、業者が他所から調達してくる。

小田原　結局、行政が土地を買わせないといった法的措置をこうじない限り、止めようがないんでしょうね。

知花　今、唯一止めているのは、５~６００年前の人たちが止めているんです。予定地から遺跡が出てきたということで、５~６００年、１０００年前の人たちが頑張っている（笑）。

「日の丸裁判」支援をめぐる問題

小田原　話を元にもどしますが、裁判の支援集会に出て気がついたんですが、支援の人数が沖縄の人よりも本土からの人の方が多い。私も沖縄で具体的に支援活動をしているキリスト者を知っていますが、それぞれに苦労なさっている。沖縄での知花さんの支援をめぐる問題というのは…。

知花　沖縄では、僕の件をめぐって、二つの意見があります。一つは、読谷村の村長と僕との関係というものを主に見る面があるんです。沖教組をはじめとした組合関係の人たち、革新の人たちは、どちらかというと革新村政を守らなくてはいけないということになるわけです。そして、知花支援ということになると、村長のやっていることはおかしい、反対だということになる。そういうはざまにあるわけです。もう一つは僕のやったことは革新村政を破壊する行為だったといって、組合の組織的支援を一切させないように動いている人たちもいる。

一般的に、僕が「日の丸」を降ろした時に、読谷村はどうなるんだろうと多くの人が考えたと思います。読谷では、村長がたいへん頑張ってきた。その村長が「日の丸」をあげざるをえなかった苦しさも察しがつくし、そこで僕が「日の丸」を降ろしたことに対して、すぐ、村長はどうなるんだろうと感じたと思うんです。だから、村長のことを考えると僕の支援をするというのは非常に難しいし、組合として支援していくというのはなおさらですね。組合に入っている人でも、個人として支援に参加してくれている人が多いんです。

沖縄では、組合関係が、ずっといろいろな面で頑張ってきました。ところが、組合関係が力を出し切れない時に、組合を越えてやり切れるかというと、そういう力がまだない。その形成過程だと思います。

本土では組合が悪くなりすぎていて、それを乗り越えるような人たちがいろいろ出てきたと思うんですが、沖縄では、まだその過程なんですね。

今、組合としては、唯一那覇市職労が組織として支援を表明してくれています。宜野湾市職、与那原町職、恩納村職、全電通、高教組あたりからも、組織としてというかたちではなく、役員、組合員の人たちが参加してくれています。組合が組織として取り組むという意味での大衆的な支援ということには、どうもならないようですね。

運動の転換点

小田原　沖縄の組合運動も全体として日本の組合運動の下への系列化が進んでいく中で、そういうことにかかわらないようになっていく傾向が進んでいくのではないかと思うんです。

「本土」でも、たとえば今ですと、〝リクルート・消費税〟といった政治的課題を掲げた集会を行おうとして、日時・会場をまわしても、必ずしも人は集まらない。ところが、たとえば反天皇制運動や、あるいは反原発運動の集会には人が集まる。要するに、政治的な課題をひろってぶつけていけば大衆が来るなんて時代じゃないわけで、ひとつの課題を粘り強くやっている人たちが、共通の課題を設定して結集するという方法を考えなければならないような状況になってきているように思います。

私など外から見ているようなものなんですが、沖縄の運動のスタイルも、組合主導型から、そうではないところに来て、しかし、地域運動なり市民運動がまだ形成されきっていない状態だろうということを支援集会に参加したりして感じました。

知花 今、天皇問題を中心に、6・23「慰霊の日」廃止問題も含めて、キリスト者や高教組、全電通、小さな市民団体などがネットワーク作りを進めています。そうした動きには県労協はあまり加わっていない。このネットワークが集会をやっても100~200名規模のものですが。しかし、この部分がこれから新しい力になっていくと思うんです。小さいけれども、ちゃんと考えて粘り強くやっている。

小田原 私なども、若い時に、集会を企画して大きなものにしようと思ったら組合まわりをしたものですよね。でも、もうそんなことをやっても何の意味もないんですね。

知花 僕なんか常に運動のことを考えているわけじゃないんですが、生活しながら、何かこれだけはやらなくてはいけないということをやっている。

「平和のための読谷村実行委員会」では、農業をしている人もいれば、焼物をしている人、織物をしている人、商売をしている人もいて、先生もいるんですが、ほとんどが自由業の人なんです。年に一回だけは、ちゃんと読谷でやろうということで集まって、あとはできるだけ何もしないでいようと(笑)。ところが、米軍がパラシュート降下訓練をしているというので行ってみたりしていたんです。白保の問題や一坪反戦の運動なども、各々はかかわっていても実行委員会としてはかかわっていなくて、各々がさそいあって集会に行くぐらいだったんですが、「日の丸」の問題が起こったので、全面的にやらなければいけないということで、四苦八苦して息もハーハーになりながらやっているという状況です。外から見ていると読谷の実行委は頑張っているなと見えたりするのかもしれませんが、実際は、ほんとうに四苦八苦というかんじなんですね。

小田原 それでも、つきあいなどで引きまわされずに、読谷なら読谷でということでやっていかないと、実際やっていけないでしょうね。

本日はどうもありがとうございました。

（１９８９年5月30日）

060

象徴天皇制をどう撃つか

──12・2〜3〈象徴天皇制を問う〉全国フォーラムへ向けて

・『インパクション』60号（１９８９年10月）

平井啓之・内海愛子・小田原紀雄・天野恵一

1・天皇制とどう闘ってきたか

天野　昨年の4月29〜30日にやった「〈今天皇制を問う〉全国フォーラム」の実現に努力した人間たちが中心で、今、改めて即位礼・大嘗祭を前にして「〈象徴天皇制を問う〉全国フォーラム」の準備を進めています。前のフォーラムはXデー前後の闘いに有機的に結びついて、いろんな意味で反「大喪」の運動の全国的な多様な展開をそれなりに準備した大きな集りだったと結果的にはいえると思うんです。「大喪」以降、政府やマスコミは、この間の礼宮の婚約騒ぎも含めて、連続的に「奉祝」ムードを演出するいろんな仕掛を準備しているわりには、僕らは「Xデーの過程」のなかであれこれ闘い続けているわけですが、少々なかだるみの傾向がないわけではない。改めて即位・大嘗祭を前にしてこの間に噴出した、象徴天皇制に対する疑問や批判の声をさらに大衆的に押し広げていく運動のステップとして、12月2〜3日のこのフォーラムを作っていきたいと思っています。まだ準備段階なので、どんなフォーラムにしたらいいかという提言も含めて、あらためて現在の象徴天皇制について話し合いたいと思います。まず平井さんの方から「わだつみ会」の活動を中心に話して下さい。

平井　僕は学徒兵の世代でね。あと2年位で70歳になるわけで、大正10年生れです。僕のおやじは幼年学校──士官学校と、職業軍人の教育を受けた人です。あの種の養育は人間全体を決定するみたいなところがあって、僕は小さい時から新年に新聞に天皇一家の写真が出る、あれを神棚に供えて拝めというから拝んでいる。しかしおやじを見てると一向に品行方正でもないということで親に反抗しだす。何かにつけて天皇、天皇と言われる。何かそれについてへまなことをやるとおやじにひどいめにあうし、その背後には社会を感じたですね。おふくろなんか、中学あたりから僕の突っぱりに恐怖感を持ったです。僕にとっても天皇とは恐怖の対象だった。戦前の天皇とは僕には罰する神ですよ。それに触れたら致命的なものになる罰の権化みたいなものですよ。だから、無理して、ツッパリで通したわけです。

　京都一中—三高—東大と来たわけですが、京都という町も天皇ということを考えさせる町です。そうした関係が個人的にある。仏文学科へ行くというのも、本当に当時では特殊な選択であったわけです。やっぱり一種のツッパリ。学徒兵になり、日本が敗けた時に、これで日本は本当に変るんだろうという期待がありました。2・1スト位までは、本当に日本は変るだろうと、瓦礫の中に希望があった。僕自身、初めて学生ストがあって、大学行ってスクラム組んだときの感動を身にしみて覚えてますよ。そういう文脈の中で、わだつみ会という組織が出来てきた時、無関心でいられなかったから、初めからの会員です。あの頃の第一次わだつみ会の会員というのは東大中心で、理事長が柳田謙十郎、これは早稲田だけど、渡辺一夫、中野好夫、杉捷夫ら、それに東大の学生たちだったんで、エリート学生という批判は早くから左翼からありました。それはそれで、やることやればいいんだと思ってたんです。その頃は僕は、ただ一会員としてつき合ってたわけです。

　わだつみ会というのは、ほとんど10年毎に転身をしています。49年に発足して58年8月に解散してます。それから翌59年6月に再発足する。その時、何人かの戦中派イデオローグたちが中心会員になったわけです。安田武、山田宗睦、山下肇…その頃から僕も、常任理事になる。

天野　小田切秀雄さんの回想記にわだつみ会のことがありまして、それによると第一期は共産党のなかのいろんなゴチャゴチャと一緒に解体しちゃうということになるんですね。だから、共産党中心の集団と考えていいわけですね。

平井　そのことが第二期の戦中派のイデオローグの「政治的禁欲」というお題目の根拠になるわけです。ところが、政治的禁欲と言って、わだつみの学生の慰霊ばかりやっているのも僕には合わないんです。始めから違和感がありました。僕は日本の問題は天皇の問題だと思ってたし、戦争責任を考えるでしょ。安田武は、もっぱら戦没学生の慰霊に全力を賭ける。シンポジウムで僕は久米茂という人と、どうして天皇のことをほっとくんだと、くってかかったんです。すると次のシンポジウムでそれを受けてたつ若い人がいて、やりあったことがあります。あの時安田君ははっきりと、今頃天皇のことを問題にするのは時代遅れ、と言いやがった。それから僕は、しょっちゅう常任理事会なんかでやりあうこともありましたね。

それから10年目のメルクマールが大学闘争です。その時は僕はわだつみ会のごたごたについてはよく知らないんです。というのはその頃、東大の教授になってたんで、それにしょっちゅう学生運動とコンタクト持ってたから、非常事態というので評議員だったわけです。全共闘の方から見れば敵だということだろうけど、僕は腹決めてたからね。全共闘の歴史の中で間違いがありますよ。僕はこっちからハンドマイクでね、デスマッチでいいから討論会やろうと言ったら学生が困ってね。その時、目の前の建物で三島由紀夫と何かやってるわけですよ。ダメだと思いましたね。一応東大闘争の歴史の中に、コマバの教授会が団交を申し入れたと書いてありますよ。そうじゃないんですよ。僕と、学部長と気が合って、それは田村二郎っていう数学者で、その人もあとで辞めました。こちらから無条件無制限で討論をやろうと言うと、全共闘の学生は知らんふりするんですよ。知らんふりするとは思わなかった。僕にはそれで全共闘コンプレックスないですよ。結果的に全共闘と対立したけど、学生、好きやったからね。疲れ切ったたから辞めたんです。そのあとで、わだつみ会にも集中的にコミットするようになった。

第二次の「会」には渡辺清って人が、わだつみ会に入ってきた。出身が農民で、教育は夜学で大学まで受けたんですが、全部大学出で固まっているところに彼がいることに非常に意味があった。彼は初めから天皇ってことにこだわって、第二次のわだつみ会の機関誌創刊号以来、そのことを提起していた。それが全部収められたのが、『私の天皇観』です。大学紛争のあと、学生が去って、あの人が事務局長をやって、僕が常任理事で、第三次的なものになっていく。一番最初に脱落したのは山田宗睦で、安田君もだんだん来なくなる。その頃、『天皇制を問いつづける』(筑摩書房)にまとまるような、機関誌11巻にわたる天皇制の特集をやったわけです。すると安田君が、いつまで天皇制の特集をやってるんだ、という発言をしたわけです。天皇制のことを問題にしたがるのはいいけど、文化人類学とかいろんな方面からのアプローチをするべきだとか言ってました。文化人類学的なアプローチでもいいけれど、わだつみの理念を継承するという立場を外しては話にならない。具体的に言うと、明治以降急速に作られた天皇制について、僕たちはこだわればいい。日本の歴史の文脈の中で、明治以降の天皇制ほど異質なものはないんです。あの無責任制というのは、昔はなかったんです。天皇も島流しになるし、ひょっとしたら殺されたかもしれない。日本の王権という考えもできるわけです。

僕はヒロヒトって呼び名で、東大新聞に天皇の歌のことをやっつけたことがある。あれは調べてみると、まともに天皇ヒロヒトに喰ってかかった早い例でしょう。ただ右翼からの電話とか投書が来たですね。

安田君たちはジャーナリストとして仕事してきたから、わだつみ会のイデオローグは安田君だという形がずっと残ってきた。それはかまわないけど、わだつみ会の対世間的なイデオローグの問題と、天皇制にこだわるわだつみ会と、やっぱりちょっと違うんです。天皇制をやることによってわだつみ会は変ったということを、一つ言っておきます。一般の庶民とわだつみ会との関係ができた。その代り学生がいなくなって、教授もあんまり出てこなくなった。それで今、庶民の会ですね。それからこの頃は老年の会（笑）。

老年で出てくる人、いいんだけど、日本資本主義のために十分協力したあとで暇になった人が出てくる傾向がある。「会」がそのエネルギー吸収してやれるから、それはそれでいいんだけど。

今のわだつみ会、高橋武智君なんか中心だけど、天皇下血以来この間二度の声明を出している。昨年の11月7日と、天皇が死んだ時、国葬やめろと。このことは、非常によかったと思います。もしわだつみ会に今後も意味があるとすれば、やはり天皇の問題を徹底的にやる。戦争責任の問題、この二つをごまかさずにやる。この場合代替りの問題がありますね。ヒロヒトを道義的な立場から問題にすれば、どんな右翼も立ち打ちできないような言葉のやりとりになる。しかし、死ぬと、お前はあのおやじの子じゃないか、とはいかない。そこに工夫がいるということを痛感する。それと、今度は天皇制って問題を考えなきゃいけない。日本民族とか、いろんな考えなきゃいけない問題が出てきます。

天野　内海さんは天皇制の問題をどういうふうに受け止め、どんな角度から問題にし、今の「アジア民衆法廷」の運動につながってきたのですか。

内海　私は『遥かなる山河に』や『聞けわだつみの声』を読んで考えた世代です。戦後教育の中で完全に天皇制とは切れていて、天皇についての問題意識、ほとんどなかったですね。怖れもなければ尊敬もないと、意識的に無視したというわけではなく、まったく意識にのぼらないそういう形で育ってきました。60年の安保闘争の頃からやはりこれから天皇制が問題じゃないかと思ったのですが、それは一つには美智子さんの結婚式です。あの時、私は高校生だったんですけど、マスコミも周囲も大騒ぎで、テレビが大いに普及した。礼宮の比ではないですよね。私の家にはテレビがなかったけれど食堂などに入ると必ずやっていて、ものすごく不愉快だったのと不思議だったんです。私の年代だと、天皇制がそのまま戦後存続したこと、天皇がおめおめと生きて来たことに対して疑問はもってきた。しかし特にそれを突きつめるようなことは何もしなかった。それが美智子さんの結婚式あたりで、ある種の危機感を持ったのは事実だと思います。

私は東京生まれの東京育ち、親は戦争にも行かなかったし、家も空襲で焼かれなかったけれど、身のまわりに戦争被害がたくさんあった。だから私と天皇の関わりは、一つは戦争、第二点は皇室典範の中に残る典型的な女性差別に対する反感です。

はじめに私がこだわっていたのは天皇制よりも女性差別の問題だったんです。しかしそれだけではいけないと思うようになったのは、植民地の問題を考えるようになってからです。安保の時はまったく在日朝鮮人韓国人の問題は視えていなかったし、日韓闘争の時、初めてちょっと気がついた程度でした。それを経て、日本の朝鮮植民地支配の問題、在日韓国・朝鮮人の問題に対する差別の問題が少し見えてきた時点で、私のアプローチの仕方が変わったんですね。確かに今の日本の中で、私も男との関係においては差別される側にいるけれども、少なくとも日本国家を構成する一員としては差別の側にまわっている。そういう自分自身のあり方に気づいて、自分の女性差別、日本の問題を考える時に、朝鮮・台湾というもう一つの視点をすえよう、その両方の視点から日本というものを考えなおしてみよう、そういう視点から問題をたてようと思ってきたんですね。ですから天皇制の問題を、日本人の天皇観だけじゃなくて、天皇制の下でかつて植民地の民衆がどれだけ被害にあったのかという視点を入れる、それが一番物事が視えるんじゃないかと。全共闘の時まで学校にいたんですけど、それ以降ずっと朝鮮問題に視点を据えて日本国家あるいは日本を視るという。そういう関わりで考えてきたんです。今でも在日韓国・朝鮮人に対する差別の問題は大きなテーマですけど、同時にそういう差別する日本社会をどう変えていくのか、私にとっては大きな問題です。

小田原　私は45年に生まれて、割合自由な家でしたから、実感として天皇ということを感ずることはなかったですね。学校に入った時も、日教組が戦後もっともまともに機能している頃だったんじゃないでしょうか。中学生の頃には校長がつまんない話をすると生徒がやじり、それを教師がもっとはっきり言えとか言ってましたね。そういう雰囲気の中ですごしてきましたから、力で押さえつけられて、ある種の恐怖の対象として天皇があったということもちろんない。自分でも何で天皇制にこだわりを持ち始めたのかと考えるんですが、よくわからない。一つは、人前で元気にしゃべったりするのは最近のことで、高校生ごろはずっと本を読んでたんです。大江健三郎と井上光晴を、高校生時代に一所懸命に読んでいた。おそらくここらへんに、人の生き方に決定的な影響を与える存在がいるということの関係みたいなことを考えていたんだろうと思います。大学に入ってからはまっすぐ党派の活動家になりましたから、そこではまだ若かったということもあって、党派の論理にどっぷりつかっていましたから、自分なりに天皇制を考えてみるということはありませんでした。そこをやめたあとに、具体的に反天皇制の運動に関わりを持っていったわけです。

内海　私も年令的には少し上ですけど、ほとんど似たようなものです。戦後の教育の中で天皇制は無視されてきた。いや民主主義ということで大人たちは否定するわけでもなく、何となく見て見ぬふりをしてきたように思いますね。

平井　天皇のことを考えなくて日本のことを考えられるかというのが、僕は身についているんです。学徒兵はあの戦争中のインテリだったわけでしょ。わだつみの声の遺書を残した死者たちのことを考え、自分も天皇陛下の軍隊経験もあるはずだし、まず天皇批判が先立たなくては、自己欺瞞ですよ、僕に言わせれば。

小田原　学校に行ってる時、学徒兵で戻って来た教師もいましたよ。ところでわだつみ会でいうと第一次といわれた頃の、日本共産党に割合近いところにいた人にとって、共産党の戦略の影響によって、わだつみ会では天皇制を扱わなかったんでしょうか。というのは、私なんか小学校の高学年から中学生にかけて一番大きな影響を受けた、それなりに魅力的な教師は、日本共産党だったですよ。そういう人たちから天皇制について聞いた記憶はありません。

平井 そうですすよ。僕は日共コンプレックスがずっとあって、今でもちょっとあるんですがね。やっぱり戦争中の徳田球一やなんかの闘争のことを、僕は自分の恐怖感と合せてよく頑張ったなと考えるから。僕は学徒兵の世代だが、もう周囲にマルクスの気もなかったですよ。だから文学部に行って、詩書いたり小説書いたりするところから自分の反抗心を培ってきた。ただ日共は、戦中、戦後には反天皇を引き受けたのではないでしょうか。しかも作戦的にマッカーサー司令部を見誤った。

内海 解放軍と規定していましたからね。当初は。

平井 今お話を聞いていて、ちょっとはっきりしたんですが、あのころ天皇制の問題は日共のラインに、徳球たちに委ねとけばという空気が、戦争直後の善意の活動家の中にもあったんですね。考えを自分のものとして引き受ける前にそれに頼っちゃったことが、善意に解すれば天皇問題がネグられてしまった原因だと思うんです。ただそれとは別に、大学の僕の同輩の連中が、どうして天皇のことの矛盾を口にしないのか、僕は全然わからない。

内海 ＧＨＱという絶対権力に代表される連合国が東京裁判を開き、その中で、天皇を裁くか裁かないかという問題がありましたね。だから日本の民衆はインテリたちも含めて東京裁判の成行を見ていたという、そういうことはなかったんですか。

平井 それについては「ちくま」の七月号に鶴見俊輔と中沢新一の「世界史のなかで天皇制を考える」という対談で、鶴見が言ってるんですよ。どうしてＧＨＱは天皇を免罪したか。本当は日本民衆に罪があるんです。日本民衆は有罪だというと、その結果、その始末には大きなエネルギーを食うことになる。日本民衆は無罪だという形を出してくると、そこからの延長上に、日本民衆の一番シンボルみたいな位置の天皇も免罪にする方がつじつまが合うという脈絡が、向うのエネルギー計算の中にあった。僕は本当を言うと、僕と同世代の戦前派の日本人には責任があると思いますよ。それの追及が欠けてるのが、この頃わかってきたことです。ナチスの戦犯をとことん相手が年とろうと追及するでしょ。あれ、自分と同世代だけど、やるわけですよ。そういうところ日本には欠けていますね。僕は戦時中、僕をいじめた中学校の下士官なんか、同窓会なんかでニヤニヤして手握ったりしないで、ひっぱたいてやろうと思う。全共闘の連中も、あんまり不愉快な奴は、終ってからやったことあるんです。東大のグラウンドうろうろしてた奴を、おまえ、あんなこと言ってたけど、今俺やめたんだ、俺年寄りだけどお前張っ倒すから、やってみろと言ったら、しょぼんと謝ったから、ほっといたけどね。そういうとこがあるんです。そういう考え方の例が一つだけある。奥崎謙三です。あれはユニークだ。僕は奥崎謙三をかうんです。あの視点はムチャみたいだけど、やっぱり日本に欠けてる視点ですね。

内海　なんで戦後、彼のような人たちが沢山出てこなかったのか。奥崎謙三的なうらみを持つ人は、いっぱいいるはずですよね。

平井　それが日本民衆のダメさというか、戦中派には骨抜きになって権力盲従に馴らされたところがあるからですよ。

天野　僕は48年生まれ、66年大学入学なので、僕自身の体験からいうと、天皇制の問題は問題として教育過程に登場しない。全く関係意識のない世代だった。学生運動始めた時も、天皇制のテーマというのは、ほとんどなかった。なぜなかったのかというと、戦後教育の問題というのは一つもちろんあるんですが、もう一つ戦後左翼の問題というのがある。共産党マルクス主義の作ってきた天皇制論のつまらなさ、絶対主義とか主義的とかの政治機構として分析しているのみのもの、あれが全然面白くなくて、あまりひっかからなかったということと、私の大学入学時は「歴研」左翼の人たちが紀元節の問題とかいろいろ問題にしだした時期なんですが、「復古史観」というんですか、戦前に戻っちゃう、戦前・戦中のような天皇制にまたなるという言い方だけできたんで、これはおかしい、単純に帰っていくということなどないだろうと思った。そこらへんが天皇問題に関心が持てなかった、歴史的な原因だと思う。僕はマルクス主義文献から天皇制問題をリアルに認識する必要を教わったという記憶はほとんどないんですね。天皇制の問題というのはこういう重要な問題だとストレートに肉感的にわかったのはむしろ渡辺清さんの『砕かれた神』『戦艦武蔵の最期』

『私の天皇観』などを読んだ時からですね。『砕かれた神』のあの体験の総括は世代のちがいという問題を超えてなぜかよくわかったんです。戦後おめおめと生き恥をさらしながらいばって生き続けているヒロヒトを軍隊で死にぞこなったかつての愛国少年が、個人の問題として許さないと思い続ける。このうらみごとから制度の分析にまでいく。私的な怨念が構造的な分析にまでいけるのはすごいなと思った。そういうものを手にして読んでいくという状況と、それ以前に天皇の問題が70年代の中頃から改めて浮上してくる。「外交君主」としてふるまい、いろいろ外国に出て行き、戦後憲法の建前の非政治と全然違った動きをする。もちろん靖国問題なんかが政治の局面にグロテスクに浮上してきて気づかされたということもあって、そういうのがセットで初めて天皇制の問題について自覚的に考えだし、反天皇制運動しだしたという流れなんです。ですからマルクス主義的な制度分析じゃない人たちの言葉、戦争体験をテコにした怒りの言葉に近いものの方にはるかに共感することがあったんです。

2・戦争責任と新たな象徴天皇制

平井　僕は徹底的にフランス文学者なんですよ。それでわかるんですよ。僕はサルトルやったけど、サルトルはある時期、マルクス主義にちょっといかれる時あるけど、それには僕ついていかなかったなあ。要するにかなり文学ってことを頼りに読むとわかるんですよ。『砕かれた神』って本、そうですね。そのことが、天皇が「戦争責任というような文学的なことはわからない」ということと裏腹なんです。それから、立教の栗原君が言っていたんだけど、天皇は昭和天皇以降、科学者ぶるでしょ。あれが文学と裏腹なんです。そのくせに、日本の天皇家というのは、日本語の簒奪者なんです。天皇家が日本語の簒奪者であることによって日本人全体の心性が骨がらみになっているというのが僕の言語論です。和歌の伝統というものをごまかせないな。

　いま、内海さんの、美智子さんの結婚が天皇への覚醒になったというのは、僕みたいな戦中派からすると、あれはあれなりに天皇制の解体の一歩というふうにも見えるんです。

内海　解体ではなく、変容じゃないかと…。

平井　変容が不可能なような状態を作られてきていて、同時に同世代の戦中派の変容不可能な思いこみがいかに牢固としたものか思い知らされていましたからね。

内海 私がそう思ったのは、それまでの天皇制ってのは、もちろん行幸とかいろいろあったけど、非常に不愉快だと切り捨てればかなりのところ見ないですんだわけですね。ところが美智子さんの結婚に象徴される新たな皇室は、私たちに日常的に天皇を見せつける。テレビや女性週刊誌を通して皇室がファッションとなり、芸能化していく。戦後民主主義にマッチした〝天皇一家のなごやかな〟写真などを見せつけられて、もうじんましんが出そう。

平井 変容でもいいですよ。ただ、変容しないものだったんです。

内海 天皇制がそういう形で時代状況の中に適応していった。

天野 適合していく、時代の変化に合わせてというか、それを…

平井 それがいま警戒すべき点であるというのは僕は賛成します。今の問題としては礼宮の結婚問題があるでしょ。財閥にちかい粉屋の娘から70平方の３ＬＤＫでしょ。やはり解体の動きはあるんですよ。もう一つ、三笠宮、天皇家にとってあの人だけ文学部なんですよ。それは天皇家にとってまずいんでね、三笠宮もまずいんで、あの宮家はまずくいってますよ。そういうことも天皇問題を考える時に、一つのファクターとして考えるべきとこがある。高度成長の中で天皇に文学者面されて、いろんなことを考えられると困るんで、ナメクジの研究でもさせておけばいいと、うまくされてるわけです。戦前は否応なしに軍人にならなきゃいかん。今は自然科学者にならんとまずい。

天野 僕は戦後の天皇制しか直接体験的には問題にできないから、特にマスコミによって演出されてくる天皇制が一番大きな問題であったし、あり続けている。「ミッチー・ブーム」の時代ではっきりしてきたマスコミ抜きでは成立できなくなってるような、独得の天皇制のスタイルですね。神道を中心とした神聖化されているという方よりは、（これももちろん問題ですが）むしろマスコミを媒介にした神聖化のスタイルが中心で作られてきている象徴天皇制の問題というのに、すごくこだわるんですね。

平井 それは正しいですよ。僕が言ったのは僕の方が正しいというんじゃないが、なんかくずれつつあるという気もするんですよ。やっぱり日清製粉の社長の美人の妃と、学習院の先生の娘とじゃね、何か変わりつつあるんです。

天野 アキヒトの記者会見ありましたよね。ヒロヒト時代ってのは実は「記者会見」って概念がなかったわけでしょ。偶然に記者と会ったようなタテマエだった。例外的に海外記者クラブとの関連で記者会見といったりしたことはありましたけど、記者会見って概念を積極的に取り入れて、夫妻並べていろいろ同じ質問をやるなんてことはなかったわけですよ。その意味では「フェミニスト」としてのアキヒトみたいなイメージもかなり記者会見で演出してますし、美智子自身の回答もある程度主体的にしゃべってるようなイメージを出している。また環境問題にも苦慮していて、「豊かな海づくり」というイベントにアキヒトは参加し続けているという話もある。魚なんか研究しているというからみがあるんでしょうけど、「エコロジカル」な問題についても配慮して生きてるみたいな話がでている。もちろんもっとも押し出されているのは平和主義とか「護憲」とかです。時代のテーマにうまくフィットさせていくようなイメージ演出が、ヒロヒトの時よりずっとしやすくなった感じもするんです。確かに戦前的な神道を軸にした絶対信仰体系もなくなってはいない。神社本庁などに支えられていつづけてますからね。でもそこは平井さんのいう通り、かなり変容を強制され、こわれてきていると思うんです。でも、こわれたものを違ったもので補完していくという力がつくられてきていて、それがすごくこわいなという感じです。そいつと闘わないとまずいんじゃないかな。

平井　そう思います。だから戦中派がどうして天皇のことを中心にしないのだと、始めから思ってたわけだからね、そういうことに今なってきたわけです。わだつみ会というのは、平和運動体として最後衛だったんですよ。それが今、前衛になっちゃったでしょ。ただ、マスコミって何ですか。日本国民じゃないですか。日本の大衆じゃないですか。

天野　ある程度マスコミは大衆の意識のある一般水準を体現していることは間違いないと思います。でも全部イコールでくれない。操作が確実に入ってますし、操作の蓄積で作られてきている意識ということがある。確かに商業主義ですから、まったく売れないことはやれないということで言えば、僕が一番こわいなと思ったのは例えばミッチー・ブームで言えば演出されたということよりも「売れる」ということなんですね。今度のXデーでも、天皇ってのは写真集であれ何であれ売れてるんですよ。操作されているというのは現実ですが、同時に、操作を喜んで受け容れている層が圧倒的にいるというこわさは、相変わらずありますよ。

平井 それは明治以後作られたか何かはわからないけど、僕が恐怖として受け取ったあの時代のことと同じですよ。

天野 重なる問題、あるでしょうね。

平井 どこから来るんだろうな。島国民族とか、いろんなことある。僕、内海さんに告白しときたいんだけど、わだつみ会でこんなふうにやって来ながら、ある時期非常に閉口して反省したことあるんですよ。やっぱり被害者意識しかなかったんですよ。若い奴に衝かれて、いつか壇上で泣いちまったことあるけどね、これはどうにも言えない。やれることはやったって気が僕にはあるんだけどね。やっぱり加害者意識ってことの面からね、それは『きけわだつみの声』の中からも読みとれないですね。

天野 平井さんに全共闘世代の貧しさをつかれて、とりあえず「すいません」としか言いようがなくて（笑）。あの頃は考えられなかったんですね。ただ、東大全共闘が三島由紀夫をよんだ時は、外から見ていて何であんなことをしているんだろうという気はあった。それでも、決定的にああいうのはおかしいというふうな感じを持たずに、ぼんやり見ていた。あの中で「天皇陛下萬歳と言ってくれたら一緒にやれる」というようなことまで三島は言ってるんですが、天皇制問題は三島にとってはリアルであったが東大全共闘だけではなくて、あの運動の中にいた世代の多くにとって反天皇制というテーマはリアルじゃなかったという問題は確かにあるんですね。ベトナム反戦運動などを通して日本民衆自身の加害者性という大問題を提起したわけだから天皇制の問題にまでいく回路は、確かにあの時代にも伏線としてあったなと思うんですけど。私たちは加害者性の自覚と天皇制問題の無自覚がセットだったんですよ。

平井 内海さんの朝鮮人問題、アジアとの問題とか出てくるわけですよ。僕たちの反省と向うのどの部分とうまく連絡できるか、というの、あるでしょ。本当に自分として、わだつみ体験だけではいけないんだということを痛感した時期があります。

内海 さきほど、平井さんが僕らの世代に責任があるとおっしゃったけれど、戦前・戦中世代の人たちは、私たちにいろんなメッセージを残してますよね。『わだつみ』や渡辺清さんもそうですし、岩波新書の『あの人は帰って来なかった』とか『農民兵士の手紙』。私はああいうものを一所懸命読んで、天皇制、というより戦争を、個人の実感として考えていた。そしてそれを通じて天皇制を考えるようになった。朝鮮というフィルターを通してみると天皇制は自分に無条件に従う者は１００パーセントかかえ込むけど、敵対する者は徹底的に無視ないし弾圧・虐殺していくということが、よくわかる。８月15日までは「一視同仁」とにかくかかえ込む。「独立」したとなると今度は徹底的に切る。そんな戦後処理の仕方をしている国って、珍しいんじゃないかと思う。かつて自分たちの軍隊の一員としてかかえ込んだ人間には、オランダだって恩給なんか払ってる。日本は一度天皇の支配の下からはずれた者に対しては、鐚《びた》一文出さない。天皇に服《まつろ》わぬ者は、戦後は物理的には虐殺できないけれど、徹底的に排除する、無視する。在日朝鮮人、韓国人に対して、そうした処遇が徹底していた。

戦後の私たちの世代というのは、はじめに中国、そして韓国・朝鮮、やがて東南アジアという風にして、次第にアジアが視えてきた。

天野　ベトナム戦争があって、決定的だったですね。日本から戦車や兵隊が行くことが可視化された時に、被害者意識だけじゃダメだというのがあった。

内海さんの話を聞きながら思ったんですが、僕が天皇制の問題を政治運動体験ということとはとりあえず別に思想の問題として考えたのは転向という事象を調べてみた時です。調べていて一番びっくりしたのは、『中央公論』や『改造』を見ていたら、平和を説いていた左翼の同じ著者が大東亜共栄圏に向けてアジテーションをほぼ連続的に開始する。ある段階から一挙に変る現実を見た時、まともな思想なんて日本にないんじゃないかと一瞬思った体験があります。どうしてこんなことが起きるんだろうということ、文化・思想の問題と天皇制という制度の問題がつながってきて、どちらかというと、天皇制国家への思想的屈服としての転向というテーマの方から天皇制に近づいてきたような感じがあります。

内海　戦後の転向という点では、１９７３年のオイル・ショックが大きな転機だと思いますね。あの時に、私たちは自分たちの豊かなくらしを支えてくれている強い国家へと、無意識のうちにみんながなびいた、私はそういう感じを、持ったんです。

天野　あの時、すごく視えるようになったんですね。戦後の初期は私生活というと、どちらかというと権力から守るべき私生活という意識がどこかあったんですけど、それが権力によってしか守られないというか、自分の私生活を守るのは権力（国家）と大資本であるというふうに多くの人がなったのが、あの段階ではっきり視えましたね。

内海 そこと天皇制が結びついたのが、今の天皇制のあり方ですね。

平井 結びつけつつありますね。

天野 その感覚にうまくフィットしていくような天皇制を現在演出し続けているということになるんじゃないですか。

内海 アキヒトないしその次の天皇はヒロヒトのパターンではいかないわけですから、どういう存在理由を彼らに持たせるのかを、この間ずっと模索されてきたのではないでしょうか。それが私たちの資本と権力に守られた私生活を象徴するものとしてアキヒトのイメージもつくられてきた。憲法も守り、ほどほどに豊かで、幸せな私たちの暮しを演出し、その上にアキヒト。

天野 「庶民性」によって解体されていくと同時に「庶民性」のイメージによってより力をもたせていくって要素がでてきているわけです。

平井 庶民性の方を徹底させると、解体の道もないことはないですね。

天野 ただ「結婚」というのは、事実としては皇室が庶民化するんじゃなくて、一人の庶民の娘が皇室に吸収されていくだけの話ですからね。「開かれた皇室」というのはマスコミのイメージ操作ですから。

平井 日清製粉から70平方の、ということはあるんですよ。

内海 それは、彼が二番目ということはないですか。

平井 長男の方は嫁さん、来ないかもしれない（笑）。

一応皇位継承者ではあるが、前みたいに病気になって死なないからね。

天野 二番目で演出している部分がかなりあるんですね。

平井 あれ、演出してるのかな。ある程度戦後になって…

天野 あれだって間違いなく、単純な「自由恋愛」なんてわけではないんじゃないか。

小田原 自由恋愛というのも古風な表現ですが、それにしても東宮御所に呼ばれて遊ぶ仲間だったわけで、これを本人の意向にまかせてノーチェックということはありませんよ。まさかうちの娘は呼ばれんわけだから（笑）。

天野 週刊誌の論理ではこういう言い方になってるんです。ミッチー・ブームの時はこうは書かなかったんですが、美智子の時は小泉信三が仕掛けた。実はあれは「自由恋愛」ではなくて、あらかじめ予定した女性何人か会わせたうちの一人がうまく引っかかった。だけど、今度は本当の「自由恋愛」だという押し出し方ですね。

小田原　まあこの前よりは自由の度合いが少々大きい恋愛なんでしょうね。

天野　今回は次男が早く結婚させなければ皇籍離脱をしたいということを主張したということも間違いないでしょう。相当トラブって、本当は長男より弟を先に結婚させちゃ、天皇家としてまずいという判断もあったんでしょう。ヒロヒトの「喪中」ですしね。

平井　僕みたいな戦中派には、変ったなあという感じはある。

天野　その変った部分をテコに時代に対応する皇室をうまく演出していこうと…

平井　演出と同時に、それをどう取り込むかですね。

内海　学生なんか見ていると、天皇家と自分たちは絶対的な距離があって結婚できないという認識じゃない。あの人のお嫁さんにはなりたくない、という言い方をする。

平井　シンデレラ・コンプレックス、出てくると思うなあ。まだ宮家のボンツクが残ってるから、押しかけていこうとか、そういう女性、かなりいますよ。

小田原　そうですよ。女性の中にある玉の輿に乗る幻想をうまく操作してるという気がしますね。将棋でいうと、裏返って金になる。なる幻想みたいなものが、うまくあおられている。

平井　いろんな社会現象としてあると思いますよ。一つ開かれたわけだから。

天野　「あなたも美智子になれる」ってのがミッチーブームのマスコミのキャッチ・フレーズです。今は内海さんが言ったように、そういう宣伝をする以前に「すでになんにでもなれる気分になってる」という、そういうところに問題があるんじゃないかと思います。

小田原　スタイルとしてはイギリスの王家がすでにやってみせて、本当にアイドルになってしまってるとこがあるでしょ。

平井　イギリスの王家の問題は、日本のを考える時、どうしても考えていかないとね。

内海　天皇制が特別のものじゃなくて、自分がなりたい気分になれば嫁さんにもなれるという平場に彼らを引き寄せるという若い人たちの発想ね、それが民主的かといえばそうじゃない。そういう発想自体が今の天皇制に仕掛けられている。美智子さんが女性週刊誌に一貫して登場してくるでしょ。あれの影響って、そういう形で出てくる。

小田原　最近、女性解放運動をやっておられる方が、いろんな意見を言われる。どちらかというと天野さんと僕は舌禍が多いもので、糾弾されるのですが、僕らも銀行のポスターがどうして水着なのかと思うこと、ありますもんね。そういうのを追及するのは一向に構わないけど、今のような問題でいうとね、やっぱり美智子から今回の嫁さんまで含めて、お嬢さま風を作り出してしまうことがどれほど女性差別であるかを、女性の側から言っていく必要もあるんじゃないでしょうか。けっこうあれの女房になれるような気分でいる人たちいるわけでしょ。そんなこと絶対にないということを言い切っておかなければいけません。あの連中は現在の日本の中で特別な集団を形成しているなということを最近いろんなところでしゃべっています。といいますのは、徳田球一は戦後、ある説得力を見せた。今、喰えないということはないわけですが、あいつらとわしらは違うというような言い方とかね、理論的には恥しくなるようなとこ沢山あるんだけど、非常に大衆的に受け容れられやすい。そこをもう一遍やってもいいんじゃないかという気が、天野さんの最近の週刊誌の分析なんかその作業の一つなのでしょうが、みんな一緒みたいにみえるけど、それは演出だというのを、やっていく必要があるんじゃないですかね。

天野　イギリスではマスメディアで、王室の批判も皮肉もジョークもどんどん出るんですけど、日本のマスメディアには絶対出ないですね。本当に生身の人間として扱うような記事は出なくて、芸能記事といってもおべんちゃらオンリーの、スキャンダルなしの芸能記事になっている。記事の違いが体現している制度の違いってのが、やっぱりあると思う。

3・〈象徴天皇制を問う〉全国フォーラムで何をめざすか

天野　前のフォーラムは、うまくXデーの入口の闘いを準備していく様々な回路を、運動を大衆化していくきっかけを、作ったと思います。今度の即位・大嘗祭は、追悼とは違って「奉祝」、喜びを強制される。これは乗せられやすい。「自粛」は営業的にダメージがあって、経済的にもむつかしい問題があったのが僕らにプラスに機能したけれど、今度はデパートなんか、大バーゲンになるんでしょう多分。日常生活的な次元でのトラブルがあまりストレートに発生しなくて、「自粛」の時の利点がうまく使えないということがある程度予想される。かなり事前にいろんな問題を広く提起して討議していくような場所を早く作り、みんなと一緒にやっていくことをいそがなくてはとフォーラムを準備しています。ここでどんな問題を討議した方がいいかということを話してください。まず小田原さん。

小田原　私の関心に引きつけて言うと、一つは前回自分自身も関わった日本文化論の分科会、今度はあらゆる領域でその問題が出てこざるをえないでしょうから、そういうふうに立てる必要は全然ないと思いますが、どこの分科会でも文化攻勢としての天皇制をどう受けとるのかを問題にせざるをえません。例えば内海さんがおっしゃった皇室典範の女性差別性という問題ですが、最近の「朝日ジャーナル」で梅原猛はベタベタの女帝賛美を書いているわけでしょ。彼なんかのセンスになってくると、けっこう皇室典範変えて、女帝がいてもいいくらいのことを言い出す可能性だってあると思うんです。フェミニズムもエコロジーも、僕らの批判の言葉だったのが全部向うが取り込んで生き残るという戦略をとっているように見える。そのへんをどうするかを文化の問題として、全分科会で意識においておく必要がある。

もう一つは「ＰＰ21」の北海道の先住民会議がすごく良かったという総括が出ていて、そこでも話題になったということですが、現在の憲法の体系の中で国民という概念は在日のアジア人・外国人を排除して成立しています。それが戦後象徴天皇制・民主主義といわれる体制とどういうからみになっているのか。私たちは戦後民主主義体制と併存する象徴天皇制を結果として支えてきたわけで、そのことによって、それこそ結果として在日の外国人を排除することを承認してしまってきたということを、もう一度考え直してみると、憲法問題も含めてかなり面白い視点が出てくるかもしれない、という気がしています。

内海　明治4年、国民国家形成の基盤のため戸籍制度が作られた。徴兵と徴税の要求ですね。徴兵では先住民アイヌだけじゃなくて、国境なしで移動していた北方オロッコの人たちも取り込まれる。戦後は戸籍がないことで今度は補償から排除される。ゲンダーヌさんがそうですね。だからアジア人だけではなくて、日本の中に住んでた多様な民族の人たちが、国家との関係で切り捨てられたり、取り込まれたりしている。それは日本国内だけじゃなくて外へ押し出された移民・棄民も同じですね。棄民としてアジアへ押し出されていった人たちが日本軍が進出するとたんに軍やスパイに吸収されていく。からゆきさんも含めて。国民と国家というのは、そういう広がりの中で、やっていった。

小田原　棄民—その人たちがフォーラムにどうやって参加できるのかともかくとして、在日や部落の人も含めて天皇制をどうみるのか、とりわけ記者会見で民主主義はいいですねなんて平気で言う男が天皇として出てきて、そういう時に被抑圧大衆からこの事態がどう視えるのかというようなところをやってみたらいいなあと思っています。

それと、情報センターなんて所にいて、各地の運動体と交流があるわけですけど、やっぱり正直言うと少し全体に疲れが出てきていますね。一時期の密度で学習会なんかできなくなっている。せっかく「反天皇制」をかかげて未曽有の闘いをつくり出して、本当に各地でものすごい運動があったのに、そのエネルギーに疲れがみえる。ミニコミも厖大な量が出ていて、本当はていねいに収集しておかないといけないと思うんですが、収集だけじゃなくて交流をフォーラムでできたら、かなり面白い。小さな田舎で10人で集るというのがどんなにしんどい闘いだったかというようなことも含めて、経験の交流ができれば面白いと思ってるんです。

内海　私は前のフォーラムの時は「アジアと天皇制」分科会に出席したんです。今礼宮はタイへ行っているという し、その相手はインドネシア語を勉強しているという。アジアとのかかわりという点でも、私たちは今までアジアに対する日本の加害責任みたいなことを言ってきましたが、今の天皇制はそれをも取り込んでいこうとしている。アジアとかアジアへの加害性といういい方だけではもう力にはならないと思っているんです。もう少し自分たちで主体的に戦後の総括、天皇制をなぜ残していったのかということの総括を含めた自分たちの歴史の捉え直しを、アジアへの加害者責任をもキチッと据えながらやっていくべきだと思っています。そういうことを考えてアジア民衆法廷を準備したい。いつも向うから仕掛けられてあわただしく何かやるんじゃなくて、たまにはこっちから仕掛けてみたいという願いもあって、日本の侵略戦争とその処理のあり方、そういうものを考える場を準備したい。それは戦争責任だけではなく、アジアに対する日本の戦後処理が、賠償、経済協力、そしてＯＤＡとつながっていくし日本とアジアの権力との関わりというのは戦争中の人脈も含めて具体的にある。そういうものを見すえた上で、日本のアジアに対するかかわりを考える。あの侵略戦争の中味をもう少し具体的に、大東亜会議とは何だったのかとか、なぜ、特務機関員がビルマの勲章をもらうのか。そんなことも、わかるようなものをやってみたい。アメリカ人のＪ・ダワーが『人種偏見』を、イギリス人が『もう一つの太平洋戦争』を出しています。その中に非常に強く、人種戦争、人種偏見の側面を出しています。これは私たち、意識的に戦後考えないようにしてきたことですね。こちらの側の侵略に向う構造を明らかにするのと同時に、連合国側の持っている問題も摘出してそれを付き合わせる時期じゃないか。東京裁判史観というのが根強くありますが、これはあたってる側面とあたってない側面と両方あると思うんです。問題の出し方の政治性ということを抜きにしても、東京裁判をもう少し現代の視点から捉え直していく。そういうこともやってみたい。これはわだつみの高橋武智さんなんかと一緒になって、少し息の長い仕事としてやっていきたいと思います。

平井　今、僕が行ってる桃山学院大学は、朝鮮人問題と部落の問題を引き受けてる面があって、人権講座のある唯一の大学なんですが、結局差別の問題に吸収されるわけです。そこにいくと問題は二つあると思う。現代の社会の中の差別構造のあり方、それについての各人の捉え方を反省するということ。フランス思想のキーワードに差異というのがあるんですよ。先日ジル・ドゥルーズの本、出したんですけど、差異の問題と一体化の問題と、多様化と一との問題がある。そういう問題まで含めた問題として差別構造を考えられないかなあと思っている。東京にいると部落差別の問題、ほとんどわかりませんね。部落差別はどう考えても天皇制と裏腹だと思う。

天野　水俣のＰＰ21で芝居を見せてもらって感じたのは、日本の近代ってのは、人間破壊と環境破壊としての戦争ってのがまずあれだけあり、戦後もアジア「第三世界」へ向った開発、援助、現在のＯＤＡにつながる経済侵略。外に向っての開発侵略と、内に向っての環境破壊をフルスピードでやってきた。戦後は軍事戦争がテクノロジーをテコにした開発に変ったけど、「富国」のためのヒドイ破壊ってのは連続している歴史が見えたと思う。日本の近代はその点一貫して変ってない。そこは実は、すごい死屍累累だ。その被害、実はいっぱいあるそれを、大した被害はないように見せてきた、そう考えさせるようにしてきたのが天皇制ではないかと思う。だとすると、被害の歴史をもっと発掘する必要がある。日本の民衆がアジアに向ってやった加害の歴史も含めて、そのこと自体も日本民衆の被害とあわせて全部明らかにしていくようなことをより執拗にやるべきだ。向うはたいしたことは何もなかったように言っている。これに対し、戦後の「開発」による内外の被害の事実をもどんどん突きつけていくような作業がもっと必要だと強く感じた。

平井 別の言葉で言うと、近代化の問題なんですよ。日々加速化される近代化について、テクノロジーの問題、技術・科学思想、デカルト以来の問題が一貫して進行中なんですよ。それはものすごく手強いですよ。その受益者にならないと生きられないんです。そこのところがあるから、なかなか突っぱっていくのがしんどいと思いますね。

天野 村井吉敬さんがPP21の水俣の会議でエビを食べないという提言をしたんですが、その直後にエビがいっぱい入ったお弁当が会場の全部の人に撒かれた（笑）。悪意があって準備されたわけでも何でもないんだけど。そういう現実ってどうしようもなく、例えばクーラーの中で会議がなされるとか…

平井 やっぱり、クーラー入ってれば、もう少し頭いいこと言えるのに（笑）

天野 そういうふうに僕たちが完全にひたされているものを、少しづつでも変えていく努力を、媒介にしなければ……

平井 それから日本の問題は近代化の特殊例だという判断が一つある。鎖国からペリーが来た前後までのその時の天皇制が、完全に象徴天皇だったんですよ。ある意味でのあの時期の天皇が、まさに象徴天皇なんですよ。京都が十万石で江戸幕府がある、しかし何とはなしにシンボルとしてはいつでもかっこつけだったわけでしょ。それ以前には王権の問題があって天皇の島流しもある。どんなに近代天皇制が人工的に山県有朋、伊藤博文あたりで意識的に教育を操作して構築されたかということは、繰り返して言った方がいい。それから、朝鮮や韓国やタイにも近代化の問題をどうこれから受け止めていくか、向うの問題としてもあるわけですよ。

内海 私たちは今、そこを論議する段階に入っていますが、韓国でもタイでも自国の権力との闘いのなかでいかに自分たち、生き残っていくか、ということが中心課題で、近代化の問題はまだ、大衆的な討議の問題にはなりにくいですね。

平井 それはそうでしょ、向うで闘ってる人はそうでしょ。

韓国は別の意味では権力を含めて見れば、明治の時に自由党があって、中江兆民もいながらやられちまったのと似た状況の中で、しかももう一つは受益者である点がある。国が富めば国民は受益者になるんですね。僕は大正から昭和への自由主義時代を少年時代にすごして、戦中の極度のファシズムの時代・戦後の極度の飢えの時代とを見てますからね。そういう中での物との関係です。近代化といったら、物をどう操作するかの問題に収斂される。そのフィロソフィーがデカルト主義です。デカルト流の数学的な方法というのは現に加速されているわけで、減速の状況、ないわけですよ。僕たちの運動の文書が読みやすくなったのも、ここ2、3年のことでしょ、全部ワープロで。これは全く技術状況の中の産物だし、僕なんか肺病だったたから、病気が治るような状況も今の高度な医療の問題だし、それをどう評価するかもある。だから、近代化の問題というふうな視野を片っぽでしょっちゅう押えてないと、自己反省として出てこないですよ。

天野　フォーラムは、現在の天皇制の変貌に対応できるように、こちら側の主体が、いろいろな問題を咀嚼して対象化していくステップになればいいと思う。今までの戦後の運動の成果も踏まえていろいろ論議する場所をできるだけ作りたいというふうにも考えています。「情報センター」も生まれ僕らも含めたいろいろな運動もあり、たしかにネットワークの広がりは拡大してきて、様々なことの連携がとれる体制はうまくつくれていますから、それの成果をできるだけうまく使って、多くの人々の協力体制をつくりだし問題を広範囲に共有して、本当に開かれた討論ができるような形のものに作っていきたいと思います。

（9月3日、日本キリスト教会館にて）

061

・「天皇代替わりに関する情報センター通信」47号
（1990年2月15日）

学生諸君、今秋の「即位礼・大嘗祭」反対闘争阻止に向けて、文部省が大学当局に対する恫喝を開始したぞ。頑張ってチョーヨ。これで思い切りやれなきゃあ、ホントに最後の「期待」も捨ててしまいそう。

文高学第74号　平成2年1月22日

各国公私立大学長
各国公私立高等専門学校長殿

文部省高等教育局長　坂元　弘直

学内における秩序維持の徹底について（通知）

学内における秩序の維持と暴力行為の排除については、各学校において従来から特段の御努力をいただいているところであります。

しかしながら、本年11月に、国の儀式としての「即位の礼」及び皇室の行事としての「大嘗祭」が執り行われることに伴い、過激派団体等の動向が特に憂慮されているところであります。このような時期に、いやしくも学生が違法行為に及び、あるいは学校の施設がこうした違法行為の拠点として利用されるようなことがあれば、社会一般にも不安を与える事態にいたるおそれなしとしません。

ついては、各学校におかれては、このような事態を未然に防止するため、特に下記事項に留意の上、さらに適切な措置をとる等、一層の御努力をいただき、学校の秩序維持についての責任を全うされるよう、格段のご配慮をお願いします。

記

1　学校間の連絡を密にするなどして、学生を含む過激派団体等の動向の掌握に努め、学生に対する必要な指導をさらに的確に行うこと。

2　学校の施設が、過激派団体等の暴力行為の拠点となり、また、学生その他の者の宿泊等の場として利用されることのないよう、特に学寮等について、施設の正常な管理のために必要な措置をとること。

3　学校の内部に、暴力行為に利用されるおそれのある危険物等が準備、隠とくされることのないよう、各種施設の管理の厳正を期すること。また、学内における薬品等の危険物についても、その管理に万全を期すること。

4　学内掲示（立看板、ビラの配布等を含む）については、学内規則に従い管理の徹底を図ること。特に、犯罪行為をそそのかし、あるいは社会的秩序の暴力による破壊を呼びかけるような掲示物は、直ちに撤去すること。

5　学園の内外を問わず、学生が暴力行為に及ぶなど非違を犯した場合には、その責任を明確にし、厳正適切な措置を迅速に講ずること。

6　学内の秩序維持のために必要な警察当局との連絡及び協力については、遺憾なきを期すること。

あたかもからかうかのような表現で、思い切り学生諸君への期待を表明させていただきましたが、今時の学生運動が困難であろうことは勿論重々承知の上でのことです。

つい先ごろ、さる有名な大学で、芝居衆が学内に入ることを警察力で阻止し、気の毒に日本共産党系の学生さんまで巻き添えでパクらせたその大学の先生にお目にかかってお話をしておりましたところ、大学に（別に大学を特殊化するつもりは毛頭ない。自分の家の中のもめごとに警察を呼ばないという程度の話しで）警察を呼ぶのがどうしていけないのか、まるで理解できない風でありました。そもそも、「そういうこともありましたなあ」程度の関心しかないようで。ご苦労ですが、ご奮闘を!!

062
知花裁判支援を巡る「沖縄タイムス」の記事の〝悪意〟について

・「天皇代替わりに関する情報センター通信」48号（1990年2月28日）

以下に、知花裁判第14回公判に関する「沖縄タイムス」の記事中の、〈右翼、デモ妨害―国際通り交通に影響〉という文章の全文を掲載する。

「この日午後、知花被告の支援グループ約百五十人が、裁判所近くの集会場から国際通り、那覇市役所前をデモ行進した際、デモを妨害しようとする右翼と、それを阻止する県警・機動隊が国際通り中心に小競り合いとなり、一般車両がストップするなど一時騒然とした。／支援グループは、機動隊員や装甲車に守られながら『日の丸、君が代の強制は許さんぞ』とシュプレヒコールを連呼。それを右翼の宣伝カー三台が拡声器のボリュームをいっぱいに上げ『知花を糾弾するぞ』とデモ隊の前後からば声をあびせ、行進の列に突っ込もうとしたため、機動隊側が必死で阻止した。」

以上である。

〝悪意〟というのは、この傍点の部分の表現にかかわってのことである。「機動隊員や装甲車に守られながら『日の丸、君が代の強制は許さんぞ』とシュプレヒコールを連呼」と体制批判をする者が、体制の暴力装置に守られて自らの意志を表明することを戯画化しようとしているのだが、あたり前の常識を欠落しているが故に大きな誤りを犯している。

まず第一に、「守ってくれ」と頼んだのかということである。右翼と支援者が激突して困るのは、警察ではないか。「治安」維持の観点から警察が「仕事」をしているのであって、それ以上でも以下でもない。このことは、知花昌一さんのスーパーマーケットを右翼が襲撃した際、警察はこれを防衛しようとはしなかったし、先の本島長崎市長の時もそうである。衆人監視の中でやられたのでは困る、と警察が判断したのである。第二に、新聞などという所に立てこもって、何を言おうと高見の見物以外の何物でもなく、こうした〝悪意〟は性根の退廃を招くだけであることを自覚できないほどにマスコミが堕落していることを示しているだけである。

063

筑波はしぶとく闘っている＝6・28つくば集会とハンストの極私的報告

・「天皇代替わりに関する情報センター通信」56号（1990年6月30日）

これまでも「日の丸・君が代」をめぐっての行政交渉などしぶとくやってこられた筑波の人々だが、今回は、「礼宮―紀子の結婚式」直前の6・28に、「他人の金で結婚式なんかするな！」とばかり集会を設定されて、私に話をしに来るよう求められた。東京教育大の筑波移転と超管理主義筑波大学については当初から激しい予断と偏見（もちろん今だってこれは正しいと考えているが）を持っているし、筑波という人工都市も気に入らなければ、そこに住んでいるだろう人々もどうせろくなやつはいないと考えてきたので、筑波など行きたくもないと思いはしたが、親しく且尊敬する友人からの依頼というか、お座敷をかけていただいたのであってみればそうもいかず、東京駅から高速バスに乗って筑波に行った。聞きしに勝る物凄い町であった。緑が多く、そこに点在する小綺麗な集合住宅群。これが未来都市のひとつのモデルであり、将来の町がこうなってゆくのであれば、早く死にたい。暮らしの匂いが何もない町など町ではない。こんなところが快適だと思うようなやつとは一緒に暮らしたくないという思いばかり強くした。

集会は、最初に部落解放同盟の人が24時間ハンストをするということで、その記者会見から始まった。後で詳細は報告するが、断固たる決意表明がなされた。そして主催団体三者の挨拶。つくば天皇制問題連絡会、「反戦・平和のための市民ネットワーク」ネットワーク５００、部落解放同盟茨城県連合会の順であった。

続いて私の話であるが、これはまあどうせ大した話ではないので報告は割愛する。若干の質疑応答の後に集会は終り、当然のごとく「第二集会」へと繰りだし、和気靄々のうちに交流と色々と貴重な話し合いが持たれた。

その晩は友人宅泊。つくば天皇制問題連絡会の一員である日本キリスト教団牧師宮崎徹氏も一緒で延々且繰り返し繰り返し「丁寧」な話し合いが続いた。

翌朝は、何はともあれヒゲの若造とネチャッとしたタイプのネーチャンの結婚式をテレビで鑑賞。伝統とかで、これがなにやら日本人にはコケオドシになるらしい平安時代のカッコウで、アナウンサーは「オゴソカに」という言葉をさも特別のことのように低く押さえた声で言うのだが、ただイモクサク、キミョーなだけの儀式だった。何が伝統だ。何が歴史だ。神代の昔からの「家柄」だなどというのなら、いっそ弥生時代のカッコウでもしてみせたらどうなんだ。どうして平安時代なのか。「王朝絵巻そのままに」などとぬかしていたアナウンサーもいたが、「伝統を守る」などというなら、その文化の精神も守ってもらわなきゃならない。結婚ということにかかわって言うなら、平安時代の「文化の精神」とは「色好み」以外はなく、嵯峨〈帝〉の後宮には、今日知られるだけでも「寵姫」が30人近くだったし、清和〈帝〉は15歳で元服してから27歳で退位するまでに愛した女性26人、在原業平なんざ、『伊勢物語』の古註によれば、生涯に関係した女性３７３３人。女性ももちろん負けてはいない。醍醐〈帝〉の「三条の御息所」と呼ばれた女御能子は、醍醐の弟敦慶を愛人にし、醍醐が死んだら敦慶のまた弟敦実を愛人にし、これの足が遠退いたら次には藤原実頼を愛人にしたのだぞ。どうでもいいけど若造ふたりこの真似ができるか。近代主義者が「伝統を守る」なんぞと言う場合のほとんどは、非近代を都合よく取り入れてハクをつけてみせる以上の何物でもなく、こんなものにハクを見せてしまうような脆弱な生活意識しか持ち合わせていない多くの日本人が腹立たしい。

全く関係ないことばかり書いて報告の紙幅が尽きてきた。テレビをみたのはほんのちょっとの時間で、つくば市の繁華街で行われているハンスト現場へ。

解放同盟の書記長、共にハンストする3名。ハンスト宣言は、1、戦争と差別と言論圧殺の元凶である天皇制に反対します。2、部落差別と天皇制の強化につながる「礼宮・紀子の結婚式」に反対します。3、11月の新天皇「即位の礼」「大嘗祭」に絶対反対します。4、天皇制右翼や権力による暴力・弾圧に反対し、言論・表現の自由を守りぬきます。5、国民の多額の税金を使った、天皇家の諸儀式、天皇賛美キャンペーン、過剰警備に反対します。6、天皇制強化のための「日の丸」「君が代」のおしつけに反対します。7、部落の解放とすべての国民の基本的人権を守るためにたたかいます。

23日の集会参加者約60人。29日のハンストとデモの参加者もだいたい同じくらいの数であった。こういう地道な闘いが全国で作り出されて行けば、11月もきっと私達はかなりのところにまで行けるのではないでしょうか。

064

大嘗祭とは何か

戸村政博氏（靖国特別委員長）に聞く

聞きて　小田原紀雄

・「教団新報」4220号（1990年11月7日）

立ちはだかる天皇制
公的性格を優先させる

小田原　「即位の礼・大嘗祭」の間にある教団総会で天皇制の問題が一つの焦点になります。総会では協議会を予定していますが、この時期私たちは天皇制とどうむきあうのか、そして国家の側はどう仕掛けようとしているのか。まず枠組みを示していただけませんか。

戸村　天皇代替りのちょうど真中に当たるのが今だと思うんです。88年9月に始まり今年11月即位の礼で終わるわけで、その後は代替りの余波のような形で、もう一つのXデー、皇太子の結婚等と考え合わせると最低5、6年、長くは10年位代替りを中心に社会が動いていく。

当初私たちが予想した以上の変化で、天皇の重体報道が始まるとともに戦後民主主義の時代にはっきり境界線がつけられたように思います。

これからの社会がどう名づけられるかわかりませんが、一つはっきりいえるのは、天皇制というものが真正面に立ちはだかってくる。知識人も労働者も、これを無視できない社会になると思います。

明治の絶対君主制、大正、昭和の立憲君主制とすると平成は何とよぶか、われわれがそれを決めていくことになると思います。

「政教分離」も、色々と批判されてきましたが、我々が声高に語っているので、政府も今度は前以って政教分離を配慮して「憲法の趣旨に沿い、かつ皇室の伝統を守る」と答弁するようになりました。もちろんその事の中に問題があるのですが、大嘗祭については「宗教行事だから国事にはできない。しかし天皇は世襲制による象徴天皇であるから公的性格がある。二つの対立する性格がある場合には、公的性格が優先する」と楽々と宗教的性格をクリアしてしまう。明らかに詭弁ですね。公的性格を優先させれば靖国神社も伊勢神宮も例外になってしまう。平成のやり方は真正面からの憲法論議はうけつけない。したたかなものを感じます。

小田原　もうすでに政府はこういう事態を経験している。自衛隊についての憲法九条の解釈改憲がそうです。もう一つはマスコミの果たす役割で、政教分離に違反するかどうかだけに論議を焦る。政教分離の闘いは歴史的にも意味があったが、天皇制の問題を捉える視点が弱かったと思います。先生が本でお書きになっているように、「大嘗祭は支配と服従の儀礼だ」という事が政教分離論議ですっとんでしまっている。
その大嘗祭のもう一つの側面についてはどうですか。

皇室神道形成への過程
新たな支配のイデオロギー

戸村　大嘗祭を古代に遡ると新嘗祭、稲の霊との結婚の儀式です。それを国家大にしたのが大嘗祭で、どのように行われるのかはタブーなので記録にも残っていない。
近代になって折口信夫らがアマテラスとの同衾儀礼であるというような説がとなえられる。それはまずいと、今度は折口説の批判が始まりました。「アマテラスが遠路わざわざ旅をしてきてお休みになるのであ

る。その証拠に靴がおいてあり、ベッドもシングルではないか」というような事を国学院の岡田荘司さんがいっています

小田原　岡田説は「神いますがごとく」準備をしておく場所でアマテラスが休む所であっていやしくも人間天皇が神座にふれることはあり得ないというわけですが、逆にいえば神道の絶対化だという気がしますね。

　もう一つ岡田説は大嘗祭の本質を新嘗祭そのものであると主張することによって、神道儀礼から農耕社会における習俗へと転換しようとしている。

戸村　そこまで言ってしまうと天皇の神性が崩れてしまうのでは。でも習俗が日本国全体の祭政一致という意味になるのですね。

小田原　そう、現状は国家神道の復活より皇室神道の形成過程だと思う。うまいこと解釈してね。

戸村　宮内庁が十月に岡田説を肯定するような見解を出しました。大嘗祭儀式は神格を得る秘儀ではないと。これは宮内庁が学説にまで介入してきている。学問の自由に対する介入ですね。

小田原　折口説から岡田説へと転換する意図は何でしょう。

戸村　それが平成スタイルだと思う。無原則という原則。

小田原　先生のおっしゃる平成スタイル、私のいう皇室神道の形成とは、儀式の枠は絶対に壊さない、支配のイデオロギーの発生装置としての儀式を残しつつ、その枠組内での天皇の護憲発言等、時代に合わせてみるやり方です。

戸村　天皇明仁が裕仁と違うのは、ヴァイニング夫人などから戦後民主主義教育を直接受けた事だと思う。彼は自然に民主主義の言葉を使えるわけで、明仁の民主主義、人民の民主主義は違うんだと思うが、そこがないまぜになっている。国民も自分の信じている民主主義と区別がつかない。大部分の国民をそこにからめとっている。

小田原　そこが新たな支配のイデオロギーとして最も都合がいいわけでしょうね。これからの国家統合のイデオロギーの軸として明仁のもつ恐い側面です。

戸村　朝見の儀で「憲法を守り、その責務を果たすことを誓います」といった天皇は今度は即位の礼で「憲法の趣旨に則り」ということになったと新聞は報道している。伝統をどんどんとり崩しながら、民主主義をとり入れて、生きのびていくわけです。

小田原　伝統といえば集会に招かれてキリスト者の質問でうっとうしいと思うのは「内なる天皇制」という言葉ですね。たかだか明治以降、それもどんどん変わっている皇室の伝統が、日本人の歴史の中で連綿と続いていると思うのは間違いだ。明治国家が近代国家として形成される時、アジアや世界に対して帝国主義として立っていく時に作られた皇室儀式にすぎないですよ。

多くの運動体と共闘を教会の壁の外に鉱脈が

小田原　教団総会での協議会ではどういう論議を望まれますか。

戸村　今後の社会では天皇制がソフトな形ではあっても真正面から国民をとり囲む時期になる。大喪と即位礼が一つの実験台であったと思う。天皇制は支配と被支配の仕組みだという事につきる。皇室の系図と日本国民の形成過程が天孫降臨神話によって説明される。これは垂直神話で天皇家が日本にいた先住民族を支配して、征服者と被征服者が長い間いっしょになり、その境目がわからなくなって単一民族といわれるが、絶対そうじゃない。

小田原　その通りだと思います。向こう側もその辺は意識しているから、日本文化の同一性という表面的にはソフトな、その実ファシズムを内包する主張を押し出してきています。

戸村　垂直性の神話は日本に一貫してある。例えばヨーロッパの戴冠式とは全然違うわけで、高御座にも天皇が一人で登るわけです。

小田原　天皇代替りの情報センターが多くの運動体といっしょに今、さよなら天皇キャラバンを10月10日から即位の礼の日まで全国をまわってやっていますが、戸村先生も九州に行かれてどうでしたか。

戸村　教会に二つのタイプがある。一つは主として教会の建物の中でキリスト者が集まって社会問題の学習を行う場合、もう一つのタイプは市民運動といっしょになってやる。教会は自分が落ちつけるふんいきの中で社会的な問題を考えるスタイルを破らなければと感じます。教会の壁を破るのは勇気がいる。教会の壁の外に鉱脈が埋もれている。それをみつけることがむずかしい。掘り起こしてみたらまさにそこが神の支配する社会だったと思うようになる。

小田原　靖国委や社会委の長い闘いや運動の成果をふまえて市民運動といっしょにやっていこうとしていく中で最近、天皇制は教会固有の課題だという言い方が出てきています。天皇制の神学的批判というのも同根でしょうが。これらは私にはどうも単に己がキリスト者であると宣言しているだけのように思えます。こういう発想からは天皇制の解体へという積極性が出てこないように思いますが。

戸村　内と外は同じだね。福音理解の中心は内が外であり、外が内であるということだ。その深みに絶えず立とうとする努力以外ないと思う。

昔「社会派」「教会派」といわれたが、本当の教会派は社会派であり、本当の社会派は教会派であると思う。その統一した信仰の立場に立つかどうかがお互いに問われていると思うが。

・「天皇代替わりに関する情報センター通信」65号（1990年11月15日）

065

反天キャラバン速報③釜ヶ崎・豊中・京都・名古屋＝ひとり離れて新潟へ

北海道、福岡に続いて関西から名古屋の行程に参加すべく10・31大阪へ向う。同行はこれ以後最後までキャラバン隊員として行動するSさん。北海道行程にMさんが参加したという例はあるのだが、若い女性がずっと一緒に行動するのは初めて。キャラバン隊の重要な仕事として各地の人々との交流があるのだが、これでまた交流の幅が広がろうというものである。

まず東京から一路大阪は釜ヶ崎。あの大暴動の直後であるから、釜の様子はどんなものだろうと胸はずむ。街はもうすっかり片付けられているのだが、よく見れば随所に投石などの痕がある。自分はもう年だから、若い人たちの足手纏いになるに決まっているのだが、それでもやっぱり西成警察に向って石の一発くらい投げたかったなあと血が騒ぐ。これはもう不治の病としか言いようがないのだが、逆にこういう感覚が残っているかぎり自分はまだ大丈夫だとも思っている。ぐちゃぐちゃと屁理屈こねて寄せ場の剥出しの暴力性を批判するようになったらもうおしまいなのだ。もちろん細部にわたっては色々と検討しなければならないことはあるだろう。しかしそれは、まず「異議なし！」を言ってからのことではないのか。とかなんとか、要するに好きなのですがね。キャラバンとは直接関係のないことですが、釜ヶ崎の仲間のみなさん、とりあえずお疲れ様でした。まだ裁判が残っていますから救対はたいへんでしょうが、これをやり抜くことが労働者の信頼を獲得する唯一の道でしょうから頑張ってください。寄せ場の大闘争はいつでも「自然発生的」ですが、「自然発生的」とは、ほおっておいて昼寝をしていたら突如発生するというのではなく、いつ爆発するかわからないが、だからこそ常に「その時」に備えておかなければならないという活動家にとっては最も厳しい条件の闘いです。寄せ場にいるわけでもないのに勝手なことを言っておりますが、まあ多少の縁がないわけでもありませんので聞いてやってください。

こんなことを書いていると際限がない、と突然気付いてキャラバンの報告にもどる。10・31は釜ヶ崎で集会。釜の人が言うのには、久しぶりに大勢の人が集まったということだった。気合いの入った集会だった。

翌日は関単労傘下の組合の職場集会へキャラバン隊として参加ということだったが、私は予備校の生徒Oさんがひとり新しく参加するということで彼女を迎えに別行動。夕方次の集会地豊中でキャラバン隊と落ち合うことにする。ところがこのOさん、初めての大阪で行きたいところは釜ケ崎と生野。まだ16歳という若いみそらで末恐ろしいやつじゃと喜んで、まずは生野、聖和社会館へ行くと、うまいことにブンちゃんもトッカンさんもいる。それにOさんが「敬愛」してやまないTさんのおつれあいまでがいらして本当にいい具合。朝鮮料理を食べてから釜ヶ崎へ。釜ヶ崎では、キャラバン隊長のOさんに誘われて、釜の名物「なべや」へ。これで大阪「下層労働者」の街の見学は完了。一路豊中へ、豊中での集会は、解放共闘の歴史があるので、市民集会としてはぴしっとしまった集会だった。豊中の皆さんには大変な経済負担をおかけしたのだが、この日はビジネスホテル泊。いい調子で呑んでいたら、夜中のテレビは「爆弾騒ぎ」。どこがやったかいいかげんな予想をするしかなく、不安なままぐっすりと寝て、翌日の京都の行動へ。

11・2京都は、まず大学まわり。同志社大学ではキャンパスの真ん中、明徳館前で情宣するもほとんど反応なし。多少じいさんとしては腹がたたないでもなかったが、まあーこんなものでしょう。こんな中で活動を続けている学生諸君に同情したくなったりしましたよ。ホント。続いて京大。お次は立命館大学。ここも同じ。

ムカッとしてその夜は、柳本の労組の事務所に泊めていただき、ここでは目一杯空気が入りました。

翌日は名古屋。キリスト教の青年組織の集会で、言いたい放題言って、その足で夜行に乗って新潟へ。働けど働けどの感しきり。

066

特集＝「即位の礼・大嘗祭」反対の闘い（その2）

・「天皇代替わりに関する情報センター通信」67号（1990年12月15日）

「12・2天皇茶会に抗議する！　天皇いらん関西集会」参加報告

本来この手の報告文は、主催者が書くべきであり、その日だけ闘争に参加した者など何もわかりはしないのだが、京都でこの闘いを中心的に担ったT氏に報告文の執筆を依頼しておいたけれど、このT氏、この間の反天皇制運動を全力で担ったがゆえに会社を解雇されてしまった。理由など何もない。要するに勤務する会社に公安が来て社長を脅して行ったというだけのことである。「思想・信教の自由を守れ」を旗印にしておいでの方々に申し上げるのだが、この国に守らねばならないほどの自由があるのだろうか。我々ごときが勤務する中小企業の親父など、国家の意向を代行する公安の思うままであり、「許してくれ」と泣いて謝る親父を責めてみたところで、会社を潰して同僚も道連れにするのか、それとも多少の金をとって去るかのどちらかしかありはしないのであって、「思想・信教の自由」などという高邁な水準とは程遠い。

こんなことはともかくとして、12・2の天皇茶会反対闘争である。これは、12・3に京都御所において天皇が主催し、関西の政財界人を招待しておこなわれた茶会に対する反対闘争で、日曜日である12・2に前段の闘いが行なわれた。京都で大嘗祭をと願った関西政財界であったが、警備の関係でそれが無理となり、代わりに何もしないのではあまりに色がないと設けられたものである。当日はあの小さな京都の町に1万２０００人の警察官を配備するというものものしい警備だった。昼前に京都駅についたが、新幹線の構内にも目付きの悪い、決してロックを聞いているわけではないのに耳にイヤホンの連中が多数たむろしていた。地下鉄で丸太町まで行き、歩いて会場の洛陽教会へ。京都御所の隣に位置するこの教会を会場にしたことで、警備当局は相当神経を尖らして、当教会を絞めあげたらしいが、そんな弾圧ものともせず実施された。集会は、まず同志社の田中真人氏が、天皇儀式と京都経済との関係について、いかにも歴史家らしい実証的な話をされた。多く示唆をいただいたお話だった。続いて私が、これはどうでもいい話をした。約３００名の参加者の中には存じあげている方々も多く、戒厳体制の中での闘いではあるが、なんとなくなつかしくなごやかな雰囲気であった。集会後、四条河原町までデモ。これがなんと、警備は天皇を護ることだけらしく、機動隊などひとりもいなくて、やりたい放題の状態。片側2車線の道路で3車線をデモ隊が占拠するという楽しいデモ。四条河原町の交差点では、奉祝派のパレードと遭遇し、この動員された隊列に断固たる罵声を浴びせて、誠に楽しい闘争だった。

（平安貴族文化罵倒を仕事にする男　小田原紀雄）

067

・『平成・非国民宣言―実録・天皇「代替り」との闘い』
（天皇制賛美はゴメンだ！「即位の礼・大嘗祭」に反対する共同行動編
１９９１年5月、軌跡社）

「伝統文化」の刷り込みに抗して

正直なところ、疲れましたね。この一年全力で走って来たような気がして、今日はぐったり来ております。それはそれとして、今、ご紹介いただきましたように、私たちは「天皇代替りに関する情報センター」というのをやっております。これは日本キリスト教団という所の一つの機関なのです。二年ごとに、継続するかどうかを決めなければならないのですが、今月（11月）13日〜15日、日本キリスト教団の総会がありまして、今後どうするか、ということで、なにしろ膨大な借金を作っておりますから、そちらから反対の意見が出ますとちょっとヤバかったのです。「靖国神社問題特別委員会」と私どもの「情報センター」とが、日本キリスト教団の赤字の委員会としては、一位と二位なのです。その一位と二位が合体するという案を出したものですから、それでも何やかや、根回しをしたこともありまして、何とか継続していくことになりました。新しい名前は、「靖国・天皇制問題情報センター」で、できることならば天皇制が無くなるまでずっと続けていきたいと思っております。そこまで大げさなことでなくても、少なくとも私たちが元気である限り活動を続けたいと思っています。

何を申し上げようかといろいろ考えていたのですが、今、菅さんがお話になったことをソデで聞いておりまして少しヒントをいただきましたので、考えていることを申し上げたいと思います。

菅さんは今回の「即位の礼・大嘗祭」を通して敵の側が古色蒼然たるイデオロギーとして展開して来たことは、失敗であったのではないかとおしゃいました。私もそういう側面は確かにあるように思います。ただ、菅さんに異を唱える気はないのですが、こうしたやり方を天皇制の側はかなり意識的にやっているのではないかというふうに私は思っています。これはいつも申し上げることですが、自分が日本の古典文学なんかを若い人と読むのを仕事にしていますから、いつも思うのですが、平安時代の文章が読めるのに江戸時代の文章がまったく読めない日本人というのは、いったい何なのか。ごく普通の人々も古典の著名な作品を、と言えば、すぐに『源氏物語』などを上げるんですね。ほとんど平安時代のものなんです。学校で習ったのはこれまたほとんど平安時代の文章なんです。なぜそうなのか。これはかなり意図的な教育政策の結果です。

天皇制の問題を話す時に元号を使うのは許していただきますが、明治政府が作られた時に伊藤博文らが、今のドイツの憲法を研究する中で、向こうにはキリスト教という、うまいこと人民を統合するイデオロギー装置がある。日本にはそれがない。天皇という玉があるではないか、と結論的にはなったのですが、しかし天皇と言ったところで、日本の圧倒的多くの人々は天皇とは何かを知らなかった。江戸時代がなにしろ長く続きましたから。そこでどうしたかというと、ヒロヒトも戦後巡行をして、これが今後もイデオロギー的統合軸として使えるかどうかをGHQがチェックする旅を続けましたけれど、それと同じようにムツヒトも旅をしたわけです。その際に、いろいろ考えてみますと、日本には平安時代に唐風文化から国風文化へという大転換期がありました。それまでは皆、中国に留学していたわけですから中国の文化の影響を強く受けていました。こうした中国の文化の影響下にあった時代から、種々な事情がからんでのことですが、国風文化、要するに日本独自の文化を興そうということになりました。私自身は、それを日本史における第一回目の文化におけるナショナリズム運動だと思っていますけれど、その時の文化のイメージと天皇をくっつける、そういうことを通じて天皇制をこの日本に定着させようとした。あるいは天皇のイメージを定着させようとした。そういう政策の一環として、教科書に平安時代の文章が圧倒的に多くなってきた。だから私達は、平安時代の装束までも含めてよく知っている。

「即位の礼」でも衣冠束帯、十二単衣というナメきった着物を着ていました。いや本当にそうなんですね。これも本当によく言うんですね。私は自分で古典を読んでいて、本当にいつも思う。どうしてこんな人民をナメきったものを、僕等読まされなければいけないのかと。たとえば貴族の女性達が日記などで、一人でどこどこの寺に詣でたなどと書いていますが、ウソ言うな！貴族の女が一人で旅などしたわけがないんです。少なくとも三人や四人の人を連れて歩いていた。貴族でない人間など人間ではないと思っているから、奴等は自分一人でと書いているわけですし、あるいは有名な『方丈記』だってそうじゃないですか。鴨長明が方丈の建物に住んでグヂャグヂャ中年男の泣き言を書いているのが『方丈記』ですけれども、この『方丈記』で長明は、一度も洗濯したとかごはんを作ったとか書いていないです。彼は方丈の建物に一人で住んでって書いていますよ。しかし彼の身辺を世話する人がいたわけでしょう。だから日常の雑用を処理せずにすんだのです。しかし彼は、そういう彼の身辺のことを処理している人については一語も触れていません。全部切り落としてしまっている。それが平安時代の、私たちが通常読まされている文章、貴族社会で作られた文章の本質なわけです。

この貴族社会の文化のイメージが、私たちにものすごく刷り込まれてしまった。そうであるからこそ、今言ったように、十二単衣なんてことばを、どんな若い人でも知っている。中学生ぐらいになったらもう知っている。一方で、じゃあ江戸時代の庶民が着ていた着物がどんな物であったかと言うと誰も知らないわけです。それくらい彼等は特殊に平安時代の貴族文化にだけなじまされている。だからこそ彼等は、言うところの古色蒼然たる伝統、実は大ウソで明治以降、たかだか120年のことでしかないのですが、しかしいかにもそれが連綿と歴史を伝わって来たかのように見せられる。するとこれが、非常になじみがあるわけです。「ああこれが日本の文化なのか」というふうに思ってしまう。しかしあれは私たちの祖先を殺戮し収奪し抜いた奴らの文化なのであって、私たちの文化ではありません。いかにもあれを私たちの伝統的な文化だというふうに言われたり、見せられたりするわけですね。テレビのアナウンサーも、「おごそかに古式豊かな伝統」って、どういうわけか伝統の話をする時には声が低くなるというくだらないことも含めて、いかにももったいつけて私たちは聞かされて「ああそうなのか」と思わされてしまいますが、あれは私たちの伝統ではありません。これもよく言うのですが、平安時代の建物って、ある所で話していたら、「私たちの祖先が住んでいた寝殿造は」って言う人がいた。何を言っているのか！私たちの祖先は竪穴式住居です。これは冗談にしてすますことはできなくて、修学旅行といえば京都や奈良へ連れて行かれて、これが日本の文化の故郷だなんてことを言われて、僕らもその気になっている。

そういう刷り込みの土壌の上に、今の天皇制の儀式というものがあるのです。だからアキヒトが、また言うぞ言うぞと思っていたら、高御座というそれこそナメきった台の上で、なんであんな物の上からなまいきな口をきいているのかわかりませんけれど、ともかくああいう台の上に立って護憲を言うわけでしょう。先ほど菅さんがおっしゃったこととここから少し重なるのですが、天皇制の側は、儀礼としては種々手直しをしつつ、彼らがいうところの「伝統」の上に古色蒼然たるものを手離さないでしょう。これが日本の文化の核だというふうに、日本人のアイデンティティの底にこのことをたたき込んでおきたいんです、彼らは。しかしその上でなおかつ、内容は護憲を言う。ほとんどサギの手口であります。それにしかし私たちは、うまーくやられてしまう下地をもっているわけです。護憲ということばにも、それなりにいい感じを持ってしまうでしょうし、皆さんだって笑いごとではないんでありまして、京都や奈良へ行きますと、やっぱり日本の文化はいいねって言う。敵の文化ですからね、あれは。

というようなことをきちっと考えていかないと、私たちはこれから、まだまだ続く天皇儀礼、へたをしますとあと10年、ヒロヒトのカミさんも間もなく逝くでしょうし、いくらなんでもあの長男もそろそろ結婚させるでしょうし、とすると、私たちはあと10年位、天皇儀礼にずーっとつきあわされます。その間に私たちの意識の底にある日本文化に対するある観念を、うまく組織されるだろうと思います。だから私たちは日常的に、子供が修学旅行は京都と言ったら「ふざけるな」と「なんで京都だ」ということを言いながら、いちいちつっかかりながら闘っていきたいと思います。

068
「普通」の時にこそみっちり仕掛けをつくりましょう

・「反天皇制運動全国通信」No.5（反天皇制運動全国交流会 1991年7月13日）

我が「靖国・天皇制問題情報センター」に出入りする人がめっきり減って、平穏な日々が続いている。反天皇制運動はやっと「普通」に戻った。これが「普通」なのである。

昨年までが異常だったのだ。このわたしごときが愚にもつかぬ駄文を書き散らし、どうでもいいようなことをしゃべりまくって、日本全国走り回ってきたというようなことが「普通」であるわけがない。ここらで元に戻ってのんびりやることにしたい。従って、天皇制に関してわかった風な文章を書くのはこれでやめにしたい。運動をやめるわけではないから、自分が関わった運動についての報告文などは運動に対する責任のうちだから、それくらいのことは書くにしても、それ以上のことはやめる。もちろんひと様の前でおしゃべりすることもやめる。もっとも、この間本当にお仲間の一員に加えてくださって親しくさせていただいた各地の小さな運動体もあって、そういうところへは私自身が今後も加えていただいて楽しい酒を飲ませていただきたいので、そんなところがお座敷をかけてくだされば、それはもう喜んで酒を飲みに出掛けさせていただく。それ以外はお断りする。

「情報センター」も真面目な若い人たちが一生懸命やっておられるので、可能な限り出入りする時を少なくして、できるだけ早く身を引く。ただわたしが居る間に作った膨大な赤字があって、これについては愛する日本キリスト教団への義理があるので、この赤字については自らの責任として追うべきは負ってゆかねばならない。

そうして普通のオッサンに戻ってできることをやってゆこうと考えている。普通のオッサンから「異常」に戻ることはない。胸が締め付けられるほど大好きな都はるみ様のただ一点宜しくないところは、「復帰」して、挙げ句の果て三里塚で謡ったりすることである。都はるみ様お悔やみ申します。あなたが先例をお作りだから、あの男も普通で納まるわけがない、その内血が騒いでまたぞろ出てくるに決まっている、なんぞといらぬ予想をたてる者がいようというものです。

さて、普通に戻ったオッサンがこれからやろうとしていることについて少々。

日本キリスト教団でわたしが関わりを持っているふたつの場所で、今秋ちょっとした大きな会を持つ。「教団社会委員会」では、11月10～13日、全国の教区の社会委員長が集まって、「アキヒト天皇制の展開とアジア」とでもテーマを設定した会議を予定している。各地で社会委員長などになっている人は、教団の中ではもう出世の見込みのない人たちだから、寄り合って励まし合うというのも大きな役割ではあるのだが、それぞれがこの間の反天皇制地域運動でそれなりの役割を果たしてきたはずであるので、その辺りの総括と、今後の連携した運動の作り方について論議したいと考えている。とりわけ「外交君主」としての振る舞いを「期待されている」アキヒト天皇制に対する反対運動を各地でどう作るかが論議の中心になるだろう。

「靖国・天皇制問題情報センター」でも10月に「全国活動者会議」とでもいうべき会を持つ。できることなら非キリスト者にも参加していただきたいと願ったが、今回はキリスト者で、ということになった。それならそれで「キリスト者」としてどうやるのか論議を詰めたいと思っている。テーマは先の社会委員会と似たようなものだろうが、私自身の関心としては、こちらの方では、主として「天皇制イデオロギーばらまき三点セット」即ち「国体・全国植樹祭・豊かな海づくり大会」を全国どこでも迎え撃って闘うネットワーク形成の第一歩になるような会合にしたいと願っている。だらしのないキリスト者であはるが、各地で必ず闘いを挑む人たちがいるので、そういう人びとの集会場所の提供、牧師という世間一般の人々より反天皇制としては有利にいる立場の人間が目立つ役割と運動内部の調整の役割を引き受けるべきであるというようなネジを巻く会になればと願っている。そうでなくて牧師なんぞという存在に何か意味があるか、とするどく普通に迫ってみたい。そんなことを考えています。

069

92年山形国体闘争報告と若干の意見表明

・「靖国・天皇制問題情報センター通信」111号（1992年10月15日）

本来なら山形現地から報告をいただくべきであるが、後に述べるように今回の闘いについては、現在のところ若干問題を残しているので、その問題の処理がついてから山形から報告をいただくことにした。従って今回の報告は、国体当日の闘いに参加した者のとりあえずの報告であって、闘い全体の経過を含めた報告という訳にはゆかないことを最初にお断わりしておく。にもかかわらず、全国の反国体の闘いを担っている人々に様々なご心配をお掛けしているようであるので、とにもかくにもとりあえずの報告はしておく。

10月3日、例年のとおり秋季国体開会式の前日に合宿をして、翌日の闘いの方針の確認と交流会をもった。今回は西の方からの参加が少なく、最も西からの参加は広島であり（福岡の元気な皆さん、確かに遠くはあるのだけれど、元気印の福岡がいなかったのは少々寂しかったですよ）、北は北海道からの参加者も含めて約40名が合宿に参加した。そこでは、それぞれの運動の交流と、翌日の開会式への闘いに向けた方針が現地山形の人から提起され、それを全体で確認した。即ち、国体というものが天皇賛美の儀式であり、天皇杯・皇后杯が必ず開催県にもたらされる仕組みになっていることに表されるように、これが天皇制が国民を統合していることを象徴的に示すイベント以外の何物でもないことを監視行動を通して確認すること、また、国体というスポーツの祭りが、近代スポーツのもつ競争原理そのものの賛美であることなどを、批判的に見ている者があることを非暴力的な行動を通して示すことが闘いの目標であることを、合宿参加者全体で確認したのである。交流会の準備は万全で、特に山形名物の芋煮の味は、山形の酒にあって、しみじみとした味わいがあった。

10月4日当日は、朝からのあいにくの雨。たいした雨ではなかったが、東北地方の秋雨は身に染みて結構寒い。

早朝から行動開始。入手した入場券で会場に入り監視行動につく者と、見物に来た人々に国体批判のビラを撒く者とに別れて、午前8時頃より活動を始める。この時点で既に身辺は警察だらけ。しかし我々は所期の目的を貫徹すべく堂々と活動を展開する。

降り続ける雨の中でイベントは続けられる。地方の芸能や膨大な数を動員した幼稚園児から高校生までによるマスゲーム。大人はまだいい。好きでやっているのだから。観念的にここまで収奪されているなどという批判はとりあえず置いておいても、子供たちをどうしてここまでと思わずにはいられない。雨の中、2時間近くも拘束するのである。実に訓練の行き届いたマスゲームであった。この練習にどれほどの時間を費やしたのか。

自分が肥満した体形であるから言うのではないが、女高生の中に、着せられた衣裳がとても似合うとは言えない人がいて、この人にとってここまでの時間がどれほどの苦痛であったかと思わずにはいられなかった。

「天皇・皇后両陛下」入場。

ここから、「国旗掲揚・国歌斉唱」、「お言葉」への抗議が我々の主たる闘いの場である。「国体に天皇はいらないぞ」という叫びが、どうして警察に弾圧されねばならないのか、考えてみれば（考えてみるまでもないのだが）おかしな話だが、声を発した途端に数人から数十人の警察官が襲いかかり会場外に引きずりだす。その間暴力のふるい放題である。

しかし、断固として抗議の声を方々から挙げる。開会式場全体に抗議の声は響き渡る。これまでの反国体闘争の中でも最も鮮明に我々の抗議の声を叩き付けることのできた山形国体だった。

問題は、こうした我々の闘いを利用して、発煙筒を投げた人があることである。はっきり言うが、こういう闘争の方法は山形現地の仲間の信頼を裏切るものであり、この数年間、反国体闘争を担ってきた我々を陽動作戦に利用したものであるという二重の意味で許し難い。

こういうことが今後の反国体闘争に与える波及効果は計り知れない。

山形の皆さんに、我々としては関知しないことであるから責任のとりようもないのだが、多大なご迷惑をお掛けしたことを衷心からお詫びするとともに、この発煙筒投擲に関与した個人およびグループと、我々情報センターは、当面反国体闘争を共に担うことはないことを明らかにしておく。これが現状で、利敵行為だとは絶対に言わせない。

070～140

・「靖国・天皇制問題情報センター通信」75号（1991年4月15日）～152号（1994年6月30日）

●連載・古文の中のだだっこ天皇制

のんきな時代のだだっこ天皇

先ずは『万葉集』から。先ずは、というのは『古事記』『日本書紀』を扱うと当然のことに全編天皇だらけであるから、ちょっと気軽には手がだせない。

『万葉集』約4500首の最初の歌。

籠《こ》もよ　み籠持ち　ふくしもよ　みぶくし持ち
この岡に　菜摘ます児　家聞かな　名告《の》らさね
そらみつ　大和の国は　おしなべて　我こそ居れ
しきなべて　われこそ座《ま》せ　我こそは　告らめ
家をも名をも

大泊瀬稚武天皇、即ち雄略天皇の作ということになっているのですが、この辺りはかなりあやしい。

ともかく簡単な口語訳をしておきます。

籠も　よい籠を持ち　ふくし（菜を採るためのへら）も　良いふくしを持ち　この岡で　菜をお摘みの娘さんよ　家を聞きたい　名のっておくれ　（そらみつ）　この大和は　ことごとく　わたしが統べている国だ　すみずみまで　わたしが治めている国だ　わたしこそ　告げよう　家も名も

先の、雄略の作ではないのでは、という件については、この歌の中の「われこそ座せ」の「座す」は「あり」「おり」の尊敬語で、天皇は天皇であるから自らを敬って、いうところの自敬表現を用いるのだと言われてきたのですが、これは本当でしょうか。私にはそうではなくて、この歌は毎年春の宮廷儀礼として行われていた「若菜摘み」の行事の際に謡われた歌で、天皇が作ったという言い伝えが、謡う者の意識に作用して敬語表現が紛れ込んだと考える方が正しいように思われます。この歌が農耕社会における儀礼歌だというのは、農耕社会の祭司である天皇が妻覓（ま）ぎ（妻を求めること）によって、田の精や稲の霊を魅了し、秋の実りを予約せしめる呪術としての結婚儀礼が、古代では重要な農耕儀礼のひとつであったからです。「名告らさね」は「電話番号教えてよ」くらいの意味ではなく、はっきり求婚です。なかなか色良い返事をくれない娘さんに焦れて、ここは全部自分の国だぞ、自分はこの国の王だぞと名告る様子からは、未だ支配権が確立していない古代天皇制の社会がうかがわれます。この歌の形式も、三音、四音、五音、六音と歌い始め、五音を重ねるというのびやかな調子になっています。

「防人」なんか厭だね

本当は、こんな状況直対応的なテキストの選択はしたくないのだが、今回は、どうしても我慢がならないのでお許しいただく。勿論、掃海艇・掃海部隊のペルシャ湾派遣について腹をたてているのである。政府のやり方も腹立たしいが、自分の腑甲斐なさがもっと腹立たしい。一体、私たちは何をしていたのか。日本の反戦運動はどこへ行ってしまったのか。

防人歌である。今、ペルシャ湾に向っている諸氏は何を考えているのだろうか。

今日《けふ》よりは　顧《かへり》みなくて　大君の
　醜《しこ》のみ楯と　出で立つ我《われ》は
（『万葉集』巻二十、四三七三）

作者は、火長今奉部与曾布となっているが、この人がどういう人であったのかは勿論判らない。この歌は第二次大戦下、国民学校の生徒にまで「日本精神の精華」として憶えさせたものだから、60歳以上の日本人は大抵知っているものである。

口語訳をする気はない。

しかし、次の同じ防人歌を読んでいただきたい。

防人《さきむり》に　立たむ騒きに　家の妹《いむ》が
　業《な》るべきことを　言はず来ぬかも

四三六四の歌である。意は、防人に発つざわめきで、家の妻の暮らしのすべを言わずに来てしまった、である。

もうひとつ。

我《わ》ろ旅は　旅と思《おめ》ほど　家《いひ》にして
子《こ》持《も》ち痩《や》すらむ　我が妻《み》かなしも

（四三四三）

意は、おれの旅は、旅だとあきらめるが、家にいて子をかかえて痩せておろう妻がいとしい。

言い古されたことだが、出征兵士の思いなどこんなものであろう。何が「大君の醜のみ楯」か。軍艦旗をはためかせて日本海軍の艦隊がアジア諸国に寄港しつつアラブに向う。海部はマニラで出征兵士を待ち受けて激励する。アジア諸国の権力者の頬を札ビラでブッタタイテ了解を取り付けている。明仁が九月に同じＡＳＥＡＮを訪問するそうだ。海ゆかば／水漬く屍／山ゆかば／草むす屍／大君の辺にこそ死なめ／かへりみはせじ

もう一歩にはさせない。

額田王とは何者なのか①

続いて当分の間『万葉集』の中から。

熱田津に舟乗りせむと月待てば
潮もかなひぬ今は漕ぎ出でな
額田王

『万葉集』第一期から第二期にかけての時代の代表的な女性歌人の歌であるから、知っておいでの方も多かろう。

大意は、熱田津（現在の愛媛県松山市付近）で乗舟しようと月を待っていると、丁度潮どきもよくなった。さあ今こそ漕ぎ出そう、の意である。

古代の舟は舟底が扁平だったので、潮が引くと干潟の上に固定されてしまって、出発は月が出て、潮が満ちて自然に舟が浮いてからであった。

「舟出のために待っていた満潮を迎えた作者の喜びは、『月待てば潮もかなひぬ』の2句に、的確にとらえられている」と「日本古典文学全集」（小学館）の注は書いているが、何か変な感じを持たれないだろうか。

この歌は光村図書の中学3年生の教科書にも採用されていて、そこでもこのような解釈をして済ませているのだが、本当にそうなのか。「な」は「さあ〜しよう」という呼び掛けの助詞なのだが、この舟乗は、今から釣りに出掛けるのではない。661（斉明7）年正月、当時朝鮮半島では、百済が唐・新羅に侵略されて、大和朝廷

としては、百済に持っていた権益を守るために、女帝斉明は、息子中大兄、大海人を連れて出兵したのである。天皇以下総出であるから、これがどれほど重大なことであったかが解ろう。その時の歌なのである。これは。だからこその「な」という昂ぶりの表現である。

ではなぜ、額田王という女性が、全軍の指揮者ででもあるかのような歌を詠んだのか。こういう疑問が残るではないか。

彼女は巫女であったという説がある。そうだとすれば、解りやすい。しかし、この女性は、最初、弟の大海人の、後に兄の中大兄の「愛人」であった。そういう女性が、巫女という位置を持つことができたであろうか。そういう女性の言葉を、全くの「信託」として当時の人々は認識できただろうか。この解釈にも無理があるようである。

続きは次回に。

額田王とは何者なのか②

前号からの続き。前号「信託」とあるのは勿論「神託」の誤りである。申し訳ない。

額田王が巫女であったのではという説は、直木孝次郎が『古代国家の成立』で額田氏が大和の石上神宮の祭祀に関係した氏族であったことと、額田王に関する歴史的記述は唯一『日本書紀』中の天武天皇の条に「天皇、初め鏡王の女額田姫王を娶りて十市皇女を生む」とあるだけで、「后妃」ということではなく、「〈采女的〉地位―地方豪族から奉られる采女よりはずっと高い地位ではあるが―において宮廷の神事・遊宴に奉仕する女性であろう」という国文学者谷馨の説に依拠して展開したのであるが、歴史家北山茂夫は「額田王について、彼女が巫女として宮廷の神事にたずさわったのではないか、とある学者は推察していますが、それをうらづける史料はまったく見つかりません。（中略）大海人、ついで天智との親密な関係からいって、その仮説は成立しないでしょう」とこの説を強く否定している。ちょっとこの名前を記すことだけでも我が手が抵抗しそうだが、かの吉本隆明は『共同幻想論』の「巫女論」の中で、「〈巫女〉は共同幻想を自己の対なる幻想の対象となしうるものを意味している」と至極当然のことを主張していて、北山の直木批判を応援する位置にある。

額田王巫女説は魅力的な仮説であるが、少々無理がある。それではなぜ彼女が斉明朝の存亡を賭した出兵に際して、全軍の指揮者ででもあるかのような歌を詠んでいるのか。女性史研究の進展を待つしかないのだろうが、例の「紫の絶唱」などとくだらない言い方をされたりする額田と大海人との間の歌

あかねさす　紫野行き　標野行き
野守は見ずや　君が袖振る

紫の　にほへる妹を　憎くあらば
人妻ゆゑに　我恋めやも

をどう解釈するかに鍵がありそうである。如何にも相聞歌のようなこの歌は、実は宮廷の春の行事「薬狩」の宴での儀礼歌なのだが、それにしても現在の夫が主催する宴で、前の愛人大海人とこのやりとり。なかなかではないかこの女性。

皇位継承をめぐる死①

有馬皇子《ありまのみこ》、自ら傷みて松がえ枝を結ぶ歌二首

磐代《いわしろ》の　浜松が枝を　引き結び
ま幸《さき》くあらば　またかへりみむ

家にあれば　笥《け》に盛る飯《いひ》を　草枕
旅にしあれば　椎の葉に盛る

『万葉集』巻二の挽歌の中の歌。前回、中大兄（天智）、大海人（天武）の名が出たので、彼ら周辺での皇位継承をめぐる非業の死について触れてみることにする。

二首は、「磐代の浜松の枝を引き結んで、さいわい無事でいられたらまた立ち帰って見よう」、「家におれば、器に盛る飯を（草枕）旅にあるので椎の葉に盛る」の意である。時に有馬17歳であり、死に臨みつつ一縷の願いにすがるような思いの時の歌であれば、こんなものか。

有馬は中大兄の同母妹間人《はしひと》の夫孝徳と大化の左大臣阿倍倉梯麻呂《あべのくらはしまろ》の娘小足媛《おたらしひめ》との間の子である。父孝徳は35代天皇皇極（女帝）の弟で、皇極退位後皇極の長男中大兄が若年であったからだろうか、ショートリリーフとして皇位についた。しかし皇極―中大兄―中臣鎌足が実質

的な権力であって、当時難波にあった都を中大兄が強引に飛鳥に移し、妻間人も兄に連れてゆかれるという目にあわされてもそれに抗えないで、失意のうちに皇位を降り、皇極が斉明として重祚《ちょうそ》（もう一回天皇になること）する。このようにして中大兄は23年間皇太子の位置にいたのである。なぜこうまで長く皇太子でいたのか不思議なことであるが、どうも同母妹間人との関係が、兄妹ということだけではなかったのではないかと想像される。異母兄妹間での結婚は珍しくない時代であったが、同母となるとタブーであったのではなかろうか。だから間人の死（665年）の直後（668年）に中大兄は即位している。

それはともかく、657年、斉明、中大兄、間人らが紀伊の牟婁温泉に湯治に出掛けている間に、有馬は中大兄の意を受けた蘇我赤兄《あかえ》にそそのかされてクーデターの戦術会議に出席する。連座した者、先の兄石川麻呂を中大兄に殺され同じく兄日向を九州に流された赤兄、塩屋連小戈《しおやのむらじおほこ》、守君大石、坂合部連薬《さかいべのむらじくすり》。蘇我氏の赤兄も斉明―中大兄権力に恨みをもっていようと考えたところが、少年有馬の浅知恵。この項続く。

皇位継承をめぐる死②

有馬皇子についての続き。

前回書いたように、蘇我赤兄は、中大兄に兄石川麻呂を殺され、もうひとりの兄の日向を九州に流されています。その赤兄が、斉明天皇の政治の失敗をあげつらって、謀反を勧めるのですから、有馬がこれを信用したからといって誰が笑えるでしょう。

ところで、『日本書紀』の斉明3年9月の条に、「有馬皇子、性黠《さと》し。陽り狂れて」云々とあります。「黠し」とは悪賢いという意味です。「陽《いつわ》り狂《たわぶ》れて」となると、例のハムレットを連想しないでもありませんが、「黠し」ということからすると、完全な作為によってそう振る舞ったというより、かなり陰気な性格で、何を考えているのかと中大兄らに少々気味悪がられていたということではないでしょうか。幼少の時から父孝徳が中大兄らにいいようにいたぶられて、なすところなく死んでゆくのを見てきたのですから、明るい青年というわけにはゆきますまい。腹に含むところがあって当然なところへ、先の赤兄によるそそのかしです。どうせこのまま生きていてもということもあったかもしれません。中大兄が赤兄を使ってしかけた謀略にまんまとひっかかってしまいました。

11月5日にクーデタの謀議をして、その夜のうちに赤兄は自らの手勢で有馬宅を包囲し、下知をうけるべく使者を紀の温湯に滞在する中大兄に送ります。翌日には紀の温湯に向ったのでしょう。9日には同地で審問を受けていますから。約150キロの道程を3日くらいで歩かされています。前回の歌はその道中のものです。

『書紀』によると、中大兄の「何故に謀反を企てたか」との問いに、有馬は「天と赤兄と知る。吾は全ら解らず」と答えたとあります。今更何をの気持ちでしょう。

11月13日、謀議をしてから8日目、有馬は藤白坂（和歌山県海南市）で絞首されます。

有馬の死に対しての歌二首。

翼なす　あり通《がよ》ひつつ　見らめども
　人こそ知らね　松は知るらむ
　　　　山上憶良

後見むと　君が結べる　磐代の
　小松がうれを　また見けむかも
　　　　柿本人麻呂

皇位継承をめぐる死③

有馬皇子の死を扱ったからには、大津皇子の死に触れずに済ますわけにもゆくまい。悲劇性においては大津の方がより深い。壬申の乱により天皇位についた父天武の没直後、母の妹である義母から命をとられたのであるから。

まず『万葉集』中の大津の歌から見てみよう。

巻二の一〇七に、

大津皇子、石川女郎《いしかわのいらつめ》に贈る御歌一首

あしひきの　山のしづくに　妹《いも》待つと
　我《われ》立ち濡れぬ　山のしづくに

一〇八に、

石川女郎の和《こた》へ奉る歌一首

我を待つと　君が濡れけむ　あしひきの
　山のしづくに　ならましものを

二首の意は、「山のしづくにあなたを待ってわたしは濡れた、山のしづくに」。返歌は「わたしを待ってあなたが濡れたという山のしづくになれたらよいのに」というところである。

大津の歌は決して上手というわけではないが、なかなかにのびやかである。この辺りに大津の性格が見てとれる。対するに石川女郎の歌は、歌を返しているのであるから、求愛を受け入れたのではあろうが、ひたすらに迫る少年の頭を軽く撫でてでもいるようで、思い当る経験をしておいでの方も多かろう。

ところが同巻一一〇に、

日並《ひなし》皇子尊、石川女郎に贈り賜《たま》ふ御歌一首（女郎、字を大名児《おほなこ》といふ）

大名児を　彼方野辺《おちかたのへ》に　刈る草《かや》の
束の間《あひだ》も　我忘れめや

という歌がある。意は「大名児を、向こうの野辺で刈っている萱のつかの間ほどに短い時間も、わたしは忘れるものか」であるが、この日並皇子とは即ち草壁皇子のことで、これには石川女郎は『万葉集』に見る限り歌を返していない。

なぜこのようなことをわざわざ書くのか。

天武には10人の〈妻〉の生んだ17人の子があったようである。

皇后鸕野《うの》の子が草壁、妃大田《おおた》の子が大津である。狭い世界でこういうことがあっては不都合な人があったろう。皇后の子が妃の子に恋の鞘当てで敗けたのである。

ついでながら、天武の〈妻〉10人のうち5人が、兄天智の娘であった。続きは次号に。

皇位継承をめぐる死④

草壁と大津をめぐる話は、構造としてはそれこそよくある話で、『源氏物語』の「桐壺」の巻で、桐壺の帝に弘徽殿《こきでん》の女御という最初の妻に男の子があったが、後に桐壺の更衣との間に光源氏が生まれた。この子が並み外れた美貌と才能をもっているのだから、弘徽殿の女御としては、皇位継承問題で気がもめることとひととおりではない。

大津の人物については、『懐風藻』に「状貌魁梧にして器宇峻遠、幼年より学を好み、博覧にしてよく文を属《つく》る。壮に及びて武を愛し、多力にしてよく剣を撃つ」と書かれ、続いて「性頗《すこ》る放蕩、法度《ほうど》に拘らず、節を下して士を礼す。是によって人多く付託す」と表現されている。要するに文武両道にして性質は自由闊達で規則に拘束されず、ざっくばらんに人と付き合うので人気があるというのである。『懐風藻』好みのタイプの人間であったということと、本人の死後のリップサービスであるという点を割り引いても、これはかなりの人物である。こんな人物との競争を強いられたのでは草壁が気の毒なくらいである。

しかし、大津のようなタイプの人物は、乱世の英雄にはなり得ても安定した治世の君主には不向きだと天武は考えたのであろう、草壁を皇太子に据える。そうすれば母鸕野（後の持統天皇）が援護もするであろう。

こうして大津は皇位継承の可能性を断たれるのだが、鸕野にすれば天武の存命中はともかく、それ以後を考えると大津の存在は目障りである。

天武15年（686）7月、天武の病状は悪化し、大津の身辺は厳しい雰囲気になってくる。

天皇の崩《かむあが》りします時に、大后《おほきさき》の作らす歌一首

やすみしし　我が大君の　夕されば
め見したまふらし　明け来れば　問ひたまふら
し　神丘《かみをか》の　山の黄葉《もちみ》を
今日もかも　問ひたまはまし　明日もかも　見
したまはまし　その山を　振り放《さ》け見つつ　夕さ
れば　あやに哀しみ　明け来れば　うらさび暮ら
し　あらたへの　衣の袖は　乾る時もなし

鸕野の歌である。

大津にいよいよ最期の時が近付く。ひそかにたった一人の姉（誰の計らいか伊勢の斎宮にされている）を訪ねる。続く。

皇位継承をめぐる死⑤

大津皇子、ひそかに伊勢の神宮に下りて上り来る時に、大伯《おおく》皇女の作らす歌二首

我が背子《せこ》を　大和へ遣《や》ると　さ夜ふけて
暁露《あかときつゆ》に　我が立ち濡れし

二人行けど　行き過ぎかたき　秋山を
いかにか君が　ひとり越ゆらむ

詞書《ことばがき》に「ひそかに」とあるように、大津には厳しい監視がつけられていたようである。この辺りのところは我々ごとき者には理解の外で、肉親であろうと権力者に

とっては一切が敵である。まして鸕野にしてみれば、夫天武と共に父天智の長男大友を討って天皇位を得たという経験を自らがもっているのであるから、大津に心を許せようはずがない。埴谷雄高ではないが、「敵は殺す」というのが政治の鉄則であることは天皇制権力にとっても当然例外ではない。鸕野による大津への監視については、次のような歌にみられる。

大津皇子、ひそかに石川女郎に婚ふ時に、津守連通《つもりのむらじとおる》、その事を占《うら》へ露はすに、皇子の作らす歌一首

大舟の　津守が占に　告《の》らむとは
　まさしに知りて　我が二人寝し

歌の意は「津守の占いに出るであろうことは承知で二人は寝た」であるが、この際二人の関係はさして問題ではない。要は、当時陰陽道の大家として知られていた津守連通が「占へ露はす」ことにある。他人にとってどうでもいい男女の仲を「占へ露はす」ことに津守連通が関心を持っていたとは考えられないし、またできもしないだろう。おそらくは密偵を使って日常生活の全てを監視していたと考えるほかない。

そういう状況下で大津は姉大伯に、奈良から現在は「布引山地・高見山地」と言われる険しい山を越えて伊勢まで会いに来る。別れの挨拶であったのか、それとも座して死を待つことを拒否して起つことの相談であったのかは判らない。いずれにしてもこれが姉弟の最後の時であることは互いに承知のことであった。

その弟が、再び奈良へ戻るのを送るのが冒頭の歌である。「暁露に我が立ち濡れし」が心に沁む。

皇位継承をめぐる死⑥

天武の死後わずか1ヵ月もたたない10月2日、『日本書紀』によれば、にわかに大津の謀反が発覚。連座した者、八口《やくち》朝臣音橿《おとかし》、壱伎《いき》連博徳《はかとこ》、大舎人中臣《おおとねりなかとみ》朝臣臣麻呂《おみまろ》、巨《こ》勢《せ》朝臣多益須《たやかす》および新羅の沙門行心（幸甚）、帳内《とねり》（従者）礪杵道作《ときのみちつくり》ら30余人が捕らえられる。そして翌3日、早くも大津は訳語田《おさだ》（現在の奈良県桜井市磐余の付近で、ここに大津の宮廷があった）で死刑に処せられる。死刑といってもいかにも大津らしく自害。父天武の死後24日目。

時に大津24歳。

どれほど鸕野の決意が固く、急いでいたかを示して余りある事実である。

恐らく大津の死後他人によって作られた歌であろうが、大津の辞世として残されている歌と漢詩。


大津皇子、死を被《たまは》りし時に、磐余《いわれ》の池の堤にして涙を流して作らす歌一首

ももづたふ　磐余の池に　鳴く鴨を
　今日のみ見てや　雲隠りなむ

『懐風藻』収録漢詩。

金烏西舎《きんうせいしゃ》に臨み
鼓声《こせい》（短命を催《うなが》す
泉路賓主《せんろひんしゅ》なく
この夕《ゆふべ》
（日ははやにしのやまにおち
いのちをきざむつづみのね
むかふるひとのなしときく
よみぢへいそぐこよひかな）

そして

大津皇子の薨《こう》ぜし後に、大伯皇女、伊勢の斎宮より京に上る時に作らす歌二首

神風の　伊勢の国にも　あらましを
　なにしか来けむ　君もあらなくに
見まく欲《ほ》り　我《あ》がする君も　あらなくに
　なにしか来けむ　馬疲らしに

「神風が伊勢の国にも吹いてくれたらいいものを。何をしに来たのだろうあなたもいないこの都へ。」

「会いたくてたまらないあなたがいないこの都に、何しに来たのだろう。ただ馬を疲れさせるためにか。」

残された者の悲痛。

「日本」の使い始めの歌？①

『万葉集』の時代ばかりなのだが、もう少し万葉の時代にこだわらせていただく。『万葉集』巻三。三一九の歌。

富士の山を詠む歌一首并せて短歌

なまよみの　甲斐《かひ》の国　うち寄する　駿河の国と
　こちごちの　国のみ中ゆ　出で立てる　富士の
高嶺は　天雲《あまくも》も　い行きはばかり　飛ぶ鳥も　飛
び も上《のぼ》らず　燃ゆる火を　雪もて消ち　降る雪
を　火もて消ちつつ　言ひも得ず　名付けも知ら
ず　くすしくも　います神かも　石花《せ》の花と　名
付けてあるも　その山の　堤める海ぞ　富士川と
　人の渡るも　その山の　水の激《ね》ちぞ　日本《ひのもと》の
大和《やまと》の国の　鎮《しづ》めとも　います神かも　宝とも
なれる山かも　駿河なる　富士の高嶺は　見れど
飽かぬかも

反　歌

富士の嶺に　降り置く雪は　六月の　十五日に消
ぬれば　その夜降りけり　富士の嶺を　高み恐《かしこ》み
天雲も　い行きはばかり　たなびくものを

右の一首は、の歌の中《うち》に出づ。類を以てここに
載す。（高橋連虫麻呂）

歌の意は、

富士山を眺めて作った歌一首と短歌

（なまよみの）甲斐の国と（うち寄する）駿河の国と
両方の国の真ん中から　聳え立つ富士の高嶺は　天雲
も　進みかね　飛ぶ鳥も　飛び上がらない　燃える火を
雪で消し　降る雪を　火で消し続け　言いようも　呼
びようもないほど霊妙に　ましますの山であるよ
石花の海と呼んでいるのも　その山の　せき止めた湖で
あるぞ　富士川といった　人が渡る川も　この山の激流
であるぞ　（日本の）　大和の国の　鎮めとして　ましま
す神であるよ　国の宝とも　なっている山であるよ　駿
河の国の　富士の高嶺は　見ても飽きないことだ

反　歌

富士の嶺に　降り積もった雪は　六月の
　十五日に消えると　その夜また降るという

富士の嶺が　高く畏れ多いので　空の雲も　行くのを
ためらって　たなびくことだ

である。

この歌は有名な「天地《あめつち》の　分れし時ゆ　神《かむ》さびて……語り継ぎ　言ひ継ぎ行かむ　富士の高嶺は」とその反歌「田子の浦ゆ　うち出でて見れば　ま白にぞ　富士の高嶺に　雪は降りける」という山部宿禰赤人《やまべのすくねあかひと》の歌の直後に位置している。ただ、左注の高橋虫麻呂の作というのが、反歌の二番目の短歌だけを指すのか、それとも長歌からの全体を指すのかは未詳。つづきは次号に。

「日本」の使い始めの歌？②

前回のルビに間違いがありましたので訂正しておきます。長歌の中の「水の激ちそ」の「激」は「ね」ではなく「たぎ」です。申し訳ありません。

ところで、この歌の作者ですが、この歌の前に置かれた歌の作が山部赤人であることは前回書きましたが、この歌の後の長・短歌合わせて5首も赤人の作です。これからすると赤人の作と考えるのが常識的であるようにも思えるのですが、高橋虫麻呂も赤人と同時代の人であり、赤人と同様に東国に旅をして多数の歌を残していますので、何とも言えないところです。それにこの長歌と反歌は前に置かれた歌に比してちょっと見劣りがしますので、研究の対象として本気で取り組むほどのことがないのでしょうか、万葉学者も作者の確定に努力を払っていません。

まあここでは、宮廷歌人赤人の作としておいた方が時代の状況の中で「大和」にかかる枕詞としての「日本」を考え易いのでそう扱うことにします。

赤人が歌人として宮廷に仕えた平城京時代の初期はどういう時代だったのでしょうか。

わが国の古代王朝にとっては、7世紀の末の天武・持統（この二人は夫婦）の時代が黄金時代でした。しかし、持統のあとをついだ嫡孫の文武の時代になりますと、宮廷の内部では、藤原鎌足の後継者不比等が急速に頭角を現し、政治の指導権を掌握します。かれは娘を文武の妻にすえ、その腹に首皇子（後の聖武）が生まれます。そして、不比等の妻橘三千代が生んだ安宿媛をこの首皇子の妻にします。

ところが文武は若死しましたので、皇位の継承者として首皇子はあまりに幼く、仕方なく文武の母阿閇が王位につきます。これが元明天皇です。ついで即位したのは文武の姉の元正です。とにかく新興勢力の藤原氏の血の入った者に皇位を明け渡さず、天武の時代の伝統と「皇統」とを守ろうと努力しました。それを支持する勢力がまだ宮廷内にあったのでしょう。赤人もそうした立場の人間のひとりでした。

724年、元正は、皇位を皇太子の首皇子に譲りました。これが26歳の聖武です。歴代の天皇に人格としてそれなりに立派な人物がどれほどいたのかゆっくり考えたことはありませんが、くだらない人物は多数いて、この聖武はそれの筆頭であると私は思っています。続く。

「日本」の使い始めの歌?③

前々号に掲載した「…日本の大和の国の　鎮めともいます神かも…」の歌の制作年は定かでないが、いずれにしても700年代初期であることは、宮廷歌人としての赤人の活躍した時代との関係から明らかである。その時代、天皇は前号に記したように、元明、元正、聖武だった。歴史家のいう「白鳳末期」である。この時期は藤原宮時代から天平への過渡期であり、藤原不比等《ふひと》の提案によって平城奠都《てんと》が決定された。このことは、律令的官人支配の成熟を具現したという側面をもちつつ、他方、造都による連年の徭役の増大は、農民の暮らしむきに深刻な影響を与えた。班田農民の間に疲弊が拡大し、徭役を忌避して口分田を捨てて流亡する者が続出した。

この時代に、赤人とはまったく違った立場で歌を詠んだのが山上憶良である。時代を反映する長歌一首を挙げておこう。八九七の歌。

たまきはる　うちの限りは　平《たひ》らけく　安くもあらむを　事もなく　喪もなくあらむを　世の中の憂《う》けく辛けく　いとのきて　痛き傷には　辛塩《からしほ》を　注ぐくちふがごとく　ますますも　重き馬荷に　表荷《うはに》打つと　いふことのごと　老いにてある我が身の上に　病をと　加へてあれば　昼はも嘆かひ暮らし　夜はも　息づき明かし　年長く病みし渡れば　月累《かさ》ね　憂へ吟《さまよ》ひ　ことことは死ななと思へど　五月蠅《さばへ》なす　騒ぐ子どもを打棄《うつ》てては　死にはならず見つつあれば　心は燃えぬ　かにかくに　思ひ煩ひ　音のみし泣かゆ

この歌にすべてが尽くされているだろう。

このような状況でありながら、宮廷では権力をめぐる暗闘が続く。不比等の没後、不比等の諸子が権力中枢を掌握する。その際に邪魔な存在であった天武の長男高市《たけち》皇子の後嗣長屋《ながや》王をワナにかけて一挙に葬る。こうして、聖武の皇后に光明子《こうみょうし》（安宿媛）を据えて藤原氏の力は磐石のものとなったかに見えた。何分にも聖武の母は不比等の娘宮子《みやこ》であり、妻も不比等の末娘である。

ところが、全国的な疫病のすさまじい蔓延で、不比等の諸子四人はあえなく没する。その虚をついて政界中枢に躍り出たのは、皇親系の橘諸兄《たちばなのもろえ》（葛城王）である。彼は光明子とは異父同母の間柄であり、しかも妻は不比等の娘であった。

聖武は、この大疫病の前に動揺するばかりで、仏教「信仰」を深めるのみである。この項続く。

「日本」の使い始めの歌？④

歌の裏側の歴史を詳述していたのではキリがなく、本紙のような隔週刊の通信では前号で読んだことはもうすっかり忘れてしまうということもあろうから、あまりに短い紙幅ではあるが、精々のところひとつのテーマは、2回くらいで完結させた方がよいのだろう。今回でこのテーマについては終わりにする。

続日本紀に、「この年（天平9）の春、疫瘡大に発《おこ》る、初め筑紫より来れり、夏を経て、秋に渉つて、公卿以下天下の百姓、相継いで没死すること勝《あげ》で計《かぞ》ふべからず、近代以来未だこれあらざるなり」（巻十二）という記述が見られるように、当時の人々にとって、なすすべもなく茫然と事態の推移を見守るしかなかったほどのことであった。

天皇聖武にとっては、藤原氏四卿を同時に失ったのであるから、癒しがたいほどの痛手ではあったろうが、反面ほっともしたであろう。そうした心境の聖武にとって、帰朝後間もない僧玄昉と真備とが大きな心の支えとなる。新しい政治権力である橘諸兄にとっても、この二人の存在は、皇親政治の復権に都合のよいものとして迎えられる。

738年（天平10）、聖武は、諸国に詔を下して、国分二寺の建立を命ずる。玄昉の勧めであった。疫病の惨禍を仏の霊異によって回復したいとの願望が主ではあったろうが、「其れ塔を造るの寺また国華たり」とも考えていたようである。

このように、天皇周辺から一時的にではあれ、藤原氏の影響力がそれた時、文化的には、皇親政治の最も充実していた白鳳文化への回帰現象が生じてきたのである。

聖武自身、次のような歌を残している。

食国《をすくに》の　遠《とほ》の朝廷《みかど》に　汝らし　かく罷りなば
平らけく　吾は遊ばむ　手抱《たむだ》きて　我はいまさむ
天皇朕《すめらわ》が　うづの御手もち　掻撫でそ　労《ね》ぎたまふ　うち撫でぞ　労ぎたまふ　還《かへ》り来む日　相
飲《の》まむ酒《き》ぞ　この豊御酒《とよみき》は（九七三）

反歌一首
大夫《ますらを》の　行くとふ道そ　凡《おほ》ろかに
　念ひて行くな　大夫の伴《とも》（九七四）

このように、白鳳ふうの皇親政治への幻想によって自らの主体をかろうじて保とうとした人々の群れの中で、「日本の大和」というイメージが紡ぎだされてきたことを考えれば、「日本」とは初めから天皇親政を待望する語として用いられたものであることがわかる。

「君が代」の「君」は誰？①

今更何をと思わないわけでもないし、当分の間『万葉集』を扱いたいとも思っていたのだが、ある所から「君が代」の「君」は「君たち」の「君」だと学校で教師が自分のこどもに教えていて、我慢ならないからきちっとした解釈をやって欲しいという依頼があって、ついでと言っては何だが、このコラムでも「君が代」を考えてみることにする。

君が代は　千代に八千代に　細れ石の
　いはほとなりて　苔のむすまで

の「君」が「君たち」の「君」なら、どうして文部省がこんな歌にああまで頑張るものか、と言ってしまえばそれで終わりなのだが、それではあまりにそっけないので、少々古文を読む際の常識的な手続きをしてみることにする。

『古今和歌集』巻第七、賀歌の部立てに

題しらず　読人しらず
わが君は　千代に八千代に　細れ石の
　いはほとなりて　苔のむすまで

という歌があり、これを元歌として、『和漢朗詠集』で中世に第一句が「君が代」となって、これがいうところの「君が代」になったのである。

因みに、手元にある小学館発行の「日本古典文学全集」の『古今和歌集』所収の歌の口語訳を紹介すると、「わが君のお年は千代、八千代にまで続いていただきたい。一握りの小石が少しずつ大きくなり、大きな岩になり、それに苔が生える時までも」となっている。そして語注では、「『君』はこの歌を贈る相手。この巻頭の四首を初め、賀の歌ではしばしば用いられ、天皇をさすとは限らない。」と書いている。

ついでに「巻頭四首」の残り3首を紹介しておくと、

わたつうみの　浜の真砂を数へつつ
　　君が千年の　ありかずにせむ

しほの山　さしでの磯にすむ千鳥
　　君が御代をば　八千代とぞ鳴く

わが齢　君が八千代にとりそへて
　　とどめおきてば　思ひいでにせよ

である。確かに、「君」には「あなた」の意があるが、さてさて。

「君が代」の「君」は誰？②

ところで、『古今和歌集』巻七の部立「賀」の歌であるが、これは元々中国の「算賀」という習慣から来たものである。人が一定の年齢（40、50、60、70歳など）に達した時に行う祝宴の場で、祝い歌として贈られたものである。従って、すこぶる公的な性格が強く、歌としては型通りのものが多いことは、前号に挙げた4首で充分理解していただけたことと思う。まあ結婚式の際の歯の浮くような祝辞の類いのものである。これら4首は「読人しらず」となっており、この4首の次の、三四七と番号が付けられた歌は、

仁和の御時、僧正遍照に七十の賀たまひける時の御歌

かくしつつとにもかくにもながらへて
　　君が八千代にあふよしもがな

である。当時55歳であった光孝天皇が、「今宵はこうしてめでたい宴を張って共に楽しんでいるが、私はどう

かして今後も生きながらえ、あなたの長寿にめぐりあいたいものだ」と詠んだものである。

この歌の「君」はあきらかに「あなた」の意である。因みに、古語辞典の「君」の項を見てみると、「君」Ⅰ〔名詞〕①国家の元首。天皇。君主。②自分の仕える人。主君。③貴人に対する敬称。④身分の高い女房に対する敬称。⑤男。とのご。⑥遊女。Ⅱ〔代名詞〕尊敬の対象の人称代名詞。あなた、である。

艶な遊女に向けての「あなたのような艶っぽい女性が千年も万年も生きてくださされば、それを思うだけでも私は心楽しい」というような歌を「国歌」にしているのなら日本人もなかなかだが、そうはゆかない。「君」の下に「代」がついているのである。

『拾遺集』巻五の二九九に、

君が代は天の羽衣まれにきて
　撫づとも尽きぬ巌ならなむ

という歌がある。この意は、「天皇の御代は天の羽衣を着た天人がほんの時たまやって来て、そのやわらかな羽衣でなでて、長い長い年月がたち、普通の岩ならすりつきるのだけれど、そうならないで堅くて大きな岩石のままでいるように続いて欲しい」の意である。

「君が代」の「君」は誰？・③

『拾遺集』二九九の歌の「君が代」については、これが「天皇の支配する時代」の意であることは万人の認めるところである。もちろん「代」にしたところで、それ自体には様々な意味がある。元々は仏教語で、過去・現在・未来の三世をいう語で、その中でも主として現在を示す語であった。それが、①社会。世間。世の中を表す語となって、「この世に生まれては、願はしかるべき事こそ多かめれ」（徒然草）と用いられてもいるし、②君主・統治者の治める期間、時代を示して、「かの御時よりこのかた、年はももとせあまり、代は十つぎになむなりける」（古今和歌集序文）と用いられてもいる。また③人の一生涯の意で「生ける代に吾はいまだ見ず言絶えてかくおもしろく縫へる袋は」（万葉集巻四・七四六）とも使われる。ひとつひとつの語には様々な意味がありながら、その語を組み合わせると固有の意味を持つことになるなどということは、言葉にとっての常識であり、「君が代」

もそういうものである。

ところで『古今和歌集』の編者は、各巻・各部の最初と最後の歌とその作者には、特別に慎重な配慮をはらっているようである。例えば、四季の部では、それぞれの季節の到来を知った時の喜びや驚きの歌から始まり、最後は去り行く季節に対する惜別の情をうたったもので終るという仕組みになっている。作者についても、恋の部では、一が読人しらず、二が小野小町、三が在原業平、羇旅の部が安倍仲麿、哀傷の部が小野篁で始まっており、ここにはこれらの人々への評価が表れている。また、巻頭歌などには著名な歌人の作を掲げながら、題材が同様でどちらを先にしてもよい場合には、読人しらずを先とし、その語は作者の年代順に並べるという方法をとっている。巻七の賀の部も全く同様である。

前号にも挙げた三四七の歌は、『日本三代実録』によると、８８５（仁和元）年12月18日に行われた祝宴の際の歌である。それ以降が時系列で配列されていることからすれば、問題の三四三「わが君は千代に」の歌は、８２５年、嵯峨上皇40の賀の際の歌ではないか。

「君が代」の「君」は誰？④

君が代は　千代に八千代に　さざれ石の
いわほとなりて　苔のむすまで

の「君が代」は古文としての解釈からして、どう読んでみたところで、天皇が支配する時代が永遠に続いて欲しい、の意にしか読めない。今更ながらの結論であるが、こう読むのが常識であろう。よしこれが「あなたは永く生きながらえて、ずっとずっと永遠の時まで」の意だとして、日本人特有の感覚であるのかどうか知らないが、「恋闕」という感情は、恋の表現を採るしか他に方法のない感情である。ここでいう「闕」とは、例の高山彦九郎の感情であって（というようなことを言ってもどなたもご存じあるまい。知らないで当然であり、知らなくてよい感情である。おそらく近いうちに江藤淳あたりが言い始めるだろう）、「闕」（宮城。天子の居所を指す語。闕下となって天子そのものを指す）への感情を「恋」として表現する習慣を、日本人は、残念ながら天智・天武の頃に確率された皇親政治の時代から既に持っていたのである。

　ところでこの「君が代」の旋律の方について。

　1870（明治3）年薩摩藩は、諸外国に「国歌」のあることを知って「天皇に対し奉る礼式曲」の必要を感じ、その歌詞としては同藩士がめでたい時の寿ぎ歌として歌っていた現行のものを採用し、これに同藩の藩軍楽隊教師イギリス人フェントンに曲をつけさせたのが最初である。しかし、現行の曲は、「日本の国歌は雅楽風の旋律を用いたい」という海軍軍楽長中村祐庸の提議によって、宮内省雅楽課の林広守の作曲として公表されたものである。この途中にいくつかの変遷はあるのだが、ほとんどどうでもいいことなので省略する。要するに「君が代」は「天皇に対し奉る礼式曲」として発想され、これを明治時代の海軍の宮内省との合作として完成したものである。

　このような明治以降の歴史からしても、この「君が代」が天皇を対象としたものではなく、一般的な参賀の歌とは言えまい。

　とすればやはり、こんな歌を「国歌」とは認めないし、そもそも「国歌」などいらない。

天武・持統朝の歌人人麻呂①

万葉の時代を扱っていて柿本人麻呂を抜かすわけにはゆきません。伊藤左千夫が「泰平を歌ふに適した積極的歌人」と評した人麻呂の歌と、その時代について簡単に学んでみます。

　まずはともあれ如何にも宮廷歌人、特に持統女帝の御用歌人らしい歌から。

やすみしし　我《わ》が大君《おほきみ》の　神《かむ》ながら　神さびせす
と　吉野川　たぎつ河内《かふち》に　高殿《たかどの》を　高知《たかし》りま
して　登り立ち　国見をせせば　たたなはる
青垣山《あをかきやま》　やまつみの　奉る御調《みつき》と　春へには　花
かざし持ち　秋立てば　黄葉《もみち》かざせり　行き沿ふ
　川の神も　大御食《おほみけ》に　仕へ奉ると　上つ瀬に
鵜川を立ち　下つ瀬に　小網《さで》さし渡す
　山川《やまかは》も　依りて仕ふる　神の御代かも

三八

反歌
山川も　依りて仕ふる　神ながら
　たぎつ河内　舟出せすかも　三九

意は、「（やすみしし）わが大君が神であるままに神らしく振る舞われるべく、吉野川の渦巻き流れる谷間に、高殿を高々と立てられて登り立ち、国見をなさると、幾重にも重なった青垣山は山の神が捧げる貢物はこれですが、春のころは頂に花を飾り、秋になると色付いた黄葉を飾っている。御殿に沿って流れる川の神も、お食事に奉仕しようと上の瀬で鵜川狩を催し、下の瀬に小網を張り構える。山や川の神までもこのように心服して仕えるさまはこれが神代というものであろうか」であり、反歌は「山川の神も心服して仕える神であるままに、渦巻き流れる谷間で舟遊びをなさることだ」である。

　この歌は左注によれば、６８９年か６９０年の吉野「行幸」に際しての歌である。何分にも短い文章で長歌を紹介したりするとそれだけで一回分が終わってしまうのだが、この歌の特徴は、古代の天皇は山川などの自然神に対して下位にあったが、天武の頃から現人神として君臨し自然神に対しても優位に立ってきたことを示していることにある。自然神が天皇権力に奉仕するほどまでの絶大な権力への讃歌である。続けてもう少しこの時代を見よう。

天武・持統朝の歌人人麻呂②

「2・11集会情報特集」のために一回お休みしました。続けて人麻呂の歌に表される古代天皇制について学びます。前回宮廷歌人人麻呂が持統天皇について吉野へ旅をした際の長歌と反歌を挙げました。歌人ではない者にとって歌そのもののでき具合を云々するのは困難ですが、しかしそれにしても朗々とした言葉の流れは並一通りのことではないことだけは感じ取れます。

　この歌は天皇権力がまさに絶頂期にあった頃のものですから、前回述べましたように、自然神の上位に立った天皇権力、自然神が喜んで奉仕する天皇というテーマで、私どもには少々辟易する表現が採られていますが、この時代に立ち合った宮廷歌人としては実感でもあったのでしょう。壬申の乱の勝利によって倭古京《やまとのこきょう》に打ち建てられた飛鳥浄御原宮《あすかきよみはらのみや》への凱旋以後の一時代の気分は、天皇周辺の者にとって、「名といのちをかけて溢れでたかれら

（天武に従った族長たち）の力は、この大王をとおして、まのあたり実現しつつあることを体験した歓喜」（北山茂夫『萬葉の時代』）そのものだったのでしょう。それが次の歌などに表現されます。

大君は　神にしませば　水鳥の
すだく水沼《みぬま》を　都と成しつ　（四二六一）

意は「大君は神でいらっしゃるので、水鳥の集まる沼でも都となさった」です。飛鳥の盆地は水の出口のないところで、今でも所々に沼が見られますが、当時は全体が湿地のようでした。

ところで、前回に挙げた歌の作者持統は、天武の妃で、以前紹介した大津皇子を死に追いやった人物です。ちょっと乱暴な言い方をするならば、天皇権力を維持するためには何でもするというような、権力者としてはまさに当然の資質を持った人物でした。人麻呂もそのことは重々知っていました。彼には、天智の近江朝を偲んだ

楽浪《ささなみ》の　志賀の唐崎　幸《さき》くあれど
大宮人《おほみやひと》の　舟待ちかねつ　（三〇）

という歌があるのですから。近江朝で青年期を過ごしたと考えられる人麻呂は、壬申の乱を見たでしょうし、天武・持統の政治も見ました。が、そこが宮廷歌人です。

天武・持統朝の歌人人麻呂③

人麻呂は宮廷歌人でしたが、ただ歌人としてだけで宮廷に仕えていたのではないようで、時代ははっきりしませんが、筑紫の国司になっていたようです。これについては異説もありますが、難波津（大阪の港）から船旅に出て、瀬戸内海での歌を多く残していますので、こういう推測も成立しないではありません。

旅の歌では、儀礼歌のような様々な制約がありませんので、人麻呂らしさが色濃く出ているように思います。更に言えば文芸的にもすぐれたものが多いように思います。

３首挙げてみます。

淡路の　野島が崎の　浜風に
妹が結びし　紐吹きかえす　（二五一）

〔淡路島の野島の岬に立って浜風に吹かれていると、別れ際に妻が結んだ衣服の紐が潮風に吹きかえされている〕の意です。

　こうやって口語訳をしてしまうと別段何ということもない歌のようですが、当時の習慣として、別れに際しては、愛する者が衣服の紐を、無事を願い、愛する者を忘れるなとの思いをこめて結んだものですが、そうしたごく限定された濃密な関係の表現を、こうした大きな自然の中に解き放って歌う面白さは、人麻呂ならではのものです。

ともしびの　明石大門《おほと》に　入る日にか
　漕ぎ別れなむ　家のあたり見ず　（二五四）

〔明石と淡路のあいだの海峡を漕ぎ進んでいる内に、陽も島影に入ってゆく。これでもういよいよ別れということになるのだろうか、家のあたりも見られずに〕ということなのですが、ここでも、瀬戸内海の風景よりも、遥かに難波の奥の山々を臨みつつ、残してきた愛する者を思う思いが強く表現されています。愛の表現として気宇壮大です。

大王《おほきみ》の　遠《とほ》の朝廷《みかど》と　あり通ふ
　島門《しまと》を見れば　神代《かみよ》し念《おも》ほゆ　（三〇四）

遠の朝廷とは太宰府か筑紫の国府でしょう。そこへ通う船から瀬戸内の島々のあいだを通ってゆくと、この大自然を造った神々の時代が偲ばれる、という意です。人麻呂はこういう実感があったのでしょう。この実感は現代人にも共通しているところがあります。

天武・持統朝の歌人人麻呂④

人麻呂の、雄大な自然を前にした時の感情には、この自然を創った神々への言葉で表現し尽くせない畏怖と敬愛の感情がこめられています。現代人でもこうした感情はしばしば持ちます。とりわけ、と言ってもいいのでしょうが、日本人の自然観の叙情性には、時として辟易するほどの神観念の別の表現ではないかと思えるほどのものがあります。こうした感情が、人麻呂では、時代が天皇権力の最盛期であったことと、古代的な天皇観と一致したものですから、大自然を眼前にすると、「わたしのお目にかかっているあのお方の祖先である国生みの神々が創造された、この雄大な自然よ」と、国土賛美になるのです。

この辺りのところは、現代の天皇制の側も充分計算していますから、裕仁さんも、明仁さんもエコロジストとして振る舞います。

「天皇には自然がよく似合う」というところです。

日本人の自然観の叙情性そのものに問題があるように思いますが、それはまた別の機会に。

ところで人麻呂は、ひとの生死の一切を相聞的契機において表出します。ひとの死は「愛の欠落」であると考えていたようです。

草枕　旅の宿りに　誰《た》が夫《つま》か
　国忘れたる　家待たまくに　(四二六)

意は「(草枕) 旅の仮寝に、いったい誰の夫なのか、故郷も忘れて横たわっていることだ。家の者は待っているだろうに」です。この歌の詞書は「香具山の屍《かばね》を見て悲慟《かなし》びて作る歌」となっています。

香具山は藤原宮の東方にある丘陵で、神話信仰上、聖域とされていました。そこに名も知れぬ私どもの祖先である民百姓の死骸が横たわっていたのです。愛する者たちが待ちこがれているだろうに。

こうした路傍の野垂れ死を相聞的契機で歌ったのは人麻呂が初めてです。人麻呂は天皇賛歌ばかりを作っているのではありません。しかし彼は、なぜこの男はこんな所で死んでいるのか、死に至らしめたものは何か、とは問いません。当時の徭役という強制労働の果てであることは知っていたのに。

天武・持統朝の歌人人麻呂⑤

香具山で誰に看取られることもなく行路死した男は、誰の子であり、誰の夫であり、また誰の父であったのか。人麻呂はその死骸を目のあたりにして、「家待たなくに」(家人がまっているだろうに) と詠んだ。

想像するに、この男は、当時の農民が負担した税の一首であった庸布を都に運んだ男であろう。庸の本来の姿は、労役なのであるが (歳役)、この労役の代わりに物資で納めるのを庸と言った。最もひろく課せられたのは布であった。他に米、塩、綿などがあった。農産物の物納である租より、はるかにこの庸とともに調が高率であったのが、日本古代の徴税体系の特色であった。

ここは古代の税制を詳述する場ではないので、これ以上は控えるが、その土地の産物である調庸物を中央へ運ぶ運脚夫も、調庸物を出す戸の負担であった。要するに当時の農民の中で更に貧しい者が、順番に都へ税を納めに行ったのであろう。

その挙げ句が旅に病んだのか、飢えたのか、天皇権力によって聖域と定められていた香具山で死んだのである。自分たちが暮らす村に比して華美極まりない都の風景を見下ろしながら、この男は今際の際に何を思ったのだろうか。

今年の山谷の越冬闘争の最中に、玉姫公園でひとりの労働者が、まわりにたくさんの人がいながら、誰にも気づかれずに息を引き取った。世界一の金余り国日本の「首都」大東京で、若い間は営々と働かされたであろう労働者が、ボロのように捨てられて死んでいく。支援にかかわる者としては、また別に考えなければならないこともあるのだが、そういう問題は置いておいて、この「情報センター通信」で、かつてヒロヒトのにぎにぎしい死に様を揶揄する文章が掲載された際に、いやしくも人が死に際しているのに、というおしかりをいただいたことを思い出す。

香具山での農民の死と、山谷での労働者の死と、ヒロヒトの死。

大きく譲歩したとしても同じ重さの死であるのに、ことさらにヒロヒトの死だけを言挙げする頽廃。ヒロヒトに繋がる天皇の命を支えることを強制された挙げ句の死をこそ心に止めねばならないのだろうに。

万葉の天皇讃歌①

まずはこれから。

海行かば　水漬《みづ》く屍《かばね》山行ば　草生《む》す屍　大君《おほきみ》の辺《へ》にこそ死なめ　顧みはせじ　（巻一八・四〇九四）

意は、「海を行くならば水びたしの屍、山を行くならば草むした屍となっても、大君のお傍らで死のう。後悔はせぬ。」である。

第二次世界大戦下散々歌わされ、歌った歌である。軍歌の中に入るのであろうが、メロディーも含めて何かしらしみじみとさせられる歌である。当然といえば当然なことであるが、軍歌にはくだらない万歳歌が圧倒的に多く、そうでなければ、「散華」などという悪意に満ちた詐術で美化されたものくらいのものである。

ただ、こういう表現でしか第二次大戦下の身近のな者の戦死を納得させることができなかったところに、その屈折した心情はそれはそれとして理解できはするのだが、やはり日本人のメンタリティーの問題があるのであろう。

ところで、この歌は、この部分で完結した歌ではない。詞書は「陸奥国《みちのくの》に金《くがね》を出だす詔書を賀《ほ》く歌」とされ、左注は「天平感宝元年五月十二日に、越中国守の館《むろつみ》にして大伴宿禰家持作る」となっている長歌の一部である。歌い出しは、

葦原の　瑞穂の国を天降り　知らしめしける
皇祖《すめろき》の　神の命の　御代重ね　天の日継と　知らし来る

で始まり、長歌の中でもかなり長いものの部類に入るものである。

内容は、天平21年4月1日に東大寺盧舎那仏の前で、金が初めて国内から産出したことを感謝報告する詔を発し、さらに一般庶民に対して、その喜びを分かつ内容の長文の詔を下した、その際の寿ぎ歌である。その詔の中に特に大伴氏の天皇への忠節を讃え、大伴氏の言伝えであった冒頭の歌の部分が引用されていたのを家持が感激して作ったのである。

要は、時の天皇権力の喜びの際に、軍事で天皇権力に仕えていた大伴氏の名を出し、大伴のようにみんな忠節に励めよ、と言われたのに感激して「これからも命を捨てて頑張ります」と歌ったのである。都合のいい歌を見付けるものではある。金が出た出たの詔から、葬儀歌を生むこの詐術。いかにも天皇制。

万葉の天皇讃歌②

天皇讃歌は、単純に賛美するという仕方でだけ歌われるのではない。これも大変有名で、第二次世界大戦下、多くのインテリ学生が、最小限に減らした私物の中のひとつとして荷物に忍ばせたといわれる岩波文庫版『万葉集』にあって、自らの命を迷いつつ捨てる決断をする際に、心の中でつぶやいた歌としてつとに有名で、年配の

方々にとっては忘れられない歌の一首である。

今日よりは　顧みなくて　大君《おほきみ》の
　醜《しこ》のみ楯と　出で立つ我は
　右の一首、火長今奉部与曾布

意は、「今日からは振り返らないで、大君のつたない護りとして行くのだ　おれは」である。万葉集第巻二十、すなわち防人歌の中の一首である。作者名にある火長というのは、兵士10人の長を示す言葉で、軍防令に、兵士10人を一火となす、とある。「今奉」あるいは「今奉部」という姓は、万葉集のみならず、他の資料にも他見がないので、「最近帰順した」という意味で天皇から与えられた姓ではないかという説がある。

防人歌というと、しばしば教科書などに採用されている

我《わ》ろ旅は　旅と思《おめ》ほど　家《いひ》にして
　子持《こめ》ち痩すらむ　我が妻《み》かなしもや
父母が　頭掻き撫で　幸《さ》くあれて
　言ひし言葉《おほきみ》ぜ　忘れかねるつ

という傾向の歌が多いと思われているのだが、これは戦後の傾向であって、先のような歌も数多い。確かに東国の人々にとって、どこへ連れて行かれるのかも定かでない徴兵にあって、家人との別れは、それが農民であるだけに残してきた労働を思えば一層辛いものであったろうが、私は、先の歌のようなものにも心をかきむしられる。

別れの辛さの表現は、それとして直截に言葉にするのが当時の大衆の素朴な有り様であったかもしれないし、その方が読者の心を打つ直接姓を有しているかもしれないが、自らを「醜のみ楯」と卑下して、天皇を護るために命を捨てて顧みないと言わねばならない、否、言ってしまう心情も実に哀しい。ましてそれが「最近帰順した」者の歌であるとすれば。次回も防人歌を続ける。

万葉の天皇讃歌③

大君《おほきみ》の　命恐《みことかしこ》　出で来れば
　我取《わぬ》りつきて　言ひし児なはも

意は「大君の仰せが恐れ多くて出て来た時、おれにとりすがってつらいと言ったあの娘よ」である。

この歌を少し丁寧に見てゆこう。まず、「我」をワヌ

と飲むのは、ワレニから転化した訛りであり、「児な」も「児ら」の訛り。この「ら」は複数を表す「ら」ではなく、山上憶良の歌にある「憶良らは」の「ら」で謙譲語である。ここでは恋人を指している。「はも」は眼前にないものを思いやる場合に多く用いられる助詞。事実としてこういうシーンがあったのかどうか知らないが、要するにちょっと格好をつけてみた歌で、今も昔も若い男というものは、こうした言葉を口にしたがるもので、愉快である。

作者は「周準郡《すえのこほり》の上丁《じゃうてい》物部竜《もののべのたつ》」となっている。周準郡は現在の千葉県君津郡の北部。この物部は物部氏とは違い、正直なところいい加減な名前だろう。そしてここに言う上丁とは防人の小隊長くらいの意であろうが、この歌の訛り具合といい、格好のつけ方といいとてもそんな位置にいる者の歌とは考えられない。歌を採用する際、それを記録する官人が、防人がその辺の貧しい農民であったのでは、何しろ大君のみ楯であるので具合が悪いとでも考えて、ちょっと付け足したのであろう。この作者の青年について、正確なことは結局のところ親がつけたであろう「竜」だけである。

こういう青年が多数駆り出された。「大君の命恐み」などと、この歌から感じられる作者の人柄からして、実感からは遠いだろう言葉が用いられていることが、逆にこの歌の切なさを引き立てさせている。

次回もう一度防人歌の周辺の事情について書くことにするが、防人歌と比較して読んでいただきたいと願って、1938年、東京朝日新聞が掲載した「戦線短歌」の中から数種紹介する。選者は臼井大翼、松村英一、土屋文明。

☆昨夜の戦ひの悲惨なる様も既に遠く霜果てしなき黄土を進む

☆我が田畑荒るれど作ると言ふ妻に施肥のおぼえを書きておくりぬ

☆言ひおかむことにも触れず別れ来ぬ黄河の水に佇《た》ちつつ思ふ

万葉の天皇讃歌④

ところで防人歌は、用いられている方言といい、哀切な別れの表現といい、そのしみじみとした味わいでごく親しい感じを持つのであるが、防人がなぜ東国の人間ばかりであったのか、否、少なくとも万葉集に収録されている歌はなぜ東国の人間ばかりであるのか、と考えられたことはないだろうか。

恐《かしこ》きや　命被《みことかがる》り　明日ゆりや
　草がぬた寝む　妹《いも》なしにして

意は「恐れ多い勅令を受けて、明日から萱と寝るのか、妻もいなくて」

難波津《なにはつ》に　装ひ装ひて　今日《けふ》の日
　や出でて罷らむ　見る母なしに

意は「難波津でだんだん用意を調えて、今日こそは出発することか、見てくれる母もなくて」

防人とは、唐・新羅の侵入に備えるために、対馬・壱岐および筑紫に配置された兵士、またその制度を指す言葉である。諸国の軍団の正丁（21歳から60歳までの男子）のうちから選ばれて3年間その任務についた。そもそも男子人口の四分の一くらいに兵士役がかかっていたが、その内、天皇および都を守護する対内的な常備軍（要するに治安部隊）を衛士といい、対外的な防衛任務を負っていた常備兵力が防人であった。防人の人数は約２０００人で、一交替約１０００人かという。軍防令の記載によると、所定の武具や難波津までの旅費は自弁で、国司に率いられて難波津に集結し、以後は専使の引率で太宰府に至り、太宰府管内の防人司の管轄に入り、防備と自活の暮らしをしていた。これも税の一部である徭役であった。

天平２（７３０）年以後、もっぱら東国の者が防人の任についたのには、明確な理由があった。第一に、東国は西日本よりもずっと遅れて大和朝廷に服属し、特に在地豪族、有力農民と天皇家との関係が深く、もっとも信頼できる兵力であったこと、第二に、地域が広く、人口に富み、兵士の徴発にうってつけであったこと、第三に、彼らは、歴史的に対蝦夷戦を戦ってきており、優れて勇武であったことである。

こうして、東国農民に、家族と切り離され、彼らには想像することさえ困難な遠隔地での任務が、１世紀以上も続いたのである。

万葉の天皇讃歌⑤

『万葉集』第一四巻は、「東歌」の巻である。三三四八から三五七七まで、２２９首の歌が収録されている。防人歌が東国の人々の歌であることは、すでに触れたが、この一四巻の歌は、巻名を「東歌」というのであるから、まさに東国の人々の歌ばかりである。この東歌の中に、部立てとして「防人の歌」となっている歌が5首あり、他に6首明らかに防人の歌であるのものがある。

ところで、この229首の歌の中に、「天皇」に触れたものは、防人の歌と思われる一首のみである。

大君《おほきみ》の　命恐《みことかしこ》み　かなし妹が
手枕《たまくら》離れ　夜立ち来ぬかも

意は「天皇の仰せを恐れ謹んで、いとしい妻の手枕を離れて、夜立ちして来た」である。この歌にしても主題は「かなし妹が手枕離れ」にあって、「天皇の命令」は他人の恋路を邪魔するヤツ程度にしか考えられていない。にしても、苦しくも悲しい別離ではあるのだが。

こうして東国人の歌を見てくると、彼らに「天皇意識」は日常の感覚としては殆どなく、「一旦緩急」あった際のタテマエとしての決意表明の中に顔を出す程度のことであったようである。それとても、官人の前で求められた際にごく一部の者が口にしたに過ぎない。更に言うなら、「天皇」に触れて歌を詠んだ者たちの歌には、東国訛りが少ないことに気付く。これはかなり重要なことで、以後現在にまで至る日本人の歴史を通して言えることであろうが、なまじな知識を持ったりした者ほど、「天皇」意識を持ちやすいということが、当時の歌でも指摘できるように思う。それと、どうも日本人は、感情が昂ぶると「天皇」を口にして、その感情に相乗効果を持たせる要素が強いのであろう。

楽しい「東歌」を紹介しよう。

汝《な》が母に　こられ我《あ》は行く　青雲の
出で来我妹子《こわぎもこ》　相見て行かむ

意は「おまえの母者に叱られてわたしは帰る。出て来ておくれおまえ、顔を見て帰ろう」。

人妻と　あぜかそを言はむ　然らばか　隣の衣を　借りて着なはも

意は「人妻には触れるなとなぜそう言うのだろう。それならば、隣の衣を借りて着ないことがあろうか」。

なんと大らかなこと。

大伴旅人の「天皇意識」①

験《しるし》なき　ものを思はずは　一坏《ひとつき》の濁れる酒を

飲むべくあらまし
賢《さか》しみと　物言ふよりは　酒飲みて
　酔《ゑ》ひ泣きするし　優《まさ》りたるらし
言はむすべ　せむすべ知らず　極まりて
　貴きものは　酒にしあるらし
なかなかに　人とあらずは　酒壺《さかつぼ》に
　なりにてしかも　酒に染《し》みなむ
あな醜賢《みにくさか》しらをすと　酒飲まぬ
　人をよく見ば　猿にかも似る
世の中の　遊びの道に　すずしきは
　酔《ゑ》ひ泣きするに　なほしかけず

大伴旅人の「酒を讃むる歌十三首」の中の数首である。のっけから酒の歌を並べて不謹慎だと思われるかも知れないが、旅人の思想の根幹にかかわる歌なのでお許しいただきたい。

歌の意は、順に、「何もならない物思いをするくらいなら、一坏の濁った酒を飲むべきだろう」。「偉そうに物を言うよりは酒を飲んで、酔い泣きするほうがましであるらしい」。「言いようもしようもないほど極端に、貴いものは酒であるらしい」。「なまじっか人として生きているくらいなら、酒壺になってしまいたい。そして酒に存分に浸ろう」。「ああみっともない。偉そうにして、酒を飲まない人をよくみれば、猿に似ているよ」。「世の中の遊びの道でせいせいするものは、酔い泣きをすることであるらしい」。「むっつりとして偉そうにするのは、酒を飲んで酔い泣きするのにやはり及ばぬことだ」である。

筆者自身が人後に落ちぬ酒飲みであるから、こういう歌に心引かれるのであろうかと思わぬでもないが、この歌の哀しさは、そういうくだらぬこととは関係なく、旅人の置かれた環境、そこで培った彼の思想の面白さがそうさせるのである。

では、旅人の思想とはどういうものであるか。次回以降に楽しみを残していただくしかない。

大伴旅人の「天皇意識」②

万葉中期を代表する歌人であり、万葉時代の歌人としては割合珍しい政界の大立物であった大伴旅人の歌をもう少しみてみよう。

太宰帥大伴卿の、凶問《きょうもん》に報《こた》ふる歌一首

禍故重畳《くわこちょうでふ》し、凶問累集《るいじう》す。永《るいじう》に崩心の悲しびを懐《むだ》き、独り断腸の泣《なみだ》を流す。但《ただ》し両君の大きなる救けに依りて、傾命を纔《わづか》に継げらくのみ。〔筆の言を尽くさぬは、古今、嘆く所なり〕

世の中は　空《むな》しきものと　知る時し
　いよよますます　悲しかりけり

七九三

　神亀五年（七二八）六月二十三日

この一首の挽歌に添えられた詞書は何とも悲痛である。わざわいが次から次へと重なって、凶事のしらせが相次ぐ。永く心の崩れるような悲しみを懐き、ひとり断腸の涙を流している。ただ両君（誰をさすか不明）の大きな助力のおかげで、傾く命をわずかに堪えて生きている。〔筆で意を尽くせぬは古人も今の人も嘆く所である〕ここにいう「禍故重畳し、凶問累集す」の内容については定かではない。我々にはっきりわかっているのは妻の死のみである。勢威傾きつつある大伴一族の長として旅人にどれほどの思いがあったのだろうか。

推測される「崩心の悲しび」については次回以降に触れることにしよう。そこで、旅人の天皇意識についても述べることができよう。

今回は天皇がらみといううっとうしさをしばし離れて、旅人の「故人《なきひと》を思恋《しの》ふ歌ふ歌三首」の中から、もう一首をあげてみよう。

愛《うつく》しき　人の纏《ま》きてし　敷栲《しきたへ》の
　わが手枕《たまくら》を　纏く人あらめや　四三八

右の一首は、別れに去《い》にて数句を経て作る歌。

先の歌の「いよよますます悲しかりけり」などという表現は、当時の挽歌としてはまったく新しいものであった。「空しきものと知る」という表現は既に人麿呂によって用いられていたものであったが、ただその際には自然現象の無常との類比で表現されていた。それが、「いよよますます悲しかりけり」と「愛しき人」の死を自然現象の無常の中に流し込んでしまわず、己一身でまるごと受け止めようとしたところに独自性がある。というより妻との関係の独自性が。

大伴旅人の「天皇意識」③

ところで大伴旅人という人がどういう人であり、どういう状況の中で生きていたのかをごく簡単に見ておこう。

665―731。大納言安麻呂の子。718（養老2）中納言に任じ、719年、山背国摂官を兼ね、20年には征隼人持節大将軍。藤原不比等没後の朝廷において重きをなした。『万葉集』によると、727（神亀4）年ころから太宰帥として九州の地にいたことが知られるが、730（天平2）年大納言昇任とともに帰京、第二位に昇ったが、その年7月25日に没した。

　これだけのことであるが、大伴氏の中から、学校で教えてくれる歴史に残っている名前を拾ってみよう。馬来田《まぐた》、吹負《ふけい》、御行《みゆき》、長徳《ながとこ》、宿奈麻呂《すくなまろ》、田主《たぬし》、坂上郎女《いらつめ》などである。

　一族は、物部氏と共に軍事力で朝廷に仕えたが、一時期凋落し、大化の改新の後に再興するも、蘇我氏に圧せられてその後は振るわなかった一族である。

　それにしても、旅人の時代では、藤原氏と肩を並べて遜色のないところもあったが、次第次第に力衰え、不比等の息子房前《ふささき》に読みようによっては何とも悲痛な哀願の歌を贈ったりしている。一族の長の痛切であったろう。

　北山茂夫によれば、旅人は「守旧派の貴族大官」であって、長屋王との関係が浅くなかった。

　この「守旧派」とは何であるのかというところは、万葉の時代を読む際の大切なところであるが、これだけで大論文を書かなければならないような問題であるので、手にあまる。ここではとりあえず、新興勢力としての藤原氏に対抗して、皇親政治を良しとするグループということにしておく。では、このグループに属する者は天皇擁護派であるのか、と言えば、もちろん一般的にはそう言って誤りではないが、そこはそれ政治のことであるから、敵の敵はみかたということもあったのである。

『懐風藻』中の旅人の漢詩。

　「初春宴に侍す」

　寛政の情既《こころすで》に遠く、迪古《てきこ》の道惟《こ》れ新し。穆々《ぼくぼく》四門の客、済々《せいせい》三徳の人。梅雪残岸に乱れ、煙霞《えんか》早春に接《つらら》く。共に遊ぶ聖主の沢《たく》、同《とも》に賀く撃壌《げきじゃう》の仁《じん》。

（意はまあ、天皇万歳、貴族万歳というところですな。）

大伴旅人の「天皇意識」④

今も昔も天皇は、政治権力内部の勢力の分岐を示す記号であることに変わりはない。このタマ（あえて玉《ギョク》とは言わない）をどう手に入れるかに政治家たちは腐心する。

これは何も政治権力中枢を把握した側が天皇というタマを手に入れているということを言いたいのではない。当たり前のことであるが、日本史の中で、天皇はいつも「輝く太陽」だったわけではない。引かれ者の小唄の主調音としては格好のタマであったこともしばしばである。旅人にとっての天皇もそういうものであったろう。藤原氏という大伴氏にしてみれば新興政治勢力が実質的な政治権力として着々と形成されていた万葉の時代中期から後期にかけて、再興の契機も摑めないままに低落傾向を強いられていた大伴氏側は、藤原氏への対抗原理として「天皇をないがしろにする」藤原氏という旗色で、せめてもの政治勢力結集を図るのが精々のところであった。これを前回「守旧派」と表現したのだが、この「守旧派」の中心的な存在ですら旅人の時代の大伴氏はなかった。

この旅人の位置は、昨今の天皇訪中をめぐる小堀桂一郎や江藤淳、例によって黛敏郎らを先導者とする自民党内右派にも当て嵌められよう。いとも簡単に蹴散らされてしまった。

がしかし、蹴散らした側もまた天皇というタマなしには対アジア外交で為す術もないのである。

藤原氏が外戚というまことにもって好都合な方法で、永く政治権力たりえたことを思ってみればよい。その歴史がずっと近世にまで引きずられた。最近の笠谷和比古の家康の権力形成過程の分析（『日本史研究』333号）などその点で実に示唆に富んだものである。秀吉の関白に対するに家康の征夷大将軍の選択に関する論考は近代天皇制を考える際に抜かすことのできない問題提起である。梅原猛ぎらいの私としては、この人が国際日本文化研究センター助教授というのが何とも腹立たしいことではあるが。

今回もまた旅人から話題が遠くなってしまった。旅人の歌に戻ろう。

我が盛り　またをちめやも　ほとほとに　奈良の都を　見ずかなりなむ　（三三一）

歌の意は「わたしの元気だった時代がまた戻ってくることがあろうか。ひょっとして奈良の都を見ずにおわるのではなかろうか」である。推測するに旅人六五歳。「我が盛り」はただ肉体への回顧のみではなかろう。

官人憶良の天皇との距離①

まずはこの歌から。

山上憶良臣《やまのうへのおくらおみ》、宴を罷《まか》る歌一首

憶良らは　今は罷らむ　子泣くらむ
　それその母も　我《わ》を待つらむ

有名な歌だから、その意も不必要かもしれないが、まあ書いておこう。「憶良はもうおいとまします。子供が泣いていることでしょう。その母親もわたしを待っていることでしょう」である。一首の中に「らむ」を三度使うという大胆な手法を用いている。最初の「らむ」が婉曲、後の二つが現在推量の助動詞であるが、そういう文法的なことはともかく、一首の中に極力重複を避けようとするのが歌作の常識であろうに、ここまでやってのけるのは、胆力によるのか、それとも斜に構えた生き方の故か。

この歌の作年については、記されてはいないのだが、万葉学者沢瀉久孝も史家北山茂夫も、大伴旅人が太宰の帥であった時、憶良は筑前の国司であったから、その頃にひらかれた宴であろうと推測している。素人の筆者としてはそれに従おう。その宴のホストが誰であり、憶良はその宴でどういう位置にいたのかはっきりしない。

それにしても、宴会を辞するにあたって、子供が泣いているだの、妻であるその母が待っているだのということを理由にするというのは、なかなかできることではない。現代の男がそうだというのではなく、万葉に同種の歌はないという意味でである。

官人すなわち役人であったのだから、上級職の者が同席している場からの退席の理由としては、かなり大胆である。これを、一般的には身近な者への率直な愛情の表現と受け止めてきたのだが、ただそれだけだろうか。この辺りのところを憶良に関しては見てみたい。

子供への愛情表現としては、次の歌がつとに有名である。

瓜食《は》めば　子ども念《おも》ほゆ　栗食めば
まして偲《しの》はゆ　何処《いずく》より　来《きた》りしものそ　眼交《まなかひ》に
もとな懸《かか》りて　安眠《やすい》し寝《な》さめ

反歌は例の、銀《しろがね》も金《こがね》も玉も何せむに勝《まさ》れる宝、である。

官人山上憶良の天皇との距離②

前回の歌と同種の歌をもうひとつ挙げよう。

術《すべ》もなく　苦しくあれば　出《い》で走り
去《い》ななと思《も》へど　児等《こら》に障《さや》りぬ

意は、「もう手段も尽き、苦しくてしかたがないので、走り出して死んでしまおうかと思うけれど、児等のために妨げられてそれもかなわない」である。この「出で走り去ななと思へど」という表現は、いかにも憶良らしい具体性をもっていて痛切である。

斎藤茂吉は『万葉秀歌』でこの歌を表して「憶良は娑婆界の貧・老・病の事を好んで歌って居り、どうしても憶良自身の体験のようであるが、筑前国司であった憶良が実際斯くの如く赤貧困窮であったか否か、自分には能く分からないが、自殺を強いられるほどそんなに貧窮ではなかったものと想像する。そして彼は彼の当時教えられた大陸の思想を、周辺の現実に引き移して、如上の数々の歌を詠出したものとも想像している」と書いている。

確かにそうだろう。憶良が赤貧洗うがごとしの生活をしていたことはありえないし、当時一流のインテリであった憶良が中国思想から強い影響を受けていただろうことも想像に難くない。

しかし、筆者にとっての関心はそういうところにまったくない。この雑文のテーマが、天皇制との関係であるから、国司という当時の官人としては決して高くない身分であったわけではない憶良ではあるが、それにしても官人である。その憶良が、ひとえに当時の民衆の暮しのありようにのみ関心をもっていたのは何故であるのか、ここが問題なのである。

他に類例がない以上、何故か、という問いを問うてみる価値はある。憶良と同じ期に九州の地にあって、憶良と並ぶインテリであった満誓にはこの種の視点での詠出はない。

次回以降触れるが、憶良は天皇（制）に若干でも触れる歌をほとんど残していない。天皇制に関する思想のありようにとって、ここのところはかなり大切な問題で、直接的な言及云々ではなく、天皇（制）との距離が重要なのは今も変わりない。

官人憶良の天皇との距離③

憶良の天皇との距離ということで挙げるとすれば、例えばこういう歌がある。

日本挽歌一首

大君《おほきみ》の　遠《とお》の朝廷《みかど》と　しらぬひ　筑紫の国に　泣
く子なす　慕ひ来まして　息だにも　いまだ休め
ず　年月《としつき》も　いまだあらねば　心ゆも　思はぬ間《あひだ》
に　うちなびき　臥《こ》やしぬれ　言はむすべ　せむ
すべ知らに　石木《いはき》をも　問ひ放《さ》け知らず　家なら
ば　かたちはあらむを　恨めしき　妹命《いもみこと》の　我《あれ》を
ばも　いかにせよとか　にほ鳥の　二人並び居
語らひし　心そむきて　家離《いへざか》りいます

反歌

家に行きて　いかにか我《あ》がせむ
　枕づく　つま屋さぶしく　思ほゆべしも
はしきよし　かくのみからに　慕ひ来《こ》し
　妹が心の　すべもすべなさ
悔しかも　かく知らませば　あをによし
　国内《くぬち》ことごと　見せましものを
妹が見し　棟《あふち》の花は　散りぬべし
　我《あ》が泣く涙　いまだ干なくに

この挽歌は、憶良が大宰府の帥《そち》大伴旅人の妻大伴郎女の死に触れて詠んだものである。短文の中での長歌とそれへの反歌の引用であるから、今回は口語訳を省略するが、長歌の「恨めしき　妹の命の　我をばも　いかにせよとか　にほ鳥の　二人並び居　語らひし　心そむきて　家離りいます（恨めしい。妻がこのわたしにどうしろという気か。にお鳥のように二人並んで夫婦の語らいをした心を反故にして、家を離れて行かれた）」という結びの部分と、「泣く子なす　慕ひ来まして（泣く子のように慕ってこられて）」は響き合って、愛する者を失うことの哀切さ、愛と永別との必然への悶えるようなあらがいは、読者の胸を打つ。他者との関わりの中で見せる憶良的抒情とでも言うのだろうか。

ところで、この長歌は「大君の　遠の朝廷と　しらぬひ　筑紫の国に」と詠み出されている。大宰府をこのように官人憶良が認識していただろうことは、当時としては当然である。が、「しらぬひ」まではほとんど「筑紫」を導き出すための序詞ででもあるかのようである。憶良は、「大君」をその程度に考えていたのだろうか。

官人憶良と天皇との距離④

『万葉集』中の憶良の歌をすべて拾ってみよう。約４５００首の歌に付けられている番号を記してみる。六三、一四五、三三七、七九四～八〇五、八一三、八一四、八一八、（八五三～八六〇）、八六八～八七〇、（八七一～八七五）、八七六～八八二、八八六～九〇六、九七八、一五一八～一五二九、一五三七、一五三八、一七一六、（一七六四、一七六五）、（三八六〇～三八六九）。

（ ）内の番号の歌は、憶良の歌であるのかどうか、現在のところ確定できていないものである。これらを除いても『万葉集』には、憶良の歌が54首。

これの外に、詩、序などがある。ついでにそれの番号も挙げておこう。

七九四序・詩、八〇〇序、八〇二序、八〇四序、八一三序、八一五序、（八五三序）、八六八序、（八一七序）、八八六序・沈痾自哀文、八九七序・詩、六～八左注、一二左注、一八左注、三四題、八五左注、一六七三左注、四〇六五左注、四一六五左注。

これが『万葉集』に収録されている憶良の筆になる言葉、文のすべてである。これらのすべてに当たってみて、天皇に関する言葉を引き出してみることにする。こうした作業はとても今回だけでは終わらないので、ご面倒なことにお付き合いいただくことになるのだが、文武天皇の時代の官人憶良の天皇意識がどういうものであったかを探る唯一の方法である。

ところで、憶良は６６０年の誕生ということだが、その生の前半生は何も解っていない。７０１年、文武の政府は遣唐使を再開することにし、粟田真人以下を派遣するのだが、その随員の末席に「無位山於憶良」が記録されている。その役目は「少録」。すなわち書記官である。この時憶良42歳。これまで営々と中国の学に励んでいたのであろう。以後官人としての生涯を送るのだが、さて、そういう憶良の天皇意識とは。

六三の歌は、「いざ子ども　早く日本へ　大伴の　三津の浜松　待ち恋ひぬらむ」で、遣唐使として中国にあった時の歌。みんな早く日本に帰ろうよ、の意である。

官人憶良の天皇との距離⑤

一四五の歌は、『万葉集』巻二の「挽歌」の部立ての中に収録されている。この歌は左注に、「都を挽く時に作るところにあらずといへども、歌の意を准擬」して挽歌に入れるとなっており、有馬皇子が斉明天皇、皇太子中大兄に謀反を企てたとして絞首刑になった際の挽歌に「追和」して作った歌である。

翼なす　あり通ひつつ　見らめども
人こそ知らね　松は知るらむ

歌の意は「亡くなった人の魂は鳥のように行き来しながら見てもいいようが、人にはわからないだけで松は知っていよう」である。有馬皇子へのしみじみとした同情は、裏返せば死を強いた天皇への批判とまでにはなっていないが、言葉に表現できない思いを抱いていることが伺える。

三三七は、既に紹介した「憶良らは　今は　罷らむ」の歌である。

七九四からの数首は、大伴旅人のところで紹介した旅人が妻を失った際に贈った歌である。これには長文の序がついていて、憶良の漢籍の素養および当時の先進思想としての仏教の影響を知る資料として有名なものである。天皇との距離を知るためには関係ないが、この序の中の漢詩をついでに紹介しておこう。

愛河波浪已先滅　苦海煩悩亦無結
従来厭離此穢土　本願託生彼浄刹

書き下し文にしてみよう。

愛の波浪《はらう》すでに滅《き》え、
苦海の煩悩《ぼんなう》もまた結ぼほるることなし。
従来《むかしより》この穢土《ゑど》を厭離《をんり》せり、
本願《ほんぐわん》に生をその浄刹《じやうせつ》に託《よ》せむ。

「穢土を厭離せり」などと今からすれば問題のある思想ではあるのだが、ここにある全ての者が「愛欲煩悩」の「波浪」のまにまに生き、死んでゆくという「平等」の思想は、それはそれとして新しいものであった。これを極めれば天皇といえども同じ人であることにかわりはない。

この序の直後の「日本挽歌」の「日本」は「日本語」の意で、それまでの漢文との対比以上の意味ではない。延々と憶良の歌を追うが、もう少しお付き合いを願う。

官人憶良の天皇との距離⑥

八〇〇から八〇五までは、八〇五の存在に「神亀五年七月二十一日、嘉摩郡にして選定す。筑前国守山上憶良」とあるように、いわば小歌集をなしている。

八〇〇の歌は長い序がついた長歌である。この歌には憶良の「天皇意識」が表れているので、長歌だが全文引いておく。

父母を　見れば尊《たふと》し　妻子《めこ》見れば
めぐし愛《うつく》し　世の中は　かくぞことわり
もち鳥の　かからはしもよ　行くへ知らねば　う
け沓《ぐつ》を脱《ぬ》ぎ棄《つ》つるごとく　踏《ふ》み
脱《ぬ》きて　行くちふ人は　石木《いはき》より
生《な》り出《い》でし人か　汝《な》が名
告《の》らさね　天《あめ》へ行かば　汝《な》が
まにまに　地《つち》ならば　大君《おほきみ》います
この照らす　日月《ひつき》の下《した》は　天雲《あまくも》の　向伏《むかぶ》す極《きは》み
たにぐくの　さ渡る極《きは》み　聞《き》こし食《を》す　国のまほ
らぞ　かにかくに　欲《ほ》しきまにまに　然《しか》にはあら
じか

意は「父母を見ると尊いし、妻子を見るといとしくかわいい。世の中はこうあって当たり前。もち鳥のように寄り掛かりたいものだ。行く末もわからないのだから。穴のあいた沓を脱ぎ捨てるように蹴り脱いで行くという人は、石や木から出て来た人なのか。お前の名前を言いなさい。天へ行ったら勝手にすればよいが、地上には大君がいらっしゃるのだ。この照らしている日や月の下は、天雲のたなびく果てまで、ひきがえるの這い回る境までも、大君の治められる優れた国だ。あれこれと自分勝手にそうすべきではあるまい。」である。

ここで示されているのは、言葉通りの「通俗道徳」である。この小歌集に例の「瓜食《うりは》めば　子ども思ほゆ　栗食めば　まして偲《しの》はゆ　いづくより　来《きた》りしものそ　まなかひに　もとなかかりて　安眠《やすい》しなさぬ」と反歌「玉も　何せむに　優《すぐ》れる宝　子にしかめやも」が入っている。

如何にも憶良らしい歌ではある。しかし、これを「通俗道徳」にしたのはずっと後のことであって、この時代は新しい価値観であったことは知っておかねばならない。ここでの「大君」については次回。

官人憶良と天皇との距離⑦

さて八〇〇の歌の「地ならば　大君います　この照らす　日月の下は　天雲の　向伏す極み　たにぐくの　さ渡る極み　聞こし食す　国のまほらぞ」である。

これはどう憶良をひいき目に見たくとも、明らかに憶良の天皇意識を示している。この部分の口語訳をもう一度しておく。

ところで、ここで用いられている敬語表現を見てみよう。

まず、「大君います」の「います」である。これは「あり」「をり」の尊敬語である。「天皇がいらっしゃる」ということになる。憶良にとって当然のことながら天皇は尊敬語でもって表現される対象であった。というより、新興勢力として台頭しつつあった藤原氏に対して、どちらかといえば守旧勢力の一員であった憶良は、天皇意識が当時の人々の中でも強い方であったといえるだろう。もっとも、ひとの政治の立場などというものは、政治的信条によってのみではなく、人間関係や時の勢いなどによることは今も昔もそれほど変わることではなかろうから、守旧派すなわち天皇主義者ということではもちろんない。

「聞こし食す」は「治む」「食ふ」「飲む」などの尊敬語である。ここではもちろん「治む」。ついでに「まほら」は敬語ではないが、「ま」は接尾語、土地のほめ言葉で、「優れたよい所」くらいの意である。「まほらば」「まほろば」なども同じである。

先進国である中国を知っていた憶良が、中国との比較でこの国をどう考えていたのかについては、残されたものがないので検討しようもないのだが、彼がこの国の自然・風土を愛していたであろうことは、他の歌からも充分推測できる。

だが、同じ「大君」などという表現だが、例の「海ゆかば」では「大君の辺にこそ死なめ」で、この「め」は意志の助動詞「む」の已然形であるが、「天皇の傍で死にたい」「死のう」となる。このような言い方に対して、憶良の方は、「天皇支配」を当時の言葉で客観的に示しているだけである。このことは大きな意味を持っている。

官人憶良と天皇との距離⑧

閑話休題ということでもないのですが、ちょっと憶良はしばらく置いておいて、「君が代」の話をさせていただきます。

1月17日に新学習指導要領を撤回させる三多摩ネットワーク主催の恒例の集会がありました。今年のテーマは「国際化時代の『日の丸・君が代』」でした。いつものように地域の様々な立場の人々が参加して活発な討論が行なわれましたが、ここでも「君が代」の歌詞の内容についてが話題になっていました。例の「君が代」の「君」は誰を指すか、というヤツです。

この欄でわたしもこの歌の解釈について書いたことがあるのですが、そろそろ「君が代」の「君」は天皇を指すのであって、この歌の内容は主権在民の憲法に違反する、という批判について考え直す時が来ているのではないかと、みなさんの議論を聞きながら思いました。

と言いますのは、「君」は「君たちの君」であるとか、「愛するあなた」という意味であるなどという誰も信じない無理な解釈を「敵」はやめつつあるように思うのです。「愛するあなたにはいつまでもいつまでも生きていてほしい」などという歌を「国歌」として、これを「斉唱」する時に抵抗した教師を処分してまで強制することに無理があると一部感じてもいるでしょうし、大変不愉快なことに、現在の学校をめぐるというか、世の中全体の力関係の反映でもあるのでしょうが、この歌の「事実」を剥出しにしてきつつあるように思うのです。

ちょうど当通信の今号に岡村達雄さんが広島県教委と県教組の間でやりとりされた文書を紹介しておられますが、事態はかなり面倒なことになってきています。

「もちろん『君』は天皇を指しています。憲法第一条に規定されている国民統合の象徴である天皇を『君』と表現しているのです。戦後、武力を放棄して平和を守り、ここまで繁栄した象徴天皇を戴いた社会がいつまでも続いてほしいと念願する歌です」などと「敵」が居直る時をわたしたちは目前にしています。その時のことを考えておかないと。

次号からはまた憶良を。

官人憶良と天皇との距離⑧《ママ》

八〇〇番台には憶良の歌が多く収録されている。憶良の歌集と言ってよいほどである。既に触れたように、現在の我々から見ると「通俗道徳」的な、しかし当時であればかなり先進的な仏教思想の生活倫理への展開を示した歌が多いということが、このいわば「歌集」のひとつの特徴であり、もうひとつは、これらの歌の殆どは、憶良が筑前守であった時に詠まれたものであって、ちょうどその頃大宰府の帥であった大伴旅人との交流の中での作歌である。旅人に贈られた歌も多い。これらはいわば当時の知識人の知と風流心を媒介とした交流の様子を示すものとして、それはそれとして興味深いものではあるが、差当りここでの関心事ではない。

八九二には貧窮に関する問いと答えという文学的形式を借りて、国守経験者として当時の民衆の貧しさ一般に対する意見を述べたものとしてつとに有名な「貧窮問答《ひんぐうもんだふ》の歌」である。「風交《ま》じり　雨降る夜《よ》の　雨交じり　雪降る夜は　すべもなく　寒くしあれば　堅塩《かたしほ》を取りつづしろひ　糟湯酒《かすゆざけ》　うちすすろひて　しはぶかむ　鼻びしびしに」と歌い起こし、「しもと取る　里長《さとをさ》が声は　寝屋処《ねやど》まで　来立ち呼ばひぬ　かくばかり　すべなきものか　世の中の道」と歌いおさめる。教科書にもしばしば採用される歌である。

この歌はどこまでも当時の民衆の一般的な生活の様子を描いたものであって、エリート貴族ではなかったとはいえ、憶良は国守であったのだから彼の実感を詠んだものでは勿論ない。しかし、「天地《あめつち》は　広しといへど　我《あ》がためは　狭《さ》くやなりぬる　日月《ひつき》は　明《あか》しといへど　我《あ》がためは照りやたまはぬ」（天地は広いというが、わたしにとっては狭くなったのか、日月は明るいというが、わたしには照ってくださらぬのか）という表現は、自身支配の側の一員でありながら、天皇制支配に対する鋭い批判の言葉ではある。

もっとも憶良は、文学領域でしか表現しないという、それはそれで誠実でありつつ、しかし政治家であった自身を問うことはしていないという限界をはっきりと持っていることも指摘しておかねばならない。

この長歌に付けられた反歌

世の中を　憂《う》しとやさしと　思へども
飛び立ちかねつ　鳥にしあらねば

「辛い消え入りたい」と思うばかりで、さて自身の責任は。

官人憶良と天皇との距離⑨

歴史家故北山茂夫は、その著『萬葉集とその世紀（中）』で、憶良に触れた章の題を「貧窮問答の歌と山上憶良」としている。前回扱った八九二の貧窮問答の歌に憶良の中心をなす資質を見ているのだろう。

その資質をどう見ていたのかについて紹介する前に、何としても「貧窮問答の歌」にこだわりを持たざるを得なかった理由として、アララギ派による憶良の軽視というか、そこまで言わないまでも無理解に対する無念の思いがあったのであろうことは指摘しておかねばならない。

津田左右吉が、『文学に現はれたる我が国民思想の研究』の中で、「もし夫れ憶良の『恋男子名古日歌』（巻五）を読んで『若ければ道ゆき知らじまひはせむしたべの使負ひて通らせ』と黄泉路ゆく幼児の上を思ふ父の情に感ずる者は、寥々たる此の三十一音に、世に親子あってより以来の子に別れた親の涙が悉く集められてゐるかと、思はずにはゐられないだらう。人麿などの、美辞麗句を惜しげもなく並べたてた幾多の挽歌は、之と比べると殆ど皆な空言虚辞である。…」と既にはやく、人麿の評価はともかくとして、憶良をして、「たゞ憶良は詞藻の華やかさこそ人麿等に及ばないが、感情の深さと強さとに於いて、大に他の儕輩にぬけ出てゐる。当時の人であるから、特に鋭敏な感じ、繊細な官能を有つてゐたのでは無いが、多情多感の彼は現実の人生に対して溢るゝばかりの同情を濺いでゐる。彼のみは詩人として恥かしからぬ素質を具へてゐたのである」（傍点筆者）の批評を根底にして評価していたにもかかわらず、これが以後ほとんど顧みられることがなかったことへの無念である。

津田の言う「現実の人生に対して溢るゝばかりの同情を濺」ぐ資質が「貧窮問答の歌」を詠ませたのであろうし、これは根拠を挙げていると長くなるのではしょるが、憶良の資質のもうひとつの側面である「生への執着」などが、この詩人の内面で呼応しあって晩年の数多の歌が詠まれた。ならば、天皇との距離が同時代人に比して遠くなるのは自然であろう。天皇は「非現実」の象徴であり、他者の「生」を拒絶することにおいてそれとしてあるのは、当時も変わることはなかった。

官人憶良と天皇との距離⑩

前回で憶良は終わりにするつもりだったのだが、もう一度だけ続けさせていただく。

というのは、歴史家故北山茂夫の憶良論を紹介すると書いておきながら、それを残していることに今回の準備をしながら気が付いた。万葉集解釈に新しい境地を拓いた北山の仕事を是非とも紹介しておきたい。

憶良の「貧窮問答歌」は制作年代がわかっていない。筑前国司という肩書きがないことから、その官職を辞して後の、同じ作者の「沈痾自哀の文」の成立時天平5（733）年とほぼ同じ頃ではないかと北山は推測している。この推定の根拠は「貧窮問答歌」の中の、「短き材の端を截る」という諺の使用年代の範疇の確定による。とすれば、ほとんど政治意見書に等しいこの長歌を差し出した相手は、いくらなんでも親しい高官でなければならず、北山は不比等の子房前ではないかと推定している。根拠は憶良は房前の子八束と関係があったことが七九八の歌の左注によって知られているからである。

「行基とその集団のひきいる宗教運動が、平城京の周辺で空前の高まりをみせたのが、七三〇年（天平二）の秋であった。その波は急に引いてしまったわけではない。藤原武智麻呂の政権は、それに対して宥和の策をとるとともに、他方で、弾圧の体制を整えていた。その運動の内部には、力をのばしてきた地方豪族、有力農民のエネルギーが働いていたが、さらに根底をみれば、そこに、一般農民の困苦がひろまっていたに違いない。そして、その運動は、漠然たるものであれ、一種の社会不安をかもしていたと思われる。それを背景に、国司の経験を重ねてきた退任後の憶良がこの作品を書いた。それは、これまで、幾多の労作を重ねてきたこの人の、究極の姿であった。そこに、憶良の真面目があり、過渡期の作者の緊張にみちた典型をもみるのである。」

歌を時代の中に置いて見ることを捨てたアララギ派へのわたしの不満は、多く北山から学んだことによる。

最後に憶良の歌一首。

士やも　空しかるべき　万代に
　語り継ぐべき名は立てずして

万葉時代の民衆と天皇①

『万葉集』では巻七から巻一六までの間に無名の人々の唄が集められている。

まずそれらの歌のいくつかを挙げてみよう。

山城の　久世《くせ》の若子《わくご》が欲《ほ》しといふ
われ逢ふさわに　われを欲しといふ　山城の久世
二三六二

「逢ふさわに」とは、逢うとすぐにの意。何ともストレートな表現であるが、のびやかな官能とでもいうか、性愛に関して屈折した表現しか持てなくなった現代の人間にはうらやましいほどである。歌の形式は古歌とでもいうほかない。

玉垂《たまたれ》の　小簾《おず》の隙《すけき》に　入り通い
来《こ》ねたらちねの　母が問はさば　風と申さむ
二三六四

「ね」は上代語の終助詞で、他に対するあつらえの意を表す。…てください。…てほしい。「玉垂の」は「を」に、「たらちねの」は「母」にかかる枕詞。歌の意は、「すだれのすきまから入って通って来てください。物音を聞きつけて母が問うたら風のせいと申しましょう」くらいであろう。この歌は妻問婚という婚姻の習俗が生んだものである。親の目をごまかして恋を成就するのには昔も今も同様の苦労を若者たちはしたのであろう。というより、貴族でないかぎり殆どが農民であった社会にとって、若い娘は貴重な労働力であったから、それにチャラチャラと恋などされたのでは生産性が上がらず、親が腹立たしい分だけ今より締め付けが厳しかったかもしれない。それにしても微笑ましい歌である。

次に短歌。

たらちねの　母が手放《はな》れ　斯《か》くばかり
すべなき事は　いまだ為《せ》なくに
二三六八

歌の意は「母の手を離れてから、このようにどうしてよいかわからないことにまだでくわしたことがないよ」である。少女の初恋に胸うち震えるような思いが伝わってきて、こういう初さから遥か遠くなった者もなんだかせつない気分になる。この歌は語調もよく、歌の完成度も高いところを見ると、もしかすると、個人に属する歌ではなく、若い女性たちの間で恋歌としてしばしば歌われたものかもしれない。

万葉時代の民衆と天皇②

前回、『万葉集』巻十一から三首あげたが、巻十一の部立は、「古今相聞往来歌類之上《ここんさうもんわうらいかるゐのじやう》」となっているのだから、当然ではあるのだが、すべての歌が相聞的契機で詠まれている。

あれこれと理屈をいわず、少し当時の民衆の歌を楽しんでいただくことにしよう。尤も、民衆といってみたところで、民衆とは誰か、となるとこれもかなりやっかいな問題であって、我々の祖先である民百姓の誰でもが、万葉の時代に自在に歌を詠めたかとなると、これはかなり難しいところである。と、またごちゃごちゃと少ない紙幅を余計なことで。

とにかく貴族社会の人間ではなく、プロの歌詠みでもない人々というくらいにしておこう。

何時《いつ》はしも　恋《こ》ひぬ時とは　あらねども
　夕《ゆふ》かたまけて　恋はなすべし　二三七三

歌意は「いつだって恋しくない時などないけれど、夕方近くなると恋は遣る瀬ない」。薄暮の中での胸のときめきなどという世界から遥かに遠くなってしまったけれど、誰しも思い当るふしはあるはずである。

ぬばたまの　この夜《よ》な明けそ　あからひく
　朝《あさ》行く君を　待たば苦しも　二三八九

歌意は「(ぬばたまの)この夜よ明けるな。朝帰って行くあの人をまた待つのはつらい」。妻問婚という習俗が生んだ歌であって、十年ばかり前だろうか、「朝が来たのね、さよならね…」という歌が流行ったことがあったが、これとはシチュエイションが違う。歌謡曲の方のシーンを経験してみるのも悪くはないかもしれないが。

あからひく　肌《はだ》も触《ふ》れずて　寝《ね》たれども
心を異《け》には　我《わ》が思《おも》はなくに

二三九九

「あからひく」は、「朱ら引く」で、美しいという意。歌意は「美しい肌にも触れずひとり寝をしているけれど、心がわりをわたしがしたのではないよ」くらいであろう。与謝野晶子の「柔肌の熱き血潮に触れもせで…」の歌を思い起こすが、この歌も妻問婚の中での歌である。ままならぬ逢瀬を歌で思いを繋いでいたのであろう。言葉を紡ぐ契機としては恋は必要条件であった。

万葉時代の民衆と天皇③

これまでの二回に挙げた歌は、巻十一に収録されているもので、その多くはもともと『柿本朝臣人麻呂歌集』所収のものであった。従ってそれらは、当時の都周辺の人々によって詠まれた歌であることは確かである。『人麻呂歌集』とはいうが、ここに収録されている歌のすべてが人麻呂作ということではなく、人麻呂が採集した歌を多く含んでいる。これまで挙げた歌は、そういうものの中のものである。

これらの歌が、都周辺の豪族、農民の作歌、また民謡化したものであれ、宮廷人の影響を強く受けていることは確かである。人麻呂が採択したことからもそれは当然であるが、恋の感情の表出に、後に挙げる東歌に比較して、都人風の洗練さが見られる。『人麻呂歌集』からもう一首挙げよう。

我が背子が　その名告《の》らじと　たまきはる
命は捨てつ　忘れたまふな　二五三一

歌の意は「あなたのお名前は言うまいと、(たまきはる)命を捨てても誓います。忘れないでください」である。妻問婚という婚姻の習俗では、女は自分のところに通ってくる男(夫)の名を明かさないことがルールであった。事実、責められて男の名を明かすことなく自らの命を絶った女たちもあったのである。四句の「命は捨てつ」の「つ」は完了の助動詞で、現代語では「…た」と言いかえるほかないのだが、「たしかに」「きっと」「かならず」などの連用修飾語を補って訳すと実感に近い。その感覚を示したくて、わたしは「命を捨てても誓います」と口語訳したのである。きっぱりと決意を述べて、四句切れの歌にし、最終句の「忘れたまふな」は、そっとつぶやくかのような、読者をして切ない気分にさせる表現である。

相聞歌は、拘束、桎梏の強い環境の方が感情の高ぶりを見せて、歌として豊かであることは、辛いことではあるが、事実であろう。

『人麻呂歌集』からの歌はここまでとして、次回からは、東歌に移る。「民衆と天皇」と題しておきながら、天皇が出てこないが、もう少しお待ちいただきたい。

万葉時代の民衆と天皇④

『万葉集』巻一四に東歌として、雑歌、相聞歌、譬喩歌合わせて90首が収録されている。「東国」とは東海・東山両道に属する国を示し、律令時代には鈴鹿、不破両関の東の国々を指したようであるが、東歌として収録されているのは、遠江、駿河、伊豆、相模、武蔵、上総、下総、常陸、信濃、上野、下野、陸奥の諸地域である。645年（大化1）8月の「詔」に次のようなものがある。

東国等の国司を拝《め》す。仍《よ》りて国司等に詔して曰はく、「天神の奉《う》け寄《よさ》せたまひし随《まま》に、方《まさ》に今始めて万国《くにぐに》を修めむとす。凡そ国家《あめのした》の所有《たもて》る公民、大きに小《いささけ》きに領《あづか》れる人衆《ひとびと》を、汝等任《まけどころ》に之《まか》りて、皆戸籍《へのふみた》を作り、及田畝《またたはたけ》を校《かむが》へよ。（中略）又、閑曠《いたづら》なる所に兵庫を起造《つく》りて、国群の刀・甲・弓・矢を収め聚《あつ》め、辺国の近く蝦夷と境接《まぢは》る処には、尽《ことごとく》に其の兵を数え集めて、猶本主《なほもとぬし》に仮《あづ》け授《たま》ふべし。其れ倭国の六県《やまとのくにむつのあがた》に遣さるる使者、戸籍を造り、幷て田畝を校ふべし。（後略）」

これによると、東歌が詠まれた頃には、国司が東国に派遣されてから既に半世紀が経過している。国司という中央官人集団が、国府を権力の拠点として行政、司法、軍事を司っていた。これを補佐したのが地方豪族で、東歌では「殿」と呼ばれている。この地方豪族の中の有力者が郡司に任じられ、またこの層から朝廷に舎人、采女を差し出していた。

即ち、「天皇と民衆」というテーマに即して言うなら、既にこの時代の東国の民衆は、どれほどの実感を持っていたかはともかく、天皇という支配権力の中心人物については充分知っていたのである。

さて、東歌の中から数首挙げてみよう。

稲搗《いねつ》けば　かかる我《あ》が手を　今夜《こよひ》もか

殿《との》の若子《わくご》が　取りて嘆かむ

筑波嶺に　雪かも降らる　いなおかも
かなしき児ろが　布乾《にのほ》さるかも

前の歌の意は「稲を搗いて荒れたわたしの手を、今夜も館の君が取って嘆くことだろうか」であり、後の歌の意は「筑波嶺に雪が降ったのかな、違うかな。いとしいあの娘が布を干したのかな」ということである。願望も含めた若い男女の微笑ましい歌である。

万葉時代の民衆と天皇⑤

東歌を紹介する前に、『常陸国風土記』が、都周辺では歌垣といわれた「かがひ」について記した箇所に掲載している歌を読んでいただく。

筑波嶺に　逢はむと　いひし子は
誰《た》が言聞けば　神嶺　あすばけむ

歌意は「筑波山の歌垣で逢おうといったあの娘は、誰かの誘いを聞き入れて、神山でのあそびをしたのであろう、わたしには逢わないで」である。

もうひとつ。

筑波嶺に　廬《いほ》りて　妻なしに
わが寝む夜《よ》ろは　早やも　明けぬかも

これはもう誰でも意味をとれる歌である。「早やも明けぬかも」は早く明けてほしい、である。

これらの歌のすぐ後に「風土記」は「詠へる歌甚だ多くして載車《のす》るに勝《た》へず。俗の諺にいはく、筑波嶺の会《つどひ》に娉《つまどひ》の財《たから》を得ざれば、児女《むすめ》とせずといへり」などと刺激的なことを書いている。

それはともかく、この歌の歌型は、五・四・五・七・三・五で、短歌の形式に近くはあるが、当時の東国で流行っていた民謡の形式であったのだろうか。

東歌を読んでいただこう。

駿河の海　おしへに生ふる　浜つづら
汝《いまし》を頼み　母に違いぬ

「駿河の海の磯辺に生えた浜つづらのように長く、あなたをあてにして母にそむいた」というこの歌の心情などいつの時代の若者も同様の思いをしたようである。

筑波嶺の　をてもこのもに　守部《もりへ》すゑ
　母い守れども　魂《たま》そ合ひにける

「筑波嶺のあちらこちらに番人を置くように、母は見張っているが、魂は合ってしまった」

汝《な》が母に　こられ我《あ》は行く　青雲の
　出《い》で来《こ》我妹子《わぎもこ》　相見て行かむ

「おまえの母者に叱られてわたしは帰る。（青雲の）出て来ておくれおまえ。顔を見て帰ろう」

まかなしみ　寝《ぬ》れば言《こと》に出《ず》　さ寝《ね》なへば
　心の緒《を》ろに　乗りてかなしみ

「いとしさに、寝ると噂に上る。寝ずにいると、心に乗りかかってせつない」

万葉時代の民衆と天皇⑥

今回はあれこれ言わず東歌そのものを味わっていただこう。

ま遠くの　野にも逢《あ》はなむ　心なく
　里のみ中《なか》に　逢《あ》へる背《せ》なかも

「遠く離れた野ででも逢ってくれたらよかったのに。分別もなく、人里の中で逢ったあの人だ」

人言《ひとごと》の　繁《しげ》きによりて　まを薦《ごも》の
　同《おや》じ枕《まくら》は　我《わ》はまかじやも

「人の噂がひどいからとて、薦で作った同じ枕をわたしはせずにいられようか」

まかなしみ　寝《ぬ》れば言《こと》に出《ず》　さ寝《ね》なへば
　心の緒《を》ろに　乗りてかなしみ

「いとしさに寝ると噂に上る。寝ずにいると心の上に乗りかかってせつない」

我が目妻《めづま》　人は放《さ》くれど　朝顔《あさがほ》の
　としさへこごと　我《わ》が離《さか》ねがへ

「わたしの日妻を人は遠ざけるが、（朝顔の）としさへごと離れるのか（傍点部の日妻は、目で見るだけの妻の意か。としさへことごとについてはまったく意味がわからない。一説に、年＋サへ（助詞）＋コゴトと解し、コゴトはココダの訛りとするが、それでも難解である。ついでだが、万葉の歌には現在どうしても解釈が困難な歌が結構な数あるのだが、これを朝鮮語で読むというのが先頃流行ったが、どんなものだろうか。先進文明から多く学んだであろうし、従って現代でも意味もなく日本語の中に英語を多用する者があるように朝鮮語をまぜたキザ者がなかったことはなかろうが、だからといって、自分の主張に都合のいい歌だけを選択して朝鮮語で読むと、とやるのはどうも、とまた余計なことを）」

潮舟《しほぶね》の　置かれればかなし　さ寝《ね》つれば
人言繁《ひとごとしげ》し　汝《な》をどかもしむ

「（潮舟の）放っておけばせつない。共に寝ると人の噂がひどい。おまえをどうすればいいか」

ただ恋の歌である。ひたすらまっすぐ恋を詠む。東国の閉鎖性の強い共同体の中にあればこそ一層、自由への意志として恋を歌う。

万葉時代の民衆と天皇⑦

もう一首東歌をあげてみよう。

富士の嶺の　いや遠長き　山路をも
妹がりとへば　けによはず来ぬ

意は「富士の嶺のやたらに遠い山路でも、おまえに逢うためであればどんな苦労をしてでもやって来た」くらいであろうか。「けによはず来ぬ」のケは息の意だろうか。ニヨフは、うめく。ここは、長い道のりを難渋して行くことをいう。農耕民であった東国の若者は、昼間の労働の上に、夜になれば愛する者を訊ねたい。そしてまた、早朝には労働に従事せねばならないのである。それでも会いたい。「けによはず来ぬ」という表現から、愛する者に会いに激しい息遣いをしながら走っている青年の表情まで想像できるほどである。さて、東国の人々の歌といえば、防人歌をどうしても想起する。

防人という制度がどういうものであったのか。中央政治権力にとって、西辺の守りになぜ東国の民を動員するという常識からすれば無駄を承知のことをせねばならなかったのか。これらはおいおい明らかにするにしても、まずは防人歌をあげてみよう。東歌という部立ての中に、防人歌であることが明らかな歌が含まれていることからして、東歌の収拾と防人歌の収拾とは、そう大きく時代が隔たっているわけではないことは明らかである。それにしては、随分趣の異なった歌が登場する。それはなぜか。やっとこの辺りで「万葉時代の民衆と天皇」の項の中心のテーマに踏み入ることになる。

戦前の教育を受けられた方なら誰でもご存知の歌からゆこう。

今日よりは　顧《かへり》みなくて　大君の
醜《しこ》のみ楯と　出で立つ我《われ》は
右の一首火長今奉部与曾布《いままつりべのよそふ》

意は今更の感なきにしもあらずだが、まあ口語訳しておこう。「今日からは、振り返らないで、大君のつたない護りとして行くのだおれは」くらいのところであろう。「勝ってくるぞと勇ましく…」の種の男ぶりである。この歌と先にあげた「けによはず来ぬ」との間には千里の径庭がある。それはなぜか。どうしてこういうことになってしまったのか。この歌の「左注」の「火長今奉部与曾布」に留意しておいて欲しい。

万葉時代の民衆と天皇⑧

防人たちの歌をいくつか鑑賞することにしよう。

足柄の　み坂給はり　顧みず　我《あれ》は越《く》え行く　荒《あら》
し男《を》も　立たしやはばかる　不破の関　越《く》えて我《わ》
は行く　馬《むま》の爪　筑紫の崎に　留《ち》まり居《ゐ》て　我《あれ》は
斎《いは》わむ　諸《もろもろ》は　幸《さけ》くと申《まを》す　帰り来《く》までに
右の一首、大和文部可良麻呂《しとりべのからまろ》

何だかとにかく元気一杯ではあるのだが、それこそ何だか元気の空回りの感じのする歌である。

歌の意は、「足柄の神の坂を通り、あとも見ず、おれは越え行く。暴れ者でさえ進みかねるという不破の関を超えておれは行く。（馬の爪）筑紫の岬に駐留して、おれは慎み守ろう。故国の諸人よ、達者でいろと神に祈る。帰って来るまでは」というところだろうか。

もう一首。

天地《あめつち》の　神を祈りて　さつ矢貫《やぬ》き
筑紫の島を　さして行く我《われ》は

右の一首、火長大田部荒耳《おほたべのあらみみ》

意は「天地の神を祈って、矢を靫《ゆぎ》に刺し、筑紫の島をさして行くのだおれは」である。

さらに一首。

難波津《なにはと》を　漕ぎ出て見れば　神《かみ》さぶる
生駒高嶺《いこまたかね》に　雲そたなびく

右の一首、梁田郡《やなだこほり》の上丁大田部三成《おほたべのみなり》　この歌の意はまあ読んでの通りである。

簡単に挙げているように感じられるかもしれないが、防人歌の中から親や妻、子、愛人との別れ、生活苦の表現といったものを含んでいないものを探すのは、結構面倒なくらいのことである。勿論すべて目を通したところで大した数ではないのであるが、こういうことを言いたくなるほどに、「防人」などという名とはイメージの異なる歌ばかりである。

それらの中から数首挙げてみよう。

我《わ》ろ旅は　旅人思《おも》ほど　家《いひ》にして
子持《こめ》痩《や》すらむ　我が妻《み》かなしも

右の一首、玉作部広目《たまつくりべのひろめ》

忘らむて　野行き山行き　我来《われく》れど
我《わ》が父母は　忘れせぬかも

右の一首、商長首麻呂《あきのおさのおびとまろ》

たらちねの　母を別れて　まこと我《われ》
旅の仮廬《かりほ》に　安く寝むかも

右の一首、国造丁日下部使主三中《くにのみやつこのよほろくさかべのおみみなか》

この歌などほとんどだらしないほどのものである。

万葉時代の民衆と天皇⑨

そろそろこの項も結論にした方がいいのかも知れないが、それでは初めから結論を持っていたようで（もちろん長い間『万葉集』を読んでいるのだからある程度の考えは持っていた）、味気ないので、相聞的契機で詠まれた防人歌をもう少し挙げておこう。

我妹子《わぎめこ》と　二人我が見し　うち寄《え》する
駿河の嶺らは　恋《くふ》しくめあるか

右の一首、春日部麻呂

意は「いとしい妻と二人で眺めた、（うち寄する）駿河の嶺は恋しいことだ」である。駿河の国から、本人にしてみれば、遥かイメージもできない遠方へ向けての出立時のひととき、妻と富士山でも眺めたのだろうか。歌として別段何ということもないものであるが、「二人我が見し」という表現は、古代の日本人がしばしば用いたもので、「二人で見たのに今は一人」という「愛する存在の欠落」を象徴する言葉である。

松の木《け》の　並みたる見れば　家人《いはびと》の
　我《われ》を見送ると　立たりしもころ

右の一首、火長物部真島

意は「松の木の並んでいるのを見ると、家人がおれを見送るとて立っていたように見える」であろう。

もうこうなると「防人」などという任など眼中にない。心はただもの寂しいばかりである。

愛するというより思慕の対象は、青年にとって妻のみならず母もそれです。

天地《あめつし》の　いづれの神を　祈らばか
　愛《うつく》し母に　また言問はむ

右の一首、埴生郡の大伴部麻与佐

意は「天地の神々の、どちらの神に祈ったら、いとしい母にまたことばをかけられようか」。

こうして生木を引き裂くようにして若者たちは駆りだされて行ったのです。勇ましい歌など詠みようがありません。

防人歌にとって作者名は殆ど意味をもたないにもかかわらず一々挙げたのは、名よりその上に記された役職が問題だからです。痛ましいまでに勇ましい歌を残している人は、どうも徴兵された一地域の集団の小隊長のような位置にあった人のようです。このことは、現在の天皇制においても共通する問題です。「逆上がり」の悲しさを思います。

万葉時代の民衆と天皇⑩

この文章はスラッと読み捨てて頂くことを旨として書いているのだが、防人歌に関しては、なかなかそうもいかないところがあって、ちょっと面倒な文章を引用することをお許しいただきたい。

「古代の防人、日中戦争、太平洋戦争の従軍将兵の背後に横たわる民族的現実は、国土防衛ないしは戦役であろう。そして、そこに、世襲王権の歴史的権威がイデオロギーとして流れ、戦争時代にそれがあらゆる機会において宣揚されていた。『歌集　新日本頌』（注）などは、そういう空気で充満しており、いま読んでもたいへん息苦しい。

　戦時下の短歌は、銃後においてこそいっそうたけだけしく観念的である。斎藤茂吉、折口信夫らのおたけびなど、詩人的であるよりも人間的に愚劣で俗悪である。そして、それは、かれらの日常詠作と緊密につらならない。防人歌の『言立て』的要素は、ここに伝統の流れをひいているのではないか。

　それに対して、戦場短歌は、防人歌の主要な傾向に呼応しており、不幸な時代の文学としての生命を保っているものがすくなくない。」

　北山茂夫の「防人歌についての史的断想」（『萬葉の世紀とその前後（上）』）からの引用である。

　ここでいう戦場短歌とは、次のようなものである。

我が田畑荒るれど作ると言ふ妻に施肥《せひ》のおぼえを書きておくりぬ　上原吉之助

昨夜の戦ひの悲惨なる様も既に遠く霜果てしなき黄土を進む　渡辺直己

言ひおかむことにも触れず別れ来ぬ黄河の水に佇《た》ちつつ思ふ　田代清助

鉄兜《てつかぶと》脱ぎつつ来るに我も寄り生きてゐしかとはや涙ぐむ　川野弘之

背嚢《はいなう》のなかの品々かたづくる友等も吾も言葉すくなし　竹村豊

北山はこれらの戦場詠にこそ「防人歌の主要な傾向」、それを北山は「東国農民の生産ないし実生活と徭役（防人役もそれである）との矛盾のなかに、かれらに独特の歌が生まれ」、その資質が継承されているというのである。

（注）『歌集　新日本頌』（佐佐木信綱、窪田空穂、斎藤茂吉、1942年11月刊）

万葉時代の民衆と天皇⑪

防人歌について考える際に、もう一つの大切な視点として、当時の東国における母系制の名残り、という問題があります。

二首の歌をあげてみます。

旅行きに　行くと知らずて　母父《あもしし》に
言申《ことまを》さずて　今ぞ悔《くや》しけ
右の一首、寒川郡の上丁川上臣老

忘らむて　野行き山行き　我来れど
我が父母は　忘れせぬかも
右の一首、商長首麻呂《あきのおさのおびとまろ》

前者の意は、「長旅に行くと知らず知らずに、母父に挨拶をせずに来て、今では悔しい。」

後者の意は、「忘れようと、野行き山行きおれは来たが、おれの父母は忘れられない。」というところでしょう。

この二首に「母父」（あもししはオモチチの訛り）と「父母」という語が出てきますが、チチと並べてオモを先にいうのは、母系列の名残りです。東歌、防人歌を通じて、東海地方はチチハハ、東山道山岳地帯はオモチチとおおむね分布を異にしています。先の歌の作者の出身地寒川郡は、栃木県の下都賀郡から栃木市、小山市の一部を含む辺りです。この東山道山岳地帯にはチチを詠んだ歌が一首もないほどです。

ところで、山上憶良は「惑へる情を反さしむる歌」の序に、「…三綱を示し、五教をさらに説くべく…」と書いています。

三綱とは、君臣、父子、夫婦の三つの大切なものを示し、五教とは、父は義、母は慈、兄は友、弟は順、子は孝という、いわゆる五常の教えです。儒教思想です。当時の官人にして先進文化人であった憶良は儒教の影響を強く受けていますが、東国農民はまだこれを知りません。君臣などという概念など無縁でした。

東歌の中の「母」をあげてみましょう。

駿河の海　おしへに生《お》ふる　浜つづら
汝《いまし》を頼み　母に違《たが》ひぬ

筑波嶺の　をてもこのもに　守部《もりへ》すゑ
母い守れども　魂《たま》そ合ひにける

汝《な》が母に　こられ我《あ》は行く　青雲《あおくも》の
出で来《こ》我妹子《わぎもこ》　相見て行かむ

保護者であり、恋の監視役即ち結婚に対する強力な認許可権をもった母。確固たる母権社会であったことを窺わせます。

万葉時代の民衆と天皇⑫

防人歌が詠まれた頃の東国民衆は、まだ母権社会の残滓を色濃く残していた暮らしの中にいた。もう少し防人歌を挙げてみよう。

時々《ときとき》の　花は咲けども　何すれぞ
母とふ花の　咲き出来《ときとき》ずけむ

意は「四季折々の花は咲くのにどうして母という花は咲きださないのだろうか」です。何だか頼りない男の歌のようにも思いますが、素朴で微笑ましい歌ではあります。

難波津に　装《よそ》ひ装ひて　今日の日や
出で罷《まか》らむ　見る母なしに

意は「難波津で、だんだん用意を整えて、今日こそは出発することか。見てくれる母もなくて」です。現在の大阪までは徒歩ですが、ここからは船で西へ向かいます。海上交通は何しろ初体験ですから、不安の中で思うのはただ母のことです。

たらちねの　母を別れて　まこと我
旅の仮廬《かりほ》に　安く寝むかも

意は「（たらちねの）母に別れてほんとうにおれは旅の仮小屋で気楽に寝られようか」です。

天地《あめつし》の　いづれの神を　祈らばか
愛《うつく》し母に　また言問はむ

意は「天地の神々の、どちらの神に祈ったら、いとしい母にまたことばをかけられようか」です。

これらの歌が、もし「防人歌」という部立ての中になかったとしたら、これをいわゆる戦時の出征兵士ではないにしても、生地から遠く離れて、何しろ地図のない時代のことですから、イメージさえ持てない土地へ、兵士として駆り出されてゆく際の歌だとはとても思えません。

やるせないほどの母への思慕と、庇護者としての母へのもたれ掛かりみられる心情からは、これが、中央政治の場においては律令体制が既に確立されていた時代のものとは考えられないほどです。

東海地方から徐々に父権社会の思想、文化が東国に侵入しつつありましたが、それでも多くの人々の生活の根を規定する人間関係のところにまでは影響を与えていなかったようです。

そうした中でいち早く新しいものを取り入れるのは先進文化人です。ちょうど「昭和10年代」の学生層が「日本浪漫派」の影響を強く受けたように。

万葉時代の民衆と天皇⑬

前号でまったく余計なことに、母系制社会の残滓が色濃く残っている東国の民衆の日々の暮らしの中に、父権社会の思想が侵入を開始しており、それが防人歌の中の突出した歌としての「今日よりは顧みなくて大君の醜の御楯と出で立つ我は」などにあらわれており、こういう「新思想」をまず受け入れるのが「先進文化人」で、「昭和」の「時代」の「日本浪漫派」の受容も同じようなことであったろう、などと口走ったというか手走ってしまった。

本来なら、こういう言葉はいいかげんに使うべきでないことは重々承知しており、言ったからには丁寧に展開すべきであることも承知しているのだが、ここでやることでもないように思うので、言葉のすべりとしてお許しいただきたい。

さて、今回でこの項は終わりにしたいと思っているが、もうまとめをする必要もなかろう。

すなわち、東歌から、東歌の一部門形成すると考えてもいい防人歌まで含めて、当時の東国の民衆の日常は、母系制社会の名残りが強くある社会に規程されており、人々はそういう感覚の中で生きていた。大和朝廷を中心とする社会で、新興の思想として形成されつつあった、父権的制度（古代天皇制）を下部構造とする思想と、中国から輸入された仏教と儒教の影響が、東海地方から徐々に侵入しつつあって、おそらく人々は新しい時代が始まりつつある予感を強く持っていただろう。ところで、そうした新思想をまず受容するのは、それぞれの地域の中の「先進文化人」であった。この層の人々が、多くの場合言葉を独占しているがゆえに、遺された言葉は、全体として天皇制を受け入れて人々は暮らしていたかのように、後代の人間は読み取ってしまいがちだが、その辺りは想像力を働かせて読まなければならない。まして、東歌、防人歌には、天皇制の影響を受けた歌の方が圧倒的に少数なのである。

最後に防人歌を二首挙げよう。

国々の　防人集ひ　舟乗りて
　別るを見れば　いともなすべし

行こ先に　波なとゑらひ　後ろには
　子をと妻をと　置きてとも来ぬ

民衆の実の姿である。

遣新羅使の歌①

東歌、防人歌と民衆の歌を扱ってきましたが、ここら辺りで山上憶良、山部赤人亡きあと、大伴家持が登場するまでの間の都周辺で詠まれた歌へと話題を転じます。

７３６（天平８）年２月28日、聖武天皇は阿部継麻呂を遣新羅大使に任命しています。副使は大伴宿禰三中です。他に壬生使主宇太麻呂、大蔵忌寸麻呂らが使節団に加わったようですが、詳細はわかっていません。この頃、都では疫病が蔓延し、藤原房前らの兄弟をはじめとして、政府高官が多く死亡しています。

こうした中で、新羅へ大使節団を派遣するという事業を進めるには余程の理由があったのでしょう。

と言いますのは、『続日本紀』によりますと、７３５（天平７）年２月17日に、新羅の使者金相貞らが入京していますが、朝廷は、新羅が「王城国」と名のったのを不当として追い返しています。天武、持統の時代以来続けてきた新羅との関係が危機に陥ります。この時には新羅の側もいいかげんな妥協はしなかったようです。

遣新羅使はこのような外交関係の破綻の危機の中で、新羅側の外交方針に探りを入れるという任務を負っていました。使節団は緊張していたことでしょう。

『万葉集』巻一五の目録は、次のように記しています。

「天平八年丙子の夏六月、使ひを新羅国に遣はす時に、使人等各々別れを悲しびて贈答し、また海路の上にして旅を慟み思ひを陳べて作る歌、併せて所に当たりて誦詠する古歌一百四十五首」

この145首の歌群の冒頭に置かれている11首の贈答歌の中から2首挙げてみます。

　武庫の浦の　入江の渚鳥　羽ぐくもる
　　君を離れて　恋に死ぬべし

意は「武庫の浦の渚鳥のように、羽ぐくまれたあなたに別れて、恋に死にそうです」

　我妹子が　下にも着よと　贈りたる
　　衣の紐を　我解かめやも

意は「あなたが肌に着けるようにと贈ってくれた衣の紐をわたしは解くものか」。

政治的緊張感は感じられず、相聞的契機で詠まれています。

遣新羅使の歌②

遣新羅使145首の歌群については、新羅と大和朝廷の間の政治的緊張関係があった時期の使節団の歌としては、何とも理解困難な点が多いものです。多くの不明な点もあります。

だいたいにおいて、「公的使節団」による小歌集の冒頭が相聞的契機によって詠まれた贈答歌であることからして、少々理解に苦しむところです。1首、前回に挙げた歌と重複しますが、11首の贈答歌中冒頭の4首を並べてみます。

女　武庫《むこ》の浦の　入江《いりえ》の渚鳥《すどり》　羽《は》ぐくもる
　　君を離れて　恋に死ぬべし
男　大舟に　妹《いも》乗るものに　あらませば
　　羽ぐくみ持ちて　行かましものを
女　君が行く　海辺の宿《やど》に　霧《きり》立たば
　　我《あ》が立ち嘆く　息《いき》と知りませ
男　秋さらば　相見《あひみ》むものを　なにしかも
　　霧に立つべく　嘆きしまさむ

歌意は順に、「武庫の浦の入り江の渚鳥のように、羽ぐくまれたあなたに別れて、恋い死にそうです」・「大舟に妻が乗ってよいものであったなら、羽ぐくみ抱いて行きもしように」・「あなたが行く海辺の泊まりに霧が立ったら、わたしが立ち嘆く息と思ってください」・「秋になったら逢えるだろうに、どうして霧に立つほども嘆くのですか」です。これらの歌の作者は不明ですが、こうした別れの辛さを主題として詠まれた歌は、遣新羅使の歌群全体の基調をなしていて、事実海上交通を経て新羅に行くなどということは、現在の我々の想像を遥かに越えるほどの困難なことであったでしょうから、別れの辛さがひとしおであったろうことは理解できるのですが、それにしてもの感は否めません。

なぜこういうことになったのかについては、筆者自身にも理解できていない点も多いのですが、他の歌を挙げつつおいおい推論してみます。

ところで、女性の方の「悲しみのトーン」が高いことに気付かれたでしょうか。殆ど時代は同じであるのに、東歌に見られるような母系社会の名残りのある東国と都とでは男と女の関係にこれほどの差があるのです。「恋に死ぬべし」など、歌謡曲の歌詞のようです。

遣新羅使の歌③

遣新羅使の歌群には更に不思議なことがあって、145首の歌がありながら、圧倒的多数が難波津から対馬までの往路の歌であって、新羅の地での歌は1首もなく、帰路についても、播磨の国の家島（姫路市の南方海上にある群島）付近で詠んだ5首だけです。

どうしてこういうことになったのでしょうか。理由として以下のようなことが想像できます。①新羅の地では、何分にもかなり困難な政治情勢の中で、相手国の腹を探りに行った使節団ですから、呑気に歌など詠んでいる余裕がなかった。②あるいは、この小歌集は前回挙げた冒頭の贈答歌11首の作者である「無名氏」が編集者であるというのがほぼ定説になっていますので、「無名氏」に意図、あるいは何らかの事情があって、新羅の地での歌はあったのだけれど、採用しなかったか、採用できなかったかのどちらか。

しかし、こうやって想像してみても、では帰路の歌が5首だけというのは、と考えますと、不可解としか言えません。まして、この5首は「無名氏」のものです。ということは、どうもこの使節団は往路の歌だけを残して、歌作はやめてしまったようです。

これはどうも新羅に着いて以降は歌どころの気分ではなかったのかもしれません。新羅の対応は厳しく、使節団に成果はなく、その上『続日本紀』によりますと、大使阿部継麻呂は帰路対馬において没し、副大使大伴三中も疫病に罹って一行に遅れています。もう散々な目に会ったようです。

それにしても歌を。

安芸国の長門の島にして船を磯辺に泊てて作る
石走る　滝もとどろに　鳴く蝉の　声をし聞けば
　都し思ほゆ

右の一首は、大石蓑麻呂のなり。

これを受けて、「無名氏」の歌。

山川の　清き川瀬に遊べども
　奈良の都は　忘れかねつも

何を見てもとにかく都です。心ここにあらずです。歌群全体の特徴で、対象としての自然も都周辺の自然との対照でのみ意味を持ったようです。文化のみならず自然も都こそ、というのが官人の意識です。

遣新羅使の歌④

新羅へ向った使節団一行の中からは、往路にして既に死者が出ています。壱岐島で雪宅満《ゆきのやかまろ》が「鬼病《えやみ》（疫病）」で没しています。

同行者の中で三人が挽歌を残していますが、この小歌集の編集者であろう「無名」氏の歌を見てみましょう。

天皇《すめろき》の　遠《とほ》の朝廷《みかど》と　韓国《からくに》に　渡るわが背《せ》は　家《いへ》人《びと》の　斎《いわ》ひ待たねか　正身《ただみ》かも　過《あやまち》しけむ　秋さらば　帰りまさむと　たらちねの　母に申《まを》して　時も過ぎ　月も経ぬれば　今日か来む　明日かも来むと　家人は　待ち恋ふらむに　遠の国　いまだも着かず　大和をも　遠く離《さか》りて　石《いは》が根の　荒は島根に　宿《やど》りする君

反　歌

石田野《いはたの》に　宿《やど》りする君　家人《いへびと》の
　いづらとわれを問はば　如何《いか》に言はむ

世の中は　常かくのみと　別れぬる

君にやもとな　吾《あ》が恋ひ行かむ

挽歌としてはいかにも凡庸で、万葉集中の秀歌の一つに数え挙げて誰からも異論が出ないであろう柿本人麻呂の挽歌の肺腑を抉るようなものに比すると、この「無名」氏の歌はあたかも義務で詠んだ歌のようでさえあります。

ただここで問題にしたいのは、「天皇の　遠の朝廷と韓国に」という冒頭部分です。直訳しますと、「天皇の遠い政庁である韓国に」となります。ここでの「韓国」はもちろん新羅を指します。「学校日本史」で教えられたように、四、五世紀の頃、大和権力は朝鮮半島に勢力を拡大しようとして、任那に「日本府」をつくったということですが、少なくとも新羅を支配したことはありませんし、属国にしたこともありません。にもかかわらず「天皇の遠の朝廷と韓国に」と言いなします。新羅の側からすれば不愉快きわまりないのは当然です。だからこそ既に書きましたように、この使節団に対して厳しい対応をしたでしょうし、使節団はそれが余程応えたのか、新羅での歌を一首も作れなかったのです。

こういう表現は、作者独自の視点ではもちろんなく、当時の大和権力全体の認識です。以後千年たってもこの国人は変わりません。

遣新羅使の歌⑤

遣新羅使の一行は壱岐を出て、いよいよ最果ての島対馬に至ります。

対馬での歌

対馬の島の浅茅の浦に至り舟泊まりする時に、順風を得ずて、経停すること五箇日なり。ここに物華を瞻望し、各慟心を陳べて作る歌三首

百舟《ももふね》の　泊《は》つる対馬の　浅茅山
しぐれの雨に　もみたひにけり

天離《あまさか》る　鄙《ひな》にも月は　照れれども
妹そ遠くは　別れ来にける

秋されば　置く露霜に　あへずして
都の山は　色付きぬらむ

各歌の意は「多くの舟が泊まる津の島―対馬の浅茅山は、しぐれの雨に紅葉してしまった」「（天離る）鄙にも

月は照っているが、妻には遠く別れて来てしまった」「秋になると置く露霜に堪えかねて、都の山は色づいたであろう」です。

斎藤茂吉は『万葉秀歌』に遣新羅使の歌は5首しか採用していませんが、その中にはこの「百舟の…」の歌を入れています。これらの歌は「無名」氏の歌。

どこまで貫徹していたかについては何とも言えないところではありますが、大和朝廷の支配地域から離れ、観念の中では権威が及んでいる地域とは思うものの、現実的な政治諸関係においては艱難が予想される新羅を目前にして、心はどうしても前向きにはならず、その上秋は深まってきます。

しみじみとした趣のある歌です。

この対馬で一行は宴を設けています。その折りの歌が18首記録されていますが、中に、玉槻という呼び名の「遊行女婦」の歌が2首収録されています。

もみち葉の　散らふ山辺ゆ　漕ぐ舟の
　にほひめでて　出でて来にけり
竹敷《たかしき》の　玉藻なびかし　漕ぎ出でなむ
　君がみ舟を　何時とか待たむ

右の二首、対馬の娘子、名を玉槻といふ。

意は「もみじ葉の散る山辺を漕ぐ舟の、色に引かれて参上しました」「竹敷の玉藻をなびかせ漕ぎ出される、君のみ舟をいつの日に逢えると待ちましょうか」です。

「遊行女婦」という存在についてはよくわかっていないところが多いのですが、役を果たして充分の歌ではあります。

万葉後期の大伴家持は細川か①

万葉時代も後期に入ります。まだまだ万葉時代から拾ってゆけば、関心のあるところも多いのですが、他に取り上げてみたい文書も数限りなくありますので、万葉時代についてはこの項で終わりにしようと考えています。

「大伴家持は細川か」なんぞとキワモノ風な題をつけたことをお許しください。当たり前のことですが、古文を読む際に、現在の状況に引き寄せて自分の都合のよいように読むのは好きではありません。時代と状況を異にする文書について、如何にも問題意識を持って読み込んでいるかのような読み方は、どう言い逃れをしようともイデオロギッシュであるという批判は免れ得ません。こういう読み方は誠実であればあるほど不正確にならざるを得ないと考えています。従って、これまでにも万葉時代の「先進文化人」と日本浪漫派の人々との類比について少々口をすべらせたくらいで、自制してきました。ただ今回だけは、時代に対して色々と腹が立つことも多いことですし、万葉時代の終りでもありますからご勘弁ください。

万葉後期がどういう時代であったかについては、次回に少し詳しく書くことにします。

小さな贈答歌集から男女各一首ずつを挙げます。

　よく渡る　人は年にも　ありといふを
　　何時《いつ》の間にそも　我《あ》が恋ひける

意は「よく堪える人は一年でも逢わないでいられるというのに、いつの間にわたしはこんなに苦しい恋をしてしまったのだろう」

　佐保川《さほがわ》の　岸のつかさの　柴な刈りそね　ありつ
　　つも　春し来《きた》らば　立ち隠《かく》るがね

意は「佐保川の岸の高みの柴は刈らないでおくれ。このままにしておいて、春になったら隠れて逢うために」。作者は、藤原不比等《ふひと》の四男麻呂《まろ》と大伴坂上郎女《さかのうへのいらつめ》です。時代は藤原氏を中心とした律令官僚派と大伴氏もその一員であった皇親派との暗闘の時代です。歌からして坂上郎女は麻呂の「正室」になるようなことはなかったようです。この坂上郎女が大伴家持《やかもち》の成年期に大きな影響を与えました。

万葉後期の大伴家持は細川か②

大伴坂上郎女《さかのうへのいらつめ》については、「郎女は佐保大納言卿の女《むすめ》なり。はじめ一品穂積《いっぽんほづみ》皇子に嫁ぎ、寵《うつくしび》をかがふること類なし。しかして皇子薨ぜし後時《のち》に、藤原麻呂大夫、郎女を娉《つまど》ふ。郎女、坂上の里に家ゐす。よりて族氏号《やからなづ》けて坂上郎女といふ」という家持の記述が残されています。

最初に天武の子穂積と結婚し、穂積没後、前回の贈答歌から知られるように、藤原不比等の四男麻呂との間に恋が成立したようです。しかし、郎女は麻呂の「正室」になることはなかったようで、麻呂が佐保川を渡って郎女の許へ通ったようですが、この恋は長くは続かなかったらしい。というのは、郎女はのちに異母兄の宿奈麻呂《すくなまろ》と結ばれ、二人の女子を産んでいるからです。坂上大嬢《おほいらつめ》と二嬢《おといらつめ》です。この大嬢が後年の大伴家持の「正妻」です。

さて、この大伴坂上郎女という女性がどういう人であり、家持にどういう影響を与えた人であるかについて学んでみます。

郎女は大伴安麻呂《やすまろ》の娘で、旅人と同父異母兄弟の間でした。旅人は太宰帥《だざいのそち》として九州の地にあった時に、妻を亡くしていますが、残された歌から、郎女も大宰府にいたことが想像され、旅人は妻没後、大伴氏の要として郎女を呼び寄せたのではないでしょうか。

大伴坂上郎女、神を祭る歌一首并せて短歌

ひさかたの　天《あま》の原より　生《あ》れ来《きた》る　神の命《みこと》　奥
山に　さかきの枝に　しらか付け　木綿《ゆふ》取り付け
て　斎瓮《いはいへ》を　斎ひほりすゑ　竹玉《たけたま》を　しじに貫《ぬ》き
垂《た》れ　鹿《しし》じもの　膝《ひざ》折り伏して　たわやめの　お
すひ取りかけ　かくだにも　我《あれ》は祈《こ》ひなむ　君に
逢はじかも

反歌

木綿たたみ　手に取り持ちて　かくだにも　我は
祈ひなむ　君に逢はじかも

右の歌は、天平五年の冬十一月をもちて、大伴の氏の神を供祭る時に、いささかにこの歌を作る。故に神を祭る歌といふ。

この相聞歌の趣きを持ちながら、一族の祭の場で、団結を促す歌を作るというところに郎女の面目躍如たるものがあります。

万葉後期の大伴家持は細川か③

大伴坂上郎女という人がどういう人であるかは、前回の長歌に充分しめされているように思いますが、もう一首挙げてみましょう。

大伴坂上郎女の親族《うがら》を宴《うたげ》する歌一首

かくしつつ　遊び飲みこそ　草木すら
春は生《お》ひつつ　秋は散り行く

歌の意は「こうしていつも遊び飲んでください。草木でさえ春は生い茂って、秋は散ってゆくのです」です。この「こそ」は他人に対する希求を表わす語で、この語によって、この宴席の主催者が郎女であったことが知られます。

この歌は『万葉集』巻六の配列からして、大伴旅人没後2年の作と考えられます。藤原氏の勢力に押され続け、少々文化人気質の強過ぎる人ではありましたが、それにしても当時の権力中枢にあって一定の位置を持っていた一族の中心旅人を失った大伴氏一族の宴会で、「草木にさえ盛衰があるのだから、人間にそれがあって当然だ」と詠む郎女という人の雰囲気をよく伝える歌です。異母兄旅人の「酒を讃むる歌」に通ずる一種享楽的性格を持った人だったのでしょうか。「飲もう飲もう、生きてりゃいろんなことがありますよ」とでも言っているかのようです。

さて家持です。母の名は明らかではありません。旅人の「正室」大伴郎女にはこどもがありませんでしたので、彼は佐保大納言家の後継者として育てられます。

父旅人が太宰帥《だざいのそち》として府に赴いた時には、生母と離れて父に同行しています。10歳を過ぎた頃でしょうか。旅人は自分のもとで教育したいと考えたのでしょうし、丁度その時北九州には、友人であった山上憶良が筑前国司、満誓が造観世音寺別当として滞在していました。当代一流の文化人です。これらの人の影響を受けてくれればと願いもしたでしょう。『万葉集』巻五に旅人と憶良の歌文を編集して入れたのは、家持以外に考えられませんので、家持には父の期待通りの影響があったのでしょう。しかし、家持14歳にして旅人は没します。以後彼は坂上郎女の影響を強く受けながら成長します。若くして父との死別が家持に与えた影響については史家北山茂夫が卓見を残しています。次回に。

万葉後期の大伴家持は細川か④

家持が、14歳にして父大納言旅人と死別したことの影響について、北山茂夫は『万葉集とその世紀』で、以下の4点についてまとめています。

第一、佐保大納言家の後継者は、かけがえのない後盾を失った。旅人の代わりを務める人物は大伴氏に他になく、家持は、大伴氏の外に庇護者を求めなければならなかった。それが、彼を他者依存的生き方に向わしめた。

第二、第一とうらはらだが、著名な人物であった父の死により、家持は若くして自由な身になった。元来多感な性格であった家持は、これをきっかけに、年少ながら幾人もの女性との恋愛を経験することになる。

第三、女性との関係によって、彼は歌作を始めた。相聞歌のみならず、周囲の情景に心情を託する歌をも作った。歌人としては早いスタートである。感受性の豊かさは父譲りの資質を持ち、父旅人にはなかった感傷的な特徴も見せている。これは他者依存的性格に関係があろう。

第四、家持は、父の死後間もなくから、亡父や憶良の風を受けてであろう、自作を記録し始め、更に知友の作をも入手し次第にこれを筆録した。この作業が、のちに、歌日誌をつける前提になっている。『万葉集』巻十七から二十までは、彼の歌日誌がほとんど唯一の原資料である。

『万葉集』巻六の記載から。

大伴坂上郎女、姪《おひ》家持の佐保より西の宅《いへ》に還帰《かへ》るに与ふる歌一首

我が背子が　着《け》る衣《きぬ》薄し　佐保風は
いたくな吹きそ　家に至るまで

意は「この人の着物は薄い。佐保風よひどくは吹くな。家に着くまでは」。

同じ坂上郎女の初月《みかづき》の歌一首

月立ちて　ただ三日月の　眉根《まよね》掻《か》き
日《け》長く恋ひし　君に逢へるかも

意は「姿を現してからたった三日の月のような眉を掻いて、長く恋い慕っていたあなたにお逢いできました」。

大伴宿禰家持の初月の歌一首

振り放《さ》けて　三日月見れば　一目見し
人の眉引《まよび》き　思ほゆるかも

意は「降り仰いで三日月を見ると、一目見た女の眉のさまが思い出される」。

家持16歳の作歌です。

万葉後期の大伴家持は細川か⑤

やはりこういう題をつけるべきではありませんでした。細川護熙さんがコケてしまった今となっては、こういう題で家持のことを書くことの意味の大半が失われてしまいました。それにしても「夜中に騒ぐ男」の逃げ足の速さには驚きましたね。余程つつかれては不都合なことが隠されているのでしょう。辞めれば一切が免責されるという「日本的風土」も困ったものです。

それはそれとして、仕方がないのでこの題でもう少し続けます。

『万葉集』巻三の挽歌の部から。

また家持の作る歌一首并せて短歌

我がやどに　花そ咲きたる　そを見れど　心もゆかず　はしきやし　妹がありせば　水鴨《みかも》なす　二人並び居　手折《たお》りても　見せましものを　うつせみの　借れる身なれば　露霜の　消《け》ぬるがごとく　あしひきの　山道《やまぢ》をさして　入日なす　隠りにしかば　そこに思ふに　胸こそ痛き　言ひもえず　名付けも知らず　跡もなき　世の中なれば　せむすべもなし

反歌

時はしも　何時《いつ》もあらむを　心痛《こころいた》く　い行く我妹《わぎも》か　若子《みどりご》を置きて

出でて行く　道知らなさば　あらかじめ　妹を留めむ　関も置かましそ

妹が見し　やどに花咲き　時は経ぬ　我が泣く涙　いまだ干なくに

天平11年、家持22歳の頃の作です。この歌の「妹」は、家持は他の歌で「妾」とも表現していますので、家持に比して身分の低い人だったのでしょうか。現代の人間感覚をこの時代の人に当て嵌めてみても仕方のないことですが、この女人の胸中はどんなものだったでしょう。無名無告の民の思いの殆どは記録として残されることはありませんので、推察するしかありません。

家持のこの挽歌には、柿本人麻呂の作風の影響が強く、家持の勉強好きの一面が垣間見られます。しかし、人麻呂の挽歌が、胸をかきむしられるような悲しみを切々と表現しているのに対し、家持のそれは、諦念とでもいう老成した感があります。作者の個性でもあり、時代の風潮でもあったのでしょう。

万葉後期の大伴家持は細川か⑥

こういう題で家持《やかもち》のことを書くことの意味の大半が失われてしまった、と前回書いたばかりなのに、それから2週間たつと、状況は更に変って、もうまるっきり誰も細川のことを語らなくなってしまいました。

　細川と家持の政治状況に持つ位置の類似性について書こうと思っていたのに、両方「過去の人」では話にも何もなりはしません。古典について状況的な切り口で見せようというゲスな根性が良くないことを改めて認識しました。それでも途中でやめるわけにもゆきませんのでお付き合いください。

　さて、家持という人物を知るためには、叔母である坂上郎女《さかのうへのいらつめ》との関係が大切であることについては、既に述べました。前回、家持の「妾《をみなめ》」への挽歌を挙げましたが、家持は、坂上郎女の娘大嬢《おほをとめ》を「正室」に、同居の女人を「妾」として暮していたようです。

　その大嬢と家持との間の相聞歌。

　坂上大嬢、秋稲の縵《かづら》を大伴宿禰家持に贈る歌一首

我が蒔ける　早稲田《わさだ》の穂立《ほたち》　作りたる
　縵そ見つつ　偲《しの》はせ　我《わ》が背

　大伴宿禰家持の報《こた》へ贈る歌一首

我妹子《わぎもこ》が　業《なり》と作れる　秋の田の
　早稲穂《わさほ》の縵　見れど　飽かぬかも

　また、身に着《け》る衣を脱きて家持に贈りしに報ふる歌一首

秋風の　寒きこのころ　下に着《き》む
　妹が形見と　かつも偲わむ

右の三首、天平十一年己卯《きはう》の秋九月往来《わうらい》す

　歌の意は、大嬢の「わたしが蒔いておいた早稲田の穂立でこしらえたかずらですよ。見て偲んでくださいあなた」に対して、家持が「あなたが仕事にしている秋の田の、早稲穂のかずらは、見ても飽きない」と応え、大嬢の衣を贈られて「秋風の寒いこのごろ、下着に着よう、

あなたの記念として、とりあえず偲ぼう」と喜びを表現しています。

　ここで「左注」をわざわざ挙げたのは、この歌が作られたのが、先の「妾」の死の直後であったことを知っていただきたいからです。

　これをもって家持という人についてあれこれ言い募るつもりは全くありません。そういう関係の在り方の時代だったのです。

万葉後期の大伴家持は細川か⑦

さて、家持の生きた時代状況はどういうものだったのでしょう。そして、家持はその時代をどう生きようとしたのでしょう。

　７３７年の大疫によって、当時の政治を動かしていた左大臣藤原武智麻呂が急死しました。不比等の後継者が倒れたのです。中央政治は細川が無責任に突然辞めて、次の政権をどう立てるかと混乱したのと同じような状況が生じます。

　武智麻呂のみならず、弟の房前、宇合、麻呂と続けて没します。藤原氏のなかからすぐに後継者を出すことはできませんでした。

　そこへ登場したのが橘諸兄《たちばなのもろえ》です。

　彼は近江朝の大宰府長官栗隈《くりくま》王の孫で、父美努《みぬ》王、母橘県犬養三千代《たちばなのあがたいぬかいのみちよ》です。この母は、父没後先の藤原不比等の「正室」になった大変政治的な性格の人です。諸兄は当然皇親系の人間ですが、「臣籍」になり母方の橘宿禰を名乗りました。自由に政治活動をしたいと考えたのでしょう。

　母三千代のバックアップも当然あったでしょう。着実な昇進を続けます。そして、藤原氏に後継者がいない間隙を縫って大納言の地位にまで登ります。

　大納言になるについては、もう一つ大きな後楯もありました。彼の異父同母の妹光明です。母三千代と不比等との間の子で、天皇聖武の皇后でした。従って、諸兄は皇親系の人ではありますが、律令官僚藤原氏側の力をも利用して政界の首座に着いたのでした。彼の「正室」も藤原四卿の妹多比能《たひの》です。

　聖武は、藤原氏の言いなりになるしかなかった程度の人物でしたが、諸兄が大納言になったことによって、随分くつろいだ気分になったことでしょう。諸兄はとりあえず皇親派の人間ですし、性格も温雅な人だったようですから。

７３９年10月に催された宴での諸兄歌に次のようなものがあります。

手折らずて　散りなば惜しと
　我《あ》が思いし　秋の黄葉《もみち》をかざしつるかも

この歌は11首の小歌集の冒頭ですが、この小歌集の末尾に家持の歌があります。

もみぢ葉《ば》の　過ぎまく惜しみ　思ふどち
遊ぶ今夜《こよひ》は　明けずもあらぬか

歌の解説から次回に。

万葉後期の大伴家持は細川か⑧

前回挙げた、藤原氏が権力中枢を担う後継者を出せない間隙をついて登場した橘諸兄の歌の意ですが、「手折らずに散ったら惜しいとわたしが思っていた秋の紅葉を髪にさすことができた」というもので、いかにも諸兄らしい真っすぐな感情を表明しています。これに和する家持の方は、「紅葉の散るのが惜しさに、親しい仲間同士が遊ぶ今夜は、明けずにあってくれないものか」というものです。

これらの歌は、平城宮廷人の慣習になっていた、春秋の花、黄葉などの宴という風流の催しでの歌です。この時は諸兄の長男奈良麻呂が、若い友人を招いての宴であったようです。ただ風流だけで集まったりはしません。諸兄の側には、大伴旅人を失いはしたものの、守旧派中の大族出である大伴氏と交流をもっておく必要があります。大伴氏からは家持、弟の書持、いとこの池主の三人が招かれています。

一座の雰囲気は随分打ち解けたものだったでしょう。２首挙げた歌からもそれが感じられます。家持の「思ふどち（仲間同士）」などという言葉がそれを端的に示しています。と同時に、この若年にして「巧い」歌を詠む家持にしては凡作である歌は、史家北山茂夫による家持の性格分析にあったような、「他者依存的性格」を明確に示してもいます。諸兄に帰属して心の安らぎを得ていることも充分に感得できます。

家持は父に代る帰属先を得て平安のうちに過ごしているのですが、時代は波乱含みです。藤原四卿のひとり宇合の長男広嗣が大宰府を拠点に反乱を起こします。広嗣は光明皇后の甥にあたります。これに対し天皇聖武は、この危機的状況になすすべなく東国に旅立ちます。要するに九州から遠い方に逃げたのです。一人で走って逃げるのなら勝手にすればいいのですが、天皇などという存在はそれ自体が「他人の迷惑顧みず」というものですから、ゾロゾロと大勢を連れての彷徨が五年にも及びます。戦時下の民草のことなど念頭にありません。そうこうしているうちに、藤原武智麻呂の次男仲麻呂が参議の地位に登ってきます。

万葉後期の大伴家持は細川か⑨

藤原武智麻呂の次男仲麻呂が参議の地位に登ってきて、左大臣橘諸兄との対立を深め始めた743年頃、大伴家持は越中の国守でした。中央政界から距離のある地にあって、色々と不安でもあったでしょうが、そこは少年の頃からの歌好きです。この期間に歌人としての力量に磨きをかけます。

その意味では、ついに政治家には成り切れない太平楽な楽観主義者です。

その頃の家持の歌。

二月十九日に、左大臣橘家の宴に、攀《よ》ぢ折れる柳の条《えだ》を見る歌一首

青柳《あをやぎ》の　ほつ枝攀《よ》ぢ取り　かづらくは
　君がやどにし　千年寿《ちとせほ》くとそ

意は「青柳の梢を折り取り、縵にするのは、君のお邸で千代を祝う気持ちからです」。いかにも橘諸兄のグループに参加して心くつろいだ様子の横溢した歌です。

もう一首。

うらうらに　照れる春日《はるひ》に　ひばり上り
　心悲《かな》しも　ひとりし思へば

意は「うららかに照る春の日に、ひばりが上がり、心は悲しいことだ。ひとりで思うと」。

この歌は斎藤茂吉が『万葉秀歌』で取り上げて、「万葉集の大部分の歌が対詠歌、相待的なうったえの歌であるのに、この歌は、不思議にも独詠的な歌である。歌に、『独りしおもへば』というのが其を証しているが、独居沈思の態度は既に支那の詩のおもかげであり、仏教的静

観の趣でもある。これも家持の到り着いた一つの歌境であった」としています。茂吉らしいと言えばそれまでですが、家持およびその歌を歴史の中に置いてみるならば、「支那の詩のおもかげ」だの「仏教的静観」だのはないだろうと思います。諸兄の傘下にあってくつろいでいるとは言え、大伴氏の長として不安な日々を過ごしていたことなど、茂吉の歌の鑑賞の外です。

大仏開眼会の時には、聖武は退位しており、孝謙女帝でしたが、この全国から一万人の僧侶を集めたと記録されている大仏開眼会の夜、孝謙は宮殿には帰らず、藤原仲麻呂の田村第に赴いています。諸兄包囲網は徐々に絞められてきており、家持の心中穏やかならずです。

万葉後期の大伴家持は細川か⑩

もうこの題はいけません。細川など皆忘れてしまったのではないかと思われるほど、時代は大きく変わってしまいました。今回で無理やりにでも終わらせます。

７５６（天平勝宝８）年2月、左大臣橘諸兄は、藤原仲麻呂の攻撃にさらされてやむなく政界から引退します。家持は唯一の庇護者を失ってしまいました。そしてその年5月、聖武上皇も没します。皇親派による政変も、わずか20年の短い間でした。

聖武没直後、出雲守大伴古慈斐は、朝廷を誹謗したという理由で捕らえられ衛士府に禁固されます。家持は、これが大伴氏蹶起の引き金になってはと、「族《やから》に喩す歌」をつくって「暴挙」を戒めます。いかにも家持らしい対応です。

こうした状況下、諸兄の息子奈良麻呂はクウデタを試みようとします。藤原氏の意向を受けた聖武の皇后光明（藤原不比等の娘）は、皇親派を宮廷から追い、自らの娘安倍を孝謙として天皇に立て、皇太子も仲麻呂の擁する大炊《かしき》王にしているのですが、これらを倒し、長屋王の子黄文を立てようとします。家持もこの企みに誘われます。しかし、状況の先読みどころか推移さえ追えない家持は、絶望感のみ深くするしかなかったようです。

この時のクウデタ計画は参加者が少なく頓挫しました。

この頃の家持の歌

橘の　匂へる香《か》かも　ほととぎす
鳴く夜《よ》の雨に　うつろひぬらむ

あをによし　奈良の都は古《ふ》りぬれど
　もとほととぎす　鳴かずあらなくに

かきつはた　夜に摺《す》り付け　ますらをの
　着襲《きそ》ひ狩する　月は来にけり

右の歌、天平十六年四月五日に、独り平城故郷の旧宅に居りて、大伴宿禰家持作る

時代の気配など微塵も感じさせない歌です。意識してこう詠んだのでしょう。一族の長として「暗闘の時代」を生きる人物ではありません。

諸兄没後は奈良麻呂とも距離をとって、凡俗な政治家として68歳まで生き続けました。

1997年4月30日（月2回15・末日発行）　靖国・天皇制問題情報センター通信　1992年2月17日第3種郵便物認可　第

靖国・天皇制問題 情報センター通

発行者：日本基督教団 靖国・天皇制問題情報センター（代表：千葉宣義）　TEL 03(
〒169 東京都新宿区西早稲田2-3-18 日本キリスト教会館内　FAX 03(
郵便振替：00140－9－145275 日本基督教団　月2回（15・末日）発行　定価

第 220 号　1

目　次

アキヒト君、南米へは行くべきではな

小田原紀雄（情報センタ

天皇夫妻が南米を訪問するのだそうで
敗戦後のブラジルにおける「勝ち組」
との血みどろの争いのことを思っただけ
苦しい。「南米棄民」の「棄てた国」へ
民族意識に「天皇」の存在がどれほど大
持ったことか。

ところで「民族独立行動隊の歌」は、
よりは一世代上の人々の歌であり、「民
守れ／決起せよ祖国の労働者／栄えある
を守れ」などという歌詞は、その内容に
も口にはしたくないものであったし、こ
労働者に歌わせた「労働者階級の指導部
の対象としか考えてこなかった。

ただ、「彼ら、恐るべき棄民政策のい
った炭鉱労働者のゆくすえをたずねるべ
っと重い腰をあげて南米大陸をさまよい
1974年の3月から9月にかけての200日あ
る」と上野英信が書いた旅で最初に出会
山隼人さんは、ブラジルの日本人社会に
「坑夫差別」の中で、上野が「三池闘争
尋ねるのに対して、「いきましたとも。
からの第一回目のオルグでしたばい」と
民族独立行動隊の歌」を「ぴーんと胸を
くうたいつづけた」のである。歌そのも
しいが、これを歌う平山さんたちのよう
我々の歴史の内に持ったことは誇りであ
野の『出ニッポン記』を、天皇訪南米と
に読んでみていただきたい。

そして戦後もまた多くの農民、労働者
て続けたこの国家のことを考え続けたい。

141

・「靖国・天皇制問題情報センター通信」124号（1993年4月30日）

沖縄は暑かった！　アキヒトのセイだ！　デモが長くてマイッた！　これもアキヒトのセイだ！

その日24日は全国的に肌寒い日だったというのに、沖縄は暑くて暑くてデモには最悪！　それにデモの距離が長過ぎる！

クソ暑い日のマッピルマに8キロもデモをするやつがいるか？　それに、いい加減くたびれてヤマトから行った者がダラダラし始めたら、それと察したデモの先導車からのアナウンスは、「もうすぐです。既に半分は過ぎました」などと調子のいいことを言って、それから4キロも歩かせるやつがいるか？　はっきり言ってもういやだ、もうやめてやると何度思ったことか。ところが、沖縄南部の一本道。引き返すにもバス停の時刻表を見ると、一時間に一本のバスもありゃしない。クソッ、これじゃあ完全に騙しうちじゃあないか。同じ道を歩いて引き返せとでも言うのか、と暑さでだらけきった脳味噌でグダグダ泣き言を考えながら、足だけ動かしていると、ナントッ、スピーカーから「あと一歩です」とうれしい励まし。これを喜んだ自分が情けない。沖縄のやつのあと一歩は1キロだなんてだれが想像できるか。ところがこれは後からわかったことだけど、本当は残りもう1キロあったのだ。憎らしい先導車がオーバーヒートしたから途中でデモをやめただけだったのだ。ザマーミロッ。沖縄のやつの「あと一歩」は2キロなのだ。

25日当日のデモ。「今日は短いですよ。20分くらいのものかな」と言った沖縄のやつはどいつだ。1時間たっぷりかかったじゃないか。

これからウチナンチューと組む時は、あらかじめ割り引いて計算しないととんでもない目にあわされる。

とまあ、くたびれたのはくたびれたけれど、ここまでは冗談。こういうことが起きた理由は、警察と地域協力会という警察主導の警察応援団がすべての公園を借り切ってしまったがゆえの結果である。集会、表現の自由などあったものじゃない。天皇担ゲバ何デモスル警察のセイである。それをさせるのが天皇という存在であるのなら、天皇とは憲法で保障された基本的人権に明確に敵対するものである。アキヒトは少なくとも自分の家から一歩も出るな。

暑さと長さで恨みはますます増した。

142

ひと夏の経験、だけですむかな？

・「靖国・天皇制問題情報センター通信」１３２号（１９９３年８月31日）

夏らしくもない夏が終ります。冷害で北の地方の米作は壊滅的だと、先ごろ山形県の友人のお百姓さんにうかがいました。「出稼ぎ」それ自体がはらむ問題は置いておくとしても、今秋から冬にかけての出稼ぎは、この土木・建設業界の不況でどういうことになるのでしょうか。

しかし、世の中は別に何ということもなく泰平です。きっといい時代なのでしょう。

今夏、仕事で若いひとたちと奄美へ行ってきました。往復とも船で、のんびりと言いますか、天候もよくて、ただひねもすのたりのたりかなの気分でした。ただ、つれづれなるままに小人閑居して何とかなのでしょうか、それとも船が奄美経由与論島から沖縄へ、というある意味でその筋では有名な航路だからでしょうか、日本の青年男女は実にまあ泰平です。

それでもわたし自身も太平洋を南下しながら、たくさんの流星を見て楽しかったことと、奄美の海がきれいだったことと、以前この通信に「奄美から」を連載してくださっていたひとたちと懐かしくも嬉しい再会をしたことで充分楽しみはしたのです。

他方今夏は、学徒出陣50周年ということで、「わだつみ会」の試みが方々で話題になりました。各地で開催されている「７３１部隊展」も盛況のようです。あれこれのいらざる配慮など捨てて、まっすぐに、よく準備して人々に訴えることの必要性を再認識させられています。

143

事務局から

・「靖国・天皇制問題情報センター通信」１４６号（１９９４年３月31日）

☆「日の丸・君が代」の季節です。今年も全国各地で、これをめぐる攻防が続いています。「情報センター通信」では、闘いの成果を多く取り上げて、お伝えしますが、わたしどもの情報が漏れている所も多かろうと存じます。反撃の闘いのみならず、こんなことが強行されているというような情報もお寄せください。

☆現象を追っかけてばかりいても、事柄の本質に迫ることはできない、というご批判をいただくことがあります。もっともだと思いながら、しかし人々の闘いなど、限られた地域で、限られた力量で、ささいなことしかできないのが現実です。それらのことを積み重ねることでしか、状況全体を変革することもまたできないのではないでしょうか。

☆情報センターの財政は苦しく、青息吐息です。しかし、わたしどもの任が終ったとは思っていませんので、まだまだ頑張りたいと決意しています。乞応援。

144

・「靖国・天皇制問題情報センター通信」149号（1994年5月15日）

事務局から

♥「朝鮮半島有事」があたかも現実のことでもあるかのような雰囲気になっていますが、これは、国内の「有事体制」をつくるためのわざわざの言挙げであること、「有事」に軍事力で対応できる「普通の国家」であるから、国連安保常任理事国に入りたい、入って当然だという、ためにする言説に惑わされてはならないと自戒しましょう。

♥天皇夫婦がしてはならない「外交」をしに米国に行くようです。

145

・「靖国・天皇制問題情報センター通信」153号（1994年7月15日）

事務局から

大変な猛暑です。空梅雨で水も足らなくなるようです。もっとも四国の方では既に時間給水が始まっているとのことで、お気の毒です。

地球を痛め付けるようなことばかりしてきた近代に対して、バチがあたったのだといわんばかりの訳知り顔の説教をよく目にします。それがいかにもその通りであるかのように聞こえもするのですが、ひとりエコロジストぶって説教を垂れ流すヤツラにはっきりと云っておかなければならないのは、そういうお前らのように、都会で「近代的で快適な暮らし」をしている者たちより、よほどつましく、自然と付き合わざるを得ない暮らしをしている者にこそ、集中的な被害があるのだということを知れ、ということです。

そう言えば、空高く舞い上がっている日本人女性がいらっしゃるようで、薬漬けにされたイモリが1匹死んだらしい。いつものことであるが、あの発射時のモノスゴイ噴煙を指して、公害の撒き散らしだと批判する声を耳にすることがないのですが、それはわたしの怠慢の結果だけなのでしょうか。タバコが公害であるとは素直に認めて、コソコソと他人の視線を気にしながら吸っているのですが、ロケット打ち上げ時のアレは、1万人や2万人の愛煙家が集まってタバコを吹かしまくる程度のことではあるまいに、エコロジストたちはどうしているのでしょう。

死んだイモリが可哀相、とばかり涙を流すほど「純真さ」とは無縁に生きていますが、訳のわからないゴタクを並べているのは、今号の表紙に関係して、一読者から猫に着物を着せているのは「猫を愚弄するものである」という批判と「着物を着てちょっとシナをつくっている絵は女性差別である」との指摘があって、少々悩んでいるからです。

この「女性差別」だと指摘されたカットの担当者は女性です。本人とも話し合いをしています。もう一方の「猫を愚弄している」という点については、こういう批判にこれまで接したことがないので、ゆっくりと考えてみたいと思います。「擬人法」が「動物差別」になるのか否か。「古文の中の天皇制」はしばらく休みます。

146

・「靖国・天皇制問題情報センター通信」156号

事務局から

（1994年8月31日）

☆村山政権についての批判は既に方々で言葉にされているし、「情報センター通信」の読者のみなさんの多くにとっては、こうなることは自明のことであったと考えておいでの方が多かろうと存じます。

「情報センター通信」でも「日の丸・君が代」に対する政策については反撃の特集を組みましたが、安保体制・自衛隊・ＰＫＯ、選挙制度等々、とにかく何でもこの際「戦後民主主義の弊害」といわれるものを、一切合財この政権で処理してしまおうと決断したかのようです。

こうなると、「左翼（社会党を左翼と規定できるかどうかはともかく）」は強い。これまでの歴史でも幾多の例が示しているように、節操を失った左翼は、きっちりと居直って、「毒喰らわば皿まで」を平気でやりかねません。困ったものです。

もう一つ困ったことに、「戦後補償」を「国民参加で」というヤツです。確かに「国民」とまったく無関係に「国軍」があるわけではないわけで、「国家」の責任と「国民」の責任との境界は甚だ付け辛いことではありますが、個人補償なしの「10年間で1000億円」というハシタガネを、それも「民間基金」で賄おうというのは、ような姿勢で、この難局を切り抜けようというのは、それでも一歩前進という説もあるようですが、しかし、犯してしまった事実はそんなことで拭えるようなことなのだろうかと、余りにも「イイ気ナ日本人」のひとりとして、不安です。

☆「情報センター通信」は、もう150号を越えました。多くのみなさんに支えられてのことと感謝していますが、「情報センター」という場所から、全国の天皇制に関わる諸運動を見ていますと、やはり一時期の元気さは影を潜めてしまっています。天皇制の側の攻勢に規定される面の大きい反天皇制運動の性格からして、当然といえば当然のことで、宿命のようなものですし、日常の課題へと運動のシフトをずらして行けばいいのですが、そういうことより、なんとなく元気を失って行って、別の課題へというのではなく、休止状態のまま実質は解体という傾向が見られます。みなさん大変でしょうが元気を出して！

147

事務局から

・「靖国・天皇制問題情報センター通信」157号（1994年9月15日）

★「情報センター通信」の内容がマンネリ化しているというご指摘をいただくことが時折あります。事務局としても、そのあたりのところについては気付いているのですが、種々の要因のあることですし、何よりも、自衛隊が機関銃を携帯して外国に出兵するのに大した騒ぎにもならず、社会党が「日の丸」は「国旗」、「君が代」は「国歌」という方針を出しても別に大騒動になるわけでもない状況下では、各地の運動に元気がないのは当然のことで、元気の出るような闘いのない時代に、「情報」として面白いものがあるはずもないのです。

★だからと言って今のままでいいと居直っているわけではなく、こういう状況下であるからこそじっくり取り組んだ企画ものをやってみたいと考えていますし、わたしどもが知らないところでコツコツ営々と続けられている闘いもきっとあるはずですから、そういう運動と出会うべく、老体に鞭打ってまた旅にでようとも思っています。

★ということで、皮切りに、北九州で結成された「北九州がっこうユニオン・うい」の結成記念集会に出掛けてきました。

★新しい運動のスタイルが出てきつつあるのだという確かな実感を得ることができました。どのように新しいかについては、次号で、この自立組合の皆さんに登場していただいて、読者のみなさんにも実感していただきます。とにかく元気な組合の結成でした。

★旅に出るのは、まず第一に財政困難な情報センターとしてはお金で苦しい。第二に落ち着いた暮らしとはほど遠いことになって、老体にこたえる。

★しかし、それでも出会った人々の元気に触れ、情報センターへの期待を聞かされると、まあちょっと頑張ろうかという元気がいただけます。ということで、ちょっと遊びに来い、とお声をかけていただければ可能な限り出掛けます。ぜひお誘いください。

★今秋は広島のアジア大会、名古屋の国体、山口の豊かな海づくり大会と続きます。各地のみなさん、闘いの場でお目にかかります。

148

事務局から

・「靖国・天皇制問題情報センター通信」163・164合併号（1994年12月15日）

わたしは「『在日』日本人」である。このような異様なカギカッコ付きでしか自分を表現することができないことを残念に思うし、これは何も日本人に限ったことではないのかもしれないとも思う。

　こういう言い方をするのは、わたしが「普遍的な民族差別、あるいは対朝鮮人敵視」をする「日本社会」の一員としてのオマエという「日本人」は、と指弾を受けたとして、事実、「チマ・チョゴリ切り裂き事件」を白昼引き起こす日本人がおり、それを傍観していた多数の日本人がそこにいたのであるから、「普遍的な民族差別、あるいは対朝鮮人敵視」と李龍海さんがおっしゃるのに抗弁できる立場にないのではあるが、しかし、わたしはチマ・チョゴリを切り裂きはしないし、もしそういう現場に立ち合えば何らかの対応をしたであろうことは断言する。「なぜ?」という思いで、わたしの心は「切り裂かれた」。

　何を言いたいのかというと、毎日毎日テレビのワイドショーで、天皇一家の情報を振り撒き、それを喜んで見ている日本人がおり、黛某だの江藤某だのという天皇主義者の日本人がいるから、この社会は「普遍的な天皇主義社会」であり、従ってオマエも天皇主義者であると言われても、確かにケチでチンケな反天皇制運動しかしては来なかったが、わたしはヤツラとは違う、ヤツラの言動の責任は取りかねると言うしかない、ということである。

　わたしは自分も大変興味と関心をもった「セレブレーション・コンサート」のビラをわたしどもの「通信」の「付録」として全国の読者に同封した。そこに書かれていた文章について、福井の李龍海さんから批判文の掲載を依頼され、この批判文をこのコンサートの総合プロデューサーである趙博さんに示して、反批判と対論をお願いした上で李龍海さんの批判文を掲載し、今号に趙博さんの反批判を掲載している。

厳しい言葉の応酬になっているが、わたしは『在日』日本人」として双方から聞くべきものがあり、読者に是非読んでいただきたいと判断したからこそ掲載した。今後、この論争がどう展開するか予想できないが、身を躱すつもりはない。一人の運動者としても決意している。

149

・「靖国・天皇制問題情報センター通信」165号（1995年1月15日）

事務局から

兵庫県を中心とした関西諸地域では地震の被害で大変です。心からお見舞いを申し上げます。どうぞお力落としなく希望をもって生活の再建に取り組んでくださいますよう、お祈り申し上げます。

さて、年頭の号から諸般の事情があって早速発行が遅れまして誠に申し訳ございません。今年こそは毎月15日と末日に定期刊行致す所存ですので、今号だけはお許しください。また、ご執筆をお願い申し上げました際には、ご多忙とは存じますが、締切日を厳守くださいますよう。

さて、いよいよ「敗戦50年」の年を迎えました。社会党は内紛を地震休戦だそうですが、この国は確実に保守二党体制に移行しつつあり、いわゆる革新政党がまがりなりにも掲げてきた「護憲」の旗も、命運が尽きようとしています。この国で暮らす民衆の声を政治の場に汲み上げる手段について政治家たちは考えもしていないようですし、多くの民衆にとっても、不況とはいえとりあえず飢えるわけでもなかろうといったところなのでしょうか、特段政治への不満が高まっているようでもありません。

「敗戦50年」という区切り方にどういう意味があるのか、という議論もすでに出ています。「明治時代の日清戦争の時から、もう日本はアジアへの野望をもって大陸に進出していたではないか、その時から考えれば100年になり、「日本近代総体」をとらえなおさなければならない」、という論です。まったくその通りでしょう。歴史をどういう時間枠で区切るかというのは、考えてみれば、かなりイデオロギッシュなことで、それは「敗戦50年」の「50年」でさえ、一括りにするのはかなり難しいことです。ここら辺りのことは、少々落ち着いて考えておかなければ、政府の「戦後50年プロジェクト」よりも反省の度合いがほんの少し大きい程度の運動を作って、今年は頑張った、ということになりかねません。わたしどもの「通信」でもゆっくり考えながら今年を過ごしたいと願っています。

前号の趙博さんの文章中に誤字がありましたので、お詫びして訂正します。11頁右欄下から13行目の「東亜通行組合」は「東亜通航組合」です。

150

・「靖国・天皇制問題情報センター通信」166号
（1995年1月31日）

事務局から

またぞろ天皇「夫妻」の「被災地巡幸」です。テレビに映しだされる作業着を着た天皇と、「おやさしい皇后様」に跪いて挨拶する「日本国民」。「ああ、おまえはなにをして来たのだと、吹き来る風がわたしに云う」の気分です。

前号は兵庫県の読者の皆さんには、とてもそういう状態ではなかろうと考え、この「通信」をお送りしませんでした。今号一緒に送らせていただきます。

とにかく元気を出して、地震などに負けないでください。

151

・「靖国・天皇制問題情報センター通信」169号
（1995年3月15日）

事務局から

国会での「不戦決議」なるものをめぐって、新聞などでは特集を組んだりしているが、民衆運動の方では、酒のみ話としてはあれこれと言われているが、正面からこの問題について論じ合うということはまだなされていない。雑誌『世界』の和田春樹論文についても、わたしどもの周辺では、当然のことながら批判の声ばかりなのであるが、戦略的な展望を持って語られてはいないのではないかという恨みがある。

今年の選挙については、かなりの熱が伝わってくる。正直なところ選挙にかかわったこともないし、今後も願い下げにしたいと思ってはいても、その選挙に向けた様々な動きを教えてくださる方もあって、近しい人々の名も挙がるものだから、つい聞いてしまうのだが、そこではドコとココがくっついただの離れただのという話ばかりで、例えば先の「不戦決議」をどう考えているかなどということはついぞ耳にしない。

カマトトぶってこういうことを言っているのではない。社会党が消滅するのは明白な事実として語られ、ここまで「頽廃した」かつての護憲政党に替わる政党を、などと言われると、それはそれで反対ではもちろんないが、どうもズルズルと「本来のわたしどものスタイル」を済し崩し的に捨てているのではないかと思えて仕方がない。別にスタンスを変えるのもいいし、「転向」だって無前提に悪いとは思わない。がしかしだ、機関誌などで勇ましいことを書いているような人々が、実際の「政治」の局面ではどうもちょっと違っているようなところを見せられると、寂しい思いがしてならないのは事実だ。

こんな時代にした責任の一端を担う者（わたしが、ということでなく、みんなそうのはずである）として、バタバタせずにじっくり考えてみる年として、今年の「敗戦50年」という年を過ごすのもいいかも知れない。

もう年をとったので大きなことを言うつもりはないが、こんなにグチャグチャになっている状況は、また、初めからやり直すいいチャンスでもあるのではないか。わたしらなりのスタイルで。

・「靖国・天皇制問題情報センター通信」171号（1995年4月15日）

152 春の歌

「歌奉れ」とおほせられし時によみて奉れる

つらゆき

わがせこが衣はるさめ降るごとに
　野辺のみどりぞ色まさりける

「わがせこが」までが序詞。通常「わがせこ」は妻から夫をさす場合が多いが、ここでは逆に解したい。歌の意は「わが妻が衣を張る季節になったが、その春雨が降るたびごとに野辺の草木はしだいに色濃くなってゆく」。まさに時期は今ごろである。野山に出掛けて春を満喫する時を楽しみたいものである。

春の歌とてよめる
そせい
おもふどち春の山べにうちむれて
　そこともいはぬ旅寝してしが

「おもふどち」とは親しい仲間。「しが」は自己の願望を表わす助詞。歌の意は「親しい仲間たちが春の山辺に連れ立って遊びに行き、どこということもなしに、旅寝をしたいものだ」。この作者素性法師に限らず、当時の人々が小旅行をして自然の懐にひたることを楽しむ歌は数多い。

春を惜しみてよめる
もとかた
惜しめどもとどまらなくに春がすみ
　帰る道にし立ちぬと思へば

歌の意は「幾ら大切にしたところで、季節が変わるまでかかっていてはくれない。だいたい、あの春霞は自分の帰って行く方角に立って、そして早くもお発ちになったのだから」。詞書は「春を惜しみ」とあるが、この歌は霞を詠んだものである。しかし、霞がかかったと思うともう「たって」しまう感じを「惜春」と併せる編者のセンスもなかなかのものではある。
ということで、原稿の穴埋めに。

153
事務局から

関東地方では桜も終わり、春真っ盛りというところです。散歩が好きで田舎に住んでいるものですから、今の季節は最高の気分です。
ついこの前まで遠く秩父連山、妙義、赤城、榛名の山々、日光連山は厳しい冬の装いでしたが、ついこの数日はぼーっと春霞です。

　散歩が好きで、などと言ったところで、その実散歩をゆっくり楽しむほどの時間はないのですが、それでも早朝、少々冷たい風の中、田圃の畔などを歩いていると、このまま一日東京へ向けて出掛けるのをさぼってしまおうか、という誘惑にかられることがしばしばです。

　つい先日利根川の河原まで足を延ばしてみました。土手は菜の花でいっぱいで、それはそれはいい気分でした。土手の草に腰を下ろして、いつも常備のウイスキーのポケット瓶を出して、ちょっと一杯。至福の時です。ついでにもちろん、このところどこに行っても肩身の狭いタバコを深々と吸いこみます。埼玉県側の土手に座りこんでいるのですから、遠景は日光連山。ずっと右手には筑波山が見えます。朝早くのことですから、ちょっと横になって一眠りというわけにはゆきませんが、このままずっとこういう時間を暮らしの中心にして生きられたらいいなあ、としみじみ思います。

　それでもまあ、そこが仕事人間の悲しさで、さあいいかげんなところで、と腰を上げてしまいます。

　わたしなどの場合、「仕事」の内で「稼ぎ」になっている部分は半分もなく、それこそ世間の迷惑顧みず、思い立ったが一直線、道楽三昧好き放題で生きてきましたから、これほど幸せな人生はなかろうというものです。自分でもいい気な人生だと楽しんでいます。

ただちょっと具合の悪いのが、かかずらわった「仕事」というのが都会を場としていて、これがどうも好きになれず、年をとってきて我儘になってきたこともあって、もうどうにも我慢できないほど海や川、野山に引かれてしまうようになってしまいました。

　ということで、そろそろ都会とお別れしたいと念願している小田原のとぼけた雑文でごめんなさい。

・「靖国・天皇制問題情報センター通信」175号
（1995年6月15日）

154

私にとっての「戦後五〇年」④

「国語」と「戦後補償」

「一九四二年（昭和十七年）、日本政府は戦況の悪化、

日本軍の疲弊、兵役の員数の確保のために植民地下の〝非大和民族〟の青年たちの従軍を許可（強要）することにした。軍から〝南方作戦に高砂族の従軍を命ず〟という命令が発せられ、募集要項が発表され、台湾総督府理蕃課を通じて各州庁へ、州庁からは現地の駐在所へと、それぞれ従軍命令が通達されたのである。もちろん、これは正規の兵役ではなく、森林の伐採や物資の輸送といった後方勤務の志願による〝挺身報国隊〟ということなのだが、実際は各蕃社ごとに割り当ての人数が決められ、駐在所を通じてその人数が狩り集められたというのが現実である。この時に『国語』の習熟度や『皇国民化』の度合いが量られたことはいうまでもないだろう。」（『海を渡った日本語』川村湊　青土社）

いつも通りの枚数稼ぎのための長長しい引用で申し訳ないことだが、わたしが「戦後50年」を考えようとする際には、ここに記されているような事実から出発しなければならない。理由は二点である。第一点は、わたしの職業が「国語」といわれる分野の中でも、日常生活には何の役にもたたない「古文」であるから、こういうものを若者に理解させることにどういう意味があるのかを（勿論現在の学校教育の中に「古文」なる多く平安時代の文学作品を読ませる科目を設置している文部省の意図など重々承知している）、それこそ日常的に考えざるを得ないからである。まして、かつて植民地下で同業者が、その地の青少年に「国語」を強制することが、単に軍人・軍属として徴用する際の利便性などという程度のことではなく、それぞれの民族の文化を根底的に解体する試みの一助となったであろうことを思い、その中でも「古文」といわれるものの内容が枢要な機能を果したであろうことは明白であるからである。第二点は、こうして「精神」まで「掠めとられた」（これもそうするしか生きようがなかったことも重々承知している）若者が、戦後「日本国民」でないということで放置されたままであることを知っているからである。BC級戦犯として刑死した台湾・朝鮮の若者のことを思うと言葉通り胸が締め付けられる。「八紘一宇」「五族共和」「内鮮一体」などという幻想がふり撒かれる時代に、台湾戸籍であり朝鮮戸籍であったにしろ、とにかく「日本国民」として生まれ、「日本国民」であるが故に戦犯として裁かれ、「日本国民」であるが故に刑死した人々。刑死せずとも、多くの死傷した人々。これらの人々を「戦後民主主義日本国家」はビタ一文の補償もせずに捨てた。これをなさしめている現状を変革できない自分達の運動のていたらくである。

既にご存知の方も多かろうが、日本国家は今年「戦後50年」を期して「戦没者等の遺族に対する特別弔慰金支給法」を「改正」して「該当するご遺族」に「特別弔慰金」を支給する。これは、「記名国債で額面四〇万円一〇年償還」である。これで「特別弔慰金」は戦後6回目である。全国で該当件数がどれほどであるのか詳らかではないが、入手した資料によるとある県では約4万6000件である。ところでこの「該当するご遺族」であるが、「平成七年四月一日現在で、公務扶助料、遺族年金等の年金給付を受ける権利を有するご遺族（戦没者の妻、父母等）がいない場合」を指している。軍人恩給・遺族年金のすべてが悪いと言いたいのではない。そうではなくて、「戦没者の妻、父母等」を除いた「ご遺族」なる者とはどういう人を指すのか。ご丁寧に支給を受ける順位を第12位まで定めているのだが、具体的にはどこの範囲までが支給の対象者であるかというと、「戦没者の曾孫の配偶者」までである。こんなの「ご遺族」か。どうひいき目に見ても自民党の集票装置になっている遺族会、軍恩連盟への対策費以外の何物でもない。こうした軍人恩給から特別弔慰金まで含めて戦後国庫から支給した総額は約40兆円と言われる。

翻って先の例である。「軍隊慰安婦」への政府による「対策」もまったく同様であろう。

最初のところに戻るが、こうしたことを恥ることなくやっておられるということと植民地下での「国語」強制なり、それを用いての「文学表現」なりの関係について色々考えさせられている。先の川村湊の著作の他に、池田浩士編『カンナニ』（インパクト出版会）、加納実紀代『越えられなかった海峡』（時事通信社）なども多く学ばせて頂いた。

・「靖国・天皇制問題情報センター通信」178号
（1995年7月31日）

155

事務局から

猛暑が続きます。北陸、東北、北海道と米の不作が心配されていましたが、作柄は回復してきているのでしょうか。そうであれば、都会での酷暑も多少は耐え易いというものです。

今号では、各地の8・15集会情報を掲載しました。もちろんこれですべてということではありません。各地にわたしどもが存じ上げないままに、丁寧に準備されている集会がまだまだあることでしょう。しかし、それにしても今年の集会数は多いように感じます。やはり「敗戦50年」の年だからということなのでしょう。集会数が多いことはそれ自体はとてもいいことなのですが、何となく来年からが気になるのも事実です。

各地で8・15集会を準備しておいでのみなさんにお願いです。情報センターでは、「8・15集会についての懇談会」と協力して、「8・15懇」が準備した「8・15共同アピール」を既に各地の集会宛てに送らせていただいていますが、この「共同アピール」を是非採用してくださることをお願いすると同時に、各地でこの「案文」に自由に手を入れて頂いて、個性のある「アピール」を作ってください。そうしてできたアピールを情報センター宛てに8月末日ころまでに送っていただきたいのです。

また、独自の集会宣言を準備しておいでの所も多々あろうかと存じます。そういう集会宣言も情報センター宛てにお送りください。

これらをまとめて、「95年8・15民衆アピール」（仮題）集にしたいと考えています。

ご面倒をおかけしますが、ぜひご協力ください。

8・15集会が終わったら、遊びたいですね。わたしなども半隠退状態ですから、特にくたびれているわけでもないのですが、今年はもう何もかも心と頭がくたびれるばかりで、少し休んでもう一戦といきましょうよ。

しかし、こういうことを言いつつ、兵庫県南部の地震被災者のみなさんは、こんな風にも考えられないのだろうと思うと、また、気持ちが重くなってしまいます。

ともかく、みなさんこの暑さを無事に乗り切られますよう。お大事に。

・「靖国・天皇制問題情報センター通信」180号
（1995年8月31日）

156

事務局から

若いひとたちと一週間奄美大島へ行っていました。もちろん仕事ではあるのですが、それでも、海だけがあって他に何もないところでの一週間は、まさに命の洗濯そのものの時でした。

奄美大島の南東部、大島海峡を挟んで加計呂麻島を正面に見るヤドリ浜という、奄美の中でも最も田舎になる地でキャンプをしていました。

加計呂麻島といえば島尾です。ザックに突っ込んで行った島尾の文庫本を木陰でチラチラと読みながら、黒糖焼酎をチビチビやって、ウトウトと居眠りする時間は、これこそまさに至福の時ではありました。

瀬戸内町という小さな島の、建物は立派な新築の図書館にも「島尾コーナー」があって、自筆の書簡などが展示してあるのですが、島尾自身、自分のことを彼らしく文学の言葉にしてはいるものの、それでもあそこまで晒しているのですから、覚悟の程ではあるのでしょうが、特に何ということもない私信まで死後に展示されるというのも大変なことであるなあ、などと今更ながらのことを暑さでゆであがりそうな脳味噌で考えたことでした。

坪山豊を代表とする奄美民謡の「唄者」のCDやテープをたくさん仕入れてきました。音楽についてはまったく無知、無センスですから、これらを聞いてどうこうということはないのですが、「詞」には興味があって、琉歌と比較したりしながらゆっくり楽しみたいと願っています。

こうして浮き世離れしたことを考えながら帰ってきたのですが、早く頭を切り換えないと、秋の「闘い」について行けなくなりそうです。

現在最も関心のある問題は、例の「民間基金」をめぐる戦後補償問題です。新しい動きも提起されました。視座をしっかり定めてかかるつもりです。

157

・「靖国・天皇制問題情報センター通信」182号（1995年9月30日）

「早慶天覧試合」反対行動裁判傍聴記 ①

「情報センター通信」読者の皆さんは既にご存知の裁判であるが、野球の早慶戦に天皇夫婦が来場するというので、これに抗議行動をしようとしたら、何もしないうちに逮捕されてしまった、という事件で、このままではいくら何でも腹立たしいと民事裁判を提訴していたのだが、その公判が第8回目になって、やっと証人調べのところまでたどりついたのである。

玄人には裁判の冒頭部の準備書面のやり取りなどが大切で、それはそれで面白いのだそうだが、素人にはどうも関心が持てなくて、今日（10・2）の第8公判から傍聴することにした。毎回傍聴できるかどうかは自信はないのだが、可能な限り傍聴して、この「くだらない」逮捕が、しかし、権力の側では大真面目な警備の延長であり、被逮捕者の側からすれば、屈辱この上ないことであろうし、こうして裁判までしてしまったら物理的にも精神的にも我が身を削ることになることなどを、傍聴記として記してみたい。

10月2日（月）午後1時半からの公判。東京地裁の前は「オウム真理教」関係者の公判でもあるのだろう、何がうれしいのか、緊張感の一切ないマスコミの連中がゾロゾロとたむろしている。記者の姿はほとんど見かけず、カメラの放列だけが目立つところをみると、これはもうマスコミの意図は丸見えで、不愉快きわまりない。裁判所の警備はしつこく行き先までいちいち問う。いい加減に応えて中に入り、511号法廷へ。法廷の中は至極のんびりしたもので、前の公判がまだ続いており、双方の代理人がやり合っていたが、裁判官もごく気さくにやり取りに参加していた。

ちょっと時間をオーバーして、まあそろそろ時間ですから、という感じで次回ということになり、「それでは」とわたしどもの公判の開始。また緊張感のない感じで、傍聴席に座っていた男が証人席に付く。これが、当日「くだらない逮捕」をした警視庁公安二課のセオミツヒロ。警部だそうだが、まあ公安の3タイプ（ほとんどヤクザ、妙にエリート顔した姿勢のいい男、気持ち悪く馴々しい男）のうち典型的な一番目のタイプの男である。

被告側代理人は東京都の職員で、まだ若いのに法廷慣れした感じのひと。

この両者のやり取りを再現してみても無意味なので、ここでは、彼らがどれほどいい加減な立証しかするつもりがないかを示すところだけを挙げてみよう。

原告たち（つまりパクられた人たち）は、早稲田大の黒ヘルグループということになっていて、証人もそう認識していたというのだが、代理人の「では早大黒ヘルグループをどういうグループと認識しているか」との問いに、「1990年（勿論、証人は元号を使用した）4・29の共同行動主催のデモに参加して早大生2名が逮捕されている」等を例示するのだが、今回の被告とそれとの間には随分年齢の差があって、その昔ノンセクト・ラディカルというのがいて、1969年の街頭闘争での逮捕者の中に早大生がいたから、「天覧試合」反対運動の者もその一派である、と言っているのとなんらかわりはない。まるで、「どれほど過激な輩であるか」を立証する気のない例示である。

かれらは神宮球場の「敷地内」に入って抗議行動を「しようとしたから」逮捕されたのであるが、この「敷地内」の認識もいい加減なものであった。「コンクリート塀、金網フェンス、植込などで仕切られた地域で、『ダフ屋行為等の禁止』の看板が出ている」から「敷地内」だというのである。これも一発でフットバセル程度の立証である。

現行犯逮捕の際、原告の行為をどう認識したかに対しては、「天皇帰れ、天皇制反対などと騒ぐ者を球場経営者は容認しないと判断した」と答えるに至っては噴飯ものである。建造物不法侵入というオドロオドロシイ罪名である。もうちょっと色をつけて、被逮捕者を悪漢らしくしてほしい。まあ、こんなものでした。

次回公判は11月6日（月）午後1時半から。反対尋問がありますから楽しみにご参加を。

158

事務局から

・「靖国・天皇制問題情報センター通信」183号（1995年10月15日）

わたしども「情報センター」の運営委員会が、16、17日にかけて開催されました。毎回、各地の運動状況の報告などが最も大切な議題なのですが、今回は、全般的な反天皇制運動の停滞の中で、「情報センター通信」をどうするのかについて、時間をかけて論議しました。「どうするのか」というのは、現在の隔週発行ということに必然性があるのか、あるいは「通信」の内容は今のままでいいのか等についての検討です。概ね現状を維持するしかないだろうという結論になりましたが、話題は当然「通信」に限ってのことにはならず、多岐にわたり、情勢分析にまで至りました。さらに、「情報センター」を現状のまま維持することそのものまで問い直さねばならないのではないか、というところにまで話は広がりました。

「情報センター」事務局としては、全国の読者のみなさんやシコシコと活動を続けておられる人々のニーズに応えることができているのかどうか、緊張して厳しい意見を拝聴しました。

反天皇制運動の全体的な停滞などとわたしどもの立場として簡単に口にするのは、本当は良くないことを承知しています。まず、「情報センター」存立の意味を自らに問わねばならないはずですから。

天皇制の側は、確実に存在基盤を強固にしているのにもかかわらず、今年の福島国体に対して何の取り組みもなせなかったこちらの運動の状況に、「情報センター」事務局の責任がないとは言い切れないのは事実ですから。

「情報センター」としては、全国の反天皇制運動の「情報センター」であるということを再認識し、言い古された言葉ですが、もう一度初心に立ち帰って任務を担っていこうと決意しています。

また、来年は東京で、天皇行事である全国植樹祭が開催されます。これまで散々各地の運動体を焚き付けておいて、東京がブザマなことではすまないでしょうから。「情報センター」としては、この闘いは全力で担う覚悟でいます。

わたし個人としても、「半隠居」などと老人ぶっていないで、もうひと仕事かなあ、とグズグズ考えたりもしています。

159

事務局から

・「靖国・天皇制問題情報センター通信」189号（1996年1月15日）

初めて入院というのを経験しました。これまで頑健であると自らの身体を単純に信じてきましたので、ほとんど常識外れとしかいいようのない暮らしをしてきました。大丈夫だと何となく思っていたのです。しかし、歳も歳ですからそういう具合にはゆかず、ちょっと仕事を中断して休めということであろうと考え、忙しく活動している仲間には申し訳ないことではあるのですが、ちょっとゆっくりさせてもらいました。

　病院というのも、失礼ながら観察者という立場から眺めてみると結構面白い世界でした。幸い医師とも看護婦ともいい関係でしたから、これまで他人ごとであった色々な話を聞く機会にも恵まれました。もちろん楽しい話しばかりあるはずがないのであって、入院していたのが年末でしたから、年末年始の期間、老人患者を外泊させたい病院と、病院に置いてほしい家族との立ち話しなどを耳にする機会もあり、何ともいいようのない気分にさせられたりもしました。

　こういう話しをしていると際限無くあるのですが、何はともあれ、無事に退院し元気で活動に復帰してきました。

　すぐにフル稼働することは無理ですが、徐々に以前の状態に戻すつもりでいます。

　わたしが入院中に、情報センターとしては、その活動メンバーが深いかかわりを持っている山谷労働者福祉会館をめぐって、ちょっとしたイザコザがありました。ちょっとしたなどという言い方は、当事者の一方ですから、こういう言い方しかしようがないのですが、とりあえず一段落しました。問題の根は残り続けており、これから全力で活動の再建に取り組む所存です。ご心配をお掛けしましたが、どうぞこれからの山谷の会館活動を覚えて、ご注目ください。さて、今年の「情報センター通信」ですが、「沖縄」を注目し続ける年にしたいと思っています。「ヤマト」を照射する「沖縄」を考えるところから、「天皇制」を対自的に対象化できる視点をさぐりたいと願ってのことです。

　年間を通じて「沖縄」を考え続ける予定でいますので、ご注目ください。

・「靖国・天皇制問題情報センター通信」191号（1996年2月15日）

160

「沖縄」を考える「ヤマト」の姿勢について

広《フィル》がゆる畑《ハタキ》立ちゅる城山《グスィクヤマ》

肝《チム》の《ヌ》しの《ヌ》はらぬ戦世《イクサユ》の《ヌ》事《クトゥ》

伊江島に建てられている琉歌を詠んだ歌碑である。作者は天皇アキヒト。この琉歌がどの程度のものであるかについて論評する力もないしそういう場でもない。が、これが先の大戦で塗炭の苦しみを「与えた」側からする「融和・和解」を意図したものであることは明らかであろう。これが天皇制の同化主義であるとの批判は容易である。あたかも「国見」ででもあるかのような位置を取って城山に立ち、もっともらしい感傷を歌に託すなど、コイツラ一族はいつもこうだ、このヤリクチだ、こういう心性をこそを撃たねばならない、とそう思う。それをしてきたつもりではある。

この歌碑を伊江島の人々がどう受け取っておいでなのか知らないが、複雑な思いであろうことだけは想像できる。

しかしところで、琉歌を作ってみせるなどという支配の側からする同化政策の一環としての「芸当」を身につける努力ですらわたしどもはしたことがあるか。「芸当」を身につける努力をしようなどというのでは勿論ない。日常の暮らしの中で相当な継続性をもって「沖縄」を考え続けたかとの自問である。

わたしは先に、編集者として、「情報センター通信」は、今年「沖縄」を考え続けたいと表明した。それは決して政治の言葉で沖縄を語ることをではなく、日常の姿勢で、文化の言葉で沖縄を考えたいとの謂である。

161、162

・「靖国・天皇制問題情報センター通信」193号（1996年3月15日）

1年間連続沖縄特集をはじめるにあたって

3月初旬沖縄へ行った。情報センターの仕事もあったのだが、最後の1日、レンタカーで沖縄の最北辺戸岬まで行った。用事があったわけではない。沖縄の空気を吸いたかったのである。沖縄へ行く時には運動がらみの用件でばかりであり、点と点を移動するだけで、沖縄の自然や人々の暮らしに接することなどこれまで皆無だった。今年この「通信」で継続的に沖縄を取り上げ、可能な限り政治のことばではなく、暮らしのことば、文化のことばで沖縄をとらえてみたいと考えており、そのためにはわたし自身が、たっぷりと沖縄の空気に触れておきたいと思ったのである。

58号線を北上し、名護を過ぎた辺りから如何にも田舎の道になり、車の窓を全開して沖縄の匂いを満喫した。街道を突っ走るのではなく可能な限り生活の道に入り、車を停めて、小さなお店やさんを覗いたりもした。

那覇周辺に旅行者としているのでは決して味わえない沖縄に触れられたような気もしたが、それがどの程度のものであるかは、今後の紙面を見ていただくしかない。この企画の沖縄での担当者は宜野湾伝道所の村椿嘉信である。二人でじっくり考えながら、「天皇制を相対化する沖縄」を感じていただけるように努力したい。

「沖縄」を読む①

「『沖縄』を読む」などと大層な題をつけた連載をはじめるのだが、わたしごときに「沖縄」が読めるはずもない。その程度の自己認識はもっている。ただ好きで量だけは読んでいるので、これまでに読んだものの中から、わたしの心に沁みた言葉を紹介することができ、そのことによって、わたしどもが沖縄を考える際に、これを政治の枠組みから解放して考えることができるようになる一助にでもなればと願ってのことである。

越える

風はどこから吹いて来たか
珊瑚虫の死骸から成る島と赤土くずれ
枯葉がカサコソ　鳴っている
かすかにふるえているのは女郎蜘蛛
滅びた村跡の石垣と一本の共同井戸
深く暗い水底を覗こうとして
身を固くした〈私〉
は吸いこまれてしまう
神話を謡う少女がいない
たった一本の水脈が
どのように枯れたか
詩う〈私〉などそもそも在ったか
傍らの青銅は何も語らない
洗い塩と平御香
欠けた素焼きの盃
蜘蛛の巣だけを残し村人はどこへ消えたか

ふつふつと湧くニーリ神謡は聞こえない

高良勉の詩集『越える』の中の「越える」の冒頭部である。島尾ミホが推薦文を寄せ、「詩集『越える』は繙く者の胸臆を打ち、心弦を震わす祈念の書であり、琉球弧への更なる思念を促す、まさに―神ガミのうた―であると言えようか」と書き、高良自身はあとがきに「今後も、琉球人の私が〈日本語で詩を書かなければならない必然性〉を疑いながら書き続けたい」と書いている。ニライ社刊。☎098-867-9111

163

沖縄を読む②

・「靖国・天皇制問題情報センター通信」194号（1996年3月31日）

世はさまざま
人は米を食つてゐる
ぼくの名とおなじ名の
貘といふ貘は
夢を食ふといふ
羊は紙も食ひ
南京虫は血を吸ひにくる
人にはまた
人を食ひに来る人や人を食ひに出掛ける人もある
さうかとおもふと琉球には
うむまあ木といふ風変りな木もある

那覇で生まれ、若くして沖縄を離れた山之口貘。貘は「沖縄よどこへ行く」と題する詩で「それにしても／蛇皮線の島／泡盛の島／沖縄よ／傷はひどく深いときいてゐるのだが／元気になって帰って来ることだ／蛇皮線を忘れずに／泡盛を忘れずに／日本語の／日本に帰って来ることなのだ」とも言う。他方同時には「沖縄県は日本の道を歩いて来たのだ／おもへば廃藩置県この方／七十余年を歩いて来たのだ／おかげでぼくみたいなものまでも／生活の隅々まで日本語になり／めしを食ふにも詩を書くにも泣いたり笑ったり怒ったりするにも／人生のすべてを日本語で生きて来たのだが／戦争なんてつまらぬことなど／日本の国はしたものだ」という表現もあり、読む者を引き裂く。日本人である私がこれを評価するのは慎むが、貘が内部に抱えた裂け目が貘ひとりのものではないのは当然であって、実存の深みにおける悲しみは、ふとフランス語で書くファノンを思わせるし、そこまで遠くなくとも、在日の詩人たち、金時鐘を痛切に思う。生活の現実と「言葉」との千里の径庭の間を生きることの重さが息苦しい。

164 「沖縄」を読む③

・「靖国・天皇制問題情報センター通信」195号（1996年4月15日）

「私たちが差異性として認識してきたものは、沖縄の民族学誌的な独自性や多様性としての言語、生活、宗教、親族組織、祭祀、舞踊、食事、服装なのであるが、それはその生成基盤である村落共同体の解体、その生業の変容により民族祭祀を中心に、すでに『抽象化』して記憶の彼方に亡滅しつつあり、すべての差異性も21世紀の中葉までには消滅するものと思われる。」

「米軍基地と日本国民国家という二重の強固な壁のなかに結わされた標を解き、沖縄のもつ差異性に生きる方途を探すべきだろうが、それは至難なわざといえよう。」

いれいたかし著『執着と苦渋―沖縄・レリクトの発想』（沖縄タイムス社）の序論「差異性と生存」からの言葉である。レリクトとは生物の遺存種、生きている化石のことだそうであり、著者は「あとがき」で「亡滅が危惧されている沖縄・レリクト、それは冷戦時代の化石としての私のような種族もいうのだろう」と言い、「私（たち）の過去は、悩み、傷んだわりには、何も望んでいない。〈復帰〉という虚妄な海で喘いできたからだ。いま、〈復帰〉という焼けた木灰のなかを、無理に掘り出してみたところで、何もありはしない。しかも、私はその灰のなかで語るしかない。訓化されていく日常を苦渋とともに内観してきた迂生の奇跡として」と言う。

この「苦渋」をわたしどもはどう受けるのか。

『新沖縄文学』でわたしどもヤマトには読むことそれ自体が苦しいほどまでも「沖縄」を書き続けたいれいたかしを、この頃目にすることがなくなった。本書の「島社会と豚文化」という論文で「生活環境のなかから豚が消滅する。これは洗骨が火葬にとって変わることにより、私たちの民族社会が激変し、稲作がサトウキビ作に変わったことにより、年中行事や祭祀が実体のともなわない形だけのものになったのと同じように、人びとの生活が数百年も続いてきた民俗と固有の生産風土から離脱することを意味し、ひいては沖縄＝南島社会がついに非アジア的世界へと移行することを物語る」ともいれいは言う。痛切である。日本と沖縄と近代と。本当にわたしらはどうするのか。これを。いれいが、沖縄が突き付ける問題は、「近代」を押しつけたヤマトの問題であり、否応なく「近代」を選択した沖縄の問題である。レリクトは何を主張するのか。わたし自身の問題である。

・「靖国・天皇制問題情報センター通信」196号（1996年4月30日）

165

「沖縄」を読む④

1985年の時点で、「近年、様々な国際交流の場で語られる〝沖縄〟と〝アジア〟との類似性論や共通性論は何を意味しているのであろうか。復帰10余年を経た沖縄の〝自然〟のあらわれなのだろうか。あるいは復帰10余年を経て完璧なまでに日本の国家体制に組み込まれた沖縄のアイデンティティーの分裂がもたらした傷口から流れ出た苦悶の声なのだろうか」と自問し、「もし現段階で我々が〝アジア〟と〝沖縄〟との類似性や共通性を思想史の課題として論ずることができるとすれば、それはたんに地理的・自然的条件に規定された議論やあるいはまた〝自愛〟、〝ナルシズム〟ににじり寄る議論ではなく、モフタル・ルビスや魯迅、ホセ・リサールが直面した歴史的現実との共通性をこそ見据えなければならないと私は思う」と沖縄人であり、近代思想史家としての比屋根照夫は、インドネシア大学客員教授を経験した後に、その著作『アジアへの架橋』（沖縄タイムス社刊）で、厳しく己の（沖縄人の）思想的営為にたがをはめる。ヤマトたるわたしには言いにくいことではあるが、こういう傾向があるのは事実である。国家の枠組みを民衆の日々の営みの水準において意図的にずらしてみることは、それ自体としては正しかろう。がしかし、アジアの民衆の側からすれば、この「共通性」はどう見えるのか。日本国家の枠組みの中にいることを前提とする限りにおいて、「近さ」だけではすむまい。

比屋根はこの著作において、太田朝敷、伊波月城の思想、アジア観を検討しつつ、「非抑圧地域・民衆としての自国の危機的な時代状況下に生まれ、歴史や文化などをふくむ〝文化問題〟を基準に自国の現実と真正面からむき合った」思想家たちの検証から「アジアからの精神史・思想史を手がけてみたいとの構想を抱くようになった」と言う。先の「自愛」「ナルシズム」への批判からして、容易な道ではあるまい。我々もまた、同じ道を辿らねばならないことは自明のことであるのだが、日本人にとってこれが、どれほど困難な道であることか。呆然とするばかりである。

・「靖国・天皇制問題情報センター通信」197号（1996年5月15日）

166

「沖縄を読む」⑤

今からもう15年ほども前になるだろうか。この著作によってわたしは「琉歌」を知った。沖縄を口にしながらその程度のことだったのである。

仲程昌徳著『琉球文学の内景』である。冒頭の論文「花風考―〝持上げれば〟の文学性」で取り上げられている歌

　三重城にのぼて手布持上げれば
　　走船のならひや一目ど見ゆる

この「持上げれば」に強い影響を受けたことを、今もその時のままの感情で憶えている。この歌の正確な解釈などわたしにわかるはずもないが、とにかく痛切な惜別の歌であることだけは理解できる。船に乗って去る者に、「手布」を「持上げ」て惜別の情を表現することに衝撃を受けたのである。

わたしの好きな歌に

柿本人麻呂、妻の死にし後に、泣血哀慟《きふけつあいどう》して作る歌

なる詞書を持つ長歌がある。長いものであるから最後部だけを引用するが、

軽の市に　吾が立ち聞けば　玉だすき　畝傍の山
に　鳴く鳥の　声も聞こえず　玉鉾の　道行く人
も　ひとりだに　似てし行かねば　すべをなみ
妹が名呼びて　袖そ振りつる

妻との永訣の歌である。

袖は「振る」ものであった、仲程氏も『琉球大観』の著者島袋盛敏の解説「布片や袖を振ってみせたことは、大和時代の大昔からあった風習である」ことを記しておられるが、「大和の文化」では確かに「振る」であった。それが「持上げ」なのである。琉歌の中に「『花風』は、類のないすばらしさを燦然とあたりに放っている」という、この歌の「特異なのは、『持上げれば』が『持上げれば』のままで、その感情、動作ともにどこにも動いて行こうとせず、そのままで静止している点にある。それは、相手に何らかの動作を求めるものでなく、ただそのことのみ意味がある。悲しみで体はこはばっている。慟哭はない。歔欷もない。ただ、どうしようもない悲しみがあるだけで、持ち上げた手布が、持ち上げたままで静止してしまっている」ことにあると氏は言う。また、「『花風』は、かたくななとも思えるほどに、こわばっている。悲しみの情が、深く沈んでいっている」とも言う。この彼我の表現の差は何か。悲しみの深みで静止の表現に向う沖縄。（この項続く）

167

・「靖国・天皇制問題情報センター通信」199号
（1996年6月15日）

「沖縄を読む」⑥

仲程昌徳著『琉球文学の内景』のつづきである。

惜別の情の表現において、琉歌は「手布持上げれば」と、その動作は「そのままで静止」してしまうのに対して、大和の表現は「袖そ振りつる」であるという差は何か。「悲しみの深みで静止の表現に向う沖縄」と書いたところまでが、前回であった。

この差をして「異文化」であると言ってしまえば身も蓋もないし、文化の比較を言うなら、他にそれを立証する例を挙げねばならないが、その力もないし、沖縄関係の書籍の紹介を旨とする場でそこまですることもできない。しかし、ここに見られる表現の差に、わたしは確実に「異文化」を感じることは事実である。

他方、過酷な抑圧の歴史が、己れの身体的表現を無意識の内にも抑制する習慣を続けさせることで、この差を生ぜしめたと考えることは可能であるかもしれない。しかしこれも、薩摩以来の日琉の関係史からすると大和の側の深読みの可能性が大きい。

抑圧の歴史を言うなら、大和の民衆にとっても歴史などそういうものでしかなかった。

この問題に素人のいいかげんな推測を加えるとすれば、こういうことではないだろうか。大和の表現の例として仲程が引用している島袋盛敏が、前回わたしも引用した柿本人麻呂と同時に挙げているのは額田王の「茜さす紫野行き標野行き野守は見ずや君が袖振る」である。一部に「紫の絶唱」などと、元の夫であった大海人皇子との間に交わされたこの歌を評するいかにもの人々もあるのだが、この歌がいわば宴席での余興の性質を持ったものであり、額田王という万葉前期の特異な立場をもった女性歌人の歌であること、それに、ここで袖を振っているのは男の側であって、仲程も否定的に島袋の「男女の愛の信号」という表現を引用しているが、人麻呂もこの歌も袖を振っているのは男である。確かに万葉の時代、女からする激しい感情表出の歌はある（狭野弟上娘子）が、これとて、「我が背子が帰り来まさむ時のため命残さむ忘れたまふな」と歌うのである。狭野弟上娘子にも「袖を振る」表現があるが、ここでも「振る」のは相手の中臣宅守である。

これはどうも、仲程が本書の他の部分で書いている「その悲しみの深さは、恐らく、女のひたすらに『待つ』姿勢と関わっている」のではないか。

1回で1冊の本を紹介するつもりの雑文が、どうも深みにはまってしまいそうになった。今回も続く。

・「靖国・天皇制問題情報センター通信」200号（1996年6月30日）

168

「沖縄」を読む⑦

仲程昌徳著『琉球文学の内景』の3回目である。ほぼ結論に近いのだが、琉歌に用いられる「手布持上げれば」

という男女の惜別の際の動作の静止した表現は、万葉等日本の歌の「袖そ振りつる」という動作の動的な表現と対比的に考えるべきではなく、大和の男女の間における惜別の表現としての「袖振る」動作も、その例としては男が圧倒的に多いということからして、仲程が指摘した通り、「その悲しみの深さは、恐らく、女のひたすらに『待つ』姿勢と関わっている」ことからくるのであろう。残念ながら他の民衆の男女の別れの表現を知らないので比較検討することができないし、個人的にもそういう場面の経験が多いわけでもないので、何とも断定しがたいのであるが、少なくとも、父権社会の確立以後は、民族を越えて、このことは言えるのではないか。

それにしても、島袋盛敏が、琉歌と万葉集及び古今との比較を安易にやってみせるのはいかがなものか。時代が隔たり過ぎているし、琉歌の古典としてその名が挙げられる恩納なべやよしやに、大和の古典の素養があったとも思えない。これとて何ら確証のないことを言っているだけのことであるが、大和の我々にしたところで、日本古典など近代学校教育の中で、あたかもその文化の骨肉にまで達するほどの強い影響を受けていると教えられ、また現実に教化されたのであって、近代以前の民衆の歌表現にそれらが大きな影響力を持っていたとは考えられない。

まあ、素人のいい加減な推量はこの程度にして、恩納なべやよしやの歌を挙げておこう。

恩納なべ

恩納岳あがた里が生まれ島
もりもおしのけてこがたなさな

よしや

あさましや浮世よその上や知らぬ
我身やこの世界に一期ともて

とこうして、仲程から教えられた琉歌の世界を楽しんでいるのだが、仲程と友人でもあるというオモロ研究者である比嘉実は、その著作『古琉球の思想』のあとがきでオモロと比較して、「ここ数年、琉歌のような叙情歌を嫌う感情が強い。甘ったるくて、ヘドの出るような、思い入れが過多に表現される琉歌の世界は私を疲れさせる」と書いている。これも沖縄を代表するひとつの気分であることは確かであろう。

169

沖縄――月桃のころ

・「働く人」第459号（1996年6月1日）

5月14日午後1時

4月1日、この日から楚辺通信所（通称象のオリ）の中の知花昌一さんの土地を日本国家が不法占拠することになった日、沖縄は冷たい雨が降り続いていた。象のオリの前にたくさんの支援者と一緒に立ちながら、寒さをこらえていたが、日本国家は、予想通り知花さんの立ち入りを力で阻止した。国家とは、「私有権」をも否定するものであり、日米安保は一切に優先する規範であることを象徴的に示したシーンであった。

それから一ヶ月半後の5月14日午後1時、沖縄は既に梅雨に入っていることがウソのような快晴で、熱く、象のオリの前は勝利を祝う人々の熱気も重なってウダルようであった。この土地については、国側が緊急使用申請を県収用委員会に出していたが、今回の事態は同委員会がこれを不許可にした結果である。国側との和解により、6月22日とこの日との二回にわたって立ち入りが実現したのだが、30人の約束に、31人の人々が拍手の中、政府が巨費を投じて象のオリの周辺に新設した「防護柵」の中に入って行った。最後に入った31人目の人に後で聞くと、入った直後に人数オーバーであることに気付いたが、特にとがめだてもされなかったのでそのまま入ったということであった。要するに、「地下に埋設してある施設の機能に障害がある」などという国側の屁理屈など最初から根拠のないことであるから、正確に人数を数えることをしなかっただけのことである。芝の管理のために、大型トラクターのような芝刈り機が走り回っていたのを地元の人々は見ていたのだし、今回の準備のために60人ばかりの作業員が入っていたのを見ている人もあったのである。こういう事態を翌日15日の「琉球新報」の「解説」は、「象のオリ立ち入り当然の権利行使―説得力ない政府の対応」と題して、「政府首脳を巻き込んだ〝騒動〟への発展は、そのこと自体が政治家や官僚が好む『安保の公益性』のあかしかもしれない。だが、日常の基地立ち入りの実態を踏まえると、政府の対応は奇異だ。楚辺通信所では『不法占拠』問題が注目を集める以前は、施設内で地域住民が自由にジョギングをし、子どもたちが遊び回っていた」ときつい皮肉を書いている。

象のオリの中では祝宴が続いているようだが、外からははるか遠く、走り回る知花さんの子どもたちが三線（サンシン）を演奏している様子がうかがわれるだけであった。外にいる者もこの祝宴に呼応して賑やかに歌を歌い、知花さんのお宅で用意された祝いの料理が振る舞われて、政府の無法を民衆の道理が突き破った勝利を祝った。

こうした国側の「敗北」を教訓に、政府は首相の強い意向を受けて、米軍用地強制使用手続きの迅速化に向けて、新規立法を含む法整備の準備に入っている。新規立法の方は、沖縄「県」議選への影響を考慮して当面は見送る予定とのことである。随分民衆をナメタ態度であると言わざるをえない。

来年5月14日には、12施設、約３０００人の所有地が使用期限切れとなる。政府は困惑と焦燥感を深めているとのことであるが、当然のことである。

5月15日午後6時

那覇の与儀公園。主催者の正式発表を聞いていないので一体何人集まっているのかわからなかったが、大きな公園に一杯の人々が集まっていた。5、6千人というところだろうか。「本土復帰」から25年目のこの日は、いわば現在の大田知事体制の公式行事のようなものであり、事実さすがに知事は政府との関係を考慮してか登場しなかったが、副知事が挨拶するような集会である。しかし、全体として反基地・反安保の闘いの昂揚を反映して、祭気分の中にも、闘いの前進を勝ち取るという熱気のある集会であった。

しばしば引用される数字であるが、沖縄が抱える基地は、この小さな島に2万４４００ヘクタールもある。交通機関はバスを含む車。モノレールが計画されているようであるが、電車、地下鉄はなし。平地の多くを占める基地のせいである。

ここに、国は沖縄振興開発計画で約4兆3千億円を投入してきたが、完全失業率は6・8％で全国平均の2倍。一人当たりの所得も全国平均の約74％である。

こういう実態の改善は、基地をそのままにしておいて、更に資金投入をすることでは切り抜けることなどできはしない。基地に代わる産業創設を目指さねばならないし、沖縄から「国際都市形成と基地返還アクションプログラム」の素案が出されているのも事態打開の困難を承知だからこそであろう。

政府のみならず、日本人全体に突き付けられた問題として、現在の沖縄民衆による闘いの昂揚を受け止めなければならないのではないか。観光によって「異文化」を味わうための「国内植民地」のような扱いを、沖縄は拒否している。

170

「沖縄」を読む⑧

・「靖国・天皇制問題情報センター通信」201号（1996年7月15日）

昨年来の沖縄における反戦・平和、反基地闘争の高揚を気分を昂ぶらせつつ観ながら、脈々たる沖縄民衆闘争の歴史を思い起し、闘いの暑い息吹のマグマの中から批判的に継承すべきものはする必要があるのではないかと、しばらくの間考えている。まして、ヤマトにおける差別に充ち満ちた処遇を突破しようと苦闘し続けた「在日」沖縄青年運動の歴史は、現在沖縄において闘いを続けている者には大きな勇気を与えるであろうし、ヤマトの人間にとっては、大田昌秀知事の鋭くも抑制の効いた日本政府と日本民衆への「差別」の告発を待つまでもなく、己れらがこの国家の近代以降、沖縄に何をしてきたのかを学び、「沖縄との連帯」がどういうものであるのかを再考する機会としなければならないであろうし、今これをしなければ、沖縄との連帯関係は近未来的にはほぼ断念せざるを得ないのではないかという危機感がわたしにはある。

安仁屋政昭著『沖縄の無産運動』（ひるぎ社・おきなわ文庫）は、新書版で、著者が「あとがき」で「沖縄の無産運動については、多くの先輩が自伝的回想を発表しているが、戦後世代がそれを学習していくための事典的な解説も必要であろうと思う。その試みである」と記しているように、手軽なものであって、研究者には物足りないかもしれないが、運動に携わる者にとっては充分であり、巻末の参考文献一覧は貴重である。

ここは、ただ紹介の役を果たすのが任であり、本書の詳細を伝えることはできないが、沖縄における最初のメーデーは、ヤマトに後れることわずか1年の1921（大正10）年のことであり、「弁士中止」が頻発される中で、渡久地政憑は「シケーのあがちゃーたーけえなくみ（万国の労働者団結せよ）」と沖縄語で演説した、などという事実の記録は、わたしどもに沖縄との連帯の質に多くの示唆を与える。沖縄から「本土」への出稼ぎは、「明治」30年代から既に始まっているが、不熟練労働者の最大の受け入れ先は、関西であった。沖縄県人会が組織されるが、この組織は最初から親睦団体の枠を越えたものであった。ここから関西の運動を牽引したあの「赤琉会」が生み出された。ヤマト―沖縄の連帯のあり方を求めてぜひ一読をお勧めする。

171

・「靖国・天皇制問題情報センター通信」202号（1996年7月31日）

「沖縄」を読む⑨

『上野英信と沖縄』（ニライ社）は、追悼文集刊行会の編による、上野の例の『眉屋私記』以後、上野が沖縄の人々とのいかにも爽やかな交誼の中から生み出した言葉どおりの追悼文集である。「沖縄を読む」というテーマに相応しい書物であるかどうか戸惑いがあるが、編集後記の「私たちは上野さんを知ることによって、数々のことを学び影響を受けてきた。上野さんをとおして筑豊を知り、そのことによって日本を知り得た面も多々あった」と記された言葉が、沖縄－日本の関係の在り方が言葉の意味する本質において根底から問われている現在、ぜひ一読を勧めてみたいという気持ちになったのである。

巻頭の弔辞は、「南島より弔戦の狼火を」と題して、『西表炭坑夫物語』の三木健が述べている。上野の『眉屋私記』を「移民と辻売りという近代沖縄の本質にかかわる二つのモチーフによって、この作品は近代沖縄のすぐれた民衆史を構築したのでした。それは近代日本の貧困を背負って地底に下り、さらに地底を追われて地球の裏側に流亡を余儀なくされた筑豊の民と、その本質において同じものであり、上野文学が沖縄と深くかかわってきたとしても、それはけだし当然のことと言えましょう」と評価した上で、「先生の志のいくばくかを受け継ぎ、弔戦の狼火を南の島で灯し続ける決意でおります。どうか安らかにおねむり下さい。上野英信万歳！」と結ばれた情理を尽くした、残されたものの肺腑を抉る弔辞である。

本書は5部で構成されている。Ⅰ上野文学と沖縄、多数の書き手であるが、大城立裕、仲程昌徳、岡本恵徳ら。Ⅱ上野英信さんと私、大田昌秀、高良勉ら。Ⅲ筑豊・その周辺から、色川大吉、千田梅二、岡部伊都子ら。Ⅳ上野英信さんをしのぶ集い、新里幸昭、仲村里子、山入端一雄ら。Ⅴ『眉屋私記』書評録、高良倉吉、山内昌英ら。

どれも珠玉の文章であるが、今苦闘を続ける大田昌秀は、交流の想い出の後に、上野の『出ニッポン記』の自らの書評を再録している。その中に、「累々たる屍の山をかきわけるようにして命からがら南米大陸の涯まで逃げのびた『艦砲ぬ喰えーぬくさー』と『石炭喰えーぬくさー』こそは、20世紀後半の日本移民史を血に染める、もっとも印象的な二つの大集団だと言明する。読者は、本書をとおして著者の発言がけっして誇張ではないことを、しみじみと納得するはずである」と書いている。現代の沖縄―日本の関係史、というより〈ヤマト〉の側からする再考の糸口の提示である。岡部伊都子は、「あまりにも苦しみ多く担って、心の限り疲れ切られたであろう晴子女人へ、感謝と尊敬をあらたにする。上野存在は、晴子の個を吸収し盡して成立していた」と記している。考えさせられる一言である。

172

「沖縄」を読む⑩

・「靖国・天皇制問題情報センター通信」２０３号（１９９６年８月15日）

前回『上野英信と沖縄』を紹介して、そこに出てきた三木健の名から、三木の『西表炭坑夫物語』（ひるぎ社ＯＫＩＮＡＷＡ ＢＵＮＫＯ）を懐かしく思い出し、この聞き書きという方法による沖縄民衆史の名著を紹介したくなった。西表（八重山）にこだわる三木には、この１９９０年に出版された著作に先行して、『八重山近代民衆史』（１９８０年、三一書房）、『聞書西表炭坑』（１９８２年、三一書房）、『西表炭坑概史』（１９８３年、ひるぎ社）、『民衆史を掘る』（１９８３年、本邦書籍）、『西表炭坑資料集成』（１９８５年、本邦書籍）、『写真集・西表炭坑』（１９８６年、ひるぎ社）、『八重山研究の人々』（１９８９年、ニライ社）の著作があり、自身石垣の出身であるから、とか、よほどの関心がなどという言い方では表現しきれない執念を感ずる。

日本資本主義の原資蓄積段階から太平洋戦争に至る西表炭坑の坑夫たちの地底での営みは、近代的な概念での「労働」などとは異質の、言葉の直接性において「奴隷」であり、だからこそ当然のこととして逃亡を試みる坑夫たちが後を絶たない。八重山の言葉で「炭坑ピンギムヌ」といわれるケツワリ。甘言に誘われて全国各地から送り込まれた坑夫たちにとって、亜熱帯の西表の「炭坑のまわりは、西も東もわからぬ密林である。そのまた向こうには、果てしない海原が続いている。坑夫たちにとってはあたかも自然の牢獄に等しい」所であったし、解放の可能性は低い。しかし、「この逃亡こそは、坑夫たちが地獄から抜け出すための、死を賭けたギリギリの抵抗であり、開き直りであった」し、労働者（＝人間）としての誇りででもあったろう。これは断固たる闘争である。

西表炭坑には地理的な条件からして台湾の坑夫も多かった。米軍の空襲下、台湾人坑夫が防空壕がわりにしていた自然洞窟に島の人たちが来て追い出した話など、民衆史として記録し、記憶しておかねばならない貴重な事実も掘り起こされている。「なんということか、日本人は沖縄人を追い出し、沖縄人は台湾人を追い出す……」。この人々のわずかが、何の補償も得ずまだ沖縄に生き残っておられることを忘れてはなるまい。最後に、ひとり日本人坑夫の言葉を。「20年間炭坑で働いとったのに、ゲタと手ぬぐい以外は、なんにも残りませんでした」。わたしらの今のテイタラクはどうか。

173

「沖縄」を読む⑪

・「靖国・天皇制問題情報センター通信」204号（1996年8月31日）

谷川健一が『「日本」の中にあって『日本』を相対化する」思想と評価した島尾敏雄の「ヤポネシア論」は、最近ではそれ自体として語られることはほとんどないが、批判は批判として、「沖縄」を考える際にはほぼ前提になっていると行ってよかろう。畏友西尾市郎が那覇に「平和をつくる琉球弧活動センター」を設立して地道な活動を展開しているのだが、西尾が島尾の「ヤポネシア論」をどの程度に意識しているかはともかく、「日本国家」の「中にあって」、奄美・沖縄を琉球弧と呼ぶには、「日本国家」を相対化するという明確な意志なくしてこれをするはずがない。

岡本恵徳著『「ヤポネシア論」の輪郭―島尾敏雄のまなざし』（沖縄タイムス社）を再読した。うねるようなというか、螺旋的という、緻密かつ粘着力の強い論理展開で、島尾の「ヤポネシア論」を考察した著作である。60年代初頭から「ヤポネシア」という表現を採りだした島尾が、出自の東北とおつれあいのミホさんの奄美との緊張関係の中から、アメリカ、ポーランドへの旅、沖縄への旅の中から「ヤポネシア論」を展開、深化、発展させながらその「ヤポネシア論」を「歴史認識論の立場から、国を構成する枠組みを問う『国家論』に視野を拡げはじめ」る過程を跡付ける。確かに、「言うまでもなく、『ヤポネシア論』はそれまで私などを捉えていた『国家論』（マルクス主義の影響のもとで）にかわる新しい『国家論』を提起したわけではなかった。しかし、少なくとも『ヤポネシア論』の提起する視座をふまえない限り、新しい国家論は構築されないだろうと考えるに充分な衝撃をそれは持っていた」。「日本」の側にいるわたしにとっても、もちろん未だ不十分きわまりないが「日本国家」を相対化し、次にあるべき社会・人間関係を考える際に大きな手がかりとしてあったし、今もあり続けている。

今また沖縄をめぐって政治の言語で、「政治的」な状況論が盛んである。わたし自身も事務情勢的な発言しかできもしないし、そうしようと自らを律しているのだが、事柄の本質的な解決がそれでなされるとは考えていない。この著作をとおして島尾の「ヤポネシア論」が、現在に持つ意味を再考する必要をも痛感している。それにしても岡本と同世代でかつて刺激的な論を展開していた新川明や川満信一の言論に触れることがないのが寂しい。今こそ考え抜かねばならない。

・「靖国・天皇制問題情報センター通信」205号（1996年9月15日）

174

「沖縄」を読む⑫

「私たちは与論出身者の苦難史を通して、民衆が独自に伝承してきた生活のかたちが、時代の移りかわりと共に時の支配力によって破壊されるのをみてきた。また、多かれ少なかれ辺境に伝承される文化は中央文化に吸収されて変質せざるを得ない面もみてきた。そしてある一点が気にかかる。それは辺境の民が伝承しつつあるものは、単に消えるにまかせるだけではなくて固有な文化（意識）として、私たち全民衆の綜合文化のなかに復活させることはできないのか、という点である。与論出身者ののぞむ『ふるさと』を、私たちは単に物理的共住性だけのものとして感じとっているわけではない。また階級意識さえ身につくならば、伝承された固有性など破壊されたところで、労働者階級の意識の集積に影響ない、とは考えないのである。代々民衆は支配された生活の内側で、その労働を通して形而上下の創造性を発掘し伝承する自律性を生かしてきた。その集積が民衆に、民衆固有のナショナリズムの原基たらしめている。その原基に立脚して、支配者の日本的支配原理を打破せずには、日本民衆はどこまで行っても支配者が方向づける支配・被支配の日本的法則から脱することはできない。攻撃の内的根拠を持てず民衆意識の深層に堆積する二重性を残したままコスモポリティックな精神移民となり終る。」

前々号で優れた民衆史として三木健の『西表炭坑夫物語』（ひるぎ社）を紹介した時、ずっと、もうずっと以前に読んで、その後忘れていた本書、森崎和江、川西到共著『与論島を出た民の歴史』を書棚に探したのであるが、見付けることができなかった。かつてたいまつ社から出版されたのだが、たいまつ社そのものが既になく、諦めかけていて、奄美・名瀬の本屋で本書が葦書房から復刊されているのを知り、購入して紹介することができた。

冒頭の引用部には本書の意図のすべてが表現されていると言って過言ではない。経済的な疲弊と被差別とにがんじがらめにされつつも、自らの共同体とそこで育まれた固有の文化を守ろうと、分村してきた三池炭坑で苦闘する与論の民の歴史を、鋭い批判も交えて描きつつ、島人への苛酷な生を強いる「日本」と「日本人」の在り方にラディカルな批判を展開して、かつて民衆史とはこういうものであろうかと思って読んだ記憶が鮮明によみがえった。

「ヨーロン」と蔑まれながら三井三池の地獄を、「打出《うちじゃ》しより出《じゃ》しより誠打出《まことうちじゃ》しより　誠打出しば　ぬ恥《はじ》かちゅんが」「あたら親がなし　長棺《ながむち》に入りて　六月ぬ太陽《てだ》にさらしむさ」と歌いながら耐える人々。異文化に育った民衆の出会いの仕方についても多く示唆される。

175

「沖縄」を読む⑬

・「靖国・天皇制問題情報センター通信」206号
（1996年9月30日）

もう10年くらい以前になるのだろうか、奄美大島は宇検村の湯湾で、漁師の小さな船に乗せていただいている時に、湾内で珍しい形をした船があり、台湾の漁船であると教えられた。風の強い日で、湾内で風を避けていたのだろうが、「昔は上陸してきて魚と水を交換したものだが、この頃は警察がうるさくて」というお話だった。

石原昌家著『戦後沖縄の社会史―軍作業・戦果・大密貿易の時代―』（ひるぎ社刊OKINAWA BUNKO）を読んでいて、上記の経験を思い出した。考えてみれば、民衆の日々の暮らしにとって国境など何の意味ももたないことなど当然で、ボーダーレスなどという言葉とは無関係に人々は日常的に国境など無視して暮らしを営んでいたに違いない。

焦土と化した戦後沖縄が、一切を「無」から再開しなければならなかった時、人々が「渇しても盗泉の水を飲まず」などという美しくももろい倫理観で空腹を耐えたはずはない。よし己れはよくぞそれに耐え得たとして他人に、わが子にそれを強いることも出来なかった時、人々はどのような手段で生き残ることを貫徹するか。

本書は、先に刊行された『大密貿易の時代―占領初期沖縄の民衆生活』（晩聲社）をリライトしたものである。前者の発行が82年で、これの読後、民衆のエネルギーに圧倒された記憶がまざまざと蘇る。沖縄本島での軍作業によってなどで飢えをしのぐことなど不可能であるから、「戦果」と称する米軍物資の掠奪を意気軒高にやってのけるのも当然といえば当然であるが、圧巻はやはり与那国島の久部良湊を大密貿易の基地として、米軍占領下、香港・台湾・朝鮮半島・沖縄本島・東京と、小型船を操って繰り広げられた密貿易は、小さな島の小さな港を、「国際的にわか闇市」にし、ひとと物資があふれかえり、「大量の密貿易品は梱包のまま密貿易人同士でバーターされていた」様子など、困窮のあまりのこととはいえ、何かしら胸躍る気分でさえある。

著者は結論として、人々は飢餓状況を突破すべく国境線を無意味化して生きてきたが、それは「いま、『ボーダーレスの時代』といわれているが、まさに戦争終結から1952年の頃まで、ウチナーンチュ（沖縄人）はボーダーレスの時代を築くことによって、生き延びることができたのである。それは『琉球王国の時代』に『大交易時代』を築いた琉球の先人たちの気概、行動エネルギー、生きるパワーを継承していたといえよう」という。

176

「沖縄」を読む⑭

・「靖国・天皇制問題情報センター通信」207号（1996年10月15日）

1995年12月30日の日付をもつ『琉球弧（うるま）の発信―くにざかいの島々から』（御茶の水書房）の「あとがき」で、著者高良勉は「沖縄の人々は、いま超党派で『①米軍人の綱紀を粛正し、米軍人・軍属による犯罪を根絶する。②被害者に対する謝罪と完全な補償。③日米地位協定を早急に見直す。④基地の整理・縮小を促進する』を求め、在日米軍基地と日米安保体制の根幹を揺るがし始めている」と書き、「沖縄は敗戦50年目を〈島ぐるみ〉闘争でしめくくろうとしている」と95年10・21県民総決起集会直後の精神の高揚をそのまま書き留めている。

あれから1年、今沖縄の人々は、今をどういう気分でいるのだろうか。胸を掻き毟られるような思いで耳を澄まし目を凝らしているのだが、かすかに届いてくるのは「静かな吐息」だけであるように感じるのは、わたしの感性が鈍であるからなのか。

本書は高良の最新評論集ではあるが、80年代後半からの約10年の著者の思索と表現の集積である。「復帰運動」を総括して「琉球民族意識」の形成を主張し、「台湾、中国、朝鮮、日本をはじめとする、アジアの中の琉球弧の位置は、これからいよいよ重要になるでしょう。もし沖縄の心と思想にアジアや日本に貢献するものがあるとすれば、亡国の体験を持ち、長い植民地体制下で培われた、『国家と民衆と国境』を相対化し解体止揚していく文化だと思います。その創造に向け、今日まで累々と重ねられた琉球弧内外のアジアの民衆の『死者たちの視線』を忘れずに進めたら、と祈っています」と言う。

そして、マルクス、レーニン、魯迅、フランツ・ファノン、島尾敏雄、黒田喜夫、吉本隆明、谷川健一、谷川雁と並べられた読書体験（わたしもまた自分の書棚にこれらが並んでいるのを眺めながらこれを書いているのだが）から著者は「くにざかいの島々から未来の琉球弧・アジア・太平洋へ」と、「沖縄」から発信し、「沖縄」をふくらませ続ける。

高良だけではないが、沖縄の人々の著作を読みながらしばしば瞬時目眩を覚える。歴史体験の相違であることなど自明ではあるが、わたしは〈ヤマト〉の民衆として、かれらほどの「恋闕」の情をこの文化に持てない。

177

・「靖国・天皇制問題情報センター通信」208号（1996年10月31日）

「沖縄」を読む⑮

つい先日、千葉で照屋秀傳さんのお話をうかがう機会があり、その後楽しい酒を呑んで、古波津英興さんと駅まで車でご一緒させていただいた。この90歳になられる「在日沖縄人」の大先輩とのお付き合いも既に30年になる。老いて益々盛んという言葉通りの方で、宇野千代さんではないが、この方は亡くなることはないのではないかと思わせられる。古波津さんにはお目にかかるたびに励まされるのだが、この方が車の中で、「桑田さんが生きていたらなあ」としみじみ話された。

ヤマトの自由人として沖縄を愛してやまなかった。わたしを沖縄へと導いてくださったのがわが師桑田博のことである。本当に、昨年来の沖縄の闘いと昂揚とヤマトの運動のだらしなさを、桑田先生が生きておられたらどう受け取られたであろうかと、身の縮むような思いで古波津さんのお言葉を伺った。

沖縄の闘いの現場には必ずこの人が立っているという思いを持ち続けてきた『「脱北入南」の思想を―1991―1992沖縄同時代史◆第五巻』（凱風社）の著者新崎盛暉さんも、もう20年ほども前に桑田先生からご紹介いただき、書かれているものは可能な限り読ませていただくようにしてきた。同時代史シリーズと名打たれた『世替わりの渦の中で1973―1977』『琉球弧の視点から1978―1982』『小国主義の立場で1983―1987』の最終巻が本書である。

本書は三章で構成されている。第一章「湾岸戦争からPKOへ」、第二章「復帰20周年と基地問題」、第三章「独自文化の復権―民族と国境を考える」である。この章立てこそ現場に立つ研究者の面目躍如というところであろう。

「わたしには、国営公園としての首里城復元が天皇の詠む琉歌の延長線上にみえてくる。わたしが、首里城復元もまた、本土化推進の契機としてとらえるゆえんである」と言い、「最近、沖縄の歴史や文化の南とのつながりが強調されるようになり、文化交流も盛んになりつつある。だが明石発言（「沖縄にPKO要員の訓練施設や物資集積所を」「沖縄は日本の中でアジアにもっとも近く、アジアに親近感をもっている。沖縄につくれば、国連の平和活動なので沖縄の人も喜ぶと思った」という例のUNTAC「司令官」明石康の発言）にみられるように、そうしたアジアとの親近性を政治的にからめとろうとする動きがあることも、はっきりと見据えておかなければならないのである」と言う。その上での「脱北入南の思想を」である。

178

「沖縄」を読む⑯

・「靖国・天皇制問題情報センター通信」209号（1996年11月15日）

「大島の人々をほとんど良い面からしか知ることができなかった。ただ二、三時間、あるいは二、三日延ばすことができないものはない、という彼らの考え方には慣れなければならなかった。／女性のひきこもった生活が私の注意をひいた。私の全滞在期間中、私、あるいは私の連れが部屋にいる時、大島の女性が部屋に入ってきたことを記憶していない。日本でもほとんどどこでも女性が応接する食事の際も、大島では男性ばかりが応接した。名瀬だけはそんなに厳しく守られていないことを知った。それにもかかわらず、到着するたびにその家の女性から歓迎があった。その時はただ隣室の壁があけられて、その隣の部屋から挨拶した。私は、行くところどころにも私を見るために集まった民衆の中に女性がいることを確認した。ときにはほとんど極楽のようなネグリジェであった。彼女達はいつも民衆のうしろの方にいて、ときどきは藪の中に隠れていたが、それは自分を目だたせないようにするためであった。」

クライナー・ヨーゼフ、田端千秋共訳『ドイツ人のみた明治の奄美』（ひるぎ社・ＯＫＩＮＡＷＡ ＢＵＮＫＯ）からの引用である。本書は明治政府のお雇い外国人として2年間日本に滞在した当時25歳の少壮動物学者であったルートヴィヒ・ドゥーダーラインが、明治13年8月15日から16日間、名瀬から加計呂麻島を往復した際の旅行記録に、若干の解説を付けたものである。一読興味を引かれるのは、彼の調査へのエネルギーである。わずか2年間の滞在中、ほとんど旅につぐ旅であって、東大の教師として採用されたにもかかわらずこの人はほとんど授業らしい授業はしていなかったのではなかろうか。東洋の「未開の国」にどいういう関心をもったものか、というくらいの皮肉は言ってやりたいが、彼の記録にはそういう奢りは微塵も見られない。もともと動物学者であるから当然ながら動植物の記録が主であるが、わたしの関心が人々の暮らしにあるので、引用箇所はそういうところからのものである。近代が奄美に何をもたらし、何を捨てさせたのか、毎夏訪れる奄美をもう一度丁寧に見て、ゆっくり考えたい。

・「靖国・天皇制問題情報センター通信」２１０号
（１９９６年11月30日）

179

「沖縄」を読む⑰

小野十三郎が死んだ。わたしの「短歌的抒情性」を厳しく撃つ詩群が残されていることを僥倖とすべきかと覚悟する。

子供や　女や
友人が未来でないとき
そこが未来に見える。

まだまだ
ものを考える力は、わたしにある。

それが無くなるとき
わたしは
冥王星で生きる。

『沖縄・天皇制への逆光』（新崎盛暉・川満信一編　社会評論社　天皇制論叢⑨）を再読する。88年の刊である。沖縄国体を前にした87年4・29から開始された「天皇（制）を考える公開市民連続講座」の講演録である。執筆者の名を順に挙げておく。川満氏日、安仁屋政昭、宮良長義、国吉真哲、大城昌夫、牧港篤三、金城重明、島袋哲、新崎盛暉、谷川健一、大江志乃夫、岡本恵徳、色川大吉、小田実、比屋根照夫、山本徳郎、銘刈三郎、崎原盛秀、照屋寛徳、三宅俊司。この「昭和後期天皇の時代」に類書は多く刊行されたが、天皇（制）を多角度から論じたものとしては本書にとどめをさす。

小野十三郎を思い出したのは、川満が「まえがき」で「沖縄は総体として乳離れ、母離れしきれないままだ、と言ったが、それは日本総体においても同じであり、天皇にかかわる心情の構造は、ヤクザな男（義父）と一緒になった母親への愛憎と同じようなパターンをくり返している」と書いていることに触発されてのことである。そしてこの「まえがき」の題が「冷め切った思考の場」なのだから、川満の苦く冷めた意識が読者を刺す。

苦いといえば、精神科医である島袋哲が女帝称徳と僧道鏡との関係をおちょくった江戸期の川柳を紹介している。「大物がしょうとく好きな女帝なり／りん言のたびに道鏡汗をふき」。苦虫を噛み潰したような気分で笑い飛ばす対象としての沖縄にとっての天皇（制）。

これでは大部の書物の紹介になどなっていないのだが、「沖縄闘争の時代」の「沖縄闘争」に終わらせないためにも、今、熟読することをお勧めする。

・「靖国・天皇制問題情報センター通信」２１１・２１２合併号（１９９６年12月15日）

180

「沖縄」を読む⑱

「中国と琉球が正式に外交関係を樹立したのは、明朝の洪武5年（１３７２年）のことである。当時、琉球はなお中山・山南・山北の三国鼎立の局面にあった。／洪武25年（１３９２年）には、琉球の最初の留学生が中国の国子鑑に来て学問したが、同時に太祖は門人の『善く舟を操る者』三十六姓を琉球に与え、往来に役立てた。」

「雍正九年辛亥十月二十三日卒。那覇府泉崎村斑氏外間子墓」

「乾隆四年己未六月初五日、首里府官舎益公諱廣業仲座筑登之親雲上墓」

『中国・琉球交流史』（徐恭生著、西里喜行・上里賢一共訳、ひるぎ社　ＯＫＩＮＡＷＡ　ＢＵＮＫＯ）からの引用である。

　中国と琉球王朝との関係については周知のことであるから、引用は、とにかく留学生を定期的に遣るまでの関係があった（例えば１３９２年から１４８２年までの90年間に官生の派遣は約10回、計25人）ことを、我々〈ヤマト〉は再認識すべきであろうと思ってのことであり、後半の２つの引用は墓碑である。現代中国に中琉交流史研究の一環として、中国に客死した琉球人の墓を探している人があり、更に、この琉球人の墓を守ってきた中国人がいて、この人々が差別に苦しめられつつ現代までそれを継いできたということに驚かされる。

　本書は地道な研究所の翻訳であるから、ここから思想的インパクトを期待するというものではない。というより、そういう何かしら「言いたげな言説」をあらかじめ排除する姿勢で貫かれている。研究者としては当然すぎるほどのことではあるが、事実の提示から、後は読者が考えろということであろう。

　実際、空想、想像も含めて色々と考えさせられる。新書版という分量ながら、充分なボリュームに思えるのは、すでに６００年前になる琉球王府と中国との関係の密度であり、３００年前になるそこに割り込んだ薩摩の琉球侵略を思ってのことである。

　ただ、思想としての「脱北入南」は〈ヤマト〉批判として受けとめるとしても、この頃の現実化への指向性は、もう一段階クッションがいるのではないかと危惧している（というよりよくわからない）。

　本書が、そういう指向性の中で読まれないことを期待する。

181

・「靖国・天皇制問題情報センター通信」２１３号

「沖縄」を読む⑲

（1997年1月15日）

その昔、「東京へ行くな」という、時代にあらがって美しい言葉を叫んだご仁がいた。また、「辺境最深部に向かって退却せよ」という、これまたはかなくも胸の痛くなるような幻惑的な誘いをした者がいた。三畳間のアパートでひとり展望の無い不安に耐えつつこれらを読んだ。前者は其の後東京に出てきた後死んだ。後者は死んだとは聞かないが、何をしているのだろう。揶揄しているのではない。生生流転、定まる所を得ずは思想においても然りである。他人様を揶揄できるほどの生き方をしてはいない。言葉操りとして、語る対象との距離の測り方においてこの二者の間にも大きな差があるが、前者と同様筑豊にあって、最期までそこを離れることなく、しかし対象との距離を意識し続けることにおいて屹立した存在であった上野英信も死んだ。

稲垣尚友著『密林のなかの書斎─琉球弧北端の島の日常』（96年11月、梟社刊）は、著者の意図とは関係なく、言葉をもったが故にデラシネとならざるを得なかった者の身の立て方についてあれこれと考えさせる。

が、それはそれとして琉球弧北端トカラ列島平島の「赤子や老人も含めて百人に充たない島の中」の「からみつき、もつれ合った付き合いの中を生きていく島の日常」を、かつて都会を脱出しこの島に漂着した者として、今そこを出て千葉との往還を続ける者として観察し、生き、記録し続ける著者の、飄々とした文体の裏にある「執着」の深さは、読者をして圧倒する。多数のガリ版本もあるようだが、残念ながらそれらは読んでいない。しかし、『山羊と芋酎』『棄民列島』『悲しきトカラ』（以上未来社刊）、『吐火羅国』（八重岳書房刊）、『青春彷徨』（福音館刊）、『十七年目のトカラ・平島』（梟社刊）だけでも尋常なことではない。

屋久島にいる山尾三省と本書の著者の、かつて南を目指した我々と同世代の者たちの思想的営為から、「対象との距離意識」と思想的営為の深さとの関係について考えさせられている。

奄美大島から己れらの有り様の反省もこめて南の島の息苦しさを発信し続けていた諸氏は今？

182

「沖縄」を読む⑳

・「靖国・天皇制問題情報センター通信」215号（1997年2月15日）

口当たりの良いものばかりを読んできたわけではもちろんない。これまでにここで取り上げた書物についても、わたしとしては読みづらいものも当然あったのだが、振り返ってみて、それでもやはり自分にとって「沖縄を考える・沖縄から学ぶ」のに都合の良いものを選択してきたであろうことは否めない。今回大城立裕の『琉球の季節に』（93年刊・読売新聞社）を読み直して、改めてその実感をもった。

初出一覧によれば、本書は80年代を中心として70年代末から92年まで、大城が様々なところに書いた短篇エッセイ集である。従ってここ数年の大きく動いている「琉球の季節」を大城がどう考えているのか、というこちらにとって最も知りたいところは書かれていないのだが、逆に、沖縄の高揚した気分ではなく、大城を通して平生の沖縄を知ることができる。

「いつのまにか、沖縄が同情の対象どころか、日本のなかのゲンキ印として、羨望の対象にもなりかねない風潮が生じてきました。沖縄のなかでも、近代史で予想できなかったほどの自信が芽生えています。この季節に、沖縄から日本の文化に寄与することを、考えています。そして、沖縄で普遍的な問題を考えるようになりました。」

「ひめゆり部隊の物語をはじめ、戦争の悲惨を書いたつもりで、結局は感傷を書いたにすぎない戦記が多すぎる。『反戦平和』のスローガンと感傷戦記とが癒着して、自己満足している感じだ。どちらも理性よりは情念が先行している感じで、じつは戦争への誘導は、ある謀略がこの国民的情念を裏側から操って巧みにおこなうのである」。

「沖縄の根本的な不幸は、土着の文化パターンをなかなか捨てきれないくせに、外力によって歴史の発展を無理やり進められ、たえず息せき切って走らされているところにある」。

「沖縄で普遍的な問題を考える」という姿勢からして「本土」への激しい批判は当たり前のことであるが、声高でない分、理性的でなければ読み落とす我々にとっては「毒」の強い書である。

183

「沖縄」を読む㉑

・「靖国・天皇制問題情報センター通信」216号（1997年2月28日）

本年5月に生じるであろう沖縄における「軍用地」の大量な「不法占拠」状態を前にして、またも力を背景に小手先の政治技術を用いた特措法の改悪が目論まれている。ヤマトの側の人間として、再び「琉球処分」という言葉が頭を重くさせる。「日米安保を前提とする」という姿勢を変えない限り「琉球処分」をし続けるほかないのだが、口先ではあれこれ言いながら、結局「琉球処分」によって「権力の安定」をのみ志向する為政者たちである。

金城正篤著『琉球処分論』（沖縄タイムス社刊、1978年）を再読する。

「明治国家が、『近代』の名においておしつけた『処分』が、容赦なく切り捨てていった『少数者』の論理をつきつめ、それを近代沖縄史（日本史）総体、ひいては近代東アジア史の連関の中で今一度見据え、汲みあげていく理論の構築がない限り、『処分』はくりかえされる」という金城の指摘は、ヤマトの側の者に鋭いばかりでなく、これは沖縄における「琉球処分論」論争の中で、大きな争点になっている「民族統一」をめぐる問題として、例えば論争相手である安良城盛昭に対して、「沖縄人の歴史意識を変革する理論＝契機」を探りたいとして提起されているのである。

また金城は、「琉球処分は、沖縄の屈折にみちた『近代』の開幕であった。ここでは、『処分』するがわの明治政府は徹頭徹尾『進歩の独占者』という相貌をもって立ち現れることによって、『処分』されるがわの抵抗は『反動』の形をとらざるをえなかった。／ここにも、『進歩』と『反動』、ないし『近代』と『封建』との反発と結合という、沖縄の近代のもつ（沖縄に特有ではないが）複雑に入りくんだ一面がのぞいている」とも言う。

この厳しく己れらの歴史を検証する史家の姿勢から、本当に深く学びたいと願う。これをして「自虐史観」などと放言する者たちを憎む。

184

「沖縄」を読む㉒

・「靖国・天皇制問題情報センター通信」217号（1997年3月15日）

言葉の持つ力ということについて考えることがないわけではない。書いたり話したりを仕事の一部にしている者として当然ではある。それにしてはいい加減な言葉をまき散らしてばかりで、恥をかき散らして生きているのだが、ひと様の言葉や文章に接してしばしば我が身を振返らされる。

玉那覇文彦著『短歌で綴る沖縄戦』（自費出版・沖縄西原町286番地・☎098-945-1947）は、書名の通り沖縄戦を短歌と散文とで表現したという珍しい形式の体験記である。「終戦直後メモしてあった短歌数十首を中心」とし、歌人ではない著者としては、「ここに収録された短歌は専門家の目から見れば全く短歌になっていないかも知れませんが、沖縄戦の惨状をあからさまにお伝えする文体として」、こうした方法を採ったという。著者より更に素人であるわたしは、歌について論評する力を持っていないが、多く残された辞世などの感情の昂ぶりとはまた違って、戦争体験を短詩型で表現する際に、推敲を通して「あからさま」さがほどよく表現されることを再認識させられた。

「宣戦布告」声の震えを如何にせん
　頬強張りて　喉渇きくる

爆雷を背に　複雑な思あり
　明日の命の　はからざりせば

砲弾の穿ちしあとの　穴・穴に
　割り振られし如き　屍の数

土塊に　腐蝕せしまま覆われし
　死体を清む　雨の洗骨

血相変えて　泣く子を制す　兵の怒声
　差し迫りたる　恐怖の一瞬

既にして　失うものも無かりけり
　海と空のみ　残る故里

何時の世にいても　犠牲を強いらる宿命を
　担いてありしか　わが沖縄は

そして

敗戦を境に　独り頑迷に

一途に生きし　歳月思う

軍国少年から地上戦経験、戦後の「虜囚」体験、アメリカ世と多くの沖縄人がくぐり抜けた艱難の時代は、まだ続く。「頑迷」も深まるであろう。顧みて自らの非力を歎くのみでは済まぬ。

185

「沖縄」を読む㉓

・「靖国・天皇制問題情報センター通信」218号（1997年3月31日）

季刊雑誌『けーし風』第13号を読む。わずか60頁あまりの雑誌であるが、内容は豊富である。「シマだより」という各地からの報告、「論点」は今号では、新崎盛暉が「公告・縦覧代行応諾をめぐる問題」を書き、岡本恵徳は連載「偶感」で、従軍看護婦として第三外科壕での悲劇を体験した具志八重さんの、女子学徒とは違った視点について書いている。機会あって具志さんにお目にかかったことのある者として、もう少し丁寧にお話を伺っておけば良かったと後悔させられた。森口豁は「地位協定という名の『憲法』」という文章を寄せている。

紹介していればきりがないのだが、13号の特集は「沖縄・文学の現在」である。特集の意図は「いま沖縄にあって最も活躍している若い表現者が、現在何を考えているかを広く確認すること、その上に、外からの視線を重ねることで、外部と内部の視線の交錯の中に沖縄文学状況が浮かびあがる」ことにある。先に『豚の報い』で芥川賞を受賞した又吉栄喜と山里勝己の対談、金時鐘と作井満と関根賢司の鼎談を中心として数人の寄稿で構成されている。印象的な言葉を引用しておこう。「沖縄人は気質的には海洋民族だと思うんです。日本本土の農耕民族的タテ社会ではなく、横にどこまでも広がる無限の可能性を持っている気質を成就させるような民族で、陽気に力強くならざるを得ないところがあるんです」（又吉）。金時鐘は「日本語に関わっていながら、それが書くという行為の中で不自由だ、自由ではないということこの枷を、私なら私がどのようにしのいでいけるかということだけど、やはり事実を止揚するだけの虚構というのをリアルなものとして考えるところからしか方法はないように思います」と言い、「それは沖縄の人にとっても同じだと思います。沖縄固有語があるにもかかわらず、文学は標準語でやっているわけでしょう。だが、その発想の根にあるのは土着語の感覚だと思う」と在日文学から沖縄文学へと架橋する。

「沖縄の文化状況の現在について」という文章を寄せている目取真俊の斜に構えた姿勢が気になる。大城立裕をこき下ろした後で、「まったくうんざりするばかりだ。この沖縄は政治も文化も貧しいシマだ」と言い、「この貧しさを直視するところから小説を書いていきたい」と書く。今度どう書くか。

186

「沖縄」を読む㉔

・「靖国・天皇制問題情報センター通信」219号（1997年4月15日）

岡部伊都子著『沖縄の骨』（岩波書店刊）を読む。発刊されたばかりの著作である。この欄では沖縄人の書いたものを取り上げることを原則としてきたが、今度ばかりは原則を破ることとした。理由は2点ある。第1点は、著者の沖縄への「こだわりの強さ」にある。尤も「強さ」などという言葉ほどこの著者に似つかわしくない言葉はなく、心とからだとのすべてで沖縄に溶け込んでゆくかのような、ここでこのまま果てて良いと本心からする笑顔でさらっと言ってしまう（事実そう思ってもおいでなのだろうが）、そういう身の立て方に尋常ならざるものを感じるからである。そう感じるのは読者であるわたしの斜に構えた沖縄との距離がそうさせるのであって、著者はただ「沖縄へ帰ってゆく」とでもいうような姿勢である。これは沖縄人にも伝わって、わたしの知る限りで最もウチナーンチュの友人の多いヤマトンチュのひとりではなかろうかと思う。かつてわが師桑田博もそういう人の一人であった。第2点は、「持続する自責の念」の強さによる。あの戦争に反対の志を持ち、「天皇のためには死にたくない」と言いながら沖縄戦で果てた婚約者木村邦夫氏への痛恨の思いを、50年を経てまだ書き、語り続けること、いや時間の経過が「自責」を一層深化させ激しくする。そういう志を、思想などということがこれほどまでに軽くなってしまった時代、「自責の念」を「自虐」であるなどと悪罵する者たちに日の当たるこの時代であるからこそ多くの人々に知っていただきたいと思って原則を破った。

　先に出された『岡部伊都子集』全5巻（岩波書店）と併せてお読みくださることを勧める。

　本書巻末に「人類共和連邦を、夢見てきた。夢見つづけ、語りつづけ、憧れつづけてきたが、もう手遅れの感がある。宇宙の清澄を願ってきた、その今が、核が、海が、空気が、危うい」とある。しかし、同時に「沖縄は、『これから』だ」とも書く。本当に「これから」だ。深く絶望を抱きつつ、しかし、「わたしたちは『これから』だ」と励まされもした。

187

・「靖国・天皇制問題情報センター通信」220号（1997年4月30日）

「沖縄」を読む㉕

「わたし流の解釈で表現するならば、放蕩親爺（日本）が遊郭（米国）に自分の娘（沖縄）を売りとばしたのである。しっかりした娘なら、あんな親爺は自分の親ではないと自分のほうから縁切状をたたきつけることで、親爺の親権を否認し、売られることに抵抗したであろう。ところが、娘（沖縄）は、売られる危険のせまったときにおいて、みずから親爺の娘であることを名乗りあげ（「祖国」復帰運動のこと＝筆者注）、親爺（日本）は喜んで遊郭に娘を売りとばしたのである」

　なんともすさまじい例え話で、引用するのが憚られるような思いもするが、これがまたいかにも森秀人流で、「沖縄人民は、遂に一度も、政治的に自己主張することを許されることなく、一方的に、日本国民とその政府によって、日本の領土として認定されたうえで、アメリカに売却されてしまった」1952年4月の対日講和条約発行時の日本・米国・沖縄の関係の有り様を的確に表現している。

　『甘藷伐採期の思想―沖縄・崩壊への出発』（森秀人著・現代企画室刊）を読む。本書はかつて現代思潮社から出版されてつとに名著の誉れ高かった本であったが、90年に現代企画室で復刻された。前回岡部伊都子さんの著作をこの欄の特例として取り上げたが、今回もヤマトゥの著作を取り上げることを許されたい。4月17日、この国は再びの「琉球処分」を断行した。この機会に本書を是非多くの方々に読んでいただきたいと願ってのことである。30年も前に書かれた文章であるから、当然情況は大きく異なるのではあるが、日本―アメリカ合衆国―沖縄の関係の本質はいささかも変化していないことを、本書再読から教えられ心底ドキッとした。

「国家は、非国家を禁治するエネルギーを内包する」と森は、日本歌謡史にふれて日本国家形成期における国栖舞や隼人舞など共同体の芸能を貢納した歴史を、「たんに政治的な敗北を認めるだけではなしに、精神的文化的敗北を是認する」儀式であったと指摘する。昨今の沖縄芸能ブームはどうか。現天皇も琉歌を作ってみせるのである。

・「靖国・天皇制問題情報センター通信」２２１号（１９９７年5月15日）

１８８
「沖縄」を読む㉖

こういう本をどう読んだらいいのか。帯には「さらば！日本」「１９９X年、琉球共和国独立」とある。

そして、「日本国からの分離独立をめぐっておこなわれた住民投票の結果、独立派が多数をしめ、独立宣言が採択された。ただちに沖縄県議会は全党一致で暫定内閣を選出して解散、知事は琉球政府臨時主席に就任した。事態を先送りできると考えた日本政府には、いまさらながら、これも青天の霹靂だった。ここに沖縄県は日本国からの独立を宣言したのである。さらに琉球共和国（仮称）憲法起草委員会による憲法草案が提出された。日本国民の驚きをよそに、本土復帰から四半世紀、１８７９年の琉球処分からはるかな時をへだてて、琉球共和国が成立にむけて動きはじめた」後、当然のことに、「安保条約承継をめぐって、琉球政府と日本政府の交渉は行き詰まっていた。日本政府は再三にわたって、アメリカをふくめた三国間交渉を提案したが、琉球政府はぎゃくにアメリカ軍基地の即時移転を要求。移転先については日米双方が決めるべき問題であるとの立場をつらぬいた」が、「東アジアへの影響力の衰退をきらってか、いや、安上がりの基地確保のためにだけ、極東からの基地の撤去にアメリカ政府は応じようとしない。アメリカと世論の板挟みで思考を停止したかの日本政府。ためらいながら、援助ぬきの経済的独立の道をさぐる琉球政府。三者の立ち止まった思惑が重なって、事態は膠着状態」に陥り「琉球政府の基地完全撤去要求が基地の本土移転につながると、日本政府はただ戸惑うばかり。ともあれ、日本はアメリカに対しては、みずからNOとは言えなかったのである。不幸な『宗主国』に幸いあれ」と、最後に「国内植民地」から「憐れみ」までいただく。『沖縄が独立する日（ウチナーがドゥータチする日）』（なんくる組編・夏目書房刊）。

この苦い諧謔は、ただの冗談ごとではない。今回の再びの琉球処分への自らの責を問わねばならない。だが一体どうすればいいのか。

・「靖国・天皇制問題情報センター通信」222号（1997年5月31日）

189

「沖縄」を読む㉗

誰であったか、沖縄の若い作家が、現在の沖縄の文学状況に対する厳しい批判の中で、「関根賢司もいなくなってしまった」と書いていた。

「沖縄学もまた、近代の諸学とともに、細分化しつつ深化し、そのことと引き替えに思想性を手放すに至っているかに見うけられる。過去の掘り起こし（研究）と現在への批評（思想）とが危うい均衡を保っていた新川明『異族と天皇の国家』（1973）が、沖縄学の極北であり終焉でもあったのだ、というふうに思われてならない。復帰後、ひとびとはそれぞれにおのがじしの道（詩・思想・研究）に勤しみはじめたのであったか。／言おうとして言い淀んでいるのは、沖縄学のことではなかった。沖縄に住まう研究者の多くが、人文・社会・自然科学の別なく、なにやら奇妙に一致して〈沖縄〉を研究テーマとして、沖縄のために！　というスローガンを大合唱しているような風景、郷土愛に燃え使命感に憑かれている熱狂ぶりが、ふと、天皇と日本（国家・精神）のために供犠として捧げられていた戦前の教育・研究の光景を思い出させるということであった。学問・研究は、即効薬のような有用性を急務としていたのであろうか。他者あり故に我あり、というふうに考えている僕には、沖縄〈我〉が沖縄〈我〉を知るためには、方法としての〈他者〉という風は水に、もっと吹かれ侵される必要がある、と思われてならないのだが」と「上品そうに標準語を僭称するガジュマルではなくて、沖縄に根生いのガジマル」が好きだと言い、「ヤマトゥ（日本）とウチナー（沖縄、琉球弧）とのはざまに、どうやら僕の感性は宙吊りにされたままでいる」と書いた関根も永い沖縄生活を切り上げて関西へと移った。

関根賢司『テクストとしての琉球弧』（ロマン書房・奄美沖縄ライブラリー10）は、日本古典文学研究者にして、沖縄の古典から現代の文学・思想に深い造詣を持ち、愛するが故に厳しい批判もまた放つ本書は、「同化と異化のはざま」で揺れ続ける沖縄を、ただ好きであるとノーテンキに言い放つヤマトゥや展望を失った己れの政治運動の視点からのみ関心を持つヤマトゥを痛撃するであろう。97年5月、わたしは沖縄にいて、「沖縄はどうするのだろう」との思いが痛切であり、那覇の本屋で新しい思想表現を探したのだが。

しかし、余計なお世話でもあろう。

素晴らしい本のくだらない紹介に永くお付き合いくださいました。有難うございます。この欄、これで終わりにします。

190
事務局から

・「靖国・天皇制問題情報センター通信」204号（1996年8月31日）

夏もおわろうとしていますが、読者のみなさんにはお元気で酷暑をやり過ごされましたでしょうか。

もっとも東京は、8月末には急に秋の気配を感じさせるような日々だったようですが。こんな言い方をしますのは、忙しくしておいでの方々には申し訳ないことですが、わたし自身は、8月末は例年通り一週間奄美大島の東南端ヤドリ浜で過ごしていました。仕事ではあるのですが、しかしまあ、海岸でキャンプをするという楽しい仕事ですから、これは天国のようなものです。若い人たちとワイワイガヤガヤとやり、とにかく美しい海で一日中泳ぐという誠に結構な休暇でもありました。

日本の説話集にある「浦島太郎」伝説は、こんな海から生じたに決まっている。美しい珊瑚礁の海を泳いでいるうちに、フッとイッテシマイタイと思った人々があり、イッテシマッタ人もたくさんいるだろうけれど、そこからヒョッと里心がついて戻ってきた人の話と、動物の報恩譚とが結合したのが「浦島太郎」伝説だよ。だから、古代の伝説の中には南からやってきたものもあり、「日本民族」なんて言ったたっていろんな人々が集まったに違いない。それが「説話集」からだって証明できるよ。ナッナッナッ。君もそう思うだろ、などといい加減なことを1週間の内に2、3回しゃべり、ナッナッナッで同意を強調して仕事は完了。いい気な一週間でした。

それに今年は念願の加計呂麻島にも渡ることができました。島尾敏雄がいた、あの加計呂麻です。大島水道に面した呑之浦の深い深い入江の奥に島尾文学碑があり、そこがかつての島尾の部隊の中枢だったとのこと。島尾とミホさんが会うために通ったという海岸線を歩いてみました。だからといって鈍感なわたしに何が感じられるというのでもないのですが、それでもまあ、さまざまなことを考えました。若い人たちも一緒だったのですが、簡単な説明をしただけで、中に一人島尾を読んでいる人がいましたが、みんなは何を感じたことでしょう。

名瀬の街も歩き回り、数少ない本屋さんも歩いて、重たいのにたくさん本を買い込んできました。いつか歳をとってゆっくり読む時を持ちたいと、切ない願いをもって。

191

事務局から

・「靖国・天皇制問題情報センター通信」209号（1996年11月15日）

第30回日本基督教団総会で決まった議長、副議長、常議員会の新体制は、わたしども情報センターにとっては必ずしも歓迎するという具合にはゆかない結果になりました。まだこれからのことですから、今から予断を持つことはないようにも思いますが、まあこれまでの経過からして、「天皇制批判などしているよりは伝道してキリスト者を一人でも増やせ」という気配が強くなったことは確実でしょう。

しかし、情報センターとしては、正確に言うなら情報センター事務局としては、これまで通り不十分であるにはしても、このセンターが民衆の天皇制にかかわる諸課題の運動のセンターの機能を果たし続けるつもりでいますし、既に日本基督教団の人事によって将来を左右されるようなレベルのセンターではなくなっていると自覚していますので、これまで以上に精を出して活動を続ける覚悟です。事務局のカラ元気な決意だけでなく、情報センター運営委員会の総意としても、この決意を支えていただけるものと確信しています。全国の仲間の皆さん、これまで以上のご支援をお願い申し上げます。

ところで、「情報センター通信」の合冊の第1号がおくればせながらできました。88年3月から90年3月までの2年間分50号を1冊にしたものです。以後着々と4冊までを来年3月までに発行する予定です。今の時点でご予約くだされば合冊発行記念特価4冊2万円です。個々人でももちろん、各地の図書館にリクエストしてくだされば幸甚です。このことについては、また4号完成時点で詳細を記してお願い申しますが、ぜひお心にお掛けください。

沖縄、破防法とバタバタと走り回っているうちに今年も間もなく12月です。沖縄の方は来年の5月に向けて満を持して闘いの高揚を準備しているというところでしょうし、破防法の方は、間もなく決戦の時が来るのではないかと、戦線を引き締め、腰を落としていよいよの時に備えているというところでしょう。

反天皇制運動の方は、とりあえず焦眉の課題を突き付けられているわけではありませんので、「日の丸・君が代」問題を含め、今年から来年にかけて理論作業に集中する期間でしょうか。

それでも勿論、天皇制イデオロギーばら撒き三点儀式はあいも変わらず続けているのですから、来年こそは全部の行事を迎え撃ちたいものです。

全国の皆さん、情報センターは気合いを入れ直して闘いの前線にいつでもおり、情報センターの名に恥じないよう活動を再点検して頑張ります。

192

・「靖国・天皇制問題情報センター通信」214号
（1997年1月31日）

この国の何を守りたいのか

「破防法闘争」に勝利した。しかし、公安審査委員会の「決定書」の内容は手放しで喜べるようなものではない。もちろん「オウム真理教がやったとされる」諸事件は、それはそれとして指弾されなければならない。が、「この法律は、国民の基本的人権に重大な関係を有するものであるから、公共の安全の確保のために必要な最小限度においてのみ適用すべき」法であると自らを強く縛っている珍しい法律の適用はとりあえず棄却されはしたものの、今回の決定は、破防法に存在根拠をもつこの委員会の立場からして当然ではあるにしても、破防法の抑止的効果を認め、今回の一連の「事件」の「政治目的性」と「団体性」は認めているのである。大部の「決定書」の分析を通してこの辺りのところは徹底的に批判しておかねばならない。

それにしても、この法律の「団体に対する死刑判決」ともいうべき団体解散規制が適用し辛いことが明白になったとたん、「組織的犯罪対策法」という新治安法の早期制定の目論見が急浮上してきている。

一体、この国の何を守ろうとして治安体制を強化しようというのか。最近の「自由主義史観」騒ぎとも連動しているのだろうが、崩壊過程に入ったこの国と社会を辛うじて「守る」とすれば、近代以降の「負の歴史」の剔抉を前提にするしかないし、強権的治安体制で守りたいとしているものこそが、厳しい批判に晒されていることを謙虚に知るべきではないのか。

・「靖国・天皇制問題情報センター通信」２１６号
（１９９７年２月28日）

193

事務局から

暖かくなってきました。読者のみなさんにはお元気でご活躍でしょうか。

どこかへ出かけてのんびりと春を楽しみたいのですが、この季節、「日の丸・君が代」をめぐる闘いの真っ最中の方々があることを思うと、それもなんだか申し訳ないような気分にさせられますし、例の「侵略居直り史観」にあおられた各地の議会における「教科書からの『軍隊慰安婦』記述削除」攻勢も腹立たしく、どういう運動を立ち上げて反撃を開始すべきかと悶々と考えていると、春なんてどこの国の話だよ、という感じです。

「軍隊慰安婦」といえば、先頃久しぶりにテレビを見て、深作欣二監督の『物食う人々』に衝撃を受けました。辺見庸の原作はもうずっと前に読んでいたのですが、映像の持つ力を再認識させられました。登場する「軍隊慰安婦」にさせられた女性たちの中にはお目にかかったことのある方もあって、その表情のちょっとした瞬間にまで視線を離すことができませんでした。

ところで、わたしどもの「情報センター通信」の内容、スタイルのすべてを点検して、新らしい装いにしたいと準備をしています。創刊から200号を越す今まで、ずっと同じスタイルを通してきたのですが、ここら辺りでイメージを一新しようかなと考えています。別に「時代に後れる」のではないかと焦り始めたわけでもないのですが、まあ、パソコンでも使ってもうちょっと実務の合理化をすべきかとも考えるのです。「反天皇制運動」など、それ自体「時代とズレタ」ことをコケの一念でやっているのだから、いまさら時代に合わせることもないようには思うのですが、まあそれにしてもある程度の「合理化」はして、今後に備えたいとも思うのです。

読者の皆さんからもぜひとも積極的な提言をお願いします。

194

事務局から

・「靖国・天皇制問題情報センター通信」218号（1997年3月31日）

「愛媛玉串料訴訟」の判決が出ました。すでに朝日新聞が報道していたとおりの内容で、まず当然と言えば当然の判決ではあるのだけれど、昨今の司法の反動化からすると、慶賀の至りではあります。裁判というのは本当に時間がかかり、費やすエネルギーも大変なものですが、よくここまえやってこられたと、原告の方々に敬意を表します。

わたしなどゆきあたりばったりの運動ばかりをアタフタと続けている者にとっては、本当にその持続力に深く学びたいと思っています。

　ところでいよいよ、今国会の焦点である「軍用地特措法」をめぐる攻防の最終局面が近づいてきました。新聞でも色々と党派間の事情など報じられていますが、「沖縄特措法」とでも言うしかない強権で事態を乗り切ろうとする姿勢そのものに、言い様のない「沖縄差別」を感じるのはわたしひとりではなかろうと存じます。政府や国会議員たちだけのことではなく、これを黙って見過ごすことがあるとすれば、沖縄の人々の批判と不信とは、日本人全体に対して向けられるに違いありません。本当に辛いことです。

　4月になりました。各地で入学式の季節です。わたしどもの「情報センター通信」の読者である学校の先生たちや親たちにとっては、卒業式にすぐ続いての闘いの季節です。いつまでも「日の丸・君が代」だけではなかろうに、という揶揄を時々耳にするのですが、そんなことはありません。「天皇制的なるもの」の恐さは、まさに日常化した無意識の中にあるものであって、いついかなる時にでも筋張った闘いの持続が必要であることは多言を待ちません。わかりきっていることではあるのですが、わたし自身、いちいち闘いを挑み続けることに疲れを覚えることがしばしばありますし、ふっとした気のゆるみが、とんでもない後退を強いるということは多くの人々が経験済みのことでもあります。

　今日、東京は雨です。桜が散り始めました。いい季節になります。たまには野山に出掛けて気分を一新して、頑張りましょう。

195
アキヒト君、南米へ行くべきではないよ。

・「靖国・天皇制問題情報センター通信」220号（1997年4月30日）

天皇夫妻が南米を訪問するのだそうである。

敗戦後のブラジルにおける「勝ち組」と「負け組」との血みどろの争いのことを思っただけでも、胸が苦しい。「南米棄民」の「棄てた国」へのよじれた民族意識に「天皇」の存在がどれほど大きな位置を持ったことか。

　ところで、「民族独立行動隊の歌」は、わたしなどよりは一世代上の人々の歌であり、「民族の自由を守れ／決起せよ祖国の労働者／栄えある革命の伝統を守れ」などという歌詞は、その内容においてとても口にはしたくないものであったし、こういう歌を労働者に歌わせた「労働者階級の指導部」など打倒の対象としか考えてこなかった。

ただ、「彼ら、恐るべき棄民政策のいけにえとなった炭鉱労働者のゆくすえをたずねるべく、私がやっと重い腰をあげて南米大陸をさまよい歩いたのは、１９７４年の３月から９月にかけての２００日あまりである」と上野英信が書いた旅で最初に出会った人、平山隼人さんは、ブラジルの日本人社会に根強くある「坑夫差別」の中で、上野が「三池闘争には？」と尋ねるのに対して、「いきましたとも。うちの労組からの第一回目のオルグでしたばい」と答えて、「民族独立行動隊の歌」を「ぴーんと胸を張って力強くうたいつづけた」のである。歌そのものは腹立たしいが、これを歌う平山さんたちのような労働者を我々の歴史の中に持ったことは誇りである。是非上野の『出ニッポン記』を、天皇訪南米というこの際に読んでみていただきたい。

そして戦後もまた多くの農民、労働者を南米に棄て続けてきたこの国家のことを考え続けたい。

196

・「靖国・天皇制問題情報センター通信」２２２号（１９９７年5月31日）

事務局から

２２３号（6月15日発行）から紙面を一新します。少しの間具体的な運動の場から距離を置いていましたが、今後は反天皇制運動を中心として自らの果たすべき任務を立て直したいと考えています。この「情報センター通信」の編集にもこれまでより積極的かつ責任的にかかわります。

そこで、いくつかのお知らせがあります。

沖縄から連載をしてくださっていた村椿さんはとりあえず今号で終わりです。少し間を置いて充電して再登板していただきます。ついでにわたしが担当していたものも終わります。浅学菲才な者はただ読み続けることが即ち考えることであって、ひとり思想を紡ぐなどというのは天才のすることだから、「読む」ことをある意味で自らに義務付けてきたようなところがあるのですが、身辺の若いひとたちにとってさえ、沖縄に関する本の紹介などあまり意味があるようでもありません。かれらにはかれらなりのやり方があるのでしょう。

次号から、巻頭言を菅孝行さんに半年間担当していただきます。これまで、巻頭言はキリスト者が占有してきたのですが、非キリスト者とキリスト者で半年ごとに交替して担当することにしました。

新しい連載も始まります。どうぞご期待ください。

突然ですが、「通信」の読者の中に視覚障害者があることを承知していながら、これまで何の対応策もとってきませんでした。弁解はしません。ただ怠惰のしからむるところです。次号から、「通信」全文をテープに録音して希望者に送らせていただきます。素人の朗読ですからお聞き苦しいこととは存じますがお許しください。費用は購読料に含まれます。

・「靖国・天皇制問題情報センター通信」２２４号（１９９７年６月30日）

事務局から

神戸で大変な事件が起きました。新聞を読む程度のことですから、もちろん詳細については知りません。マスコミがどれほどデタラメであるかについても重々知っていますので、基本的に信用しないことにしていますが、もし万一14歳の少年が犯人だとしたら、若い人を相手の仕事をしている者として、言葉もありません。我々は少年たちをどこまで追い詰めているのでしょうか。

もちろんかなり特異なというか突出した現象ではあるでしょうが、気分が重く沈んで、窓外の風景の明るさというか乾いた感じと相俟って、心がカサカサしてくるようです。

それにしても、テレビなどでいい加減なことばかり言って、「犯人捜し」の一翼を担った者たち、特に心理学者とか称する者たちが、またぞろ民心をたぶらかして、ウソ寒い興味を煽ったのでしょうが、コイツラのうちデタラメな予想が外れたからといって商売をヤメタという話を一人たりとも聞いたことがないのはどうしたことか。商売仁義などという高級なものを持ち合わせているヤツが、こういう事件のたびにテレビにでたりはしないのだろうが、「いったい日本人はどうなっているのだ」と、このわたしが奇妙に民族主義的慨嘆をしたくなるほどである。

ところで、刷新した「情報センター通信」はいかがでしょうか。今のところたったおひとりだけ褒めてくださった方があります。ぜひご意見をお聞かせください。厳しい批判が運動の伴走を志すわたしどものような通信にはぜひとも必要です。

よろしくお願い申し上げます。

ついでにお願いですが、「通信」の後半に毎号特集を組んでゆく予定です。この欄の企画案もぜひ提案してください。全国どこにでも出掛けて取材したいと決意しています。

もう一度、ところでですが、例の米軍用地特措法、「日本人」の責任において何とか一矢報いてやる方法はないものかと、日がたつに従って怒りと反省が深まってきます。このまま当然のごとく施行させせない方法はないものでしょうか。みんなで知恵をしぼりましょう。

198

・「靖国・天皇制問題情報センター通信」225号（1997年7月15日）

特集：天皇皇后のブラジル・アルゼンチン訪問を検証する

再び言う、アキヒト君どこにも行くな！

機会があって、アイヌに対する皇民化教育について学んだ。

1869（明治2）年、「明治天皇」の名で出された「蝦夷地開拓下問書」は、《「蝦夷地」は、「皇国の北門」であり、「外人」（ロシア人）が「土人を煽動する」危険があるので、「禍を未然に防ぐ」ため、速やかに「開拓教導等の方法」によって、「人民繁殖の域」となさしめよ》と言い、戸籍法を制定して、アイヌの「創氏改名」を行い、「日本国民」として戸籍編入した。すぐ続いて「北海道土地売貸規則」「地所規則」を制定し、アイヌの土地を徹底的に収奪する。アイヌには土地所有権を認めず、「和人」

にだけそれを認めるのであるから、それはもう奪い放題であることは誰にでも理解できる。奪い放題の累乗のようなヤツが天皇家であったろうことも誰にでも推測できるところで、天皇家はこの時に「御料地」２００万町歩を手に入れた。全国に「御料地」という土地を所有しているが、何と55％が「北海道」である。

この事実は、「明治政府」がアイヌモシリを占領し、植民地と考えていたことの証左である。単純な話で、要するにブンドッテ、力のあるヤツから順に配分したのである。

天皇による「皇室外交」についての特集、それも天皇夫妻の南米訪問批判の中で、なぜこういうことを書いているのか。

ブラジルへの「移民＝棄民」の歴史は、１９０８年から始まっている。「皇国植民会社」によって、日露戦争の帰還兵の失業対策という側面を強くもったものであった。

「北海道」への移民の歴史もまた、「明治政府」によって、時代の転換に対応しきれない武士階層の失業対策という側面を強く持っていたのである。

「外国に行っては、諸君の一人一人が日本国を背負っていると思え。諸君の一人一人が日本人の対面を汚すべからず。成功せずんば死すとも帰らずの覚悟で行くべし」（土井権太郎代議士の植民会社を代表しての挨拶）と、「日本国の財政を隆豊たらしめ、万一有事の日に際せば、北門枢要の衝路に当り、屍を北海の浜にさらし、日本男子たるの本分を尽さんことを最後の目的とす。嗚呼我が同志愛国の諸君よ、僅々の酒食糧の一部分を投じて永く子孫の生産を図り、併せて報国の赤心を奮起するの意なきや」（「北海道」入植のためのキリスト者を中心とする赤心株式会社「同盟規則」）との思想的同質性もまた、何という符丁のあいかたであろうか。もちろん、「棄民」されて南米へと生きる場を変えざるをえなかった人々の問題と、どれほど困難な暮らしの中で他に選択の余地がなかったにしても、アイヌモシリへの「侵略」の一翼を担った人々の問題とはその本質において異なるのではあるが、ただ、そういう日本近代にあって、決して楽な生き方を選択することができなかった人々の、日本国家あるいは天皇制との関係というか、意識の距離にはたいへん近いものがあり、それを利用し、鼓舞して送り出す側の思想もまた大変近いものがあることだけは認識しておきたい。天皇制はこういう役割も果たしているのである。

皇室外交の主たる役割は、日本資本主義の経済進出のお先棒担ぎではあろうが、どういう行き方であるにしろ、かの地にあって生きている日本人を慰撫・激励することによって、「棄民」・「侵略」の歴史を糊塗する役割も軽視できない。

天皇は今回のブラジル訪問で、繰り返し、「ブラジルのために、また、日本とブラジルの友好のために尽くされるよう」と述べたということである。こういう言葉にやり切れない思いをするのは、少々ひねくれ過ぎなのかもしれないが、地球の反対側にまで追いやった人々に対して、日本に残って暮らしをたてることができている者の口にすべき言葉ではない。

ましてやブラジルに「捨て」、今や約20万人ともいわれる「逆デカセギ」で日本に吸い寄せ、どうせ不況が深刻化すればまた追い出すに違いないこの国の天皇が、イケズウズウシイ。本当に何とも言えない存在だ、天皇は。

199

・「靖国・天皇制問題情報センター通信」226号

タッタラッタ～と福岡の「天皇主義者どもの夢の跡」をひとめぐり たんぼ殺しの天皇──少ナクトモ近代天皇ハ農耕神ナドデハナイノダの巻

（1997年7月31日）

大雨による被害が出ている7月12日、福岡で「組織的犯罪対策法」制定に反対する集会がもたれ、楽天的且つ持続的且つラディカルな運動を続けている福岡の仲間たちに久しぶりに会えるのが楽しみで、「福岡は魚が旨いし、長浜の屋台も面白いし、何より仲間が嬉しいノダ」と、いつもどおりの口先三寸タブラカシ稼業のワザもさえて、今回はなんと3名ものステキな女性を同行して出掛けました。

本当はお酒だけ嬉しく呑んでいればいいのでしょうが、そこはそれ、つい仕事がしたくなるという大変良い性格の人間ですから、福岡の友人たちの迷惑も顧みず、「天皇主義者どもの夢の跡」を訪ねてルポ一発と、雨の中、つい力んでしまいました。

先ずは、昭和天皇即位の際の「主基斉田」。記録フィルムで、鋤を引く牛が、「畏れ多くも陛下に献げる米をつくる田に糞など落としてはならじ」と牛の背後から中腰で糞受けのザルを持って追っている人間の姿で笑わせてくれた、あの田の見学。

いつだったか、この山間の田を訪ねた際には、この辺りは既にタンボとしては使用されていず、コスモスが一面に植えられていたが、それでもかつてはタンボであったろうという痕跡は止めていた。ところがである。今回訪ねてみれば、ここは公園になっているのである。山間の村で農家がポツポツと建っている地域の真ん中に公衆便所から駐車場までついた公園になっているのである。いったい誰がこの公園を使うのだろうか。こどもたちは人工的な公園などではなく、そこらじゅうにある自然の中で遊ぶだろうし、おそらく過疎化が進んでいるであろう山村に、何のために駐車場が必要であるのか。

要するに、タンボの命を断ってしまいたかったに相違ない。何しろ「天皇陛下」が即位される際に、大嘗祭で用いられた米を作って献げた「名誉」あるタンボである。続けて米を作って、それを民草が食べては何とも畏れ多いのである。とすればタンボの命を断つしかない。こうなると天皇が農耕を司る祭司などというノーテンキな作り話はどうなっているのかね、と急に農本主義者になりそうになるではないか。

ところでである。例の海亀の甲羅を火であぶってその割れ目で「悠基・主基田」を決めるというホントだかウソだか知らないけれど、現「天皇」アキヒトさんの即位の際にも用いられた方法で「田」を選んでいるのではないことなど、誰もが知っているのであるが、この福岡のタンボの後始末を見て、これがウソであることはいよいよ明白になった。例えば、三反のタンボでやっと食べている農民のところが「主基田」に当たったりしたら大変である。コスモスを植えてタンボをタンボとして使わないなどということなどできるはずがないではないか。

日本では誰も米を食べなくなってしまったのか、それとも米が余って処置に困っているのか、それにしては別に米の値段はそれほど安くもないのだが、とにかく現在の農業政策は減反ということになっていて、まあ、福岡の山村のタンボひとつつぶしたからといって特段どうということもないのかもしれないが、ヒロヒトが即位してから現在に至るまで、日本でずっと米が余っていたということではあるまい。

そして最後は行政が買い上げて公園となる。出来すぎた話ではないか。このデンで行くと早く天皇制を解体してしまわないと日本中のタンボが公園になってしまう。

みんなが植えた木はどこに行ったのかノ巻

福岡植樹祭も山の中だった。夜須という山間の村の山の木を大量に伐って、大駐車場を作り、天皇・皇后と、招待された者たちがヒヨヒヨの苗木を植えるという、この祭を朝日新聞の地元の記者が痛烈な批判を加え、時の文部大臣も「いかがなものか」などと阻止する気などまったくないくせにしゃらくさいことをぬかしたあの山は、今「夜須高原記念の森」などという、何とも人工的な公園になっている。人工の川まで流れていて、笑わせてくれる。それにしても「夜須高原記念の森」という名称はなんだ。「高原」を「記念」しているのか。「天皇陛下お手植え樹木記念公園」とでもすれば、好きな人が喜ぶだろうに。

道中に「話題の牛小屋」がある。いつものことだが、陛下がお通りになる道の側に「畜生小屋」があるのは天皇主義者どもには気に入らないらしくて、これも移築せよ、それができないならシートで覆って匂いがしないようにしろ、などと理不尽な難癖をつけたので有名な牛小屋である。アキヒト一家は牛乳も飲まなければ、牛肉を食べもしないのか。この牛小屋から上は、もう人家もまばらになり、途中からまったく家もなくなるのだが、素晴らしい道だけはよく管理されてついている。

さてさてこの「何を記念するのかわからない記念の森」に着いて、同行者は「陛下お手植えの木」を見に雨の中、さらに登って行ったが、わたしは植樹祭の時に福岡県警の那須というヤツに可愛がられたことを思い出しながらタバコをふかしつつ、それにしても1000人を越える人々が一緒に植えた木はどこへ行ったのだろうかと辺りを眺めていた。それらしい木はまるっきりないのだ。どこへ行ったんでしょうね。

・「靖国・天皇制問題情報センター通信」228号（1997年8月31日）

200

事務局から

正直なところ大して関心はないのだが、「ロイヤルファミリーうぉっちんぐ通信」としては、ダイアナさんの死に一言も言及しないというわけにもゆかないだろう。気の毒なことであった。事故死がではない。同情するつもりはないが、あんな一族の一員になったのが間違いのもとなのである。人間として失うものの方が多いのは当たり前ではないか。「ロイヤル」など人間を腐らせるに決まっている。

ひとりの多感な女性が短い人生を走り抜けた。自由は無名と貧しさによってのみ保障されるものであることをしみじみと思う日もあったであろう。

豊かさと有名を手に入れつつ、しかし自由であるということがどれほど困難なことであるか。

それにしても翻って、我が国の「ロイヤルファミリー」の不自由さは、ダイアナさんの比ではあるまい。ダイアナさんは「スキャンダル」まみれにされたが、それは別の言い方をすれば、何とか自分を発揮して行きたいとあらがった証左である。日本の「ロイヤルファミリー」に後から加わった女性たちも色々な思いがあるであろうに、それらの一切が外に漏れてこない。「ロイヤルファミリー」のすべてが仕合わせなカップルということでも勿論ないだろうに、あの薄気味悪い「ロイヤルスマイル」の内側にどんな思いが隠されているのだろうか。

再び言う。同情するつもりは一切ないが、あんな蟻地獄のような一族はいなくなるべきである。不幸な女性を作り続けるだけではないか。もちろん、「女帝」などということにでもなれば不幸な男が生まれるだけであるから、とにもかくにもこの一族は早急に絶えてしまうこと。絶えさせてしまうこと。営々と努力を重ねたい。

例年のことであるが、今年も1週間奄美大島に行ってきた。沖縄に比べて観光開発が遅れていていい、などと観光客のいい気な感想をもっていたのだが、それでも東海岸は随分リゾート開発が進んできた。その分海もいくぶん汚れてきたようである。

奄美の田舎は、本当に田舎らしくて大好きなのだけれど、真夏の昼間の畑に出ているひとは、圧倒的に老人ばかりで、これから先どうなっていくのだろうと、心が重く沈んだ。入手した『伝承のコスモロジー〈琉球と大和の淵―奄美〉』（高橋一郎著）を読み始めている。

201

・「靖国・天皇制問題情報センター通信」230号

投稿

（1997年9月30日）

男から「母性」を期待されない女の位置から性差別を考えてみると、天皇制のインチキ構造が一層はっきりするかもしれませんよ

文珠師利言。有。娑竭羅龍王女。年始八歳。智慧利根。善知衆生。諸根行業。得陀羅尼。諸佛所説。甚深秘蔵。悉能受持。深入禅定。了達諸法。於刹那頃。發菩薩心。得不退轉。

文珠師利の言わく「有り。娑竭羅龍王の女は、年、始めて八歳なり。智慧は利根にして、善く衆生の諸根の行業を知り、陀羅尼を得、諸仏の説きし所の甚深の秘蔵を悉く能く受持し、深く禅定に入りて、諸法を了達し、刹那の頃に、菩薩心を発して、不退転を得たり」

突然びっくりするような書き出しで申し訳ございません。「妙法蓮華教」巻五の一部です。いわゆる「女人成仏」「女人救済」の教典として歴史を通して女たちによって学び継がれ語り継がれてきたものです。

山折哲雄さんもその著作『日本人と浄土』の中で、「王朝時代をつよく彩る教典を一つだけあげよといわれれば、私はためらうことなく法華経と答える。法華経はこの時代の僧侶や貴族たちを惹きつけただけではない。それは民衆の心をわしづかみにし、とりわけ女性たちの生活に、はかりしれない影響を及ぼしたのである」と書いておられます。そうだったのでしょう。文学少女で、『更級日記』の中の有名な話を思い起こします。『更級日記』の中の有名な話を思い起こします。「物語」にしか興味のなかった作者のことを、周りのおとなたちは困ったことだと思っていたに違いありません。だからこそ、作者の夢の中に黄色い袈裟を着た僧が出てきて、「法華経五の巻をとく習へ」と言ったりしたのでした。作者はこれを誰にも語るまいと心に決めます。

そうです。平安貴族の女たちにとって、法華経は、学ばねばならないものでもあり、できれば好きなことに没頭していたいのだけれど、避けることのできないある種の「戒律」としてこれを受け取っていたに違いないのです。他に導きの思想が何もないところで、ほんのわずか、まるでおまけのように法華経の中に女性の生き方について触れた部分があったので、これに飛び付いてしまった

のかもしれません。だって本気になれますか。「又女人身。猶有五障。一者不得。作梵天王。二者帝釈。三者魔王。四者轉輪聖王。五者佛心。云何女身。速得成佛」などと言われているのです。いわゆる「女人五障説」といって、女性は仏陀になれない、といわれているのです。「男人千障説」を唱えてやりたいほどだったでしょうに。

ところで、仏教の女性差別の根底に血穢観と母性観というイデオロギーがあると、しばしば指摘されます。中野優子さんは論文「女性と仏教－仏教の血穢観と母性観」の中で、「血穢観や偏向した母性観から生じた性差別が、宗教的指導者を通して増幅され維持されてきた」のであり、「僧侶による法話などによって、女性に対する不浄感、及び母性礼賛の思想がますます強調され、女性は自らを不浄という罪を負った存在、母であるべき存在であると思い込まされ」、こんなことだから、「これまでわが国の仏教において、女性の救済観は常に罪業観と連動してきた」、というのです。その通りでしょう。

ただ、ここでいう「母性観」というのは、いつごろ形成されたのか、ということがわたしには気になります。というのは、例えば、『源氏物語』の中の女性たちの多くは、「母性」性をもった女性として描かれていません。例えば夕顔はどうでしょう。頭の中将との間に女の子がいたことになっていますが、光源氏はそんなことに何の関心もありません。単婚形態が少しずつ進行する状況の中で、「家にいる女性」には母性を負荷し（紫の上に明石の上との間の子を育てさせようとします）、「外の女性」からは母性を簒奪する。「母性観イデオロギー」にはそういう構造があるのではないでしょうか。婚姻形態の変化の中で、この男に好都合なイデオロギーは仏教イデオロギーの味方を得て、育てられたように思えるのです。

「あらかじめの母性を簒奪された」女性を「外」に置いておくことによって成立する婚姻形態（そう、昔むかしエンゲルスさんがおっしゃいました）、こういう視点から「軍隊慰安婦」問題も、天皇制ももう一度考えてみなければと、考えているこの頃です。婚姻形態を現行のままにしておいたのでは、と強く思います。

＊署名は「賀来今日子」

202

・「靖国・天皇制問題情報センター通信」232号

（1997年10月31日）

事務局から

天皇・天皇制をめぐる課題が、それ自体としてむき出しで登場してくることは、日本史の中でもめったにないもので、多くの場合は政治・文化の問題として露顕する。従って、日々の営みの中でなんとなく過ごしていれば、それはそれで「日々是好日」というところであろう。

しかし考えてみれば、こうした傾向は何も天皇・天皇制に限ったことではないのであって、例えば近頃の大きな問題である日米安保条約の新ガイドラインも（これが大きな問題であるという認識も、ごくまれな「特殊」な人間の意識でしかないのであろうが）、多くの人々にとってどうでもよいことに過ぎない。これが実はガイドラインなどというごまかしの言葉で表現されているが、その実「ウォーマニュアル」としか言い様のないものであり、事実英語表現では露骨にそのまま表現されているのであるが、「だから、どうした」というのが大多数の人々の意識であろう。昔、「衆愚」というふざけた言葉があって、「衆」の一人であるわたしは、ひとをナメ切ったインテリどもからするそういう言い方に対して激しい怒りを感じたものであったが、「日本人愚」とは、同じ日本人の一人であるという固い自覚の上で言い切ってしまった方がよいのではないか、という思いはある。もちろんこれはまぁ焦りの表現ではあるのだが、日々「あんまりではないか」という思いばかりさせられる結果である。

「朝日新聞」の日曜版に辺見庸がちょっとキザな文体の文章を連載しているが、そこで、新ガイドラインへの対応について、今時の学生を叱責でもなくからかいでもなく、嘆きでもないという何とも言い様のない文章を書いていたが、わたしは、こんなもんだよ日本人は、という地点から始めるしかないのではないか、という悲しい思いで今いる。「人民」に依拠するというありもしない幻想を捨てた者にとって、生とはすなわち道楽の謂でしかない。

・「靖国・天皇制問題情報センター通信」233号
（1997年11月15日）

203

事務局から

11月13日付『朝日新聞』夕刊の「変換キー」という近ごろ始まった朝日の様々な担当領域の記者が書く連載欄に、「絶やさぬ笑顔の奥は」と題して、おそらく宮内庁記者クラブに属するのであろう「高」というイニシャルの人が、天皇・皇后、皇太子夫妻の地方訪問同行取材の際に感じたことなどを書いている。

「息をする音が聞こえた。まつ毛が揺れるのも見える。わずか1メートルほどに近づいても、言葉はかけられない。むやみな質問はしないという約束事があるからだ」とした上で、「10月に訪問した老人ホームでは、天皇から話しかけられたお年寄りが、『この人、何か言ってるけど、オラ、わかんねえ』と答え」、「別の老人施設では、両陛下が訪問中、目の前で眠り続けたお年寄りもいる」し、「突然、お年寄りとじゃんけんをして負けた天皇が、相手の肩をもみはじめた。周囲は『予定外』にわいた」などと記している。微笑ましい風景ではあるのだが、これらの場面で、「入念な準備をしてきた職員は硬直していた」に違いないし、「随行の緊張した表情もあった」であろうことも想像の可能な範囲内である。そして、「きれいに磨きあげた床でも、美しく飾った生け花でもない。もっとも見てもらいたい姿を、お年寄りたちが伝えることがある」と言うのだが、「見てもらいたい」とは、誰が見てもらいたいのか。「観賞」の対象にさらされているお年寄りがか。文脈からしてそうではなく、記者が「見てもらいたい」のであろう。天皇による「国見」は古代から行われていたことだが、この記者は、天皇と同じ高みに立って「民草」の「日常のけなげさ」を見てほしいと願ってはいないか。「そのとき、何を感じているのか。笑顔を絶やすことはない。その笑顔の奥を、読み取りたい」のは勝手だが、「観賞」されるお年寄りの側の思いはどうなのか。

・「靖国・天皇制問題情報センター通信」234号（1997年11月30日）

204

全国の読者の皆さんへ
「靖国・天皇制問題情報センター」からの緊急アピール

年末カンパを要請します。

本当に恥ずかしいことですが、日本基督教団の中には「靖国・天皇制問題情報センター」が何をしているのか全く知らず、というより何の関心もない人々も多く、それはそれで仕方のないことではあるのですが、そういう層の人々にのっかって、情報センターが多くの赤字を抱えていることを理由に存在そのものを否定しようという動きが表面化しています。

ありもしない経理上の「疑惑」（教団の通常期間の最高議決機関である常議員会の会議の席上こういう発言をした者がいる）をデッチあげ、情報センターの経理に「査察」を入れることを決定しました。それ自体はやってもらえばいいのです。何もないことが明らかになるだけですから。しかし、一つの組織の決議機関が執行機関の業務に「査察」を入れるということが何を意味するのか。どういう事態が出来するのか何も考えずに、要するに情報センターの活動そのものを否定したいが故に、赤字を理由にあれこれと難癖をつけているのです。

しかし、赤字が教団の財政に大きな負担となっていることは事実であり、それについては情報センター運営委員会は深く反省しています。何としてもこの赤字を克服したいと努力もし、可能な方策を探っています。

今後のことはともかくとして97年度は単年度で赤字を出さないことが絶対に必要です。

全国の皆さん！　年末カンパをお願いします。

この不景気にどなたも目の前の蠅を追うことで精一杯であろうことは重々承知しています。

しかし、「靖国・天皇制問題情報センター」の存在は、ひとり日本基督教団の一活動部門の域を越えて、新ガイドラインの策定によって決定的になった「いつでも戦争が始められる国家」へと転換しようとしているこの国の現在にあって、「天皇制反対、戦争反対」の旗色を鮮明にして、それなりの活動をしてきたと自負しています。つぶされたくありません。購読料を滞納しておいでの方々も、この際支払ってください。郵便振替：00140―9―145275　日本基督教団

日本基督教団靖国・天皇制問題情報センター運営委員会

205

・「靖国・天皇制問題情報センター通信」235・236号（1997年12月15日）

事務局から

☆前号に教科書からの「従軍慰安婦」記述の削除要求意見書を千葉県議会が強行採決したことをH・Wさんに報告していただいたが、今度は右派勢力はズニノッテ千葉市議会にも攻勢をかけてきたが、県議会の際の運動を反省した千葉の仲間たちは、猛反撃をしてこれに勝利した。

具体的には、最大会派である市民自由クラブ（自民党）が意見書を取り下げた結果の勝利です。なぜ取り下げたのかは明らかではありませんが、反対運動がそれに影響を与えたであろうことは明白です。反対派の人々で出しておられる「右派勢力の教科書攻撃をゆるさない・通信」の記事を一部紹介しますと、「今回は、県議会の二の舞をふまないために、多くネットワークがこの千葉市議会の問題に応えてかかわったと思います。小さな力でも持続的に大衆的に結集すれば勝利ははっきりすると思います」とのことです。この当たり前のことがわたしたちの運動ではついついつい忘れられてしまいがちです。

☆ところが12月17日、福島県郡山市議会文教常任委員会は6対4で削除請願を採択しました。19日の本議会にかけられることになったそうです。

賛成派議員の賛成理由がなかなかイイのでちょっと紹介。

★慰安婦はあった。歴史の事実を削除できないが、従軍慰安婦と慰安婦は違う。

★慰安所はあったが、戦争という極限状態のことであり、二十歳の若者に汚点を残すことになるから従軍慰安婦記述は削除すべき。

☆なんともアハハな発言です。同じ男としてもオエンナーというところです。

☆年末です。先日沖縄名護に行ってきましたが、年末どころではない状態でした。勝っても敗けても正月どころではないでしょう。沖縄の、名護の「辺地」である辺野古や久志に、村落共同体を解体させかねない深い傷を残すようなことを押してつけて、忘年会をやって、クリスマスに続いて正月を祝う日本政府と日本人とはいったいなんなのか。もう少し「自虐」的であるべきです。

206

・「靖国・天皇制問題情報センター通信」239号
（1998年2月15日）

夜道はくれない。ボチボチ行こか。

この誰の目にも明らかな埋め草原稿を書き始めたのは、2月15日午前3時40分。昨夜のこの時間は神戸で寝ていた。2月12日は名古屋で仕事のため早朝に出て、ギリギリ同日の内に帰り、翌朝午前中に居住する埼玉県羽生市で仕事をして、昼食は新幹線の中で神戸に赴いた。夕刻より会議をして、痛飲して尊敬する方のお宅に寝かせて頂いたのである。そういえば先週は名古屋へ3回も出掛けた。このところこういう短い旅で時を刻んでいて、一所不在というか、常住の所を得ずというか、いっそ「予もいづれの年よりか、片雲の風にさそはれて、漂泊の思ひやまず、海浜にさすらへ、去年の秋江上の破屋に蜘蛛の巣をはらひて」旅を栖とせんとゆきたくもあるが、極めたる凡人ゆえ飯の種の稼ぎにしばられており、結果アタフタと行ったり来たりということにならざるをえない。

ところで今年の2・11は、「新ガイドライン」をテーマとする集会がかなり多かったようだが、2・11とはもちろん、「天皇制を考える日」である。「いつでも戦争が始められる国家」形成が「新ガイドライン」の策定により目論まれている状況下における天皇制の役割について剔抉しえたであろうか。人畜無害のにやけきったご立派一家を演じて、延命してきた戦後天皇制だが、こと戦争ともなるとそうもゆくまい。学校において「日の丸・君が代」を処分を連発してでも強制してきた日本国家が、「ヘーセー天国」を謳歌して大好きな鯰に餌を与えるのが日々の暮らしなどという青年をそのままにしておくはずがない。

今年2月15日、三多摩ネットワークの「ガイドラインと日の丸・君が代」集会に話をしに行く。さあ、準備をせねば。

207

・「靖国・天皇制問題情報センター通信」240号

（1998年2月28日）

事務局から

2月22日夕刻、行き付けのそば屋で、鴨の燻製を肴に焼酎のそば湯割りをやっていると、長野冬季オリンピックの閉会式で日本の祭りをあれこれとやってみせていた。何もここで、祭りは神道と関係があって、などと言いたいのではなく、死んでしまった建築家宮内康と酒を飲んでいて、「いつか『日本文化論』をやろう。諸領域に亙って現代日本主義を検討しよう」という話をしたのを思い出したのである。というのは、宮内が、「派手に活動している建築家どもは、とりあえず打つ手がなくなると、土蔵のイメージとか言い出すんだ。くだらない」と言ったのに触発されての話である。

そして閉会式では「故郷」の大合唱である。大自然破壊のスポーツ・イベントの掉尾が「兎追いしかの山、小鮒釣りしかの川、夢は今もめぐりて、忘れがたき故郷」と来ては、もうアハハしかないではないか。腹立たしい。

本紙235・236合併号の「天皇制存置派言論クリップ」を担当している情報センター事務局の中沢謙の文章に、ヴァイツゼッカーの演説を引用して、「過去に目を閉ざす者は結局のところ盲目（ママ）となります」とあるのは、執筆者もわざわざ（ママ）とまでしているのだから、意識はしているのだろうが、しかし、視覚障害者からすれば、そもそもこういう引用に必要性があるのか、という思いもあり、思慮が足りず、結果として視覚障害者差別を助長することになるのではないかというご指摘を読者の飯塚さんからいただいた。これは、中沢が岡田邦宏の「〈戦後補償論〉は間違っている」という論文を批判しようとして、岡田の引用を、こうした言葉まで用いて虎の威を借りる姿勢を批判しようとした文脈の中で生じたことであるが、確かに、そこには岡田批判の意識ばかりが強く、視覚障害者の痛みへの思いが欠落している。今後、言語でもって己を表現しようとする者にとって非常に厳しく且つ重要なご批判であったと感謝したい。

なお、本紙は視覚障害のある方々には、録音テープを送らせていただいているので、お近くにご希望の方があればご紹介いただきたい。

208

事務局から

・「靖国・天皇制問題情報センター通信」242号（1998年3月31日）

久しぶりにこの欄を担当します。ただ今4月6日午前4時26分。糊口を凌ぐ仕事が終わらず、6時過ぎには名古屋に向けて仕事に出ねばならず、もう焦るどころの話ではありません。約束していながら果たせずにいる仕事が山積みしていることも気になっています。大げさなことですが、とにかくまあ死なない程度に頑張りますのでお許しください。この欄を借りて、先ずはお詫びを。

埼玉県の所沢高校が大変なことになっているようです。3月の卒業の行事を、これまでの慣行に従って、生徒が企画運営する自由な雰囲気のものにしたいと願う生徒と、それを支持する教職員に対して、県教委をバックにした校長が、むりやり「式」として強行したものですから、なにしろ卒業生のうち約400人がボイコット。これだけでもう十分前代未聞です。ところが今度は、県教委が「入学式に出席しなければ入学を許可しない」という文書を、今春入学する予定の生徒の父母に送ったというのです。「学習指導要領にのっとった入学式を行う」という校長と「生徒会主催の入学を祝う会を開きたい」とする生徒、教職員との対立に、県教委が介入して、「学校教育法施行規則では、校長は入学式において、入学の許可を行う必要がある」から「お子さまが所沢高校の生徒となるためには入学式に出席し、校長による入学許可を受けなければなりません」と言うのです。ヤクザの恫喝よりキツイですよ、これ。新聞報道によると、同校のPTA会長も「高熱の生徒も担架で担がれて出席しないといけないのか」と県教委を揶揄しているとしか言い様のないコメントを出しています。

正直なところ今時「こんなにガンバル若者」をもっている社会は実に健全であり、なにはともあれ応援に駆け付けたい思いです。校長も県教委も追い詰められてもっともっと恥をかけばいいのですが、所沢高校の教職員の皆さん、生徒を孤立させることなく共に闘ってください。文部省のトモダチ日教組よ、どうするんだね。本紙でも近々特集を組みます。なにぶんわたしもこの県に住んでいて責任の一端をホンノワズカ感じてはいますので。

209

事務局から

・「靖国・天皇制問題情報センター通信」244号（1998年4月30日）

全国の読者・仲間の皆さんに大変ご心配いただいた「情報センター」の97年度の財政はギリギリのところでバーを越えることができました。お支えを心から感謝申し上げます。もちろん膨大な累積赤字を抱えていますので、今後も緊縮財政で、少しでも赤字を補填すべく努力を続けなければなりません。今後とも、宜しくお願い申し上げます。

教団内部の恥をさらすようですが、「情報センター」はきっと何かを隠しているに違いないと邪推している者が教団の中にはいまして、以前ご報告した、教団内の公的な「査察委員会」は作業を終了しましたが、「情報公開」ということなのでしょう、現在もしつこく私的に「査察」をくり返している一部の集団があります。この連中の狙いは、口に出して言いはしませんが、「権力に公然と抵抗したり批判をしたりする者が教団の中にいることが許せない。そういう勢力を教団から追放しよう」と本音のところでは考えているに違いありません。そうでなくて、仕事でもないのにそこいらの「公安刑事」よりしぶとく監視を続けることなどできはしません。この連中には、やればやるほど「敵を組織する」結果を生むことなど理解ができないのでしょうし、この程度の連中に簡単にやられてしまうほど柔で、長い間反天皇制運動などやっていられるはずがありません。臍が茶を沸かすとはこのことです。

ところで、読者の皆さんは既に重々ご存じのところですが、金大中韓国大統領が天皇訪韓を口にしました。サッカーのワールドカップ日韓共同開催の話の時から予想されたところですが、象徴的には「軍隊慰安婦」とされた人々への戦後補償の問題にみられるように、この国の政府とこの国の民の多くは、「朝鮮半島」の人民をナメキッテいます。この体質が深く天皇制と関わりのあるところであることは自明です。「闘い」の準備を進めましょう。

210

・「靖国・天皇制問題情報センター通信」246号（1998年5月31日）

事務局から

6月5日、日本列島は梅雨入りだそうで曇り空です。利根川の流域の稲作地帯に暮らしている者にとっては、今は一年中で一番爽やかな気分での寝覚めです。昨夜も仕事から夜中に帰って、さあ就寝したのが午前2時頃だったでしょうか。それでもそろそろ老齢の入り口に差し掛かっている身は、午前5時過ぎには目覚めます。なにはともあれ新聞を取りに出ます。我が家の眼前は広々とした田圃です。田植えが終わり、水の湛えられた田圃の爽やかな様子は、今この時期が最高です。

用水路に蛍はまったくいなくなってしまいました。この頃は泥鰌もすっかり姿を見せません。

こんな田圃で作られる米を食べているのか、と思うとたまらない気分になることも確かなのですが、この季節の田圃の見た目の爽やかさは、それはそれ、という気持ちに瞬間だけでもさせてくれます。

本紙前号の「島からの便り」に平塚さんが書いておられる、「私たちが借りる予定の家にもなくなった老夫婦の遺影が、かかったままだったのです」という光景。以前東京の電車の中の忘れ物として保管されているたくさんの遺骨の写真を見た時の何と表現していいのか言葉を失ってしまった、あの時の気分を思い出しました。どういう関係の人であったのか、それにしても遺骨を電車の網棚に忘れることなどあり得ませんものね。

遺影の方は、またいつか戻って来てもう一度住もうと願いながら果たせずにそのままになってしまったのでしょうか。

わたし自身は「恩愛の絆」などという関係が煩わしくて、女きょうだいばかりの中の息子一人でありながら、ひとうとう生まれ育った家に帰らなかった者ですから、ひと様のことをあれこれと言挙げして批判することなどできませんし、遺骨や遺影など捨て去るのもさっぱりしているかも、とも思います。が、しかし。

平塚さん、息子さんが元気でやってくれるといいですね。今年の夏には年来の約束を果たしにお訪ねしたいと考えています。

211

情報センターからの提言
2002年W杯日韓共同主催反対、天皇訪韓反対運動に今から着手しよう！

・「靖国・天皇制問題情報センター通信」248号（1998年6月30日）

サッカー好きの方々には申し訳ないが、「ニッポン、ニッポン」の呼号の連続で、ここしばらくただ不愉快であった。日本チームが全敗で正直なところホッとした。このところ「ニホン」と言わず「ニッポン」という促音便を用いるのが常識のようになっていることも心底苦々しい。促音便が表現にどういう効果を発揮するか今更言うまでもあるまい。

反天皇制運動が「国体」反対を課題にした時から、これが天皇制イデオロギーばらまき三点セットのひとつであるのみならず、近代スポーツそのものにわたしたちは疑義を提出してきた。スポーツそれ自体に罪はないというのは嘘である。『週刊金曜日』No.223の「ゲダンクラブ」で「レニは生きている」と題して中山千夏さんが書いている。レニとはあの映画『意志の勝利』『オリンピア　民族の祭典・美の祭典』の監督である。「全身で創作に没頭している芸術家は物事を政治的には考えられません。偉大な創作をした芸術家はみんなそうでした。ミケランジェロ、ロダン、印象派の人々、彼らは政治意識もなかったし、時間もなかったと思います」というレニを、だから危険なのだと中山さんは言う。スポーツも同様であり、本質的に更に危険であるかもしれない。

まして今度は、天皇の訪韓が絡んでいる。朝鮮侵略、植民地化、在日差別その他その他、これらと天皇制との関係を学び直すことから開始しよう。今からでは遅いくらいである。そしてスポーツと天皇制の関係も。再度反天皇制運動の昂揚を。

212

で、日本の報道はどうだったか

今回のTIMESの「抗議と和解の日②」のジョアン

ナ・ベイルさんの記事の題「三世代にわたった微笑」がどれほど厳しい皮肉であったことか。掲載した写真を日本の新聞でご覧になった読者も多かろう。そこにはどういうキャプションが付されていたか。「笑顔の民間外交」などと全く事実に反する写真として用いられていなかったか。笑顔の老兵ヘンリー・ディクソン氏にしてみれば、相手はかつての敵国であり、過酷な労働を強いた国家の一員ではあれ、取り敢えず若い世代の母親とその人が連れている子供である。それに対して大人の対応をして見せただけのことではないか。

この写真を日本の新聞に用いたマスコミの感性の愚鈍と欺瞞、そういうマスコミによってしか現代史を認識していない日本の若い世代の頽廃に、因業な初老親父であるわたしなど腸九転の思いがする。まさか優しいおじいさんにでも出会ったくらいの気持ちでいるんじゃあなかろうな、と正直なところ張り倒したい思いにかられる。

しかし、冷静になって考えてみたい。前号に紹介した「國民新聞」などという右翼新聞は、「不敬」などと今時ワープロにも入っていない語句を用いて英紙「インディペンデント」の天皇アキヒトの扱いを憤慨してみせたりしていたが、日本のマスコミ全体に憤激のトーンが低いことに気付かれただろうか。

「軍隊慰安婦」とされた人々の国家賠償請求に対して、「お前らも商売でやっていたのではないか」などと歴史事実を無視しただけでなく、人間として許しがたい言葉を投げ掛けた自由主義史観一派はなぜ今回積極的に発言しないのだろうか。それが職業軍人であろうと、徴兵であろうと戦争の中での出会いであるから、「お前らも捕虜になっただけで、こっちが捕虜になれば同じことをしたに決まっているではないか。補償などと厚かましいことを抜かすな」くらい言いそうなものなのに、妙に物静かである。男性による女性の性への差別観念が言わせたということもあるに違いない。それはそうだが、強制連行した中国人・朝鮮人男性労働者に対する感情の中にも、「軍隊慰安婦」とされた人々に対するのと同質のものを感じて仕方がない。朝鮮を植民地にしたことによって、遅れた社会に近代化の道を開いたではないか、という居直り強盗のごとき発言と同質のものをである。

先発であろうと後発であろうと同じ帝国主義国家であるから、向こうもやったのだからこっちだって、という発言はかつてあった。今回はそういう蛮勇をふるった発言が控えられている。右も左も西欧には弱いなどという結論に至りたいのではない。根底的な反撃を加えようとすると、あちらの王室の責任にまで言及せざるを得なくなり、それが翻ってこちらの皇室は、となることを考慮に入れてのことではないのか。ここのところを考えておかないと、今回のマスコミによる日英言論合戦の本当の意味を見落とすことになるに違いない。イギリスのマスコミが現在の日本資本主義による落ち目の帝国主義イギリス経済への資本投下に慮って遠慮しているとばかりは言えまい。

ところで、皇室外交提灯持ち「朝日新聞」が、5月13日号で、またぞろ無批判な提灯記事を書いた。編集委員岩井克己の署名記事だが、わざわざ昭和天皇の時からの「おことば」の歴史まで紹介している。昭和天皇は78年に中国に対して「不幸な出来事」と触れ、現天皇も「近代において不幸な歴史があったことに遺憾の意を表します」と言っただの、韓国に対しては、植民地時代の時代を特定して「誠に遺憾」と言っただのという紹介である。

今回も「『過去』どう英に語る」と水を向け、「今回の訪英では、何らかの人間的な気持ちの表明があってもよいのではないか、との意見も政府内には出ている」と、いかにもマスコミらしい発言の責任主体を示すこともなく、実は単なる誘導発言をしている。そもそも天皇の「人間的な気持ちの表明」とは何なのか。アキヒトさんが何を考えているか、別に友達でもないから知りたくもないし、天皇による「人間的な気持ちの表明」とは、すなわち政府の代弁の謂以外ではあるまい。とすれば、憲法違反ではないのか。天皇の口に都合のいい言葉を勝手に突っ込まれたのではたまらない。誠に残念なことに今回のイギリスでも天皇は「国家元首」として扱われているのである。そこでの天皇の発言がどう受け取られるのか考えてもみればよい。時の政府が天皇の口に自分たちに都合のよい言葉を突っ込んで、天皇がそれを吐いてみせることを、我々の思いの代弁とされたのではたまらないのである。我々はそんなことを彼に託した覚えはない。

こんなことを許しているから、5月14日付陛下のマスコミ「産経新聞」が、韓国の外務通産相が「天皇」の呼称は当然と、「日王」と表記してきた韓国マスコミを批判したと、天皇訪韓を意識した記事を嬉しそうに書くことを許すことになるのである。

213

事務局から

・「靖国・天皇制問題情報センター通信」252号（1998年8月31日）

久しぶりの「事務局から」の担当です。例年のことではありますが、8月はとにかくバタバタと過ごしていますので、あっという間に月末になってしまいました。みなさんお元気で9月をお迎えでしょうか。台風の影響が大変なようです。被災者のみなさん、とくにお亡くなりになった方々のご家族に心の底にとどくまでの慰めがございますように祈ります。

わたし自身は、今年の8・15に関わる集会としては、8・15に横須賀での集会に呼んでいただきました。教団の仲間である宮崎さんや、反基地の地道な活動を続けておられて尊敬している新倉さん、三浦教組のみなさんなど、親しい方々にお会いできて、それだけで楽しい集会でした。どうせわたしごときがお話することなど大したことではありませんので、みなさんがお集まりになるちょっとしたきっかけ程度のことでしかありません。横須賀は、空母キティホークが新たに母港にして入港したばかりで、アメリカの世界軍事戦略の一環としてのアジア・太平洋地域戦略である新安保ガイドラインの実質化は、日本政府がどれほどモタモタしようとも、着々と進んでいることを実感させられました。

8・16は甲府に呼んでいただきました。新ガイドラインを、人びとの「共生」という視点から考えるとどういうことになるのか、という難しい課題を与えられて、自分でも何を話したのか正確に覚えていないほどに難儀をしました。甲府のみなさん申し訳ございません。ここでは、もうほとんど30年ぶりというくらいの女性にお目にかかり、なつかしい情報もいただきました。一体、何の旅だか穴があれば入りたいとは、こういう気分を言うのでしょう。

21日からは、恒例の学生と一緒の奄美への旅でした。天気も良く、海はどこまでも透明で、一週間も都会のアカを落とすことができました。いつもお世話になっている奄美の古老から、この経済事情下、仕事がなくて若者のみならず、中年の人びとまで都会へ出ていってしまうお話をうかがいました。辛いことです。

214

語ってみよう「今時の天皇制」①
中沢譲さん

・「靖国・天皇制問題情報センター通信」253号（1998年9月15日）

同時代を生きるアキヒト「天皇制」というのは本当に捉えどころのない存在です。これまでの「天皇制」に関する種々の規定などほとんど通用しないかのようです。

戦後天皇制の歴史の中だけで考えても、ヒロヒト天皇制の敗戦直後、60年代、高度成長期、経済的「発展」後の天皇制、ヒロヒトの死後の天皇制と、それはそれなりに苦労しながら、それぞれの在り方について規定をしてきました。しかし、我々が戦後のプラス価値と考えてきた（なんとなくそう思ってきた程度のことでしかありませんが）、いうことろの平和、福祉、自然保護、優しさ、もしかしたら「護憲」などといったもののすべてがアキヒト天皇制の手の内にあるのではないかと、本当に「自虐」的になるしかないような現状で、しかし、天皇制が天皇制としてある限り、別の表現ですれば、天皇制を護持したいと願う人々がある限り、我々にとって天皇制と「日の丸・君が代」などそれに連なる諸問題は批判と無化と「打倒」の対象として在り続けます。

反天皇制運動は、「敵」の的をしぼりきれずにいるのではないか、という思いを、数年前から抱き続けています。

そこで、わたしがお目にかかる全国の様々な立場の人々、それこそ老若男女、諸階層の方々にインタビューをしてみようと思い立ちました。「今時の天皇制をどう考えていますか」と尋ねてみたいのです。もしかすると新しい天皇制批判の切り口が出てくるかも知れません。

第1回目は、現在当通信に「天皇制存置派言論クリップ」を連載中の中沢譲さんにご登場いただきます。彼は、情報センターのスタッフのひとりであり、わたしなどよりふたまわり近く若く、いわゆる右派言論を任務として読み続けています。ゆっくり話す機会などほとんどないものですから、この際、まずは中沢さんから、と考えました。

小田原　第1回目にあなたに登場していただくことにしたのは、日本の右翼については学者としてこれを研究対象にしてきた人はいますが、ほとんどの場合戦前の右翼が対象です。同時代の右翼というのは生々し過ぎるのかもしれません。あなたには「情報センター通信」の「天皇存置派言論クリップ」を担当していただいているのだけれど、若い世代として毎日右派言論を読み続けて、そこから現代の天皇制がどんな風に感じられているのかを話してほしいのです。もちろん研究者風にではなく運動者としてマイナーなオピニオン雑誌から、さらにマイナーな右派業界誌のようなものまで読んでおられるでしょうから、最初にごく大雑把に右派言論をどう読んでいるか、という辺りから話していただけませんか。

中沢　この二カ月ばかり頭を「沖縄」にシフトしていたものですから、急には整理し辛いのですが、ひとつの顕著な傾向として、右派言論のネットワークが進行しているということがあるように思います。例えば「中央公論」の右傾化は随分前からですが、それにしても「中央公論」にはある種のステイタスがあったように思うのですが、最近では、ちょっと驚くような雑誌の広告が掲載されたりしていて、立場を鮮明にしてきたというか、右派言論のネットワークの中心を担っていくという気概を見せ始めているように感じられます。こうした傾向は、例の新自由主義史観の登場が促進したのでしょうが、右派系雑誌にも、ちょっと奇妙な表現ですが、それぞれに「右傾度」があったように思っていたのですが、最近では相互乗り入れが進んで、執筆者も雑誌の側が選んでいるというより、右派言論業界で都合しあっているという感じになってきています。

小田原　ちょうど60年代後半から70年代にかけて、「現代の眼」「構造」「情況」、それに「読書新聞」など、もう少しマイナーなある意味で少し党派性を鮮明にしていた雑誌・新聞などに執筆していた人々が、ほとんど毎月どこかに登場しているという情況に近いのですかね。しかし、現在の右派言論のあなたが指摘されるような情況というのは、時代の右傾化によってなんとなくそうなっているということなのか、それとも意図的にそれを仕掛けているということなのでしょうかね。

中沢　その辺りは正確にはわかりません。かなりの量を読んではいるのですが、仕事としてやっているわけではありませんので、分析としては甘いところがあることは自覚しています。ただ、偶然ということではないように思います。最近見本誌を入手したばかりで、まだ丁寧に読んでいない雑誌で、新聞、雑誌、テレビ番組までかなりの程度手広くあさって、気に入らない記事、番組をあげつらって、抗議を組織しているものがあります。これなどを見ていると、資金はどこから出て、誰が仕掛けているのかもちろんはっきりしないのですが、意図的に左派言論を攻撃して、自分たちの主張の展開を積極的に拡大しようという目的性がはっきりしているように感じます。こういうものを活用しつつ右派言論の場の拡大が目論まれているのではないでしょうか。

もう一つの傾向として、これも誰かが仕掛けている結果かもしれませんが、右派言論の表現方法が、かつての伝統的といいますか、いかにも右翼風ステロタイプから離れつつあるように感じます。例えば、東京の「平和祈念館」問題についての右派の集会ビラなど、我々のごく身近なところで出されているビラと見紛うほどです。とても右翼のビラとは思えない。この傾向の端緒は小林よしのりでしょう。「サピオ」を拠点に言いたい放題、書きたい放題ですが、しかし、若者は、あそこから「右翼」を嗅ぎ取ってはいないのではないでしょうか。伝統的右翼は直接的に接する機会がありませんから、若者たちにとっての右翼は、街宣している行動右翼というか、街頭右翼ですよね。ああいう人々が醸す雰囲気とは別種のものを小林などから受け取っているように思います。自由主義史観運動関連のニュースを見ても、「サピオ」を見ても、若者の読者が随分多いのであろうということが投書などから察せられます。「サピオ」の小林よしのりの「戦争論」などには、300通ほどもの投書があったということですから、こうしたいかにもそれらしい右派言論ではないところを回路に、右派言論に入っていく若者は我々が想像するより多いのではないですかね。「学校で教えてくれなかった歴史の真実がここにある」という切り口、それも「天皇陛下の御聖断により」風ではないところから。このような草の根右翼の形成は確実に目的意識的に進められていると思います。

小田原　それはそうでしょうね。小林よしのりにしても藤岡信勝にしても自分が右翼だとは思っていないでしょうからね。藤岡は最近かなり右翼的に純化してきて鼻につくところが目立ちますが、小林など、若者にとっては自分たちの兄貴がどなりまくって体制にケンカを売っているように感じているかもしれませんね。

中沢　それは確実です。言っていることは右翼そのものですが、この人に近付くととんでもない世界に引き込まれる、気が付いたら「海ゆかば」を大音量で流しながら街頭で恥ずかしい胴間声でどなっている自分、などという想像はしていないでしょうね。最近出た小林の「戦争論」は、2年ほどかけて書いているのですが、最初の頃は本当に稚拙で、読むに堪えないというしろものですが、後半になると、右派知識人からの情報提供が相当あったのでしょう、それなりに緻密でカッコ付きではありますが、理論派になってきています。ここに新しい歴史観を若者は感じて、自らが学校などで充足できなかった気分や、そういう自分をコバカにしてきた教師たちに対する不満を埋めてくれるような思いをしているのではないでしょうか。

小田原　なるほど。とすると、誰だか、あるいはあるグループかもしれませんがイデオローグがいて、大衆の右派への組織化の先陣を藤岡が切り、それにしても藤岡はとりあえず学校の教師や大学生が対象でしょうから、さらに大衆的な組織化の担当として小林を登場させたということなのでしょうか。

　ところで、かく言うわたしは小林のマンガを一度も読んだことがないのですが、彼はもともと右翼チックな男なのですか。それとも例のエイズに関わる運動の中で袂を分かって、彼なりに冷静な計算があって時代の主張に擦り寄ったということなのですか。

中沢　実はわたしもそれほど丁寧に読んでいるわけではありません。ただマンガ家としては「東大一直線」でかなり売れたのですが……。

小田原　「東大一直線」というのは彼なの。東大通というヤツが出てくるというマンガ。話だけは生徒から聞いたことがありますよ。

中沢　そうです。かなり売れたようです。ところが次が出てこない。そこからの脱皮の手段が「ゴーマニズム宣言」ではないですかね。しかし、「ゴーマニズム宣言」の初期の頃は、「軍隊慰安婦」や「部落解放同盟」を取材したりして人権派風だったんです。彼自身の言葉として「自分はさよくだった」と平仮名「さよく」であったことを表明しています。でもどうですかね、こどもの頃からかなり浮いていたというか、受け入れられないという屈折をもっていたように感じます。世間に対して斜に構えるといいますか。それが人権派的表現をとったり、本当のところでどう転換したのかよくはわかりませんが、右旋回して最近の言動になっていたりと、本人の中では一貫性をもっているのかもしれません。

小田原 そうか。少しわかってきました。要するに、その屈折を一部の若者たちは嗅ぎ取っているんだ。自分たちの心情を仮託する表現者として。

中沢 そうでしょうね。「サピオ」の最新号で、小林は、かつて自分に対して「マンガ家としてお前の時代は終わったんだ」と言ったという編集者に、「どうだ、オレはメジャーだ」と書いたりしていますから。

小田原 そこの辺りをうまく右派に掬い取られたんだ。

ところで藤岡ですが、わたしには藤岡は理解できるんです。日本共産党の党員だったかどうかは知りませんが、ともかく「正統マルクス主義者」を自認していたのでしょうが、日和見主義者特有のカンで、時代の風を読んだんですね。戦後日本史学を引っ張ってきたのは唯物史観ですが、これがアナだらけであることは本人自身が十分知っているわけですから、これを突いて出てきた。あまり単純化し過ぎるのもどうかとは思いますが、典型的な「時代にコロブ」学者以外のなにものでもないですから。たくさん見てきた分だけ理解しやすいのです。何の感慨もなく、そうですね、というところです。

小林、藤岡はこの程度にして、突然ですが、新ガイドラインに基づくところの「周辺事態法」について、右派の言論傾向はどんなものですか。かつての反米右翼ならとても認められない法案ですよね、あれは。

中沢 すみません、そこの辺りはほとんど読んでいません。ただ、反米右翼というのがいるんですかね。少なくとも右派言論はどこまでも左派に対抗的言論を立てるというのがこれまでの在り方ですから、政治問題についてはどうしても対抗言論として日米安保条約を前提にしていますから、結局のところ自民党権力の応援団以上のものではないのではないですか。

小田原 まあ、そう言ってしまえば身も蓋もないことではあるのですが。

それはともかくとして、紙幅が尽きますので、最後に尋ねたいのですが、はっきり言って現在反天皇制運動は手詰まり状態になっていることはあなたももちろん気付いていているはずです。特にひどい状態だとは思いませんし、反天皇制運動のある意味での宿命みたいなところがあって、日常生活がなんとなく可もなく不可もなく続いていている情況では運動展開が難しいのですね。若い世代として、何か新しい展開の仕方について考えているところはありませんか。言論の世界では一時期「父性」や「父権」が語られたりしましたが、その辺りに引っ掛けてでも。

中沢　残念ながら、展望をもっていません。「父性・父権」については、近代主義の行き着く果てに必ず起きる言論という程度でしょう。具体的な運動展開は、とにかく粘るとしか今の私には言いようがありません。

（98・9・11）

・「靖国・天皇制問題情報センター通信」254号（1998年9月30日）

215

語ってみよう「今時の天皇制」②
石垣島の小倉隆一さん

小田原　石垣に行かれて何年になりますか。

小倉　20年です。神学校を出てはじめが川崎で、その後すぐですから。

小田原　石垣は最初から今の教会ですか。

小倉　そうです。義父が牧会していたところへ行きました。はじめの8年は担任教師、そしてその後12年は主任担任ということです。

小田原　石垣では有名な方でしたね。

小倉　ある意味においてはそれがよかったかなと思っています。地域で存在を認知されるにはかなり面倒な手続きのいる所ですから。「婿」であることが地域に受け入れられるには都合が良かった面があることは事実です。門中なんかがあってどこの誰であるかということの確認をしないとなかなか入りきれないという面が強いですから。

小田原　そうでしょうね。沖縄島でも同じことを聞くことが多いですね。那覇など大都会ですから、他の大都市と変わらなくなっているかもしれませんけれど。6月に石垣に行かせていただいたのですが、それはもう完全に地縁共同体、血縁共同体をそのまま生きている世界ですね。

小倉　石垣島というのは、東京で考えると最果ての島でしょうが、石垣からすればさらに離島がありますよね。この周辺の島から石垣に入植してきた人たちがいます。例えば小浜島から石垣に入植してきた方たちが住んでいる部落、ヤマトとはちょっと文化が違いますから部落という言葉を使っているのですが、その部落に余所から入ってくる人があると、入会式をしなくてはならない。そうしないと豊年祭やその他のお祭りに参加できないわけですよ。

小田原　それは石垣の島の中でも、もともと石垣の人が、小浜島の人たちの集落に入るとか、あるいは別の島の人が来ても全部そうですか。

小倉　そうです。だから「嫁」に行くというときでも、まあ会に入る式があってという形なんですね。そうして初めて部落の一員ということになる。ですからたまたま家を購入してその部落に入ったとしても、一緒には住んでいても地域共同体からは完全に浮いちゃうという形になる。わたしの場合、割と年輩の人たちに紹介される時は、誰々の婿さんという形ですね。それでやっと落ち着くようですね。小倉と紹介されるより、「この小倉さんというのは誰々の婿さんですよ」と、「あぁ～そうですか」となるんですね。

小田原　そうでしょうね。小倉という姓は石垣には無い姓でしょうから。

小倉　血縁を媒介とする共同性がきちんとまだ生きています。ですから僕20年いても部落行事にはほとんど参加しません。というのは何故かというと、豊年祭など神事全般にわたって、それを動かすのが基本的に部落の部落会なんです。ですから部落行事に参加するというのは、そのまままとりもなおさず、神事に主体的に参加することになるんです。ただ地元の宗教というのは結構大らかなんですね。宗教的閉鎖性が強くないものですから、例えば豊年祭のとき、わたしたちの教会の前の道で神事をやるわけです。その際に綱引きをやるんですね。それで綱を編むのに教会の庭を貸してくれと言われたことがあるんですね。そうするとこっちはどうするか、ここはキリスト教なもんですから、まあ何とかかんとか言ってうやむやにして、断ったのではないんだけれども断った事にする。こういう場合、戸惑いますね。

小田原　やっぱり教会の庭で豊年祭の綱を編むのは具合が悪いもんですか。

小倉　僕としてですか。

小田原　ええ。わたしなどはいい加減ですから、別に構わないように思いますけれど。

小倉　ただまあ、「同化」の問題が出てきてしまう。例えば僕たち、部落で葬儀が出たときには行くわけですね。それである時、カソリックのシスターが葬儀に参加して、その後僕が行ったんですね。僕の場合お焼香しないんです。ただ頭を下げるということだけでやってるんです。カソリックのシスターはお焼香して、やってるんです。とまあ、地元の人たちはカソリックのシスターはお焼香して、平真（教会）の牧師はお焼香しないというのが話題になる。

小田原　まあそうだろうね。それはやっぱりカソリックの、よく言えば大らかさ、悪く言えば土着の宗教と馴れ合ってしまう、そういう例はよく耳にしますね。

小倉　だから自分たちは違うという事を何らかの形で見せざるを得ない。近くの人から「お清めをしてくれ」ということがあるんですね。「テニスコートを造るから先生お祈りしてください」というんです。それで「お祈りしていいんですか。分かりました」といってお祈りして「清める」わけです。そうすると次に「塩まいていいでしょうか」と言うんですね。でもわたしに塩をまいてくださいといわれても、なかなかそういうわけにもいきませんから、そしたら自分たちでまいてそれで終わりという。

小田原　さきほどのお葬式というのは仏式ですか。

小倉　仏式の形を取っていますね。

小田原　しかし、石垣ではあまりお寺を見かけないでしょ。特にあなたの平真教会の周りでは。お坊さんはいらっしゃるんですか。

小倉　お坊さんはいます。葬式の時には必ず来て、それ以降の供養の行事もわりと厳格に守られています。大都市などでは考えられないほどです。ですから僕たちの方も、亡くなった方の記念会は必ずその日に合わせてやるようにしている。キリスト教は祖先を粗末にすると言われないように気を使って。

小田原　少し話が違うのですが、小倉さんの教会にうかがった際にタクシーを降りたら、あっこれは沖縄で言うウタキというかウガン所とかいう辺りに違いないとすぐ感じました。道がまっすぐ海に向かって行っていて、これは何もないということはいかないかなあと。すると教会と道を挟んだ向かい側も、隣も、それで後で見たら教会の裏側もみんなそういうところではないですか。ああいう場所を石垣では何と言うんですか。

小倉　ウタキです。または拝み所と言います。

小田原　あの土地に教会を建てたのは偶然だったのですか。

小倉　偶然みたいですね。信徒の土地があったのです。ウタキという拝所が集中しているというのは、神さまが沢山いるところ、霊的な存在が沢山あるところなんです。お盆やなんかで祖先の霊をお迎えして、送った後に、獅子舞をやるんです。「清め」として獅子舞をするんです。祖霊に対する崇敬、あるいは崇拝と他方での「ケガレ」感といいますか、沢山いるカミサマへの恐怖感も残っているのです。

小田原　ああ、そうですか。

小倉　はい。ですから教会の前の道を隔てたところは空き地になっていましたでしょ。それは、その土地を買う人がいないということです。

小田原　なるほど。

小倉　ウタキ自体はそれぞれ血縁集団の拝所ですから、石垣の平江部落で、3000人ぐらいいる所で、17の拝所があります。

小田原　それは今も血縁集団で維持されているのですか？

小倉　維持され、運営されています。隣のおばさんがお祭りになると巫女になって、そこで一族の祭儀を営むということです。

小田原　教会の裏側の所は廃棄されたというか、用いられていないようだけれど、それを維持してきた血縁集団が崩壊しつつあることを表すのですか？

小倉　全体的に都市化というか、近代化というか、ウタキ信仰は希薄になりつつあるようです。昔でしたら、雨乞いなど含めて力を現実的に出せたのですけれど、今はそういうことがなくなってきています。出て行く人も多いし、血縁の集合体が形成しにくくなっている。だからといって、地元の人たちは、それを放棄できるかと言ったら放棄できない。まあ、ウタキの整理統合が進むのでしょうね。

小田原　血縁共同体があって、拝所をそれぞれが持っていて、教会のすぐ前のウタキは日常的に使われているかどうかはともかく、管理も含めてしっかりしているようですね。土地も大きいし。あの場所は単に血縁共同体のためだけじゃなくて、ある種の地縁共同体の象徴でもある。

　ところで地縁共同体の共同性の中に、天皇制文化の影響が強くあって、それが天皇制を支える基盤だと言われますよね。わたしはそのとおりではないと思っている部分もあるのですが。そういう側面もあるかなと思うわけです。石垣では、どういう感覚なんですかね？

小倉　日常的に言うと天皇制までは届かない。ごく普通の自分たちの先祖を拝んでいる。ところが、ある時になると、例えば、叙勲といった形で、上からボーンと入ってきた時に、そこに絡め取られることがある。

小田原　叙勲なんかの時にウタキで先祖に報告するということをするのですか？

小倉　もちろんです。同時に叙勲というのは地域にとっては名誉ですから、公民館借りてお祝いをするわけです。ですから、日常的に天皇制を意識しているかと言うと、石垣で「お天ちゃん」と言ってもそんなに違和感ないですね。結構、天皇制批判を出しても問題ないです。昭和天皇がなくなった時、保育園で休みにしないと言ったら、職員はごく普通に当たり前に出てくるのですね。地域的に天皇制の縛りが強いということもないようです。ただ、距離は遠いにもかかわらず、力のあったものについては、抵抗するよりは折り合いをつけるという面が強くはありますね。

小田原　それはそうですね。沖縄島も含めて、小さな地域共同体というのは、天皇制だけではなくて、かつては中国と日本の狭間でゆれ動くわけですから、それに対抗的に姿勢を採るというわけにはなかなかいかないでしょう。とりあえず、「はい、はい」と言っとくしかないというのはあるでしょう。

小倉　だから、台風の通りすぎるのを待つような感じで、それが通りすぎるとまた元の自分たちのやり方を継続していく。そうすると、支配権力が強大で持続すると、対抗文化を構築する努力をしていないものですから、絡め取られるということになってしまう。

小田原　それはそうでしょうね。

小倉　それがどういう形で表現されるかというと、沖縄島の人たちは、自分たちはかつて琉球王国という独立国家であったとよく言いますが、石垣の人たちは琉球王朝から差別された側ですから、被差別意識を色濃く持っている。ところが、敵の敵は味方なんですね。ヤマトに対してある想いをもって、ヤマトとくっついちゃう部分がある。直接的に搾取されている者に対して自分たちの思いをぶつけていく。もう一つ大きい構造は見えないものですから、ヤマトの人たちに対するあこがれと、自分たちが（ヤマトに）なれないことの想いというものがある。

小田原　ところで、石垣に帰化した台湾の人々の集落があるといったことがありますが、石垣の人たちと離島に住む人たちとに階層的な差別があるとしたら、台湾はまたその下ですか？

小倉　その下です。

小田原　ヤマトはどういう位置ですか？

小倉　石垣でしばしば「出身はどこですか？」と聞かれることがあります。「東京から来た」と言うと「いいですね」という言葉につながる。なぜ、いいかということはない。しかし一方でちょっと激しい議論などすると、「彼はヤマトンチュウだから」と言ってポーンと突放されるのを感じる。

小田原　「いいですね」という部分と、突放してしまう部分があるのでしょうね。

小倉　血縁・地縁共同体に対する強い執着を持ちながら、そのしがらみの重さも感じて屈折するんですね。石垣に限ったことではないのでしょうが、石垣に住んでいるヤマトから来た人たちは2つのタイプに別れる。一方では、地元の人たちとうまくつきあえる人と、まるで離されちゃってという人といる。夢とか希望を持ってきた人たちが、ある日突然いなくなってしまう。「ヤマトへ帰ったよ」ということがあるのです。特に、血縁集団が強いものですから、飲んだり食べたり、親戚関係でやる部分が多いわけですね。そういう親戚関係の中にうまくとけこめればいいわけです。自分だけポツンということになると、ある日突然「私帰らせてもらいます」ということになる。

小田原　石垣市の町のど真ん中に住んでいるかぎりにおいては、日常的なプライバシーがそれでも確保されているだろうけれど、あなたの所あたりに行くと、正直言って僕でもここでは暮らせないなあ、と思ってしまうものね。

小倉　牧師館で電気消し忘れて、夜中ずっとついている。すると翌日、「昨日、おそかったのですね。電気ついてましたよ」と言われる世界ですから。そこらへんの個人的なプライバシーはない。うまくやっていくために、同化していく部分を自分に課さざるをえない。

小田原　石垣だけにかぎらないわけだけれど、言うところの市民意識がなかなか育たない。私は私、と言っていたら、暮らしが成り立たない。

それと、島というのは、「外に開いている」という部分もあるけれど、やはり「外に開いている」のは元気な男たちにとってで、子ども、老人、女性たちにとって「閉じこめられる閉塞感」の方が大きいのではないですかね。

小倉　閉塞性のアンチとしてその考え方が出来てきたのじゃないか。たとえば、沖縄が東南アジアも含めてハブ空港とかなんとか言っているのは、沖縄の閉塞感のアンチとして出てきたのであって、沖縄の自立という視点からの発想ではないのではないでしょうか。そこまで言わないにしても、願望の表現のような気がします。石垣から見るとそういう感じが強いですね。

216 語ってみよう「今時の天皇制」③ 原田芳子さん（新社会党栃木県本部副委員長）

・「靖国・天皇制問題情報センター通信」255号（1998年10月15日）

今回は、10月4日、栃木県宇都宮市で「新ガイドライン と有事法制」について小生にお座敷をかけていただいて、その集会の実行委員会の実務を担当しておいでになった原田さんに、集会前のお忙しい時間に、短くお話をうかがった。はじめてお目にかかったのだが、新社会党栃木県本部副委員長などという肩書きからは想像もできないお若さで、まず驚かされた。集会後の例によっての交流会には、委員長もお姿をみせてくださって楽しい一杯の席だった。バタバタと忙しくはあるが、こういう出会いがあるので「講演稼業」はやめられない。

小田原　お初にお目にかかります。栃木にお住まいになって3年目ということですが、その前はどちらにお住まいでしたか。

原田　神奈川です。もっとも運動はほとんど東京でしていましたが。

小田原　宇都宮にいらして、栃木の運動に対する最初の印象はいかがでしたでしょう。こちらでは地域に腰を落ちつけた運動をしていらっしゃるようですが。と言いますのは、これは都市周辺で運動に関わっている多くの男が同様なことだと思うのですが、居住地域と自分が関与している運動とは完全に切断されているのです。それこそ言葉通り寝に帰るだけですから。女性で地域性をもった運動をしていらっしゃる方にはあまりお目にかからないものですから、たいへん興味があります。

原田　男ばっかり。女性が皆無というのが第一印象です。これはもうすごいですね。運動に女性の視点がまったくない。

小田原　それはそうでしょうね。でも、それは大都市を除けばどこもそんなものではないでしょうか。今日は日曜日ですが、家族を置いて昼間出るのはなかなか難しいでしょうし、ウィークデイの夜の会議は一層難しいでしょうからね。環境問題、最近の産廃問題や消費者運動などに女性が多くて、常々大切な運動なのにそれにまったく関わらずにいる活動家の男というのは何だろうと考えることがありますが、それはともあれ、3年前にこちらにいらして、即運動を開始されましたか。

原田　当時私は平和市民を応援していましたので、当初はここから東京に通って東京で運動をしていました。それが参院選の時に「平和市民を応援する栃木の会」というのを作ったのが栃木での運動の最初です。そしてその頃に自治体選挙で、宇都宮で「新党護憲リベラル」から立候補しておられる方があって、その方の街頭演説に偶然出くわしたのです。平和市民と新党護憲リベラルとはかなり近い関係でしたから、その方の応援を手伝わせていただくことから、一気に栃木での運動にはまってしまいました。そうなると東京へ行くよりもこちらで、ということになったのです。

小田原　今日の集会の準備に関わっておいでの方々を拝見しますと、新社会党や社民党の方々、その他労組、市民運動と参加者の数はともかくとして、関係者の広がりは大きいのですが、これは、選挙運動を通して作られた関係なのですか。

原田　そうですね。でもまだ3年ですから、関係ができ始めたばかりというところですが。ただ、新党護憲リベラルの方は選挙では敗けてしまったのですが、かなり個性的な方で、当時の自社公民丸ごと与党という体制のせいでもあるのですが、辛辣な労組批判をなさる方で、特に公務員は働いていないとか、だから行革が必要だとかおっしゃるものですから、特に自治労などとは関係が悪くて、逆にそのことを何とかしなければ、と動き回っている間にできた人間関係というのは確かにありますね。

小田原　ところで、反天皇制運動なのですが、率直なところどんな風にご覧になっていますか。

原田　これは反天皇制運動に限ったことではないし、栃木だけがそうというのでもなくて、どこでもそんなようなものでしょうが、平等とか人権とか語りながら、女性の立場から見ますと、実は運動の中に天皇制があると思えて仕方がありません。

小田原　それは具体的にはどんなことを指しておっしゃっているのでしょう。個人の名や差し障りのあるところはおっしゃっていただかなくていいのですが。

原田　そうですねえ、例えば親分のような人がいて、周辺の者はそれに付き従うというほどまではないにしても、少なくともその方への批判はかなりし辛いというような雰囲気を作ってしまっているとか、運動集団のよく言えば結束が固いというのでしょうが、逆に言えば排他的というか、開かれていないという感じを持つことがしばしばあります。どんな運動にしろ仲間を増やさなければならないわけで、その際には色々なタイプの人があるでしょうし、社会の階層でも色々あって当然ですが、かなり批判というより悪口を耳にすることが多いように思うんですよね。そういう体質を克服しない限り、運動が裏返しのエリート集団か閉鎖的な集団になってしまうと思うのですけれどね。

小田原　そうですか。でも、これはあなたもおっしゃるように別段反天皇制運動に限ったことではないでしょうし、もしかすると男が作る運動に限ったことでもないのかもしれません。ただ、運動の現状が主として男に担われているから、男が陥りやすい傾向のように感じられることは事実ですが、この辺りになりますと、社会の諸関係の転換、とりわけ男と女の関係のあり様全体にかかわってくる問題として考えなければならないので、また機会を改めてうかがわせてください。

少し角度を変えまして、あなたが保守的な地盤であるとおっしゃる、この宇都宮で、職場における人間関係やとなり近所の人々との関係はどんなものであるかをお話しいただけませんか。いうところの近代的な市民感覚の中に、血縁共同体、地縁共同体の残滓を我々は多く残していますでしょ。とりわけ保守的な地盤と言われるところではうっとうしいほどそれがあるように思うのです。それを栃木の人間ではなく、また女性である立場から辛辣におっしゃってみていただけませんか。

原田　なかなか言い辛いところもあるのですが、例えば自治労の活動家の中には、結構宇都宮の周辺地域の農家の方がいらっしゃるんですよね。そうしますとね、土地の相続の問題とか、家を守るとか、そういう問題と社会主義の思想というのがまったく矛盾なく同居しているのに驚かされることがありますね。もちろん私のように、家の外ばかりにいて走り回っている女、それが奥さんだったりしたらトンデモハップンでしょうねえ。

小田原　それはまあ、夫婦関係などに典型的にあらわれるでしょうが、他方で、我々都市浮浪民として暮している者と違って、特に農家の場合、家と土地という問題がありますからねえ。

原田　その観念は非常に強いですね。

小田原　そうですねえ。その辺りはわたしなどには何とも言いようがありませんねえ。わたし自身は、一人息子でしたが、家を簡単に捨てましたから。そのことで色々な波紋を広げましたし、迷惑もかけましたからね。周辺の人々に。

原田　でも、そのことが問題だという認識も弱いのではないですか。ほとんど問題になっていない。自分を活動家としてどう作っていくかという時に、問題はすべて自分の外側にあって、主体の側にはまるで何の問題もないかのように考えてしまう傾向、これは誰にでもあることではありますが、土地の私有制を前提なしに肯定してしまうと、そこから先へは状況批判の射程が延びないのではないですかね。

小田原　対他的批判が主である運動と、主体の形成の在り方という点で、運動の中で、女性として男性の活動家に問題を感じられることがありますか。

原田　それはもういつもと言ってもいいほどです。

小田原　そうですか。それはまあ、別に栃木の活動家に限ったことではなくて､私なども同様なのでしょうが。ただ活動家の数が少ないところでは関係が濃密なだけに女性の活動家にとって難しいことが多いですか。

原田 そりゃあ出る釘は打たれますし色々ありますよ。話はちょっと脱線しますが、封建的社会では男の人は家庭の中にあっては完全に奥さんに脱帽していて、すごくカカア天下なんですね。

小田原 そりゃまあそうでしょう。ただね、こういう言い方が適当かどうかわかりませんが、東京で活動していますとね、カタギの稼業の活動家と付き合うことがほとんどないのです。例えば自治労の活動家、その方は県職だったりしてまっとうな稼ぎがあって、ごく普通の日常生活を送っておられるのでしょうが、そういう方が外の運動の場ではいかにも男意識が強くて、その割には恐妻家というのは何となく想像できるのですが、我々の場合、まっとうな稼ぎをしたことがないのですよ。所帯を持っていても。こういう形態ですとね、カカア天下とか恐妻家と言ってみても、そもそも家庭の経済基盤は誰が主として担っているのかという問題に直面して、夫婦間における関係がまるで世間とは違うのですよ。これは問題をいい加減にはぐらかしているのでは決してなく、生活実態がそもそも世間とズレているものですから、男が担う「家」というものなど最初からないのですね。今あなたがおっしゃったことなど他人事でしかないのです。でも、そこがまた問題なのであろうという認識はもちろんあります。

間もなく集会がはじまりますのでそろそろ終わりにしなければならないのですが、最後に、この土地で、と言いますのは、具体的に天皇家が占有しています那須という土地を抱えている栃木で運動をしていらっしゃるということだけでなく、最近、女性週刊誌などで雅子という人の妊娠問題がまたかまびすしくて、考えてみれば余計なお世話ではありますし、人工授精を勧めるなど本当に人権蹂躙もはなはだしいのですが、尤も現行天皇制度で「長男」の「嫁」になった人に、一般的な意味で人権が保証されなければならないのかどうか難しい問題ではありますが、それらの問題もとりあえず置いておいて、とにかく「お世継ぎ」を期待するという名目の下に随分失礼な記事が女性誌に氾濫しています。また、裕仁さんのお連れ合いでいらっしゃる良子さんもいずれにしてもそう長い命ではない。かつて裕仁さんの死の際に、この国ではありえないことと考えられてきた大衆的な反天皇制運動の高揚がありましたが、ああいう運動が簡単に再建できるとも思いませんが、あなたがこの土地にいて、今後反天皇制運動にどういう可能性があるとお考えでしょうか。

原田　私自身が反天皇制運動を積極的に担ったことはありませんので、「天皇制問題を考える栃木県連絡会」というグループの方々と連帯しながら、何ができるか考えたいと思っていますが、ともかく現在のどういう課題の運動に行っても同じ人が担っているという金太郎飴状態を破りたい。反天皇制運動を栃木で高揚させるについて、私が担わなければならない任務があるとすれば、これまでの陣型の外側にいる人々の中に入って、井戸端会議の中ででも天皇制問題を語り合う雰囲気を作り出し、その中から一人でも活動家を生み出して行くということでしょうか。そう簡単にできるとも考えてはいませんが。

また、私は政党の人間ですから、やはり選挙の際に天皇制を持ち出せるような政党にしたいとも願っています。社会主義者として精々頑張ります。

小田原　集会前のお忙しい時間にどうも有難うございました。

217　98年秋、茫々たる雑感

秋らしい晴天をいったい何日経験しただろうか。秋の実感を味わう前に、急に朝夕涼しくなって、そう言えばもう秋なのだと、面白くもない季節の変化である。

秋来ぬと目にはさやかに見えねども
　　吹き来る風におどろかされぬる

という具合にやってきてこそ秋ではないか。雨ばかり降って、傘をさす濡れた手の冷たさで秋を思うなど、つまらないこと甚だしい。

秋がしみじみと寂しいという感情など、注入されたイデオロギーに過ぎないのだが、それにしても今秋最もしみじみとしているのは、自民党の政治家どもだろう。どうも11月臨時国会も開催できず、周辺事態法も来年の通常国会までお預けの気配が濃厚になってきた。アメリカに対するメンツ丸潰れでさぞかし首筋の涼しい思いをしているに違いない。

ただこれで周辺事態法が廃案になるのであれば喜びもひとしおなのであるが、もちろんそうは楽にしてくれない。かつて自社公民体制を称して翼賛国会だなどと揶揄したものだが、何、健全野党などというものは、即ち与党と似た者同士の謂であって、民主党の最近の権力亡者ぶりはすさまじく、「連合」という翼賛労働運動団体と手を携えて、権力奪取まっしぐらの様である。この政党は原則として周辺事態法には賛成である。自由党はもちろん、公明党だってそうである。来年もまた休みもなく走り回らねばならないのか、と今からため息が出る。

　ついでに民主党の悪口をもうひとつ書いて置く。入管体制に関する民主党の提言を入手したが、マネーロンダリング規制を強化せよ、と主張し、滞日アジア人労働者が命懸けで稼ぎ出したお金を地下ルートで本国に送金するのを断てとほざいている。オイオイ、「唐ゆきさん」を忘れたか。窮乏化した人民に国境など関係あるか。なんだかこっちまで秋が寂しくなってきたではないか。

・「靖国・天皇制問題情報センター通信」256号
（1998年10月31日）

語ってみよう「今時の天皇制」④
鈴木卓さん（全国専門新聞労働者組合協議会特別幹事）

小田原　会議の後のお疲れのところを恐れ入ります。定年におなりになったので、現在は専門紙労協特別幹事ということですが、地域共闘としてはどこに属しておいでですか。

鈴木　会社が千代田区にありましたから、中部地区労働者交流会です。

小田原　専門紙労協の活動家でいらしたのですが、どういう専門紙を出しておいででしたか。

鈴木　化学経済研究所という社団法人で化学の雑誌などを出していました。

小田原　いつ頃から専門紙の世界に入ってこられましたか。

鈴木　1964年頃です。大学に8年いて、60年安保をやって、その後ちょっといくつかの会社を出入りして、それからずっと専門紙です。定年まで31年間。

小田原　日本共産党に入党されたのはいつ頃でしょう。

鈴木　六全協の年、55年の六全協の直前です。スターリンが死んだ年です。高校時代はわだつみ会の運動などに参加していて、法政大学に入って学生運動を始めました。

小田原　ところで、わたしは60年代の学生運動しか知らないのですが、50年代半ばの学生運動、日本共産党の圧倒的な影響下にあった学生運動の中で天皇制が課題になることはあったのですか。

鈴木　天皇制問題を討議したりすることはほとんどなかったですね。

小田原　そうですか。まあ徳田球一が亡くなったあとの日本共産党は、党自身が天皇制に触れなくなりましたからね。ただ、50年代の学生はまだ相当貧しかったでしょ。徳球の反天皇制論というのは、独特の大衆感覚で、アイツラはたらふく喰っているがコチラはメシも十分には喰えないぞという煽り方をしていたではないですか。そういうものに共感するところはなかったですか。

鈴木　うーん、共感することがなかったということはないけれど、僕らが入ったのは当時の所感派といわれる時代で、共産党は今もそうですが、幅広イズム開花の時で、学生は勉強しなければならないとか言われて、政治闘争などに全力を傾けるということはなかったのですね。そうこうしているうちに六全協で、国際派・反戦学生同盟のメンバーが復党してきて、一気に党内闘争が始まります。それまでに国際派は敵のスパイであるなどと言われていたものですから、そう信じていたのですが、集中的な討論をしているうちにどうも党中央が言っていることは違うんではないかということになってきて、今の言葉で言えば現場を大切にというか、社会的諸問題を学生運動の課題にしなければならないという方向が出てきたのです。その頃ちょうど勤評闘争、砂川闘争があって、それに関わる過程で党中央との分岐がはっきりしてきて、中央の方針では闘えないという立場が鮮明になってきました。砂川闘争が大きかったなあ。この闘争の過程で共産党の全学連批判も噴出して、有名な全学連大会に向けた全国グループ会議を党本部でやって、ここで党中央の罷免決議などを出して、本部の中で内ゲバをやるというような事態にまでなったのです。これが58年です。それで全学連のメンバーが一斉に除名されるということになって、それからブントや革共同への結集へ、となるのです。

小田原　鈴木さんはブントですか。

鈴木　ブントは革共同のメンバーも含めて除名された全学連メンバーはほぼ全員が入ったんです。そういう状態が半年ばかり続いて、その後革共同の全国委員会と関西派と太田派に三分解やブント内の路線分岐となります。それから僕の党派選択もありましたが、正確にいつ抜けたかははっきりしないのですが、63年には確実に党派を抜けました。

小田原　その後はずっと無党派で過ごされたのですか。

鈴木　ええそうです。でも各党派の機関誌を読んだり、大きな集会にはちょっと顔を出すというか、まあ見に行ったりするという時期がしばらくありました。そうこうしているうちに60年代後半の大学闘争、反戦闘争の高揚です。こうなるとやはり元々その気になった者ですし、大きい闘争に出掛けてみると、そこにはかつての友人たちが色々いるわけですからねえ。

小田原　それでやけぼっくいに火がついたということになりましたか。

鈴木　そうです。ところで専門紙労協というのは安保闘争のさなか60年に結成されて、最初は新聞労連の中に事務所があって、当時のメンバーは日共系とその他の真面目に闘う人々というのかな、そういう組織でした。ところが、68年の10月20日の大会で、今も運動の現場にいるヨーさんが専門紙労協の議長になって、翌日の10月21日に高田馬場でパクられたんですよ。本当に1日議長ですよね。その時点で日共の影響の組合が徐々に専門紙労協から抜けて行きました。しかし、多くの組合が専門紙労協に残り、自分も専門紙に本気で取り組まなければと思うようになったし、その後専門紙労協でも光文社闘争の影響などを受けて72年から教育新聞で争議が始まって、その支援協の専任になり、当時争団連の結成もあって争議支援を中心に戦線復帰です。また、専門紙労協は、自分たちがどんな小さな組織であっても、決して政治課題を手放さないという方針をもっていて、三里塚、狭山、天皇制は大会の10本位のスローガンの中でも独自にこの3本は一貫して掲げてやってきたんですよ。そういう点では、天皇制をどんな内容であろうと、痩せても枯れても掲げ続けてきた単産としては、稀有な存在ではないでしょうか。それと、ついでみたいですが、専門紙労協は、70年代以降一度も争議が途切れることがなかったというのも誇っていいと思っています。

小田原　そうですか。大衆運動の課題としてはなかなか難しい天皇制を闘いの課題として掲げ続けてこられたとは驚きです。

鈴木　その後地域共闘ができて、争団連と地域共闘と専門紙労協とで一日共闘で政治課題に取り組んできました。この形でのいちばん最初は天皇制関係では全斗煥来日反対闘争をやって、その後天皇の皇室外交で外国へ出掛ける際の反対闘争やヒロヒトの死に伴う「大喪の礼」、「大嘗祭」などの集会・デモなどに取り組んできました。

小田原　その辺りからわたしなどとは運動的な接点ができてきたのですね。ところで話は変りますが、鈴木さんはご出身はどちらですか。

鈴木　僕は横浜です。

小田原　学生時代もご自宅ですか。

鈴木　いえ、その頃は親は転勤で富山にいました。

小田原　とすると、かつてよく言った家族帝国主義と申しますか、親との間であれこれございましたか。

鈴木　それはありませんでした。言ってみればリベラルな家族でしたから。それと、わたし個人といいますか、母もそうだったように思いますが、天皇に対する憎しみが幼い頃からありました。と言いますのは、僕の母の妹が三木清の二度目の連れあいだったという関係があって、獄死した三木への思いと天皇への憎悪とがからまっているんですね。僕が国民学校5年の時に三木が獄中で虐殺され、それがこども心に天皇に殺されたという印象を強く残しているんです。

小田原　話を戻しまして、専門紙労協では反天皇制を掲げてこられたということですが、戦後労働運動の中で、政治課題を取り上げることさえ困難なのに、まして天皇制などほとんどの労働者にとって自らの課題になるどころか、意識もしていないというのが現状ですね。

鈴木　そうですね。

小田原　にもかかわらず専門紙労協では反天皇制を掲げ続けてこられたのですが、それはどういう視点からでしょうか。

鈴木　経済闘争すら十分にやり切れないのが実態ですからね。ただ、反天皇制運動を直接に労働者に提示するということではなくても、支配者階級の「戦争のできる国づくり」へのさまざまな攻撃の中で、天皇制の全面化による排外主義的国民統合は激しさを増しています。皇室外交、日の丸・君が代徹底化、「従軍慰安婦」問題、戦後責任の居直り、「自由主義史観」など煽動が続いています。また、アジアの労働者との連帯、あるいは在日・滞日外国人労働者との連帯行動の中で、我々日本人の中にある差別・排外主義の本質を考えるとか、そういう風に作られてしまった日本人労働者として、これら日本人の「国民統合」の軸として天皇制の切り口を提示するというようなことは、もちろん十分ではないにしてもこれまでにもやってきたし、今後の課題でもあると考えます。と同時に労働者にとっては、天皇警備による戒厳体制、治安弾圧の問題を労働者に提起してゆくことも大切だと考えています。

小田原　労働運動全体の右傾化というかほとんど体制翼賛運動化の中で、地道に労働者らしい闘いを貫徹しておられることを知りちょっと安心しました。どうもありがとうございました。

219

・「靖国・天皇制問題情報センター通信」257号

語ってみよう「今時の天皇制」⑤ 岡山宗宏さん

（1998年11月15日）

今回相手をしてくださったのは、岡山宗宏さん。何回か一緒に旅をしたことのある若い人で、さる都内の大学の大学祭で、二人とも結構いい調子で飲んだあと、騒がしい中庭に座ってお話をうかがいました。途中でまた強い酒を差し入れてくださった方もあり、まあ呑気な楽しい会話でした。

小田原　宗さあ、いくつになったのよ。

岡山　19。

小田原　なんだ、まだ一浪の年じゃないのよ。親さえ騙せればまだまだゆっくりやってもいい年だよね。それで今日はね、あなたが天皇制についてどんな風に考えているか話してもらいたいのですよ。ただあなたは僕が天皇制に関してどういう立場をとっているのかをよくよく知っているわけだけれど、それに遠慮したりしないで、できるだけ自由に話してね。まず最初に、天皇夫婦の名前を知っていますか。

岡山　え～と、アキヒトとミチコ。

小田原　アキヒトの親父の名前が言えますか。

岡山　ヒロヒト。

小田原　じゃあ、ヒロヒトの親父の名前が言えますか。

岡山　そりゃあ、わからないよ。

小田原　アキヒトの二人の息子と一人の娘の名前は言えますか。

岡山　え～と、え～と、皇太子とチョビ髭の息子と女の人がいるのは知っているけど、名前まではね。

小田原　アキヒトのおふくろの名前知ってる？

岡山　知るわけないよ。

小田原　なんでこんなどうでもいいことを聞いているのかというと、あなたにとって天皇、あるいは天皇一家というのは、なんだろうかね。それを少し話してくれませんか。

岡山　まず、なんにも興味ないよね。関係ないもんな。日々何をしているかも知らないし。「公務」なんていって政治家や官僚が決めたことをなんだかんだやっているんだろうけれど、その中身はねえ。

小田原　国事行為というヤツね。

岡山　うん。阪神大震災の現場なんかに行って視察したり、励ましたりしていることなのかなあ。あと、法律が制定されるとそれを公布するとかいうのも仕事だったかなあ。

小田原　公布するって、アキヒトがテレビに出演して国民に新しい法律の説明したり、どこかえマイクでしゃべって歩いているのかね。

岡山　アハハ。しゃべって歩いたりはしていないよ。見たことないものね、そんなとこ。

小田原　天皇の仕事っていうけど、阪神大震災の現場なんか行って、ヤツが「ガンバッテクダサイ」と言うと、日本人ってのは急に頑張れるのかね。

岡山　そんなことはないと思うけど、テレビなんか見てると、お年寄りなどは「励まされました」なんて言ってるから、そういうこともあるのかなあ、と思うよね。ボクら関係ないと思うけどね。

小田原　そうか～。あなたには興味ないか～。だけどさ、来年あなたは、まあこのまま行ったんじゃあ受験に失敗するよね。それで泣いているとするじゃない。それで、宗を励ましに天皇夫婦がやってくるとは思わないけれど、まあやってきて励ましてくれたとしたら、どうだろう。

岡山 う〜ん。そんなことはないから、どうなるかわからないけど、でもまあ、そういうことがあったとして、ブラウン管の向こうからタレントがボクのためにやってきてくれて、スゲエ〜ッという感じかな。励みになるというより、非日常というか、オーッという感じだろうね。

小田原 そりゃあそうだろうね。それで、あなたの言う年寄りも同じ感覚なのかなあ。

岡山 結構そうじゃないのかなあ。ボクらの日常とは次元の違う人がやってくるっていうのは、誰でもちょっとウキウキするもんだよね。

小田原 だけどさ、次元が違うっていえば、たとえばさ、SPEEDの若い女の子が宗のところにやってくるというのも次元が違うっていえば違うじゃない。それとはまた違うのかね。年寄りみんながそうじゃあないだろうけれど、まあテレビのヤツラが好きそうな年寄りの人々の反応はちょっと置いておいて、宗自身がさ、SPEEDの4人の女の子がやってきて、宗の腕をとってさ、「お兄さん受験ガンバッテください」と言うのと、アキヒト夫婦がやってきて「シッカリヤルヨウニ」と言うのと、どっちが励まされる？

岡山 どっちも励まされないよ。SPEEDだと「何言ってんだよ〜コイツラ」と思うだろうし、天皇だったら「ハア〜ッ」て感じだろうからね。

小田原 SPEEDは冗談として、小渕っていう首相が宗に「岡山君、日本の将来は君の双肩にかかっている。しっかりやってくれたまえ」と言うのと、アキヒトとでは威厳が違うかなあ。

岡山 どうだろうなあ。ただ、小渕総理とアキヒトとでは威厳が違うかなあ。

小田原 そうかあ。どこに威厳の違いがあるんだろうね？

岡山 マスコミの影響が大きいとは思うんだけれど、小渕と違って天皇や皇室に対してはバッシングがあまりないじゃない？　小渕という人はなんとなくボクらと地続きの人だよね。天皇はそこんとこがちょっと違うのかなあ。

小田原 なるほどね。だけど、どうして天皇はバッシングを受けないんだろう。確かに小渕なんか、ただの竹下の小僧じゃないかみたいな言われ方しているものね。でも、アキヒトにもバッシングしようと思えばいくらでも弱点はあるよ。だけど誰もそれをしないし、それどころか、アキヒトにはあなたの言うようなある種の威厳を感じているようだよね、世間の人は。でも、現在の憲法下では、直接に小渕を選択したか否かはともかくとして、間接民主主義で選んだ最高の権力だよ、小渕は。

岡山　う～ん。でも威厳というのは感覚の部分が大きくて、権力者に威厳を感じるかというとそうでもないからね。それと、天皇の威厳というのは、なんだか人間じゃあないみたいな存在の感じに対してそれを感じるのかなあ。喋っている言葉に生身の人間を全然感じないもの、アキヒトには。

小田原　それは、本当にアキヒトの言葉は自分の言葉ではないからじゃあないの？　親しくお付き合いをさせていただく関係にないから、アキヒトさんにどれほどの人間味があるのか知らないけれど、少なくとも表現されている限りでのアキヒトに関しては、コイツただのロボットじゃあないかという風には感じないわけ？

岡山　理屈で言えばそうですよ。マスコミを通じて知る天皇の言葉とか表情なんか、まるっきり生きていない感じしかしないじゃない。そうか、天皇の威厳というのは、生きていない者が持つ感じから受けるものかもしれない。

小田原　宗さあ、面白いところを突いているようにも思うけれど、反面すごくヤバイなとは思わない？　だって、あの人は普通の人間じゃあなくて、特別な存在なんだ、だから、そんじょそこらのヤツラの存在感が当たり前の人間の存在感なら、そういうものとは遠く離れて、存在感が希薄なほど威厳を持ってしまうんだと考える人も出てくるように思うんだけれど。遠い存在といえばクリントンだって遠いけれど、クリントンを特別な存在だとは日本人はもちろんアメリカ人だって思っていないよ。（オーッ、アリガトアリガト。宗、一杯やりながら続けてよ。）

岡山　うーん。そこらはよくわかんないよ。小田原さん、あるいはボクの親の世代が天皇に対してどういう感じを持っているのか本当のところはわからないけど、ボクらにとってまるっきり影が薄いんですよ、天皇というのは。天皇一家の中でなんとなく近い感じがするのは、あのヒゲのナマズ男くらいかなあ。なんとなく賢くはないよなあ、ボクらとチョボチョボかな、という感じでね。だから威厳という言葉を使ったのがよくないのかもしれない。遠い存在とか、特別な存在とかいうより、影が薄い、関心の外だと言ったほうがよかったのかもしれない。でも、ちょっと違うかなあ。

小田原　そのちょっと違うというところを知りたいよなあ。

岡山　例えば、雅子とか紀子とかいう人に対して、性的な関心を抱くことないわけですよ。写真なんかの露出度の違いかなあ、と思ってみたりもするけれど、そんなことでもないような気もするんですよ。想像力をかきたてられないんですよ。どうしてそうかという理由は色々あって、猥雑心の対象となる情報なんかまるでないし、泣いたり笑ったりしているんだとも思えないもの。一言で言えば面白くもなんともないんですよね。あの人たち。なんなのかなあ。

小田原　難しいねえ。どうも有難う。

220

・「靖国・天皇制問題情報センター通信」258号（1998年11月30日）

語ってみよう「今時の天皇制」⑥

後藤美月さん（仮名）

今回ご登場願ったのは、後藤美月さん。この欄には原則として本名で登場していただこうと考えていますが、本人は今年のセンターテストに出願していて、当然「情報センター通信」は公安警察が読んでいるのですから、そこまではしないだろうとは思うものの、こちらとしては責任のとりようがありませんので、今回は仮名でご登場いただきました。

小田原　教室以外でこうしてお目にかかるのは初めてですが、あなたは名古屋のひとですか。

後藤　いいえ、岐阜です。岐阜も美濃太田からまたちょっと奥まったところです。

小田原　そんなところからここへは通えないでしょうから、ひとりでアパートですか。

後藤　大学院生の姉と一緒です。

小田原　ご両親のお仕事は何でしょう。

後藤　ふたりとも教師です。父が中学、母が小学校です。わたしは小学校の折には母に、中学では父に担任されました。地獄ですよ～これって。

小田原　そりゃそうだろうな。ご愁傷さまとしか言い様がないね。ところで、天皇制ですが、あなたが天皇制というふうに意識することはなかったろうけれど、天皇なんてなんか自分たちとは違う人がいるんだな、というようなことを最初に感じたのはいつ頃でしょう。

後藤　わたしは「昭和」時代に小学校に入ったんですけど、入学早々の「天皇誕生日」だったかなあ、両親が仕事をもっているので保育所に通っていたんですが、保育所で「天皇誕生日」というのを意識したことはなかったんですよね。もっとも幼かったからだけかな。とにかく小学校に入って、4月29日の前日の「お帰りの会」の時、先生が「明日は日本で一番偉い人の誕生日ですから、学校はお休みです」と言って、何のことかはよく理解できなかったけれど、とにかくお休みは嬉しいなっ、みたいなもんですよね。ところが、夕食の時に、父はまだ帰宅していなかったように思うんですけど、母と祖母(父の母)とわたしで食事をしていて、母に「明日は日本で一番偉い人の誕生日だから学校が休みなんだってね」みたいなことを言ったんです。そしたら、母がすごくギョッとしたような顔をして、大急ぎで話題をそらせようとするんですよ。こども心に、まずいことを言っちゃったんかなあ、とすごく具合の悪い思いをしたのが、天皇との最初の出会いだったんでしょうかねえ。

小田原　ふ～ん。お母さんは何にギョッとされたんでしょうねえ。それまで家で天皇のことなど話されたことがかりにあったとしても、あなたが小学1年生では、理解もできなかったでしょうしね。わたしには、その場にお婆さんがいらしたことが大きいように感じられるね。お婆さんが天皇・天皇制にどういう立場をとっておられたにしても、まだまだ天皇についてあれこれ発言するのは控える雰囲気というのがこの社会にはありますからねえ。

後藤　それははっきりしています。わたしがその時にそう理解したということではなく、もう少し大きくなってからのことですが、わたしの祖父は戦死しましたが、祖母にとっては、先生が「侵略戦争の先兵としての犬死に」とよく言われますが、そんなふうにはとても考えられなかったと思いますよ。

小田原　わたしもそれほど単純に言っているとは思っていませんが。

後藤　それはわかります。先生がおっしゃっている「犬死に」というのが、ただの悪口ではなくて、結局のところ日本国家にも見捨てられて、使い捨てられただけということで「犬死に」とおっしゃっていることは。祖母はあまり戦後の生活の苦しかったことなど話しませんでしたが、父とその弟の二人を育てるのにいろんなことがあったでしょうから。辛い時にどんなことを考えて耐えたのかなあと、この頃になって時々思うことがあります。

小田原　ちょっと突然ですが、あなたのお父さんおいくつ。

後藤　58歳です。

小田原　へーっ。じゃあ、あなたはお父さんの40歳頃のこどもなんだ。

後藤　上に姉が二人いて、下の姉とわたしの間が5歳離れているんです。でもどうしてですか。

小田原　いや、目の前のあなたはわたしのこどもより若いのに、あなたのお父さんは戦前の生まれというのにアレッと思ったんですよ。わたしが今53歳で1945年生まれで、所謂父親が戦死した最後の年のこどもなんですよ。中学3年生の時だったかな、ともだちの何人かが、靖国神社にお参りに行くというのが、すごく羨ましかったのを思い出しました。あれは日本遺族会の企画だったのかな。あなたのお父さんも靖国神社に貸切の専用列車で行かれたのかもしれませんね。ごめんなさい。お婆さんのお話にもどってください。

後藤　もう別に祖母のことで話すことはないんです。ただ、わたしではなくて上の姉が大学生になって、戦後補償の問題だかなんだかで、父と言い争いをしたことがあって、正確な記憶ではないんですが、父が自分は遺族年金で進学できたとかなんとか言っていたのを記憶しています。わたしが中学生の頃のことだからはっきりしたことではないんですけど。それからは、姉もあまり家に帰ってこなくなったし、わたしも天皇に関することはあまり口にしない方がいい家なんだなっと思ったから、家族で話題にすることはそれ以後なかったんじゃあないかなあ。

小田原　なるほど。それであなたの天皇との初めての出会いの際のお母さんの態度がちょっと理解できました。

後藤　そうなんです。わたしも大人になってから、そうだったんだ、お母さんとしては姑さんの前で自分の意見を言うなんてできなかったんだ、とある時パッとわかったんです。でも、じゃあ、お母さんはわたしや姉たちとだけの時に自分の考えを言ったことがあるかというと、それもないですけどね。黙って黙って耐えているうちに、自分も祖母や父に馴染んじゃったのかもね。

小田原　それは何とも、家みたいなものをハナから捨ててしまったわたしなんかには論評の資格もないかもしれないな。

後藤　そうですか。どうしてですか。

小田原　いや〜、正面からそう問い詰められると何と言っていいのか、言葉に詰まるなあ。

後藤　逃げてる。先生たちに多いですよね。言いたい放題言って、観念の解放なくして自由なんかあるか、とかなんとか、そのクセ生徒でその気になったりする人、時々いるじゃないですか。そうすると、ボクらヤクザもんだからなあ、って若い者を煙に巻く人。

小田原　ちょっと待てよ。今日はわたしがあなたにインタビューしているんだから、あなたの方から突っ込むなよ。話題をかえます。わたしは「古文」という人間が基本的に生きていくということにとってほとんど無意味なことを「授業」としてやっていて、あなたはそれに出席しているのですが、「古文」ってどんなふうに感じていますか。というのは、名取弘文という割合い有名で、だけど初心を曲げることなくどんどん発信をしている小学校の先生が、ある所に、「高校生に万葉集を教えるな」と書いていたのね。実は万葉集はともかくとして、わたしは「古文」そのものを教えることの意味というのが本当のところよくわからないのよ。

後藤　よくおっしゃってるじゃあないですか、「女性差別文学にして、人民をなめきった反革命文学古典文学」って。

小田原　そんなこと言ってみても生徒にとっては何の意味もないことはわかっているんでけれどねえ。オッサンのグチとして聞いていただくしかありませんね。その辺りは。

後藤　わたしはいわゆる理系ですから、センターテストだけ古文が必要で、それ以後うまく行けば死ぬまで古文など読まずにすむ人生だろうと思うんですが、それにしては先生の授業結構真面目に出席してるでしょ。

小田原　有り難いことです。

後藤　自分でも学校で教えられた古文なんかよりずっと楽しいということもあるけど、授業で学んでいることがあるとすれば、何かなあ、そりゃあ受験技術というのが一番なのはもちろんだけど、あのオッサン何をムキになって「許せんなあ、コイツラ」とか文章の内容に怒りながらしゃべっているんだろう、アレは何だろう、というのが大きいかもしれない。『源氏物語』を罵倒しながら授業する人なんかいないよ。世間に。普通じゃあないですよ。

小田原　どうもサービスまでしていただいて有難う。若いおひとに縋って老いの道をまっとうさせていただきます。

221
ホルマリン漬け男の居直り妄言

・「靖国・天皇制問題情報センター通信」262号（1999年1月31日）

例の「詔勅」を「人間宣言」などと、内容とは無関係に、天皇制の存続を企図して名付けたマスコミを含めた権力中枢の無責任な歴史感覚と「悪意」が、戦後の日本人に幻惑をもたらしたのであり、戦後巡幸等生き残りを賭けた一切の行為が、この、制度が作った妖怪にとっては「熟慮の上、苦難に堪え日本再建に尽す決意」の表現だったのである。

明治天皇が「天皇は記紀に書かれている神勅を履行しなければならないから退位できない」と言い、それに自分も同意しているので「祖先から受け継いだ此の国を子孫に伝える」ために退位しないと決意した、などという思い上りを、「後世の価値観からだけで批判するのではなく」と説教してくださるご仁もおいでであるが、歴史批判の一般として首肯できるにしても、こと昭和天皇制の歴史批判としてはいかがなものか。何分にもこの「天皇見解」は1968年のものなのであって、この時点で昭和天皇はもちろん生きていたし、同じ歴史をくぐった者も多数であった。「歴史」として距離を置くには余りに生々し過ぎる。しかしそれにしても、戦後23年を経て、この制度が作った妖怪は、23年間も自らを顧みることなく「神勅天皇観」だか「神権主義的な責任感覚」だか知らないが、「下々」には形容する言葉さえ見つからないほどの感覚で生きてきたことは驚嘆する。「神観念のホルマリン漬け」である。

しかし、研究者にとっての価値はともかく、こんな誰しもが予想できた内容の見解を、一面に掲載する新聞社の意図については、しっかり考えておかねばなるまい。

222
事務局から

・「靖国・天皇制問題情報センター通信」266号（1999年3月31日）

「日の丸・君が代」を「国旗・国歌」として法制化するという、長い間の念願ではあったろうが、なんとも火事場泥棒のような政府の仕掛けに、全国で反撃の闘いが盛り上がろうとしている。

しばらく大きな課題のなかった反天皇制運動も活気づいてくる気配を見せている。嬉しいことですよね。野中官房長官に感謝しなければなるまい。

しかし、一人の校長を教育委員会を通して締め上げて殺しておいて、それをチャンスに攻勢をかけるなど、いかにも政治らしいといえばそれまでであるが、スキになれないやり口である。

腹が立つので、我が情報センターとしても反撃戦線の一翼を担う決意をしている。

どのような運動を作り、どう闘うかはこれから多くのみなさんと相談しなければならないが、地道且つ広範な運動スタイルをとりつつ、アンマリ人民ヲナメクサルト火傷スルということをしっかり教えて差し上げられるような運動でもありたい。

近く考えをまとめて声をかけさせていただくので、その際にはお力をお借りしたい。

先週は仕事で能登半島の付根の所に出掛け、富山湾を眺めつつ、3月23日から24日にかけての異常事態を思った。周辺事態法を制定するために世論を誘導しようとして、軍事を弄ぶ権力というのも頽廃極まりないが、権力などいつもこの程度のものである。それはそれとして腹立たしい限りだが、何より許せないのは、今度もまたマスコミの権力情報にジャーナリズムらしい批判的視点を放棄したベタベタ報道である。素人だってちょっと考えれば色々なウソがたくさんあったはずである。その①24日の午前1時頃、自衛隊に出動を発令したというが、なに、はじめから自衛隊のヘリコプターも艦艇もオッカケッコに参加していたではないか。その②朝鮮民主主義人民共和国に件の船が帰着したことを確認したと発表したとしたら、出て来た時もレーダーで確認していたはずではないか。その③、面倒だからヤメにする。何から何まで仕組まれていたに違いない。「謀略論好き」のどこやらのひとたちが、今度こそ、国会情勢を有利に展開するためにＣＩＡと自衛隊情報機関が仕組んだ謀略である、と言わないかと待っていたが言わなかった。しかしまあ、日本の大マスコミもナメラレタモノヨノー。

223

周辺事態法と組織的犯罪法を巡る国会情勢——あるいは権力への意志を剥出にした「宗教政党」のあやうさについて

・「靖国・天皇制問題情報センター通信」268号（1999年4月30日）

日米安保条約新ガイドラインに基づく周辺事態法が衆議院の特別委員会を4月26日に、本会議を同27日に通過し、28日に参議院本会議で趣旨説明が行われた。すべては29日の小渕首相の訪米スケジュールにあわせたものであった。

相当以前から予想されたことではあったが、こういうサーカスのようなスケジュールが可能になったのは、ひとえに自民党と自由党の間の連立政権に公明党がすりよった結果である。

しかしそれにしても、25日の統一地方選挙の後半戦では、選挙への影響が心配されるので、半公然と語られはしても、まだ含みを残しているかのように振る舞い、選挙が終わった翌日には「戦争法」の制定に加担するなどという、選挙民を愚弄するようなことがよくもよくも出来るものである。この政党が創価学会という宗教団体に基盤を持ち、「福祉と平和」を標榜してきたことは今更言うまでもない衆知の事実である。そもそも宗教と福祉、宗教と平和など本来如何なる関係もないのだが、あたかもその結び付きに必然性があるかのように宗教側の当事者も誤解し、宗教の外側の人間も騙されてきた歴史をそろそろ総括したほうがよい。近代以降宗教が国家権力に完全に屈服して以来、宗教は生き延びる手段としてひたすら体制化し、福祉だの平和だの口当たりのよいことだけを言って口を拭ってきたのだが、一皮むけば「戦争法」制定に加担するなどなんのやましさも感じることなくやってみせるのである。

オウム真理教がにぎにぎしく登場した際に、愚劣きわまりないマスコミは、「これが宗教か」と慨嘆してみせたが、宗教の側からもそれに呼応してオウム真理教を宗教として徹底的に批判するのではなく、保身のためなのかどうか知らないが、これを宗教の埒外に追い出すことに手を貸してしまう者たちが輩出した。その結果、村山富市とかいう希代の間抜けな総理大臣が、破壊活動防止法の団体解散規定を適用しようなどと、リストラ寸前であった公安調査庁を活気づけることを画策するような事態を招いたのである。というより、マスコミと一部の宗教者の応援を得て公安調査庁のリストラかわしの大一番に村山が乗せられたのに違いない。すんでのところで破防法の適用は阻止できたが、今度は組織的犯罪対策法なる強力な治安法の制定策動が開始された。

権力亡者となり果てた公明党は、行き掛けの駄賃のつもりか、周辺事態法と同様に自自連立政権に、この組織的犯罪対策法でも全面協力の愚を犯そうとしている。ヤメ検神崎に率いられた、というより創価学会の意向なのだろうが、当初組対法三法案の内の「盗聴法」だけは絶対反対と、副代表にして弁護士である看板浜四津は言っていたのに、「オマエのところの大将の盗聴は勘弁してやる」とでも言われたのか、あれよあれよのコロビである。毒食らわば皿まで、ほどの覚悟があるでなし、既にマスコミにもバラされているが、解散・総選挙をチラつかされてブサイクにも権力に擦り寄った。定見のないこと甚だしい。

腹立ち紛れにただ公明党の悪口を言ってばかりでも仕方がない。自自公という枠組みができてしまった国会の現状では、とにかく無敵の武器を権力に与えてしまったこと、今国会で何が起きても不思議ではない状況に至ったことを我々は覚悟せねばならない。住民基本台帳法の改悪＝国民総背番号制、入管法の改悪、自衛隊法改悪等々、細部にわたる評価はともかくとして「戦後憲法秩序」は鼻先で笑われる事態に直面することとなった。ことここに至って、さて我々はどうするか。

結局のところ原則に立ち戻るほかはない。ケチな「宗教政党」などに「一寸の義」を期待して国会情勢の分析などするから、「不義」の前にうろたえるような無様をさらすことになったのである。周辺事態法も組織的犯罪対策法もまだ参議院があるのであるから、可能な限りの闘いを挑もう。万が一敗北することがあったとしても、たかだか法律を作られた程度の話である。それはそれで苦しくはあっても、何、「法」など蹴散らして生きて、闘ってきたではないか。民衆のシブトサを敵に思い知らせてやらねばならない。

・「靖国・天皇制問題情報センター通信」２７２号（１９９９年６月30日）

２２４

１９９９年６月23日沖縄

今年初めて沖縄へ行った。５月15日にも行きたかったのだが、組織的犯罪対策法の衆議院での攻防の真っ最中であったので、どうにもこうにも身動きがつかなかった。一部のひとたちのように、一年に何回か沖縄に行かなければからだの具合が悪くなるということではないし、夏の沖縄に行ったからとて一部のひとたちのように緑の海で泳がねば気分の納まりがつかないというのでもなく、最初はもちろん「沖縄闘争」がらみで行き始めたのだけれど、その内に、どうも「沖縄闘争」だけを媒介として沖縄の人々と接していたのでは、肝心なところですれ違ってしまうのではないか、と思うようになって、できれば運動や会議やのあれこれなしの時に、ゆっくり沖縄の人々と語り合いたいと願っているのだが、どっこいなかなかそうも行かなくて、それでも沖縄の人々の思いの一端のそのまた一部にでも触れられるだろうかと、可能な限り６・23には、訪ねるようにしてきた。

そうして今年も６月22日に、梅雨のあけた真夏の日差しの沖縄に行った。空港からまっすぐ「一部のひと」の代表選手であり、とうとう沖縄に職場を移してしまった後藤聡先生が園長をお務めの愛隣園を表敬訪問。こんな風に言うと一部のキリスト教のひとのようになってしまうので、自分の気持ちの通りに表現すると、沖縄では車がなければ身動きがとれないので、６月22日の南部戦跡、平和の礎へ行きたくて、後藤さんの所に車を借りに寄った。そうすれば、当然運転手はわたしがやりますと、「手下」の後藤は言うに決まっている、とあらかじめ予定に入れて寄ったのである。

冗談はともかく、平和の礎の前に日傘をさしてじっと座っておられる方々を遠くから拝見させていただいた。もちろん言葉などかけようもない。こういう感情は、広島でも長崎でもその他日本各地での戦争にまつわる場所に行けば、どこででも体験できるのだが、沖縄ではどこかちょっと違った気分になる。わたし自身は、広島県の呉に生まれ育ち、我が家の隣は大きな海軍墓地で、こどもの頃の遊び場だったのだが、この海軍墓地でもしばしば「戦艦〇〇の碑」とかいう石碑の前で、花を手向け、手をあわせている方の姿を目にして来たのだが、こどもの頃はともかくとして、大人になってたまに帰郷した際に、そういう姿に接した時、どれほど哀切な思いでおられるであろうか、と思うことはあるが、沖縄でのそれはそういうのとは少し違う。どう違うのか、今言葉にするのは難しい。もう20年以上も前だろうか、シンガポールで「からゆきさん」のお墓を拝見した時に近い気分、あるいは同じ「からゆきさん」が出て行った海岸で、一晩浜辺でボーッとしていた時の気分に近そうだ、とは思うもののまだ整理がつかない。この整理がつかない間は、沖縄を訪ね続け、沖縄に関わる種々の本を読み続けるほかあるまい、と今のところ考えている。

6月23日は、南部で恒例の集まりがあって、静かなデモをしてそれに参加。親しくしていただいている方々にお目にかかって嬉しい。毎年この時にいらしている小柳伸顕ご夫妻にも、ヤマトではまるで会わないのに、沖縄でご挨拶する。この場で、知花盛康さんがいつにもなく生真面目な顔をして、ちょっと話を聞きたいので読谷に来てほしいとのことで、夕刻読谷の昌一さんのお宅へ行く。やっぱりなんのことはない、ただの宴会ではないかと思いきや、庭にテーブルまで出してきて、東京の政治情勢を1時間ばかり語れ、とのこと。そのうち昌一さんも公民館での追悼行事を終えて帰ってきて、いつもより少々真面目に話をした。それでもやっぱり途中から宴会。しゃべるだけしゃべって、昌一さんのお連れ合いの洋子さんの手料理をいただくだけいただいて、キリスト教の仲間を待たせている那覇へとって返す。運転手は後藤さん。うるま伝道所で宴会。わざわざ仲尾次清彦先生がお出ましになって、いかにもわたしらしい言いたい放題のいつもの飲み方になる。

どうでもいい、沖縄訪問の報告なのだが、本当にヤマトの友人たちよ、心静かに沖縄の人々と、公式的、儀礼的な出会いなどではない出会いをそろそろしないと、とりかえしのつかないことになるのではないか。そんなことを、今年もまた6・23の沖縄で考えた。

225

事務局から

・「靖国・天皇制問題情報センター通信」276号（1999年8月31日）

朝夕涼しくなってきました。残暑の厳しさが身にこたえた方も多いことと察しますが、やっと凌ぎやすくなって、やれやれですね。

夏の終わり、わたしは恒例の学生と一緒の旅で、今年は天草に行きました。これまで数年奄美に通い続けたのですが、今年はなんとなく天草で暮らしている友人たちに会いたくて変更したのです。ちょっと顔を合わせただけですから、それぞれが抱えておられる問題などわかりようもないのですが、顔を見ただけで心が和みましたから、それで十分でした。それにしても30人ほどの所帯で水も火もない所に、何の準備もせずに押し掛けたのですから、天草の人たちにはただの迷惑集団だったでしょうに、快く受け入れていただいて本当にありがとうございました。

帰ってきてすぐに組織的犯罪対策法に反対する共同行動やこの通信の発行母体である情報センターが「日の丸・君が代」の法制化に反対して急遽立ち上げた「ＦＡＸ通信」の編集会議と今後の方針をめぐる会議など、また東京の忙しさが始まりました。

9月に入ってすぐに、わたしどもの事務所に別のＦａｘ通信が入ってきました。色々な試みがなされるのはいいことで、「統一戦線」の構築とそれの維持にエネルギーを使うよりは、運動の現状では「別個に進んで共に撃つ」運動形態の方がよいと常日頃考えていますので、かつて親しくしていただいていた方々が新しい運動を開始されるのを喜んでいますが、ちょっと疑問に感じたこともありますので、情報発信を任務とする「通信」発行に携わる者として、己を顧みる意味でも少々批判を提出してておきます。

そのＦａｘ通信に「通常国会最終局面の攻防」と題する報告が載っていて、そこに「組織的犯罪対策法」をめぐる国会攻防について報告されているのですが、「この間、市民連絡会の人びとも徹夜で闘いを継続した」とのみあって、組対法闘争で市民連絡会や弁護士ネットの人々と共に運動の中軸にいたはずの組織的犯罪対策法に反対する共同行動に一言も触れていないのです。最もたくさんの者が徹夜していた運動体なのにです。別に自分が関わっている運動が無視されているからなどではなく、ああこれが歴史の歪曲・捏造をしばしばやってきた唯物史観の手口なのだなと妙な感心をしました。その運動体が気に入ろうが気に入るまいが、これでは。それに筆者ご当人は組対法闘争には全く関与していないのですから。「情報センター通信」はこういうことだけはすまいと改めて自戒した次第です。

（１９９９年９月30日）

・「靖国・天皇制問題情報センター通信」２７８号

226

事務局から

若い人たちとの読書会のために必要があって漱石の『こゝろ』を読んだ。青年時代に読んでから何度目の再読であろうか。読書会としては、漱石の近代批判をどう読むか、がテーマであるが、わたし自身は今回の再読から、「漱石と天皇」を考えさせられた。「明治」以後の作家で漱石ほど研究者や文芸評論家の関心を刺激した人はないようで、膨大な漱石論および各作品論が書かれているが、もちろん不勉強なわたしがそんなものに目を通しているはずがない。従ってわたしが考えるようなことは、とっくにどなたかが論究しておいでになるに違いないのだが、11月12日に明仁即位10年の儀式をするとのことで、世が喧しい時、漱石は天皇を作品の中でどう扱ったのか、それを考えてみるのもただの無駄ではあるまい。

漱石は、『こゝろ』の中で、直接に明治天皇に言及してはいないが、「中、私と両親」において、天皇の病死から乃木の殉死にいたる過程を、作中の「私」の父の死と「並列に」描いている。わたしたちは、昭和天皇の死を前後する病状報道がどういうものであるか十分過ぎるほど知っているのであるが、ついぞ膵臓癌とは報道しなかった。ましてや明治末年の「不敬罪」の存した時代に、慢性膵臓炎から尿毒症を引き起こして死にかかっているなどとは決して報道しなかった。しかし、漱石は、父に「勿体ない話だが、天子さまの御病気も、お父さんのとまあ似たものだろうな」と「勿体なくも」言わせ、「私」の尊敬する「先生」にも、「そんなに容易く考えられる病気じゃありませんよ。尿毒症が出ると、もう駄目なんだから」と言わせて、人間一身上も下もないことを静かに表現する。

乃木の殉死についても、父にうわ言で「乃木大将に済まない。実に面目次第がない。いえ私もすぐ御後から」と言わせる。いったいあの時代に「乃木に済まない」などと内緒話ではなく公刊する文章に記しえた者が何人いたことか。乃木と父は等価である。

われわれは、天皇（制）批判を表現することの本当の意味での切っ先の鋭さについて、もう少し考えねば、と自戒させられた。静かに骨まで抉りたい。

227

・「靖国・天皇制問題情報センター通信」281号（1991年11月15日）

天皇制存置派言論クリップ 連載第53回番外編①

「斎藤美奈子賛江」

雑誌『世界』が「緊急増刊」として「ストップ！ 自自公暴走……日本の民主主義の再生のために」を刊行した。特に目新しい発言があるわけではないが、それはそれで面白く読むことができた。

中でもわたしには、文芸評論家の斎藤美奈子の「なんすか、それ」という短文が一番楽しかった。「天皇制存置派言論クリップ」という欄で取り上げているからといって、斎藤が何も「右翼」だということではもちろんない。この欄は通常、情報センターのスタッフである中沢が担当しているのであるが、ちょっとした私的な事情で、3回分小田原が担当することになって、いつもなら中沢が正統派右翼の文章の紹介に努めているのであるが、3回は番外編として、少し脱線させていただいて、今回は、この斎藤の主張を紹介したい。

斎藤の行きつけの店なのだろうか、代官山のスカしたラウンジバーで、従業員の男の子が、斎藤の友人に、「○○さん、右翼ってあるじゃないすか。あれってなんすか?」と質問し、別の男の子も「そうそう、あと左翼ってあるでしょ。右翼と左翼はどう違うんすかね」とも問うたというのである。そこから書き始め、いまどき佐々淳行の『連合赤軍「あさま山荘」事件』というのが流行っているのだということを、とんと世間音痴のわたしも教えられたのだが、これを読んで、男の子らは先の質問をしたらしい。斎藤は20年ほど前の学生らしいが、その頃から「右翼と左翼はどう違うんすか」的な連中もすでに大勢いたはずだが、70年代末には「聞くのは恥」という文化がまだ生きていたので、だれも質問しなかっただけのことらしい。「質問されても、バカ学生の頭ではこう答えるのが関の山だったろう。『左翼は知力、右翼は筋力』」、と斎藤は書いている。35年前の学生であったわたしなども恐らくそんなものだっただろう。左翼学生に知力があったとは全く思わないが、右翼学生の筋力は事実であった。要するにウダウダぬかしてダラダラしているのが左翼学生の特徴だったのである。40年前の第一次安保世代の左翼学生はよく勉強したようで、学者になったり、「転向」して大会社の偉い人になったりしている人をよく見かけるが、35年前の左翼学生には、そういう芸当もできず、学生をやめても相変わらずダラダラと生きて、世間のオジャマムシそのものである。斎藤などよく勉強したのであろう。とにもかくにも「文芸評論家」である。わたしども世代の左翼学生物書きは、以後予備校の小論文の講師になったりしているのが結構いるが、学生の頃のままで、まるっきり日本語がデタラメのままで、無残極まりない。

ところでその斎藤が、145国会で「20年前から潜伏していた伏兵が一瞬の隙をついて芋づる式に出てきたよう」な法律の成立に際して、「各法の成立と前後して発表された反対陣営による論文のあれこれを、この機に読んでみてガックリきた。なんかこう、20年前と同じなんだよね、用語というか論法が」と感じ、「国家主義的傾向、皇国ナショナリズムの復活、国民管理のシステム、戦争国家への準備……そういう単語で何かを喚起される左翼体質の人はいいけどさあ、という感じで」、「いまいち気分が盛り上がらない」のだそうだ。そう言いつつ、「とかいっているうちに、みるみる改憲まで行っちゃいそうな気もするが、当面、新しい戦術を開発できていない私は厭戦気分」ということらしい。

『『左翼は暗くて右翼は明るい』『左翼は難解、右翼は平易』。負けるよ、そりゃ」とまで、ボクラの敗北集団左翼は遊ばれている。ただ斎藤に、「かすかな希望は『……ってなんすか』と知らないことを恥と思わず聞ける世代が育っていることだろう。それをとらえて『なんたる無知!』と呆れたり笑ったりしてきた大人は猛省すべきではあるまいか」と言われると、ズボシのところもあって、「暗さ」と「難解」の極地である「内ゲバ」をやり、それを批判しつつも、それを包み込み、止揚するほどの大衆運動を作ることもできなかったし、次の世代を生み出すこともできなかった者の一人として忸怩たる思いは深い。

ただねえ、斎藤さんよ、あなたが早く「新しい戦術を開発」して「厭戦気分」を脱してくださることを期待しはするけれど、本気でやってみればすぐ解ることだけれど、「新しい戦術」などそう簡単に編み出すことはできませんよ。人間の能力というのは、そんなに画期的な飛躍ができるようにはなっていないみたいですよ。わたしなどは格別のアホだからでしょうが、相変わらずだもの。だからあなたの痛烈なお言葉を拝しながら、黒田喜夫ではないけれど、「俺にとっての革命はもう終わりだと早く言ってくれ。俺の革命はそこからだ」とでもいう気分だ。

228

天皇制存置派言論クリップ 連載第54回番外編②

・「靖国・天皇制問題情報センター通信」282号(1999年11月30日)

「陛下、裁可を!」

それほどヒマなわけではないのだが、国立公文書館で行われた「天皇陛下御在位十年記念公文書特別展示会」に、開催末日に「見学」に行った。全体に高齢者が多いのは事実だが、それでも結構若い人の子ども連れも多く、この国の「平和」を「皇居」を眺めながらしみじみと思ってしまった。平素「皇居」の側になど行くこともないものだから、東京に30年暮らしていて、知らない公園などがあるのも新鮮な驚きであった。

さて「展示資料のご紹介」なるパンフから、面白いというか不愉快というか、「慶祝」気分とは程遠いいくつかの表現を拾って罵倒しておこう。

まず「陛下」であるが、「日の丸」同様に一部の人たちの間では「定着」しているかも知れないが、例の憲法第一章は「天皇」であり、第一条も「天皇は、日本国の象徴であり日本国民統合の象徴であって、この地位は、主権の存する日本国民の総意に基く」とのみある。どの道「日本国民」などに入れてほしくはないのだが、まあ、それはこの際置いておくとして、わたしも主権者の「総意」の一部であるとすれば、言わせていただく。

「陛」とはもともと「王宮の階段《きざはし》を指す言葉で、そこから転じて「天子。天子に関することの冠称」となった。従って「陛下」とは、「①きざはしの下。転じて、天子の尊称。秦代から始まる。②我が国で、天皇・皇后・皇太后・太皇太后の敬称」ということである。辞典は講談社発行の「新大辞典」であるが、シレッと「我が国で」と書いているが、この「我が国」はいつの時代のどういう国家体制の下での「我が国」なのかね。講談社だから具合が悪いのかも知れないので、「護憲」の旗頭岩波書店ならこれほどいい加減ではなかろうと、権威ある「広辞苑」の「陛下」の項を引くと、「天皇および皇后・太皇太后・皇太后の尊称」とある。何のことはない、講談社では「皇太后・太皇太后」とあるのを岩波では「太皇太后・皇太后」と「年功序列」の「日本の美徳」を立派に踏襲しているだけのことであった。こんなことだから、自分のところで出している雑誌『世界』の「緊急増刊」「ストップ！ 自自公暴走 日本の民主主義の再生のために」で、網野善彦に「国旗・国歌法 私は従わない」というインタビューをして、「『世界』は『我々はこの法律に服従しない』という宣言を出せますか？ 私は出すべきだと思いますがね」と言われてグーの音も出ないのである。

憲法第一章の規定からして、天皇その他に「尊称」など用いることを私は拒否する（憲法が規定してくれなくてもどなたに対しても「尊称」など嫌ですがね）。それに国立公文書館で働いている者たちは、天皇主義者を選別しているのではなく、ただの国家公務員だろうに、何の抵抗もないのかね。

次に、「『即位後朝見の儀を国の儀式として行うことについて』の閣議書と裁可書」ついて。「即位後朝見の儀」が「国事行為」であるか否かは、またこの際置いておこうと思ったが、紙幅を気にしながらまた「広辞苑」。「朝見」とは「臣下が参内して天子に拝謁すること」。「朝見の儀」とは「天皇の践祚の際に群臣を召しての勅語を賜う儀式」である。これが「憲法」で定められた「国事行為」であるはずがないではないか。それを閣議で「即位後朝見の儀を国の儀式として行うことについて／右謹んで裁可を仰ぎます。昭和六十四年一月七日　内閣総理大臣　竹下登」と決定し、各大臣の立派な「花押」で、「裁可」だの「仰ぎます」だのである、クソッまた「広辞苑」であるが、「裁可」とは、「①君主が臣下の奏する案分を親裁・許可すること。②明治憲法下で、天皇が議会の協賛した法律案及び予算案を親しく裁量して、確定の力を付与した意思表示。その形式としては御名を署し、御璽を押捺した。勅裁」である。

　オマイラちょっと待て！　ちょっと油断したスキに何をヤットルンジャ。これはどうも戦後すぐからの天皇がらみの公文書に当たってみなければなるまい。オイッ！

　村山富市！　アンタまさか「裁可」だの「奉答」など使用しなかったろうな。

229

・「靖国・天皇制問題情報センター通信」283・284合併号（1999年12月15日）

天皇制存置派言論クリップ　連載第55回　番外編③

嬉々として民衆を巻き込め

「新しい歴史教科書をつくる会」会報『史』11月号に掲載されている小林よしのりの連載マンガを紹介する。「史ニストのお歴々」と題するもので、連載7回目である。マンガだから絵がないことには紹介するとはいえ如何ともし難い、というのが常識的な判断であろうが、この度この欄を3回分担当することになって初めて小林よしのりのマンガを丁寧に読んでみて、この男のマンガに絵はまったく必要がないことを発見した。もともと自分の生活の中にマンガがないものだから、この男の仕事の初めからそうだったのかどうか知らないが、妙にイデオロギッシュづいたというか、ただのデマゴギストになったというか、そういう在り方を自ら選択した後のこの男のマンガに関してのみ言えば、「言いたいことが剥きだし」であるのみで、それをマンガという表現に結晶させる過程などまったく省かれてしまっている。ともあれ連載7回目の「史ニストのお歴々」なるマンガの吹き出し部分をそのまま抜き出してみよう。

「『つくる会』の中にはわしの感性に合わない人がいる。理事にも……会員にも……。仕方がないから応援している。『公』のためだから……」「国家解体を狙うやつらとは断固として戦う。日本国の歴史の恩恵は、先祖たちに感謝し、守りぬき、子供たちに伝える。教科書をマルクス主義の入門書にしているやつらは許せない」「けれども、『つくる会』の中にだって、わかってない人がいる」「歴史観への関心が全くないままに、『運動』をやることだけがりっぱなことであるかのように勘違いして、手柄争いを始めたり、革命家気取りで吠え狂ったりする人がいる」「そのての人には『含羞』というものがない。学生運動も、市民運動も、オウムだって運動である。全部、等身大の日常の自分にたえられず、運動の正義に酔って自分を底上げしてプライドを肥大させる。運動に狂った人はみんなそうなる。『しかしながら』やるのではなくて、『嬉々として』『やらずにいられない』からやっている人にわしは首を傾けざるを得ない」「特攻隊は『嬉々として』『やらずにいられない』からやったのではない。『しかしながら』やむなく、つらさをこらえて『公』のために死んでいったのだ。特攻隊は、本当は平穏な日常を欲していたのである。家族と共に過ごす、何も起こらない、平和な日々を望んでいたのだ。運動を『しかしながら』やるのではなくて、のぼせあがってやっている連中、生きがいを感じてる連中、ずっと続けたいと思っている連中は、わしの感性に合わない。わしがこんなことを言うと、きっと小林よしのりは『採択戦』のことを考えていないと言う人が出て来る。しかし、地方の支部から、わしが『ゴー宣』で描いた現行教科書の歪みの章が大好評で、それは採択戦の現場で使ってもらっている。わし自身も密かにある作戦を実行しているが、これは明かせない。終わったら全てわかる。わしは『つくる会』の運動なんかで名誉などいらない。わしのプロ入の現場でそれは手に入る。だからわしにできることを達成したら、さっさと去っていく。わしの読者と、わしを信じてくれる人にだけ言う。『良き観客』でいてくれ。注意深く見ていてくれ。そして会が健全だと思ううちは熱烈に応援し、危ないと思ったらさっさと離れてくれ。こんなことを言える人間は左翼にはいないぞ！」

これだけである。マンガの絵の部分は、小林自身を描いていると思われる男が悲憤慷慨したり慷嘆したりしている絵が描かれているのみである。

この程度のマンガ家（と言えるかどうか）が、運動のリーダー的存在というのも何ともすさまじいが、小林よ、色々あるようだね。いずこも同じだよ。日本の美徳「含羞」をカケラも持っていない「やつら」が多いのも同じだよ。ただね、これはどう読んでも「逃げ」をうっているとしか読めないよ。民衆に向けて「良き観客でいてくれ」も、随分な言葉だよ。民衆自身が運動に参加し、自らの変革をなしてゆくのでなければ、時代は根底のところで何も変わりはしないものだよ。だから君より思想も経験も少しだけ豊かな、君のきらいな「左翼」には、「こんなアホなことを言える人間はいないぞ！」なのだよ。

年11月30日(月1回末日発行)靖国・天皇制問題情報センター通信　1992年2月17日第三種郵便物認可　No.89(通算441号)

月刊 靖国・天皇制問題 情報センター通信
靖国・天皇制問題情報センター

No.89
(通算441号)

絡先)キリスト教事業所連帯合同労組気付 〒169-0051東京都新宿区西早稲田2-3-18-31
./FAX 03-3207-1273　E-Mail Adress:news@iya-ten.net
替口座=00120-5-572390／名称=靖国・天皇制問題情報センター　購読料=4,000円／年　1部350円

巻頭之辞

鴨長明の歌とその時代(1)

小田原紀雄(情報センター事務局

鴨長明といえば『方丈記』であるが、この人が若くして歌人としてスタートしたことは比較的に知られていない。

『続歌仙落書《しょくかせんらくしょ》』(筆者不詳)という歌書に長明を評して「風体、比興《ひきょう》を先として、またあはれなるさまなり。潯陽江頭《じんようこうとう》に、琵琶の曲に昔語りを聞く心地なむする」とある。要するに、「長明の歌の世界はおもしろさを先としているが、他方で哀調を帯びており、歌の背後に一人の人物の複雑に屈折した人生の軌跡が感じられる」というところであろう。『続歌仙落書』の成立は長明の死(1216)後数年以内と考えられるので、いわば同時代人による評である。筆者不詳と書いたが、相当な人物であると思われるのは、「潯陽江頭に、琵琶の曲に昔語りを聞く心地なむする」の表現は白楽天の『琵琶行《びわこう》』を踏まえてのものであり、長明が『方丈記』に「もし、桂の風、葉を鳴らす夕には潯陽の江を思ひやりて」と記していることを承知してのことだからである。ついでだが、当時失意の人であった白楽天は、もと遊女であった哀れな老女の琵琶を弾きつつの「昔語り」を川舟の上で聞いて、「(自分も)同じく是れ、天涯淪落の人」と書いている。舞台は川の上である。ここまで書けば若い頃、陰気な顔をした〈国語〉の教員に暗唱させられた「ゆく河の流れは絶えずして、しかも、もとの水にあらず」という『方丈記』の書き出しを思い出されるだろうか。これはあまり知られていないのだが、長明の『発心集』巻頭の「玄敏僧都《げんぴんそうづ》、遁世逐電の事」の僧玄敏は「世を厭ふ心深くして、更に寺の交はりを好まず。三輪河のほとりに、僅かなる草の庵を結びてなむ思ひつつ住みけり」という人物で、「三輪川のきよき流れにすすぎてし　衣の袖をまたはけがさじ」なる一首を詠んで「遁世逐電」したとある。長明にも川への思い入れが相当であるようである。

ご存じのとおり、長明は賀茂御祖《かものみおや》神社(下鴨神社)の神職の家に生まれた。この地は比叡山の麓を流れる高野川と、鞍馬・貴船などを水源とする賀茂川とが合流して鴨川となる地点である。そして深い森に囲まれ、当時の人々の崇敬の念を集めた〈神域〉には、御手洗川という清流が流れている。

長明の晩年の詠歌に次のようなものがある。

　右の手もその面影も変はりぬる我をば知るや御手洗の川

歌意はわかりやすい。右の手には数珠をかけ、僧体となって老残を晒して生きる我が身を御手洗川の川面に映して、「変貌し果てた私がおわかりですか」と神が宿る、否、神そのものであると信じられた御手洗川に問うているのである。

長明と川といえば、『新古今集』に入集した歌に、

　石川やせみの小川の清ければ月も流れを尋ねてぞすむ

「澄む」と「住む」を言い掛けた歌があり、自身の歌論書『無名抄』に「この歌の入りて侍るが、生死《しやうじ》の余執《よしふ》ともなるばかり嬉しく侍るなり」と記している。しかしこの文の末尾にはそその喜びを「あはれ無益の事どもかな」とも記して、精神の昂揚と沈潜とが瞬時に起こる長明の性格をよく示している。

目次●Contents

230

・「靖国・天皇制問題情報センター通信」285号
（2000年1月15日）

特集：ミレニアム天皇制を撃つ！

菅孝行さんへのインタビュー

（質問①） 昨年末の雅子さんの「懐妊報道」については、2000年を「皇室の年」として賑やかに祝いたいというマスコミの意図が露骨で、時代の暗さの隠蔽の効果さえ狙ったのでは、という想像までしたくなるのですが、あれをどう御覧になりましたか。雅子さん個人としては随分痛ましいことであったようにも思っています。

（答え） おっしゃるように、皇孫誕生のイベントに向けて翼賛ムードの昂揚を狙っていたのだと思います。もちろん、女の子だったらまた難儀だと考えていたかも知れませんが。

それでも無事産まれていたら、即位10年式典で試みられたような現代的な奉祝曲を流行させたりとか、妊娠期間全体を使った皇族情報づけ、皇孫生誕奉祝づけのムードメーキングがずっと続いたことでしょう。前の代替わりの当時私が危惧していたのはちびまる子と結びつけられた天皇グッズ、皇族グッズで幼年層まで浸透させられることでした。奉祝ロックはその方向にいっています。10万人集めるつもりが、2、3万人で不成功だと自己評価しているはずですから、こんどは本気でやって来るつもりだったでしょう。

それにしても皇族付きの医師団というものはもっと迅速にはっきりした判断を出せる力量があるのかと思いましたが、散々もったいぶった揚げ句が流産というのにはあきれました。もちろん一人の人間の流産ですから、それ自体については気の毒だと思いますが、しかし、一人の人間として遇せられない地位をわざわざ選んだのは彼女自身ですからね。むしろ生まれついての皇族よりも、その点で私は同情しません。父親が先輩から脅かされ、強制的に選ばされた、人身供犠の略奪婚だという面もあるかと思いますが。

（質問②） いよいよ2月から学校現場における「日の丸・君が代」をめぐる激しい攻防戦が展開されることになります。「日の丸・君が代」の「国旗・国歌」法制定を、菅さんは、現在の政治情勢の中でどのように位置付けておられますか。

（答え） この法律は、中長期的なイデオロギー政策としてはかなりの愚策であり、天皇主義の戦略としても内部矛盾が出てくると思います。宮台真司が『読書人』で言っていたように、開明派の官僚は苦虫をかみつぶしていることでしょう。この御時世に侵略のシンボルに法的根拠を与えようと言うのですからね。外務省なんかやりにくくて仕方ない。商社などの単純な商売の論理から言っても、戦後補償とか君が代とか障りになるものは利害損得から言っても取り除きたいでしょう。ところが、最初反対と言っていた民主党も、周辺事態法・通信傍受法・住民基本台帳法などと同様、同調してしまった。しかしもともと計画していた法案群とちがって、これは火事場泥棒です。この法案は世羅高校の校長の自殺事件が引き金でした。普通なら、法的根拠のない国旗掲揚国歌斉唱強制が悲劇を生んだら、強制しないようにしようというのが流れになるべきです。それを野中が法的根拠があれば悩まない、校長は死なずに済んだ、悲劇をくり返さないために法的根拠を与えればよい、という理屈を考えた訳です。しかも立法しても強制はしないと答弁する舌の根も乾かぬうちに国旗掲揚、国歌斉唱が行われるのでなければ何のための立法かというような本音もちらつかせる。要するに大した事はないよと言い逃れながら法律を通して、通した以上は踏み絵に使うということです。

しかも時代に逆行するような愚劣な法だからといっても、短期的には今申したような迷惑な踏み絵効果を発揮します。だから困るのです、こんな法律に反対するのは愚の骨頂、デモなんて「バカ丸出し」だと宮台真司はいいます。しかし法案が愚劣でも出されて通るのを黙って見ているのが、賢明な態度だとはとてもわたしには思えない。抵抗しない訳にはいかないでしょう。この法案の推進者たちは、遺族会多数派とかと結んでいますから、一応ごり押しすると票田への効果ではうま味がある訳です。出来れば票田に悪影響を与えるから引っ込めようかと政治家に考えさせる接近戦がいい。しかし、ネット上の世界などに利害関係で反対に誘導出来るような方法は今のところ見出されていないでしょう。デモは愚策と言う人は一度でいいから歩いて見て、機動隊がどの程度凶暴か体験してもらうと、権力は愚策でもカードを切ったら、一生懸命ということが解ると思うし、カードを切った事柄に強い抵抗があることを権力に確認させることは「バカ丸だし」ではなく意味があるのです。

（質問③）「日の丸・君が代」の処分を伴った強制と、60年代以降の「望ましい家族像」としての「皇室」の売り出しかたの間に、修復しようのない矛盾が益々明らかになってくると思われますが、今後の天皇像はどういうものになっていくとお考えですか。

（答え） 論理的にはそのとおりです。しかしこれまでだって「望ましい家族像」としての「皇室」の売り出しかたの間には修復しようのない矛盾がありました。それでも平気で二枚舌というのが、現代天皇主義の基本スタンスでしたが、それはこれからも同じなのではないでしょうか。もちろん引き裂かれ方はひどくなります。ただ弾圧される人と、「望ましい家族像」としての「皇室」にウットリしてしまう人とが巧みに棲み分けされるよう誘導されていますから、暴力的強制や日の丸・君が代ハラスメントの実感がウットリ派に伝わらない。サバイバル出来ているのは、その辺りの操作が辛うじて出来ているからだと思います。

（質問④） そこで、最近の「天皇抜きのナショナリズム」論は、どういう位置を持つことになるでしょう。

（答え） 天皇ではナショナリズムがもたない、と感じている、ある種の感度をもった官僚層や政治家はそこに活路を見出そうとするでしょう。それと福田和也や若年層の自由主義史観派が結び付く、そういうふうになって、イデオロギー政策の別働隊が作られる。そしてそれがいずれは国家主義の主流をなす方向に行くと思います。日本が天皇制を持たない国民国家―これは過渡的にしかあり得ないのだと以前は私は主張して来ましたが、一抹自信のないところでありますーとなって、その基軸をこういうナショナリズムが担うのか、国家による統治の機能の溶融が進んで、国家主義そのものが失効し、民間イデオロギーとして生き延びるのかは一応解りませんが、オルタナティブ派のひとをうんざりさせる用語を使えば、日本のナショナリズムのオルタナティブとして非天皇国家主義は広がるでしょう。天皇という統合の象徴はいよいよ荒唐無稽になりつつありますからね。

ただ小林秀雄や柳田国男って昔から過激な天皇主義ではなかったなあ、とか戦時中の清水幾太郎の国家主義もそうだったなあとか、思ってしまうところもあって、結構天皇主義と天皇抜きナショナリズムが比重を変えつつ合作する時期が長く続くのかと思いますが。

〔質問⑤〕 底無しの不況で、労働者の大量解雇という日本資本主義にとっても生命線に近い決断をしつつあるのですが、現状の日本を見ている限り、不況―ナショナリズムの高揚という構図はそれほど鮮明ではありません。どちらかと言えば「会社国家・会社家族」信仰が崩壊し、この社会はとどめようのない溶解が進行しているように感じられます。こういう社会における「国民統合の象徴」はどのように機能するとお考えですか。

〔答え〕 先日、ベルギー・フランス合作の「ロゼッタ」という映画の試写を見ました。ヨーロッパの若年労働者の失業率の高さを背景にした、〝まともな暮らし〟を目指す仕事の奪い合いを主題にした映画です。雇用主にチクッて恋人の仕事まで奪い取り、自己嫌悪からガス自殺を図る女の子が主人公です。こんな映画がヨーロッパで作られる時代なんだと改めて感じました。失業率はヨーロッパほどではありませんが、日本資本主義の展望のなさはヨーロッパ以上でしょう。でも労働者や法務省は少子化をにらんで外国人労働者を入れる方向に行くようですが、そうなってくるとアメリカの黒人やヒスパニックとプアホワイト、ドイツのトルコ人などとネオナチ支持の白人のような確執が出て来ないとも限りません。なにせガイジン（この場合西欧とアメリカの白人を除外する）るところが富国強兵時代と同じでいじましいですが）を風呂屋からまで締め出す社会ですからね。でも、自己をアイデンティファイするのに天皇を持ち出すという風潮が高まるとは思えません。天皇という表象の強度は国旗国歌と同じで、権力が強く後押しするから受け入れる、という程度のものです。

社会崩壊について言えば、現在既に長い時間をかけて進行しているのは家庭崩壊であり、それよりや急速なのが学級―学校崩壊であり、その後で日本固有のものだった企業の共同性の崩壊がやがて進むでしょう。家族に直接天皇を持ち込むことは難しい。学校はやれると思って、指導要領を法的規制力のあるものに格上げしておいて国旗国歌法を通したのでしょうが、どのみち人間の魂には触れられないし、利益誘導や威嚇の効果は校長の忠勤の評価基準にはなっても、国民統合に寄与するとは思えません。企業に持ち込むのも無理でしょう。天皇制イデオロギーが一番即効的に機能し得るのは、人間が大衆として社会に直接身をさらす場面です。だから推進派も反対派もテレビとか新聞とか週刊誌の機能を重視してきた訳ですが、これからを展望するならインターネットで天皇制イデオロギーのオーガナイズが可能なのかどうか、それはどういう手法かといったことが問題になるでしょう。

（質問⑥） とすると、今年の反天皇制運動にとっての思想的な課題はどんなことでしょう。

（答え） 誤解を恐れずに言えば、イデオロギーに世界も日本も救えないことを天皇制との闘いを通して学習すること、知らない人はそれを発見する、一応知っている人は認識を深化することでしょう。別に新しい課題ではありませんが。また民主主義に世界が救えるとは思いません。でも徹底的な〝他者不在〟のイデオロギーである天皇制は人間を滅ぼしますから、その対抗軸の形成という意味で民主主義の徹底ということになるのではないか。民主主義はナチス政権も、金権政治も生み出します。軍事同盟も弾圧立法も生み出します。戦闘的民主主義は反対勢力の抹殺を推進します。いれものとしての民主主義が一人歩きすればなんでもやってしまう。しかし変革は自己改革との相互作用、というのが鉄則ですから、それが成功の鍵になる。それぞれの私や私たちがそれに値するように変わることでしか、人権尊重であれ民主主義であれ自治であれ参加であれ、制度や理念の効用は手に入らない、ということではないでしょうか。現存した社会主義政策や共産主義運動がいい反面教師です。

（インタビュア　小田原紀雄）

・「靖国・天皇制問題情報センター通信」２８９号
（２０００年３月15日）

231

事務局から

大学を除いて大方の学校の卒業式が終わった。まだ情報の整理をしていないので、「日の丸・君が代」を巡る攻防の全体像は掴めていない。しかし、教師・生徒・保護者の側の闘いがどのようなものであったにせよ、文部省・教委・学校管理職側の態度が非常に硬化していたことは確実で、「国旗・国歌」制定過程での政府答弁が建て前だけの綺麗ごとであったことは予想通りであった。誰が強制する気もないのにゴリ押しの法制化などするものか。

大学といえば一橋大学が「国旗」掲揚ポールを建設しようとして、学生たちが座り込みに入り、これを支援する人々が食糧の差し入れをしようとして、大学職員がこれを阻止するという事態が出来した。戦前・戦中でさえ自由な学風であったと、あの村上陽一郎が誇っていた一橋も結局「イッパシ」でしかなかったということか。それにしても、最近一橋の教師たちの中に元気な発言をしておいでの方々がけっこう多いように感じていたが、今回の件では姿が見えぬ。どうしたことなのだろう。これを書いている3月19日の時点では、大学側も強攻策には出ないようであるが、学生諸君の健闘を願ってやまない。

わが情報センターも最近久し振りの活況である。「敵」の攻勢を受けての反撃戦であるから、活況というのも如何なものかと思いはするが、若いスタッフも補充して、何となくイキイキしている。

4月から紙面の刷新を考えている。事務局で色々と企画を練っているが、御意見があれば事務局までお寄せいただきたい。

私事であるが、1週間ほどネパールへ行ってきた。帰ってきたばかりなので、かの地での経験を対象化して語るには至らないが、ネパールの宗教事情と民衆の暮らしの関係、チベット難民問題とラマ教、そしてその影でチラチラするアメリカの対中国政策等、考えさせられることは多かった。

中二日置いて、今また仕事の旅に出掛ける電車の中でこれを書いている。今年も落ち着かない暮らしであろうかとタメ息が出る。

レバノンから四人帰国されたとのこと。この旅から帰ったら山中幸男に話を聞かねばなるまい。

232

・「靖国・天皇制問題情報センター通信」296

皇后・皇太后良子という存在（1）（2000年6月30日）

「微笑みと慈しみと」

「皇太后・良子さまの笑顔ほど魅力的なものはない。昭和天皇の良き妻として、愛しい子を見守られる母として、温かいまなざしを向けられるやさしいおばあさまとして、どのような時にも、そのお顔に慈しみに満ちた、美しい微笑を浮かべていらした。日本国民だけではなく、外国の賓客も、ご訪問された欧米の国民たちも、その微笑みに魅せられた。」

「週刊読売　2000　7／8　臨時増刊」冒頭の文章である。もうひとつ同誌から引用してみよう。「昭和天皇とともに『激動の時代』を生きてこられた皇太后良子さまが、平成12年6月16日午後4時46分、老衰のため、吹上大宮御所で、お亡くなりになられた。97歳だった。戦後、『人間宣言』をされ、『日本国の象徴』となられた昭和天皇の伴侶として歩まれてきた良子さま。晩年は長らくお体の調子がすぐれなかったが、あの慈愛にあふれた微笑は、多くの国民に勇気と希望を与えてくれた。過ぎ去りし『昭和』……。」

7月3日の「朝日新聞」朝刊には、「皇太后さまをみとった侍医長　加藤健三さん」が「ひと」欄に登場して、「ご老衰にもとづく呼吸不全によりまして、崩御あそばされました。誠に恐れ多い極みでございます。」と語り、この人は昭和天皇の侍医でもあったようで、「昭和の時代を見送った今は『ぽっかりと何かが抜けたような気分です』と語る」とある。

既に報じられているところであるが、皇太后良子の最期について、この加藤さんの語るところから、再確認しておこう。「（6／16の）朝になって脈拍は弱まり、危篤状態に。それでも投薬や注射、点滴は一切控え、酸素吸入だけを続けた。高齢を考慮し『いたずらな延命で苦痛をかけない』との方針は『侍医の間で確認していました し、両陛下にもご了承いただきました』」とのことである。このとおりだとすると、昭和天皇の死の際の延命治療に比較すると、人間らしい最期だったのではないか。これから皇后・皇太后としてこの人がどういう生き方をしてきたのか、引用した「週刊読売」の文章のように「微笑み」だの「慈愛」だの言って済ますことができるようなことであったのかどうかこれから検討するのだが、とにもかくにもひとりの人間としてそれ程苦しむことなく最期を迎えたことについては、何だかホッとする。一から十まですべてが「虚構」の上に成立している天皇制と、それを生きて体現している皇族たちの日々について、本当のところは何ひとつ知らされていないのではないかという思いは常にあるが、瞬間垣間見せる事実らしいことの中の一こまとして、まあよろしかったのではなかろうか。

　良子さんの人生をたどることから、連載の助走としたい。


1903・3・6に「久邇宮邦彦王・俔子妃の長女としてご誕生」。「良子」と「ご命名」。

1916・11・3「皇太子裕仁親王立太子の礼」

1918・1・4「久邇宮邦彦王に『良子女王を東宮妃にご予定』のご沙汰」。

1918・2・4「学習院女学部中学科3年でご退学」。

1919・5・5「皇太子裕仁親王、成年式」。

6・10「正式にご婚約のご沙汰」。

1920・12・11「『宮中某重大事件』の報道」。

1921・2・10「『ご婚約変更なし』の発表。


　中村宮内大臣は引責辞任」。

ここでいう「宮中某重大事件」とは、1920年8月、1冊の医学専門雑誌に、良子さんの母俔子さんの実家、島津家の色覚障害遺伝に関する論文が掲載されたことにより、時の元老山県有朋が、久邇宮家に婚約を辞退するよう迫った「事件」を言う。

　大正天皇の「裁可」を仰ぐ形で決着をつけたのであるが、今も昔も変わらぬ障害者差別である。

＊署名は「古藤和夫」

233

皇后・皇太后良子という存在（2）

「従属的」在り方の積極性

・「靖国・天皇制問題情報センター通信」297号（2000年7月15日）

皇太后の逝去に際して、日本のマスコミがどの程度に「天皇制賛美のマスコミ」であるかについて、前号で若干紹介した。「緊急増刊」・「臨時増刊」されたグラフ誌については、「週刊読売」「アサヒグラフ」「サンデー毎日」「女性自身」の4誌を見たのだが、すべて選ぶところはない。皇后という存在が天皇制の維持装置の中でどういう位置にあったかなどということに何らの関心も示していない。一般に「死者を鞭打たない」というのが「美風」であるのかもしれないが、「皇后」という「公職」にあった者である。「色々あったけれど、あの人も苦労したよな」という程度の存在ではない。例えば「アサヒグラフ・緊急増刊」は「即位、そして戦争時代」という項目で、「一方、時代は昭和6年の満州事変に端を発し、軍部の独走によって15年戦争へ向かって走り出していた。戦局はきびしく推移し、皇室も苦難のときを迎えたが、良子皇后は国の行方に悩む天皇を助け、6人のお子さまたちの育児教育に努められた」と書いている。時代の認識そのものが何ともいい加減であるが、「皇室は苦難の時代の中で苦悩」する存在としてだけ描かれてよいのか。「天皇という公職」、「皇后という公職」にあった者の時代に対する「責任」について一語も触れずに済ますことは、考えてみれば随分失礼なことである。「天皇の戦争責任」を云々する以前の問題として、天皇・皇后の主体的な生き方については、批判は批判として明示な形で描いておかなければ、ご当人に対して失礼過ぎる。

それにだいたい事実が違う。皇后は、自らの時代への役割を十分意識して自らもまた演技していた。それらについて少し述べてみよう。

良子皇后の二代前の皇后について、即ち明治天皇の妻であった女性の役割について、T・フジタニの『天皇のページェント　近代日本の歴史民俗誌から』（ＮＨＫブックス）から見てみたい。既に周知のとおり、「天皇のイメージと近代の家族・ジェンダー（性差）観との関わりは、錦絵というヴィジュアルなメディアにも表されていた」。というより、現代のマスメディアと同様にこれらが動員された。従って、「錦絵は、国民国家の統合や、動的な主体としての君主を中心とする近代政治秩序の形成に深く関わっていた」。明治初期の「東幸」を描いた錦絵にはまだ天皇の身体そのものが描かれることはなかったが、１８７６（明治９）年以降、錦絵に天皇の身体が視覚的に実体を伴ったものとして登場してくる。そこで作られた軍人化・男性化された天皇イメージが以後一般に流布され、昭和天皇の白馬にまたがって閲兵する写真にまで引き継がれたのである。ここでは天皇のイメージはとりあえず問題ではないので、皇后に関することに戻るが、錦絵は何も天皇のイメージ創出にだけ貢献したのではなく、「皇后のイメージの創出・流布にもかかわっていた」のは当然のことである。皇后は、天皇が錦絵に肉体をもった人間として描かれはじめたときから常に共に描かれていた。「明治の皇后は、天皇の配偶者としては歴史上先例をみない顕著な存在であったが」、それにしても当初は、「天皇にたいして従属する対象として、また天皇に比べるとはるかにダイナミズムを欠いた存在として表象された」。具体的には天皇の馬車の後に付き従う存在以上の描き方はされていなかったが、明治憲法発布の際以降この皇后のイメージが大きく変えられた。即ち、「天皇と皇后は視覚的にペアをなすイメージとして表象されるようになった」のである。憲法発布の儀式の際には天皇のすぐ脇に皇后が座ったし、公の席へもほとんど出席し、常に天皇のそばに坐を占めるようになったのである。

T・フジタニは「このような皇室の女性イメージの変化は、錦絵のような視覚的なメディアだけでなく、活字メディアによってもひろめられた。皇室のページェントに関する記述がそれぞれに物語るように、皇室の女性は日本近代の皇室の儀式のうえで、目に見える演者であった。明治後期に行われた最も重要な皇室の儀式のうちの二つが皇室の結婚を祝うものであり、これは皇室の妻たちの従属的な存在としてのイメージをつくりあげるうえで先例になるよい機会となる。このように、明治後期になると皇室の女性たちは男性と同様、宮城の私的領域に引きこもるのではなく、むしろ公的な存在として、その夫や家族に従属させられながらもこれを積極的に支える役割を果たしていったのである」と指摘している。

確かにフジタニの言うように「従属的」ではあったろう。しかし、「従属的」であったから責任も「従属的」なものであったとはいえない。「従属的」な位置を保つことによって、「女の鏡」としてのイメージを引き受けつつ、そのイメージによって大きな役割を果たしたのではなかったか。こうした視点を持つことなく、「良子皇后は国の行方に悩む天皇を助け、6人のお子さまたちの育児教育に努められた」では、あまりに恥ずかしくないか。歴史は、表層に登場した人間だけがうごかしているのではあるまいに。ましてや「皇后」は「女」として最も「表層」にいた。

＊署名は「古藤和夫」

234

皇后・皇太后良子という存在（3）

近代家族イメージの創出と皇后の役割

・「靖国・天皇制問題情報センター通信」298号（2000年7月31日）

前回に続きもう少しT・フジタニの『天皇のページェント　近代日本の歴史民俗誌から』（NHKブックス）に依拠しつつ、皇后という存在の「従属性」かつ「積極性」について考えてみたい。明治憲法の発布の公的儀式以来、皇后は天皇の傍に一歩控えながらしかしペアを組んだ存在としてマスメディアに登場してきた。このような在り方について一般的に明治の指導者が西欧君主制を模倣したものであると考えられてきた。事実はそうに違いない。しかし考えてみれば、それはなにも皇室の在り方に限ったことでなく、近代の入り口に立った日本社会の全域にまで及んだ傾向であったし、むしろ女性の公的場面での前面への登場に関しては、どちらかといえば近代化が開始されたばかりの日本社会にあっては突出した形であった。

この点についてT・フジタニは「皇室の女性が公的生活に顕著な存在となったのが、西欧君主の行動を模倣したためだったというだけでは十分な説明にはならない。他の多くの場合と同様、西欧の宮廷のイメージや慣行が模倣されたのは、国内における必要にみあっていたからこそであった。皇室の女性は海外で尊敬されるようになっただけでなく、日本の市民にとって女性らしさの美徳の模範ともなっていったのである。皇室の女性は女らしい芸にひいで、上品で慈しみ深い性質をそなえた理想的な母や妻として描かれたのであった。家庭以外の領域で観られたり表象される場合においても、皇室の女性たちは「女性らしい」もしくは「母親らしい」慈しみ深い性質、あるいは戦争の救援活動、看護や慈善事業を通じてみられる奉仕する性質を表していた。」と、当然といえば当然過ぎるほどの指摘をしている。明治初期、多くが貧農であった農村社会において、あるいは都市貧民層において、皇室の女性たちが近代市民社会における家族の中で女性が位置する理想的イメージをどれほど振り撒いてくれようとも、現実感には乏しかったろうが、「日本の市民にとって」は大きな意味をもったに違いない。

従ってわたしは、明治時代の皇后その他の皇室の女性たちに付与されたイメージが、どの程度に当時の家族、あるいはその中の女性たちに影響を与えたかについては考えを保留するが、時代を下って、このイメージを体現してみせた良子皇后の時代に、彼女らが「家庭婦人」としての日本女性の在り方に大きな影響を及ぼしたであろうことは、想像に難くない。その意味では皇室女性のイメージは明治初期以降一貫していた。T・フジタニは同著において、明治天皇・皇后の銀婚式の際の『風俗画報』の「皇后陛下にはその昔一條邸にまだ幼くて御座ましける頃より静寂の御徳はるかに他の姫君たちに卓絶し給ひ読書習字などの御芸さへいみじく秀抜」という記事を引用している。良子皇后の死去に際するグラフ誌特集の記事もまったく選ぶところはない。事実良子皇后の日本画は素人の域を出ていたようであるし、「静寂の御徳」についてはは親しく交際させていただいたことはないので知る由もないが、まあごく普通の女性ではあったろう。宮内庁内部にいた人間から出てきた諸文書にある現美智子皇后との確執にしたところで、一般的な世代間の諍いの上に、不幸な育てられ方をした人間特有の思い上りの結果であって、個人の資質としてどこまで責任を負わせられるものか。

ところでT・フジタニの先の引用の中に、近代市民社会における家族の理想型の中で良き妻、良き母親の役割とちょっと矛盾するかのような「家を外にする」女性の役割をも演じていたころは、近代以降の皇室の女性たちの特質の一つである。加納美紀代の仕事にも大いに関係するのだが、実は、近代天皇制における皇后の位置は、「妻・母」に限定されることなく、「従属性」を保ちつつ歴史への積極的な関与という側面も有していた。続いてこの点について考えたい。

＊署名は「古藤和夫」

235
皇后・皇太后良子という存在（4）
「家を外にする」従属性①

・「靖国・天皇制問題情報センター通信」299号（2000年8月15日）

「凡ソ軍人タル者ハ有事ニ於テハ父母妻子ニ別レ辛苦艱難ヲ嘗メ犠牲ニ供シテ忠節ヲ盡ス者ニシテ、即チ国家ノ干城ナリ、日本赤十字看護、此等軍人ノ傷病者ヲ看護シテ、其苦患ヲ軽減スルノ任ニ在ルモノナレバ、直接ニハ其人ヲ助ケ、間接ニハ其功労ハ弾丸雨中ノ間ニ疾駆スル所の軍人ニ比シテ、自ラ譲ラズと謂フモ可ナラン、婦人ニシテ戦時勤労ノ一部ニ従事スルコトヲ得ルハ洵ニ名誉ト謂ハザルベカラズ、コノ名誉ヲ保ツハ前項陳述ノ如ク平来ノ覚悟ニ在リ、是レ学術精神ノ外ニ一身ノ徳義ヲ必要ト為ス所以ナリ」

1945年まで用いられていた「日本赤十字看護婦訓戒」の一部である。もうひとつ当時の、「日本赤十字看護婦養成所規則」の一部を引用しておこう。「養成所卒業後二年間、日赤病院ニ於テ勤務シ、爾後二十年間ハ身上に何ノ異動ヲ生ズルモ国家有事ノ日ニ際セバ速カニ本社ノ召集ニ応ジ患者看護ニ盡力スベシ」。

河出書房新社刊『日本歴史大辞典』の「日本赤十字社」の項は、「1877（明治10）年5月西南戦争のとき、かつてパリに学び、赤十字社の存在を知っていた佐野常民・大給恒らが博愛社をつくり、結社の允許の請願書を征討総督有栖川宮に提出、その許しを得たのが日本赤十字社の源である。86年11月15日、博愛社と政府は一緒になってジュネーブ条約に参加し、博愛社は社則を改正、87年5月24日宮内・陸軍・海軍の三省の許可を得て日本赤十字社と改称し、（中略）1901（明治34）年日本赤十字社条例が（明治34年、勅令223号）公布され、さらに、その後身たる日本赤十字社令（明治43年、勅令228号）により、日本赤十字社は陸軍大臣・海軍大臣の監督をうけることになり、軍との関係が密接となった。（後略）」と記している。日本赤十字社令は、当時の陸軍大将で内閣総理大臣の桂太郎、陸軍大臣寺内正毅大将、海軍大臣斎藤実大将、の副書付きの勅令で、「日本赤十字社ハ（平時カラ）救護員ヲ養成シ、救護材料ヲ準備シ、陸海軍大臣ノ定ムルトコロニヨリ陸海軍ノ戦時衛生勤務ヲ幇助ス」と規定している。

引用ばかりで申し訳のないことであるが、戦後の日本赤十字社のイメージしかお持ちでない方むけにはイメージの転換をお願いしたくてのことである。もっとも、戦後でも例の「赤い羽根」はなんとなく胡散臭く、今でも児童・生徒を動員して駅頭で売らせているが、「緑の羽根」とともに、なぜこれが当然のようになされているのか、それに会計報告を一度も聞いたことがないけれど、どうなっているのか誰も問題にしているとは聞かない。

それはともかくとして、先の引用文を読んでいただければ、日本軍の兵隊さんが天皇の股肱であったことをご理解いただけるであろう。皇后・皇太后良子さんは、戦前・戦後一貫してこの日本赤十字社の名誉総裁だった。

千田夏光の『皇后の股肱』の中に印象的な場面がある。

「(1937＝昭和12年)12月18日みよ子たちの前であらたに召集された先輩たち21名の出陣式がおこなわれた。〝君が代〟の歌われる中で、

『あの制服は皇后陛下がおんみずから形を考案されたものです』

同色のリボンをあしらった濃紺色の帽子(キャップ)、同色でこれも統一されたワンピース型の制服の左の衿には、ひときわ誇らしげに桐の花をデザインした衿章が輝いていた。それが、明治天皇の皇后である昭憲皇太后の愛用されている簪にある桐の花からいただいたものだと教えられたときは、ああ私も早くあの制服に身をかためて戦場におもむきたいと、手足まで震えてくるのだった」。

皇后という、天皇に対してあくまでも従属性を保って良き妻・良き母を演じているかのようであった存在が、牢固として「家」に封印されていた女性を「一旦緩急あれば」「家を外にする」者へと狩りだす装置でもあったことをもっとも端的に証明するのが「日本赤十字社名誉総裁」という位置であった。従軍看護婦も従属性が属性であった。

＊署名は「古藤和夫」

236

皇后・皇太后良子という存在(5)

「家を外にする」従属性②

・「靖国・天皇制問題情報センター通信」300号(2000年8月31日)

国防婦人会での活動が、家に縛りつけられていた女性にある種の解放感を与え、日々の活動の場の拡大をもたらした、ということを様々な角度から実証してみせたのは、「銃後史」研究者加納美紀代であった。丁寧な聞き取り調査の中から、それまで誰も思い付かなかったこの指摘は、歴史を考える上で大きな発見であったように思う。

従属性を最も強く求められる「主婦」という存在が、

国家に「一旦緩急あれば」自在に主体性を発揮する場として国防婦人会はあったのである。

ましてや「軍国乙女」たちにとって「日本赤十字看護、此等軍人ノ傷病者ヲ看護シテ、其苦患ヲ軽減スルノ任ニ在ルモノナレバ、直接ニハ其人ヲ助ケ、間接ニハ其功労ハ弾丸雨中ノ間ニ疾駆スル所の軍人ニ比シテ、自ラ譲ラズと謂フモ可ナラン、婦人ニシテ戦時勤労ノ一部ニ従事スルコトヲ得ルハ洵ニ名誉ト謂ハザルベカラズ」と言われ、「陸海軍大臣ノ定ムルトコロニヨリ陸海軍ノ戦時衛生勤務ヲ幇助ス」と言われれば、更に訓練の後、戦場配備が決定すれば、良子皇后が「おんみずから形を考案された」制服に身を包み、その衿には昭憲皇后が愛用した簪にある桐の花をデザインした衿章が付けられたのである。これに身震いしなければ「軍国乙女」の名がすたるというものである。こうして皇后の股肱が仕立てあげられていった。

しかし、従軍看護婦の末路は悲惨なものであった。同じ従属性を利用され、「家を外にする」国防婦人会と異なって、その「外」は戦場であった。

「日本赤十字社救護班看護婦遺芳録」なるものがある。赤十字看護婦として戦場またはそこへの途次または「内地」病院勤務中に死去した方々の名簿である。その一部筆者の故郷北海道出身者の一部のみ抜粋してみよう。

岩崎妙子　大正15年7月24日生、伊達赤十字病院に勤務中、敵機来襲、爆銃撃をうけ爆弾破片創で昭和20年7月14日死去。／桂田キヌ　大正10年11月10日生、関東軍派遣東安第一陸軍病院に勤務中、発疹チフスにかかり、昭和21年1月13日、満州牡丹江拉古で死去。／久野みち　大正14年4月11日生、満州国遼陽第一陸軍病院に勤務中、肺結核にかかり、昭和21年1月28日、柳樹屯陸軍病院で死去。／小元竜子　大正9年9月11日生、旭川陸軍病院（赤十字病院）に勤務中、肺結核にかかり、昭和15年8月7日死去。／佐藤シン　大正12年3月13日生、台北陸軍病院に勤務中、嗜眠性脳炎で昭和17年6月30日死去。／鈴木美代　大正11年6月2日生、満州国遼陽第一陸軍病院に勤務中、肺結核にかかり慢性腹膜炎を併発して、昭和23年2月17日、郷里で死去。／辻本みさを　大正7年2月15日生、遼陽第一陸軍病院に勤務中、腸チフスにかかり、昭和18年12月19日死去。／中川三枝　大正5年3月16日生、上海第一陸軍病院及び上海第157兵站病院に勤務中、肺結核兼腸結核にかかり、昭和20年11月16日死去。／本橋光子　昭和4年10月20日生、北海道支部所管伊達赤十字病院養成看護婦生徒として勤務実習中、空襲に会い、頭部盲管銃創で昭和20年7月14日死去。

もう中止する。紙幅の都合もあるが、辛くなってきた。最後の本橋光子さんなど享年15歳である。赤十字社の記録であるから元号を使用しているが、膨大な記録の中、最も多いのが、大正13年生、昭和20年死去の人である。元号がふたつにまたがっているのではっきりしないが、即ち19歳での死者が最多であった。

良子皇后の責任がどこまで問えるものであるか、あるいは意図せずとはいえ、本人がどこまで結果責任を認識していたか、天皇の後に一歩下がって歩く存在ではあったが、その従属性が、従属性という属性のゆえに、従属性を強いられていた多くの同性を狩りだしたことは、現在もまだ皇后なる存在を容認しているわたしたちの記憶の底に沈めておいてよい。良子さんは亡くなった。日本赤十字社も変わった。それはそうではあるが、良子さんの後釜はしっかりいるし、日本赤十字社にしたところで、そこで働く人々の意識はともかく、「皇居清掃奉仕団」のお世話は今も日本赤十字社がやっているのではないのか。

日本赤十字社名誉総裁皇后美智子。名誉副総裁皇太子妃雅子。同文仁親王妃紀子。同常陸宮妃華子。同三笠宮妃百合子。同仁親王妃信子。（終）　＊署名は「古藤和夫」

・「靖国・天皇制問題情報センター通信」301号（2000年9月15日）

237

事務局から

自分も関係しているとはいえ、他の「通信」からの引用で気が引けるのだが、大変面白いというか、ご本人にとっては大損害の話を、「非核法制定・非核条約締結を求める実行委員会」の発行をしている「非核・みらいをともに!!」8号に、沖縄恩納村の長嶺美奈子さんが書いておられる「恩納村からの便り」から引用する。

「クリントンの宿泊所となった恩納村の某ホテルは、億単位の金をかけてスイートルームを改装しました。陶芸をしている私の友人のつれ合いは、その部屋のディスプレイに彼の自信作を提供したところ、クリントンはいたく気に入ったようで、彼の作品だけを全部持ち帰ってしまったそうです。作品が米大統領に評価されて喜んだのもつかの間、代金は請求しないでくれと、ホテル側に言われ、言葉も出ない有様だったそうです」。

しかしこの話、クリントンの茶目っ気とは受け取れず、こいつ封建領主のつもりでいるな、と、その思い上がりにムカッとする話です。陶芸家その人は存じ上げないのですが、稲嶺沖縄県知事か森首相を相手取って損害賠償請求訴訟でもおこされたらいかがなものであろう。それとこの話、結構サミットなるものの本質を暴露もしているのではなかろうか。

当情報センターのスタッフが切り抜く新聞記事の量などを見ていると、とりあえず「日の丸・君が代」のシーズンは終わったかのようですが、処分された人々はこれからも長く苦しい闘いが続くし、「敵」側は休むことなく攻勢を仕掛けてきている。これらの記事については、当センターで発行している月刊紙「『日の丸・君が代』NO!通信」に満載されているので、そちらの方のご購読も宜しくお願い申し上げます。

238

事務局から

・「靖国・天皇制問題情報センター通信」第306号（2000年11月30日）

今年も残すところあと僅かになりました。なにぶんにも昨年の145国会があまりにも度はずれた国会だったので、今年は何だか浮ついた気分というか、アレアレッという間に一年が経ってしまったような感じです。

そうはいっても、今年も憲法調査会の動きを含めて、この国の行方はどんどんひどい状態に向けて急坂をころげ落ちるかのようです。「船舶検査法」にしても、森内閣のドサクサの中でたいした反対運動を展開する間もなく、国会を通過してしまいました。他国の船舶を止めさせ、船の内部を検査するなどということが、軍事力を背景にせずに可能なはずがありません。日米安保条約新ガイドライン関連法はこれですべてそろいました。後は「有事」対応のための新法を次々に成立させようという魂胆でしょうが、２００１年もまた精一杯闘って過ごす年になるのでしょうか。

少年法の改悪も簡単に国会を通過してしまいました。適用年齢を下げ、厳罰で臨むなどという水準の問題だけでなく、もちろんそれも大問題ですが、広義の治安関係法の強化の一環としてこの問題を考えてみれば、事柄の本質が一層明白になるように思います。更に、これに喧伝される「奉仕活動の義務化」とを重ねれば、「徴兵制」がかなり現実感を伴ってきます。

いったい何をするつもりなのでしょうか。この国の為政者たちは。

それにしても、夏の暑さがいつまでも続いていたものですから、寒さが急激にやってきたようで、体調を崩している人が周囲にたくさんあります。全国の読者の皆さんはお元気でご活躍でしょうか。「日の丸・君が代」をめぐっての攻防はこれからいよいよ本番になってきます。どうぞお体を大切になさって、忘年会のシーズンではありますが、呑むのもちょっと加減して、ゆっくり睡眠をとりましょう。

仕事ですから仕方なく読んでいるのですが、どうも「右」側の言論の方が圧倒的に元気な時代のようで、寂しい限りです。しかし、今がふんばり時です。２００１年には、こちら側からの言論攻勢もにぎやかに元気にゆきたいものです。わたしどもの「情報センター通信」も、企画を練り直して、もうひと元気というところです。互いに頑張りましょう。

２３９

いわゆる「教育改革」反対を反天皇制運動の大きな課題のひとつとして据えよう①

・「靖国・天皇制問題情報センター通信」３０９号（２００１年１月15日）

森喜朗首相の私的諮問機関である「教育改革国民会議」（江崎玲於奈座長）は、昨年12月22日、教育基本法の見直しや、学校教育での奉仕活動の実施など、聖徳太子の「十七条の憲法」にでもあやかったつもりなのか、「十七の提案」を盛り込んだ最終報告をまとめ、首相に手渡した。そもそも単なる首相の私的諮問機関に過ぎないにもかかわらず、「教育改革国民会議」などと僭称するところに、時代の困難さ、政治の頽廃などから「国民」の目を逸らそうとする森首相の意気込みばかりが感じられるのであるが、「ドロブネ内閣」などと言われながらも「内閣改造」によって綻びを繕いながら難破を免れ、政治日程的には、昨秋から森首相が、2001年の通常国会は「教育改革国会」であると言い続けてきたスケジュール通りに進行しており、いよいよこれをめぐる攻防が本格化する段階に至っている。

そこで、「教育改革国民会議」の最終報告批判と同時に、これに対する学校教職員組合の対応を検討しつつ、反「教育改革」もまた反天皇制運動の課題として新たに付け加えなければならないのではないかという視点を提示したい。もちろん長い歴史過程を経た問題であるので、一回の文章で提示できるような簡単な作業ではない。従って今回はまず「教育改革国民会議」の報告に関する学校教職員組合からの批判を掲載し、以後問題を展開したい。

☆「17提案」の骨子

12月23日付「朝日新聞」が「骨子」として要約したものを屋上屋を重ねるようではあるが、誰もが新聞の切り抜きをしているわけではなかろうから紹介しておく。

【人間性豊かな日本人を育成する】

●教育の原点は家庭であることを自覚する
●学校は道徳を教えることをためらわない
●奉仕活動を全員が行うようにする
●問題を起こす子どもへの教育をあいまいにしない
●有害情報等から子どもを守る

【一人ひとりの才能を伸ばし、創造性に富む人間を育成する】

●一律主義を改め、個性を伸ばす教育システムを導入する
●記憶力偏重を改め、大学入試を多様化する
●リーダー養成のため、大学・大学院の教育・研究機能を強化する
●大学にふさわしい学習を促すシステムを導入する
●職業観、勤労観をはぐくむ教育を推進する

【新しい時代に新しい学校づくりを】

●教師の意欲や努力が報われ評価される体制をつくる

●地域の信頼にこたえる学校づくりを進める
●学校や教育委員会に組織マネジメントの発想を取り入れる
●授業を子どもの立場に立った、わかりやすく効果的なものにする
●新しいタイプの学校（〝コミュニティー・スクール〟等）の設置を促進する
【教育振興基本計画と教育基本法】
●教育施策の総合的推進のための教育振興基本計画を
●新しい時代にふさわしい教育基本法を
以上である。

しかし、このような要約ではこぼれてしまう大切な問題ももちろん残されている。後に詳細な批判を展開する際にそれらについては触れたいが、項目としてだけ挙げておくならば、①「不適格教員」の学校からの排除、②奉仕活動を促すための学校教育法の改悪、③教育委員会の活性化という名の学校への指導権限の強化などである。これらの三点については、政府は、1月末に召集される通常国会に必要な関連法案を提出したい意向をもっているが、それに対して文部省内部に「政治家の実績作り」以上のものではない、との冷ややかな反応があると報じられているにしても、森内閣の浮沈を賭けた方針であるから、「蛮勇をふるって」勝負に出ると考えなければならない。

☆教職員組合による批判
★日本教職員組合（日教組）

新聞報道によると日教組は、12月22日、「教育基本法について『教育を政争の具』にする意図をあらわにしたのではないか。公聴会での意見などを反映していない。教育専門家を基本的に排除し、文部省関係の審議会との整合性もとらずに審議された」と批判するコメントを発表したとのことであるが、12月26日段階での日教組のホームページにこの批判は掲載されておらず、「政争の具」にしてはならないという批判は、9月22日付教育改革国民会議・中間報告に関する書記長談話によって既に示されたものである。従って、この書記長談話が基本的立場であろうから、これを引用しておく。

教育改革国民会議・中間報告に関する書記長談話

２０００年9月22日

日本教職員組合　書記長　戸田恒美

本日、首相に提出された教育改革国民会議の中間報告についての詳細な検討は、別途おこなうが、取り急ぎ日教組としての受け止め方を明らかにしておきたい。

1・教育改革を「政争の具」にしてはならない

子どもと教育には、日本社会の将来がかかっており、課題解決には社会的合意形成が不可欠である。しかるに森首相が所信表明演説で教育基本法の見直し論議を強調するなど、教育を時の政権の「浮揚策」などとして扱う姿勢は遺憾である。

また、中間報告は学校現場と子どもの実態の把握に努めることなく、これまでの中教審など各種審議会の検討経過を尊重することもなく、結論を押しつける姿勢に陥ったことに対して、国民のなかに疑問が広がっている。

2・「奉仕活動の義務づけ」論は時代錯誤である

①中間報告は、子どもや国民を見下ろして「18歳で1年間の奉仕活動」の検討、「小中学校2週間、高校1ケ月の奉仕活動」実施を提言している。軍国主義の戦前ならともかく、現代日本社会では時代錯誤の主張に他ならない。

もしこれを義務づけたならば、「拒否」する子ども・親たちと「指導」する教職員の軋轢と相互不信が大きくなり、不登校の増加など新たな問題が生じるのではないか。（この項以下略）

②「問題を起こす子」に対する方策は対症療法に過ぎず、「隔離」につながる発想は教育の放棄であり、インクルーシヴな学校をめざす国際的な流れに照らしても承服できない。

③「教師の意欲や努力が報われ評価される体制をつくる」とした「特別手当」から「免許更新制の検討」に至る提言は、これまで何度となく試みられ失敗してきた「アメとムチ」策であり、暗く古めかしいものである。必要なのは、教職員の協力・協働を担保することである。

3・「学校選択」は地域コミュニティをほり崩す

①公立小中学校の「通学区の弾力化」「学校選択」の提案は、障害児や外国人をふくめた教育の機会均等を損ない、地域コミュニティを崩して、初等教育の価値の一つである「社会の一体性」の基礎づくりを喪失させる危険が大きい。

②、③、④を省略

4・「教育振興基本計画」「教育休暇制度」こそ義務づけを（この項省略）

5・教育基本法がめざす教育の実現こそが求められている

「国民的議論を」と投げかけているが、このことを「政争の具」とすることは、厳に戒めるべきである。

議論するにあたって重要なことは、①教育基本法がめざす理念や内容はこの50年間でどこまで実現（達成）できたか、②実現できていない原因と、実現のために必要な施策は何か、③基本法がめざす教育実現のために更に発展・充実させるべきことは何か、という観点で、これまでの教育施策を総点検することである。

さらに、国際化する21世紀に向けて、日本も批准している「女性差別撤廃条約」「子どもの権利条約」や「サラマンカ宣言」などを具体化し、教育基本法がめざす教育をより前進させることが重要である。

6・終わりに（この項省略）

★全日本教職員組合

子どもと教育、日本の未来を危うくする「国民会議」報告の具体化を許さず、憲法・教育基本法が生きる21世紀を─教育改革国民会議報告に対する見解　２０００年12月22日　全日本教職員組合中央執行委員会（全教）

（前文省略）

今回の最終「報告」は、「中間報告」の『17の提案』を基本としつつ、いくつかの点にわたって修正・追加されています。しかし、その内容は奉仕活動の義務化」や教育基本法問題、さらには強権的で粗雑な教育改革についての理念など国民的な批判が集中した項目について、表現を修正・追加することによって、それをかわそうとする政治的ねらいがしめされています。また焦点となる教育基本法問題では、「中間報告」が『見直しの国民的論議』を呼びかけたことに対し、最終「報告」では、『新しい時代にふさわしい教育基本法を』として、『日本人としての自覚』『伝統・文化の尊重』『宗教的な情操』の強調など、「改正」に向けて新たな一歩を踏み込むものとなっています。それは従来の

「教育改革」の枠組を超え、戦前型の教育へ復帰させる一面をもつ、国民会議の危険なねらいをしめしています。（中略）

第一は、家庭における「しつけ三原則」、学校での「道徳」（小学校）、「人間科」（中学校）、「人生科」（高校）の「教科」の新設と、小中学校で2週間、高校で1カ月の奉仕活動を義務化し、将来的にはそれを18歳後の青年に1年間とすることを検討するなど、『奉仕』『献身』を基本とした道徳教育を強調していることです。（中略）「『奉仕』に強制はなじむのか」の疑問や批判に対し、「教育も奉仕も強制だ」とした「国民会議」の一部の委員と町村文部大臣の「教育観」に、子ども自身にある成長・発達の力に信頼を寄せてそれを育むという、教育の基本を否定する危険な本質を見ることができます。

第二は、『習熟度別学習を推進し、学年の枠を超えて特定の教科を学べるシステムの導入』『義務教育開始年齢の弾力化の検討』『通学区域の弾力化』『公立学校半数の中高一貫校の拡大』『大学入学年齢の撤廃』『リーダー養成のための大学・大学院の機能強化』など、小学校から大学に至るまで能力主義教育を貫徹し、学校制度の複線化をねらっていることです。（この項以下略）

第三は、教職員と学校のあり方の問題です。いま学校に求められているのは、子どもたちが学習をとおして喜びと希望を育み、かけがえのない存在として自ら自信をもち、教職員や子どもどうしの豊かなかかわりのなかで人間らしい成長・発達をうながす場としての機能を築くことです。そのためには、教育基本法がしめすように、その専門性にもとづき教職員の身分が尊重され、子どもとの間が人間的・教育的関係で結ばれなくてはなりません。（中略）「地位」や「金銭」による信賞必罰の考え方そのものが、教育が成り立つ精神的・文化的な営みを根底から歪めることになります。教師の意欲や努力は、子どもとの関係と教育活動そのものから生まれるものです。

さらに重要なことは、「国民会議」の最終「報告」に先立って、政府文部省は、次期通常国会で『17の提案』の基本項目となる「奉仕活動の義務化」「教員評価と指導力不足教員の排除」「大学入学年

齢の撤廃」「問題をもつ子どもへの対応」などを「教育改革関連法案」として法制化の準備をすすめていることです。（後略）

以上である。両組合の主張に対して、学校の外側にいる者には、現実にそぐわない見解も含まれているようにも感ずるし、言いよどんでいるのではないかと思われる点もあるが、それらについても次回批判的に検討したい。

＊署名は「橘田喬」

240
いわゆる「教育改革」反対を反天皇制運動の大きな課題のひとつとして据えよう②

・「靖国・天皇制問題情報センター通信」３１０号（２００１年１月31日）

前号（３０９号）で「教育改革国民会議」の最終報告の要旨とそれに対する日教組、全教の批判を紹介した。今号ではこの両者の批判に対する批判という形で、反天皇制運動の視点から、「教育改革」なるものの持つ危険性について指摘したい。

1　日教組・全教による批判の不十分性

日教組による批判の核心は、「教育を政争の具にするな」というものである。確かに「子どもと教育には、日本社会の将来がかかっており、課題解決には社会的合意形成が不可欠である」という指摘はそれ自体としては正しい。しかし、一方で「教育」は日本における近代国家形成時から「政争の具」であったのではないか、というより時の権力、国家によって「期待される人間」生産の道具として用いられてきたのではないのか。まして、現在進行しているところの「教育改革」を、森政権による「教育の時の権力の『浮揚策』などとして扱う姿勢は遺憾である」という批判は、まるで的を射ていない。この問題は中曽根政権による「戦後政治の総決算」路線の過程で浮上したものであるが、戦後保守政治によって一貫して目指され、それが森政権によって継承されたに過ぎないのである。こういう時代認識のずれは、「『奉仕活動の義務づけ』論は時代錯誤である」という批判にも当てはまる。もちろん「学徒動員」などを意識していることは理解できるのではあるが、「奉仕活動」は戦後教育においても学校がずっと以前から児童・生徒に強要してきたものであるし、集団行動による画一化もしばしば用いてきた手法であった。何も「軍国主義の戦前ならともかく」などということではなく、民衆の意識の個への拡散、際限のないゲマインシャフトの解体状況という現代に突き付けられた課題の突破口をここに求めようとしているのであるという認識こそが必要なのであり、これなくして「いつか来た道」という批判は「敵」の意図の煙幕にしかなるまい。こんなことであるから、今回の「教育改革」案と国旗・国歌法との関連さえ指摘できていない。国旗・国歌法制定もまた「戦前」回帰論で済ませてしまっているのだろうか。全教による批判は、日教組の書記長談話よりは具体的である。今回の最終報告の問題点を3点挙げ、まとめの批判を展開している。1点は、『奉仕』『献身』を基本とした応徳教育を強調している」という批判。2点は、「小学校から大学に至るまで能力主義教育を貫徹し、学校制度の複線化をねらっている」という批判。3点目は、「『地位』や『金銭』による信賞必罰の考え方そのものが、教育が成り立つ精神的・文化的な営みを根底から歪める」という批判。まとめとして2001年の通常国会で「『教育改革関連法案』として法制化の準備をすすめている」という批判を展開の上で、全教は「断固として反対します」としている。しかし、ここでもなぜ今これほどまでの「教育改革」の推進であるのかについての見解が述べられていないし、自らも教師としてかかわってきた「戦後教育」の在り方への切開は一切なく、「政権政党や財界の意向」即ち「『日本人としての自覚』『伝統・文化の尊重』『宗教的な情操』の強調」として、言葉でこそ「戦前」とは言っていないものの、日教組の批判と同質のものを感じざるを得ない。

2 「戦争国家化」と「教育改革」

「教育改革国民会議」の最終報告の問題点は、多岐にわたるものであるし、「教育」現場にとっては、「教育論」として容認できないものが多々あるであろうことは十分理解できる。

しかし本稿は、既に述べたように、反天皇制運動という立場からの批判を提示することが役割であるから、それに限定して以下展開する。

いわゆる「戦後教育改革」以後、この国の保守政治は一貫して、これの済し崩し的解体を企図してきた。順不同に並べてみても「建国記念日」制定、「期待される人間像」発表、「教育委員の公選制廃止」等々実に首尾一貫というか、瞬時の休みもない改悪攻勢であり、この間それと連動して日教組懐柔・組織弱体化攻勢も続けられた。

　同時に憲法９条の解釈改憲による「日本軍」強化も進められ、いうところの55年体制崩壊後、アメリカ合衆国を支配の頂点とする世界軍事体制の再編が行われ、これと日本資本主義のアジア・太平洋地域の権益の擁護と拡大という死活問題と関連して、ＰＫＯ協力法から日米安保条約新ガイドラインの締結へと時代は進んだ。２００１年秋以降国会に持ち出されるであろう有事立法もまたこの延長線上である。いうところの「いつでも戦争ができる普通の国家」への大転換がはかられているのである。

　国旗・国歌法の強行制定と学校現場における「日の丸・君が代」の強制とは、こうした国家再編の一貫として認識するのは、今更言うまでもなくほぼ共通した認識であろう。

　ところで、であるとすれば「戦争」と「国旗・国歌法制定」とはどういう関係にあるのかをごく近い歴史から考えてみたい。とはいうものの、正確を期すべきではあるが紙幅がないので、おおまかな話だけを追うしかない。

１９３２（昭和７）
１・15　全農全国会議派代表者会議、戦争反対ファッショ排撃のスローガン決定　７・10　日本共産党32テーゼ発表　７・24　社会大衆党結成　10・30　日本共産党弾圧

１９３３（昭和８）
６・７　鍋山、佐野転向声明発表　９・15　不穏思想予防弾圧取締強化方針決定　10・15　日本国家社会主義全国協議会結成　12・26　内政閣僚会議で農民精神振興その他農村再生策決定

１９３４（昭和９）
４・25　思想検事を設置　11・10　日本労働組合連合大会、日本主義に転向表明

１９３５（昭和10）
２・18　貴族院で美濃部達吉の天皇機関説問題化　３・４　日本共産党中央委員会壊滅　３・23　衆議院国体明徴決議案可決　４・９　文部省全国学

校に国体明徴を訓示
1936（昭和11）
2・26事件　3・13　大本教結社禁止　4・6
内務省言論取締強化方針明示　11・20　思想犯保
護観察法施行
1937（昭和12）
10・12　国民精神総動員中央連盟結成　10・17
全日本労働総同盟大会戦争支持決議
1938（昭和13）
4・1　国家総動員法公布

このわずか7年の歴史の変動をどう見るか、これが現在の我々に課せられている課題であろう。30年代初頭では、労働運動もインテリたちもまだ抵抗運動を作ろうとする身悶えするような努力を続けている。しかし後半に入るや、弾圧と権力の側からする「国民運動」とに押さえつけられ、屈服の道を選択してしか生きて行く方法を断たれてしまった。とりわけ1937年に開始される「国民精神総動員運動」が「戦争遂行の担い手」養成に果たした役割は非常に大きい。藤岡や西尾、小林らによる歴史観の歪曲・捏造から始まり、「新しい教科書」を全国の学校で使用させるよう莫大な資金を用いての運動がひとりこの連中だけでできることではないことは大方の認識の一致するところである。中曽根が「右の機関紙＝読売新聞」に連載した「教育改革への国民運動を」という檄は、まさに「国民精神総動員運動」そのものではないだろうか。日米安保条約新ガイドラインが「戦争基本法」としての性格を有したものであり、これの物質化の一貫として、日本近現代史を「誇りある栄光の歴史」とすることによってしか、新たな「戦争の担い手」などは養成できるはずがないことを「敵」方はよく知っているのである。ちょうど「靖国神社国家護持法案」の時、中曽根が「国のために死んだ者を国が祀らずして、今後誰が国のために死ねるか」と言い放ったのと同じように、「君が代」の思想を我が物とし、「日の丸」を「八紘一宇＝アジア共栄圏」の旗印とする若者の養成が、政府が発表するより遥かに大きな数にのぼるであろう失業者を抱え、先行きの展望を失ってしまっている日本資本主義の現在の要請なのである。

新ガイドライン締結から今秋の国会に持ち出されるであろう有事立法から、そう遠くはない明文改憲までの過程とは、即ち1930年代と同一の軌跡ではないのか。

くどいようであるが、その時に決してこれを「いつか来た道」と認識してはならない。歴史が後戻りすることなどない。21世紀にこの「国家」が生き残りを賭けて選択している方向なのである。

国労中央が自裁した、連合成立後の滔々たる後退の流れとあいまって、全日本労働総同盟が戦争支持決議をしたのと対応していないか。教育改革国民会議の果たした役割は「国民精神総動員中央連盟」の現代版である。であるとすれば、反天皇制運動の課題として自ずと明らかであろう。

＊署名は「橘田喬」

241

事務局から

・「靖国・天皇制問題情報センター通信」311号（2001年2月15日）

学校では今年も「日の丸・君が代」をめぐって教師たちにとっては気の重い議論と、職務命令と処分をちらつかせる管理職との攻防の季節に入った。お気の毒なことだと同情申し上げるが、ひとつだけちょっと意見を述べておきたい。確かに現在の学校現場においては生徒・教師への管理が強化されており、将来の担い手を預かる学校がそういうことでは困るとは思うけれど、ぜひ考えていただきたいのは、いわゆる一般企業の場合事態は管理強化どころの話ではないし、最近しばしば問題にされる「不適格教員」の「収容所」送りの問題にしても、リストラといういささか軽い響きを持った言葉で表現されている解雇もそこではほとんど常態化している。だから教師への「日の丸・君が代」を踏み絵にした屈服強要がたいしたことはない、と言いたいのではなく、時代の重荷のすべてを背負わされているような気分に陥らず、のびやかに、しなやかに闘ってほしいのである。全国で「日の丸・君が代」を果敢に闘っている教師はまだ多いし、日教組に捨てられたところで、国労闘争団を支えて行こうという人々が多数あるように、決定的に孤立することは今のところまだあるまい。それとついでに、この際だから教師の労働運動の窓をもっと大きく広げて、他領域の労働者との共闘をお考えになることをお勧めする。どうも運動の発想が狭いように思えてならない。

先頃の宇和島水産高校の船が、米軍の原潜にぶつけられて沈没した事件は、何とも心の重いことだった。軍というのはそういうものだろうけれど、民間の小さな船などまるで歯牙にもかけないかのようである。テレビを見ないので実際のところはよくわからないのだが、どうせまたぞろ軍事評論家と称する人々が出てきてあれこれと潜水艦の機能について講釈を垂れているのであろう。その中の一人でも、民間船の通る可能性のある海域で訓練などするな、と言ってくれているのだろうか。それと大変驚いたのは、原潜に無関係の民間人が乗ったりしていることである。どういう種類の人間なのであろうか。マニアはどんな領域にもいるものではあろうが、そういう人から金をとって乗せているのだろうか。開いた口がふさがらないとはこういう時のことであろう。自衛隊も……。

・「靖国・天皇制問題情報センター通信」316号
（2001年4月30日）

242

事務局から

これまで9条改憲ばかりが問題となっていましたが「改憲的状況」はあらゆる領域で進行しています。「護憲」を「9条改憲反対」に切り縮めるような運動は、まるでダメとは言いませんが、「公共の利益」が優先され、「私権」が著しく制限され、それが当たり前であるというような時代に突入していることを我々はよくよく考えてみなければならないと思います。

「国連国際的組織犯罪防止条約」というのが昨年末日本のリードで締結され、今年の秋の国会ででもこれを批准するために、国内法をこれに合わせて整備すると法務省は言っています。「国際的組織犯罪」などと言われると自分たちには関わりがなく、マフィアか蛇頭などが対象であるかのように思ってしまいがちですが、そんなことはありません。ご承知のとおり、法律はそれが成立しさえすれば、あとは権力の武器になることなど常識の範囲です。この条約には実行行為の有無にかかわらず、犯罪的な組織であると権力が認定すればそれ自体が犯罪であるという参加罪と、同じく実行行為の有無にかかわりなく、犯罪的な行為の共同謀議に参加すれば共謀罪が成立するとされています。これでは現行刑法・刑訴法即ち戦後刑事法の体系そのものが全面的に否定されてしまいます。とどのつまり結社罪に道を開くものであり、「言論・結社の自由」など歯牙にもかけない法律が、組織的犯罪対策法の改悪として出されるのか、それとも新法として出されるのか。いずれにしても21世紀は「自由」を否定する「市民社会」の到来が予想されます。

教科書採択をめぐって「新しい歴史教科書をつくる会」との攻防が激しくなっています。今号でも3頁の特集を組んでいますが、教科書採択の現場から、教師をはずそうとする動きが全国化しており、各自治体の教育委員会が「つくる会」の主張と共同歩調をとっていることが明らかになっています。それを使って「教育」をする教師の意見を教科書の選択の際に排除することが、どういうことを意味するのか、教師の組合組織はここのところの意味をじっくり考えてみないと、とんでもないことになるでしょう。組合の背骨を折られるぐらいの大きな問題だけでなく、教師という存在の有り様そのものの危機に直面しているように思います。次号でも特集を継続します。

243

・「靖国・天皇制問題情報センター通信」317号（2001年5月15日）

藤野豊著『「いのち」の近代史―「民族浄化」の名のもとに迫害されたハンセン病患者』に学ぶ天皇制とキリスト者の責任

熊本地裁の判決から3日目にこれを書いている。画期的な判決だった。もちろん手放しで喜ぶほど元患者さんたちの現状が生易しいものではないことは多少知っているし、日本の裁判も上級審へ行けば行くほどひどい状態であることも知っているが、それでも心の底から深い喜びが湧いてくることも事実である。

本著作は5月1日付けで発刊された。著者には被差別部落史にかかわる著作があり、『日本ファシズムと医療』（岩波書店）、『日本ファシズムと優生思想』（かもがわ出版）というハンセン病にかかわる著作があることはよく知られているし、わたしもその何冊かは読んだが、歴史学にはまるで門外漢であり、素養のかけらもない者であるから、正直なところ読了するのに困難を覚えた。しかし本書は作者による「序」にあるように多摩全生園で出されている月刊誌『多摩』に連載されたもので、初出があるが、歴史学の素人を対象としている分だけ、大部の本ではあるが、一気に読み終えた。

簡単に紹介できるような内容の質と量ではないので、わたし自身がキリスト者であるという理由と、天皇制に対する批判を自分の課題としているということから、その点にだけ絞って紹介させていただく。

まずキリスト教がハンセン病に対して犯してしまった誤りについてである。著者は「安部（磯雄）はなぜ、これほど『優秀なる種族を得る』ことにこだわったのだろうか。私は、そこにキリスト教の『選民』思想があると考える」と言う。根拠は、「人間は如何にして自分を淘汰することが出来るかといふに、私は産児制限に頼る外ないと信じます。普通産児制限は子供の数を制限することが主なる目的の様に考えられて居りますけれども、これは単に第二の問題であって、第一の問題はこれによりて優秀なる種族を得るといふことにあるのです」（『産児制限論』）。「一国一社会の民族の改良を念とするならば、人種の改良といふことが必要となって来る。もしこの社会に優種の人間ばかりであったならば、どれだけ社会の進歩を助け、社会の改造が出来るかわからない。然るに、この点に何等の顧慮もなく、優種も劣種もたゞ自然に生まれるがまゝに、放任して居るがために、社会の改良も思ふ様に出来ないし、又優良な社会も生れない」（「産児調整の社会的意義」『太陽』32巻13号）等である。この延長線上で、1930年代後半に至り、安部は「断種」を強く求めるようになった。

賀川豊彦の差別性については、日本基督教団の中でも、部落解放センターからの指摘を受けて大きな問題になった。「人間そのものを鋳型に入れて改造しなければならない。鋳直して酒を飲まなければ相当によい結果が生まれるのである。低能はアルコール許りが原因ではない。低能と梅毒の関係は非常に深いものである。私は低能及び白痴の原因が梅毒にあることを否定しない。そしてアルコールも非常に影響を持ってゐる」（「優生学上よりみたる禁酒問題」『雲の柱』6巻4号）などと根拠も示さずに断定し、「生理的に、筋肉運動に少しでも欠陥がある場合に、道徳能率は上らないと云ふことである。私が何故癩病問題を喧しく云ふかと云へば、それは国民の社会的効率を上げる為に云ふのである」（「社会問題として見たる癩病絶滅運動」『雲の柱』6巻3号）と言ってはばからない。

　この安部も賀川もこれらの著作が1920年代のものであってみれば、戦時体制に向けた時代の思想であることは免れ得ないであろうし、現在のキリスト教でこれをこのまま支持する者は多くはなかろうが、しかし、キリスト教の伝道を強く主張する人々の中に、「遅れた人」とまで言わないにしても、自らの思想、信仰の優越性を自明のこととして、こちら側に向けて「教化」するという発想が皆無とは言えない。信仰とは相対化が困難なものであるが、だからこそ相対化の努力を不断に続けなければいつでも選民思想に転化する。

　藤野の指摘を待つまでもなく、ハンセン病に限らず天皇制が差別を隠蔽し糊塗してきたことはつとに知られている。藤野は「一方では、隔離の強化によりハンセン病患者への迫害を強め、他方では、貞明皇后の『同情』を強く打ち出すという政策は、一見すると矛盾するようである。しかし、後者により前者の残虐性を覆い隠し、さらには、そうした悲惨な患者まで皇室は憐みの心をもっていると、天皇制そのものがもつ残虐性（侵略・自由への弾圧等）をも覆い隠しているように、両者は不可分の関係にあったのである」。そしてまた、このように直接に天皇制との関係が顕でないにしても、ハンセン病史の中で悪名高い光田健輔のいた長島愛生園に見られる「家族主義」もまた天皇制国家支配の論理である「家族国家観」に基づくものであったことも藤野は周到に指摘している。

　最後に藤野が今後の自らの学的方向として、「被差別部落とハンセン病」の歴史を重層的にとらえてゆきたい、と述べている方向に賛意を示すと同時に、期待を述べておきたい。「『被差別部落』という言葉を、狭義の意味（かつての『未解放部落』）とは別に、その文字通りの意味で理解する必要があるのではないかと考え」、「狭義の意味での被差別部落にハンセン病患者が多いという説は、偏見には違いないが、しかし、その背景になった歴史的事実は確かにある」のであり、「患者はひとりもいないのに、『癩部落』と言われ」、「被差別部落と同様に婚姻忌避をされた地区」もあるのだから、この「被差別部落」という言葉を広義に理解して、日本近代史をもう一度とらえ直したい、という藤野の課題は、歴史学という世界のことだけではなく、この国の近代の意味を考え続ける者すべてに、大きな示唆を与えることになるであろうことは明らかである。

藤野さん、ご著書ご恵贈ありがとうございます。

244 新しい反靖国運動を求めて

・「靖国・天皇制問題情報センター通信」319号（2001年6月15日）

影の存在であるべき編集者が巻頭言などという表舞台に登場するのはあってはならないことと差し控えてきたのだが、新たな状況を迎えてご挨拶を申し上げるのに、編集後記でというわけにもゆかなかろうと愚考して、晴れがましい場にしゃしゃり出たことをご容赦いただきたい。

前号から、70年代に書かれた戸村政博氏の「靖国」論文の分割掲載が始まっていることに読者の皆さんはお気付きだろうか。何を今更とお感じになった方も多かろうが、今年の8・15に今や救世主でもあるかのように自分も錯覚しているだろうし、何よりマスコミが提灯記事ばかり書いて持ち上げている小泉首相が靖国神社に首相という肩書で「参拝」するのは、ほぼ確実な状況になってきた。自公保連立政権内でそれぞれの思惑があって、あれこれの綱引きはあるだろうが、「有言実行」を看板とする小型ファシスト小泉としては、何度も「参拝」を断言したからは、これを実行せねば「男がすたる」くらいに考えているに違いない。

小泉の盟友東京都知事石原もすでに昨年「参拝」し、今年もすると断言している。二人で同行する可能性さえ出てきた。こうなると宗教界でいうところの「靖国問題」ではすまない。「つくる会」教科書をめぐって近隣アジア諸国の人々の怒りが国会周辺で渦巻いている状況下、これを承知の中央突破である。

「靖国・天皇制情報センター」としては、これを指をくわえて看過することなどできない。新たな反靖国運動を提起する責任があると考えて、反靖国の思想はこの水準にまで到達していたという指標として戸村氏の論文の掲載を開始した。この地平から前に進み出たいと考えてのことである。6月号から毎号2頁「靖国問題」についての論考を掲載して、新しい反靖国運動の在り方を読者の皆さんと一緒に模索したい、投稿も大歓迎である。「戦後」はまだ終わっていない。何も決着せずに終わらせるわけにはゆかない。

245

01・6・23沖縄の夏は静かに暑かった

・「靖国・天皇制問題情報センター通信」320号（2001年6月30日）

6・22、那覇の女性総合センターてぃるるにおいて30分の時間差はあるものの、ごく身近な運動体の集会が2階と3階で開催されていた。一つは「上映と講演と歌で沖縄戦を学ぶ」集会。講師は琉球大学法文学部教授の保坂廣志氏で、演題は「沖縄戦と心の傷（戦争神経症＝トラウマ）の回復」。

もうひとつは、韓国明知大学校沖縄研究所所長洪鐘氏を講師とする「『平和の礎』韓国人刻銘作業にたずさわって」という講演集会である。からだが二つあるわけではないので、両方とも興味があったが、ちょっとずつ顔を出して資料をいただいただけで終わり。もう少し調整をつけてくだされればよいのだが、考えてみれば、6・23を「慰霊の日」として休みにしている沖縄で、前日の夜に集会を入れたいと考えるのもまた当然であろう。

沖縄戦とトラウマの集会では、1945年5月に米陸軍省によって製作された「Let there Be Light（汝光あれ）」という題名の映画が上映された。沖縄戦等に参加した米兵の戦闘神経症治療の記録映画である。映画の内容はともかくとして、愕然としたのは、この映画が45年5月に制作されているということである。もちろん戦争を勝利的に展開している国家の余裕ということもあろうけれど、日本国家が兵隊ひとりを「一銭五厘」と象徴的に表現したことに明らかなように、人間の命は鴻毛より軽いとする考え方が、戦時も平時も貫いてこの国家の権力の体質にまでなっていることを再度考えさせられた。

「平和の礎」への韓国人の刻銘問題にも、このような問題とそれに加えて「朝鮮差別」が、戦死・戦没者にまで貫かれている事実を突きつけられて大変重い気分になった。というのは、95年段階で平和の礎に刻銘されている韓国人はわずか54名であり、以後上記の洪氏の努力によって２９６名が７年かかって刻銘されたとのこと。もちろんこの作業は困難を極める。なぜなら「創氏改名」を強制した結果韓国人と認定するのには傍証も含めた気の遠くなるような作業を伴うからである。しかし、だからこそ日本人は戦後処理の一環としてこれをないがしろにすることはできないのではないか、と思ったりしていて、ふと自分もこの問題に気が付きもしなかったことに思い至り、更に気分が重くなった。

６月23日は、例年通り国際反戦沖縄集会がもたれた。今年で第18回目である。集会実行委員会参加団体を挙げておく。沖縄戦記録フィルム一フィート運動の会・反戦地主会・沖縄民衆会議・一坪反戦地主会・普天間飛行場撤去及び騒音を追放する宜野湾市民の会・宜野湾市職員労働組合・糸満平和とくらしを守る市民の会・平和をつくる琉球弧活動センター・那覇市から基地をなくす市民の会・宜野湾セミナーハウス・沖縄県憲法普及協議会・沖縄人権協会・海上ヘリ基地許すな基地はいらない島ぐるみネットワーク・ヘリ基地は許さない島尻ネットワーク・基地軍隊を許さない行動する女たちの会・日本キリスト教団沖縄教区社会委員会である。今年の集会での発言はそれぞれ示唆に富んだものであったが、圧巻は与勝高校の生徒による宇和島水産高校との書簡の往復の発表と、平和を求める思いを創作ダンスにしたものの発表だった。きっかけは教師がつくったかもしれないが、それを国際反戦集会で発表しようというところにまで自分たちの思いを練り上げていったことに感動した。

ところで、例の「つくる会」の歴史教科書だが、沖縄戦に関する記述は以下のとおりである。

「１９４５（昭和20）年４月には、沖縄本島でアメリカ軍とのはげしい戦闘が始まった。日本軍は戦艦大和をくり出し、最後の海上特攻隊を出撃させたが、猛攻を受け、大和は沖縄に到着できず撃沈された。沖縄では、鉄血勤皇隊の少年やひめゆり部隊の少女たちまでが勇敢に戦って、一般住民約９万４０００人が生命を失い、10万人に近い兵士が戦死した。」

こんなものにまともに反論・批評をするなど無駄でしかないが、それでも批判の視点だけは提示しておく。

まず（１）なぜ沖縄戦があり、〈酷さの極致〉とまでいわれるような戦闘になったのか、についてまったく記述されていない。（２）「鉄血勤皇隊の少年やひめゆり部隊の少女たちまでが勇敢に戦っ」たというのは本当か。

彼ら彼女らは自発的に戦闘に参加したのか。(3)なぜ「一般住民約9万4000人が生命を失」うようなことになったのか。たったこれだけのことにさえ答えられはしないのである。なにしろ「陛下」のためだから。「皇国少年」養成用教科書は、その目的のいかがわしさの故に、既述の一切がいかがわしい。

今年の6・23は、何も派手なことはなかったが、持続する志とあらゆる者の参加を拒まないという沖縄の闘いの質は継承されていた。それにしても沖縄は暑かった。

246
2001・12・23天皇発言を巡る常識と非常識①

・「靖国・天皇制問題情報センター通信」334号（2002年1月31日）

日本側の常識と非常識

世の中全体が9・11という俄には信じがたい「テロ」とそれへのキリスト教世界軍事支配ならず者国家アメリカによるアフガニスタンの無辜の民に対する空爆殺戮線に沸き返っている時、アキヒト氏の68歳の誕生日がやってきて、恒例の記者会見が行われた。

たいした話題にもならなかったが、我々としては、天皇による「皇室外交」批判の側面から見逃すわけにはゆかない発言をし、日本のマスコミも「識者の見方」などを簡単に掲載し、韓国のマスコミがかなりトーンの高い報道をして、今度は逆に日本の右派系マスコミがこれに水をかける記事を書くという対応で、一幕は閉じたかに見える。

この時点で、アキヒト氏の発言内容を振り返り、事実の経過をまとめておくことは必要であろう。

まず、12・23の記者会見での発言内容中から問題になった箇所を引用しておく。「私自身としては、桓武天皇の生母が百済の武寧王の子孫であると続日本紀に記されていることに韓国とのゆかりを感じています。武寧王は日本との関係が深く、このとき日本に五経博士が代々日本に招へいされるようになりました。また武寧王の子、聖明王は、日本に仏教を伝えたことで知られております」というものである。

特段何ということはない発言である。京大名誉教授上田正昭氏が「『続日本紀』は、桓武天皇の生母であった高野新笠が、百済の武寧王の子孫であったと伝え、百済の建国神話を併記している。歴史学では古くから注目されてきた記述だ」と指摘しているだけでなく、先進文化の地として「天皇家」のみならず、様々なレベルで人的・文化的交流があったであろうとは歴史学の素人でさえ推測できることである。

　ところがこれが、日大教授の秦郁彦氏になると、「天皇陛下ご自身が天皇家のルーツに朝鮮半島がかかわっていると言及されたのは初めてではないか。韓国からもたらされた文化について具体的にお話しされており、意外な感じもする。／教科書問題、靖国神社問題などで反日感情が高まったことを背景に低姿勢で臨もうとする小泉内閣の意向も反映しているのではないか」となり、作家の猪瀬直樹氏は、「天皇家が百済と深いかかわりがあるということは、既に歴史的事実として広く知られていることだ」としながら、「W杯を控えたこの時期に公言したのは、日韓の友好関係を築くための韓国側へのメッセージだろう。これが韓国がいつまでも日本を敵対視する姿勢を改める機会になれば、と思う」と余計なことを口走る。こうなると本音は後半部分にあるのだろうと勘ぐられても仕方あるまい。「日本がいつまでも韓国を蔑視する姿勢を改める機会」はいつ、どういう施策で示すことができるのであろう。

韓国側の反応（12・24「朝鮮日報」）

「日王は百済の末裔」韓国人学者の主張

日本の大阪市内の百済駅。貨物を専門に扱うこの駅の漢字名は百済駅だ。辺りには百済高校まである。日本列島に現在まで残る百済の痕跡だ。日本至宝の宝を収蔵している奈良市にある東大寺の正倉院。朝鮮半島から渡来した先進文物が相当数保存されているこの場所は、まず建物の姿形からして高句麗民家に良く見られる桴京《プギョン》とまったく同じだ。

　日本列島のあちこちに残っている朝鮮半島の文明の跡を見付ける度に歴史学者らは興奮する。朝鮮半島からの移住民たちが日本に渡り先進文明を伝えたことのみならず、日本王室の根を形成したという主張は、実は韓国内ではこれまで少なからず出されてきた。歴史学者らが韓―日古代関係史を疎かにしている間、これらの主張は古代史の世界を興味津々に伝達し、相当の大衆的な認識を構築してきた。

明仁日王は8世紀後半桓武日王（在位781～806年）の母が百済系という程度のみ認めたが、これらの主眼は400年以上遡る。15代応神日王が百済系という主張がそれだ。

82年に『沸流百済説』を提起した金聖昊《キム・ソンホ》韓国農村経済研究院顧問は、広開土大王碑から出て来たように396年、沸流百済最後の応神が日本に渡り15代日王となったという。金顧問は沸流百済は本来中国にいた呉族が朝鮮半島に渡り発展した倭族が造った国であり、したがって応神日王は朝鮮半島南部に移住した倭族だったと主張する。

『日本古代史研究批判』、「日本古代史の真実」などを発行した崔在錫《チェ・ジェソク》高麗大名誉教授（社会学）は『日本書紀』に根拠、7世紀中盤の舒明日王が百済系だと注目している。崔教授は「639年舒明日王11年に百済川周辺に宮廷を作り、百済大賓という名前だったという記録が出て来た」とし、「舒明日王は641年百済宮で死去し、賓所を百済大賓とした点から見て百済系なのが明かだ」と言う。教授はここでもう一歩踏み込む。日本の母体となった大和倭が400年頃百済系移住民によって作られたため日本の王室は百済系だという主張だ。

『今昔碑文を通じて見た百済武寧王の世界』を発行した蘇鎮轍《ソ・ジンチョル》円光《ウォングワン》大政治外交学科教授は漆器を根拠に「日本の倭国は4世紀後半から百済の侯国であり、日王はこれらの侯国の君主のうちの一人だった」と主張する。これだけではなく「7世紀飛鳥地方にいる80～90%が渡来人だったという文献もある」と話した。一昨年『日本の天皇は韓国人だ』という本を発行した洪潤基《ホン・ユンギ》韓国外大教授は「日本の古代王室系図の『新撰姓氏録』を含めた主要文献と百済と新羅の神を祀った日本王室の祭祀慣習として行う点から見て、日本王室は韓国人に間違いない」と主張する。

しかし最近『作られた古代』を出版した李成市《イ・ソンシ》早稲田大学教授は「（韓国の研究者たちが）近代韓国の民族意識を古代に投影している」と指摘する。「解放後、韓国人による韓日関係史研究は日本民族に対する韓民族の優越性を古代史の中から追い求めることが疑問の余地もなく試図されてきた」という彼の批判は〝日本コンプレックス〟に対するもう一つの直撃弾であるかも知れない。

金基哲《キム・ギチョル》記者

12・24「朝鮮日報」記事

【記者手帳】日本の「王家血統」報道タブー

古代日本の王家と百済《ペクジェ》の関係を言及した明仁日王の発言は、ほとんどの日本のマスコミで取り上げられなかった。朝日新聞、京都新聞を除いた新聞や放送は、それについては一切触れないか、他の内容の最後に少しだけ添えるようにして掲載しているだけだ。

マスコミの〝沈黙〟に対する答えを見つけるため奔走した記者に、知韓派のK教授が興味深いヒントをくれた。長い間テレビ朝日の王室担当記者をしてきた神田秀一氏が今月はじめに生放送番組に出演した時の証言だった。

神田氏によれば、日王が朝鮮半島との関係を言及したのは今回が初めてではない。1984年に全斗煥《チョン・ドゥファン》大統領が日本を訪問した際、裕仁日王が晩餐の時に次のような話をしたと記憶していると神田氏は語った。

「推古（592～628年在位）以前の日本の天皇の歴史はよく分からない部分が多い。天皇の中には貴国（韓国）と関連のある方が日本に来て、その流れが天皇史の中に含まれているかもしれない」

当時、晩餐の席にいた取材記者は皆聞いていたというこの発言は、当時の日本の新聞では全く報道されなかったという。この生放送に出演していた加藤紘一自民党元幹事長などが「初めて聞いた」と驚いた程だった。

天皇家の血統は長い歳月の間日本のマスコミの禁句となってきた「菊（日本皇室の紋章）のタブー」だ。しかし「開かれた王室」を追及するという現在のような時代にもタブーが生きているとは不可思議なことだ。

ニュースの価値がないと判断したのか？　しかし日本の新聞が会見記事で天皇の恋愛時代のエピソードまで報道するのを見るとそうとも言えない。

明仁日王は韓国と日本の国民にメッセージを投げようとしたのかもしれないが、そのメッセージは日本のマスコミに隠され、大衆まで伝わることができずにいる。

朴《パク》 正薫《ジョンフン》東京特派員

これが12・23天皇発言を巡る前哨戦である。金基哲記者が最後に引用している李成市早稲田大教授の発言がごく常識的なところであろう。ただ「皇室外交」の視点からこれをもう少し考えることと、古代史における日韓関係の事実はともかくとして、近代関係史の反映であることは事実で、今頃天皇はどういうつもりでこれを語ったかについては次回に考えたい。

・「靖国・天皇制問題情報センター通信」３３５号（２００２年２月15日）

２４７
２００１・12・23天皇発言を巡る常識と非常識②

昨年12月23日の天皇の「私自身としては、桓武天皇の生母が百済の武寧王の子孫であると、続日本紀に記されていることに、韓国とのゆかりを感じています」という発言については、多くの日本のマスコミが黙殺し、朝日新聞だけが、その意図するところは知らないが、かなりの分量で、例によって「左右」のバランスをとりながら報道した。

韓国側では結構賑々しく報道されたが、どうも歴史の専門家とは言い難い人による、政治的意図が透けて見えるちょっと眉唾な発言が目立っていたので、まあ常識としてはそんなものであろうかと、この発言について後追いする必要もなかろうかと思っていたのだが、「週刊金曜日」が1月18日号でこれを取り上げ、林順治氏が在野の歴史家石渡信一郎氏の説を紹介しつつ、「６６３年に倭国が唐・新羅連合軍と戦っている百済に救援軍を送り、白村江で戦ったのも、天皇家が百済系の子孫であったからと考えれば納得がいく。義慈王の子の一人、禅広は百済滅亡後は倭国に移住して、百済王一族の祖となった。７４９年に東大寺大仏に塗る金を貢献したのはその一族の敬福である。光仁・桓武両天皇の蝦夷侵略38年戦争で鎮守府将軍となった俊哲は敬福の孫である。武寧王の子純陀の系統と義慈王の子禅広との系列は違うが、桓武の母が百済系であるのは間違いない」と断言し、「その真意はともあれ」としながらも、「今回の天皇の発言をみると、真実が露になる日が意外に近いのかもしれない」と手放しである。

「週刊金曜日」というある意味でマイナーな雑誌だからこういう取り上げ方ができるのであって、これ以上の展開にはなるまいと考えていたら、今度は、「朝日新聞」2月14日朝刊の「日本@世界」という船橋洋一の執筆する欄で、崔相龍駐日韓国大使の離任について書きながら、崔大使が在任中に印象的だった3つのこととして、JR大久保駅で日本人男性を助けようとして命を落とした韓国人留学生、李秀賢さんのこと、扶桑社版の中学の歴史教科書の採用率が0・039％であったことと、天皇の「ゆかり」発言は、「史実を淡々と述べたまでだが、韓国では好意をもって受け止められた」とし、「日本と韓国の関係は難しくても乗り越えられると実感した」と語ったと紹介された。崔相龍は高麗大学の教授から大使になった人で、その見識は高く評価されている人だという。

史実云々については筆者が素人であるから、これについて口を挟むつもりはない。ただ『古事記』に記されている神功皇后の「新羅征伐」の物語は、それがお伽噺であろうし、そもそも神功皇后なる人物が実在したなどと信じている者はいないだろうが、こういうお伽噺が成立するほど3世紀半から4世紀にかけて「日本」と朝鮮半島の交流は盛んであり、そこでは文化の交流のみならず、人間の交流も様々な形でなされたであろうことは想像に難くない。

この問題は、どうして天皇が歴史の現時点でこうした発言をしたのかについて考えることこそが必要なのではないか。先の「週刊金曜日」の記事の見出しは「天皇が認めた朝鮮と皇室の深いつながり」であった。「史実」を天皇が認知したからどうということもなかろうに、それでもあたかもそれに特別の意味があるかのように受け取ってしまう感覚こそが問われなければならない。扶桑社版教科書問題で冷え切った日韓関係に何らかの意味で影響を与えたいと、天皇周辺の演出家たちが考えもしただろうし、今年はサッカーのワールドカップとやらが日韓両国の共催なのだそうである。これを機に日本国家の「元首」たるところをアピールしておきたいとも考えたであろう。その意味では十分に発言の効力はあったと、今頃ほくそ笑んでいるのかもしれない。だとすると腹立たしいことではないか。誰が天皇に政治・外交関係における働きを任せたのか。憲法論議など今やほとんど無意味になった感が、有事法制が国会に持ち出されるにおよんで一層強くなっているが、だからといって、こちらが腰が引けていたのでは闘いにならない。天皇は内閣が決めた「国事行為」のみが任であって、それ以外のことをしてはならない。ましてやそれが事実であろうとなかろうと歴史認識に関わる発言など言語道断である。明仁さん個人の家系について、ウソかマコトか、「万世一系」なのか否か、なにやら胡散臭さが臭うような場での発言は慎まなければならない。

崔相龍氏のような方までちょっとその気になられたではないか。

・「靖国・天皇制問題情報センター通信」351号（2002年10月15日）

248

スイスにまで閉鎖的な硬直性と傲慢さを持ち込む「皇族」

◆在スイスではかなり著名な研究者である人から、今回の「皇后」のスイス訪問について面白いメールが送られてきたのでこれを紹介して、若干のコメントを付けておく。

＊＊＊＊＊

さて9月26日から10月4日まで、皇后の美智子さんがバーゼルに来られました。宮内庁の随員130人を従えて、天皇はナシで、たった一人で随員130人で来られます。目的は国際児童図書展が、バーゼル国際博覧会場で開かれるのに伴い、美智子さんはその会長か何かをしているらしく、講演をするらしいのです。エジプトのムバラク大統領「夫人」とはこの関係で友人らしいです。

美智子さんはバーゼルのライン河畔の一流ホテルで泊まります。これに関してスイス側の新聞社やいろいろなスイス人から問合せがあれこれとあり、インタビューまで受けました。これに対して私は次のように答えています。

講演の入場料は食事も含めて700フラン(約6万円)で、これは一般庶民の参加防止策である。バーゼルやチューリッヒだけでなくスイス全国に滞在する日本人は、在スイス大使館の意向で、参加しないようにしてもらいたいと言われている。スイスの一般庶民にも遠慮してほしいのだろう、と。

私の知り合いのチューリッヒ大学の教授「夫人」が、私のところに電話をかけてきました。彼女はドイツ語で俳句を作り、その本を出版しましたが、この本を、チューリッヒからバーゼルに来て、愛する美智子さんに直接贈呈したいが、どうしたらいいかと訊ねてきたのです。私も彼女も130人に阻止されて、美智子さんに会えそうもないので、ベルンの日本大使館に一度電話をしてみたほうがいいだろうと答えました。電話の結果はこうでした。「あなたは美智子さんに本を直接手渡すことは許されない。あなたはチューリッヒからベルンの日本大使館に持参して、係員にその本を手渡してほしい。係員はその本を日本大使に手渡し、日本大使はそれを審査してから、宮内庁の随員に手渡し、宮内庁の随員はそれを審査した上で、皇后に手渡すという手筈になっているが、その本が美智子さんのところまで行くかどうかその保証はできかねる」。

スイス人ははるばる来られたempress(皇后)に打ち解け、親しみを籠めて歓迎したいところですが、事はそういうように動かないようです。

日本の閉鎖的な制度をスイスまで持ち込んで、それを通そうとする硬直性と傲慢さ、バーゼルやスイスでは物笑いの種になりつつあります。それにしても美智子さんは、ずいぶん高価で、また排他的なご趣味をお持ちのようですね。私も京都では宮内庁観光局の窓口で、その横柄さにずいぶん悩まされました。

＊＊＊＊＊＊＊＊

以下、3点のコメントをしておこう。

まず第一に、日本国憲法第一章第四条には「①天皇は、この憲法の定める国事に関する行為のみを行ひ、国政に関する権能を有しない」とあり、第七条には「天皇は、内閣の助言と承認により、国民のために、左の国事に関する行為を行う」とあって、そもそも「皇后の行為」に関する規定はないのだが、精々広義に解釈するとして、「九　外国の大使及び公使を接受すること。十　儀式を行うこと」くらいであろうか。皇室典範を見ても、第五条に「皇族の範囲」の規定があるのみで、当然であるが今回の「皇后」のスイス訪問に法的根拠を与える規定はない。とすれば、純粋に私的な行為なのか。そうだとすると、「皇后」のスイス一流ホテル滞在費及びスイスで物笑いの種になっている「随員130人」に関わる諸経費は、皇室経済法第四条に定める「内廷費」から支出したのか。

もちろんそうではあるまい。130人の内訳については明かではないが、宮内庁職員等いずれにしても公務員が大半であろうから、これらの人々の労働賃金、出張費その他は国家財政から支出されているに違いない。従って、「天皇」抜きの「皇后」一人だけの海外旅行はそもそも国事行為ではなく、それに公務員である随員を多数随行すること自体が憲法違反である上に、国費の不正使用の可能性さえあるだろうに、それを誰も指摘しない。「陛下のマスコミ」などと今更批判する気にもなれないが、一体どうなっているのだろうか。他方で膨大な数の失業者を抱えて、まったく展望のない経済状態であるというのに。

第二に、これをしも「皇室外交」というのだろうか。先に引用したように、天皇の国事行為の中には「外国の大・公使の接受」というのはあるが、外国にまで出て行って「外交」することなど認められていない。ましてや在スイスの日本人をすべて排除しておいて「外交」もあったものではなかろう。こういう人々こそ日常的に「外交」を担当しているのであって、この人々にねぎらいの声もかけないで（声をかけろと言っているのではない）、参加費6万円の会合など何が「外交」なのか。メールを送ってくださった方の感覚がまったく正しい。

第三、ただこうして出歩けば「物笑いの種」になるという「行為」は、ご本人の臨むところではなかろうが、「天皇制」なるもののおぞましさを世界中にばらまいてくれて、結構な話なのかもしれない。ご当人は何様のつもりでいるのか知りもしないが、「天皇」を担げば何でも許されるとする公務員たちのセンスは、昔と変わるところはなく、この手の連中の思い上がりを許しているのが「天皇」という存在で、要するに互いに持ちつ持たれつの関係である。これも今更の指摘であるが、丸山真男が「無限無責任の体制」と指摘した体質は、こういう些末な問題にまで貫徹しているのである。

開かれた「皇室」などと言われ、「良き日本の家庭」の見本のような顔をしてマスコミなどに登場しているが、現実はこのようなものであり、我々一般民衆にとって「良き家庭のお手本」などでは一切なく、分厚い壁に守られて、硬直した閉鎖性と傲慢・横柄の権化が「皇室」であることが、今回の一件でもまた明らかになった。

これが国内であれば、警察という「天皇制」ならではの暴力装置が発動され、威嚇と生の暴力によって彼らは守られる。

いずれにしても早くこういう制度はなくしてしまわなければならない。

249

事務局から

・「靖国・天皇制問題情報センター通信」352号（2002年10月31日）

◆全国の「情報センター通信」読者のみなさん、これまで様々な形でご支援くださったみなさん、また今回の総会に際して、情報センターの廃止の動きに対して教団に抗議文を届けてくださったみなさん、まことに申し訳ございません。日本基督教団は、10月29日から31日まで開催された第33回総会で、「日本基督教団靖国・天皇制問題情報センター」の廃止を決定しました。わたしども力が足りないばかりにこういう結果を招いたことを心からお詫び申し上げます。

◆今後、日本基督教団は、靖国・天皇制の課題を社会委員会の下に小委員会を設置して担っていくとしていますが、現在の社会委員会は、これまで教団社会委員会がとってきた人権と平和のために闘うという姿勢は皆無の、権力のご加護の下で生きることがキリスト教の真実の在り方であると考える、現在の教団執行部と姿勢を共にする人々によってその構成員のほとんどが占められているという状態です。従って、その下にある小委員会がどういう内容のものになるか、考える必要もないものです。

◆わたしたち、これまで「情報センター」の活動をになってきた者は、こういう教団のやり方に対して、断固としてこれまで以上の水準で活動を継続することを誓います。「通信」に同封しました文書をお読みくださり、今後のわたしたちの活動を、ご支援くださいますよう宜しくお願い申し上げます。

◆これでとりあえずのお別れの挨拶にさせていただきま

す。またすぐ闘いの場でお目にかかります。「情報センター」を名のった新しい組織の者とお会いになることがございましたら、仲良くしてください。長い間ありがとうございました。

250

今年の2・11集会から
――その時代相の刻印――

・「靖国・天皇制問題情報センター通信No.7」（通算359号）（2003年2月28日）

今年の2・11集会は、テーマの設定に2003年という年がはっきりと刻印されていることが特徴であった。もちろん毎年、どこの集会においても主催者は時代の雰囲気を摑み、参加者に考えていただくテーマを選ぶのに苦労をするものではあるが、今年ほど鮮明に時代相が表れている年は珍しい。

「戦争」が露出している。我々「靖国・天皇制問題情報センター」が把握した今年の2・11集会は、全国で78集会であった（恐らく100を超えるだろう）が、主たるテーマが何であれ、どの集会にも「戦争」の影が読みとれる。はっきりと「戦争」を掲げた集会では、例えば宮崎市労働会館における平和と民主主義のための県民連合主催の集会は、「アメリカの一極支配と日本の有事法制―ならずものブッシュとナンセンス小泉」が講演のテーマであったし、いかにもキリスト教会の集会でありながら、境港教会を会場に開催された東中国教区鳥取県西部地区社会委員会主催の集会は「有事法制と教会」がテーマであった。また仙台の信教思想・報道の自由を守る宮城県民集会も「有事法制と日本の進路」が講演テーマであった。

もう一つの特徴的なテーマは、これも「戦争」との関わりにおいて捉えられたものであろうが、「教育」あるいは「ナショナリズム」が多く扱われていた。いくつか例を挙げてみると、苫小牧の集会のテーマは、「内心の自由とナショナリズム―若者に伝えたい～漱石・有島・多喜二における反戦・不服従の文学精神～」であり、小樽の集会は「〈きみらしさのままで〉～教育基本法はどこに向かうのか」であった。千葉県で二つの集会も教育基本法を扱っていた。「日の丸・君が代」の押し付けに反対する東葛の会主催の集会は「〈教育基本法〉改悪が狙うもの～あなた、国のために死にますか？」」であり、千葉高教組主催の集会は「教育基本法と有事法制をめぐる状勢と課題」であった。大阪でも教育基本法改悪反対をメインテーマにした集会がもたれている。

新潟で田中伸尚氏を講師にした「誰が、なぜ戦死者を追悼するのか―靖国・国立追悼施設をめぐって」という集会がもたれたが、このテーマが他に3ヶ所で扱われており、これも「戦争とナショナリズム」という視点からの切り口であろう。

このように「参戦国家」日本の現状がテーマに反映しているのだが、不思議なことに戦争は必ず治安法の強化を伴うものであり、事実、組織的犯罪対策法・盗聴法から団体規則法、テロ資金供与防止法と矢継ぎ早の治安法攻勢がかけられているにもかかわらず、これを正面から扱う集会が一つもなかった。大阪での集会で「有事法制の時代を憂う～有事法・靖国・教育基本法改悪の動きを中心に」を演題に話された緻纐厚氏が緊急権国家の問題で触れられたかもしれない程度である。

次に集会の設定の仕方というか、枠組みの作り方について若干触れておきたい。

我々「情報センター」がキリスト教関係機関であることによるのだが、集約した情報に偏りがあり、キリスト教界の集会またはキリスト者が関係する集会が圧倒的に多い。実際には東西本願寺関係者の集会も相当数あったはずであるが、鹿児島での一つを除いて情報収集できていない。今後の課題であるが、これを前提にして、集会の持ち方についてであるが、キリスト者独自の集会とキリスト者も参加しているいわゆる市民集会の数が5：3くらいの割合であった。靖国・天皇制、あるいは戦争に対してキリスト教独自の視点があるとは考えないが、キリスト者としてこの時代にどう生きるかという課題を語り合う場はあってよいように思うが、さて、キリスト教独自の集会に参加した人がいわゆる一市民として市民集会にも参加しているかとなるといかがなものだろうか。このあたりについては熟考の必要がある。その意味では滋賀県での集会の持ち方が参考になるであろう。2月9日、大津教会でキリスト者独自の集会がもたれ、2月11日午前中に京都・洛陽教会で仏教者を講師に国立追悼施設問題をテーマにもう一つキリスト者中心の集会があり、午後有事法制をテーマにした市民集会がもたれた。これらの集会を設定した主体は多く重なっており、準備が大変であったろうと想像されるが、ここまで丁寧な積み上げをしないと押し寄せる「戦争」攻勢に抗うのは難しいだろう。このような取り組みを参考にしたいものである。

靖国・天皇制問題情報センター事務局

251

・「靖国・天皇制問題情報センター通信」No.12（通算364号）（2003年6月30日）

事務局から

有事法制が成立し、イラク支援法という名の戦場への自衛官の派兵法が今国会の最後の重要議案となりました。イラクがまだ戦争状態であることは、日々伝えられるアメリカ兵の死傷者の数によって誰にでもわかることです。もちろん今や「陛下のマスコミ」であることは当然、「アメリカの世界一極軍事支配のための日本のマスコミ」と化したマスメディアが伝えはしませんが、膨大な数のイラク人が殺されているに違いありません。小泉さんは、二百三高地で息子を死なせることによって「軍神」となった乃木大将のひそみに倣い、ちょうどいい年頃の息子でもイラクへ行かせますか。嫌な言い方だと自分でも思いますが、自衛官の家族は同様の気持ちではないでしょうか。

あってはならないことですが、わたしども「靖国・天皇制問題情報センター」にとっては重大な問題である「戦死者」が現実味をおびてきました。「アメリカのための死」＝「世界のための死」という入り組んだ「死」をどう扱おうというのでしょう。人々の「死」に国家が関与することを赦してはならないし、そもそも「国家のための死」など拒否する思想をみんなで紡ぎたいと切に思うこの頃です。

（小田原紀雄）

252

・「靖国・天皇制問題情報センター通信」No.13号（通算365号）2003年7月31日

事務局から

◆3号続けて、五、六、七月と沖縄特集を組みました。

ご協力くださったみなさんありがとうございます。天皇制の問題を考える時に、別に「辺境最深部に退却」して考えようなどという沖縄を舐めきった発想から特集を組んだわけではありません。

今号の新垣さんのインタビューで明らかになったように、ヤマト―沖縄と対置するという問題の立て方から新たな視点が開かれるのではなく、近代国家が常に「中央」を据えてから考え始めるのに対して、少しずらしてみるとどういうことになるのか、新垣さんが沖縄からアメリカ「本土」あるいはハワイに移民せざるを得なかった人々の文化・社会の研究から、ポスト・コロニアルという視点を獲得されたように、この視座はかつて上野英信さんが新垣さんとは異なり、日本社会の下層の民が「棄民」された地を経巡って新しい社会の有り様を考えたいと迫った方法でもあるのですが、わたしども一人ひとりが自らの近代批判の視座を獲得する、そのひとつの方法を提示してみたかったのです。

従って、続けて（具体的にいつとはまだはっきりしませんが）「在日」、「部落」、「アイヌ」、「寄せ場」などこの社会が数多く抱える問題を切り口にして考え続けたいと思っています。

◆土方美雄さんと和気理作さんに担当していただいている「〈平成〉右派事情」と「天皇制存置派言論クリップ」との区別と連関を明示せよ、というご指摘をいただいています。編集者としては、土方さんには「右派」の政治動向を中心に広く天皇制にかかわる問題領域を、和気さんには雑誌等に限らず「右派」関連の言論を、天皇制に直接関わらなくとも広く論評していただきたいと願って依頼しています。もちろん近接領域ですから、両氏の書かれるものが重なってしまうこともわかった上でのことです。ご理解ください。

◆やっと梅雨が終わって暑くなります。読者の皆さんご自愛ください。

（小田原）

253

・「靖国・天皇制問題情報センター通信」No.15（通算367号）（2003年9月30日）

事務局から

◆とうとうこの国は年内にイラク侵略戦争に派兵するこ

とになったようです。侵略当事国アメリカが派遣した調査団でさえ、侵略戦争正当化の理由であった大量破壊兵器はイラクに現存しないと報告せざるを得ないほど、ウソにウソを重ねての〈帝国〉の侵略戦争に義理立てして、「復興資金」という名の占領対策費の負担はもちろん、「人身御供」も出すことに決定したのだそうです。どうせ今時自衛隊にいる者などの命など顧慮するほどの値打ちもないということでしょうか。ひどい言い方だということは承知しています。しかしソウユウコトでしょ、本音を言わせれば。国連職員でさえ総引き上げを検討せざるを得ないほど反占領闘争が激化している所に、何が何でも派兵するということは。

◆琉球は八重山の歌「ションガネー節」に「片帆持ちやげれば片目の涙落ち　諸帆持ちやげれば諸目の涙落ち」という一節がありますが、今わたしは本当にこういう気分です。

◆わたしども「靖国・天皇制問題情報センター」としては、残念ながら「国立戦没者墓苑」問題を再度取り上げ、これの建設を許さない闘いの準備に入らざるを得なくなりました。自衛官が「戦死」するでしょう。辛いことですが当然予想される事態です。山口の中谷康子さん、今どういうお気持ちでいらっしゃいますか。近々お気持ちを伺いにお訪ねする心づもりでいます。

◆一方、侵略戦争に派兵された日本軍人である自衛官は、仲間が「戦死」する数より遥かに多数のイラク民衆を「殺す」ことになります。日本の愚劣なマスコミは（マスコミの中にいる読者のみなさん本気で考えてください。名前は挙げませんがあなたです）イラク占領軍である米英兵士の死者数は報道しますが、殺されているイラク人民がどれほどの数になっているのか全く報道しません。マスコミが引き上げた後もイラクに留まっていたフォトジャーナリスト豊田直巳さんによるとイラク民衆の死は日常化しているとのことです。隣のオジサンやオニイサンである自衛官がこれをするのです。戦場とはそういうものです。アメリカ兵だって同じでしょう。「世界平和」などという幻想はこういうことを普通の人間に強いることなのですね。

◆もうどうでもいいから世を捨てて生きていたいと願いたくなる今日このごろです。

254

・「靖国・天皇制問題情報センター通信」№16（通算368号）（2003年10月31日）

事務局から

▼わたしども「靖国・天皇制問題情報センター」では「日の丸・君が代No!通信」という通信も発行しています。学校現場における日の丸・君が代の「強制」は「国旗・国歌法」違反であることなど明かですが、そんなことを言ってみても何の意味もないのがこの国の現在です。なにぶんにも「戦力の放棄」を憲法に明示しながらも、世界有数の戦力を保持し、それを首相が「軍隊」と呼んではばからない国ですから。

▼「No!通信」がカバーしている教育問題については、恐らく来年には国会に「教育基本法改悪案」が上程されることになります。既にご存じの通り、この改悪案には伝統・文化の強調や愛国心の涵養など、むき出しの天皇制問題も出ていて、わたしどもに直接関係する課題です。ただそれだけではなく、改悪案では、教育制度全体の見直しの中で、ごく一部のエリートの養成とその他大勢の黙って働く者、黙って国の戦争に殉じる者の育成という看過できない問題も含まれています。作家でありかつて文化庁長官であった三浦某の発言もすごいものですが、ノーベル賞受賞者である江崎某にいたっては、就学時「検診＝差別」の際にDNA鑑定を導入して、「教育効果」のない者を選別せよという優生思想まで口にしています。「落ち目の帝国主義」日本の経済界の焦りの結果ではあるのですが、この優生思想には「アジアの選ばれた民＝日本人」意識がまったく関係していないとは言えません。となるとこれも天皇制の課題です。

▼しかし、10月28日の「朝日新聞」に掲載された日本記者クラブ主催の党首討論会の野党党首の教育基本法問題に関する発言は、背筋が寒いものがあります。共産党の志位委員長は「日本の教育の一番の問題は異常な競争主義にある。競争主義を正して、基礎学力、知育、徳育を身につけさせる教育が必要だ。教育基本法が悪いから今の教育の矛盾が起こっているのではない」というものだし、社民党の土井党首は「学習指導要領をはじめ、むしろ教育基本法に逆行する行政があったことが問題。教育基本法を実施する教育をやっていれば、子供たちに個人の尊厳や自由の尊さとかを考えていく

人間育成が十分保証されたに違いないと思う」ということです。まるで間違っているとは思わないけれど、志位委員長のいう「知育・徳育」とはどういう内容を言っているのでしょうか。改悪案は、黙って働く労働者育成のために「徳育」を重視せよ、としているのですが。土井党首については、教育基本法至上主義がもたらした現在の教育現場の「荒廃」の現実を何も知らない発言としか言いようがありません。

▼子どもたちは「学校」から逃走し始めている。「教育されること」を「調教されること」としか感じなくなっている。これも現行教育基本法下の現実であることの認識が必要です。

▼野党といえば野党なのだろうけれど、民主党の菅代表は、例によって「論憲」スタイルで、「基本法そのものが間違っているから教育がおかしくなったとは思っていない」とのこと。確かに「教育がおかしくなっている」ということはありません。今問題なのは「教育すること」それ自体の意味を問わなければならないということなのです。

▼天皇制問題に関心のある読者のみなさんは、ぜひ「日の丸・君が代No！通信」も併せてご購読くださるようお願い申し上げます。

▼情報センターの役割は益々大きくなっていることを自覚しています。

255

・「靖国・天皇制問題情報センター通信」No.17（通巻369号）（2003年11月30日）

事務局から

◆靖国・天皇制情報センターの運営委員を長くなさっていた森山忞先生は、喉頭癌の療養に努めておいでしたが、11月7日早朝に永眠されました。もう随分長くお付き合いいただきましたが、本当に温厚で、常に沈着冷静な方でした。その先生が晩年になられて、時代の急激な変容に対して、時に激しい怒りを示されました。その都度不十分な闘いしかできていないことを叱咤されたような思いで粛然としたものです。

時代の流れのままに、日本基督教団も際限なく時代に迎合的になり、靖国・天皇制情報センターは日本基督教団の組織から離れることになってしまいました。しかし着々と通信の購読者を増やし、「反天皇制」の旗頭を高く立てて、健闘しています。森山先生というかけがえのない方を失いましたが、残された者全員で更に一層の努力をする所存でいますので、今後ともご指導ご鞭撻ください。

◆産経新聞発行、扶桑社発売の雑誌『正論』に目を通していて、冒頭の「私の写真館」なる写真ページに全繊同盟（現ＵＩゼンセン同盟）書記長、会長を歴任し、同盟会長時代、連合結成に参加し、連合会長代理までつとめた宇佐見忠信の顔が目に入ったので、パラパラと写真のキャプションを読んでいたら、「指導者の心構えがいまほど問われている時代はない。／〝和して同ぜず〟こそが指導者の座標軸であるべきだ。いまこそ民主的労働運動が活性化され、誇りある安全な国づくり、〝心豊かな労働者づくり〟に立ち上がる必要がある。愛国心の涵養や憲法改正、教育基本法改正を訴えることは何ら労働運動と矛盾しない。〈足は職場に、胸は祖国を、眼は世界へ〉が若き日本人への私の願いである」という嬉しい御言葉に接して胸が熱くなりました。このお方はきっと民主党の支持者ですよね。二大政党制というのは、こういうお方が野党でいらっしゃることですよね。ついでに書いておくとこのお方『志に生きる』というご著書を例の扶桑社から刊行しておいでです。

256

・「靖国・天皇制情報センター通信」№19（通巻371号）
（2004年1月31日）

事務局から

◆世相はなはだあやしき時代ではありますが、読者の皆さまにおかれては、ご健勝のことと拝察申しあげます。

◆とうとう日本は戦争に突入してしまいました。軍服姿の兵隊が敬礼をして「出撃」していく様を、テレビでいやというほど見せられました。この国はこういう事態に立ち至ったのであるから、全国民は覚悟せよ、とでも言われている感じを受けました。1940年9月26日付けの斎藤茂吉の日記を思い出しました。「金曜　ハレ　松岡外相ノラヂオヲ聞イタ。精神興奮シタ。

緊張シテ皇国民ノ覚悟ヲキメタ。イツデモ天皇ニ一命ヲサヽゲ奉ルベキ覚悟デアル」。斎藤茂吉をあげつらいたいのでは勿論ない。多くの日本人が同じような気分であったのであろうが、たまたま日記などが公刊される立場に斎藤があって、それを読んでいたに過ぎない。戦地に赴く兵隊さんの姿を見、いつもながらの興奮した小泉首相の言葉を聞いて、わたしは「精神沈殿シタ」。この年10月、「臣道実践、上意下達、下意上通」をもって国内統一をはかる大政翼賛会が発会式をあげている。それに伴って、全国の市町村に隣組制度が設けられている。現在この国は、「治安」がよろしくないのだそうで、全国の自治体で「生活安全条例」などという隣組とその機能はさして変わらない相互監視制度が敷かれつつある。またみんなで「とんとんとんからりと隣組　格子をあければ顔なじみ　まはしてちょうだい回覧板　知らせられたり知らせたり」などという軽快なメロディーの歌を国民歌謡として歌うのだろうか。

◆「時局」はここにまで至ったなどと危機感アジリをするつもりではない。しかし、こういう予想をするのはイラクへ「進軍」した自衛官を家族に持つ方々には大変申し訳ないことだが、イラクで日本軍兵士に万一のことがあったら、この国は現政権が倒れて別の道を探るのか、それとも、と小泉首相の元日靖国神社参拝が多くの人々の不安を煽ったのは事実である。旧1月8日記す。

257

・「靖国・天皇制問題情報センター通信」No.21（通巻373号）（2004年3月31日）

事務局から

◆大阪地裁で内閣総理大臣小泉純一郎の靖国神社参拝に対する違憲訴訟の判決が出た。なんとも勝敗の判断が難しい判決で、困惑する。土方美雄さんが、担当される「〈平成〉右派事情」の来月号でこれに論評を加えられるとのことであるから、期待したい。松山地裁の判決は弁護士の草薙順一さんが書いておられるように、箸にも棒にもかからないものであった。裁判官というご立派な職業のお方というのは、他人の書いた判決などに左右されるようなヤワな方々ではないのだろうか。直前の大阪地裁判決などまるで意に介さないかのようである。どうせ結論は決まっているとはいえ、大阪に対して松山の裁判官は不真面目であるという印象のみ受けた。

◆3月20日、イラク侵略戦争開始から1年、世界でこれに抗議する集会とデモが行われた。東京は、雨が降り続き、真冬の寒さだった。それでも日比谷公園に全国から多くの人が集まって反戦の声をあげた。それにしても、demonstrationをparadeと言い換えることにどんな意味があるのだろうか。年寄りで英語の微妙なニュアンスなど知らない私は、paradeというと、何かの記念日や祝日のお祭り騒ぎのような気がして、反戦のdemonstrateにはそぐわないように感じる。「決戦主義」も嫌いだが、たくさんのイラクの民衆が殺されているのにパレードというのもね。

◆イラク戦争ということになると、こればかりが気になって、沖縄のことを忘れてしまっているのではと不安になる。今月号には命どう宝ネットワークの大田武二さんに登場していただいた。めったに会うことはないのだけれど、彼の「楽観主義」には未来を展望する者はこうでなければといつも脱帽させられる。

◆「情報センター通信」は、多くの購読者のみなさんと執筆・編集などの協力者を得て着実に発行できていることを喜んでいます。少しずつですが購読者も増えています。内容を更に充実させてゆきますので、ぜひ身辺の方々にご購読をお勧めください。必要があればいつでも見本紙を送らせて頂きますので、ご一報ください。

258

・「靖国・天皇制情報センター通信」No.22（通巻374号）（2004年4月30日）

事務局から

◆「自己責任」などという嫌な言葉が流行っています。たまたま見たテレビで、最初にイラクで拘束されていた3人が成田空港に戻って来た場面があり、ガラスの向こうで「自己責任」「税金泥棒」と書かれたプラカード状のものを掲げている若い男が映っていました。

もちろん誰しも自己の行動の結果について、それぞれ責任をとらなければならないのですが、「自己責任」という言葉が首相官邸辺りから出たとなると、問題は全く別のことになります。では為政者の責任はどうなるのか。ブッシュ政権のイラク侵略戦争加担のための自衛隊派兵がなければこういうことにならなかったわけで、その責任はどうなるのでしょう。「税金泥棒」などという言葉は権力者に向ける言葉であって、向きを変えるとさもしいいじめでしかないことを理解せぬ者が、我が者顔に振る舞う嫌な時代です。

◆今号のトップを小泉首相靖国参拝に対する九州・山口訴訟の「違憲判決」にした。こういう判決もあるのだなあ、と感心した。「信教の自由を侵害したものとはいえない」し、「原告らの主張する宗教的人格権や平和的生存権は、憲法上の人権とは認められない」ので、「賠償の対象となり得るような法的利益の侵害があったものということはできず、本件参拝について不法行為の成立を認めることは出来ない」として退け、この点では原告の敗訴であるが、小泉首相の靖国参拝は「憲法二十条三項によって禁止されている宗教的活動に当たり、同条項に反する」とキッパリ「違憲」。国側はとりあえず勝訴であるから、控訴できず、原告側も「違憲判決」を歓迎して控訴しないので、この判決は確定する。断固・断固の突貫首相は「それでどうした?」という態度で、後は靖国神社社前で決着をつけよう、ということか。暴れたいだけ暴れ回る「街頭右翼」諸君に「守られて」。それはともかく九州・山口のみなさんおめでとうございます。

◆いい季節になりました。読者のみなさんはお元気でお過ごしでしょうか。次々に問題が生じてご多忙でしょうが、野山に出かけてのんびりもなさってください。たまには。

259

・「靖国・天皇制問題情報センター通信」No.27（通巻379号）（2004年9月30日）

事務局から

◆すっかり秋色の濃い京都でこれを書いています。小雨が降って肌寒さを感じるほどです。昨日は大阪港に近い港合同労組を若い人とお訪ねして、大和田委員長のお話をお聞きしました。中小企業の労働者が置かれている困難な状況をお聞きしながら、自分の力の無さを辛く思いました。この人を人とも思わない社会をどうやって転覆し、労働者の未来を切りひらくことができるか、わたしなどが考えてみても仕方がないことは承知の上でなお、日本資本主義の戦争を求めてやまない現状と、風の前の塵のごとき労働者の存在の軽さをどうすればいいのか。腸九転する思いでいます。

◆靖国・天皇制問題情報センターは6月に総会と全国活動者会議を開催し、9月24日に今期第1回の運営委員会をもって執行体制を確立しました。委員長は佐藤幹雄（北海道）、書記は小林聖（兵庫）、顧問に大島孝一氏の態勢です。靖国・天皇制問題に関するセンターの役割を十全に果たせるよう努力しますので、物心両面でのお支えをお願い申し上げます。

◆「情報センター通信」は情報の提供と同時に、読者間の交流紙でもありたいと考え、新しい連載コーナーを設けました。８００字~１０００字程度で是非ご投稿ください。何も天皇制に関するひと理屈である必要はありません。日常雑感を記してくださって、「反天皇制」の仲間の息吹を伝え合いたいと願っています。各地で日々の営みに精をだしながら、それでも心は種々のしがらみを断ち切って自由でいたいと考えている人は多くおいでです。ぜひご投稿を。

260

・「靖国・天皇制情報センター通信」No.29（通巻３８１号）（２００４年11月30日）

事務局から

☆11月25日、千葉地裁でなんとも悩ましい判決が出た。小泉首相の01年8月の靖国神社参拝に対する違憲訴訟判決である。首相の参拝は公用車を使い、内閣総理大臣の肩書きでそれをしているので、「外形的に執務行為にあたらないように配慮して行動した形跡がうかがえない。客観的にみて職務にあたる」と「（首相の）参拝は職務行為だった」と公式参拝であるという判断をしたのだが、憲法判断には踏み込まなかった。当然「首相の参拝は国が特定の宗教に特権を与える行為で憲法の政教分離の原則を侵し、精神的にも苦痛を受けた」とする慰謝料請求も退けた。「公式参拝である」という判断がどういう意味をもつのか悩ましいのである。法的な解釈はもちろん、運動の立場からこれがどういう意味を今後持つのか、ゆっくり考えなければならない。今号ではこの裁判にかかわった弁護士と支援の運動者にそれぞれの考えを展開していただく。

☆「国家と宗教」あるいは「国家による政治の延長である戦争と宗教」の問題を改めて考える企画を準備している。本紙の編集委員である辻子実の著作『侵略神社―靖国思想を考えるために』（新泉社・03年）が直截にそれを問題にしているのだが、これは著者の意図するところが「靖国神社」という「特殊な神社」の問題性に限られているので、もう少し広い領域で問いを立ててみようと考えている。

☆例えば大規模なアメリカ軍基地ではカトリックの神父やプロテスタント諸宗派の牧師がチャプレン（＝公共機関にかかわる宗教専門職）として活動しているが、現在進行中のイラク侵略戦争など前線では各連隊に一人の宗教専門職が一般的で、そこではプロテスタントの牧師がイスラームの兵士を葬送することなど常態である。そうなると「伝道」などということなど問題外で、この牧師はただ侵略戦争の加担者としての意味しか持ち得ない。となるとこれは宗教の「本質」にかかわる問題である。考えてみれば、靖国神社は正にそれをし続けて来たのである。本紙の刊行元もプロテスタントの団体である。なんとも悩ましいことである。

☆寒くなってきました。読者のみなさんお体をご大切に。

261

・「靖国・天皇制問題情報センター通信」№32（通巻384号）（2005年2月28日）

事務局から

◆インフルエンザが流行っているとのことですが、読者の皆さんはご健康でお過ごしでしょうか。また今年は例年より花粉の量が多いようで花粉症の方はくれぐれもご用心なさいますように。

◆花粉症の方々にとって、春はとてもうっとうしい季節でしょうが、そうでない者にとっては心がワクワクするような「冬来たりなば春遠からじ」を実感する今日この頃です。我が家の梅は今が満開です。北国の方々はまだ雪の中なのでしょうね。

◆こういう季節になると卒入学式での「日の丸・君が代」を思わなければならないようになったのは、いつの頃からなのでしょう。全国の学校で現在厳しい攻防を続けられている教員のみなさんにとっては、花粉症の方々と同様に春はうっとうしい季節になりつつあるのでしょう。「国旗・国家」などという共同幻想に縛りをかけるというそれ自体ゆがんだ、愚劣な「道具」をめぐって、支配の末端でしかなく、自らの言葉を失った管理職とやり合うことがどれほど消耗な仕事であることか、心から同情を申し上げますが、事ここにまで至っては、消耗などと言って済ますことはできません。

◆都教委に出した(天皇と棋士米長のやり取りに関する)「公開質問状」に対し、「都教委包囲ネットワークから出された質問状について、都教委は回答する立場にはありませんので、回答はしないことにいたします。」という回答が来たとのことですが、その後の調査によって、宮内庁と文部科学省から、米長は「東京都教育委員会委員」として出席したことがわかる資料が入手できたとのこと。都教委包囲ネットはこれらの資料を突きつけ、「回答」に対する謝罪と再度の回答を求めるとのこと、当然です。ひと昔前、藤田まことの「奥歯をガタガタいわせるぞ」という言葉があったのを思い出しました。あまりナメると火傷をすることを教えてやらなければなりません。

◆しかし一方で生活者である教員にとって、処分は気の重いことです。闘いは闘いとして断固としてひるまずに闘い抜いていただきたいと願いながら、十分にあれこれ配慮をなさいますように。4月には笑って05年度を迎えましょう。

・「靖国・天皇制問題情報センター通信」No.33(通巻385号)
(2005年3月31日)

262

事務局から

★労働者人民は勝利する。「一人の痛みは、全員の痛み」を合言葉に、たった一人の仲間の解雇から34年間、資本のむき出しの暴力、ロックアウトという兵糧責めにその都度果敢に反撃し、耐え抜いて闘った全金本山労働組合がついに勝利し、3・5仙台勝利報告集会、3・11東京勝利報告集会を終えて、3月16日から現職復帰を希望する17名の仲間が就労しました。東京での報告集会に参加したのですが、親しくしてきた人々の晴れやかな笑顔を見て、涙が出そうになりました。一口に34年間と言いますが、これがどれほど長い年月であったことか。アルバイトや物販で糊口を凌ぎながらの年月です。生まれたばかりの子どもが34歳になるほどの年月です。その間に流した涙はどれほどだったでしょう。つい先頃まで働く仲間であった者が第二組合に移り、資本や管理職の走狗となり果て、あたかも正義ででもあるかのような顔をして、同じ職場にいる組合員を侮辱し、ちょっとしたミスを管理職に密告する。どこの職場にもある風景ですが、盛者必衰の理も知らぬこの愚劣に対して、労働者人民は必ず勝利する、団結して闘えば未来は切り開けるという確信を持って、敵対する者には断固たる姿勢で反撃しようという決意を与えられた集会でした。

★大阪では、これまた親しくしてきた全日建運輸連帯労組関西生コン支部にゼネコン資本と警察の連携した激しい弾圧がかけられています。新設されようとしている「共謀罪」の先取りによる組織破壊攻撃です。関西の仲間のみなさん、ご奮闘ください。ブッシュも転けるし小泉も転ける。今が永遠に続くと考えるノーテンキなヤツラをシバキタオシテ前進しましょう。

263

・「靖国・天皇制問題情報センター通信」No.35（通巻387号）（2005年5月31日）

事務局から

★長く横浜で活動を続けてこられた依田駿作先生が亡くなられました。わたしども靖国・天皇制問題情報センターの活動を支援しつづけてくださり、通称バンザイ訴訟に最後の力をそそいで、その人生をまっすぐに走り抜かれました。この度ご遺族から「故人の遺志」ということで大変な額のご献金をいただきました。紙面を借りて謹んでお礼を申し上げるとともに、新情報センター第2回全国活動者会議の基金として用いさせていただくことを報告させていただきます。

★28日～29日、名古屋での「寄せ場学会」に参加してきました。名古屋（の一部）は万博で浮かれていますが、「世界のトヨタ」の期間工の労働条件のすさまじい状態の報告など、一方で「一億総中産階級化」が進んでいるようでありながら、他方で世界に類例のないほど過酷なこの国の「下層労働者」が置かれている労働環境についての報告を聞きながら、何もできずにいる自分をひたすら恥ずかしく思いました。

★「靖国」で小泉は愚劣さの極みを露呈していますが日本人全体の責任です。

264

・「靖国・天皇制問題情報センター通信」No.37（通算389号）（2005年7月31日）

敗戦60年　今何を思いますか

本尾良さん（非核・みらいをともに）に聞く

○　暑くなって参りました。ご無沙汰いたしておりますが、お元気でご活躍でしょうか。今日は、敗戦60年という企画でお話を伺わせていただきます。まず最初に一般的な意味で敗戦後60年の今年をどうお考えになっているかをお伺いし、それから60年前の夏にはどこで何をしておいでだったのかをお話しいただけますでしょうか。

本尾　今年の夏は、これまでとはまったく違う意味を持っていると思っています。敗戦によって、いわゆる「平和憲法」を本当に大切なものとして喜んで受け入れながら、敗戦後2、3年から何となくきな臭い動きは常にあったのですが、それでもまがりなりにも直接に戦場に日本人が武装して出ていくということはありませんでした。それが、小泉政権になって、憲法の強引な解釈、もう私は解釈という限度を越えてしまっていると思いますが、とにかくイラクに対するアメリカのまったく正当な根拠のない不正義の戦争に加担して、自衛隊を遠くイラクにまで派兵してしまいました。イラクは遠いものですから、日本人の多くは戦争の実感をもたないのでしょうが、日本は現在「戦時下」にあると言って決して大袈裟ではありません。それにアメリカという国は、第二次世界大戦以後、一度も戦争をしていなかったことのない国で、今後もそうあり続けるでしょう。いつも声高に「正義」を叫びながら、それこそ世界中を自らの支配の下に置かなければ気が済まないかのようです。とすると、イラクに派兵しておいて、今後のアメリカによる戦争にはお付き合いしないということにはなりませんので、だってもう「自衛」などという枠はとっぱらってしまっているのですから。その意味では日本は今後も戦争をし続ける国家になってしまったのです。時々、どうすればいいのかと呆然としてしまって言葉を失いかけるのですが、それではいけないと、いつも気を取り直しています。

60年前の夏は、札幌にいまして、旧制の女学校の3年生でした。父は札幌からずっと離れた田舎で医院を開業していたのですが、子どもの教育のことでそうしたのでしょうか、母ときょうだいで札幌に小さな家を借りて住んでいました。姉が肺結核でしたので、その姉の看病をしながらの日々でした。敗戦前には、東京の大学に行っていた兄もあまり体が強くなかったこともあって、戻ってきていました。なんだか互いにかばい合いながらの生活だったように思います。そういう日々に、あの「奇妙な声」の放送を聞いたのです。その時には内容はよく解りませんでした。でも誰もが言うように、夏のギラギラと照りつける日光の中で、暗い生活から解放されるのだという思いをもったことだけははっきりと憶えています。

O　どういうご家族だったのでしょう。たとえば教育などについて。

本尾　ちょっと後のことですが、新憲法の案を読んだ時、驚いた感じがしたのは、「男女平等」ということがそこに明記してあったことです。と言いますのは、私が育った家庭では、きょうだいの間で、兄が特別に扱われるなどということはございませんでしたので、女性差別というのを実感していなかったのです。ああ、世間はそうだったのかと、新憲法の「男女平等」の考え方を知って、逆に戦前の男女の関係を知ったのです。

O　札幌は本州の大都市と違ってそれほど激しい空襲にさらされることはなかったと聞いていますが、いかがでしたか。

本尾　それはそうですね。空襲の恐怖の体験はありません。でも、ポツダム宣言を受諾して後、ソ連が進駐してくるので、大人たちは、女の子をどうしようかなどと話し合っていました。そういう緊張がありましたね。実際にはそれはなかったのですが。

○　少し話題を転換するのですが、わたしどもの世代の者は、戦後民主主義は虚妄であったという考え方に強く影響されていて、これは一部現在でも手放してはならない批判の視点ではあると考えているのですが、本尾さんは、正に戦後民主主義の申し子のような方ではありませんか。これは皮肉とか批判とかではなく、時代がここまで来てしまいますと、現在背筋を張った言論を展開している人々の多くがいわゆる戦後民主主義者で、左翼はいつの間にか言論世界から姿を消してしまっています。そういう時代に、戦前には大きな誤りを犯しながらも、戦後は民主主義の立場に立とうと苦闘された市川房枝という方とどういう出会いがあり、現在市川さんをどのようにお考えかをお聞かせ願えますか。

本尾　どういうわけか、戦争の直前にはデモクラシーの時代があるのですね。市川は大正デモクラシーの時代に平塚らいてうさんらと運動を始めています。確かに戦前・戦中に大きな間違いを犯してしまったのですが、戦後それらを反省して姿勢の立て直しができたのは、大正デモクラシーの息吹を体内に残していたからではないかと、最近考えるようになりました。市川さんについてはまず母が強く影響を受けていました。それで私が患っていた結核がどうにか癒えて、中断していた勉強を再開するために東京へ参りました時に、母がご挨拶に伺うように申したのです。１９５４年でしたでしょうか。市川から学んだことは多くあるのですが、徹底的に「男女平等」にこだわった点などの影響が大きいでしょうか。市川に対してアメリカの女性運動をそのまま日本に移入したという批判があるのですが、それは当たっていないように思っています。日本の女性がどういう生き方をすれば、最も幸せであろうかということを考え続けていた。その最初の段階が「男女平等」だと考えたからではないでしょうか。市川の大きな誤りとして、戦前に戦争に加担したというのがあるのですが、それはその通りで、そういう文章をたくさん書き残していますので、逃れようのない誤りです。それも女性の社会進出、「家」という桎梏から解放を願うばかりに犯した誤りなのですね。ですから、戦後は、良かれと思ってしたことが決定的な間違いであったことを本当に辛く思っているようでした。

O　ところで本尾さんは、職業をお持ちになったことがありますか。失礼なことを申し上げたいのではなく、ずっと一貫して運動の中を歩いておいでであったことを承知の上で伺うのですが。

本尾　いわゆる専業主婦でしょうね。戦後両親が東京へ出てまいりまして、練馬で開業しましたので、その手伝いなどをしたり、子どもを母に預けて大学に通ったりはしましたけれど、経済的に自活するということはございませんでした。

O　私は、女性も職業を持って、社会で生きてゆくのが良いと考えていますが、でもどうでしょうねえ。これは男性でも同じことですが、収入を得ることが即ち「自立」ということでもなかろうとも考えています。まして、最近のように、積極的な意味で職業を持つというより、働かなければ生きていけないということになりますと、戦後、女性も学問を身に付け、社会で生きていくことが新しい生き方だというようなあり方もそろそろ再考しなければならない時に来ているのではないでしょうか。

本尾　そうですね。女性の自立の方向が深夜勤務もしなければならず、派遣社員として厳しい労働を課せられるとなると、どんなものでしょうねえ。暮らしのあり方そのものを再考しなければならない時に来ているのでしょうね。自衛隊にも女性がいますが、まだ戦争の現場にまでは行っていません。これがアメリカのように「男女平等」から戦争の前線にまで女性兵士が出て行くことが女性の解放だとは、私にはとても考えられません。もちろん、本質的には男性も前線に出るなどということがあってはならないのですが。

O　どうもありがとうございました。これからもどうぞお元気でご活躍ください。

265　事務局から

◆とうとう日本全国の新聞に「ともに東アジアの平和の担い手へ　扶桑社版歴史教科書の採択を憂う韓国市民の思い」なる意見広告が出されました。韓国の90団体によって構成される「アジアの平和と歴史教育連帯」という組織によるものです。読者の多くがお読みになったことと拝察します。「とうとう」というのは、わたしたちも各地で反対運動に取り組んでおり、「情報センター通信」でもこれまで埼玉や栃木の動きを報じましたし、今号では東京・杉並と熊本・八代の反対運動について取り上げています。でもこんなことでは韓国の民衆のハラハラする思いに応えることにはなっていないのでしょう。「平和を愛する日本の皆さん！」と呼びかけられています。日本人全体が見つめられているのです。この意見広告に示された韓国民衆の思いにわたしたちはどれだけ応えられるでしょう。共にがんばりましょう。

◆アジアの民衆がもう一つハラハラしながら見つめていることに、8月15日の小泉首相の靖国神社参拝があります。まだどうなるかはっきりしません。

◆靖国・天皇制問題情報センターからの提案です。前日までに参拝することが明らかになれば、8月15日午前10時に千鳥が淵墓苑の前に集まるという予定です。当日まで明らかに成らなかった場合には、こちらでギリギリまで情報を収集し、その情報を提供しますので、情報センターのメールアドレス或いは電話にご一報くだささい。返信します。なお、それまでに一度参加希望者で集まりを持ちたいと考えています。この集まりの情報についても連絡を差し上げますので、メールをください。放っておくわけにはゆきません。できる限りの反対運動をしましょう。

◆稀代の悪法「共謀罪」は、今国会での成立を阻止しました。がんばってきて良かったですね。廃案に追い込むまで闘いを続けましょう。

266

・「靖国・天皇制問題情報センター通信」No.38（通算390号）（2005年8月31日）

敗戦60年　今何を思いますか
岩永達郎さんに聞く

O　ご無沙汰いたしております。お元気でお過ごしのようで何よりです。先生には以前別の目的でインタビューをさせていただいたことがあるのですが、今回は「敗戦60年」ということで、新たな「戦前」と言われる現在をどう考えておいでかを伺いに参りました。いつも「僕は雑談しかできないから」とおっしゃる先生ですから、自在にお語りくだされればいいのですが。最初に、60年前には、どこで、何をしておいででしたか。

岩永 肺門リンパ腫という病気をかかえた東京外国語大学の学生だった。空襲で大学も焼かれて、このまま東京にいては病気が悪化するばかりだということで、故郷の山口県に帰ることにしたわけよ。その頃、大学のあった滝野川辺りの古本屋では知識人たちが売ったマルクス主義関係の本が売られていたのね。僕も友達が持っていたレーニンの『唯物論と経済批判論』とか『帝国主義論』などを譲ってもらって、3月19日に下関の家に帰ったのだけれど、広島を過ぎて、小郡から列車に私服が乗って来て、僕に網棚の荷物を下ろせと言うのよ。みんな戦争に行って、若い者が列車に乗っていること自体を怪しまれたんだね。それでトランクを探られて『唯物論と経済批判論』の上中下3冊と『帝国主義論』計4冊取られたわけ。それで初めに憲兵の所に連れて行かれたのね。その憲兵は割合あっさりしていて、「なんだオマエは」と言ってガーンと殴るだけ。それから特高の方に回されて、じわじわ責められた。後でわかったことだけれど、僕が出た高等学校に電話を入れたら、ちょうど電話に佐賀県の男で、2・26事件の真崎という中将に心酔していた軍国主義教師が出て、「そいつは悪いヤツだからとっちめてくれ」と言ったらしいのよ。それでさんざん絞られた。だからといってかっこよく抵抗したというのではないからね。厭なことをいろいろされたけれど、刑事の中に中学の先輩がいて、家が下関にあるということがわかったので夜の11時頃釈放された。でもね、ここで止められて、当時の京城、今のソウルね、ここへ帰ろうとした人の中には、ずっと留置されて、敗戦から20日くらい過ぎて留置場で死んだ人もあったんですよ。三木清みたいなもんだね。それで、敗戦の日まで週2回呼び出され続けましたね。

O 敗戦の日には下関においでになって、例の放送はお聞きになりましたか。最初はよく意味がわからなかったという人もありますが。

岩永 わかりましたよ。それでね、僕の友達はこの日に出征して、鳥取の部隊に向かったんだって。山陰線に乗って萩で敗戦の放送を聞いたらしい。律儀な男でね、それでも鳥取の部隊へ行ったら、もう終わったって、馬をもらって、その馬に食糧を積んで下関に戻って来たヤツがいましたよ。ハハハ、いろんなことがあったね。

○　敗戦の日に何をお考えになったかを伺わせてください。と言いますのは、吉本隆明が「戦争と世代」という文章の中で、当時彼は動員で富山県魚津市の日本カーバイトの工場にいたらしいのですが、「わたしは天皇の放送を工場の広場できいて、すぐに茫然として寮にかえった」。「わたしは、漁港の突堤へでると、何もかもわからないといった具合に、いつものように裸になると海へととびこんで沖の方へ泳いでいった。水にあおむけになると、空がいつもとおなじように晴れているのが不思議であった。そして、ときどき現実にかえると、『あっ』とか『うっ』とかいう無声の声といっしょに、羞恥のようなものが走って仕方がなかった」と書いているのです。吉本と先生とは似たような世代だと思われるのですが。

岩永　厭な政府で、徹底的に反国民的な政府だと思っていたから、これが倒れるのはいい気味だとは思っていたけれど、敗戦後の社会を数年間という幅で考えるスコープは持っていませんでしたね。先のことはわからなかったけれど、まあどうにかなるだろう、という感じだったかな。それより吉本という人については60年安保の頃だったかな、三島という神学生が知人で、この人が夜中に電話して来て、今、この著者でなければ何も信じることができないというほどすばらしい著者だと言うんですよ。僕はそれを聞いてね、厭なヤツだと思ったの。読者にね、そんな印象を与えるような著者は悪いドグマを持っているヤツだと思ってね。1冊くらいは吉本の本を持っているのかもしれないけれど、読んだことはないね。敗戦そのものは8月に入ると下関でも米軍機から敗戦は決定的だというようなビラが撒かれたりして、まあそうだろうと思ったけれど、自分が、この戦争に負けると考えているということを他人に知られるのはまずいかな、とは思っていたよ。

○　それで、敗戦後復学されたのですか。

岩永　いや、肺の病気を治してから、46年に大学に戻りました。

○　敗戦後の大学ではマルクス主義が大流行だったと思うのですが、先生はマルクス主義とはどういう関係でいらしたのですか。

岩永　教養としてという程度でしたね。どういうわけかマルクスにはずっと距離がありました。でもね、あれこれ言ってくるヤツもいるし、周りもそれこそ続々と入党するので、僕もめんどくさいから共産党に入党しましたよ。ただ、高知高校を中退した人で、僕はこの人が人間的に大好きだったの。この人はバリバリの共産党員でしたが、この人から君のようなタイプは党の外にいた方がいいと言われたし、いろいろあって、人民広場（今の「皇居」前広場）でのメーデー集会の日に離党届を書きました。党籍があったのはちょうど1年だったね。

O　組織の枠におさまらない男と思われたのですかね。

岩永　おさまらんというか、面倒くさい男と思われたんだね。僕はマルクス主義より天皇制に反対した人が好きですね。難波大助が好きです、僕は。

O　アハハ、そりゃあ共産党では無理ですわ。マルクス主義との関係をお尋ねしたのは、最近というか、まあおおまかに言ってソ連崩壊後ということなのでしょうが、マルクス主義の陣営から学ぶことがほとんどなくなったと言いますか、そもそもまともに言論を張っていません。どうしてこういうことになったのかと、大変いぶかしい思いをしているのです。先生は現代日本の言論情況をどのように御覧になっていますか。

岩永　いやいや、何も読んでいないからそんな難しいことに返事はできません。この前テレビを見ていたら、立教大学の先生のようだけど、在日の方なのか、戦後来られたのか知りませんが、韓国の人が出ておられて、国民から市民へという話をしておられましたよ。僕はその通りだと思いますよ。国家をどう乗り越えるのかが僕にとっても一番大きい課題だもの。簡単に言うことではないけれど。為政者の側はどうやって国家意識を植え付けるかが日常の課題だもの。あなたは戦後50年と60年の間には大きな溝があるという認識だろうと思うのね。だからこういうインタビューになったんだろうから。でもね、そうだとしたら戦後50年という、それまでのあり方がよくなかったということでしょ。歴史なんていつも「決算」をつけて進まなければならないのに、そういうふうには普通考えずに、流れているもの。僕はね、基本的なこととして、平和というのは、平和のために闘うということなしにはあり得ないという、当たり前のことを敗戦後50年の時まで噛みしめていなかったと思います。それがこの10年の大きな落差を作ったんだと僕は思っています。だからまあ、もう少しこの社会は、あと10年くらいは後退し続けるんじゃないですか。そしてね、戦後のなんだかよくわからない化粧がみんな剥がれてしまって、素顔が出てくるんじゃないのかな。それからかもしれないですね。

○　国民から市民になるとおっしゃる意味はそれなりに理解できるのですが、わたしはいうところの市民というのが嫌いでして、市民は敵であるとまで言って歩いている者ですが、かと言って、さきほど申しましたように、マルクス主義者がほとんど言論の世界からずり落ちてしまっている情況で、戦後民主主義者と言われた方々、かつてわたしどもの世代から唾棄すべき者のように扱われた方々が、しっかりとご自分のスタンスで発言し続けておられることに敬意は持っているのです。先生にとって、市民というのはどういうイメージなのでしょう。

岩永　あなたはある意味で深刻過ぎて、いい意味での楽観主義が足らないと思うよ。第二次世界大戦前、あるいは戦時下に比べたら今はまだずっといいですよ。それはそれで評価しなければ。今はまだ、すごく大きなプラスの遺産が残っているよ。

○　その遺産というのが何なのか伺わせていただけますか。

岩永　誰に知られようとも思わずに、ボツボツやるという精神じゃないのかな。僕はそう思っているんだ。好きでやっているんだもの、すべてを。それを何らかの意味で評価されたいというスケベ根性から遠くある人々のことを市民と呼ぶのじゃないのかと考えています。地域の運動で仲良くしている人でも、何かしようとするとすぐ記者会見をしようなんて言うのよ。マスコミなんか知られなくたっていいと思うのよ、僕は。マスコミなんて最低だもの。最低の続きで思うんだけれど、学校で教えられた歌に、「身を立て、名を挙げ」というのがあるじゃない、あれの「身を立て」はともかくとして、「名を挙げ」なんて最低ですよ。名を挙げたヤツなんて僕の考える市民じゃない。大学を辞める時、「名誉教授」というのの打診があったのね、この僕に。ただ長く大学で働いたというだけだけれど。でも僕は厭だといいました。どうでもいいことだもの、そんなこと。だから勲章をもらうヤツが大嫌い。生きた証をいかに残すかというスケベ根性から解放された者を市民だと、僕は思いたい。ちょっと話が違うかもしれないけれど、戦争中、みんな競って国旗を立てるという厭な時代だったじゃない。その頃に市川に住んでいた永井荷風が国旗を出していなかったので、町内会の人から大声で永井さんのところは国旗が出ていません、と叫ばれて、荷風はありますありますと言ってお子さまランチに立っているヤツを出したっていう話が僕は大好きでね、こんなふうに自分のスタイルで生きたらいいんじゃないかな、と思っているのです。

O ありがとうございました。久しぶりで先生の自由な精神に触れさせて頂きました。どうぞお元気で。

267

・「靖国・天皇制問題情報センター通信」No.40（通巻392号）（2005年10月31日）

事務局から

◆いよいよ女性天皇が誕生する可能性が出てきたようですね。

◇結構毛だらけ猫灰だらけ、というところですね。

◆畏れ多くも「国民統合の象徴」に対してそんなことを言っていいのですか。

◇「統合」してほしいと一度もお願いしたことはありませんので、どうでもいいのです。

◆これからどう展開するのでしょう。

◇皇室典範を「改正」するのだそうですが、こういう形である種の「近代化」をしつつ延命させるのでしょうね。私はもうこういう制度は止めたほうがいいとしか思いません。

◆東京工業大学の先生が「共和制も考慮に」と言っておられましたが、そういう方向がいいとお考えですか。

◇いえ、そういうことではなく、政治そのものの揚棄へ、と言いたいのですが、そういうのは流行らない時代ですからね。

■今号では先頃の小泉首相の靖国神社参拝に対する抗議声明を特集しました。何分にも大量に出されたものですから文字が小さくなってしまいました。申し訳ございません。

268

・「靖国・天皇制問題情報センター通信」No.42（通巻394号）（2005年12月31日）

事務局から

◆ある所で「女性と天皇制研究会」の桜井大子さんにお目にかかった際に、〈声明　天皇制安泰のための法改〈正〉に反対しますに賛同を〉というチラシを渡されました。わたし個人はもちろん「靖国・天皇制問題情報センター」運営委員会としても、天皇制の廃絶こそを求めるべきであるという立場から、「女帝論議」そのものに参加してこなかったことからして、この訴えにある「まずは天皇制を残すことの是非を広く問うべき」であり、「私たちは天皇制はやめるべきだと考えています」という主張に全面的に賛同します。「情報センター通信」の読者の皆さんもぜひご協力ください。連絡先は、メール：jotenken@yahoo.co.jp ＦＡＸ０３−３３６８−３１１０です。

◆今年も終わります。何もいい事のなかった年のような気分ですが、来年はさらに辛い闘いの年になりそうです。でもまあ、生きている限りひっこみのつかない生き方を選んだ者として、できることからやって行くしかありませんのでしょうねえ。どうぞよいお年を。

269

・「靖国・天皇制問題情報センター通信」No.46（通巻398号）（2006年4月30日）

事務局から

◆4月30日に「教育基本法の改悪をとめよう！全国連絡会」が開催され、以下のような決定がなされたとのことです。

●6月2日（金）の行動〈合言葉「通すな！改悪法案」〉

・15時（予定）院内集会（衆議院議員会館）詳細は追って連絡

・18時〜19時　教育基本法の改悪をとめよう！6・2全国集会＆国会デモ

与党は連休明けの5月9日〜11日頃に「教育基本法特別委員会」の設置をもくろんでいるようですが、06年の通常国会の会期は延長がなければ6月16日までです。「新教育基本法」の与党案は既に新聞等で報道されていますので、多くの読者がご存知のことと拝察しますが、単に「愛国心」だけが問題なのではなく、「派兵」して「世界の平和と人類の福祉の向上に貢献」する人材を育てようとする意図が明白ですし、そのためには「学校は、特定の政党を支持し、又はこれに反対するための政治教育その他政治的活動をしてはならない」と、学校を「戦争奴隷養成機関」に仕立てようとしています。こんなものを絶対に許すことはできません。

◆そもそも「教育基本法」などという「基本法」を十分に審議する時間もない国会に提出すること自体人民を舐めていますが、今国会では、例の「共謀罪」という「治安維持法」より恐ろしいといわれる法律の制定も民衆の反撃にあって、連休前の衆院法務委員会での採決を連休明けに持ち越しているのです。小泉政権に「行きがけの駄賃」式に悪法を次々に制定させることを阻止し、間もなく命脈が尽きる小泉政権の最後に徹底的に打ちのめしてやりましょう。

◆あまりに腹立たしいので、この欄で久しぶりにアジテーションをしてしまいました。新緑の美しい季節です。闘いは闘い、思い切り春を胸一杯に吸い込んで、元気でやりましょう。

270

事務局から

・「靖国・天皇制問題情報センター通信」No.48（通巻400号）（2006年6月30日）

◆ガザが大変なことになっています。世界はいつまでイスラエルの暴虐を黙認しつづけるのでしょうか。かつて「テロにも報復戦争にも反対」と主張した日本の市民のみなさんは、ガザでもハマースの「テロ」にも反対、イスラエルの報復虐殺にも反対とまたぞろ言うのでしょうか。1992年12月号の『ハーバーズマガジン』に掲載されたエドワード・サイードの「パレスチナ―過去と現在」と題する評論の中で、サイードが「南アフリカで見たものはなにひとつ、ガザの惨状には及ばない。それでもイスラエルは南アフリカが浴びたような世界的な非難を免れてきた。どういうわけか、イスラエルはその所業とは切り離して考えられている」

と書いた（ちくま学芸文庫『ペンと剣』中野真紀子訳による）のは、もう今から14年前のことです。この時から事態は改善されるどころか、悪化の一途をたどり、今や「水も電気もない牢獄」と化したガザでパレスチナの人々は生きています。わたしもほんのわずかに関わっているガザにある病院を支える運動では、この病院への送金ができず困り果てています。アメリカ帝国の悪意ある決定に日本中の銀行が同調しているからです。イスラエルはガザを「牢獄」から「霊安室」へと転換しようとしているのでは、と考えるほかありません。こういう状況下にあっても、双方の「心ある市民」のみなさんは対等に非難して済ますのでしょうか。何もできずに遠くにいることに歯ぎしりばかりです。

◆他方、この国の総理大臣もあい変わらずお元気です。靖国神社には何回でも行くと「挑発」的です。首相官邸での記者会見で鼻の穴を広げて強がってみせる首相の顔を見ると、哀れも催しますが、やっぱり吐き気のほうが強い。これも耐えねばならないのでしょうねえ。本音のところでは闇討ちをしてやりたいほどの思いなのですが。ついこういう不穏当な発言をしてしまいたくなる今日この頃の気分です。

事務局から

271

・「靖国・天皇制問題情報センター通信」No.50（通巻402号）（2006年8月31日）

◆いよいよ安倍政権の誕生ということのようである。広島で総裁選出馬の決意表明とは、何とも手のこんだやり方だが、その政権公約が、「日本にふさわしい憲法の制定」や「教育の抜本的改革」、「誰もが再チャレンジできる社会の実現」などと何を言っているのだか、言葉だけが空しく「美しい」。要するに、集団的自衛権を明記した憲法にして、常時戦争体制構築に向けた「新しい国づくり」を目指すというだけのことで、今さら何も驚くことはない。しかし、これを広島で発表するとは「ヒロシマ」を「聖域化」しているつもりはないが、まあそれでも「戦後民主主義」の一つの原点ではあったろうから、これに真っ向から水をかけるというフニャフニャ顔をしてエゲツナイことをする人ではある。◆さあいよいよ改憲阻止決戦だと意気込んでみても、どうなんですかねえ、昨今の日本人のテイタラクでは。◆安倍立候補を報ずる同じ紙面に、「防災の日」訓練に米軍参加が報じられており、「人道名目」で東京都知事が要請したのだそうだが、「人道」というのは、イラクで「日本軍」が米英軍支援をした時の言葉で、新聞というのもまあ、ひと言の皮肉さえ書かなくなってしまっているのですね。今さら米軍出動に驚きはしないが、しかしねえ、なんでも力で押し切った者が勝ちという風潮はどんなものでしょう。オリンピックのために石原は都知事選に再出馬だそうで、やっぱり東京都民は石原を選ぶのでしょうねえ。◆何を言っても空しさばかりという感が強いのですが、それでもまあ、どこかへ逃げるわけにもゆかないので、いつかの機会にイッパツカマスための練習でもしておきましょう。

272

・「靖国・天皇制問題情報センター通信」No.64(通算416号)(2007年10月31日)

上江田千代さんに聞く

沖縄はなにを、なぜ、これほど怒っているのか

小田原　今回の、教科書から沖縄戦における「集団自決」に日本軍が関与していたという記事を削除するという教科書検定に対する抗議としての9・29集会に、宮古、八重山まで含めると、主催者側発表で11万6千人もの人々が集まったということについて、おおかたの日本人にはその意味もよくわからないし、なぜそれが政府を動揺させるほどの効果を持つのかもよくわからないでいます。たいへん大きな問題ですから、日本のマスコミも報道はしましたが、それはどこまでも約137万人といわれる沖縄の住民の約10分の1近くもの人々が集まったことへの驚きであって、なぜこういう事態になったのかについての突っ込んだ分析があるわけでもありませんので、前回の少女「暴行」事件に引き続いて、再び地下深くのマグマが地上に噴出したのはなぜなのか、いったい「沖縄」は何を怒っているのかについて、沖縄人として、いうところの「ヤマト」にお暮らしの上江田さんにお話しをうかがいたいと考

えました。

上江田　米軍基地をいつまでも、そして今後もまだまだ沖縄に押しつけておこうとする日本政府に対して、軍事基地を抱える社会がどれほどの難渋を抱え込んで日々を生きているのか、それをわかっているのかという怒りと、未来の担い手である子どもたちに戦争の真実を知らせない、明らかな事実を歪曲して伝えようとする「ヤマト」政府に対する決定的な不信感が、11万人もの人々の足を宜野湾の会場に向かわせたのですよ。

小田原　産経新聞や週刊新潮など右派メディアがやっきになって参加者数が主催者発表より少ないと報じているのなどは、その怒りに対する恐怖の現れなのでしょう。こうしてインタビューをさせていただいて掲載するわたしどもが発行している「情報センター通信」の読者は、ほとんど、否、全部、沖縄戦での「集団自決」に日本軍が深く関与している、あるいははっきり言って強制的にそれをさせたと認識しています。ですから、この事実を隠蔽しようとする文部科学省及び教科書検定制度そのものに対して強い不信感を抱いているでしょうが、しかし、「沖縄の怒り」そのものを理解できているかというと、私自身を含めて、当然のことですが、とても十分とは言えません。結局のところ「沖縄戦」の経験をお語りいただくしかないのでしょうが、とても紙幅の少ないところで全てを語っていただくことは無理なのですが、特に「ヤマト」に対して不信を抱かれるような経験を主としてお話しいただけますか。

上江田　私にとって原点が沖縄戦経験です。私は今の那覇空港のある小禄村字大峰で生まれました。そこに私が４歳から５歳のころ、当初は民間の飛行場ができるということで測量が始まりました。この測量をする人たちがサツマイモや大根の芽を踏み荒らして測量するんです。予告もなしに、子ども心になんというひどいことをする人たちだろうと思いました。ひとりのおじいさんが沖縄の言葉で「カンヌスコトチャーンナラン＝お上のすることには抵抗できない」と畑の土を叩いて悔しがっていたのを今でもまざまざと思い出します。これが後から考えてみますと、私が政府あるいは支配層がすることに対する不信感を持つ最初の経験でした。その後民間の空港として土地の接収が続きましたが、最終的に44年の10月10日の空襲で、軍の命令で全戸の立ち退きになりました。村は離散してしまいました。民間ということだったのに、実際には軍との共用で、予科練などもいました。

小田原　いよいよ決戦ということですね。

上江田　そんなことで、私は自分が出た小学校も師範学校も戦争でなくなってしまいました。自分たちの家は那覇空港のすぐ横にある現在自衛隊が基地にしている所あたりのようですが、それもどこだかわからない。全部戦争で奪われてしまいました。戦後は親たちは生きていくのに必死ですから、生徒たちで学校を造ろうと自分たちの力で瓦礫を片付けて那覇の町の一角に高校を作って、私はそこに再入学したのですが、これも軍政府に接収されてなくなってしまいました。何から何まで戦争に奪われてしまったのです。

小田原　師範学校の生徒の時に日本軍に駆り出されたというか、とにかく「ひめゆり部隊」に加わられたのですか。県立第一高等女学校と師範学校との関係はどういうものだったのでしょう。

上江田　第一高等女学校と師範学校は併設校で同じ場所、安里にあったのです。先生方も両方を兼ねていました。でも旧制女学校の人たちからは、「あれは官費だ」といわれたりもしていました。私たち師範学校はすべて官費でまかなわれて全寮制でしたからね。でもわたしは先生になりたかったし、家もそれほど豊かではなかったので師範学校に行ったのです。兄二人がもう死んでいましたし、親に大きな負担はかけられないと子ども心に思ったのでしょうね。長男はその時もう東京に出ていましたが、次男はパイロットとして戦死してしまいましたし、三番目の兄は学校の強い指導があって、親は猛反対したのに予科練に志願して、「本土」に向かう船が撃沈されて死んでしまったりしていましたから。それでまだ師範学校の予科の1年生だった45年1月の大空襲で、校舎も被害にあい、帰れる人はそれぞれに疎開していたので帰りました。でも情勢が悪くなって先輩たちは親元から呼び出されて、南風原の海軍病院に動員されて、あの悲惨な死を遂げました。この動員ももちろん軍の命令です。後から分かったのですが、下級生は行かせることはないと反対していた先生もいたそうですが、すべては軍の命令ですから逆らうことはなかなか出来ませんでしたよね。わたしたち家族は、壕のあるいとこのところへ移動しました。軍は施設がないので、民間住宅を接収して使っていたのですが、いとこの家も一部が軍に接収されていいました。そこの将校から師範学校の生徒だということで、南風原の病院壕で負傷兵の看護を手伝うように言われました。それはそれは悲惨でした。薬も何もないのですから、ただ寝かせているだけです。私は水を飲ませたり、ピンポン球くらいの塩むすびが一日の食事ですが、それを食べさせたりしました。立って歩いているのは将校2人と私の3人だけです。

小田原　南風原の陸軍病院には具志八重さんという方が看護婦としていらして、病院跡を案内していただいて当時の話を伺いました。大人としてみておられたわけですから、将校たちがどれほど無理非道なことを言うかということを冷静に憶えておられる。現在ひめゆり記念館のすぐ前の壕にいらしたそうですが、ほとんど亡くなっていくのですが、夜、壕の中で月明かりで光っている壁があると思ってみてみると、ウジ虫がびっしりとはりついていたそうです。ウジ虫が月明かりを求めてビッシリと這っていたそうです。

上江田　そのウジ虫は人間の肉を食っているから普通のよりも太くて大きいんです。生きている人間の肉を食っているウジ虫をとるので、負傷兵はそのたびに、「痛い、痛い」と叫びました。

小田原　日本軍はどんどん南へ撤退していきますが、そのときはご一緒だったのですか。

上江田　壕に移動命令が出ました。生きて捕囚の辱めを受けずで、日本軍は負傷兵を生かしておきませんから、私の壕では手榴弾が配られました。みんな観念したようで、静かでした。皇民化教育を受けていますから私も望んで手榴弾をもらい、大事に自分の救急カバンにしまいました。将校は誰一人この壕から逃れて出られないから私に親元へ帰るよう促しました。将校は親が近くにいることを知っていました。というのも、父が毎日、壕へ水を運んでくれていたのです。壕に女の子（その時、今でいうと高校1年生ですから）はわたし一人でしたから、心配して様子を見に来ていたのだろうと思います。私はどうせ死ぬなら両親と一緒に死にたいと思って、手榴弾を持って壕を出ました。それから先が私の過酷な運命です。壕に入っていればある程度は安心なのです。両親といとこと一緒に、死体を踏みながら南へ逃げていきました。壕も見つからず野営をしているときに、叔父が脊髄を撃たれてしまいました。家族に負傷者が出たら置いていかざるをえない状況で、叔父もそれをわかっていて、草を握りしめながら、「子どもたちを頼む」と。子どもたちは小学生でしたが究極の悲しみと恐怖で泣けないのです。移動して私の父が壕を探したのですが、みんなは入れないので、私と両親は近くの岩陰に潜んでいました。アメリカ兵が肉眼で見えるところまで来ていて民家に火を放っているのです。私はもう逃げられない、逃げたくないと思って、救急カバンを開けて手榴弾を出そうと思ったのですが、ないのです。父が、私に見つからないように捨ててしまったようです。どこにやったのかと問いつめても教えてくれない。沖縄には命どう宝という言葉がありますけれど、父は私を死なさないように、何とか生かしたいと思ったのでしょう。それにしても、敵はそこまで来てどうしようというときに、先輩がサッと私たちの前を通っていったのです。先輩は軍から出て行けと言われ、先生に北へ行きなさいと言われたそうです。私たちも北へ逃げるしかないと思い、忘れもしませんが、6月20日に北はどちらかと方向を見るために、岩陰から父が壕の入り口近くまで出たところで一発の銃弾がズドーンと鳴って、父が倒れたのです。私が「おとうさーん」と叫んで見ると、日本兵が逃げていく後ろ姿がはっきりと見えました。父は日本兵に殺されたのです。私たちはそこにいるのが怖くなり、近くのお墓へ逃げ込みました。

小田原　亀甲墓の中は広いですからね。

上江田　中には大勢の人がいました。午後3時か4時くらいでしょうか。弾の音が全くしなくなり、抵抗しないで出てこいという声が聞こえてきました。そのとき母と二人で墓の一番奥の一段高いところへ入り込みました。入り口のところに負傷兵がいたので、軍が使っていると思った米国軍が爆弾を投げ入れてきました。気絶してどれくらいたったのか分かりませんでした。もう死ぬと思ったので、東京の兄さん、満州の姉さん、お父さんの近くに行きます、さようなら、と心の中で思いました。しばらくしてよく見ると、周囲はみんな死んでいましたが、一人の女性が血だらけになって子どもを小脇に抱えていたのです。私たちが生きているのを見て、私が先に行くから、あなたたちも出てきなさいといって、出て行ったのです。私と母は恐ろしくて硬直していたのですが、その女性がアメリカ兵は殺さないみたいだから、あなたたちも出てきなさいと言うので出て行った。爆発のガスで喉が痛くて、私は死ぬ前にせめて水を飲みたいと思って出て行きました。

3ヶ月間、モグラの生活をしていましたから、外に出たら眩しくてうつむいて歩いていたら、何かにぶつかって顔を挙げると上半身裸の赤い顔をしたアメリカ兵が立っていました。その赤鬼が自分の水筒から水をくれるのですが、私は毒が入っていると思ってノーサンキューといって断った。そうしたら自分で飲んでからまたくれるのです。これは大丈夫だと思い、母と二人で飲みました。アメリカ兵が私の頬を触って気づいたのですが、私の頭や顔には肉片がついていました。本当に、私と母は奇跡的に助かったのです。この壕で生き残った者は再びとりあえず穴に入れられたので、殺されて埋められるのだろうと思っていたのですが、夜中に誰かが咳をしたら毛布が配られたのです。翌日21日にはトラックに乗せられて、知念村の山里にある収容所へ連れて行かれました。

小田原　収容所の生活が始まったのですね。

上江田　那覇の収容所へ移されて、配給も少なかったし、1時間かけて水をくみにいかなければならなかったけれど、私はちっともみじめではありませんでした。弾は降ってこないし、逃げ回らなくていいし、大空の下を堂々と歩けることが、どんなに幸せか。

小田原　簡単には伺えないくらい大変なお話です。当時の沖縄の師範学校の教育はヤマトと同じで、かなり徹底していたのでしょうか。

上江田　歴史上、日本となったのがまだ浅いですから、徹底的に皇民化教育がなされたようです。特に、台湾、中国ほどではないでしょうけれど、沖縄も似たようなものでしょう。

小田原　台湾政策が成功したと思っているので、それにならって沖縄もというところがあったでしょうね。

上江田　私はもちろん日本が勝つと思いこんでいたのですが、それでも途中からこれはおかしいと思い始めました。

小田原　豊見城の病院壕におられた時に、すでにそうお感じになられていたのですか。

上江田　そうです。日本の飛行機は一機も飛んでこないし、負傷兵はどんどん来るし、薬も何もない地獄の状況の中で、これは無理だと思いました。

小田原　先ほど話しました具志八重さんからも伺いましたが、とにかく日本兵は自分たちがどう逃げるかということばかりを考えていたということでした。

上江田　渡嘉敷島の赤松も、座間味の梅澤も生き残っています。赤松大尉などが8月になってから投降して捕虜になっている。住民には死ねと言っておいて、酷い話です。軍隊は住民を守らない証しです。それでも、私がいた病院壕の二人の将校は決して私にひどいことを言いませんでした。先輩たちの話などを聞いていると、私はいいほうだったのだと思います。

小田原　その頃はおいくつでしたか。

上江田　16歳でした。あの時は、まともに生きるか即死か、どちらかを望んでいました。怪我をすると哀れですもの。父が撃たれた時も即死だったから、置いて母と逃げることができたのです。本当に今、生きていることが信じられないくらい。

小田原　いや、本当に奇跡みたいなお話ですよね。収容所に入られた後、沖縄戦が終わったということはどうやってお知りになりましたか。

上江田　収容所の事務所で働いていた頃にも、南部からどんどん収容所に運ばれてくるのです。女性は頭を剃って軍服を着てね。私は収容所で出入りの人数を数えて報告する係でしたけれど、情報は何も入ってこず、南部がどうなったかなどは全く知りませんでした。

小田原　8月15日は？

上江田　那覇空港の収容所で働ける人はみんなかり出されるのです。小禄飛行場、今の那覇空港ですが、そこにはアメリカ軍の食料が山のように積まれていたんですね。そこで缶詰を分けてくれるのです。開けてみると、お豆の煮込んだものとか、牛肉があったり。アメリカ軍が前線に携帯する食料など見ながら、私は病院壕でのピンポン球くらいの塩むすびを思い出しました。こんな国とよく戦っていたものだと…。そういう場所で、ある時アメリカ兵が騒いでいるので通訳に聞いてみると、戦争が終わったと。私はバンザイと、負けてよかったと思いました。当時では国賊と思われるかもしれませんが、本土の人も沖縄のような目にあわずにすむ、東京にいる兄も助かると思ったのです。日本が降伏したことは分かりましたが原爆のことは知りませんでした。随分あとに分かりましたね。那覇の収容所にいるときに兄から手紙をもらい、兄が生きていることが分かりました。

小田原　それから東京に出てこられた。

上江田　那覇はまだ軍が接収していましたので、糸満に最初に学校が出来ました。歩いては行けませんから、校長先生が軍に要請して、軍のトラックに乗せてもらって通いました。Please take me!　なんて言って、乗せてもらうの。学校といってもテントと黒板がある程度ですね。その後、那覇が解放されて那覇高校へ通いました。それから、東京の兄のところへ行きました。土地も屋敷もなくなってしまいましたから、沖縄に残っていても仕方ありませんからね。

小田原　それこそ東京もひどい空襲にあっていますし、他のところでもそうでしょう。誰もが酷い目にあっていると思う一方で、日本人の大多数は、とりわけ為政者は沖縄のことに思いを馳せていない。沖縄戦の体験を若い人に語るということをなさっておられますが、それも最近の話でしょ。

上江田　私は50年間、全く話さなかった。母にも身内にも誰にも話さなかった。なぜかと問われるのですが、母は息子二人を亡くしている上に、父が日本兵に殺されたということを知ったときに、どんな悲しい思いをするだろうかと考えた時に、それは言えませんでした。母は父が日本兵に殺されたことを知らずに亡くなりました。東京の高校生平和の集いで世話人をしているのですが、最初にそこで高校生にほだされて話そうという気になりました。

小田原　50年のあいだ、例えば上江田（かみえだ）というお名前からして、沖縄の方ではないかなどと言われませんでしたか。

上江田　沖縄では「うえだ」と言うのです。高校の時に国語の先生に、沖縄の人は廃藩置県の時に本土の人と区別するために「江」を入れられたのよと言われました。上江洲という名前もそうです。なぜ「かみえだ」にしたかというと、兄が「うええだ」さんなどと呼ばれて、戸籍を新しくするときに「かみえだ」にしたのです。沖縄に帰ると今も「うえだ」と呼ばれますけれどね。

小田原　それでも本土では珍しいお名前ですよね。それまで50年間黙っておられて、お国はどちらですか、などと聞かれたりする際に、沖縄戦の話などにはならないのですか。

上江田　私は沖縄出身だと言いますけれど、誰も沖縄戦のことには言い及びません。そんな意識は全くありませんでしたね。

小田原　そこが問題なんだろうと思うんですね。

上江田　東京で教師をしていた頃に、一部のひとがかぎつけたりして沖縄戦の話を聞かせてもらえと生徒をたきつけたりしていましたが、私は逃げていました。話すと必ずおびえて夢を見てしまうのです。戦後、10年たってもおびえていました。人間の記憶はだんだんと薄まってきますから、今は全く大丈夫ですけれどね。

小田原 今回、11万6千人集まったのは、どうしてこうも無関心でいられるのか、戦後も米軍基地を押し付けたままでという沖縄の人びとの思いなのだろうと考えています。少女暴行事件も含めて、戦前からずっと沖縄を放置してきた積年の恨みという感じがするのです。でなければ、あれだけの数の人が集まるはずがない。いわゆる平和運動の担い手だけでは、あれだけの人は集まらないでしょう。

上江田 それはそうです。いろいろな感情があるでしょう。教科書問題もあるけれど、基地問題に対する大きな怒りの象徴であると思います。まるっきり基地問題が進展しない。何一つ解決しない。ますます悪くなっていく沖縄の状況に対する怒りだと思います。

小田原 戦争と言うけれど、第二次大戦下、都市は空襲にあっているけれど、多くの地方は空襲にあわずに直接被害を受けていないところがたくさんあります。戦後は農村ですから作っていれば食べていかれる。進駐軍が来るわけでもない。そういうことが、想像力を失わせて、沖縄やアジアへの思いに至らない。沖縄といえば、相も変わらず青い海でリゾートということになってしまう。そういうことが、11万6千人の人びとの中に、いつまで忘れたふりをするのかというういらだちをもたらしているのだろうと思うのです。

上江田 政府よ、目覚めたか！ですね。

小田原 今日はお忙しいところ貴重なお話をありがとうございました。

273 ああ、海軍―大和ミュージアム探訪記

私用の処理のために久し振りに「故郷」に帰った。「故郷」などという煩わしいものとは早く切れたいとばかり考えて、いうところの「帰省」というのはほとんどしたことがないのだが、今回いよいよこれで「故郷－広島県呉」に帰るのも最後であろうと、呉市海事歴史科学館－大和ミュージアムを「見学」してきた。

２００５年に造られたこの「歴史科学館」の入場者が２００７年夏には３００万人を超えたとのことで、ご盛況おめでとうございます、という気分にはもちろんなれず、結局この町は明治時代中期から「海軍」と共に拡大・繁栄を続け、１９４５年に海軍と共に一度壊滅し、戦後、海軍の遺産である造船業で一時期栄え、造船業の衰退と共に沈滞を続け、今また時代の「右傾化」により海軍の遺産にぶらさがって延命しようとあがいている、とちょっとしみじみとした。

初秋のある日、故郷とはいえほとんど帰ったことがないので、町の様変わりに面食らい、甥に車で大和ミュージアムに連れて行ってもらった。ミュージアムもなかなか立派な建物ではあるが、何よりもまず、そのすぐ側にある陸に上がった潜水艦に度肝を抜かれる。かつて自衛隊が使っていた実物の潜水艦を陸に揚げて、海上自衛隊呉資料館（通称「てつのくじら館」）として用いているのである。潜水艦といえば、朝鮮民主主義人民共和国が「工作員」を乗せて他国に接近するための特殊な潜行艇というイメージを今どきの人は持つのかも知れないが、この本物は、長さ76・０ｍ（ジャンボジェット機なみ）、高さ16・３ｍ（５階建てビルに匹敵）という壮大なもので、大和ミュージアムよりこちらの方がよほど存在感が大きい。

大和ミュージアムそのものは、「明治以降の日本の近代化の礎となった造船、製鋼を始めとした各種の『科学技術』を、先人の努力や当時の生活・文化に触れながら紹介しています」といい、事実かなり丁寧に近代造船科学技術史を跡付けるように配慮されているのだが、さて見物の人びとがどの展示物に多く集まっているかというと、まずはドーンと１階吹き抜け部分に展示されている「戦艦大和」の１／10モデル。もともとが全長２６３・０ｍ、最大幅38・９ｍというモデルとはいえ巨大なものである。ここでまず見学者は日本海軍の「力」を見せつけられる。「乗員数・最大時３３３２人、生存者２７６人」という数字も記されているのだが、そんなことはもう大昔に終わったことで、なにしろこの迫力たるや並大抵のものではない。だからこその「大和ミュージアム」という命名である。次に人だかりがしているのは、「大型資料展示室」で、そこは「本物が物語る戦争の悲惨さ」などという掲示もあるのだが、零式艦上戦闘機六二型、特殊潜行艇「海龍」、特攻兵器「回天」十型、九三式魚雷などや軍艦の砲身やそれに用いられた砲弾などが実物展示されており、ここでも「戦争の悲惨さ」などというよりは、武器がもついかにも機能性が高いであろう感じがする不気味なスタイルと研かれた鉄の発する「力強さ」に圧倒されて、見学者（多くは中年以上のオヤジたちだが）は声もない。家族連れやどういう会社か知らないが社員旅行の団体などで、館全体はざわめいているのだがこの展示室の中のひっそりとした、息をつめた雰囲気はなんとも形容し難い。

子どもたちは漫画家松本零士協力による「宇宙戦艦ヤマト」の模型が展示されている「未来へ」室に多く集まっている。この科学館が発行しているパンフレットに松本零士は「子ども達の夢が大事なのは、最初の触媒が良いものがあれば、将来彼等がやることが巨大なものになるからだ。子どもといっしょに夢も成長している。だから最初に受ける印象は小さいものでいい。その最初の印象となる夢の触媒をつくるのがわれわれの役目だ」という言葉を寄せているが、この松本の考え方そのものへの感想はともかくとして、こんな場所で、夢の「触媒」が「軍備・戦争」賛美ではいかがなものだろうか。

こういう紹介をしていたのではきりがないので、館内に展示している「言葉」をメモしてきたので、それらを紹介する。

「此呉湾ヲ除キテ他ニナシ」１８８３（明治16）年、鎮守府候補地として呉湾を調査後に肝付兼行海軍少佐が書いた復命書の一節。

「サレド艇員一同死ニ至ルマデ皆ヨクソノ職ヲ守リ沈着ニ事ヲ処セリ」１９１０（明治43）年４月15日、第六潜水艇沈没に際し、佐久間勉艇長が死の直前に書き残した遺書の一部。

「涙ぐむ母に訣れの言述べて出で立つ朝よ青く晴れたる」１９３８（昭和13）召集により「出征」の朝の短歌。「進歩のない者は決して勝たない。負けて目ざめることが最上の道だ。日本は進歩ということを軽んじ過ぎた。私的な潔癖や徳義にこだわって、本当の進歩を忘れていた。敗れて目覚める、それ以外にどうして日本が救われたるか。今目覚めずしていつ救われるか。俺たちはその先導になるのだ。日本の新生にさきがけて散る。まさに本望じゃないか」「大和」副砲射撃指揮官として特攻作戦に参加、戦死した臼渕磐大尉の言葉。吉田満『戦艦大和の最期』から。

「国を思い死ぬに死なれぬ益荒男が友々よびつつ死してゆくらん」１９４４（昭和19）年９月５日、訓練中に沈没した「回天」の内壁に残された黒木博司海軍大尉の辞世。

「愁策　兄貴ガツイテキルゾ　頑張レ　親孝行ヲタノム」回天特別攻撃隊大尉塚本太郎の弟宛ハンカチに書いた遺書。

「至誠以て歳に当り一死以て君国に殉ぜんとす」1945（昭和20）年、呉海軍工廠に動員された高知県第一高等女学校女子挺身隊員の年頭に当たっての決意を認めた血判書の一部。

　そして、海軍のビール、海軍カレー、海軍コーヒーを戴いて、もう「帰省」することのない呉の町を離れました。

274

「大和ミュージアム」続編

科学技術の「進歩」はいつも「戦争」の風にのって

・「靖国・天皇制問題情報センター通信」№65（通算417号）（2007年11月30日）

前号で広島県呉市の「呉市海事歴史科学館　大和ミュージアム」探訪記を掲載したところ、長年の読者でありいろいろとご教示をいただいてきた元教員の北村小夜さんから、新しい資料を添えていろいろとご教示いただきました。

　北村さん、ありがとうございます。お元気で。わたしどもが発行している通信を丁寧に読んでいただいていることを感謝します。

　まずは「子どもたちに語り継ぐ　呉の歴史絵本―日本の近代化と戦後の復興を支えたまち」なる絵本を呉市と呉市教育委員会とが企画監修して、市内の全小中学生に配布したという事実に驚きました。こうした「郷土を愛する」よう仕向ける教材に教育委員会が手を染めていることは京都などにも例が見られ、露骨な「愛国主義」の煽動ではないかのように「偽装」しつつ、この「郷土愛」→「祖国愛」の見え透いた教唆の構造をわたしどもは見抜いておく必要があるように思います。

　橋川文三が『ナショナリズム―その神話と論理』（紀伊國屋書店）でKedourieの『Nationalism』を引用してパトリオティズムはもともと「自分の郷土、もしくはその所属する原始的集団への愛情であり…あらゆる種類の人間のうちにひろく知られている感情である」とし、Michels の『Der Patriotismus』からの引用で「人間にとって祖国とは国家のことではなく、幼年時代のふとした折のなつかしい記憶、希望にみちて思いえがいていたころの思い出のことである」と、その構造を喝破した。その構造を、この絵本はまるで「教科書」のごとく見事になぞっています。

この絵本の26ページと27ページの見開き部分には「願いを託した『大和』の構造」というタイトルで、「戦艦『大和』の最終改装後の姿」を掲載しています。この「願いを託した」という言葉は一体何を意味しているのでしょうか。「46センチ砲といういまだかつてない巨大な主砲を搭載したこの船には、日本の命運がかかっていました」という記述からは、あの第二次世界大戦がどういう戦争であったのかについての「反省」など微塵も感じられません。さらに「球状艦首や耐弾性能に優れたＶＨ甲板を採用するなど画期的な技術を導入、また呉工廠の優れた生産管理システムにより作業工程の効率化に成功した」と手放しでの「技術革新」賛美はそのまま、戦後の「世界一のタンカーを次々と建造」という記述へと、一点の疑念もはさまずに続きます。これらの仕事をしてきたことは「呉工廠から引き継がれた高い技術力と労働者の誇り」なのだそうです。私事ですが、わたしの父がまさにこの過程をずっと生きましたので、何とも複雑な気分です。

こういうものを教育委員会に配布させて、現場の教員たちは抵抗しなかったのでしょうか。具体的な闘いを寡聞ながら知りません。

２００５年４月に開館して、翌年６月までの入場者は１９２０万６００６人だそうで、「教育旅行に訪れた小・中・高校は２１４校」ということです。この数を読者のみなさんはどう読まれるでしょう。以前、本紙で紹介した小国喜弘著『戦後教育のなかの〈国民〉—乱反射するナショナリズム』（吉川弘文館）の帯の「〈日本人〉は学校で生まれる—戦後教育が人びとに植えつけた、ナショナリズムの閉塞性を問う！」という言葉は、こういう事実の前で、心を重くします。

呉に生まれ、呉で育った者として恥じ入るしかないのですが、北村さんから戦時の呉出身の教員である渡辺直己という歌人の存在を教えてもいただきました。米田利明著『戦争と歌人』（紀伊國屋新書）にその歌が19首採られています。

照準つけしままの姿勢に息絶えし少年もありき敵
陣の中に
血に染みて我を拝みし紅槍匪の生々しき記憶が
四五日ありき
惨憺たる戦の幻覚に悩む夜は酒飲みて呆けし如く
居りき
支那民族の力怪しく思はるる夜よしどろに酔ひて
眠れる
壕の中に坐しめて撃ちし朱占匪は哀願もせず眼を
あきしまま
涙拭ひて逆襲し来る敵兵は髪長き広西学生軍なり
き

著者米田氏は「戦争に投入された自己のはなはだしい緊張と戦闘の現実を描くことからはじめて、その立脚地を離れずこの戦争の本質に迫ってこれをえぐり出し、しかも短歌として高度に形象化し、リズム化している。すぐれた戦争短歌である」と評してくださっています。少々ホッとしました。渡辺直己、31歳で天津で戦死。

再度、北村小夜さん、ご教示ありがとうございます。どうぞお元気で。

275　追悼　井上清先生

・「靖国・天皇制問題情報センター通信」３３０号
（２００１年11月30日）

もうご高齢でいらしたから、この日が来るのは覚悟していたが、いよいよその時が来るとやはり動揺している。わたしどもの「靖国・天皇制問題情報センター」発足時から、何かと応援をしていただいた。わたしどもで出している「通信」の大部の合冊を出版した際にも快く推薦文を書いてくださったし、原稿も何度か寄せていただいた。先生にお願いしてお断りになった記憶がないほどである。

思い出はたくさんある。最も印象に残っているのは、何をテーマにした集会だったか、東京で開催した集会で、わたしのような者が壇上から話をしている会場に先生のお姿を拝見して、恐れ入って、ご挨拶をお願いに行くと、君たちの話を聞きに来ただけだからと固辞された。そのためにわざわざ京都からおいでくださったのだった。京

都でのデモの際にも当たり前のように、隊列の中におい
でになった。自分も年をとってもこんな風でいたいもの
だと思ったことだった。

何度か酒の席もご一緒させていただいた。これも何の
集まりだったか、小石川後楽園での会の後、上野に出て、
うなぎで一杯やった時に、先生は京大の井上でいらした
けれど、大学は東京で、この辺りは土地勘があるんだと、
随分上機嫌で饒舌でいらした。一升瓶を下げて若王子の
お宅にも何度かおじゃまして、お話をうかがったことも
ある。

天野恵一さんと先生からの聞き書きを本にしようと試
みたこともあったが、中途で挫折してしまったことが、
今となっては心残りである。

二年ほども前になるだろうか、京都で仲間の集まりを
して、帰りに若い人たちが井上先生にお目にかかりたい
と言いだし、数人で伺ったが、その時には布団の中でこ
ろんで胸が痛いとおっしゃって、随分弱っておいでであ
った。一緒に伺った、今は兵庫教区で牧師をしている車
田さんが、ちょうどその時先生のご著書を持っていて、
それにサインをしてもらった。もしかすると、これが先
生の最後のサインかもしれない。

素人が生意気であるが、先生の学問については色々と
批判もある。がしかし、講壇マルクス主義者のほとんど
が黙しているか、時代に添い寝してしまっている現在、
最後までマルクス主義者としての生を全うされたことに
心からの敬意を表したい。

井上清先生、ゆっくりお休みください。

276

・「靖国・天皇制情報センター通信」No.58（通算410号）
（2007年4月30日）

追悼　同志社大人文研教授　田中真人

本紙の第1号からの読者であり、いろいろとご助言い
ただいてきた田中真人さんが、2007年4月4日15時
12分、多臓器不全のために亡くなられた。享年63歳。ま
だお若くて、これからたくさんの仕事をしていただきた
い方であったのに残念でならない。

亡くなられた日、かなりお具合が悪いと聞いていなが

ら見舞いにもゆかず、情報入手の手段も講じずに、いつもながら酒を呑んでいて、同席した救援連絡センター運営委員の亀田さんから、「今日、午後に亡くなられました」と聞いて、申し訳なさにしばらく言葉もなかった。

　田中さんの遺されたお仕事については、浅学な私などに紹介もできない。同志社大学人文研においでになったことから、紀要『キリスト教社会問題研究』に多くの研究実績を残された。同誌の比較的新しい号に田中さんが書かれた論文のいくつかの題を記しておくなら、「初期社会主義における〈経済〉と〈政治〉」、「『婦人新報』の皇室関連記事」、「新島襄の移動空間」などである。こうした仕事の一方で生涯の研究テーマが、京大に提出された学位論文が「一九三〇年代日本社会主義運動史論」からうかがわれるように、日本社会主義運動史論研究であったろうことは、主著の一つである『１９３０年代日本共産党史』からも明らかである。徹底したスターリン主義批判者であった田中さんにとって、30年代の日本共産党の実態と、戦後も体質としてはその残滓を引きずった共産党に対して、社会主義こそが人間の未来を開くという確信ゆえに批判的であらざるをえなかった研究テーマであったのだろう。これらの仕事の歴史学における意味・位置などについて言及することは私にはできない。

　ただ『１９３０年代日本共産党史論』の「あとがき」に遺された以下の言葉が、いかにも田中さんらしいと記憶に残っている。京大で学恩を受けた方々に謝意を示されたあとで、「このほか私の学問研究上の恩人を数えあげればきりがないが、最後に私が名古屋の中学生のときに教えを受けた水越正行先生に感謝の言葉を捧げたい。水越先生から社会的関心の視点を開いていただいたことが、私のその後の出発点となっている。私が教えを受けた頃、大学を卒業したばかりの駆け出し青年教師であった水越先生は、今年還暦を迎え、１９９４年春、38年の教師生活の定年を迎えられる。本書を先生のこの間の長い労苦へのささやかな感謝として捧げたい」。

　鉄道マニアでもあった田中さんは、毎年鉄道を使ってどこへ行ったかを記録した年賀状をくださった。それには「今年読んだ本」も記してあった。本当に生真面目に、誠実に、付き合った者に人間の付き合いとはこういうものであるということを教えてくださった。もちろんお目にかかったことはないが、水越先生にも生涯ていねいなお付き合いをなさったことであろう。

　先頃お目にかかった、今年で関西大学をお退きになった岡村達雄先生が、「誠実ないい方でしたね。会合の司会が上手な人だった」とおっしゃっておられたのも田中さんのお人柄を示していると思うので書き記しておく。田中真人さん、あなたを知って生きていることの喜びを一つ加えていただけました。ありがとうございました。

277

露出する戦争と強化される治安法
——この時代に教会は何が出来るのか

・『今、どんな時代なのか—戦争・国家・キリスト教』
（日本キリスト教団京都教区「教会と社会」特設委員会
２００５年５月31日）

◆ごあいさつ・序

ご紹介頂いた小田原です。

皆さんも重々認識していると思うが、とんでもない時代になってきた。つい５年前に、日本が軍隊を外国に派遣するなど想像もつかないことだった。それが、１ヶ月以内に日本軍が軍隊を、それも、最も世界で厳しい戦場であるイラクに派兵するという状況に立ち至ってしまった。こういう事態になるといつも思うのだが、遊んでウカウカして生きてきたつもりはなかった。本当に家にもまともに帰らないくらい色々な運動をしてきた。それでもこんなことになってしまった。どういうふうに考えたらよいか、つらく思う。

あんまりつらい話ばかりしていても仕方がないので、最後にキリスト教が何かできるのかということもお話させていただこうと思うが、正直なところ、教会は何も出来ないと思う。それは、皆さんご自分の教会をお考えになってみれば、教会が教会として何かが出来るとはとても思えない。ただ、それは教会という組織に希望がありないのであって、個々のキリスト者が何か出来ないとは全然思っていない。出来るだけ方々に広がっていけるような展望を持ちたいと思う。

少し楽しい話を最初に申し上げると、教会もそれなりのことはするわけで、私の教会にオーバーステイの、それも十余年も日本にいるイランの青年が来た。長野県警に追いかけられて居場所を失って転がり込んできたのだが、なかなか素敵な青年で、よく働いてくれた。教会は

300坪あって草ボーボーで、彼がいる間だけ綺麗に草刈りをしてくれていて助かっていた。そのうちに、実はパートナーがいると言い出した。連れて来いと言ったら、実際に来た人が何とユダヤ系アメリカ人の女性だった。アメリカでうまいことやろうとユダヤ人をだましたのかと冗談を言ったが、彼女は素敵な人で、この人と一緒に暮らしたい、生きていきたいと言う。この人と一緒になったら、下手をすると、世界中を流浪しなきゃいけなくなるぞ、と言ったのだが、それでも私はこの人と一緒にいたいと。二人はでかいカップルでね（笑）、私は教会に暮らしてないものだから、二人には教会に住んでもらい、ついでに二人にここの牧師になれと冗談を言ったりしていた。そのうち、彼女の御両親がアメリカからやって来て、彼を自分の息子としてアメリカに迎え入れるため、（アメリカの）民主党の政治家に積極的に働きかけることになった。日本というのはふざけた国だから、米国大使館から働きかけられたら、それまでオーバーステイで追っかけまわしていたくせに、入管はすぐに出国許可を出して、二人は無事にアメリカへ旅立っていった。

私自身は牧師だけれどかなりいろいろと目立っていることもあり、東京にある政治犯を含めて支援する救援連絡センターの山中事務局長と相談し、結論的には私のところに行くのが一番いいということになったわけだが、ある時、埼玉県警が電話をしてきた。かくまうなどという不愉快なことをしないで頂きたいというのが内容だったが、こういう輩とあれこれやりあっているうちに、とうとう彼らも手を出さずに、政治的な取り引きで出国するということになった。このことで、教会はまだやれることがあるなあという話と同時に、もう一つは、ネパールの問題がひどい状況になっているし、ミャンマーからは小泉も仕方がないと言っているから、追放されるのだろうが、結局アジア諸国の人びとはひどい目に遭わされて、アメリカの政治家が動くと日本はサッサと出してしまう、というこの国の状況をどう考えたらいいのかと思っている。でもまあ、私たちの教会にとってはいい経験であった。一年半も教会で暮らしていたので、いなくなって寂しくてちょっと辛いなと思っている。

◆9・11からアフガニスタン・イラク戦争への道

後は暗い話になるが、9・11からアフガニスタンとイラクの戦争は始まっていった。9・11をどう捉えるかはそれぞれさんざん多くの人が語ってこられたが、私は、基本的にイスラム勢力によるアメリカを頂点とした近代主義に対する反撃線と攻撃戦闘宣言だと思っている。良い悪いの問題ではなく、そういうことなのだろうと思う。ハンチントンとかいう楽しくもないことを言っている人が「文明の衝突」などと言っているが、そういうことでは全然ない。キリスト教とイスラム教とは最終的に衝突するということではなくて、この世界が近代主義化したということ。早く近代主義にたどり着いたものが、圧倒的に有利だという社会になってしまい、それを達成できなかったところは、ただただ重圧と抑圧にさらされるということに対する反撃の宣言だった。だからこそイスラムでなくても世界の多くの民衆が、ああいう攻撃の方法はともかくとして、ヤッターという風に皆で叫んだのだと思う。もちろん私もああいう方法がいいとは全く思わないが、しかし、起きるに決まっているし、もしかしたら自分もしたかもしれないと思っている。近代に対する反撃を何らかの形でしようと、私は考えただろうと思っている。

その後、一気に世界は反テロと言うようになった。しかし、暴力を先行してきた近代主義の側が、反暴力、と言うのは、それ自体おかしい。少なくとも近代という150年くらいの幅で考えてみても、暴力は圧倒的にヨーロッパ近代主義の側が占有してきた。ひたすら暴力にさらされてきた方が、今、何らかの形で暴力的な反撃に出たからといって、そのことをテロと言ってすませることは、わたしには出来ない。同じことは、日本において反テロ反報復戦争という言い方がされたイラク反戦運動に対しても、私は、それは間違いだとはっきり思っていた。どういうことか。我々もテロの対象にされるべき近代の側にいる。その私たちが反報復戦争反テロなどと言えるかどうか。たまたまあの時はアメリカだったが、東京が攻撃されても何も不思議ではない。いかにも平和主義的な論理の立て方をしたい人びとについては、私は大変不愉快な気分がした。そうではなくて、私たちは徹底的にこれらのことを、自らが攻撃されたこととして反省して受け止めるべきであると思っているからである。それ以後のイラク反戦の日本でのそれなりの高揚の中で考えたことだが、この運動はすぐに終わるだろう、と。事実すぐ終わってしまった。東京で一番多いときは3万8千人くらい集まったのだろうか。どういうことか。例えば、労働組合の旗は不細工だから降ろせと主催者側は言う。ステッカーなどに自分の勝手なことは書くな、と言う。ひたすら、反テロ反報復戦争と平和、NO WARと言う。何が言いたいかおわかりだろうか。今の自分たちの市民主義的な生活をそのまま維持し、何とか平和が来ないかという発想の延長線上でしかない。そんなことで本当にアフガニスタンやイラクやパレスチナの民衆と連帯することが出来るのか。私たちは今の豊かさをそのまま維持して、世界の収奪にさらされている民衆と連帯することが出来るのかどうか。くり返すが、私どもの生活のあり方そのものをもう一度問わない限り、ありえないと思っている。だから、あの衆議院選挙における共産党と社民党の大敗という結果は必然的だと思う。社民党は次の参議院選挙で解体すると思う。当たり前のことだ。革命を捨てた共産党なんぞ、登録商標違反で訴えてやりたいくらいだ。終わるに決まっている。要するに、市民の中に溶け込んでいく中で、市民に対する鋭い批判を含めた、こんな暮らしのまま将来を展望できるのか、という問題を突きつける気概を持たない政党が、市民の関心をかう方法で運動を作っていこうとしたところで、人びとが支持するはずがないと思う。共産党とは一度も仲良くしたことはないが、たとえば社民党でいうと土井チルドレンといわれた人たちと親しくしてきた。福島新党首は素敵な人だが、あの人に一票を入れようとは全く思わない。なぜか。例えば、京都で彼女が夜回りで労働者に話しかけたことがあったか。ない。今度の1700億の生活保護費の削減。本気で抵抗したか。しない。生活苦を味わったことがない、美しい市民主義の先にバラ色の平和が来るように思っている。個人的にはいい人だろうが、昔の言葉で言えば、彼女には全く階級性がない。そういう人と私たちが本当に組めるのか、と考えねばならない。私は東京の山谷で色々なことをしているが、土井さんも一度も来たことはない。一冬に100人くらいは路上で凍死する。東京の真ん中で、浅草の隣で。そういう状況を社民党の議員たちは何にも感じない。そういうような人びとの、今の生活レベルを維持させるために平和があるのだ、という考え方が、イラクやアフガニスタンの民衆と連帯するとはとても思えない、と私には思える。

さて、アフガン・イラク戦争とは、侵略戦争、それ以外の何ものでもない。アフガンからは天然ガス、イラクからは石油を、アメリカが収奪したい、それだけのことである。「大義」という言葉をあえて使えば、地下資源の略奪というのが彼らのいう大義だろうと思うし、侵略戦争を正当化すべくアレコレやっている。しかし、今更申し上げることもないが、大量破壊兵器をフセインが持っているはずがない。とうとう、専門家が探してもいないのに、軍隊が探してあるわけがないだろう、などと居直って言うわけだから、ないのだろう。ないことを知っていてやった。「北朝鮮」の核兵器開発を巡ってもアレコレ言われている。私だって核兵器は持つべきではないと思うが、核不拡散条約というのは不平等条約である。イスラエルやアメリカは核兵器を持っている。そこには何の問題もないのに、朝鮮人が持つといけないのか、イラク人が持つといけないのか、と言いたくなるが、そういうことを全部おいておくとしても、基本的に、世界の資源をいくつかの帝国主義国家が専有するということが、大義として当たり前のこととしてまかり通るのが現代である。そういう意味では、イラクの民衆は徹底的に侵略者を排除しなければならないと考える。従って、今日、日本の外交官二人がイラクで殺されたそうだが、個人的には気の毒なことだが、当たり前のことだとしか言いようがない。彼らにとっては、そういうものだ。戦争が続いている。あれをテロテロと日本のマスコミは言っているが、自分たちの国家を侵されているのである。ちょっと例を変えて言うが、シュワルナゼの政権が倒れた。明らかにＣＩＡの策謀だろう。アメリカは自分たちの気に入らない国家権力は倒そうとする。そういう風なやり方をして、一国の元首を、気に入ろうと気に入るまいと、その国の民衆にとって良かろうと悪かろうと介入してくる。悪ければその国の民衆が倒せばいいのであって、外国の勢力がそれを倒していいということではない。金正日がいかにひどかろうと、アメリカや日本が倒していいということにはならない。それは朝鮮民主主義人民共和国の民衆が考えることであり、平然とそれを倒そうと当たり前のように語っている社会は何なのだろうと思う。

◆Ｅ・Ｗ・サイードという存在・言葉・思想について

つい最近亡くなったパレスチナ人のサイード（コロンビア大学教授）が『オリエンタリズム』という本を書き、それ以後の色々な状況に常に積極的に発言した、これは何だったのだろうか、亡くなった後にしみじみと考えている。日本人である私たちが考える時に、情報量においては９９９対１にもならないくらい西洋近代主義の言論が圧倒的な量で流されている中で、そうでない側は発言する場さえ保証されないこの世界の中で、サイードはこちらの方にも耳を傾けろということをひたすら言い続けた。西洋から発せられた思考によって作られる東洋の世界がオリエンタリズムであり、それは決して本来の姿ではない。そのときサイードは、パレスチナの過激派たちからかなり否定的に罵倒されていた。彼はコロンビア大学の教授になったから発言の場を確保されたわけだが、パレスチナ民衆にはどこにも発言の場がない。しかし、そういう地位につけたからこそ、死ぬ直前まで発言し、問い続けている。私たちの思考様式そのものを「オリエンタリズム」を通して考えねばならないということではないか。

最近インドとか、そういうところから、とりわけ女性たちが積極的に発言を開始した。私たちはそういう声に丁寧に耳を傾けなければ、特に西洋近代主義の側に親近感を抱いているというふうに思わなくても、自然のうちに1000対1の割合で西洋近代主義の情報を浴びているわけだから、子どもの時から学校へ行くとそればかり教えてくれるから、その中で相当意識的に小さな声を大きく聞こうという努力、その声が時として暴力的だったり、私たちの耳に辛い言葉として届いていることもあるだろうが、しかしそれをも聞こうとする姿勢を持ち続けない限り、私たちはこの世界の状況の中に、突然キリスト教みたいなことを言うけれど、イエスがあの時代に言葉を発した、ということの意味を遂につかめないだろうと思う。

◆日本の状況・イラク参戦→戦争国家化→憲法改悪

少し日本の状況について話したい。イラク参戦というのは12月中に航空自衛隊からちょっと待った、という話が始まっている。しかしまあ、今日、外交官二名がお亡くなりになった。他にも首相補佐官がイラクへ入ろうとして帰ってきたそうだから、イラク派兵にはもう少しあると思うが、しかしまあともかく、行くでしょう。小泉さんにしては、政権が倒れてしまうわけですから、何としても行かせようとすると思う。イラク特措法という名の派兵法を一言で言うと、この問題設定はどういうことかといつも考えている。日本が戦争に参加するのはよくないことと誰もが思う。私なりに言うと、それは、戦後思想の理想を放棄することになるだろう。我々は、暴力的に事柄の決着をつけない、色々な場面で耐えながら模索してきた。そのことで、戦後思想はある意味で粘り強いものを作り出した。私たちの世代は、戦後民主主義を擬制などと言って戦後民主主義を罵倒してきたが、それ以後、ここ十年くらいこちらが年をとってきたということもあるが、私は評価をまったく変えた。鶴見俊輔とか加藤周一、戦後の思想家たちの粘り腰の強さは、事柄を短兵急に暴力で決着をつけずに考え続けてきた。そういう人たちが作り上げてきた思想を、派兵ということは全部チャラにしてしまう。これを絶対にさせてはならない。

もう少し具体的に言うと、必ず自衛官は死ぬ。そうすると、侵略戦争の英霊の問題が出てくる。「靖国問題」である。靖国神社をどうするかはともかくとして、戦没者墓苑の問題が急激に浮上するだろう。日本人は自らの民族の血が一滴でも流れると尋常さを失ってしまう。イケイケドンドンですぐはちまきを締めたがるのが日本人の傾向だ。日本人を揶揄しているのではなくて、歴史としていつもそうなのだ。必ず最初に日本の権力は意識して民衆の中から数人の犠牲者を出す。それに対して反撃だと利用して一気に侵略戦争を展開するというのが日本の近代以降のやり方だった。こういうことを、またイラクでやるのか、つらい気分になる。どうしたらよいのかと思うし、ナショナリズムの高揚から価値の一元化というような社会に一気に移行するだろう。すでにその状況は色々な形で現れている。

少し視点を変えると、最近、前田朗という法学者が「戦う市民社会」という概念を提出している。異質分子を排除するために戦う市民社会。例えば、生活安全条例というのが様々な自治体で決められているのをご存じか。日雇い労働者の周辺にいると、町の中から植え込みを全部抜き始めたのが目につく。その中にもぐりこんで暮らす人がいるからだ。東京では公園などのベンチが全くなくなった。そこで横になる人がいるから。相互監視制度が様々な形で敷かれ、特に、世田谷区の和泉というところでは、町内会が警察官とほとんど見分けがつかない格好をして、パトカーそっくりの車を持っていて、派出所を作っている。町内会が未成年だと思われる子どもが煙草を吸っていると摘発する。そういう社会を戦う市民社会と言い始めた。こういう状況が作られている。「群れるな、道で寝るな、落書きするな」、大の大人に向かって警察官が怒鳴るという社会である。学生がワーッと駅前にいると「群れるな」と怒鳴る。ちょっと横になると「道で寝るな」という社会。極端なようだが、現実に公園で落書きした青年が逮捕されてしまう。東京の便所に落書きしたら逮捕されてしまう。「落書きしたらイカン」とおまわりさんが怒って帰らせればよい。今、起訴されて公判が続いている。建造物損壊という罰がついているが、これからどうなるのか。

生活保護費の問題だが、「早く死ね」である。役に立たない者は早く死ね、教育費の補助をどんどん減らしているから、貧乏人は子どもを作るな、ということなのだろう。そういうことを、立ち止まって皆で話題にするということがなくなってしまった。山谷でいうと、生活保護をもらう人が非常に多い。老人は労働者として使い物にならない。若いときにはさんざん税金を取られたが、生活保護は少なく、それだって住所がはっきりしないとなかなかよこさない。私どもの山谷労働者福祉会館活動委員が同行して交渉するようにしている。生活保護費を総額1700億円削減すると、どういう影響がどんなところに出てくるのか。子どもが勉強することにかかわる仕事をしているが、埼玉県南部、神奈川県東部の工場労働者の町で、父親がリストラされて昼の高校を辞めて定時制高校に移る子が1年間に数十人の単位で出てきた。そのくらい苦しい生活になっている。どんどん生活が切り下げられる。しかしその一方で、押し進められる戦争という事態を我々はどう考えるか。経済的な疲弊の結果が戦争で突破口を開きたいなどという非常に屈折した幻想を持つに至る。私たちの歴史が何度もくり返してきたことだが、そういう時代に至ってしまうのではないか。

◆「共謀罪」新設

そういう状況の中で制定されようとする治安法について話すが、あまりキリスト教では問題にならないようだ。この4、5年、治安法の強化、治安立法の新設が凄い勢いで進んでいる。それの頂点として「共謀罪」という法律が来年の通常国会に提出される。既に法律としてある共謀共同正犯とは違う、こっそり暗いところで相談して何かやってしまった人たちがいるというのとは違う、発生した事実がない、発生した事実を必要としない、相談したらそれ自体共謀という罪だと言っている。世界でかつて類例のない、考えついたことのない法律である。事実として発生しようがしまいが、やってしまおうという相談をしたら、それ自体が罪。事実がないから、相談した事実もはっきりしない。それでは、どうして共謀したことがわかるのか。要するに「タレコミ」であり、相互監視社会である。私はあの人とこういうことをしようと相談した、ということを申告させると、それが罪になる。タレコんだ人間には刑の減免をはかるとはじめから決められている。そうすると、はじめからスパイを養成しておいて、様々な反戦運動や何かに潜り込ませて、明日デモをしよう、もし警察が来たら殴り合いになったって仕方ないだろ、というようなことを喋ったとする。その中の一人が警察に届け出れば、その謀議に参加した全員が罰せられるという法律である。冗談みたいな気がするが、冗談ではなくこれをやろうとしている。私がかかわる運動は、この法律を阻止すべく2年かけて法務省と激しい攻防をやってきた。彼らも戦争など起きてくるから思い通り行かなかったが、とうとう来年の通常国会は何があっても通すと。イラク派兵反対闘争を叩き潰すためにはどうしてもこれがいると、彼らは明言している。そうしないと、際限ない反戦運動が起きてくるだろうと思っているわけである。

割合と似たようなもので、アメリカに愛国者法というものがある。「9・11」の直後、10月に作った。これも、アメリカの弁護士の言葉を借りると、超法規的な敵殲滅法である。例えば、アムネスティが問題にしているが、アフガニスタンで捕まった人びとを、キューバのグアンタナモ基地に大量に連れて行っている。あの中で、例えば最後までパキスタンにいて、テレビのインタビューに答えたりして、タリバン政権の報道官的な役割をした人が、そこで殺されている。何をしてもかまわない。彼らは戦犯でもなければ、法廷が開かれているわけでもないから犯罪者でもない。とにかく、アメリカが生殺与奪権を持っている。そういう現実を成立させているのがアメリカの言うところの愛国者法である。しかしそれでも、愛国者法は、現住建造物放火、人が住んでいるのに放火したとか、航空機乗っ取りとか、適応罪種は11件。11件については、愛国者法が適応されて、超法規的に何をされてもあきらめろということである。アメリカはこれで1600人くらいのアラブ系の人を捕まえた。今度の日本の共謀罪は愛国者法とほとんど同じだ。しかし、その適応罪種は560件もある。適応刑は「最高刑懲役4年以上」の犯罪。窃盗でも4年だから、日本の刑法犯の圧倒的多数、560というのはもうほぼ全部である。それが、今の共謀罪適応罪種に入れられている。

そういうことをして日本という国家は何をしようとし

ているのか、世界中の関心をひいている。しかし、日本の法務省は断固としてこれをやると言っている。それだけではなくて、来年２００４年度で日米捜査協調条約の批准、サイバー犯罪条約批准、警察法改悪、刑事法改悪、人権擁護法改悪、国民保護法の制定、などなど、これらを全部やってしまうと言う。これが先程来言ってきたことなのだ。一切の抵抗、理性を放棄することになる。この国では、理性的、批判的であることを全部放棄しないと生きられなくなる。今のような法律が全部制定された社会の到来が、日本の支配者の理想なのだろう。

我々には何ができるのか。もちろん、今まで通り人とは平気で楽しくやっていればいい、と思う。要するに自主規制し始めると際限ないことになる。こういう法律を気にして自主規制し始めると、家から一歩も出るなということになる。みんなで集まって話し合いをすると共謀罪となるわけだが、だからこそ、集まってどんどんやるしかない。何が起きても大丈夫なように救援連絡センターのような救援組織をしっかり支えて、少々のことでは動揺がこないように皆で支え合う関係が必要だろう。

◆キリスト教はこれらの動きと対峙出来るか

残念ながら日本基督教団の絶望的なダメさ加減を思うと、教会という場がある種の可能性を持ち得るのだろうかと考えてしまう。「９・11」の後に出た教団議長声明は、アメリカに対して断固たる正義の力を見せてくださいと書かれていた。当初はイスラムを叩き潰せとも書かれていた。その程度の連中が教団中枢なのだから、教団としてはおそらくダメでしょう。10年、15年では「政権交代」の可能性もない。では、各教区で何とかやるのかというと、京都教区ではこのような会合を開いたりいろいろと出来ているが、これは希有なことだと考えたほうがよい。沖縄を叩き捨てて平然としている。沖縄なんか来なくたって何の関係があるかと今の教団中枢は考えている。今のままでは日本基督教団に希望があるとは思えない。各個教会にも希望があるとは思わない。少なくとも今のままでは希望はない。私は、先程来、様々な事例から市民主義や市民社会に対する批判を語ったつもりである。まさに市民社会をよしとして受け入れ、その形成に積極的に参与してきたのが教会ではないかと考えている。教会は今こそ、徹底的に市民社会批判を貫くべきだということを、イエスの思想の中から導き出せると思っている。イエスはあの社会の中で多数を形成をしようとしなかった。おそらく、戦後思想家や日本基督教団内の今80代くらいの思想家たちの確固たる信仰、思想からもう一度学び直したときに、あの人びとは決して社会の一員として良き市民になろうとしてこられたのではないように思う。一人一人が今こそ主体的にこの社会に対し、抵抗せずに良い市民として振る舞うのではなく、警鐘を鳴らしていくしかないだろう。まずは一人一人が立って、そして横につながって関係を作っていく。教会社会をずるずると引きずるのではなく広がっていくためにはどうすべきかと考えている。

そろそろ結論とするが、いま、私自身が考えて準備していることは、来年の2月に台湾の神学校に、在日大韓基督教会と日本基督教団、聖公会からも何人かかかわり、国境を越えて集まるという会合を作って継続的にやっていけないかと考えている。要するに、我々は東南アジアの視点を持ってどう生きるのかということである。台湾の方と連絡したが、あなた方はほとんど共産主義者であると怒られたが、台湾は中国との関係からそう言うのだろうけれど、そういうことも含めて徹底的な討論を年に2回続けて、5年くらいやれば少し面白い視点というか、我々にとっても大切な視点を見いだせるのではないかと考えている。先日、在日大韓基督教会のとある人と話をしたが、今後は教団の公的会議にはアホらしくて出ていられないと言われた。こちら側が少しでも変わらないとダメだろうという思いもあり、試みてみたいと考えている。地味だけれど根気よく続けていけば、なんとかなるかもしれないと、いまはそんな風に思っている。

※掲載誌から一部改訂して掲載しています。

278 「新憲法」下の「新安保」

・「救援」440号(2005年12月10日)

「週刊金曜日」580号に掲載された「憲法座談会」で、司会の本多勝一が、「現在の日本は一九三一年の満州事変直前とよく似た状況にあるなと感じています。まるで戦争前夜ですね」と日高六郎に水を向けたのに対して、日高が面白い認識を示している。少々長いが、読んでおられない読者もおられようから(かく言うわたしもこの原稿のために久しぶりに読んだ)、引用しておく。

「状況的に、また気分的に似たところがありますね。しかしもっとさかのぼって、明治維新から考えてみたい。ある種の周期性があると思うのです。／三つの時期があります。第一は明治維新から第一次大戦終了まで。／第二は、そのあと大正デモクラシーから、昭和の敗戦まで。第三は敗戦から現在までです。／明治維新には〈開国〉の気分があった。上からの政治指導、下からの民衆の要求〈例えば自由民権〉、外からの開国の要求が重なって、ある種の国際正義が生まれた。しかし一八九〇年の教育勅語から日露戦争を経て国家主義へ傾く。一九一〇年の〈日韓併合〉。そして一九一五年の〈対華二十一ヵ条〉。この二つが朝鮮民族と中国民族に恨みをあたえた。これが決定的でした。国家主義プラス帝国主義です。／しかし、第一次大戦後、ヨーロッパの国際主義、平和主義の潮流が日本にも影響した。ソヴィエト革命もあった。そこで日本は大正デモクラシーの時代にはいります。大正デモクラシーのなかで、憲政擁護運動、労働運動、婦人運動、部落解放運動が盛りあがる。そこには、国際主義、民主主義が復活していた。／しかし金融恐慌が起こり、さらに世界恐慌（一九二九年）が起こる。国内不安が深刻になり、とくに軍部の若手将校のなかに〈革新〉派が生まれ、一九三一年の満州事変となる。国際主義は弾圧され、国家主義を通りこして帝国主義です。そして強い指導者待望論が、ファシズムやナチズムと呼応しました。一九三七年、全面的な日中戦争となります。／しかし日本は中国で敗勢となっていた。日本の戦後教育ではそれをまったく教えていません。もちろん、日本はアメリカにも敗れた。第二期も国際主義から国家主義へ、です。／第三期は敗戦後です。／敗戦は一種の〈開国〉でした。日本国憲法がとにもかくにも成立したところに〈開国〉の芽がありました。そこには、平和主義、民主主義〈国民主権〉、基本的人権がある。しかし誕生して四年で憲法は致命的打撃をうける。朝鮮戦争が突発し、アメリカの対日占領目的が一変します。警察予備隊編成を日本政府に要求する。第九条違反です。／アメリカは、日本国憲法を〝捨て児〟にしました。日本の戦前支配層も大喜びで、日本国憲法を〝捨て児〟にすることを考える。一九五五年の鳩山内閣は、天皇の元首化、家族制度の復活、再軍備をかかげ、憲法改正を目標に総選挙をします。敗戦後十年目。天皇制や家族制度の復活を望むのは、マッカーサーの言う十二歳の子どもの考えです。しかし、アメリカは再軍備だけを求めていました。アメリカ軍指揮下にはいる軍隊であれば、日本に国家主義が復活しても無関心だった。日本人の戦争体験と新憲法とが合体して生まれた平和志向、国際志向は、一九七〇年代の労働運動の後退、学生運動の消滅のなかで、影がうすくなります。／もちろん、一度成立し、国民から歓迎された以上、憲法は日本の民主主義化に貢献した。しかしそれが日本の伝統的国家主義を克服できるか。社会的諸運動が起こり、平和運動が起こった。（中略）古いナショナリズム、そして新しい国家主義。しかし、なぜくり返すのか…。」

長く引用したこの日高の日本近代を三期にわけて、ある周期性を読むという認識に全面的に賛成しているわけではない。ただ各期の最初は「開国＝国際主義」の萌芽をはらみながら、それがナショナリズム、国家主義へと収斂するという大まかな把握に面白い視点として学ぶところがあるように思ったまでである。事実、今秋の自民党結党50年に際して発表された「新憲法草案」前文に示される「日本国民は、帰属する国や社会を愛情と責任感と気概をもって自ら支え守る責務を共有」する、に見られるような主張に新しい国家主義を感じ取るのは筆者だけではあるまい。また同前文には「平和主義」「国際平和」なる表現はあるものの、これが「圧政や人権侵害を根絶させるため、不断の努力を行う」即ち、あれこれの難癖を付けて、他国を侵略し、その国の権力を打倒するのみならず、多くの民衆を巻き添えにして大量に殺戮することも厭わないという姿勢の表明であることも言を待たない。だから、「日本国民は、正義と秩序を基調とする国際平和を誠実に願い、他国とともにその実現のため、協力し合う」という「国際協調主義」が、この間アメリカが行ってきた、「帝国の帝国主義的退行」だかなんだか知らないが、とにもかくにもやりたい放題の侵略戦争に日本も継続して加担するの謂であるとしか読めないのである。

この国は、確実に「戦争遂行」の意志を憲法に明記するところにまで至っている。

「新憲法」下の「新安保」

10月29日に、アメリカ側はライス国務長官、ラムズフェルド国防長官、日本側は町村外務大臣、大野防衛庁長官が署名した「日米同盟：未来のための変革と再編」の防衛庁・自衛隊の「仮訳」を読むと、この国が「新憲法」下において、これまでの「日米安保条約」の改変ではなく、確実に「新軍事同盟」関係に至っていることが明らかである。

まず「概観」から見てみよう。「日米安全保障体制を中核とする日米同盟は、日本の安全とアジア太平洋地域の平和と安定のために不可欠な基礎である。同盟に基づいた緊密かつ協力的な関係は、世界における課題に効果的に対処する上で重要な役割を果たしており」、この認識を前提に「閣僚（＝防衛庁長官）は、アジア太平洋地域において不透明性や不確実性を生み出す課題が引き続き存在していることを改めて強調し、地域における軍事力の近代化に注意を払う必要があることを強調した。この文脈で、（日米）双方は、２００５年2月19日の共同発表において確認された地域及び世界における共通の戦略目標を追求するために緊密に協力するとのコミットメントを改めて強調した」とある。「極東条項」など歯牙にもかけていないどころか、「世界における課題に効果的に対処する上で」「共通の戦略目標を追求する」とまで言い切っている。

この「概観」に基づいて、「役割・任務・能力」、「兵力態勢の再編」が詳細に取り決められている。例えば、「柔軟な危機対応のための地域における米海兵隊の再編」項目中の「普天間飛行場移設の加速」の項には「双方は、キャンプ・シュワブの海岸線の区域とこれに近接する大浦湾の水域を結ぶＬ字型に普天間代替施設を設置する」とあり、「滑走路及びオーバーランを含み、護岸を除いた合計の長さが１８００メートルとなる」と概念図まで添付されている。

多くの「国民」が知らないところで、「共通の戦略目標」に基づいて、着実に日米両軍による共同作戦行動計画が進められている。

時代の気分はもう確実に「戦争」である。さて、われわれはこの時代にどう抗すればいいのか。

279

暮らしの場でケンカを

・「救援」４８１号（２００９年5月10日）

別のことを書こうと考えていたのだが、最近の草彅剛さんの逮捕の件について、何とも腹立たしいのでこの件について考えているところを書くことにした。

酒を呑んで夜中の公園で一人で裸になった程度のこ

とで逮捕するとは許し難いと思うけれども、同じ程度の酒呑みとして、自分は酔って裸になったりはしないので、この点については4月28日付朝日新聞の投書の「SMAPの草彅氏逮捕の報道を見て、この国がこんなにもヒステリック性を強めてきていることに危機感を覚えます」という感想に譲る。

わたしにとっての問題は、これを近くのマンションから見て警察に通報した者がいたということである。どういうつもりか知らないが、はらわたが煮えくりかえって、「制裁を加えてやりたい」と思うほどである。遠望であろうから、自分に被害があったわけでなし、六本木とはいえ檜町公園（懐かしい公園だ）の午前3時に人通りがそれほどあったとも思われない。にもかかわらず、「公序良俗」に反すると考えたのであろうか。こうしたなんでもかんでも警察に通報して、警察に安全を確保してもらおうという傾向がここ十年くらいの間に急速に強まってきている。東京の町を歩いていると、「安全安心町づくり」などと書いたおそろいのペラペラのジャンパーをきた街頭宣伝の人のような格好の、かなり高齢の男性数人が歩き回っているのをしばしば見掛ける。態度が横柄で不愉快極まりない。もちろんこうした「市民」による「市民」のための「運動」を後ろで警察が糸を引いていることは承知している。いろいろなレベルの自治体の「安全条例」づくりには必ず警察が関与している。

昼間自宅にいることのある仕事をしているのだが、この頃午後3時過ぎになると「小学校の低学年の下校時間です。在宅の人は道路に出て、不審者がいないかどうか見てください」などということを、大音量で町中に張り巡らしたスピーカーで叫ぶのを聞く。小さな子どもを町ぐるみで守ろうとするのはいいのだが、「不審者」とは誰のことなのか。ついでに言うが、わたしは東武鉄道の電車を利用しているが、電車の中のテロップでも「不審者、不審物を発見したら鉄道員に通報せよ」というようなものを流す。いつでも世間様から「不審者」だと白い目で見られたいと生きてきたつもりなので、不愉快至極である。

本当に言いたいのはここからである。わたしは若い頃は東京に住んでいた。学生やその続きのような生き方をしている若者にとって、東京という町は全員がアカの他人で、またそれが面倒がなくてさっぱりしていることも事実なのだが、少し年をとって、特に子どもを持ってからは、否応なくある種の地域性を持たざるを得ない暮らしになった。今は関東の田舎町に暮らしていて、近隣の人々と仲良く付き合わせていただいている。可能な限り地域に根を張りたいと考えてきた。近所のオヤジたちと一杯やったりもする関係である。しかし他方で、「あの人は我々とは違う」と認識してもらうようにも生きてきた。地域に根を下ろすことと、「市民社会に溶ける」こととは別のことだと考えているので、子どもが通う学校で何か問題があったと聞けば、文句を言いに行き、市議会議員の選挙で町内会で推薦した候補だから投票してほしいなどと信じられないような回覧板が回ってきたら、こういうやり方はおかしいのではないかときちんと抗議をする。要するにこの社会をこのままで容認するつもりはなく、なんとか変えたいと考えていることを地域に明示して生きているつもりである。

牧師などという面妖な仕事をしているのでこんなことが言いやすいのであろうことは知っている。ごく普通の仕事、例えばサラリーマン家庭であったり、ましてや商いなどしていて、地域社会に暮らす人々と摩擦を起こしては何かと不都合な人にとって、わたしなどの言うことなどタワゴトでしかないのかもしれない。

まだ「左翼」であると自覚的に生きておられる方があるのかどうか、この頃そういう方々との関係が疎遠になっているのでよくわからないが、以前そういう人々と付き合っていた際に感じたのだが、この人々も地域社会では完全に猫を被っていて、まるで「普通の人」のように暮らしているのに驚いた。社会を変えようとしながら、自分が暮らしている町から変えようとしないで、たまに都会に行ってデモをしたり、集会をしたりして何かを変えることが可能だと本気で思っているのだろうか。

どうせ世間様の価値観とは違う価値観を持って生きているのだから、何か事が起きた時には、「ギラッ」と恐ろしい目を見せて生きようではないか。「安全安心町づくり」などシャラクセー、人間社会はどう転んだってリスクを負っているに決まっているじゃないか、不逞の輩でどこが悪い、世の中は騒乱状態のほうが面白いと、今どきの若者は生きていくことだけでも大変そうだから、「あの時代」を経験したもう老人になってしまったわたしたちの世代は、残り少ない時間、「安全安心」に生きてみたところで退屈なだけだから、日々の暮らしの場で、いつでもケンカを売って生きていたい。

280

・「靖国・天皇制問題情報センター通信」№73（通算425号）（2008年7月31日）

巻頭之辞　夏が来れば思い出す。

夏が来れば思い出す。自分はやっぱり日本人（ニッポンジン）だと再自覚させてくれる敗戦記念日の天皇行事を。そして靖国神社を。

「グローバル化」などと言われ、なんだか自分の日常も国際関係で生きているかのように錯覚させられているが、なになに、夏が来れば毎年きっちりと揺り戻しがきて、ニッポンジンで良かったと思わせられる装置が用意されている。

そもそも「グローバル化」などという、つい先頃、結局何が成果だったのかまったくわからない空騒ぎの洞爺湖サミットがあったが、これなどいかにも世界の「グローバル化」の演出装置の典型なのだが、ではそこで語り合われたことは世界規模で「先進国」首脳たちが自分たちの役割・責任について語り合ったかというと、そんなことなどまったくなく、一国の支配者が集まってそれぞれのナショナルな利害をかけて対決していただけのことである。

そもそもEUのもたつきが如実にこのことを見せている。確かにユーロは全ヨーロッパ化したが、国境線を消してゆく方向に向かっているかというと、かえって国境線を強く意識する社会へと向かっているのではないか。

日本政府もおくればせながら「難民の受け入れ」に舵を切ったようであるが、これとてこの社会の「グローバル化」あるいは「多民族共生化」へ向かうかとなると決してそういうことにはなるまい。こういうことをさえもナショナリズムの昂揚に利用しようとするのが一国の支配者たちの発想であることなど、「内鮮一体」「五族共和」の歴史をもっているわたしたちはよくよく知っている。

夏が来れば思い出す。日本の平和を心から願っておられる天皇というまことにもってありがたい存在を。日々忘れて過ごしているニッポンジンに、そういうことではいかんのだよ、陛下あっての平和であり、陛下あってのニッポンではないかと、8・15にみっちり仕込まれる。ああ、暑いだけでいやなのに、暑苦しいことです。

281

・「靖国・天皇制問題情報センター通信」No.74（通算４２６号）（２００８年８月）

巻頭之辞　08年8月末雑感

08年８・15に福田首相は靖国神社に参拝しなかった。河野衆議院議長は「靖国の代替施設を造ることを検討しなければならない」など発言した。これらの事柄について取り上げる気にはならない。はっきり言ってどうでもいい。どうせ政治状況のまにまに漂うような態度決定でしかない。「靖国・天皇制問題情報センター通信」という靖国・天皇制問題プロパーの通信の巻頭言がこういうことでいいのかという気が多少はするが、小泉は羽織袴で、安倍は洋式正装で参拝したのに比して福田首相がしなかったのは立派だなぞと言う気にはならない。アジア諸国との諸関係において今年あたりはやめておいたほうがよかろうか、という程度の政治判断以上では一切ない。北京オリンピックとかいうどうでもいい騒がしいものが終わって、スポーツ新聞＝国威発揚新聞化した新聞を読まなくてもよくなってホッとしている。個々のスポーツ選手の努力・精進は大変なものなのだろうが、わたしには一切関係ない。

問題は、日々の暮らしの中で今日一日をどうやってやり過ごし、明日一日の糊口をどうしのぐのか、そんなことが常に念頭を離れない人々にどう寄り添って生きることができるのか、それを考え続けることである。

かといって、労働者・人民の未来は如何に、などと大仰に言立てする年でもない。正面切って闘いを挑んで敗北するのもそれはそれで立派だが、今さらそんな「妄言」を吐いてみても、若い人の足手まといになるのは必定であるから、後方からそっと、こんなふうにやってみては如何ですかと言うのが精々のところであろう。

必要あって、吉本隆明、桶谷秀昭、石牟礼道子の講演集『親鸞』（平凡社　１９９５年刊）を読んだ。当書は鹿児島県出水市にある城山西照寺開基百周年を記念しての講演会の記録である。「あとがき」に当たる部分で編者岡田哲也が、かの愚劣な歴史観を如何にもそれらしく書き続けた司馬遼太郎が『翔ぶが如く』で「薩摩の百姓の思考は重税や労役からわずかでもまぬがれたいということだけに終始し、いわば一般に奴隷的姿勢ができあがり、士族たちからいよいよ軽侮された」と人民を「軽侮」したもの言いをしているが、江戸期念仏宗教を禁止した薩摩で、「ことあればぞろぞろと自首し、風雲急を告げればぞろぞろと消え、またぞろぞろと結集する、このような人々の姿をどのように表現したら良いのだろうか」と書いている。この言やよし。天皇制と闘うなどということは、己の「反天」の心情をさらけだして、ひとり悦楽の快感にひたるのではなく、しぶとさこそが求められる。石牟礼道子が『西南役伝説』に書き記した「体制の思想を丸ごと抱えこみ、厚く大きな鉄鍋を野天にかけ、ゆっくりとこれを煮溶かし続けている文盲の、下層農民達の思想」、ここを通らないでジャラジャラと賢しらなことを抜かすなという思いが強い。

282

・「靖国・天皇制問題情報センター通信」No.75（通算４２７号）（２００８年９月）

巻頭之辞

旧刑法第七三条「天皇、太皇太后、皇太后、皇后、皇太子又ハ皇太孫ニ対シ危害ヲ加ヘ又ハ加ヘントシタル者ハ死刑ニ処ス」

第七四条「天皇、太皇太后、皇太后、皇后、皇太子又ハ皇太孫ニ対シ不敬ノ行為アリタル者ハ三月以上五年以下ノ懲役ニ処ス」

何を今さらと読者は考えられるだろうが、数年前、好きで何度も通った熊野山地の入り口にあたる新宮は、大石誠之助をはじめとして6名の「大逆事件」という天皇の権威と権力を暴力的に否定しようとしたという「虚偽」を根拠に、「事実」とは無関係に人の「信念」を裁いた日本裁判史上最悪の「事件」の被告を出した地である。幸徳秋水の出身地である高知県中村と共に、この地では未だこの人々に対する「顕彰」の運動が続けられている。新宮の浄泉寺の僧侶で、「大逆事件」に連座し、死刑判決を受け、のち無期懲役に減刑され秋田監獄に入獄中の１９４１年に自殺した高木顕明の真宗大谷派内での復権が85年ぶりに１９９６年4月1日になされた。被差別部落の人々を多く門徒とし、仏教的平等主義に立脚して、この人々と心豊かに交流した人にとって、天皇の権威・

権力を否定的に考えたであろうことは明白である。
どれほどの悲憤を抱いて亡くなったことか。ふと今の自分のていたらくを思う。あらゆる権威・権力を否定する考えを持ちながら、日々いったい何をしているのかと。

283

・「靖国・天皇制問題情報センター通信」№76（通算428号）
（2008年10月31日）

巻頭之辞　アジア主義—幻想。

東アジア共同体だの、東アジア家族国家観だのと口当たりのいい表現が採られてはいるが、これを誰が口にするかによってそこに示される「国家」の意味合いはまったく相貌を異にする。

廣松渉が「近代の超克」を語り始めたとき、異様な気分に陥ったのはひとりわたしだけではないだろう。小林敏明が贔屓の引き倒しのような論を張ってみたところで、廣松はマルクス主義国家論が展望を失った後に、時代を読むのに敏な廣松らしく、近代主義批判だけを手がかりに「世界史の哲学」にまで辿り着いた、所詮アジア主義の焼き直しに過ぎないとカッパしたのは、小島四郎だった（雑誌「リプレーザ」）。

現在、論壇で天皇・天皇制が論じられることはない。相も変わらず「皇太子妃」をめぐる話題のみが喧しい。これはこれで「秘密ヴェール」とやらをひっぺがす大衆的な話題として無意味であるとは思わないにしても、逆に「天皇家」を身近な存在として認識させる格好の「装置」ではないかと危惧のほうが大きい。ただいずれにしてもわたしには大して関心はない。

ではほんとうに天皇・天皇制は人畜無害の問題になったのかといえば、決してそうではあるまい。種々の相貌を見せながらこの国に深く根付いているアジア主義とは、とどのつまり天皇中心の共同体的民族国家の構想の枠の内にあるのではないか。前の廣松にしてもこの枠の外ではない。

論を立てる場ではないので、これ以上を述べるつもりはないが、例えば「アジアを旅していて、そのゆっくりとした時間の流れが好き」などという言葉をしばしば耳にするが、そんなことは日本の田舎で暮らせば同じようなものである。「ゆっくりとした時間の流れ」が実は米作を中心とした農村共同体のそれであると認識している者がどれほどあるのだろうか。そこには農本主義の残滓があり、保田與重郎の「米作りアジア」幻想と同列の問題がある。

284 巻頭之辞　今どきの若造……!?

・「靖国・天皇制問題情報センター通信」No.77（通算429号）（2008年11月30日）

あこがれの「川の旅人」野田知佑が、雑誌「ビーパル」12月号にいい話を書いていた。この頃は日本の大学でも夏の短期留学プログラムで野外での活動も採り入れているのだそうで、ご本人の母校である早稲田大学の学生を連れて、野田と言えば知る人ぞ知る例のユーコン川に13人の学生を連れて行った話である。

こういう書き出しをしておきながら、ふとこの巻頭言をつい先頃まで担当してくださっていた土肥昭夫先生の格調との差を思って急に辛くなったが、勘弁していただくしかない。どうせ勉強もせず、何より好きなのが「旅関係」の本を読むことという程度の者に、格調を期待されても仕方がないのである。

それで、熊のいるユーコンの大地を歩き回った学生たちの声をあれこれと紹介しているのだが、「私はこの歳になるまでお箸とペン以外に重い物は持ったことがなかったんです。何もやろうとしなかった私が一番いけないんだけれど、両親は私に何一つ用事をいいつけたことはないし、私も手伝ったことがない。つまり、私は手や体を使って何かをしたことが一度もない。山の中を歩きながら、そのことに気づきました」という今どきの学生の率直な言葉は、激しく何かをして来たつもりの年寄りを、なんだか胸がつまりそうな気分にさせてくれるに充分なものだった。

いったい何をしてきたのだろうか私たちは。

野田が学生たちに語る、「自然保護運動というのは、まずそこで遊ぶことから始まるんだと思う」と語る言葉は、飄々として実にいい。「ダム反対運動に参加している人はみんな魚釣りをする人だった。山歩きの好きな人は木が切られ山が裸になり、きれいな森がなくなるのを見ると辛い思いをする。海に潜るのが好きな人は海が汚れ、珊瑚礁がなくなると腹が立つ」。本当にそうだなあと思う。

ひるがえって、「反天皇制運動」を長年やってきた私らは、何が好きで、だから何に腹を立てているのだろうか。このことを野田のような言葉で語れるだろうか。人間社会における一切の権威を認めない、などと言って若者に何かが伝わるだろうか。

今どきの若造などと言っていないで、もう少し真面目に若者と付き合って、私らのやってきた「運動」について語らなければと思わせられている。

285

巻頭之辞　超-文法による文法

・「靖国・天皇制問題情報センター通信」No.78（通算430号）（2008年12月31日）

さきごろの編集委員会で、長くこの巻頭言を担当してくださった土肥昭夫先生の後任に適任者がすぐに挙げられないのであれば、責任において小田原がしばらく担当するということが決定された。その際に、場当たり的な巻頭言ではなく、土肥先生には及びもつかないにしても、小田原の仕事である日本の古典文学から題材を拾って、継続して読めるようなものにすべきであるという注文も付けられた。

そこで古典文学の中の天皇の、いうところの「御製」をあげつらってあれこれと書いてみようと思っているのだが、それにしても「御製」を扱う際に、どうしても一言しておきたいことがあるので、今回はそれを書くことにする。

発表当時（1986年）はそれなりに話題になり、その後それを受けた1986年10月号『俳句』（角川書店）で岡野弘彦・中上健次の対談のテーマになっている「天皇の手紙」のことである。昭和天皇裕仁が疎開先にいる現天皇明仁に当てた手紙で「敗因について一言いはしてくれ／我が国人があまりに皇国を信じすぎて　英米をあなどったことである／我が軍人は　精神に重きをおきすぎて科学を忘れたことである／明治天皇の時には、山縣・大山・山本等の如き陸海軍の名将があったが、今度の時は、あたかも第一次大戦の独国の如く、軍人が跋扈して大局を考えず、進むを知って、退くことを知らなかったからです。」という厚顔無恥の見本のような内容であるが、これを先の対談で中上が、「すごいショックだったですよ」、「すごいいいですね」、「三島はたぶん、あれが先に出ていれば死ななかったでしょう」、「偉い人だな、あの人は。いやおれはすーごい感心した。戦後文学を全部、一発で否定している。偉いねえ、この人ね」などと発言して、実は私も中上の文学作品を高く評価していたものだから、言葉を失ってうろたえた。柄谷行人なども これについては言葉を濁している。

ただここで問題にしたいのは中上ではなく、岡野が天皇の歌に関して「天皇はあれは文法の問題なんか、あんまり言うことないと思うんだ。天皇が発したら、それは文法なんですね」、「聖が日のことを言えば、それはちゃんと暦のもとになっていくんですからね。しかし、不思議なんだな。自然にそう感じさせるものがあるわけですね」と発言していることである。折口信夫の養子にして歌会始の撰者もした岡野のこの表現の中に、今も連綿と続く日本人の天皇の発言に対する感性の一端が示されている。だからこそ未だに天皇の「お言葉」なるものをマスコミが利用したがるのである。

私も「御製」を扱うに際して心しておかなければならないと考えてこれを記しておく。

286

・「靖国・天皇制問題情報センター通信」№79（通算431号）（2009年1月28日）

巻頭言　後鳥羽の歌と「日本的心性」

天皇の歌ということになれば後鳥羽院の歌から入るのが順当だろう。保田與重郎がその著『後鳥羽院』の冒頭に「日本の我等の文藝と精神との歴史を考へる者は、一度この院を通らねばならないといふことを、私は以前から考へてゐた」と書いたからではなく、保田のいう日本武尊に始まって万葉を経て、私にはどうしてか理解できないが与謝野鉄幹に至る「ますらをぶり」といわば敗北とその結果としての望郷の心情を詠む大津皇子に代表される「憂結の歌」とが「日本の歌」の底流にあり、後鳥羽がこれを融合させているという考えには、反撥を覚えつつある種の同意をするからである。反撥というのは、私には「ますらをぶり」も「憂結」の心情もないからであるが、現代の歌謡曲から海のかなたに飛んでいった「明日のジョー」たちの書く文書に至るまで、これが低奏音になっていることは事実であろう。こういう心性を破砕することとなしに天皇・天皇制の肺腑を抉ることなどてきはしない。

1939年の保田『後鳥羽院』初版の序文には「著者は本書によつて一つの久しい祈念を訴へるのである。それは我らの父祖の云ひつぎ語りつたへてきた誓ひであつた。久しい間、日本の詩人の心の奥に燃えつづけてきたもののけだかさに、著者は真の日本を思ふのである」と書かれている。前号で書いた岡野弘彦などこのままの心性を継承している。

後鳥羽の歌を四首挙げておく。

見わたせば山もとかすむ水無瀬川夕べは秋となに思ひけん

秋ふけぬ鳴けや霜夜のきりぎりすややかげ寒しよもぎふの月

大方のうつつは夢になしはてつぬるがうちには何をかも見ん

われこそは新島守よ隠岐の海のあらき波かぜ心してふけ

287

・「靖国・天皇制問題情報センター通信」No.80（通算432号）（2009年2月28日）

巻頭之辞
怨霊にまでなる崇徳の根性無し

西行の『山家集』に詞書のついた次のような歌がある。

讃岐に詣でて、松山の津と申すに、院おはしましけん御跡尋ねけれども、形も無かりければ

松山の波に流れて来し舟のやがて空しくなりにけるかな

白峯と申しける所に御墓の侍りけるにまゐりて

よしや君昔の玉の床とてもかからん後は何にかはせん

「松山の……」の歌意は「まるで波に流される舟のよ

うに、意に反してこの松山の地に流されてきた君は、ここでそのまま空しくお亡くなりになったのだなあ」であり、「よしや君…」の歌意は「かりにわが君が昔のままに金殿玉楼にお住みになっていたとしても、こうして京から遥か離れたわびしい地でお亡くなりになってしまった後は、それが何になりましょうか」くらいのところであろうか。

保元物語に詳しいのだが、父鳥羽院から、自分の子ではないという疑いをもたれ、生涯を不遇で過ごした崇徳天皇は、早世した近衛天皇の後継に、我が子重仁を即位させたいと願ったが、父鳥羽院にそれを斥けられ、後白河天皇が誕生した。崇徳としてはこの恨み晴らさでおくものかという思いを深く抱いた。そこで鳥羽院没後にそれが噴出し、摂関家の内紛も絡み、保元の乱へと展開した。崇徳側が後白河側に敗北し、敗戦の責任をとらされて、崇徳は讃岐に配流。

五部大乗経を書写し、都に送るついでに歌を添えている。

浜千鳥跡は都にかよへども身は松山に音をのみぞなく

歌意は「私が写経した筆跡だけは都に帰るけれども、我が身は帰る日を待って、この松山という辺境の地で声をあげて泣くばかりである」というところ。

先の西行の歌は松山に旅した際に崇徳に同情しての歌であるが、崇徳の歌の「あほらしいあわれっぽさ」にわたしは一点も同情の思いを持たない。崇徳は舌先を食いちぎって、その血で写経の端に誓いの言葉を書き記し、のちに怨霊となったと保元物語は記しているが、後継争いの醜さの極まったものが「天皇制」で、近頃の明仁さん宅の「内紛」がありそうなどというあれこれの穿った情報戦もただ気分が白けるだけである。崇徳は敗北したならそれで黙って死ねばいいのであって、こういう物語が後世に伝えられるところに、世襲を前提とした制度の不愉快さがある。

288

・「靖国・天皇制問題情報センター通信」No.81（通算433号）（2009年3月31日）

巻頭之辞　権力亡者の詠む恋歌

籠もよ　み籠持ち　ふくしもよ　みぶしく持ち
この岳《おか》に　菜摘ます児　家聞ん　名告《の》らさね　そらみつ　大和の国は　おしなべて　われこそ居れ
しきなべて　われこそ座《いま》せ　我こそは　告らめ
家をも名をも

この『万葉集』巻頭に置かれた歌の作者が雄略天皇である。実際に雄略が詠んだものであるかどうか確証はない。「美しい籠をもち、美しい箆を手に、この丘で菜を摘んでいる娘よ、あなたはどこの家の娘か、名はなんというのか」で始まる歌は古代の求愛の様子を示してほほえましい感じさえ受けるのだが、後半になると「この大和の国を、隅々まで治めている、全てを支配しているこの私から、名をも家をも名のろう」と、支配者への服従を強いるかのような歌でしかない。

記紀によれば、雄略（この当時は大泊瀬皇子）は、同腹の兄安康天皇が暗殺されたのをきっかけに、暗殺犯として兄弟を疑い、まず八釣白彦皇子を斬り殺し、葛城氏の円大臣邸に逃げ込んだ坂合黒彦皇子、眉輪王を円大臣もろとも焼き殺し、さらに市辺押磐皇子とその弟御馬皇子を謀殺して、政敵を一掃して大王の座に就いたとされている。即位後も人を処刑することが多かったとも記されている。要するに権力亡者で、前掲の歌の後半部分にその性格が示されているのであろう。

しかしまあ、これらも記紀に記されていることであるからどこまで史実であるのかどうかは疑わしい。何となくこういう性格の人間であったのだろうという程度のことである。

ただ『万葉集』のみならず『日本霊異記』も冒頭に雄略天皇を掲げていることは、古代の人々にとって雄略が歴史の画期をなす存在として認識されていたのであろう。

289

・「靖国・天皇制問題情報センター通信」No.82（通算434号）（2009年4月30日）

巻頭之辞　『梁塵秘抄』と後白河（1）

　この頃はっきり言って天皇・天皇制批判の言葉を口にすることに倦んできた。もう30年以上これを活動の中心にしてきたのだが、裕仁昭和天皇批判、あるいは天皇制なるものに対する批判は今後も続けねばならないとは思うのだが、例えば、天皇制＝家父長制度などという言説に接すると、気分が萎えてしまうのが正直なところだ。天皇制というかなり「特殊アジア的専制君主制」の遺制を引きずってはいるのだろうが、しかし「現代の国家」の問題がそんな視覚から切って捨てられるとはとても思えない。「倦んだ」というのは、「天皇制批判の側」の言説に対して倦んでいるのかもしれない。

　ということで、今号では、後白河の撰によって編まれた『梁塵秘抄』から。もっとも「梁塵秘抄を、後白河院の撰述した時のそのままの本文として、八百年後の今日において読むことは極めて困難である。二十巻に及ぶ原本は全く残存せず、わずかに巻一の二十一巻と巻二とが現存するが、巻一は現存写本中の親本たる綾小路家本が室町時代の書写、巻二は五四五首の歌謡を存するものの江戸時代書写の竹柏園旧蔵本が孤本であるからである」（岩波書店『新古典文学体系』56　小林芳規）という代物で、しかしまあ日本古典文学の解説をする場ではないので……後白河という男はかなり「異人」であったのであろうと思われる痕跡を紹介しておく。次回、この後白河については網野義彦の仕事などに触れて紹介する。

　まずは仏歌。多くの同類の今様が撰られているが、この一首はどうですか。

　極楽浄土の東門に、機織る虫こそ桁に住め、西方
　浄土の灯火に、念仏の衣ぞ急ぎ織る

天王寺讃歌の一つだが、きりぎりすの声々が静かな念仏の唱和に聞こえるというのである。機織りときりぎりすの古名「はたおり」が掛詞になっているのだが、そんなことより、民衆の「救われたい」という思いが直截に示されている。熊野神社に何度も参詣した後白河の思いがこれを撰ばせたのだろうか。

　釈迦の説法終りなば、摩訶《まか》や迦葉《かせう》の大阿羅漢、
　鶏足山《けいそくさん》より慈尊の、出で給はう世に参り会はむ

などという平明ではあるができ過ぎの弥勒讃歌よりは

ずっと親しみが持てる。

290

・「靖国・天皇制問題情報センター通信」№83（通算435号）
（2009年6月1日）

巻頭言　『梁塵秘抄』と後白河（2）

前号で網野善彦さんを「義彦」などと誤って記してしまった。いろいろ学ばせていただいたことも多い人なのに恥ずかしい間違いをして、読者のみなさんにもお詫び申します。と同時に「アジア的専制君主制」を「アジア的先生君主制」と何とも間の抜けた間違いもしました。

『梁塵秘抄口伝集』に「我、永暦元年十月十七日より精進を始めて、法院覚讃を先達にして、廿三日進発しき」とあって、後白河の最初の熊野詣の際、供をしていた藤原為保が連れていた先達の夢に、「此の度参らせ給は嬉しけれど、古歌を賜ばぬこそ口惜しけれ」と見たとあります。ここでいう「古歌（ふるうた）」とは、「懐かしい歌」くらいの意味でしょうが、後白河の生粋の弟子である為保の先達の夢だけでは信頼性に欠けると考えたのでしょうか、同じく供をしていた平清盛もまた「束帯したる御前具して、唐車に乗りたる者、御幸のなるやらむと思しくて、王子の御前に立てたり。此の歌を聞くにかと思ひて、きと覚きたるに、今様を或人出したりけり」という夢を見たのだそうです。

その今様が、

　熊野の権現は、名草の浜にぞ降り給、和歌の浦にし在しませば、歳はゆけども若王子

というものです。これは熊野の権現が熊野路の各地に王子社として勧請されてゆく様子を詠んだ歌で、権現がまず紀伊の名草の浜（和歌山市）に「降臨」したことから詠まれたものです。後白河は11月25日に熊野本宮に到着し、「捧幣して、経供養、御神楽など終りて、礼殿にて、我音頭にて、古流より始めて今様、物の様まで数を尽す間に、様々の琴、琵琶、舞、猿楽を尽す。初度事也」で、以後熊野詣の参詣の旅で、今様は広く謡われるようになったと、『梁塵秘抄』成立の事情が記されています。

かつてわたしも熊野へ中辺路をたどったことがありました。道中は、藤原定家が後鳥羽に随行した際に、「目は眩転、魂は恍々」（「熊野御幸記」）と記したような難

所の連続です。だから、

熊野へ参らむと思へども　徒歩より参れば道遠し
勝れて山峻し　馬にて参れば苦行ならず　空より
参らむ　羽たべ若王子

などという今様も残されています。

ついでに『梁塵秘抄』には、「遊びをせんとや生まれけむ、戯れせんとや生まれけん、遊ぶ子どもの声聞けば我が身さへこそ揺らがるれ」と、子どもたちが遊び戯れる姿にありし日を偲ぶ年老いた身の感慨を歌にした有名なものや、「我が子は十余に成りぬらん、巫してこそ歩くなれ、田子の浦に汐踏むと、如何に海人集ふらん、未しとて、問いみ問はずみ嬲るらん　憐しや」と巫女として漂泊して生きる娘を思う母の歌なども残されています。

後白河はどういうつもりでこれらの今様を集めたのでしょうか。

291
・「靖国・天皇制問題情報センター通信」No.84（通算436号）

巻頭言　『梁塵秘抄』と後白河（3）

（2009年6月30日）

平清盛とその一族が専横を極めていた時代に、この平氏に対して、平氏何するものぞと強い院政を目論む後白河とが対抗関係にあるときに、両者にともに批判的であり、ある意味で傍観者的立場を貫こうとした平安貴族の伝統的教養人藤原兼実ではあるが、どちらかといえば「野卑」な平氏に不快感が強かったようである。その兼実が、日記『玉葉』に、弟であり後に出家して信西と称した通憲（妻である朝子が後白河の乳母であったので、いわば後白河の育ての親であった）の言葉として、後白河について、「和漢の間に比類なき暗主なり、謀反の臣傍らに在るも、一切覚悟の御心無し、人、これらを悟らせ奉ると雖も、猶以て覚えず、かくの如き愚昧は古今未だ見ず、未だ聞かざるものなり」と記している。要するに後白河はアホであると痛罵している。「世襲」の君主など誰であろうといずれにしてもこの程度のものであろうが、この日記の続きに、徳が二つだけあって、一つは独断専行、他人の意見などに耳を貸すことなく、決めたことは断行する。二つ目は、記憶力が抜群である、とも書いている。

しかし考えて見ればこの二つ、いかにも「天皇」などという「いなくてもいい存在」を維持するための必須条件でもあるのではないか。一つ目は「権威」らしく振る舞うために、二つ目は己の存在を維持するために。

兼実は、自分もまた平安貴族の教養人の常識として歌をよくした。藤原俊成・定家の後見人的立場を採った人物である。この保守的文化人にとって、「今様」などという「下卑た」歌謡を好む後白河など不快極まる人物でしかなかったろう。昨今、現政権のトップである麻生某の、権力者として「『どす黒いまでの孤独』は最初から最後までずっと続いている」という言葉がマスコミで取り沙汰されているが、後白河もまた、しみじみと「孤独」を味わっただろうし、育ての親から「愚昧」と言われる程度の者であったから、その孤独はいっそう深い。

そのせいでだかどうだか、兼実の同母弟である慈円の『愚管抄』によれば、後白河は出家前から袈裟を身につけ、護摩をたくなど、深く仏法に帰依していたらしい。まさに「世界観なき」者の「うめき」である。こういう心性は裏返って、舞・猿楽などという、えてして「教養人」が忌避する世界に嵌るものである。『梁塵秘抄口伝集』に「今は万をなげ棄てて、往生極楽を望まむと思ふ、仮令又今様を謡ふとも、などか蓮台の迎へに与からざらむ」と、悲痛な「うめき」を残している。「俺は身辺の者たちからアホだと言われているけれど、こんな俺だって極楽浄土に行けないはずがない」と悲しい「居直り」をしている。まことにもって、一切同情はしないけれど、悲しいヤツではあった。

極楽は遥けき程と聞きしかど　勉めて到る処なりけり

292

・「靖国・天皇制問題情報センター通信」No.85（通算437号）
（2009年7月31日）

巻頭之辞　『梁塵秘抄』と後白河（4）

後白河に特段の思い入れがあるわけではないので、今回で後白河は終わりにするが、前号にも引用した『梁塵秘抄口伝集』に以下のような話がある。

乙前《おとまえ》という84歳になる女性がいて、後白河はこの女性を「多く歌習ひたる師なりしかば」院御所の「近くに家をつくりて置き」、度々見舞いをしていた。今様唄いであるからどういう出自の女性か想像に難くないが、その人を「師」と呼び身辺に置いて世話をするような生き方を指して育ての親である藤原通憲が「和漢の間に比類なき暗主なり」と痛罵したのであれば、逆になかなかおもしろい人物であったろう。

その乙前がいよいよの時、後白河は「結縁のために法華経一巻よみて聞かせてのち」、「歌や聞かむと思ふ」と問うと「喜びいそぎうなづく」ので「師」の前で次の今様を「二三べんばかりうたひて聞かせ」る。

像法《ざうほう》転じては
薬師の誓ひで頼もしき
ひとたび御名を聞く人は
よろづの病無しとぞいふ

これ乙前は「女《むすめ》にかき起こされて」聞き、「手を擦りて泣く泣く喜」んだが、直後に死ぬ。それを聞いて後白河は、「朝には懺法《せんぽふ》をよみて六根を懺悔し、夕には阿弥陀経をよみて西方の九品往生を祈ること、五十日勤め祈りき」という「師」への供養をきちんと果たしている。これだけかと思いきや、なんと「一年が間、千部の法華経よみおはりて、次の年二月十九日（乙前の命日）、法華経一部をよみてのち、歌をこそ経よりも賞《め》でけりと思ひて、後世のためにとぶらひき」ということまでしている。「多く歌習ひたる師」に対する充分な供養である。

こういうことを知ると、とり巻く政治家たちの間でさぞかし「どす黒いまでの孤独」をしみじみと味わい、今様好みも、出自のまるで違う人々との交流に心の慰めを得たかとも思われる。

もちろん、後白河もこういう面ばかりでなく、「謀反の臣傍らに在る」世界を泳ぎきったのであるから、ただ心優しい人格などであったはずがない。

293
「情報センター」運営委に出席して「不純な目的」を果たした

葛の葉伝説の地、信太の森についに行ったぞ

7月23日〜24日に開催された「情報センター」運営委が、経費節約のために大阪のいずみ教会を会場にすると

聞いて、はてさてどこに連れて行かれるのやらと、ネットで場所を確認したところ、ナント最寄り駅は「信太山」とあるではないか。思わずニンマリとして、これはこれはなんとしても「不純な目的」を遂げねばなるまいと決意した。清少納言が『枕草子』一一五段「森は」に「森は、大あらきの森。しのびの森。ここひの森。木枯の森。信太の森。……」と書いている「信太」である。「木枯の森」は現在の静岡市羽島と確定されているが、他は未確定。そもそも作者清少納言さえ噂に聞いた程度のことでしかなかろう地名のはずであるが、「信太の森」は「歌枕」でもあり、阿倍野から始まる熊野詣での街道筋に当たり、確信をもって推挙したに違いない。わたし自身数年前まで通い詰めた熊野への途中にこの森があることは地図上でだけは熟知していた。一度は行かねばなるまい、信太の森を見ずして死ぬわけにはまいるまいと思い続けてきた。

運営委は23日の午後から始まったが、関西の「悪童」連が夕刻からワラワラと集合し、夜の懇親会は20数人が参加して大宴会。被差別部落の人々が食してこられたという、わたしには珍しい食材が供され、宴はいやが上にも盛り上がる。誰言うともなく、「明日、会議が終わったら場所を移して大宴会だ」と語り合われ、いつもなら一番に賛意を表明するわたしであるが、今回だけは、「そうしたらわたしの不純な目的はどうなるのだ」と気が気でない。

ところが、会場のいずみ教会には、「部落解放センター」の委員長東谷さんがいらして、前の食材は東谷さんのご配慮なのだが、この東谷さんのご発言に「明日はオプションツアーとしてこの地域の部落の歴史を訪ねることを企画しています」とあり、その発言の中で「信太の森の聖神社」というのを、わたしはしっかり聞き取った。「よし、これでわたしは初期の目的を達成できる。明日は大宴会などやっている場合ではない。わたしは部落の歴史を訪ねるツアーに参加する」とはっきりと「不純な決意」をした。

この地にはかの有名な「葛の葉伝説」がある。人形浄瑠璃の「芦屋道満大内鑑（あしやどうまんおおうちかがみ）」の「葛の葉の子別れ」の段で用いられ、それを翻案した歌舞伎でも「葛の葉」が障子に「恋しくはたづね来て見よ和泉なる信太の森のうらみ葛の葉」という歌を書く場面がよく知られている。「葛の葉伝説」をご存じでない方には、瞽女歌のごく一部でそれを紹介する。

「童子に乳房を含ませて　それより信太へ帰らんと保名の寝つきをうかごうて　さしあし抜き足忍び足　我が子の寝間へと急がるる　我が子の寝間にもなりぬれば　目をさましゃい童子丸　なんぼ頑是がなきとても母の云うをよくもきけ　そちを生みなすここの母がにんげんかえと思うかえ　まことは信太にすみかなす　春欄菊の花を迷わする　千年近き狐ぞえ　……　葛の葉姫の仮姿　これで添うたは六年余　月日を送るその内に二世の契りを結びしぞえ　つい懐胎の身となりて　月日を満ちて臨月に　生んだるそなたもはや五つ　我は畜生の身なるぞえ　今日は信太へ帰ろうえか　明日はこの家を出よかと　……　母は信太へ帰るぞえ　母は信太へ帰りても　今に真の葛の葉姫がお出でぞえ　葛の葉姫がお出でても　必ず継母と思うなよ　でんでん太鼓もねだるなよ　蝶々とんぼも殺すなよ　露地の植木もちぎるなよ　近所の子どもも泣かすなよ行燈障子も舐め切るな……」

と肺腑を掻きむしるかのような歌声で延々と続く。そもそもこの伝説がいつごろ、どういう契機で作られたのか、折口信夫が「信太妻の話」というのを『折口信夫全集』（第二巻所収）に書いているが、要は「支配秩序に従順な世間にあって不自然な関係」でできた子どもの誕生物語の一変種であり、この童子が陰陽師安倍晴明の誕生物語伝説にもなり、まあイエスが「特殊な」生まれ方をしたという「伝説」とほとんど同種であると言ったりするから、この業界で生きにくいのか。

それはともかく、『新古今和歌集』に「赤染衛門集」からの採用で、「和泉式部、道貞に忘れられて後、ほどなく敦道親王通ふと聞きて、遣はしける」と「詞書」して、「うつろはでしばし信太の森を見よかへりもぞする葛の裏風」という歌があり、これへの和泉式部の返歌は「秋風はすごく吹くとも葛の葉のうらみがほには見えじとぞ思ふ」という歌が収録されている。要するに、和泉式部の最初の夫である橘道貞が、式部に飽きが来て、夫に放置されていた式部のところに冷泉天皇の息子である敦道が通っていると聞いた赤染衛門が、「心変わりして、宮様を受け入れたりしないで、しばらく辛抱して、和泉のお人の様子をご覧なさい。信太の森の葛が風にひるがえって裏を見せるように、あなたの所に帰るかもしれません」と忠告の歌を贈ったのに対して、和泉式部が「あの人が私に飽きてひどい仕打ちを見せても、私は、恨んでいる様子には見えないようにしようと思っていることです」と返歌を送ったというのである。赤染衛門の歌は和泉の信太の森の葛の裏風をはたらかせた重層的表現が見事な歌であり、これへの返歌は「葛の裏風」を、自身の見せない「恨み顔」に巧みに転じていて、この「詞書」を信用することはできないが、平安中期を代表する女性歌人二人の力量の並々ならぬところを見せている。で、「葛の葉伝説」の作者はこの歌のやりとりを知っていたことが歌から察せられて、「お主、何者」の感が深い。

ただ、葛の葉稲荷神社の境内の和泉式部の歌碑は「秋風はすこし吹くとも」となっていて、「秋風」に「飽き風」を掛けて、道貞の薄情を「すごく」と責める式部の思いを、「すこし」などと勝手な改変をしてはまずいのではないか。わたしの敬愛してやまない和泉式部に失礼過ぎる。とまあ、わたしとしては満足満足のオプションツアーであった。ツアーの最後に「和泉市立人権文化センター」で見学があり、ここで聞いた被差別部落の老女の「子守り歌」が前の瞽女歌と声調が似ていて、苦難を生きた女性の人生を思わせられたことだった。

「情報センター」の会議は、東京などでではなく、いろんな地方でやるのがよろしいなあとしみじみ思ったことでした。

294

・「靖国・天皇制問題情報センター通信」№86（通算438号）（2009年9月3日）

巻頭之辞
後白河の孫、後鳥羽と歌（1）

『古今著聞集』巻第五和歌に「後鳥羽院の御時、俊成を奏して定家勅勘を免ぜらるる事」と題して、「後鳥羽院の御時、定家卿殿上人にておはしける時、いかなる事にか勅勘によりて籠りゐられたりけるが、あからさまと思ひけるに、その年もむなしく暮れにければ、父の俊成卿この事をなげきて、かくよみつつ職事につけたりけり。
あしたづの雲井にまよふ歳暮れて霞をさへやへだてはつべき職事、この歌を奏聞せられければ、御感ありて、定家朝臣に仰せてぞ御返事ありける。
あしたづは雲井をさして帰るなり
けふおほ空のはるるけしきに
やがて殿上の出仕ゆるされにけり。」という文章がある。これ自体別段何ということはない内容で、後鳥羽の怒りを買って出仕を止められていた息子定家のために、父の俊成が「鶴が高い空で迷うように、我が子の定家が宮中でお叱りを受けてさまよっておりますが、その今年も暮れ来年春霞の立つ頃まで隔てられたままでいるのでしょうか」と後鳥羽に歌を送ったら、後鳥羽が父親の情を汲んだのであろうか、「鶴は高い空をめざして帰っていきます。今日大空の霞がとれて晴れわたるように、晴れて勅勘が許されましたこのよい季節に」と歌を返した、というだけのことである。

こんなどうでもいい話を引用したのは、『古今著聞集』中、後鳥羽が最も登場回数が多く、26話に及んでいる。この男、後白河の息子である高倉の五男にして、承久の乱を仕掛けて敗北し、隠岐に流され、在島18年、前半生のしたい放題とは比較にならない寂しさの中で死んだ。平安から鎌倉の激動の時代を天皇・院として生きたのだが、『古今著聞集』には政治向きの話は皆無で、だいたい文化活動の面の話である。

編者橘成季については定家の『名月記』から人物像を推測するしかないのであるが、『古今著聞集』の「跋」に10月16日に、白楽天・人麻呂・廉承武の画影をかけ、供物をそなえ、本文の一部を読み上げ、音楽を奏し、漢詩・和歌の披講・朗詠をし酒数献に及ぶという、それこそ勅撰和歌集の「出版記念会」にもまがう宴会をしているので、その人物像は自ずから想像できよう。だからこその「後鳥羽像」である。

何回か、後鳥羽のイメージを探ってみたい。

295

・「靖国・天皇制問題情報センター通信」№87（通算439号）（2009年10月6日）

巻頭之辞
後白河の孫、後鳥羽と歌（2）

後白河はその生涯の間に34回もの熊野神社参詣を行っていますが、後鳥羽も負けず劣らず28回もの「熊野御幸《ごこう》」を行いました。後白河は35年の在院期間中に34回ですが、後鳥羽は24年の在院期間中に28回ですから、およそ10ケ月に1回のペースです。京から熊野までは往復約1ケ月を要しますので、本人の道楽はともかくとして、身辺の者にとってはたまらないことだったでしょう。
暇を持て余しての「熊野御幸」ではなかったはずです。後白河から後鳥羽にかけての時代を、加藤周一は『日本文学史序説』で、「京都と鎌倉との関係は、一三世紀にはまだ、形式的権威と実質的権力との徹底した役割分担ではなかった。鎌倉の武士権力がそういう関係を望んだとしても、京都の宮廷は、鎌倉方指導者が宮廷による権威づけを望んでいたという弱点を、利用できるだけ利用した。天皇（院）を中心とする貴族や大寺院は、多くの荘園を温存し、鎌倉の行政権に例外を設け、公家の法を武家の法と併存させ、時に応じていくらかの兵力を動員する能力さえも備えていた。すなわち京都および鎌倉に二つの政府が同時に機能していたということになる。いわゆる鎌倉時代は、二重支配の時代であった」としています。

「後白河法皇は平氏を追って京都に入った木曾義仲を追い出すために頼朝を利用し、頼朝が強大となるや、頼朝征伐の命令を弟義経（と源行家）にあたえ、事成らずとみれば、命令を撤回して頼朝を〈将軍〉に任命」（加藤前掲書）するという、どうしてどうしてなまなかな策士ではありません。これをやりながらの「熊野御幸」ですから、ただの「熊野信心」などではなかったでしょう。

後鳥羽も同様です。頼朝の死後、後鳥羽は挙兵します（承久の乱）。承久3（1221）年、5月の挙兵の3ケ月前に、後鳥羽は28回目で最後の「熊野御幸」をしています。短期決戦に出た鎌倉軍になすところなく京都側は敗北しますが、このときに熊野の衆徒が多数後鳥羽方に参戦し、熊野権別当《ごんのべっとう》小松法印快実《かいじつ》、その子千王禅師《せんのうぜんじ》が戦死したということが示すのが、「熊野御幸」がなんであったかです。

後鳥羽の「熊野御幸」といえば藤原定家の『後鳥羽院熊野御幸記』です。建仁元年に挙行された熊野詣でに随行した定家の日記ですが、ここには住吉社、厩戸王子、湯浅宿、切部王子、滝尻王子、近露宿、本宮、新宮、那智の9ケ所で和歌の会が催されたと記されており、この「熊野御幸」から帰京した数日後に『新古今和歌集』編纂の院宣が出されたということなど、後鳥羽の歌好きの様子がいろいろと記されています。それだけでなく、定家をうんざりさせるような愚行の数々も。次回はそれらを紹介しながら、後鳥羽のイメージをもう少しふくらませることにします。

296

・「靖国・天皇制問題情報センター通信」No.88（通算440号）（2009年11月2日）

巻頭之辞
後白河の孫、後鳥羽と歌（3）

丸谷才一は読売文学賞を受賞した『後鳥羽院』で、後鳥羽の歌を絶賛して、その歌に詳細な評を付けている。まことに恐れ入った歌人であるが、後鳥羽の歌については藤原定家がすでにその日記『名月記』の建仁元（1201）年6月16日に「金玉ノ声、今度凡ソ言語道断ナリ。今ニ於テハ、上下更ニ以テ及ビ奉ルベキ人無シ。毎首不可思議。感涙禁ジ難キ者ナリ」と感嘆の思いを記している。後鳥羽という人は、堀田善衛が「ルネサンス人的な幅」をもった人間と評していて（『名月記私抄』）、歌は実作者としても『後鳥羽院御口伝』などの歌論書に見られるように批評家としても自立しえた人物であった。他に競馬、相撲、蹴鞠、闘鶏、囲碁、双六などの実践者でありまた主催者でもあり、何軒もの別邸と庭園の建造にもかかわり、琵琶の演奏も素人のそれではなかったようである。驚くべき多能な人物である。堀田の評価もむべなるかなというところである。堀田は『名月記私抄』で、ヨハン・ホイジンガを引いて、「後鳥羽院その人もまた遊戯人間（ホモ・ルーデンス）の典型的存在である」とも評している。ついでといってはなんだが、承久の乱という戦争までぶっぱなす。

こういう人物であるから「性」の領域でも常人ではない。陰気でクソ真面目な定家が後鳥羽を指して「河陽ノ歓娯、休日無シ」と吐き捨てるかのように記している。この「河陽」がはたして何を意味するか、あれこれと想像してみるのだが、常人至極である者には想像が及ばない。大江匡房が『遊女記』に「河陽」は、「山陽、南海、西海の三道より往返するの者、この道にしたがはざるなし」と書いているところからすると「河陽ノ歓娯」とはいわば「遊女あさり」であろうか。これが「休日無シ」なのである。後鳥羽は遊び場として水無瀬宮を好み、しばしばここで「遊女列座シ、乱舞例ノ如シ」である。「兼定、宗長、実信物狂ヒ。仰セニ依ルナリ」と定家が記す事態ははたして何をしていたものやら。

本紙のそれも巻頭にふさわしくないことを書いたが、

これは何も後鳥羽を非難したくてのことではない。この破天荒さと作歌の繊細さとが後鳥羽という人物のおもしろさなのであろうと思うからである。

　新宮に詣づとて、熊野川にて
熊野川下《くだ》す早瀬の水馴棹《みなれざを》さすが見なれぬ波の通路《かよひぢ》

熊野川を下す早瀬の舟の水馴棹は水に慣れているが、水に慣れないわたしには、やはり、見慣れない波の上の通い路であることだ。

現代語訳を書いてしまうと味も素っ気もないが、掛詞と縁語を駆使した重層的な表現は丸谷が絶賛するのも、これまたむべなるかなである。

297
巻頭之辞
鴨長明の歌とその時代（1）

・「靖国・天皇制問題情報センター通信」No.89（通算441号）
（2009年11月24日）

鴨長明といえば『方丈記』であるが、この人が若くして歌人としてスタートしたことは比較的に知られていない。

『続歌仙落書《しょくかせんらくしょ》』（筆者不詳）という歌書に長明を評して「風体、比興《ひきょう》を先として、またあはれなるさまなり。潯陽江頭《じんようこうとう》に、琵琶の曲に昔語りを聞く心地なむする」とある。要するに、「長明の歌の世界はおもしろさを先としているが、他方で哀調を帯びており、歌の背後に一人の人物の複雑に屈折した人生の軌跡が感じられる」というところであろう。『続歌仙落書』の成立は長明の死（1216）後数年以内と考えられるので、いわば同時代人による評である。筆者不詳と書いたが、相当な人物であると思われるのは、「潯陽江頭に、琵琶の曲に昔語りを聞く心地なむする」の表現は白楽天の『琵琶行《びわこう》』を踏まえてのものであり、長明が『方丈記』に「もし、桂の風、葉を鳴らす夕《ゆふべ》には潯陽の江《え》を思ひやりて」と記していることを承知してのことだからである。ついでだが、当時失意の人であった白楽天は、もと遊女であった哀艶な老女の琵琶を弾きつつの「昔語り」を川舟の上で聞いて、「(自分も) 同じく是れ、天涯淪落の人」と書いている。舞台は川の上である。ここまで書けば若い頃、陰気な顔をした〈国語〉の教員に暗唱させられた「ゆく河の流れは絶えずして、しかも、もとの水にあらず」という『方丈記』の書き出しを思い出されるだろうか。これはあまり知られていないのだが、長明の『発心集』巻頭の「玄敏《げんびん》僧都《そうづ》、遁世《とんせい》蓄電《ちくでん》の事」の僧玄敏は「世を厭ふ心深くして、更に寺の交はりを好まず。三輪河のほとりに、僅かなる草の庵を結びてなむ思ひつつ住みけり」という人物で、「三輪川のきよき流れにすすぎてし　衣の袖をまたはけがさじ」なる一首を詠んで「遁世蓄電」したとある。長明には川への思い入れが相当であるようである。

ご存じのとおり、長明は賀茂御祖《かものみおや》神社（下鴨神社）の神職の家に生まれた。この地は比叡山の麓を流れる高野川と、鞍馬・貴船などを水源とする賀茂川とが合流して鴨川となる地点である。そして深い森に囲まれ、当時の人々の崇敬の念を集めた〈神域〉には、御手洗川という清流が流れている。

長明の晩年の詠歌に次のようなものがある。

　右の手もその面影も変はりぬる我をば知るや御
　手洗の川

歌意はわかりやすい。右の手には数珠をかけ、僧体となって老残を晒して生きる我が身を御手洗川の川面に映して、「変貌し果てた私がおわかりですか」と神が宿る、否、神そのものであると信じられた御手洗川に問うているのである。

長明と川といえば、『新古今集』に入集した歌に、

　石川やせみの小川の清ければ月も流れを尋ねて
　ぞすむ

と、「澄む」と「住む」を言い掛けた歌があり、自身の歌論書『無名抄』に「この歌の入りて侍るが、生死《しやうじ》の余執《よしふ》ともなるばかり嬉しく侍るなり」と記している。しかしこの文の末尾にはその喜びを「あはれ無益の事どもかな」とも記して、精神の昂揚と沈潜とが瞬時に起こる長明の性格をよく示している。

298

・「靖国・天皇制問題情報センター通信」No.90（通算４４２号）（２００９年12月18日）

巻頭之辞
鴨長明の歌とその時代（2）

長明の父は鴨長継《かものながつぐ》で、長明誕生の時には賀茂御祖神社（下鴨神社）の正禰宜惣官《しょうねぎそうかん》として栄位を極めていた。ただ時代の相は、長明誕生（1155＝久寿2年）の翌年に保元の乱がおこり、新しい時代に向けて地底では激しい奔流が沸きかえっていた。京の貴族社会の者からすれば、慈円が吐き捨てるように言う「武者《むさ》の世」（『愚管抄』四）の始まりである。彼は父17歳の時の子で次男。当時の貴族の早婚が知られる。母については記録がない。長明に弟妹がいたようではないので、あるいは長明の命と入れ違いだったか。とすれば後年の彼の感情の起伏の大きさの要因のひとつは母の欠如であったかもしれない。

　ともあれ若く有為な父の子として、7歳の時には二条天皇の中宮高松院の叙爵によって、従五位下となった記録が残されているので、まずは順風満帆のスタートであったろう。乱世の気配を孕みつつ、後白河院と平清盛との提携によって短い期間ではあったが相対的安定期がしばらく続く。『方丈記』巻頭の「たましきの都のうちに、棟を並べ、甍を争へる」とある京の町で多感な少年時代を過ごしただろう。

　しかし、長明19歳のとき、父は35歳で夭折する。幸福な時代の終焉である。

長明は父の死の翌年、

　春しあれば今年も花は咲きにけり散るを惜しみし
　　人はいづら　（『鴨長明集』）

と哀切の思いを青年のまっすぐな心情を吐露する歌として残している。桜にことよせて個人を追慕するのは哀傷歌のひとつのパターンであるから、紋切り型といえばそうなのだが、桜のはかなく散る様に触発されて人の命を哀感をこめて歌にすることから逃れられないのは定型詩の宿命であるのかもしれないし、あれこれの技巧をこらしていないことがかえって他人の共感を誘うのであろう。

　この後、『方丈記』に「予、ものの心を知れりしより、四十《よそぢ》あまりの春秋をおく」ったとか「あられぬ世を念じ過ぐしつつ、心をなやませる事、三十余年」などと書き残しているのを『方丈記』の成立時から逆算すると、この父の死の19歳のときから遁世に至るまでのあれこれとあったであろう青年期から壮年期の彼の人生が推測される。

桜ゆゑ片岡山に臥せる身も思ひとげねばあはれ親なし（『夫木和歌抄《ふぼくわかしょう》』四）

は、世襲が前提の社会にあって、「親なし」がどれほど前途に不安を覚えるものか、表現が直截的であるだけ悲哀を感じさせる。同時代の人である源家長が『源家長日記』に「すべてこの長明みなし子になりて、社のまじらひもせず籠もりゐて侍りしが」と記しており、これが父という後ろ盾を失って、下鴨神社の中に位置を持つことができず、後鳥羽院によるあれこれの手配を「なほもとより申す旨たがひたりと断り申し侍り」という「親なし」「みなし子」の屈折から遁世へと孤独に生きる道を選ばせる。

すみわびぬいざさは越えん死出の山さてだに親の跡を踏むべく　（『鴨長明集』）

これは自死の決意を述懐した歌である。

２９９

・「靖国・天皇制問題情報センター通信」No.91（通算４４３号）

（２０１０年1月18日）

巻頭之辞
鴨長明の歌とその時代（3）

前号で鴨長明の自死の決意を示すかに思われる歌、

すみわびぬいざさは越えん死出の山さてだに親の跡を踏むべく　（『鴨長明集』）

を紹介した。「住みわびぬ」とは如何にも中古以来の老成した遁世者風の詞である。『伊勢物語』五十九段「東山」に、

むかし、男、京をいかが思ひけむ、東山にすまむと思ひ入りて、
すみわびぬいまはかぎりと山里に身をかくすべき宿をもとめてむ

とあり、『大和物語』百四十七段「生田川」に、

すみわびぬわが身投げてむ津の国の生田の川は名

のみなりけり

とある。短詩の表現はともすると誇張を含むもので、この時長明は当時の常識的なあり方からすると妻子もあったであろうが、それにしても二十歳を直前にした若者である。「この世に住んでいるのがいやになりました」などと詠んではいるけれど、どこまで本気で思い詰めていたことか。青年の心を揶揄するのではない。そうではなくて、老いた詞と自立し得ていない幼い精神との不整合が長明には見られるというだけである。

先の歌は『鴨長明集』の巻末近くに並ぶ「述懐のこころを」と題される連作の中にあるのだが、そこにある贈答を紹介しよう。

先の歌に対して、

これを見侍りて、　鴨の輔光
すみわびて急ぎな越えそ死出の山此の世に親の
跡もこそ踏め
と申し侍りしかば
なさけあらば我まどはすな君のみぞ親の跡踏む
道は知るらん

とある。しかし、この時長明は死にもしなかったし、遁世もしなかったことをわれわれは知っている。前に長明には精神の昂揚と沈静とが不意に訪れると書いたが、父の死に際して、自らの人生に深い喪失感を抱いたであろうが、その裏返しの、気分の「はやり」がこれらの歌には見られる。

1175（安元元）年、長明21歳の8月2日に賀茂御祖神社に人事異動があったが、長明は希望していた禰宜《ねぎ》職の銓衡《せんこう》に洩れた。これで神官としての栄達の道はほぼ断たれた。深い失意を味わったことであろう。

その翌々年、安元3年4月28日の夜、「風はげしく吹きて、静かならざりし夜、戌の時ばかり、都の東南《たつみ》より火出で来て、西北《いぬゐ》に至る。はてには、朱雀門、大極殿、大学寮、民部省などまで移りて、一夜のうちに塵灰《ちりはひ》となりにき」（『方丈記』）という事態が出来する。『源平盛衰記』四の伝えるところでは、配流地に赴く武士の送別の酒宴における参加者たちの酔狂に端を発する火災ということだが、山門騒動、鹿ヶ谷事件などが露頭した一連の政治不安が続く最中でのことであり、人心に深い不安が蔓延したであろうことが推測される。この火災で平安京のかなりの範囲が焼失し、大内裏も炎上して、以後二度と復元されることはなかった。「古代」の終焉を印象づける象徴的な大火災であり、長明も自らの安定的な未来像喪失とあいまって、「空には灰を吹き立てたれば、火の光に映じて、あまねく紅なる中に、風に堪えず、吹き切られたる焔、飛ぶが如くして、一二町を越えつつ移りゆく」(『方丈記』)という記述の迫力は、彼の内部に刻印された「絶望」を思わせる。

300

・「靖国・天皇制問題情報センター通信」№92(通算444号)(2010年2月24日)

巻頭之辞 鴨長明の歌とその時代(4)

　鴨長明といえば、堀田善衛に『方丈記私記』という、後の『明月記私抄』に先行して、堀田が日本古典を扱う方法を確立する過程で書かれた著作がある。第二次大戦下を青年として生きた堀田が、「世上乱逆追討、耳ニ満ツト雖モ之ヲ注セズ、紅旗征戎吾事ニ非ズ　と、芸術至上主義者としての旗幟を明らかにしていた若き日の定家の方が、戦時下に、いつ死への赤い招待状が来るかと、日々に待ちくたびれていた若者にとっては、ハッキリもしてい、耳に快くもあった」が、「けれども、三月十日の大空襲を期とし、また機ともして、方丈記を読みかえしてみて、私はそれが心に深く突き刺さって来ることをいたく感じた」として、乱世の兆しが明らかになりつつあった平安末期を生きて、「社会の次元からすでに政治へと質的変化を来しているという、歴史にかかわる観察力が長明には内蔵されている」、その観察力と先の大戦下、堀田自身の文学を志す「さしたる用もなくて吹溜めに掃き込められたような無用者」であるという自己認識からする時代を読み取る意識とを重ねて照射した著作である。

　この中に有名な場面がある。1945年3月18日、午前9時すぎのころ、堀田は「一人の親しい女」の消息を尋ねて深川に向かう途次、焼け跡の富岡八幡宮辺りに憲兵が多数出ており、何事かと見ていると、「おどろいたことに自動車、ほとんどが外車である乗用車の列が永代橋の方向からあらわれ、なかに小豆色の自動車がまじっていた。それは焼け跡とは、まったく、なんとも言えずなじまない光景であって、現実とはとても信じ難いものであった」が、その「小豆色の、ぴかぴかと、上天気な朝日の光りを浴びて光る車のなかから、軍服に磨きたてられた長靴をはいた天皇が下りて来た。大きな勲章までつけていた」。すると、この辺りで罹災した人々が、「本当に土下座をして、涙を流しながら、陛下、私たちの努力が足りませんでしたので、むざむざと焼いてしまいました。まことに申訳ない次第でございます。生命をささげまして、といったことを、口々に小声で呟いていたのだ」。「私は本当におどろいてしまった。私はピカピカ光る小豆色の自動車と、ピカピカ光る長靴とをちらちらと眺めながら、こういうことになってしまった責任を、いったいどうしてとるものなのだろう、と考えていたのである。こいつらのぜーんぶを海のなかへ放り込む方法はないものか、と考えていた」のであるが、「ところが責任は、原因を作った方にはなくて、結果を、つまりは焼かれてしまい、身内の多くを殺されてしまった者の方にあることになる！　そんな法外なことがどこにある！

　こういう奇怪な逆転がどうしていったい起こり得るのか！」。

　この堀田の『方丈記私記』を、わたしは何歳のときに読んだものか記憶は定かでないが、ずっとこの場面を胸の内に置いてきたように思う。ただ糊口を凌ぐためだけの手段として日本古典と付き合ってきたが、堀田の言う、「藤原俊成の　春の夜ののきばの梅をもる月の光もかをる心地こそすれ　といった、こういう、凍ったように凝然たる月光そのものに香をかぐ、という、徹底して冷徹な、しかもそれは修業によって勁く創り上げられ、創り出された、フィクシオンとしての心境に、乱世というものの本質を見たと思う」というような立場、あるいは感性はそれはそれとして、いつも己の生きている時代相の中で日本古典を読もうという姿勢でいたいと願ってきた。

　反天皇制運動にかかわる通信の巻頭に、「反革命文学日本古典」について書きつづけるなど何事であるかとの叱責をしばしばいただくのであるが、新たな巻頭言担当者を鋭意探しているので、もう少しお付き合いいただきたい。

301

・「靖国・天皇制問題情報センター通信」No.93（通算445号）（2010年3月26日）

巻頭之辞
鴨長明の歌とその時代（5）

鴨長明に関して書くのは今回で終わりにする。長明に特段の関心があるわけではなく、世襲という制度の中で生きることを当然としていながら、それを継承できなくなった人間の生き様がどういうことになるのか、世襲制度の範ともいうべき「天皇制」なるものを日常の運動課題にしている者として、少しく考えておかねばならないと思って、生業にも近いのでそれなりに読み続けてきただけのことで、この欄にもふさわしいかと、ちょっとした思いつきで書き始めたのだが、先頃あるところで、「鴨長明について書いている人」と紹介されたりして、ひどく困惑した。

家族とは疎遠な長明であった。近しい同世代の友人があったようでもない。年長者、それも老人にかわいがられたようで、歌の師俊恵《しゅんえ》は42歳年長であった。俊恵は東大寺の僧であったが、40歳で帰京、洛東白河の自邸を「歌林苑」と称する和歌結社にし、歌壇の主流が六条藤家から御子左家《みこひだりけ》に移りつつあった過渡期に双方と適度な距離を保ち、両派から敬意を払われた人であったが、長明と「師弟の契り」を結んだ日に、彼を「末の世の歌仙」と評して懇切な指導を与えている（長明『無名抄』「歌人は証得すべからざる事」）。ただ、二人の出会いから永訣までの時間は長くはなかった。

「三十《みそぢ》あまり」（『方丈記』）のころだろうか、長明は伊勢・熊野へ旅をしている。他に同行者もあったようであるが、この旅の中心は法名を証心と号する前参議、正三位藤原俊経、72歳で出家した人であった。『菟玖波《つくば》集』に証心と長明との連歌が伝わっている。

長明が伊勢・熊野を旅していた寿永2（1183）年、平家はまだ健在であったが、その秋には都落ち、翌々年の晩春に壇ノ浦で壊滅する。

藤原俊成撰『千載集』に長明は一首採られているが、この私情を交えて公平でないと非難すこぶるであった勅撰集に入集したことを喜ぶ長明に「故築州」という人物が讃辞を送ってくれた思い出が、『無名抄』「千載集に予一首入るを悦ぶ事」に記されている。「故築州」即ち筑前守中原有安もまた老人であり、長明はこの人物の薫陶を得て琵琶の天分を伸ばして秘曲の伝授されたようである。

そうこうしている間に政治権力は鎌倉に移り、文学史的には『新古今』の世になり、長明は後鳥羽院に気に入られて「栄耀栄華」の時代を迎え、もちろん長明とてわたしらと同じ人間であるから時に合って鼻息荒く生きていたのであろうけれども、若き上皇後鳥羽などには理解できない屈折を抱えているので、前に記したように賀茂御祖神社の禰宜職継承の願い果たせず、後鳥羽の特別の配慮も拒否して、突然失踪する。このあたりの事情は『源家長日記』に記されている。後鳥羽とその側近源家長、この歌人二人にとって年長の、「連帯を求めて、孤立を恐れず」の世間的には偏屈男長明、「好き人」長明はある種の範であったろうが、長明の深い心の闇に思い至るには若過ぎた。

和歌所寄人《わかどころよりうど》鴨長明《ながあきら》は、隠者長明《ちょうめい》となり、法名蓮胤《れんいん》となった。

遁世の後、後鳥羽に送った歌

住みわびぬげにやみやまの槇《まき》の葉に曇ると言ひし
月を見るべき

ま、こんなものであろう人の生き死には。長明もまた権威・権力の力を心の内では頼みつつ、時めかす時機を逸してしまった

世襲の世をうまく生きられなかった人の人生である。わたしらもついに世に受け入れられることなく、ひとり生きることを選んでかくありたいと願えるかどうか。

302

巻頭之辞
後白河と『梁塵秘抄』（1）

・「靖国・天皇制問題情報センター通信」No.94（通算446号）
（2010年5月3日）

岩波書店刊『日本古典文学大系73　和漢朗詠集　梁塵秘抄』の「梁塵秘抄」の志田延義による解説に「保元・平治の乱、平清盛・源頼朝との政治権力の争奪、平家の没落という、これだけの大事件を並べてみただけでも、後白河法皇という方は、その生涯の大半を熱い争闘の渦中に過ごし、辛苦に堪え、進んでその抗争に身を投ぜられた、線の太い精力的な活動家であったことを想望する

ことができよう」と書いている。わたしは政治家後白河にはほとんど興味がないのだが、まあ言葉の真の意味で激動する時代を長年にわたって生き抜いたのであるから、相当な悪党ではあったろうと思う。

その後白河が編んだのが『梁塵秘抄』である。例の、

遊びをせんとや生《う》まれけむ、戯《たはぶ》れせんとや生《む》まれけん、遊ぶ子どもの聲聞けば、我が身さへこそ揺がるれ

で有名な今様集であるが、なんとも多義性を含み解釈の難しい歌が多い。この「遊びをせんとや」の歌をどう読むかだけでも悩ましい。前の志田延義による校注は「遊び戯れをしようというのでこの世にうまれたのであろうか、（遊ぶ子どもの声を聞くと）、わが身までも自然に動き出すようでおどる心をおさえ難い」としているが、『更級日記』に足柄山で「麓に宿りたるに、月もなく暗き夜の、闇にもまどふやうなるに、遊女三人、いづくよりともなくいで来たの」とあって、この「遊女」を「あそび」と読む。このあたりを意識してか、同じ岩波書店刊の『新日本古典文学大系56　梁塵秘抄　閑吟集　狂言歌謡』の小林芳規・武石彰夫による校注は「子どもたちの遊び戯れる純真な姿にありし日を偲ぶ年老いた身の感慨」とし、「主体は遊女と限らない」としている。それはそうだろうと老残を晒して生きている我が身を思えば、素直に受け取ればよいとわたしも思うが、この「三五九」と番号を付けられた「遊びを」の歌の次の三六〇の「御前に参りては、色も変らで帰れとや、峰に起き臥す鹿だにも、夏毛冬毛は変るなり」は明らかに性的な内容を表現された言葉を下に含んでいる。とすれば、「遊び」を「遊女」と読めば、「私は、このように遊女として遊び戯れるために生まれてきたのだろうか、今、外から聞こえてくる無心に遊ぶ子どもたちの声を聞いていると、私の境遇や過ぎ来し方が、悔恨を伴って我が身を震わせることだ」と、声を殺し肩を揺らして泣く女の歌に読めないではない。こう読んできた歴史があるからわざわざ「主体は遊女と限らない」と校注しなければならなかったのではないか。まあそれにしても「ありし日を偲ぶ年老いた身の感慨」であることは確かである。小林芳規・武石彰夫による校注による『梁塵秘抄』解説に「『秘抄』歌謡にちりばめられた民衆の生そのものに根ざした魂の息吹きが、皮肉にも犠牲と搾取のもたらした功績であったと

も言えよう」と、『秘抄』編纂のために要したであろう厖大な財政を支えたのが全国にあった後白河の院領からのそれであったことを記している。

303

巻頭之辞
後白河と『梁塵秘抄』（2）

・「靖国・天皇制問題情報センター通信」No.95（通算447号）（2010年5月31日）

現存する『梁塵秘抄』から民衆の暮らしを反映している今様を一首挙げておこう。

　西の京行《ゆ》けば、雀歯黒《すずめはぐろ》め筒鳥《つつどり》や、さこそ聞け、色
　好みの多かる世なれば、人は響《どよ》むとも、麿だに響《どよ》
　まずは、

　これは、慣れ親しんだ女性のやきもちに対して男が口にしたものだろうか。「西の京」右京は低湿地帯のため、半世紀で廃絶されたが、北方にわずかの人家を残しており、「雀・歯黒め・筒鳥」はいずれも性を鬻《ひさ》いで来た女性を言う隠語で、街道筋にそういう女性たちがいたのであろう。仕事の同僚でもあり友人である浪速の歌う巨人趙博《チョウバク》の歌に「橋」というのがあって、在日が住む地域にはどうして「…橋」という地名が多いのか、と歌うが、いつの時代にも疎外された人々は悪環境の地に追いやられて暮らしていた。「さこそ聞け」は「ほんとうに、そう聞いている」。自分は行ったことはないが、そう聞いているというのは男の常にする弁解。「響む」は女の品定めをして大騒ぎをするくらいの意であろう。「麿だに響まずは」は「だが、せめて私だけは大騒ぎなんかしないよ」。こうやって男は嘘ばかりついて生きてきたのだなあ、と自らを顧みて思う。

　もう一首、楽しいわらべうた。

　茨小木《うばらこぎ》の下にこそ、鼬《いたち》が笛吹き猿舞《かな》で、掻い舞《かな》で、
　蝗螽《いなごまろ》賞《め》で拍子付く、さて蟋蟀《きりぎりす》鉦鼓《しゃうご》しゃうごの好
　き上手、

　いばらの若枝の下で、鼬が笛を吹き、それに合わせて猿が舞い、舞い続け、いなごちゃんがその猿の舞いがすばらしくて拍子を打ち、そうして蟋蟀は鉦鼓が大好きでそれがまた上手、というところだろう。今から千年近い昔、子どもたちはこんな歌を歌いながら遊んでいたのだ

ろうか。そういえば正月の羽根つきの歌、手鞠つきの歌、そんなものを聞かなくなってもう久しい。

さて、後白河である。『梁塵秘抄口伝集巻第十』に「乙前《おとまえ》八十四と云ひし春、病をしてありしかど…」と後白河が語る箇所がある。この乙前は「我に歌（註・今様）教へ候ひし」人である。「東山の法住寺に五月の花の頃」、「江口、神崎の君、青墓、墨俣の者集ひてありし」とある「江口」は神崎川の、淀川本流からの分岐点にあった小駅。遊女は神崎が大衆的なのに対して妓品が高かったらしい。謡曲に「江口」と題するものがある。「青墓」は岐阜県大垣市にある傀儡子《くぐつ》の本拠地の一つで、「足柄」などの秘曲を守り伝えていた。墨俣も現在の大垣市の東端（かつての岐阜県安八郡）にあり、長良川の沿岸洲股（転じて墨俣）で青墓と共に陸上交通の要衝にして傀儡子の本拠の一つ。ここで言う「君・者」は共に「遊君」。乙前は青墓出身だった。「当初《そのかみ》十余歳の時より今（後白河、およそ40歳ころか）に至るまで、今様を好みて怠る事無し」と生きてきた後白河の身辺にはこうした人々が蝟集していた。後白河は今様を「此の乙前に、十余年が間習ひ取りてき」とあるから、よほど乙前の今様の技量に心酔していたのであろう。この乙前が高齢で弱ってきた。そのほどのことについては次回に。

304
巻頭之辞
後白河と『梁塵秘抄』（3）

・「靖国・天皇制問題情報センター通信」№96（通算448号）
（2010年7月1日）

平清盛、源頼朝らを相手に権謀術策の日々を送っていた後白河には何の興味もない。相当な悪党であったのだろうという程度の思いだけである。

前号でこの後白河と岐阜県青墓出身の乙前《おとまえ》との関係に少し触れた。「梁塵秘抄口伝集」に「乙前八十四と云ひし春、病をしてありしかど」まだ大丈夫だろうと思っていたところ、「程無く大事になりにたる由告げたりしに、近く家を造りて置きたりしかば」と、後白河にとって今様の師匠であったにしても乙前は遊びの者であったので、大いに顰蹙を買ったであろうが、この悪党にとって身辺の者たちの感懐など意に介するところはない。「この乙前は夙《と》く入り籠りにければ、伝へたる弟子どもの無かりけり（この乙前は早く隠退してしまったので弟子たちはなかった）」ので、自分一人が弟子であると自認する後白河は、院御所の近くにこの乙前を住まわせる。そして「近々に忍びて行きて見れば」と、多忙この上なかったであろうし、なにぶんにも激しい権力闘争の最中であるから警備担当者たちにとっては面倒なことであったろうが、なんともまめなことである。とにかく行ってみると、乙前は「女《むすめ》に掻き起されて対《むか》ひて居たり。弱げに見えしかば、結縁《けちえん》の為に法花経一巻誦《よ》みて聞かせて後、「歌や聞かむと思ふ（私の歌を聞きたいか）」と言ひしかば、喜びて急ぎ頷く」。そこで乙前から伝受された今様を、くどいようだがなにぶんにも「院」である後白河がこの老いた遊びの者である乙前に謡って聞かせる。遊びの者という意味では人後に落ちぬわたしなど、この場面に立ち会ってみたかったと悔しい思いがするほどである。天皇が靖国神社に参拝して「英霊」の御霊《みたま》やすかれと祈ることを求める「民草」の心情など一切持ち合わせぬが、こうして遊びの者である師の前で、習い憶えた芸を披露してみせるこの男なかなかの者である。

像法転《ぞうぼうてんじ》ては、薬師の誓ひぞ頼もしき、一度《ひとたび》御名《みな》を
聞く人は、万《よろ》づの病無しとぞいふ

この乙前の病平癒を祈る歌を「二三反《べん》ばかり謡ひて聞かせ」たところ、「経より賞《め》で入りて、「これを承り候て、命も生き候ぬらん」と、手を擦りて泣く泣く喜びし有様、あはれに覚えて帰りにき」という具合である。しかし訃報を聞く。「二月十九日に早く歿《かく》れにし由を聞きしかば、惜しむべき齢には無けれど、年来《としごろ》見馴れしに、哀れさ限り無く、世の儚さ、後れ先立つ此の世の有様、今に始めぬ事なれど、思ひ続けられ」と、諸行無常の感を深める。そしてその後「朝《あした》には懺法《せんぼう》を誦《よ》みて六根を懺悔《さんげ》し、夕には阿弥陀経を誦みて西方の九品《くほん》往生を祈る事、五十日勤め祈りき。一年が間、千部の法花経誦み畢《おは》りて」と供養に勤める。

ひとの死に際して、生前の恩に誠を尽くすひとつの形であろう。この悪党が本当にそうしたかどうか、政争に明け暮れる日常で実際のところこれができたかどうか、そんなことを問う気はない。本人がこう語っているのだからそういうことだろうというだけであるが、数多《あまた》の「英霊」に頭《こうべ》を垂れる天皇などよりは余程「至誠」の姿を見

る思いである。
こういうことを書いていると「右翼」の本音を吐きそうで不安になるので、早く次なる巻頭言の執筆者にこの欄を渡さねばならぬ。

305
巻頭之辞
後白河と『梁塵秘抄』(4)

・「靖国・天皇制問題情報センター通信」No.97(通算449号)(2010年7月28日)

後白河に特段の思い入れがあるわけではないので、後白河については今回で終わりにするが、現存する『梁塵秘抄』は編纂時のごく一部が残っているだけで、もとは相当大部なものであったとされる。この『梁塵秘抄』編纂の業は、後白河という一人の強い個性の持ち主の意欲的かつ画期的な計画と実践に負うところが大きいのはもちろんであるが、220首残されている「法文歌」、例えば「弥陀《みだ》の誓ひぞ頼もしき、十悪五逆の人なれど、一度《ひとたび》御名《みな》を称《とな》ふれば、来迎引接《らいごういんじょう》疑はず」などの歌群の蒐集の状況、排列・編集意図などについては、いまだ十分に解明されていないということであるが、後白河独自の判断と作業とは考えられない。何らかの頭脳集団が形成されていたのではなかろうか。と同時にこれら法文歌の背後に妙法蓮華経が強く影響していることは一読して読み取れることである。

「人をして楽を作《な》さしめ、鼓を撃ち、角《つのぶえ》・貝《ほらがい》を吹き、簫《しょう》・笛《ちゃく》・琴・箜篌《くご》・琵琶・鐃《にょう》・銅鈸《どうばつ》、かくの如き衆《もろもろ》の妙音を尽《ことごと》く持って、以て供養し、或は歓喜の心を以て、歌唄《かばい》して仏の徳を頌《じゅ》し、乃至、一の小音をもってせしも、皆、已《すで》に仏道を成ぜり」
(法華経・方便品)

後白河も深く法華経に帰依し、34度におよぶ熊野参詣など、激しい政治活動と並んで真摯な仏教信仰にも励んだとされるのであるが、「信」を極めたいとするのが求道であるなら、後白河のそれは如何なるものであろう。造寺造塔の数量を競う形式的な貴族仏教の世界に浸っていたことも事実であり、それより何より、後白河をめぐる後宮の女性達、とりわけ晩年になって熱愛した丹後局（高階栄子）などとの複雑な女性関係と、１１６９年（後白河42歳）の出家、法名行真《ぎょうしん》、戒師は三十二世園城寺長吏覚忠、のち「三井智証門人、平等院流、蓮華王院阿闍梨行真」と自称、また東大寺・比叡山でも受戒という経歴との矛盾は、常人にはなかなか理解できないところであるが、この男にとってはすべては人物の度量の範囲内であったのだろうか。五味文彦『院政期社会の研究』によれば、鹿ヶ谷事件などには「男性」の影も濃いそうで、こうなると『平家物語』の言葉を借りれば、もう「傳《つたえ》承《うけたまわ》るこそ心も詞《ことば》も及ばれね」である。

もっとも、こういう人物であったればこそ、『梁塵秘抄』歌謡に見られる、表皮を引き剥がした偽らざる人間性への凝視、多面的な人間理解がなされたと考えられなくもないが、『梁塵秘抄』撰集という大きな仕事を個人の資質に求めるより、もっと大きな時代の流れの中において理解すべきであろう。前の法文歌が、日本仏教歌謡史にきわめて特異な性格を有する歌謡群であることは誰しも認める。平安時代中期以降、貴族社会における造寺造塔、仏教芸術の遊楽化、法会の遊宴化、僧侶社会の貴族化・門閥化、僧侶の俗化と堕落などはつとに史家の指摘するところである。法文歌はそのような貴族社会に密着した法会の歌謡（声明《しょうみょ》の歌謡—讃・伽陀《かだ》（＝偈《げ》と同じ）・教化）などとはまったく世界が異なる生活の場、芸能の場、信仰集団の場などに発し、当時の教団の束縛から離れて自立性を保っていた持経者・聖・沙弥などの自由宗教者によって歌われ、巫女や遊女などを媒介として、多くの人々の日々を生きる苦悩から発した信仰の歌謡として伝播したものであろう。

吉田兼好は『徒然草』第十四段に「梁塵秘抄の郢曲《えいきょく》（＝謡いものの総称）の詞こそ、又あはれなる事は多かめれ」と記しているが、さてこの人「あはれなる」をどういうものと解していたか。

306

・「靖国・天皇制問題情報センター通信」No.98（通算４５０号）（２０１０年10月５日）

巻頭之辞
保田與重郎・棟方志功・大津皇子

次の「巻頭言」の執筆を依頼している方と、開始時期の話し合いの調整がつかないままに、ずるずると書き続けているのだが、もうほとんど「気分は右翼」になってきていて、たいへんまずい事態に陥っている。

もう半世紀も前に学校というところに通っていたころ、「国語」という教科の教科書には必ず「夏物」とでもいうのか「平和教材」とかいうのが掲載されていた。壺井栄の文章や「ナントカちゃんの影送り」とかいう類のものである。しみじみとさせられた記憶がある。

年老いての8月には、どういうわけか保田輿重郎の名がふと脳裡をかすめる。このあたりをさして「気分は右翼」と自嘲的になるのである。

保田は、1941年、独ソ開戦の翌日に「この虚ろさは、やがて沈痛となるであらう」と書き残しているが、菅か小沢かのどっちにころんでも沈没寸前の日本社会の様相を転換するほどの「勝負」ではない愚劣な騒動にまさにこの感深しである。今年の猛暑はとりわけ厭世気分を増進させ、埋め草の本稿を書くためもあるのだが、保田の『戴冠詩人の御一人者』の埃を払い、再読し始めたところ、これまたふと、新学社刊の『私の保田輿重郎』に版画家の棟方志功が「ドウイフ理由《ワケ》カ解ラナイケレドモ保田與重郎氏ヲオモフト—青葉の笛—ヲ感ジルノデス。ナンダカメツサウモナク、サウナツテ来ルンデス。平《タヒラ》一族中ノ若公達、敦盛公ガ愛持シタトイフコノ名笛ト、保田與重郎氏トハ事デ言ヘバ、何モ関連ガアリマセンモノヲ、サウ想ヒ合ハセル事ガ、オカシイデセウ、ケレドモ、ワタクシニハ、ホンタウニ必然デスカラ、マタ絶対ニ大事ナ—想ヒ—デスカラ仕方アリマセンデス」と、何が言いたいのかよくわからないが、何となく棟方らしいことを書いていたのを思い出したりする。棟方の作品が好きで、玄関から居間に通じる廊下に2点ほど棟方の作品を置いているのだが、時おりじっと眺めていて、「土」の薫りの裏側に張り付いた近代主義、それも「貴種」志向のそれを嗅ぎ取って辟易することがある。保田の嫋嫋とした文体と日本浪曼派の「近代の超克」の主張、そしてその暮らしぶりにもふととどのつまり近代主義の裏返しでしかないではないかと思ったりもするのだが、思想が弱いからであろう、ここらあたりにとどまって考え続けねばとも思ったりする。まあ、残暑厳しい折からこんなどうでもいいことを読まされる読者もたまらないであろうから、『戴冠詩人の御一人者』で保田が高く評価する大津皇子《おほつのみこ》の歌を一首挙げておく。

大津皇子、死を被《たまは》りし時に、磐余《いはれ》の池の堤にして涙を流して作らす歌一首

ももづたふ　磐余の池に　鳴く鴨を　今日のみ見てや雲隠りなむ

大津皇子が処刑された時に、磐余の池の堤で涙を流して作られた歌一首、ということなのだが、『持統紀』に「賜死」とあって、「死」の字は六位以下の庶民が没する場合に用いるもので、反逆者としての扱いを示している。ま、イエスの十字架ですね。「春過ぎて夏来たるらし白妙の…」の持統の謀略にはめられて殺された。歌意は「(ももづたふ)磐余の池に鳴いている鴨を、今日だけ見て死んでゆくのか」ですが、「雲隠る」は「死ぬ」の敬避表現だから、大津皇子自身の作ではなく、辞世の歌として伝わっていた伝承歌でしょう。『懐風藻』所収「臨終」の「金鳥臨西舎、鼓声催短命。泉路無賓主、今夕誰家向(日ははや西に傾きて、命を刻む鼓の音、迎うる人のなしという、黄泉路やいずちこの夕)」も、類似の漢詩がかなりあるので、皇子の非業の死を悼んで詠んだ後人の仮託であろう。ま、「福音書」形成過程ですね。

307

「靖国・天皇制問題情報センター通信」No.99(通算451号)(2010年10月5日)

巻頭之辞
『枕草子』・『源氏物語』の時代(1)

口に糊するために日本古典文学を仕事のネタにしてきました。挙げ句の果て、ショートリリーフとはいえ自分が編集の一端を担っている本紙巻頭言の執筆までするとになってしまいましたが、残すところ2回となりました。生業について話すと、しばしば「ああ源氏物語ですね」と言われます。この物語は光源氏をめぐる貴族上層部の権勢の争いと多彩な恋愛関係が描かれていて、あでやかな王朝絵巻ではあり、登場人物の心理・感性の表現において優れた文学作品であることはもちろんですが、底流に沈鬱さと物憂さが漂っているのが特徴的です。この物語の世界は、宮廷の外はほぼ完全に捨象されていますので、その狭い世界だけ見ていれば、まあきらびやか

と言えば言えます。島内景二の『源氏物語と伊勢物語』（ＰＨＰ新書）に「紫式部の創作した源氏物語は、基本戦略として伊勢物語の骨格をそのまま踏襲している。在原業平が経験した多種多様な恋愛絵巻が伊勢物語だったように、光源氏の華麗な恋愛遍歴を語るのが源氏物語だからである。ただし、野心的な文学者だった紫式部は、個別的恋愛をその場その場で語る散発的な短編ではなくて、大波がうねるような長編を書く新しい試みに挑戦した」（ｐ１３８〜１３９）とあるように、物語研究に限定して仕事をしている人がいわば素人向けに書けばこういうことなのでしょうが、これでは源氏物語の全体像を提示することにはなっていません。底流の沈鬱さ物憂さに一言の言及もないからです。

源氏物語が書かれた時代の宮廷の外の世界を日本史年表を参照しつつ素描してみます。紫式部が仕えた一条天皇の中宮彰子の父、藤原道長が権力の座についたのは、９９５（長徳元）年です。政権は、一握りの上層貴族、なかんずく藤原北家の手中にあり、きびしい排他性を確保していました。貴族の門閥性は、天皇の専制的大権に依拠して、摂政・関白・内覧という代行独裁的権力を藤原北家がほぼ全面的に掌握していました。いうところの外戚制度です。具体的にはこういうことです。天皇の代としては源氏物語成立前後30年ほどで冷泉（９６７〜69）―円融（９６９〜84）―花山（９８４〜86）―一条（９８６〜１０１１）―三条（１０１１〜16）―後一条（１０１６〜36）ですが、冷泉の母は藤原師輔《もろすけ》の娘安子《あんし》。円融の母は同じく師輔の娘安子。花山の母は藤原伊尹《これまさ》の娘懐子《かいし》。一条の母は藤原兼家《かねいえ》の娘詮子《せんし》。三条の母は藤原兼家の娘超子《ちょうし》。後一条の母は藤原道長の娘彰子《しょうし》、といった具合です。そしてこれらの天皇はいずれも年端も行かない者たちですから、藤原氏の「代行独裁的権力」というしかありません。こうなると多くの貴族は、摂関家に追随します。他方、中央に志を得ない者たちは、地方官（受領《ずりょう》）として諸国に出て、財を蓄え、在任中に土豪と結び土着して地方権力を形成します。この連中の中から史上で有名なのが承平・天慶の内乱です。坂東諸国と都と西辺一体で激甚な動揺を中央政治にも及ぼします。この騒擾の首謀者もまた貴族出身ではありながら、藤原北家から排除された人々です。坂東諸国に強大な覇権を確立した平将門はとくに著名です。都でも冷泉の前代の村上の兄弟源高明が台閣として頭角を現し、これを恐怖した師輔は源高明と婚姻関係を作って将来に備えたりするが、結局策謀によって太宰権帥《だざいのごんのそち》に左遷しました。こういう政治・社会状況ですから、各地で在地勢力が中央から派遣された受領に挑んだり、受領罷免要求という事態が頻発し、尾張国では受領が殺傷されるということも起きます。都での治安状況は最悪で、群盗が野放し状態であり、円融の治世では、内裏が二回も火難に遇っています。『源氏物語』はこういう時代に書かれたのです。次回このつづきを書いて任を終えさせていただきます。

308

・「靖国・天皇制問題情報センター通信」No.100（通算452号）（2010年11月5日）

巻頭之辞
『枕草子』・『源氏物語』の時代（2）

紫式部の『源氏物語』を語るには、それに僅かに先行する清少納言の『枕草子』を落とすわけにはゆくまい。花山が関白藤原兼家の意を受けた次男道兼の策謀によって天皇位から退けられた経緯については『大鏡』に詳しく語られている。それによれば、術に嵌ったことを知って号泣する程度の人物であった。次代は円融と兼家の女《むすめ》詮子との間に生まれた一条である。時に七歳であった。この一条朝は25年も続くのであるが、この間は、兼家の執政の4年、兼家の長男道隆の摂・関の5年（中関白家の時代）、その後に出現した四男道長の執政期である。道隆はその女定子を一条の後宮に入れて、中宮にした。清少納言が仕えた人物である。『枕草子』の記述によれば、才気煥発な女性であり、一条より四歳年長。兄の伊周《これちか》は、若年ながら詩文に力量を示し、しばしば一条を訪れて漢籍の講釈をしている。道隆の豪放磊落な性格と中関白家の権勢を背景にした伊周、定子らの知性につつまれて、一条は各方面に逸材を現し始めていた。『枕草子』の清新な文芸的個性もまた清少納言という類い稀な才気はもちろんのこと、中関白家の気風にあっていたのであろう。しかしその清少納言にして、宮廷の外の世界には一切の関心を払っていない。

道隆が没する。大酒が短命の原因とも言われているが、当時、疫病が流行し、全国に波及。都もその難を免れえず、巷には死人が累々として横たわり、酸鼻というか阿鼻叫喚というか。道隆の死もこの疫病の疑いもある。道隆急逝後、関白職を襲ったのは次男道兼であるが、この疫病にかかって7日で没する。

ここで道隆の長男伊周の登場かと思われたが、一条が母詮子の強い要求に折れて、道長が浮かび上がった（この経緯も『大鏡』に詳しい）。道長は関白にはならず内覧にとどまり、左大臣として台閣の首班になる。30歳にして権力の座に着いた道長であるが、政敵に伊周があり、クーデタ的にまずは伊周・隆家兄弟を都から追放する（長徳の変）。摂関家の術策が、他氏排斥から骨肉相食むところにまで至る。

その二年後に、道長は長女彰子を一条の女御《にょうご》とし、翌年これを中宮に昇格させる。定子は中宮から皇后に称を改めた。天皇家にとって最初の二后並立である。ここに至って、道長は一条の意向を完全に力で押さえ込んだのである。その年末、定子も25歳にして世を去る。以後、一条治世の後期の8年間（寛弘時代）が道長の生涯のピークである。

道長は彰子を入内させたものの、宮中には中関白家の名残りが残されている。とりわけ一条は定子を痛惜しており、道長としては一条朝の後宮を完全に掌握せねば、彰子の立つ瀬は厳しい。そこで、紫式部、赤染衛門、和泉式部らが彰子周辺に配されることになったのである。この才能豊かな女性たちは、定子のそれを遥かに凌ぐ勢いを、その後世にまで至るまでの仕事によって示した。紫式部が『源氏物語』を執筆したのはこの時期である。

この辺りのところを、歴史家北山茂夫はその著『萬葉の世紀とその前後（下）』（みすず書房　1985）に、「一条朝は、村上朝とつらなるところがあり、さらにそれは、醍醐天皇の延喜時代から脈をひいている。この物語の主人公は一世源氏であることも、いまのべた歴史的舞台ときりはなしえない。式部の描くべきイメージは、一条朝の現在にほかならぬとしても、それを介してよびおこしたものは、王朝のいわゆる聖代であった」と、さすがの指摘である。聡明な式部は中関白家時代の栄華に村上朝以来の宮廷をイメージした。と同時に道長時代の権謀術数の限りの権力維持の策もまた見るべきものは見つと思ったであろう。父親譲りの漢籍の教養、とりわけ『史記』から学んだ独自の歴史認識も作用したであろう。これが、『源氏物語』の底流に流れる「沈鬱さ物憂さ」の要因である。

表面上の道長権力の栄華とはかけ離れた荒廃した政治状況、群盗が道長の広大な邸を襲うという事態のただ中で、紫式部はこの時代の終焉を感知する。それが『源氏物語』の後半、就中「宇治十帖」に漂う「出口なし」の雰囲気である。こんな風に『源氏物語』を読むと、また感興一際ではなかろうか。

次回から、「情報センター通信」の巻頭言は、「偏見録」と題して、憲法学者横田耕一さんが連載を担当してくださいます。

309

投稿

靖国神社「放火犯」中国人の「凱旋帰国」と「ニッポン・イデオロギー」

・「靖国・天皇制問題情報センター通信」№１２７（通算４７９号）（２０１３年１月31日）

中国のインターネット上には、今回の中国人劉強さんの帰国について、「英雄の凱旋を歓迎する」、「このような英雄は五輪の金メダリストより尊敬される」、「暗闘は中国の完勝だ」などという意見が多数飛び交っているとのことである。

まあそういう反応であろうと想像がつく。劉強さんは、ソウルの日本大使館へ火炎瓶を投擲したということで懲役10カ月の判決を受けて、韓国で投獄されていたが、刑期満了につき、日本政府が「犯罪人引渡しに関する日本と大韓民国との間の条約」（２００２年発効）に基づいて引き渡しを求めていたが、ソウル高裁が２０１２年12月３日、「劉強の犯行は政治的大義のために行われたものだ。政治的犯行を行った劉強を日本へ引き渡すことは大韓民国の政治秩序と憲法理念、そして多数の文明国の普遍的価値に合致しない」として、中国への帰国を認め、韓国外交通商省が、これを追認し、裁判所の決定を尊重すると表明して、この裁判所の決定を尊重するよう関係国に呼びかけたことに対する中国民衆の反応である。

これに対して、日本政府はただちに不満と抗議を表明し、その意を在ソウル日本大使館を通じて韓国外交通商省に伝え、安倍首相も「強く抗議する」と述べたということである。

これもまあ、そういう反応をするだろうと想像の範囲内である。しかし、この件からそろそろ2ヶ月になるが、以後、この件についての新聞報道はまったくない。「強く抗議する」などと力んでみたところで、「憂国の士」ぶりをとりあえず示しておくかという程度のことであることなど、韓国政府に読み切られているのである。

笠井潔がおもしろいことを書いていた（『8・15と3・11―戦後史の視覚』NHK出版新書）。大震災と原発の大事故から間もなく2年になろうとするが、少なくとも東京で暮らしているかぎり、あのカタストロフが剥き出しにした日本人の本質的な病理に背を向けて「3・11以後」と「復興」とが空々しく呼号される時点で、笠井はあえて「8・15以後」との対比に注意を喚起する。笠井の整理によれば、「3・11以後」とは、敗戦の結果始まる米軍占領を「従順と無抵抗」とで受け入れた「第一の戦後」と、1950年代後半以降のアメリカの「半属国状態」を前提とした「平和と繁栄」により、「戦死者を自己欺瞞的に隠蔽し忘却する過程」としての「第二の戦後」が必然的に帰結したところが「3・11以後」の「第三の戦後」ではないかというのである。今の時点でこのように戦後史を読むと、3・11という「致命的事故それ自体が8・15と同じ精神構造」つまり「日本に固有の自己欺瞞的な精神構造」から生じたというのである。笠井はこれを「ニッポン・イデオロギー」として痛烈に批判してやまない。要するに「考えたくないことは考えずに、なかったことにする」という精神構造である。

劉強さんの「凱旋帰国」の話から始めて、日本の戦後史の認識まで論理の飛躍が大きいようであるが、今となっては事実の確認のしようもないのであるが、劉強さんは韓国における取り調べ段階での供述で「祖父が抗日烈士、祖母が強制連行された慰安婦で、慰安婦問題での日本政府の姿勢に不満を抱いて犯行におよんだ」と語ったという。もしこれが事実だとすれば、韓国政府が、ソウル高裁刑事法廷での裁決文の「劉強の犯行は政治的大義のために行われたものだ」という判断を追認するのは当然である。韓国政府もまた「慰安婦とされた女性たちの問題の本質的解決」を日本政府に強く求めている立場である。しかし、「ニッポン・イデオロギー」こそ最良の政治的イデオロギーだと考える日本政府はこれに対しては相も変わらず「解決済み」として誠実な対応を拒否し、それだけでなく、空とぼけて「なかったことにする」発言が頻発される。

間もなく2・11を迎えるが、京大名誉教授にして日本の歴史学者(?)、国際政治学者(?)である中西輝政が「繰り返し言うが、国の存立のために命を捧げるという、これ以上はない崇高な自己犠牲の精神を発揮した人々は、国家が全力をもって顕彰し、後世に伝えていかなければならない。そうでなければ、国家としての道義心は崩れ、将来の危機において立ち上がれる日本人も期待できないはずである」と、どこが歴史学者で国際政治学者なのかまるで理解できないことをぬけぬけと言い、挙げ句の果て「靖国神社を国のために命を捧げた人々のための、つまり戦没者慰霊の中心施設として今後も永く護り抜くことは、国家安全保障政策上の第一級の重要課題でもあるのだ」と断言する。しかし、この立派な「ニッポン・イデオロギー」信奉者を嘲笑することが、「3・11以後」たかだか2年にして「健忘症」に陥り、原発再稼働、原発立国、アベノミクスとやらの危険極まりない経済政策に飛びついている今の日本人にできるだろうか。

＊署名は「羽田敬治（無宿人）」

・「靖国・天皇制問題情報センター通信」№131（通算483号）（2013年5月31日）

310

日本民衆史において、「海ゆかば」が最高位の「心の歌」である

――興亞讃美歌などちゃんちゃらおかしい

『侵略神社―靖国思想を考えるために』（新幹社）の著者である辻子実さんには、長く「情報センター通信」の編集委員をしていただいている。

その辻子さんから、情報センター事務局長の星山を通じて、昭和18年初版發行の日本基督敎團讃美歌委員會編輯の『興亞讃美歌』28番「支那傳道」の歌詞の意味がよくわからないので、小田原に解説させろという、今ごろなにを酔狂なとしか言い様のない依頼が来て、すっかり体力が落ちて、東京へ出て行くのも億劫だし、ウィスキーとアイスキャンデーを主食としてボーッと生きているわたしに、事務局長からは「さんざんお世話になっているのだから、糊口を凌ぐ商売道具ではあるし、辞典は山ほど持っているだろう。協力しろ」と強制されて、仕方がないので、大きい辞典を引っ張り出すのもえささえ手がだるいのに、まあ、辻子さんじゃあ断れないなと、なんともまあの「讃美歌」を読み始めた。

28番の歌詞は、以下の通りです。

1鄒魯《すろう》の風は今に存し洙泗《しゅし》の流れを
　人は掬ぶ述べて作らぬ夫子はゆかし
2玄のまた玄妙の妙天地の基《もとゐ》を無名と観《かん》し
　無為清浄《むゐしゃうじやう》の道の師高し
3因果の道は果てしあらず戒行修《かいぎやうしゅ》する
　則《のり》を超えて佛となれる佛きよし
4あめなる神のみむねうけて主はあがなひの
　みわざを遂げすくひの道を開き給えり
5夷《い》をもて華《くわ》をば變《か》えざれとの狭きおもひを
　今はすてて天なる道に我らも就かん

しかしまあ、わたしが生まれた年より2年前1943年ころの教会に集う一般のキリスト者には、これの意味が理解できたのだろうか、もしそうだとすればなんという教養であろうというのが率直な感想。牧師が一生懸命辞典を引いて解説したのですかね。それとも「歌詞解説集」があったのかしら。1番の鄒魯の「鄒」は孔子の生まれ故郷。「魯」は孟子のそれ。「洙泗」は山東省にある洙水《しゅすい》と泗水《しすい》という川の名。すなわち「洙泗學」=「儒学」です。2番の「天地の基を無名と観し」は老子の道教です。3番が仏教思想を表していることは、「佛」一語だけで理解できます。4番はイエスさんが「キリスト」として、「贖いの主」として救いの道を拓いてくださった。5番は、東方の「夷狄」などが「中華」の思想に手をつけるな、などと小馬鹿にしやがって、なにくそキリスト教イデオロギーで武装した我ら、いざ中国侵略の先兵たらんという意気込みでしょう。

はっきり言ってくだらない。でもまあ、この28番など、まだ天皇制侵略イデオロギー、東亜共栄圏思想や八紘一宇思想とキリスト教イデオロギー、とをなんとか接合したいという思いが現れていて、ましなほうです。

31番「あらたなる」を紹介しましょう。

　前唱新なる世をし開くとしきしまの
大和男兒《おのこ》は今したちたり
1見よ非時《ときじく》に白妙のみ雪いただく富士の嶺の
けだかく立てる日の本をいざ同胞《はらから》よ身もたまも
皇國《みくに》にささげ諸共に護りにまもれ大和島根を
2あめつちのむた極みなき天津日嗣《あまつひつぎ》の大御稜威《おほみいつ》か
がやきわたる大東亜いざ諸共に祈らまし
「共に榮えてその民にところ得させせよ天つ御神」

3よろづの國にやはらぎを祈らせたまふすめらぎの
おほみこころのかしこさよいざ諸共に祈らまし
「八紘《あめのした》をば一宇《ひとついへ》と成させたまへや天つ御神」と訳は付けません。これなどどこが「讃美歌」なのでしょう。前唱の「世をし開く」、「今したちたり」の「し」は強意の副助詞です。たった25字の中に、この「し」を2度ももちいるなんざあ、気合いが入っていますね。

しかしまあ、順当に考えるなら1番に全思想を傾注するものでしょうから、興亞讃美歌編纂委員會委員宮川勇作詞の「大東亞建設」を紹介します。

1一億の皇民《みたみ》よ起ちて五月蠅《さべへ》なす仇《あた》をおひやり
日の出づる東アジヤを安國《やすくに》のうらやすにせん
2稱《たた》へばや奇《く》しき神技《かみわざ》國生みやはた國引きや
おほいなる國づくりをば目のあたり見るぞゆゆしき
3四方《よも》の海同胞《はらから》となりあまつ神御父と崇め
義と愛をいしずゑとして打建てん樂土アジヤを
4福音をあまねく宣べて主にたよる民を彌《いや》增し
日の出づる東アジヤに打建てん神の御国を

ここまでやるか、というのが正直なところですが、しかし、この『興亞讃美歌』集の「序」に曰く、「この大なる新しき時代には、新しき興亞讃美歌集出でざるべからず。今日、我等基督敎徒は實に日本國民として、幾多の歌では己まざる題材に迫られつつあるに非ずや。日本の基督敎徒自ら歌を作り、自ら譜を整ふべきなり、云々。かくて讃美歌委員會は、興亞讃美歌編纂委員會を設け」云々。要するに時局に悪のりしたのである。戦後も、それもわたしなどが存じ上げている著名な方々がこの委員会に名を連ねておられる。

不快な気分だけが残ったが、しかし、こういう過去の戦時下の時局迎合をあげつらうだけでは、今のキリスト教のていたらくを撃てはすまい。時局迎合どころか、体制内奥深くにまで食い込んでしまって、自らの立ち位置さえ認識できなくなっているのが、キリスト教の現状ではないのか。

もう一点、日本民衆をその心の底から掬い取って、感動と涙とをしぼりにしぼった「海ゆかば」は、その荘重なメロディーとともに大きな意味を持ったのであって、『興亞讃美歌』も曲と一緒でなければ、「感動と涙」を引き出すことはできない。

辻子さん、どなたか歌手をオルグして、これのCD

を出しませんか。買う人がいるかどうか知りませんが、資料的な価値はあるのではないでしょうか。

311 好漢、重々自重せよ
山本太郎氏の「天皇直訴」行動について

・「靖国・天皇制問題情報センター通信」№135（通算487号）（2013年9月30日）

まあ、正直なところ軽挙妄動としか言いようがない。こういう言葉を使うと、どこからか「差別表現だ」という声が聞こえてきそうだが、で、今回の山本氏の行動を端的にどう表現できるというのか、とのっけから居直っておく。

そもそも、天皇・皇后が主催する「園遊会」などに、日本政治の現状に批判的な人々の票を得て参議院議員になった者が、のこのこ出かけるという感覚が筆者には理解できない。

テレビを見ないし、週刊誌というものも読まないので、この件に関する報道については新聞だけで知った（長く朝日新聞を購読していたが、記事内容が胸くそ悪い。原発事故報道も及び腰だし、かつては原発推進の論陣を張っていた女性記者がいたことの「総括」もしていないし、「陛下の朝日」としか言いよう様のない天皇報道も気に入らないので、東京新聞に替えたので、新聞報道といっても東京新聞の報道から）。

本紙の巻頭言を担当していただいている憲法学者横田耕一さんもごくまっとうな批判をしておいでであったが、自民党などからの「天皇の政治利用」などという批判は噴飯ものである。かつての大日本憲法下でも現憲法下でも「天皇制」とは、権力を掌握した政治勢力が「政治利用」するためにあるのであって、それ以外の意味はない。その点では、憲法解釈については大きな隔絶を持っているが、憲法学者小林節が「自民党政権は長年、天皇や皇室を政治利用してきた常習犯。反省のない自民が批判する資格はない。自民は政治利用してもいいが、他はダメというのはご都合主義だ。自民の政治利用が山本氏を誤解させた面もあるのではないか。反省すべきは自民だ」とコメントを寄せているのは、まあ、常識であろう。今年、「主権回復の日」なる沖縄をナメきったいかにも安倍らしい「式典」に天皇夫婦を列席させ、それも発言させると具合の悪いことを言われる可能性があることを承知しているものだから、ただひな壇座らせておくだけという無礼極まる処遇の上で、天皇夫婦が退席する場面で「天皇陛下万歳」という「漫才」にもならぬ「愛国雄叫び」を挙げるような連中が、「何をヌカスか」というところである。

議員辞職を迫るなどと恫喝をしてみたものの、どうも旗色がわるいと考えたのであろう、結論は、参議院議長が皇室行事への列席を差し止めるなどという、法的に如何なる意味でも根拠のない決着で終わり。ただアホらしい。

ただね、山本さん、これであなたの議員の首は繋がったのだろうけれど、京大原子炉実験所の小出裕章さんが「やむにやまれぬ気持ちは理解できる。田中正造の直訴に近い」などとエールを送ってくださっているが、現憲法下では、天皇は「象徴」であり、国事行為のみを行い、国政に関する権能は有しないなどという「政治利用」されるための存在の虚構性だと鼻先で笑ってやればいいのだけれど、しかしねえ、あなた、「天皇制」という問題について一顧でもしましたか。

ちょっとしたコメントを求められたので書いているだけで、長々と展開するつもりはないのだけれど、田中正造はともかくとして、2・26事件の磯部浅一陸軍一等主計の「獄中日記」があって、「八月六日、天皇陛下、陛下の側近は国民を圧する漢奸で一杯でありますゾ。御気付キ遊バサヌデハ日本が大変になりますゾ。」、「八月九日死刑判決主文中の「絶対にわが国体に容れざる」云々は、如何に考えてみても承伏できぬ、天皇大権を干犯せる国賊を討つことがなぜ国体に容れぬのだ、剣をもってしたのが国体に容れずと言うのか、兵力をもってしたのが然りと言うのか。」、「八月十日陛下なぜもっと民をごらんになりませぬか、日本国民の九割は貧苦にしなびて、おこる元気もないのでありますぞ。」などと天皇への忠誠から北一輝の思想に基づく「革命」を志しながら、「八月一二日午前八時半頃からパンパンパンと急速な銃声を聞く、そのたびに胸を撃たれるような苦痛をおぼえた」となり、「八月二八日竜袖にかくれて皎々不義を重ねてやまぬ重臣、元老、軍閥等のために、いかに多くの国民が泣いているか。天皇陛下この惨憺たる国家の現状を御覧ください、陛下が、私どもの義挙を国賊叛徒の業とお考えあそばされているらしいウワサを刑務所の中で耳にして、私どもは血涙をしぼりました。真に血涙をしぼったのです。陛下が私どもの挙をおききあそばして、「日本もロシヤのようになりましたね」と言うことを側近に言われたことを耳にして、私は数日間気が狂いました。」ということに結果する。

そして同志相沢中佐は「天皇陛下万歳」を叫んで銃殺されるのだが、磯部は師北一輝と共にこれを口にすることなく、悠然と「天皇陛下の軍」に射殺される。

昭和は裕仁天皇と、現在の天皇とは、時代も資質も違うであろうが、こと「天皇制」となれば、最後にもう一度言う、「天皇制」は政治権力が「政治利用」するための装置以外の何物でもない。

アイヤーム　アハリー
Ayyam Ahli／Days of “Ahli”
1991年10月11日／200円

No. 2

アハリー・アラブ病院を支援する会　ニューズ・レター

〒169 東京都新宿区西早稲田2-3-18
日本キリスト教団・社会委員会気付
Tel. 03-3202-0544
郵便振替口座：東京５－６０１５２５
加入者名：アハリー・アラブ病院を支援する会

講演するサミール・カフィーティー主教と通訳をして下さった日本聖公会総主事の植田仁太郎さん
（８月31日、東京集会）

312

インティファーダには勝利しか道がないのだから

・「アイヤーム・アハリー」第2号（1991年10月11日）

「占領」は暴力によってのみ支えられるが、歴史はこれが永く続かないことを教えている。

「占領」した側では、この日々継続される暴力支配が、人々の精神の頽廃を招き、何よりも緊張に倦んでくる。「占領」された側は、どれほどの圧制であろうとそこに生きるしかないのであれば、誇りに賭けて「占領」を拒絶する。民衆は必ず蜂起する。

色々と例証する必要はない。ただ50年前の日本とアジア諸国との関係を思ってみればよいだけである。

「占領」されたガザの地からサミール・カフィーティー氏がやってこられた。にこやかな悠々としたお人柄を、お目にかかったすべての人間に感じさせるひとであった。塗炭の苦しみの中にあるであろうに、事実、氏の言葉は聞く者の肺腑を抉るものであった（東京での講演の全文を4ページから掲載）が、その態度はあくまでもゆったりとしていた。「占領」している側が恐がるはずである。「サミール・カフィーティー氏歓迎集会」の参加者は、大阪が350人、東京が250人弱であった。東京では、集会の準備をしている者の多くが関係している別の企画が同時刻に行われていたのであるから、この数ではまずまずというところだったのであろう。「大阪集会」の様子は大阪の方に報告していただいている（3ページ）ので、ここでは東京の様子をお知らせしよう。集会は、アラブの音楽で始まった。ウードとカーヌーンという日本ではめったに耳にすることのない楽器の演奏である。カフィーティー氏は涙を拭いておられたとのこと。続いて実行委員会から藤田進さんが、パレスチナ問題を考える日本人の立場について発言。そして聖公会の植田さんからの紹介に続いてカフィーティー氏の講演。その後で、氏が理事長をしておられるアハリー・アラブ病院に対して、同病院を支援する会から100万円、日本キリスト教団社会委員会から800万円のカンパの贈呈。

こう報告してみると、何ということもない集会のようであるが、全体を通して「日本人にとってパレスチナとは」と厳しい問いを突き付けられた集会だった。今回のアキヒトのＡＳＥＡＮ諸国でのまるで他人事のような「お言葉」に端的に示されるように、「占領」が人間をどれほど腐らせるか、イスラエルもアキヒトから早く学ばなければいけない。勿論すべての日本人も。

わたしたちは、今後このニュースの定期発行を努力する。そして全国で、どんなに小さくてもいい、「パレスチナの集い」を持ちたいと願っている。

みなさん、またお目にかかりましょう。その時までお互いにインティファーダの勝利のために為すべきを為して。

313 アハリー・アラブ病院はテロリストの温床か

・「アイヤーム・アハリー」第3号（1992年5月26日）

驚くべき発言だと私どもは感じたのだが、発言者は至極当然のことだという顔をしておいでだった。

何のことか。

実は、私どもで以下のような文書をイスラエル大使館に差し上げたことへの返答の中で驚くような発言が飛び出した。

前略

最近、「西岸地区」「ガザ地区」において、イスラエル軍によるパレスチナ人に対する暴行並びに人権を無視した不当逮捕に対して強い抗議をすると共に、直ちにこれらの暴行・不当逮捕を中止するようイスラエル政府に訴えます。

1・ピールゼイト大学職員・学生に対する弾圧を直ちに中止せよ。

2・西岸地区におけるYMCA職員、カウンセラーに対する弾圧を直ちに中止せよ。

3・ナブルスにある聖ルカ病院に対する襲撃、弾圧を直ちに中止せよ。

4・入植者による暴力行為を直ちに中止せよ。

1992年2月1日

駐日イスラエル大使館大使殿

日本基督教団社会委員会

この誰が見ても当たり前な抗議に対して、大使館からは「直ちに」反応があり、教団まで出向くので会いたいとのこと。こちらとしても願ってもないことなのでお目にかかることにした。おいでになったのは、イスラエル大使館一等書記官アモス・ラディアン氏と同チーフインフォメーションオフィサー滝川義人氏。

大使館側の言い分は、初めから、私どもの情報は一方的なプロパガンダによるものであって、こういう抗議それ自体がパレスチナ人の側に立ったものであるとのことであった。

しかし、私どももいい加減な情報に基づいて抗議文を大使館に対して出したりはしないので、こういう抗議の根拠を挙げてイスラエル側の回答を求めた際の返答が、「大学や病院はテロリストの温床である。」ということだったのである。イスラエル側からすれば同じ事実も判断が違うとか何とか言いそうなものだが、そうは言わなかった。この続きはさすがに言葉にしなかったが、「だから、軍隊の力でもって制圧した」と続くのが常識である。百歩譲って、大学がそうだというのであれば、まあ、とか思わないでもないが、病院までねえ、というところである。そうであれば、益々アハリー・アラブ病院の支援に力を入れなければならない。

３１４

・「アイヤーム・アハリー」第6号（１９９４年2月27日）

アハリー・アラブ病院支援を継続しよう

１９９３年9月13日。ＰＬＯとイスラエルとの間に「暫定自治」に関する「合意」が成立したというニュースが世界中を駆け巡り、満面に笑みをたたえたアメリカ合衆国のクリントン大統領を中に、ＰＬＯ・アラファト大統領とイスラエル・ラビン首相が握手をしている写真をこれでもかとばかり見せられた日。

「世界の火薬庫」といわれた「中東」に「平和」がやってくると喧伝されたのだが、本当にそうだろうか。パレスチナの地にあって暮らしている人々の状況に変化は生じているのだろうか。

「合意」の発表直後に出された、１９９３年10月9日付「民族統一指導部よびかけ：第99号：インティファーダの声よりも強力なものはない」から、一部を紹介しよう。

〈われらが偉大な人民、大衆へ〉

解放、独立のための闘い、インティファーダの大衆は、われらが殉教者の血と、その血がわれらが大地と混ざりあったものに忠実であり、帰還とわれらが将来を決定し、独立パレスチナ国家建設という人民の目標を達成するために闘い続けることを明確にしている。われらが大衆は、負傷した人民、獄中者の痛み、苦悩を忘れはしないし、彼らが民族の大義のために闘い、民族目標を達成するために闘ったことを忘れはしない。

〈われらが力強い人民、大衆へ〉民族統一指導部は、われらが民族の領域での変化、われらが民族問題における陰謀を熟知している。民族統一指導部は、占領軍を攻撃し続けること、最後の一兵がわれらが被占領下の地を離れ、エルサレムを首都とした独立国家を樹立するまで、闘いを継続することをはっきりと約束する。

〈あらゆる地域のわれらが人民、大衆へ〉

民族統一指導部は以下を確認する。

1・被占領下のわれらが人民、大衆は、占領軍に対する闘いとしての、インティファーダを開始したとき、誰からも許可をえなかった。それゆえ、自由と独立という目標の達成までは、誰もインティファーダの継続を停止することなどできない。

2・大衆的なインティファーダは、占領軍を追い出し、エルサレムを首都とする独立国家の樹立まで続くし、それこそがわれらが人民の選択である。

3・民族統一指導部は、占領軍の人権無視、被占領地での殺人、家屋破壊、大量逮捕などのジュネーブ条約違反行為を非難し、同時に、国際社会がこれらの停止を働きかけるよう、呼びかける。


長い引用を許していただきたい。しかし、それにしても、「合意」以降、既に半年を経たが、ここに描かれている状況に何の変化もないことを知っていただきたい。パレスチナは未だ占領下にあり、イスラエルによる占領支配は苛酷にさえなることはあっても、改善されていることなど皆無である。人々は塗炭の苦しみの中に今もある。

「合意」についてわたしどもがあれこれと論評することは控えるべきであろう。パレスチナの民衆が選択し、決定することである。

今、わたしどもがなすべきは、政治状況を巡って動揺したり、徒にあれこれと言い募ったりすることではなく、占領下で進行している事実を冷静に見つめ、パレスチナ民衆の解放に向けた闘いに連帯する方途を、遠く離れたこの国にいて何ができるかを、考え続けることであろう。そして可能なことを着実になし続けること以外にはないだろう。

「アハリー・アラブ病院」は、占領下ガザにおける唯一のパレスチナ民衆のための病院であり、インティファーダにおいて傷ついた人、生活苦に喘いでいる人々を無料で診察している病院である。これを微力ながら支援し続けることの中から、連帯の道を探り続けようではないか。既に数回にわたってこの病院への訪問団を出し、延べにすると30人を越える人がこれに参加した。互いに顔を知り合っている関係の中での支援という新しい国際連帯運動の地平を切り拓きつつもある。

こうした関係の中から、わたしどもがパレスチナ民衆からどれほど多くを学び、どれほど勇気づけられていることか。

パレスチナ民衆の置かれている状況に今のところ好転の兆しはない。しかし、悲観してばかりいることもないのではないか。既に40年以上にもなる占領下を生きぬいている人々である。そのしたたかさはインティファーダによって充分に証明されている。今回の「合意」にしたところで、ある意味でインティファーダがイスラエルを追い詰めたと言えなくもない。現状は失ったものばかりに見えもするが、何、近代国家の枠組みの崩壊は世界規模で進行しており、パレスチナ民衆がその先端を走っているのかもしれないのだ。

315 小林平和牧師のことなど

・「アイヤーム・アハリー」第7号（1995年12月7日）

日本基督教団の牧師であり、社会委員会担当の幹事であった小林さんが亡くなった。随分以前からの知り合いではあったけれど、特に親しくさせていただいたということでもない者であるから、あれこれと言挙げして、追悼の思いを述べる立場にない。

ただ、小林さんとは、同じ教団の社会委員会で、わたしが委員、小林さんが担当幹事という関係で、一緒にした仕事もあり、ここでは、パレスチナにかかわるところでの小林さんについての思い出を記しておきたい。

社会委員会で「パレスチナとキリスト教」と題するパンフレットを3冊発行したが、この2冊目から彼は社会委員会担当幹事として一緒に仕事をした。

自らの思いを強く述べるというタイプの人ではなかったので、パレスチナにおける民衆の解放闘争の困難な状況などについてどう考えておられたのか、定かに知ることはなかったが、先のパンフレット2冊目『パレスチナとキリスト教92―土地・民族・共存』の「あとがき」は彼が書いていて、「(パレスチナにおける諸問題を)今回は、日本人キリスト者である私たちの立っている場に、よりひきつけて考えてみようということを心がけました。かの地で苦闘している人々の問題は、私たち自身の問題でもあると思うからです」とある。いかにも小林さんらしい慎ましい表現である。声高に叫ぶ者の逃げ足が速いのはいつの時代のどんな状況下でもそうであることを知っているがゆえの表現であろう。

3冊目の『パレスチナとキリスト教'94―パレスチナ歴史ガイド』も一緒に作ったのだが、これには小林さんは文章としては何も残していない。

パレスチナからお客さんがあったりして、その都度一緒に集会の準備をしたりもしたが、それらの詳細についてはもう忘れてしまった。忘れてしまいはしたが、まあ、大体のところ、口先きだけの小田原があれこれと言いたいことを言い、小林さんが幹事としてそれらをうまくまとめてくださったのであろう。まことに損な役回りの人であったように思う。

ともかく小林さんは逝った。わたしたちは残った。パレスチナ民衆は出口のないように見える苦闘を続けている。しかし、希望をまだ失ってはいないようだ。そうであれば、わたしたちも、またのろのろと、たまには休みながら、もうちょっと生きて、「パレスチナ連帯運動」という、今をどうすればいいのかわたしなどの酒ぼけした頭にはまるでわからなくなった運動をもう少し続けるしかあるまい。小林さんも、「私たち自身の問題」だとパレスチナのことを言っていたことだし。

(1995年8月1日記)

316

アハリー・アラブ病院を支援する会ニューズ・レター「アイヤーム・アハリー」の復刊にあたって

・「アハリー・アラブ病院を支援する会」復刊（第8号）（2001年10月24日）

1995年から5年間、アハリー・アラブ病院を支援する会のニューズ・レターの発行をしませんでした。この間もちろんパレスチナとの連帯運動をまるっきり休んでいたのではなく、「エルサレムからの手紙」の発行によって、細々とではあれ運動を継続してきたのですが、マスコミを通じてわずかに知る最近のパレスチナ民衆の苦闘は、日常の煩瑣なあれこれを理由に遠方から眺めていることを許さないほどになってきており、もう一度「アハリー・アラブ病院を支援する会」運動の再開を決断しました。

ついにイスラエル軍はヨルダン川西岸パレスチナ自治区ベツレヘムにまで進駐しました。イスラエル側にはイスラエルなりの理由があるのでしょうが、その理由は世界中のほとんどの者を納得させるものではありません。「朝日新聞」10月21日朝刊の記事にこういうものがありました。「ベイトジャラでは19日夕にも民間人のムーサ・ジョージさん（19）がイスラエル軍の銃撃を受けて死んだ。（中略）正午過ぎ、病院の前からムーサさんの葬儀に向かう約50人の集団が、パレスチナの旗を掲げて歩き始めた。後を追おうとしたら機関銃の連続音が響いた。一緒にいたタクシー運転手が『建物の陰に隠れろ』と叫ぶ。／イスラエル戦車が北部の高台に陣取り、兵士がホテルなどのビルを10棟以上占拠し、そこから銃撃してくる。／人々の間には、怒りが渦巻いている。ムーサさんの葬儀に向かう集団は銃撃音にだれも止まろうとしない。『殉教者ムーサ万歳』『イスラエルに死を』などと叫びながら、ベイトジャラに向かう道を北に行進を続けていた」。圧倒的な軍事力の差の前で為すところなく無差別銃撃を受けながらの「イスラエルに死を」という悲しい叫びを、わたしたちはいつまで聞き続けるのか。為すべきも為さないで。

イスラエルの首相シャロンは、「アラファトはイスラエルのビンラディン」と叫び、「テロ対策」と称して今回の計5自治区への侵攻を強行しています。このような軍事力を背景とする傲慢を支え続けているのがアメリカです。世界中で「テロ対策」という名の「少数派抑圧・虐殺」が進行しています。建国以来200回以上にのぼる他国への軍事侵攻を行い、自分の側は常に正義であるとして、一度も反省をしたことのない国アメリカ。そして今アフガンの民衆に空爆を繰り返し、民間人の死に対して「誤爆」とだけ言って苦悶の表情さえ見せないブッシュ。シャロンはブッシュに倣っているだけなのです。

何ほどのこともできないでしょう。わたしたちの力量などたかがしれたものです。しかし、現在の中東キリスト教協議会議長アッサール氏は、日本にやってきたこともあり、一緒に高田馬場で一杯やったこともある仲です。そのアッサールさんが理事長を務めるアハリー・アラブ病院から支援して欲しい旨訴えがあるからには、力一杯これに応えようと考えました。ご協力をお願い申し上げます。

（2001年10月23日）

317

・「アイヤーム・アハリー」第21号（2006年6月1日）

パレスチナ「問題」を理解するために エドワード・W・サイードをどう読むか

話し手　藤田進さん（東京外国語大学教員・アラブ現代史）
中野真紀子さん（翻訳家・『違いの場所の記憶　自伝』ほかサイードの著作の翻訳多数）
聞き手　小田原紀雄（「アハリー・アラブ病院を支える会」事務局）

小田原　ハマスは「イスラム過激派」という何とも不快な接頭語を付けて新聞報道などなされ、EUなども、だから「人道支援」以外の援助はしないとして、これが当然のことであるかのように言われます。ここには「文明」と「野蛮」などと二項対立的に世界を見るという、キリスト教的イデオロギーが大きく影響していると考えられます。藤田さんがどこかの雑誌でなさっていた対談で、歴史をもう少し長いスパンで見なければ事態の意味が読み解けないのではないかとおっしゃっておられるのを印象深く読みました。その辺りのところから現在のパレスチナの状況とからめてエドワード・W・サイードを今どう読むかについてお話し願えませんでしょうか。

藤田　時間を短く切り取って事態を解釈しようとする姿勢が、本当の意味での理解に大きな欠陥をもたらしているように思います。歴史の時間の繋がりの中で問題を具現化して苦悩し、それを乗り越えようとする人々の姿を読み解こうとするのが大切ではないでしょうか。それに、時間がたたないと事柄の真相を伝える材料がなかなかでてこず、あの時わからなかったことがようやくわかってきたというようなことが歴史を理解する時にいつもつきまといます。その意味では、エドワード・W・サイードが「オスロ合意」反対の主張を細部にわたって展開するのには、説得力があります。時系列の中で非常に丁寧に話していて、細部を総合すると今の事態を伝える内容になっている。これはすごいなと思った。ちょっとした歴史学者よりも実証的に話をしていた。

小田原　中野さんが訳しておられるのを読みますと、ずいぶん細かなことまでパレスチナ情勢について把握しており、知識の量はすごいですよね。

中野　サイードという人は電話魔だったらしいんです。大勢の友人を持ちながら、それぞれと密接にコンタクトを取っていたというのですから。アラファトと決裂した93年頃から、占領地やイスラエルの人たちとの間に関係を積極的に築いていきましたから、現地の人たちとも毎日のように電話でやりとりしていたようです。ナマの情報に触れていたところが大きかったのでしょう。今でこそインターネットで即時に情報は流れていますけど、それはほんのここ数年の話で、ちょっと前までは直接に頻繁なコンタクトがあるのは状況把握にすごく重要だったんじゃないでしょうか。

藤田　だからサイードの書くものは実証検分に近い内容になっている。特にオスロ合意のあと感情的にならずきちんと実証的裏付けをもってこれを批判しているのはすごいと思わされます。現にオスロ合意はサイードの指摘どおり破綻しました。彼は、パレスチナ民衆のにっちもさっちもいかない現実を、ＰＬＯ指導部などより正確に把握していて、第二次インティファーダ

について それが起こるべくして起きた背景を踏まえて語っています。ところで彼は『オリエンタリズム』を書いたころとオスロ合意以降とでは作風というか、発言のスタイルが違ったんじゃないですかね。

中野　それはたぶん語りかける対象が、英語圏の聴衆から、アラブ圏の聴衆へと変わったせいじゃないでしょうか。

藤田　もちろん対象が違うんだけど、彼の中の関心事はぐっと具体性に近づいたように思う。

中野　そうですね。サイードは1977年にPNC（パレスチナ民族評議会）の議員になって、学者としては異例なほど政治運動への関与を深めていますが、『オリエンタリズム』の出版は1978年です。この世界に生きている人間の現実から常に視線をはずさない姿勢は、すでにこの時期から一貫しているように思います。この辺りが、ポストモダンの流れと別れる主な原因でしょう。

基本的な方向性をほぼ決定づけたのは1967年の第三次中東戦争だったようです。ともあれ晩年に、政治評論の比重が高まったのはおっしゃるとおりです。しかも、アラブの読者が対象なので、アラブ世界の政治指導者や知識人のありかたについての批判も多くなる。その意味では藤田さんのご指摘のとおり、具体性も増している。それまでのようにPLOへの協力を通じて運動に貢献するのではなく、一匹狼で訴えていく方法をとらざるを得ず、新しい活動の場として新聞に定期コラムの連載をはじめたわけです。そこで、それまでの作品とは大きく違ってくる。『オスロからイラクへ　戦争とプロパガンダ　２０００－２００３』という一冊だけ日本で翻訳が出版されていますが、その前に2冊ほど同じようなものがあるんです。93年から始まって、ずっと月に一、二回のペースで書いている。これはさすがに、一気に読むと疲れますね。

藤田　なんて言うのかな、具体的な事実を重ねて、一つ一つの意味を形にしていく、そういう方法を読者を前にしてやると、相手もあきちゃうというか、重すぎるとか、いやになっちゃうとか、そういうことも含めて、彼の叙述の方法は新たな検討に値すると思う。サイードの方法は、現場で辛酸をなめ尽くしている人々の、感性の軸を踏まえる形で、その事態を説明する。その時に、「アラブ性」みたいな、非常に抽象的に言われている概念が、彼にとっては「異質の共存」みたいなことなのだろうけれど、絶えずその場にもどす形で語っています。現実にはシオニストによる殺戮戦の直中にいるわけだけれど、そういう現実を踏まえながら常に新しい世界を展望する。そうすると難民キャンプの中の人々の力の源泉にというか、いっきに民衆の側の力に還元されていくような、そういうようなことを意図した文体、そういうような言葉ぶりを最近すごく思う。あれはおそらく英語じゃパレスチナ民衆は読めないし、いちいちアラビア語に変えてくれる人もいないし、なかなかあれを平場の庶民が読むようにはなっていないんだけれど、彼が語っていることを聞いてみれば、パレスチナ難民の側は、ああそうなんだよとすぐに同意するような、そういうような内容の語りになっていると思う。

　だから、オスロ合意がいかにパレスチナを愚弄しており、それからＰＬＯがいかにパレスチナを売り飛ばしたのか、そのことを事実を根拠にして激しい言葉で言っているんだけれど、あれは実際にそういうことなんだという事例を、現実を踏まえているので、それを改めて説明しなおすと、その通りだという内容になっていると思う。けっしてあれは一般的に否定的な意味で用いられるラディカルでもなんでもない。オスロ合意の中ではイスラエルはこういうことをやっているんで、そのことを国際社会は見ようとしない。でもこれは事実だぞ、ということをサイードは確信して突いていく。それをすごく意図したでしょうねえ。なんていうか民衆文体というか、そういう感じがするねえ。内容が内容だから非常にわかりやすくなっているのがあるし。

中野　ベイルートに行ったときは、難民キャンプに行きたがったそうですよ。これはＰＬＯのレバノン代表を長くつとめたシャーフィーク・アルフートの証言ですが、彼によれば、サイードの趣味は貴族的だったけれど、生活観は意外なほど庶民的だったそうです。

藤田　やっぱり行かなきゃいけないと思ったと思うんですよ。ただ、端っこをかすっただけかもしれないけど。民衆が剥き出しの困難にさらされている場に身を置きたいという気持ちがサイードにはあると思うな。

中野　ガザにも思い入れは大きかったようですね。そのときにガザがすごく攻撃されていたこともあったし。ただ難民キャンプというのは、象徴的な意味もあって、彼にとっては「難民」というところで一体感を持つ、そういう状態に置かれた存在への思い入れが大きかったのでしょう。

藤田　ガザってそういうところじゃないですか。

中野　そうですよね。パレスチナの中にいようが外にいようが、難民は難民ですからね。サイードがオスロ合意に反対した理由の底流にあるのも、難民問題の切り捨てが前提になっていることへの批判ではないでしょうか。マスコミも政治家も議論するのは領土をどう分割するのかという話ばかりで、難民の問題なんてどこかへ置き忘れているようです。サイード自身は文字通りの難民ではないけれど、48年の「イスラエル建国」によってエルサレムの故郷を失いずっとエグザイルとして生きている。だから、難民問題がパレスチナ問題の根幹にあるという思いが強かったんじゃないかと思う。アラファトがクリントンとバラクの最終提案を呑むかどうかという正念場に追い込まれたとき、エルサレムの帰属問題よりも、難民の帰還権の放棄について、サイードは心配していたように思います。

小田原　そろそろ終わりにしなければならないのですが、読者はいわゆる素人であることを前提に、お二人から簡単に結論をつけていただけますか。

藤田　日本でのパレスチナ報道は実に断片的で、事柄の全体性を見通すことをはじめから放棄してしまっています。そういう日本でパレスチナでアメリカを力の背景としたイスラエルが何をしようとしているのか、また、世界がこの事態を放置しているのはどういうことなのか、こういうことを知ろうとする際に、アラビア語が読めない人にとって、サイードの著作を読むことが唯一の方法であり、また、それが先ほど話しましたように、事柄の本質まで理解できる方法であるように思います。

中野　サイードという人物は批評家としての作品はもちろん重要なのですが、それを書かしめている本人の位置、個人の背景や経歴を抜きにしては成立しないようなところがあるし、またその生き方そのものがひとつの思想を具現化しているようにも思います。ですから、『オリエンタリズム』や『文化と帝国主義』だけでなく、もっと生身の存在としてのサイードを描く作品にわたしは興味を惹かれます。アメリカにいて様々な困難の中で発言し続けた記録である『ペンと剣』、「帰るべき郷里を失ってしまった」者の精神的な遍歴を最晩年になって記した『遠い場所の記憶　自伝』などは、ぜひ読んでいただきたい著作です。

小田原　ありがとうございます。中途半端な分量で語り尽くしていただくことはとてもできませんでしたが、みなさんのパレスチナ理解の一助になるだろうことを期待しています。

（編集者注：『ペンと剣』（ちくま学芸文庫）が、パレスチナ「問題」に関するサイードの発言を知るのに最も簡にして要を得た手段です。また「訳者あとがき」（中野真紀子さん）は、サイードの著作の紹介者でありつつ、パレスチナ「問題」の早わかりのような役割をしてくれます。）

318

・『パレスチナ民衆蜂起とイスラエル』

（小田原紀雄・村山盛忠編、第三書館、1989年1月1日）

あとがき

パレスチナ人民の正義性と、それ故の勝利の確実性は、すべての人々にとって明らかでありながら、それにしても、どれほどの犠牲を払わねば勝利に至り得ないのであろうか。「序」で村山氏が述べているように、本当によく組織された、現在進行中の「インティファーダ」に、パレスチナ人民に心を寄せる全世界の目が、驚きの色を浮かべ、深い敬意を表しているが、多大の犠牲に焦慮もまた激しい。しかし、パレスチナ人民の闘いは、ついにパレスチナ人民自身が担い切るしかなく、どれほど腸九転する思いをしようが、遠く日本にいる者に、直接的な連帯行動などなす術もない。本書の刊行は、こうした思いの中で、せめてものの意の表出である。

ただ、確かにパレスチナの地は遠く、私自身一度もその地を踏んだことはないのだが、これもパレスチナ民衆の闘いと共にある形のひとつではあろうかと心ひそかに考えている、小さな「闘い」を紹介しておこう。

私が属する日本キリスト教団に出版局という部門がある。ここで出している定期刊行物に、いわゆる「聖地旅行」という名のイスラエル観光旅行の宣伝が掲載されていることに対する批判を、同じ日本キリスト教団社会委員会が展開している。こちらが強く出れば、しばらく自粛する。そして徐々に頃合いを見て掲載を復活させるという攻防が数年続いている。「教祖・開祖」の史跡を「聖地」としてあがめる傾向は、いずれの宗教にもあり、そういう信仰のあり方に根本的な批判をもっているが、それは置くとしても、日本キリスト教団は、教団の決議として、イスラエルの侵略行為を批判しているにもかかわらず、内部の機関から、あたかもイスラエルという国家の存在が無前提的に良しとされ、その国の「首都」がエルサレムであるかのような広告を掲載した出版物が刊行されるという矛盾が、「営利」を理由として放置されることが許されようはずがない。身内の恥であるからこれ以上さらすことは控えるが、現在、イスラエルに、イスラエル側のルートで行くことが何を意味し、何を結果するか。これを厳しく突き付けて、このような広告の掲載をただちにやめさせること、これもパレスチナ人民へのささやかな連帯行動ではあるだろうと考えている。

　これを書いている今、日本は「Xデー状況」まっただ中である。ヒロヒトは、ついに自らの侵略、収奪、大量虐殺の責任をとるどころか、責任を認識さえせずに死のうとしている。このままで逝かせるのかと、歯ぎしりをしているが、あの「満州国」建国に象徴される日本帝国主義の侵略の姿は、現在そのままイスラエルの姿であり、「天皇制イデオロギー」と「シオニズム」の幻想としての民衆統合の機能もまた同様であろう。

　遥かに離れた地にあって、パレスチナ人民の闘いにつながろうとする者にとって、この天皇制と真っ向から対決し、これを廃絶・無化する闘いもまた、国際人民連帯の不可避の闘いとして捉えられねばならないだろう。パレスチナ人民勝利に向けた闘いへの連帯と反天皇制の結合の中に、ひとがひととして豊かに生きる社会の建設への展望を切り拓きたいと切望している。

　常軌を越えた多忙の中での出版である。重々注意したつもりではあるが、種々の遺漏がなければと願っている。遅れ遅れになる作業を倦むことなく支えてくださった友人にして第三書館編集者の上山純二氏に特別のお礼を申したい。氏の努力なくしてこの書を世に送ることはできなかった。

（１９８８年10月18日記）

6 東アジア反日武装戦線支援連

2017年7月8日　433号

支援連ニュース

東アジア反日武装戦線への死刑・重刑攻撃とたたかう支援連絡会議

将司さん
まだ言葉が
みつからない
どんなに
さびしい
たたかいだったのでしょう
どうか ゆっくり 休まれますように

319

・「東アジア反日武装戦線への死刑重刑攻撃をゆるすな！　3・7反弾圧集会報告集」（1982年9月）

パネル「今、《反日》を考える」

司会――菅孝行　松沢哲成

パネラー――池田浩士　野本三吉　郡山吉江　小田原紀雄　山岡強一　太田昌国

（略）

菅　わかりました。続きまして、小田原紀雄さんからお話をうかがいたいと思います。小田原さんは「東アジア反日武装戦線諸氏への死刑重刑に抗議するキリスト者の会」で運動されています。また靖国問題その他を軸にして、反天皇制の闘争というものを展開されております。それでは小田原さんお願いいたしします。

小田原　先ほど池田さんもここへ出てくるのに何となく気がすすまないというふうにおっしゃっていましたが、私もまさにそうでありまして、まあいろんな理由があるんですが、ひとつは菅さんからのご紹介のなかでありましたキリスト者ということでありますが、今日のあの『コンドルの血』という映画ではキリスト者ってのはアジアでもラテンアメリカでもロクなことをしていないわけでありまして、これにはなんとも言えないわけですね。一般的にアジアなりラテンアメリカでどういうことをしたとかいうことじゃなくて、例えば私の所属しております日本キリスト教団では、第二次世界大戦中の日本キリスト教団の統理といって、まあいちばん偉い人なんでしょうが、その宮田という人は、今の韓国、南朝鮮に行って朝鮮のキリスト者に神社に参拝するようにという訴えをした。日本のキリスト者が行っているんですね。そういうことをしているところに、今もいるわけでありまして、今日のようなテーマについてははなはだ話し辛いという…。ただ、あの、ひとつの救いといたしましては、そういう日本キリスト教団からいつ追っ払われるかわからないという状態に私自身がおりますので、ま、その辺が多少の救いであろうとは思っております。で、今日お話ししたいことの一つは、何故、その先ほどご紹介のありました東アジア反日武装戦線諸氏らへの死刑・重刑攻撃に抗議するキリスト者の会をやっているかということの理由なんですが、先程から名前の出ております船本君ですが、私も1968年頃でしょうか、私は広島県の呉というところの出身でありますが、彼もそうでありまして、米軍のベトナム戦争の頃でしたが、そこで一緒に半年くらいやっておりまして、その後いろんな運動の方針というか、路線というか、それが違ってその後あまり会うことがなかったのですが、ずっと気になっていた。私もその後東京に舞い戻りまして、しばらく見ないなと思っていて、ある日銭湯にいきますと、彼の写真が貼ってある。というふうな情況で再び会いました。彼があいう形で死んだというのが、その後の10年というか、約10年をやっぱりお前はどういうふうに生きのこったのかというのをつきつけられた、という感じで受けとめているわけです。それと、何か思い出みたいなことばかり言っていますが、もうひとつは、あの大阪拘置所で殺された鈴木国男さん、私はよく知らなかったんですが、いちど日比谷でなんか大きな集会があった時におまえは小田原の弟だろう、とこういうふうに言われまして、何のことかと思ったら、私の姉と同級生でありまして、町も同じで、向こうは、おれはお前のチビのころからよく知っているというふうにいわれまして、そういう運動をなにかやっていくという契機というものは、私のようなタイプの人間は思想的に考えつめていくというよりは、なんか義理というか、「情」というかその辺の部分でのひっかかり、これをこう、かわさないでじっくりと考えてみたいというふうに思ってやっているわけです。で、もうひとつのひっかかりのところでいいますと、いま獄中にある4人の中のひとり、片岡利明君、かれもキリスト者であったと。で、彼の場合には、私の所属している日本キリスト教団とは違いまして、バプテストっていう、またこれはプロテスタントのグループのひとつでありますが、そこに彼は所属していたんだそうです。その頃は私、まったく知りませんから、その後、彼はああいう闘いをして、その所属していた常盤台教会とかいうところは、彼がパクられた途端に彼を除名しているんですね。判決がおりたとか、ふつう企業だって判決が下りてから除名しますよ。あの、会社を首にするということですが。それがパクられた途端除名しているわけです。で、これがどうしてもわたし自身関わっているところのキリスト教がそれをしたってことが何としても許せない思いがあるわけです。きれいな事を言っておきながらそういう事をすると。で、先程、ちょっと申しましたが私もかつて12、3年前ですが、教会から権力に売られたことがありますので、その恨みを含めてどうしてもこれは我慢ができないというところで、今関わっているわけです。キリスト教の悪口ばかり言っておりますけれど、あんまりそればかりいっても……。そのキリスト教の会で署名を今やっておりまして、実際にいろいろキリスト教会の中で実務を担う者はほんの僅かですから大したことができるわけではありません。それに私どもの所属している日本キリスト教団だけでのことでありますが、署名を昨年の11月から始めて郵便で頼んだり電話で頼んだりしているわけですが、2月20日頃現在で256名というちょっと私どもの予想をこえるぐらいの署名をいただきました。そういう良さも多少はあるんですけれども、その良さ、について多少お話しをしたいのです。この頃えらく有名になって売れてまいりました桑原重夫さんなんかが私どもの仲間でありますけれども、そのたしかにしんどい戦いを強いられてはいるんですが、私どももキリスト教会の中でいえば、数でいえば、ほんとに少数派であります。しかし、5人いてねばれば、相当のことができるんではないかと、そういう気がいたしまして……キリスト教会の中で私どもが本当に仲間だと言えるのはせいぜい10人くらいだろうと思うんですが、桑原さんなんかは、異端であるというふうに排除されそうになりながら、だけど、実際にはもう日本キリスト教団の中枢部にまで入りこんでしまい、もう彼を排除することはできないでしょうね。日本キリスト教団をガタガタにしてしまうというくらいのところまで入ってしまった。その入り方がいいか悪いかはともかくとして、今、申しましたように5人から10人もいれば私もいろんな場でいろんな戦いをしていかなきゃならない訳ですが、腹をすえてねばってみればかなりのことは出来るんじゃないだろうか。キリスト教会ではボツボツそれが出来つつあるというふうに考えております。でも、もちろん全体的にはものすごい問題があるわけですが、一部には多少のことができる。

そこで反日ということについて、私の考えることを少し話してみたいんですが、私が関わっているキリスト教会で反靖国運動というのはキリスト教がかなり積極的にやるというふうに、世間でもいわれています。たしかに相当―先日の2・11では全国で80くらいの集会をつくれるわけですね。そうしたキリスト教会の2・11っていうのは、その反靖国運動を確かにやってはいるんだけども、これが、いうところの信仰の自由を守るという発想ですね。これから一体何が出てくるのかっていうことも問題なんですが、今日申し上げたいことは、そういう運動をやっている人たちが8月15日に千鳥ヶ淵の戦没者公園で平和祈祷会をやっているわけですね。今年8・15に権力の側が戦没者追悼式っていうんじゃなく平和祈念集会ですか、なんかを8・15っていうようなことを決めたらしいですが、その先取りとしてずっともうすでに20年やってるわけです。これをかれらはもう、評価しているわけです。で、私どもが批判をしますと、千鳥ヶ淵の平和集会から靖国へと目が開かれている人たち（ママ）がいるんだと、その運動的な側面を落とすな、というように切り返してくるんですが、ひとつの問題は千鳥ヶ淵っていうのはいったい何なのか、日本人の戦没者っていうのは、いったい何なのか、ね。私のいつも一緒にやっている仲間で徳永五郎という人がいるんですが、彼も遺族でありましてね、兄貴が死んで自分も遺族は遺族であると、ただその人間の情の問題としては、兄貴が死んだということは追悼すべき事であるんだけれども、それはひっそりとすべき事であると。日本人が戦没者と称してですよ。戦没者っていうのはやっぱりアジアに行って人殺しの尖兵だったわけですから、日本の兵隊ってのは。それを日本人がぞろぞろ集まってきてね、それを祈念するのはやっぱりよくないと、それはいくら平和を祈念するというふうに言ってみたところで、彼らの死の上にある戦後をやっぱり良しとしているわけで、そのことをキリスト教会でいっているんですが、通っていかない。どうしても理解されない。それにひとつ8・15をこんどは総評がやり始めたんですね。『神社新報』、これは神社が出している新聞なんですがね、それに「日本の労働者もよくぞここまできた」というふうに評価されておるわけなんですが、その総評が、昨年からやり始めた。私なんかから見るともう本当に、日本の組織労働者は骨がらみだめになっているとしか思えないんですね。そこで、あのアジアにいって殺人、そりゃいろんな情況あったでしょう、個人的にはつらかっただろうし、いやいや行っただろうって、そういうことだってあるでしょう、けれどもいずれにしましてもやはり天皇制の国家のなかで、そのアジア侵略の尖兵としていった者の死をみんなで集まって追悼するというふうな感性てのはいったいどういうことなんだろう、と思うわけなんです。もうひとつついでに言いますと、その千鳥ヶ淵ということだけではなくて、千鳥ヶ淵って場所も問題なんです。靖国ではなくて千鳥ヶ淵っていうのはこのごろ戦没者追悼式だけではなくて、今年の8・15以降は権力側はどんどん出してくると思いますが、あの千鳥ヶ淵っていうのは非常に問題があるんです。というのはニクソンが日本に来る時にだいたい無名戦没者の墓に参りに行く、日本の首相なんかもあちらに行ったらいくものなんですが、そのときニクソンは、どうも靖国というのは都合がわるい、と言ったもんですから、急遽、千鳥ヶ淵をつくったんですね。その程度のことでしかないものなんです。そしてもう一つついでにいいますと、8月15日ってのは、私たちはどうも特殊視する、日本人にとって、戦死というのを特殊にみているところが私達の中にあるのではないだろうか、というのをこの頃よく考えるんです。近代以降のこの帝国主義に殺されたっていうんだったら、公害によって殺された人だってあるし、先程の飛行機じゃありませんが、余計なものを作って落とされて死んだ、あれだってやっぱり帝国主義の発展の過程で殺されたんだっていうふうに私には思えるんですが、そういうこととは別にして、何となく8・15をやる。で、あの戦争で死んだ人が何か別なものに見えてしまう、というところに私どもの中にある天皇制…いや、ごめんなさい、アジアが見えない、ひとつの大きな何か、私にもうまく言えないんですが、何かがあるんじゃないだろうかっていうふうに思っております。

先程天皇制に、というふうに紹介されましたが、その話をしだすと長くなって、菅さんを何度か講師に呼んだこともあったりして。

最後に言葉だけポンといって、展開せずに、またあとで時間がありましたら言わせていただきますけれど、私にはアジアの人、アジア人というのが正直いってあまり見えていなかった。で、この東アジア反日武装戦線の人達の戦いの中で考えなおさなきゃなって思っておるわけです。私どもが「反日」っていうことを考える時に、私は沖縄と天皇制とこの二つが我々にとって一体何なのかっていうのを最後のところまで考えつめておかないと、また足をすくわれる、敵に足をすくわれそうな気がこの頃しております。

（略）

小田原　この間、公判の傍聴に行っていますが、やはり僕らはこの10年でかなりボケて来ているんじゃないかと思います。彼らは隔離されているが故に考えつめてきていると思うんですが、公判に行くと自分自身の反省の契機にもなりますし、今の敵の現状、公安や彼らにとっての秩序を守るやり方が、どの程度きついものかということがよく解ります。僕は他の党派の公判にも行っていますが、荷物を預けなければならないというのは東京では珍しい。この前も女性のバッグの大きさをめぐってトラブルがありましたけれども。それから「被告」の両脇にそれぞれ看守がつく、証言台の両脇にもいちいちつくわけです。今日はずい分若い方々の参加が多いようですが、こういうのは最近珍しいんですね。自分が主催者となっての集会では平均年令35才以上、皆んな10年やってきたヤツばかりというのが多いんですが、そういう60年代を経験してきた者にとっては、あっ、ここまで来ているんだなあ、という実感がある。

　日常の我々の生活では見られないところなので是非公判に来てほしいと思います。公判は3月19日、26日の黒川君の「被告人」質問で終わると思うんですが、26日は時間があれば他の3人にも発言の機会を設けたいと弁護士さんがおっしゃっていますので、是非いらして下さい。

320

・『反日思想を考える——死刑と天皇制』（1990年11月、軌跡社）

国家意志としての「侵略」と我々——教科書に見る「アジア侵略」

を考える

はじめに

この雑文を義弟益永利明君との共同検証作業の一環として記すことにする。彼の死刑が確定してより、当然の権利である面会を遮断するという権力の妨害によって長く会っていないが、いつも過酷な精神と肉体の状況に置かれている彼に心を寄せているのは当然として、他方、感情に流されることなく、彼ら「東アジア反日武装戦線」の諸君が何を考え、何をしようとし、そして権力に捕らわれて後、シャバにある我々に何を期待しているのか、そのことだけは一時も忘れることなく、彼らの志を批判的に継承してゆきたいと、ここ数年我と我が身を鞭打ってきた。こういう表現こそ感情移入が強いように思われるかもしれないが、私自身にとって別の表現を採りようがないので勘弁していただく。

今、このような雑文ではあるが、それでも最少限度の資料にあたり、推敲を重ねつつ記すという時間的余裕がないのを残念に思う。「天皇の季節」の真っ直中にあって、旅の宿りの深夜の時間を使ってしか机に向かう時を持つことができない。だからと言っていつかゆっくりと思考の時が持てるとも思えないので、与えられた機会に考えていることのアウトラインだけでも述べておくことにする。

そして最初に、事柄の性質上引用文が多くならざるを得ないことをお断りしておく。

「東アジア反日武装戦線」にとっての日本とアジア

彼らが書いた文章のすべてがアジア人民と「日帝本国人」との関係の在り方についてであると言って決して過言ではないが、ここでは、『反日革命宣言—東アジア反日武装戦線の戦闘史』から引用してみよう。この著作は題からも推察されるように、「東アジア反日武装戦線」の諸君が権力の「捕虜」になって後の出版であって、様々な制約の中にあり、仲間の間での相互の検証も困難であったろうが、まとまった著作は他にないので、これから引用する。

「世界帝国主義の第一次、第二次植民地侵略争奪戦争の前後を問わず、日本国家は一貫して内包的外延的植民地支配を土台とした帝国であった。天皇制反革命勢力が権力を奪取し、資本主義的近代化路線を歩み出した日本帝国は、そうすることで自らを世界帝国主義の国際的連鎖の有機的一環として組み込んだ。そしてその過程で、まずは、地政学的便宜性を利用して、アイヌモシリ、ウチナーの武力併合に手をつけ、さらに台湾、朝鮮への侵略・植民地支配を開始した。

続く、対清・朝鮮侵略戦争の結果、台湾を強奪し、朝鮮に対する植民地支配の土台を構築した日本帝国は、世界帝国主義のパワー・ポリティクスを利用した対露・朝鮮侵略戦争によって、南カラフトを強奪するとともに、朝鮮に対する独占的植民地支配を確固不動のものとした。そして、世界帝国主義の第一次植民地侵略争奪戦へと至る過程で独占資本を確立させ、以後レーニン言うところの帝国主義(独占資本主義)として、独占資本の意志を代行する天皇と天皇制軍部官僚のヘゲモニーの下で、その植民地侵略の領域をシベリア、中国大陸、東南アジア南太平洋諸島へと拡大していった。

一九四五年の日本帝国の軍事的敗北、USA帝国反革命軍による一時的占領も、日本帝国を本質的にはなんら解体するものではなく、USA帝国のヘゲモニーによる世界帝国主義内部の政治・経済・軍事的力関係の再編でしかなかった。日本帝国は、財閥解体等々の経済的制裁や外延的植民地の全面喪失によって、一時的には、独占資本の力を減殺されはしたが、依然としてアイヌモシリ、ウチナー、在日朝鮮人・台湾人・中国人社会への内包的な植民地支配は維持し続けた。

USA帝国反革命軍の朝鮮植民地戦争への加担によって再建の具体的契機をつかんだ日本帝国は、五〇年代後半から、賠償をテコとした旧被侵略国への商品輸出、それを呼び水とした資本輸出の再開をもって独占資本の力を回復させ、六〇年代には世界帝国主義を形成する中級帝国へ、七〇年代には、世界帝国主義の中枢を形成する主力帝国へとのし上がり、世界帝国主義の中層部(「中進国」「発展途上国」)・周辺部(「後進国」「低開発国」）に新植民地主義収奪網を重層的（国際的債務奴隷制、企業の多国籍化、垂直分業、多国間貿易等々）に張りめぐらしている。

それゆえ、日本帝国が、世界帝国主義の国際的連鎖の一環として組み込まれて以降、日本帝国を撃ち滅ぼす世界革命の戦略的ポイントは、一貫して日本帝国の内包的外延的植民地支配・侵略を撃つことであった。

アイヌモシリ、ウチナー、在日朝鮮人・台湾人・中国人社会に対する日本帝国の内包的植民地支配こそ、日本帝国の、道義的により根源的なアキレス腱であり、四五年以前においては、東アジア、東南アジア、南太平洋諸島に対する侵略・植民地支配こそ、日本帝国の政治的経済的な生命線であったし、五〇年代以降は、アジア、太平洋、南アメリカ、アラブ、アフリカへの新植民地主義侵略こそ、日本帝国の政治経済的な生命線である。

それゆえ、この日本帝国の道義的アキレス腱と政治経済的生命線の両戦略点に、革命的破壊力のテコを入れ、日本帝国の政治・経済・軍事の中枢を武装攻撃していくことこそ、世界帝国主義の全面的根底的打倒の一環として日本帝国を撃ち滅ぼす世界革命の戦略的ポイントである。

日帝の新植民地主義侵略と対決している〈東アジア―世界〉の被植民地人民の反日武装闘争を、われわれ日帝本国人への戦闘指令（つきつけ）として受けとめ、日帝本国内部から、反日武装闘争をもって呼応・合流し、日帝本国を内外呼応して挟撃する時、世界革命の展望が切り拓かれるのである。

東アジア反日武装戦線三部隊の一連の戦い、なかでもキソダニ―テメンゴール作戦は、この呼応・合流・挟撃の戦略的方向性を大胆に突き出し、軍事＝政治的に実体化した。ここに東アジア反日武装戦線三部隊登場の第三の歴史的意義（註＝その第一は、反日武装革命史の復権・継承であり、その第二は、帝国主義的寄生虫たる日帝本国人を、世界革命主体へと転生させる反日思想と、その実践としての反日武装闘争）がある。われわれは、この方向を断乎堅持する。」

この文章の生硬さと歴史の大掴みな荒っぽさが気になるのだが、その点については、何分にも若い時の文章であるので、その分だけ割り引いておかなければ彼らが不利である。しかし、それにしてもやはり、「思いばかりが火と燃えて」の感は強い。ここに彼ら自身の良さもあり弱点もあったことは最初に指摘しておかねばならない。

例えば、「天皇制反革命勢力が権力を奪取し、資本主義的近代化路線を歩み出した日本帝国は」などという日本近代の開始の時代の歴史把握は明らかに誤りである。一体「天皇制反革命勢力」とはどういう「勢力」なのか。不勉強な私は残念ながらそのような「勢力」の存在を知らない。そしてまた、その「勢力」が「資本主義的近代化路線を歩み出した」のではなく、「資本主義的近代化路線」を採ろうとした人々が、新たな国家体制のイデオロギー的支柱として立てようとしたのが「天皇制」なのであって、順序が逆である。何も「明治維新史論争」をここで蒸し返そうとするのではない。そうではなくて、たったこれだけの例の中にも、彼らの「東アジアの人々」に対する責任意識が強いがゆえの焦りの結果としての「善玉悪玉史観」とでもいうべき歴史の直截な切り方が垣間見えるのであり、更にいうなら、歴史把握のイデオロギー偏重を見て取れるのではないか。「天皇制反革命勢力」などというどういう下部構造に規定され、いかなる層に依拠していた「勢力」なのか皆目見当もつかない「勢力」の存在を前提にしてしまう「明治維新」期の日本国家認識は、彼らの観念に「天皇制」こそアジア侵略のイデオロギー装置であり、同時に侵略を実践する制度の枠組みの根幹である、これと徹底的に対決することなくして一切の展望はないという前提が大きくあるものだから、歴史分析において実証性よりそこで果すべき自らの任務あるいは責任が歴史意識の前面に出てしまった結果と考えるしかない。このような傾向はわずかにこれだけの分量の引用の中でも随所に見て取れる。

この雑文の意図は、何も彼らの若書きを捉えて批判したいというところにあるのではないのでここまでにするが、このような歴史認識が、一面においては鋭い問題提起たりえたことを否定するものではないし、彼らをも含めたいわゆる「左翼」がアジア人民と日本人民との関係の在り方について、そこに「倫理性」を置かない限り際限のない頽廃を日本人民の間に生み出してしまうという指摘は、そのまま正しい指摘であったと考えるのだが、他方、そういう「倫理性」が、歴史の一面的把握という弊害を生み出したことも事実である。というのは、先の長い引用をわざわざざした理由でもあるのだが、ただ筋ばった断定と、「日帝本国人」に対する息のつまるような断罪のみが表面に出てしまっていて、ここには、どういう状況であれ日々の暮らしを慎ましやかに、優しい思いで営んでいたであろう人々の息遣いとでもいうものが伝わってこない。更にいうなら、「日帝本国人」を責めることばかり急であるがゆえに、「日本―アジア」という関係の中で生じた歴史事実の中から、「関係性」が落ちてしまっている。即ち、「アジア」の側から、自らの近代化の推進を意図して積極的に「日本」を迎え入れることを通してそれをなさんとした人々が事実としてあり、そういういわば「傀儡」の存在は、時間と距離とを置いてみれば、確かに民族への裏切りでしかなかったことなど自明のことではあるが、しかし、その時々において「傀儡」は「傀儡」なりに真摯な選択の上にそれをしただろうし、そういう「傀儡」を支える人民的基盤があってのみ現実化しえた選択でもあったのではないか。こういう言い方は、いささかも「日帝本国人」の責任を曖昧にするものではない。それどころか、歴史の中にひそかな人間の息吹を読み込むことを通して、私たちはその歴史における自らの位置を思い、責任を思うのではないか。

以下に、アジア侵略から太平洋戦争へと至る時代を叙述したアジア諸国と日本の教科書を引用するが、それを読むと、アジア諸国の教科書の記述には厳しい状況下での人々の暮らしと思いとが鮮明にイメージされるのに対して、日本のそれには「たてまえ」ばかりが匂い立つ。これは侵略された側と侵略した側という彼我の関係からだけ生じる現象ではあるまい。おそらくそこには歴史にかかわる姿勢の差とでもいうべきものがあるように思う。

それにしてもまず日本の教科書、それも戦前の国定教科書がかつての侵略をどう記述していたかを見てみよう。そしてその後で、戦後の教科書の中から一例を挙げてみることにする。

（略）

際限がないかのごとき長い引用を許されたい。途中で本題とは少々ずれる感情が湧いてきて中略なしの引用をしたくなったのである。というのは、「天皇」に関する叙述について、戦前の教科書と現在のマスコミとは、その天皇賛美という本質において寸分違わないではないか、「天皇制イデオロギー」注入の役割を戦前は教科書が担い、戦後というよりいわゆる「ミッチーブーム」以降と言った方が正確かもしれないが、ともかく現在はマスコミが担っているという事実についてである。

戦前の教科書と現在のマスコミの天皇賛美表現がまったく同質であることを示すための引用は必要あるまい。日々うんざりするほど見せられてもいるし、読まされてもいるのだから。

この長い引用から受ける印象の第一は、「奇妙な明るさ」である。侵略戦争を仕掛けるにあたって、勝利の展望を語らなければ人々をその気にさせることなどできないことなど当然のことであるのだが。これは単に教科書が「イデオロギー注入」のためのアジテーションとしてそれをやっているというだけのことであろうか。

「この日、米・英に対する大戦の大詔がくだり、一億の心は、打って一丸となりました。二重橋のほとり、玉砂利にぬかづく民草の目は、決然たるかがやきを見せました」とか「昭和十六年十二月八日、大東亜戦争の勃発以来、明かるい大きな希望がわき起って来ました。昭和の聖代に生まれて、今までの歴史にない大きな事業をなしとげるほこりが感じられて、たくましい力がもりあがったのであります」とか「この大事業のためには身をささげ、力をつくすことが、だいじであります。私たちは、希望にみちあふれ、必勝の信念を以て、立ちあがらなくてはなりません」などという表現を読みながら、何やら現在の生活をいわば「左翼」の近くで過ごしている者にとってはいつでも目にしている文章のような感じを持つのは私だけだろうか。こういうのは何やら日本人の体質なのではなかろうかと思って暗い気分にさせられる。

こういう皮肉はともかくとして、次に話題になった『新編日本史』から引用してみよう。

（略）

一時期話題になった教科書ではあるが、その後はほとんど使用されることもなく、ごく一部の「皇国歴史史料館」風の高校でまだ使用されているに過ぎないものである。しかし、この教科書の執筆者たちは相も変わらず大学で学者稼業をしているのであり、それだけならまだしもなのだがここでの歴史認識は結構巷間に流布されたものであることを考えれば、笑って済ましておくわけにはゆかない。

日本におけるオピニオンリーダーの言説を丁寧に読んでみるとすぐ気付くことであるが、何ら新しいことを主張しているのではなく、俗耳に入りやすい言葉をもっともらしいレトリックで語っているに過ぎないのがほとんどである。この『新編日本史』にしてみたところで、第二次世界大戦の「敗戦責任」だけが問題にされ、一度たりとも本質的な意味での「戦争責任」が考えられたことのないこの社会の一般的な認識を反映しているだけである。

即ち、「関東軍は満州における権益の保全と在留邦人の安全確保のために」などと何の留保も付けずに書いているが、どうして日本が「満州における権益」などを持っているのか、どうして「満州」に「在留邦人」がいることになったのか、それらについての問い返しはない。もちろん近代以降の国家間における交易は、複雑に入り組んでおり様々な形で外国の領土内に権益を有する可能性はあろう。しかし、日本が「満州」に持っていたとされる「権益」をそれほど一般化できるものであろうか。そしてそこに居住している「在留邦人」は無条件に「安全確保」されねばならないようなことであったのかどうか。当時の日本国家がこの教科書の記述の通りに考えたであろうことは歴史の示すところであるが、ここで問題にしているのは、現在に至ってなおこういう認識しか持てないというか、持とうとしないことについてである。

こういうことだから、現在のイラク情勢を巡っての論議においても、「石油の確保」と「在留邦人」の安全確保が当然のこととして語られ、一気に自衛隊の派兵までが具体的な政治の射程の中に入ってくるような事態にまで至ったのである。

ましてや「満州」の場合、そもそもからして「植民地」として強奪した地域ではないか。そこでの「権益」などということにどういう意味があるというのか。この辺りのところを、この教科書は「満州事変以降、関東軍は満蒙の地に勢力の扶植をつづけていたが、昭和七年（一九三二）三月にいたり、満州国を建設した」とはっきり書いている。一点の衒いもない表現である。ワープロに入ってもいない「扶植」という熟語は、即ち現在イスラエルがパレスチナ民衆の土地を強奪し、ここに下層ユダヤ人を「植民」させて、実質的にその土地を「ユダヤ化」するという政策を採用しているが、これと全く同様のやり方を示す語であって、植民地形成の野望を持って侵略と収奪を行い、結果うまく行ったと言っているに過ぎない。

ここには戦前の教科書に見られる「大東亜建設」などという国家意志としての「侵略主義」との切断面はなく、この国の中枢の意識の中に「時至ればアジアの盟主たらん」とする意志が明白である。

と同時に、この『新編日本史』においても、表現はどういうわけかあっけらかんと明るく、こういう時代を生きねばならなかったアジア民衆の呻吟も「日帝本国人」のつぶやきさえも伝わってはこない。

ところでアジアの教科書ではこの辺りのところについてはどうであろうか。

アジアの教科書における第二次世界大戦前後

中国、韓国、フィリピンの教科書からごく一部を引用してみよう。

まず中国。

「九・一八」事変

一九二九年、帝国主義世界には深刻な経済危機が発生した。日本帝国主義は経済危機からぬけ出るために、蔣介石《チアンチエシ》が全力で大規模な内戦を行っている機会を利用して、わが国の東北を占領し、一歩一歩全中国を併呑すると決定し、中国を彼らの植民地にすると勝手に計画した。一九三一年九月一八日夜、東北駐留の日本関東軍は事前に入念な画策をしたのち、自軍の守備隊に南満鉄道瀋陽《シェンヤン》郊外柳条湖の一部のレールを爆破するよう命令し、それを中国軍の破壊と偽った。またそれを口実に、中国東北軍駐屯地の北大営を砲撃し、瀋陽を襲撃した。「九・一八」事変が勃発した。瀋陽駐留軍が抵抗するよう要求したが、蔣介石は「絶対に抵抗するな」と命令した。翌日、日本軍は落陽城を占領した。その後、日本軍は兵を分け、遼寧《リアオニン》、吉林《チーリン》、黒龍江《ヘイロンチアン》を占領した。数十万人の東北軍隊は関内へ撤退し、半年もたたないうちに東北三省が陥落した。百数万平方キロメートルの美しい国土や無限の資源は、蔣介石の売国投降の無抵抗政策のもとで、あますところなく棄てられてしまった。

一九三二年三月、日本は清朝の廃帝溥儀《フーイ》をかついで偽「満州国」という傀儡《かいらい》政権を樹立し、東北人民に植民地支配を行った。日本帝国主義は東北の資源を、ほしいままに略奪し、田畑を強奪して、はげしく東北人民を搾取した。日本帝国主義の軍靴のもとで、東北三〇〇〇万同胞は屈辱的な亡命の生活をしいられた。

一九三二年一月二八日深夜、日本海軍陸戦隊は上海閘北《チャーペイ》に駐屯していた十九路軍を奇襲し、「丁二八」事変が勃発した。日本侵略軍は四時間で上海を占領すると豪語した。

十九路軍は蔡廷鍇《ツァイチンカン》、蔣光《チアンクアン》ら抗日将軍の指導のもとで、一寸の国土をも放棄しないという決心を抱いて日本軍に抵抗した。二昼夜の激戦で、閘北に侵入した敵を撃退した。日本軍はまたあいついで江湾《チアンワン》、呉淞《ウーソン》などを攻撃したが、上海の軍隊と市民はそれに勇敢に抵抗した。

中国共産党は、上海市民に十九路軍の勇ましい抗戦に応援するよう呼びかけた。上海市の数十万労働者は果敢に反日ゼネストを行った。上海にある日本工場の六七万人の中国人労働者、日本海運企業の中国人職工、水夫、日本の官公庁、商店、日本人住宅の中国人服務員、店員、女工などは続々とストライキを行い、あるいは職場放棄を敢行した。労働者、学生、市民たちは抗日義勇軍を組織し、戦闘の最前線で十九路軍とともに闘ったり、戦地で兵士を慰労し、傷病兵を救助したり、また後方では宣言、募金活動、治安維持などを行ったりした。

広範な人民の支援を得て、十九路軍は敵の執拗《しつよう》な攻撃を撃退した。一月末から三月始めにかけて、日本侵略軍は兵員十万人、飛行機一〇〇機以上、軍艦六〇隻以上を増強させた。十九路軍は四万人しかいなかったが、かれらは上海防禦《ぼうぎょ》戦を続け、一万人以上の日本兵を死傷させ、日本軍の三人の司令官を交代させた。しかし、国民党売国政府は十九路軍への援軍と兵器の補給を拒み、上海の義勇軍を解散させ、人民の募金を要領し、そのうえ裏では日本軍に物資を供給した。一ヵ月以上の奮戦をへて、十九路軍は弾薬が尽き、援助を断たれたので、撤退せざるをえなかった。蒋介石は日本侵略軍と「淞滬《ソンル》停戦協定」を結び、日本軍の上海駐留を許した。中国人民の利益はふたたび売られてしまった。

一九三三年二月、日本侵略軍は熱河《ルーハ》省を侵略占拠した。さらに長城要塞を攻撃し、北《ペイ》兵《ピン》、天津《チイエンチン》に迫った。

華北の青勢は危機に陥った。五月には蒋介石は日本と売国的「塘沽《タンクー》協定」を結び、日本の東北三省と熱河省の占領を認め、また河北東部を〝非武装地帯〟にして、中国軍隊のそこでの駐留を禁じた。このようにして日本軍の華北への侵入の門戸が開かれた。

続いて韓国。

憲兵警察統治

一九一〇年、日帝の植民地統治の束縛のもとにあった我が民族は、光復を達成するその日まで、これに抵抗する独立運動を展開した。日帝の植民統治の中枢機関として朝鮮総督府が首都に設置され、全国の韓民族に対する徹底した弾圧と経済的搾取を行うための支配体制が確立されていった。朝鮮総督は立法、行政、司法および軍隊統帥権を行使できる強大な権限を有していた。日帝の統治を武力で支えるために歩兵二個師団、約四万名の憲兵と警察、約二万名の憲兵補助員が全国の要所を固め、強力な憲兵警察統治が実施された。

このような統治は世界にその例をみない極端な植民地統治政策であった。日本憲兵司令官が中央の警務総監をつとめ、各道の憲兵隊長がその道の警務部長をつとめた。憲兵警察が全国の要所に配置され、わが民族は武力によって弾圧され、自由と権利だけでなく生存権までも奪われた。

憲兵のおもな任務は、警察の業務を代行すること、独立運動家たちの検挙、処断を敢行することであった。

一般官吏から学校の教員にまで制服を着用させ、帯剣させたのも、恐怖を与え統治するための一手段であった。

朝鮮総監府の官吏にはほとんど日本人が登用され、その諮問機関として中枢院を置き、韓国人を政府に参与させる形式はとられたが、これは親日的人物を懐柔するためものでしかなかった。三・一運動までの約十年間、ただ一度の正式な会合ももたれなかったことをみても、それが名ばかりの機関であったことは明らかである。

韓民族は日帝の植民地統治機構を通じて、言論、集会、出版、結社の自由を奪われ、民族の指導者たちは脅迫され、投獄され、虐殺された。のみならず経済的搾取にも苦しまねばならなかった。

これに屈服せず救国運動をくり広げ、投獄された人びとは日増しに増え、一時約十万名にも達した。日帝は一〇五人事件をはじめとして、秘密結社に関与した独立志士らを投獄、拷問し、独立運動を抹殺しようとした。

土地の収奪

開港以来、韓国は日本の帝国主義的資本主義の侵略を克服するために努力した。しかし露日戦争以来、日本が推進してきた道路、鉄道、通信、交通、港湾、水利、山林などの占有拡大と、貨幣金融の侵食による経済的浸透を完全に排除できないまま国難を受けることになった。

したがって国権が強奪されたのちには、農業、工業、商業、漁業、鉱業、林業などすべての基幹産業が日帝の植民地経済体制に改編された。なかでも農民に最大の被害を与えたのが、いわゆる土地調査事業という全国的な土地の収奪であった。朝鮮総督は一九一〇年以前、韓国における日本人の土地所有を認める法令を制定したが、一九一二には土地調査令を発表し、一九一八年までに莫大な資金と人員を動員して土地調査を行った。この調査には、近代的所有権が認定される土地制度を確立するためという宣伝文句が掲げられたが、土地所有に必要な複雑な書類を揃え、期限付申告制の煩雑な手続きを完了した者だけがその所有権を認定されるという難解なものであった。したがってこれを忌避したり、機会を逸した韓国人の農地や公共機関に属する土地は、大部分が朝鮮総督府の所有となった。

不法に収奪した土地は、全国農地の約四〇パーセントにものぼった。朝鮮総督府はこれらの土地を東洋拓殖株式会社などに渡し、韓国に移住した日本人に安く払い下げた。

いわゆる土地調査事業の実施は、韓国農民の生活に深刻な打撃を与えた。これまで農民は土地の所有権とともに耕作権も有していたが、これによって多くの農民が土地の権利を失い、地主に有利な期限付契約による小作農に転落していった。

また大多数の農民が零細化し高利貸の犠牲となったが、かれらは生活維持のために火田民となったり、満州や沿海州に移住せざるをえなくなった。

次にフィリピン。

日本の侵略

真珠湾攻撃の数時間後、日本はフィリピンに侵攻した。それは一九四一年一二月八日である。アメリカは日本の飛行機を撃ちおとしにかかったが、日本は各地に攻撃をしかけてきた。アパリ、ダバオ、バギオ、タルラックなどであり、夜にはマニラが爆撃された。とき同じくして、日本はアパリ、リンガエン、アティモナン、そしてラモン湾に上陸した。日本がクラーク基地を爆撃したとき、アメリカは防衛することもできず、飛行機は破壊されてしまった。このため日本の飛行機は勝手気ままに、あらゆる地域を攻撃することができた。しかしフィリピン人は、それにひるむことなく、以前と同じように心には希望を失わず団結した。一二月九日、フィリピン人はルーズベルトの声をラジオで聞いた。「われわれは戦争のただ中にいる。この戦いは、帝国主義的戦争への復讐のためにあるのではない。危険のない世界をつくり、この国とそのすべてのものが、子供たちのために自由であるようにするのだ」一二月二六日、ふたたびルーズベルトは語った。「私はフィリンピンの人びとに、フィリピンの自由を回復し、その主権を守ることを誓う。アメリカは、この誓いを果たすために人と物を使い、力を尽くす」

マッカーサー、バターンへの退却

アパリとリンガエンに上陸した日本軍は、マニラへ向かった。この軍事展開によってマッカーサーは一時バターンへ退却し、最後まで戦うことを決意した。彼の意図は、戦争の被害から民間人を守り、総力を集中してふたたび日本軍と戦うことにあった。フィリピン軍は、軍人と民間人の両者から組織されたものだったが、全員バターンへ退却するように命じられた。したがって、日本軍は容易にマニラに侵入することができた。一九四二年一月二日、日本軍は北と南からマニラを包囲した。マニラの町は制圧された。

フィリピン敗北

日本軍はバターンを攻撃し、その総力を集中した。本間雅晴司令官ら日本軍の最高幹部は、攻撃にいくたびも失敗した。ユサッフェには、被弾して多数の死傷者が出たが、しかし降伏はしなかった。日本軍側も、命を落とす者が多く、またマラリアに苦しむ者も多かった。一月二六日、ルーズベルトはマッカーサーに打電し、つぎのように述べた。「君と君の部下たちの戦闘をここに讃えたい。われわれは誇りをもって君たちをここより見守っている」

しかし勇気と勇敢さだけでは足りなかった。バターンの勇敢な防衛軍は、食糧、航空機、そして武器が極端に不足していた。アメリカはフィリピンからはるかに離れ、その中間の太平洋は日本軍が支配していた。本間はマッカーサーに降伏を勧告した。しかしマッカーサーはそれを無視して戦い続けた。一方、日本はフィリピンにいる日本軍を救援するための増員を続けた。なぜなら多数の日本軍がフィリピンで死傷していたからである。ユサッフェの敗退が濃くなったとき、ルーズベルトはマッカーサーに、オーストラリアに転戦するように命じた。その命令以前に、ケソンはコレヒドールをすでに離れ、オーストラリアに移動していた。日本はコレヒドールを攻撃し続け、また宣伝活動も展開し、アメリカ・フィリピン両軍兵士の士気を鈍らせようとした。バターンの防衛軍は、食糧と武器不足のため弱体化し始めていた。四月九日、バターンは陥落した。マッカーサーの後任のジョナサン・ウェインライト司令官はコレヒドールへ移動し、戦闘を続けた。一方日本は昼夜分かたず、五月六日に陥落するまでコレヒドールを攻撃した。フィリピン兵はパナイ、セブ、ミンダナオの諸島で戦い続けていたが、ついに五月六日､フィリピンは敗北した。

亡命政府

ケソンがワシントンに到着してすぐに亡命コモンウェルス政府が樹立された。ケソンの閣僚のほとんどはフィリピンに残ったが、彼についてきた者には重要なポストが与えられた。バシリオ・バルデス将軍は国防大臣に、マヌエル・ニェト大佐は通商農業大臣に、そして大蔵大臣にはハイメ・ヘルナンデスが、住宅相にはホアキン・エリザルデがなった。

ワシントン滞在中、ケソンは努力を傾け、有効に亡命政府を機能させようとした。彼は太平洋戦争会議のメンバーとなり、国際連合設立のための文書に署名をした。政府は亡命中であり、力を出しつくせず、フィリピン国民をただ励ますことしかできなかった。

日本軍はなにをしたのか

ケソンはコレヒドールを発つまえに、ホルヘ・B・バルガスとホセ・P・ラウレルに日本に占領された自国のことを頼んだ。日本軍がマニラを占領したときに、バルガスにフィリピン行政府の長になるように命令がきた。七つの省が設置され、それぞれの長にフィリピン人がなった。しかしどの省にも日本人がいて、フィリピン人の一挙一動を監視していた。一九四二年初頭、日本は、フィリピンに「大東亜共栄圏」に参加するなら自由にするといった。そして日本は、フィリピンの憲法制定のためフィリピン独立準備委員会をつくった。日本はフィリピン独立宣言以前に、政党活動をすべて禁止し、そのかわりにカリバピ（新生フィリピン奉仕団）を設けた。この組織は新しいフィリピン大統領を選出したが、これは日本の支持によるものだった。

一九四三年十月一四日、ホセ・P・ラウレルは共和国大統領に就任した。その同じ日、ラウレルは日本と軍事協定を結ぶことを強制された。この協定は無意味なものであった。なぜなら、フィリピンは日本に対し、もともと非協力的であったからである。フィリピン人は、フィリピン全国の学校で教えられた、アメリカとその民主主義の価値観のほうに忠実であった。

ゲリラ

フィリピンの戦いは、バターンとコレヒドールの陥落とともには終わらなかった。ユサッフエの残軍は山に登り、ゲリラ活動を開始した。ゲリラの数は、町や市の市民が加わったり、また隠れてゲリラになる者もいたので増え続けた。日本軍の残酷さ――とくに地方での女性に対する邪悪な扱い――は、多くの市民がゲリラになる要因の一つであった。ゲリラ活動の広がりを危険視した日本軍は、フィリピン市民に対して残酷さをいっそう加えるようになった。多くのフィリピン人は、有罪無罪を問わず捕えられ、サンティアゴ砦や、日本軍が接収し刑務所とした他の施設に送られた。家に戻ることができた者にしても、不自由な身体となっていた。

一般市民はゲリラに全面協力し、食糧やお金を与えた。市民はまた、ゲリラに兵力、兵営、武器、艦船の数など日本軍の状況を伝えた。このためオーストラリアにいたアメリカ軍は、フィリピンのどこを攻撃しなければならないかがわかっていた。

フィリピン全土でさまざまなゲリラ・グループが発生した。軍人出身のゲリラ・リーダーもいれば、民間人のリーダーもいた。パナイ島ではトーマス・コンフェソールが民間人リーダーで、マカリオ・ペラルタ大佐が軍人出身のリーダーであった。レイテ島では、ルペルト・カンフレオン大佐が並ぶもののないリーダーであった。ミンダナオ島ではトーマス・カビリとサリパダ・ペンダトゥンが民間人で、ウェンデル・W・フェルティグ大佐が軍人であった。ゲリラ活動はルソンに集中しており、多勢のリーダーはここの出身だった。有名な人物としては、ウェンスラオ・Q・ビンソン、マルセロ・アッドル、デリー・アデボソ、マルコス・V・アグスティン（マルキング）であり、これにアメリカ人のアンダーソン、ラファム、ブーン、ソープ、ストローンなどが加わった。

これらの文章について論評をすることは控える。ただ教科書という性格を前提として読んでみても、ここからは人々の「思い」とでも言うべきものが何かしら伝わってこないだろうか。侵略され、収奪され、殺戮された側がその事実を書き残そうとすれば当然至極のことであるのだが、それだけのことか。私自身は仕事で常日頃平安時代の文章を多く読む機会があり、その関係で当時のことを書いた教科書もまた多く読むのだが、そこには生活苦に打ちのめされていただろう民衆の姿を想像するかけらも表現されていない。最近になって「民衆史」などという方法が語られることもあるが、私は、これは「史観」の問題だけではないように思っている。先にちょっと皮肉を書いたが、「左翼」の文章からも人々の生活の息吹は伝わってこないのである。

それでは彼我のこうした差異はどこから生じてくるのだろうか。

思うに、日本で文章など書いている者にとって、それがどういうイデオロギー的立場をとっていようとも、生活あるいはもっと日常的な言い方でする日々の暮らしなど基本的に「絵空事」でしかないのではないか。これは勿論自戒をこめて言っているのであるが。そしてこうした傾向は日本の女性の文章においても同様であるように思う。私たちは暮らしとの乖離の大きさが思想の水準を示しでもするかのように考えてきてしまったのではないか。抽象性を否定しようと思ってこのようなことを言っているのではないことは理解して欲しい。「具体的・現実的」と言っているその言葉そのものの中から暮らしがこぼれ落ちてしまっている現実を言っているのである。

こういうことを言っているとすぐに、だから「新左翼も含めた左翼」はだめなんだ。「市民」は、なんぞという返事がかえってくるのが予想される。冗談ではない。どこに人々の日々の暮らしを自分の言葉の中に内包している文章書きの「市民」がいるか。私など「市民」とはどういう人々を指しているのか皆目見当もつかないし、「市民運動やっている市民が市民」なら、生涯そういう者にならずに生きたいと願うのみである。

おわりに

アキヒト天皇の「即位の礼」が終わり、「大嘗祭」直前にこれを書いている。「日本基督教団天皇代替りに関する情報センター」という所で活動をしていての実感なのだが、「即位の礼」への反撃の闘いは、全国でヒロヒトの葬儀に対する闘いの水準をあらゆる面で越えた。まだ集計が済んでいないので正確なことは言えないが、闘いへの参加者は全国で五万人を越えただろう。

数の問題だけではない。数だけなら圧倒的に少数者であることに変わりはないのである。そうではなくて、葬儀の時には、直前の「自粛騒ぎ」があまりにうっとうしく、それへの即時的な反発が大きかったのだが、今度は何しろ祭りである。しかし、天皇制の側も祭りを思い切り盛り上げることはできなかった。「自粛騒ぎ」への反省があってのことである。やりすぎると大きな反撃を引き出してしまうことを経験しただろうし、マスコミは「過激派」のテロばかりを言いたてるが、「過激派」は勿論のこと、普通に暮らしている人々の中に天皇制に対する厳しい拒絶があることを権力はヒロヒト葬儀の過程で知ったのである。だからこそ、「大嘗祭」の出発点である「悠紀田・主基田」を徹底して隠さねばならなかったのではないか。秋田県、大分県という、そう「過激派」が多そうでもない地域にあっても「抜穂の儀」の三日前まで隠し通さねばならなかったのは、天皇制に反対する民衆の基盤が大きいことを示して余りある。更に、マスコミも天皇賛美を葬儀の時より余程「自粛」した。

全国から「陛下のマスコミ」への批判が集中した結果である。

葬儀の時の「うっとうしさへの反発」から、闘いは確実に「天皇制のない社会」へと前進した。もはやこの国において「天皇制」批判は人々の間でタブーではなくなった。大マスコミを除いては。人々は暮らしの中から天皇制はいらない、天皇制のない社会で暮らしたいという声を挙げ始めた。

「大嘗祭」への闘いは更に大きなものになるだろう。

それこそ数年前までは考えられなかった闘いの展開はどうして起こったのだろうか。

人々は天皇制に関して言われるあまりの大ウソを見抜く知恵をもったのである。『文藝春秋』の一二月号が、「衝撃の末公開記録完全独占掲載＝昭和天皇の独白八時間」なる特集を組んでいる。これは敗戦直後ヒロヒトが自らの生き残りを賭けて言いたい放題のことを言っているという代物でしかないのだが、「陛下の『文藝春秋』」としては、ヒロヒトの戦争責任逃れに一役買う文書だと考えたのであろうし、この時期に発表するということは重々練った戦術でもあったのだろうが、もはやこんなことで天皇制の側の大ウソにかき回されるほど人々はやわではなくなっている。歴史の歪曲・捏造を冷静に見破る力をもった人々が登場したのである。重要なことはここにある。この「天皇の季節」にこの国のインテリたちは闘いの現場からものの見事に脱落した。もはや彼らの登場する場はなくなったのである。しなやかでのびやかな言葉を暮らしの中からひっさげて出てきた人々の前で、「絵空事」でしかない言葉を語って歴史分析から展望までを語るインテリなど誰も必要としなくなったのではないか。その結果としてほとんどすべてのインテリが沈黙してしまっているのである。

国家意志としての侵略は、この国では戦前戦後一度も中断することなく続いている。それは「明治近代国家」生成期からずっとそうであった。今後も残念ながらそうであろう。何しろ国家に統制された学校でそういう「意志」の培養に務めているのであるから。

しかし、私たちはそこで生きている。私たちもその社会の一員として。そしてもうそろそろいい年だ。従ってこの国の「頽廃」の責任は私たち白身で負わねばならない年になっている。批判ばかりをしていて済む年ではない。「人々」とばかり言ってきたが、私たち白身が「人々の一員」

として不十分だがそれなりに成長してきたのではないか。

私はこの間、全国で本当に多くの「人々」にお目にかかってきた。そこには国家意志としての侵略に対してはっきりと不同意の「人々」が暮らしていた。

まだまだかつての歴史、そして現在進行形の歴史に対する責任意識は不十分であろう。「倫理性」も十分ではなかろう。だが私自身もその一員である。全身全霊をなげうって国家意志としての侵略に対決しているとはとても言えない暮らしである。酒ばかり呑んでいる。それでもまだまだ捨てたものばかりでもあるまい。肩肘張らずにじっくりやりたい。そのためにも、もう一度言うが、私たちのもっている言葉の「絵空事」さだけは考えなおさねば、またぞろの感は深い。

益永利明君。何の役にもたたない雑文だろうが読んでくれれば嬉しい。

そして、私はいつも君の傍にいる。

（1990・11・19記す）

321 益永利明さん面会記

・「反日武装戦線支援連ニュース」353号（2012年12月7日）

12月になりました。もう間もなく1年が終わりですね。年をとると月日が経つのが早いとは聞いていましたが、今年など、夏の暑さがひどかったので、夏の記憶はあるのですが、春から初夏の季節などあったのだろうかという感じです。なすところなく1年を過ごしてしまった、という痛恨の思いを今年も抱いて1年が終わり、仕事がキリスト教坊主なものですから、クリスマスのことを考えなければならない頃になりました。かといって何をするわけでもないのですが。わずかな関わりを持っている山谷労働者福祉会館にある日本堤伝道所の「クリスマス礼拝」にちょっとしたお弁当を届けに行くことくらいのことですが、それでも毎年のことで、ああ、1年が終わるなあという思いはあります。

毎年のことですが、いい年をして、糊口を凌ぐためにまだ現役の予備校講師をしていますので、7月後半から8月いっぱいは、夏期講習とやらで、通常のスケジュールではありませんので、なかなか益永さんとの面会が困難でした。その上、今年は連れ合いの老妻が、夏に大腸癌が発見され、初秋に入院・手術ということになり、したい放題をして生きてきて、迷惑のかけっぱなしでしたから、まあ、この際夫らしいことのまねごとでもしようかと思って、東京拘置所へは足が遠のいていていました。

このところ毎週会いに行っているのですが、「面会記」といったところで、別段、みなさんに報告しなければならないようなことはないのです。益永さんは相変わらずで。3週間ほど前でしたでしょうか、しきりに左目の涙をぬぐっていました。これは、わたしも同じですが、老齢からくる現象でしょう。体のそこらじゅうのしまりがだらしなくなって、涙は出るしよだれが出そうになります。益永さんも、「しゃべるとよだれが出そうになる」と言っていました。わたしなど「しゃべり屋稼業」をしている者でさえそうなのですから、日常、面会の時にしか他人と話すことのない彼には、「話をする」ということそれ自体が非日常ですから、口を開けるとよだれが出そうになるというのも理解できます。

相変わらず、「読書」の話題は避けたがります。「どんなものでも差し入れするよ。いまさらカッコつけなくてもいいよ。絵本でも。スケベ本でも、なんでも言って。少し文字を読んで頭を動かさないとボケが進むよ」と言うのですが、「本はいらない」ときっぱりことわります。

11月30日（金）に面会した時は、東拘正門前の桜の落葉がすごくきれいだったので、1枚拾ってポケットに入れて行き、彼に見せました。「綺麗だね、ぼくの教会は大きな森の中にあって、紅葉は少ないのだけれど、黄葉はすごく綺麗だよ。ここを出て、森の中で暮らすことに希望を持ってね」と話しました。

本は読まないけれど、ラジオのニュースは丁寧に聞いていて、東京都知事選と衆議院選の話をしました。「結局、二大政党制というのは、日本には根付かないし、少数意見を排除することになるので、今回は面白い。だけど、なんだかわけがわからない組み合わせだ」というのが彼の感想です。

でも、こういうことを書きながら、実はこれは、わたしが「彼はこう言いたいのであろう」という思い込みによる報告です。彼からの積極的な発語はありません。わたしが誘導するのに対する彼の反応から、こう思っているのであろうと、勝手な予測をしているだけです。

彼の宅下げした本、および彼が獄中処遇に関して闘いを挑んだ裁判資料はわたしのところにあります。まだ東拘にあるものもあるようです。面会立ち会いの職員に尋ねますと、

「本人による処理が困難な場合でも、宅下げの方法はある」とのことですから、わたしはしばらくこれについて追求してみようと考えています。

次回にまた「面会記」を書くことがあれば、わたしのところにある彼が宅下げした本の中から、「益永利明はこんなものを読んできた」というのを、わたしもその本を読み直して、みなさんにお知らせしようと思います。彼にこれを言うと嬉しそうな顔をしていました。

322

益永利明さん面会記（5・31）

「反日武装戦線支援連ニュース」358号（2013年6月7日）

久しぶりに会いに行った。この1年、連れ合いが三度入・退院を繰り返し、わたし自身が脳梗塞を患ったり、左膝に水がたまり激痛に悩まされたりして、思うように会いに行けなかった。それでも、わたしなど応援してくださる人に恵まれて、老老介護状態とはいえ楽な方だろうと思う。

連れ合いが病院におり、ひとり深夜目が覚めて、ふと、この状態で身体に異変が起きたらどうなるのだろうかと不安に陥ることが何度もあった。その度に、ずっとひとりで夜を過ごしてきた益永さんのことを思った。大道寺将司さんは俳句という自己表出の手段を持っておられ、己の生き様を省察する方法があり、表出することによって犯した誤りの意味を切開する手だてを持っておられる。その分だけ苦しくもあろうけれど、しかし、それでも、ひとは言葉を介して今生きている自分を確認できるし、言葉を介して心の新たな地平を拓くことができる。

益永さんはほぼ「言葉を失っている」。平野さんの面会記にあるように、今年2月ごろから急激に、こちらの言葉に対する反応が鈍化した。

5月31日、前日からこの日の午前中にかけて名古屋で仕事をして、なんとしても会いに行きたいと、午後4時直前に東拘に駆けつけ、この日の「一般」最後の面会に間に合った。いつもの6階へ行くと、すでに彼は待っていてくれた。「おう、久しぶり」と言うも、かつてのように笑顔は見せてくれない。あれこれの話題をふってみたけれど、ほとんど反応を示さない。大阪の橋下の発言について、「日帝本国人」としてどう思う？とか、今年の夏は、生徒を連れて木曾谷を源流部から下って、近代日本の都市が川の上流部から、人も物資も水までも収奪して形成されたことを、若い人に実感してもらおうと思っている。「木曾って、行ったことある?」と問うも、反応なし。「反応なし」というか、じっと表情を見ているのだけれど、表情からは「そんなことにはなんの関心もない。できれば応答を求めるようなことはしないでほしい」と言いたげな様子が見てとれる。こちらは苦しい。苦しいのでつい、「面会など、房から運び出されるので、面倒で嫌だと思ってる?」と聞くと、かすかにうなずく。

そうなんだろうなと思う。心がどんどん閉じていっている。内側にだけ向かっている。「今度から、聖書を持ってきて、ボクの好きな個所を読もうか?」と言うと、きっぱりと「それはしてほしくない」という表情をする。とりつくしまがないとはこういう状態のことであろう。それでも、面会に行っているこちらはあがく。「こんな所に長く居て、とくに自分で身体が動かせなくなってから、外は今どういう季節か実感できなくなっているでしょ。ボクの教会では紫陽花が咲き始めたよ。今度からは季節ごとの花を持ってきて見せようか?」と言うと、これには「そうねえ、それもいいねえ」という感じの表情をする。

どうしていいか本当にわからない。会いに行くことそれ自体が彼にとって迷惑なのかもしれない。そういう気分も、もともと鬱体質のわたしにはわからないでもない。「ほおっておいてほしい。ひとりで、自分ひとりの心の世界で生きているのに、土足で踏みこむようなことはやめてほしい」と彼は思っているのかもしれない。ここのところはかなり難しい問題だとわたしは思っている。でも、こちらは…、という切なる思いもあって、どうしたものやらと考え続けている。

昨日は日曜日で、キリスト教坊主としては商売日。たまたまのことではあるが、テキストが、「長血の女」という、12年間も出血の止まらない女(これ自体、差別的な、イエスの「癒し」行為の効果を強調するためのあざとい譬えであるとわたしは思っているが)が、当時の法律から、ひと前に出ることさえ禁じられているのに、どうしても「癒し」てほしくて、ひとごみに交じって、後ろからイエスの衣に触れて、その結果癒されるという物語だった。イエスがこの女性に言う。「あなたの信〔頼〕があなたを救った」。縋り付くしかないという切なる「信（頼）」、益永利明さんとわたしとの関係はそんなものになろうとしているのではなかろうか。

時間がきて、帰りに、いつもどおり手を挙げて「じゃあまたな」と言うも、彼は、かつてのように動く側の手を挙げることもなく、面会室から連れ出された。

（2013・6・3）

追記：しかし考えてみれば、彼も面会者との関係を切断したくなくて、痛い身体を起こされてでも、無理して面会室に出てきているのかもしれない。そこに望みを託したいと今は思っている。

・「反日武装戦線支援会ニュース」366号（2014年3月10日）

323

益永利明さんとの面会記

某月某日

へんな書き出しですが、昨年春来、脳梗塞の後遺症で左膝にまったく力が入らなくて、杖をついて歩いています。また昨年末からこれまで経験したことのない痛風の炎症が両手両足に生じて、一人で立ち上がることもできない状態が2ヶ月続き、それが生業の受験屋の繁忙期と重なるという辛い目にあって、残念ながら毎週面会に行くということはできないでいます。心の準備をして、さあ明日は面会に行くぞと気持ちを整えているとあの大雪です。

それでも妻に付き添ってもらって、小菅の駅から東拘の面会口まで、そろそろと1時間以上もかけて行きます。会いに行こうと思うのです。

わずかな面会時間が過ぎての帰り道、今度はからだじゅうの痛さに加えて気分の重さを引きずって帰らなければなりません。

したがってこれは、ある日の面会記ではなく、ここ最近のというところです。

いつごろだったでしょうか、大道寺将司さんが、正確な言葉ではないのですが、「利明君の現状をありのままにみんなに知らせるのはいかがなものだろうか。なんだか晒し者にされているようで」と書いておられましたが、わたしもそう思います。自分だったら嫌だろうなとも思います。利明さんの状態はほぼ固定化されていると言っていいように思いますし、ふと、日々後退しているのではなかろうかと不安に陥ったりします。

オッ、と面会室に入ります。こちらの足がのろくなっているので、たいてい彼のほうが先に入っています。とりあえず気候の挨拶をします。「外」の様子の変化を少しでも知らせたくてです。彼はどんな反応もみせずじっとわたしを見ています。思わず「ボクがだれだかわかってるの」と口にしたりしてしまいます。親の認知症が進んでいる友人から、これは禁句だと教えられているのですが、つい口走ったりしてしまうのです。言葉の接ぎ穂がなく、そのまま面会時間の終わりまで見つめ合ったまま別れたりします。

たまに、「お祈りすることがある？　ボクはご存じの通りの破戒牧師だから、他人の前でお祈りをすることは余程のことがない限りしないのだけれど、ちょっと祈ってみようか？　若いころのことを思い出すかもしれないね」などと言ってお祈りをしたりします。実は、これは毎回の面会の前夜に準備をしていることです。このわたしにしてここまで追い詰められていると理解していただいてもいいのですが、そういうことより、わたしとしては利明さんとの繋がりのギリギリのところまで探り続けていたいのです。

「じゃあ今日は、あなたも若いころに読んだであろうシモーヌ・ヴェーユの言葉を借りながら祈ります。イエスが父と呼んだあなた、シモーヌ・ヴェーユが、かれがわたしを愛していないことはよくわかっている。かれがわたしを愛するなどということがどうしてありえよう。にもかかわらず、わたしの内奥に潜むなにか、わたし自身のある一点は、もしかしたらかれはわたしを愛しているのかもしれない、と畏れおののきながら考えずにはいられないのだ、と、続けて、ルカによる福音書12章34節を引用して、あなたたちの宝のあるところに、あなたたちの心もあるだろう、と呼びかけたあなた、今、ここに。愛されているという実感を持てず、新たな生への希望も持つことができず老齢を迎えて打ちのめされている二人の者が、それでももしかすると蜘蛛の糸にはかない望みを託して生きて、あなたを呼んでいます。聞こえていますでしょうか、このかすかな呼び声が。多くを期待しているのではありません。ただ、犯し続けてきた過ちの大きさに震えるこのからだから発する『助けてください』というかすれ声を聞いていてくだされば と願います。この願いを主イエス・キリストの名を通して献げます」。

彼の表情に変化はありません。それでもいいのです。だって、彼は、わたしたちの面会要請を拒否することなく、病舎から面会室へと出てくるのですから。そこに希望を託していたいと考えています。

将司さんの指摘を受けて、あれこれ考えているうちに、ほとんど面会記になりませんでした。

（２０１４・３・３）

7 破防法反対

とは絶対に解釈できない。[4] それはまさに、銃剣《じゅうけん》のために身をほろぼした国民が、銃剣によらぬ国際道義と国際正義の終局の勝利を固く信じていることを力強く示したものにほかならない。しかしながら略奪《りゃくだつ》をこととする国際的な盗賊団[5]が今日のように強欲《ごうよく》と暴力で、人間の自由を破壊しようと地上をはいかいしているかぎり、諸君のかかげるこの高い理想も全世界から受け入れられるまでにはかなりの時間がかかるものと考えなければならない。

(朝日新聞)

●警察予備隊令[1]

内閣は、ポツダム宣言の受諾《じゅだく》に伴い発する命令に関する件(昭和二十年勅令《ちょくれい》第五百四十二号)に基き、この政令を制定する

第一条　この政令は、わが国の平和と秩序を維持し、公共の福祉を保障するのに必要な限度内で、国家地方警察及び自治体警察[2]の警察力を補うため警察予備隊を設け、その組織等に関し規定することを目的とする。

(官報)

●破壊活動防止法[1]

第一条　この法律は、団体の活動として暴力主義的破壊活動[2]を行った団体に対する必要な規制措置《そち》を定めるとともに、暴力主義的破壊活動に関する刑罰規定を補整《ほせい》し、もって、公共の安全の確保に寄《き》与《よ》することを目的とする。

(官報)

解説　一九四九年十月に中華人民共和国が成立、翌年二月には中ソ友好同盟相互援助条約が結ばれ、そして六月に朝鮮戦争が勃発する。こうしたアジアにおける東西両陣営の緊張が高まる情勢の中で出された正月のマッカーサーの年頭の辞の意味するところを考えてみよう。マッカーサーは、日本国憲法は自衛権を否定していないとし、

---

[4]自衛権を是認した
[5]共産主義をさす
出典　二八五ページ参照

●警察予備隊令
[1]一九五〇(昭和二十五)年八月十日、第三次吉田茂内閣がポツダム政令として公布・施行
[2]一九四七(昭和二十二)年十二月の警察法の制定により警察の民主化が進められた。全市と人口五〇〇〇人以上の市街的町村に自治体警察が、残りの農山漁村に国家地方警察が置かれた
出典　二六〇ページ参照

●破壊活動防止法
[1]一九五二(昭和二十七)年七月二十一日公布
[2]この時期にメーデー事件、菅生《すごう》事件・吹田《すいた》事件・大須事件などが多発した

324

破防法反対運動を諸闘争と連帯して推し進めよう
【特集】オウム破防法——宗教と危機管理

・「月刊フォーラム」7月号（1996年）

一 「沖縄」と破防法

「有事対応」という何事かが緊急に始まるのではないかというような言葉が用いられながら、その実具体性が甚だとぼしく、ひとの感情のみをいたずらに刺激する用語によって、ある政治状況が作られようとしたことは、これまでにも何度かあった。最近で言えば、朝鮮民主主義人民共和国における原発開発を巡って、いかにも一触即発の事態が生じるかのような雰囲気が醸されたことがあった。しかし、これらの多くは「狼が来る」式の煽動でしかなく、そのことによって意図されたのは、自衛隊の強化であり、国内治安体制の引き締めであった。従って、多くの人々にとっては、そうした煽動の結果がどうなったのか殆どわからず、「有事」を言い出した側ももちろんそれをもくろんでのことであるから、日常の裏側で着々と何かが進行しているに違いないのだが、なんとなくうやむやのままに終わらせてきた。

しかし、今回の「有事対応」はそういうわけにはゆかない。昨年来の沖縄の民衆の闘いの昂揚が創りだした反基地・反安保の大きなうねりの中で、日米安保の再定義、というより明確に日米安保の質的転換、戦略目標の飛躍的拡大がなされたのであるし、そのことの反映として、具体的に沖縄にある基地をどうするのかという問題であるから、沖縄の民衆の眼前で事を運ばねばならない。

では今回の「再定義」の孕む大きな問題とは何か。これまでまやかしではありながら憲法と日米安保を両立させてきたのは、歴代政権が安保について国土保全、専守防衛、個別的自衛権という原則を建前としてきたことによって、このまやかしは辛うじて成り立っていた。それが、自衛隊・米軍の行動範囲をアジア・太平洋と広げたのである。これまでの政権が「憲法上認められない」としてきた集団的自衛権の行使へと大きく一歩踏み出した。すなわち、「共同宣言」でいうところの「我々の同盟関係は、アジア・太平洋地域の平和、安定及び繁栄にとり中心的な重要性を持っています」ということであり、また「平和貢献」の項目では、朝鮮半島での日・米・韓の協力体制の構築に触れながら、中国を意識してか中国・

台湾関係には触れず、その直後に「両国政府は、中東において平和を建設するために緊密に協力する。両国政府は、それぞれの政府が旧ユーゴスラビアにおける人道支援及び復興に対し相当の貢献を行っていることに満足する」というくだりである。

ところで、破防法をテーマとして与えられ、また安保・軍事にはまったくの素人でありながら、なぜ今回の安保「再定義」について冒頭に長々と書いているのかといぶかしく思われるふしもあろうが、今回の「共同宣言」の中の「日米両国が外交問題で協力してきたことで、困難をかかえる地域に平和をもたらし、テロリズムと闘い、核の危険を減少し、国連の機能を強化し、そして世界中で民主主義と開発を進めてきました」という言い方や、「両国政府は、また、すべての人々が自由及び効果的な法制度の利益を享受できるよう、民主主義の普及、法の支配、そして基本的人権の保障のために協力する」という言い方が、破壊活動防止法第一章第一条「この法律の目的」に言う「この法律は、団体の活動として暴力主義的破壊活動を行った団体に対する必要な規制措置を定めるとともに、暴力主義的破壊活動に関する刑罰規定を補整し、もって、公共の安全の確保に寄与することを目的とする」という規定に対応するのではないかと考えるからである。

安保とはもともとそういうものであったと訳知り顔で済ますわけにはゆかない。破防法が、国家がその威信をかけて適用する国内治安法の最高形態のものであるとすれば、今回の「再定義」による安保の守備領域のアジア全域、中東、ユーゴスラビアへ、また太平洋地域への拡大と、ソ連崩壊後、「世界の警察」を自認してきた米国の役割を、軍事的側面でも日米協力して負担するというところにまで踏み込んでしまった日米安保は、たんに占領下の団体等規制令を引き継ぐものとして52年に破防法がつくられ、同時に日米安保条約が締結されたという歴史的経緯からの類比を越えて、本質的にアジア・太平洋地域の「破防法」の性格を露出させてきたのではないだろうか。今更言うまでもないことであるが、このことは、ペルシャ湾への掃海艇派遣、カンボジアへの自衛隊派兵、湾岸戦争によって既に事実が先行しており、今回の共同宣言はこの事実を追認したものであるに過ぎない。

沖縄がその要石である。そうであるとすれば、既に多くの人によって指摘されていることだが、今回の普天間基地の返還や、近い将来の楚辺通信所の返還の約束など、基地機能の再編、分散化以外の何物でもなく、これからアジア・太平洋地域で頻発するであろう少数民族による自立へ向けた闘い、先行する資本主義国による収奪と差別への反攻等々の闘いに対する日常的な治安体制の構築と、一旦緩急あれば「破防法適用」にまで至る強権支配の基地としての沖縄の位置を、大きく転換・縮小させることなどありはしない。

かつて破防法が適用されたのは、公布直後、時の共産党の軍事方針に対して、三八条二項二号の「内乱罪実行を目的とする文書の頒布」を適用した四件と、三無塾という国家主義的団体に対する三九条、四〇条の殺人・騒擾等の予備・陰謀での適用と、ベトナム戦争下の70年安保・沖縄闘争に対する革共同、共産同、赤軍派に対してであった。

日本共産党に対しては無罪、三無塾に対しては有罪、70年安保・沖縄闘争に対しては有罪であった。前二者の破防法適用については、世代的に言っても実感が乏しいので言及することはしないが、70年安保・沖縄闘争については、自らもその世代であり、多少の関わりをもっているので、安保・沖縄闘争の思想的な内実にまで踏み込んで検討する余裕はないが、この闘いに対して破防法が適用された状況について、若干述べておきたい。

70年安保・沖縄闘争は、67年10月、11月の二つの羽田闘争から出発し、71年11月の沖縄協定の国会強行採決にまで至る4年間の長い闘いであった。因みに当時の新聞から、警視庁発表の闘争参加者を見てみると、70年6月23日の安保条約自動継続に抗議する全国行動の参加者は、全国で77万4千人。71年11月19日の衆院特別委員会の沖縄協定強行採決に対する抗議行動への参加者は、同じく全国で52万6千人であった。

時あたかもベトナム戦争の真っ只中であった。65年に開始されたアメリカによる北ベトナムへの爆撃は、泥沼に足をとられるかのように際限なく拡大され、軍事基地を提供する安保条約を楯にして、日本政府は初期段階から北爆を支持し、アメリカのベトナム侵略戦争に対して日本全土を、とりわけ沖縄をその補給基地、爆撃の直接的な前線基地とした。60年安保闘争の際には、アメリカが日本を直接的な軍事前線基地とするのではないかという危惧としてあったものが、眼前に展開されたのである。太平洋戦争下「本土防衛」の楯にされ、地上戦が繰り広げられて、想像を絶するような苦難を経験した沖縄は、51年のサンフランシスコ講和条約によって「本土」から切り離され、アメリカ軍政の直接統治下に入った。以後アメリカのアジア・太平洋戦略の最大拠点、中枢としての機能が小さな島に背負わされてきた。こうした事態の中でかつての沖縄戦の経験がその脳裏に蘇らないはずがない。安保条約期限を前にして、沖縄民衆は、基地撤去・「本土」復帰を求めた大闘争に起ち上がった。佐藤政権は、ベトナム戦争での展望を失ったアメリカに対し、沖縄の施政権返還交渉を進めたが、その内容は、沖縄民衆の願いとは遠く、アメリカのベトナム侵略戦争支持を前提とした安保継続という基本方針を堅持し、沖縄の米軍基地はそのまま維持するというものであった。コザ「暴動」にみられるように、沖縄の闘いが激化するのは必然であった。

このような沖縄の闘いを受けて、「本土」における70年安保闘争が沖縄を焦点として闘われたのもまた当然の趨勢であった。

このような全国的な安保・沖縄闘争の昂揚に対して、警察庁は、69年度予算において都道府県警察の大増員を要求する。警察資料によれば、第一次羽田闘争の67年には5700人であった警察機動隊は、69年10月には9700人にまで増員されている。もちろんその装備も一段と強化された。この9700人の警察機動隊中、警視庁機動隊はその約半分である。機動隊なるものの担う本質がここに露呈されている。また、現在では、先の4月1日からの知花昌一さんの土地の不法占拠の時も大阪府警、福岡県警の動員があったように、ほとんど常態化しているが、この69年に、通常勤務の警察官を一定期間訓練して、随時編成する管区機動隊の制度が設けられている。同時に、当然のこととして公安警察の増員とこれの不法極まる跳梁跋扈も開始されている。

このような国家権力による重包囲の中で、安保・沖縄闘争は果敢に闘われたが、弾圧は厳しく、大量の検挙者を出しながらも権力中枢へと攻め登ることは残念ながらできなかった。こうした弾圧の強化と闘争手段とは相乗的な関係になることは必然であって、破防法煽動罪はこのような状況でのアジテーションに対して発動されたのである。

要するに沖縄は、アジア・太平洋地域からさらに拡大した領域での日米共同した軍事的治安体制の要であり、国内的にも国家権力はこれまでも自らの足元を掘り崩す闘いを内包した地域であると認識してきたであろうし、今後も沖縄の民衆が基地の島、戦時下の島としてあり続けることに甘んじたままでいることはなく、「本土」の我々もかつての安保・沖縄闘争のみならず、薩摩の琉球植民地化以来の歴史を総括して新たな安保・沖縄闘争として沖縄民衆に呼応する限り、破防法適用の対象たるをえない位置を保ち続けるであろう。

二　オウム真理教への破防法団体規制適用の前段階

まず95年度の「警察白書」から、その時点での治安状況を警察がどう認識していたかを見てみたい。

当然のことであるが、通常こうした「白書」は、前年度の総括的な把握ということになる。しかし95年度に限って、その年の前半に起きた大事件を挙げて、副題が「サリン・銃・大震災に対峙した警察」となっている。どれほど警察があわてたかの証左である。

この年の白書のキーワードは「安全神話にかげりが見えてきた」と「犯罪の広域化」である。これまで磐石の治安体制を維持していると自負してきた警察が、現在の態勢では治安を維持することが困難であると弱音を吐き、先の三つの「予測不可能」な事態に対して、新たな態勢で臨まなければ責任を持てないとばかり警察法の改悪を匂わせてもいる。例えば銃の問題について、同白書は、銃の発砲回数、死亡者、またこの死亡者中の企業幹部を含む一般市民の数、押収した銃の数が、どれも歴史的な数を記録しており、「銃の氾濫」した社会へと移行しつつあると警鐘を鳴らしているのであるが、本当にそうか。何者かによって狙撃された国松警察庁長官も、95年9月5日読売新聞との記者会見で「(治安体制の現状には)かなりの危機感を持っている。一番ショックを受けたのは、昨年12月の総理府世論調査で、日本で誇りに思うことの「治安の良さ」が42%で、前年に比べると10ポイントも落ちていた」と述べ、また「市民はまた起こるのでは、という不安感を抱いている。元に戻せるかどうか、ギリギリの段階だ」と「治安体制のターニングポイント」という言葉を用いて現段階の認識を示している。事実銃を用いた事件が以前より多くなっていることは感じるが、ごく一般的な暮らしを営んでいる者が、そのことをして「治安の悪化」と考えるかどうかあやしいものである。表現の自由をめぐって、まず「猥褻」の摘発から始めるという手口の匂いを感じる。市民社会においてそれ自体誉められたことでもなければ喜ばしいことでもなく、抗弁し辛いことを手掛かりに抑圧の装置を強化するという手口である。同様のことは「治安体制のターニングポイント」なる表現についても言えよう。甚だ抽象的で、具体的にそれまでの事態がどういうものであり、どう変わろうとしているのか、それが日々の暮らしにどう影響を与えるのかなどという説明は皆無でありながら、如何にも大変な事態が進行しているような表現で、いたずらに不安だけを煽ることによって、裏面で民衆にとっては権力の悪意ばかりが進行するという、先の「有事対応」と同様のやり方である。

実際、どさくさまぎれにサリン法を作り、銃刀法改正も成立。「発射罪」という従来の考え方からすると構成要件の不明確なものもできた。これまで銃と弾を所持していれば12年以上15年以下の懲役であったものが、誰にも命中することなく、ただ発射したのみで、最高刑が20年になるというものである。だがこれらは、とりあえず我々の日常にすぐに直接関係するということはないが、ことこれが警察法となると単に我々にとって関わりが深いというにとどまらず。民衆の日々の暮らしに直接関係が深く放置しておく訳にはゆかない。

93年に警察法が「改正」された。犯罪の広域化と国際化に対応するという名目で、これまでの保安部を生活安全局と名称変更し、国際部を新設した。しかし、これは本命の「改正」ではないであろうことは、誰の目にも明らかだった。昨年6月の衆院本会議で、当時の村山首相は、銃を使用した犯罪の多発に関して、「国民生活の不安については憂慮に耐えない。再発防止のために必要な警察力の整備や治安基盤の充実について十分に検討していく必要がある」と言い、また「組織的、広域的犯罪に対応するための警察組織の充実に取り組む」と発言した。

国松警察庁長官も先の記者会見で、「巨大組織の犯罪については管轄権がなくても警察庁や大阪府警が助っ人に出られる仕組みを作ることが必要だろう。警察法の改正も今後検討しなければならない」と発言している。着々と準備を進めているのである。今回のオウム真理教への捜査に対して、例えば坂本弁護士の事件で神奈川県警は何もできなかったとか、山梨県警はまるで無能で、結局警視庁が出てこなければ手の出しようもなかった、などということがしばしばマスコミでも言われた。こういうことが、警視庁の広域にわたる一元的な捜査の主導権の掌握に道を開くことになると知ってのことかどうか。

戦後警察法は、戦前の国家警察を地方自治体警察に解体するというところに改正の主眼がおかれた。それなりの反省の結果であった。しかし、戦前・戦後警察の中枢は、同じ内務官僚が務めてきたのであるから、一貫して国家警察の方向を目指してきたと言って過言ではないが、ここにきて大きく一歩を踏み出しつつあるのではないだろうか。

三　オウム真理教への破防法適用について

オウム真理教への破防法適用は、公安調査庁のリストラ対策であるなどという揶揄もあり、一面そういうところがあるかもしれないが、これまで見てきたように、破防法適用なぞということは、権力にとって治安の維持が困難であることの露呈であるから、なまなかな決断によるものではなく、着々と「警察国家」化の準備の上で、満を持して出されたものである。

我々は、こうした政府、法務省、公安調査庁の動きに対して、「破防法に反対する2・23集会実行委員会」を結成して反対運動を展開してきた。2・23当日は、豊島公会堂に800人を越える人々が集まり、憲法学者奥平康弘さんの講演を聞いた。この講演については、「イケン！破防法」なるパンフを作り、それにすべてを掲載したので、是非読んでいただきたい（日本基督教団社会委員会・03・3201・0546）。

我々が、どういう立場でオウム真理教への破防法適用に反対しているかは、当集会の決議文が最もそれを的確に示しているだろうから、短いものなので、引用しておく。

決議文

政府・法務省・公安調査庁は、サリン事件をおこしたとされているオウム真理教への国民の疑念、怒りを利用して、破壊活動防止法団体適用の道をきりひらこうとしています。

1月18日には、団体適用にむけての第一回弁明手続きがおこなわれており、破防法をめぐる情勢はきわめて緊迫した状況にあります。破防法は、その制定当時「治安維持法の再来」と国民から強い批判をうけたことからも明らかなように、国民の現在と未来を規定しかねない法律です。

私たちは政府・法務省・公安調査庁がおしすめている破防法団体適用に次の理由により反対します。

一　破防法は国民の思想・言論・集会・結社の自由を侵害する違憲・違法の法律です。その違憲性・違法性のゆえに破防法の団体適用は国民の批判によってこれまでこばまれてきました。破防法の団体適用は必ず憲法の保障する思想・言論・集会・結社の自由の侵害、圧殺をもたらすでしょう。違憲の破防法の適用はそもそも誤りであり、直ちに団体適用の手続きの中止・撤回をもとめます。

一　宗教団体であるオウム真理教への破防法の団体適用は、左翼結社規制法といわれた破防法を左翼運動のみならず労働運動、在日朝鮮人運動、女性解放運動、市民・住民運動、宗教団体等のすべての団体を対象とした法律へとつくりかえようとするものにほかなりません。これは「現代の治安維持法」として破防法が浮上してきたことを意味します。

一　破防法時代の到来は、国民の基本的人権の侵害だけではなく、警察、公安調査庁の権限の強化、国民の監視をもたらし、必ずや警察国家への道を急速におしすすめるでしょう。破防法と憲法、人権は絶対に両立しません。なぜなら破防法の核心は思想・言論・集会・結社の自由等の否定だからです。私たちは、破防法時代の到来を阻止するために破防法の団体適用に反対し、破防法の廃止を求めます。

というものである。

また、オウム真理教への適用に関する法的な問題の指摘については、95年10月6日付けで出された日弁連会長土屋公献さんの「破壊活動防止法適用に関する声明」が簡潔にして要を得ているので、一部を引用しておこう。

　オウム真理教の今回の一連の行為は、「政治上の主義若しくは施策を推進し、支持し、又はこれに反対する目的をもって」なされたか否か、また現在のオウム真理教に「継続又は反復して将来さらに団体として暴力主義的破壊活動を行う明らかなおそれがあると認めるに足りる十分な理由がある」といえるかは疑わしい。

●破防法八条は、解散の指定を受けた団体の役職員、構成員であったものは「団体のためにするいかなる行為もしてはならない」と規定し、違反者は処罰されることになっている。「ためにする行為」という要件があいまいで、信教の自由との関係で問題をはらんでいるだけでなく、オウム真理教の構成員らの活動を徹底して禁止し、犯罪者として処罰するなら、処罰を恐れた彼らが地下に潜行してしまい、信者の社会復帰、家族のもとへの帰還等に多大の支障が生じかねない。

●財産の管理上にも問題がある。破防法一〇条は、団体解散指定処分が「訴訟手続きによって、その取消を求めることができないことが確定したとき」になって初めて、当該団体が財産整理義務を負うと規定している。財産整理を後回しにし、そのうえ団体の自主清算を認める破防法では、オウム真理教教団財産の一刻も早い凍結、清算を求める市民の声に反し、被害者の公正・迅速な被害回復の願いにも応え得ない。

（省略）

●破防法の団体規制、解散指定の規定は、同法が成立して以来今日まで一度も適用されてこなかった。にもかかわらず、今回、適用要件もあいまいなまま、オウム真理教に対しこれが適用された場合、ことはオウム真理教への適用の適否にとどまらず、日本の民主主義、国民の人権にとって由々しき事態を招くこととなる。

（省略）

我々の決議文や日弁連会長声明が決して単なる危惧でないことは、95年初め、公安調査庁が、戦後50年の節目を迎えた同庁の業務の見直し作業の一環として、破防法に基づく調査活動の対象を、従来の共産党、新左翼諸党派、右翼団体、朝鮮総連などの範囲から大きく拡大し、労働組合、市民運動、住民運動団体にまで広げることを検討している内部文書が暴露され（95・1・1信濃毎日新聞）、それによると、調査の範囲が「（破防法などの）規定に照らして狭すぎた」として、今後、全労連、連合などの労働組合、政党、環境問題や消費者問題に取り組む市民団体、住民団体も対象にするとしていることでも明らかである。さらに公安調査庁は、大規模な機構改革に着手して、対外調査部門の拡充とともに、宗教集団担当部門を新設するという方針も打ち出している（96・1・15産経新聞）。

ここにきて、対外、対内治安体制構築が急速に図られていることが白日の下にさらされてきた。

四　今後の反破防法運動の展開

日弁連では今年度の定期総会において、破防法の適用に反対する総会決議をあげるべく準備がすすめられている。破防法に反対する弁護士の会等を中心に努力が続けられているが、既に千名を越える弁護士がこれに名を連ねているとのことである。各地で反破防法運動も活性化しつつある。

地域運動として最も早く声明を発したのは福岡であった。原則的な批判の上で、「私たちは、最近の政府による破防法団体適用策動は、最近になって再開され強行された死刑執行と同じく、人権よりも国益を大事にする『強い国づくり』『戦争のできる国づくり』を目指した危険な動きであると断ぜざるを得ません」と強く警鐘を鳴らしている。この「破防法適用反対市民共同宣言」には、48団体もが名を連ねており、福岡の市民運動のほぼすべてが参加している。

宗教団体も、宗教法人法の改悪との関連で、破防法反対の動きが徐々に始まっている。

労働運動でも、今年1月に早くも、地域共闘交流会、争議団体連絡会議、刑法改悪阻止!保安処分粉砕!全都労働者実行委員会、反弾圧研究会、労働者法律センター、三多摩労働者法律センター、北部労働者法律センターが連名で反対声明を出し、労組交流センターも各地で運動展開を開始している。

我々の破防法反対実行委員会もこの5月、6月を全国での小集会期間と位置付けて、取り組みを開始している。こうした全国展開の上で、可能な時に全国交流会を持ち、地道なしかし広範な反破防法運動を創りあげたいと努力している。

こうした破防法そのものを廃止するための運動を担いつつ、しかし一方、既に述べたように、「破防法時代」は「警察国家化」と「派兵時代」のただ中で進行しているのであるから、沖縄闘争をはじめとして、それぞれが担っている様々な闘いの現場での運動を昂揚させて迎え撃つことなしには、勝利の展望は切り開かれない。日々努力したい。

325 今、なぜ、オウムに破防法か

・「働く人」462号（1996年9月1日）

●今、なぜ、オウムに破防法か

「毎日新聞」96年6月29日の社説は、公安審査委員会は、オウム真理教に対する破壊活動防止法の団体解散規定の適用について、「最終判断の場として、書面審査だけで終わってはならないだろう。時間はかかっても必要な証人の取り調べ、関係者からの聴取が必要だ。改めて周到な審査を求める。公安審査委は、処分請求の却下も棄却も、当然できる。まことに冷静で大きな判断を求められるのである」とした上で、「暴力主義的破壊活動を、継続、反復して将来も行う明らかな恐れを、『弁明』で同庁は指摘した。しかし、松本被告をはじめ教団幹部の大半が法廷の審理を受けているいま、その指摘が妥当かどうか」と疑問を呈し、「オウム教団は、宗教法人法上はもう解散させられている。破産もしている。教団員以外の人々にも影響しかねない破防法を発動する根拠は、薄まっていると言いたい」と、ごくまっとうな常識的見解を述べている。

ただ、ないものねだりに過ぎないのであるが、しかしなお、この権力の横暴に制動をかけようとするジャーナリズムとしての常識的な見解に、今回の破防法適用の本質的な問題点の指摘が欠落していることを言わざるを得ない。

7月11日の公安調査庁による公安審査委員会への破防法団体解散の請求の直前、6月19日、公安調査庁は局長会議を開催した。第六回弁明手続きを前にして、この会議で請求の最終的決断をしたのであろうが、翌日20日の朝日新聞の報道によると、この会議の冒頭、公安調査庁長官杉原氏は、「沖縄における反基地闘争が全国的に波及する可能性があり、これを未然に防止しなければならない」旨の発言をしたようである。ここに、今、なぜ、破防法を、の解答があるのではないか。

公安調査庁設置法第三条は、「公安調査庁は、公共の安全の確保に寄与することを目的とし、破壊活動防止法の規定による破壊的団体の規制に関する調査及び処分の請求等に関する国の行政事務を一体的に遂行する責任を負う行政機関とする」と定める。

昨年来の沖縄における反基地運動の高揚は、戦前戦後一貫した沖縄差別が、今もなお戦時下としか言いようのない「基地の島」沖縄の現状に対する沖縄民衆の怒りに発したものであって、これを、「破壊的団体」と認定して「調査及び処分」の対象とすることは、明らかに「設置法」からの逸脱である。破防法などそれ自体憲法違反であるが、百歩譲ったにしても、この杉原発言は許すことのできないものである。が他方逆にここに今回の既に「死に体」になっているオウム真理教に対する破防法適用の意図は露呈している。

●歴史的教訓

破防法はその制定時の反対運動の時から、「治安維持法の再来」と言われてきた。国家の治安法の最高の形態という意味で、同質のものであるということと、特にその内容において、１９２８年の「改正」治安維持法第一条の「結社ノ目的遂行ノ為ニスル行為ヲ為シタル者」への処罰規定と、破防法第八条の「当該団体のためにするいかなる行為もしてはならない」という規定のもつ危険性において、これが国家権力の恣意のままに適用できるという点で同質であると指摘されてきた。

１９２８年の「改正」治安維持法によって、どういう事態が出来したか。この年の３月15日のいわゆる３・15弾圧によって、日本共産党中央は壊滅された。この直後６月にこの「改正」が行なわれたのである。

すなわち、治安維持法の目的である「国体ヲ変革シ又ハ私有財産制度ヲ否認スルコトヲ目的トシテ結社ヲ組織シ又ハ情ヲ知リテ之ニ加入シタル者」への弾圧は最終段階にあり、次に党員ではないが、これに一定のシンパシーを有している者、あるいは更に国家権力の弾圧に疑問を持ち、言論・思想の自由を確保したいと考えていた者等への弾圧へと道を開いたのがこの「為にする行為」という規定であった。

こうなれば弾圧対象の拡大は無制限である。共産党周辺の文化運動にまで弾圧は拡大され、これらもまた１９３３年頃までにほぼ壊滅状態に追い込まれた。小林多喜二の虐殺がこの33年であった。そして35年の大本教第二次弾圧である。近代国家でありつつ、一方で「国体」という宗教イデオロギーの体系をもった疑似宗教国家であった天皇制国家は、己れの「教義」に抵触するイデオロギー・教義を有している一切の団体の存在を許容できない。

そこで、文部省の所管であった公認教団にまず手をつけるのでは摩擦が大き過ぎると判断したのであろう。内務省警保局の所管であった非公認教団（類似宗教団体）の中から、昭和神聖会の運動などを展開していた大本教が選ばれた。

ちょうど司法省思想検察官僚の主導で周到な準備をして治安維持法の本格的発動のモデルケースとしての3・15弾圧があったのと同様に、地元警察がまったく知らない内に内務省警保局官僚の指導によって大本教を突破口に、天皇制国家イデオロギーと相容れない宗教団体の壊滅作戦が展開されたのであった。大本教に続いてひとのみち教団、天理本道、燈台社と立て続けに治安維持法による弾圧が続く。燈台社への治安維持法発動は39年であった。恐れをなした宗教団体の側では、もともと天皇制国家に抵抗するという姿勢はなかったが、こうしたうち続く弾圧の中で、自らの教義を天皇制国家イデオロギーの側にすり寄せて延命する道を選択した。わが日本基督教団の宗教団体法による合同は41年であった。

これらすべての弾圧が「為にする行為」という屁理屈を根拠にしたのである。

そして侵略戦争の飛躍的拡大である。

●思想・表現の自由を守ろう

52年、破防法は日本共産党や朝鮮総連を対象として制定されたものであり、事実この二団体は現在も公安調査庁調査一部三課、調査二部一課によって調査・監視を続けられているのであるが、ここ25年ばかりは、公安調査庁の主たる監視対象はいわゆる新左翼諸党派であった。が、これらの党派の多くが、「破壊活動」から路線転換したのみならず、大衆運動に対する規定性が弱まっている。国家権力の側からすれば解体的危機に追い込んだという状況の中で、公安調査庁は次の獲物を求めていた。「平成の大本教」を求めていたのである。

そこにオウム真理教という格好の獲物が登場した。登場させたとまではいわないが、マスコミへの情報操作などを通じて意図的に破防法適用のための地均しはした。そして冷静に考えるなら誰しもが今更と思うにもかかわらず適用を強行しようとしている。

先の杉原発言の意図について再度考えてみたい。

いうところの安保再定義という名の新安保は、その守備範囲を中東から太平洋全域にまで拡大し、日米共同宣言の表現でもってすれば、「日米両国が外交問題で協力してきたことで、困難をかかえる地域に平和をもたらし、テロリズムと闘い、(中略)世界中で民主主義と開発を進めてきました」ということになるのだが、ここで言う「困難をかかえる地域」で「テロリズムと闘い」続けるという表現の意味は、例えばビルマの軍事政権を支え、解放運動を続ける勢力への弾圧に手を貸すの謂であり、インドネシアにおける東チモールの民族解放闘争を指してテロリズムと呼び、これの弾圧を日米の軍事協力によってなすの謂である。こうした日米安保という名のアジア・太平洋地域の「破防法」の中核的な拠点が沖縄であり、そうであるからこその杉原発言である。

ＰＫＯという「先進国」の望む世界秩序の軍事的維持装置に積極的に参加しようとしているこの国家において、国内治安・秩序の維持は緊要にして急務である。

オウム真理教への破防法適用から、我々はここまで読む必要があるのではないか。そのためにも思想・表現の自由は、かつての轍を踏まないために絶対に守り抜かなければならない。

326 破防法そのものを廃止しなければならない

・『インパクション』１０１号（１９９７年２月）

１９９７年1月31日、オウム真理教に対して公安調査庁から出されていた破防法の団体解散請求が、公安審査委員会によって棄却された。

制定時において既にその違憲性が強く危惧された破防法は、１９５２年7月の制定3週間後、当時の日本共産党系出版物であった『球根栽培法』が、破防法三八条一項二号でいう「内乱の罪を実行させる目的」で「その実行の正当性又は必要性を主張した文書」に該当するとして発動されて以後、同年9月に同じ日本共産党の活動家に釧路、三重上野、岐阜、京都で4件発動されたが、これらは全て無罪判決であった。その後、61年秋に、三無事件といわれる右翼の活動に対して、「政治目的による騒擾の陰謀および殺人の陰謀」で破防法三九条および四〇条一号が適用され、８名が有罪、４名が無罪で確定した。

更に70年安保闘争に向けた新左翼の「４・28沖縄闘争事件」、「大菩薩峠における総理大臣官邸襲撃訓練事件」、「国際反戦デー渋谷騒乱事件」の3件が「騒擾などのせん動罪、殺人・凶器による多衆公妨罪」であるとして発動され、共産主義者同盟のさらぎ徳二さんのみ現在も公判が続行中であるが、他は全て有罪確定という歴史をもっている。これらはいわゆる「せん動罪」であった。

破防法は周知の通り、団体規制つまり団体そのものを取締まる（行政上の）仕組みと、内乱などの教唆・せん動や内乱の正当性・必要性を論ずる文書の配布などを取締まる（刑事上の）仕組みとの二つから成立している。法の制定以後現在まで、この法律は、後者の方だけがかろうじて「機能」してきたのである。

しかし破防法四五ヵ条中、この後者にかかわる刑法特別法の諸規定はわずかに四ヵ条のみであることからも察せられるように、この法の本来的な目的が前者の団体規制にあることは明らかである。

即ち、公安審査委員会は、「政治上の主義若しくは施策を推進し、支持し、又はこれに反対する目的をもって」、「団体の活動として暴力主義的破壊活動を行った団体に対して、当該団体が継続又は反覆して将来さらに団体の活動として暴力主義的破壊活動を行う明らかなおそれがあると認めるに足りる十分な理由がある」団体に対して「解散の指定を行うことができる」というものである。

この法律の違憲性云々を一般的に論ずることは法律家でもないので控える。我々にとっての問題は、今回のオウム真理教によるとされる殺人をも含む「騒動」がこれに該当するか否かであり、万一これが適用された場合の波及効果、また公安当局による適用の意図について考えることである。

公安審査委員会の「決定書」は、公安調査庁による「破防法団体規制適用策動」による「予防効果」を評価し、サリン散布を含む諸事件を、オウム真理教によって「政治上の主義若しくは施策を推進」する意図をもってなされたとし、これが「団体の活動」であることを認めている。従って今回の棄却決定は、唯一「将来の危険性」についてのみ公安調査庁の主張に疑義を表明しているのである。棄却決定そのものは当然としても、この杜撰かつ公安調査庁と警視庁の両方の顔を立てたとしか言いようのない玉虫色の決定については、明確に批判をしておかねばならない。どういう「質」のものであれ、政治団体ではない宗教団体の「政治目的」を言うのであれば、いかなる団体にも「政治目的」はあるだろう。とすれば、ここでいう「政治」とは何かが明らかにされねばならない。同様に「団体性」を認めるのであれば、「団体」による「団体性」の構成・確認の過程の全容が明らかにされねばならない。かつて自分の経験であるが、「共同謀議」による「共同正犯」で逮捕され、「共同謀議」が立証できないものだから、「現場での目示」がそれであると主張されたことがある。あまりにくだらないのでこれ以上言いたくもないが、仲間が視線を交わしたら共同謀議であるなどという水準で「団体性」を認めるのであれば、わたしはパレスチナでイスラエルと闘っている民衆の団体の構成員であり、サパティスタの構成員である。「将来の危険性」の件については、「警視庁よくやった」と言っている以外の何物でもない。

公安審査委員会は、このような揶揄するかのような批判を浴びることを承服できないのであれば、審査の全過程を明らかにしなければならない。我々はこれまで審査の公開を強く求めてきたし、公開質問状で「議事録」の公開を求めてきた。それは破防法そのものが甚だ杜撰かつ権力の恣意のままに用いられる可能性が強い法律であり、反証のしようもない実証性をあらかじめ放棄した大量の文書をもって「団体に対する死刑判決」ともいうべき破防法の団体規制適用を請求するような公安調査庁の「将来の危険性」を危惧したからである。百歩譲って、公安調査庁とはそういうものだとしても、「民間人」を入れて「中立」を装う公安審査委員会には、今後のためにも審査の過程を公開する責任があるし、我々にはそれを要求する権利がある。この点を曖昧にしたままで、とりあえず適用されなくて良かったと総括することはできない。

ところで、マスコミなどは「適用却下」で浮かれているが、96年6月19日の公安調査庁局長会議での、「沖縄における反基地運動が全国に波及する可能性がある。これを未然に防止しなければならない」旨の杉原公安調査庁長官の挨拶問題はどうなっているのか。破防法は「公共の安全の確保に寄与することをもって目的とする」としていることを根拠にしての発言であろうが、この発言は破防法からさえも逸脱していることは明白である。こういう発言を許していたのでは、公安調査庁は一層つけあがるに違いない。この点も今後の課題にしたい。

あれこれ考えれば、簡単な結論に至る。要するに破防法は廃止しなければならない。

（破防法反対実行委員会・日本基督教団社会委員会　小田原紀雄）

327

破防法反対の闘いでかちとったもの

・『破防法研究会』（1997年）

はじめに

宗教法人法第1章第1条は、「①この法律は、宗教団体が、礼拝の施設その他の財産を所有し、これを維持運用し、その他その目的達成のための業務及び事業を運営することに資するため、宗教団体に法律上の能力を与えることを目的とする。②憲法で保障された信教の自由は、すべての国政において尊重されなければならない。従って、この法律のいかなる規定も、個人、集団又は団体がその保障された自由に基いて、教義をひろめ、儀式行事を行い、その他宗教上の行為を行うことを制限するものと解釈してはならない。」とし、

第2条は、「この法律において『宗教団体』とは、宗教の教義をひろめ、儀式行事を行い、及び信者を教化育成することを主たる目的とする左に掲げる団体をいう。一　礼拝の施設を備える神社、寺院、教会、修道院その他これらに類する団体　二　前号に掲げる団体を包括する教派、宗派、教団、教会、修道会、司教区その他これらに類する団体」とすると定義している。

そして、第四条では「①宗教団体は、この法律により、法人となることができる。②この法律において『宗教法人』とは、この法律により法人となった宗教団体をいう」とし、

更に第5条においては、

「①宗教法人の所轄庁は、その主たる事務所の所在地を管轄する都道府県知事とする。②他の都道府県内にある宗教法人を包括する宗教法人にあつては、その所轄庁は、前項の規定にかかわらず、文部大臣とする」としている。

「宗教法人法」など特殊な仕事でもしていない限り日常ほとんど目にすることがないものであるから、ぜひ読んでいただきたいと思って長々とした引用をしたのではもちろんない。「オウム真理教」がどういう教義を持った宗教であり、いまだその全容はほとんど明らかにされてはいないが、彼らの一部が行ったとされる「諸事件」をどう考えるかについては、それぞれに意見があるであろうし、当然筆者にもある程度の見解はある。しかし、ここではまず「オウム真理教」が、明確に法人格を有した「宗教団体」であり、「憲法に保障された信教の自由」をも当然有していることを最初に確認したいが故の引用

である。

今回、公安調査庁が「オウム真理教」に対して、団体解散を請求し、公安審査委員会がこれを棄却したのであるが、現時点でこれを総括的に考えようとする時、まず何よりも、憲法が保障する「自由」を侵害しようとした暴挙であり、別段「宗教団体」を特殊化して聖域になどする必要はまったくないのであるが、そういう問題では一切なく、こういうことを許していたのでは、「この法律による規制及び規制のための調査については、いやしくもこれを濫用し、労働組合その他の団体の正当な活動を制限し、又はこれに介入するようなことがあってはならない」(「破防法」第3条2)という自らを劇薬と認識し、適用を極力回避せよと規制する大変珍しい法律の、その歯止めを捨ててしまうことを結果すると考えた人々の闘いによって、この策動が阻止されたことを、最初に確認しておきたい。

しかしそれにしても反対運動の立ち上がりは困難を極めた。問題の本質はそういうものではないと考えはしても、法務省・公安調査庁のマスコミを総動員した「オウムこそ民主主義の敵」、「悪の極限」、「世紀末の妖怪」という宣伝は行き渡っており、反対のビラ撒《ま》きに街頭に出た我々への批判は、「オウムの味方＝殺人者」というストレートなもので、正直なところ少数者運動には慣れているつもりの者にとっても、それまでの蓄積など何の意味をも持たないほどのものであった。

各地の反対運動の盛り上がりと弁護士の闘い

法務省・公安調査庁は東京にあり、「サリン」が撒かれたのも東京であったので、今回の破防法団体解散適用阻止運動はどうしても東京の運動が中心にならざるを得ない性格のものであったが、１９９６年2月23日に池袋の豊島公会堂で９００名の参加者を得て立ち上がりの集会を設定した折、既にそこに全国各地からの参加者があったことは驚きであったし、大きな励ましをいただいた。

以後各地で反対の声明が出され、集会が持たれた。筆者が直接に出掛けさせていただいた集会だけでも、西から広島、大阪、浜松、静岡、新潟、北海道と続いた。北海道はなんと小樽・札幌・函館・苫小牧・岩見沢の五ヵ所の集会が連鎖集会として準備されているというものであった。このほかにも、福岡では2つの集会が持たれたし、岡山でも早くから運動の立ち上がりがあり、集会が持たれた。もちろん我々が知らないところでも多くの闘いが組織されたことであろう。

　こういう全国的な運動の連携と軌を同じくして、弁護士の反対運動も着々と進められた。「破防法に反対する弁護士の会」、「破防法反対全国弁護士ネットワーク」などの運動の前進の中から、5月、日弁連大会での満場一致の反対決議がなされた。この決議が反対運動の拡大に与えた影響ははかり知れないものである。街頭での情宣活動は一気に楽になったし、それまで「破防法には反対であるが、オウムはどうも」と言っていた人々も徐々に運動に参加してくるようになった。

　東京の運動の中では、「破防法に反対する市民連絡会」の運動についても触れなければならない。我々はどうしても活動家集団的になりがちであり、それも仕方がないことだと無理に市民風にするつもりはなかったが、「市民連絡会」の人々が、運動の裾野《すその》を広げてくださったし、運動への参加の敷居を低くしてくださった。このことが共闘関係の拡大に果たした役割も非常に大きい。

　ここで更に付言しておきたいのだが、破防法反対運動に直接参加することはなかったにしても、それぞれの課題を担って、着実な運動を続けている全国の多数の人々の闘いと、我々の破防法反対運動は確実に連動していた。我々はそう認識していた。このことは、ただ単に「民衆的連帯」一般の問題としてこう言っているのではない。ある意味で政治焦点化した運動は、権力との攻防関係を一身に受けざるを得ない性質のものであるから、つい自ら孤立を選び、事大主義に陥りやすいものであることを、我々は長い間経験してきたところである。権力の攻勢を分散化し、地域的に拡散させることこそが、政治焦点化した運動が勝利するために必要不可欠な条件であることを、我々は知っていた。地域で、労働現場で、黙々と担うべき課題を担い続けておられる全国の仲間と我々は、共同の闘いを続けているという認識が、立ち上がり当初の客観的には孤独な闘いをどれほど豊かにしてくれたことか。

　後にもう少し展開するが、今回の闘いにとって、「沖縄闘争」との連携は必然であり、もちろん物理的な制約もあって「沖縄闘争」に十分にはかかわれなかった恨みは残しているが、しかし、破防法反対運動を担いつつ、それが直接に「沖縄闘争」の任務の一部を担っているのであると我々は考えてきた。

教団代理人と立会人の闘い

我々の運動の立ち上がり段階での困難性などより遥かに大きな困難を背負って、「人権」を守る闘いに立ち上がった人々がある。言葉の真の意味で「闘い」であったと思う。それまでも東京での運動の中で、色々な形で出会うことの多かった弁護士である。「救援連絡センター」関係の公安事件を多く担当してきた弁護士たちであり、既に相当以前から信頼する弁護士たちであったが、かつて「過激派に人権なし」といわれた状況より一層すさまじい「オウム」攻撃の中で、断固として代理人を引き受け、弁明手続ぎ段階での公安調査庁のやり方がどれほどデタラメであるかを、余すところなく暴露した。公安調査庁の提出した「証拠」なるものが、行政手続きであるということによって、まったく「証拠」たり得ない代物であること、即《すなわ》ち、「証言者」の氏名も伏せ、どういう状況下で誰《だれ》が「証言」を引き出したかも明らかでないような「調書」を山と積んで、予断が即ち決定であるかのようなやり方で一切を乗り切ろうとした公安調査庁に対して、正面から切り結んで、これを破砕した弁護団の闘いが切り開いた地平が、反対運動全体を領導したと言っても過言ではないかも知れない。

同時に、役割からして多弁であることが難しい弁護団に対して、弁明手続きの立会人の人々の担った位置も大きいものであった。ほとんどの人々が我々の集会などにも参加して発言をしてくださった。この人々の口を通して、我々は法務省・公安調査庁の横暴極まりないやり方を直接に見聞きすることができたのである。

教団代理人の闘いと、公安審査委員会の「決定書」についての見解などについては、救援連絡センター（03・3591・1301）発行の「救援ニュース」で、弁護士本人が語っておられるので、詳細はそちらを参照されたい。

マスコミの果たした役割について

今さらながらの感がないでもないし、わざわざ項を設けてまで触れる必要があるのかとも思うが、マスコミの無定見については我慢がならないので、ひとこと触れておく。

別段「オウム問題」に限ったことではなく、現在進行形のペルー情勢もまったく同様であるが、「マッチポンプ」とは、日本のマスコミを指しての謂《いい》であるのか。今回の件では、捜査の初期段階から人権侵害の恐れが多く、救援活動や人権運動に携わってきた者の間では、早くから警察・公安調査庁の無法な手法についての批判が出ていたことは、どれほど鈍感なマスコミ人でも知っていたはずである。カッターナイフを持っていての銃刀法違反はもちろん、一般に「コロビ公妨」といわれる、公安が逮捕したいと狙った人間の前で、わざと転んでみせる犯罪のない逮捕まで含めて、やりたい放題であった。多くのマスコミ人の前でこれをやっていた。

　しかし、彼らは警察官・公安調査官のそれを黙認し、後に批判的な記事を書くこともなかった。現在も進行している権力による「オウム関係者」への不当・無法な干渉・介入に道を開いたのは、マスコミであると断定して反論できるだろうか。

　破防法適用についても、当初ほとんどのマスコミが「やむなし」の記事を書いていた。それが、弁明手続きの強引な無法を目にし、日弁連が反対決議を挙げたことによって、徐々に軌道修正をして、96年の晩秋頃まで公安審査委員会が決定を引き延ばした（引き延ばさざるを得なかった）状況を見て、やっと反対の声を出し始めるというテイタラクは、もう一度今さらながらではあるが、ジャーナリズムの精神のカケラもない所業である。

　親しくしていただいているマスコミ人もいるのに、言葉を尽くしての悪罵《あくば》であるが、今回のマスコミの対応でどれほど多くの若者が傷ついたか、一瞬でも考えてみる責任が彼らにはあるはずである。

公安審査会の棄却決定

97年1月31日、「国家意志」の発動として、法務省・公安調査庁が満を持して請求していた「オウム真理教」に対する破防法による団体解散が、公安審査委員会によって棄却された。我々にとっては当然のことであったが、法務省・公安調査庁にとっては決定的な敗北であった。95年12月に発動が閣議決定されてから、1年余がたっていた。時の内閣総理大臣村山富市が「苦渋の決断」をしたのは、「とにもかくにも早期に国民の不安を除去するには、破防法の適用しかない」ということであった。その際の期限を96年3月と切ったのだが、それから1年近くも決定はずれこんだのである。

　今回の棄却決定にとって、この時間の経過が大きな意味を持つことは自明のことであるが、今から考えてみれば、既に95年末の段階で、「オウム真理教」という宗教集団は既に解体過程に入っていたのではなかったか。宗教法人法による解散、破産宣告、教団中枢の人間の地下潜行という事態は、宗教集団として「試練の時」を耐えるという状況を超えていた。「地下潜行」という表現を用いたが、それ以後明らかになった彼らの陥っていた事態は、ただの「逃亡」に過ぎず、中枢指導部を防衛できないような団体が、破防法でいう「当該団体が継続又は反覆して将来さらに団体の活動として暴力主義的破壊活動を行う明らかなおそれがあると認めるに足りる十分な理由」などあり得ようもなかった。こういう状況を捜査当局が認識していなかったはずがない。

にもかかわらずの「閣議決定」という「国家意志」の発動である。ここに「謀略」説が登場する理由があるのだろうし、「謀略」とは言わないまでも、95年の「警察白書」などに明らかなように、治安当局は、この国の治安体制に不安を有しており、タガをはめるために、何が何でも強権の発動をしたかったのではなかったか。同時に公安調査庁においては、リストラ対象と言われ始めてから既に相当の時間が経過しており、破防法だけを存在根拠にしているこの公務員スパイ集団にとって起死回生のチャンスとして、無理を承知の発動ではあったろう。

公安審査委員会の決定は、「オウム真理教」の「団体性」と「政治目的性」とは認め、「将来の危険性」は喪失したとしての棄却決定であった。既に述べてきたように、「オウム真理教」は宗教団体として解体過程に入っていたと筆者は認識しているし、その認識を異にしているにしても、「団体の中の一部」による全体には秘匿された行為を「団体性」と認識することは明白に誤りであると考える。宗教団体に対して「政治目的性」を認めるというのは、単純に拡大解釈以外の何物でもない。

「将来の危険性」の喪失というのは、「逃亡」していた者たちを警視庁を中心とする公安警察が逮捕したことを指してのことであり、確かに危険性は喪失したが、この点だけを取り上げるなら公安警察への称揚にしか過ぎない。とにかく今回の決定は、「団体性」と「政治目的性」を認めることによって公安調査庁の顔を立て、「将来の危険性」の喪失によって警察の顔を立てるという玉虫色の棄却決定である。

しかし、今回の棄却決定をこうした半分揶揄したような評価だけで済ますことはできない。公安審査委員会の7名の委員（うち1名は途中で死去）の中で判断が大きく分かれたと漏れ聞くが、このような委員の中の動揺に、いわゆる「戦後民主主義」の影を見なければなるまい。

それが故の、「国家の意志をたった6名の民間人に破られた」という新聞で報じられた法務省高官の発言である。

破防法反対実行委員会の闘いの成果

既述の通り我々の実行委員会の闘いは、破防法反対全国ネットワークの全国の仲間の闘いと共にあり、破防法に対する闘いの歴史的蓄積の上にあるのであって、独自に切り開いた地平があるのではない。ただそれでも、我々なりの努力は確かにしたのであり、それの総括の中から、将来への教訓を自分たちなりに残しておくことは必要であろう。そこで簡単に総括的な視点だけを提示しておく。

①「オウム真理教」への破防法団体解散攻撃に対する我々の反対運動の立ち上がりの段階で、我々は内部に「オウム真理教」への規定、あるいは「オウム真理教」が行ったとされる「諸事件」の理解についての深刻な対立を抱えていた。激論を闘わせることもしばしばであった。しかし、我々はこの対立ゆえに共同の闘いを壊さず、生産的に止揚する努力をすべての者が決して放棄せずに克服しようと自制した。具体的には、「オウム真理教の人々とは共に戦列は組まない」という結論でしかないのだが、個々にどういう運動を担おうともそれは自由であるが、実行委としてはこれを原則とした。そしてこの討議を通して、立場の違いを認めつつ一定の信頼関係が運動内部に構築された。

②東京にある運動として、常に現場に登場して闘いを挑むことを自らの任務とした。法務省、公安調査庁はもちろんのこと、弁明手続きが東京拘置所で行われれば東京拘置所前の闘争を組織した。取り立てて言挙げするほどのことではないかも知れないが、我々の力量からすれば、闘いの終盤の毎週の昼休み霞が関官庁街デモと公安調査庁への申し入れ行動等、現場に登場し続けるというのも言うほど楽なものではなかったが、これをやり切ることによって、運動の内部に困難を共にしたという実感が生まれ、公安調査庁には監視の目は一瞬たりとも離さないという緊張関係を作り出すことができたように思う。

③考えついたことは、力量を超えるのではないかという躊躇《ちゅうちょ》を振り払って全力で立ち向かった。全国の仲間と共に「要請はがき」を公安調査庁に3千枚出したこと。『週刊金曜日』と『アエラ』に意見広告を掲載したこと。96年末には霞が関でハンストと連日の抗議・要請行動を行ったこと。「できることはすべてする」を合い言葉に、

全力で走り抜いた。こうした姿勢が、立場の違いを超えて真摯に闘いを挑む運動として多くの人々に認知されたであろうと考えている。

沖縄闘争と破防法反対闘争

言わずもがなのことであるかもしれないが、現下の情勢での破防法攻撃は、明らかに沖縄闘争を射程に入れたものであった。これを撃ち破ったのである。

現在再再度の「琉球処分」としか言いようのない「米軍用地特措法」の改悪が最終段階に至ろうとしている。我々破防法反対闘争を担った者は、しばらく反破防法の闘いに専念していたが、この4月、5月段階の沖縄闘争を全力で担わなければならない。闘いの勝利の成果を踏まえ、世界軍事破防法と化した日米安保条約の恒久的な出撃拠点にされようとしている沖縄にあって、営々と闘いを続けてこられた人々との信義にかけても、我々破防法戦線の主要な闘いとして、これを担うことを決意しなければならない。

328
破防法から組織犯罪対策法へ
—「有事体制」下の治安弾圧シフトの新展開
特集「盗聴法」とガイドライン安保
—危機管理国家の現在

・「月刊フォーラム」9月号（1997年）

War Manual としての新「日米防衛協力のための指針」

9月の最終答申に向けて6月8日に公表された「日米防衛協力のための指針（ガイドライン）」見直し作業の中間とりまとめについて、このなんだか内実がはっきりしない表現を、英字新聞であるジャパン・タイムスは、ずばり「New War Manual」と表現していた。誠にもって明確且つ分かりやすい表現ではある。

このガイドラインの問題性については、専門家が様々な角度から論じておられるので、素人があれこれ付け加えることはないのだが、喧伝される「有事法制」整備の中で大きな位置をもつであろう国内治安法の強化に反対する運動の最後尾にいる者として、公表された中間とりまとめの中で気になる点についてだけ若干触れておきたい。

　安保論議の中でかつて最も大切なことのひとつとして論じられてきた適用範囲について、「極東」が無限に拡大解釈され、今や地球の東半分は極東であるという認識が当然ででもあるかのような居直りも許しがたいが、先に述べたような筆者の位置からして、それよりも、「集団的自衛権の行使」に実質的に踏み込んだ点を看過することはできない。すなわち、英文の中の「bilateral（双方の、双務的な）」という表現のもつ意味の解釈の問題である。日米両軍が「bilateral」に地球の東半分の軍事的支配の任務を負うというのである。これをして集団的自衛権行使の規定といわずして何というのか。6月15日の「朝日新聞」で早大教授の水島朝穂が記す「『BILATERAL COORDINATION MECHANISM（双務的調整メカニズム）』という言葉にも注意がいる。実質的な『統合司令部』の意味だ。「米軍は軍事作戦で決定的に重要な指揮権を決して他国にゆだねない。『集団的自衛権の行使』との批判を避けるため、あいまいな『メカニズム』という言葉を使ったのではないか」と、指摘しているのが正にこれである。

　また同時に、こうした事態の中で、自治体や民間人の関与も想定されているのであるから、当然現行法との間に矛盾・軋轢が生じてくる。そこから、自民党安全保障調査会の提言「ガイドラインの見直しと新たな法整備に向けて」というようなものが出てくるのである。そこでは「有事における対応だけではなく、周辺事態および防衛出動下令前での対応策の検討が必要で、新たな法制が必要」とされている。要するに、「日常的な準戦時体制」を構築する必要性が主張されているのである。また、新たな法整備として考えられる状況を様々に想定しているのであるが、国内治安法に関係するものとしては、「沿岸・重要施設等の警備および大量難民対策等、武装避難民や武装工作員、テロ集団による不法行為が発生した場合や、自衛隊の部隊や施設の安全確保が必要な場合、法的措置が必要。周辺事態で自衛隊、米軍等が活動する場合、民間船舶・航空機を含めて海・空域を調整するため、法的措置を含めて体制整備が必要」と「武装避難民」だの「武装工作員」だのと現実性についてははなはだ薄弱であるにもかかわらず、誰の目にも朝鮮民主主義人民共和国を想定しての戦争準備のための「新たな法制」づくりが主張される。

また一部の新聞で自民党が「非常事態法」を準備していることも報じられた。これは、ペルーにおける大使館占拠、突入、大虐殺という、つい先頃の経験から得た武力による人民の抵抗の制圧という事態も大きく影響しているだろうが、基本的には戦争遂行のための総動員体制構築が目標である。

「組織的犯罪対策法」が今登場してくる理由の一方は、こうした「有事体制」構築の一環としての「有事法制」整備にあることは明らかである。

警察は何をねらってきたのか

他方、警察独自の願望として治安体制の強化が図られてきたという側面も見なければならない。

戦後、一応の反省として、国家警察から自治体警察へと移行したが、かつての内務官僚たちはそのまま警察の中に生き続けており、彼らには一貫して国家警察として巨大な力を持っていた過去の栄光は忘れ難いものとしてあったのであろう。ことあるごとに警察組織の再編、すなわち国家警察そのものを持ち出すわけではないが、常に組織力の強化が図られてきた。

こうした警察の願望が、90年代に入って露出してくる。すなわち警察法の改悪が目論まれ、60年代末から70年代にかけて膨張した公安警察の維持と組織の温存という必要性もあって、言わばマッチポンプ式に治安の危機が呼号され始めるのである。

今回の組織的犯罪対策法の立法の背景として、法務省は、暴力団等による薬物、銃器等の取引やこれらの組織の不正な権益の獲得・維持を目的とした犯罪が増大し、平穏な市民生活、社会経済の維持・発展が脅かされるという状況が出来しており、同時にオウム真理教事件のような大規模な組織的な凶悪事犯が増加、また、会社などの法人組織を利用した悪徳商法等の大型経済犯罪が頻発しているなどと説明している。

こうした現状認識は、今回初めてのことではなく、95年の警察白書は、日本社会は「治安体制のターニングポイント」にさしかかっており、警察力の飛躍的強化なしには、現状を維持することは困難であるという認識を示していた。こうした一般的なというか、ごく普通の生活者とは随分距離のある、ある意味ではためにする認識の上にオウム真理教事件が生起したのである。警察としてはメンツ丸つぶれであったろうし、逆に言えばこれを千載一遇のチャンスとして利用しない手はないと考えたであろう。まして、まだ事実は明らかではないが、警察庁長官まで銃で撃たれたのである。この件では公安調査庁ばかりが突出したが、治安、特に「首都の治安」については警察・警視庁は自分たちの縄張りという意識を持っていたにもかかわらず、そこが突破されたのであるから、いかにも治安の危機を煽るには丁度良い機会であった。

それにはマスコミも十分に協力した。山梨県警の無能ぶりを嘆き、やはり警視庁が登場しなければ事態の解決は困難であるという風潮の演出に、乗ってみせたのか乗せたのかはともかく、マスコミが煽りたてたのである。警察庁を一応の頂点にして、警視庁は単に東京都警察ではなく、全国の自治体警察の中枢であり、指導部であるという警察の実質的な組織再編を目論み、この事件を通して具体化した。もちろんそれまでにも、反天皇制運動の一環として、各地の天皇行事に対する反対運動に参加した経験から、各地の県警が、どこにでも出張ってくる警視庁の公安担当者に対して決して良い感情を持っていないことは承知していたが、今やどこで生じようと大事件には警視庁の登場を多くの国民が期待するという事態にまで至っている。これは偶然のことではもちろんなく、着々と準備されたことであった。

オウム真理教への破防法攻撃

既に周知の通り、破壊活動防止法は、アメリカ軍を主要とする占領体制下の反共法的性格の非常に強い、というか、戦後まもなく生起した米ソ間の冷戦構造の中で、当時アメリカ本土を席捲していたマッカーシズムを反映した法律であるスミス法、マッカラン法の日本版としての反共法そのものであると言って過言ではない団体等規制令を継承するものであった。占領終結の際に、当時の支配層としては、いわば「占領軍の贈り物」として団体等規制令があったのであるが、ポツダム政令であったこれをそのままで継承することはできず、内容はほぼそのままにして法形式だけを整備して残したものが破防法であった。要するに、占領政策の一環としてかつての内務省の下で人民の弾圧に明け暮れていた者たちが、戦後も生き残ってアカ狩りに明け暮れ、公安調査庁設置法附則の六に「この法律の施行の際、法務府特別審査局に勤務する職員は、特別の辞令が発せられない限り、そのまま公安調査庁の職員となるものとする」とあるように、占領終結後も、今度は破防法を武器に人民を弾圧する者として生き残ったのである。実に明瞭な戦前戦後一貫した治安体制である。

もちろんこの破防法がスンナリと成立したのではないことは、これまた周知の事実である。戦前の特高警察による思想・言論その他の政治活動弾圧の記憶がまだ生々しい状況下で、多くの人々にとっては破防法にかつての特高警察再現の匂いを嗅ぎ取らざるをえない時代状況でもあった。

ここで破防法とは何かについて詳述することはしないが、今回の組織的犯罪対策法との関係で、どうしても落としておけない点だけにとどめて若干触れておきたい。

すなわち第八条の「前条の処分（破防法による団体解散）が効力を生じた後は、当該処分の原因となった暴力主義的破壊活動が行われた日以後当該団体の役職員又は構成員であった者は、当該団体のためにするいかなる行為もしてはならない」という点である。ここでいう「ためにするいかなる行為」こそは、有名な1928年の「一部改正」治安維持法で、旧治安維持法に付加された第1条②「私有財産制度ヲ否認スルコトヲ目的トシテ結社ヲ組織シタル者結社ニ加入シタル者又結社ノ目的遂行ノ為ニスル行為ヲ為シタル者十年以下ノ懲役又禁錮ニ処ス」を引き継いだものである。この「目的遂行ノ為ニスル行為」という何とも曖昧且つ恣意的に用いることのできる規定が、弾圧の際にどれほど有効であるかを弾圧する側の人間たちは十分に認識していたのであった。この規定と同質の曖昧さ、恣意性が組織的犯罪対策法にもまったく同様に見られる。さらに言うなら、破防法の第八条の「構成員」とは何をもってそう認識するかについて規定がまったくないのであるが、今回の組織的犯罪対策法は、正に組織そのものにかけてこようとするのであるが、ここでも「構成員」は、警察の恣意的な認識に任されている。

ところで、オウム真理教への破防法団体解散攻撃以前、破防法は成立直後に日本共産党関係者に4件適用されているが、これらはすべて無罪判決が出されている。この4件は、破防法第38条2項2号の適用であった。それ以後、1961年秋に、三無事件といわれる右翼のクーデター計画に発動された。被告人8名有罪、4名無罪であった。先の4件からほぼ10年たっての適用であった。次に破防法が発動されたのは、70年安保闘争に向けた新左翼党派の闘争、4・28沖縄闘争、大菩薩峠における「総理大臣官邸襲撃訓練」事件、国際反戦デー渋谷「騒乱」事件の三件に関連したものであり、4・28闘争関連のさらぎ徳二さんの裁判は現在もまだ継続中であるが、それを除いてすべて有罪が確定している。これらが、先の三無事件から約8年から10年後のことであった。

破防法はこのようにほぼ10年おきに発動されている。反体制運動がほぼ10年置きに高揚したということもあるのかもしれないが、それよりも10年おきにでも発動することによって、この法律の強面的存在価値を示すことに意味を持たせたかったのであろうし、国家の治安維持の決意を示したかったと認識すべきではないか。

ところで、これらすでに発動された破防法は、すべて破防法の刑法特別法的側面である、一定の政治目的のもとになされる放火、騒擾などの予備・陰謀や教唆・せん動などの処罰規定の対象であった。

もう一側面である団体規制・団体解散規制つまり団体そのものを取締る行政上の仕組みの部分が、オウム真理教に対して初めて発動されようとした。

このオウム真理教に対する破防法発動攻撃とそれに対する反対運動については、既に本誌に書いたこともあるので、詳細はそちらに譲るが、組織的犯罪対策法が今秋にも国会に上程されるといういよいよの段階にあって、考えるところだけを記しておきたい。

第一点は、警察と自衛隊の共同作戦として、あの弾圧はあったのではないかということである。毒ガスという、これまでに用いられなかった戦術の登場によって、警察だけでは対応しきれないという面もあったであろうが、まだ全容が明らかにされていないし、また明らかになることはついにないだろうけれど、世界に冠たる警察国家日本において、警察にとって予想もできなかった事態が突然生起したとはどうしても考えにくい。十分に察知していてやらせたとまでは言わないが、松本サリン事件の頃から、これまでになかった武器を使用する者たちが登場してきたのではないかという予感はあったのではないか。治安などには何の興味もない我々の間ででも、酒飲み話としてはそういう話題が出されていた。まして専門家集団であり、当然オウム真理教の中にスパイも入れていたであろう警察が、本気で全部が全部を河野さんにかぶせて事足れりと考えていたとは思えない。刑事畑の者たちが、河野さんを単独の真犯人だと本気で考えていたとしても、別の可能性を考えるのが治安担当者の常ではないのか。

そういう者たちの間で、自衛隊との共同作戦の準備がなされていたと考えても穿ち過ぎということはあるまい。

「有事法制」整備が声高に呼号される状況に至って、我々の視点の狭さを反省させられている。

第二点は、破防法が、戦前の治安維持法の戦後版であり、先に述べたように団体等規制令を継承するものであるという認識は、それ自体としては正しいのであるが、その認識から、どうしても破防法の攻撃対象をいわゆる反体制左翼にしぼってしまう傾向を我々の内側にもっていたということも否めない事実であったという点である。そのことによって、国家は治安維持のためには攻撃対象をどこまでも拡大してゆくということが、理屈ではそう認識しながらも、どうも実感として掴めなかったという傾向を生み出してしまっていた。というのは、本文冒頭で触れた新安保ガイドラインによって、日本の役割分担が大きく質的転換を遂げようとしている現在、準戦時体制づくりが必要となっており、それに向けた包括的な有事特別立法が出てくる可能性が大きくなっている。警察は警察でまた独自に治安体制強化を目論んでいるのであるから、そういう事態の下では、今や体制の根幹をゆさぶるほどの力を失ってしまっている左翼にのみ攻撃の照準を合わせているのではなく、国家総動員体制をめざして、民衆総体を国家の意志の下に完全に屈伏させるという目標が立てられているのであるという冷厳な現実認識を持てないでいたのではないかと反省している。

第三点は、こういう弱点を持っていた反対運動であるから、運動の作り方にその質が露呈してしまっていたという点についてである。確かに全国各地に反対運動があり、最近の運動としては裾野の大きな運動ではあったが、それでもまだ戦線はごく一部のものでしかなかった。これは、状況認識の問題だけではなく、単純に運動主体の力量の問題でもあるのだが、問題の本質を人々に説得的な形で提出できなかったと、自らの責に帰すべきであろう。

組織的犯罪対策法反対運動へ

オウム真理教への破防法団体解散規制適用が公安審査委員会によって棄却されるのではないか、というかすかな希望が出てき始めた頃から、勝利は勝利として総括するにしても、国家の側はこのままで済ませるだろうか、何か別のものを仕掛けてくるのではないかという観測は運動の内部にあった。何分にも閣議で決定した破防法団体解散規制適用である。国家中枢の意志が挫かれてそのままにしておくはずがないではないか。

団体解散適用の見送りは、一面では警察による公安調査庁に対する意地とメンツをかけた「逃亡犯」逮捕の結果であった。事実棄却理由としてはそれが最大の要因であった。治安の元締めをもって任じる警察としては、リストラ対象でしかないというより、既に死に体になっていると言われ始めて久しく、発動が面倒な破防法に依拠することなく、更に実効性があり、恣意のままになる法律を手にしたいというのが偽らざる願望であったろう。それが組織的犯罪対策法であった。

破防法反対実行委員会は、一戦終わって休む間もなく、組織的犯罪対策法に反対する共同行動を起ち上げて、反対運動に入った。オウム破防法の時には、公安調査庁、警察、マスコミ一体となった「オウム・バッシング」の中での反対運動であったから、「オウムの味方をするのか」という攻撃にさらされたが、今回は、「組織的犯罪対策法」そのものがまったく知られていない状態の中での反対運動であるから、糠に釘のようなところが今も続いており、反対運動の盛り上がりは今ひとつであることは事実である。

しかし、誠に遅々たる歩みではあるが、運動は徐々に拡大しつつある。最近の運動を簡単に振り返ってみると、我々組織的犯罪対策法に反対する共同行動独自の集会はすでに持っていたが、4月19日に、最初の大衆集会を持つことができた。主催は破防法・組織犯罪対策法に反対する全国弁護士ネットワーク、破防法に反対する市民連絡会、破防法団体適用の撤回を求める要請運動・神奈川、そして組織的犯罪対策法に反対する共同行動の四者であった。国会で米軍用地特措法や入管法などが矢継ぎ早に9割もの賛成で可決されるという状況に対する反対運動のさなかでの集会であったが、154名が参加して、大衆運動の課題としてこれに取り組むことが、ここからスタートした。

6月28日には、神田パンセを会場に、折からの台風の中ででではあったが、400名近くの人々が参加して、先の集会とほぼ同じ主催者で集会を持った。講演者は憲法学の立場から早大教授の水島朝穂氏、刑事訴訟法の立場から北大教授の白取祐司氏を迎えて、実践に役立つ講演を受けた。

我々組織的犯罪対策法に反対する共同行動としては、現在審議が進行している法制審議会刑事法部会が開催される日にあわせて対法制審行動を組み、申し入れと昼休みの霞ヶ関一周デモを続けている。7月18日には、この刑事法部会が最後のまとめをする予定であるので、これまでの行動の水準を一段上げて、徹底した抗議行動を予定している。8月に予定されている法制審全体会に向けて、9月の臨時国会への上程を阻止すべく連続闘争を組む予定である。

ところで、作られようとしている組織的犯罪対策法とはどういうものであるかについて、破防法・組織的犯罪対策法に反対する全国弁護士ネットワーク事務局による「要項骨子（案）」（法務省第二次案）分析を手掛かりにして簡単に紹介しておこう。別稿で更に詳細な批判が展開されるであろうから、ここでは原則的な批判にとどめる。

まず第一に、「令状による通信の傍受」すなわち盗聴についてである。

「骨子」では、捜査手段として盗聴が認められる場合を、「他の方法によっては、著しく困難であると認められるとき」と、いかにも「厳格化」しているかのようであり、それを受けて多くの新聞がそういう風に書いていたが、どんなものであろうと、現在の支配の在り方に批判的な運動にかかわっている者なら誰でも承知していることだが、今日の令状実務からして、これが「厳格化」でもなんでもないことは明白である。要するに警察が望んだ令状を裁判所が拒否することなどこれまでにあった例はないし、これからもないに違いない。日本赤軍の丸岡修氏が逮捕された際の、全国一体何箇所入れたかわからないほどの家宅捜索令状の例を思い起してみるがいい。ガサで押収したアドレスブックから末広がりにガサ対象を広げて、その際に厳密な関連性が問われた痕跡など皆無である。

更に問題であるのは、現行刑訴法には存在しない「疑うに足りる状況」が存在した場合に盗聴をするというのであるが、この「状況」という曖昧極まりない概念がひとり歩きし始めるのは明らかである。要するに「状況」を作り、「状況」を認識するのは警察の恣意に任されるということである。

この盗聴合法化の対象罪種であるが、内乱罪・爆発物取締罰則から通貨偽造罪まで、ほとんどが「国家」及び「社会公共の安全」に対する罪であり、その上に、立法されたばかりの入管法・集団密航罪等（自民党安保調査会の提言の中の「武装避難民や武装工作員」を想起せよ）が追加されている。

また、予備的・別件・予防盗聴が認められているのである。ここまでくるとほとんど笑いたくなってくるではないか。要はお上は何をしてもいいのである。何をされても文句を言わず従えと言っているのである。

そして、盗聴した者への通知については、「実際に傍受した当事者」すべてに通知するのではなく、「刑事手続に使用するための傍受記録」という検察官らの手で整理された文書に記載されている当事者にのみ通知する義務があるというのである。要するに裁判の際に証拠として提出するものについてだけ通知するというのであって、あとは聞き放題ということである。

第二に、組織的な犯罪に対しては刑を加重する。ここにおいて「団体・組織」の目的及び性格上の限定はない。二人以上であれば「団体・組織」なのである。それでいて「団体の活動として、これを実行するための組織により行われたときは」というのである。腹立たしいので急に日常会話的文章になるが、要するにツルンで国に逆らうようなヤツは許さないと言っているだけである。その上に「団体助成罪」というのまであるのである。「団体」とは何を指すかが明確でないのに、更にそれを「助成」するとはどういうことなのか。ここに「為ニスル行為」の支配の側にとっての旨味が残されている。

第三に、マネーロンダリングの問題である。暴力団等の「事業経営」を対象にしているかのように言っているし、また我々の運動にとって「マネー」はあまり関係がないようにも思われるかもしれないが、「事業」の内容を限定していないのであるから、例えば労働組合などが、一定の資金を持っていて、何らかの事業を営んでいる場合は十分に想定できることである。何も大組合が闘争もしないのに闘争資金をため込んで、財テクに励んでいるような場合のみではない。乏しい金を蓄めてギリギリの闘争をしているのを我々は周辺でいくらでも見掛けるし、そうした組合が厳しい弾圧を跳ね返して勝利し、争議解決金などを得た場合に、それが恐喝にあたるとして「捜査段階、判決前の没収保全手続」ということで、あらかじめ金を押えてしまうことができる装置なのである。

第四に、証人等の保護という名目で、「犯罪の証明に重大な支障が生じるおそれがないこと」を条件に、検察側証人の氏名を明らかにする必要がなくされている。「重大な」とか「おそれ」とかという主観が大いに働く基準に意味などない。

あまりに粗雑な批判点の紹介であり、正確さに欠けるのではあるが、詳細な批判・検討は他の執筆者に期待するとして、組織的犯罪対策法とは要するにこういうものであることだけはご理解いただけたであろう。

およそ憲法で保障された基本的人権とは相容れないものである。「有事特別立法」としか言い様がないではないか。あるいは「準戦時体制下の人権制限法」とでも言えばさらにわかりやすいかもしれない。

組織的犯罪対策法の9月国会上程阻止を

今秋は、新ガイドライン反対すなわち新安保反対運動に全力を投入しなければならない。と同時に、新安保を国内的に保障する体制づくりの根幹である組織的犯罪対策法反対運動を新安保反対の闘争と並べて闘わなければならないのではないか。本当に不十分ではあるが、これまでの共同した運動を内部から寸断され、個々バラバラにされてしまう危険をはらんだこの法律の成立を阻止することなしには、我々の反新安保闘争のみならず、あらゆる闘いが、そして我々の日常的な友人・知人との信頼関係までも寸断されてしまうだろう。

329 改憲と有事法制

・『共謀罪と治安管理社会―つながる心に手錠はかけられない』（2005年4月30日　社会評論社、足立昌勝監修）

はじめに

2002年6月5日、仙台において開かれた武力攻撃事態への対処に関する衆議院特別委員会地方公聴会における参考人として小田中聡樹氏が意見陳述をされた。その際の発言が、氏の著作に「有事立法は違憲であり、不要・有害である」と題して所収されており、コンパクトによくまとめられているので、これを議論の導き手として利用させていただく。

有事立法と憲法

小田中は、批判を4点に集約している。これを簡単に紹介した上で私見を付加したい。

（1）　有事法案は武力主義的発想と本質を持っており、憲法前文の「平和を愛する諸国民の公正と信義に信頼して、われらの安全と生存を保持しようと決意」して、憲法九条において、戦争と武力行使とを永久に放棄し、戦力不保持と交戦権否認とを定め、武力主義的な対応を否定しているので違憲である。「単なる〈おそれ〉や〈予測〉の段階をも含む〈武力攻撃事態〉なるものを設定し、武力行使でもってこれに対応すべく、〈挙国一致〉の体制づくりを図る有事法案は、〈武力攻撃には武力攻撃を〉という武力主義的発想で本質に貫かれています」。

（2）有事法案は周辺事態法とあいまって「攻撃的」な日米共同武力行使システムを作り上げており、このシステムは、わが国の領域内において一般国民に武力攻撃が加えられることによって生じる被害への対処のみならず、公海や他国の領域内で、周辺事態法に基づき後方支援活動を展開する自衛隊に対し、武力攻撃が実行乃至予測される場合をも「武力攻撃事態」として捉え、これに日米が共同で武力対処するシステムであって、憲法が採用する集団的自衛権否認の法理、原則に違反する。さらに付言するなら、「予測」の段階で武力行使体制を構築することは自衛隊に「先制攻撃」の可能性をさえ認めることになり同時に恣意的な判断の可能性を開く。

（3）有事法案は首相に非常権限を集中して独裁的なシステムを作り上げており、これによって、議会制民主主義が形骸化する。とりわけ、有事法案により防衛出動の国会事前承認の原則性が崩される。同時に地方公共団体に対し、首相は指示権や直接的な実施権を持ち、地方自治の原則を無視するものである。

（4）有事法案は反人権性を有する。有事法案は、自衛隊及び在日米軍の行動の円滑化、効率化、自由化のため、国民生活に関連する広い分野で市民的自由や権利を制限し、物資保管命令違反などに対する刑罰さえも用意して、国民に協力を強制している。しかも法案は今後この制限を拡大強化することをうたっており、「社会秩序維持」のための取締り強化さえ目論んでいるので、その反人権性は明らかである。

（1）について　現行憲法は国家緊急権を積極的に排除・否認している。水島朝穂『現代軍事法制の研究』によれば、国家緊急権とは、「戦争、内乱、大規模自然災害等国家の維持・存続を脅かす重大な非常事態に際して、平常時の立憲主義的統治機構のままではこれに有効に対処しえないという場合に、執行権（政府・軍部）に特別の権限を付与または委任して特別の緊急措置をとりうるように国家的権力配置を移行する例外的な権能」を指すものであり、憲法前文の理念及び九条は「戦争」そのものを想定外に置いており、その意味で国家緊急権を排除している。内乱については、刑法77―80条、破壊活動防止法4条及び38条に規定があるが、そもそも「陸海空軍その他の戦力は、これを保持しない」のであるから、「執行権に特別の権限を付与または委任」する場合、その対象としての「軍部」は存在せず、政府という行政機関が行政的措置で対処するしかない。従って日本において国家緊急権が問題になるのは「戦争」をおいてない。戦後の憲法学の分野では、この国家緊急権をめぐって、国家緊急権の規定を欠いている現行憲法は欠陥であるとする説、憲法は国家緊急権の行使を積極的に排除しているとする説、現行憲法下でも国家緊急権の行使は可能であるとする説とが分立・並行してきた。いうところの戦後民主主義はこの問題を俎上に乗せることを回避してきたが、政府・防衛庁の国家緊急権認識は一貫して、欠陥説、解釈による可能説に立脚して、改憲の課題の一つとして位置付けてきたに違いない。

（2）について　纐纈厚は、日米安保体制を「日米軍事一体化路線」と喝破したが（『有事法制とは何か』）、現状は正にその通りであろう。日米安全保障条約第六条によれば、米軍への協力・支援については、米軍の施設・区域だけに限定されていたが、新ガイドライン及び周辺事態法により、この地域的限定は実質的に米軍が活動する世界全域に拡大された。同時に新ガイドラインの合意成立によって、日本列島は事実上有事体制に入ったと認識するほかない状況である。なぜなら、周辺事態法には、日米政府が各々の政策を基礎としつつという、いかにも相互の政策の自立性を認めたかのような表現を採りつつも、より安定した国際的な安全保障体制構築に向けて「日米両国政府は、平素から様々な分野での協力を充実する。その協力には、日米物品役務相互提供協定及び日米相互防衛援助協定並びにこれらの関連取り決めに基づく相互支援活動が含まれる」のであるから、現在以上に日常的且つ密接、また広範な分野での協力関係が形成されることは明らかである。このことは日本において平時からの軍事動員態勢の確立が求められていることも意味する。これの具体化が今次のイラク戦争への日本の参戦＝自衛隊派兵として実現したのであり、先頃開催された日米の軍事担当閣僚による2プラス2において、一層緊密な軍事一体化路線は強化されることになろう。

集団的自衛権に関する政府の憲法解釈は、「自国と密接な関係にある外国に対する武力攻撃を、自国が攻撃されていないにもかかわらず、実力をもって阻止する権利」（1981年5月29日の政府答弁書）と定義した上で、「憲法第九条の下において許容されている自衛権の行使は、わが国を防衛するため必要最小限度の範囲にとどまるべきものであると解しており、集団的自衛権を行使することは、その範囲を超えるものであって、憲法上許されていない」と、浅井基文のいう（『集団的自衛権と日本国憲法』）「権利と権利の行使とを区別する」苦肉の答弁を続けてきたのだが、日米安保条約そのものが集団的自衛権の行使を前提として成立しているものであること、さらに日米安全保障条約関係の歴史は集団的自衛権行使のなし崩し的な蓄積の歴史であったことは明白である。有事法制の制定とは、そうした実体に法文を近づけただけのことに過ぎない。

（3）について　「明治」から「昭和」前半までの戦争体制と行政の軍事化の歴史については、纐纈の前掲書の第3章「強化される行政の軍事化」に詳述されている。小田中の指摘を待つまでもなく、戦争が行政権力中枢に非常権限を集中してしか遂行できないことは歴史の教えるところである。事実「武力攻撃事態法」は第15条において「内閣総理大臣の権限」を規定して、「内閣総理大臣は、国民の生命、身体若しくは財産の保護または武力攻撃の排除に支障があり、特に必要があると認める場合（中略）、関係する地方公共団体の長等に対し、当該対処措置を実施すべきことを指示することができる」。また同様の事態が生じた場合「内閣総理大臣は（中略）当該地方公共団体または指定公共機関が実施すべき当該対処措置を実施し、または実施させることができる」としている。ここでいう指定公共機関とは、独立行政法人、日本銀行、日本赤十字社、NHKなどの公共機関及びガス、輸送、通信などの公益的事業を含む法人を指している。昨年成立した「国民保護法」第一章第三条において地方公共団体及び指定公共機関は、この内閣総理大臣の指示に従う「責務を有する」とされた。乱暴な言い方になるが、要するに内閣総理大臣に国家総動員態勢の構築の権限を付与するということである。

（4）について　小田中のいう「有事法案の反人権性」

については、「国民保護法」第1章（国民の協力等）に「第4条　国民は、この法律の規定により国民の保護のための措置の実施に関し協力を要請されたときは、必要な協力をするよう努めるものとする。2　前項の協力は国民の自発的な意思にゆだねられるものであって、その要請に当たって強制にわたることがあってはならない」なる文言があるにしても、「有事」の際に「強制」ではなく「協力」などという言葉がどれほどの意味を持つかを考えれば、相当に「強制」の危惧があることが前提になっている。もちろん小田中の公聴会における意見陳述が時間的には前であるが、この程度のことは予想の範囲であったに違いない。「平時」でさえ「国旗・国歌法」において、強制するものではないとしながら、全国の学校において教職員に強制し、次には教職員への強制を手掛かりに児童・生徒にまで強制しようとしている政府・文科省であるから、このような文言を信用することができないのはもちろんであるが、それだけではなく、「有事」の際の民衆の意識を勘案するなら、こういう絵空事を法文に記してみたところで何の意味もない。同法第一章第五条は（基本的人権の尊重）を規定して「国民の保護のための措置を実施するに当たっては、日本国憲法の保障する国民の自由と権利が尊重されなければならない。2　前項に規定する国民の保護のための措置を実施する場合において、国民の自由と権利に制限が加えられるときであっても、その制限は当該国民の保護のための措置を実施するため必要最小限のものに限られ、かつ、公正かつ適正な手続の下に行われるものとし、いやしくも国民を差別的に取り扱い、並びに思想及び良心の自由並びに表現の自由を侵すものであってはならない」もまた、いかにも空々しい。更に（3）の項目とも関連するのであるが、第34条、第35条、第36条は、それぞれ都道府県、市町村、指定公共機関は「基本指針に基づき、国民の保護に関する計画を作成しなければならない」と規定し、第37条～第40条では、都道府県及び市町村に国民保護協議会の設置及び所掌事務まで指示している。この問題については、東京都国民保護条例を問う連絡会が、東京都知事石原慎太郎に宛てて、憲法学者も加わって11項目にわたって詳細な27の質問を作成して「東京都国民保護協議会条例に関する質問並びに申し入れ状」を提出しているので、そちらを注目したい。なお同「質問並びに申し入れ」の【質問20】は、「『国民の保護に関する計画』の作成ないし自衛官による研修において、東京都職員及び東京都下の市町村職員・特別区職員の思想・良心の自由（日本国憲法第20条）は、どのように保障されるのでしょうか。たとえば『国民保護法』、都の「協議会条例案」・「対策本部条例案」あるいはそれに基づく施策が、日本国憲法前文および第九条の平和原則に違反していると考える職員の思想・良心の自由、あるいはこのような軍事にかかわることを行わないという信仰を持つ職員の信教の自由は具体的に、どのように保障されるのでしょうか。なお、『国民保護法』第五条は、基本的人権の尊重を規定しています」と、小田中の危惧に近い問題意識から質問している。

筆者にとって「人権」という近代的な概念に依拠して、憲法が保障する基本的人権に抵触する可能性への危惧から有事法制を批判するという論は、それはそれとして理解できるのではあるが、近代のなれの果ての21世紀という「地球内乱型戦争の世紀」に対する根底的批判としてこれが有効であるかについては疑問なしとしないことも付言しておく。

有事法制と治安体制

近代以降の戦争が治安体制の強化と連動せずになされたことは一度もない。

いわば総動員体制の構築ともいうべき有事法制は民間人や行政職員の動員体制を日常的に準備せずにそれがなされ得ることはなく、これを貫徹しようとすれば徹底的な治安体制の強化を必然化する。別の表現でするならば、戦争動員態勢構築の阻害要因は日常的な監視・管理の対象であり、社会からの排除もまた必然化する。住民基本台帳法の改悪や組織的犯罪対策法の制定は明らかにこうした意図の下でのものである。縷縷の前掲書から引用するならば、「内閣行政府の危機管理体制構築の歩みも着々と進められている。内閣官房に内閣危機管理監を新設し、その下に内閣安全保障・危機管理室や内閣情報センターの設置（１９９６年8月）、警察庁における7都道府県に創設する対テロ特殊部隊（ＳＡＴ）の増強や国際テロ緊急展開チームの設置（１９９８年4月）など、警察の治安機能の拡充も顕著である」という。こうした傾向は冷戦構造の解体以後すぐ始まったものであり、治安のグローバル化とでもいわれる状況が進行していたのだが、例の９・11以降、この傾向が政治過程に露出してきた。政治権力にとって治安の強化は、逆に政権の安定度への不安の露呈であるとして公然とこれを主張することに躊躇があったのだが、9・11以降、この躊躇の心理要因を破砕してしまった感がある。小田中の有事法制をして「武力攻撃には武力攻撃を」という発想であるという表現をかりるなら、「治安紊乱要因には治安の強権的対策を」ということになってしまった。

過去2年間で4回制定を試みながら挫折した「共謀罪」制定を、なんとしても2005年の通常国会で制定したいとする法務省の動きも、こうした治安強化の一環であることは言を待たない。「共謀罪」の内容、その危険度については本書全体がそれへの警鐘であるから省略するが、9・11以降の世界中での対テロ恐怖という、原因と結果との関係を意識的に捨象して感情を煽る戦略に乗じた治安のグローバル化攻勢と、日本においては有事法制制定による戦争体制構築にあたっての治安体制強化の必要性とがあいまった社会の「対テロ・シフト化」のハードな側面が「共謀罪」の制定であろうし、これの日常化あるいは地域化の側面を担うのが「安全・安心まちづくり」を推進する生活安全条例の全国化であろう。かつて前田朗が「闘う市民社会」と表現した異質性排除を求める「市民意識」に警察が介入して（警察の言い方では連携して）、1994年の警察法改定により警察庁に生活安全局が設置されて以降、同局と防犯協会が制定を推進して、既に1500の自治体で生活安全条例が制定されている。

戦争遂行可能な「普通の国家」構築に向けた改憲の動きと、それを下支えする治安体制強化のハード面ソフト面両方が連動して急激な治安管理国家へとこの国は転換を図っている。

8 山谷に会館を

2000年11月28日

号

いっぷく

山谷からのキリスト者通信

…建てられた労働者…日本堤伝道所センターで…の三階の一室が伝道所です。戸村…師が初代の牧師を務められ、ご存じのように『路上の生』という、日雇労働者の暮らしのすぐ側で、というよりご自身も労働者として現場に出て働きながら、土木・建築資本によって過酷な労働を強いられつつ、高齢化するとその資本からはもちろん、行政からも捨てられていく労働者の問題を、深く洞察し、静かな言葉で怒りを抑えつつ表現された著作を残されました。二代目の牧師は福山隆一さんでした。心優しい人で様々な意味でこの社会に適応することが難しい人も含めて礼拝を続けられ、教会員から慕われておいででしたが、今年四月から新しい教会に赴任されました。

今度、戸村牧師亡き後、労働者福祉会館の館長を引き受けたこともあって、九月以降、私が日本堤伝道所の代務者を務めることになりました。中森幾之進、伊藤之雄、戸村政博という、労働者が自らを解放してゆく闘いにキリスト者としてどのように参与し得るのかを考え続け、実践して来られた方々の後を、主たる働き場所を別に持っている者が容易に務められるものではないことは承知していますので、もちろん躊躇しましたが、現実問題として牧師謝儀が支払われることなど期待できない教会ですから、後任を探そうにもお願いすることさえできない相談でした。しかし、ここにも教会があり、ここでこそ宣教の働きをと考え、実践して来られた諸先輩の働きを停滞させるとか、ましてや終わらせはしたくなかったし、刻々と地域の労働（者の年）齢は上がり、地域全体が福祉の対象地域であるかのような状態になっている山谷に、（教会）があり活動を継続する必要があることは、（会館）の福祉活動の記録をお読みいただければ納得していただけるに違いないと思っています。

十月には大島孝一先生に礼拝説教を担当していただいて、日本堤伝道所の再スタートを記念しました。大島先生は「出会い」をテーマに、日本堤伝道所が山谷という地域にあって出会いを大切にする教会であってほしいと話されました。十一月には近隣の教会である浅草北部教会の中村喜信牧師、東京愛隣教会の須賀誠二牧師にもご参加いただき、今後のご協力を約束してくださって、当面の教会としての活動について話し合いました。

礼拝説教を担当してくださる牧師は全員自分の任地を持っておられますので、かなり変則的な礼拝時間になるのですが、合計八名の牧師が関わりを持ってくださることになっていますので、それはそれでおもしろい教会形成ができるであろうと楽しみにしています。

そして、間もなく厳しい越年・越冬の季節を迎えます。再スタートした日本堤伝道所にとっても厳しい試練の時です。生きて冬を越すことが困難な人々が暮らす地域にある教会として可能なことはしてゆきたいと願っています。お支えください。

日本堤伝道所代務者　小田原紀雄

谷労働者福祉会館を支えるキリ…

051　東京都新宿区西早稲田2…

郵便振替口座…

労働者…

・「悼　山岡強一追悼集Ⅰ　地底の闇から海へと」
（1987年4月28日）

座談会
「山さんはおれたちと共に寄せ場にいる」

出席者　リュウ　一平　泉　ゲーリー　南　神田
小田原（司会）

小田原　山さんが東京に出て来てからこっち、最初に会ったのはこの中ではゲーリーですね。どこで会ったの？

ゲーリー　ヤマに行く前は、焼き芋屋とさお竹屋のおやじのところで知り合ったの。北大を休学中の人間が、北海道の方で山岡氏と知り合いだったらしくて、その人を頼って山さんは東京に出てきたのです。

小田原　山さんがねー。

ゲーリー　ええ。その時紹介されたのが最初の出会い。

小田原　要するに、焼き芋屋とさお竹屋をやっていたわけですか。車乗って。

ゲーリー　焼き芋屋はリヤカーです。

小田原　山さんは車運転しないでしょ。ちょっとあの人、恥しそうな顔した人だから、でかい声で、焼き芋だのさお竹だのの商売になってたのですかねえ。

ゲーリー　鈴がおもだったんじゃないですかねえ。チリンチリンと。だいたいよく売れそうな場所みつけてそこにつけているというのが多いんですよね。結構商才というのはあったみたいですよ。はじめてにしては。

小田原　まあまあ商売になってたわけですか。そしてそれが？

ゲーリー　69年の11月頃まで、さお竹屋と焼き芋屋をやっていたわけです。

小田原　どれ位の期間？

ゲーリー　69年の春、3月頃から。

小田原　じゃあ、その後は？

ゲーリー　その後、焼き芋屋仲間に一人山谷で働いたことある人間がいて、その人間から山岡氏なんか山谷の様子を聞いてたりして、一度行ってみないかということになりました。それでゲーリーはどうするかと聞かれて、まあちょっと見学に行くつもりで行ったんです。それがまあずっと。

小田原　その時に、まあ見学に行ってみようかという感じで山谷に行ったころ、もうすでに南さんは山谷におられたんでしょうか?

南　いやいないです。69年頃は家にいたんじゃないかな。

小田原　その頃すでに山谷にいたという人、この中にはいないんですね。でも、結構その当時から山谷にいろんな人いましたよね。僕なんかが知っている東大を出た橘さんなんかもういましたよね。

一平　69年にはまだ全統労があった頃なんですね。だから、運動が一回つぶれて、それでもあの辺にうじゃうじゃいたよ。デカパン（鈴木国男さん）もおったし、船本（通称コーチャン）もおったし…。

小田原　すると、この中で山さんに会った順番はともかくとして、山谷にはすでに広大グループ（デカパン、コーチャン、中山さん、イッペイ）は足場があったわけだ。そういう意味では、三里塚行った帰りにあそこら辺にいたりなんかしたんだよね。

ゲーリー　それ69年だっけ?

一平　いや、68年だよ。何月だっけ。で、68年の越冬をめぐって梶たちが、梶、そして梶のかあちゃんのまり子、そして山自労の書記長やってた谷鹿ってやつらが、デカパンに、お前、自己批判しろって、本当に訳のわからないような…。

小田原　何で自己批判しろっていうの（笑）。

一平　わからんわ、訳が（笑）。

小田原　わからんで自己批判しろって急に（笑）。

一平　お前、労働者に服務してないとかなんとか言って。で、オレはその場にいて、何言ってんだって。びっくりしちゃってさ、もう本当に。で、当然デカパンが、何を自己批判しろしろって言うんだって言ってね。とにかく自己批判。梶、酔っぱらってたもんな、その時。しょっ中、酔っぱらってた。それで山自労とは別れて、69年の越冬っていうのは、両方で分裂して越冬闘争。非常にイヤな思い出ですね。しんどい。二度とああいう越冬やりたくないという感じの越冬でして。

小田原　僕が船本なんかと、黄幡弾薬庫撤去闘争だのなんだのやっている頃だ。

一平　あら懐かしい。

小田原　懐かしいでしょう。あの当時もう彼は、山谷はおもしろいって言ってたものね、僕に。で、僕はさる党派に属しておりましたから、「そんなお前なあ、先進国革命というのは寄せ場のルンプロなんかにできるわけがないだろっ」て言ってたわけですよね（笑）。で、彼は、あそこはおもしろい、山谷はおもしろい。オレは行く、とかなんとか、呑んだら言ってた。

一平　その頃には山さんはもう山谷にいたでしょう。出会いとしてはなかったけれど。

小田原　69年の終わり頃にはもういたわけですね。越冬の頃には。

ゲーリー　あの頃まだ、わしら山谷出ていって、山谷のはじっこ、玉姫公園の脇のドヤに泊ってたんですよね。それで都電通り出て、4人で雁首並べて泪橋の方向をオズオズと見てたりして（笑）。そういうかわいいところがあった。

小田原　それで、なんとなく、そこにいついたわけですか。

ゲーリー　そうですね。そこには1カ月位。飯場に入ったりなんかして、70年の年明けに、大阪の万博で仕事があるからというので、4人で大阪に行ったんです。

小田原　その時は飯場入って？　それとも釜へ？

ゲーリー　釜に行って、釜のドヤに2、3泊位したんです。それで釜の労働者に万博の仕事はどこで探したらいいかということで、守口なんかの職安に行ったと思う。それで職安から飯場に入った。

小田原　で、70年いっぱいは万博の仕事？

ゲーリー　失礼、時間が食い違っていました。年末に大阪に行きました。

小田原　69年。

ゲーリー　それで、山岡氏はいったん北海道へ帰ります。というのは、大阪のドヤで酒のんで話している時にちょっと論争になりまして、オレがちょっとどなっちゃったんです。それから山岡氏は全然口きいてくれなくなりまして（笑）。それで飯場でも彼は大部屋で一番ハジにポツンと一人で（笑）。正月前だったと思うんですが、北海道に彼だけ帰りました。

小田原　ちょっとひねくれてふさぎこむところがあったんですかね、山さんに。

皆　あった（笑）。

ゲーリー　彼は、いわゆるダメ人間というのにやさしいんですよね。誰かいわゆる立派な人たちがダメ人間を批判すると彼は必ずかばうんです。

泉　うん、そうだね。そうなんすよ。そうなんすよ。

小田原　身につまされる話があるわけ（笑）。

泉　そうなんですよ。

小田原　時間的なことは別にして、照子さんなんかの話、ちょっと聞くと、相当ダメな男みたいでもあるわけね。

泉　いや、オレなんかには自分はダメな人間だってちゃんと言ってるわけだよね。で、オレもダメだけど泉もダメな人間だと。そういうダメな人間だからこそこういう闘争が必要なんじゃないかと、そう言ってた。

ゲーリー　現闘の頃もダメな人間が立派に闘えるんだというのをみせたいと言ってたんですよね。

リュウ　なにかのパンフの対談の時にも言っているな、それについては。

小田原　だけど自分でいうダメさかげんに随分流されているところもあったの？

ゲーリー　まあ、そういうのが山岡氏の人間性の豊かさ（笑）。

小田原　イッチャンと対極の所だよね。

一平　いやあ、越冬の時でもポコンといなくなったりするんだよな。オレらが玉姫でごちゃごちゃやっている時に自分だけ部屋にこもっちゃってる。それで酒盛りやってるんだよな（笑）。オレが連れにいくとひきとめるんだよ、逆に。それで玉姫で待っている人が待ちくたびれていなくなっちゃう。

小田原　それで万博なんかに行ったりして、また山谷に帰ってきて、そこから例の広大から出てきた人たちと出会うということになるんですかね。

ゲーリー　けんか別れしてから一年ぶり位に山谷でバッタリ出会うんです。その頃は東日労の組合の活動をやっている。

小田原　山さんは万博の仕事に行かなかったんですか。

ゲーリー　いや、万博の仕事の途中で別れて。

小田原　あ、そうか。万博で別れて彼は北海道へ帰って。

ゲーリー　その後、北海道からまた大阪へ出ては来たんですね。

小田原　それでヤマに来て東京で東日労の活動家になったわけですね。

一平　誰だろうな、山さんとオレ達の仲介。オレその辺はっきり憶えてないんだけどさ。やっぱり磯江さんかなあ。

リュウ　船本が東日労に出かけていって、能がきたれていたらしいから、その頃じゃないの。

南　山さんを東日労につれてきたのが磯江さんみたいで、そこで山さんの発言を聞いておもしろいやつだなあってコーチャンが話をしだしたんじゃないの。

ゲーリー　71年の何月頃？

一平　わからん。

ゲーリー　71年の暮れ頃にパレスのドヤ闘争やるのね。その時はもうコーチャンと親しかったから。

小田原　じゃあ71年の夏くらいからでも知りはじめたのかなあ。

ゲーリー　その前に70年頃かなあ。照子さんが山岡氏を捜しに山谷に来て。センターにゲーリーに連れていってもらったって照子さんが言うんだけど。

リュウ　普通は偽名使うんだけど、山さんはそうじゃなくて、照子さんがセンターに行って飯場に行った人の名簿を調べたら山岡強一ってある。それでわかった。あれ偽名使っていたらそのまんま会えなかったんじゃないですか。

小田原　どこに行くともいわずフラッと。関係が切れていた。

ゲーリー　そうですね。本人も時々言っていたけれど、どうも照子さんからトンコして東京に出てきたのでは（笑）。

小田原　時間的には71年頃に移ってきて、この頃の山谷の闘いはどういう風だったんでしょう。

一平　オレは72年なんだよね。形としては現場闘争委員会という名前になっちゃったんだけど、やっぱり東日労の頃、行政闘争かな。それ位しかできなかった。それからさっき言ったドヤ代値上げ反対闘争とか。その前、都電22番線を残そうというのもやってたよね。

ゲーリー　都電は何年まで走ってた？

一平　何年だろう？

泉　72年頃はなかった。

ゲーリー　69年にはあって、大阪から帰ってきたら、なかったんじゃないかな。

一平　そんな風だから、なんかあきたらないというか、どうも山さんの感覚としても、労働者が主体の闘争やらないと、という焦りをずっと持ってたと思うんだ。それでもって、工藤との関係があったと思う。その頃、山谷の闘争のあり方について色々と磯江さんと話しあっていました。磯江、工藤といえば書記長、委員長の関係だけど、まるっきり水と油だったんですよね。そういう背景があって、磯江さんを含めて、あの頃山自労、全統労とやってきたのがつぶれて、それでも山谷のまわりでウジウジしているわけだよね。なんかパンフレットつくったりして。そういう流れて結びついて、それが形になったのは72年だと思うよね。

ゲーリー　その頃は共和館グループなんかがいたんだよ

ね。トメさんの部屋で学習会やったり。

リュウ　オレなんんか船本と最初に出会ったのが72年の1月でね。デカパン＝鈴木国男が71年の1月に陽和病院にぶちこまれて。デカパンは71年から山谷の件で指名手配されていて、釜に潜伏していたんだけど、釜でちょっと調子悪くなって、船舶の仕事行ってたんだけど、そこでインドネシアの船なんだけど、スハルトの写真が食堂に飾ってあるのが気にいらねえということでそれをぶちこわして（笑）、それで、インドネシア船員とけんかになって、水上署にパクられて、そこで指名手配中だということで南千住に送られて、留置所で暴れまくって、措置入院って形で陽和病院にぶちこまれたんだけどね。オレらはデカパンの救援の為に釜でグループつくって大急ぎで東京へ出て来たんですよ。

小田原　そのグループには山さんも釜で加わっていたんだろうか。

リュウ　その後オレなんか大阪帰って船本と話をしたりしたんだよね。で、その後、5月のはじめ位に、東京に出た頃には、釜に船本、山さん、あと何名か一緒にいたよね。で、船本は釜に残ったんだけど、山さんとあと二名位かな、広島へ行っちゃったんだよね。今いないけどトメちゃんていうのがいるんだけど、それが広島から山さんが広島へ行って酒ばっかりくらっている、頭来たと言ってもどってきたんだ（笑）。それで釜では5月28日に、センターに木刀もって殴りこんできた鈴木組に対する闘いがあって、それが釜共闘ができるきっかけの闘争になる、歴史的なね。寄せ場においては、歴史的な闘争になるんだけど、山さんは広島行っちゃったままこの闘争には立ちあえなかった（笑）。オレなんかは酒のみきらいだから、仕様がない男だなあという風にその時なんか思ったんだけど。その後、釜共闘ができて、イッチャンがさっき言ったけれど、それまでの寄せ場の闘争は行政闘争中心でね、戦闘的な行政闘争に過ぎなくて、もっと朝の寄せ場と現場を結びつけた現場闘争として展開しなければならないということで、船本なんかが72年の5月頃からはじめて、それが鈴木国男なんかとつながって、それが一挙に噴出してダーッと釜の闘いが盛り上がっていったんです。で、釜の8月の夏祭りだったと思うんだけど、山谷から磯江さんが来て色々調査をしてね、毎日、報告書を送っていたらしいんだ。それで磯江さんが山谷に帰って、現場闘争委員会が釜に次いで山谷でもできることになって、山さんもそのメンバーの一人だったんだよね。

一平　その前から名前ははっきり決まっていなかったんだけど、なんとか鉄筋現場闘争班とかさ、それぞれ個別に闘争を作っていた。先程の磯江さんが釜の夏祭り行ったというのは、あの頃としては7人か8人位で、かなりはっきりした意志一致のもとに行ったんだよ。もうその前にヤマの中に部屋借りて、そこが現場闘争委員会というか、そのグループの事務所ということで、もう活動は始まっていた。その中に山さんが中心メンバーとしていたんだ。

小田原　その頃にはさっきの広島に行ってのんだくれたのから帰ってきていたわけだ（笑）。のんだくれてたっていったって、先程の話は72年の初めのことで、今のは72年の夏の話ですから、そう半年も沈没していたという話ではないですね。

リュウ　それに鈴木組闘争がおこった時は、山さんは広島でカンパを集めて、ちゃんと釜に送ってきたし、広大の青雲寮の辺りでウロウロして、石田クンやマツヤンなんかちゃんと学生オルグしてもどってきているんだ。

ところでオレなんかは、山さんとすれ違ってばかりいるんだよな。72年の12月8日だっけ、手配師とやりあって、ヤマの現闘争委の中心メンバーがみんなパクられてね、それで釜から応援に行こうっていうことで、最大勢力だね、60人。大阪からどーっと来たことあるんです。で、東京駅についた途端、ポリに囲まれてね、ほおかむりしたのなんか皆なひっぺがされたりして。

小田原　そりゃ釜から60人も出てくれば、いいかげん警戒するよな。

リュウ　それで、山谷のセンターについたら鈴木国男が、オレはもどってきた、ヤマの仲間たちってアジテーションやって（笑）。

小田原　南さんは72年頃からですか、山さんと知り合ったの。

南　僕は72年の10月頃。

一平　あれは、タイコウ建設ってね、現闘委って形でやってた闘争の逮捕者一号がオレで、その時南さんがねじりハチ巻で七分はいて、さっそうとデビューした（笑）。11月だっけ。

南　その争議で3人逮捕され、おまわりが拳銃なんか抜いたりして、それで皆怒ってね。その時、現闘と東日労一緒にやってたんだよね。

一平 共同争議だね。

南 イッチャンが、会社の中に私服がたくさん入ってるので、怒って、ガラスけとばして、すぐパクられて（笑）。

一平 違うよ。オレはパクられたやつ助けに行って、パクられたんだよ（笑）。

南 要するに団交に応ずるが、会社の方は人数の枠を絞ってきて、組合の方は、それに応じて交渉しようということですすめていこうとしたんだけれど、現闘の方としてはそうじゃないと。みんな来たんだから、みんな入れろということでもめて、で、最終的には労働者がボクも含めてかなりいたんで、みんな中に入って、団交やって、それが終わって帰ってみたら、東日労の人なんかが話したい話したいって来て、北村とかいろんな男知ってたんで話してたら、現闘でトビやってた、顔みたことがあるカワドというのが飲まないかという。で、泪橋の世界ってとこで飲んで。どうも後できいたら、山さんがカワドつかってオルグ（笑）かけたんだね、ボクに。それで、その時が最初の山谷の越冬への参加なんだよね。72年か。で、山さんはその頃、パクられる頃よね、医療関係をかなり、医者のオルグなんかこまめにやっていたと思うんです。それで12月2日、義人党の手配師とかマンモスとかいう連中と、その頃ほとんど仕事がなくてね、一挙に状況がそういう形で煮つまって、4日だったか、皆一勢に30何名か逮捕されて、どんどん皆釈放されて、その後でまた再逮捕されて、僕、最後まで浅草に残されたんですが、山さんがここに来た時には、もう越冬は留置所でだななんて笑ってて、その後、山さんが他の所に分散で行った後、今度デカパンが、竜さんたちなんかと一緒に関西から来て、デカパンが今度、浅草に入ってきて（笑）、ボクはその時には二階の新館の方に入ってたんですけれど、旧館の方で、大きな声でシュプレヒコールをかけて（笑）夜遅くまでインターを歌ったりしてて、返事していても声がなかなかむこうまで通らなくてね、皆寝れないで、次の日看守が、権力の方が「昨日は皆寝れなかったろう。今日は昼すぎ頃まで寝ていいから」って。「これはいいわ。毎日やりましょうか」ていったような記憶がある。そういうのがボクなんかの山さんとの出会いですね。

一平 山さん浅草でパクられてたの？

南 最初浅草に入れられて、皆、再逮だからね。再逮になった時、山さん他の所に移された。その件は山さん無罪になるんですよね。山さん山谷の件での起訴は初めてで、最後無罪になっています。磯江さんも無罪になるんですけど。その後横浜の収容所での闘争になっていきます。74年の1月の終わりか2月頃。オイルショック以降、ほとんど仕事がなくて、東京都の特出しの仕事を前は労働センターがやってたんですね。それで仕事がないから観光バスにのって、仕事がないから就労させろと都に対してやっていって、そこで機動隊といつもドンパチやってたんです。そのうち特出しもダメになり、今度、生活保護、緊急保護を台東区に対して、食えないから出せと、サンちゃんや山さんら数名と交渉しに行って、食えないんでどうするんだと、緊急保護で認めさせろと。で、緊急保護で認めさせてね。次の日から台東区に認めさせたぞとワーワー言ってね。労働者がボンボン集まってね。多い時は200名以上、イヤもっといてね。それで労働センターから集まって、デモで上野の台東区の事務所まで押しかけたり。そうすると、山谷で生活保護の不正受給をしているというので東京都が今度は横浜の収容所に皆いれるというので、山さんなんか収容所で、労働者オルグをかねて、映写機とか、毎日そこでビラをまくというんで謄写版をもって入って、その日に職員が皆逃げ出して、そこがなんか自主管理みたいになったんです。それでその後その件で事後逮捕になって、その件でも山さん無罪になっています。その後、山村組争議で3回目で初めて有罪になるんですけれど、山村が80年の9月29日のことで、山村組争議といって、飯場の経営者が在日朝鮮人なんですけど、浅草で労働者を昼間っ裸にしてね、それでやめろと押しかけていって弾圧くらったんですけれど。その後81年7月頃、前田組の現場で労災もみ消しがあって、そこに押しかけて。そこでまた、山さん、僕、サンちゃんですか、6・9闘争の会の者皆いかれて、最後は不当逮捕だってことで再団交やって、それでパクられていた期間のデズラも補償させましてね。そのことで今度は、要するに6・9闘争の会の当時の組織性格っていいますか、磯江さんの救援組織なのか、寄せ場で労働運動として大衆組織としてやっていくのかという形になって、具体的に部屋の建設、真下マンション借りて、借りた一カ月後位に今度山村組でパクられて、82年の7月頃保釈になって、獄中にいる間に三者共闘といって6・9闘争の会と山日労と山統労と三つの組織の共闘組織がつくられていたんですが、これがほとんど労働者とかとの関係がない活動家の人たちの共闘関係なんですね。獄中で、やっぱりそういうのはおかしいんではないかという感じで、党の大衆運動の一元支配だとかという問題も含めて。出てきてから三者共闘のワク内に集まってきた人にも話をしていこうと、仲間にも。もういっぺん、山谷での労働運動のつくり方を考えなおそうということで。それから、8月2日頃、釜に山さんなんかが、竜さんとか深田と話してこいと、僕に旅費をつくってくれたんです。それが寄せ場交流会をやっていこうという契機になった。そういう感じで山谷の中でふんいきが出てきて、山谷の中でも寄せ場交流会から全協へとつくっていこうというのが。もう一方で山統なんかも似たようなことを言って…、山さんが非常におこっていたのを覚えている。82～83越冬闘争の時、山さんに山村組の判決があって、僕らは控訴しないと。組織建設こそをやっていくということで。そうしたら越冬の中でボクらのことを脱落分子みたいな規定でね、山統の活動家が言ってきた時、山さんなんか、先頭で、そういう人に対して怒ってね。その越冬の時、僕は捻挫してたんで、ずっとすわっていたら、山さんなんか時々いないなあと思うでしょう。そうするとポケットにワンカップを一コ入れてくるのね。緊張してケンカしているのに、フッとそういうところもあった人ですよね。あの人、6・9の頃からもそうだけど、現場を基軸にして、その中の怒りを基礎にして寄せ場の運動考えないといけないということを言い続けていましたね。僕はそれを一番教わった。

小田原　今、南さんの話で、72年位から82年位の所をおおまかなつなぎ方をしていただいたのですが、僕個人としては、ずーっと山さんのことでどうしてかなあと思ってきたのは、たとえば船本とか鈴木という人たちが寄せ場である指導的な位置をもっていうのは、わからんでもないです。学生上りとして、ある種のイデオロギー訓練なりをしてきてるわけでしょう。それに時代的にいえば、船本と死んだ斎藤龍鳳なんかが親しかったりさ、僕なんか、70年戦争に負けた後は、ヤケクソになってくると斎藤龍鳳なんか読んでいると空気が入るわけだよね。あれはヤケクソのケンカでしょう。船本なんかはわからんでもないよね。ああいう人が寄せ場に行って、ある種の指導的地位をもつていうのは、なんとなくそういうことかなあってわからんでもないけれど。じゃあ、山さんはどこで、現場に腰をすえてとかいう思想性みたいなものを、蓄積したんですかね。あるいは形成したたっていうか。もともと、よくいわれる北海道の炭鉱で生まれたっていうやつは、別に生まれただけで、炭鉱で生まれたやつが、みんなああいう風になるわけないから、どこでつくったんですかね。

ゲーリー　山さんの育った炭鉱でも敗戦直後に、中国人や朝鮮人の反乱がおきたんです。それで、中国人が集団になって、炭住内を走り回っていて、戦前にやられて、自分を痛めつけた監督とか現場の棒心の家を襲撃したんです。その時、やっぱり山岡氏のオヤジも現場の棒心みたいな立場の人だったらしいんですけど、中国の人たちが山岡氏の家までたどりついて。その時、山岡氏表に立ってみてたらしいんです。で、中国の人たちがバーッと来た時に、ビビっちゃって動けなくなっちゃった。まだ小さいですからね。せいぜい5歳で。山岡氏の家まで来て、ここのオヤジはいいオヤジだからって言って、手出すなって、暴動の指導者みたいなのが言ったらしい。それで山岡氏の顔を、その指導者みたいなのがやさしい顔つきでみた。それでものすごく感動した、ということをよく話していました。もともとアウトローの生き方とか、権力と闘う人たちの話に共鳴してたんですよね。たとえば、68年に「灰とダイヤモンド」という映画を偶然一緒にみたんですが、その中で、山岡氏は映画の主人公のマチェックというテロリストの最後のシーン、銃で撃たれて、よろめきながら、シーツを干してある所を歩く。そしてガレキの上で、絶命するんですけれど。あのシーンをしつこく話していまして。結局、彼の死に方も、やっぱり、やっぱり、先程話した幼時の中国人の暴動ってのが大きかったと思いますね。

小田原　北海道の炭鉱労働者のことを考えるとね、戦前の日本で、帝国主義本国を食いつめたやつが、植民地をわたり歩いてしか生きられないということがありましたよね。あれと今の北海道の炭鉱労働者の問題は類似性があるんじゃあないでしょうか。炭鉱をぶっつぶされたら行き場がなくなってね。みんなどこかに出ていかざるを得ないという。そういう風に帝国主義本国で一番下層の人がわたり歩かされているという。だから、山さんの映画の最後のシーンの玄界灘なんかをさ、相当色んなこと考えてないと、あのシーンは長すぎるっていう所をずーっとやるわけでしょう。その辺がね、本人の中にある何か、彼は言葉にはしていないんだけど、何かあったのかなっていう感じがちょっとしますね。

神田　さっきゲーリーが話したけど、山さんが育った昭和炭鉱の、大戦直後の労働者の決起の際、オレが山さんからきいたのは、お世話になりましたって中国人が言いにきたって言うんだね、オヤジに。去年、山さんの義理の妹、山さん自身は生まれてすぐ里子に出されて、山岡家という、労働者の育ての両親に、色々事情があって生みの親と別れて育てられたんです。その妹さんのところへ、上映運動で北海道に行った時に、訪ねていった。そして昔の話色々きいたんだけど。山さんのオヤジさんがなくなった時、葬式の席で山さんが、オヤジのその時の中国人に対する態度、今でも誇りに思っている。現場でそういう位置をもっていたということを。そういうことを話したんだそうです。それにすごくこだわって、何か事あるごとにオレ達にもよくしゃべってたもんな。その辺がもとになってあの映画もつくられてくるんですね。現場の中で具体的に日本人と日本が、当時植民地支配してた国の住人とそういう関係ができる。その辺へのこだわりが、たとえば、日雇全協って名前も、山さんが日雇全協って名前にこだわってたっていうのは、戦前の全協運動の中で、日本人と朝鮮人が共同闘争してたということの遺産をひき継ごうという所から、全協という名前つくって、それは全部山さんの体験に基づいていることだと思う。だから、今まで、何ていうの、国際主義とかなんとかいうのは昔から言われているわけだけど、じゃあ具体的に現場の中でどう可能なのかということを実践も含めてやっていくということは、今まで日本人の側から、戦後の連帯運動の中で、ほとんどなかったといってい い程、マイナスの歴史っていうのがあるわけだから。その中で山さんが現場にこだわる、現場の中で山さんなりにこのこだわりなり思想なりを試していこうっていう、山さんが山谷に入っていったというのは、その辺のこだわりだったんじゃないかなあ。山谷に入ったその日に、照子さんに聞いた話だけど、照子さんに電話があって、山谷ってすごい所だって興奮して電話していたっていうんですね。そしてそれから帰ってこない（笑）。

小田原　じゃあ、山谷に入ったっていうのは照子さんわかってたわけだ。

神田　映画上映で北海道に行った時、当時山さんがつきあっていたという人に色々話をきくと、大体みんな、あの男が日雇労働なんて考えもつかないと（笑）、すごくイメージ的には青白きインテリだと、みんなそういう印象で語っている。

リュウ　高校時代まではすごい優等生で、それが結核にかかって大学行けない中で、療養生活でかなりいろいろ本よんだと思う。その頃だと思う。ジャン・ジュネの『泥棒日記』なんかに魅せられて、アウトローの世界に非常に魅力を感じた、というのはちょっときいたことある。山さんの言ってたことで、ダメな人間といわれる人間のパワーとか、問題は、ダメな人間が如何に立派に闘うかだと、立派な人間が立派に闘うのはあたりまえだといってたんだけどね。で、船本は強者のもろい団結でなくて、弱者の強い団結をつくるってよく文章に書いたりしてたよね。その辺に、二人の思想の通底性みたいなのがあるのではないかとオレは思うんだよね。こうなってくると、泉なんかがどういう形で山さんにオルグされたかを是非聞きたいよね（笑）。

泉　オレが一番最初に山さんに会ったのは、山谷に来る前にけんかして、罰金になって東拘に労役でぶちこまれたんです。その時、永山則夫の『無知の涙』という本を差し入れてくれたのが山さんなのです。オレは、新聞の漢字が全然読めなかったんです。確か山さんも、その時東拘にいたんじゃないかな。73年。その時、山さんに「永山だって中学しか出てないのに、とうしてこんな難しい本を書けるのだろう」って質問したらね、そしたらその時、山さんは手紙で返事をくれて、永山は本当に倒すべき相手が誰かわからなかったというこうとがひとつと、自分が一回地獄におちて転生するということ、魔界転生ということを書いてきたんだよね。そして、永山則夫は自分で勉強したから、あんたもするんだよと、ちゃんと国語辞典も一緒に入れてくれた。そういう出会いがあってね。実際、オレもちゃんと国語辞典を読んで、新聞に出てくる難しい漢字もひいてやりました。

リュウ　それで出てきて、現闘委に参加したの？

泉　いや、その前からです。

小田原　知り合いは知り合いだったんだ。

リュウ　山さんは、ヤマに来る前は、あまりマルクス・レーニンを読んでなくて、ヤマに来てパクられて、獄中に入って勉強したんだと思うよね。

一同 思う。

神田 ヤマに来る前は、ジャズとハイミナールなんてね。

小田原 ひとつのスタイルだよね。あの世代の。ジャン・ジュネなんかを読むとかさ。今、若い人、全く読まないですよね。だって今、ポール・ニザン全く売れないらしいから。あれ読んでクラッとくるんだな、若い時に。その線だね。

南 72年頃、ブラックパンサーのパンフがあったよね。あれなんか、北海道の時みんな集めてそれでずっと大事にしてたね。なんかそういうあれあるのかもしれないね。黒人運動とかそういうのに非常に興味もっていて、ヤマとの通底性みたいなものが。

小田原 だから、マルクス読むとかいう形で、観念的に革命を志向するとかいうよりも、ある種の反乱型のスタイルの運動を先にイメージした人でしょうね。

神田 マルクスよりゲバラ。

ゲーリー 北海道時代に『世界革命運動情報』、あれなんかは読んでいたみたいね。あれとか『映画批評』とか。

南 72年の2月頃、浅間山荘で銃撃戦あったでしょう。あの頃僕なんか、山谷の飯場にいた。皆、テレビに釘づけでしょう。その頃山さん、「浅間山荘の銃撃戦断固支持」と言って、そんなステッカー貼ってパクられたみたい。

リュウ さっきの南さんの話で時代がちょっととんだけどもね、オレなんか釜にいて、現闘委の頃の山さんの名前っていうのは、又パクられたって伝わってくる程度で、あんまり運動の中心にいるという印象は、オレらが釜にいる頃はなかったみたい。

一平 実際そうだったと思うんだよね。オレなんかはがゆくてね。本当にまあ。

リュウ それで74年だっけ、寿の塩島ソウアイ睦の飯場へチョウさんというのが行って、条件違反だというのででやりあって、寿のヤクザの事務所まで皆で押しかけて、いったん葉山にある関東学院の寮へ現闘のメンバーは、引っこんで、作戦たてるから来いなんて言われてね、釜から出て来たのよ。そしたら全然緊張感がなくて、山さんは「釣、やってきたわ」なんて言って竿かついでくるしね。「マージャンやろうか」なんて言われて、オレなんかつられてやってしまって、結局方針が出なくてね（笑）。なんだこいつらはと思って帰った事があるんだけど。それが、今から考えると現闘委つぶれる大きな原因になっていると思うのだけど。75年に反日武装戦線が5・19にパクられて、その中に黒川君がいたと。その後すぐ、船本が米軍嘉手納基地前において焼身決起した。オレらはそれがすごくショックでね、シュンとなっちゃって、釜でブラブラしているんだけど。その頃は山さんが一番船本のことを考え続けたろうと思うし、それぞれが船本を単身決起させてしまった、どうすればいいんだと思い悩んでいたと思う。その中で、79年に磯江さんがマンモスのポリ公を単身決起して刺殺すると。それで6・9闘争の会ができていくんだけどね。その頃から山さんの指導性というか、リーダーとしての役割が大きく浮上してくる。

ゲーリー　その少し前から、船本の死あたりで自覚がでてきたと思うね。あまり真面目にやっていなかったと思うけれど、山岡氏の部屋でちょくちょく学習会みたいなことをやっていた。若い連中をよんでね。オレはその場には1回しか行ったことがなかったけれど。

泉　74年かな、もう現闘委がなくて、山谷救援会とかあってね、オレなんか週に2回位電話するんだよね。じゃあ新宿で会おうっていうことで。週2回2カ月位ね。ずーっと一緒にマンツーマンでいろんなことを教えてもらった。山さんは自分の時間をさいてね、オレなんかのごく単純な質問に対しても、2時間でも3時間でもオレが納得するまでずーっとつきあってくれた。

一平　山さん、本当に仲間に対する態度だけはないがしろにしないでね、ほめることばかり言っても仕方がないけれど、本当にそこだけはないがしろにしないで、きびしい見方あったと思うんだよ。あると思うけど、それでもないがしろにしないでつきあうというそういう姿勢というのは本当にすごいと思う。それはやっぱり現場でやる時の基本的な問題としてね、それは今のヤマのあり方、全協のあり方なんかと照らしても、もう一回そこの所から立て直していかないとね。実際闘いというのは、そんなにすぐパッといけるわけじゃなくて、つみ重ねだから、そういう労働者に対する基本的な姿勢がどうかっていう所が一番根幹だと思うし、その点でも山さんのすばらしさというものは大変なものだと思うよ。こちらは、うんざりするくらい、あんなもの放っておけばいいよ、みんなで行かんでもええやないのって感じなのに、みんなで行こう、一人が困っているのだからって感じで（笑）。

山さんは「とにかく現場に」って所があって、そこが一番いい所だしさ。だけど一方ではそれが桎梏になるだろうよね。でもやっぱりそれが基本だよね、現場でやるからには。堅い言葉でいえば作風みたいなこと、それはいいかげんではなかったね。そういうのは船本も出方は全然ちがうけど大変なものだよね。つき合うという点ではね。女房子どもを犠牲にしてまでもオレらとつきあう。

小田原　船本はなんとなくヤクザと同じセンスでやっているのではないかね（笑）。

リュウ　船本はすごい直感のするどい男でね。その場面場面でパッと方針出す男でね。逆に、山さんはじっくり寡黙な男でね、酒が発酵するような。オレらからみればすごくはがゆいのだけど、自分の考えをじっくり固めていって方針を出すというタイプだった。中山さんがどこかで端的に言っているのだけど、船本の直感的な発想を山さんが理論化しようとしてきたというのは言えると思うんだよね。話はとぶけれど、81年か南さんが山村組の件で出てきて釜へ行った時、その時、南さんと宗村が全国寄せ場の組織をつくる段取りをしていこうじゃないかという話になって、で、いきなり「組織」ということじゃなくってね、全国寄せ場交流会ということではじめようということになった。

この「二つの自己批判」というのは、80年に船本の決起の5周年ということで東京で集会をやるんだけど、その後山さんが書いたらしい。この中で彼は、組織問題を言っている。船本、磯江さんという形で仲間を単独にしてしまった組織は弱い組織であると。すべての闘争は組織がなくては勝てないと。山さんは組織論についてはあまり言ったことがない。普段はオレはマルクス・レーニン主義者だけど、組織論については アナーキストだと言ってた人で、当時からそういうことを書いていたんだなって、つい最近わかったんだけど、今思い返せば、その辺やっぱり南さんなんか派遣したりして、なんとか組織的にも固めていかんなと思って実践してたんだね。やっぱりそれが日雇全協結成につながっていくのじゃないかと思う。

神田　さっきの山さんの仲間に対する態度の話だけど、山さんがゲーリーと山谷に入った頃の話だけど、パレスに泊まった。最初にね。で、一緒にパレスの部屋にいた労働者が随分、山さんの面倒みてくれたらしくて、よくその話をしていた。仕事の世話をしてくれたり、いろいろな面倒みてくれるのだけど、夜ねた後で寝言で、「お前、こんな所にいるな」と言うんだって。それにすごくショック受けたと言っていた。すごく屈折しているのだけど、ヤマの労働者のやさしさとか感じて、オレはヤマが好きになったと言っていた。寝言でそういうこと言って、起きている時は何も言わないで、「お前、あそこの仕事を探してやるから」という感じでつき合ってくれた。それが山さんがヤマにこだわっている理由のひとつかな。竜さんがさっき言ったように、ダメな人間の力を結集して大きな力にしていくみたいなこと。山谷以外ではありえない。そういう労働者の存在の仕方みたいなのにすごく山さん魅かれていたんじゃないかな。

小田原　それは、何とも言えない人間の関係がある所なんでしょうね。

一平　人間の巾が広かったんだろうね。闘争といっても、マルクス・レーニン主義の教本のその枠内だけ考えているのと違って、そこからはずれた人間の行動と経歴みたいなものを丸ごと組織して、何かつくれないかなあと考えてたと思う。そこまで感じられる感性がないと、なかなかそういう考え方もできないと思う。今の党派のあり方は極端に言えば、どっち向いているのかと思う。労働者の方を向いているのかどうか。もちろん、金町戦の中にひとつの解答があるわけだけど、実際どういう力をもって闘いをつくっていくのかという所で、その辺は本当に、ヤマのいわゆる闘争という枠からはずれた所からもう一回労働者に対する見方ができなくては、非常に狭くなる。よく中山さんなんか言うんだけど、党派の人間はすぐ方針が変わったら、すぐ出ていくなんてことが今までなかったわけじゃあない。それはそれでひとつのあり方かもしれないけれど、そんなこと実際はしちゃあいけないわけでしょ。そんなことできないような見方、感じ方がなければなかなかヤマの闘いなんてできるものではないと思う。そういう所なんか山さんはずっと見ていたと思う。全然やっぱり違う。

ゲーリー　さっき出た、駄目な人間が立派に闘うというのは、かなり含みがあると思う。結局、駄目な人間だけを強調したんじゃあ、いわゆる三バカトリオの情念だけで、義理人情でつながるああいうのになってしまうけれど、駄目な人間が立派に闘う。やっぱりさっき魔界転生と泉が言ったけれど、まさにその通りだと思う。

泉　そうだと思う。いつ頃かちょっとはっきりした記憶がないんだけど、オレなんかどっちみち駄目なんだって言ってね、オレなんか運転手位しかできないって言ったら、「それこそ一番いいじゃないか、運転手をするということは、闘争に絶対必要なんだから」と言われて、いまだに運転手やっているんだけどね。で、運転手するためには、東京都の地理を全部憶えろ。そういう風に考えていけば、駄目な人間は駄目で終わるんじゃないというような感じのことを言っていた。そういうようなことを言われた。

ゲーリー　ところが山岡氏と論争すると、駄目さに居直っちゃって（笑）。

小田原　ご本人はそんなに駄目選手代表みたいなのではないでしょう?

一平　一時、子供のことを突然真剣に考え出してね、まあそれまでの経過はあるわけだけど、何の話をしても、「あ、今日は帰って晩メシつくらなければいけない」って感じで主夫業に専念していた（笑）。

南　彼は、ひとつの闘いをやるでしょう。で、総括の時とか、このへんが自分たちの力量でできるかな、とか次の展望をつくる時に、現場から大体いないんですよね（笑）。だけど次に彼が山谷に出てくる時に、大体次の大枠の方向を提示するんですよ。その期間が長いんですよ（笑）。本当に山さんは、運動の節目節目みたいな、次はこの辺が問われるだろうみたいな時は、現場からいなくなるんですけど、今度ヤマに帰ってくる時は、この間、こういう感じで考えてきた、みたいなことを言った。

神田　それと、山さんは必ず話をする相手をみつけて、問題意識を共有しようとするよね。

南　ビラ一枚書くのも、昼間に、次、こういうビラを書きたいと思うでしょう。そうすると、昼間に何名か呼んでおいて（笑）、じゃあ内容こうしよう、みたいにね（笑）。

一平　あの人、でもビラは書かなかったぞ。一生懸命文章書く時、時間が長いんだよ。

神田　紙とペンを出してから、さて、フロにでも入ろうか（笑）。

一平　83年頃、何か書かなければいけないという時があって、オレに、「あそこの本屋へ寄ったら、レーニンの『何をなすべきか』を買ってきてくれ」と言うんだよ。

それを読んでから山さん書くのかよって感じで（笑）。

小田原　しゃべるのも、ノロノロしゃべるでしょう。殺される5日前、僕らの反天皇制連続講座の講師だったの。で、「映画が忙しくて準備ができなかった」って言ってね。だって1時間半位の講演だったのに、実質的にテープおこししてみて、全部集めてみたら45分にならないんじゃないかって感じで。「ウーアー」ってそればっかりで（笑）。

神田　あれ前の日に、「困ったなあ、困ったなあ」って言っていたよ（笑）。

リュウ　泉なんかも言っていたけれど、釜の隊長＝ハシノさんが、山さんとあまり話したことはないけれど、ともかく山さんがそばにいると安心するって言うんだよね。彼のまなざしっていうようなものがあると思うんだよね。その辺がオレなんか官僚的だからね、失敗するとすぐ頭ごなしにどなる方なんだけどね。この辺を学ばないかんと思っているんだよ。そういう彼の仲間に対する思いというような基本的な立場があって、そこから、オレらにはちょっとはがゆいと思うところもあるけれど、そこから思想的な問題だとか方針については、時間がかかるけれどもちゃんと出していくと。そういう姿勢を一番キチッと持ってた人だと思うんだよね。オレはだいたいその場その場であたふたして、山さんなんかに「無責任だ」と言っているんだけど（笑）。一時いなくて、もどってきてバーンと方針出されて、いきなり何だと思うんだけど、やっぱりじっくり提起されるとなるほどと思い、ひきずられていくと（笑）。

小田原　しばらく抜け出ていて、帰ってきていろいろ言われるとこのヤローと思うよね（笑）。

南　そういえば全協結成して、国際主義を出したんですけれど、じゃあ、国際主義とはどういうことかという議論になって、じゃあ、自分たちの身近な所から何ができるのかっていう話になった。で、越冬終わって、アブレもらう時に、山さんが韓国労働者の闘いに連帯してカンパを送ろうと提起して、そういう形でやっていこうじゃないかということになって、1回目は山谷だけで、2回目からは今度は全国になったんです。最初の頃は、なぜそういう形になったのかなあという感じがあったみたいです。3回やったけれど、全協は国際主義といっているけれど、自分たちにとっての実際の国際主義とは何かということを提起した。

神田　チョン・テイルの時もそうだよね。

小田原　そろそろまとめに入りたいのですが、山さんが死んで1年たった現時点で、この1年をどういう風に考えるのかと言うことと、今後の話ですよね。たとえば僕なんかだと労働者会館なんかでも、山さんの遺産みたいな所があってね。ひとつは山さんが敵に奪われて、ヤマにとってどういう風に影響してくるかということ。それは、山さんがいなくなって辛いっていうことだけではなくて、もう少し大きくスパンをとって、それがどういう風に影響してくるかということ。それは向こうも狙いすましてやったという気がするわけです。それは佐藤さんの時も、それはあると思うのです。こんな映画をとられたら、とんでもない話だという所がきっちりあったと思う。それよりもさらに大きな意味をもって山さんを殺った。向こうとしては、かなり長期的な戦略をたててやったと思うんです。そういう山さんを奪われた後で、いったいこれからのヤマの闘いは、特に今労働者に対するやさしさを山さんがもっていたという話が出ていたわけですが、つい局面では僕らはどうしても政治が先行して、身近にいる労働者にやさしい声をかけるというようなことは難しいですよね。ついこの前イッチャンから聞いた話ですが、さる党派の若い人が、山谷の古くからの労働者のことを「あの人は毒にも薬にもならない」とかぬかしたというんですよ。正直「ブッたたいてやろうかこのヤロー」と思いますよね。そんなこと言ったら、年とったり、障害もってたりしてアブレている労働者なんか「毒にも薬にもならん」かもしれんですよ。だけど、だったら一体寄せ場の闘いというのは何なのかと思いますよね。山さんがいう「ダメな人間」による闘いというのはどうなんだと言いたいですよ。そういうような問題もひっくるめて、今後の山谷の闘いはどうなっていくのか、どうしようと考えておられるのかを話してください。もちろん金町戦をやり切っていくというような話は当然ですが、もう少し時間の巾を長くとって、当面の課題というよりも、山谷における、寄せ場における労働運動なり階級闘争というのはどう展開していくのか。そのあたりを当該として主体的にちょっと語っていただくということで。

南　今まで寄せ場にいて経験しなかったことばっかりが起こっているように思うんですよ。金町の問題にしてもそうだし、労働現場におけるアジア人の問題もそうだし。だから、現場でヤクザと4年間闘ってきたわけですが、今、自分達の確信というか、闘う根拠というようなものを、中でつめていくというかな、そういう時期じゃあないか、というようなことを大雑把に思うんです。実際じゃあどう闘えばいいのか、というようなことはわかりませんけれど、この間山谷の場合、60年代から佐藤なんか、ドヤ主の佐藤ですけれど、マンモス交番できた後に、環境浄化運動なんかすぐつくったりしてやってきてて、山谷の場合は他の寄せ場と違って、地域の連中の、自分達が元々山谷に住んでいたんだと、後から寄せ場労働者が入って来たんだという意識が強くて、その辺含んで、地域全体に金町の影響を強く受けているということもあって、こういう問題も含んで、労働運動の中で、僕らがどれだけやりきれていくのか、あるいは、国策の問題とか、動員の問題とか、アジア人の問題も含めて、僕らが現場の闘いでそれなりにやってきた成果を含めて返していけるのかということが、問題になっていると思うんです。

小田原　今、南さんがおっしゃったように、かなり深刻な問題として、新しい事態が起きているということがありますよね。その辺の意識のところについて竜さんにお訊きしたいんですけれど、確かに金町とのドンパチ戦や、佐藤さん、山さんが殺られたという影響もあるわけだけれども、寄せ場学会がつくられる、山谷におけるヤクザと警察の癒着を監視する会ができる、そして８０００万円くらいの仕掛けで山谷労働者会館の建設の話が進む、というように、どちらかと言えば、寄せ場に関わらなければ、それはそれで済む人達が、自分の問題として関わりを持ち始めているよね。確かに、今のところ、山さんとの人間的な関わりという限界を持っているけれども、そんなことでは済まないという人達が確実に増えているよね。で、竜さん、今後どういうことになってくるんでしょう。山谷の運動は。

リュウ　山さんの思想的根拠というのは、ひとつは、さっきから出ているように、ダメな人間が如何に立派に闘うかだ、という風に山さん自身が言っていたんだけれど、もう少し形式的に言うと、闘いの主軸は誰であるのか。これは当然労働者であると。また闘う側が如何に大衆性を持つか、というようなことだと思うんですね。と同時に、山さんは、東アジア反日武装戦線諸君の闘いに影響されていると思うんだけれど、敵の暴力性に対して、闘う側の暴力を如何に形成するか、ということを考えていたよね。特に佐藤さんが殺された後の『新地平』なんかで、大衆性も現実性も、暴力の問題を抜きに考えることのできない段階に来ているよね。やはり寄せ場の闘い自体が、暴動という形で闘われてきていて、敵の暴力支配に対して労働者の暴力でこれを撃ち破っていくと、オレなんかもそうなんだけれど、革命の根拠みたいなものはそこにあると思うんですよ。今、山さんまで殺されて、オレ達に問われているのは、ひとつは金町という形で、敵の暴力装置が武装してオレらの闘いをつぶそうとしている。これに対抗する暴力をどう形成するのか、ということだと思うのね。これに関連して思うのは、反日の諸君の闘いは、戦後の歴史の中で、非公然の闘いとして、相当なレベルにまで行ったわけだけど、その闘いが、どういう人間と結びついて行くことを志向していたかということにおいて不充分性があったと思うよね。今のヤマの闘いの中で、船本の言葉で言えば、労働者の「現状打破のエネルギーからかもし出される暴力性と組織された暴力の結合」みたいなものが、今まさに問われていると思うし、山さんが言っていたように、山谷の現実は、現在の日本の先端的現れであって、個別山谷の特殊的現象ではないという時代状況に来ていると思うんでね、意識化するしないにかかわらず、やっぱり今の山谷の闘いが、人ごとではないというように感じている部分がヤマに関わってきていると思うんで、これはやっぱりオレらとしては、如何に勝ち切るか、ということが問われていると思うんですね。オレなんか今考えているのは、船本なり山さんが、具体的な闘いの中でつくり出してきた思想なり理論をどう継承しつつ、この前久しぶりに東拘で会った黒川君に言われたんだけれど、いつまで船本がこう言った、山さんがああ言ったなんて言ってるんだ、と。今の現実の中で彼らを継承しつつ、どう思想なり理論を形成するのか、ということが問題なんだ、と。それは本当にそうなんだよね。それはそう思うよオレも。これは当然のこととして、もひとつ、山谷の闘いで一番弱かった組織性をキチッとしなきゃあと思うのね。やりっぱなしの闘いは敗けるよね。組織性をもった闘いにしなきゃあ。この頃若い人も加わってきてるしね。それともひとつ。党派の人達にも言えるんだけど、山谷の闘いは、10年以上もヤマに住んで、労働者と親しく接しながら、そこから闘いをつくり上げてきたという歴史があるんだよね。こういう作風を彼等にも学んで欲しいですね。こうして初めて山谷の仲間との関係もできるんだと思うんだよね。敵に勝つというのは、同時に、ヤマの仲間がオレらも一緒に闘って勝ったんだ、という確信をもつような勝ち方というか闘い方でないと、武装してある局面で勝ってみたところでね、ヤマの仲間には「オレはダメだ」と日常的に思っている人も多くいると思うんだが、そんな仲間と一緒に闘って勝つ、という大衆性をもちたいと思うんですよね。

ゲーリー　それと山さんは、全協運動の枠を超えたもの、というか、そういう運動の質を、この映画を作る過程で考え出したんではないかと思います。もちろんそれ以前から言ってはいたけれど、具体的なイメージとして、それを運動実体化していこうというような動きを見せたのは、映画を作る過程ではないかと思うんですよね。さっき南君も言ったように、寄せ場で新たな事態が次々に起きている。それに勝つには、寄せ場の枠だけではだめだと考え始めたと思うんです。それは、運動と組織性の両面で、寄せ場に限らない抑圧された人々、在日、部落の人、産業の再編の中で社会からけとばされる人達なんかとの共同性、寄せ場の「被差別空間」からこの人々との新しい共同性と連帯とを求めていく、そういうことを考えたんじゃあないでしょうか。それは、政治闘争での共闘ということもあるんだけれど、もひとつわしらの文化と言えるものがないんじゃないか、と殺される3日前に、神田君と一緒にオレの部屋に来て、話していたんですよね。それで、そういうわしらの文化について考える学習会をやりたいと。で、とりあえず、塩見鮮一郎の『都市社会と差別』の読書会をやろう、て言ってたんですよね。

小田原　今後の運動のあり方へのひとつのイメージでしょうねえ。それが、映画の最後の〝ロームシャ〟なんかと共通する、被差別大衆の共同性というようなものを、どこで作るのかということを探していたんでしょうねえ。

ゲーリー　観念的には今迄みんな色々言ってきたけれど、実際にはなかなかつながりがもてないってとこあるでしょう。

神田　例えば、労務者という言葉のイメージですが、この頃新聞なんかでも差別用語として使われないんだけれど、それはそうではなく、日帝の支配の中で労務者としてかり出されたインドネシアの人民、そういう歴史性をもった言葉であり、存在であるわけだから極端に言えば、この労務者へのこだわりから世界革命が展望できる、そういうイメージとしてあの映画の最後の〝ロームシャ〟はあると思うんですよ。山谷の中で差別―被差別という構図の中でだけ考えるんじゃあなくて、アジアの版図の中におくと、労務者という存在は大きな広がりをもっていると、こういう質を個別山谷の闘いの中に出していけたら、これは、全人民の課題になりうると。

リュウ　山さんにも船本にも共通するのは、労務者としての歴史性を縦軸に、一方で現に闘われている山谷が如何に普遍性をもち得るか、ということを横軸としてね、彼は映画を作ったと思う。だから権力の方も、山谷の闘いだけでこだわる限り、これは封じ込めてたたけばたたけるわけで、それは簡単なことだと思う。それが佐藤さんを殺し、それを受け継いで山さんが作った映画の思想性が、個別山谷の問題としてだけではなく、普遍性をもち波及力をもっていると、だからターゲットにしてきたと思うのね。そういう意味でヤツラはすごく適確だと思うんだよね。それを許してしまったということを、オレらは自己批判し、ちゃんとやっていこうと思っているし、彼なんかの思想を継承し、組織として実践化できるかどうか問われていると思うわけよ。それをまた勝ってみせることで、普遍性なり波及力なりを示したいよね。

一平　話が前後して申し訳ないんだけれど82、83年の越冬の時の山統労に示した対応が、今の争議団、全協がどれほどのことを射程に入れているかということを示すひとつのメルクマールになると思うのね。オレあの時にね、山さんとぶつかったんだよ。理由は、山さんはあの現実の中で、始まったんだからやっちまえって言うんだよね（笑）。支援に対してもヤレ、ヤレって。それをオレが待て、待てってとめたら、どうしてとめるんだって怒るんだよ。オレはやっぱりそれは違うと。玉姫の中でね、争議団が本当に越冬をやっていく責任主体であるという風に考えた場合さ、山統労が何しようがさ、責任を持つのはヤマの労働者に対してであって、労働者が越冬を一緒にやろうというようにしていくのがオレらの責任だと思ったわけよ。山統労に対してそれなりに対応するにしてもさ。その点で、オレは山統労に対してではなく、山谷労働者に対してさ、争議団がまだまだ山谷全体の闘いに対して責任を持ち切れていないってことをさ、自己批判すべきと言ったんだよ。建て前みたいになるけどね。ただ、今から見るとさ、山さんが考えていたことは、こんな枠をとっくに越えてたんだよね。個別山谷に、しかもこれまでの流れの中にだけとじこもってやっているんじゃなくて、今までの自分達の運動の総括の上で、どこでどのような力に依拠して闘うか、というようなことを色々考えてたんだと思うよね。そのことが上映運動につながっていったんだし、運動の新しい芽として出ようとしていたんだと思う。オレ達も、この方向をもう一歩進める任務を負っているんだと思うよね、オレは。その点では、まだまだ不充分だよ。一生懸命考えて、その結果殺されていった人間の後を受け、オレら、何ができてるのか、って考えると本当に情けないよね。山さんが残していったものの中に、それこそオレらが山谷で闘っていることとの先の革命まで展望する教訓が、本当に豊富にあると思うのよね。もちろん、船本の思想の中にも。もう単に遺産を食いつぶしているんじゃあなくて、オレらの力で、残された教訓から、この現実を変革する実践を生み出さなきゃあ。こういうことを皆なでもっともっとはっきり自覚しなきゃあね。

これからの課題として、こういうヤマの闘いの遺産を党派の人達に対して、対抗的に出すというのではなくて、作風なんかも含めてもう一度考えて欲しいと、ヤマの闘いの今後は、船本や山さんの残していった思想の中に展望がある、ということをはっきり示していかなければならないという位置にオレらはあると思うのね。責任も含めて。そうでなきゃあ、確かにヤマの闘いは広がったし、動員力もできたよ。だけど、闘いというのは、思想的な力だよね。今、オレたちが、本当に思想的に苦闘して、山さんの言葉なり思想なりの中にゴロゴロころがっている素晴らしいものから充分学んで、それを実践を通して示さなきゃあ、他の戦線も含んで、寄せ場の闘いが普遍性を示しうるということはないよね。でないと、今の一定の高揚は単にセンセーショナルなものでしかなくなる危険性がすごく高いとオレは思うよ。

小田原　本当にそう思う。全協がいろいろな集会でアピールをする際、相当拍手が多いけれど、あれは、本当の意味で共感しているとかというんじゃなくて、一番シンドイところで闘っている者にとにかく賞賛の拍手を送るというかな、拍手する側は、自分達に、ヤマの闘いがまったく同質の問題を突きつけていると思ってはいないもの。これは全協の側の問題でもあるんだよね。日本全体の闘いに向けて、アンタ達はどうなんだ、と運動とそれを支える主体を根底から揺り動かすようには、自分達の闘いを提示しえていないもの。僕は、寄せ場の闘いについて、それ程考えつめているわけではないからよくわからないけれど、船本、山岡氏の言葉や思想の中に、全体を領導する質があるんなら、それを大衆的に提示する責任を全協は負っているよね。全協の闘いへの支援の訴えという限界を早く突破しなきゃあ。

一平 思想が苦闘の結果として、ひとりの労働者が、本当にオレらと共に闘うようになるという、そういうことを労働者に迫れるような闘いというのは大変なことだよね。それができるようにならなきゃあと思うんだよね。南さんがこの頃営々とやっているよね。こういうところがオレ達の闘いの中身として形成されなきゃあね。

南 そうなんです。正直なところ、この頃のヤマの闘いは面白くないんですよね、僕には。労働者、労務者が主体的に闘っていないもの。本当は闘えるんですよね。本当に怒りに火がついたら。金町とだってやれる人達なんですから。やってきたんですから。そういうものを僕達は引き出し得ていない。ヤマの闘いの主体は誰なのかという基本のところをもういっぺん考え直す時に来ていると思いますよ。

リュウ 本当にそうなんだ。労働者が暴動的にワーッと起ち上った時、ああオレはここで生きてきて正しかったんだと嬉しいものね。それは労働者皆なそうなんだと思うんだよ。そういう闘いをつくり出すような質を全協争議団の中から生み出すようにしたいよね。もう一度自分らの思想を点検し直して。

小田原 まだまだ話は尽きないのですが、かなりいい気分になってもきましたので、この辺で。

あとがき

御協力くださった皆さんに心からのお礼を申し上げます。お忙しい中を本当に有り難うございました。

「山岡強一氏追悼集Ⅰ」をお届けします。「Ⅰ」としましたのは、山谷の事情に詳しい方ならすぐお気付きでしょうが、当然居るべき人がここにはいません。種々の理由によりますが、ひとことで申しますなら、山さんが殺されたということはそれほど大きく辛いことであるのです。いつの日かこの人達にも心の内を語っていただき、それを「Ⅱ」として残したいと願っています。

低音で語っても細さのある声と、はにかみの表情が、今も脳裏に焼きついて残っています。「良く闘った者は死ぬ」というのは、この社会にあって人間の解放を求めることを自らの生き方として選んだ者の定めのようなものですが、また自分は生き残ってしまったという思いに苦しめられています。最も良く闘った山さんを敵に奪われて。

もし、この追悼集に足らないところがあるならば、それはすべて、編集の責を負った私に帰されるべきところのものです。皆さんがこもごも語っておられるように、あれほど大きな存在であった山さんの生を、その山さんに伴走した人々のお力をお借りしながらなお、ここに充分に映しえないのですから。

それでも、一人でも多くの方に読まれることを願っています。そして、志半ばで逝った山さんの闘いを継承し、闘いの場でお目に懸かれることを願っています。

（１９８７年４月28日　小田原紀雄）

３３１

山谷に「会館」を作りたい！
「山谷労働者福祉会館」建設に力を貸して下さい

・「山谷監視する会ニュース」５号（１９８７年６月）

山岡強一さんが、右翼ヤクザ金町一家と警察の連合した力（公然の秘密で、金町一家に、山谷における労働運動の指導者が山岡さんであることをメンワリさせたのは警察である）によって射殺された１９８６年の１月13日の５日前、１月８日に、私が関係している反天皇制連続講座で、山岡さんに、話をしていただいた。撮り終えたばかりの「山谷―やられたらやりかえせ」で、自分が何をいいたかったのかについて、いつもの通りテレながらボソボソと話された姿が記憶に鮮明である。その後で、例によって例の通り一杯やることになるのだが、場所も例のとおり、高田馬場の丸八の２階。「山谷労働者福祉会館」（仮称）なるものに関わりを持たざるをえなくなったのはこのときからである。呑みながら、山岡さんに「山谷の労働者が自由に集まって、自由に使える自前の建物がどうしてもいるよ。あなたが音頭取りをやってよ」といわれたのが運のツキである。しかし、そのときはそれまでの話で、具体性のある話ではなかった。

山岡さんが殺されて、私のような、市井にあってできるだけ普通の人として生きるところから種々の運動に関わりたいと考えている者に、「金町一家解体戦」だの「復讐戦貫徹」だのというのはどうも恐ろしい。かといって、このままでは腹の虫がおさまらない。どうしてくれようか、とそれこそ悶々と考えているうちに、「山谷佐藤・山岡記念会館」（どんな名称がつけられようとこだわらないが、私の気分としてはこれに尽きる）の建設へと腹が決まっていった。身近の人に話してみると、皆さんそれぞれに山岡さんのいう「自前の建物」の実用性を感じておられて、自身は赤貧洗うが如しの者ばかりが、浄財を集めてひとつ「不抜の拠点」を創るか、ということになった。

現在、日本堤、清川周辺のドヤで暮らす労働者は1万名。大半は土木、建設の労働者である。先年横浜で青カン（野宿）労働者が少年たちに襲撃されて殺されるという事件があったが、これなどは本当に氷山の一角であり、山谷でも同種の問題は頻発している。私の知人である浅草北部教会の戸村政博牧師の話によると、労働者に就寝場所として提供している教会の敷地にまで入り込んで、少年たちが労働者に暴行を加えたりするとのことである。大人社会の差別蔑視の反映として、少年たちの中でも差別蔑視されているであろう者が日雇い労働者を襲撃するのである。そのうえ、山谷では「地域再開発構想」とやらで、寄せ場そのものの排除までが構想されている。資本制社会の労働者供給地としてさんざん利用したあげく、構造不況の中で不必要となれば雇用の機会を奪うだけではなく、生活の場所すら奪おうとする。こうした労働者の平均年齢が、70年代に比して10歳も上がってきており、確実に寄せ場全体の老齢化が進行してきていると聞く。官報での路上死者報告中、圧倒的多数が寄せ場周辺である。そのなかでもとくに胸がいたむのは、溺死者がかなり多いことである。溺死の原因はもちろん定かではないが、争議団の人たちの話によると、自殺もかなり多いだろうとのこと。

過酷な労働と、過酷な収奪の果て、一切の希望を失って入水する労働者。センチメンタルになってみてもどうしようもない、などといえるようなことではない。本当に言葉の真の意味で、ここに資本主義の矛盾の集約があるといわずして何といえよう。「山谷労働者福祉会館」建設の目的は、第一に、「野垂れ死に」を強いられている労働者への自前の医療施設作り。第二は、労働・法律相談所作り。第三は、とにかくまいってしまったら、ちょっと身を横たえる場所の確保。そこでの保養と娯楽。寄せ場の「文化センター」作り、である。30坪の土地に三階建ての建物をつくりたいと願っている。私個人としては自分が何ほどの手伝いもできないのに、大きな風呂場を作って、一週間に一回でも無料で風呂に入れるようにしたいなあと考えたりしている。山岡さんのオカミサンの照子さんは、一階で食堂をやりたい、という希望を出しておられる。すべてはこれからで、具体的なイメージは、ワイワイガヤガヤ楽しみながら作ればいい。これには山谷の労働者自身が参加してほしい。

予算8000万円という気の遠くなるような額をこれから集めねばならない。しかし、なに、個人の家を何千万円ものローンをかかえ建てているのだ。何百人、何千人もの力で何とかできない額ではあるまい。

正式な呼びかけ文などは、追って送らせていただくが、知恵とお金と人とを「山谷佐藤・山岡記念館」建設のために供出していただきたい。まなじりを決するような檄はテレるのでつとめて軽く書いてはいるが、これに関わっている者、後には退かないつもりでいる。当面、この計画の詳細などについては、「監視する会」事務局へ問うていただきたい。

山さん、行くぞ。

332 山岡強一さん虐殺三カ年を迎えて

・「山谷から」（山谷会館設立委員会通信）No.5
（1989年1月31日）

山岡さんが日本国粋会金町一家の凶弾に斃れたのは1986年1月13日であった。この年は天皇ヒロヒト在位60年の年である。

84年12月の佐藤満夫さん虐殺に続く山さん虐殺は、特殊山谷における暴力団のはねあがりではすまされない問題をはらんでいる。83年2月の横浜寿町周辺での少年らによる3名の野宿者虐殺同様、2名への計画的虐殺は、現在の時代状況の凝縮された表われが寄せ場に煮詰まったものに他ならない。これは山さんがいつもいっていたことだが、「現実は抽象化されてはじめて具体性をもつ」のだ。

山さん虐殺の背後に警察がいたこと、それはハッキリしている。事実はこうである。83年「大日本皇誠会」として山谷の暴力支配を目論んだ金町一家は、この登場が失敗するや、次には「山谷互助組合」として登場してきていた。それとの闘いの最中の84年11月5日、機動隊の隔離、連行先の隅田公園で、山さんが「逮捕だ」とひきぬかれ、別の場へ連れ出されたことがあった。そこには金町一家山谷部隊のいわば部隊長の近藤が待っていたのだ。そこで浅草警察の幹部（副署長？）は「お前らここで手打ちをしろ」ととんでもないことをいう。もちろん山さんはこれをキッパリと拒否した。しかし、近藤はこの時、山さんが山谷争議団の中軸であることを教えられたのだ。だから、山谷の仲間は、山さん虐殺の手引きをしたのは警察だ、というのだ。また、直接の下手人で近藤の弟分の保科勉の公判において、保科の弁護人は「反国家、反天皇を掲げる山谷争議団のリーダーを殺ったことは使命感にもとずくものであり、共感もある」と、あから様に政治的認知を迫り、正当性を主張している。

ここにこそ、「戦後政治の総決算」の中味があり、戦後民主主義のベールをはいだ姿がある。戦前天皇と戦後の象徴天皇が本質的には変わっていないように、右翼ファシストの役割もまた基本的には同じなのだ。山谷だけでなく、沖縄で日の丸を焼き尽くした知花さんに対し、「天皇に戦争責任はある」とあたり前のことを発言した長崎の本島市長に対して、右翼の動きが活発化してきている。

天皇の名のもとにはなにをしても日本国家、日本民族のためであるから許される、この日本型ファシズムの流れは今も続く。ヒロヒトの死からアキヒトへの代替わり期、より社会的政治的認知がとりやすい時として右翼の跳梁跋扈が予想される。これを許してはならない。肝心なことは一部のものだけが頑張るのではなく、共に打ち返すことである。そこに山さんの死が生かされなければなるまい。

（「山谷労働者福祉会館」事務局長　小田原紀雄）

■会館建設ドキュメント

夢が現実になった瞬間

（媒体不明）

仲間たちでとにかく会館建設に着手しようとは決意はしたものの、何分自分たちは日々の暮らしを追うのが精一杯の者ばかりで、どうしたものか検討もつかない。会館を建てるにはまず土地がなければ一切が始まらないくらいのことが解っていた程度からの出発である。

とにかく適当な土地を山谷のなかに探そう、金はあとで考えるしかないということになって、山谷で暮らしている人に、売りに出ている土地を見かけたら連絡してくれるように依頼した。当初、予算というほどのものは立てようがなく、何しろまったく金は持っていないのだから、予算も何もあったものではない。それでもなんとなく、6000万円くらいなら何とかなるのではないかと、本当に何の根拠もないのに仲間うちでの暗黙の了解があった。強いて根拠らしいものを挙げるとすれば、自宅の購入に1000万円くらいのローンを普通の人は組むらしい、いい年をしたものが7、8人も集まっているのだから、最終的にはそういう方法でもとるしかあるまいということである。会館建設準備委員会を受け取り人にして生命保険をかけようかという話まで、ちょっと本気で考えたりしたものである。

ところが、実際に土地探しが始まってみると、6000万円くらいではどうにもならないことをすぐに思いしらされた。何件か可能性のありそうな物件をあたってみたのだが、とにかく一坪300万円から400万円もするのである。6000万円ではどうにもこうにもならない。20坪も買えないのである。これでは「会館」というわけにはゆかない。土地探しの一方で、参加したそれぞれの者の「会館」への夢を検討していたのだが、夢は夢でしかないのかと寂しく笑って終わりになりそうになったとき、いろは商店街の入り口に適当な土地が売りに出ている、と連絡が入った。準備委員会には不動産屋もいて（本当にうまくしたもので、準備委員会には税理士までいたのである）、すぐに登記簿謄本を取り寄せることになった。この土地が現在の会館の場所なのだが、とにかく立地条件は最高。これ以上は望みようもない場所である。ただ、謄本を見ると、まあ、山谷の一等地にしてはしばらく放ってあるはずである。歴戦の強者という土地である。抵当権がベタベタに設定してある。現在の持ち主もいってはなんだが、あまり親しくはなりたくない種類の業種の人である。どうしたものかと悩んだが、そこはこちらも「マッ堅気」の市民というわけではないから、とにかく不動産屋メンバーが交渉に入ることにした。その結果が、売ってもよいが、1億3300万円。諸経費を入れると1億4000万円にもなるではないか。よだれを流しつつ諦めるしかなく笑い合って（こういう映画みたいなシーンは実際にあるものである）いると、準備委の仲間の一人が、親の遺産の大半をカンパする、と申し出た。本人も厭であろうし、種々さしさわりもあるので額は明らかにしないが、とにかく巨額である。ご本人の志のすごさはもちろんながら、「自前の建物が欲しい」といいながらヤクザ右翼に殺された山岡強一の磁力のものすごさを改めて認識した瞬間だった。こうなればはずみがつく。メンバーにキリスト教がいて、会館全体を教会にして、日本基督教団に銀行からの借金の債務保証をしてもらおう、ということになった。多少の紆余曲折があったが、永く山谷にかかわってこられた戸村政博さんを牧師に迎え、日本基督教団日本堤伝道所として会館を建設することになり、同教団が、7000万円の債務保証をつけてくれることになった。

全額ではないが、これで金は何とかなるメドがついた。足らないところは釜ヶ崎キリスト教協友会に最初500万円の借金にいった。協友会からはその後1000万円のカンパをくださった。まだ足らないところは、個人的に借り入れをお願いした。いつ返済できるかもわからないお金を、何人もの方が気持ちよく貸してくださった。

そして、不動産屋であるメンバーを先頭に買いにいった。相手の事務所は、なんにも物がなく、机が三つあるだけで、事務員さんというにはちょっと雰囲気の違う女性がいたりする所だったが、とにかく3回に分けて支払い、その都度支払った金額で処理できるものから抵当権を抜いてもらうことにして一回目の支払いをした。そして、89年1月13日、山岡強一が殺された1月13日に最後の支払いをして、権利書を受けとった。

・年報『寄せ場』（日本寄せ場学会）No.2（1989年5月）

山谷に労働者解放運動の拠点を

現状2

東京の寄せ場山谷に、これ以上はなかろうと思われる好条件の土地を入手した。山岡強一さんが虐殺された命日、1月13日に最終残金を決済して、山谷労働者が自らを解放してゆくための活動拠点構築の第一歩を踏み出したのである。

『寄せ場』創刊号に「山谷労働者福祉会館」建設へのご協力の訴えを書かせていただいてから、1989年3月の今日までにしてきたことは、考えてみればこれだけのことであって、われながら呆然とする思いではあるが、「たったこれだけのこと」を山谷でするのがどれほど大変であるか、今、次の仕事（会館建築）の準備をしながら、仲間達とフッフッフッと腹の底からの笑いを噛み殺しつつ忙しくしている。

実務的な報告はともかくとして、私個人の「山谷労働者福祉会館」のイメージがどんなものであるのかについて少々書かせていただくことにする。山岡さんの追悼集の編集に携わったとき、編集者の勝手で使った詩がある。

はやしと思想
　そら　ね　ごらん
　むこうに霧がぬれている
　きのこのかたちのちいさな林があるだろう
　あすこのところへ
　わたしのかんがえが
　ずいぶんはやく流れていって
　みんな
　溶け込んでいるのだよ
　ここいらはふきの花でいっぱいだ
　　　　宮澤賢治

というものである。ちょうど今ごろ、野原はふきの花でいっぱいだが、「山谷労働者福祉会館」が、ふきの花でいっぱいのような所にある、わたしのかんがえ、佐藤さんのかんがえ、山さんのかんがえ、そして無名のたくさんの寄せ場労働者のかんがえが、みんな溶けこんでいるきのこのかたちのちいさい林のようなものであってほしいと願っている。叙情の問題では断じてない。「会館」の「思想」の問題としてこう願っているのである。

実務報告とお願いに戻る。土地を入手したと言ってみたところで、7000万円の借金をしているのだし、これから3階建て、述べ100坪強の建物を建てなければならない。建築費がどんなに少なく見積もっても、6000万円強になろう。今年の越冬には何としても完成させて使用したいと考えているし、現場からの要請でもある。ときおり「一億火の玉」みたいな気分になったりもするが、一歩一歩進むしかないと自戒しながら努力している。お願いばかりしているようで本当に心苦しいが、力を貸してくださいと頭をさげて歩くしかない。宜しくお願い申し上げます。

〈郵便振替口座〉東京2―178842
山谷労働者福祉会館設立準備会

335

・「山谷から」No.9（1989年7月15日）

さまざまな困難をこえて

「建築確認」ついに獲得！　いよいよ着工へ！

「山谷労働者福祉会館」の「建築確認」を手に入れた。これで本当に愈々着工である。これまでの道のりが特別に困難であったとは思わないが、何分にも相手のあることで、そこそこの苦労はさせられた。と同時に、山谷の労働者の思いと、山谷周辺地域住民との思いが、双方に特段の思い込みがあるわけではないのに、すれ違っていることの不幸、即ち、私共の日常的に用いる言葉で言うところの分断支配の状況を様々な交渉の場で学ばされ、考えさせられた。敵対矛盾関係であるはずがないのに、現状は相当困難な関係になっている。「山谷労働者福祉会館」の新しい任務として考えていきたい課題である。

　さて建築である。「会館」ができたらあれもやろうこれもやろうと夢はふくらむ。建築の過程でも、土木・建築労働のプロの街であるから、どのように山谷労働者に参加してもらおうかと、あれこれ考えている。

　しかし、それにしても先立つものはお金である。年内に必ず完成させる。今年の越冬は「山谷労働者の自立・解放の拠点」を中心に展開する。この確約と、私共の熱意にカンパで応えていただきたい。衷心よりお願いする。年末までに4000万円の圧倒的なカンパを！

336

各地の仲間も集まって
3月完成目指しがんばっています

・「山谷から」No.11（1989年11月25日）

建築工事が開始されて、早や二か月がたちました。現場では朝早くから活気に満ちた声が飛びかっています。

正直に言って、「自力建設」の方針は、「ここまできたら、やるしかない！」という勢いによった面が多かったのですが、しかし、実際、フタをあけてみたら、どうしてどうして、なかなかのものではありませんか。さすが、経験豊かな寄せ場労働者です。そして、この会館をひとり山谷のものとするのではなく、全国に散在する寄せ場労働者の共通の拠点にしよう、といった設立の趣旨が、建設過程でも具体化しているのです。大阪・釜ヶ崎からは鉄筋屋のグループが揃いの作業着姿で、名古屋・笹島、そして、九州は福岡の寄せ場・築港からは、この「会館」建設のために修行を積んだ仮枠大工さんが力を出してくれています。

山谷の仲間達も、様々な形で、この工事にたくさん参加してくれています。土工事、コンクリ打ち工事のときなど、ふつうの現場の5～10倍の仲間が所狭しと動き回り、ユンボや生コン車の運転手さんを感激させたりしています。まさに寄せ場ならではの現場風景です。

更に、おもしろいのは、その道のプロ達の「ご意見」です。シラフの人、ちょっと一ぱい入った人たちが、自分の経験を活かし、「ここはこうやれ」「そこはこうするんだ」等々、ニギヤカに様々な意見が飛びかいます。「そんなら、オマエちょっとやってみせろ！」なんて声もつい出てしまいます。

その日の現場が終わると、大なべで作った特製の「寄せ場汁」をくい、仲間達の差し入れの酒で、一パイやりながらの「反省会（?）」です。「今日の作業は順調に進んだか?」「何が問題だったんだ?」「明日の予定は?」日の落ちた現場近くの路上で、その日の出来事をサカナに話がはずみます。

こうした工事現場の風景は、「山谷から」の読者の皆さんにはどう映っていることでしょう。私達「設立委員会」は様々な矛盾や難問をかかえながらも、しかし、一歩でも寄せ場労働者の「自立と解放」につながる、そして、そのことが、私達の社会の変革につながるような建設過程でありたいと願いつつ作業を進めています。文章にすると、何か「キレイごと」になってしまいますが、当然のこと、現実はそうではありません。しかし、その矛盾、困難の中からしか、新しい可能性は生まれてこないというとも、また、真実ではないでしょうか。

早や、12月の声が聞こえる時期になってしまいました。工事は、一応、順調に進んでいます。しかし、雨で作業が延期になったりして、年内は2階部分完成までになるというのが、現実的な見通しです。何とか、3階まで、と考えていたのですが、やむをえません。それよりも、誰一人としてケガ人が出ないようにと祈っています。

今、現場は、来春3月完成竣工を目指し、いよいよ「山場」を迎えています。

全国の仲間達！　設立委員会はこれまで何度も、仲間達にカンパのお願いをしてきました。そして、その力と寄せ場労働者の「心意気」が一致し、何とかここまで、やってくることが出来ました。あと、もうひとふんばりです。この会館を是が非でも完成させ、私達の解放の拠点として活用するため、設立委員会は、年内に何とか、資金のメドをつけたいと考えています。

実情を具体的に書きます。

まず、3月竣工までに、必要な建設資金は、あと、3500万円です。そして、設立後の維持・運営を支えるために、500人の賛助会員を募らなければなりません。「山谷から」の読者の皆さんに、再々度、お金の話をするのは本当に心苦しいのですが、寄せ場労働者と共に生き、共に未来を切り開く事業に、再度、お力添えとご参加をお願いする次第です。

共に生きるために！

佐藤満夫5周年の集いへ

1984年12月22日、佐藤満夫さんは、ドキュメンタリー映画の作成を開始したばかりの山谷の街角で、天皇主義右翼皇誠会・西戸組の放った刺客によって虐殺されました。日雇労働者の街、山谷を暴力で支配しようとする者たちに対する闘いに身を置き、労働者の視線にカメラを据えようとした佐藤さんの遺志は、その死の後も多くの仲間によって引き継がれ、映画『山谷―やられたらやりかえせ』は、この翌年に完成され、全国の人々に強烈な問題を提起しつづけてきました。そして、この上映運動が会館建設運動の大きな支えとなってきました。

私たちは、この12月に佐藤さんの5周忌を迎えるにあたり、佐藤さんの闘いと死とが、この5年間にわたって私たちに、何を呼び掛けきたのかを問い返そうと、佐藤満夫追悼5周年の集いを計画しています。

山谷の労働者たちの闘い・現状と私達が切り結び、山谷労働者福祉会館を何としても完成させるためにも、多くの皆さんの参加を心から訴えます。

佐藤満夫追悼5周年の集い
12月24日（日）3～7時
日本キリスト教会館 4F
主催　12・24集会実行委員会

337

90年春会館建設をバネに

・「山谷から」No．12（1989年12月25日）

労働者の自立と解放
90年代山谷寄せ場労働運動を一歩前進させる拠点としての会館建設と運営へ参加を訴える

「会館」建設は、いよいよ最後の胸着き三丁に差し掛かった。工事は着々と進んでいる。全国の寄せ場から応援に駆け付けてくれている仲間や山谷の仲間も生活を賭けて「労働カンパ」として工事に参加してくれている。建設過程そのものを寄せ場労働者の自立・解放の闘いにしていこうという志が現実となっている様子は、感動的としか言いようのないものである。

ここまで工事を進めるための財政的な基盤を作ることに協力してくださった全国の皆さん、本当にありがとう。確実に90年春には竣工します。皆さんのお力で山谷の闘いにとって画期的な運動展開の拠点を構築することができます。

しかし、考えてみれば、私達はここまで来るのにどれほど多くの犠牲を払わねばならなかったのでしょうか。右翼ヤクザに虐殺された佐藤さん・山さんだけではなく、資本と国家の必要性のままに命を振り回されてきた幾多の寄せ場労働者の「死」の上に、今私達は自らの運動の展望を切り開こうとしていることを、片時も忘れることのないようにしたいものです。その意味で「会館」建設は、寄せ場労働者の永い苦闘の歴史がこれを可能にし、私達に力を与えてくれているのだということ、そのことを奇麗事のことばとしてではなく肝に銘じておかなければ、今後の「会館」運営の上で私達は大きな過ちを犯す危険をもっています。

ここまできて、また再度・再々度のお願いです。言葉の真の意味で必死でカンパ集めをしています。全力で応えて下さい。これを完成させ、充全に活用することができたならば、単に寄せ場の諸運動に活気を与えることができることのみならず、山谷に2億円以上の金をかけて労働者階級の活動拠点を形成したその事実が、必ず現在の「右ブレ」情況に鋭い影響を与えると信じています。共に90年代を生き生きと、のびのびと闘っていきましょう。

山谷労働者福祉会館設立委員会

338

・『寄せ場に開かれた空間を』（社会評論社、1992年）

設計もして、現場にも出て

小田原紀雄　松田和優紀　宮内　康

あっちこっちで断られたあげく

小田原紀雄（司会）　「山谷労働者福祉会館」建設の具体的な工事の過程は、設計を宮内さんが引き受けてくださって、その後がどうにもこうにもならず、宮内さんの事務所で何度も何度も会合をもった。私の念頭には、もう宮内さんにお願いする以外にないというのはあったんですが、松田さんがやってみようかとおっしゃらなければ、実際には進まなかったわけです。だいたいロクな話じゃなかったでしょ。カネはないわ、どこに持ち込んでも断られるわ……。その意味では、実に奇特なことだと思うんですが。

松田和優紀　最初は自主建設というつもりはなかったんです。

小田原　そう、工事屋さんを捜してたんですね。

松田　自主建設するといっても、現場監督がいないし……。

小田原　はじめ、会館建設を請け負ってくれるところを探して、宮内さんとご一緒してP建設とか行ったり、中野のS建設とか、あと解放同盟関係のM建設とか。具体的に交渉までいったのはこの3つですか。全部ダメで、じゃあ寄せ場には職人もいっぱいいるから自主建設でいこう、と。それでもやはり、工程全体を見られる現場監督がいなければ話になりませんからね。それで最初、誰か一本釣りで監督を引き抜こうという話をしてたんですね。でも、一回こっきりの仕事に会社やめてくる人はいませんからね。まるで現実性のない話。どうにもならないというとき、酔った勢いもあって宮内さんが（笑）、じゃあ俺がやるかとおっしゃってくださって。

宮内康　それでシラフになると、えらいことを引き受けてしまったと（笑）。

小田原　たしかにスパッと決断されたということではなくて。

　紆余曲折がありましたよね。一杯飲んではヤルゾと気炎があがる、ところが翌日になると、ちょっと、という具合に。でも私たちはやっていただけると信じてました。ただ宮内さんとしては、運動というか思想というか、そんなからみのある仕事は唐十郎の劇団の稽古場をつくって以来のことですね。そのへんで何か考えられた点は。

宮内　唐十郎の方は、劇団の役者たちが建設労働に参加したのだけれど、それでも唐十郎と設計者である私という形で工事が進んだんです。しかし山谷は運動があり、会館建設設立準備委員会があって、職人もそれなりにいる。だから、ここでやらなきゃ恥だ、と思ったね。

小田原　そういった経緯があって、宮内さんから、設計事務所の松田さんが現場を引きうけてくれるというお話で、それで一挙に展開した。松田さんはこれまで、寄せ場の運動とか、かかわったことはないでしょう。

松田　まったくなかったですね。設計前に現場を見に行ったのが初めてで。

小田原　どういう風に感じました？

松田　とても日本とは思えないと感じました（笑）。道端に糞が転がったままだとか、アオカンしてる人がいっぱいいるとか。

小田原　昼間から車座になって酒呑んでるとか。

宮内　自主建設にふみ切ったのは8月頃でしたね。ただ、墨出しだけは、建設会社にお願いしたいと言ってたんだけど——ぼくらじゃ自信がないもんだから——、でもそれも断られて。たしかに墨出しには責任が伴うからね。棟梁の金田さんに話したら、大工だからできると言うんで。

松田　ぼくは7月半ばから8月半ばまで、ヨーロッパに遊びに行ったんですけど、その直前の会議で、S建設で最終的に断られたらうちでやろう、そのときはぼくもやります、と言ったんです。

宮内　P建設というのは、戸村政博さんの紹介で行ったんです。キリスト教会専門の建築屋さんでね。仕上げは除いて、躯体一式で6000万でやってくれないか、と。息子さんは結構乗り気で、見積りもやってくれたんだけど、最終的には、自信ありませんと言う。小田原さんが朝日新聞に取材されて、山谷労働者の解放の拠点としての会館とか書かれたでしょう。そのあたりを読んだんじゃないかな。

小田原　あそこは特にお父さんが熱心な信者なんです。だから最初は乗り気だったんだけど、ふたを開けてみると、ごく普通のキリスト教徒から見てみると、わけのわからない建物らしいということがあったんでしょう。

宮内　記事が出て、すぐ断ってきたんです。まあ、当然だと思うんですよ。たんに山谷の労働者をこわがるというんじゃなくて、仕事というのはグループでやるもんだから。

小田原　工事に山谷の労働者を参加させて欲しいというのを条件にしていましたからね。知らない労働者を入れるのは困る、とほうぼうで言われた。

宮内　あと、お金ですよね。救援連絡センターの山中さんと一緒にM建設に行ったときなんか、いま3500万しかありません、って正直に言っちゃうんだもの（笑）。残り3000万、これから集めるからって。これじゃ断わられてもしかたないですね（笑）。

小田原　カンパで建てるんだという話じゃ無理だよね。基本的にはどこの建設会社だって断る話ですね。断ってきたところをどうこういえませんよね。

宮内　だから建ったのは奇跡ですよ。

小田原　もっともっと苦しいと思いましたからね。

職人集めには苦労した

宮内　自主建設みたいなケースだと、現場でなんだかんだ行き違ったり、ケンカしちゃうとか、長い期間にわたることだからうまくいかないことが多いのね。でも今回はそんな大きな問題もなかった。

小田原　それは人格的にいえば松田さんが頑張ってくれたから。あたりの柔い人だから、ずいぶんいろいろ言われたと思うんですわ。松田さんに対してだけじゃなくて、お互いむき出しの言葉をぶつけ合う世界だから。松田さんがそれでいちいち腹を立ててたら、もうだめだったでしょうね。あと、最初の段階では鈴やんね。あんまりカッカとケンカをぶちかますような人じゃないから。あと竜さん。我慢強い人ですからね。そのへんの苦労話なんかあるんじゃない。

松田　ぼくは直接文句言われたことはなかったんじゃないかな。逆に若僧をフォローしてくれて、基本的にいい人ばかりだってこともすぐわかったし。たしかに口調はちょっときついけど。

小田原　そうだよね。たしかにカネにもならない仕事を一生懸命やってくれてるというのは、皆わかってるから。でも、思ったように職人が集まらなかったということがあった。話では、早朝職安前に行けば、ぼんぼん労働者が集まるみたいなこと言ってて、実際にはそんな来やしない（笑）。

松田　コンクリート打ちが終わるまでは、仮枠は金田さんがプロで、鉄筋は鈴木さんがプロで、鳶はたくさんいるから躯体工事まではプロの仕事ですね。大工の金田さんがけんかしてポイコットしちゃった（笑）から工期は多少遅れたけど、仕事としてスムーズにできました。苦労したのは、そのあと、内装工事に入ってからですよね。まず職人が誰もいない。

宮内　山谷の夏祭りのときに集まって相談しましたよね。あのとき一番ピンチだった。

小田原　そう。千田さんに、もうこんなものやめたら、と言われて（笑）。

宮内　大工は途中でいなくなっちゃうし、プロだといってた左官屋さんが本当は全然できなかったり（笑）。結局、工事をできるだけ少なくして。左官も一人しかいなくて、それも昔やってて今は鳶が本職だから腕も落ちてるのか、なかなかすすまない。とても真面目な職人さんなんだけど。

小田原　段取りが長くかかるんだ。夕方まで仕事の準備してる（笑）。

宮内　そういうことを含めて、完成したのは奇跡といえる（笑）。あとの方では丸山さんという若いパリパリの左官が入って、大分進んだ。

松田　内装の仕上げも、お金がないからなるべくローコストで考えた。仕上げも、仕上げはモルタルVP、要するに、コンクリートにペンキを塗るというやつです。で、コンクリートがはじめからきれいに仕上がっていれば、そんなに左官でならす必要もなかったんだけど、ひどいところもあったので、左官に入ってもらって、壁をきれいにならして貰って、そこにペンキを塗った。だから内装工事をすすめるとき、左官職がいないと全然仕事がすすまないんです。丸山さんがくるまでは、本当に絶望的だった。

宮内　内装に入ってからは、丸山さんと高田さんには本当に助けられた。

松田　高田さんは、自分の休みのとき、盆休みの1週間に入ってもらって、そこでバッとやってもらったんです。それから内装では、こちらのミスなんですけど、二階の集会室に瓦を貼る予定で、貼らない部分だけ木のボードを貼るようにしてたんです。それを、金田さんに瓦を貼る部分は残しておいて下さいとちゃんと伝えなかったものだから、金田さんが瓦を貼る部分まで仕上げのボードを貼っちゃって。ちょうどぐちゃぐちゃしてたときで、ミーティングもちゃんとできなかったからなんですけど。そしたら金田さんが怒っちゃって、それから来なくなったんです。まだ内装工事も残ってたんで、本当に困ってしまって、しようがなくてぼくと竜さんで大工仕事したりした。まあ湯沸かし室の天井とか、集会室の腰壁の残ったところとか、割合簡単なとこだけでしたけれど。

小田原　金田さんが来なくなったってのは、何度も聞いたよ。

松田　4回か5回くらいですね。

小田原　そう考えると、本当に奇跡でしょうね。ぼくなんか、やっぱり信仰の力ですよなんて笑ってるけど（笑）、なんか壁にぶつかると局面を打開する人が出て来て、助けられて。これはやっぱり寄せ場なんでしょうね。困ってるんなら助けてやろうという。釜ヶ崎からケバラとか何人か出てくるとか。支えあうという関係がある。ケバラも鉄筋のプロなんですね。彼らは釜で請け負いの仕事をしてる。

松田　あと笹島からも応援に来てくれたんです。

小田原　福岡からはタッちゃんも来てくれたんだよね。

忘れちゃいけない。どこらへんで登場してきたんだっけ。

松田　杭打ちが終わって、杭頭処理という、つまり杭の頭のレベルをきちんと合わせる作業をしたときに初めて会ったんです。

宮内　途中で家庭の事情で引き揚げてしまったけれど。

小田原　いま九州で、山谷友の会というのを作ってくれて、たくさんお金を送ってくれてます。竣工式にも来てましたね。

松田　吉川さんでしたか、寿から来てくれた……。

小田原　そうでしたね。彼は人格的に丸い人でね。

松田　内装に入ってからは中島さん。叔父貴って呼ばれていた……。

小田原　叔父貴の参加は忘れてはいけないことですね。掃除したり、片づけしたり。この間新宿でちょっと会いましたよ。こんなところで何してるのよ、って言ったら、俺だって遊びにくるよって。

宮内　生活保護で食べてるっていう話だったね。

松田　鈴木さんはいま、入院してるらしいですね。

小田原　ちょっと入院してましたよね。鈴やんは焦ってね、会館を早く建てようって。最初は工期3ヵ月なんて（笑）。金町一家が必ず介入してくるから、短期間で建てなきゃだめだって。

宮内　そういう点では、ぼくも守ケンさんにおどかされて。金町に刺されるんじゃないかって言われて、バス停まで後ろをふりかえりふりかえりしてた（笑）。結局何もなかったですね。

小田原　トラブルはほんとに予想より少なかったですね。地元町内会が反対運動するような動きもはじめはあったけど、すぐまるくおさまったし。現場でも、金町が来ないにしろ、労働者が何かいってくることもなかったし。偶然に偶然が重なった感じですね。

　商店街の人に対しても、山中さんが本当にこまめに話をしてくれて。商店街の事務のおばさんなんか「山中君、山中君」っていうつきあいですよ。だから、それぞれが、みんな担えるところでうまくやってきたという感じですね。会館の方も食堂、医療室は完全に機能して、思ったよりはうまくいってますね。もちろんあれだけの建物だから、もっといろいろなことができるでしょうけど、これからじゃないですか。一番問題なのはホールですね。いろいろ企画をもって、仕事を終えてきた人にも使ってもらうようにしないと。あと、いま廃材や工具の山になっている屋上ね。少し片づけて、プレハブでも建てて、フトンが置けるようにしないと、と思ってるんです。フトンは越冬のとき集めなきゃいけないから。

建築家として稀有な体験をした

小田原　まあ、なんとか無事にできあがったわけですけど、終わってみてどうですか、松田さん。今度独立して、事務所を構えられるわけでしょう。

松田　最初、自主建設だということで施工図を描いたわけですよね。それで現場に行って、墨出しして、大工仕事もやったりして。最初から最後まで自分の手でできた。あまりにも若くて、経験も浅かったので、ここをこうすればよかった、ああすればよかったというのは、たくさんあるんですよね。今回、建設全体をずっと見わたせたというのははじめてだけど、1回やったらやめれない感じですね。2回目、3回目とやっていきたい。

宮内　そういう意味では幸せな経験です。普通はこんなことはないですね。通常の工務店は、設計施工という形だけど、今回は施工設計というか。「アーキテクトービルダー」という言葉があるんです。つまり建築家が建設までやってしまう、アメリカなどを中心にそういう建築思想があるんですが、松田君がやったのは、まさにそれなんです。工務店なんかでも大きなところでは設計と工事は完全に分離してるのが普通ですから、一人の人間が設計から工事までやるというのはまずありえない。小さな工務店で、木造建築なんかやってるようなところぐらいですね。

松田　ヨーロッパに行ったとき、パリで設計事務所を見てきたんです。むこうの建築家は工事をまるまる請け負って、設計図だけじゃなくて、現場の製作図である施工図も描く。そういったところを見てきたんで、日本に帰ったら、こんなことやってみたいな、と思ってたんです。そうしたら、まさにそういうことをやらされた。だから工事がシンドイことがあっても、持ちこたえられましたね。常駐したのは半年ぐらいですけど、本当に充実していました。事務所で図面引いてるだけの時間とは、ぜんぜん密度が違うな、という感じでした。

小田原　建物それ自体の評判もかなりいいですよね。「日経アーキテクチャー」という建築雑誌にきれいな写真が掲載されましたけれど。この壁のタイルや、瓦も、成功ですよね。

松田　腰にタイルを貼るというのも、現場でミーティングしたとき、普通のでいいんじゃないの、なんて言われたんですけど（笑）、この建物は山谷労働者の拠点なんだから、労働者のエネルギーが伝わるようなものにしなくちゃいけないって。どこにでもあるような建物にはしたくない、と。リュシアン・クロールという、ぼくたちの好きな建築家が、わざわざ見に来てくれたりしたんです。

宮内　さっきいったアーキテクトビルダーとか、住民参加の建築を提唱していて、ぼくの一番関心のある建築家なんです。彼の言葉に、そこの住民が絵を描かない限り、ぼくは一本も線を引かない、というのがあって、デザインにおける住民参加というのを主張している。急に来ることになったんで、残念ながらぼくは会えなかったんですが。

小田原　瓦の〝お面〟がいいよね。山谷の労働者の顔なんだけど。

宮内　全部モデルがいるんですよね。Kさんという女性が何度も山谷に通って、スケッチしたり、写真とったり。これで全体のイメージがきっちり確定しましたね。

小田原　はじめに宮内さんに御一緒していただいて、ある工務店に交渉に行った際に、設計図を見ながら、鉄筋コンクリートだとコストも高いのに、なぜALC工法でやらないのかと聞かれて困りましたよね。建築家宮内康の建築への思いと、山谷の側の思いが合致してコンクリートということになったわけですが、まさかトラックに突っ込まれても耐えられるように、とは言えないですものね（笑）。まあ現場の方も、手間どったとか、鉄筋が一部に集中してコンクリートがうまくまわらないといって心配する声もありましたけど、宮内さんの道楽だと思って諦めたんではないでしょうか。

宮内　道楽。そう道楽（笑）。道楽を許容してもらえたのね。いいなあ（笑）。

小田原　それは寄せ場というところがもつ、悪くいえばルーズさ、よくいえば幅の広さが関係してますよね。どんな人であれ、なんであれ飲み込むところですから。そのへんの呼吸が宮内さんと合ったんじゃないかな。細かいことはゴチャゴチャ言わんでいい。このオッサンが山谷でカネにもならんことを一生懸命やってる、それなら助けてやろう、という。ルーズといえば、1階から2階までの階段ね、設計より一段少ないんですよ（笑）。ときどきこける人があるらしい。

宮内　そうね。でもたいしたことではないですよ（笑）。気持ちよく仕事して、できあがったらそうだったんだから。

339

・『怨恨のユートピア――宮内康の居る場所』（れんが書房新社、２０００年６月）

寄せ場に開かれた空間を」解題

山谷の宮内康

――寄せ場にコミューンを幻視して飛んだ蝶々

はじめに

宮内康さんに初めてお目にかかったのは１９８９年であったことは確かであるはずだが、その年のいつであったか忘れた。山谷労働者福祉会館を建設しようと数人の者で決断し、土地を入手した段階で資金は尽き、「これから建築資金として必要な額は必ず集める」と、運動者としては当たり前のことを前提にいくつかの建築会社と交渉したが、通常の企業とは前提が違うのであるから、ほとんど鼻先で笑われるような感じであった。何分にも建築には素人ばかりの集団であるから、その時にはわからないでいたのだが、建築会社としては問題外である条件がもう一つあった。山谷は土木・建築にかかわる労働者の街である。我々の仲間には、土工・鳶・鉄筋工・塗装工等々職人がたくさんいる。この人々が建築工事に参加する方法を考えてもらいたいというものである。しかし現実には、建築会社は職務分掌とでもいうべき担当職域会社の協働で成り立っており、よそ者を入れる隙間などはないということさえ知らなかった。後で宮内さんに会ってから知った言葉であるが、山谷労働者福祉会館建設は、その内実においてセルフビルドで行くしか方法はないのであった。

池袋にあった宮内康建築工房へ東京女子大の松沢哲成さんに連れられて行った。松沢さんと一緒に我々の「思い」を語った。我々にあるのは、右翼ヤクザに射殺されてしまった山岡強一の「思い」と「思い」を重ねたいという「思い」だけであった。話はトントン拍子で進んだのではもちろんない。笑顔は優しいが、痩身にして眼光鋭い男は黙って聞いていた。我々に語らせるだけ語らせた後、この素浪人風の男は「一杯やりましょう」と冷蔵庫からビールを出してきた。宮内さんは自らの「建築」にかかわる思想の歴史総体を検証しつつ如何にすべきかを考えねばならなかっただろうし、我々の側は、本当にこれ以上お金が集められるであろうかという不安を抱えつつ、既に全国の多くの人々からのカンパで土地を買ってしまっているのだから退路は断たれているという、もう呑むしかない、呑んだ勢いで行くしかないドンヅマリの状況での酒であるから、狭い事務所での、わびしい酒のつまみの、話のはずまない宴席であった。後に建築現場を担当してくれた松田さんが、ひとり離れた所で仕事をしていた。まるっきり金を持たない中年男たちがあれこれの夢を語るのを若い彼はどう聞いていただろうか。

宮内康という名に聞き覚えがあるような気がして、帰宅してからわずかな蔵書の書棚から『怨恨のユートピア』を見つけた。わたしにとって宮内は、東京理科大闘争の宮内でしかなかった。「万博における あの不快感は、それが単に目新しい刺激物で出来ているからではない。創造への勤勉さと、挫折の怨恨が、晴ればれとした顔で横行していることにそれはよるものだ」や「暴露としての建築にせよ、機能の発見出来る空間にせよ、具体的な現実化された建築としては、それは建築の否定であり自己矛盾である。かくして、現代の建築は、すべてイロニーとなる」などと書かれていても、建築に関心のなかった者としては、「現代日本資本主義批判」とだけしか読んでいなかったのである。呑まずにいられるか、というような酒席を何回か重ねて、この男は腕から酔うのかと思われるような、宮内さんの両腕の浮遊を見て、「セルフビルドで行こう」ということになった。

それにしても、建築にかかわる文章を山谷労働者福祉会館建設後も多くを読むことはないのだが、自分たちが関与したからではなく、「建築家」宮内康にとって、この仕事は大きな位置をもったものであろうと思われるのに、直接この仕事に関する論考が極めて少ないのはどういうことなのだろうか。京大の布野修司さんが「建設通信新聞」に、「建築家として代表作となるのは、やはり「山谷労働者福祉会館」ではないかと僕は思う。寿町、釜ヶ崎と続けて、「寄せ場」三部作になればいい、というのが康さんの希望であった。この「山谷労働者福祉会館」の意義については、いくら強調してもしすぎることはない。資金も労働もほとんど自前で建設がなされたその行為自体が、またそのプロセスが、今日の建築界のあり方に対する異議申立てになっている。康さんは最後まで異議申立ての建築家だった」という追悼文を書いておられるのと、「建築文化」に松山巖さんが、「彼の早すぎた晩年に設計者として参加した山谷の「労働者福祉会館」は、彼の仕事の一つの区切りではなく、むしろ始まりであった。／すなわち、結果よりも方法の重視。ものの表面の姿、表情への信頼よりも、ものがつくられるプロセスを確かなものとする。未来に向かって完結せず、開かれ、われわれはその建築のなかで能動的な姿勢を獲得し、そこで起こる出来事に主体的に参加しえ、ドラマを生み出す」と書いておられるのを目にした程度である。これから書く拙い文章は、ひとえに本格的な宮内康論、「山谷労働者福祉会館」建築論のための素材の提供でしかない。

会館建設に至る経緯

社会評論社刊『寄せ場に開かれた空間を』にあれこれと書かれているし、語られてもいるので、ごく簡単な経緯だけを記すことにする。

　東京の土木・建築にかかわる男性単身労働者の街山谷は、80年代は仕事も多くあり活気に満ちていた。ここの「下層」労働者＝「労務者」に依拠し、共に生きる中から労働者階級の解放への道筋を求めようとする一群の人々がいた。日雇い労働という日本資本主義の矛盾が最も露骨にあらわれる場所でこそ解放の思想が形成しうると考える人々であった。他方、日雇い労働という雇用形態は就労過程から搾取が可能であり。男性単身労働者の街であるという条件もあって、この街に利権を持つ人々がいるのもまた必然であり、両者が衝突するのもまた避けようのないことであった。

　山谷争議団のリーダー山岡強一がこの過程で右翼ヤクザに射殺された。その前に、映画「山谷─やられたらやりかえせ」を撮影中の監督佐藤満夫が刺殺されて、山岡が監督を引き継いで映画の完成を目指していた時であった。何の会であったか忘れたが、いつもどおりの呑み会になり、山岡と隣り合わせての話しの中で、「山谷に自前の建物がほしい。安定した拠点がないと運動の積み重ねができない」などと彼が語り、「あなたがやってよ」と言われたが、その時には自分の属するキリスト教の教会を建築中であったため、それが終わったら考える、とそっけなく答えた。その3日後に射殺されてしまった。

それから腰を上げる決断をするまでに一年がかかった。前記の松沢さんやその他の仲間に相談したりしていたが、どう考えても億単位の話であり、自分たちの日常生活からしてケタが違いすぎたので、まるで実感の伴わない話でしかなかった。全国からカンパを募るといってもあまりに茫漠として雲を掴むような、大海をひとりで泳いでいるような不安ばかりがつのった。仲間たちと何度も何度も話し合いを重ねた。何度も何度も不可能だからやめようと思った。ヘタをするとこれに一生縛られるのではないかと重い気分になった（事実そのとおりになりつつある）。ところが、仲間の一人から、親の遺産を提供するという申し出があり、一挙に当面の資金ができて引っ込みがつかなくなったのである。

全国日雇労働組合協議会（日雇全協）の大会で建設の宣言をし、協力を呼びかけたところ、前の方に座っていた釜ヶ崎の仲間に呵呵哄笑されたのを忘れることができない（もっともこの人々はいよいよ建築が始まると組をくんで山谷にやってきて手伝ってくれたのだが）。それほど荒唐無稽な言葉どおり野望に近い出立だった。

全国にカンパの訴えを発した。先の映画「山谷―やられたらやりかえせ」が完成し、全国で上映会が組織され、各地の上映会が大成功し、そのアガリがカンパされた。

土地を買った。登記簿謄本を見ると抵当だらけの歴戦の強者という土地だったが、うまくしたもので、仲間うちに不動産屋がいて、何とか処置してくれたのである。素人だけでは怖気づいてとても手が出せる土地ではなかった。

いよいよ上物の建築となって、「はじめに」に書いたように建築会社との交渉が何件も頓挫した。資金が少ないので安上がりにしたいのはやまやまであるが、この頃には右翼ヤクザとの抗争が激化しており、ちゃちな建物でトラックで突っ込まれたら壊れるようなものでは困ると主張する者たちもおり、こんな条件を付けられた建築を引き受ける会社などあるはずがない。もちろんそれら交渉した会社の人々に山谷への偏見も大きかった。

それでとうとう宮内さんに行き着いたのである。

会館建築と宮内康

山谷は職人集団である。自らの技術に誇り高い人々が集合した。設計は宮内さんに引き受けてもらった。しかし難問が残っていた。施工現場で様々な職域の人々の間の仕事の調整を誰がするかである。要するに、職人はいるが現場監督がいないのである。宮内さんは工房を維持するためにも他の仕事を放棄することはできない。山谷の中から誰かをたてようと検討したが、おいそれと誰にでもできることではない。思案が続き、宮内さんの工房での酒宴が度重ねられた。昼間からの酒宴である。ある時、先にも書いた中年男の酒宴とは距離を置いて、いつも物静かに仕事を続けていた松田和優紀さんが、「康さん、僕ではできませんか」といつもどおりのはにかみの笑顔で言った。決定である。

起工式をして工事にかかった。隣接する商店街の人々にはいい顔をしないひとももちろんいる。仲間のひとりである救援連絡センター事務局長の山中さんがただひたすら頭をさげて挨拶に通い続けた。

資金は常に不足し続けていた。ある時など会計担当のマッちゃんが電話で、明日までに600万円ができないと工事が止まる、などと息がつまりそうになることを言ってくる。その頃のことを宮内さんは「群居」に「感動的な話がある。昨年11月、札幌でこの「会館」のためのカンパを兼ねて、イベント(コンサート)を催したところ、「俺ももと山谷の労働者だった」と言って、100万円をカンパして去った人がいるという。この話が電話で現場に伝わった時、たまたまぼくはその場に居合わせたので、皆の信じられないといった驚きと喜びの混じった表情をいまもよく覚えている。暮れから正月にかけてのいわゆるボーナスカンパの時期に、3回にわけて計800万円を送ってきた人がいる。昨年暮れ、丁度2階のコンクリートが打ち終わった時期、資金は本当に底をついていた。正月この話を会計担当のM君から聞いたとき、これでサッシ代が出たねと二人で言葉を交わしたものである。こうした大口のカンパは特別な例としても、多数の無名の人々のこの間のカンパによって、この工事はここまできたのである」と、その気持ちの昂ぶりが伝わってくるかのように書いている。松山巌さんの「笑いとユートピア　宮内康から手渡されたもの」によると、宮内さんは、「農家などでちょっとした工事だと、施主が自分で個別に業者を雇ってやってしまうということがありますが、それと同じです。それを私の事務所が代行しているということになりますが、実際は山谷の労働者が自主的に工務店なしで福祉会館を建て、私はいわばそのお手伝いをしている、ということですね。……現在はどこの建築現場も人手不足で、そのために工事を中断せざるをえない場合もあるくらいだというのに、ここでは現場に人手が余るほど大勢が、しかもボランティアで参加してくれるわけですから、なんだか痛快です」（「ＰＡＴＲＩＡ」１９９０・７・25）と語っているとのことである。

　これらの発言と山谷でもしばしば目にした両腕が浮遊し蝶々のように舞う酔い姿の中に、まさに宮内康の思想と生きてある苦渋とが表現されているのではないか。

　鋭敏な感性が、時代と添い寝することを拒否してしまう。結果の寂しさを承知してはいてもそうせずにはいられない者の持つ悲哀を、一人で歩いている時などに見せる寂寥と虚勢のないまぜになった雰囲気が示していた。理科大を解雇され、ほとんど唯一である裁判闘争勝利を獲得してもついに大学を去らねばならなかった不器用な生き方、自らの著作に『怨恨のユートピア』と題せずにはいられない現状の拒絶と渇き、わたしはほんの一時期を一緒に過ごしたにすぎない者でしかないが、宮内康の呑まずにはいられない気持ちを察することはできたし、こういう思いを共有する者には事欠かない寄せ場であった。わたし自身は耳にしたことはないが、宮内さんはほんの時折、大学教師を羨ましがるようなことを口走ったらしい。だったらああまでもしなければよかったのでは、としたり顔での批判も聞いた。世間の大人の常識としては同意できるところもあるし、ひとそれぞれであるが、あの時代を一緒に生きた人の言葉としては随分だなとこの話を辛く聞いた。親しい者にたまには泣き言くらい言いたくなるほどに苛酷な暮らしをやせ我慢をして押し通した人ではないか。それとも、したり顔の内側の脂肪に厚く包まれた己れの内臓の油落としでも試みたほうがまだ同情や皮肉などよりましであるとも考えられないほどの迷惑を宮内さんは身辺の人々にかけていたのだろうか。

　その分寄せ場では、ガキ大将のように楽しげであった。四国の山田脩二さんにお世話になった瓦のレリーフを壁面に貼るために東洋大の学生さんたちを連れて山谷に現われた時など、肩が笑っているかのような歩き方だった。建築過程の協働のプロセスそのものにユートピアを見ようとした宮内康ここにあり、とでも大向こうから声がかかりそうなほどであった。揶揄する気持ちは微塵もない。先に引用した「群居」に彼が紹介した会館建築に参加した職人たちと言葉を交わし、杯を交わしている時の宮内さんは心の底から楽しそうだった。

　しかし山谷の現実はもちろん、会館建築に関わった者たちの集団においても、宮内さんが幻視したコミューン、ユートピアは瞬間垣い間見ることがあるのみで、日常は貧しい人間関係がゴロリと横たわっているばかりの、爛熟したブルジョア社会そのものであった。労働力として価値を失った者が路上に捨てられているという、余所とは異なった街の在り様が、あたかも何事かを秘めているように見えはするのだが、それも外表のみで、一枚はがせばどこも同じことである。「寄せ場建築家になるぞ」という宮内の叫びは、寄せ場の日常に拒否されるであろうことに、宮内がまるで気が付かなかったとは思わないが、夢を見続けていなければ生きてゆけない人であったことも事実であろう。

その意味では常に建設過程を生きていなければならない建築家だったのではないか。多くの人々が無償労働を喜びとし、寄せ場に開かれた空間を創出するという胸ワクワクするような夢を共に見た。その夢の物質化を自らの「技術」がなすという、「技術者」として冥利に尽きる完成への過程を宮内さんは走り抜いた。一緒に走った者たちはその間楽しかったが、ほとんどが山谷を去って行った。宮内さんが楽しげに語った山谷の職人たち、竜さんは寄せ場を出た。神田はまだ鳶をしているのだろうが、山谷にはいない。カネヤンは死んだ。スズやんは釜ヶ崎にいる。玉ちゃんはまだ山谷にいて、夏祭りで踊っている。まるさんは笹島にいる。今年4月名古屋で会って「群居」の宮内さんの文章のコピーをあげたら喜んでいた。その他建築過程で大きな働きをしたタツちゃんは九州へ帰った。ゲーリーは山谷にいるがほとんど顔を見せない。そして死んだ者も多い。山谷は変わった。大きく二極分解している。現役労働者と過去の労働者とにである。南千住の駅のすぐ傍まで高層住宅が迫ってきており、外目にはここに寄せ場があることさえわからなくなっているほどである。都市の野宿生活者が増加し続け、青いビニールシートのテントが都市空間に馴染んできており、山谷周辺の上野公園や隅田川沿いに野宿生活者村が登場している。その過程で生まれた新宿駅のダンボール村というまさに下層コミューンは権力に叩きつぶされた。

現役層が仕事に出掛けてしまった昼間の山谷は、労働者の街の様相ではない。ここでも確実に高齢化が進み、街全体が、行政が相手にしない捨てられた労働者のホスピスではないか、と言った友人がいるが、言い得て妙である。しかし、そこでも人々は生きており、路上に放置された過去の労働者と共に「野垂れ死にするな」と声を掛け合って生きようとしている労働者もおり、それを支えようとする運動も続いている。あの山谷争議団も少数になったが苦闘を続けているし、山谷労働者福祉会館もさる党派とその周辺にいる労働者に短期間占拠されたりもしたが、活動を続けている。

この状況下で、あるべき在り様を求めて山谷労働者福祉会館はもがき苦しんでいる。建設時の借金をまだ抱えてもいる。

思うのだが、セルフビルドと言う建築の方式は、建築様式にユートピアを見るだけでなく、常に未完であり続けることによって、建物そのものの命の尽きるまでの過程全体と付き合いきることによってしか、ユートピアもコミューンも幻視できないのではないか。蝶々はあまりに早く飛び立ちすぎた。

340

・「いっぷく」（山谷からのキリスト者通信）第26号（２０００年11月28日）

冬・冬・路上の冬

今年も山谷に冬がやってきました。かつては東京の山谷、大阪の釜ケ崎、横浜の寿、名古屋の笹島など、土木・建築関係の仕事に従事する単身男性労働者の街の冬はことさら厳しい、と言ったものですが、近頃はこうした「寄せ場」だけでなく、全国の大都市のどこにでも仕事がなくて路上生活を強いられている人々がいて、先頃聞いた話によれば札幌にまで路上で冬を越す人々があるとのことです。札幌の冬はどれほど寒いことでしょう。明治時代初期、日本資本主義の原始蓄積段階における「人足寄せ場」が果たした役割以来、都市は常に使い捨て労働力としての日雇い労働者を必要としてきました。しばしばその野蛮さを非難する言葉として用いられてきた「土建資本主義」国家日本は、この「人足寄せ場」に滞留する労働力を近代化の推進力にしてきました。しかし、熊谷組だの間組だのという大手建設会社の経営危機が話題になる時代になり、労務の供給構造も変化して、当面というより、半永久的に寄せ場労働力が必要とされる時代は来ないのではないかと思われます。

本人の好みで路上暮らしをしているわけではありません。必要とされ、構造的に生み出された日雇い労働者ですが、その末路まで行政は責任を持とうとはしません。「かつての労働者」たちがよく口にする言葉に、「働いている時は税金を払ったし、今も仕事さえあれば税金を払う意志はある」というのがあります。この言葉を聞くたびにいたたいたしいまでのまっすぐさに胸が痛みます。世間には多額の脱税をしている「偉い人」がたくさんいるのに。

ところで、山谷にある東京都城北福祉センターが発行している「ひろば」の第７００号（11月2日発行）に、こんなことが書いてありました。「山谷周辺の野宿者数の減少、日雇求人の増加、城北福祉センター相談件数の減少という指標が連続して出ており、今後の動向を注目していく必要があります。」というものです。山谷周辺の路上生活者が減少傾向にあるのは事実のようです。しかし、東京全体の路上生活者数が減少しているのではなく、山谷にいても仕事にありつける可能性がほとんどないので見切りをつけて、新宿などに移動しただけなのです。それが、「日雇求人の増加（これとて年末の一時的な現象にすぎませんが）、城北福祉センター相談件数の減少」として顕れているのではないでしょうか。山谷にかかわりを持つ者としては、仕事はなくても仲間がいる山谷から流れ出して、東京という大海にひとりで漕ぎ出して行った老いたるかつての労働者を痛切に思います。

３４１ 野宿者排除と教会の役割

・「いっぷく」第30号（２００２年４月22日）

ちょっと古い情報なのだが、今年１月19日の「信濃毎日新聞」の夕刊に「五番街のホームレス教会階段寝泊まりの権利認めた州地裁判決不服　ＮＹ市控訴へ」という記事が掲載された。概要は、ＮＹ市55丁目の周囲には、高級ブティックやホテルが立ち並んでいるが、「五番街プレスビテリアン教会」が、夜九時以降、教会の階段に設けた段ボールの「小屋」で寝ているのを、教会が認め、当初は警察も認めてきたのだが、昨年の12月になって立ち退きを命じたり拘束するようになってしまい、教会が提訴。州地裁は階段部分に限ってホームレスが寝泊まりすることを認める決定を出した。これを受けて教会と警察とで打開策を協議したがまとまらず、警察が高裁に控訴したというものである。

この記事を読みながら、日本の若者による野宿者襲撃事件の続発を思った。「汚い」とか「怠け者」などという嫌悪、蔑視の感情の結果なのだろうが、こういう現象は世界中で起きているのだろうか。日本のようなことは皆無だとは思わないが、日本の場合、少し表れ方が激しいように感ずる。大人が野宿の人をさげすみ、排除する価値観が子どもに反映しているとしばしば聞くが、それはそうに違いないにしても、大人は若者ほどむきだしの暴力で排除・抹殺したりはしない。もちろん暴力などよりずっとタチの悪い冷ややかな差別があることなど知っているが、直接の被害者にとってみれば若者の集団に襲撃された時の恐怖はどれほどだろうかと想像を越える。

大都市の繁華街周辺での野宿者への襲撃というのを余り耳にしない。今年1月、東京の東村山で起きた中学生らのグループによる野宿者襲撃殺人事件は、白昼に行われて人々を驚かせた。どうしてこういうことが起きてしまったのだろう。

それで、元の新聞記事に戻る。このニュースで気になるのは、「周囲には高級ブティックやホテルが立ち並んでいる」という点である。当初黙認していた警察が急に立ち退きを迫ったり、それになかなか応じない人を拘束したりというきっかけは、誰かが「サシタ」のではなかろうか。あるいは日本でいえば「商店会」などのような地域経済会の会合ででも警察への排除要請が話し合われたのではないだろうか。

どうもわたしには、野宿者という地域性を持たない存在に対する地域の側からの蔑視・差別の結果としての排除、それの暴力的な表れ方としての襲撃という面がこの問題には大きいのではないかと思える。わたしのような者が原因など考えてみたところで仕方がないのだが、こういうことを考えるのは、日本社会における「教会」のような地域性が希薄な存在がこの問題に果たす役割はそれなりにあるのではないか、と考えるからである。異質性を排除する傾向が一層強まっている高度に発展した市民社会の地域の中で、異質性をもつ教会がこの問題に果たす役割はないだろうか。

342

悲嘆にくれる者たち、あなたがたがまず最初です

・「いっぷく」第32号（２００２年11月27日）

また、失業が常態化した寄せ場の冬の冷たい風が吹く季節になりました。今年の山谷へは外国から2組のお客さんがありました。一組は韓国の労働者、もう1組はパレスチナの若い労働者でした。この2組の人々に共通した感想は、「これがあの日本の風景なのか」ということです。

土木・建築資本に使い捨てられ、社会福祉にかかわる予算を最大限に切り詰めている政府の政策によって、路上に流れ出て生活するしかなくなった人々の群れが、街のあちこちに固まっています。世の中全体が政府の無策・失策のせいで不況にあえいでいるこの時代、人々は自分たちの暮らしを守るのが精一杯で、他人の不幸を顧みる余裕もないかのようです。

かつてパレスチナの地で、イエスが彷徨し続けたのは、ユダヤ教支配層から律法さえ守ることができない、即ち信仰弱く、その結果として「神」の加護からも見放されたとされた人々との出会いを求めてのことではなかったでしょうか。この人々こそがこの世で生きるだけで苦難を負っているのだから、誰よりも最初に解放されるべきであると、イエスは主張したのではないでしょうか。そうでなくて、誰が、「幸いだ、乞食の心を持つ者たち、天の王国は、その彼らのものである。幸いだ、悲嘆にくれる者たち、その彼らこそ、慰められるであろう。」（佐藤研訳。マタイによる福音書5章3節、4節）などという大胆な言葉を発することができましょう。

余裕があればなどとお願いするつもりはありません。「悲嘆にくれる者たち」と共にあろうとする姿勢が、イエスと生を共にしようとする道への第一歩だと考えています。どうぞ山谷でのキリスト者の活動を覚えてご支援ください。

343

・「いっぷく」第35号（2004年4月23日）

日本堤伝道所＝山谷労働福祉会館が一部火事で炎上！再建へ！　300万円を目標に全国からの献金・カンパを訴えます。

4月3日午後10時半ころ、東京の日雇い労働者の街である山谷にある日本堤伝道所＝山谷労働者福祉会館の敷地内にビニールシートで小屋がけして暮らしていた人の辺りから火事が発生し、中に置いてあった暖房用の灯油ストーブと備蓄の灯油に火がついて、激しく炎上して、3階建ての会館の外壁の約1／3が焼けただれ、1階と2階の窓からその火が入って、それぞれ内部の壁面の1／3と天井のほとんどが焼けこげてしまいました。

現在会館は、配電盤が焼け落ちてしまいましたので、電気がつかず、とりあえず緊急用のエンジンで明かりを灯しています。

この不況下で仕事がなく、路上で暮らす人が増える一方である状況は、全国どこの寄せ場も同じですが、山谷の会館もそういう労働者に対する支援運動の拠点としての位置を持って来ました。

一夜明けた4月4日の日曜日にも通常通りの炊き出しをしなければなりません。急遽パック詰めのご飯にしました。消火作業のために会館中が水浸しになり、深夜のことですから、中に人がいるかもしれないと消防署は考えたのでしょう（前日最後に会館を出た者が人がいないことを確認しているのですが、そんなことを消防署が知るはずもありません）、会館入り口の鉄扉をカッターで切り落としてしまうということもあって、山谷、上野公園、隅田川土手で暮らす野宿をしている仲間たちが後片づけに精を出してくれていますが、すぐにはとても使える状態ではありません。とにかく一日も早く再建しなければなりません。

会館ももちろん火災保険に加入しています。現在再建にどれくらい費用がかかるのか、工務店に見積もりをしてもらっている段階ですが。保険金が出るまで待っていられる状態ではありません。

本来なら、日本堤伝道所の牧師から献金の要請がなされるのが普通でしょうが、たまたま前任の牧師は4月から新任地に異動し、無牧になっていますので、会館全体の責任を負っている私からお願いをさせていただきます。

２００４年４月10日

山谷労働者福祉会館館長　小田原紀雄

344

地域にある教会へ、日本堤再スタート

・「いっぷく」第36号（２００４年12月10日）

東京の日雇労働者の街、山谷に建てられた労働者福祉会館は、日本基督教団日本堤伝道所センターでもあり、この建物の3階の一室が伝道所です。戸村政博牧師が初代の牧師を務められ、ご存じのように『路上の生』という、日雇労働者の暮らしのすぐ側で、というよりご自身も労働者として現場に出て働きながら、土木・建築資本によって過酷な労働を強いられつつ、高齢化するとその資本からはもちろん、行政からも捨てられていく労働者の問題を、深く洞察し、静かな言葉で怒りを抑えつつ表現された著作を残されました。2代目の牧師は福山隆一さんでした。心優しい人で様々な意味でこの社会に適応することが難しい人も含めて礼拝を続けられ、教会から慕われておいででしたが、今年四月から新しい教会に赴任されました。

今度、戸村牧師亡き後、労働者福祉会館の館長を引き受けたこともあって、9月以降、私が日本堤伝道所の代務者を務めることになりました。中森幾之進、伊藤之雄、戸村政博という、労働者が自らを解放してゆく闘いにキリスト者としてどのように参与し得るのかを考え続け、実践して来られた方々の後を、主たる働き場所を別に持っている者が容易に務められるものではないことは承知していますので、もちろん躊躇しましたが、現実問題として牧師謝儀が支払われることなど期待できない教会ですから、後任を探そうにもお願いすることさえできない相談でした。しかし、ここにも教会があり、ここでこそ宣教の働きをと考え、実践して来られた諸先輩の働を停滞させるとか、ましてや終わらせることはしたくなかったし、刻々と地域の労働者の年齢は上がり、地域全体が福祉の対象地域ででもあるかのような状態になっている山谷に、教会があり活動を継続する必要があることは、今号の福祉活動の記録をお読みいただければ納得していただけるに違いないと思っています。

10月には大島孝一先生に礼拝説教を担当していただい

て、日本堤伝道所の再スタートを記念しました。11月には近隣の教会である浅草北部教会の中村喜信牧師、東京愛隣教会の須賀誠二牧師にもご参加いただき、今後のご協力を約束してくださって、当面の教会としての活動について話し合いました。礼拝説教を担当してくださる牧師は全員自分の任地を持っておられますので、かなり変則的な礼拝時間になるのですが、合計8名の牧師が関わりを持ってくださることになっていますので、それはそれでおもしろい教会形成ができるであろうと楽しみにしています。

　そして、間もなく厳しい越年・越冬の季節を迎えます。再スタートした日本堤伝道所にとっても厳しい試練の時です。生きて冬を越すことが困難な人々が暮らす地域にある教会として可能なことはしてゆきたいと願っています。お支えください。

（日本堤伝道所代務者　小田原紀雄）

345

追悼　ささやん

山谷労働者福祉会館活動委員会編集／発行の「山谷から」105号の記事を読んで「ささやん」が亡くなったことを知った。10月23日（土）の早朝のことだったようだ。この記事を書いておられる（H）さんが「越年期になると必ずセンター前に顔を出した。とにかく素面のことがほとんどなかったから、越年期にささやんをみかけると「ああよかった、今年も生きて居た」とほっとしたものだ」と書いておられる通り、ここ数年、日常的にはほとんど山谷に出向くことのない私も、年末には顔を出していて、ささやんは千代治さんたちの路上の芝居の時にはよろめく足取りで嬉しそうに芝居の周辺をウロウロしていて、私を見かけると「いよーっ、社長ーっ」と声をかけてくれた。山谷の風景にピッタリの風貌の人だった。街全体が沈んで行くのではないかと思わせる風景の中で、ささやんはいつも笑顔だった。どういう事情で家を捨てたのか知らないが、ご兄弟がお集まりになったとのことであるから、山谷の死としてはもって瞑すべしというところだろうか。それにしても享年63歳という年が路上の暮らしの過酷さを示して余りある。

人の死は常のことであるけれど、市民社会の外側に追いやられた人の死は、淡々と受け取ることを拒否したい感情に駆られる。

346 山谷伝道所40年、おめでとう、ご苦労さま　そして今後も今のままで

・「いっぷく」第38号（2006年12月11日）

「世間の目つらい」。「あの世へ行ったら路上生活やめたい」。

1966年に中森幾之進牧師が東京の日雇い労働者の街・山谷に隅田川伝道所を開設されて以来、途中で、1976年に山谷伝道所と改称されはしたけれど、この小さくはっきり言ってボロな建物での営々とした活動の集積が『ラザロ通信「下へのぼる道」を40年』として、わたしたちの今のあり様を厳しく問う形で示されました。冒頭の言葉は、その冊子の表紙に掲載されている山谷で路上生活を強いられている人々の生の声です。教会の発行物にこういう言葉を載せられる教会が日本中のどこにあるでしょうか。

以前、わたしがかかわっている日本堤伝道所の発行物に、献金をいただいていた教会の名を掲載した際に、間違って「在日大韓教会〇〇教会」とすべきを「〇〇教会」とだけ書いたものですから、日本基督教団の「〇〇教会」から厳しいお叱りをいただいたことがあります。間違ったのはこちらですから謝るしかないのですが、お叱りの言葉に、路上生活者を支援するような教会になど献金するはずがない、教会を卑しめるな、というニュアンスを感じたのも事実です。教会ってそういうところなのですよね。

そんな「教会」でも、こうして山谷のドマンナカ、寄せ場をちょっとでも知っている人なら日本中の誰もが知っている玉姫公園の斜め向いで、言葉通り寄せ場労働者と一緒にある教会の営みを実践し続けて40年の伝道所が現役であり続けていることを、わたしは本当に嬉しく思います。

この『ラザロ通信』を購読希望の方は電話／FAX03―3872―3976山谷伝道所へ。自分の今を再認識するためにも、ぜひご購読ください。

小田原紀雄（日本堤伝道所代務者）

347

いえいえまだまだしぶとく生き残っています

・「いっぷく」第39号（２００８年12月10日）

10代の青年たちとの読書会のために、大澤真幸『不可能性の時代』（岩波新書）を読んだ。この見田宗介の弟子にして気鋭の社会学者は、戦後を「理想の時代」、「虚構の時代」、そして今を「不可能性の時代」と規定している。

「不可能性の時代」とはなんとも身も蓋もない露わな認識であるのだが、日本社会の現実は確実にそういう陥穽に嵌り込みつつあるのであろうという実感は確かにある。

かつて「寄せ場」は市民社会に見切りを付けたのか、逆に捨てられたのかはともかく、そういう者が肩寄せ合う場所でもあったが、技術と肉体に自信を持った労働者の街としてある種の「華やぎ」があった。肩で風切る「イナセな男」たちの世界でもあった。もちろん背中に貼り付いた「悲哀」もあるのだが、「力」で押し切る自負もあったのである。

こういう「自負」も当然ながら資本の動向に晒されて、今やかつての「華やぎ」は見る影もない。

というより日本中が「非正規雇用」労働者で溢れかえり、「元祖非正規雇用」労働者の背筋を張った「粋がり」など、まるで引かれ者の小唄程度のことでしかなくなってしまった。

そんな街にある教会がどう生きるのか、苦悶するばかりである。

イエスは「いと弱き者の同伴者であった」などというお為ごかしの説教など馬耳東風・馬の耳に念仏程度の力にもならない。この屈辱に耐えるな、生きてやり返せ、と力んでみてもまたこれもむなしい。それでも毎週、「謝儀」ゼロの教会で11人の「牧師」が交替で働きを続けている。いつかここで働いたことに意味があったと思える時があるのだろうか、あってほしいと願いながら。

もうこれ以上落ちる所はない場所に居続けることが無意味だとは思わない。ここにも生きている人びとがあるのだし、それはそれで笑いもあるのだから。

（日本堤伝道所代務者　小田原紀雄）

田博光／
藤敏昭／
照／
田哲／
子／
總子／
田健／
由美／
野孝次／
田中等／
中村明美／
／梅溪得文／
照国／
／小田祥子／
行／
恵美子／
近藤信子／
足立こずえ／
／江戸敏子／
元美代治／
／尾高進／
一／岡本一
／福田敏子／
内俊清／
精／岡本恭子／
きよ子／
／前田博行／
学／
田圭亮／
野輝子／
好男／
大野信義／
保庄三／
一志／
越本達了／
修一／
子玄一郎／
英三郎／
ゆる／
矢／金田
／上杉彰子／
／松平謙次／
井敦子／
田献一／
二三子／
／井口千明／
能邨乗美子／
神田紘子／
石村基／
／三谷哲美／
谷洋子／
野生くる／
二／瀬尾

せていただきました。

子（東京・

が寄せられ、
、その後は、
（切手代+封
焦らず力ま

9 アイヌとハンセン病と

ハンセン病
国家賠償請求訴訟
支援する会

会報 No.19　20

発行●ハンセン病・国家賠償請求訴訟を支援す
［代表:田中等／副代表:酒井義一・西浦昭英／事務局長:松
郵便振替●口座番号:00120-4-118852／口座名称:ハンセン病国賠訴訟を支援
http://www03.u-page.so-net.ne.jp/ca2/nan

348

東京にアイヌの店を！　交流の場を！

・「レラ・チセ事務局だより」（1993年2月）

「東京にアイヌの店を！　交流の場を！」というわたしにとっては二度目のドキドキするような夢の実現を目指して訴え始めた時、友人から心優しい忠告をもらいました。「確かに、東京の寄せ場に労働者の自前の建物を！　寄せ場に開かれた空間を！　という途方もない訴えをして、本当に幸いなことに実現した。しかし、二匹目のどじょうがそううまい具合にいるものではない。もうよしたほうがいい」というものでした。

＊もっとも、申し訳ないけれど、今回はそれほど責任ある立場ではありませんでしたから、山谷の時とくらべると、まあ、なんとかなるだろうと気分的には楽でした。

＊なんとかなりそうです。なんとかさせていただけそうです。山谷の時と同様に、本当に申し訳ないほどだいしたこともしていないのに、実現の喜びをアイヌの人々のすぐ身近なところで体験させていただけそうです。つくづく果報者です。

＊もう少し具体的な現段階の報告をしましょう。詳しい会計報告は別に会計担当者がしますが、この不景気の中、目標通りというわけにはいきませんが、それでも多くの方々がご協力を申し出てくださいました。また、不景気のおかげで不動産の価格が軒並み下がっているということもわたしどもには幸いなことでした。15坪くらいの店舗を借りて、開店の準備をし、当面の運転資金を持って営業を開始するのに必要なお金にあと一歩というところまできました。

＊現在、借りる店舗の選択の最終段階にあります。ここ1週間くらいの間には決まるでしょう。この「たより」も次号が最終号で、そこには、「準備完了」と「開店祝いのご案内」とが載る予定です。

＊最近の会議は、店舗の内装および種々備品購入担当者グループ、生鮮魚介類・野菜・酒類仕入先交渉担当者グループなどからの報告を受け、これを決定することと、開店したお店で働くアイヌの人々の確保（ローテイションのやりくり）などが主な議題になっています。

＊こんなふうに書きますと、何だか楽々と事が進んでいるようですが、もちろんそんなことはありません。いくつも越えなければならないハードルがあります。例

えば、いわばアイヌの家庭料理ともいうべきメニューが、そのままで営業用になるのかどうか。このことだけでも大議論です。営業を優先するのか、料理にあらわれるアイヌの文化を大切にしてゆくのか。両立させる道はどこにあるのか。

＊こんな話の中にも、それぞれの文化観があらわれます。話は繰り返し繰り返し「螺旋的展開」ではなく、「螺旋的停滞」に陥ります。

＊アイヌの人々とわたしども「和人」との間に、ささいな問題にいたるまで微妙な感覚の差があって、それが、とりわけ「組織」をめぐる問題の際に顕著に立ちあらわれます。もちろん最終的にはアイヌによるアイヌの集まりの場を目指しているのですから、アイヌが決定すればよいことではありますが、それがなかなか。

＊「異文化間交流」とはこんなものでしょう。「少数者」の側の主張に丁寧に耳を傾けながら、共に開店の時を喜び分かちあいたいと願っています。全国のみなさんもう少しお力をお貸しください。

349 出立します

・「レラ・チセ事務局だより」No.1（1993年8月31日）

レラの会の会長さんの佐藤タツエさんは、東京に出てきて28年。「好きで故郷を離れるアイヌウタリはいない」のに、そうして故郷を離れたウタリが関東地域に数千人もいるというのに、みんなが心をほどいて、なんでも話し合えて、心のよりどころになる場所がどこにもなく、それを欲しいとずっと願い続けてこられたということです。

ほかのアイヌのひとびとももちろん同じ願いをもってこられたことでしょう。

このささやかな、慎ましすぎるほどの願いを、わたしどもの社会は聞き入れる耳をもたず、この程度の願いを実現する努力さえせずにきました。行政への陳情もなさったようですが、無視されました。この国は何しろ「単一民族国家」でなければならないからです。

ひとごとではありません。わたしどももこの社会の一員なのです。

随分以前からレラの会の皆さんとはお付き合いをして

きました。その間に何度も皆さんの「願い」を聞きました。その都度笑顔で相づちを打ちはしたのです。いい加減な気持ちでお愛想の相づちを打ったのではなく、そういう場が必要であり、そういう場を求めるのは当然であると考えました。しかし、では自分がそういう場の設立に積極的にかかわりを持ち、一端の責任を負うかとなると、既に他の諸領域での責任を、日々処理できず多くの方々にご迷惑をお掛けして生きているものですから、つい腰が引けてしまいました。

要するに、頭では理解しているのですが、心が燃えてくるほどでなかったのです。あれこれのことを考えすぎて。

その気になりかかってからもかなり時間が経ちました。慎重すぎるほどに慎重に考えたつもりです。そして立ち上がることにしました。

アイヌの店「レラ・チセ（風の家）」設立に向けて立ち上がります。94年2月を期限に、わたしどもは全力で走りぬく決意を固めました。

東京に、アイヌ民族自身が経営する、さまざまな民族がそこで新しい出会いを持つことのできる場を創ろうではありませんか。準備の段階で既にわたしどもは色々な出会いを体験しています。この出会いの喜びを広げてゆけば、必ず夢は実現できると信じています。ちょっと大袈裟に言いますと、こういうつながり方でこそ新しい社会を展望することができるのではないかとも考えているのです。

お力をお貸しください。ここであなたとも出会いたいと願っています。

350

・レラ・チセ講座「レラ・チセへの道」第2回（1996年7月13日）

アイヌであることの誇り

話し手・宇佐タミエ　聞き手・小田原紀雄

小田原　小田原です。自分がしゃべるのは授業だからいいんですが、人様のお話をうかがうというのはどうも、ドキドキしています。先日も打ち合わせと称してタミエさんとデートをしたんです。ご自分がアイヌということを日々どういう形で意識されておられるかとか、

5人のお子さんを連れて「上京」されたあたりの事情とか、誰にしましても言いたくないようなかなりプライベートな部分に立ち入っちゃうのが非常に難しいところなんですが、まぁそこから僕らがいろんなことを考えていけるようなお話を聞かせていただけたらと思っています。とりあえずタミエさんご挨拶から。

宇佐　今日は暑い中、みなさんようこそ、宇佐タミエです。小田原さんの質問にうまく答えられるかどうか、できるだけちゃんとしゃべってみようと思っていますので、よろしくお願いします。

小田原　では、最初はご出身と、いつ頃からアイヌを意識されるようになったのかというあたりからお願いします。

宇佐　生まれたのは北海道釧路市のどこかわかりませんが、育ったのは釧路の春採です。

小田原　そこはアイヌがたくさん住んでいた所ですか。

宇佐　いたとは思うんですが、親は自分からアイヌだからというようなことは特に言ってませんでしたから、誰がアイヌなのかということは特に意識しませんでした。身近には口に刺青をしたおばさんとかはいましたけど。17歳くらいから外に働きに出ていて、あまり地元にもいませんでしたから、自分のこともアイヌということはあまり意識しないで育ちました。

小田原　まあちょっと（シャモとは）違うんだなぁってぐらいの感じですかね。小学校はちゃんと行ったんですか。

宇佐　行きましたが、5年生くらいから下の子どもの面倒を見たりなんかで休みがちになりました。中学校も入学はしましたが、家の手伝いや水産加工に働きに出かけたりで､学校にはほとんど行っていませんでした。

小田原　今は54歳ですよね。学校じゃあアイヌより和人の割合の方が多かったんでしょう。その人たちはみんな学校に行って、自分はなぜ行かないのかとは思わなかった？

宇佐　思わなかった｡家の手伝いがあるからというだけ。アイヌだからとも思いませんでした。

小田原　ご兄弟は？

宇佐　5人｡上が兄で、私は2番目｡下に妹と弟がいます。

小田原　僕も同世代だし6人兄弟で似たようなもんだけど、上の子が休んで下の子の面倒を見るなんてなかったですね。あなたは自分の家だけ特別なんだとは思わなかったのかしら。

宇佐　別に思わなかった。

小田原　こだわるようだけど、じゃあ子どものころ特に差別されているような感覚はなかったんですね。

宇佐　なかったです。ただ、休んでたまに学校へ行くというのはどうしても人目が気になりましたけど。何か恥ずかしいような。

小田原　休んで先生は呼びに来なかったの？

宇佐　中学の時は来ました。小さい弟の面倒で、ほとんど学校に行ってませんから。

小田原　水産加工場にもその頃から行ったんですよね。

宇佐　行きましたよ。朝5時半から起きて。地方にも女工さんで行きました。今の外国人労働者と同じだってよく思います。親に仕送りしてね。今の子たちは働いた分、全部自分のものだから幸せだなって。小さい頃は親を恨んだこともありますが、そうやって働いてきたからこそ、その後、5人も連れて東京に出てきて今日まで頑張ってこれたんで、今では逆に感謝しています。

小田原　その働きが並ではなくて、僕らにしてみればすごいいんだよな。今は2つ。以前は3つの仕事を1日のうちにしておられたでしょう。それはまた後でお尋ねすることにして、その中学の時、女工さんになって働いた時のチームというかグループは何人くらいでしたか。

宇佐　年によって違うけど、10人くらいですか……。

小田原　その中でリーダー役みたいな人は？

宇佐　年上の子が下の子の頼みを聞いたりとかはありましたよ。

小田原　給料の交渉とかは？　あなたご自身は12、3だったんでしょ。

宇佐　女工で地元を離れたのは15、6歳からです。

小田原　いちおう子どもでもなかったのね。それにしてもお生まれが1942（昭和17）年では……中学は50年代の中ごろですか。日本の義務教育がほぼ100％に達しようとしていた頃ですよね。その時代に義務教育年齢で働きに出ていたわけだからさ、こだわるようだけども「何で自分だけが……？」とは本当に思わなかったですかね。

宇佐　思わないです。北海道だから、何でこの寒いのに……とか、そんなことは思いましたけど。毎年時期がくれば同じことです。

小田原　水産加工って、具体的には？

宇佐　スケソウダラの頭と腹を取って、一昼夜表に干すんです。長靴の下から足が冷たくって「何でこんな思いして」って思いながらやってきました。冬仕事ですから。雪の上でね。

小田原　力仕事だったの？

宇佐　スケソウは普通のタラみたいに大きくないから、まあ慣れればそれほどでもないです。

小田原　一日何時間くらい働いていたの、朝5時半に起きてから。

宇佐　毎日ではなかったけど、それは早出といって7時くらいに一度家に戻って朝食、8時くらいからまた仕事に行って、夕方5時まででした。夜は9時まで残業することもありました。

小田原　給料はどれくらいでした？　同じころ僕の姉が公務員になって、確か月給3500円くらいだったと思うんだけど……。

宇佐　忘れちゃったけど、働いた分親にやって、小遣いにひと月500円くらいもらっていました。親が困っている時は、それを親にやったこともありました。

小田原　親はまあ普通に収入はあったのですか。

宇佐　いつもいつも、小遣いまで取られていたわけじゃあないです。

小田原　ご両親ともアイヌなの？

宇佐　母はアイヌでしたが、父は違うと思います。

小田原　はっきりしないというのが、僕なんかにはよくわからないんだよね。親父さんが言わなくても母親に聞いたりしなかったの？

宇佐　厳しい親だったし、今の家庭みたいに親子で仲良くするということもなかったからね。

小田原　僕の勝手な想像だけど、父親はアイヌではなくて、母親にしてみればそこのところで遠慮もあって、うちはアイヌだということをおっしゃらなかったのかなあ。で、もう一度学校の話だけど、タミエさんは勉強が好きとか嫌いとかはなかったですか？　テストなんか受けたの？

宇佐　受けない。行かないから勉強のこと考えないし、卒業式も出ていない。その代わりというのかな、子どもの卒業式には続けて何度も行きましたけど。

小田原　ほとんど同世代とは思えない話だよね。僕ら小遣いもらって遊んでただけだもの。12、3歳頃からずっと働きづめで、今でいえば長期不登校の子だよね。

宇佐　そうね。でも昔は今ほどうるさくはなかったでしよ。

小田原　そうでもないよ。まあ今は親がちょっと山にでも連れていこうかと思って、「休ませます」って連絡するとすぐに、「どうしましたか?」って、余計なお世話だっていいたくなるほどうるさいけど、当時だってそこまでじゃあないにしろ、なにか言ってこなかった?

宇佐　たまに心配して先生が来てくれたけど、これは別にアイヌっていうことではなくて、休み続けてたまに行く時って恥ずかしい気がして、よけいに行きたくなくなるのね。

小田原　それはそうだよねえ。それで、働いてた所には、同世代の子はたくさんいたの?

宇佐　年上の人が多かったかな。話すことが嫌だったから、朝挨拶するくらいで、あまり付き合いもなかったですけど。

小田原　あなは今ここ（レラ・チセ）では一番おしゃべりなのに、なんでだろう?

宇佐　昔からしゃべるのが恥ずかしくって、今からは考えられないけどね（笑）。

小田原　中学校は卒業証書もらったの?

宇佐　もらっていない。

小田原　その卒業証書、学校ではどうしたのかなぁ。かなりいい加減な扱いだよねえ。またそこでアイヌだからって言おうとは思わないけどさぁ。その後、卒業証明書のいる仕事にも就かなかったのね。女工さんとしては、どんな地方に行かれましたか?

宇佐　稚内の水産加工場、次は網走の澱粉工場です。根室にも行ったことあるし。

小田原　チームみたいに顔ぶれは決まっているの?

宇佐　網走で一緒にいたのは2、3人、水産加工では10人くらいですね。

小田原　妹のきよみさんも一緒に働いていたの?

宇佐　一緒の時もあるし、妹だけ別に帯広の農家に行ったりしていました。妹は中学校はちゃんと卒業してからです。

小田原　妹は太田昌国さんと小学校時代同級生だったんですよね。じゃあ、あなたが学校に行かなかったのは長女だったからってこともあるのかなぁ。

宇佐　兄はいたけど、家のことしないで、歌ばっかりやってましたから。のど自慢あらしとか、お祭りとか。

小田原　遊び人だったのね。それでまあタミエさんが全部背負ってきたんだ。その後、仕事先では寮住まいだったと聞いてますが、若い娘さんたちの旅暮らしで、ちょっかい出す男とか、浮いた話のひとつでもなかったのですか。

宇佐　あまりないわよ。

小田原　その頃は男の話はきらいだったの?

宇佐　イヤ、まあ、その頃はねえ(笑)。

小田原　僕なんかその頃に近くにそんな人たちがいたら、放っておかなかったと思うんだけど、たまにひとりで朝帰りする子とかいませんでしたか。

宇佐　ひとりで行動することはなかったです。朝も早い仕事だったし……。

小田原　要するに、朝から晩まで仕事づめだったんだ。異性がどうのこうのという以前に……。

宇佐　そう、行ってる時はね。家にいた時は、妹なんか夜、窓から出て遊びに行ったことあるけど……。

小田原　水産加工は季節労働だよね。その季節以外の時はなにを?

宇佐　季節ごとの魚で、水産加工の仕事はほとんど年中ありました。昔はサンマが山ほど獲れたたから、それを肥料にしたりね。

小田原　ずっと釧路で仕事はできなかったの?

宇佐　募集が回ってくるんです。

小田原　出稼ぎのほうが収入がよかったのかしら……。まあそれまで、娘さんの頃にはずっとその仕事をしていて、それであなたの5人の子どもたちの父親と初めてお会いになったのは?

宇佐　お会いになったのはねえ(笑)、20歳の時でした。

小田原　その人はアイヌ?

宇佐　じゃあないと思います。そのころは釧路で母がやっていたスナックを夜は手伝っていたんです。そこのお客さんできたの。大工さんでした。

小田原　それでまあ、5人の子どもが次々にできて、その間もあなたはずっと働いていたのですか。

宇佐　30代の頃は、連れの父親が棟梁で、本人と弟の二人でやってましたから、みなのお弁当を作ったり……。

小田原　初めて専業主婦になったわけだ。日本経済の高度成長期だよね。大工さんも仕事が順調にあって、タミエさんが働かなくってもやっていけたでしょうね。

宇佐　それでも冬は仕事がないから、夫は東京に出稼ぎだけど。でも、そのうち仕送りも少なくなってきたので、子どもを連れて、また働きに出ました。

小田原　そのあたりから微妙な話ですけど、仕送りが少なくなったのは、東京でも仕事がないという言い訳をしていたとのことですが……じつはなんか他の人に使ってたんじゃないですかね。東京の日雇い労働者の街である山谷なんかじゃ典型的な話だけど、長い出稼ぎ生活の中で、ちょっと他の女性と親しくなって……なんてことはあっても何の不思議もない話だからね。そして送金がなくなりはじめても、季節があけたら家には帰ってきましたか？

宇佐　ええ、天下泰平の顔をして帰ってくるものだから、よく喧嘩したもんです。

小田原　いい根性しているよな。僕なんかだとドキドキしちゃうだろうけど。それで、いよいよこれは駄目だとはっきりしたのはどういうことからですか？

宇佐　私の母親と妹が先に東京に出てきていて、私が困っているって北海道から噂を聞いてたんです。それで、おまえも東京に来いって。その頃はダンナも家に寄りつかなくなってましたから。当人抜きで、ダンナの母親と弟夫婦を相手に協議離婚です。高校2年になっていた長女が「別れてもいいよ」と言ってくれて私も決心しました。

小田原　長女は高2、一番下は4歳だったんでしょ。5人の子ども連れて東京に出てきて、仕事はどうしましたか？

宇佐　母がビルの掃除の仕事をしていて、その手伝いをはじめました。ちょうど15年前です。

小田原　それで生活は賄えた？

宇佐　初め1年間は生活保護をもらっていました。その後、掃除の仕事を1日にいくつもするようになって、自分から生活保護の願い下げに行きました。「あんたはまだ若いし、水商売なんかに入らないで、困ったらいつでもきなさい」って言われました。

小田原　一番下の子は学校にまだ行ってませんね。仕事の間どうしてたの？

宇佐　保育園です。上の子に頼んで送り迎えしてもらってたの。

小田原　高校2年だった長女の学校は？

宇佐　すぐに転入させてもらえないので、待たされているうちにそのままやめてしまいました。朝は新聞配達、昼はお寿司屋さんで働いて、夜は調理学校へ行きはじめました。自分でやってくって。

小田原　母親を見てるからだろうなぁ。タミエさんちの子どもはよく働くんだよね。

宇佐　働かないと自分の小遣いもないからね（笑）。

小田原　じゃあタミエさん一人でお姉ちゃんを除く4人を食べさせてたわけだ。掃除の仕事って、どんなところに行っていたの？

宇佐　レストランの開店前、会社だったら夜終わってから。朝早くマンションとか、一日に何件もやってました。今は怠けてきて、いくつか減らして、楽してます。

小田原　楽してるか。レラ・チセが儲かっているからね（笑）。

宇佐　そんなわけあるか（笑）。

小田原　そうやって働きづめで、子どもたちもだんだん大きくなってきますし、それでタミエさんがレラの会というアイヌのグループの活動に出入りしはじめたのはつ頃からですか。

宇佐　東京に出てきてからです。母と妹が先にやっていて、下の二人の娘も一緒についてきて、やっていました。

小田原　東京に出てきたアイヌとしては、そういう周りの人といつも一緒だから、その意味では孤独感みたいなものはなくてすんだのではないですか。

宇佐　知っている人が大勢いましたからね。

小田原　北海道ではそういう活動はしてなかったの？

宇佐　アイヌの会（北海道ウタリ協会釧路支部）はあったけど、会費を納めて、行事の折にたまに行くだけで、若い者は踊りとかやることはありませんでした。年寄りが多かったですし。

小田原　じゃあ、アイヌとしての積極的活動は、東京にきてからなんですね。娘さんたちも一緒にね。ところで、今は仕事としては？　新宿の焼き肉屋さんでも夜に働いていましたねえ。

宇佐　今は掃除と、たまに七宝焼。ここだけでは食べていけないからさ（笑）。

小田原　もう一度くらい言っておきますか？

宇佐　ここだけでは食べていけマセ〜ンッ！（場内爆笑）

小田原　もう4、5年前ですか、レラ・チセというお店を作ろうということになって、僕なんかはその頃にタミエさんを知ったんですが、ここの仕事はタミエさんとタツエさんが最初からで、今いる人の中では一番古いんですよね。

宇佐　そうです、あの時、店を作る支援をしてもらうために、街頭に立ったのは初めての経験でした。池袋や新宿で……。

小田原　そうでしたね。

宇佐　そういう思いをして、みなさんの協力があってはじめた店だから、絶対にここはやめられない。

小田原　ところで、タミエさん、今レラ・チセで働いている時間は？

宇佐　月・火・水の3日間は11時から5時頃まで、水・金・土は2時から仕込みを終えるまでです。

小田原　11時にここにくる前にも、掃除の仕事もしてくるんでしょ？

宇佐　8時から2時間ほどね。

小田原　ここの給料が安いのはもうわかりましたけど（笑）、今は子どもたちもみんな独立して、自分の暮らしだけだから、まあ少しは楽になりましたか。

宇佐　はい、少し楽になりました。

小田原　では、この辺から聞きづらい話になってきますが、ここにいるとアイヌを看板にしている店ですから、否が応でもアイヌを意識せざるを得ないですよね。そのことは今どんなふうに思っておられるのでしょうか。というのはタミエさんはアイヌに生まれて、そのことはあまり意識せず大人になって、30代も終わりになって積極的にアイヌという立場を主張しはじめた。僕には圧倒的少数者として生きることがどういうことであるのかよくわからないんですけど、どんなものなんですか？　例えば「アイヌですか」なんて聞かれたりするようなとき……。

宇佐　別に何とも思いません。行く先々で自分からもレラ・チセの宣伝をして、ここでやっていますって、言い歩いています。そのことは誇りに思ってます。

小田原　あ、誇りに思っている。ふうん、そうなんだ。

宇佐　恥ずかしいっていう気はないし、誰に聞かれても同じように話します。

小田原　多くのアイヌは、正直には自分を出していないですよね。例えば、先ほどの山谷なんかでもたまに、あ、あの人アイヌだなってわかっても、僕の方からそれは言わない。向こうからも絶対に言いませんね。今関東には５０００人ものアイヌがいるっていいます。けど、その中で自分はアイヌであると誇りを持っている人は、たぶん１００人もいないよね。タミエさんはいつ頃から、なにをきっかけにアイヌであることに誇りを持っていると思えるようになったのですか。

宇佐　特別に差別されてこなかったというか、アイヌだということで嫌な思いはしないできたからかなと思います。今いわれた人たちは、親の代から嫌なことがたくさんあったから、言えないと思います。

小田原　そうですか。僕なんかだと、逆に差別を受けたからこそ、それをバネに自分をつくっていくっていうか、何となくそんなふうに考えがちなんですが、タミエさんの話では違うようですね。例えば、お子さんたちは、小さい時から自分はアイヌだと自覚しているでしょ？　タミエさんの経験からいうと、あまり最初からアイヌだってことを強く教えない方がいいって思いますか？

宇佐　人によっていろいろでしょうけど、うちの子どもたちのうちで照代と志穂の場合は、小さい時から自覚していて、アイヌの踊りに行っているというような話を学校でもしていると聞いていましたから、子どもたちもそれで嫌な思いとかはしてこなかったので、自然にしているのだと思います。今はちょっと……志穂が一緒にいないので、淋しい思いをしています。

小田原　北海道でアイヌということで差別を受けたという話を、本に書いている人もいますよね。東京よりは地元の方が差別は強いんでしょうか。

宇佐　そうかもしれません。毛深い腕を見せて、アイヌと思われたくないから、夏でも半袖は着たくないというようなことはありました。東京では、暑いし、そうもいっておれないので、平気で半袖を着ていますけど。ここではアイヌでなくても毛深い人はいるし、だれにどう思われるとも感じないんです。

小田原　むしろ東京になると、普通の人はアイヌとはどんな人かという実感がないからかもしれないなぁ。

宇佐　「アイヌだけが差別されているんじゃないよ」と言われたことがあります。

小田原　東京にきて以来、アイヌだからって差別されたと思ったことはない？

宇佐　ないです。

小田原　僕の知っている沖縄の人ですがね、名前で沖縄ってわかるから、アパート借りるのにすごく苦労したとかいうの、あるんですよね。アイヌの場合、相手にわからないということもあるのかなぁ……。

宇佐　「アイヌ」だってわざわざ言わない限りわからないでしょう。出身も北海道って言うだけだけど。

小田原　これからの問題だけど……部落解放、在日韓国・

朝鮮人、沖縄など、差別と闘っていく運動はいくつかありますけど、アイヌ民族の運動は、どういう方向に向いていくんでしょうね？

宇佐　難しいことを聞かれても困っちゃうけど、私もこっちに出てきていろんな差別の問題があるって知ったんですよ。アイヌでも自分でアイヌを隠してる人とか、親が子どもに言わないもんだから、自分がアイヌだと知らない子もいると思う。みんな仲間に加わってほしいと思うんだけど……。

小田原　てことはさ、具体的に何か嫌なことがあったというんじゃあなくても、なんとなくアイヌだっていうのは言わないようにした方が良いんだって、多くの人が思っているわけでしょ？　そういう雰囲気がこの社会にはあって、他人から見れば些細と思えるようなことでも、深く傷ついている人は意外に多いんじゃないのかしら。たぶんタミエさんの場合は前へ進む力が強くって、がむしゃら働きながら、意識せずそれをハネ返してきたんだろうなって思うけど……。

宇佐　鈍感だからね。

小田原　あなたの生きる力がすごいんだよ。ではタミエさん個人としては、この社会の中で、今後のアイヌ民族の運動ということでは、踊りとか歌などのアイヌ文化を伝えていく役割を果たすということになるのかなぁ……ここでの仕事もそのひとつだけど。

宇佐　とりあえず、踊りもムックリ（口琴）ももっとうまくなりたい。それで、みんなで一緒にやれたらと思うけど、この頃娘がだんだんひとり歩きをしていまして、淋しく思うこともある。

小田原　子どもは親離れするものだから、それは仕方がないよ。子どもは子どもで自分の生き方を決めていくしかないんでしょう。

宇佐　結婚した娘（照代さん）もその辺はわかっていると思う。それでも都合さえつけば今も踊りなどには来てくれます。

小田原　そこがタミエさんの力なんだろうな。娘さんのお相手には、たしか和人だったよね。その関係の口でも、当たり前のこととして自分の民族性を出していく……立派だと思うなあ……。では、話はこれくらいにして、あとはみなさんから質問を受けましょうか。

参加者　春採って、アイヌが多い所だったのでしょう？子どもの頃は、周囲の子も働いていたんですか？

宇佐　よその子とは一緒に遊んだ記憶もないし……よく

分かりません。

小田原　子どもの頃のことは聞いてもこの調子なのよ。ま、思い出したくないってこともあるのかなぁ……小さい子の子守とかで、家の外に出ることも少なかったでしょうし、仕事以外ではあまり他人と接触する機会もなかったってことなんでしょうね。

参加者　東京に出てきて、いちばん楽しかったことは？

宇佐　カラオケ。それから……毎晩気持ちよく飲めること。

小田原　でも、5人も小さい子を抱えている頃は、そんな余裕もなかったんだよね。

宇佐　大変だったとは、その頃は思っていませんでした。アッという間に1日が終わっちゃう。

小田原　でも、まだ54歳だから、これから一波乱、二波乱、男性との問題があってもいいんではないですか？すでに誰かいたりして……

宇佐　ただいま募集中で～す（笑）。

小田原　楽しいね。この方がいらっしゃるので、この店も明るい。

宇佐　どれだけ店の役に立っているかわからないけど、ただその日を一所懸命やるだけ。みなさんの協力でできた店だから、がんばって続けていきますよ。

小田原　今日はこれくらいにして、タミエさん、みなさんどうもありがとうございました。

・レラの会編『レラ・チセへの道―こうして東京へアイヌ料理店ができた』（現代企画室、1997年5月、所収）

351

あとがき

『レラ・チセへの道』を本にすることができた。アイヌ料理の店、東京におけるアイヌ文化継承の拠点、アイヌと和人（日本人）との交流の場などと、「レラ・チセ」にかかわる者それぞれがそれぞれの思いを抱いているのだろうが、現実に直接「レラ・チセ」で働いているアイヌの人々にとっては、日々多忙な労働の場になってしまうことは当然のことであり、和人としてこの店に多少のかかわりをもっている者も、現実には常連客の一人であるにすぎないという日常を、何とかもう少し変えてみたいと願って「レラ・チセ講座」なるものを始めた。

本書の書名『レラ・チセへの道』というのも、この講座のひとつとして、「レラ・チセ」にかかわっているアイヌが、この店に至るまでの半生を語ったものである。淡々と語られるめいめいに固有な「物語」は、同時代を生きてきた和人にとって十分に衝撃的であった。講座の途中から、ぜひこれを本にしたいと多くの者が考えるようになった。割合親しい和人を相手に語るのであるから、「苦難の半生」などと声高に訴えられたわけではないが、この国の戦後をこういう風に生きた人々がいるという事実を我々は重く受け止めたし、この重さを多くの人と共有したいと考えるようになったのである。

ところで、二風谷ダム訴訟で「アイヌ民族側が実質勝訴」（3月27日朝日新聞夕刊）と報じられた。すでにダム本体が完成しているのであるから、「収用裁決を取り消すことは公共の福祉に適合しない」と訴えそのものは棄却されたとのことである。ああまたしても「公共の福祉」かとため息が出る。ここで二風谷ダム問題を詳細に語ることはしないが、高度経済成長期に工業用水の資源確保と称して、日本中をダムだらけにしようとした「土建資本主義」は、たとえば二風谷ダムのある沙流川でいうなら、苫小牧周辺の工業地帯への水質資源確保を謳ったのであるが、工業地帯構想そのものが破綻してしまった後、「洪水調整による沙流川流域住民の安全確保」などと、不細工なのを重々承知で、いつもながらの帳尻合わせの目的変更をしてでも自転車操業「土建資本主義」は走り続ける。「公共の福祉」とは、「強行したら勝ち」の謂いであり、抵抗する少数者排除の論理以外の何ものでもない。

それにしても今回の判決の「国は、先住少数民族であるアイヌ民族独自の文化に最大限の配慮をなさなければならないのに、二風谷ダム建設により得られる洪水調整等の公式の利益がこれによって失われるアイヌ民族の文化享有権などの価値に優越するかどうかを判断するために必要な調査等を怠り、本来最も重視すべき諸価値を不当に軽視ないし無視して、本件事業認定をなしたのであるから、右認定処分は違法であり、その違法性は本件収用裁決に承継される」という部分は一定の評価に値するのではなかろうか。先の朝日新聞は、「実質的には原告側全面勝利の判決」としているのだが、わたしには、ここでいう「アイヌ民族の文化享有権」なるものの内容がいまだ不分明であるので、というより、この「文化享有権」

は、現在ただ今、この社会でアイヌが生き、暮らしていることの全体が含まれている概念とは思えないので、アイヌ文化の大切な一面を重視したものとして一歩前進ではあるにしても、今国会上程される「アイヌ新法案」と同様に、「文化」の認識において違和感を持つ。

この裁判の結審の前日、二風谷で貝澤耕一さんに飲みながらお話を伺い、翌日札幌へ向かう途中で立ち寄った二風谷ダムの異様を思い浮かべる。萱野茂さんの和人に対する「文化的」決別宣言とでもいうほかない最終陳述も脳裏に焼き付いたままである。

「レラ・チセ」での「文化」とは、「アイヌ新法」法案でいうところの「この法律において『アイヌ文化』とは、アイヌ語並びにアイヌにおいて継承されてきた音楽、舞踊、工芸その他の文化的所産及びこれらから発展した文化的所産をいう」（第2条）ようなものではなく、当然これらを含みつつ、アイヌがアイヌとして生きていくことと全体としてとらえたい。

わたし自身はこの本の出版について何程の協力もせず、「あとがき」など書く立場にはないのだが、年の功であろう、こういうことになった。積極的に仕事を負担してくださった友人・仲間のみなさんに感謝する。

本書に登場されたアイヌのみなさん、ありがとう。今後とも仲良くお付き合いのほどをお願い申しあげます。

（97・3・28記）（レラ・チセ運営委員会　小田原紀雄）

352

・「ハンセン病・国家賠償請求訴訟支援する会会報」No. 16（2001年4月）

うた　連載【1】

明石 海人

鉄橋へかかる車室のとどろきに憚らず呼ぶ妻子がその名は

著名な『白描』所収の短歌である。明石海人はよく知られているように、25歳過ぎに発病した。既に二児の父であった。

我が愛する妻子との別れに際して、誰しもが知る一瞬会話を中断するしかない「鉄橋へかかる車室のとどろき」

の中でしかその名を呼ぶことが「憚らず」にはできない痛切。愛切。「妻子がその名は」と短歌という形式ゆえの字数による中断などではもちろんなく、「その名は」記すこと能わず、という差別がもたらした断念が、かえって絶唱の趣を生むという悲劇。これを半端な訳知り顔に評することなどできない。

これまた『白描』巻頭に掲げられた有名な言葉である「深海に生きる魚族のように、自ら燃えなければ何処にも光はない」が、外から伺い知ることができないと「思わせられてきた」塀と森とあるいは海に隔てられた向う側の人々の存在から根底的な「外」への批判の言葉として突き刺さる。と同時にこの「自ら燃えなければ何処にも光はない」というその言葉の内につぶやきと絶叫とを併せもつ、表現としては静かな言葉がどれほど多くの被差別・被抑圧の人々の心に「光」を灯したことか。歌人として世評高くしたが、失明、喉頭狭窄による呼吸困難、気管切開による発声障害に苦しみ、腸結核による衰弱ののち逝去した。世評どれほど高かろうが、「深海に生きる魚族」とでも表現するしかなかった己らの有り様からの解放をいかばかり深く希求したことであろう。他に言葉を持たない。申し訳ないの一語に尽きる。

ハンセン病国家賠償請求訴訟を支援する会の代表である畏友田中等との約束で、この欄を受け持つことになった。何ほどの力もない者であることは承知しているが、できることだけは果たしたいと願っている。「うた」と題したが、これは別段短歌を意味してのことではない。紙幅の都合もあって短詩型のものしか紹介できないから、俳句でも、詩でも、もちろん短歌でも、更にまた詩の形をとらないものであっても、短いものであれば紹介の労をとりたいと願っている。今回は第1回であるから著名な明石海人の短歌を紹介させていただいたが、歌集・句集・詩集とかの形をもったものを紹介したいのでもない。同人誌や各園のサークル誌などからぜひ紹介したいと願っている。こちらでも積極的に求める努力はするけれども、よろしければ種々のものをご教示いただきたい。よろしくお願い申し上げます。

353

・「ハンセン病・国家賠償請求訴訟支援する会会報」No.17

うた　連載【2】

（2001年6月）

風邪声を詫ぶるボランティアの友よりの音読テープを今朝聞き終へぬ

動く力無き蟷螂を掌に乗せて燃ゆる夕日をともに見入りぬ

人間は看取られ逝きにしに蟷螂は枯穂にすがり息絶えにけり

佇むわが枝の前藪椿の落つる音より光を聞きぬ

橋本　辰夫

東京の東村山にある多磨全生園の自治会企画編集委員会が編集人で発行人は所義治さんである『多磨』第82巻・第5号に掲載されている歌から選ばせていただいた。篠弘氏が選者として、適切な〈評〉を書いておられる。この四首のうちはじめの三首を秀作としておられ、橋本氏は全生園の短歌グループのリーダーらしいことも篠氏の〈評〉からうかがえる。

1首目、作者が視覚に障害をもっておられることがうかがえる。「今朝聞き終えぬ」から、相当長い作品の朗読奉仕だったのであろうか。この朗読者を「ボランティアの友」と呼んでおられることと、「風邪を侘ぶる」という表現に、お二人の関係を思わされる。

2番目と3番目は、蟷螂を詠んだ連作である。小さいなりに生きてある時の強いイメージと命終えたはかなさとの対比が「枯穂にすがり息絶えにけり」によって鮮明である。幽邃境を異にするその一歩が、同じ作者の「開園以来ここに咲き継ぐ蝋梅を逝きし友らも手触れ詠みけぬ」とでもいうしかない思いを誘う。

4番目は、「佇むる」ではなく「佇める」であろう。「藪椿の落つる音より光を聞きぬ」は感傷が過ぎると言えばそれまでだが、一瞬の光芒を落下する椿の音に「見る」繊細さは、雑事に追われて日々を猥雑に生きている者には失われた感覚である。

354

・「ハンセン病・国家賠償請求訴訟支援する会会報」No.18（2001年10月）

うた　連載【3】

東北新生園発行の『新生』第53巻第1号から紹介させていただく。

枇杷の花黄昏はやき裏庭にいまも咲けるか故郷を
思う

江崎　深雪

枇杷の実を歌にすることはあっても、あの小さく白い花に目をとめることは少ない。望郷はハンセン病元患者がしばしば表現する心性であるが、拒否され、出郷を強いられた身であれば言葉にならない思いもあるであろうに、それでもなおなのかそれだからこそなのか、作者は他に「葉つきみかん」、「八つ手の花」を歌にしており、植物への視線が新鮮である。

視線という言葉を使って、我と我が身の胸をはっとつかれた。

干し芋のたて杭しるべにわが部屋の分と定めて
箒を使う

佐藤　つや子

視力に障害のある人の日常を歌にして、静寂は周辺のみならず、作者の心情までを想像させる。ハンセン病元患者に視覚障害者は多い。

美しく鈴を振りきる残り虫
語りたい事を言いきる毒茸

園　永　泊

共に「振りきる」「言いきる」とある。作者のペンネームもまた「言いきって」おり、作者の性格が想像されるが、

障子を張り替え故里の部屋になり日差し匂える濡
縁に立つ

という短歌があり、読者をホッとさせてくれる。

2003年1月31日(月2回・末日発行)靖国・天皇制問題情報センター通信（別冊：日の丸・君が…

日の丸・君が代No!通…

（「情報セン…

No…

20…

「日の丸・君が代No!通信」編集部
発行：「日の丸・君が代No!通信」東京都新宿区西早稲田2-3-18-31（日本キリスト教会館内）
連絡先：〒169-0051 東京都新宿区西早稲田2-3-18-31（日本キリスト教会館内）
FAX:03-3207-3918　郵便振替：00170-6-770367［口座名称］「日の丸・君が代」FAX通信
E-Mail Adress:karaage@iya-ten.net
料金：1部250円(送料込) 半年1500円／1年3000円

夢も希望もない・・・？

イスラエルには占領地に対して施行している1300以上もの軍令がある。それは「許可なく地上、地下の水を汲んではならない」「いかなる農機具も輸入、使用してはならない」etc。もちろん移動の自由もない。要するに人間として普通に暮らすことを許さず、監視をし続けるということだ。これがパレスチナ人の現実だ。

学校はどうだろう。規則が山盛りあって、監視され、奉仕させられetc…。子どもにとっての現実だ。

イスラエル総選挙でシャロン首相率いるリクードが圧勝した。つい最近、パレスチナから帰ってきた友人の話では、パレスチナ人は「シャロンはファシストだ。総選挙では絶対に落選すると確信しているよ」と言っていたというのに。パレスチナ人の希望は、またしても遠い空に散ってしまった。さて、学校には希望があるのだろうか。　日の子

Contents

「子どもの2人組」於：バングラデッシュ
無垢なそのまな…

355

・「日の丸・君が代NO!通信」37号（２００２年11月30日）

教育基本法改悪がナンボノモンジャイ うち返せ現場から
―武田利邦さんに聞く

（インタビュアー　小田原紀雄）

小田原　先日、これまでの通信の発行主体であった日本基督教団がなんやかやと矛盾だらけの理由をつけて、それを指摘されても多数でねじ伏せて「情報センター」を潰した総会でお目にかかりました。まあ何でもすればいいので、こちらはこちらで今までどおりにやって行くだけのことです。武田さんにはこれからも宜しくお願い申し上げます。ところで、この通信の読者の多くの方々には直接関係のないことを最初に申しましたのは、生き方の基本にかかわるといいますか、今をどう認識し、どうそれに対処してゆくことで展望を開くか、というような課題を力で突破してみたからといって、結局大したことにはならない、というのは、今回の日本基督教団の問題でも教育基本法改悪の問題でも同じだと思うからです。武田さんからは、今回の中教審の案に関して、特に「公の突出」に関してご意見をうかがいたいと思っているのですが、神奈川県立商工高校という現場で感じておられるところを全般的にお話しください。

武田　かつてここは、学校の名が示すように就職、それも一流企業への就職率を誇った高校ですが、今は就職と進学が半々です。かつて「商工実習」といえばこの界隈では有名で、即戦力の担い手を育ててきたのですが、それが不況の影響もあって、求人が減ってきて少々無理をしてでも進学しようとする。もし親に経済力がなければ、とりあえず就職して、自分でお金を貯めてから進学しようとする者が出てくるというふうに変わってきています。

小田原　そういう若い人は楽しみですね。そういう状況下で「公」の強調というのはどういう意味を持つのでしょう。

武田　就職する子どもは、日本の場合就職というより「就社」ですから、そこでは「私」を殺して会社に生きることを求められるのでしょうが、佐々木賢さんなどが指摘しているように、現在の日本の仕事をしている若者のうちフルタイムは1／3で、あとはパート、アルバイト、派遣です。そこでは「会社」という「公」に生きるという考え方の押し付けそのものが無理になってきている。戦後民主主義などといってみたところで、日本の戦後教育は一貫して会社本位社会への「奉公」を求め、それに応ずる教育をしてきたわけよ。だけど、今になってそれらが見事に崩壊している現実を見せつけられて慌てふためいているというのが、最近の文科省などじゃないの。

小田原　「公に奉ずる」という基準が無理になっていることへの危機感の表れだと。

武田　そうよ。僕は「近代反動」と名付けているんですよ。会社はバタバタと潰れる、公務員はそこらじゅうで問題を起こしている。こういう事態に危機感を持っているんだけれど、本当は自らやってきたところの足もとが総崩れになりかかっているのに、そこは問題にしにくいので、一切合切を学校や家庭や若者の責任に転嫁しているだけのことだよ。やめればいいのに相変わらず戦前の価値基準のままこの社会を仕切ることができると考えている連中や、戦後の会社主義を引っ張った連中にとって、考えつくのは精々他人のせいにして、他人の生き方にタガをはめれば何とかもう一度やり直せる、程度のことしか考えられないんだと思うよ。いわゆる戦後民主主義下において権利意識が高まったり、若者たちの私生活主義というのに腹が立って仕方がないのだけれど、若者の側からすれば、サービス残業を強いるだけ強いて、リストラの際にはハナも引っかけてくれない。そんな会社に誰が「終身雇用」されるか、と考えるのが当然じゃない。

小田原　くだらない規範だけ押しつけられてたまるか、というところですね。それを教育からナショナリズムを梃子に変えて行こうということなのですね。

武田　そう。だけどそれは既に無理だよね。若者たちは魂胆を見抜いてしまっているよ。

小田原　それにしてはえらく強引ですよね、最近。

武田　「法の整備」という考え方があるよね。現実が法を越えるものだから、法が後追いで「整備」されるというヤツ。今回の教育基本法の改悪にしても、国旗・国歌法の制定にしてもそれだよ。かつての教育基本法はもう十分に空文化している。だから現実に合わせろ、という言い方、彼らにすれば現在はもう仕上げの段階ですよ。こういうことを我々の側がどこまで認識しているかということになると、残念だけれど日教組は頼りない。じゃあどうするかとなると、狭い範囲に限定して、例えば個別生徒との関わりの中で、あるいは自分のいる「現場」の中でどうやって現実を転倒させて行くのか、ということしか今のところ考えられないのではないか。金子勝などのいう、下から作り上げていくセイフティーネットは、そういうことだと思う。

小田原　そりゃあ大変だ。そこで未だ日教組の中におられる武田さんにお伺いしたいのだけれど、日教組が「いま、大切なのは教育基本法を生かすこと！」というリーフレットを作っていて、その中に「子どもたちは『自分を生きたい。人とつながりたい。わかりたい』と願っています」という言葉があるのだけれど、正直なところ、わたしにはこの人たちは事態がわかっているのだろうか、と疑問に感じるのです。これはただの「学校幻想」ではないですか。

武田　一番大きな対抗軸は、そこだと思います。僕は学校で「倫理」という科目を担当しているから、最近、イリイチなどにもふれながら家族論をやっているのよ。子どもたちに「家族っていつからあると思う?」と聞くと誰も答えられない。そりゃゴリラの時代からあるもの。じゃあ会社っていつからっていうと、精々1600年から。じゃ学校はもっと新しい。寺子屋なんか今考える学校じゃあない。みんな学校へ行ったり、会社へ行ったりするのが当たり前だと思っているけれど、こんなことは精々長く見積もってもここ400年程度のことだよ。そんなもの、絶対条件みたいに考えることそれ自体が誤りだっていうと、みんな納得するのよ。でもじゃあ全部やめてしまうかっていうと、なかなかそれはできない。今の時代すべての子が「登校拒否予備軍」みたいなものですよ。それは「出社拒否」でもあるだろうし。はっきり言って「近代社会拒否予備軍」ですよ。プライバシー権の延長線上に「一人で放っておいてもらう権利 right to be alone」というのがあって、これは誰でも主張できる権利なのよ。モラトリアムを否定的な意味に翻訳した小此木啓吾って人はわかっちゃいないね。エリクソンは「引き籠もり・閉じ籠もり」が、ただ無駄な時間なんかではなく、その間に色んな意味で変化し、成長する時間かも知れない重要な時間だと言っているよ。M・ルターやB・ショーを別にして、そういうものを社会全体で奪ってしまおうとしているんじゃないかな、僕らの社会は。中教審はもちろん、日教組もこういうことを考えたこともないんだろうね。だから、イリイチは学校というシステムそのものが問題だと言ったのに、その問題提起にまるで関心を払わず、近代主義的枠組みの最たるものである学校を再建しようとしている。となるとどうしようもない無力感を感じるよ。

小田原　そうですね。学校という枠組みはもう駄目なのではないかという指摘は随分前からされてはいるし、わたしのように端から学校の外にいる者は、文科省も日教組も、どちらももういい加減「近代」そのものを問うてみませんか、などと思うのだけれど、国家はそれを許しはしませんよね。

武田　そう思います。だから僕は、「日の丸・君が代」の時から、「国家とは何か」という議論を正面からするいいチャンスだと言い続けたのですよ。でもこれが学校という現場でも市民運動のレベルでもなかなか難しい。そもそも教育行政による管理・監視が強まっていて、そういう大切だけれど悠長な議論をする時間がとれない。それに「国家」そのものを問わずに、「国旗・国歌」だけで議論をしたいという風潮が一部にあって、「日の丸・君が代」の押し付けに反対だなんて言うのよ。もうちょっと民主主義的な国家になればいいってことなのだろうねえ。でも、国家をめぐる現実はどんどん変化してきているじゃない。EUにしてもアフリカ諸国のOAUにしても、それをどう評価するかは慎重でなければならないのだけれど、国家をこえる共同体が世界の単位になりつつある。ともかくボーダーレスというかグローバルというか、昔ながらの国家論ではやっていられない状況が来ているよね。「左」でも遅れているんじゃないのかな。国家＝ネイションという単位が自明なものとしてあると考えている間に、この日本社会の地方自治体でも大きな地殻変動が起きているじゃない。そういうところにきちっと目を据えて、近代の枠組みを考え直すいい時期に来ていると僕は思っているのよ。

小田原　そういうことを今どうしようもなくある学校という枠で考えるとどういうことになりますか。最後にご意見を伺わせてください。

武田　僕は公立高校に勤務しているものだから、「公」ということに触れて言うなら、ちょっと誤解を恐れずに言うけれども、もう一度「公共性」ということを考えてみたいと思っているの。上からの「公共性」ではなく、本来パブリックは「みんなのもの」という意味だから下からのというか、同じレベル・同じ高さの視点での「公共性」を打ち立てようと呼びかけたい。国家と資本によって私物化された公共性をとりもどすということですね。具体的には、生徒と共有できる生き方、同僚と共にある豊かさというかな、そんなものをどうもないがしろにして「古い社会運動」はやってきたのではないだろうか。今のところこの程度のことなのだけれど、こういう考え方から僕なりに近代主義を破る視点を見つけたいと考えています。

小田原　お忙しいところを、学校まで押し掛けて申し訳ありません。今後とも共にやってゆきましょう。有り難うございました。

（２ＣＣ２年11月22日）

356

・「日の丸・君が代Ｎｏ！通信」38号（２００２年12月29日）

教育基本法改悪反対！打ち返せ現場から

（番外編）北村小夜さんに聞く

小田原　先頃、中教審答申が出され、これはまだ審議が不十分であり、ほとんど手つかずの領域もある程度のものですが、それでも最近の小泉政権のやり方ですと、とにかく強引に来年早々には中間答申と同じ方向で最終答申を出してしまう可能性が強いように思います。そこで中間答申に対する北村さんのご批判を伺いたいと願っています。中間答申の問題点としては、①戦後民主主義で大切にしてきた「私」に対して「公」が強調されている、②その内容はまったく提示されていないのですが、伝統・文化の強調、③言葉として表現されてはいないのですが、教育基本法の前文、10条へのアンチとして言外に教育の国家・社会への奉仕という側面の強調などが挙げられるように思います。今日は北村さんに教育基本法改悪に至る戦後教育が抱え込んでしまっている問題全体について、そのほぼ全過程にかかわってこられた立場からお話をうかがわせていただきたいと思っていますが、まず最初に北村さんからご覧になって、今回の中間答申は全体として何を狙ったものとお考えですか。

北村　今整理しておっしゃったことは、憲法や教育基本法に違反しても、とにかく既に実力でやってしまっていることとなんですね。それを正当化するための改悪というのが第一の狙いでしょう。

小田原　おっしゃる通りです。中間答申を読んでちょっと鼻白んでしまうのは、もう全部やってしまっているではないか、という気持ちがするからですね。では新たに狙っているのは何なのでしょう。

北村　おっしゃったように主体の転換でしょう。今までは一応教育の主体は子どもだったのが、国家がそれに取って代わるということでしょう。だから「心のノート」などに表れているように、部分的には親や教師が毎日言っているようなことが書いてあるのですが、教育の主体という視点が全く違いますよね。それが一番大きい問題でしょう。それと、最近心配しているのは、大転換が突然やってくるのではなく、徐々にくるので、もう一部やられてしまっているにもかかわらず、それでも現場でそれなりにやっていると教師たちは思っているものですから、転換の本質に気づかずにいるという現状が心配です。

小田原　教育の主体は子どもであるというのは、戦後教育の理念ではあったのでしょうが、どうなんでしょう。本当に戦後教育はこれを実現しようとしてきたのでしょうか。理念として持っていただけで、現実には戦前・戦後を通底して教育は常に国家・社会に奉仕する人間の形成という面が強くはなかったでしょうか。

北村　厳密に言えば子どもが主体であったことなどなかったでしょう。51年制定の「児童憲章」も児童は守り育てられるものとされていますし、これをはっきり言葉化したのは「子どもの権利条約」で、それまでこれを言葉にしたことはなかったように思います。どちらかというと、せいぜい子どもと教師とで教育を作ると考えてきました。だから教師が自由でなければ自由な教育は成立しないと考えてきた側面が強かったでしょう。

小田原　そうですね。ところがその教師が、個々には自分の経験によっても素敵な先生がいらして、そういう方の影響を強く受けたようにも思いますが、おおかたの先生は、6・3・3の学制の中で少しでも上位にランクされている学校へと階段を上がることを煽っていただけのようにも思うのです。そういう現状が今回狙い撃ちされたとはお考えになりませんか。

北村　悲しいことにそういうことでしか評価されなかったのですよ。月曜日の職員室でよく話題になったのは、前日の日曜日に同窓会があって、誰君は何になって、誰君は医者になって、ということだったのですよ。こういう話をしながら教師冥利に尽きるというような話なのですよ。そういう時私は、誰君はきたの、と問うわけですよ。一番心配な子は同窓会などには来ないんだもの。そうすると、いやあ、もうどこへ行ったかわからないよ、ということでしょ。こういう点は戦前も戦後も変わりはなかったでしょう。結局優秀な子を自分のクラスから何人出すかということですよ。戦前、現場の教師は科学や芸術の創造にはかかわらず、その都合のよいところだけを載せた教科書を教えていればよい、それを逸脱してはならないと躾けられてきてなかなかそこから抜け出られないのです。戦後ちょっとだけタガがはずれた時期があって、とにかく教材も何もないものですから、全部自分たちで作りださなければならず、悪戦苦闘するのだけれど、それは楽しい時期でしたよ。

小田原　そうでしょうね。この「日の丸・君が代NO！通信」での教育基本法改悪をめぐる連続インタビュー企画は、現場からは改悪の内容がどのように見え、それにどう反撃するのかを伺いたいと思ってのことです。今回は既に現場を離れておいでの北村さんに番外としてご登場いただいたのですが、私が最も心配しているのは、多くの教師たちは、改悪だとも感じないのではないか、ということなのです。

北村　そうですよ。別に新しいことが突然言われ出したわけではありませんから。愛国心の涵養なんて言っても、もう社会科の教科書には愛国心という言葉が出ているんだもの。58年に学習指導要領が試案から基準になった時から始まっていることで、現在の教師自体がその中で育っているのだから。それ以後の過程で少しは抵抗してきたけれど、だんだん流されてここまできてしまった。戦後まだ試案だった時には、社会全体が何もなかったということもあったし、なにしろ試案なのだからということで、自由の幅が広かったのが、時代が次第に豊かになり、あれこれと整うに従って自由の幅が狭められてきたのです。たぶん51年だったと思うけど、貞明皇后が死んだ時、学校には①弔旗を掲げろ、②天皇がお参りする時には黙祷しろ、③歌舞音曲は慎め、④授業は午前中という通達があったけれど、だけどその時教頭がみんなに見せて、「こんなものきてるけど、旗ないもんね」ということでおしまい。守ったのは午後授業がないということだけだった。ところが学校の設備が整ってくる。まず体育館ができる。そうすると式ができる。校舎を改築すると同時に頼まないのに旗を掲げるポールが付いてくる、という具合になってね。こうして設備が整う度に元に戻る。戦後一時期に学校教育が自由だったというのは、本質的に自由であったのかどうか、学習指導要領が試案だったからなのか、今から考えるといろいろあるけれど、なにしろ物が何もないから、全部自分たちで考え、作るところからしか始めようがなかった。ただそれだけのことだったのかもしれないけれど、一方で教育を考える際に本当に大切なことかもしれないとも思っています。設備という枠が、教育内容の枠にまでなってしまった。そういえば、教育基本法が作られた頃というのは、この何もない時期だったのですよ。毎日毎日ああしようかこうしようかと教師たちがあれこれと模索していた頃で、教育基本法なんてあってもなくてもある意味でどうでもいいことだった。ちゃんと読んだことも ないくらいだったもの。それに比べると、「子どもの権利条約」は、世の中の権利意識がかなり高まった時に出されて、教育基本法よりどちらかというとみんなしっかり読んだんじゃないですかね。でもせっかく批准したのに学校も教育も何もかわらないけれど。ところで、日教組が作っている組合員手帳に教育基本法が載ったのは、70年なんですよ。その頃になって教育基本法が必要になったということよね。71年になって今度は憲法も載ります。でもおもしろいことに憲法第1章は抜いて掲載されています。第1章があっての第2章だものね。1章と2章とを並べて憲法とは何なのかを考えないとね。不都合なものはないことにしてしまうという姿勢は問題ですよ。

小田原　あらまあ、本当に前文の次は第2章になっていますね。

北村　70年になると世の中の動きとして教育基本法10条が必要になったということですね。それまでは文部省もなんとか教育をやっていくことで精一杯だったわけですよ。だから教師の側にとっても別段教育基本法を意識することもなかったということですね。もちろん教育基本法第3条に対する批判があったことも掲載を躊躇した要因かも知れませんが。「能力に応じて」というのは「能力によって」ということで、養護学校の義務化の根拠になっているわけですから。だけどこの3条が問題だと気づいた頃から、文部省の周辺から教育基本法の改悪の声が出てきたので、こちら側からの批判は出し辛くなったのです。改悪の側に荷担することになるということで。なんだって変えられる時には、それまでのものがなんでも良いものになってしまうんですよ。まあそれにしても第10条がこの頃になって必要になったということでしょう。だから70年から30年かけて学校教育はここまできたということです。もう70年以後に生まれた人がたくさん教師になっているのですから、教育の変容といってもピンとこないのが当然なんですよね。

小田原　そうすると教師たちの闘いとして教育基本法改悪反対の声が広がるということは期待薄ですね。

北村　そうだと思います。

小田原　じゃあどうすればいいとお考えですか。

北村　教育基本法を額に入れて金科玉条のように扱ってきてしまったことのツケがここにきて出てしまっています。教育基本法をもっと日常に生かしてこれを教育の現状に対する批判の手段にしなければ。それと、やはり単なる理念としてではなく、子どもが教育の主体であることを学校での日々の営みの中で徹底するよう努力すること。また地域に暮らしている親やその他学校に関心をもっている人々が声を挙げ、教師たちを後ろから押す必要があるのではないでしょうか。

　何より取り締まりの対象に位置付けられている子どもが怒るべきです。排除の対象のようにいわれている「弱者」が立ちあがるべきです。それを期待して広く論議を起こさなければなりません。

357

・「日の丸・君が代Ｎｏ！通信」39号（２００３年１月31日）

教育基本法改悪がナンボノモンジャイ うち返せ現場から

——駒崎亮太さんとの対話

小田原　定時制高校という現場から今回の教育基本法改悪に向けた中間答申をどう読んでおられるのかうかが

わせてください。文科省も、はっきり申しまして日教組も「教育」をめぐる現状がまるで理解できていないようにわたしには思われます。「学校幻想」に囚らわれてしまっていて、あたかも正反対のことを考えているようでありながら（こう言いつつ本当はとっくの昔に内実としてはパートナーシップに至ることを両者で理解していたのかもしれませんが）、実は「教育は暴力である」ことに何も気が付かないでいるのではないか、と疑問をもっているのですが、定時制高校という現場にいらして、こういうわたしの認識はいかがなものでしょう。

駒崎　わたしは全日制が13年、通信制が13年、そして今定時制に7年というふうに生きてきたのですが、まず通信制の経験を通して、今おっしゃった学校という仕組みが暴力装置であるのみならず教育というのは基本的に暴力であるという認識を得たことは大きな経験でした。ですから定時制高校にいて可能な限り押しつけがましくしないことを原則としています。生徒たちにとって学校というのは、こちら側がどう考えようと修行に来ているようなものですからね。おもしろくもなんともない場所へ、とにかく出席さえしていれば高卒の資格をくれるのですから、ただ我慢をして時間を過ごしているのでしょう。もう一つはかなり多くの子が、それまで学校へ行っていなかったとか、行っていたにしても辛い経験ばかりをしたとか、そういうことがあって、定時制というのはそういう子にとって友人というか仲間との連絡場所という側面もあるでしょう。また、たまたま今自分がいる学校がそうなのかもしれませんが、大人がいちいち口うるさく管理しようとしない、そのまま受け止めてくれる場所と、子どもたちは考えているかもしれません。だから、一般的に教育の場とか学習の場というイメージで捉えられるとまるで違うでしょうね。まあ、溜まり場であり、友だちとコミュニケーションする場であり、単位を修得して通過する場所ということでしょう。それでいいとわたしは思っています。「学校」をそのように位置づける理論は教育の世界にあるにはあるのですが、定時制にいると理論より現実が先行的にそうなっていますね。だから教育行政があれこれとやってくる介入といいますか、現場への口出しと無縁とは言えないけれど大きなズレがあるのは事実ですね。

小田原　うーん、教育基本法改悪の試みの一端を一言でいえば、エリートになれる子の早期発見と早期養成といいますか、要するに教育と言われる国家の事業の合理化と、もう一つはその逆で黙って労働者として「公」に殉じられる者との選別という側面があるように思うのですが、定時制の場合どちらの側にも位置を持ってないですよね。「公」に殉じるというのも文科省がイメージできるのは精々のところ「学力」の「低い」全日制の高校生くらいまででしょうから、その枠からもはずれてしまっているという、わたしなどに言わせればある意味で最も将来性のある子どもたちなんですよね。

駒崎　そうですよ。なんと言ったらいいのかな。一番近い存在というなら外国人労働者ですよ。教育官僚なんかにイメージできるはずがない子どもたちが現実に目の前にいるんですよ。わたしも学校だけで生きているわけではなく、いわゆる市民として地域でも生きており、教育基本法改悪反対なんて署名が回ってくると、反対する気はないけれど、的はずれだなあと正直思って、他人に勧める気にはなれないですね。だって全然違う世界の話だもの。いったいどこの、何の話？　って思うものね。でも小田原さん、「日の丸・君が代Ｎｏ！通信」なんて大上段に振りかぶった場所でこんな話をしていいんですか。

小田原　いいんです。「日の丸・君が代」を春の季節物の闘いにしているような体たらくだから我々は負けているんだとわたしは考えていますから。もっともっとドロドロした日常的な闘いにならなきゃ。「日の丸・君が代」を使って皇民化教育をして侵略戦争の担い手を育てようとしているなどという切り口だけで現状の教育現場への攻勢を分析できるのであれば、闘いはもっと楽ですよ。敵が鮮明ですから。そう簡単ではないからみなさん苦労しておられるのですからね。

駒崎　そうなんですよね。日常の実践。教室でだけではなく、生き方全体で押し返して行かなければならないのに春だけ元気になってもねえ。

小田原　ところで駒崎さんに神奈川高教組の組合員でいらっしゃるのでしょうが、日教組の教育基本法反対の論理で闘えると思っていらっしゃいますか。なかなか答えづらいとは思うのですが、やはり伺ってみたいのです。というのは、日教組の反対論で最も気になるのは、子どもたちはみんな本当は学びたがっているのだという考え方が前提になっているように思うのです。

でもわたしが出会う子どもたちは別に学びたがってなんかいないですもの。日教組の主張は、悪く言えば職場防衛的であり、善意に解釈するとしても「教育」を善と位置づけているように感じられます。

駒崎　そうですね。人間観として誰でも成長したい、もっと前へ向かって進みたい、勤勉に何かを成し遂げたいと考えているという前提があるように思います。でも現実はそうではないですよ。そういう人間観などではすくい取れない子どもたちが事実としているんですよね。わたしたちは何やかやと言いながら実際にはそれほど勤勉にやらなくていいんだと勤勉について語るようなところがあって、これはもう抜きがたいところです。適当にやっていいんだなんて口では言うし、そう考えてもいるのですが、自然体ではないんですよ。子どもたちはそこのところを見抜いてしまいますし、一方定時制にやってきて、妙に力んで課題を追及しようとする教員はおうおうにして権威的に振る舞ってしまいますから、空回りしてしまって長続きしないですね。だから定時制に残っている教員は、自分でもどうしても権威的になれない者でしょうね。

小田原　そうでしょう。ただそうは言いながら、余計なお世話だと思いつつ、もう少し力をつけないと生きづらいだろうと考えるところがこちら側にありますよね。

駒崎　その通りです。これでは生きて行くのに不利だろうとか、この点をもう少し克服できたらなんて、こちらの方が不遜なのかもしれないけれど思ってしまいがちです。でもそういう考え方を抑えて、彼らにとって定時制での4年間というのは貴重な時間だから、楽しくやればいいじゃないか、こっちも付き合って楽しくやろうと考えるようにしてはいるんですがね。僕らも全日制にいる時には、高校時代というのは長い人生の準備期間という考え方をしていて、次に行くプロセスだから少し我慢をする期間なのだと考えたりしていたように思うし、今の全日制の諸君もそう考えているかもしれません。でも、通信制、定時制の経験で高校生活というのは準備期間などという位置づけをしてはまずいのであって、今そのものが彼らの生きている時間なのだと思うようになりました。教師根性というか、教師の性というか、先のことを考えるとつい思うこともあるのですが、そういう我慢して準備すれば先々幸福になれると言えるのかどうかも考え直してみませんとね。

小田原　原則としてそうだというだけでなく、わたしは埼玉県に住んでいるのですが、先日の新聞記事で、これまで県立高校で学費の減免措置の対象者はだいたい2～3％前後だったのが、2002年度は10％を超えるかもしれないというのがありまして、大変驚きました。わたしどもの世代が結局のところ勤勉にしかやれないというか、まあやってきたのですが、それは勤勉さが何かを保障してくれると信じられたからだと思うのです。でも今の時代、若者たちは勤勉にやったからといって誰も何も保障してくれないということを見抜いてしまっていますものね。勤勉なんて何の保障もない大人の説教でしかない。明日のことを思いわずらうな、というのを体で知っていますものね。でも他方で、社会参加といいますか、別に「公」に奉仕するという意味でではなく、自分の周辺の社会にまで関心を失ってしまっていて、関心が狭い人間関係、例えばごく少ない友だちとか、彼女・彼氏との関係だけを後生大事に護りたいとする内向きの関心にばかり向かっていて、これは面白いところでもあるけれど、かなりあぶない点でもあるように感じるのですがいかがですか。

駒崎　そうなんですね。30年教員稼業をやっていましてね、70年代初頭の高校生の社会的な関心の強さと今とを比較すると、これはもう雲泥の差としかいいようがないですよ。これをどうするかというのは大きな課題でしょう。別にたいしたことではなく、身近なところで関心を持てること、自分がいることの意味を見つけられることがあるといいのですがね。ひょっとしたらお年寄りのお世話であったりするのかもしれないのですが。今わたしのいる学校では、一つの試みとして校庭の隅を畑にして、地域の人々と一緒に枝豆を植えてみようかなんて考えています。教育行政の側も少しずつ変化してきて、かつてであれば地域の人に教壇に立ってもらおうなんておおごとだったのだけれど、最近は随分その点楽になっていますから。昔ながらの製法で豆腐を作っている人がありますから、みんなで豆腐の作り方を学んでみようなんて考えているんです。でもそうなると今度は教員の方がずっと姿勢が固いんですよ。教科書通りに教室で教えているのが一番楽ですからね。子どもたちが地域で生きて行く、地域の人々にもちょっとこわそうな格好をしてはいるけれど、当たり前のことだけれどごく普通の心優しい若者たちだと知ってほしいんですよ。そういう交流を通して自分という存在の意味を見つけてほしいのだけれど、この頃わたし個人としては地域通貨にも関心があるんですよ。子どもたちが出る幕があるんじゃないかと思って。ついこの間も卒業生のために餅つきをしたんだけれど、教員の側は本当に自分たちでできるのかと勝手に心配したりしているんだけれど、結構みんな生き生きとやっているんですよ。本当はそういう場の設定から全部自分たちでやっていけるといいのだけれど、学校という場所は本質的に子どもたちから自主性を奪う所ですから、なかなかそこまでには至りませんが。こういうことを考えながら、他方で日常の子どもたちの現実を見ていると、これはもしかするとファシズムの土壌なのかなあと思ったりもしましてね。

小田原　そうなんですよ。気分の重いことで。国家のイデオロギーとしての「公」に殉ずることを求める近未来の学校現場のあり方と、「私」にこだわり続ける若者の現実とを並べてみることができる位置にいる者として、「私」性を頑固に保ち続けてほしいのだけれど、これがそうはなかなかいかない。これをどうするか、というのが「日の丸・君が代」に象徴される現在の「学校」という場の抱えている最も大きな問題でしょう。

駒崎　気の重いことですね。

小田原　大変でしょうが、素敵な若者と一緒に今の時代を生きているという稀な場に身を置いておられるのですから、もう少しねばってください。よろしくお願い申します。今日は貴重なお話をありがとうございました。

358

・「日の丸・君が代Ｎｏ！通信」40号（２００３年2月28日）

教育基本法改悪がナンボノモンジャイ　うち返せ現場から　Ｔ・Ｔさんに聞く

小田原　はじめてお目にかかります。最初に、明らかにすることがおできになる範囲でいいのですが、自己紹介をお願いします。

Ｔ　栃木県の高校の国語教員です。組合は栃木高教組で、組織率はそれなりに高いのですが、分会会議も開かれたり開かれなかったりという状態で、教育基本法改悪問題については、教組そのものが方針を持っていないと言いますか、まあ現場の声を反映させようといういつも通りのことで、だからといって現場の声を吸い上げるルートが示されているわけでもありませんので、分会会議で話題になったことはありません。

小田原　学校という職場だけでなく、どこのどんな職場でも、職場というのは日々のスケジュールで動いていて、それはそれなりに忙しいのですから、教育基本法改悪問題などというある意味で非日常的なテーマについて論議するとなれば、組合から討議資料が示され、スケジュールが提示されて、現場の声を集約するようにという指示でもなければ、なかなか取り組めるものではありませんね。

T　そうです。その上に残念ながら教育基本法改悪問題は、どこまでも基本法問題であって、すぐそれが現場に影響するというものではありませんから、今のところ仲間の教員でこの問題に関心を示している者はいません。この現状は二通りに考えられるように思います。一面では、目の前に生徒がいて日々さまざまな問題が生起するのですから、教育実践に力を傾注することによって、いわば政治的課題に取り組む余裕がないと言いますか、言いようによっては、文科省が何を仕掛けてこようが教育実践でそれを跳ね返して行くという方向で考えている、というようにプラス方向で評価することもある意味で可能でしょう。他面で、教員が完全に否定的な意味でのサラリーマン化してしまって、ただの教育（勉強技術）伝達労働者になってしまっていて、何も考えなくなっているという状態と捉えることもできます。はっきり言ってわたしは、教員の現状は後者の傾向が強いように思います。

小田原　そうですか。大変残念なことですが、まあそんなものだろうとは思います。国旗・国歌法が制定されて、「日の丸・君が代」が学校に強制されるという事態に直面しても教員たちの多くは起ち上がらなかった。いよいよ「戦後民主主義」の理念の根拠であった教育基本法が改悪されるという事態にまで立ち至ったのだから、今度こそ教員は闘うだろう、という期待は多くの者が持っていはするのですが、他方で、いやいや労働者の解雇を容認し、ワークシェアを組合から会社に提示するようなことにまでなっている日本の労働運動の現状と、それに異を唱えることなく、自らがリストラに遭いさえしなければそれでよしとしていると いう労働者の現状で、教育労働者だけが突出して、いわば「理念」を賭けた闘いができるとはとても考えられない、とも思ってもいるのです。もうそろそろ教員に対すると言いますか、教育労働者に対すると言いますか、とにかく妙な幻想は完全に吹っ切った方がいいのでしょうね。

T　随分辛辣ですが、まあそういうことだろうと思います。

小田原　ところで国語担当とおっしゃいましたが、今度の教育基本法改悪に向けた中教審の中間答申を読まれて、あの方向で国語の教員に期待されているのはどういうことだとお考えですか。

T　まず愛国心教育が期待されているのでしょう。もちろん愛国心教育といってもさまざまな領域があるので、すべてが国語に被さってくるとは思いません。形から入るということであれば、これまではそれに集中して攻勢をかけてきた学校という場の「儀式」の問題もあるでしょうし、体育もそういう方向で利用しようとするでしょうし、社会科の科目、とりわけ日本史は大変なことになるのかもしれません。国語の場合は、これまでそれなりに入っていた反戦というか非戦の内容を含む教材がはずされ、国家主義とまでは言わないにしてもナショナリズムとネオリベラリズムが合体したような教材が多用され、それを教えられることになるのでしょう。国語の中の古文領域は、まさに「この国の伝統・文化」そのものを扱いますので、これが重視されることになるのでしょう。古文に関しては既にこれまでも指導要領でそれが求められてきましたから。

小田原　それを生徒たちは面白がってくれるでしょうか。

T　いやいやそんなことはありません。とりわけ古文は人気のない科目の代表ですから。どうしてこんなことを学ばされるのか理解できないと、みんな言っていますからね。

小田原　教員と話をしているとしばしば学校のレベルを言われますが、Ｔさんのお勤めの学校はどういうところですか。

T　いわゆる底辺校です。

小田原　今回の答申を読むと、もう一つの傾向として学校の差異化という方向が明確になってきていますよね。教育の多様化という表現によって一部のよくできる生徒への特別選抜的教育とその他大勢の黙って労働者となってお国に身を捧げる者の養成という、なんとも露骨な言い方ですが、そういう面があります。するとTさんの勤務校は後者の方と考えていいですか。

T　そうです。

小田原　生徒たちは学校を楽しんでいますか。

T　いやいや来ています。友だちに会ってあれこれと交流する場としては楽しんでいて、授業さえなければ学校もいいところだ、とよく言っていますよ。学校で教えてくれることなんか、彼ら・彼女らにとって生きていくのに何の役にも立たないと考えていますから。

小田原　わたしもそう思います。最近話題になることが多い、大変日本的な現象だそうですが、「ひきこもり」という難しい問題がありますが、これの例をあれこれと読んでみますと、よくできる、親にとっていい子だった人が多いのが特徴ですね。無理をしてでも親の期待に応えたいと努力するのですが、どこかでそれが破綻し、その破綻を自分では乗り越えられない、というより自分の心の中でどういう事態が生じているのか自分で理解ができないし、ましてや親も含めた他人にはまるで理解できないという例が相当多いようです。ところが端から、それこそ小学生の時に既に選別の網からこぼされてしまっている子たちに、学校というところは本当に無意味な場に思えるのはごく当然なことのように思います。元気ですし、もしかすると教員などよりごく世間的な意味での社会性も持っているかもしれません。Tさん、そういう生徒に学校で何を示唆・教示できるとお考えですか。

T　そうですね、なかなか難しい問題です。ガンバレなどという言葉が非常に虚しい社会状況ですからね。私が勤務する学校でも就職希望の内6割しか就職が内定していません。親たちを見ても、滅私奉公型で会社にすべてを捧げたのに、資本の側は資本が生き残るためには情け容赦なく労働者を解雇しますしね。アホラシクテやっていられるか、というのがエリートになることなど望むべくもない若者の本音でしょう。でもというか、だからというか、おっしゃったように私たちより遥かに世間的な社会性を持っているかもしれない彼ら・彼女らの社会性の枠が私はすごく狭いように感じています。精々のところ自分と彼女・彼氏、もう少し広げて友だち、そして現在自分が関心を持てる範囲だけの社会性のように見えるのです。この社会性の枠をできるだけ広げたい、そしてどういう状況に陥っても次の可能性に向けて絶望しないということと、そのための自己実現の方法を身につけてもらうということに学校という場の可能性を探りたいと考えています。その意味では教育基本法の改悪などによってはおそらく手がとどかない場所にいる生徒たちと日常を共にしながら、教員などにできることなどたかがしれていますが、それでも教科書から離れて、例えば新聞の記事など用いながら、生徒たちが少しでも関心を持ってくれるような問題を通して、自分たちの今生きている国・社会が抱えている問題を語り合いたいと努力しています。

小田原　ありがとうございました。ご健闘を祈ります。

（2月21日、宇都宮でのある反戦集会会場で）

３５９

・「日の丸・君が代ＮＯ！通信」41号（２００３年３月31日）

教育基本法改悪がナンボノモンジャイ打ち返せ現場から

――青崎百合雄さんに聞く

小田原　都立の学校現場が相当厳しい管理状況に置かれていることは知っていますので、差し支えのない範囲でお話しください。こちらは自由な身ですから勝手なことをお尋ねしますけれど。どのような学校に勤めているか教えていただけますか。都立高校は再編が進みつつありますが、お勤めの高校はごく一般的にどういう評価をされている高校でしょうか。

青崎　いわゆる中堅校と呼ばれている学校で教員をしております。再編に際しては、今のところまったく声がかかっていません。「ごく普通の都立高校」として残そうとしているのか、それともある時ストンと消されてしまうのか。職員の年齢層も割合高く、古強者を中心にした集団といったところです。

小田原　ストレートに繋がるかどうかはっきりはしませんが、進行している基本法の改悪の思想と都立高校の再編とは別の事柄とは思えません。と言いますのは、改悪の思想は二つの大きな柱を持っています。一つは「伝統・文化」の強調から「愛国心」の涵養でしょうし、もう一つは教育全体の再編によって一部エリートの養成と黙って働く圧倒的多数の労働者層の教育だと思うのです。都立高校の再編、例の日比谷高校のエリート校としての再建を頂点とする試みや公立の中高一貫校の試みは、この二つ目の思想の表出ではないでしょうか。

青崎　その通りだと思います。再編だけでなく、都教委から見てなかなか良くやっている学校を重点支援校として物心両面で支援を厚くするということも進んでいます。このことは教育基本法に定められている「教育の機会均等」を完全にないがしろにしているのですが、新聞等ではそのような観点で取り上げられることはありません。エリート校については「進学指導重点校」などと表現がストレートなのですが、そうでない学校はチャレンジスクールだの、エンカレッジスクールだの、トライネットスクールだのとカタカナ言葉で表現し、その実体を曖昧にしようとしています。「主導的な商業高校」という意味で、リーディングコマーシャルハイスクールなんて言葉まで飛び出してきている。このような「改革」がすごいスピードで進行していますので、教職員の側ではひとつ一つを吟味している余裕がないというのが実情なのではないでしょうか。ひどい事態が進みつつあるなあという思いと、さらに忙しさに拍車がかかるのではないかという心配がみんなの中にあると思います。

小田原　教職員間での話題としてもそういうレベルですか。

青崎　「改革」の全体像やひとつ一つの持つ意味がなかなか掴めず、危機感だけが増幅しているような状況だと思います。ただ教職員の間には、どうせこの「改革」は失敗するのではないか、という思いがあります。都教委は、失敗したって公立には生徒がそれなりに集まると思っているのではないかと。

小田原　それはそうでしょうね。文部省はあれこれと「改革」案を出しはするけれど失敗の連続ですもの。それに公教育を放棄することはできないという大前提がありますから。

青崎　10年ほど前、いくつもの都立高校に「理数コース」・「外国語コース」などの「コース制」を導入してみたものの、今や人気が下がり、ほとんどなくなってしまいました。公立だと色々な「実験」がし易いと考えているのでしょうか。生徒も教職員もナメラレています。

小田原　先ほどの日比谷高校の受験校としての再建に向けた対策についてもう少し具体的に教えていただけますか。

青崎　人と金と物との手厚い支援ということですが、特に人の面でそれが際だっています。とにかく校長の気に入らない教職員は強制的としか言いようのないやり方で配転させられていますし、定年退職後の再雇用の教員がやたらたくさん配置されているのです。

小田原　それはどういうことですか。

青崎　本来の教職員定数に加えて再雇用の教員がたくさん配置されれば、余裕も出来るし、少人数での授業もやりやすくなります。全体の人数から考えると、ひとつの全日制の高校に配属される再雇用の教員は平均で4〜5人のはずなのに、日比谷高校では13人、わたしの勤務校では来年度は1人しかいません。

小田原　ところで、学校での日々、教育基本法をどの程度に意識されるものですか。

青崎　そうですねえ、都教委の言い分だけを押し付けようとする校長と論戦をはる時の拠り所としてはよく使いますが、私などはそれ以外の時にはあまり意識できていません。学校を取り巻く人たちの間で教育基本法があまり重用されていないというか、興味を持たれていないため、緊張感がないことも関係しているように思います。

小田原　わたしが、教育基本法をどの程度に意識しておられるか、と問うたのは現場の教員に対する批判を含んでのことではないのです。憲法も同じことでうまく行っている時には基本法のことなど誰も意識しないですよね。基本法を持ち出してあれこれと考えなければならない時というのは決していい状況ではありません。教育基本法の教育への権力の「不当な支配」は認めない、などという条項を挙げなければならない時というのは、まずい事態ですよ。

青崎　ああ、そういうことですか。ただそれと現状の弛緩した状況とはちょっと違うようにも思いますが。

小田原　そうですか。ここで青崎さんにぜひお尋ねしてみたいのですが、教育基本法について、わたしは「改悪」するというから「改悪」反対とは言いますが、じゃあ現行の教育基本法を守れという立場かと問われるとそうではありません。憲法もその点は同じです。九条改悪を頂点とする種々の現行憲法のそれなりに評価できる面を丸ごと否定するような「改悪」に反対するのであって、現行憲法の天皇条項など問題外ではありませんか。教育基本法については、わたしは全体として近代進歩主義を無批判に前提していると考えています。もちろん制定に至る経緯もあることですから、後からする批判であることは承知していますが、現時点で「教育基本法を守れ」ということにはならないと考えているのです。この辺りのところについてはいかがですか。

青崎　だから「改悪」反対なのですね。「不当な支配」の禁止などは重用しています。ただ第一条の「国民の育成」などという表現にはいつもひっかかっています。

小田原　近代国民国家を前提にしていますものね。近代教育が始まって以来、学校という場は、決して「国民」という概念でくくってはならない在日韓国・朝鮮人をはじめとする人々をも「国家」の中に包摂して、「国家」に奉仕して生きること＝個人としての生活の安定という図式の中で「成長」を促してきたのですが、そういう学校という場は解体しかかっているとお考えになりませんか。日教組が発行した教育基本法改悪に反対する立場を示したリーフレットを見ますと、いったいいつの時代の学校の姿なのだろうと考え込んでしまうのですよ。まったく公教育万歳路線としかわたしには読めないのです。持って回った言い方をして、何を言わせたいのだとお考えになるかもしれませんので端的にお尋ねします。お勧めの学校では年間何人学校をやめますか。

青崎　少ないほうだと思います。一桁です。

小田原　ほお、それは教職員集団が大変な努力をしておいでですね。

青崎　そうなのですかねえ。「古強者」たちを中心に、管理的な部分をなるべくなくしていこうという雰囲気はあるかもしれません。友人関係などを中心に「楽しかった」と言って卒業していく高校生も多いです。ただまあ「日の丸・君が代」のもとに入学し、「日の丸・君が代」のもとで卒業する3年間を「良かった」と言われることがどんなもんなのか、そこのところを考えなければとは思っているのですが。

小田原　それほど「日の丸・君が代」問題というのは大きいことですか。

青崎　それは大きいです。まず、「内心の自由」の柱とも言うべきものがないがしろにされ、そのことにより屈辱的な思いをする子どもや生徒もないがしろにされていく。また、「日の丸・君が代」問題というのは、先に結論ありきで、どれほど議論しようとも教育委員会を後ろ盾にした校長はほとんど引くことはありませんから、議論することそれ自体が虚しくなってきます。この議論の虚しさという雰囲気が職場を覆ってしまい、他の問題にもそれが波及して、議論することそのものを避けるようになりがちです。そこに、さらなる管理強化や人権をないがしろにするようなことが入り込んでくる。教育基本法の中の「個人の尊厳」も「真理と平和の希求」も、互いに対等の立場で議論することを前提にしなければ無意味ですよね。

小田原　その「日の丸・君が代」ですが、春になると「日の丸・君が代」で頑張る人ってのがいらっしゃいますよね。でもそういう人が案外に生徒に対しては管理主義的であったりする場合が往々にしてあります。教員のみなさんにはいやがられるのですが、一方で生徒に制服を強制しておいて、教職員の内心の自由もないのではないか、とわたしは思うのです。「日の丸・君が代」に象徴される学校における儀式的なるものの総体を否定してゆくといいますか、儀式が内包することもたちを数で束ねるという在り方を越えてゆく視点を持たないと、教育基本法改悪に立ち向かえないのではないでしょうかねえ。

青崎　立場や考え方は様々でも、「日の丸・君が代」の押し付けには反対していこうという闘い方になりますからね。でも、「日の丸・君が代」問題の延長線上に子どもや生徒の人権を見据えることは不可欠ですし、そのように職場の闘いを作っていかなければ先はないと思っています。

小田原　あまり単純化してしまうと誤解を招きかねないのですが、国家が教育に色々なちょっかいを出してくる時代というのは、教員にとっては苦しい時に違いはないのだけれど、逆に国家の側でも資本の要請もあったりして「教育改革」をしなければもたないという状況でもあると思います。現在の日本がまさにそうですよね。戦争が露出してくる時代にまで至って、経済はほとんど出口のない混迷状況にあるわけですから、「教育改革」を通して10年後にでも展望を持つしかないのでしょう。

青崎　実際に、学校はもうほとんど教育基本法「改悪」

を先取りしたような状況になっています。しかし、いざ押し返そうという時、国家主義が盛り込まれるなどの「改悪」がされてしまっていたら、私たちは反撃の拠り所を一つ失ってしまっていることになる。だから、「改悪」は何としてもやめさせたいと思っています。ただ、したたかな冷めた目で大人たちのやることを見ている子どもや生徒も多いです。学校を取り巻く人たちが「学校を国策に従順な人づくりの場にしない」という取り組みを展開し、教職員もそこに連なっていくような状況を作れれば、この先まだ何とかなるかも知れないと思っています。

小田原　今日はせっかくのお休みの日にありがとうございました。どうぞお元気でご活躍ください。

360

・「日の丸・君が代NO！通信」42号（2003年4月30日）

教育基本法改悪がナンボノモンジャイ 打ち返せ現場から

——新崎昭博さんに聞く

小田原　お久しぶりです。今日は新崎さんに、先頃、中教審の教育基本法改悪案が出されましたが、そもそも法律が改悪される時というのは最終段階で、現場では先行的な動きはずっと以前から始まっているのでしょうから、そうした学校現場の状況を、どのように捉えておいでになり、それにどう対抗しようとしておいでなのかを伺わせていただきたいのです。このところこのインタビューは高校の教員が続いているのですが、みなさん異口同音に、今、公立中学の教員は地獄だと、言われるのです。その辺りからお話しいただけますか。

新崎　何しろ教育改革と称していろんなものを積み込んでいます。選択科目が増え、チャレンジ授業と称するものがあって生徒を学校の外へ連れ出したりすることもあるし、総合教育というので外国からの留学生を呼んできて話を聞いたり、高校見学だとか、とにかく年中行事だらけです。だからスケジュールの消化だけに追われて、生徒ももちろん未消化のままスケジュールをこなすことを強制されているし、教員はものを考える時間がないというのが現状です。

小田原　その上に部活の指導というのもあるわけでし

ょ。運動部の場合は夕方に練習をし、試合が近づいたりすると朝の始業前の練習をしたりもするようですね。自分のこどももはもう学校を出てしまいましたから現在の学校がどうなっているのかよくわからないのですが、こどもが学校へ行っているころにでも、いったい先生たちというのはいつ授業の準備をし、自分に施肥する時間をどうしているのだろうと思ったものですが。

新崎　勤労者という意識を捨ててしまわなければやっていられない仕事になっています。特に若手などは研修を受けなければいけませんので、夜10時、11時に帰宅ということも珍しくない状況になっています。

このことは生徒に対してもたんに十分な準備をせずに教室に出るという影響だけでなく、教員が苛酷な労働を強いられており、それに疑問を持たない結果として、生徒にも過剰な要求をしてしまうという形でも影響が表れているように思います。とにかくものを考えない、考えないでもスケジュールをこなしていればなんとなく何かの達成感を得られるという方向に進んでいます。ノルマをこなすためには日常の細部にわたって行動を管理する必要があるのでしょう。最近感じるのは、学校はずいぶん形式化し、あらゆることを儀式化してきたなあということです。卒業式、入学式の儀式化というのは話題になることが多いし、事実、儀式というのは形式化し簡素化するほど完成度が高いと考えているのでしょう、実に巧妙な儀式化が進んでいますが、それだけでなく、始業式、終業式の儀式化がはかられ、学校によっては始業式、終業式でも「日の丸・君が代」が強制されていますし、とにかくこの頃やたらに「礼」をさせるのです。なんでもない時、ちょっと生徒が集まって何かの話し合いをするような時にでも、「起立・気を付け・礼」で始まり、終わるのです。これは私の勤務校でそうだというのではなく、学校ごとの個性などほとんどなくなって、私は埼玉県ですが、おそらく埼玉じゅうの学校で同じような儀式をしているのではないでしょうか。生徒が関わって、学校ごとの個性を発揮しているような儀式、卒業式や入学式というものはもうなくなってしまっているでしょう。いつの頃からか卒業式と言わずに「卒業証書授与式」と言うようになっていますが、この「授与」という言葉に象徴されるような上からの形式化の進行に歯止めがかからなくなっているのです。かつては卒業式の中で「見送り式」と言いますが、下級生が上級生を見送るというのが、テレビドラマなんかでは感動的なシーンとしてしばしば登場しますが、ああいうものはもう10年ほどやっていませんね。一時中学校が荒れたということも影響はしているのですが、それだけではなく、生徒が自由に自分を表現する場面を可能な限り減らしたいとする傾向の現れでしょう。管理された完成度の高い儀式になじまないと考えた結果です。今年はとうとう卒業式の後で、教員と父母とで卒業を祝福しながら交流する場も無くなってしまいました。とにかく儀式で入ってきて、儀式で送り出す、それだけにしたい、心を交流させる場は少なくしたいということでしょう。とにかく学校における教育の中心は厳かに行われる儀式であると、管理職たちは言葉にして言いますから。

小田原　それじゃあ教室で日常的に行っているのは何なんでしょう。教員の間からそういう傾向に対して批判は出ないのですか。

新崎　出ませんねえ。私の勤務校では私が日教組で、もう一人全教の人がいるだけですから、もうほとんど校長の言いなりです。

小田原　新崎さんの勤務校の教員は全部で何人ですか。

新崎　25人です。こんなですから、学校行事の中で問題になる「日の丸・君が代」でも、「君が代」を生徒に歌わせる際に、座っている教員は私一人だけになっています。それでも父母の中にも宗教的な立場からでしょうか、座る人もいまして、生徒の中にも座りたい者もいるだろうからと思って貫いてはいるのですが、この頃は向こうも考えてきて、私は見回りという係にされて、儀式そのものから排除されています。それと最近の若い教員たちは研修を通して教え込まれたのか、そういう人が採用された結果なのか、若い教員の中に「日の丸・君が代」を積極的に推進しようという空気があるのです。

小田原　ほお。具体的には。

新崎　私は生徒の自治活動を少しでも応援したいと考えて生徒会の顧問をしているのですが、ここでも生徒の自主的な活動などではなく、生徒総会などといってみても、実際には教員が台本を書いて、生徒にそれを演じさせているようなことになっており、それを若い教員が積極的に進めているのです。その若い教員は、前々校長が体育会系の人だったのですが、機に乗じてと言いますか、生徒会の生徒を使って毎日「日の丸」を揚げさせていたのです。どういう批判をしてもその若い教員は断固としてこれを譲らず、ちゃんと揚げているかどうか今でもチェックしています。

小田原　気分の重い話ですねえ。ところで以前、新崎さんの勤務校には、いうところの「中国残留孤児」関係の生徒が何人かいるとお聞きしたことがありますが、ほかにも外国籍の生徒がいますか。

新崎　中国から「帰国」した生徒もいますし、最近ではベトナム人やフィリピン人の生徒もいます。少し前、国際交流ということで中国からの留学生を学校へ迎えてお話を聞く機会を地理の授業の導入として作ったのですが、先程の若い教員も社会科の担当で、この交流会の冒頭にこの人は中国国歌を流したんです。そういうことをするとは知らなかったので私は驚いたのですが、招いた留学生や生徒の中国からやってきた人などの方が更に驚いて直立不動の姿勢をとったのです。我々とは国歌に対する感覚が随分違うようで、何でもない時に国歌など流したりしないんですね。どう言えばいいのでしょう。私などと国家に対する感覚が大きく違うのですね。とにかく何でも儀式的に形式を重んじようとするのです。管理職からの押しつけより、教員内部からの国家を前面に出した管理主義の強化の積極的推進の方が、闘いにならず苦しいですね。その上に道徳教育の徹底ですから。去年ご存じのように「心のノート」が配布されましたが、私などもちろん使わないでほったらかしてあるのですが、去年はそれでも年度の途中で配布されたから、それほど厳密にこれを使用するように強制されることはなかったけれど、今年度からはこれも強化されるでしょうね。

小田原　ウーン、「心のノート」というのは、学校が生徒の心の内面にまで介入することなのですが、生徒の親にしてもそういうことに対して反発を感じない人も多くなっていますでしょうねえ。

新崎　そうなんですよ。親も教員も。何の疑問も持たずに徳目を頭からたたき込むようなことをしています。まあそうでもしなければ、時間的に消化できないでしょう。いちいち疑問を持ったりしていては。学校の外の人はどう考えておられるか分かりませんが、とにかく学校は大変忙しい。次々に思いつきを文部科学省、教育委員会は学校に押しつけてきますから、何も考えずにそれをこなしているだけになってしまっているのです。その結果は、生徒の自主的な活動の時間を奪うことになっています。生徒会が主催する文化祭も以前は2日あったのに、今は1日になっていますし、なおかつ以前は生徒が企画してクラス単位で演劇をしたり、その他の発表をしたりしていたのですが、最近は合唱一本に絞られてしまっています。だから小学校から入ってきた生徒たちが、中学の文化祭に期待を持って来るのですが、しばしば中学の文化祭はつまんない、という声を耳にしますね。今私の勤務校で生徒が最も生き生きとしているのは、「3年生を送る会」でしょうかね。私は自分としてはこれを本当の卒業式だと位置づけています。卒業式そのものは、あれこれと制約が大きいのですが、この「送る会」は生徒の自主的な企画でするのですが、任せると色々な企画を考えて実に面白いのです。

小田原　こうして中学校の様子を伺っていると、気分が滅入ってきますが、今回の中教審の教育基本法の改革案にしても、表向きは教育の多様化をいい、生徒のニーズにあった教育を、とは言っているように思いますが、現実の学校はそういうものとはほど遠いようですね。自主・自立を尊重することでしかこどもたちの個性など伸ばせないでしょうに。

新崎　個性など伸ばそうなどと誰も考えていません。鋳型に流し込んで、国家の要請のままに成長し、黙って働き、ちょっと刺激的に言いますと黙って兵士になる青年の育成が公立中学校の任務分担ではないでしょうか。

小田原　公立中学校に「知」を求めることそれ自体が無理だと。

新崎　辛いことですが、そうでしょうね。教員は過酷な労働で疲れ果て、自分に施肥する時間もない。その結果生徒もまた過密スケジュールをこなすことで精一杯の状態にして何も考えさせない。何か考えたい、何か調べたいと思っても、学校にも地域の行政にも手段さえ用意されていない。これで「知」など求められても、というのが多くの教員の本音でしょう。だから、ちょっとよくできる子は私立の学校へ行ってしまうのです。

小田原　でも、私立の中学校など都会周辺にしかないじゃないですか。

新崎　そうです。ですから、私の言い方も投げやりな気分でではなく、現実の学校はこうなっているという事実をきちっと押さえた上で、学校を中から変えて行くしかないという意味で言っているのです。

小田原　具体的にはどういうことを考えておられますか。

新崎　一部はもう始めているのですが、とにかく教員の側で、学校と外の世界との壁を高くしてしまっているので、これを変えていこうとしています。積極的に父母、といってもほとんどお母さんたちですが、そういう市民と言いますか、学校周辺の人々との交流を強めたい。教員というのは、現在のように不況になると特にそうなのですが、何となく自分たちを知的な人間だと考えてしまっていますが、実際には高学歴社会の中で、教員の知的水準がそれほど高いわけではありません。学校を取り巻く人々の知恵を積極的に学校へ持ち込んでもらう必要があると考えています。

小田原　現実的にそれがどう可能であるのかよく分かりませんが､その必要性と意味については理解できます。父親の中にも様々な専門職の人がいるのですから、年間スケジュールが立ちさえすれば、年休を取ってでも協力してくれる人はいると思いますよ。

新崎　それと、さきほど言いましたが、学校という場も、一般の社会と同じく日本人だけの世界ではなくなりつつあります。この問題とどう取り組むかによって、生徒たちの世界を大きく広げられるように思います｡「日の丸・君が代」の強制にしても、日本人ではない生徒に対してどうして強制ができますか。国際性などということも、アメリカのこどもと文通するというのも一つの方法かもしれませんが、生徒の中に既にある国際性を無視したまま、遠い外国の人々との関係を学ぶのはおかしなものです。これも積極的に取り組んでみたいと考えている点です。

小田原　学校の教員世界に階層というより階級的な差を持ち込むことが上からなされ、また教員の側でもそれに応じて行こうとする傾向が強まっていることは知っているのですが、それでも生徒との教室の内外でのつき合いを大切にしたいと考えている教員もまだいるでしょうから、そういう人々と連携しつつ学校を中側から変えて行こうと考えておられることに希望を持ちたいと思います。

新崎　教育基本法改悪の問題が教員間で語られることはまったくないですし、中教審の答申の中身など最初におっしゃったように、もうとっくに学校では先取りされているのですが、だからこそ、教育基本法改悪反対の闘いは、特に私の勤務校のように組合員が2人などというところで運動化することなどできはしないのですから、学校の現実を変えていくことそれ自体が教育基本法改悪反対の闘いの中身だと考えています。

小田原　困難な闘いでしょうが、新崎さんも今更生き方を変えることもできないでしょうから、クビにならない範囲でご健闘ください。また色々な所でお目にかかります。今日は年度始めの忙しい折にありがとうございました。

３６１

・「日の丸・君が代NO　通信」45号（2003年7月31日）

教育基本法改悪がナンボノモンジャ！　打ち返せ現場から

教育基本法「改正＝改悪」反対という「立場」とは―「教育と国家・100年の総括」をめぐって

岡村達雄さんに聞く

（編集部より：今号、次号、2回に渡って、関西大学教員の岡村達雄さんのインタビューを掲載します。）

小田原　ご無沙汰しております。お書きになっているものについては気がつく限り読ませていただくようにはしているのですが、このところすっかり出不精になりまして、お目にかかるのは久しぶりです。岡村さんもご存じのように、わたしども「靖国・天皇制問題情報センター」では月刊で「日の丸・君が代NO！通信」というものを発行しています。ここで昨年から「教育基本法改悪がナンボノモンジャ！　打ち返せ現場から」というインタビュー・コーナーを作って、現場の教員にわたしが担当してインタビューをしているのですが、正直なところ2、3人の方を除いてあまり面白くありませんでした。今、学校現場が抱えている問題などについてはリアル且つ個性的に語っていただけて、いろいろ教えられることが多いのに、こと教育基本法の問題になると、とたんに紋切り型になって面白くない。面白くないという理由は二つあって、一つは、実は教育基本法について日常的に意識したことはほとんどなく、組合が「教育基本法改悪反対」と言っており、愛国心の涵養とか日本人意識の注入とかとにかく学校がとんでもないことになってしまうらしい、という反応が返ってきます。わたしにすれば、じゃあ今の学校はとんでもなくはないのですか、と切り返したくなるのですが、わたしのインタビューに応じてくださる教員は基本的に真面目にやっておられる方ばかりですから、それも気の毒です。日教組が発行している「教育基本法改悪反対」のリーフレットを見る限り、そこには学校の現状に対する反省など微塵もありません。面白くない理由のもう一つは、どなたも実に近代主義的教育観そのものだということです。『現代思想』が「教育基本法特集」を組んでいますが、これも、これが「現代思想」かと思うほど素朴過ぎる近代主義的立場からの批判です。

今日はぜひ、岡村さんからこの辺りのことについ存分にお語りいただきたいと願っています。まず最初に、日教組は現行教育基本法を金科玉条のように言っていますが、岡村さんは、今の教育基本法をどのようにお考えですか。その上で、岡村さんは「改正」という表現を用いておられますが、「改正」反対の考えをお聞かせいただければと願っています。

岡村　教育基本法も基本的には近代の教育法制ですから、そこに近代的な教育の原理が示されていると捉えるのが一般的です。学会でも60年代の終わり頃まではこれを金科玉条のように扱う人々がいましたが、我々の世代、60年代末に大学にいてあの闘争を経験した世代にとって、近代批判がいわば思想の核でしたから、教育基本法を普遍的な価値のあるものと捉えることそれ自体がおかしいと考えました。あれは近代的、ブルジョア的権利を規定している法体系であり、それ以上でも以下でもないものとして、批判の対象でした。もちろん、教育基本法が戦後教育において果たしてきた、そして現に果たしている役割については、それはそれとして認めなければならないとは考えています。こうした批判を受けて、と私は思っていますが、金科玉条論に立っていた人たちは、普遍妥当的なものではなく特殊歴史的なものだと見方を変えてきました。この認識の転換は自らの判断だというわけです。しかし、もともとは基本的人権の普遍性を憲法と繋げて理解し、教育基本法を準憲法的なものであるとして、憲法・教育基本法体制が基本的人権、主権在民、恒久平和主義という戦後的な価値を基礎づけしたのだから、これを現場で実践しなければならないとする主張だったのですよ。

　ではわれわれはどう主張したのかです。たとえば、教育基本法が規定する教育を受ける権利をすべてのものに保障するという、人権としての教育権の原則は、近代公教育の基本的な前提ですから、これは当然です。ところで、そこにある「能力に応じて」という規定は差別的・選別的な原理になりうるもので、現実の教育場面において能力主義と結びつく可能性をはらんでいることを見落としてはならないと指摘してきました。また、教育を受ける権利の保障に際して、それは「普通教育」を受けさせる義務を親と国家に課するものだとしたのです。ところが教育基本法と同じ日に公布された学校教育法では「普通教育を受けさせる義務」は「就学させる義務」と言い換えられます。普通教育を受ける権利の保障を現実化するためには、理念を主張するだけでなく、就学できる学校が現になければならないので、学校設置義務を行政に負わせたのです。そして、その学校における教育の内容については学校教育法で定め、教育基本法とは別個のレベルで規定されて、普通教育を受ける権利が学校教育法になると、設置した学校に就学させる義務があるということになっているのです。その時に、普通の小・中学校と盲・ろう・養護学校という学校の種別化が図られ、教育委員会は就学時検診で能力や障害に応じて「就学先の学校」を指定することで、別学＝セパレート・システムをつくり出したわけです。そういうことも、教育基本法それ自体の中に内包されており、能力主義もそこに繋がっています。北村小夜さんは、この点を鋭く突いて、それだけでも教育基本法はおかしいと主張しておられます。

　また、教育基本法は第6条で「学校は公の性質をもつ」としていますが、近代社会では教育、子育てはもともと「私事（わたくしごと）性」とされてきましたから、学校の公的性格の裏側には私的で市民的な原理、自分の子どもは親が教育するという「我が子主義」があって、その上で公教育が成り立っています。金科玉条論をいう人たちは、子どもの教育に対する親義務が公的に組織化されたもの、あるいは私事を共同化したものが公教育だというのですが、われわれからすれば、公教育とは19世紀に成立した国民国家における国民教育であり、国民国家における国民形成を目的としたいずれも国民統合と不可分一体だという認識があるわけです。資本主義生産、産業の必要性に応じた労働力養成という社会的・経済的・政治的要請によるものでもあって、親義務の共同化というレベルとは異なり、その教育、学校の公共性には国家および公権力が介在しており、組織化されコントロールされており、統治機能の一つとしての教育システムを捉えるべきではないかと批判してきました。教育基本法はそういう見方と接合した関係にあり、権力認識を欠いた親義務の共同化論といった金科玉条論、「称えられるべき諸理念」で総称すべきもの、そうした類の見方で済むようなものではないわけです。

また「教員の身分は尊重され」ると書いてありますが、これも戦前の国民学校令になって、それまでの「官吏待遇」から「天皇の官吏」とされた教員から、戦後、公務員としての教員へと身分が変えられ、「全体の奉仕者」性を一方の属性とされ、他方では近代的な専門性を基礎とする教員のあり方として位置づけされます。しかし「専門性」原理は、職の位階制、専門官僚制を呼び込むもので、近代の支配の原理ではないですか。専門性それ自体が批判対象とされてきたのもそういう意味からです。その点でも教育基本法が内包する近代主義が問題とされなければなりません。

それから、第10条の「教育は不当な支配に服することなく」ですが、これは教育基本法の最も大切な原理といわれてきました。しかし、教育の現実は戦後一貫して不当な支配の累積としてある、こう北村小夜さんは指摘されておられます。実は、あれは立てまえであって、教育基本法は「正当な支配」を前提にした上で「不当な支配」を問題にしているのです。それでは「不当な支配」ではない「正当な支配」とは何かというと、これは勅令主義に対して法治主義、法に基づく行政によって行われる教育のことになるわけで、そうすると教育基本法を基礎とする戦後の公教育は「正当な支配」の下において成立している教育であるということにしかならない。ところが公権力というのは常に「不当な公権力の行使」をするものではありませんか。確かに「不当な支配」の主体は誰かという場合、一般に戦前の軍部や財閥、国家神道による教育への干渉を問題にした上で、さらにここに官僚・行政も入れて考えるべきなのですが、文部省は一貫して、行政は「正当な支配の主体」であり、行政を「不当な支配」の主体に加えるのはおかしいという立場をとっています。例えば大日本帝国憲法下における1890（明治23）年に行政裁判法や訴願法が制定されましたが、あれは伊藤博文が公権力である行政権力が不当な行政処分とか行政行為をした時に、異議申し立てを体制内に回収する一定の救済装置、システムとして用意したものですよ。それが「支配の正統性」の証し立てとして機能しました。そう認識されたのです。不当な支配がなされた時、民衆の抵抗を回収する回路として行政裁判が制度化されます。それこそ不当な支配を正当な支配の中に包摂していく装置ですから。だから教育基本法が制定する「不当な支配に服することなく」というのは当然かもしれないけれど、とにかく「不当な支配」そのものが国民国家・近代国家における支配の常道、一環としてあると見なければならないと考えています。大方の意見は、あの条項があるから文部省に対して批判ができたし、教育委員会の不当なあり方を批判する根拠となり得たというのです。私もそれに異存はないです。しかし教育基本法を一つの歴史性を帯びた法制と見るならば、あの10条にしても国家統治の全体的な構造の中に位置づけられており、個々の条文についていろいろ解釈がありますけれど、基本的には教育基本法というのは近代の国民国家・近代国家の下における公教育の法制そのものなのです。私は教育基本法は以上述べてきた観点から批判的に克服していく対象であると考えています。

「改正」とか「改悪」とかいわれる事態になっている現状のもとで、歴史的課題としての〈改革〉あるいは〈廃止〉をタブー視することなく、国家の「改正」論とは異なり、〈改正〉〈変革〉の方途を模索しなければならないという発言は、状況を無視したタメにするものだと、体制に利用されるリスクを抱えた主張だと受け取られる向きもあるでしょう。しかし、私は教育基本法の諸原理を克服していくことが、依然として歴史的課題であると認識した上で、教育基本法をどう考えるかという立て方をしていかなければならないと思っています。戦後半世紀を経たグローバル化という教育現実において、差別・抑圧、学力競争、能力主義、「日の丸・君が代」強制による良心の自由の圧殺、教育における戦争責任の不履行、「新自由主義観」による歴史教科書記述の歪曲問題、愛国心教育などがつぎつぎと起きてくる根源には、グローバル化された資本主義社会あるいは日本の産業経済社会が胚胎し、そこから生み出される諸矛盾があって、そこに根ざしているこどもあるでしょう。そういう現実を生み出し、また、それを法制的枠組みに支えてきた教育基本法の原理としての「国民教育」は、グローバル化とナショナリズムの相剋、葛藤、対立の磁場でもあって、こうした事態の進展と無関係ではないとする見方をしなければならないと考えているのです。

小田原　よくわかります。同じようなことですが、反天皇制運動にかかわって生じてきています。憲法の第1章が天皇条項であることがどうしても許せないのですが、「改憲」勢力が力を強くしている状況下で、天皇条項の故に憲法そのものを批判するのは控えましょうという雰囲気が醸成され、いつの間にかかつての新左翼の諸君までもが「護憲」勢力の一翼になってしまっています。教育基本法も同じことですね。だから常に批判の言葉を発しておかないと、相手の出方によって対応を変えているうちにどんどん後退することになってしまう。

岡村　そうですよ。だから私は去年の暮れから今年にかけてこの問題について意識して積極的に発言するようにしています。2月の奈良での日教組教研の際の、日教組とは別枠の集まり、北村小夜さんから誘われたのですが、そこへも行って教育基本法問題に触れて発言すると、何となく場にそぐわない感じがするのです。そもそも教育基本法「改悪」ということに違和感があります。もともと歴史的に特殊な制約を持った法体系ですから、それはそういうものとして扱うべきで、「改悪」というと、善きものが悪くなる、どうしても金科玉条論に陥る危険性を持ってしまうのです。

（次号に続く）

362 岡村達雄さんに聞く（続）

・「日の丸・君が代NO!通信」46号（2003年8月29日）

小田原　なるほど。ただ私どもで発行している「日の丸・君が代NO!通信」は、読者の多数が教員で、日教組の中に残っておられる教員は本当に苦労をしているようですから、その人々への応援もあって「改悪」という表現を採用していますが、岡村さんがおっしゃることはよくわかります。それにしても岡村さんがご指摘になっているような問題に対する認識は日教組中枢の者たちには皆無ですね。どうしてこんなことになってしまったのでしょうか。知の水準で絶望的な気分にさせられます。もちろん運動としても、とても本気で彼らがいうところの教育基本法「改悪」に立ち向かおうとしているとはとても思えませんし。現場の教員も「日の丸・君が代」問題なら目の前でそれを強行されるのですから、ほとんどの教員はもう唯々諾々と容認してしまっているのですが、それでもまだごく少数の人が抵抗していますが、教育基本法問題となると学校現場で管理職とどうこうするレベルの問題ではありませんから、日教組が総体として反対運動をするしかないのですが、断言しますが、日教組はそういうことをしないでしょう。従って、来年秋の臨時国会あたりで決着をつけられることになるでしょう。運動のことはともかくとして、どうして教育基本法そのものへの批判の言葉を日教組は持ち得ないのか、岡村さんはどうお考えですか。

岡村　それを象徴する問題は、やはり教育基本法第1条にあると考えています。「（教育の目的）教育は、人格の完成をめざし、平和的な国家及び社会の形成者として、真理と正義を愛し、個人の価値を尊び、勤労と責任を重んじ、自主的精神に充ちた心身ともに健康な国民の育成を期して行われなければならない」という例の有名な規定です。私の認識と捉え方が正しいかどうか、それは置いておくとして、現に問題になっているのは、昨年11月の終わりに中教審の中間報告がありましたね。あの時に、臨時委員の市川昭午さんという方がいらして、この方は私と同じ学会で、70歳を過ぎておられ、教育行政研究の専門家です。彼がある雑誌で対談をしていて、相手は副会長の木村猛という人です。その中で市川さんは、中間報告までほとんどまともな論議がなかったとか、官僚が作った作文の追認でしかなかったなどと言っているのですが、重要なのは、改正される教育基本法の中に新しい徳目を入れるのには反対であると明言しているのです。それに対して副会長の木村さんは市川さんに反対であると言っています。これだけ見ると委員会の中に対立があるようですが、市川さんが何を言いたいのかというと、基本的には今回の教育基本法の審議と改正に向けてのプロセスの中で、市川さんは近代主義者ですから、その立場から、明治の帝国憲法制定と教育勅語を渙発《かんぱつ》する際の論議をふり返ってみると、井上毅が山県有朋に対して何を言ったか、法は人びとの行為を律するものだが、心を律するものではない、大日本帝国憲法という「法」においてではなく、「徳目」のような価値規範は勅令である教育勅語において明定すべきであると言った。自分は、今回の「改正」において、法は人々の心を律するものではないという立場から、教育基本法は第1条「教育の目的」において既に「価値」に関わってしまっているが、さらに「改正」によって新しい「徳目」を加えるのには反対である、と言っています。これは近代主義者として当然のことです。私はね、これを読んだ時に、彼は自分の役割を十分に自覚しているなと思ったんですよ。しかし、これをもっと読み込むとどういうことになるかというと、今回の教育基本法の見直しを諮問した時に、現在の遠山文科大臣は諮問事項の中にそれとなく「徳目」という言葉を滑り込ませ、それを使っているのです。これは、第1条について「徳目」の使い初めです。教育基本法＝金科玉条論の人たちも第1条については、教育の根本理念を定めたものであって、道徳教育とかの基準になるようなものでなく、ましてや「徳目」と見なしてきたとはいえません。ところが今回は徳目なのです。徳目論となると、徳目を法で規定するのはおかしいという市川さんの論は正論です。今回、突然、徳目などと言い始めたのです。もともと55年～56年にかけて道徳教育が問題になった時に、これは戦前の修身の復活であるという論議があって、戦前の道徳主義的・修身的教育を徳目主義であると批判してきた戦後教育の経緯があるのです。ですから、今回の「改正」の目的には第1条の「人格の完成」とか「平和的な国家及び社会の形成」とか「真理と正義を愛す」とか「勤労と責任」とかと挙げられているものを徳目として位置づけようとする意図があるのです。これに「国を愛する」という徳目を加えようとしているのです。今回の「改正」の最も大きな問題のひとつはここにあると考えています。国家が改めて国家的価値を定め、個人の内面に踏み込み、それを法によって強制しようとしているということなのです。ところが考えてみると、教育基本法が46～47年にかけて制定される過程で、すでに、この論議はあったのです。要するに第1条で、教育の目的を法によって規定することはおかしいと主張する人々があったのです。田中耕太郎は教育刷新委員会の審議の中で、彼はクリスチャンという立場もあったのでしょうが、もともと国家が教育の価値を法によって定めるというのは馴染まないし、あってはならないと主張しているのです。だから、教育基本法において教育の目的を定めることには反対であると発言しているのです。それは彼だけでなく、複数の人が言っているのです。それに対して務台理作などを代表とする当時の近代主義的な良識を代表する人々が、確かに法が価値を規定することは問題であるが、しかし、戦前の天皇制教育勅語体制下の国民支配と思想・信条の自由、良心の自由を否定した天皇制支配のあり方を払拭し、天皇制教育勅語体制を克服していくためには、新たな価値を国家が示さなければならないと、確かに本来は、法は教育の目的と価値にかかわってはならないのだが、戦後の改革は民主的な改革であるから、その改革の方向を示すために、あえて第1条に「教育の目的」を掲げることを認めざるを得ないと主張しました。そして憲法が制定された段階で文部大臣として田中耕太郎もやむなく教育基本法第1条に「教育の目的」を定めることに賛成したという経緯があるのです。

　国家による価値規範の法定は、近代原則からの「逸脱」だとする明確な自覚のもとに、この「逸脱」をもって、戦後公教育の「原則」としたわけです。この意味で、戦後民主教育は、その第一歩から「逸脱」体制と共犯関係にあったわけです。従って、戦後教育は一貫して法と内心の自由との分離を原則とするという近代主義に立脚しながら、現実的には法が価値を規定して統治するということを認めてきた教育体制の歴史として展開されてきたのです。だから１９５０年にはもう天野貞祐が「愛国心」などと言い出し、55年には道徳教育が登場し、66年には「期待される人間像」となるのです。「期待される人間像」は文章になって今も残っているのです。おかしいと言われながらもこうした動きが進められてきた。これは教育基本法によって、法と価値、法と内面・良心の自由との関係を曖昧にしてしまっているという土俵が作られたからではないか。この「逸脱」こそ、戦後教育の最大の「不当な支配」というべきである。そう問うてみるべきでありながら、われわれも含めてそれを問題化するというか、おかしいという主張を大きな声にすることができなかった。こういうことを言うと、岡村こそ近代の法と価値との関係についての予定調和論に立っているのではないか。良心・信教の自由を確保するのは、侵害に対する闘いをおいてない。価値規範の法定はないに越したことはないが、それがあったとしても内心の自由は常に権力の恣意に晒されているのだ。近代の原則に依拠して近代批判はできない。「徳目」の法定批判を、近代主義を越えた地平において問うのでなければならない。そうでなければ、それ自身が近代主義ではないかという批判が返ってくるでしょう。しかし、現実の体制が近代主義といいながら近代主義を「逸脱」している限り、先ずは近代原則の構成原理にしたがって「逸脱」批判をすること、同時に近代主義批判において、個人の内心・良心の自由への介入は、いかなる国家や権力によっても正当化されないという立場を貫くほかないではないですか。もちろん、諸個人は、日常的に内面世界を不可視のもろもろの権力によって浸潤されており、それは自律した個人が、実際には様々な関係世界に依存し、せざるを得ない存在だということと重なります。学校における日の丸・君が代の強制もまさにこの視点から批判すべきだと私は考えています。これは近代の原理から言っているのではないと思っているのですが、小田原さんどうですか。この点については。

小田原　さあ、難しい問題ですが、別の例を挙げると、私は靖国神社の問題に関して、人の死に国家は関与してはならない、宗教の立場に身を置いている私が言うのもちょっと難しい点もあるのですが、宗教も人の死に関与するな、と言っています。人の死は、直接的にその死によって胸に痛みを覚える者だけが抱きしめていればいいのであって、それ以上のことを考えると靖国神社に代表される「二重祭祀」などと死そのものの政治化が始まってしまうと考えています。これは近代主義などとは別な原理からであると考えているのですが。

岡村　そうですよね、近代以前のもっと汎通的な、普遍的というのもおかしいのですが、うまく言い表せないのですが、内面の自由への国家の関与・介入を排除するという主張の根拠をどこに置くか大変難しいところです。

小田原　近代以前の基本的人権などと言い出すと、これがまた近代主義そのものですからねえ。

岡村　近代を批判しながら近代の論理を用いるという愚に陥ることになりかねないのです。

小田原　キリスト教の者ですから、「聖書」といわれる本の中の話になりますが、それもかなり大雑把な話ですが、イエスという人の思想には諸個人の自立への促しが基底にあるように考えています。社会的な疎外からの解放にしても、その前提に他者が介入することを拒絶する個人の領域の確立を通してそれを実現しようとする思想という風に言ってもいいのかもしれません。

岡村　諸個人の実存は尊ばれなければならないということですかね。国家があろうがなかろうが、人間として、と言うとまた近代の論理と言われかねませんが、とにかく人として他人の介在を認めないような部分は残るということでしょうかねえ。これは社会主義だろうとこれまで誰も考えたことのない社会体制だろうとそういう領域はあると思います。従って、国家が法的にそうした個人の生き方の価値にかかわる領域のことを定めたりすることはいけないことであるとするなら、戦後の教育基本法はそれ自体が問われて当然のことであるのに、それがなされないまま、「改悪」反対と言ってみても、問題の本質を抉ることにはならないと思うのです。

小田原　大分、長くお話を伺わせていただいています。これまでのお話から岡村さんが教育基本法「改正」に反対される立場もおのずから明らかになってはいるのですが、改めて、思いつかれるままで結構なのです、「反対」の理由を挙げていただけますか。

岡村　そうですね。箇条書き的に思いつくままに言ってみます。

第1に、「改正」手続きがまったく「不当」「違法」であり、法に従った行政の在り方を無視している点は認めがたいので反対である。

第2に、教育基本法そのものが、戦後教育の支配的現実、すなわち、能力主義、差別・選別、自由の抑圧などの現実を作り出してきたことに無縁ではなく、それらは近代公教育法制としての教育基本法の原理・原則に由来するところがあり、教育現実の批判は教育基本法の再審、その枠組みの克服、変革の対象でもありますが、今回の「改正」は、私たちが自らの歴史的課題として教育基本法体制を変革していく可能性をいっそう困難にせしめ、奪うものであるという意味で反対です。

第3に、教育基本法は憲法と不可分です。憲法・教育基本法体制と言われてきた教育体制は、天皇（天皇制）の戦争責任を免責した上で成り立ってきました。「改正」が免責の正当性を最終的に完成させる意図のもとで目指されている限り、それには反対です。

第4に、「改正」は、第1条の教育目的に、新たな「徳目」として「国を愛す」ことなどを加えるとしている。もともと、法が心のあり方を定めるのは、近代における国家と個人の関係をめぐる原則を逸脱している。この「逸脱」は、すでに教育基本法の制定時に明確に自覚されていた。この点で、教育基本法はこの「歴史的負性」を当初から担っていたのである。この「負性」＝教育目的の法定が、天皇制教育勅語体制からの払拭を意図し、民主的改革のための啓蒙的必要から是認されたものであったにせよ、肯定されてよいわけではない。その「法定」は、まずもって国と個人、法と内心に対する近代原則の観点と立場から認められない。しかし、より根源的には、個人の心のありよう、内心の世界および良心形成において、公権力、国家が干渉し、強制をもって他者が支配的に振る舞うことがあってよいわけではない。今回の「改正」は、その「逸脱」を前提にして、よりいっそう、国家主義的価値を「徳目」として教育の指導原理とするものである。「法と心」の新しい関係構築＝「新体制」の確立にほかならない。私は、こうした「逸脱」をさらに強化していくものとして「改正」に反対です。

第5に、教育基本法は人権としての教育を保障する法体系として、教育の機会均等化、教育の普及に貢献してきたことは事実である。しかし、この教育の「普及」は、教育の私事性に根ざす教育現実の矛盾を伴うだけでなく、教育の公共性の名の下に公的支配によって進められてきました。「改正」は、「私事性」に発する競争原理、市場主義、規制緩和、民営化などを進展させる一方、歴史、文化などの「尊重」を説くナショナリズムによる新たな国民統合をとおして、グローバル化に対応しようとしている。「改正」は憲法のそれとともに、私たちが利己的な個人主義、敵対的利害対立の温床たる「私事性」に代えて寛容さを備えた多元的価値社会の共同的な関係へ、国家的価値に求心化するナショナリズムに対して、国家と社会のあらゆる次元で越境する自由の境域の創造へ向かう試みに対立する。それゆえに、「改正」に反対です。

第6に、「改正」に対する「改悪」反対の立場は、教育基本法を擁護する立場を含んでいる。今日、教育基本法の諸原則、理念、価値に依拠して、「改正」戦略に対応する立場とするだけでは、十分ではない。教育基本法を歴史的に相対化し、批判的対象と認識しうる立場において、「改正」戦略に対峙して行くことが必要ではないだろうか。

第7に、戦後教育の現実は繰り返されてきた「不当な支配」の所産、産物であり、「心のノート」は「違法かつ不当な支配」を実効化する新たな国家戦略であり、「改正」とセットになっている。こうした「不当な支配」「逸脱」を正当化するものとして「改正」を捉える必要があり、この意味で、「改正」に反対する。ざっとこんな立場でしょうか。

小田原　なるほど。とすると全体として今回の岡村さんが言われる「改正」を日本近代史の中に置いてみると、繰り返しになりますが、最後のまとめとして伺いたいのですが、どういうことになりますか。

岡村　1889年、1890年の大日本帝国憲法と教育勅語の関係において問題になった、国家の価値と教育の目的、あるいは法と内心の自由との関係を、民主的に否定するような形でなされたと思える1947年、1948年の憲法と教育基本法との関係は、井上毅が問題にしたことを「民主的・啓蒙的」な形で実現してしまったのです。繰り返しになりますが、「逸脱」への共犯体制、「逸脱」連合が戦後教育の歴史の隠れた「主体」であったと言えます。そして今回の「改正」は、戦後60年経って、すでに教育基本法体制下で着々と実現してきたのですが、これを飛躍的に押し進め、「国を愛する」とか「郷土を愛する」といった「徳目」を国家主義的に国家の価値を全面化させて、法と内心の自由との新しい関係を、国家を中心としてというか、国家を円の中心として作り上げようとする試みということになるでしょう。私はこれは、「日本近代教育100年の総括」として国家の側は強行しようとしていると考えています。だから「改悪」だから反対などということに済ませず、国家と教育との関係の根本にかかわる支配と歴史の現在を洞察し、国家と教育の「新体制」に対峙しうる全重量をかけて、われわれに問われていることを認識し、そういう立場から議論を深めなければならないと思っております。

小田原　どうもありがとうございました。お休みの日に長時間を割いてくださったことを感謝します。このインタビューは「日の丸・君が代ＮＯ！通信」に掲載するのですが、読者の中の教員だけでなく、教育に関心を寄せておられる多くの人々がこれを読んでくださり、来年が最後の勝負の時になるのでしょうが、すでに始まっている教育基本法「改正＝改悪」をめぐる攻防のために、熟読し、討論に生かしてくださればと願います。岡村さんにはこれからもいろいろと学ばせていただかなければならないことが多いのですが、どうぞおからだを大切になさってください。

（＊校正段階で、論中で言及した市川昭午氏より新刊『教育基本法を考える』［教育開発研究所刊］が送られてきた。同氏の言説については拙論「教育基本法「改正」とグローバル化の中の国家主義」『インパクション』１３５号収載で論及している。関心のある方は、このインタビューの文脈を踏まえて参考にされたい）。

・「日の丸・君が代ＮＯ！通信」47号（２００３年9月30日）

教育基本法改悪がナンボノモンジャ！打ち返せ現場から
現行教育基本法は「能力主義」を前提にしています。――北村小夜さんに聞く

小田原　「日の丸・君が代ＮＯ！通信」では2回にわたって関西大学の岡村達雄さんに、現行教育基本法の持つ問題点と、改訂されようとしている中教審が出している案、というより、文科大臣の諮問の理由書そのままを答申案にしているだけのことでしかないのですが、ともかくそういう改訂案に対する総論的批判を伺いました。そこで、次には北村小夜さんに、これまで何度も問題にされてきました現行教育基本法第3条の「すべて国民は、ひとしく、その能力に応ずる教育を受ける機会を与えられなければならないものであって、人種・信条・性別・社会的身分・経済的地位又は門地によって、教育上差別されない」という、さらっと読み過ごせば何となく美しい条文が持つ問題性について伺って、「教育基本法改悪反対」運動に資するものにしたいと願っています。読者は決して「教育」に

ついて日常的に考えている人というわけではありませんので、できるだけ日常の言葉でお話しいただけると助かります。

北村　こどもの「能力」というのは本当にむずかしいのよね。いろんな意味でこどもには能力があるわけでしょ。今問題にしているのは学校という場で点数で評価される「学力」という限定された能力だけのことなんですよ。でもそれも、あれこれこどもの能力について語る側の者は、学校という場で決して「能力が低い」と判断されていた者ではないという前提がまずあります。そこのところを押さえておかないと問題がずれてしまいます。

小田原　それはそうですね。

北村　いくつかの点についてお話ししたいのですが、まず最初に、教基法第3条が能力主義を促進する例を一つ挙げてみます。時事通信社が発行している「内外教育」という小雑誌の第5413号（03／8／29発行）に住友生命顧問の糟谷正彦という人が「レトリックからの脱皮」という短い中教審答申批判の文章を寄せていて、3条を引用して、中等教育の多様化を一層推進しなければならないと書いています。この場合の「多様化」は明らかに「能力に応ずる教育」の推進＝教育の多様化、すなわち、できる子にはできる教育を、ということでしょうね。

小田原　これまでも学校という場は十分こどもたちの差別・選別のための国家機関の末端だと思ってきましたが、それでも建前としてすべてのこどもを受け入れる（事実がそうでないことは後ほどうかがいますが）ことを前提にして成り立ってきましたが、今後は学校を制度的にそれをするところにしていこうということのようですね。

北村　企業の側はそれを望んでいるということです。

小田原　こういう資本の要請が中教審答申にも当然反映しているのでしょうが、しかしどうなのでしょう、将来そういうことになるというのではなく、現在既に学校はそうなってしまっているのではないでしょうか。

北村　そりゃあそうですよ、学校という場はそもそもの成り立ちからそういうところですもの。ご存じのとおり、教員たちの一部はこれまでの歴史の中で教員の児童―生徒に対する評価権について様々な試みをして評価権を当然とする考え方に抵抗をしてきましたが、ことごとく敗北してきたと言って過言ではありません。

文科省だけが評価権の放棄を許さないというのではなく、保護者＝親が評価することを望むし、当のこども自身も学校から評価がなくなったらとまどってしまうでしょう。いい成績を取れば親の機嫌はいいし、また頑張るのよ、と励まして、こどもはまた激励を背に努力して立身出世をするというように社会全体がなっているのですから。

小田原　でも実はそれがこども自身をしばって、学校をつまらなくしてしまっているのですが、そこのところを問題にしだすと学校の存在自体を問わざるを得なくなりますからねえ。

北村　そうですよねえ。第3条をわたしが問題にし始めた時、ほとんど無視されましたもの。今でも大方の共感を得ているとはとても言えません。先ほど、3条の第一項を言われましたが、第二項には「国及び地方公共団体は、能力があるにもかかわらず、経済的理由によって修学困難な者に対して、奨学の方法を講じなければならない」とあります。要するに、能力以外ではは差別してはならない、即ち能力で差別するのはかまわない、ということではありませんか。

小田原　その能力主義というのが、学校では具体的にどのような形で現れていますか。

北村　最も端的に現れているのは「特殊教育」でしょう。誰の目にもはっきりしていますから。わたしたちはこれまで〝共に学ぶ〟ということを主張してきましたが、それはすべてのこどもが満点を取らなければならないということではありませんでした。良い点数をとれない子を同じ教室に置くことを無駄だと考えたり、逆にそういう子自身がみんなと同じ教室にいるのは辛いだろうと考えたりするのは間違いです。すべてのこどもが、その子なりの分かり方や分からなさがあるのであって、点数が取れないことを理由に、その学習の雰囲気に浸ることさえ許さないというのは、「能力」による差別です。「習熟度学習」という言葉をご存じでしょう。最近もてはやされている学習法で、いかにもそれぞれの子に配慮しているかのようです。具体的にいいますと、ある小学校では、算数の「能力」でクラスを分けることをためらい、まず全員が同じ教室で勉強し始めます。課題を終えた子が次の教室に行く。次の教室には新しい課題と別な教員が待っている。そこでできればまた次の教室に行って別の課題に挑戦します。どの教室でも教員は分かるまで丁寧に付き合います。この方法でやればできる子も足踏みせずに済み、できない子も遊ばせないで済むと学校側は言います。なかなかいい方法のように思われます。ところでこの方法には決定的な誤りがありますが、それはどこでしょう。仲間が次々に別の教室へ移って行くのに、最初から最後まではじめの教室に残らざるをえない子のせつなさがまったく考えられていない点です。やっぱり「能力主義」による選別・排除であって、それを少しスマートにやってみせているだけです。

小田原　なるほど。ところで、教育基本法第3条の「能力に応ずる」の能力はテストの成績や偏差値などではなく、一人ひとりのこどもの成長の仕方に応じて必要な教育を保障することだという説がありますが、これについてはいかがでしょう。

北村　それがこの頃ではほぼ定説化しています。しかし残念ながら、その説に拠って裁判所を納得させたり、文科省を説得して政策を変更させるということは一度も成功していません。それどころか、その考え方が「普通学級の教育効果をあげるために必要な特殊教育」という形で利用されてしまっているのが現状です。

小田原　うーん、結論になってしまうのですが、「進歩」＝善という考え方そのものを捨ててしまわない限りどこまでもこの問題に出口はないようですねえ。もうすっかり言い古されたことではありますが。

北村　そうなんですよ。だから、現行教育基本法に「基づいて」といわれている今の「教育」がこれほどひどいのに、更に「能力主義」を先鋭的にすると言われたのでは、やはりそれはそれで反対というしかない、という程度のことなんですよ。今の学校の在り方自体を問わないで、「教育基本法改悪反対」というのでは説得力はまったくありません。学校は変だ、と多くの人は思っていますよ。

小田原　そりゃあそうですよ。わたし自身、かつては学校へ行っているこどもを持っていたのですが、学校に対しては言いたいことが山ほどありましたし、こどもには、特に義務教育の期間は、学校は徴兵制と同じで、逃げようがないのだからとにかくその期間を我慢するしかないと、よく冗談半分で言っていました。その学校が今よりもっと「能力主義」を先鋭化させるとおっしゃるのは、具体的にはどういうことでしょう。

北村　ご存じでしょうが、現在の学習指導要領の基を作った教育課程審議会会長の三浦朱門は、「できん者はできんまんまで結構。戦後50年、落ちこぼれの底辺を上げることばかりに注いできた労力を、できる者を限りなく伸ばすことに振り向ける。１００人に一人でい い、やがて彼らが国を引っ張っていきます。限りなくできない非才、無才には、せめて実直な精神だけを養っておいてもらえばいいんです」と放言していますし、教育改革国民会議座長だった江崎玲於奈は、―小渕首相時代の私的諮問機関であった教育改革国民会議が今回の中教審答申の骨格を作ったのですが―この人は、「ある種の能力が備わっていない者が、いくらやってもねえ。いずれは就学時に遺伝子検査を行い、それぞれの子供の遺伝情報に見合った教育をしていく形になっていきますよ」とまで言っています。もうここまで来ると「能力主義」などというより「優生思想」ですよ。こんな考え方が学校に持ち込まれてしまうのは我慢できません。でも、ではこういう考え方を現在の学校現場は根底的に批判できる質を持っているのかとなると、それもまたあやういものです。

小田原　その通りです。伺いたいことは尽きないのですが、紙面の都合もありますのでそろそろ終わりにしなければならないのですが、北村さんも同意してくださると思いますが、わたしは教育基本法については10条（教育は、不当な支配に服することなく、国民全体に対し直接に責任を負って行われるべきものである）だけを取り上げて、守るべき大切なものであるという考え方は、ちょうど憲法の第1章に目をつぶって9条だけをもてはやすのと同じ姿勢で、まったくナンセンスであると考えています。教育基本法については改悪反対ではなく、初めからない方がいいと思っています。でもそんなことを突然言い出してもどうにもならないでしょうから、北村さんが教育基本法第3条がこうであればまあ許せるか、というような案がございましたらそれを教えていただいてインタビューを終わらせていただきます。

北村　そうですね。国家が教育基本法を作れば、それがどういうものであれ「国家戦略としての教育」にしかなりませんから、わたしもない方がいいと考えています。でもまあ、それでもどういうものであればということであれば、「第3条（教育の機会均等）すべて国民は、ひとしく、教育を受ける機会を与えられなければならないものであって、人種、信条、性別、社会的身分、経済的地位又は門地によって教育上差別されない。２　国及び地方公共団体は経済的理由によって修学困難な者に対して奨学の方法を講じなければならない」という、要するに現行教育基本法から「能力」を排除すればいい、ということと「性別」による差別は許されないという内容を強く盛り込むことでしょうか。

小田原　ありがとうございます。どうぞいつまでもお元気でいろいろとお教えください。

３６４

・「日の丸・君が代ＮＯ！通信」48号（２００３年10月31日）

教育基本法改悪がナンボノモンジャ！ 打ち返せ現場から 神奈川の定時制・通信制高校の今

駒崎さん、小宮山さん、井上さんに聞く

小田原　教育基本法改悪の動きに対して定時制・通信制の現場におられる教員のみなさんからお話しをうかがいたいと思ってはいるのですが、それにしても現在の定時制―通信制がどういう状態であるのか、その中でみなさんは何を考えておられるのかをうかがえば、それ自体が教育基本法改悪案への痛烈なアンチになるだろうと考えていますので、まずその辺りからうかがわせていただきます。現在、定時制・通信制の生徒数は増えているのですか、それとも減っているのですか。

井上　定時制に来たくて来ている子は、小・中のどこかの段階で減っていて、県立と市立の計画進学率の関係の中であぶれた子が定時制に来ているから、増えているか減っているかというのは、何とも言いようがなく、大人の都合で決定されているだけです。

駒崎　だから総計の数なんか問題にならないですよ。通信だって行きたくて行っているわけじゃないもの。

井上　仮に全日制が全入になれば数が減るかもしれないけれど、でも、転編入が増大している観点からすると、それもどうかな。つまり高校入学の時点で振り分けられるだけでなく、定時制も通信制も全日制でドロップアウトした子が多数やって来ていますから。

小田原　最近の傾向として、そもそも全日制であれ定時制であれ、毎日学校へ行くというスタイルを拒否して、中学からまっすぐ通信制へという子が増えていませんか。

井上　それは主に東京の傾向でしょう。東京はメディアの関係もあって情報が進路を決定させるという傾向が出ているんではないですかね。神奈川ではまだそういうところにまでは行っていないようです。

小田原　この頃では、同一教育資本が通信制高校とそれのためのサポート校の両方を持っていて、親からの教育費の収奪も激しくなっています。

井上　親の足下を見ているんですよね。通信制で昼間家でブラブラされるよりも、昼間サポート校へ行ってくれている方が体裁がいいということでしょう。

駒崎　実は我が子も通信制高校へ行っているんだけれど、この頃ではサポート校が通信制高校の品定めをして、サポート校の中で試験をして、成績のいい子はあの通信、良くない子はこの通信へと勧めているらしい。自分もかつて通信制で働いていたから、生徒に課すレポートを比較して見たりしたけれど、かなり寂しいレポートもあるものね。だけどどうなんだろうね。力を入れたレポートを課している教員というのは、生徒からは歓迎されていないんじゃないかな。だってもともと教育されたくない、と思ってる子が大半ですよ、通信には。通信を経験して現在定時制にいるのだけれど、その経験からすると、頭からではなく、生徒の現実が教員を変えてくれますよ。通信では入学式の時にしか顔を合わせないわけだから、「日の丸・君が代」問題にしても、そもそも入学式の時だけの問題ですからね。定時ではそもそも生徒が儀式そのものを成り立たせないようにワンチャカワンチャカやっているわけだから。厳粛もクソもなくて、みんな宴会みたいに盛り上がっているわけだから。「日の丸・君が代」に替わる内心の管理という問題は次に残っているのだけれど、とりあえず教育されることの一切を拒否するという姿勢は顕著です。「日の丸・君が代」も含めて。僕らも全日制から通信や定時へ移動した時には、焦りましたよ。教員稼業の垢かもしれないけれど、「教育欲」みたいなものが残っていて、こりゃなんとかしなければと焦ったものですよ。でもね通信は形態として教員の「教育欲」をつぶしますし、定時は形態としてではなく、生徒の実態が「教育欲」をつぶしてくれます。普通の学校っぽいことは拒否しますから。いらん、そんなもの、という具合ですよ。もちろんしっかりやりたいと考えている子もいるんですよ。2～3割程度は。

その子たちは進学のための技術を習得する勉強というより、学ぶことそれ自体を求めている。そういう子もいるけれども、多くは教育されることを拒絶している、定時に入る前から。そうすると教員の側は両方の子を一つの教室で前にして立ち往生するしかないわけですよ。

井上　僕は通信で、今年1年生を担当しているのだけれど、小学校1年くらいから学校に行っていない子の方が学習意欲が高いみたい。全体的傾向としてね。

駒崎　そういうのはあるわな。学校って学習意欲を削ぎ落とすところなんだよな。長く行けば行くほど。

小宮山　駒さんが最初に言った、教えてくれるな、教育されることを拒否するというタイプの子は、中学までどちらかというとおとなしい子が多いような気がするね。小・中と学校に行っていて、かれらは常にできる・できないの波にもまれているわけだから、できないということは敏感すぎるくらい自分自身が一番自覚しているのに、更に大人の側、教員と親だけれど、それが寄ってたかって「お前はできない」と突きつけるわけだから、もうわかっているよ、オレはできないんだよ、もういいんだよ、と当然そうなってきますよね。だから、一人一人に応じるきめ細かい教育なんて言われ教員がその気になってもね、生徒の方は「おまえなんかにゃ、応じてなんて欲しくねえんだよ！」と小学生の頃はわからないけど、高校生くらいになるとそういうのが出てきますよね。

井上　この頃定時ではシラバスというのをやっていない？　各教科で全部評価基準を生徒や保護者に明らかにして、なんであなたは5段階評価の3だったのかという説明責任を果たすというか、早く言えば授業の企画書みたいなのを出させているんですよ。

駒崎　井上さんの言うそれって、インフォームドコンセントみたいだけれど、学年なり学期のはじめにそれを出させるんじゃあ、実質的には管理の強化じゃないか。教員の管理はもちろんだけど、学習する側というか、サービスを受ける側への内容的な管理にもなっているよね。

井上　その通りです。こちら側の評価を正当化する基準を先に作ってしまうわけだから、保護者への説明責任という言い方をしながら管理をしている。

小宮山　養護学校は既にそれに近いことを教員にやらせているんじゃないかな。ボクが定時制に転勤してきた

90年代のはじめ頃、個人教育課程とか計画だとか盛んに論議していたものなあ。教師の評価ではないんだけれど、最近は生徒の評価や指導にＬＤとか高機能自閉症とかアスペルガーとかの学習指導プログラムが随分活用されているようなんだけど、特別支援教育なんて新たに「障害児・者」がつくられるって気がするんだよね。どちらにしても学校にいると文科省は次々にあやれこうやれと言ってくるんだけれど、生徒の実態や要求に沿ったものではないので本気で教員が生徒の要求に寄り添っていく気ならどれもどうってことないんだけどね。

駒崎　もともと先取り化するというかかすめ取られているんだよすべてが。これをやっていることが子どもにとって、生徒にとって何なのかということを我々が考えて、親と一緒にやっていかなければならなかったし、やってきていれば文科省からあれこれ管理の強化を伴う指示を出されることはなかったんだよな。そんな例はたくさんあるよね。教員の側が決定的に出遅れているんだよな。

井上　僕は暗い面ばかり見過ぎるのかもしれないけれど、例えば「人権」という言葉にしても、生徒や親やそして教員を管理するための概念になりさがってしまっている感じがするんですよ。生徒個人の問題に立ち入り過ぎるのは、その生徒の人権を侵害するのではないか、という発想がすぐ学校では出てくるんだもの。

駒崎　井上さんは解放教育にかかわっているからそういう点に敏感なんだな。早い話が、ハンディキャップを持っている生徒がクラスにいる場合、その人に人権に配慮して、「障がい者」の問題に立ち入らないという方向で済ませろ、ということになるわけだ。「教育」でもなんでもないよな、そんなの。

井上　一人ひとりの尊厳なんてものはどうでもよくて、人権という言い方でひらべったく、のっぺりした関係を作れと言われている感じがします。プライバシーを守ることが教員と生徒との間で先行するんじゃあ教員なんて何もできないですもの。

小田原　大変面白いというかいびつになってしまっている学校の様子をうかがわせていただいたのですが、一応、教育基本法改悪の動きに対してどうするかという座談ということになっていますので、その辺りのことに話題を移させていただきます。これまでのお話である意味でもう十分それになってはいるように思っています。といいますのは、改悪案のいちいちの文言について みなさんのお考えをうかがわせていただきたいと願っているのです。

駒崎　確かに改悪案は優生思想そのものですよ。三浦朱門にしても江崎の発言にしても、冗談じゃあない。でも、じゃあ我々教員はあんなふざけた発言をさせてしまった自分たちの今までをどう考えるのか。「教育」への国家権力の不当な介入というけれども、これはこれで排除しなければならないことは当然過ぎるほど当然だけれど、介入されないようなやり方というか、我々の定時制でいえば、生徒は社会的に疎外された存在であったり、何かのことで警察の世話になるようなことがあっても、親が貰い下げにもきてくれない子だったりするわけで、そういう子らとまともにぶつかってきたかとなると残念ながらそうはなっていない。別に熱血先生なんかになろうと言ってるんじゃないですよ、もちろん。そうじゃなくて、何か問題が生じたら生徒本人の思いをゆっくり聞くのは当然として、親に会いに行ったりすることはたくさんあるわけですよ。それをやっていれば、どうせ教育行政がすることなんてろくでもないことばかりなんだから、僕ら遂に敗北して死屍累々ということはないと思うんだけれどもね。

小田原　駒崎さんにほとんど結論みたいなことを言われてしまったのですが、教育基本法改悪案の一面である「教育」の二極分解の促進という問題については、結局のところそういうことでしょうねえ。あの案には定時制も通信制も論外にされているんですものね。ああいう案をデスクで考える連中の頭には定時や通信の子は入っていないもの。そういう場から教育基本法改悪問題を考える場合、徹底して無視して、目の前の子どもたちと向かい合うという、みなさんお嫌いでしょうし、わたしも大嫌いだからわざと使うのですが、「教育実践」に集中するということかもしれませんね。その「教育」を「教育されること」を拒否する生徒たち一人ひとりが抱えている問題を抜きにして、「教育」問題として教育基本法改悪を云々しても始まらないということでしょう。今日はどうもありがとうございます。勤務が始まる前の時間をいただいたりしまして。機会を改めてぜひ一杯ご一緒させてください。

365
・「日の丸・君が代NO！通信」53号（2004年3月31日）

ガンバレヨ教員！
学校を去った若者からの応援歌！

A・Yさんに聞く（O＝小田原）

＊小田原紀雄は「不登校」の子どもたとが通う河合塾コスモの古文教員でした。

O　新潟から来ているんだよね、今度の水害で被害はなかったの。
Y　大丈夫のようです。
O　新潟で生まれて、新潟で育ったの。
Y　はい。
O　じゃあ、今は一人で暮らしているの。
Y　はい。女子学生会館で。
O　例の、父親も兄弟も自室に入れてはいけないという、値段の高いヤツだ。
Y　はい。でも兄弟はいないし、父も東京へ出てくることはありませんから。
O　あなた、いつもそんなにひっそりとはかなげに暮らしているの。
Y　はい。はかなげかどうか分かりませんが、あまり他人と話すのは得意じゃあありません。
O　学校へはいつまで行っていたの。
Y　高一の一学期までです。
O　どうして学校をやめたの。
Y　どうしてって言うか、行きたくないなあとすごく思ったから。
O　そりゃあそうだろうけれど、じゃあ、どうして行きたくないと思ったの。
Y　みんなが一緒に盛り上がらなければいけないみたいで。
O　どういうことなの。良ければもう少し話して聞かせてよ。
Y　なんでもみんなが一緒じゃあなければいけないみたいなクラスだったんです。担任の先生の性格なのかもしれませんが、一学期のクラスの目標が、よく教室に書いて貼ってあるじゃあないですか、あれを決める時、まだ誰もお互いによく知らない人ばかりだから、先生がリードして、「クラス共同体」というのになったんです。ああ嫌だなあ、私はうまくやっていけないだろうなあ、と初めから思ってしまいました。

O　ふーん、「クラス共同体」かあ。私も気分が重くなっただろうなあ。

Y　中学2年の時のクラスがそうだったんです。運動会の時が一番嫌だったんですが、というより、運動会そのものが嫌でもあったんですが、すごくみんなで盛り上がって、頑張ろうねっ、て何度も何度も誓い合うんです。一人にしておいてもらえないっていうか、人それぞれというのがないんですよね。だから、学校というところはそんなところだろうと思って、中学の時から好きではなかったんですが、学校へ行きたくないと考える自分は変な人間ではないんだろうか、と考えたりして、親にも言えなくて、勉強が嫌だったわけではないし、高校は中学とは少し違うんじゃあないかという期待もあって、高校に入ったとたんに「クラス共同体」ですから、ああーっと思って。それから学校へ行けなくなってしまいました。

O　親とはうまく折り合いがつけられたの。

Y　いいえ。父は「理解不可能」って言っただけで。母は最初オロオロして、ご近所の視線を気にしていたみたいですが、夏休みに入ったので少し気が楽になって、二人でいろいろ話して、自分なりの生き方を見つけるほかないよね、って言ってくれました。

それからは父が家にいる時は自分の部屋に居て、父が出かけたら母と家の中でいろんなことをして過ごしていました。

O　あなたのお父さんだけじゃないよ、父親って自分も含めてどうしてそうなんだろうね。一番オロオロしているくせに、自分は正しい、自分は頑張っているのに、なぜこの子は自分をお手本にして、世の中の荒波を泳ぎ切ってみせるという気概を持てないのだ、みたいな顔をしたがるんだよね。幼いんだよ、男って、おそらく。それでどうして東京へ出て来たの。

Y　家にいると何でも母がしてくれるし、人間関係も母との関係だけですから、これで自分は生きて行けるのかなあ、と漠然とした不安がいつもありました。一人暮らしをしよう、親からの送金を引き出しに銀行へ行ったり、買い物をしたり、生きて行くのにみんながしている日常的なことくらいできなければ、いつまでも母が庇護してくれるわけじゃないと思って。

O　それで、今は進学しようと思ってるんだ。大学へ行って何を勉強しようと思ってるの。

Y　ドイツ語を勉強したいと思っています。どうしてドイツ語って聞かないでください。自分でもうまく説明できないのですが、英語ではない外国語を勉強したいと思って、それで一人でいろんな物を読んでいるうちにそう思うようになっただけですから。それから、東京は人が多すぎていつもハラハラするから、どこかもう少し小さい町にある大学を探してください。ゆっくり散歩をしたりしながら勉強できるような所を。

O　はい、わかりました。相談しながら一緒に考えましょう。話したくもないことを聞いてごめんなさい。

（2004年3月21日、千駄ヶ谷で）

366
ガンバレヨ教員！
学校を去った若者からの応援歌！
学校も先生ももっと自由に～沖縄から～

T・Tさん（沖縄キリスト教短大2年生）
Y・Sさん（琉球大学1年生）
M・Nさん（沖縄国際大学1年生）

O　久しぶり。Y・Sさんは入学後に住まいの件でも連絡があって、わたしが沖縄で紹介できる所はそこしかないから、去年入居していたT・Tさんのお世話で同じ所に住むようになったのだけれど、M・Nさんほどうしているかと心配していたんだよ。

M　すみません。

O　謝ることはないよ。会いたいなあと思っていただけだから。今日は盛大に呑もう。みんなこの近所に住んでいるから帰りの心配もないし。Tさんとはこれまでにも何回か一緒に呑む機会があり、Mさんとも1回だけ千種の地下の飲み屋で一杯やったことがあるよね。Yさんは初めてだ。わたしは誰かと仲良くなるにはまず一緒に呑むことが鉄則なのだけれど、Yさんとは結構仲良くして来たのに、どうして一緒に呑む機会がなかったのだろう。

Y　もともとお酒は呑めないし、勉強していたもの。だけど、小田原さんがほかの人と呑んで、教室で、あの時は面白かったなあ、なんて話しているのをおだやかな気持ちで聞いていたわけじゃありません、今だから言いますが。あれって良くないですよ。I君とかU君とか、Kちゃんなんか常連にしていたじゃないですか。お酒は呑めなくても、みんな声を掛けてほしいなあと思ってはいても、自分から連れてってください、なんて言えないもの。

O おうおう厳しい批判に晒されてしまいました。話題を変えましょう。みんなは、Tさんは東京、Yさんは名古屋、Mさんは三重県と、生まれはそれぞれ違っているけれど、3人が3人とも沖縄へ行こうと考えたのはどうしてなの。

T わたしは寒いのが嫌いだから、暖かい所へ行きたいと単純に思っただけ。

M わたしはコスモの西城組で沖縄に旅に来たことがあって、ここだッ!といっぺんで決意しました。今、何がわたしをそう思わせたのだろうと時々考えるんですが、はっきりわかりません。Yさんと一緒にエイサーの仲間に入っていて、すごく楽しい。まだやって来て3ヶ月だから、何もわからないけれど、沖縄の文化というか、暮らしのペースというか、そんなものがわたしに合っているんじゃないかと思っています。

Y わたしは学校へ行かなくなって、コスモにやって来たけれど、それもすぐ続かなくなって、自分で自分をもてあましているというか、どうしていいかわからなくなってしまった時があります。こんなことをしていて自分はどうなるのだろう、とグズグズ考えていたのだけれど、そんな中から新しい所へ行こう、親から離れて、自分だけで生きていくことを考えようと思うようになったんです。別に親がいやだったということではないんです。ずっと親は黙ってわたしのことを待っていてくれたし。その時に、小田原さんもその一人だけれどほかにもコスモのフェローのYさんなんかも、だったら思い切り遠い沖縄へ行こうよ、と勧められて、親の生活状態もあるから国公立へ行かなければ、と思ってもいたし、自分の学力としても琉大なら、と考えました。

O そうか。ところでTさんはイギリスに留学したいというのはどうなったの。

T 英語を勉強したいと思って、留学しようと思っていたのだけれど、ただ英会話だけを身につけるのに、外国へいくのもなあ、と考えるようになって、今はとにかく一度卒業して、だって、わたし中学の1年生の時から学校へ行かなくなって、一度も自分で意志して卒業したことがないんですよ。一度くらいヤッターという感じを掴んでから、今はデザインを勉強したいと思っているから、デザインの勉強に留学したいと思っています。

O　そりゃあいいや。しゃべるだけならNOVAだってできるもの。

Y　ところで小田原さんは今回何をしに沖縄に来たんですか。

O　6・23という沖縄にとっては大きな意味のある日の集会に参加するためだけれど、そんなことはまあ、もうちょっと呑んでからにしよう。こうしてみんなの話を聞いているのは実は、学校の教員が読者のほとんどという「通信」で「ガンバレヨ教員!!」というコーナーを担当しているものだから、学校に見切りをつけた若者たちは学校をどう思っているのかを聞きたくてのことだけれど、今みんなはそれぞれに希望を持って生きているじゃない。みんなステキな表情をしているもの。学校ってみんなにとってどうだったんだろう。

M　わたし三重のすごく山の中で生まれたんです。そこらを歩いている人はみんな知り合い、というような。それで、学校だけではなく、地域全体が自分を縛るような気がしてどうしようもなかったんです。その中で学校の縛りが一番きつかったということですね。だから小田原さんが伊勢神宮のことをよく知っていて、あの辺りの話を授業の時にするとヤバッ三重を知ってる人がいる、と身構えたのを記憶しています。

T　わたしは子どもなりにおしゃれをしたかったのに、あの制服というのがいやでした。毎日毎日服装検査みたいなことをして。中1ですから不良だったわけじゃありません。でもちょっとみんなとは違う格好をしたいとすごく思うのにそれがまったく許されなかったから。

Y　うーん。何か理由ということはなくて、自分のしたいようにしたかったということかな。それと、学校という所は立て前の社会だと感じていました。誰も本音は言わない。先生も。そんなのがいやでした。

O　どうもありがとう。ここからはテープを止めて本音で語り合うことにしましょう。

（6月22日、宜野湾・居酒屋大学にて）

・「日の丸・君が代ＮＯ！通信」54号（２００４年４月26日）

ガンバレヨ教員！学校を去った若者からの応援歌！

Ｕ・Ｙ君に聞く

Ｏ　久しぶり！よくこんなキツイ旅に参加できたね。治療はどうなってるの。

Ｕ　今週は治療の合間で、先生に許可をもらって来た。

Ｏ　ズバッと言うけど、結局血液のガンということなの？

Ｕ　そうです。いろいろ現代医学では病名はあるようだけれど、血液のガンですね。

Ｏ　おととい、下諏訪の宿で、君が治療の話をしている時、稲垣が君の隣りに座って泣いていたじゃない。去年の半年、君が姿を見せなくなって、その間ずっと苦しい闘いが続いていたんだよね。ボクらは知っていたけれど、仲間のみんなは知らずにいたものね。彼女はショックを受けたんだよ。何を思っていたの？　手術が続く間、病院で。

Ｕ　死ぬってどういうことなのかなあ、というのが一番大きいですね、やっぱり。

Ｏ　いくつになったの、君は？

Ｕ　18です。

Ｏ　キツイなあ、18でなあ。でも、中山道を歩く旅の３回目で、下諏訪から馬籠まで、山の中を歩き続けるという、今時の若者にとってイモクサイ旅に君が参加してくれて、ボクはムチャクチャ嬉しいよ。ところで本題に入るんだけれど、君はいつ学校を去ったの？

Ｕ　高２の時です。名古屋のキリスト教系の高校に行っていたんだけれど、高１の２学期には、こんなところいやだなあ、と思い始めて、高２ではもう１学期から行くのを止めました。それでも親がいろいろ言うからとりあえず休校ということにしていたんだけれど、自分としては学校に戻る気はなかったですね。

Ｏ　理由は、何なの？　簡単には言えないだろうけれど。

Ｕ　とにかく忙し過ぎるということでしょうね。Ｎ学院高校は、中高一貫校で、上に大学も付いているんだけれど、ボクは高校から入りました。一学年が４クラスに分けられていました。中学から上がって来た人の普通クラスと特進クラス。同じように高校から入った者も２クラスに分けられていたんです。ボクは後者の特進クラスだったんだけれど、週に3回、2時限目に、国語・数学・英語の「確認テスト」というのがあるんです。その上、2年生からは7時限目にも授業を入れるというンだもの。

O　世間のランクを上げるために、いうところの中堅校でよくやる手だ。生徒にとっては相当に厳しいものなの？

U　だって、80点以下だったら居残り勉強があるんですよ。

O　特進クラスなんて、上昇スケベクラスになんか入ったりするからだよ。

U　そりゃあそうだけれど、実態がよくわかっていなかったし、ボクも親もちょっとスケベ心があったんですよ。15歳だもの。ボクは河合塾のグリーンコースという現役高校生のクラスにも行っていたものだから、もうボーツとしている暇もなかったです。

O　ほかに嫌になった理由はあるの？

U　週1回、チャペルに行って礼拝があるんですよ。そこで讃美歌を歌うのがイヤだった。

O　みんなと一緒に歌うのがイヤなの？

U　中学の時には合唱をやっていたので、歌うことが嫌だったわけではありません。讃美歌が嫌だったですね。自分にとっては歌の意味が何のことかわからないのに、当然みたいに歌え、という感じじゃないですか。宗教なんて、学校を利用して強制するものなのか、と思って。だって、宗教なんて、ほかの何よりも自主性を前提にしなければいけないものじゃないですか。それを出席をとって、強制するんですよ。反発しか感じませんよ。ボクだけじゃなくて、みんな嫌がっていましたよ。

O　そりゃあそうだよね。みんな我慢をしてるんだ、賢い子は。忍耐することを教える手段だったのかもしれないね、その学校にとって礼拝の時間というのは。耐えて耐えて、強制されることに慣れさせることを目的としていたのかもしれないよ。小泉が喜びそうな学校だ、そこは。

U　そんなことを言ったら学校って全部そうじゃないですか。

O　鋭い！　その昔フーコーさんという人もそんなことを言っていたような気がする。学校って結局政治支配者のガキ向けに作った刑務所だよ。でも、そんなところでも、「教育」という幻想を持ってガンバッテイル教員もいるんだけれど、君のいた学校にはそんな人いなかった？

U　いたのかもしれないけれど、ボクがもう心を閉じていたから、気がつかなかった。体育の先生で、学校に温水プールがあるものだから、水泳ばかり教えていた人がいたけど、この人なんか、自分は教師になってこの学校に就職してから洗礼を受けたんだ、君たちもこの学校にいる間に洗礼を受けるといい、なんて話ばかりして、イヤだなあこんな話、とだけ思っていた。水泳が好きじゃない子にまでいろんなことを無理強いする人がクリスチャンかと思って。

O　刻苦勉励心とキリスト教信仰が結びついたヤツなんて、結局ただの強制施設の看守だよね。

U　そうでしょ。イヤだったなあ、あの学校。でもボクらの気持ちを少しでもわかってくれる先生が一人もいなかったとは思えなくて、そういう人に出会いたかったです。そうすれば、だいたい1クラスで、1年に2～3人学校をやめるということにはならなかったと思うのに。

O　どうもありがとう。また近いうちに会いましょう。

（3月24日、木曾・入妻籠の宿にて）

368
ガンバレヨ教員！ 学校を去った若者からの応援歌！
Y・I君に聞く

O　もうあなたとの付き合いも随分長くなったような気がするけれど、どれくらい経ったのかしら？

I　4年目くらいですね。

O　方々を旅したよね。何回くらい旅を一緒にしただろう。

I　10回は行っていますよね。毎年夏と春は必ず旅行しているし、それ以外にも埼玉県の丸木美術館へ行ったり、伊豆へ旅したりしましたから。

O　あなたはいつもものの静かというか、寡黙というか、あなたの周囲の空気がひっそりとしているような感じなんだけれど、自分の家でもそうなの？

I　まあだいだいそうですね、時々爆発しますが。

O　あなたが爆発するというのは想像できないね。

I　ボクも人間ですから。

O　ボクだって人間だけれど、いつも頭が破裂しているからかな？　爆発という事態にはいたらないよ。

I　いろいろ妄想だけは膨らむんですよ。でもそれをどう表現するかがうまくわからないし。将来どうなるのかなあという不安もあって、爆発するんです。自分でもこんなことをしてみたってどうにもならないことはわかっているんですが。

O　ふ～ん。妄想の中身を聞こうとは思わないけれど、将来については日本史を勉強したいというのがあるじゃない。

I　でも、大学になかなか入れないから。

O　望みが高いということもあるだろうけれど、英語ができないんだってね。

I　去年から、大学へ行くには仕方がないから英語をやろうと思って努力し始めたんですが、どうしても拒絶反応が起きるんです。

O　どうして？　ボクも英語なんか帝国主義の言語じゃないかと思って嫌いだけれど。

I　中一の時の英語の先生がイヤでしたから。どうしてだかわからないけれど、ボクは手を挙げても一度も指してもらえなかった。これはその時初めての経験ではなくて、小四の頃からなんとなく感じていたことですが、教室にボクが居ても居なくてもいい感じがして。学校という所はボクが居る所ではないんじゃないかと薄々と思っていて、それで休みがちだったんです。でも、中学になったんだからと、ちょっと気持ちを入れ替えて行き始めたところ、ほかの科目ではそれほどでもなかったけれど、英語の先生に叩きのめされた感じがして、中一の後半には、もう死ぬまで学校という所へは行かないと自分で決めました。

O　まあ、学校へは行っても行かなくてもどうでもいいとは思うけれど、学校へ行かずにいるとすることがないじゃない。退屈しなかった？

I　それほどでもなかった。もともと友だちと群れて遊ぶのが好きではなかったから、家でずっと本を読んでいました。いろいろな本を読んだけれど、親の本棚にあった中央公論社が出した『日本の歴史』という全集を読んで、これが一番面白かっですね。そんなことをしている内に弟が中学生になって、親が自分が教えるから弟と一緒に英語を勉強しようと誘うんですが、英語はもう封印してしまっていましたから、絶対イヤだったですね。

O　その弟はよくデキルんだってね。

I　今年、獣医学部に入りました。

O　そりゃあよかった。これはあなたへの皮肉なんかではなくて、あなたみたいな子には親もまいっているでしょうから、弟に夢を持てるじゃない。親だって辛いよ。学校へどなりこんで、その英語の教師をヒッパタイテやりゃあ気分だけでもすっきりしたかもしれないけれど、普通の人はそうはしないものね。

I　そんなことをするのはあなたくらいのものですよ。どうしてウチの子だけ、と泣いてばかりいましたから。

O　それで英語はどうなったの？

I　大学へ行って日本史を勉強するにはどうしても入試に英語があるから、去年から少しずつ始めています。でもなかなか進まなくて。

O　中一から放棄してしまったものをやり直すんだから時間がかかるよ。ゆっくりやるしかないですよ。ところで日本史だけれど、先頃網野善彦さんが亡くなったじゃない。以前あなたに網野さんの著作を読んだらいいよ、と勧めたことがあるけれど、読んでみた？

I　読みました。先日も網野さんの岩波セミナーブックの『「忘れられた日本人」を読む』を読んで面白かった。今は、網野さんの影響もあるけれど、日本と朝鮮半島の関係史を古代のところから勉強したいと思っています。

O　それは面白い。いいなあ、若い人は。また一緒に旅をして、読んで面白かった日本史の本の話を聞かせてよ。講師料がわりに呑ませるから。

（3月24日、木曾・大妻籠の宿にて）

369

・「日の丸・君が代NO！通信」66号（2005年5月6日）

編集後記

5月7日の「教育基本法の改悪をとめよう！5・7集会」に参加した。会場の代々木公園には「交流の広場」など作られており、にぎやかなイベントもあって、これまでの「左翼教員」が主催する集会とは趣を異にして、これはこれで新しい時代の運動だなあと思わせられた。良い事である。参加者はほとんど懐かしい顔ぶれで、やっぱり来る人は来るんだと嬉しい。これも良いことである。最近、この手の集会に行って寂しい思いをさせられるのは、オジサン／オバサンたちはダサクて、ドッカ行ってよとでも言わんばかりの嘴の黄色いガキが大きなツラをコイていて、妙に肩身が狭い思いをさせられることである。フザケルナ！　石原都政に処分されてもヤルトキャヤルシカナイと覚悟を決めて勝負に出ているのはほとんどオジサン／オバサンではないか。一回もパクられたこともなければ、世帯があるからなあと苦悩しながら、デモ、ボクハ（ワタシハ）　コノママジャア自分の人生を裏切ることになるのではないか、などとイモクサイ躊躇の末に、ヤッパリネ！とヤッテイルのはほとんどオジサン／オバサンではないか。もう人生の黄昏時が近いオジサン／オバサンの仲間たち、遠慮するのはやめにしましょう。ワタシラが去ったら、この社会で「闘い」を挑む者たちがそれほど多いとは考えられない。後の時代の困難など後の時代の者たちに任せておけば良いのであって、ワタシラはヤリタイように、自分らが生きてきたままに生きましょう。どうせ「地獄は、一定、すみかぞかし」なのです。後の世代もしみじみとそれを味わえばよろしい。この地獄を次の世代に残すまい、などと「児孫に美田を残す」ようなことはやめましょう。

若者たち、文句があったら後ろからでもカカッテコイ！　振り向きざまにハリタオシテやる。

とこう、遊び半分に書いていますが、5・7集会、あれはあれで良かったのでしょうね。誰が読んでいるか分からない「日の丸・君が代NO!通信」に本気の総括など書く気はありません。ただ一言。相も変わらず旧だか新だか知らないけれど、良く知った顔の諸君が「実行委」の腕章をつけてシキッテイルのは、コリャヤッパリオワリハチカイカと思わせられました。

370

・「日の丸・君が代　NO!通信」80号（2006年7月10日）

教育基本法「改正」とどう戦うのか

（1）岡村達雄さんへのインタビュー

「教育の構造改革」論批判

――教育基本法体制の新たな展開に対して

小田原　２００３年にインタビューをさせていただいてから3年になります。この間に教育基本法改悪問題が具体化し、国会に上程されてしまいました。前回のインタビューでは、「教育と国家―１００年の総括」ということで、日本における近代教育全体を総括することを通してこの問題を考えるという視点を出していただきました（初出、靖国・天皇制・問題情報センター『日の丸・君が代ＮＯ！通信』03年7～8月号、インパクト出版会刊『教育基本法「改正」とは何か』所収）。今回はこれに続いて、では反対する者にとって具体的な課題は何か、というところにまで踏み込んでいただければありがたいのですが。といいますのは、教育基本法改悪反対言論の多くが、「教育の憲法を守れ」式で近代立憲主義そのものに対する批判的視点が欠けていますし、そもそも「教育・学校」を無前提に良いもの、そこまで言わないにしても当然のことであるとした言論ばかりが目立ちます。

岡村　教育基本法の第1条をめぐる問題については、多くの方たちが関心をもってくれました。教育の目的を法律で定めることをどう考えるか、いくつかの学会で諸外国との比較などシンポジウムの開催や集会で論じられています。そのつど、日本近代１００年の歴史の中で考えてみるという見地が重視され、近代における立憲制から見て、政治と宗教、倫理と道徳および規範と制度的実践の関係、その展開を近代立憲制度の立場から見ると、問題は「改正」それ自体をめぐる「改正－立法」権のありようの問題だというところから意見を述べてきたのです。これに呼応して、多様な批判、批評が寄せられました。それらは、もちろん、それぞれの世界観や思想をよりどころにしていたのです。

ところで現在、出来している問題を――国家と個人の間での価値観の問題として建てる――これは、たとえば憲法学の樋口陽一さんが説いている国家と個人を対抗させ、そこを軸として問題の所在を明らかにするというのとは違った意味で、国家権力と個人との新たな関係のありかた―関係構図が浮上してきたのです。そこのところをもう一度きちんと１８８９年と１８９０年の問題（「大日本帝国憲法」と「教育勅語」の制定過程）と、１９４６年と４７年の問題（現行「日本国憲法」と「教育基本法」の制定過程）を重ねながら、今日、問題を捉えなければならないといってきたわけです。人権の主体たる〈ひと〉は、一方に前提にされてきた自律した個人もしくは自立する主体として想念され、他方では、自己と他者との共同関係性を表象する主体たる個人としてみなされる。［個人―国家］観は、前者に依っている近代のそれです。自立、自律、自己責任、自己管理などという発想の根はここにあります。

これについては、「そうした見方の意義は分かる」という声もありました。けれども、その後の経緯を見ますと、依然として戦後民主主義的捉え方、あるいは国民国家論のような観点、また旧来の枠組みを出ない教育基本法観にしたがって、教育基本法の改正に反対するという論陣が張られています。私のような見地からの問題提起は無視されていて、戦後につくられた土俵を前提として、その上で勝負だ、そういう状態になっています。残念ながら、近代国家の歴史の中で起こっている問題としてとらえようとする努力は見られません。問題の本質をとらえるために、歴史を振り返るのですし、現在から未来を見透す眼差しがいるのに、それがないので平板な主張になっているのだと思います。

教育基本法の改正案が国会に上程となり、この事態にあって改正案にどう対するのか。改正に反対ですが、それは教育基本法を守ることに焦点化される立場とは異なります。

90年代後半から顕著になったのは、憲法に抵触し、違反しているといってよい法律が次々につくられ、それは違憲内閣という小泉内閣によって体現され、国家権力の新しい相貌と質を象徴しています。憲法を無視してはばからない一連の法律の渦巻く状況が現出しています。この事態は、憲法を守れ、という護憲では括れない、さらにはそれが無意味化されてしまうような現実がもたらされ反憲法的であるのに公共性を帯びた支配的機能が実生活を浸潤しつつあります。こうした生活世界を覆っている傾向的現実――いわゆる社会意識の変調――へ敏感に反応し、「格差社会」と囃し立ててしまう意識変容と行動選択を促すことによって、社会変化に同調し、現状を受容し、こうした動向を承認しないものを排斥しようとします。教育基本法の「改正」は、こうした状況の原因であり、結果としてもあると思います。

最近では、国民保護法、共謀罪があります。これらに先んじて、有事立法、周辺事態法、それに、いわゆる盗聴法、総背番号制など、基本的人権の尊重に関わる問題ですが、こうした新たな法律ができることによって、憲法の無力化がすすんでいます。このような中で教育基本法を変えることは、中身（条文内容）の問題以前の、立法の正統性の有無に関わっており、もちろん、そこでは立法権力の機能も失なわれて見られるとおりです。教育基本法体制なるものがかつて存在して、それが今まで続いてきて、さらに法改正によって崩されようとしている―そう見るのではなくて、教育基本法体制と異なる教育体制になっているという自覚が必要だと思います。この教育の「体制」の変質を捉えておく必要があります。批判し反対する「体制」がどのようなものか、知ろうとしなければ、話になりません。この点で、最近の教員給与の時間外手当問題は、支配と統治の質的変化を想定させるものです。

今回の改正案では、第9条で新たに教員の項目をたてています。現行法では、第6条2項で「法律に定める学校の教員は、全体の奉仕者である」と規定していますが、改正案では「全体の奉仕者である」という表現を削除し、「自己の崇高な使命を深く自覚し、絶えず研究と修養に励み、その職責の遂行に努めなければならない」としています。この「崇高な使命」うんぬんは、天皇制のもとで行われた臣民の教育、規範や徳目といったことにつながるものです。改正案が継続審議になるかどうかのタイミングで報道された教員給与の時間外という話です。これは、教員の性格を大きく変える切り札だと思います。能力主義、業績主義で給与を決めるというのは、産業社会での企業の論理を教員にあてはめるということです。91年からのグローバリズム、冷戦が終わって、市場主義になり、マーケット・エコノミーの論理で教育全体が再組織されてきている。その担い手である教員をどう位置づけるかがテーマだったわけですが、今回の改正案ではっきりしたということです。

この戦略は、これまでも実体的には進められ、90年代末には指導不適切とされ「不適格教員」として教職から排除し、学校教育法などの改正によって教員の管理が強化されてきました。管理の強度の問題ではなくて、管理の新しい方式への移行です。これは戦後の教員のあり方を根本から変えようとするものです。東京と大阪で導入された人事考課あるいは評価・育成システムもそうです。だから教育基本法を改正する前に、教育基本法の枠組みを突破して新しい体制をつくってきている。ですからそうした個々の問題をどう理解し、どう対処するか、それをはっきりさせること自体によって、教育基本法改正に対する重要な問題提起になるのだと思います。

つまり、教育基本法や憲法を変えることは大きな問題ですが、すでに実体的にはさまざまな形で実行されてきた。そうした時代、現状について認識をはっきりさせない「改正」「反対」論が多すぎると思います。

日教組は、１９６０年代に教員の時間外勤務問題について教職員の時間外労働の実態調査をしました。その結果、教職員の多くが不払いの時間外労働、超過勤務をしているという実状を明らかにしたわけです。これは結果として、不払い労働への対価を要求するものだったといえます。これに対して、政府は拒否し続けたのです。時間で労働を計ることが教師を労働者であると認めることになるからです。ですから当時は、労働者か否か、サラリーマンか聖職者か、専門職かどうか、その意味で教員観、教員の性格などをめぐるイデオロギー問題の様相が濃いものでした。しかし、日教組も、時間外労働を時間給で支払えという要求が、どこに行き着くのかという認識を必ずしも持ち合わせていなかったといえます。政府は時間給として払うことは認められないから、手当として出すことにしたわけです。じつは同年のＩＬＯユネスコの教員の地位に関する共同勧告があって、専門職という概念で国際的に教員の地位を向上させ、位置づけようとしたことがあったのです。その専門職概念も当時の文部省は認めたくなかった。専門職待遇をしなければならないし、研修体制であるとか、義務や権利の問題で特別待遇をしなければならないという問題があった。だから71年の４％手当によって、特定の業務以外は残業しないようにするとした妥協が行われたのです。このときに、４％手当に反対して独立少数派組合もできたわけです。つまり、時間外労働を時間給で支払えという要求は、年功序列型の給与体系を前提にしたものであり、その延長線上に職務内容、免許・資格など労働機能の細分化に応じた賃金体系、あるいは能率給制度や業績主義的な賃金制度にリンクしうるシーンを想定せざるを得ない場合もあるのだ、そのことを認識して闘ったのかどうか、それを今どう考えるかということなんです。

1970年代が直面した「教育労働者」の困難は、国際的ひろがりのなかで生じていたのであり、私は当時、それではソビエト社会主義共和国連邦は教職員にどのような賃金制度を適用していたのか、そのような関心から研究論文をまとめております。これまで、この論文にふれることもなかったので、今度は陽の目をみることになれば、30年ぶりになります。(「特殊研究ソビエト教育職員賃金制度の成立と展開―「賃金制度」の構造と理論［梅根悟監修「世界教育史大系全40巻」第29巻『教育財政史』所収］講談社、1976年)。時間外労働に給与を支払うのは当然だとしても、賃金決定要因の原則について、つぎのように述べています。『『国民教育』においては、『物質的な生産物がなく、それゆえ労働の結果は正確に算定され得ないので、一定期間を経て、間接的にのみ評価されうる。したがって。教育施設においては、日数と時間数による時間払い制が採用される。すなわち出来高ノルマではなく、時間ノルマで算定される」(381~382頁)。社会主義賃金制度があったとすれば、教育分野での「単一賃金制」であり、教育分野での「単一賃金制」への志向であり、他方では「教育労働の特殊性」に向かう矛盾した動向を内在させていた1980年代への進展は、ペレストロイカ、グラスノスチからソビエト連邦の崩壊、解体、社会主義の終焉という道筋を経て、現在、その歴史的文脈において「日本帝国」の教育政策としての教育職員給与制の戦略的転換が、「時代的」装いをした「崇高なる使命感」を信奉する保守政治家と国家官僚の世界戦略に照準を合わせた決断によって、30年を経て新たな体制の確立―教育基本法の「改正」と「新教育体制」の構築―が目指されているのではないか、とりあえず、そのような見方をしたいと思います。

このようにことが始まった以上、1964年のフルシチョフの時代以降における、細分化され階層化された制度の下で、賃金は職能に応じてランク付けされ、しっかりと支払われていました。校長については学校規模(生徒数)の大小で、ノートの点検業務の数で格差がつく。そういうやり方をしていました。けれどもそこには教員の労働に対して新たな管理方式ができあがっているという認識はなかったと思う。労働の対価として賃金を払おうとするとこうなるのかもしれない。だから、日教組が時間外労働に対する時間給での支払いという要求を掲げたとき、それを実現したらどのような〈社会〉〈賃金〉体制になるのか、つきつめ、吟味された考えがなかったのだと思う。社会主義世界体制の解体から、グローバルな市場経済圏の形成において、なおも国民経済レベルで先端的資本国家の給与政策が、かつての社会主義ソビエトの体験済みの方式に類似しているばかりか、なし崩し的に資本制国家のなすところに至っているのは、皮肉ではないであろうか。あえて、このような見方がありうるだろうとしておきたい。国家的構造改革は、戦後公教育体制を質的に「変容」させ、教育基本法体制の今日的再編成として謀られているのではないか。そのような世界認識を踏まえて、公教育体制の現実を変え、教育基本法が描いていたと思われる福祉国家と多元化社会のアマルガムに対して、教育運動に関して最もラディカルな立場をとった人たちさえが、教育現実への批判的認識に立脚しつつ、なおかつ、法的な枠組みに結びつけて批判していく、そういう運動スタイルをつくりだせずにきたと言えます。そうしたことを克服できずにいるのは、理由なきことではない、と思う。しかし、実際にはこうしたことは再生産されています。

視点を変えれば、教育基本法「改正」によって予想される事態は、すでに教育と学校の現場では進んでいる。だから、その現実とどのように闘うか、そのことも大事だと思う。たとえば「教育目的」の法制化の問題にしても、「我が国を愛する」とする愛国心の文言が入ったから、新たな徳目として国家主義が強まって、愛国心教育が強まっていくという見方に立っての批判ではない、と思う。世界情勢を直視すれば、「安全保障体制」の質的再編成が進行中である。沖縄の基地移転問題、米軍再編問題があり、岩国など日本本土への基地移転によって、沖縄の人々の「痛み」を分有し、分かち合えば、反対運動が強化されるだろう。このような意見に対して、〈沖縄〉のウチナンチュウは、われわれが抱えた「痛み」など「分かち合う」ことなんてもうこれきりにして欲しい、われわれがいま、立脚すべき地点は、直ちに全基地をアメリカにもって帰るように要求すること以外にない、ということだ、と言う。つまりそれは、沖縄の中の基地問題ではなくて、世界情勢、アメリカや日本の世界戦略の不可欠な構成部分である限り、そうした現実をとらえ、基地経済に依存してきた生活に代わる生き方はどのように可能か、という根本問題を引き受けようという、自己と他者の共同関係性にもとづく共生を目指す、成熟し責任を分有する意志をそこに見いだしてみたいと思ってきました。このような態度に学び、違憲性を有する法「改正」を平然とやっていくような体制に対して、いかになすべきか。

ところで、「遠山文部科学大臣のときに公表された「教育の構造改革」は、官僚がつくったものとしては、今日の教育改革の国家戦略の課題が適切にまとめられている。それをつくりあげた官僚集団は、かなり目先の利くことをしたのだと思う。それはかならずしも旧来タイプの文教族の発想ではない。むしろ、それを抑えて、あるいはそれを無視して、国家の利害をかけて、新たな構造改革路線で中堅官僚たちがやっている。それにわれわれは対応できなかった。

小田原　まさにそうですね。今度の改正案の「自己の崇高な使命を自覚し」は、新たな聖職論ですよ。こういう文言を考えた政治家と、能力給導入をやっている官僚とは発想の位相が違うと思いますが、しかし実にうまく組み合わさっているのではないか。これが、おっしゃるところの構造改革のあり方ではないのか。共謀罪反対で国会前に行ったとき、日教組が動員をかけていました。大きな組織ですから、それなりに数は出ていましたが、日教組が本気で法「改正」に反対しようとしているという雰囲気ではありませんでした。

岡村　現実と対決して現実を変革していく、そういう取り組みなしに法「改正」に反対する運動、それは反対のための反対の次元を越えるものにはなり得ないのではないか。反対する力にすることはできない、力にならないと思う。法「改正」を推進している権力は、日教組などが現実と闘わないのならば、法「改正」もスムーズに行くと思っているのではないか。

小田原　双方の理念をぶつけあっているだけですよね。憲法にしてもそうです。9条を守れって、大衆運動のスローガンとしては理解できないではないのですが、少し興醒めするのも事実です。現実には新ガイドライン以降、どんどんと事態は進んでいるんですよ。今度は9条2項に自衛軍を明記したり、防衛庁の防衛省への昇格案を出したり、事態が先行しているのに、戦後の美しい理念を持ち出してきて、そこにしがみつく。それではどうしようもないのではないか。そのことは言われているとおり、教育基本法「改正」との問題でもそうでしょう。

岡村　教育基本法の「改正」をめぐって、高橋哲哉さんなどが国家主義の問題、「従軍慰安婦」の問題、靖国の問題などにも触れられている。教育基本法も憲法もそうですが、日本は結局、戦争責任の問題をやりきれてこなかったわけです。そのツケが回ってきているのは当然の結果だと思います。

（以下次号。また今後、「教育の構造改革」論批判を各論として展開していただき、連載します。）

371

・「日の丸・君が代ＮＯ！通信」81号（２００６年８月９日）

教育基本法「改正」とどう戦うのか

（２）岡村達雄さんへのインタビュー

岡村　教育基本法にしても憲法にしても、「国民」という概念を前提にしている。それをどうとらえるか。基本的人権の条文では、主語は「国民は…」とされている一方、「なんびとも…」とされていたり、単に「学問の自由は、これを保障する」とのみ規定している。これはつまり、権利・義務の主体は「国民」に限定されるという見方をとっていない理由とされている。したがって、日本「国籍」を有するか否かが、基本的人権の保障を左右するものではないという見方を導いています。ですから、憲法第30条の「国民は納税の義務を負ふ」により外国人にも義務を課しながら、第26条の「教育を受ける権利」については、保障の適用外にしているのは理が通らないことです。これはある種の片務関係であり、「帝国」による植民地主義的な法の処遇といってよいものです。以上の文脈とは別に、「国民」は日本国籍を有しているものだけを指すのではないという観点から、国民主義に対抗する立場もあります。

　教育における国民主義は、憲法や教育基本法がめざす国家のあり方として、明治期以来、教育体制の骨格、背骨となってきたものでありながら、この点に関わる問題の所在を明確にすることなく今日に至り、「改正」をめぐっても、依然として、はっきりした自覚に欠けているように思えます。端的に言えば、国民主義は、国民教育による国民形成であり、皇民化教育による他民族の皇民化であり、アイヌ民族や沖縄人の日本国民化であり、そうした他民族支配の経験と記憶をもたらしたものこそ、国民国家であり、近代立憲制に付着してきた負の側面であったといえます。

戦後の教育基本法体制は、教育の近代化、民主化を実体化する契機となってきたとは言え、その国民教育の負の側面に由来する支配者的意識、振る舞いが過去のことではなく、いまを生きる私たちのそれとしても再生産されており、それに無自覚に過ぎると思います。

教育基本法の「改正」にせよ、「改悪」にせよ、戦後日本において教育基本法が果たしてきた「功罪」もしくは役割を正当に評価することです。量的にのみ限れば、機会均等化が教育の普及に寄与してきた点は無視出来ないとしても、質の問題では、戦前期「帝国」の時代と同視してはならないのは当然ですが、それは支配の新しい方式の成立を促すようなものとして、いっそう困難な課題を提起してきたといえるのではないか。

「改正」反対運動は、そのような自覚を広め、提起されている課題を引きうけていくことが必要なのだと思います。

ところで、「帝国」の植民地支配と他民族抑圧がいかなるものであったか、最近、あらためて、その事実と真相にふれる機会がありました。

ドキュメンタリー映画・井上修監督『出草之歌　台湾原住民の吶喊　背山一戦』（２００６年）がそれです。日本皇民として戦場にかりたてられ、殺された台湾原住民の子孫たちの、現在に続く闘いの記録です。かれらは、戦後60年目にして、靖国神社を訪れ、毅然として神官たちに抗議します。「台湾原住民は日本人ではない」「先祖の〝皇軍兵士〟としての合祀を止めよ」と迫ります。部族の祖霊をふるさとにつれて帰ろうとします。

わたしたちはかつて「書かれたものをもたない」40万人の先住民（タイヤル族、セイダッカ族、高砂族などと呼称され、特に高砂族は日本帝国主義が彼らを指した蔑称である）に対する皇民化教育の実態について何を知っているだろうか。台湾植民地化から1世紀を経たいま問われている意味は深く重いと言わざるをえないだろう。

そのような問題にもうひとつふれておきます。

東京都が原告となり、江東区にある枝川朝鮮第二初級学校を被告とする裁判が東京地方裁判所で行われている。問題は、枝川朝鮮学校の敷地は都有地であり、学校側は、１９９０年から２００３年までの13年間の土地使用料として、６億２０００万円の支払いをするか、または土地の明け渡しに応ずるか、簡潔に説明すれば、このようになります。２００３年12月15日に提訴があり、翌年４月16日から裁判が開始されるというのが経緯です。

被告・学校側は、都のこうした提訴が「学校取り壊し」であり、民族教育への弾圧にほかならないと受けとめています。民族教育を受ける権利の保障をどのように確立していくのか、およそ、教育基本法体制のもとにおいて、在日外国人の子どもたちの教育を保障していくためにどうすればよいのか。この問題は、いわゆる多文化共生・多文化教育の課題としても取り組まれてきています。

被告・弁護団は、とくに在日コリアンの人権、教育保障をめぐる、これまでの運動の蓄積と経験を踏まえ、この裁判において、従来の見方、論理を越えるような試みを目指したいと表明しています。そのような立場から、憲法、教育基本法など、国内法の現行教育関連諸法、とりわけ、憲法レベルでの「外国人の子どもの教育を受ける権利」を論拠づける法の論理をたてることは可能か。そのような課題を私たちに提起してきたわけです。弁護団からの「意見書」作成の要請をうけた私たちは、研究会で論議をつづけ、メンバーの四国学院大学の佐野通夫さん名で「枝川朝鮮学校取り壊し裁判」の「意見書」（２００６年２月16日）を提出しています。

ともかく、戦後も「在日」せざるを得なかった朝鮮人たちが、人が住めるようなところでなかった、あそこの土地に住み、子どもたちに民族教育をするために自前で学校を作り、やってきたという事実があります。石原都政は、そこを「立ち退くとともに、金を出せ」と言っている。つまり現行憲法のもとで、この不当な要求をどう批判できるかが問われているわけです。

弁護団の問題意識は、裁判である限り、憲法の規範のもとで、対抗する批判の論理を持つべきだということになるでしょう。枝川朝鮮学校に象徴される、戦後の「在日」の人たちの努力と犠牲にこたえうるためには、憲法と教育基本法をつかって、わたしたちが、どう擁護できるか、あるいはそれを攻撃しようとしている行政・権力に対抗しうる論理を建てることができるか、それができなかったら、憲法も教育基本法も名ばかりで、価値あるものと見なすことができません。それは憲法や教育基本法を過大視するのではなくて、そうしたことに使えなければ、憲法や教育基本法に使用価値をみとめられないと思います。

こうした課題の一つとして、わたしたちは「普通教育」という概念の捉え直しをしてみたのです。「普通教育を受けさせる義務」と書かれている。普通教育とは何か。通説のレベルではなく、特定の日本国民だけに適用されるものでもなく、国籍を超えて適用される概念として捉えられないか。この点については、あとでふれるつもりです。ただしそれは、憲法や教育基本法が理想・理念であるということではなく、少なくとも「戦後」という時代状況の所産としての規範を、現在もこうした形で活かせるとみれば、その観点から「改正」批判を吟味してみることも必要なのかもしれません。

教育基本法の「改正」に反対することが、それが現実の闘いや運動にどういう意味をもつのか、そうした問題提起が必要ではないか。さらに困難な課題は「能力に応ずる」ということをいかに把握するかをめぐって重要なことがらが「伏在」しています。この点も後に言及するつもりです。

とくに東アジア圏における日本と諸国民の間に生じるさまざまな対立、根強い相互の不信のよってくるところは、依然として、未解決のままになっている戦争責任、戦後補償の問題にあり、これは無視できないものです。

大阪で今、ひとつの重大な裁判が争われています。「沖縄戦」における日本軍の「軍命」による島民たちの「集団自決」はなかった。島民は自ら「集団自死」したのであって、軍の命令はなかった、と「命令」を発した当時の守備隊長と他の遺族が、名誉を毀損されてきたとして、『沖縄ノート』の大江健三郎氏と岩波書店を相手取り、謝罪広告の掲載および謝罪金支払い請求の裁判が行われているわけです。

ところで、この裁判の重大性はつぎのところにあります。２００５年8月5日の訴状の提出に先立ち、自由主義史観研究会主催の緊急集会「沖縄戦集団自決事件の真相を知ろう」あるいは同会主催の「沖縄戦慰霊と検証の旅――座間味・渡嘉敷の集団自決跡を中心に」などが行われていたのです。これらの「プロジェクト」の目的は、「軍の命令」で「集団自決させられた」ということは、「関係者の証言によって」「事実でない」ことを明らかにして、教科書の記述からの削除を求めていくところにあるとしています（「緊急集会」の「決議」文より）。

同研究会の主張する「証言」が事実でなく、その信憑性に論拠がないとしたら、これは歴史を改竄するものであり、「沖縄戦」にとどまらず、虚偽の歴史をつくりあげることになる。日本人は偽造と嘘為による「歴史認識」の囚われ人になり、真実を知ることから目をふさがれ、真実を闇に葬られた〈民〉として生きることになるのであろうか。

この裁判が、どれほど重要であるか、もはや多言を要しないでしょう。これは、一作家と一出版社のことを越え、わたしたちに投げかけられた共通の〈出来事〉といわねばならないと思います。

仕掛けられた〈虚構の歴史〉の謀りごとに対して、何かできるだろうか。

かつてドキュメンタリー映画『アリランの歌　オキナワからの証言』によって、軍隊「慰安婦」の実態を映像を通して表現した、記録者、証言者、表現者であり、それに「在日」というマイノリティである、監督・朴壽南（パク・スナム）さんは〝恨〟を生きて70歳を越える。かつて沖縄の「慰安婦」「軍夫」たちの実像を映像で伝え、さらにいま「集団自死」を追求して、歴史を偽造しようとする「勢力」のごまかしを告発する新しい映画製作に賭けている。

ここには、歴史に向き合い、事実を真実として論証する歴史への態度表明と、そうした実践を習わしとして身につけてきたか否か、この問いかけを受けとめよ、というよびかけがあります。かりに「真理と正義を愛す」という「規範」の実践がこうした文脈においてなされてきたならば、「改正」をめぐって、このような状況にいまだおかれていたか、あるいは別の地点に立っていたか、それは推定するしかないことですが。

以上に触れさせてもらった事柄は、「守るべし」とされる教育基本法のもとでもたらされてきた問題であります。そのことを忘れてならないと思ってきました。いうまでもなく、それらは戦後教育の負の側面とそれを克服しようとする意志を表すものです。

ところで現在の教育改革構想の中で、学校選択制というものがありますね。すでに東京などでひろがっているようですが、あれは教育を選択するのではなくて学校を選択することになっている。教育内容にそれほどの違いはない。学校選択制の導入が画一的な戦後教育体制を打破するものだというのはウソであって、市場競争の場で新たな画一性というか、支配の構造がつくられています。こうした教育改革、構造改革がもたらすイメージは、どのようなものか。市場原理、教育の民営化は教育・学校の段階、領域、内容にわたり、縦断および横断していく境界をはずし、重層的な越境によって、市民社会内部に教育機能の離合集散、教育諸権力の新しい分離と結節が展開されつづけていきます。

これは、新しい教育体制の形成過程とみてよいのかもしれません。このような事態に対抗していかなければ、教育基本法の「改正」に反対というのもことの本質には届かないでしょう。

小田原　要するに現行法か「改正」案かではなくて、官僚が進めている教育の構造改革に対抗する論理と新たな教育論と言うか、イメージまで含めて出していくことが求められているということですかね。

岡村　さしあたって政府側が出していて、手強いのは「教育の構造改革」論ですよね。われわれももっとそれに焦点をあてていく必要があるのですが、今はそのことに関心をも払われていないのが現状ですね。

小田原　前回やらせていただいたインタビューを、全国の自立系教組の人たちが読まれました。しかし「読んだけれど、自分たちが何をやったらいいかわからない」と言うんですね。たしかにそれはそうなんですね。だから今日の話の中で、「教育の構造改革論」に対して、われわれが反構造改革としてどういうイメージを出せるのか、それが実は教基法「改正」を実体的にうち破っていく対抗の論理になるのではないかということと、もう一つ、枝川の裁判の問題で、われわれがこの闘いをどこまで全面的に発展させることができるかどうか、運動的にも理論的にもです。そのことが教基法改悪の攻撃に対する反撃であると問題を立てて考えればよろしいのですか。もしわれわれが現行教基法に価値を認めるとすれば、「普通教育」のところで徹底的に闘えない者が、「教基法を守ろう」と言ってみても在日の人々からすると白々しいことですよね。

岡村　すでに先ほどふれたのですが、外国人の子どもの教育保障を阻んでいる法の論理を批判し、教育を受ける権利の法的論理を構成していけるか、それにかかっています。それとは別に「能力に応ずる」という意味を再検証する必要に迫られています。

ところで、今回の「改正案」では、第5条の2で、「義務教育」として行われる普通教育は、各個人の有する能力を伸ばしつつ社会において自立的に生きる基礎を培い、また、国家および社会の形成者として必要とされる基本的な資質を養うことを目的として行われるものとする」、こう規定しています。ここには、機会均等論、教育の水準確保論による意義づけが、強調されています。

〔付記〕普通教育および「能力」については、改めて論じたい。

３７２

・「日の丸・君が代ＮＯ！通信」82号（２００６年９月５日）

教育基本法「改正」とどう戦うのか

（3）岡村達雄さんへのインタビュー

小田原　「能力」というのは、わたしども素人には大変悩ましいところです。普通教育と「能力」について、お考えをお述べください。

岡村　なぜ、外国籍の子どもたちの教育保障にとって、その憲法的規範の根拠として普通教育をとらえ直すのか、その点から述べてみることにします。周知のように、今回の「改正案」であえて第５条２項に「義務教育として行われる普通教育」が規定されています。その意図は、義務教育段階におけるそれと高等学校のそれを明確に区別しようとするところにあります。学校教育法では初等普通教育、中等普通教育、高等普通教育、あるいは大学では一般教育となっています。普通教育そのものについて今回の「改正案」では、それは「各個人の有する能力を伸ばしつつ社会において自立的に生きる基礎を培い、国家社会の形成者として必要とされる資質を養うことを目的として行われるものとする」という解釈をうちだしています。従来の通説は、これに対応する教育として、高等教育、専門教育または職業教育をあげて、「一般的教養を施す教育」（有倉遼吉・天城勲『教育関係法』１９５８年）というように理解されていました。こうした普通教育がどこでどのように、いつ頃に実現されるのか、という問題もあったわけです。

　要するに、国民すべてが習得すべき教育内容であり、それゆえに教育機会均等論や教育水準維持論と結びつけられて、つまり普通教育は、国の観点から規制をうけ、その内容に対し国が負うべきものだとされ、それは日本国民に向けられたものだということです。従来、普通教育はcommon education（共通教育）、basic education（基礎的教育）、universal education（普遍的教育）、general education）総合的教育）などの意味で言われてきました。すべての子どもたちへの教育を権利として保障する制度としての義務教育の根幹として「普通教育」が意味づけられてきたという点で、社会権のコロラリー（系）として位置づけられ、その意味では子どもたちにとっては「与えられる教育」という受け身的なものと見なされてきました。〈与え―与えられる〉関係において学習主体は〈主体〉とはいいがたい立場に置かれ、この見方は「改正案」においても強調されることになります。

　ところで、戦後教育の中で、普通教育が根本から問われたシーンを二つ挙げておきたいと思います。第一は、伝習館裁判であり、第二は障害児教育における〈共生教育〉が主張された時です。

　前者においては、懲戒処分された教員の処分事由のうち学習指導要領違反について、その法的拘束力が有るか無いかを論拠に、義務教育段階と高校を区別する、高校と大学とも区別するという見解が出されたわけです。というのは原告側が、高校は、大学と区別されるものではない、学問の自由の保障の下で行われる大学教育の教授の自由は基本的にはどの段階での普通教育においても前提となっていると主張したからです。

　学問の自由はこれを保障するという憲法第23条の趣旨は、従前には、アカデミック・フリーダムであって、学問は大学で行われる研究教育にとっての基本条件だとされてきたといえます。しかし、この自由権のひとつとしての学問の自由は、何人に対しても向けられている〈自由〉であって〈問うて学ぶ〉自由は一個の人間が自らを形成していくために不可欠で本質的な自由である。普通教育は、追求されるべき〈平等〉とともに、より原理的にはこの〈自由〉に支えられたものだといってよいと私は考えます。

　このようにみてくれば、「学問の自由」に基礎をおき、人間の存在証明たる〈問う―学ぶ〉という主体と他者との相互関係において成り立つ〈教育〉として普通教育をとらえ、それゆえに普通教育は〈与え―与えられる〉教育関係を越えて、共に生きる地平において成り立ついとなみ、それを通して、つねに制度化され続ける教育の契機を相対化していくものととらえられます。この意味で〈普通教育〉はひとの属性である国籍、民族、性別などに限定されない、諸個人にとって欠かすことのできない営みをになうものなのだ、そうした了解に、私たちは、お互いに立つことが必要になっているのではないですか。

これまでの説によれば、誰にとっても必要な教育、公教育は行政が諸個人に生存の一条件として保障する教育であり、それはそれを習得していない子どもたちに〈与えていく〉ものという観点によって支えられてきたわけで、こうした教育は〈保障する―される〉関係において制度化を免れないものです。

これに対して〈自由〉に根拠をおいた〈普通教育〉は、制度化された関係におかれた学ぶ主体が、自らを限界づけているその限界を超え、枠組みを揺さぶり、自己を取り巻く共同関係性の世界を拓いていく可能性をもたらすと見られないでしょうか。しかし、それは言葉として分かるとしても、実際には、どういうことになるのでしょうか。独り言に過ぎないと一蹴されかねないのではないかという不安が頭をもたげます。しかし、ひとは実生活者として、〈問い・学ぶ〉ものであり、〈呼びかけ・振り向く〉ことで自己ならざる他者を、他者ならざる自己を見いだす存在なのではないでしょうか。このような見方を提示すれば、ただちに、実定法たる法規範に勝手な解釈を持ち込んでいるに過ぎないと言われるかもしれません。一方で、「改正案」を機会に、国家にとって都合のよい普通教育の定義を掲げて規範化せんとしているとき、私たちもまた、そこに今日課題とされている国民に限定されない在日外国人の子どもたちへの普通教育を保障する法的根拠を見出されなければならないでしょう。しかも日本国憲法は、どこにも外国人がその母語でその子を教育してはならない、と規定していないのです。

日本国憲法第26条における権利の保障は、在日する様々な国々のこどもたちに対する憲法制定権力を行使する日本人の義務と課題でもあります。私は、「枝川朝鮮学校裁判」において在日「コリアン」の子どもたちの教育保障が日本人の子どもたちと同様に、公的責任で実行されることは、この憲法理念の要請するところであるという見方を提示したいと考えています。

小田原　普通教育についての考え方は少し理解できました。ところでその際に、「能力に応ずる」とか、「各個人の有する能力を伸ばし」という現行及び「改正案」の考え方を問い直そうとすれば、そこでどうしても「障害児」教育についても考えざるをえません。

岡村　当然です。普通教育と「障害児」教育との関係にもふれておかなければならないでしょう。１９７９年に養護学校教育が義務化されたとき、敗戦直後、１校もなかった養護学校が義務化の後の１９８０年には６７７校を数えるまでになり、それが障害の種別と程度および障害児の発達の程度に配慮した、障害児一人一人に対応した専門的教育のあり方だと主張し、普通学級、普通学校で共に学び共に生きるあり方をとらない「特殊学校教育」であると主張されました。

この論法は、別学体制―普通学校の系統と特殊学校の系統を固定し、障害者が社会の不可欠な構成者であることを阻害するものであって、障害児教育にとって、〈普通教育〉は言ってみれば水増しされた無用のものにすぎないということに他なりません。

今回の「改正案」はあえて教育の基本法において、「障害のある者」には「障害の状態に応じ」、「教育上の支援を講じなければならない」（第４条２項）としています。これに対して、この条項は、〈障害のある者＝二級市民論〉であって（古川清治）、認められない。「障害者は二級市民ではない」とする真っ向からの批判がなされており、この観点を追求すれば、「普通教育」論とリンクするばかりでなく、根本問題である「能力」論に行き着くことになります。いいかえれば、この「改正案」は、国民国家が構造改革を企て、人間をどのようにつくりあげれば、国家改造に動員し、管理していけるか、そうしたひとを差別し、抑圧し、支配していく、新たな〈生と死〉を管理する衝動に突き動かされた諸力によって、一見、モザイク模様の公文書に見えながら、資本と国家の利害が交錯したところで成り立っているものだと、私はとらえたいと思っています。

今、私たちが教育基本法「改正」に対してどのような態度をとるのか、それが根本から問われているのは、「改正案」がこうした文脈におかれているからではないですか。その意味で、私たちは、徹底した歴史主義の立場を踏みはずすことなく、この時代の流れの底に届く眼差しをもって、対抗していくことが重要になっています。

「改正」に反対する者は、現に生じている、現に存在している教育をめぐる問題に近代国民国家の論理、資本制国家の求める教育への批判を加えていく必要があります。それをなしうるのは教育基本法の立法者意思を超えて、戦後60年にわたり、学校なるもの、教育なるものが生みだし続けてきた現実に抗しうる持続する批判と創造の精神なのだといってよいかと考えています。

この点で大きな問題は、最近になって文部科学省が内閣府の方針を受ける形で、養護学校は生徒一人当たりの教育費がかかりすぎる、養護学校の維持について見直しの余地がある、こうしたいかにも市場原理に導かれた考え方で「義務化」当時とは異なる政策を採用しようとしている点です。国や政府の障害児教育への基本原則であった「種別と程度」に応じた障害児のための専門教育であるという主張は、いかに底の浅い、ご都合主義によるものだったか、その〈本性〉を露呈したわけです。

実は、この点も１９７９年の「義務化」に対し、根本からこれを批判する作業（日本臨床心理学会編『戦後特殊教育・その構造と論理の批判』１９８０年、社会評論社）において養護学校の存在自体を問題にすべきではないのか、とつきつめた問いを私たちはたてていました。当時、ソビエトの見方はこうでした。すなわち、ブルジョア国家では、「普通学校において正常な同年齢の子どもたちと一緒にいるということが、異常児たちに良い影響を与える」とするとされ、見解が流布されているが、本当のところは「特殊学校の建設は、多額の出資を必要とする」という財政負担の軽減のための打算的判断が働いていた。こうした見方でした。

特殊諸学校の組織化を正当とし、「別学」の体制を教育学的に正しいとするソビエトの見方に対して、私は「別学体制の存在は、…平等、差別からの解放という課題からすれば、社会主義思想そのものの問題性として問われるべきである」と批判的に言及していたことを想い出します。資本主義国家では、ブルジョアジーにとって、「設置」は不経済だとされ、「学校」は設置されないのだ！となる。現実はかならずしもその通りではないのですが。このような事情を踏まえると、日本での「義務化」政策をどう見るか、となったわけです。国際的動向は、今日、インクルージョン、インクルーシヴな教育が求められ、また共生共育が目指されるとき、今や、障害児教育にあって、「原則＝分離・別学」派、養護学校の積極的維持派は日本の民間教育運動の一角を占めてきた発達保障論派のグループが代表することになったのかもしれないのです。皮肉にも、養護学校は、〈共に学び、共に生きる〉派と、他方、市場経済勢力から挟み撃ちにされる状況をもたらしつつあるといえるでしょうか。養護学校の全面的廃止ということにはならないとしてもですが。

ここにも、市場経済のグローバルな展開が、戦後憲法・教育基本法体制のもとで直面してきた様々な教育問題に対応していくためには、「政策原理」の転換、切り替えなしには済まない地点にきており、それゆえに攻撃的で戦略的な「教育の構造改革」を展開して行こうとしているのではないか。もちろん、あらゆる領域での、このような原理転換に見える背景には、「冷戦の終結」、社会主義体制の崩壊という事態があるからです。判然としているわけではありませんが、私はそう見ています。

「教育基本法」改正に反対する運動が、教育基本法の近代主義的諸価値をテコにして、「教育基本法を守れ」という式の運動になっていることに私が危惧を抱き続けているのは、教育基本法体制のもとで何がなされ、何か拒否されたのか。私たちの過去60年に及ぶ経験と獲得された知見、思想をもって、この新自由主義国家、新保守主義国家という双頭の国家に、どう対応していくか、が鮮明にされずにいるからです。まずは原則的立場を明らかにしていくことが第一だと私は思います。

この意味で、「教育の構造改革」戦略の分析と位置づけを明らかにすること、それを介して教育基本法「改正」に対して、なすべきことが浮上してくるのではないか。

この点で、「改正」反対の言説を検討してみたいと思います。さしあたり、「能力」とは何か、そこから問題の核心に近づいていけるのではないか、そのようにしてみたいのですが、如何でしょうか。

小田原　まったく同意します。06年秋の時点で安倍政権が登場し、その政権公約における「教育の抜本的改革」という曖昧な表現の裡で何か画策されているのか、「教育の構造改革」戦略の分析を緻密かつ大胆にしておくことが、これの全容を明らかにする道であろうと思います。インタビューとしては、ここで終わらせていただいて、続けて各論として展開をお願いします。

11

熊野古道を歩く

373

・ｆａｄ（faith and devotion 関東神学ゼミナール通信）No.1 ~ No.21（April 2001 ~ June 2003）

熊野古道を歩く①

後白河上皇が分類・編集した今様歌謡集『梁塵秘抄』中、有名な

　熊野へ参るには、紀路と伊勢
　路のどれ近し、どれ遠し、広
　大慈悲の路なれば、紀路も伊
　勢路も遠からず

と謡われているとおり、熊野古道はさほど遠くはないのだが、「畳なはる」の言葉どおり山また山である。随分観光地化されたと嘆かれる熊野古道ではあるし、だからこそ素人でも歩けるようになっているのだが、ただ歩くしかないこの路を訪ねる人は、実際にはさほど多くはない。中世から近世にかけて「蟻の熊野詣」とまで言われたこの険しい道を、人々は何を思ってたどったのであろうか。後白河に同行した藤原定家がその『明月記』に「シシノセ山ニ攀ヂ昇ル。崔嵬嶮岨、巖石昨日ニ異ナラズ」と記した熊野古道である。

　信仰と行との関係を考えながらこの道を歩き始めた。しかしなに、思い詰めることとあってのことではない。綺麗に整備されてしまってはいるが新宮の駅裏には、中上健次の描いた「路地」の名残りもあるし、補陀洛渡海で知られる明るい那智の海もある。

熊野古道を歩く②

「信仰と行」について歩きながら考えるなどと書いたものだから、畢竟するに己の「信仰」に迷いが生じたか、とお喜びくださる方があっては業腹だから、一言述べておくことにする。後鳥羽、後白河など熊野詣を繰り返した本人にはそれなりの必然性があったのかもしれないが、えらく傍迷惑な者たちの信心にも興味はなく、一生に一度は熊野本宮へと早駆けのようにして、まさに「行」としか言い様のない旅をした民の思いを考えたい、あるいは芭蕉が七部集『ひさご』の連句のなかで、熊野にあこがれる上臈の心を「熊野みたきと泣き給ひけり」と中世の女性の心情を詠んだような思いを考えたいと思ったまでで、我が身一身のこととしては、親鸞が『歎異抄』で唯円に語った「自余の行をはげみて仏になるべかりける身が、念仏まうして

地獄におちてさふらはゞこそ、すかれたてまつりてといふ後悔もさふらはめ、いづれの行もをよびがたき身なれば、とても地獄は一定すみかぞかし」と心得ている。そういえば、石和鷹に『地獄は一定すみかぞかし――小説　暁烏敏』というのがあって大変面白かった。

関西にお住まいの方にとっては熊野は足掛かりのよい場所なのだが、東京からはアプローチそのものが長い。従って東京から行って中辺路を歩き通すのも2泊3日の旅三度では苦しい。最も簡単に熊野古道をちょっと味わうには、新宮からバスで本宮まで行き、そこからタクシーでかつて中辺路を歩いた人々が、ここから本宮の聖域に入ると認識した発心門王子まで行って、本宮へ向けて歩く道は、途中に廃校になった学校が今はちょっとした山の家として利用できるようになっている所のわき水のある水呑王子を過ぎ、杉木立の山道を進んで伏拝王子に至る。伏拝からは深い谷の向こうに熊野本宮大社の旧社地、大斎原（おおゆのはら）が見下ろせる。その背景には熊野詣での難所の一つと言われる大雲取越えの険しい山稜が屏風のように建っている。伏拝からは茶畑の横から尾根を南下する。車道に架けられた吊り橋を渡ると九鬼関所跡、三軒茶屋跡。そして有名な「右かうや十七里、左きみい寺三十一里」と刻まれた標石がある。ここが中辺路と小辺路の追分け。本宮から高野山へはここで右の道小辺路をたどったのである。ゆるやかな地道が続き、石畳も現れる。祓戸王子後まで至るともうそこは本宮の地続きである。桧茅葺きの社殿に裏側から入っていく。祓戸王子周辺の集落については中上健次が『紀州――根の国』に書いている。

熊野古道を歩く③

熊野古道九十九王子といわれる道は、阿倍野王子社から始まり紀伊半島西岸を南下するが、大阪からの街中を歩くのは現在のところ少々気が重い。

紀伊路は、田辺から路を東にとって中辺路になる。田辺市内に出立王子（田辺王子）、秋津王子、丸（万呂）王子とあり、一応比定地もあるが、はっきりしないし車道でもあるので、左会津川に架かる善光寺橋を渡って臨済宗妙心寺派の古刹報恩寺の左脇を通って三栖王子から歩き始める。紀州梅の梅林の中の道である。王子跡はちいさい広場になっていて石碑がある。ここから県道を渡って案内標識はあるものの整備されていない地道が続く。本当にこの道でいいのか不安を覚えるが、頂上にまで至り、きつい下り坂を通って車道を横切り三栖谷池畔を通過して、西行が熊野詣の途次に歌を詠んだ八上王子へと至る。

待ちつきる八上の桜さきにけ
り　荒くおろすな三栖の山風

『山家集』に入集しており、『西行物語絵巻』に、西行がこの歌を瑞垣に書きつける場面が描かれているので西行の歌ではあろうが、この平凡はどうしたことか。新古今集第十六に法橋行遍という僧の歌があり、詞書に「月明き夜、定家朝臣に逢ひて侍りけるに、歌の道に志深きことはいつばかりよりのことにかと尋ね侍りければ、若く侍りし時、西行に久しくあひ伴ひて聞きならひ侍りしよし申して……」とある。宮廷歌人俊成の子にして新古今の選者定家にこう言わしめた西行であり、それまで神仏習合を厳に拒絶し、僧徒の内外宮参詣も拒否してきた伊勢神宮に、僧衣で参詣し、「さかきばに心をかけむゆふしでておもへば神もほとけなりけり」と詠んだ西行、保元の乱後讃岐に配流され、『保元物語』によれば、「其力を以て、日本国の大魔縁となり、皇を取て民となし、民を皇となさん」とまでの思想形成をした崇徳に「よしや君昔の玉のゆかとてもかからん後は何にかはせん」とまで詠み放った西行の歌としては、王子高畑山一帯にどれほど山桜が美しかろうと、下句の凡庸は気を抜いているとしか言い様がない。西行も人の子であると考えるほかなかろうか。

八上王子から稲葉根王子へ。稲葉根王子は王子谷の入り口にあり、富田川のほとりにある。かつては準五躰王子あるいは五躰王子とされ、中世には有力な王子であったが、近代以降変遷があり、現在はひっそりとしている。目の前が石田川（富田川）である。藤原宗忠の『中右記』によれば、ここを一九度も渡ったと記している。袖を濡らして歩くことそれ自体を清めとしたのだろうか。藤原頼資の『修明門院熊野御幸記』には、この川の一ノ瀬付近で九名が溺死したとある。増水していたか。今は、ひと二人並んで歩けば精一杯の手摺りのない古い橋が架かっている。ここを手ぬぐいを姉さんかぶりにした老女が自転車に乗ったまま渡っておられた。辺り、他に人影はない。

熊野古道を歩く④

　中辺路を田辺から本宮へとたどる道は、滝尻王子からいよいよ険阻そのものになる。滝尻古道館が富田河畔にあり、中辺路の概要はここで知ることができる。滝尻王子は奥州藤原秀衡による建立とされており、秀衡奉納の宝剣を神宝としているとのことであるが、この辺りのことについては関心の外である。境内の小さな社殿の左脇から熊野本宮への道が続く。『中右記』に「己が手を立てたるごとし」とあるのは大げさではない。標高差3百メートルほどをほとんど直登である。途中に不寝王子があり、振り返れば熊野の重畳たる山並みであるが、そんなものを見て楽しむどころではなく、ただ、早朝弁当を持たせてくれた民宿に戻るような無様だけはしたくないという思いのみで前へ上へ進む。剣山経塚跡、飯盛山を通過すればやっと急登が終わる。この間3時間。巡幸だか御幸だか、いい気なものの遊びと信仰とが不分明な輩などの熊野詣などはこれまた関心の外であるが、これを輿を担いで登らされた者たちの心中と身体とはいかばかりのものであったか。

　自分はいったい何をしているのか、こんなことに何の意味があるのかだけが想念を渦巻く。

　秀衡桜なるものの側に、「鶯や　御幸の輿も　ゆるめけん　虚子」の碑。

　短詩のあやうさの典型である。

　今日乞食逢驟雨
　暫時廻避古祠中
　可笑一嚢與一鉢
　生涯瀟灑破家風

　今日食を乞うて驟雨に逢ひ
　暫時廻避す古祠の中
　可笑なり一嚢と一鉢とを
　生涯瀟灑破家の風

　この良寛の無一物の清々しさ、「おのが決断の結果とはいえ、この無様さは笑うしかない」との自己放棄のすさまじさに比して、己の身の重荷を背負うがごとき辛苦のふりの愚劣さ。良寛に出会って「身心脱落」の境地を知り、己れの執着を思い知らされた。

　人家の気配を感じて高原の集落にいたり、高原熊野神社の樫、楠の大木はさすがに熊野街道では最古の神社の杜の趣を持ち、室町時代創建の春日造りは、耕して天に至るのままの稜線の集落を生きてきた人々の歴史を思わされ粛然とする。

　この集落にイーデス・ハンソン氏がお住まいだそうだ。

　高原旧旅篭通りを過ぎ、近露までは人家なし。廃屋が一戸あったが日々のたつきを一体何に求めていたものか。大門王子社、十丈王子跡辺りは緩やかな起伏で楽しい散歩気分である。悪四郎山の山腹を横切ると上田和茶屋跡。大正時代まで集落があったとのことであるが、茶屋一軒はともかくとして、集落の他の家はどう糊口をしのいでいたのか。両側切り立った稜線上である。

熊野古道を歩く⑤

前号で大きな誤りを犯した。滝尻王子社は奥州藤原秀衡による建立とされることから、連想だけが走ってしまい、秀衡が熊野参詣の途次滝尻王子社からの急峻な上り坂の途中で妻が産気づき、男児を出産したが、熊野権現の夢の告げによりその子を後に「乳岩」と名付けられた場所に置いて先を急ぎ、我が子の無事を願って桜の木を手折って異木に継いだといわれる桜は、まだ先の継桜王子という所であった。虚子の句碑もここにある。

　「王子」と何度も書いたが、ここで「王子」とはそもそも何であるか若干の説明をしておく。

　小山靖憲著『熊野古道』（岩波新書）からの受け売りにすぎないが、『梁塵秘抄』に、王子の代表格である若王子に関して、「熊野の権現は、名草の浜にこそ降りたまへ、若の浦にしましませば、年はゆけども若王子」と、「神の家の子公達は、八幡の若宮、熊野の若王子子守御前、比叡には山王十禅師、加茂には片岡貴船の大明神」なる歌謡がある。前者の歌では、王子が熊野権現の分身として出現すると認識されており、後者では、王子は八幡の若宮などと同様に熊野権現の御子神であるとみなされている。これから小山氏は「王子とは熊野権現の分身として出現とした御子神である」とし、ではなぜ御子神を王子と呼称するかについては、「修験道の考えに由来すると思う。修験道では、峰中などで修行者を守護する神仏は童子形をとって荒々しい力を発揮するとし、大峯には八大童子、葛城には七大童子を祀っており、王子もこれらと類似した神仏と考えられる」とする。

　上和田から逢坂峠、大坂本王子跡を経て、道は俄に人気づき国道近くになり、再び山に分け入って箸折峠に着く。ここに牛馬童子像がある。17歳で天皇位に就き19歳で追われた花山院の熊野詣の姿を刻んだとされる。

音なしの　山にや今日は
うぐひすの　こえめづらしく
人の聞くらん
花山法院

何の感興も湧かず。しかしこれが和歌の本道であるのかもしれない。花山についてはまたの機会もあろう。「少年　父を捨てて他国に走り　辛苦　虎を画いて　猫にもならず」の良寛を考え続けること。熊野といえば一遍である、これを学ばねば。

熊野古道を歩く⑥

箸折峠の名の由来は花山院が熊野詣での途次、昼食のために萱の枝を折ったことに発すると言われるが、この種の貴種にまつわる伝説は多い。蘇我赤兄にそそのかされて斉明天皇ならびに皇太子、後の天智に謀反を企てたかどで19歳で絞首刑に処せられた有馬皇子が護送中に詠んだ歌として名高い

家にあれば笥に盛る飯を草枕
旅にしあれば椎の葉に盛る

など、紅涙を絞らせるのかもしれぬが、萱を折ろうが椎の葉に盛ろうが、貴種に関心はない。貴種にも実存の悲しみがあるなどと言い募る者など世の現実から遊離してしまっている太平楽な時代の宗教家の類いばかりである。『方丈記』の鴨長明が言っているではないか、「公卿の家十六焼けたり。ましてその外数へ知るにおよばず」。歴史の裏に閉じこめられた「ましてその外の数」にのみ関心は向く。親鸞然り、一遍然り、良寛然りである。

牛馬童子像が熊野詣でする花山院の姿を刻んだと書いたが、それにしても前号で挙げた歌のみでは花山への手向けとしては不十分であろうから、藤原氏の政略により退位せざるを得なかった花山の歌をもう一首。新古今集への入集歌七首の一首。

色香をば思ひも入れず梅の花
常ならぬ世によそへてぞ見る

退位後剃髪して花山寺に入る。仏道に生きるほか生き方はなかったろ

う。歌意は一切が無常である、に尽きる。仏道に生きて熊野とは、と一神教のみが宗教であるとする観念からは遠いが、神仏習合などという生やさしさでは熊野はない。一遍もまた熊野へ行った。

牛馬童子像からは長い下りが続き途中近露の盆地遠景。

歩きながらまた益体もないことを考える。「遊行」という仏教が釈迦以来の歴史として刻んできた「行」のひとつの形についてである。五木寛之の『風の王国』の最後の場面に、二上山に若い男女が入って、「歩行」をするという場面がある。ここでの「歩行」は修験の行法ないし行の形というより、日本の民俗の根本にある身体行動であろう。一遍が駆り立てられるがごとく歩くというのも仏教以前の漂白の思いではないか。悟りを求めて修行する上昇志向の旅であったかどうか。一遍で未だ理解できないのは、何度か故郷に帰っていることである。すぐそこから出立するのだが、故郷とそれにつながる人間関係を捨ててしまった者には、その行動と心情は測りかねる。漂白と故郷回帰と。故郷阿波で死期を悟り、兵庫に渡ろうとする時、『一遍聖絵』は教信の寺で死にたいと書いているが、その先はどこでもよいとも言っている。「その先」こそが「遊行」であろう。

熊野古道を歩く⑦

既に記したが、花山院の熊野詣での姿をうつしているのではないかと巷間いわれる牛馬童子像のある箸折峠を下ると眼下に近露の集落が一望できる。日置川に沿った盆地で、人家のない山中を歩いてきた者にとっては、瞬時心休まるのどかな風景である。第四回目の熊野参詣に藤原定家を同行した後鳥羽上皇は、ここ近露で和歌会を開いたことが定家の『明月記』に記録されている。いったいに上皇の熊野参詣ではしばしば和歌会が催されているが、和歌会のみならず白拍子、馴子舞、里神楽、相撲など、さまざまな芸能が神仏を楽しませる法楽として演じられるが、もちろんそれだけではなく上皇たちの放恣な遊びも兼ねてのことである。この時の定家の歌は残念ながら残されていない。

しかし、定家の記録によれば、その旅の速度はなまなかのことではない。京を発って一三日目に秋津王子を出発して稲葉根王子、石田河渡渉（何度も渡渉を繰り返し、それ自体が清めの儀式であった)、滝尻王子で和歌会、一気に登りかかって山中の小屋で泊。一四日目は十丈峠・悪四郎山、逢坂峠を越えて昼ごろ近露に着き、ここでまた和歌会を催してすぐに出発し、この日は湯河宿で泊、着いたのは深夜、という具合である。

定家はこの「御幸」に選ばれた当初は、「奉公の中、宿運然らしめ、感涙禁じ難し」などと記しているが、本宮に着いたときには、「心神無きがごとし、殆ど前途遂げ難し」という状態になっている。信仰というか、遊びというかいずれにしても権力者の道楽は今も昔も傍迷惑なことである。

日置川のほとり小さな森の中に近露王子の碑がある。揮毫は大本の出口王仁三郎という。この辺りかつては熊野参詣道の宿駅としてひらけた所であるが、現在ほとんど車道か舗装された里道に吸収されて古道の姿はない。

大坂の王子を過ぎて行前もは
や近露になりぬらん
宴曲抄

熊野古道を歩く⑧

中辺路近露—小広間の古道は、現在の生活道に吸収されてしまっている。

近露王子での和歌会に、藤原定家は「峯月照松」、「浜月似雪」の二題を受けて自歌二首を提出している。「さしのぼるきみをちとせとみ山より　松をぞ月のいろにいでける」と「雲きゆるちさとのはまの月かげは　そらにしぐれてふらぬしらゆき」である。これを生業としている者ではあれご苦労なことである。

日置川河畔にある王子を左手に見て、進む道の両側には、近世まで宿であった家が並ぶ。県道から左に入り、『太平記』の「大塔宮熊野落事」に出る当地の豪族の長瀬一族の墓地を通過して、近野小学校への上り坂で振り返れば、辛苦して歩ききった熊野の重畳たる山なみ。舗装された生活道とはいえ、古道の趣は残っており、小さな集落がこんな所にまでと感慨深い。

歩きつつまた思う。宋の禅者芙蓉道楷著『嘉泰普燈録』巻三、芙蓉伝中の「夫れ出家は塵労を厭い生死を脱することを求めんが為に、心を休め念を息め攀縁を断絶す。故に出家と名づく。豈に等閑に利養を以て平生を埋没す可けんや」の謂を。また良寛の絶句「一衣一鉢裁随身　強扶

病身坐焼香　一夜蕭々幽窓雨　惹得十年逆旅情」（一衣一鉢裁に身に随へ、強ひて病身を扶けて坐して香を焼く。一夜蕭々たり幽窓の雨、惹き得たり十年逆旅の情）を思う。

「塵労を厭い生死を脱することを求めん」と願いはせぬが、良寛が玉島円通寺で師国仙和尚から洞門一流の法を嗣いだ後、その行跡は定かではないが、20年の遊行行脚「一夜蕭々幽窓雨　惹得十年逆旅情」の日々が何故であったのかを体得したいとは願っている。ふとイエスはあれほどまでの短期の公活動期に何故の旅であったかをも思う。駆り立てるかの如きガリラヤの経巡りは。

　近野の集落を抜けて野中への道中、この辺りは榁の出荷時期らしく、仕事に精を出す老人を見かける。かつて榁は自生していたが、植林が進み今は栽培とか。姿を見るのは老人のみ。空き屋点々として寂しい。

熊野古道を歩く⑨

　近露王子から比曽原王子への道も舗装された生活道に吸収されてしまっている。この王子というのも興廃ありなかなか難物である。王子社を支えた集落ごと捨てられてしまったものもあれば、近世に興されたものもある。王子社そのものの盛衰について特段の感慨があるわけではないが、民衆の信を巡っての歴史にはそれなりの思いはある。藤原宗忠が熊野に参詣した１１０９年（天仁２）年には、近露王子から中川王子までの間に王子社は記されていない。それが、１２０２（建仁元）年10月に後鳥羽上皇の熊野参詣に随行した藤原定家の『熊野御幸記』には「ヒソ原」王子として見られるので、この百年弱の間に王子社として建てられたのであろう。従って１２１０（承元４）年4月に、修明門院に随行した藤原朝資も近露王子の次に「檜曾原」王子に参拝している。この比曽原王子も江戸時代には荒廃激しく、跡を留めぬまでになっていたのを、現在残されている石碑を建立したようであるが、明治末期に石碑だけの比曽原王子神社として、金比羅神社（現、近野神社）に合祀された。なんでもかんでも神社にしてしまった日本近代史初期の無残がここにも跡を残している。

　ところでまったく話題が変わるが、先日久しぶりにお目にかかった前用賀教会牧師小泉達人先生（現大住雄一東神大教授・小泉先生これくらいの嫌味はお許しください）から、『宗教を考える―キリスト教と仏教の対比を軸として』（新教新書247）というご著書をご恵贈いただいた。昨日落掌したので電車の中で読み始めたところだが、榑林皓堂氏から『正法眼蔵』を学ばれ酒井得元氏からも同様に道元を学ばれたとのこと。東京教区で対立した関係であったが、どういうわけか心にかけていただく関係が続いており、わたしも学ぶところ少ないながら仏教に関心を持つ者として、小泉先生のご著書を熟読して、この欄でもそのうち紹介したい。

熊野古道を歩く⑩

比曽原王子から舗装された県道に吸収されている古道を歩くが両側は植林された杉が続き眺望はない。ただ次の「継桜王子」を目指して黙然と歩くのみ。各地の王子は地名を冠して呼ばれるが、ここ野中にある王子は「継桜」の呼称が用いられる。定家の『御幸記』にも王子社の名として記されているが、初出は中御門宗忠の『中右記』で、「道左辺有継桜樹、本檜木也、誠希有也」と見られる。檜に桜が接ぎ木されていたことからの命名である。藤原秀衡との関連伝説もあり、その縁で中尊寺の庭に現在三代目といわれる挿穂が移植されている。伝説そのものは如何に伝わろうがたいした興味はないが、こういう伝説に含まれる熊野信仰が陸奥の地にまで及んでいたことは、文化の伝播の問題として考えておかねばなるまい。継桜王子は若王子権現として野中の集落に住む人々の氏神となっていた。先の近露王子と同様に明治42年、近野神社に合祀され、ここにあった一方杉と呼ばれる社叢の杉は売却され伐採の危機にあったが、南方熊楠の獅子奮迅の働きを得てかろうじて残っている。その折りに南方が和歌山県知事に宛てた書簡に「（古社の森林には）殖産用に栽培せる森林と異り、千百年斧斤を入れざりし神林は、諸草木相互の関係をはなはだ密接錯雑致し、近ごろはエコロギーと申し、この相互の関係を研究する特殊専門の学問さえ出て来たりおることに御座候」とあるは、如何にも南方らしい。

継桜王子社は、各地の王子社がほとんど衰退した現在、かつての王子社はかくやと思わせる風格を持つ。ここに斎藤茂吉の句碑あり。「鶯や　御幸の輿も　ゆるめけん」。山中にある人々の暮らしに一顧もせぬ句である。古道からやや下って、かつて傾斜地にへばりついて暮らした人々の生活水であり、熊野詣の人々の喉を潤したであろう野中の清水がある。美味かろうが不味かろうが己らがしでかした結果としての水道水を喜んで飲ませていただいている身に、名水など何の興趣も湧かないが、軽トラックでこの水を汲みに来ている者が多いとのこと。この清水の脇に蕉門の服部嵐雪の句碑。「すみかねて　道まで出るか　山しみず」。自然への率直な驚きを表現して嬉しい。ひとの感興を揺さぶる句を多く残した茂吉よ、この句のスケベ根性を恥じよ。北杜夫よ、息子の責任においてこの句碑は破砕せよ、と疲れのせいで怒る。継桜王子社のほとりのとがの木茶屋の老女の口紅の異様な赤さもしばらく夢に見た。

熊野古道を歩く⑪

藤原定家の『後鳥羽上皇御幸記』によれば、一行は熊野高原の集落を出て急坂を登った大門王子付近の山中の小屋に旧暦10月13日に泊。定家は、「此ノ所又不思議奇異ノ小屋ナリ。寒風甚ダ堪へ難シ」と記している。翌朝出立、十丈峠（重點王子）・悪四郎山を登り、逢坂峠から長く急な下りを経て大坂本王子を辿って前々回の本文に書いた近露に昼ごろ到着。ここでまた歌会をして出発し、比曽原王子・継桜王子・中川王子・小広王子・岩神王子を通過、それぞれに奉幣等儀式をしてのことであるからなかなかに大変な旅程を経て、その日の宿泊地湯川（湯河とも表記）に夜中に着いている。一日の全行程約22キロ。平坦な道ではない。「咳病殊更ニ発ル。為方無シ。心神無キガ如シ。殆ド前途ヲ遂ゲ難シ」という定家ならずとも察するに余りある。熊野詣の旅程は、必ず陰陽師が占ってすべてを決定するのだが、どういう事情でこういう無理な日程になったのか詳らかではない。

　現在中辺路を歩いて旅する者は、後鳥羽のように信仰だか遊行だかはたまた放蕩だか知らぬが、なにぶんにも上皇であるから、大きな寺社が宿所にあてられるとき以外は国衙が宿所の設営にあたるというような具合にはゆかず、たいていは近露で宿をとると一気に本宮まで歩くしかない。途中に宿はない。山中約27キロの行程である。

　野中の継桜王子を過ぎて中川王子への道は、近世以降に熊野参道として整えられた道らしく、藤原宗忠の『中右記』天仁2年（1109）条には、「早に此所（近露の宿）を出、蘇波々多（未詳、蕎麦畑か）を過ぎ、仲野川を渡り野渡に出る。大なる臥木橋をなす。道の左辺に継桜樹あり。また仲野川を渡ること数度、酉の刻仲野川の仮屋に留る。（中略）今日の行程百余町云々」とあるとのこと（戸田芳実『中右記…躍動する院政時代の群像』による）。これからすれば、当時の熊野参詣道は仲野川（現在の野中川）沿いであったらしく、近世以降の道より遙か下方であったようだ。中川王子跡は、国道を高尾隧道口から少し上手の山中左手にある。辺りに人家はない。

熊野古道を歩いてしみじみと実感させられるのは、道の変遷による生活圏の変化が、集落の存亡と大きな関係があるという当然のことである。到るところで捨てられた集落跡を目にする。

熊野古道を歩く⑫

中上健次は『紀州―木の国根の国物語』に「本宮に、熊野三社のひとつがある。本宮の神社が明治二十二年の水害によって流され、熊野川のやや上流の現在の場所に移った、とその本宮に入って初めて知った。その元の神社跡に行ってみる。『明暦丙申立』と裏にある石碑に、『森殺生穢悪』とあった。神社の中で、殺生や、穢れや、悪を禁ずるとの意味であろうが、紀伊半島の土地土地を経巡る途中の私には、それはことさら眼についた。つまり、楷書でしっかりと書き彫り上げた石碑の筆づかいから、その筆を持って文字を書く人間の、自信とおごりに対する驚きと、反感だった。自然は、八百万の神々はそんなになま易しくはない。自然はもっと生き生きとある。そう思った。神々は一度や二度、打ち倒されてもなおもぞもぞと生きながらえてある。自信とおごりとは、つまり堕落のことだろう。本宮という神の場所ではなく、碑に文字を書いた人間、それを建立した者の人為が、この本宮という場所を、閉塞させている、と思った。神の場所とは、貴と賤、浄化と穢れが環流し合って、初めて神の場所として息づく。」と書いている。

中川王子を通過して、小広王子から熊瀬川王子へと歩きながら、しきりに中上のこの言葉を思っていた。熊野詣は代受苦（後世の苦しみを現世で代わって受ける）の旅だとも言われる。誠に熊野参詣道は艱難辛苦の道である。一歩一歩登りつめ、峠に辿り着くと厳しい下りとなり、下りつつ向かいの急坂を上る覚悟を決めねばならない。小広王子から熊瀬川王子への道を近世の人玉川玄竜著『熊野巡覧記』は「誠に今も樹木生い繁り、日の光さへ稀なり。道は常に湿りて足をはこぶにものうし。西の坂を下るやいなや、また東の坂にのぼる。朝の霧谷を埋めては樵夫も道を失ひ、夕のけぶり峰を蓋ふては旅人の思ひをまし、猿の嘯に腸を断とや。」と書く。

　こうまでして辿り着いた本宮は、中上の描く人間世界である。他人事ではない。宗教とは何なのか、深く考え込む。

　作家神坂次郎は『紀州歴史散歩…古熊野の道を往く』（創元社、元・中公文庫）に「都から十余日。人びとはそんな熊野の、三千六百峰の山塊をよじのぼり、谷をくだり、足裏に血をにじませ、僻遠の彼方にある熊野三山の聖地を目指した。かつて、熊野は日本のなかの異邦であった。熊野がよく謎の国、神秘の国といわれるのもそんなところからきているのであろう。もともと熊野とは、隠国（こもりく）、隠野（こもりぬ）の意であり、祖霊のこもりなす根の国、女神イザナミが赴いた黄泉の国であった。中世、蟻の熊野詣と称われるほどのおびただしい貴紳衆庶が喘ぎながら、あこがれの熊野にむかったのも、そこがこの世の外のあの世であり、聖なる冥府であったからだ。熊野はこれらの人びとが俗塵にまみれた過去の自分をその『死者の国』に葬り、あたらしく甦ろうとしてたどる還魂蘇生の『黄泉還り』のための道であった」と書いている。「俗塵にまみれた過去」を葬りたいなどとは願いはせぬが、すれ違う人もない山中行は人家もなく夏でもない限り宿を借りることはできない。清水が流れる熊瀬川の畔に茶屋跡あり。熊瀬川王子跡があるが、藤原宗忠の『中右記』には昼養したとはあるものの王子の記載なく熊瀬川王子の性格は明らかではない。

　続く岩神王子は、王子跡の痕跡らしきものはあるものの、変哲もない峠である。ただ、『中右記』に、社のそばに食糧尽きて蹲っていた目の見えない人があり、食事を与えたと記され、これを知っていれば熊野詣が何であったのかを思わせられる。この峠近く、道者の墓標あり。生きてあることの寂しさを思う。

五月六日「朝日歌壇」の近藤芳美選に採られている歌、「ヒューヒューといずくゆ風鳴る旧約の世界かジェニンの虐殺の春　村山香代子」。近藤さんはその評に「ひとりの心の悲しみ」とし、深く同意するが、わたしはひとり「殺意」を研ぐ。生きていることの寂しさ。

熊野古道を歩く⑭

前回の岩神王子から次の湯川王子へは2・2キロ、かなり険しい下り道である。坂を下ると湯川谷に沿ったなだらかな道となり、道ばたに「おぎん」の墓がある。この地の郷士湯川豊之丞に求婚された京の芸妓おぎんが、この地で盗賊に殺されたという伝えのあるものである。１７９４（寛政６）年の玉川玄竜の『熊野巡覧記』に「湯川村　茶屋あり、泊りよし。入口に谷川、土橋あり。湯川庄司此所より出る。熊野八庄司の一人なり」とあり、湯河一族墓地がある。ここは、戦国時代に日高郡の御坊平野に進出し、紀南では最大の勢力をふるった湯河氏の発祥の地であり、室町時代の北野殿熊野詣日記にも、奥と端の両湯河氏が登場し、北野殿たちの接待にあったという記録があると、中世史家小山靖憲の『熊野古道』にある。１９６３年日本経済が戦後を脱しつつある頃廃村になり、屋敷跡が植林の中に点在する。都市へ都市へとひとびとが流出した時である。王子社だけが旧住民によって近年再建されているが、熊野全域を覆う植林に廃屋が飲み込まれてゆく周辺の様子と王子社は、この頃山村を歩いていしばしば見かける廃屋の敷地に寂しく建つ屋敷神に似て、心沈む。

岩民王子から音無川の源流に近い猪鼻王子への道は、定家が『熊野御幸記』に記している「今日の道は深山にして樹木多く、莓苔（ばいたい＝こけ）ありて、それが枝に懸かること藤枝の如し、遠くより見れば偏に春の柳に似たり」という深山特有の風景である。

熊野山中を歩きながら、またぞろ日本中世を仏教的思惟による統合への時代相と捉えた黒田俊雄の例の「顕密体制」論から群立争乱の時代相へと転換する鎌倉から室町の時代にいた遁世・遊行の一群のひとびとのことを思う。統合化を拒絶し行と放浪乞食のあわいを生きたひとびとの在り方から、伝道の呼号のみ空しく響くわが教団にあって、別の有り様の手がかりを掴み取ることはできないか。体制化し正統的地位を欲する宗教団体に抱え込むことによって民衆の何が解決できるというのか。

　たくほどは　風のもてくる
　　落葉かな

今、国上の五合庵に建っている、良寛の句である。

熊野古道を歩く⑮

猪鼻王子から発心門王子へ

　藤原定家の建仁元年御幸記で「猪鼻」とあり、『中右記』には「亥之鼻」、『九十九王子記』には「井鼻」と記されている猪鼻王子は、音無川の水源である。熊野三山の中心である本宮は、明治時代中期に水害で元の社殿が流され、現在地に移されたが、元は熊野川・音無川・岩田川の合流点にあった。中辺路の厳しい山行はいよいよ最後の道程にさしかかり、中世史家五来重の説によれば、音無川の名そのものが忌籠の潔斎と慎みを意味し、禊の川として、熊野詣といえば、音無川を連想するまでにその名が知られるようになったとのことである。『拾遺集』に清少納言の父である清原元輔の「くまのへまゐりける女をとなし川よりかへされたてまつりてなくなくよみ侍りける」と詞書された歌がある。「音なし川のながれは浅けれどつみの深きにえこそわたらね」。またそれへの返歌の形で同人の「忍びてけさうしはべりける女のもとに遣はしける」と詞書して「音なしの川とぞ遂に流れ出づるいはでもの思ふ人のなみだは」と、まあ貴族社会に棲息する男のほとんど無意味な歌が入集している。もちろん元輔は熊野へなど行ったことはない。しかし考えてみればこれが「和歌の本道」であるのかもしれない。後鳥羽院もまた「はるはるとさかしき峯を分過て音なし川をけふ見つかるかな」（『夫木抄』）と読んでいて、こちらは熊野詣の目的はともかくとして実感ではあったろう。

　猪鼻王子からはまたひと登りで、発心門はすぐである。

　発心門王子の当時の姿を伝えている最も古いものは１１０９（天仁２）年の中御門藤原宗忠の『中右記』で、「亥の鼻を過ぎ、次いで発心門に入る。先づ其前において祓す。これ大鳥居なり。参詣の人、かならず此の門の中に入る。遙に見遺り心はなはだ恐し。次いで王子に参り幣を奉る」とある。

続いては、藤原定家『後鳥羽院熊野御幸記』。1201（建仁元）年10月15日。「慧日光前懺罪根、大悲道上発心門、南山月下結縁力、西刹雲中吊旅魂（慧日光前罪根を懺す、大悲の道上発心の門、南山の月下結縁の力、西刹の雲中旅魂を吊す）」という詩と、「いりかたきみのりのかとはけふすきぬいまよりむつの道にかへすな」という歌を記している。

熊野古道を歩く⑯

発心門王子

前号で、発心門での藤原定家の歌を引用しておいたところ、まるで意味がわからない、もう少し説明をすべきである、というお叱りを受けた。「いりかたきみのりのかとはけふすきぬいまよりむつの道にかへすな」の歌である。漢字と濁点を入れて引用しなおしておく。「入り難き御法の門は今日過ぎぬ今より六の道に返すな」で、「入ろうとして入れない法の門を潜ったからには、ふたたび六道苦の道に引き返さぬようにしたい」くらいの意であろう。

それにしても熊野と仏教の言葉である「発心」とは何とも馴染みの悪いことではないか、とキリスト教などという「一神教」の者には思われるのだが、「発心」という仏教用語に出会ったついでに、これまた理解の難しい「王子」について南方熊楠の文を引用しておくことにする。「熊野九十九王子など申すこの王子も、もと仏教より出でし語にて、神の子をまつりしとの義にはあらず。菩薩はもと梵語ボンジサットア（菩提薩多と音訳す）を約（つづ）め音訳せるにて、旧くはこれを法王子と意訳せり。例えば『大方等陀羅尼経』に、〈南無釈迦牟尼伝、南無文殊師利法王子、虚無蔵法王子、観世音法王子、毘沙門法王子、云々、かくのごとき菩薩摩訶薩は、まさにその名を念ずべし〉。両部神道には諸王子をこの法王子すなわち菩薩の現身と見たるゆえ、法を省いて王子とせるなり。すなわち出立王子は観世音法王子の現身という風に見立てたるに候」（岩田準一宛書簡）。なるほどそういうことですか、と思うのみでそれ以上の感懐はない。要するにわたしなどこの世界にとっては無縁無き衆生でしかないので、神道と仏教の混淆の在り方など何度聞いても読んでも、理解はできても腑には落ちない。ただそのことと「信心」の誠とは関係なかろうと思うばかりである。

この雑文もそろそろ止めようと思

っているのだが、「熊野詣」を続けている理由の一つに、894（寛平6）年に遣唐使が廃止されたのを機に、それまでの唐風文化から国風文化へと文化のナショナリズム運動が起こり、白河上皇の恣意によって「熊野詣」が開始された、とわたしは考えており、それを体感したいと思ってのことであることを書いておきたい。だからどうしたについてはまたいつか。

熊野古道を歩く⑰

水呑王子

　五体王子の一つである発心門社を後にすると、古道は現在の車道に吸収され、道はなだらかな舗装された下りがしばらく続く。車道を右に折れて古道となり、樹木に覆われた薄暗い道を進んで、急に明るく開けた所に出ると水呑王子である。中御門宗忠の『中右記』には「次参内水飲王子奉幣、新王子」とあるので、この王子は1109（天仁2）年頃に設けられたのであろう。「内水飲王子」とあるように、この王子は他に「水飲、内湯」など異なって表記されているものがあるが、現在の王子跡の碑は「水呑王子」となっているので、これに従っておく。

　明るく開けた場所というのは、かつてここは三里小学校水呑分校のあった所で、いったんはホテルの経営するレジャーランドの施設に転用されていたが、それも廃れてまたもとの静けさを取り戻している。運動場跡には芝が貼られ、公園風にしつらえてあったようだが山中の公園というのも奇妙なものでかえって荒廃の気配が濃い。別にここだけではなく、山を歩いているとしばしば廃校に出会う。子どもたちがいなくなった山村はひっそりと寂しい。

　この辺りは古道が整備されているので、吟行地として用いられているようで、本宮町の観光協会が主催する歌会の第一回選者の前登志夫が

　果無の山並みわたる初冬の雲きらきらし石畳みち

　第2回選者馬場あき子が

　遠ふぶきみゆるはてなし山脈に暴れ羚羊棲むもうれしや

　などという歌を発表している。果無山脈とは、中辺路の途中高原熊野神社辺りから高所に出れば眺められる十津川ほどまでの重畳たる山並みの総称である。南紀の山はそれほど高くはないが深い。

　本宮までは間もなくである。

熊野古道を歩く⑱

伏拝王子

本宮大社旧社地大斎原《おおゆのばら》を遙か前方下に見て、中辺路の産地を辿ってきた者たちが「伏し拝んだ」ことからこの王子の名がついたとのことであるが、ここには尊敬してやまない歌人和泉式部が遺したと意図的に偽って伝えられている愚劣極まりない歌が歌碑としてある。実はこれは、遊行について、あるいは「信」そのものについて学ぶことの多い一遍の時宗の作為になるものであるが、一遍その人が関与しているのかどうか（いずれの宗教にしてもそうだが、後継世代の堕落の証左であろうが）断定する自信がないので、この件は次回にする。

ところで修験道では、山中を歩いて修行することを抖藪（とそう）といい、その回数によって臈を積み、行を練ることができるといわれる。例えば実物を拝見したことはないのだが、檀王法林寺蔵の「熊野権現影向図」といわれるものは、和歌山県立博物館の図録「熊野もうで」によると、「熊野を熱心に信仰していた奥州名取郡の老女が四十八度の熊野参詣を発願し、四十七度まで果たした、あと一度を残して七十歳という高齢に達したので、御神体を拝することを祈念したところ、那智・浜の宮へ来るべき旨の教示があり、その地において、ついに紫雲湧き立つ中に熊野権現の本地仏・阿弥陀如来のお姿を拝することができた」というような話の根拠は、この修験道の考え方に根拠があるのだろう。「行」とはいずれもこういうことに違いない。

ところで平安時代末から鎌倉期にかけての貴族たちの熊野詣での回数を以下（次ページ）に挙げる。

この数字をどう読むか。これまで何度か引用した『中右記』を書いた藤原宗忠は、その著の中に「遠く洛陽を出て、幽嶺を登り、深谷に臨み、巖畔を踏み、海浜を過ぐ。難行苦行、存るがごとく亡きがごとし。誠にこれ生死の嶮路を渉り、菩提の彼岸に至るるものか」と書き残している。「菩提の彼岸に至」りたかった者は多くいたであろうに、抖藪の回数を云々されたのでは、生活者は端から諦めるしかなかったか。ここでもまた「信」とは何であるかを、自らの在りようを含めて問われる。

	人名	回数	頻度
上皇	白河	9	4 年 10 カ月に 1 回
	鳥羽	21	1 年 7 カ月に 1 回
	後白河	34	1 年に 1 回
	後鳥羽	28	10 カ月に 1 回
女院	待賢門院	13	
	美福門院	4	
	修明門院	11	
	七条院	5	
貴族	藤原資実	25	
	藤原頼資	22	
	藤原宗行	22	
	藤原信経	22	
	藤原長房	21	
	藤原成重	16	

熊野古道を歩く⑲

伏拝王子に和泉式部の歌碑とされるものがある。歌は「晴れやらぬ　身の浮き雲の　棚ひきて　月のさはりとなるぞくるしき」。和泉式部が熊野詣での途中生理になって、あと一歩の伏拝王子にまで到って、神域に入れないのを悲しんで詠んだという。熊野速玉大社の記録には、「和泉式部くまのにまふて侍に、或時ふねにて月水のかなしひ侍りければ、大鳥居のわき桜の下に終夜して

　晴れやらぬ身の浮雲のかさなりて月のさはりとなるぞ苦しき／御託宣

　本よりも塵にまじはる神なれば月のさはりも何かくるしき」。話が出来過ぎである。宗教組織の施設の「縁起」に事実性を云々するほど暇ではないが、和泉式部が熊野詣をしたという痕跡はどこにもないし、何よりもこの歌の水準がとても和泉式部のものとは思えない。無礼極まりない。これは、一遍に現れた熊野権現の夢告、「信不信をえらばす、浄不浄をきらはず、その札をくばるべし」の「浄不浄」から時宗の一遍の徒が考えついた話であるに相違ない。時宗

の寺ではつい近頃まで女性を対象に「不浄除け」という念仏札を発行して、伊勢参りに備えさせていた。中世史家五来重の『熊野詣』にその辺りのことは詳しい。ここで差別云々とことさらな言挙げはしないが、時宗が熊野権現と他の神社との差異化のための唱導の作為がこれである。小野小町についで和泉式部の墓が全国に多いというのもこの衆の仕業である。これは別段時宗批判として記しているのではない。いずれの宗教もにたり寄ったりである。

さて、険阻な中辺路を辿って本宮に到る道も残りは下るばかりである。まだ大辺路、小辺路と歩みを続けているのだが、後2回~3回で何故この手の文章を冒頭で読まされなければならないのだと評判の悪い文を中断して、後続は日本百名山どころか全国の山を登りまくった横田勲さんに、「横田のお薦め登山」を書いていただく予定であったが、昨年末横田さんは亡くなってしまった。関東神学ゼミナールの日本シソウ史研究会への出席を楽しみにしてくださっていたのであるが、その横田さんの姿を見ることはもうない。

ｆａｄのこの欄をどうしようか。

熊野古道を歩く⑳

祓戸王子

定家は『後鳥羽院熊野御幸記』に「払暁、また発心門を出でて、王子二（筆者注：内水飲、祓殿）、祓殿より歩指、御前に参る。山川千里を過ぎて、遂に宝前に奉拝す、感涙禁じがたし」と記している。熊野詣の人々はここで小休止し、音無川で〈汚れ落とし〉の「潔斎」などしていよいよ大社参詣となる。ところで差別問題としてしばしば指摘される「穢れ」観であるが、語源は「気枯れ・気離れ」とされ、これはこれでよく考えてみなければならない問題領域ではある。「気が枯れる」とか「気が離（か）れる」とは、即ち「気」の対象外であるかの謂であるとすれば、それはそれで問題としては一層深い。

はるはるとさかしき峯を分過て
音なし川をけふ見つるかな

『夫木集』に採られた後鳥羽の詠である。

旧本宮大社のあった大斎原（おおゆのはら）は熊野川畔にあり、音無川と岩田川が合流する辺りである。この旧大社は洪水で流出した。旧社殿については『一遍上人絵伝』に描かれた中世の本宮の社殿構造や周囲の景観を通して想像するしかない。
現在、大斎原旧社殿跡には巨大な金属製の鳥居が建てられている。これをしも観光の目玉としたいのであろうが、背筋が寒い。屈折した〈宗教者〉の端くれだからそう思うのではなく、車に乗せていただいた営林署の若い人が、「こんなもの」と吐き捨てるように言った。

次回、本宮大社そのものについて若干の蘊蓄を記して、この連載を一旦閉じる。編集実務を担当しておられる若い人たちが多忙で（5・30付毎日新聞の有事法制反対、労働法制改悪反対の意見広告を見て欲しい。教団労組が全国の労働組合に呼びかけての掲載である。次世代の担い手は着実に我々を越えつつある）、「ｆａｄ」の発行が大幅に滞っているが、5月以降編集スタッフを再編成して毎月刊を確実に守ると宣言しておられるので期待したい。

7月号からは、沖縄は宜野湾にある佐喜眞美術館館長佐喜眞道夫さんがこの欄を担当してくださる。佐喜眞美術館についてのあれこれ、特に丸木俊・位里両氏による「沖縄戦の図」がなぜ佐喜眞美術館にあるのか、ケーテ・コルヴィッツの作品について、などなどうかがってみたいことが山ほどあり、今後、佐喜眞美術館での鑑賞の喜びが増すことだろう。

世代交代は我々の世界においても確実に進行しつつあり、「遊行」などにこだわって己の体を痛めながら、「信」とは何かなどと問題をたてることなど遠い世界のことになってきて、わたしはそれもまた結構なことだと、去るべき時を探っている。

熊野古道を歩く㉑

耐読感謝

何が故の熊野山中彷徨か。また何が為の老骨への刻苦かとよく尋ねられるのは、畢竟この駄文を読まされる身にもなれとの謂であることは承知しているが、ただ「助平心に駆り立てられて」と答えてきた。しかし己のしたこととはいえ、あれほどまでの熊野通いをもう半年以上断っている。理由は明白である。師横田勲が死んだ。横田と読んだ吉本隆明がいう親鸞の「非知への着地」が知の極みにおいてのみ可能なのであれば（横田はその道を辿ろうとした）、自分には無理であり、良寛を知って遊行の意味を考えていたこともあり、別の回路を求めての熊野通いであったが、目指す稜線が無くなってしまっては気力も失せる。

現在の熊野本宮は祓戸王子に隣接しているが、明治22年の洪水による流失の後のものであり、かつての本宮の様相は１２９９（正安元）年、一遍没後10年の祥月命日に成立したと伝わる聖戒の編纂による『一遍上人絵伝』を通してしか伺いようもない。西行の「み熊野空しきことはあらじかしむしたれいたの運ぶ歩みは」なる歌（山家集下・一五二九）の「むしたれ（苧垂れ）」とは、女性が外出の時、薄い布を笠の回りにつけて長く垂らし、頭・身を覆ったものであり、「いた」とは「巫女」であるが、神懸かりした巫女の尋常ならざる足運びに何を思ったか西行は、熊野権現に祈れば願いが空しく終わることはないであろう、と詠む。西行はともあれ、『絵伝』は、社前の斎庭（ゆにわ）で、僧が幣を持って拝み、その周囲に烏帽子姿の男や市女笠の女らが座っており、僧の背後には、白い苧垂衣を深く被った巫女がいる。一遍はこれらの人々を連れてどこへ行こうとしたのだろうか。『絵伝』の描く一遍は眼光鋭く遠くを見ているが、その視線の先はどこであったのか。「踊り念仏」は一遍の「非知への着地」の一つの形であったのだろうか。

やっとの思いで本宮に辿り着き、本宮からまた新宮へ、新宮から那智権現へ、那智から大雲取、小雲取の峻険な山越えを経てまた本宮へと人々は道を辿り、何を得てかは知らぬが、それぞれの国へ帰って行った。

この連載を終える。「非知への着地」の回路が見つかったわけではないので彷徨はさらに激しくなってはいるが、他者には関わりのないことであろう。

既に前号で予告したが、この欄は沖縄の佐喜眞美術館館長である畏友佐喜眞道夫さんが担当してくださり、ご本人はもう準備に入っておられる。熊野の山の下手な写真に代わって、佐喜眞美術館所有のケーテ・コルヴィッツやルオーの絵が表紙を飾る。

374

熊野古道再訪

・「靖国・天皇制問題情報センター通信」
１３０号（通算４８２号）
（２０１３年４月30日）

もう10年ほども前のことだろうか、本紙に熊野古道中辺路を大阪から南下して、阿倍野、和泉を経て和歌山県田辺に至り、そこから山間部を歩いて、熊野本宮を通って新宮へ出て、海岸線を南下して那智権現、補陀落渡海で有名な補陀落寺を経て南紀勝浦へ至るという旅の記録を連載させていただいたことがあります。もちろん仕事の合間を縫ってのことであるから、1回で歩き通したわけではなく、数度に分けての旅でした。その後も、伊勢路を歩いてみたくて、伊勢国と紀伊国との境界であるツヅラト峠越え（九十九折《つづらお》れの意）で、約9キロのまさに延々と続く蛇行につぐ蛇行の峠道。この道はツヅラト峠を守る会によってよく管理されていて、古道らしい石畳がそのまま遺されています。どうせ本紙編集者からページふさぎのための要請で書いている文ですから、ほとんど酩酊しているのではないかと思われるほどラクに書かせてもらいますが、こういうなんと言いますか、好きこのんでの難行苦行の旅に付き合ってくれる人はいませんので、常に単独行です。ツヅラト峠越えは伊勢国梅ヶ谷駅で下車して登り始めるのですが、いくらなんでも「駅」というからには駅前に酒屋もあるだろうとタカをくくって、酒を準備せずに行ったのです。ところが、駅は無人駅、駅前に家は一軒もなく、酒呑み小田原が酒もなく、息切れのする山道を登り、寂しくテントの一夜を過ごしました。高い山の沢で清々しい水浴はしましたが。翌朝、今度は下りで、どんどん歩いて酒屋を探し求めたのですが、これも純農村地域でお店はない。くそっ、この地域は禁酒法地帯かと悪態を呟きながら坂道を下っていると、小学校の高学年くらいの自転車少年が近寄ってきて、「おじさんどこへ行くの」と声をかけてくれたので、すぐさま「お酒を売っている店を知らないか」と言うと、「紀伊長島の駅まで店はないよ」と言い放つのです。「紀伊長島の駅まで歩いてどれくらいかかる」と尋ねると、「歩いて行ったことはないけれど、自転車で20分くらいかなあ」。ああまだ何時間も酒にありつけないとぐったりしました。紀伊長島の駅に着いて、売店で何はともあれビール。次に真夏のことですから、すでに汗ぐっしょりで、駅前に温泉があることは調査済みでしたから、さあ、と行くと定休日。こりゃどうしようと深く思案しました。その結果、駅のトイレで裸になって、トイレの水道でシャワー（オッサンでなければできないことです）をしたり、日本で最も多雨で知られる尾鷲の山中の古道（これは実に見事な石畳が遺されています）を歩いたりしましたが、不摂生がたたり脚力も落ちてきましたので、しばらく出かけずにいましたが、3年前の春に、大学で日本文学を専攻している元生徒に、卒論で「道成寺伝説」を扱うので連れて行ってほしいと言われて、今度は1泊2日で、職場の同僚が運転する車に乗って、6人で道成寺から海岸線を南下して田辺から中辺路（この時は古道ではなく、県道）を走って、途中、川湯温泉泊。本当に河原を掘ると温泉が出るのです。翌朝、熊野本宮近くの古道を少し歩き、新宮へ出て、紀伊勝浦で行きつけの漁師のお連れ合いがやっている、水槽で泳いでいる魚を指定して料理をしてもらうという店で一杯やって名古屋へ帰るという強行軍をしました。

　そしてつい先頃、今度は彫刻を学ぶことになった女生徒で、中辺路の野中にお住まいの宇江敏勝さんの著作などを読んでいて、「熊野の妖怪」をモチーフにしたいなどと言うものですから、今度もまた同僚に運転を頼んで、総勢7名で熊野へ1泊2日で出かけました。中上健次の作品の話などしながらとにかく紀伊勝浦まで熊野灘に沿って南下して、いつもの店にいってみるとあえなく閉店。似たような店が何軒かあるので、別の店に行ったのですが、紀伊半島のマグロ漁の拠点である勝浦もまったくのシャッター街です。この国で「アベノミクス」などと浮かれ騒いでいるのは国会周辺の連中と夢よ再びとバブルに一発賭けようという日銀の自信満々顔の新総裁とかいうオッサンくらいのもので、みな疲弊してくたびれた顔をしています。

　そんなことはともかく、今回は「熊野の妖怪」よりすごい人間の話がしたかったので補陀落渡海で有名な補陀洛山寺へ。渡海行の記録は足摺岬や室戸岬、那珂湊などにも残っています。那智補陀落渡海がなぜ特別に有名になったのかについては諸説があるのですが、資料としていかがなものかと近年では批判的な研究が出てきていますが、とにかく『熊野年代記』という書物があって、これは中世以降・徳川時代に成立したといわれる古文書で、神武天皇の時代から江戸時代・文政年間までの出来事を記述した熊野の古文書です。原本は新宮本願庵主蔵だといわれています。がまあはっきり言ってかなり眉唾ものです。

　それはそうなのですが、古典文学が商売のわたしとしては、『平家物語』巻第十に「維盛入水」という段があり、そこには「三の山の参詣事ゆへなくとげ給ひしかば、濱の宮と申王子の御まへより、一葉の舟に棹さして、万里の蒼海にうかび給ふ。

はるかのおきに山なりの嶋といふ所あり。それに舟をこぎよせさせ、岸にあがり、大なる松の木をけづって、中将名籍をかきつけらる。「祖父太政大臣平朝臣清盛公、法名浄海、親父内大臣左大将重盛公、法名浄蓮、三位中将維盛、法名浄圓、生年廿七歳、寿永三年三月廿八日、那智の奥《おき》にて入水す」とかきつけて、又奥へぞこぎいで給ふ」とあり、「あはれ人の身に妻子といふ物をばもつまじかりける物かな。此世にて物をおもはするのみならず、後世菩提のさまたげとなりけるくちおしさよ」などと動揺するのですが、同行している滝口入道に往生を勧められて、「高聲に念仏百反ばかりとなへつゝ、「南無」と唱る聲とともに、海へぞ入り給ひける」とあって、事実かどうかはともかくとして、清盛の孫などに生まれたばかりに、武人として生きるような性格の人物ではなかったろうに、人の心にあわれを誘う物語が残されており、補陀洛山寺の渡海者の銘板には維盛の名も刻まれています。裏山に墓地があって、わたしは何度も来たことのある場所ですが、その都度深閑とする思いをしますので、そこで若者たちと少ししみじみして、「宗教とか、信仰というのはなんだろうねえ」などと話ながら、雨の降り始めた熊野那智大社へ登る。

　続けて、新宮へと至り、熊野速玉神社参観。維盛が屋島での合戦の際に戦列を離れ、鳴門海峡を渡って、紀伊国に至り、高野山で、元父重盛の従者であった滝口入道の導きで出家したという物語も『平家物語』に残されており、これがまるで作り物語だけではないというのは、この熊野速玉神社には、父重盛が内大臣昇進の際にお礼参りをしており、その時の起請文が今に伝わっている。維盛もこれに同行した可能性は十分に考えられるので、維盛の屋島での戦線離脱、高野山で出家、小辺路ルートで那智へという物語が形成されたのであろう。熊野速玉神社には平重盛お手植えと伝えられる梛《なぎ》の古木がある。神社境内の売店で、これの実を10個ばかりいただいてきた。南関東が北限ということだから、北関東でうまく芽をだしてくれるかどうか。

　それから、熊野川沿いに上流へ向かい、近露の宿へ。山中の古道から盆地に下ってきて、以前にも止めてもらった温泉宿である。この近露が文献上に初登場するのは、平安中期１０８１（永保元）年に熊野参詣をした藤原為房の日記『大御記《だいぎょき》』である。そこに宿泊の記録として10月3

日「近湯《ちかつゆ》湯屋、河水を浴す」とある。日置川である。河原から湯が出ていたのであろうか。われわれの宿も日置川沿い。この為房に先導されるかのように、以後白河、鳥羽と世に「熊野御幸《ごこう》」といわれる、「上皇」たちによる参詣が続き、1201（建仁元）年の後鳥羽による第4回目の熊野参詣に随行した歌人藤原定家の日記『明月記』に収録されている「熊野御幸記」が残されており、そこに10月14日「近露宿（和歌会）―近露王子―湯河宿」などと記されている。この『明月記』については、死んでしまった堀田善衞に『定家明月記私抄』があり、その中で堀田らしいことを書いている。「伊勢を表とすれば熊野は裏、陽と陰のかかわりにある熊野信仰については、言及する場でもないので略することにするが、はじめの時期の信仰はともかくとして、後鳥羽のこの頃にはすでに遊行に近いものに堕してしまっている」とにべもない。まことにもってその通りで、定家によれば「狼藉浅猿《あさまし》」であり、大量の女房連れで、乱舞、相撲、夜は和歌会というありさまで、その頃定家は「窮屈病気ノ間、毎事夢ノ如シ」で、体調すこぶる悪しく、クソ馬力の後鳥羽の夜遊びの付き合いに疲れ果てた様子を克明に記している。

この時の後鳥羽の日程は10月5日出発、26日帰京である。およそ20日。これを後白河は34回、後鳥羽は28回やっているのである。これに供奉する定家のような公卿もその乱行の付き合いに疲れ果て、あきれ果てただろうけれども、それにもまして、沿道の賦課などの経済的負担は想像を絶するところである。

ダラダラとくだらないことを書いているけれども、この駄文の意図は、天皇という存在、あるいは天皇制という制度がどれほど民衆の労苦の上に成立しているか、それは現在までも続いていて、行政は相も変わらず天皇・皇后の旅を「行幸啓」などと、憲法違反としか思えない表現で迎えているのだが、現天皇夫婦が何を考えているのか知らないが、とにかく迷惑千万なのであるということを言いたいし、安倍とかいう首相の「日本の伝統と文化の尊重」などという何を知っていてこういうことを言うのか知らないが、冗談がきつ過ぎる戯れ言としか思えない、ということが言いたいのである。

それにしても、近露の風景を見ながら、これを後鳥羽も見たか、そういうことだよなあと思って「文化」なるものを考えているわたしもあやういものなのである。これは奈良や京都へ行くたびに味わう感覚で、これが「日本文化」の枠だとさらっと受け入れてしまう感覚をわたしらは持っていないか。それで、そういう感覚を全部排除してしまうことができるのかどうかわからないが、いかにもそれらしい言動をしている人たちに対して、わたしは「ワスレタフリ」をしているだけではないのかと、ふと思うのである。

軽い駄文を書いて、読者諸氏にあまりマジにだけならないで、たまには楽になったほうがいいですよと言いたいつもりで書き始めた原稿なのに、また屁理屈を言いそうになってしまった。先日、畏友の作家小嵐九八郎からいただいたハガキで「近近、首相官邸前か、通産省テント村でお会いして、一杯、などしたいですね。おからだゆっくり、たまには「のんびり」とわたしを戒めることを言われたばかりなのに、説教がましいことを書きそうになってしまった。

それで、翌日、中辺路の野中を通って本宮に「お参り」して、「コイツラ、ホントーノトコロ何ヲ考エテイタンダロー」などと、どうでもいいようなことを考えたりした。というのは、後鳥羽は精力絶倫、頭の切れる男だったと思われるが、「熊野参詣」は鎌倉幕府の目をあざむく一種の手段だったかと思われる事態がその後に出来する。1221（承久3）年、後鳥羽上皇は、時の執権・北条義時追討の院宣を出し、畿内・近国の兵を召集して承久の乱を起こしたが、幕府の大軍に完敗。わずか2ヶ月あとの7月9日、19万と号する大軍を率いて上京した義時の嫡男・泰時によって、後鳥羽上皇は隠岐島（隠岐国海士郡）の中ノ島、現海士町）に配流された。世にいう承久の乱である。この際、後鳥羽軍（軍というほどの政治目的を意志一致した集団であったかどうかあやしいものだけれど）に熊野地方の豪族が多数結集しているのである。ここいらのところを歌人定家は理解できなかった。当然といえば当然である。この男、時代の大きな変動に何の関心も示していない。と書いて、またふと、では吉本隆明はどうなのかと、気分は行ったり来たり、中上健次の晩年の天皇の言語に対する感覚もあやしげだったよなあ、などと、まあ酩酊文もそろそろ終わりにする。

そして、熊野本宮から熊野川沿いに新宮に出て、一路名古屋へ向けて北上して、今回の旅を終えた。

今年は第62回神宮式年遷宮の年だそうで、伊勢はにぎわっている。安倍も今秋には何かしかけるに違いない。日本のナショナリズムは、この頃、旭日旗を打ち振って聞くに堪えない言辞を弄している馬鹿者（差別語だろうとなんだろうかかまうことはない。許し難い馬鹿者どもである）天皇抜き排外主義右翼集団在特会を先駆けとして、安倍も、天皇をあまり口にしないが、しかし、現象はともかくとして、とどのつまり「天皇」という存在抜きに日本ナショナリズムは成立しない。その「天皇」がこの程度のものであり、補陀落渡海をした僧たち（もちろん自らの信を全うしたいという思いからであるにしても、その信には衆生の済度を自らの任とする弥陀の誓願の末端に加わりたいという願いがあった）にこそ、考えるべき「日本文化」の根があるのではないかと伝えたかった。

まあ、それにしては、ただ酒を呑んでばかりの旅だったのだが。

12

『リプレーザ』

Ripresa
No.03
summer 2007
リプレーザ
特集 生涯、身ヲ立ツルニ
Talking with NOZOE Kenji=僕は民衆の一人だから、なめられるのが一番嫌いだ。野添憲治+小田原紀
並べて自衛戦争はできない 山田太郎/自衛隊の海外派遣は「帝国軍」遠征の先導である 稲垣
号」全員帰国への願望 とりあえずの報告 高沢皓司『宿命』のトリック 山中幸男/金子文子 不逞
の意思 亀田博/負け犬の遠吠え—バングラデシュにて 黒田徳治/震災経験から 柴田信也/なぜ
んはテント生活を続けるのか 小柳伸顕/想像力の音調—中上健次における「南方的想像力」— 師
[連載]中西昭雄/桐村剛/新居崎邦明/土方美雄/大道寺将司+小嵐九八郎/宮本弘典/J・マサド+中野真
[評論]三角忠/小島四郎/星山京子/田中等/久保田文貞/中村隆之/水口良樹 ほか
Ripresa

375

・『リプレーザ』第1号（2006／2007 winter）

発刊の辞

「一つの世界空間」が生じて後、「不均衡な一つの言葉世界」が生じてしまったと強く感じる。２００６年夏、アメリカ〈帝国〉を後ろ盾に、イスラエルによるパレスチナで、そしてレバノンでの蛮行が、国家テロリズムであるという囂々たる非難の声にさらされることなく、ハマースがヒズボラが「イスラム過激派」という形容句を付けて呼ばれ、圧倒的な力の差のある「反撃」が「テロ」と規定される事態を我々は許してしまっている。

他方この国においては、労働者が生きていることの尊厳さえ奪われ、資本から労働力としてのみ扱われる事態が進行していながら、「不況からの脱出」の喧噪に人々は息をひそめて耐えている。「生活弱者」は早く死ねと言わんばかりの政策があらゆる領域で進行しており、これが「改革」であると声高に叫ばれる事態は、いつか来た道である。「生権力」のあり様総体を転換する言葉と思想に裏打ちされた永続的な運動が求められているにもかかわらず、我々はいまだ方途を求めて呻吟するばかりでいる。

しかし、「反転攻勢」の思いは捨てていないし、少しの余力を残しているという自負もある。そこで、虚飾かまびすしくその実お先真っ暗な暮らしと思想状況を刺し貫く言論の場の確保を目指して、「地獄は、一定、すみかぞかし」の思いを抱きつつ一拠点を築くことにした。とりあえず2年間で季刊８冊の出版を企図している。

２００６年12月

Ｒｉｐｒｅｓａ編集委員会

376

巻頭言

「詩をして生きる」ということ

日ごろ、やくたいもない言葉を吐き散らして生きているが、ここ10年ばかりはなんとか「書く」ということを免れてきた。

それが、雑誌を発行することになり、「書く」ことと「生きる」こととを関連させせなければならなくなって、どうしたものかとアルコール漬けの頭で考えていて、ふっと以前読んだ本で金時鐘が梁石日を相手に、かつて二人が苦境を耐えられたのは、「やっぱり詩をやってるという ことがあったから、詩を生きるという自分の創造行為があったからだと思うね」と語っていたのを思い出し、再読してみた。その中にはこんな言葉もあった。「日本の現代詩がつまらんのはね、他者との兼ね合いを念頭に置いて書いている人がいないからなんだ。いまでも思い出すとジーンとすることがある。地方紙の小さな記事で読んで、いつか広島へ行ったらその人の名前を知りたいんだけど、その人は延々二六年間か、アメリカかどっかが原爆実験をすると、雨が降ろうが風が吹こうが、同じ場所でじっと坐り込みをしてるという……これが詩なんや。その情景をひっくるめて書きあらわせたら散文の世界だと思う」。

自分の生きてきた軌跡を振り返って「詩」であったとはとても思えない。それはなぜなのか。この雑誌を発行する過程で考えつづけたいし、それは私一個が抱えなければならない問いではなかろう。ことここにまで至った日本社会で、わたしたちは何をしてきたのか。時代状況を転換することができるほどの何かがなぜなせなかったかと、自問しているのではない。それほど思い上がってはいない。そうではなくて、他者をして「詩」を感じさせるほどの生き方ができなかったのはなぜかと問うているのである。ある意味で状況などどうでもよい。

たしかに「詩」を生きた人、黒田喜夫が1955年ごろに書いた詩「空想のゲリラ」の末尾、

ここは何処で　この道は何処へ行くのだ
教えてくれ
応えろ
背中の銃をおろし無音の群衆につめよると
だが武器は軽く
おお間違いだ
おれは手に三尺ばかりの棒片を掴んでいるにすぎぬ?

『負性と奪回』に、この詩の成立状況を黒田は少し書いているが、今、わたしにとって問題なのは、わたしたちが生きてきた生き方、それが「詩」とはなり得なかった理由を探る姿勢である。

この雑誌で何ができるのか皆目見当もつかない。しかし、一点を穿つ確かな立脚点、「詩をして生きる」何か

を提示できれば望外の幸せである。

編集後記

マッチ擦るつかのま海に霧ふかし
身捨つるほどの祖国はありや

ご存じ寺山修司の第一歌集『空には本』（１９５８年的場書房）所収のたいへん有名な歌である。雑誌を創刊することになり、毎号特集を組むことにしたのだが、時務情勢的な発言をする雑誌を志しているわけではないので、特集テーマの題をどうするか、至極惑乱した。そこで常日ごろ読んでいる韻文の中から、こころにとまった言葉をもってそれに当てることにした。「身捨つるほどの祖国」など端から持ち合わせないが、かと言って、この国の外に、いろいろな意味で出られるわけではないので、その地点から「身捨つるほどの祖国はありや」と問うてみるのもよかろう、という程度のことである。次号の特集テーマは「琉球にはうむまあ木といふ木がある」という山之口貘の詩から言葉をいただいて、「島嶼」に生きることの意味を考えてみたい。ぜひ多くの方々からの寄稿を期待している。

377

琉球にはうむまあといふ木がある

・『リプレーザ』第2号（２００７ spring）

山之口貘の「世はさまざま」と題する詩から、今号の特集テーマのイメージをいただいた。

人は米を食つてゐる
ぼくの名とおなじ名の
貘といふ獣は
夢を食ふといふ
羊は紙も食ひ
南京虫は血を吸ひにくる
人にはまた
人を食ひに来る人や人を食ひに出掛ける人もある
さうかとおもふと琉球には
うむまあ木といふ木がある
木としての器量はよくないが詩人みたいな木なんだ

いつも墓場に立つてゐて
そこに来ては泣きくづれる
かなしい声や涙で育つといふ
うむまあ木といふ風変わりな木もある

この静かで深い悲しみを湛えた言葉に仲程昌徳は「いっさいの意味での権力感情の否定」を読み取っている（『山之口貘　詩とその軌跡』法政大学出版局）。この詩は、沖縄という「島」の差別されてきた歴史からの脱却を、声高な指弾の言葉でもなく、琉球風を排して「本土」に身をすり寄せる態度でもなく、「風変わり」さをそのまま生きることにこそ道があることを示していないか。「人にはまた／人を食ひに来る人や人を食ひに出掛ける人もある」「本土」側の者が賢しらにわかった風な口をきくのではないとの声が聞こえてきそうだが、また実際にそうすべきであるとも思ってはいるが、重ねてきた徒労の数をもう一つ重ねることを承知で、彼我の関係の距離を縮めることはできないのかと、益体もないことを考えたりしている。

　いい歳をして、夜中に山之口貘の詩を読んでいると、どういうわけか、中野重治が、彼に対して浅薄であざといからかいをしたにもかかわらず、「小熊の詩と詩集の運命とは、日本の人民の経て来た苦痛と運命とをさながらうつしている。小熊の家族の経て来た道は、日本の多くの家族の経て来た道をさながらにうつしている」という小熊秀雄の詩を連想することが多い。理由は自分にもしかとはわからない。

掌に生へた草
せんさいな風に生きて
ふしぎに頬を打たれることもなく
私の占める座席は
針程のわづかな場所であるのか。

だがなんといふ青草の
精気はつらつとしてゐることか
私は草の食事をしてゐるのを見たことがないのに
私の住ま居の一隅に
いつのまにか歩いてきてゐるのだ

胃の腑のないものが
どうしてあんなに健康であらう。

私はいま掌の中に
草の生へるのを感じて慄然となる
まつたく彼は私の頭の上にでも、
肩の上でも生へかねないのだ。

山之口貘と小熊秀雄とを重ねてかい潜る視点はないものかと、今号の企画段階で考えた。まるではずれか、ほんのちょっとでも爪をひっかけているか、読者の判断に委ねるしかない。

高坂和彦先生追悼

仏文学者にしてルイ・フェルディナンド・セリーヌの翻訳を生涯の大きな仕事とされた高坂和彦さんが、昨年末、ひっそりと一人で逝かれた。身辺の若者たちがフランツ・ファノンさえ知らずにポスト・コロニアリズムを口にするので、高坂さんに、機会を作るので高坂さんのファノンを語っていただきたいとお願いしたところ御快諾いただいたのに、ついにその機会を作れずに、セリーヌから晩年に集中されたパレスチナ連帯運動への思想的軌跡をうかがえたかもしれない機会を逸した。私はいつも遅れる。

ロラン・バルトが「セリーヌは、万人のものだ。彼が道を誤ったのは、現実に対して文学的なまなざしを向けたからに他ならない。彼は、その言語によって現実を変形した。

彼から出て来た作家は、大勢いる。まずサルトルがそうだ。サルトルのエクリチュール、こう言った方がよければ、その〈言語化された視覚〉は、セリーヌのそれと同じ振動を見せる。

いずれにせよ、セリーヌの作品は、クローデルの作品より、いかがわしさが少なく、より健全だと言える。それに、今日において、アンガージュマンとは、一体なんなのだろう？」

と記しているセリーヌをなぜ高坂さんが、という問いにはいつも微苦笑だけだった。ファノンを間に介在させれば、もしかしたら何かを語っていただけたかもしれないのに。

高坂和彦という文学無頼を貫いて生きた先達を追悼したく、50年になんなんとする友情を交された渡瀬嘉朗先生、藤本治先生からお言葉をいただいた。私が知る限りの絶筆であろう、私が関係するキリスト教世界向け通信

「ｆａｄ」に掲載した「ガザに盲いよ」の転載とで、高坂和彦先生追悼の意を本誌として表させていただく。
　高坂先生、そう遠くない時にまたお目にかかって、一杯ご一緒させていただきます。

２００７年2月20日　小田原紀雄

編集後記

　執筆していただきたい方、取り上げてみたいテーマがたくさんあって、今号はとうとう３００ページを超えてしまいました。『文藝春秋』じゃあるまいし、となにやら気恥ずかしい。それと、年をとったせいでしょうか、時務情勢的な問題を正面から扱うのは気分が重い。こんなことで雑誌をやっていけるのだろうかと不安です。新崎盛暉さんのお話の中にある「国家という殻」について考えつづけていきます。悩ましい課題です。

３７８

・『リプレーザ』第3号（２００７ summer）

巻頭言

さしたる志なし

生涯懶立身　生涯、身ヲ立ツルニ懶シ、
騰々任天真　騰々、天真ニ任ス。
嚢中三升米　嚢中、三升ノ米、
爐邊一束薪　爐邊、一束ノ薪。
誰問迷悟跡　誰カ問ワン、迷悟ノ跡、
何知名利塵　何ゾ知ラン、名利ノ塵。
夜雨艸庵裡　夜雨、艸庵ノ裡、
雙脚等閑伸　雙脚、等閑ニ伸バス。

『草堂詩集』の雑詩の中にある有名な詩です。吉本隆明が『良寛』に「わたしたちは、たぶん良寛に試みられているのです。あるいは良寛に象徴された深い無為の情操に試みられているのだと思います」と書いたことも心にかかってはいるのですが、良寛自身の「大愚」なる自称にずっとこだわりを持って生きてきたように思います。
　それにしても学校で教わった「仰げば尊し」の歌は何だったのでしょう。「身をたて、名をあげ、やよ励めよ」

ね。という卒業式の歌。あれを教えたのが戦後教育ですから

師大忍国仙を失い、玉島円通寺を出なければならなくなった良寛は、道元を念頭から離さなかったでしょうが、吉本風に言えば「行仏」の思想から「阿羅漢」の方法へと生き方を移し、故郷に近い国上山の中腹、五合庵に住して農民の暮らしの傍らで生き、多くの詩歌を残しました。その多くが定型詩です。この人はなぜ定型詩にこだわったのかも長く私の疑問でした。

赤瀬川原平が『千利休─無言の前衛』(岩波新書)で、利休の建立した大徳寺の天井の全面に絵を描いている長谷川等伯について、「等伯といえばいくつかの水墨画を知っている。とくに『枯木猿猴図』は最近見て驚いた。猿はまあ猿であるのだが、枯木の枝が、まるで絵を突き破ろうとしている。枝を描写したはずの墨の線が、絵の線であることからはみ出していて、ほとんどたんなる乱暴な線そのものになりかけている。つまり筆による墨と紙との衝突事件そのものとして置き去りにされている」と書いている。特段新しくもない「定型」論から、このごろふと感ずるところがあって、良寛というより、宗教という「定型の思想」について少し考えています。絵という、場に限定のある表現を採りつつ場を突き破る。良寛の静かな激しさはこれかもしれないと思っています。歴史的に形成された「教会」の枠などとっくに破っているつもりですが、はて、一個耶蘇坊主のはしくれとして「大愚」を自認できる時がいつか来るでしょうか。

編集後記

敬愛する同志社大学人文研教授田中真人さんが亡くなられた。ユーモラスな生真面目さをお持ちの方だった。国内民営鉄道既乗累計5千キロ達成、外国鉄道(ないしこれに準じる非民営鉄道)既乗累計2万キロ達成などと、旅先から葉書をいただくたびに、お体の具合がよくないことを知っていたので、どうぞ記録を伸ばし続けてくださいと祈るような思いをしたものだった。千円記念郵貯千局達成など微笑ましさを分けてもいただいた。本誌で追悼をしたいと願ったが、主著『一九三〇年代日本共産党史論』を扱える者が身辺におらず、これを抜いてお人柄だけでは研究者の追悼にはなるまいと断念した。かくいうわたしもご恵贈いただきながら手も足も出なかった。氏のお名前をここに記して追悼の意を表させていた

だく。
前号で追悼文を掲載した高坂和彦さんについて、インタビューをさせていただいた藤本治先生からお電話で、「高坂が、自分は人民裁判にかかる、と言っていたと話したけれど、今考えると、藤本、お前は人民裁判にかけられる、と言われたような気がする」というお話があった。「人民裁判にかけられる」などということが、己の生き方を律する基準であった人々があったことを、懐かしく思う。わたしらはこういう「基準」を棄ててしまって、何で己を律しているのだろう。素敵な方々が逝かれ、馬齢を重ねてまだ生きていることを本当に辛く思う。

379

・『リプレーザ』第4号（2007 autumn）

巻頭言

おまえたちはいまどこをとんでゐる

07年夏の参議院選挙の結果とその後の過程は、いかなる意味においても新旧左翼のすべてが、時代に何の規定性も持たないことを明らかにした。もはや日本政治にとってこれらは、存在の必然性さえない。

荒廃のまんなかで　人が追ふ　しやぼん玉
とび去つた頰の艶。　蒸発した詩よ。
西暦一九四〇年頃から　僕の見失つてしまつたそれら。
銃火で四散し　政治から　逃げのびたもの共よ。
おまへたちはいま　どこをとんでゐる。

1943年10月に山中湖畔に疎開してからの戦時下、後に『蛾』として刊行されたときの「あとがき」に金子光晴は「蛾は終戦一週間ほど前のものである。全篇に哀傷のようなものがただようているのは、いつ終わるかしれない戦争の狂愚に対する絶望と嘆きのよりどころない気持からで、いつわりなく弱々しい心になっていた」と記している。
堀田善衞だったか、この詩が書かれた時代を指してどこかに、「幸福な抒情がすでに芟除されてしまっていることに気付くことは、誰にしてもなかなかにやさしいことではない」と書いていた。

今の時代状況をして「左翼は終わった」と慨嘆するなど、いまさらではあろう。早く「逃げのびたもの共」からの嘲笑が聞こえる。が、それらの者たちにしたところで、実は左翼用語を捨てただけで、思考の枠組みは相変わらずではないのか。それらの者たちを含めてわたしは「左翼は終わった」と認識している。で、どこへ向けて歩くのか。

　1960年という状況下、岩田宏が

ああ　一度でいいから勇気を出して
革命なんか来やしないと言ってくれ
それがきみたちには絶望のおわりなんだ
おれたちには革命の始まりなんだ

と苦々しくも饒舌な呪文を吐いたが、小沢一郎にしてやられただけの、ただの政局激動劇場を見物しつつ、時代の転換点ででもあるかのようにさんざめく「ニセモノ左翼」と遠く離れた地平から、『リプレーザ』は、否定精神という永久革命の志を引っ提げてもう少し歩きつづけてみようと思っている。

編集後記

今号の「特集」は比較的若い書き手の方々に執筆いただいた。『リプレーザ』がいつまで息切れせず続くのか、発行人としても不安なのだが、今後可能な限り若い方にも参加していただこうと考えている。つい先頃まで「東アジア」が論壇の話題に上っていたのだが、もう「ポスト東アジア」という言説が登場した。めまぐるしいほどであるが、要するに状況の変容が激しいということなのであろうから、我々もうかうかとはしていられない。しかし、このごろ戦後思想の中で竹内好以後、日本人はアジアを思想化せずにきたことをしみじみと思わされている。

380

・『リプレーザ』第5号（2008 winter）

巻頭言

猪飼野どまりの生涯を知るまい。

今号の特集題は、金時鐘の『猪飼野詩集』の「夜」と題する詩からいただきました。

07年12月、かつての猪飼野、鶴橋のガード下の商店街を歩き回って、中年女性のやっているお店でマッコルリを一杯やり、それからまたゆっくりゆっくりと雑踏のなかをヨロヨロとしました。この界隈には友人もかなりの数いて、連絡をすれば呑み相手になってくれる在日朝鮮人も日本人もいるのですが、今回は、日本社会のなかの「異境」の「旅人」でいたいと思って、誰にも連絡しませんでした。

『猪飼野詩集』の「あとがき」で金時鐘が「〈猪飼野〉は開かれていない日本人にはうとましくも奇異な〝村〟でもあるものです。〈猪飼野〉という在日朝鮮人の代名詞のような町の名が、周辺住民の民主的な総意によって書き換えられたのは、まさしくその奇異な〝村〟性のためでした。〈イカイノ〉と聞くだけで、地所が、家屋が、高騰一方のこの時節に安く買いたたかれるというのです」と書いておられる「猪飼野」、若きタクシードライバーであった梁石日が、場所は恐らく東京だろうけれど、どこでの経験なのかなどという「軽薄」なことではなく、体に刻まれた体験を言葉にした詩、「夢魔の彼方へ」に記した「もつれからみつく男の掌がおれの肩を掴むと呪詛のような低い声で《コノママ釜山マデ行ッテクレナイカ》と」という言葉とが、わたしという日本人の「存在の耐え難い軽さ」を突き貫いて、大好きな酒の談笑に紛らすことができなかったのです。

己れを「開かれていない日本人」でない「日本人」の一人に数えることなど、わたしにはとてもできないことですから。

祀られる夜を知るまい。
あどけない棘人《クギン》
ねむ気のような。
暮らしの底の
手のひらのような。

寝もやらぬ夜の
猪飼野を知るまい。
香木がくゆらす呪詛のような。
団らんにゆらぐ
灯明のような。

・棘人＝葬儀に服喪する遺子

で始まり、「ような」を重ねる詩「夜」を、我々は日々の暮らしの中でどう読むのか。今号ではそんなことを少し考えてみたいと思いました。

編集後記

大道寺将司さんの俳句の評を担当してくださっていた、作家の小嵐九八郎さんの評が今号で終わります。当初から、作家と評者との関係が固定的になると馴れ合いが生じると、小嵐さんとわたしとの間での約束によります。小嵐さんにはご多忙の中、渾身の評を書いていただき衷心より感謝申し上げます。

同世代の、それぞれ立場は異にしても、共に若き日に「革命」を志した者の間に通底する、今を生きる「哀しみ」を、大道寺さんの句にも小嵐さんの評にも感じました。

大道寺さんの句はまだ連載を続ける予定です。どなたか評者としてこの人をという方をご推薦いただけませんでしょうか。

今号から、同じく同世代の益永利明さんの「東拘獄中断想」の連載が始まります。長く面会者がなく、孤独に一部の救援関係の人にだけ発信してきた益永さんですが、獄中処遇が変わったことによって、数人の者が会えるようになりました。小生もその一人ですが、対話を通して彼の思想的営為に少しでも資するところがあればと願っています。

381

巻頭言

鴻毛の軽きを

・『リプレーザ』第6号（2008 spring）

竹内浩三という伊勢出身の若者が、フィリピンへの移送中、ひそかに書き遺した「骨のうたう」という詩があることを、桑島玄二著『兵士の詩―戦中詩人論』で知ったのは、もう30年も前にもなるだろうか。

戦死やあわれ
兵隊の死ぬるや　あわれ
遠い他国で　ひょんと死ぬるや
だまって　だれもいないところで

ひょんと死ぬるや
ふるさとの風や
こいびとの眼や
ひょんと消ゆるや
国のため
大君のため
死んでしまうや
その心や

長くなるので以下は省略する。そして敗戦の年4月に戦死、23歳。

人の命が軽いのは、この国では別段戦時に限らない。今号では現代日本で「人の命の価値」がどう扱われているかについて考えてみたいと思った。「非正規雇用」「ワーキング・プア」などという言葉がなんの臆面もなく用いられる時代が来ようなどと、つい20年ほど前まで誰も考えてもみなかったのではないか。東京の「人足寄せ場」山谷にほんのわずかな関わりをもって、もうかなりの年数になるが、都会の片隅にあたかも捨てられたかのように、路上で暮らす人々があり、故郷から遥か遠く引き離されて、ある日、「ひょんと死ぬるや　だまって　だれもいないところで　ひょんと死ぬるや」の「こらえきれないさびしや」をいつも考えさせられてきたが、これが社会の「下層」に蔓延するとは、正直思ってもみなかった。

それがとうとう「後期高齢者」という言葉まで生み出すことになってしまった。「ながながと生きていてすみませんね」と言いながら生きろとでもいわんばかりの命名ではないか。今年3月末、仕事で、京都は嵯峨野界隈を歩き回ったが、どこへ言ってもこの「後期高齢者」の団体旅行の人たちで満ちあふれ、さんざめく嬌声に近い声を聞きながら、平和・平穏を思った。営々と働いた結果としての年金生活で、積み立てをしてはちょっとした旅に出るくらいの暮らしをしてどこが悪い。

それにしても、先の竹内浩三が彼の軍隊生活を「魚のごと、あぼあぼと、生きるこそ悲しけれ」と表現しているが、この国の人々は為政者に対してついに牙を剥くことなく、「悲し」とだけの思いを自らの内に抱えたままで逝き続けるのだろうか。赤い眼ではったと睨むぐらいのことはしてもいいのではないかと思うのだが。

編集後記

4月22日の「朝日新聞」の「天声人語」に「あしなが育英会」がこの春実施した高一か中三の子を持つ母子家庭の母親に調査票を送って、暮らし向きを聞いた結果を踏まえた文章が掲載されていた。「ある女性（48）は、専門学校をあきらめて就職する子に『胸を締めつけられる』という。保険の営業とスナックで昼夜働き、過労のために体調は優れない。『子どもの気遣いは手に取るように分かるけれど、笑顔でいられない日も多く、情けない』」云々。「育英会に高校の奨学金を申し込んだ母親の平均年収は、98年の２００万円から06年には１３７万円にまで下がった」そうだ。「一つつまずくと、どんどん落ち込んでいく」という独白に至るまでの苦悩を静かに思う。『リプレーザ』６号でも「母子家庭の窮状」を扱いたいと願いながら、執筆者にたどりつけなかった。

静岡の藤本治先生から、亡き高坂和彦先生との「対話」の続きをいただいた。どれほどの喪失感に耐えておられるのだろうと想像しつつ、しかしふと、こうまでの友人を持ち得たお二方の「生」の豊かさをも思わされる。ごく身辺の人々には随分な迷惑をおかけになってきたろうと想像するが、こういう人生も羨ましい。

約束した８号まであと残すところ２号となった。わたし個人としては、そろそろ撤退の準備に入らなければならない。夏号と秋号、精々頑張ります。

382

・『リプレーザ』第７号（２００８ summer／autumn）

巻頭言

かれはもう翼を閉じることができない

今号の巻頭言のイメージは、ヴァルター・ベンヤミンの「歴史の概念について（＝歴史哲学テーゼ）」の第Ⅸテーゼ、有名な「歴史の天使」論の中の言葉からいただいた。

ベンヤミンはクレーの「新しい天使」と題された絵から、かれの「歴史の天使」の着想を得、「かれ（＝歴史の天使）は顔を過去に向けている。ぼくらであれば事件の連鎖を眺めるところに、かれはただカタストロフのみを見る。そのカタストローフは、やすみなく廃墟の上に廃墟を積みかさねて、それをかれの鼻っさきへつきつけてくるのだ。たぶんかれはそこに滞留して、死者たちを目覚めさせ、破壊されたものを寄せあつめて組みたてたいのだろうが、しかし楽園から吹いてくる強風がかれの翼にはらまれるばかりか、その風のいきおいがはげしいので、かれはもう翼を閉じることができない。強風は天使を、かれが背を向けている未来のほうへ、不可抗的に運んでゆく」という。

今村仁司『ベンヤミン「歴史哲学テーゼ」精読』によれば、「このような廃墟の破片を寄せ集め、組み立てる操作は、比喩的な語りであるが、天使の比喩のなかにある行動は、歴史哲学的認識そのものである。過去のなかに、まだ可能性を残して、復権を期待する人・物・出来事を、分析的に見いだし、見いだされた可能的事物を概念的に組織して理論的言説に組み立てる。これが救済や解放の喩えで目指されていることであった」ということらしい。

しかし、「進歩」の強風が天使の仕事を妨害して、「寄せ集め」、「組み立てる」仕事は成就しない。ただ廃墟の山ばかりがうずたかく積み上げられるばかりである。とりわけ近代以降、人間存在の深部に「進歩」を構造的に内包させてわたしたちは生きてきたし、生きている。歴史の天使ベンヤミンが「未来のほうへ、不可抗的に運んでゆく」強風に抗して「未来に背を向けて」進歩主義イデオロギーを根底から批判し、くつがえそうとする、その姿勢に学び取ることがありはしないかと、このごろ強く思う。

「進歩」に向けて前進し続けること、人間はこういう在り方に「救済・解放」の夢を持つことができなくなっているのではないか。もうくたびれているのだ。

編集後記

世界恐慌の様相を呈してきました。日本の政治もムチャクチャです。確かに世界資本主義は相当に傷んでいますが、こういう状況下でも時代の変革の担い手として信頼し期待できる勢力が皆無であることが、まことにもって残念至極です。ベンヤミンではないけれど、こういう時代だからこそ、しっかりと顔を過去に向けて「死者たちを目覚めさせ、破壊されたものを寄せあつめて組みたて」る思想的営為が必要なのではないでしょうか。

383

・『リプレーザ』第8号（2009 winter/spring）

巻頭言

世間ノ不善、必ズ彼ノ悪徒ヨリ発《オコ》ルカ

藤原定家『明月記』の中の言葉である。後鳥羽に「定家はさうなきものなり」と言わせた定家であるが、文化官僚定家の側からすれば天皇や院などまことにもって世話のやける愚劣極まりない存在でしかなかったことがその日記『明月記』に克明に記されている。もっとも、50年以上にわたって毎日日記を付けつづけた定家も尋常な人物ではない。

京都の公家方の文化官僚定家が「彼ノ悪徒」と言えば、鎌倉政権下の武士たちにほかならない。野卑・無教養の塊のような連中に対して定家が吐き気を催すような気分でいたであろうことは想像に難くないが、ここでは定家の思念が如何様なものであったかについて論じたいのではない。「悪徒ヨリ発《オコ》ル不善」について考えてみたいためだけに定家の言葉を借りたので、定家には迷惑な話であろう。

「人間は、つねに人間的なもののこちら側か向こう側のどちらかにいる。人間とは中心にある閾であり、その閾を人間的なものの流れと非人間的なものの流れ…中略…がたえず通過する」（ジュルジョ・アガンベン『アウシュヴィッツの残りのもの―アルシーヴと証人』　上村忠男・廣石正和訳　月曜社）という構図の中でわたしたちは生きているのであろうことは承知できるのであるが、さてそれで「人間的なもの」とか「非人間的なもの」とは何を指しての謂であるのか。場をアウシュヴィッツと措定すれば、何やらそれだけで理解しえたような気分になるのだが、わたしたちの生きている場でこれを考えるなら、そう簡単に「どちらかにいる」という具合にはゆくまい。

かつて40年ばかり前、「悪徒ヨリ発ル不善」をなさんとして都会の闇を走り回ったが、ついに大した悪徒にもなれず不善を発することもできなかったまま、収まらない気分を抱いてその後を鬱々と生きて馬齢を重ねたが、わたしらの人生は果たして「人間的なもののこちら側か向こう側」のどちらであったのか。そもそもこのような古代ギリシア以来の二項対立では思考を先に進めることができないと考えたからこそアガンベンは「人間とは中心にある閾」であると対立するかに見える二項の区別が不分明であり、二項が相互に関与し合う閾、ベンヤミンのいう「静止の弁証法」を構成したのではなかったか。

とすれば、この「閾」の闇で沈思黙考しつづけるほかはないのであろう。

これまで毎号つづけてきた巻頭インタビューを今号ではドストエフスキイの『罪と罰』と「福音書」とを並べてどう読むかについての対談としたのは、こんなどちらにしても容易に出口を見付けようもない問いに直面しているからである。

編集後記

やれやれやっと、という気分と、終わってみればあっけないものだ、という感情とがないまぜになっています。しかし、一番正直な感想は、楽しい道楽をさせてもらったというところでしょうか。

何やら身構えて始めたものの、結局たいしたことはできませんでした。「くたばれニッポン」という思いをいろいろな角度から表現したいと考えながら、読者にそれが伝わったかどうか心もとない限りです。

話はかわって、このごろもう30年以上にもなろうかという昔の友人たちからしばしば連絡があります。「このまま死ぬのかなあ」とため息をつきながら、心情としてはもう一仕事したいということのようです。

そういうひとびとも誘い、若いひとにも参加していただいて、リプレーザの第二期を性懲りもなくやってみようかな、と考え始めています。

1月8日の「辺野古への新基地建設と県内移設に反対する県民集会」に行ってきました。「本土」在住の日本人である私などがこの大会を「評価」することはとてもできませんが、何はともあれ、一つの米軍基地だけでも沖縄から出ていってほしいという沖縄の人々の思いだけは重々感じてきました。

この頃、堀田善衞と加藤周一を読み返しています。この二人の知の巨人を「戦後民主主義」として排してきた、自分を含めての日本左翼の「無知」をどう考えたらいいのだろうと老耄が始まった頭でヨロヨロと愚考しています。

「リプレーザ」第二期の編集責任は小島四郎さんが負われます。第一期を執筆者として、読者としてお支えいただきました方々に衷心よりお礼申し上げます。

384

・『リプレーザ』第1号〜第8号。単行本『請問対話集〈脱国〉の民へ』（エイエム企画、2010年12月）に収録（以下、インタビューは第7号の小嵐分を除いて割愛し、単行本のリードを掲載）

〈脱国〉の民へ――はしがきにかえて

ほんの二、三年前のことであるが、マルチチュードという概念がもてはやされていた。この頃とんと耳にしない。ネグリとハートとの共著『帝国』が出版界で話題になり、レーニン帝国主義論はこれで終焉を迎えたと言われたものだった。ネグリはマルチチュードを、近代以降に登場した超大国の覇権によるグローバルな世界秩序である帝国主義に対抗し、これからの世界を変革し得る存在としてそれぞれの国家の国民や企業を含む超国家的なネットワーク上の権力として位置づけていたし、19世紀以降の社会主義に代表される革命に見られた多様性と差異性を無視したこれまでの在り方とは異なり、統合されたひとつの勢力でありながら多様性を失わない、かつ同一性と差異性の矛盾を問わない存在として、高らかにその可能性を謳い上げ、日本でもそれに同調する言説が横行したものだったが、どうなったのだろうか。

他方、旧来の左翼は相変わらず労働者階級の連帯は国境を越える、と美しい理念を空念仏のように繰り返し、事実、世界中に希望を抱きたい数々の営みがあることは承知しているが、この国の左翼は、蟻の一穴の譬えがあるにしても、壮大な理念からすれば微細な関係を誇大に情宣しているだけのように思える。

わたしも、可能であれば国境を越える思想＝生き方を獲得したいと切望してきた。しかし、老年に達して幻想にだけすがって残り短い人生を生きることはできない。生きているうちに納得する道を探りたい。

人々が国家という枠組みを超えて新しい生き方をしようとした歴史は、古代以来世界各地で試みられてきた。そのほとんどは強いられてそういう生き方をせざるを得なかったのではあるが、しかし、出自の地から遙かに離れた地で、それまで考えることができなかった新しい人間関係を構築しようと試みた貴重な、学ぶべき歴史もまたあることは事実である。例えば、ジョナサン・ボヤーリン、ダニエル・ボヤーリン兄弟による共著『ディアスポラの力―ユダヤ文化の今日性をめぐる試論』において、ディアスポラという存在の在り方こそがユダヤ文化の本来的な姿ではないかという提起には教えられるところが多かった。この視点から現在のユダヤ人国家イスラエルの政策を批判しているのである。ナチス・ドイツの例を挙げなくとも、ヨーロッパがディアスポラ・ユダヤ人に何を強いたか。にもかかわらず異国・異境にあって、頑迷な民族主義をどこかで越えなければ生きてゆけないという患難の中で選び採った体験の積み重ねとしての歴史、そこに人間の叡智が垣間見られるのではないかと思っている。

　ナチス・ドイツの時代を生き抜いたユダヤ人女性、マルガレーテ・ズースマンの詩の一部を引用しよう。

わがたましいは悲しみに験されている
彼女は悲しみの深い湖を通って歩んだ
数千の涙の粒が彼女の翼の上で
滴り落ちそうになっている

わがたましいが揺れ動く時
わが同胞よ、汝らの上に
粒たちが陽光に輝きつつこぼれ落ち
焼けつく傷のすべてを冷やす
やさしい露であれよ―
そして後、わたしは暗い道を祝福しよう
深い湖を祝福しよう
（並木浩一訳）

　西欧におけるディアスポラ・ユダヤ人を例に挙げるまでもなく、民族にかかわる問題でいうなら、わたしの生きている社会には在日朝鮮人、在日中国人、近来のアジア諸国のみならず世界中からの移住者、北にはアイヌの人々、民族問題として挙げてよいかどうか躊躇するが、「国内植民地沖縄」の人々。そしてわたしどもが「共生」の対象外としてきた多くの人々、こういう人々との間に隔てを作ってきた大きな要因としての近代国民国家の枠内で生きるということにほとほと倦んできたが、では別などういう在りようがあるのか。観念的に国家を脱したつもりになったところで、それはそう思っている本人がこの社会において宙吊り状態にあるだけのことでしかない。

　観念だけの「越境」者たらず、この社会でそれぞれの立ち位置は異にされているが、確固とした歩みをしつつ、その生き方において「国」を無化できないにしても、少なくとも「国」という枠から精神的に自由でいらっしゃるのではないかと、こちらが勝手に思いこんでいる方々に教えを乞うた。〈脱国〉だの、〈請問〉だのとわけのわからない言葉を用いているのは、わたしの苦悶の表現でしかない。

小田原紀雄

Talking with……

—(『〈脱国〉の民』収載のプロフィール)

・金性済(『リプレーザ』第1号)

在日大韓基督教会名古屋教会牧師の金性済さんに最初にお目にかかったのは、彼が同じ在日大韓教会の川崎教会におられたころだった。川崎地域での在日の人々(コリアンのみならず)の暮らしを守り、豊かにする努力をしておいでであることを仄聞していたので、そのお話をうかがいに行った。熱をこめて語る人だという印象が残った。語り方がそうだというのではなく、生き方そのものが語り方に現れる人である。行政との交渉について、「日の丸をテーブルクロスにして、その上で語り合いましょうというやり方を認めることはできない」という言葉に生き方が反映されている。

金性済さんはアメリカに留学して旧約聖書学を学ばれた研究者でもある。旧約聖書(ヘブライ語聖書)に頻出するゲール(寄留の民)について、自らの在日という存在の在り方をこれに重ねて、古代イスラエルの地でゲールがどういう位置にいたかを深く読み込もうとする姿勢からは「学」の本質を考えさせられる。今回のインタビューでも話題の中心は当然ながらこの問題についてうかがった。関心のある方は、雑誌『解放教育』(明治図書2007年11月号(特集「在日コリアンと多文化共生」)掲載の「ディアスポラとしてのザイニチから見た社会」をぜひ読んでいただきたい。そしてさらに、これを書いている現在、釣魚諸島(尖閣列島)の領有権をめぐる論議が喧しく、左右両翼ともに「領土ナショナリズム」としか言い様のない言説が飛び交っているが、金性済さんがこのインタビューの中で「土地をどうして領土とか国民とか国家という体系の中で線引きできるんだろうか」と問いを発していることの意味を、私自身じっくりと考えてみたい。また、「近年来日した世界中からの移住者・

寄留者とが繋がることによって、在日自身が自分を問い直すような出会いが必要」なので、「そういう関係づくりに私たちは積極的でありたい」との言葉に、日本社会の未来を考えさせられる。この「出会い」に私たち日本人も参加したいものである。

名古屋に移られてからほとんどお目にかかる機会がなくなっているのが寂しい。

・新崎盛暉（『リプレーザ』第2号）
新崎盛暉さんには、インタビュー冒頭で発言しているが、もう30年以上前に、沖縄に特別な思い入れを持っておられた、今は亡き桑田博先生に連れられてお目にかかったことがある。桑田博先生から「戦後日本を考える際には沖縄と天皇制を思考の軸に据えなければならない」と教えられ、その教えの延長線上でお引き合わせをいただいたのであろう。中野好夫との共著『戦後沖縄史』（岩波新書）1冊だけを読んでいた。というよりこの30年間で厖大な著作を刊行されたけれど、その時にはまだこれ1冊だったのではなかろうか。新崎さんの著作からは「沖縄」を考えるについて本当に多くを学ばせていただいた。それは政治・思想にかかわる領域だけでなく、『沖縄修学旅行』（高文研）や、『観光コースでない沖縄』（高文研）などを通して琉球・沖縄の歴史・文化も含めてである。集中的に読んだのは、凱風社刊の「沖縄同時代史」シリーズである。既に10冊を越えるこのシリーズの著作を、私が沖縄について考えなければならない時、また沖縄について発言を求められた時などには、新崎さんはどう発言しているだろうと、自分の考えをチェックする試験紙にしてきた。長く沖縄大学の学長職という激務をこなされながら、沖縄から書き・語ることをこれほどまで丁寧にしてこられたことに改めて驚愕の思いである。

インタビューにうかがった際に「今、国家だの植民地だのということを言っている人は大勢いるのに、なんでぼくをつかまえて何やら言わせようとするの」と笑いながらおっしゃったが、沖縄からの言論の中に新崎さんの言説への批判があることは承知しているので、そのあたりのところかなとは思ったが、それは先行する者が負う宿命のようなものだから、今後、一層のお仕事を期待している。

・野添憲治（『リプレーザ』第3号）

東北に野添憲治、むのたけじ、真壁仁がいると確かに認識したのはいつの頃だったか。もう半世紀近くも前のことだから、茫々とした記憶のかなたである。東京で学生生活をしながら、この腐りきった社会を何とかしなければならないと、何も知らないくせに思い上がったことを考えつつも、その思いをどう展開するのか、具体的には東京に残って運動を続けるのか、帰郷して近隣の人々すべてにどこの家の息子であるのかを知られている中で反天皇制運動を担えるかどうかと逡巡していた頃、野添憲治の仕事を知った。お茶の水書房刊（1990）の『聞き書き　花岡事件』の冒頭、「復刊に当たって」に「中国人強制連行の一つである『花岡事件』を掘り下げることを、わたしの生涯の一つの柱にするようになってから、すでに30年近い年月が過ぎている」と書いておいでなので、60年代のどこかで知ったのだろうが、生まれ育った土地の、まだ生きている人々がいるその土地の負の歴史を「掘り下げる」仕事に取り組まれる生き様に肺腑を抉られる思いをした。にもかかわらず帰郷して運動をつくる思想を己の内に構築できなかった。以来、強い負い目を抱いて生きることになってしまった。以後、『出稼ぎ少年伐採夫の記録』（三省堂新書　1968）ほか、野添さんのお仕事を読んでは自分の現在を検証する癖がついてしまった。

いつかお目にかかって直にお話をうかがいたいと切望して遙かな時間が経ち、2007年5月、東京は既に初夏の気候であるのに、冷たい雨の降る能代駅に降りた。お宅に招じ入れられて、周辺に堆く積まれた書籍と資料の間の穴蔵のような書斎の掘りごたつに入れさせていただいてお話をうかがった。想像はしていたが、聞き書きという仕事の艱難辛苦ぶりについては絶句した。「僕は民衆の一人だから、なめられるのが一番嫌いだ」というお言葉が胸に深く突き刺さり、そんなおつもりではなかったろうが、己の中途半端な生き方をたしなめられたような思いをした。

今では入手困難なお仕事の数々を、畏友である社会評論社社長の松田さんが『野添憲治セレクション　みちのく・民の語り』全6巻として出版してくださった。これがあったので、『塩っぱい河を渡る　ある開拓農民の記録』（同シリーズ5巻）を読むことができ、畏敬してきた上野英信の『出ニッポン記』と重ねて、この国の下層を生きた民衆の近代史を我が身に刻み込むことができた。

いつか、秋、能代を再訪したいと願っている。

・宇江敏勝（『リプレーザ』第4号）

キリスト教の牧師らしくない牧師を、口に糊することとは別に思うところがあって続けているが、いつの頃からか、プロテスタントが「行」を捨てたのはどんなものであろうかという思いに取りつかれて、数年かけて熊野の山中を言葉通り彷徨した。中辺路、大辺路はもちろん、伊勢路から尾鷲の山中の古道をたどり、高野山から小辺路をたどろうとして敗退したりと、大峯山の修験道の人々のそれに比べれば、遊んでいるようなものだったが、熊野の山深くで大雨に遭い、山中で行くか戻るか逡巡したのなどはいい経験だった。これらの旅の案内に宇江敏勝の名が散見された。今、それらが『世界遺産　熊野古道』（新宿書房）としてまとめられている。

宇江さんの名にかすかな記憶があるのだが、ある時ふと子どもに読ませるために買った『山びとの動物誌』（福音館書店、1983、現在新宿書房刊）を思い出した。表紙裏の「果無山脈を遠く望む」の絵から、中辺路の眺望のいい道を歩きながら、高原熊野神社の辺りから遠く北方に眺めた果無山脈の山並みを鮮明に思い出した。ああ、こういう山間に住んで山仕事をしながら日本の民衆の一つの在り方である「山びと」の暮らしを記録し続けておられる方にお目にかかりたいと思った。東北の野添さんにお話を伺って3ヶ月後のことだった。

紀伊田辺で車を借りて、中辺路を東に、かつて雨の中の山中からやっとの思いで下って、温泉につかってホッとした近露を通過して、民宿で作ってもらった弁当を持って、上り坂にかかり、野中の一方杉の辺りで湧き水を飲んだことを思い出した辺りに宇江さんはお住まいであった。

山の民の暮らしぶりをつぶさに教えていただいた。それらは新宿書房刊の「宇江敏勝の本1～6」、「宇江敏勝の本第二期1～6」に詳しい。山の民らしいのか、こちらが上辺だけの無内容な多弁を弄する者だからか、訥々としたお話の中で、「平成七年に伊富喜秀明という人が奥駆け道の深仙ノ宿という所で断食行をして亡くなったんですが、その人はすごかった。その人は断食することで食欲、性欲、名誉欲を断ち切ると言ってましたけどね。それを断ち切った時点で、何にもなくなった状態の精神の中に自然の霊気を取り込んで、その霊気でもって苦しむ人を救うんだと言ってましたね。その人は六〇日断食をやって、五五日目に亡くなった」というお話は、半端な「行」を思っていたわたしを打ち砕いた。

・金時鍾（『リプレーザ』第5号）

かつてあった雑誌『現代の眼』でであったか、金時鐘の名を初めて知ったのは。1980年秋に刊行された『クレメンタインの歌』（文和書房　現在は立風書房刊『「在日」のはざまで』所収）で以下の歌を知った。

　ネサランア　ネサランア（おお愛よ、愛よ）／ナエサラン　クレメンタイン（わがいとしのクレメンタインよ）／ヌルグンエビ　ホンジァトゴ（老いた父ひとりにして）／ヨンヨン　アジョ　カッヌニァ（おまえは本当に去ったのか）

この歌を記した金時鐘さんの思いを、日本人として忘れてはならないと、我が子にも教え、家族で車で出かけるときなどに歌った。

同じ本に以下の文章がある。

〈少量のわが子弟たちが日本の解放教育を志向する教師集団の中に、幸いにもくるまれているということを、わたしは深く受け止めざるをえないのです。ですが、朝鮮人たらしめるその〈朝鮮〉の所在というものは、なかなかもって、定かなものではありません。行政権力との厳しい対峙の中で、解放教育を志向する学校をあげての教育実践のなかにあってさえ、〈朝鮮〉の命運にかかわりうる在日朝鮮人生徒像というのは、まだまだ論議の対象ではないのです。それがたとえ、本名を名のらすという、未だかつてない教育実践が朝鮮人を朝鮮人にたちかえらすためにくりひろげられているとしても、このこと自体が果して朝鮮人たらしめることなのか、ということには、まだまだ論をまたなくてはならない問題がありそうです。〉（「民族教育への一私見」）

それ以来、『「在日」のはざまで』を何度も熟読した。我々日本人がしたことは何だったのかを考える際に、この書が座標軸であると考えてきた。詩人でいらっしゃるから、もちろんたくさんの詩も読んだ。このインタビューの初出誌にも引用させていただいたりした。「寝もやらぬ夜の猪飼野を知るまい」」。

その金時鐘さんには、指定された大阪環状線桃谷駅近くの喫茶店でお目にかかった。飄々とした風貌と屹立した精神とがないまぜになって衣服を纏っている風であった。かつて若き金時鐘が疾駆した夜の猪飼野を思った。開高健の『日本三文オペラ』の登場人物たち、また詩人・作家の梁石日との猪飼野での日々の話など思い起こして不覚にも涙が出そうになった。今、手許に『金時鐘詩集選　境界の詩　猪飼野詩集／光州詩片』(藤原書店)と『再訳　朝鮮詩集』(岩波書店)を置いてこれを書いている。

・大和田幸治（『リプレーザ』第6号）

労働運動にまったく係わってこなかったので、関西に大和田幸治という老運動家にして現役の組合委員長がおいでになるということは知っていたが、お近づきになることはなかった。組織的犯罪対策法なるものが制定されようとして、これに反対する運動を東京で立ち上げたけれど、全国展開するにはどうしても大阪の関西生コン労組の武健一委員長と全国金属機械労働組合田中機械支部の大和田幸治委員長にご協力をいただかなければならないということになって、わたしがお願いに行くことになった。日本労働運動史史上名高い田中機械争議については仄聞しているものの、それがどれほど厳しい闘いであったかも実感できない者がご挨拶に伺うのはいかがなものかと躊躇はあったが、他に人はいないと言われて高い敷居を跨いだ。まだ争議の余燼がくすぶっていて、工場の門に組合の人が陣取っておられて誰何を受ける。案内されて組合事務所に入る直前、壁に大書された「階級連帯・勇気と確信で自己破産突破に向けて奮闘しよう！血と汗と喜びで、我らが築きし職場を我が力で守り抜かん！」を見て、わたしごとき者が来る所ではなかったと悔やんだが、ここまで来て後戻りもできず、薄暗くいかにも町工場の組合事務所という雰囲気の所に招き入れられ、奥に座っておられる小柄な作業服の方が、大阪弁で遠来の客人をいたわるような声をかけてくださった。確かに高齢ではいらっしゃるが、眼光鋭く、一目でこの方が大和田委員長だと得心した。依頼の向きを話して、ご協力のほどを快諾してくださった帰りに、「工場の中に温泉があるんですわ。辻岡君ご一緒しなさい」と言われて、組合員の辻岡さんのご案内で温泉にも入れていただいた。大和田委員長は、わたしのようにすべてに自由が先行するとばかりいい加減な人生を生きてはおられないので、酒も口をお付けになる程度であるが、初対面の辻岡さんとは温泉の後、痛飲した。それでやっと緊張がほぐれた。

その後は何度もお訪ねしたり、労働者のみなさんの前でつまらない話をする機会をお作りいただいたりしてきた。今回のインタビューでは印象に残った言葉を題に使わせていただいているが、「労働者は労働者らしくしっかり働かねばなりません」と厳しい表情でおっしゃったのが忘れられない。楽をして稼ぐ者が賢いという風潮に強い違和感を持っておられることをしみじみと教えられた。

ご高齢ではいらっしゃるが、いつまでも現役の労働運動家でいらしていただきたい。お目にかかるだけで背筋を糺される思いがする方である。

・佐藤研＋芦川進一（『リプレーザ』第8号）

佐藤研さんはわたしの坐禅の先生である。どういうはずみでこういうことになったのか、わたしのことだから、どうせいつもの傳で酒席での話からであろう。もう数年前から毎月一度わたしの教会においでくださって坐禅のご指導をいただいている。かつての東アジア反日武装戦線のシャコも一緒である。


かくいう佐藤さんだが、著名なキリスト教新約聖書学の研究者であり、著・翻訳書が多数あり、半端かつ「正統派」からすればふてくされ牧師であるわたしなどにはどのお仕事を代表的なものとして挙げてよいのかよくわからない。近著『はじまりのキリスト教』（岩波書店 2010）からは自らのキリスト教理解に刺激的な示唆をいただいた。いわく「初期キリスト教においては、その形成の歴史そのものが決して理想的な愛と信仰の軌跡を描いたものではなかったし、また多くの点が、後代理想化されて述べられる姿とは異なっている」と、キリスト教の内側から口にするには憚られることを、学的研鑽の上で率直におっしゃる。もちろん『禅キリスト教の誕生』（岩波書店　2007）からも多くを学ばせていただいた。本書の一節の小見出し「〈信仰〉型宗教よりも〈覚知〉型宗教へ」が佐藤さんのお立場をはっきり示していると考えている。

芦川進一さんは、佐藤さんとの坐禅の後での歓談の折、わたしの徒食の糧を得る場が近接しているということから、芦川さんと佐藤さんが学部時代の同級であり、専攻は違いながら同時に大学院に進まれて、お互いにそのお仕事の成果を信頼しておられることを知った。別に、大貫隆・佐藤研編『イエス研究史』（日本基督教団出版局1998）に芦川さんが「ドストエフスキイにおけるイエス像─『カラマーゾフの兄弟』に即して」を寄せておられ、その中にある、「アリョーシャの内に君臨し始めるこの絶対感と生命感とは、師の〈十字架〉から逃げ去った弟子がその後与えられる覚醒と復活体験そのものである」という認識を読んでいたので、コヤツナニモノと思っていた。

これまでお目にかかってお話をうかがわせていただいた方々とは随分趣の異なることになるであろうとは思ったが、「脱国（だつくに）」の思想の担い手の一人であるとわたしはドストエフスキイを読んできたので、お二方に対論していただいて、その座にわたしも加わらせていただきたいと思った。芦川さんにはドストエフスキイに関する著作・論文が多数あるが、『「罪と罰」における復活─ドストエフスキイと聖書』（河合文化研究所2007）が入手し易い。

キリスト者ではない芦川さんが、聖書の文脈から読み取っておられる「復活」について深く思わせられるものを感じたと同時に、真摯に語り合う二人の研究者から友人というものの存在の意味まで考えさせられた。

（小田原紀雄）

385

Talking with KOARASHI Kuhachiro

・『リプレーザ』第7号（2008 summer/autumn）

もと新左翼党派の活動家で直木賞候補の作家になった人がいると聞いてはいたが、若い頃の文学青年気取りはとっくにやめてしまっていたし、そもそも文学など柄ではないし、机に向かって読書するなどという習慣も捨てきっていたので、大した関心も持たずに来たが、ある時、どういう筋からだったか、小嵐九八郎さんが『蜂起には至らず─新左翼死人列伝』（講談社刊）の取材で会いたいと言っているという話が舞い込んだ。山谷の活動家で新宿近くの路上で、早朝、右翼ヤクザに射殺された山岡強一についての話を聞きたいとのことで、担当編集者と一緒に新宿の喫茶店でお目にかかったのが最初である。

その後、長く救援連絡センター事務局長の任を務める畏友山中幸男から、「小嵐さんに救援連絡センターの運営委員になってもらいたいのだけれど、諸事情あってうまくゆかない」などという話を聞いて、いわば転進を企図し、ある程度それが成功していながら、なおかつての思想形成をした時代にこだわりを持って生きている人にお話を伺いたいと思って今回のインタビューを企画した。党派活動家をやめた者は山ほどいるが、というより残っている者が少数でしかないのが現状であろうが、その多くはまったくかつての己が何であったのか、その痕跡を窺い知ることもできないほどの変身をしているか、屈折を抱えたまま、かつての党派への呪詛だけで生きているような者が多いことを身をもって知っているので、小嵐さんという人を知りたかった。

仕事場近くの喫茶店でお目にかかった。おしゃれで、愉快・痛快なお人柄であった。同世代で、あの時代の東京の闇を蠢いていた若者共通のねじれを互いに抱えていて、肝胆相照らすという気分を久しぶりで味わった。

別れ際に「ボクの50冊の中で一番の自信作なんです」と『ふぶけども』（小学館刊）をいただいた。親鸞から深く学んでおられる小説で、大変面白く読んだ。以後、気になる作家になり、『くあらば』（講談社刊）、『水漬く魂』（河出書房新社刊）など立て続けに読んでいる。エンターテイメントを書きながら、まっすぐなかつての魂を維持し続けている作家である。

いつか小嵐さんとは一杯やりつつ、もっといろいろなお話をうかがわせていただきたい。

（小田原紀雄）（『〈脱国〉の民へ』リード）

いはんや悪人をや

小嵐九八郎 ＋ 小田原紀雄

大道寺将司さんの句と短詩の命

小田原　お久しぶりです。1年くらいまえに図書新聞のインタビューで小嵐さんの大長編『水漬く魂』（五部作。河出書房新社）が取り上げられましたね。それで小嵐さんはこんなふうな構想を持って書いておられるのだということを知りました。嫌みではなく、なんとなく直木賞作家風にとでも言うんでしょうか、もっとも芥川賞と直木賞の間の壁などまったく興味がなく、いかにもそれらしい「純文学」というのはこの年になりますとちょっと鼻について遠ざけてはいるのですが、他方で、小嵐さんの作品のいくつかを読ませていただいてエンタテイメントに若干の蔑視を持っている自分に驚きました。というよりエンタテイメントを読んだことがないのですね。

小嵐九八郎　いやいや、直木賞には何度も落ちてますから（笑）。いま、図書新聞の企画で、60年代、70年代を検証しようということで、第1回目は柄谷行人さん、第2回目は秋田明大さん、第3回目は河野美代子さん、このかたは被爆者二世で広島大学で全共闘運動に関わっていたひとですが、話を聞いています。このあいだは、重信房子さんと2回目の面会をしてきました。重信さんに面会したときに、東京拘置所の面会室で永井等さんにお目にかかって、大道寺が小嵐さんに『リプレーザ』の句評の件は感謝していると言っていたと言われました。

小田原　彼は大道寺さんとは法政大学時代の同期ですからね。

小嵐　大道寺さんの句は、なかなかいいですから。ただ、俳句は難しいですね。ボクは蕪村が好きなんです。仕事で古文を教えておられるあなたの前でしゃべるとボロが出るんだけれど（笑）。あの蕪村でさえも波が大きい。

小田原　大道寺さんの句評は小嵐さんのあとには、大長編批評家の池田浩士さんにお願いしているのですが、池田さんも難渋しておいでてでしょう。それにしても小嵐さんも長いものを書かれるのですね。『悪たれの華』（講談社）は長い小説ですが、書き下ろしですか。

小嵐　そうです。食えないもんだから、一枚でも多く書いてラブシーンなんかも入れて、それで口をすすぐというところですよ（笑）。

小田原　池田さんは研究者なんだけれども、やはり短詩系のものは評論が難しいとおっしゃっている。短詩で生涯に50も100もすごいものが書けるひとは、ある種の天才なのでしょうね。並のものは、100書いて、一発当たるかどうかでしょうね。

小嵐　短歌の世界では斎藤茂吉がすごいと言われているけれど、「ホントに？」というのが、やはりかなりあるんです。生涯で2万、3万首と作っているわけですけれど、分母がそれだけの数ですからね。大道寺さんもたくさん作っていくべきでしょうね。

小田原　わたしには歌のセンスは一切ないのですが、商売柄、たくさんの歌を読んできて、例えば「歌聖」人麻呂にしても息を飲むような歌にはそう多くは出会えないものです。

小嵐　大道寺さんの秩父困民党の一連の句はなかなかいいですよね。

小田原　自分たちの闘いとイメージが重ねられたのでしょうね。

小嵐　そうなんです。素人が秩父困民党について詠ってもなかなか重ならないのだけれど、大道寺さんは命を賭けたから重なったんでしょうね。あの一連の句は、本当によかった。

小田原　60年代末の、彼が法政大学の学生だった頃の歌ははっきり言ってあまりおもしろくない。回顧ですからね。あのとき、彼はまだ本気で「武装蜂起」をやろうとはしていませんでしたからね。

出自の地とその後の育ち—田中小実昌さんのことなど

小田原　話題が、自分が主催している雑誌に掲載しているものについてばかりではいかがなものかと思いますので、話題をかえますが、『リプレーザ』のインタビューで野添憲治さんにお目にかかって、若い頃に東北には野添憲治、真壁仁、むのたけじがいると思ってました。むのたけじはちょっと鼻につく民主主義オヤジという感じだけれど（笑）。

小嵐　このまえ朝日新聞では戦争を阻止できなかったジャーナリズムなどについて、いいこと言ってました。

小田原　いやいや、90歳を過ぎてまだ言論人としてしっかりした見識を述べておられるのだと見直しましたよ（笑）。野添さんについて言うと、派手さが一切無くて、コツコツと仕事をされてきた。

小嵐　『リプレーザ』のインタビュー読みました。

小田原　5月の肌寒い能代のお宅にお邪魔したのですが、能代というのはそこそこの街だと思っていたのですが、駅前は店が一軒も開いてないような状態でね。

小嵐　いや、一軒あるんですけどね、昼から呑めるところが（笑）。ボクは七つの時までしか能代にはいないのですが、あの駅舎はそのときと同じです。全く変ってない。

小田原　その後はどちらへ。

小嵐　川崎です。獄の中以外は、一貫して川崎で暮らしています。朝鮮戦争で特需があって、そのときにオヤジが疎開先の能代から川崎に呼び返されたんですね。家族が順次行きました。オヤジが行って、その次に姉ちゃんたちが行って、最後にボクとお袋が行きました。幼いときの思い出というのは美しいものでね、差別、抑圧なんて全然関係ないから。野添さんがあの地できちんといい仕事をされているのは、本当に凄いです。オレあれは能代というよりも世界的タマなんですよ。オレなんか等みたいないい加減なのとは違う（笑）。オレなんか全然、野添さんのような発想じゃないから。小田原さんにすまないと思ってるの、なんでオレみたいなのにインタビューするのかって（笑）。

小田原　いや、やっぱり同世代と一度やってみたいと思っていたの。野添さんだって、ずっと食えない中で、お若いときはお連れ合いにぶら下がって生きて来られたのでしょうけれど、そういうふうに恵まれないとなかなか一人前の物書きにはなれないですよね。小嵐さんもお連れ合いとのことを『妻をみなおす』（ちくま新書）として本にされているけれど。

小嵐　あれは、女性差別とかいって糾弾の手紙が来たりしてね……。

小田原　能代におられたのは幼少の頃なのですね。てっきり高校時代まで能代だと思っていました。

小嵐　そうです。だけれど能代にはいい思い出が詰まってます。

小田原　わたしは広島県呉の出身なんですが……。

小嵐　『ポロポロ』（河出文庫）という凄いのを書いた田中小実昌さんも呉育ちでしたよね。

小田原　そうです、お父さんが牧師で。

小嵐　コミさんには、一番かわいがられていたんですよ。

小田原　そうなんですか。

小嵐　いまも命日には熱海の干物を奥さんに送るんです。もういらないって言われてるんだけど、やっぱり……。

小田原　どういうところで田中小実昌さんと出会ったのですか。

小嵐　ボクのほうから接近して行ったのですが、作家になってから、世界の名作のいいシーンということで、コミさんの直木賞作品『ミミのこと』を取り上げて送ったら礼状が来て、すごいきたない字で。彼、本当にきたない字なんだけれど（笑）。それで呑みに行くことになったんです。ある某大思想家も連れて川崎の南町に呑みに行ったことがあるんです。某大思想家はついにそこが売春宿だとは気づかなかったのですが、コミさんはすぐにわかって女の子と仲良くなっちゃう。そういう嗅覚が抜群なんですよね。やっぱり思想的にはコミさんのほうが優れていると思いましたね。ちょうどボクが逃げているときにロサンゼルスで死んじゃってね。

小田原　その逃げているときも、党派に属していたのですか？

小嵐　その辺はオフレコだなあ（笑）。

運動と文学と

小田原　運動家として生きておられたときに文学で生きて行こうと考えておられたのですか？

小嵐　いや、まさか小説を書くようになるとは思ってもいませんでした。かみさんのヒモをやっていたんだけれど、彼女が鬱病になってしまってね。あるときほんとうに久しぶりに家に帰ったらかみさんが寝てる。娘に聞いたら、もう3日間くらい寝てるっていうじゃない。かみさんのお姉さんも統合失調症で、父親も東洋棉花の社員だったのだけれど戦争直後に自殺していて、これはマズいのではないかと。それで稼がなくちゃならなくなって、活動しながら書き出したんです。

小田原　それでなぜ小説を書こうと思ったのですか。

小嵐　そうなったのが40歳ですから、新聞の求人欄を見ても年齢的に全然だめなんです。

小田原　前持ちだしね。

小嵐　それは隠しますよ（笑）。しかも運転免許も持ってないし、小説しかないかなと思って。

小田原　そう思うところが面白いですよね。

小嵐　「小説宝石」でセクシャルな体験談を募集していたんですよ。10万円くれるっていうから、義理のお姉ちゃんの名前を使って応募したんです。そしたら10万円送って来たんでね、これはもしかしたらいけるかなと思ってね。それで活動費を稼いでいたんです。ところが大きな声では言えないんですが、濃密恋愛小説だったもので原稿料が上がらないんですよ。一枚千円くらいなんです。もっと稼がなくてはならなくて、阪神タイガースのファンなのでタイガースが優勝したときに、もう潰れましたけれど最もマイナーな「小説クラブ」という雑誌に優勝小説を書いて佳作に入賞したんです。なんでそこに応募したかというと、ボクは小説雑誌をよく知らなかったんだけれど「小説クラブ」をパッとみたら赤川次郎さんが書いてる。これはマジメな雑誌だろうと思って応募したんだけれど、とんでもなくてこれもやっぱり濃密恋愛小説ばかりだったのね（笑）。それで、そこから書き始めたんです。

小田原　運動家をやりながら書いていたんですか。それにしても普通の場合は、われわれの世代で言うと、文学を志すと新日本文学会がやっていた日本文学学校へ行ったりするわけですが、そういうのは一切なしですか。

小嵐　そういう苦手なことはしない（笑）。極端に言うと、かみさんが病気になってまずは自分の活動費を稼いで、できれば少しでもカンパをしたいという気持ちからで、文学をやりたいという高尚なというかくだらない気持ちからではないですね（笑）。

小田原　『リプレーザ』の仲間の土方美雄は日本文学学校です。わたしなどの世代で言うと、針生一郎さんや石田郁夫さんに誘われて、オマエも少しは文章の勉強をしたほうがいいなどと言われたりしたものですが。

小嵐　全くそういうのはないですね。ただ、あまり表で活動しないから暇で時間があるんで悪いことを覚える。釣りをしたりね。拘置所に入っても社会科学は一時間も読むと飽きちゃう。だから小説を読むしかなくて、かたっぱしから読みました。そうするとだいたい小説の書き方がわかってくる。こういう素材でピークはこういうリアリズムで、どういう問いを用意すればいいのか、だいたい見当がつきます。言いにくいんだけれど、ほとんどの小説は読んでます。いま、日大芸術学部で非常勤講師をしているんだけれど。あ、タバコ吸っていいですか。

小田原　どうぞどうぞ。タバコを吸っているところを写真に撮りましょう。

小嵐九八郎の考える「文学」

小嵐　吸ってるところを撮るの、怖いなあ（笑）。いきなり文学論になっちゃうけれど、学生さんに言うことは、小説は文化だから、その時々に対抗的な文化が出て来たりと、それはそれなりに蓄積があるんですよ。だから書くにあたっては、他人様の文章を読んでいるのが前提なのは当たり前なんですが、それをやっていないと新人賞には届かないんです。読んでいると、先人が何をテーマにして、どういうところで苦しんでまた楽しんで書いていたのかということがわかってくる。それを学生さんに言うのですが、なかなか今の学生さんは読もうとしないんですよね。

小田原　いまの学生は読む時間がないとも言えますよね。大学は出席をとるからサボれないし、世の中どうでもいいやって、われわれのころのようにいい加減に生きてないですからねぇ彼らは。

小嵐　昔、景気がいい頃はアシスタントを雇っていたのですが、アシスタントのうち3人が新人賞を取りましたし、朝日カルチャーの生徒さんも3人ほど賞をとって、そのうちの2人は松本清張賞をとってます。効率いいほうですね。

小田原　アシスタントさんには資料整理などしてもらうのですか。

小嵐　基本的には、ボクの原稿の誤字脱字を直してもらいました。誤字脱字がすごいんです（笑）。文法も全然わからないし。古文の先生に読まれてはね……。

小田原　おもしろい文体だなと思いながら読ませてもらいました。

小嵐　それから調べものをしてもらいました。彼女たちに役立ったのは、徹底的にオレの文章を点検させられたところでしょう。もちろん、こっちもその人たちに賞を取らせるように努力するんだけどね。文学はこれからはしんどいですよ。短歌などは敵を標的にしてやっていける。昔なら例えば漢詩との闘いで生き残れる。その後は説話との闘い。その後、天皇家と高級武士のものになってヤバいことになる。維新後は外国からの文化とのせめぎ合いで負けられない。それなりに保っている。そういう意味では小説も映像とかゲーム機、漫画まではよかったのだけれど、パソコンや携帯電話となるとなかなか楽しさという点で太刀打ちできなくなってきている。文芸春秋などが芥川賞の作品にするのは、素材主義なんです。かわった素材を書くやつに取らせる。それはやっぱり、非常に演出がうまい。それが文学として継続するかどうか、小説そのもののおもしろさという点ではしんどい部分もありますがね。

小田原　わたしの生徒は字を見るのがかったるいと言いますよ。試験問題の文でも最後まで読めよって言うんだけど。現代文などは最後まで読めない、長いから。テーマとか課題が現代的でそれに関心が持てないというよりも、それ以前に字を継続的に追うことができない。携帯小説というのが流行っているようですが、あれもいつまで続くのか。『悪たれの華』のような、あるいはもっと長い『水漬く魂』のようなあなたの本の、いい場面にたどりつく前に若者はへばってしまう。文字で興奮するとかいうことがない。短歌の世界になると文字の持つ艶というか、文字が開示するイメージというのが引き出せない。古文の世界は男と女の世界ですから、歌物語などは、そのあとに文章が来るけれど、歌で躓いてそこから先が読めない。イメージが繋がって行かないようです。ところが他方、江戸学の研究者の田中優子さんの本にある、いくつもの都々逸を持って来て意味を教えてくれと言う生徒もいるんです。ある種、特殊な、よく出来る子だけが言葉に対するイメージを持つという現象があります。

小嵐　それでも短詩型文学は生き残れると思うんです。携帯のメールなどで短い文章を打つでしょ。あれが現代短歌や俳句に通じるところがある。短歌の、例えば穂村弘さんなどは、携帯に慣れている世代に感動させるように歌っている。それに比して僕らのジャンルは大変です。文学者は危機感を持ってませんから。20年くらい前から純文学は売れなくなって出版社のメンツでやっている。それがエンターテナーまで来ている。映像に太刀打ちできる、短い言葉を越える面白さ、そういうものに踏み込んでいかないと。あるいは今『蟹工船』がブームだけれど、リアリズムを持って徹底して原理的問題にこだわることをきちんとしないと文学は消えますよね。自意識の表現としては出てくるでしょうけれど。今の時代はエゴイズムでしょ。他人の苦しみを分かるとか、共に楽しむとかないから、なかなか題材が見つからない。エゴイズムにあった文学も出てくるだろうけれど、何万部というのではなくて自費出版のような形で、さらにそれでいいんだという時代が来るかもしれませんけれど、大きな本流として文学が存在するかどうかは、ほとんど危機的な情況だろうと思っています。エゴイズムで他者との関係、繋がりを考えられないというのは、資本主義社会の必然的な破産の道、人類の破産の道だろうと思うんですけれど。

ひとは関係の中で生きる動物か

小田原　予備校風に言うと、現代文の評論分野の点数を上げるのは簡単なんです。キーワード探して答えるだけですからね。ところが小説の点がとれない。小説の中の会話がなぜ成り立つのか理解できないのです。文学って何なのですかと聞かれるから、他人の心の中を覗き見するようなことに興味ない？　と言うと、びっくりする。覗き見するのは興味がない。他者の生き様に対して関心を持てなくなっていて、だいぶ前からの現象ですが、かつてあなたがいらして、わたしも40年ほど巣くっている早稲田大学の周辺の麻雀屋や喫茶店はどんどんなくなっている。2、3人集まるということができなくなってきているんです。

小嵐　オレなんて1、2年の頃は麻雀ばっかりやってたのに……。

小田原　他人とつるむということができなくなってしまっているところでは、他人への想像力や関心は全くない。それは文学の世界が危機的になるのも当然ですよね。

小嵐　それと、ハードの面ですね。携帯では長い文章が書けない。そこらへんがきついところですよね。ボクの場合は、きっかけと経緯が不純なものでね（笑）。いい時代に、いい収入源をくれたなって感じですよ。ボクらの時代にはまだノベルスがあったんです。ノベルスで新人を育てて行くというのがあったけれど、今はそれも少なくなっていますからね。

小田原　一時期、雑誌「文藝」にJ文学というのがあったけれど。

小嵐　オレも随分とかわいがってもらって言うのも何だけれど、川崎高校の後輩がJ文学の旗手と言われていたけれど、日常性の文学というのはやっぱりおもしろくないから破綻は見えてるんですよ。

小田原　てっきり能代高校だと思っていたのですが……。

小嵐　川崎高校です。島田雅彦くんと同じね（笑）。かみさんも一級上で同じでした。労働者性ということで言えば、川崎駅で労働者がアジテーションをがんがんやっている。川崎は京浜工業地帯の拠点でしたから、労働者のアジやストをしょっちゅう見ていたので、活気があるなと思ってました。そのあと、学生運動で労働者階級が頑張らなければならないというのは、あまり違和感なく自分の中に入ってきましたね。

学生運動経験と文学

小田原　『蜂起に至らず』で、すかっと解放派に入ったわけではないというのは読みました。

小嵐　革マルに入るつもりは最初からありませんでしたね（笑）。権力への方針を出さずに、背中からやってくるというのは、これが左翼かって思いましたよ（笑）。これは載せていいです（笑）。中核派と解放派の親分が仲良くてね。よく社青同中核派なんて言われました。当たり前だけれど、学生運動やっていて、全く悔いはありませんね。傲慢な言い方かもしれないけれど、人間の生き方とか、悲しみ、苦しみを教わりました。そういう糧がないと小説は長続きしないような気がします。

小田原　野添さんがずっと東北の下層労働者・農民を取材し続けておられてノンフィクション作品を書き続けておいでですが、全然違うジャンルの小嵐さんの作品を読ませていただいて、大衆の中の、不細工な言い方しかできませんが、居直った強さ、どうにでも何とかなるということを、どこかで確信しておられる。なんとか生きていけるというのを感じます。

小嵐　学生運動でよかったのは、人がそれだけで輝いている、そこに魂が宿るということを教わりましたね。いまでも誇りに思っています。それが生き方としてすごくよかった。極端に言うと、レーニン主義ではなくてローザ主義っていうか。そこがオイラの良さかな。だけど学生運動やってきて一番悲しいことは、組織の分裂なんですよね。新左翼に限らないけれど、内部対立や分裂の問題を止揚できなかったというのは大きかった。

小田原　分裂が抱え込んだ内部矛盾を統合したエネルギーに転化できずに、分裂の固定化につながっていくのは、それこそ革共同の分裂からですが、ずっと同じことを繰り返しているのがしんどいですよね。みんなバラバラになっていく方向でしか生きられない。そうなると心優しい者がやめていくということにしかならない。修復不可能なところへ踏み込んでしまう。

小嵐　内部論争を重視しながら鍛えられていくという根本的な反省をしないとしんどい。反省と方針ですよね。

小田原　あなたは一貫して、ある種のテーマとして「悪」を持っておられる。お互い若いときに美しいことをしてきたわけではなくて、後から思うと忸怩たる思いというのを持つわけだけれど、まあいろいろな、他人様には軽くは言えないことをしてきましたよね。個人の問題ではなく、組織的決断としてやったというけれど、それにしても胸が痛む。そのときに思うのは、敵に対する憎悪だけでなく、もう一段、矛盾を止揚して高みにでられないものかと。日本共産党以来ずっと引きずったままだからねえ。これを党派性の問題だけとしてとらえたくないのですが、根底のところで人民に対する信頼を失ってしまったらもう行き着くところまで行くしかないのでしょうかねえ。あなたの作品で、例えば『悪たれの華』で言えば、主人公にとってかけがえのない存在である手下の五助と忠吉が死んでしまったときの悲しみ、あの痛みの部分がなくなってしまうんですよ、党派闘争というのは。主人公はてめえは悪だ悪だと言いながら二人の死に際して絶望的な気分に陥る。そこら辺のところはどうなんでしょう、人が生きるという意味で。

悪と左翼は世につれ

小嵐　たまたまテーマが一致しちゃったんだけれど、当面「悪人」について書きたいと思っているんです。これだけの悪人がいるけれど許せるか、許せないかという。

小田原　われわれの世代にとっては、あなたがお書きになった『蜂起には至らず』（講談社文庫）での、森恒夫と永田洋子の問題に決着がつけられていません。彼女は相当具合が悪いようですが、東京拘置所はまだ医療刑務所にも移管せずに置いています。なんとも言えない気分です。あのことと悪の問題はどうなんでしょう。

小嵐　森恒夫については、ここまで絶望しきった人間はいないのではないかと思う。いいとは言わないけれど、しょうがないという心境にきたんですよねオレは。あれほど憎まれた人間はいないからね。オイラに憎まれ、内部に憎まれ、殺されたやつから憎まれ、権力に憎まれ、あそこまで憎まれたら、何らかの手を差し伸べてもいいと思うんですよね。永田洋子についてはまだ整理がつかないです。新左翼の歴史からいうと、あれだけの事件ですからね……。

小田原　ボディブローでいつまでも効いていますよね。しかし、一方で、自分もやったかもしれないという思いがあるわけです。

小嵐　組織問題が大きいですよね。今も互いに殺し合うところがあるけれど、それも組織だからでしょう。原理とかなんとか、失われて行くんですよね。永田洋子はボクのテーマにしておきます。残して来た大きなテーマです。

小田原　桧森くんが小嵐さんを訪ねたと『蜂起には至らず』にありましたね。

小嵐　こちらがモーションをかけました。リッダ空港の奥平さんと安田さんの話を聞きたくて。家の修理を仕事にしているらしく大工道具を持ってきてね。なかなかいい話でした。そうしたら半年後に日比谷公園でのことがあって驚きました。3年くらい前に彼の出身地の人から講演を頼まれて行ったのですが、彼の関係者も来ていました。彼の死は日本が新ガイドラインなどを制定して、急に外国に関心を持ち始めた頃で、彼は焦ったのだと思う。自分の命を賭けなければいけないと思ったんじゃないかな。そういう意味では、受け皿になる団体とか組織がないっていうのは、辛いですよね。

小田原　桧森くんがどこまで言ったかわからないけれど、彼自身は最後まで戦士として生きたいと思っていたのかもしれませんね。

小嵐　ちょっと永田洋子の問題に戻りたいんだけれど、さっき突然「悪」と言われてかなり考えてしまったけれど、すごく言いにくいんだけれど、今はボクは死刑制度反対ですが、革マルとの戦争時代は単純にそうとは思っていなかったんです。新左翼の多くはそれなりに懸命に死刑制度反対を言っていると思いますけれど、そしてそれはそれで大事なことだけれど、自分たちが決起したときのことを考えて死刑制度反対と言っているような。今オレが言いたいのはそういうテーマではなくて、根本的に人間は生かされるべきであると思うのです。それはかなり考えた結果です。戦争は死刑制度を無制限に拡大したものだけれど、戦争反対と同時に死刑制度は僕らが悪と格闘した末に廃止しなければならないものだと考えています。そういう問題として永田さんのことを考えると答えは出ているんですけれどね。彼女の問題でもう一つ難しいのは、内部の処刑が多かったということだけでなく、運動体としての僕らの未来を殺してしまったというところがある。もちろん彼女だけに言うのはキツイのだけれど。そこでもう一歩、永田さんについて答えられないというところがあるんだよね。

小田原　森は自分で死んだということもあるけれど、これは当事者が評価してくれなければ、われわれとしてはなかなか言葉として出しにくいということがあります。わたしは所謂内ゲバには反対です。明治公園で角材持って殴り合ったりしたのはかわいらしいからやればいいんですが、闇に乗じて行くというをやり始めて以降、これは戦争の非常に薄汚い小さい局面を作るわけです。わたしもあらゆる存在は生かされているということは認めるという立場ですから、闇に乗じてやるということはやめてくれという思いが強くある。永田さんも、極端な言い方をすれば、麻原彰晃も生かされるべきだと強く言い切ってしまわないと前には進めないと思うのです。たとえ百人殺そうが、千人殺そうが、その命は命であると、世間に理解されることは難しいけれど言い切らないと。

小嵐　こういう小説を書いたことがあるんです。『ふぶけども』（小学館）。自分で言うのもなんだけれど、ボクの50冊の中で一番の自信作なんです。小田原さんに言いにくいんだけれど、親鸞思想に凝って書いたのです。

小田原　わたしもキリスト教の本より、親鸞のものを読んでいるほうが多いですよ。特に「悪人正機」がね。わたしにとってのイエスの思想に近いものを親鸞から受け取っています。ひねくれているから素朴に神の存在なんてそのまま信じてませんから（笑）。

小嵐　やっぱり「悪人正機」になるんだけれど、大事な思想ですよね。これは江戸時代のキリシタンと浄土真宗の坊主の対決の話で、そこから連帯につながっていくんです。全然売れないんだけれど（笑）。やっぱり親鸞思想がもっと生かされないとマズいなと思う気持ちがある。それはそうと7年くらい前にある死刑囚の小説を『真幸くあらば』（講談社）というタイトルで出版し、今度、森山直太朗という人の曲をつけて映画がほぼ完成し、来年に公開されるんです。「殯りの森」という映画に出ていた尾野真千子さんが主演です。ボクは純文学やってるんじゃなくて、娯楽小説を書いて少しでも儲けたいという気持ちがあるんで（笑）、こういうテーマで書くのはよっぽどくだいて書くというか、面白くないと読んでもらえないから苦労するんだけれど、そこらへんの悪のテーマ、死刑のテーマ、もっと言うと悪と正反対の美というのを書いていきたいと思っているんです。もちろん、出版社との関係もありますし、売れなければアウトなんだけれど（笑）。これはなかなか大変です。

小田原　あまり宗教の話をしても、掲載誌である『リプレーザ』の読者は関係ないと思うんだろうけれど……。

小嵐　いやいや、ボクは大切な問題だと思ってるんですよ。

小田原　親鸞の他力本願という考え方、あまりキリスト教とくっつけて言うつもりはないんだけれど、イエスというひとはかなり他力本願で生きていたひとだとわたしは考えています。彼はアラム語でアッバ＝オヤジというふうに神を呼ぶのだけれど、彼は神を実感していたと思うのです。その彼が死ぬ直前に、「どうしてオレを見捨てるんだ」と叫ぶわけです。オヤジに生かされて、いよいよの時には必ずオヤジが来ると信じていたのに来ない。このオヤジへのある意味でむなしい末期の叫びが逆にイエスの他力本願をよく示しているように思っています。親鸞が『歎異抄』で本当に信じておられますかと尋ねられて、いや信じられないけれど、先生の法然がこれ以外ないと言うし、自分でも考えてみたけれど他に方法がないから、とりあえずこれで行くしかないと言う。そこらへんの本当に信じているのかというと、近代以降のスケベ根性を持ってしまったわれわれには難しい。おれの師匠がそう言ってているんだから、そうなんだろうというくらいのところで、イエスもオヤジがそう言うから、イエスの言うところの「神の国」が今ここにあるんだという、いわば世直し運動みたいなものと、親鸞に集団でついていく人びと、親鸞に繋がって生きるしかないという人びとの他力本願のなかに、先ほどの、全てのひとは生かされるのだという思想があるように思うんです。宗教の話ばっかりで申し訳ないけれど。

小嵐　いま雑誌『大法輪』に連載を書いています。最後は、大逆事件で無期懲役で獄中で亡くなった浄土真宗の高木顕明を取り上げて締めようと思っているんです。『歎異抄』についてあるところに書いたら、編集者が気に入ってくれてね。ボクなんかからすると、言いにくいけれど、革命運動における内ゲバ闘争を心の中で支えたのは新約聖書ですよ（笑）。わたしがこの世に来たのは統一するためではなく分裂させるためだなんてね、何なんだこれはって思いましたよ。神の子でありながら、最後は「神よ、なぜわたしを見捨てたもうか」でしょ。こんなこと言うかって（笑）。イエスの最後の言葉からは、絶望を含んでもやらなければならないんだなって。そもそも、党内闘争について書いても内ゲバ手引きなんてレーニンだって書いてないんだから。マルクスにいたってはずっと少数派なんだし（笑）。で、新約聖書に頼るしかなくなっちゃったわけです。かみさんがノンポリだったし、活動については彼女を説得するのが大変だった。元クリスチャンだから、聖書でしか説得できないということもあってね。普通のひとは理解のできない暮らしだったもので（笑）。１年に1回会ったら次は拘置所だったとか、やっぱりオカシイわけだからね（笑）。こっちも何やってるか分からないくらいだからね。

小田原　純文学ではないけれど、いまは悪人の宮本武蔵を書いておられるとおっしゃったけれど、今後のところは。

小嵐　庶民が喜んでくれる小説を書き続けたいし、しかし魂は売らないというところですか。「地上から天上へ」です。

小田原　お忙しいところを長時間お付き合いいただきました。今度一度一杯やりたいものですね。これからの作品を注目しています。ご健闘ください。

2013年3月7日 今、憲法を考える会・通信 No.20

ピスカートル

★PISCATOR…漁をする人

今、憲法を考える会
発行人 小田原紀雄
連絡先 東京都新宿区西早稲田2-3-18
キリスト教事業所連帯合同労働組合
TEL&FAX 03-3207-1273
E-Mail piscatornews@yahoo.co.jp
ブログ http://d.hatena.ne.jp/piscator/
郵便振替 00150-3-607511

事故責任を糺す―福島と結んで

■告訴団が申し入れ

福島原発告訴団の人びと（2・22）

福島原発事故から2年目の3・11が近づいている。

福島原発事故はいまだ収束せず、日々放射能を出し続けている。この事故によって亡くなった人、傷ついた人、汚染された環境…従来の事故とはケタ違いの被害者を出した事件でありながら、その責任を取るべき人たちは誰ひとり訴追されていない。

この現実に対して立ち上がったのが福島原発告訴団だ。告訴人は全国で1万4千人を超え、空前の規模の告訴となった。検察は月末にも結論を出すと言われているが、いまだに強制捜査にも踏み切っていない。

2月22日、福島原発告訴団は福島や避難先からかけつけた告訴人620人が東京に集まり、東京地検に対して強制捜査を求める上申書と4万筆の署名を提出した。その後、罪を認めるよう東電への申し入れを行い、金曜日の官邸前行動に合流し、参加者が1人ひとりの思いをアピールした。

■3・23福島現地集会へ

福島現地では、3月23日「原発のない福島を！県民大集会」が呼びかけられている。

安倍政権は民主党政権のペテン的な「2030年代に原発ゼロ」方針さえ見直し、再稼働どころか新増設さえねらっている。福島に対しては、「避難の権利」を認めず、「除染」と称してゼネコンに金をつぎ込むばかりの「復興」方針だ。

今なお高い線量の地域で子どもたちが生活することを余儀なくされているなかで、「ふくしま集団疎開裁判」をはじめ、県民の必死の取り組みが続いている。必要なことは、県外の私たちが福島を忘れず、結びついてたたかっていくことだ。

3・23福島現地へ。「原発いらない！」、被災者の生活と命を守る政治へ、福島県民とともに声を上げよう。

◆「つながろうフクシマ！さようなら原発大集会」
3月9日（土） 11時開場、14時～集会／明治公園（JR・千駄ヶ谷駅、都営大江戸線・国立競技場駅）

◆0310 原発ゼロ☆大行動
3月10日（日） 13時～日比谷野音で集会、14時～デモ、各省庁前抗議、17時～19時国会前集会

◆「つながろうフクシマ！さようなら原発講演会」
3月11日（月） 18時開場、18時半開始／きゅりあん（JR、東急、りんかい線・大井町駅）

◆「原発のない福島を！県民大集会」
3月23日（土） 11時～アトラクション、13時～・県民大集会／福島市あづま総合体育館（福島駅からシャトルバス）

386

・「ピスカートル」（今、憲法を考える会通信）No. 1
（２００９年10月25日）

百万人署名運動への永訣宣言

「永訣」などと大仰な言葉を使ってでも自らの心を鼓舞せねば書きたくない文章を綴ることにする。

手許に「とめよう戦争への道！　百万人署名運動全国活動者会議　２００９年８月22日　事務局からの提案議事録・発言要旨」なる文書と「百万人署名運動通信第１４３号」がある。これを読みながら、かつて日米安保条約新ガイドライン締結反対運動を署名活動を運動展開の中軸に据えて、全国各地で多くの方々のお知恵とお力をお借りしながら、80万人以上の人々に署名していただき、いわゆる新左翼系の大衆運動としては前人未踏の百万人署名達成まであと一歩のところにまで迫ったこの運動は、確実に「一党派」の路線をそのまま踏襲した「党派運動」へと明確に舵をきったと断定せざるをえない。

先の全国活動者会議に「30連絡会52人が参加」とのことであるが、昨秋まで事務局会議に参加していた者の認識として、これが運動の実態を反映したものではなく、実際には既にほとんどの地域連絡会は活動が停滞しており、というより収束過程に入ってしまっており、当日のこの数は名称だけ残している各連絡会の事務局を構成する党派の活動家を動員した数でしかないことは明白である。それが証拠にこの1年間署名数はほとんど増加しておらず、当然のことながら「通信第１４３号」の「8・22全国連絡会活動者会議報告」は会議の報告の体を為していない。無惨にも「報告」の４／５は「一党派」の浅薄きわまりないイデオロギーの羅列でしかない。同時に、「小異を残して大同につく」を運動展開の原則としてきた百万人署名運動が、この原則を投げ捨て、関西連絡会、兵庫県連絡会の両連絡会が「連合」が推進する「核廃絶１０００万署名」にも取り組んでいるとして、「関西および兵庫の事務局と一致して運動することは無理であることを確認」したと分裂した「党派事情」そのままを露呈しているだけである。「「１０００万署名」は、反戦反核の原点であるヒロシマ・ナガサキの怒りを北朝鮮排外主義にねじ曲げ、北朝鮮への戦争を煽るものです」という難癖はいったい何なのか。わたしも「連合」の労働運動の路線が誤っていると考えることにおいて人後に落ちないと思っているが、これはいくらなんでも陳腐過ぎるであろう。百歩譲って「核廃絶1000万署名」の路線が誤っているとして、しかしこれに協力したから百万人署名運動から追放することが認められるのか。現にとりわけ兵庫県連絡会は現在もまだ全地域連絡会の中で突出して「9条改憲反対」を掲げた「百万人署名運動」を展開しているではないか。現状は「党派」による「党派のための」百万であって、大衆運動の原則を大きく逸脱している。

百万人署名運動はこの2年間、「裁判員制度反対運動」に取り組んできた。私自身裁判員制度に反対であるし、百万人署名運動がこの課題を担うことに反対でもない。しかし、これが主たる任務ででもあるかのように運動主体の全体重をこれにかけるのはいかがなものかと苦言を呈してきた。百万人署名運動はあくまでも「反戦・反基地・反核」運動の拡大から「9条改憲阻止」を目指して署名運動を展開するのが本筋である。「攻めの改憲阻止決戦」などという夜郎自大な言葉を用いて、「9条改憲反対を狭くとらえずに、道州制や裁判員制度と9条改憲＝戦争国家化の問題として一体的に闘う」のは「党」の闘い方ではあるかもしれないが、大衆運動は課題を一つに鮮明にして、別の課題を担う他の運動体と共闘しつつ、民衆の解放を求めた大きな運動に合流していくのが本筋である。まるで大衆運動を理解していない。

最後に私自身のことに若干ふれなければならない。「国労5・27臨大闘争弾圧」の「裁判方針をめぐっての当該の分裂」ではなく、明らかに「党派事情による当該の分裂」に対して、私が採った姿勢が「一党派」のお気にめさないようであるが、これと百万人署名運動とはまったく無関係である。また「8・6ヒロシマ大行動には賛同せず、これに対抗してつくられた二つの8・6集会には賛同して名を連ねています」と書いているが、賛同要請さえよこさずにこういう噴飯ものの言いがかりを付ける。だがまた、これもまた百万人署名運動とは無関係である。要するに「一党派」が主導している運動だけに賛同すればいいので、それ以外の姿勢を採ることは認めないと言っているだけである。語るに落ちるとはこういう言説を指す。私は東京の事務局会議に「昨年後半の出席は2回で、今年に入ってからは1回も参加していません」。事実この通りだ。しかし、結果には原因があるのであって、結果だけあげつらってみても無意味である。

もうこれ以上書き連ねるのはやめにする。とにかく既に私は今春から「横田耕一憲法連続講座」を開始して新たな運動のあり方を模索し始めているが、百万人署名運動とは「永訣」して、今秋から来春にかけて全国の仲間と共に、文字通り「小異を残して大同につく」改憲阻止の運動の構築へと進むつもりでいる。

百万人署名運動で親しくしてくださったみなさん、お力をお貸しくださったみなさん、さようなら。どうぞお元気で。

２００９年10月20日　小田原紀雄

３８７

・「ピスカートル」（今、憲法を考える会通信）No.２（２００９年12月25日）

「沖縄」と対話し「本土」で闘う――知花昌一さんのアピールを受けて

09年11月８日の沖縄県民大会に参加しました。東京で長くあれこれの運動に参加してきましたが、沖縄の闘いに参加するたびに感じることは、参加者の層の広がりです。わたしたちの集会はいつもいかにもそれ者という感じの者たちだけの集会ですが、沖縄ではお年寄りから、子連れの人々も多く、闘いが暮らしの延長線上にあるのだということです。

どうしてこういうことになるのか、今号では知花昌一さんから声を寄せていただき、沖縄の民衆の思いがどこにあるのか再確認したいと考えました。社民党の党首選に照屋寛徳議員が出馬する意志を示されたと聞いたとき、わたしがまず感じたのは「ああ、沖縄の人々は日本人の今に深く怒っておられるのだ」ということです。昌一さんが「この照屋議員の動きは沖縄では多くの人たちに受け入れられています」というのがそれです。わたしは、沖縄の人々の、政権党である民主党に対する苛立ちとある種の期待感が、万一普天間基地の「移設」先が辺野古新基地となった場合、どうなるのか、深い危惧の念を抱いています。矛先は日本人総体へと向かうに違いありません。わたしたちはそれをどう受け止めることができるでしょうか。

12月12日には、「沖縄辺野古新基地建設反対！普天間基地撤去！京都集会」に参加しました。発言者は衆議院議員服部良一さんとヘリ基地反対協議会の安次富浩さんで、お二人とも久しぶりにお目にかかりました。安次富さんは、交流会の席で、「戦前には基地のなかった沖縄に、天皇制護持・本土防衛のために日本軍の基地を建設し、敗戦後そこへ米軍が入ってきて、あげくの果て、天皇メッセージで沖縄を米軍政下に売り渡す。そして天皇制は戦後もずっと維持されている。これ、全部、日本人の責任ではないですか」と柔和な表情ながら内容としては怒気を含んだ発言をしておいででした。わたしたちも戦後日本をただ謳歌してきただけではありません。しかし、日本の相対的安定が沖縄の「犠牲」の上にあやうく成立していることを常時意識していたわけでもありません。

こんなことを書いていると、「読谷村でハンスト」のニュースが入ってきました。11・8あの県民大会の日に読谷村で起きた米兵によるひき逃げで放置されていた男性が死亡された事件で、犯人の米兵は一度は事情聴取に応じたものの以後はトリイ基地から出て来ないようです。先の知花昌一さんたちはトリイ・ゲート前の芝生にテントを張って、12月21日から25日までのハンストに突入するとのことです。

現在の「ピスカートル」の仲間ではなにほどのこともできません。地味でもいいし、少数でもいい。「沖縄」と対話しつつ、「本土」における「沖縄闘争」に参加したいと考えています。

388

・「ピスカートル」(今、憲法を考える会通信)No.4
(2010年4月10日)

■鳩山政権の迷走・迷妄の退路を断て

「ムカセー、カイシャインヤタシガ、ナマー、ヌーンソーネン」。1972年2月16日、東京地方裁判所刑事16部において人定尋問が始まった瞬間に「在日」沖縄青年が発した言葉である。その前年11月19日、「沖縄国会」といわれた衆議院本会議場で爆竹を鳴らし、第三の琉球処分としての沖縄返還協定批准阻止と72年返還粉砕を叫び、在日沖縄人への決起を呼びかけるビラを撒いて刑法犯とされ起訴された、第一回公判でのことである。これに対して小林裁判長が発したのが「日本語で話しなさい、日本語で」。

普天間基地撤去を求める沖縄民衆の強い意志を、代替基地提供という余計なお世話でアジア・太平洋地域の米軍による軍事支配の継続を願って迷走する、昨今の鳩山政権の迷妄ぶりを見ていて、このウチナーグチでの怒りの表現と、それに動揺して発した裁判長の言葉がしきりに想念をよぎる。〈日本〉―〈沖縄〉というか〈ヤマト〉―〈ウチナー〉の関係を象徴的に示す法廷という「国家意志」を体現する場に現出したこの「裁かれ―裁く」者の間で示された関係の有り様こそ、沖縄の言葉の来歴を通して日本と沖縄の関係史を浮かび上がらせる表象そのものではないか。

フランツ・ファノンが『黒い皮膚・白い仮面』において、黒い皮膚の人間と植民地化された人たちの言語現象を解明し、宗主国の文化に位置づけられた植民地住民のコンプレックスを解放したいと試みたのと同様の「闘い」が、この裁判所という国家機関に刻印されたのである。

この思いをウチナーンチュは抱き続け、ヤマトンチュは喉もと過ぎればと放念・失念した。鳩山政権の迷妄の素因はここにある。

4月6日から、知花昌一さんらによる呼びかけで、普天間基地の沖縄「県内」移設に反対する意志を表す首相官邸前座り込み闘争が始まる。知友知花が東京へ攻め上ってくるからには馳せ参じなければならないと考えているが、他方で「ああ、またしても」の感も否めない。我々はいつまで「沖縄の闘い」にぶら下がり続けるのか。安保・基地撤去の闘いは我々の任務であったはずである。反沖縄民衆との「共闘」などという甘えた感覚でいてはならないはずであるのに、我々は「沖縄闘争」が自らの反戦・反基地・反安保の闘いの最重要任務であるという思想と意識を構築できないでいることに腸九転する思いでいる。

このままでは改憲阻止の運動の一端を担って為すべきを為して生きたいと考えた仲間と集った意味がない。この4月こそ持てる力のすべてを出し切って、我々の任務としての「沖縄闘争」を担わなければならないと考えている。頑張りましょう。

・「ピスカートル」（今、憲法を考える会通信）No.11
（2011年5月12日）

389

6月には沖縄へ行こう！

足繁く沖縄通いをしたころもあったのだが、ここ2年ほど行っていない。理由は特にない。辺野古も東村高江の米軍ヘリパッドも気にはなるのだけれど。

東日本大震災の津波によってすべてが流された風景を、新聞やテレビで見ながら、どれほどの悲嘆の中においでだろうと、とめどなく涙を流していて、ふと、山之口貘の詩を思い出した。1958年、沖縄へ帰郷して、これがあの沖縄か、という山之口貘の慟哭が聞こえてくるような詩句だ。「弾を浴びた島」にこう書く。「ウチナーグチマディン　ムル／イクサニ　サッタルバスイ（沖縄戦で大切な言葉までやられたのか）」

そして、「琉球よ／沖縄よ／こんどはどこへ行くというのだ」（「沖縄よどこへ行く」）と。

そして突然、沖縄へ行こうと思い立った。5・15に行こうか、それとも6・23がいいかと迷ったので、たまたま東京へやってきていた沖縄人の友人と一杯やったときに、これを尋ねると、摩文仁での6・23集会の前夜に集会を持とうと準備をしているので、こちらに来てほしいと言われて、そうすることにした。

戦後65年間、常に世界中で戦争し続けているアメリカの、世界軍事戦略の重要拠点として、一貫して出撃拠点、兵站の両面を担わされて、翻弄され続けてきた沖縄、山之口貘の悲しみと危惧とが、そのまま現実となっている沖縄、今また、東北地方で展開する米軍の「トモダチ作戦」によって、日米安保体制は戦争でだけ機能するものではなく、平時の災害においても日米両軍の緊密な連携プレイによって機能する、日本国家にとって諸政策の前提になっていることを見せつけられながら、マスコミは両軍の救援活動を賛美するばかり。この結果が、沖縄における基地機能の強化としてはねかえってくることは火を見るより明白であるにもかかわらずである。

これは単なる危惧ではない。3月31日付の以下の記事に明らかである．

辺野古に防衛省の事務所開設　普天間問題

アメリカ軍普天間基地（沖縄・宜野湾市）の移設問題で、移設先とされる沖縄・名護市辺野古に31日、防衛省の事務所が開設された。移設をめぐって沖縄県などの合意が得られない中、政府が地元への直接的な働きかけに乗り出した形。

名護防衛事務所は、地元との連絡や調整に当たる目的で辺野古の集落内に設置され、6人の職員は将来的に44人まで増やされる予定。沖縄防衛局長・真部朗氏は「(移設について)県民の理解がいただけるのであれば、名護防衛事務所の体制や意義、役割も大きくなるんだろう」と話した。
　移設先とされるアメリカ軍キャンプ・シュワブ内では、新たな建物や浜辺のフェンスの工事などが進められていて、地元の合意が得られない中、辺野古移設を既成事実化する動きとの反発も上がっている。

　あの3・11で、「がんばろう　ニッポン!」などという空疎な、それでいて危機をナショナリズムで克服しようという危険極まりないスローガン、同様な「絆」などという為政者と一体となったマスコミによる民衆への教唆などとは、千里の径庭を保ちながら、それでも、不景気で生活苦は続いているが、東北被災地の人びとのことを思えば、今は艱難辛苦の時だなどと、多くの日本人が思って、できるだけのことはしようと覚悟を決めているとき、普天間基地の辺野古移設の企みは「粛々と」続けられているのである。というより、人びとの耳目が東北地方に向いている間隙を縫っての薄汚い作戦行動ではないか。
　高江のヘリパッド建設も小さな集落を飲み込むというか、叩きつぶすというか、沖縄民衆の意など考慮の外であると言わんばかりの強引さで進められている。
　「ピスカートル」の読者のみなさん、6月22~23日には、ご一緒に沖縄へ行って、反戦・反基地・反安保の闘いに参加しませんか。

390

「帝国」は「衰亡」の深淵に沈む

・「ピスカートル」(今、憲法を考える会通信)No.13
(2011年9月27日)

　朝日新聞9月19日号の「風」欄に、アメリカ総局長である立野純二署名の「『帝国』は衰亡の一章を刻むか」という記事が載っていた。「米東部ペンシルベニア州の寒村シャンクスビル近郊。この山あいで2001年、乗員乗客40人を乗せたユナイテッド航空機93便が墜落した。/9・11事件の聖地になって丸10年。ここで今月、慰霊の壁が完成した。『英雄』たち一人一人の名を刻んだ大理石の板40枚が、あの日の墜落の航跡に沿って立てられた。／もし彼らが乗っ取り犯との格闘の末、墜落させていなかったら、93便は首都ワシントンを襲っていた」。そういうこともあったなと、茫々とした記憶を引き出さねばならないほど、遙かにかすかな記憶になってしまっていた。他人事だからではない。あの「事件」を「テロ」とだけ規定してしまうことに、わたしには未だにこだわりがあるからである。

それはともかく、この日の式典で、ブッシュが「9・11は、地球の裏側の荒廃が我々の町をも揺るがすことを証明した。アフガニスタンの村やアフリカの子どもたちの困窮など縁のないことと考えるのは簡単だが、米国が孤立の誘惑に走るのは大きな過ちである」と演説したそうだ。

記者立野は「10年前、あれほど好戦的だった大統領が、今は内向きにこもる米国の身勝手さを戒める古老役を演じる日が来るとは。重い十字架を背負った張本人ではあるが、だからこそ血で血を洗う戦いを終えた後の空しさを、誰よりもかみ締めているのかもしれない」とブッシュ政権の世界戦略への批判をこめつつ叙情的な感想を記しているが、事柄はそんなことだろうか。アフガニスタンで、イラクで、ブッシュが仕掛けた戦争において、いったいどれほどの人命が失われ、その数の数十倍もの人が心身を傷つけられただろうに。そしてそれらの人々がかつて生きたことを記念する「一人一人の名を刻んだ大理石の板」など永遠に立てられることはない。

この式典に、クリントン、ブッシュ、オバマと三代の大統領が並んだようだが、こういう構図に、「帝国」アメリカの居直りを感じ取るのは、わたし一人だろうか。9・11を引き寄せたクリントンとブッシュ。9・11への直接的な関与も定かではないのに、オサマ・ビンラディンをパキスタン政権の許可もなく越境攻撃して殺害したオバマ。このような式典で語られた「米国が孤立の誘惑に走るのは大きな過ちである」は、経済破綻を乗り越えて永続的に「世界の警察」としての役割を担おう、という「衰亡」の深淵からの「雄叫び」に聞こえる。

記者は杜甫の「春望」を引用しているが、わたしは『平家物語』から引いて「おごれる人も久しからず」とだけ言っておこう。

391

3・11一周年　福島・郡山報告
原発は人倫に悖る

・「ピスカートル」（今、憲法を考える会通信）№15
（2012年3月27日）

▼県民集会には1万6000人が参加

3・10〜11、郡山へ、埼玉県の羽生から4人で参加しました。

10日、午前10時30分、ビッグアイ市民プラザ7階に到着。「ふくしま集団疎開裁判の会」主催の「世界市民法廷」の集まりに参加。子どもたちの将来を守るために「集団疎開」をさせようという訴えに共感を覚えると同時に、期間を限定できない「疎開」が家族という小さな共同体から地域社会という比較的大きな共同体までを解体してしまう可能性を考えると、深い不安を感じました。

午後は、郡山市労働福祉会館第42会議室に移動して、福島原発事故緊急会議・被曝労働問題プロジェクト、ふくしま連帯ユニオン、自治労郡山市職員労働組合、いわき自由労働組合共催の「被曝労働の実態　使い捨てられる下請け労働者」集会へ参加。畏友・なすびや山谷の中村が深くコミットしている集会だったけれど、遅れて行ったので、立ち見。マイクの設備がなくて老人にはよく聞き取れなくて残念。またビッグアイ市民プラザに取って返して、鎌田慧さんの講演会へ。演題は「脱原発と民主化の道」。ここも超満員。主催は、子どもたちを放射能から守る福島ネットワーク、命・地球・平和・産業協会。1日目はこれで宿へ帰り、久しぶりに会う友人たちも多く、楽しく歓談・交流。

11日、朝からまた、ビッグアイ市民プラザで、6つのセクションに分かれてのテーブルトーク。これが正午まで。ただちに郡山市開成山野球場に移動して、「東日本大震災・福島原発事故1周年　原発いらない！　3・11福島県民大集会　安心して暮らせる福島県をとりもどそう」に参加。オープニングは加藤登紀子の歌から。その間に野球場観覧席は満員になり、除染がなされていないので、それを含んだ上でなら、ということで外野席にも参加者入り始める。主催者発表によると1万6000人の参加とのこと。集会では多くの人から発言があったが、それらを紹介することはとても不可能であるから、大江健三郎の「原発は政治・経済の問題ではなく、人間の倫理の問題ではないか」という発言だけを紹介しておく。

さて、参加しての感想であるが、大江がいう「倫理」はわたしもそうだと同意する。つい先頃、吉本隆明が死んだ。吉本から大きな刺激を受けてきたが、最晩年の「週刊新潮」のインタビューでの、反原発を「人間の進歩性、学問の進歩の否定」と批判し、原発は「どんなに危なくて退廃的であっても否定することはできない」との発言は、確実に吉本の終焉を刻印した。「大衆の原像」に立ち尽くす思想を原基に据えていたはずの吉本には、昨年3・11以後、福島の大衆の不安とおののき、そのうめきがまったく聞き取れてはいなかったのである。その意味で吉本は「倫理」の問題として原発を考えることを放棄した。

脱原発・反原発運動の大きな昂揚は、いわゆる左翼がそれを担っているのではなく、正に「大衆」がこの現実からいかにして脱出するかという意識を抱いたことから地殻変動のような動きとして進められている。3・11以後あぶり出され、「大衆」の前にさらけ出したのは、いうところの専門家たちがどれほど無知・無恥であり、「反倫理」的であるかということである。

人が人として、自然の中で生きるということの意味を今こそ考え抜くことが必要だと痛感している。

392
気分は戦争モードの国

・「ピスカートル」(今、憲法を考える会通信) No.20
(2013年3月7日)

つい先頃、「沖縄タイムス」の記事で以下のようなことを知った。

【キャンプ・ペンデルトン(米カリフォルニア州)共同】陸上自衛隊と米海兵隊は13日朝(日本時間14日未明)、米カリフォルニア州で行っている日米共同訓練で、陸自隊員が海兵隊のMV22輸送機オスプレイに搭乗し、敵に奪われた島を奪還する作戦を報道関係者に公開した。自衛隊員が訓練でオスプレイに搭乗するのは初。尖閣諸島をめぐる中国との対立の中、日米の緊密な連携をアピール。沖縄県の米軍普天間飛行場へのオスプレイ配備に地元の反対論が根強い中、日米がオスプレイの有用性と安全性を強調した形だ」

いつもながら、「ヤマト本土」の新聞では見かけなかった記事である。沖縄の人々がどれほど歯ぎしりをしてこの屈辱に耐えておられるだろうかと、遠く離れた地にいて、まことに申し訳なく思う。この国の為政者にとって、「国内植民地沖縄」の「民意」などは歯牙にもかけないということなのだろう。

週刊誌の広告をみると、この国の気分はもう戦争である。「週刊ポスト」＝「撃墜寸前！中国軍の『宣戦布告なき開戦』一部始終—この無法国家を許すな！レーダー照射も速射砲を向けられた事件も最近何度も起きている！」。「週刊新潮」＝「中国人の9割は『日本と戦争『東京空爆』—中国メディアが煽りに煽る『開戦の縦断』—平和ニッポンが知らない「レーダー照射」恐るべき背景、事態は冷戦を越えた！」。あまりに愚劣だからこの程度にしておこうかと思っていたら、「週刊文春」＝「中国からの『宣戦布告』—これが真相だ！これは紛れもなく「実弾なき戦争」である」ときた。

▼「煽り論調」の相乗効果

ここで言いたいのは、日本のマスコミの「煽り論調」である。売りたいがための誇張表現であるから、書いている者もウソを承知で書いており、読んでいる方も大袈裟を承知で読んでいるのだが、しかし、これが「しばらくの時を置くと」、結構、気分の相乗効果をもたらすことを、マスコミの側は承知している、というより、これが「官許言論機関」としての存在証明であると自己認識して「煽り論調」をしていることが問題である。

第二次世界大戦突入前夜、満州事変以降、戦争になる度に新聞社は発行部数を増やしてきた。大手新聞社は軍に近づき、戦地に人を出して、軍の情報を伝えれば売れた。そして民衆もそれに煽られて、軍と新聞と民衆が一体となって戦争に突入していった。だからといって、新聞各社が満州事変を支持したのは、ただ販売部数を伸ばすためとだけとは考えられない。当時の記者クラブでは、関東軍が仕掛けた謀略だというのは聞かされていた。が、どのメディアも太平洋戦争が終わるまで、国民にこのことを伝えることはなかった。

戦争に向かったのは、当初はメディアと軍が結託して国民を騙し、戦意昂揚した国民に政治家が動かされた。メディアは世論を作り、その世論に興奮しているうちに歯止めが利かなくなって、自分たちも巻き込まれてしまった。絵に描いたようなマッチポンプである。これをわたしは、相乗効果をもたらすと言っているのである。その結果責任については誰もまともに反省しない。最近の週刊誌の煽動記事は、まるで東アジアは風雲急を告げ、一触即発、「撃チテシ止マム」とでも言いたげである。

このあたかも「戦争モード」に入ったかのような国の気分昂揚した言論に冷水を浴びせたのが、米軍高官の在日米軍基地から飛び立っての北朝鮮（＝朝鮮民主主義人民共和国）訪問のニュースである。昨年来3度とのこと。日本の外交政治などまるで蚊帳の外である。

そもそも核拡散防止条約なるものに基づいて、イランや北朝鮮の核政策を非難し、経済制裁をしてみたところで、ではアメリカがイスラエルに供与した核はどうなるのだ、と居直られればどうにもならない。わたしは核開発競争はやめてほしいと思っているが、しかし、考えてみれば「世界内戦」の時代に突入した世界で、「日本海波高し」などと国家間総力戦が近いかのような「煽り」それ自体が空虚である。冷静でいたいものだ。


〈2013／02／23〉

393 萩原進さんの志を受け継いで

・「ピスカートル」（今、憲法を考える会通信）No.24
（2014年1月7日）


訃報などというものは、いつも、常に突然で、長く生きているということは、すなわち追悼文をたくさん書くはめになることとくらいは覚悟して生きてきたつもりですが、それにしてもあまりに急なことで、愕然として、萩原さんと約束していたことの今後の展開が如何なる事になるのかを考えて、頭を抱えてうずくまったまましばらく涙も出ませんでした。

10月の、どしゃぶりで寒い雨の日の、ぬかるんだ会場で少し立ち話をしました。萩原さんは集会の「まとめ」の発言の直前で、「よろしく」とおっしゃるのが精一杯でした。それでも互いの意志一致にとって十分でした。いうところの「3・8分裂」以後、わたしは気分が重くて長く三里塚から遠ざかっていました。もうわたしごとき者に何かができるとは思えなかったからです。気になりながら遠くから闘いを眺めているというのは辛いものでした。

一昨年でしたか、その前年でしたか、沖縄の6・23集会に参加して、前日の夜の三里塚と沖縄を結ぶ集会後の懇親会で久しぶりに萩原さんと杯を交わしました。その際に、「もう過去の行き掛かりのあれこれはいいではないですか。三里塚はいよいよの局面に入りました。あらゆる人と関係を再構築して、新しい展開をしなければなりません。力を貸してくださいよ」と言われ、からだの方々が傷んでしまっている老体だけれど、もうひと仕事せねばならないなあ、と思っていたところへ、経産省前の反原発テントにいて、単身、大飯原発再稼働阻止闘争へテントを担いで移動した畏友・呑友吉岡さんがフラッと東京へやってきて、「三里塚に力を貸してーな。どないもこないもならんで。松原はん苦労してはりまんねんで」と呑みながら言われて、その吉岡さんも死んでしまった。これはもう引っ込みがつきません。

萩原さん、あなたが沖縄―三里塚―福島を結んで、「国策何するものぞ」という闘いを、日本人民が自らが歴史の主体であるという闘いを構築したいと切望し、市東さんの裁判が東京高裁に移ったことを「いよいよ霞ヶ関に攻め上るぞ」と表現されたその闘いの意志のわずかでも、微力で軟弱な思想性しか持たない者ですが、それでも戦列の最末端で繋がっていたいと決意しています。

松原さんは、関西で新しい展望をもった集会を提起し、既に「ほんまやばいでTPP 2・16シンポジウム」のビラが出ました。ここには講演者として大野和興さん（農業ジャーナリスト）と並んで、萩原進さん（三里塚農民）の名が掲載されています。

あなたを失いました。その損失は時間の経過とともに大きなものであることをわたしどもは痛感するでしょう。でも、立ち止まることはできません。日本の農民運動の輝ける闘士・萩原進さんの志を受け継いで、前に行こうと決意しています。

２０１４年元旦

14 論文

『反靖国論集 働くなかまのブックレット』（1987年）の「I 靖国イデオロギー批判」

虚構の「国柄」に依拠して「文化」の投網をうつ江藤淳の虚構性

本音はいざ知らず、中曽根でさえだらしないとして悲憤慷慨してみせる位置に立ち、そういった忿懣をもつ層の旗手として言論のボルテージを増々高めている江藤淳が、最近『同時代への視線』なる本をPHP研究所から出版した。これを同じ穴の貉の国学院大学日本文化研究所助教授大原康男が、『週刊サンケイ』87年7月30日号で紹介しているので、この仲間誉めの典型のような文章の紹介を通して彼らの意図と位置を明らかにすることから論を起こしたい。

大原によればこの著作は、「中途半端な"戦後政治の総決算"に終わった中曽根政治に対する辛辣な通信簿」となっており、「今日の日本を覆っている〈擬制と虚構〉を看破する確かな視座」は〈通念をほんの一目盛り脇にずらせる〉ことによって」獲得できることを提示しており、「それも現代という時代を単に同時代史の一コマとして捉えているのではない。目を凝らすと、そこには通事的にことの本質を見きわめるための長短二本の補助線が鮮やかに浮かび上がってくる。一本は、ここ70年間、アメリカが〈日本に対する相対的・総合的優位〉を保持し続けようとしてきた歴史であり、もう一本は、日本の伝統的な国柄（コンスティテューション）と西欧近代の法や政治制度との間に厳然と存在する〈微妙な誤差〉である。この二本の補助線は、読みにくい時代を読み取るための恰好のトレンチに違いない」のだそうである。

ここに明らかなように、江藤は、戦後社会を「擬制と虚構」であると認識し、その理由の最たるものとしてアメリカとの関係、即ち現行憲法が占領下アメリカによって押し付けられたものであるとして、拒否もせず、そのようなものを平和憲法として理想化している者達が言論界の主流を形成し、政治の世界においても相も変わらず一部にこれに固執する者達がいるような社会に怨嗟の叫びをあげているのである。大原は「ここ70年」と言っているが、江藤の現在の日本の社会に対する怨嗟は、元をたどれば戦前まで逆のぼって、文化的経済的に優位を保とうとしてきたアメリカが、「日本の伝統的な国柄」を破壊し、日本の側の主として知識人がこれに追随することによって自らの文化を解体したと言いたいのであろうが、これはどこまでも、今から考えてみればというたぐいのことであって、江藤が唾棄すべき者として口を極めてののしる戦後文化人の一人として自分もかつてあり、それどころか、スマートな湘南マルクス少年から近代主義者となり、御丁寧にアメリカまで留学してきたことを知る者にとっては、何かアメリカで不幸な体験でもして回心したのではないか、という程度のことでしかない。「ここ70年」などと言ってみたところで、日米関係のあり方に対する江藤の批判は、それこそ「ここ20年」ばかりのことであって、50年は自らもそれを良しとして生きたのである。こういう作風は、別に江藤に限ったことではなく、転向左翼が昔からやって来たやり口で、感心できない。自分はこうであったが、と先に言って、現在こう考えるという自己批判を伴った論でない限り、他人には不実な居直り、あるいは自分史の捏造としか思えないのである。要は、江藤はアメリカ留学体験を通して転向（もう少し丁寧に転向基点を明らかにすべきであろうが、ここはそういう場ではないので他に譲る）したのであり、戦後のみならず戦前も含めて、いわゆる文化人の転向の行きつく果ては「日本の伝統的国柄」という曖昧であるが故に観念の目くらまし的効果をもった天皇制の磁場でしかない。こういう人間にとって、戦前戦後一貫して天皇主義者である中曽根（勿論政治家であるが故に江藤より遥かに打算的現実感覚をもっているから風見鶏などと称されるのであるが）のブレーンとして生きようとするなら、足下を見られている分だけ純化した天皇主義者として振る舞ってみるしか道はない。それが「中途半端な〝戦後政治の総決算〟に終わった中曽根政治」への悲憤慷慨のポーズなのである。ところが中曽根の方が一枚も二枚も上であって、江藤は所詮中曽根のライトウィング対策要員として用いられるに過ぎないという意味で、中曽根の手のひらの上で踊っているピエロに過ぎないのである。

しかし、中曽根との関係においては確かにピエロに過ぎない江藤であるが、江藤のいう「日本の伝統的国柄」という問題は笑って看過できるようなことではない。大原が、江藤が提起したこの「時代を読みとるための恰好のトレンチ」という「二本の補助線」とは日米関係のあり方の見直しと、「日本の伝統的国柄」であるが、日米関係のあり方の不健康さについては、ある程度まで了解（日米安保体制等江藤とは逆のベクトルにおいてではあるが、ある部分江藤の主張と重なる部分がないではない）したとしても、これへの批判の視座を「日本の伝統的国柄」に立脚するところに求めるとすれば、これを容認することは到底できない。先にいつの時代でもそうであったと言ったが、「日本らしさ」だの「日本固有の…」だのと大した意識もなく日常的に使用している言葉には、実は重大な根拠があるのであって、それこそがこの「日本の伝統的国柄」＝「日本文化の本質」で、取り出す手口は、体制的な危険、即ち価値基準を見失いそうになった時代の日本人には、とりわけ非常に残念なことに大衆の意識の中にごく容易に入り込みやすい方法なのである。勿論、大衆の無意識の民族排外主義に根拠を与え煽動する機能をもつだけでなく、順番としては、どちらかと言えば民族の「文化的アイデンティティ」などという耳ざわりの良い言葉によって知識人をからめとり、「文化的アイデンティティ」といわれるものと個々人との関係のあり方などという問いの成立する場さえ解体する作用をもって知識人をがんじがらめにする方が先である。あたかもこれを口にする者の方が先進的であるかのような気分にさえさせるのである。

ここまで書くまでに大方の読者は既にお気付きであろう。江藤の位置は、明らかにかつての日本浪漫派のもったそれである。それぞれに違う内容の仕事とし、個性にもかなりの隔たりがあると思うが、西の梅原猛と東の江藤淳が50年余りを隔てた日本浪漫派の相似形である。

江藤のいう「日本の伝統的国柄」とは

さて私に与えられた任は、江藤の靖国論を『靖国論集』（江藤淳・小堀桂一郎編著　日本教文社刊）所収の「生者の視線と死者の視線」に則して批判することである。今や靖国公式参拝推進派の旗手である江藤（靖国だけやっていればまだしも、統一原理とまで仲良くするというていたらくは、「国柄」だのなんだのと言いながら、その実権力の別動隊としての右翼のお先棒かつぎ以外の何物でもなくなってしまっているのだが）は、それこそ八面六臂の活動ぶりで、書いたもの、話したもの、かなりの量になるのだが、それらの多くを読まれる必要は更々なく、この「生者の視線と死者の視線」を読めば江藤の全体像は充分過ぎるほど明らかになる。そこで、本論においては、材料をこの論文（初出は『諸君！』86年1月号となっているが、おそらく講演のテープ起こしであろう）に限って江藤の本質を抉ってみたい。

この論文は、江藤が「閣僚の靖国神社参拝問題に関する懇談会」の委員になり、一年と一週間かけて報告書を出した過程で、江藤が考え、主張したことを中心にまとめられたものである。江藤の主張とは即ち、「靖国懇は、曲がりなりにも公式参拝は可能だという線を出した。しかし、報告書の基調は法解釈上の技術論に終始せざるを得なかった、と言っては言い過ぎですが、それが主流となって報告書は書かれた。その報告書は、総理の公式参拝の道はあり得るという方向を示唆したことにおいて、私の所信と同じ方向を指しているかのようであるけれども、実はその文脈は、私が注意を喚起しようとした時空間とはほとんど交差しない。であるが故に、私は報告書に不満なのです」（傍点筆者）というに尽きており、この不満のよって来るところの江藤の「時空間」の全面展開がこの文章である。

江藤の総理の公式参拝は当然行われるべきであるとする主張、その根拠となる江藤の時空間とは大別して以下の二点である。

第一点、天皇が終戦の詔勅によって「帝国臣民ニシテ戦陣ニ死シ職域ニ殉シ非命ニ斃レタル者乃其ノ遺族ニ想ヲ到セハ五内為ニ裂ク且戦傷ヲ負ヒ災禍ヲ蒙リ家業ヲ失ヒタル者ノ厚生ニ至リテハ朕ノ深ク軫念スル処ナリ」と言っているではないか（勿論江藤自身は「天皇が言っている」などと非礼な物言いはしない。マスコミに範を垂れるかのような絶対敬語である）、これが靖国公式参拝問題の根拠であると言う。天皇が「五内為ニ裂ク」とまで言い、毎年戦没者の追悼式に出席して「いまなお胸の痛むのを覚えます」と繰り返している。「それで遺族も国民も、ああ陛下は覚えていてくださる、陛下のために死んだ自分の夫を、自分の息子を、父を、あるいは祖父を覚えていてくださると思って、武道館に参集して、ありがたいことだと思って帰ってくる。そして九段坂を向こうに渡って、必ず靖国神社にお参りしてくる」ということになるのである。また、その天皇は「のみならず、戦後五十五年までに、八回も靖国神社に御参拝になっている」。それを臣中曽根ごときが、たった一度だけ「一応公式参拝というふれ込みで」参拝したにとどまり、あとは「中国が不快感を表明したから」との理由でとりやめるなんぞということは天皇に対してけしからんことであって「中曽根首相の選択肢はおのずから決まってくるはずではないか。自分は参拝する、違憲合憲は何年かかって論じてもよい。しかし死者をとむらい、公式参拝することは社稷を保つ上で喫緊の重大事であるから、総理大臣中曽根康弘としては堂々と公式参拝する。神道の儀礼に従い、春秋の二回の例大祭に行い、八月十五日に行い、その他必要な場合には何度でも参拝する」以外の道はないというのである。

第二点は、日本文化の持続をどう維持するか、という問題である。即ちConstitutionという言葉が成文憲法の意味で用いられるようになったのは比較的新しいことであって、本来Constitutionとは　make-up of the nation　の意で、「成文・非成文のいかんにかかわらず、文化・伝統・習俗の一切を包含した国の実際の在り方」であり、渡部昇一のいう「国体」と言ってもいいかもしれないが、「国体」と言うと、「国体の精華」というように「戦前の日本の国家体制に限定されすぎる恐れ」もあるので、とりあえず「make-up of the nation」と言っておくというのである。先に引用したところにあったように権藤成卿がしばしば用いた「社稷」などという言葉を用いておいて厚顔な逃げ方であるが、それはさておき、では江藤の言う「日本の伝統的国柄」とはなんであろうか。それは「死者と共に生きるという感覚」であり、「日本人が風景を認識する時には、単なる客観的な自然の形成として認識するのではなく、その風景を見ている自分たち生者の視線をも同時に認識している」のであり、「日本という国土、日本人の嘱目する風景、日本人の日々の営みは、常に死者との共生感の上にある」。この感覚が日本文化、即ち日本の　make-up of the nation　にあると主張する。ここから「私は、席上しばしば総理官邸の大食堂の梁を見たものです。そのへんから英霊の目が見詰めているという感覚にしばしば襲われた。この人々はいったい何をやっているのだ、なぜこんな枝葉末節の議論をしているのだ、われわれを祀らないでいいのだろうか。日本の総理大臣、日本国民を代表して靖国神社の社頭に深々と額ずこうが額ずくまいが、自分たちは靖国の鬼として、生者たちの営みを見守っているけれども、何という渇き切った心で生者たちは生きているのだろう、哀しいことではないか、というささやきが耳に聴こえるような感じがしてならなかった」ということになり、憲法典の解釈論の前提に「日本の伝統的国柄」を据えるべきであり、そうすれば自ら結論は明白である、ということになるのである。歴史的検証を欠き「文化」という包括的概念によるまやかしを許してはならない。

江藤の「時空間」二点の批判にうつろう。第一点。天皇が終戦の詔勅で「五内為ニ裂ク」とまで言っているのであるから、総理如きが靖国公式参拝を云々することは許されないということについてである。私自身江藤とは違った意味で、このことについて憲法論議をするつもりは更々ない。江藤自身の論文で、靖国問題も自衛隊と同じように解釈改憲で行けと勧めているが、先の岩手靖国訴訟判決といい、つい先頃の忠魂碑訴訟判決といい、それこそ「日本の伝統的国柄」にかかわる事柄についての司法の態度は明白であり、憲法を云々することによって道が拓かれるような局面に今はない。

ところで、正直なところ靖国神社をめぐる問題について、その政治的意味については云々できても実感するところからはかなり遠い心性しか持ちあわせていないので、まず渡辺清の文章を引用させていただいて、江藤批判を開始する。有名な個所なので目にしておいでの方も多かろう。少年兵であった渡辺が戦場に筆舌に尽くし難い体験の果て復員してから目にした1945年9月29日付朝日新聞の「天皇陛下、マックァーサー元帥訪問」というキャプションのついた写真についての渡辺の憤りである。

それなのに天皇が、われわれのきのうまで戦っていた敵の総司令官のところに出かけていったということですね。おめおめとね……。しかもそれがあとになってみると、あのマッカーサー訪問はいってみれば天皇の御身大事という命乞いみたいなものでしょう。ぼくはその写真を見た瞬間怒りくるったようになっちゃってね。いまでも覚えているんですけども、あの新聞の写真を千枚通しでめちゃくちゃについたんですよ。いてもたってもいられないような気持ちでね。そのときにぼくは心底天皇に裏切られたと思いました。恥ずかしい話ですけど……。それだけに天皇にのぼせきっていたわけなんです。

当時、軍部や天皇にだまされていたという言葉がはやりましたけれど、ぼくはあれですね、一方的に、自分がだまされていたということで、片付けてしまっていいのかどうか、どうにも納得できなくて、悩みぬいたというと大げさですけども、ぼくはぼくなりに、そのあたりをどういうふうに気持ちを整理していったらいいのか、深刻に考えました。

それでその結論を先にいいますと、結局、天皇をそのように信じていたぼく自身に問題があったんだということ、つまり、ぼくも一人の小さな天皇だったんだということに、逢着したわけですね。(『私の天皇観』)

もうひとつは『砕かれた神』の、これもしばしば引用される個所である。

天皇がきのう靖国神社に参拝したという。二日前から戦死者を合祀する臨時招魂祭が行われていて、そのための参拝らしいが、天皇はいったいどんな気持ちで靖国の神社前に立ったのか。合祀された戦死者たちは、いずれも天皇の命令で開始された戦争で天皇のために戦って死んでいったものだ。

だがその戦争はどこからみても正義にもとる戦争だった。勝っても負けてもはじめからやってはならない戦争だった。そして戦死者のおおかたはそれを知らなかった。それを知るすべもなく、なにもかも信じて、そのまま死境に追いつめられていったのである。それだけに、その死はいっそういたましいのだが、そこのところを天皇は最高責任者としてどううけとめているのか。己の問題としてどう考えているのか。いや考えていはしないだろう。もしいささかでも考えていれば、靖国の社前にはとても立てなかったはずだ。

だが、それはそれとして、戦死者たちの霊魂は、どんな気持で天皇を社前に迎えたのだろうか。忠誠の対象であった天皇をまのあたりにしてこぞって呪いの声をあけたのだろうか。

いや、それよりもそもそもこの世に霊魂とか魂魄とかいわれるものが存在するだろうか。おれにはそれが信じられない。よく霊魂は不滅だというが、それは坊主のたわごとだろう。むしろおれも以前はそれを信じていたが、そんなものは戦場にでて最初の砲弾の一発で吹っ飛んでしまったようだ。おれはいまにして思う。この世に霊魂は存在しないと。存在するはずがない。その証拠に、もし戦死者の霊魂なるものがほんとうに存在しているとすれば、天皇はその霊魂にのろい殺されて、生きていることは出来ないのではないかとおれはおもう。
（『砕かれた神』朝日新聞社）

この引用で江藤の主張の第一点に対する批判は尽きよう。天皇は今また沖縄へ行き「沖縄戦での犠牲者の霊を慰め」ようとしている。彼をもしも一個の人間であるとするなら、言語同断の行為として一撃を加えてやれば済むことであるが、それが戦後象徴天皇制下の人民支配、それも人間の内面を管理＝統治する非常に狡猾な手段であってみれば、私達の課題は、まだまだ暴露戦を執拗に続けることでなければなるまい。沖縄と天皇との関係について『朝日ジャーナル』86年7月24日号で安良城盛昭が天皇の戦争責任を問うている文章は、その歴史観について批判がないわけではないが、暴露戦というレベルで言うなら評価すべき仕事である。

先に天皇制について「観念の目くらまし」と書いたが、私達が問題にすべきは、好むと好まざるとにかかわらず皇軍兵士としてあの侵略戦争に参加した日本人が（こうした言い方が軽すぎることは重々承知している。個々の人間にとってそれがどれほど大変なことであったか推察できないほど想像力が枯渇してはない）、天皇の名による収奪・殺戮戦の果て戦死し、アジアの人々から厳しい批判を受けながら、自らと天皇との責任を問うことなく、戦場に駆り立てたかつて「神」と信じ、戦後は自分一個の延命のために汲々とし、その後はのうのうと生きている男に参拝されることによって喜びを得るという屈折した心性構造をこそである。わざと「戦死した日本人」を主語にして書いたのだが、本当は、天皇と共に生き残った者が、この倒錯した「祭祀」を願望してしまうところに問題の本質があるのであろう。中曽根の公式参拝前のセリフ「戦死者を国が祀らずして、誰が国に命を捧げるか」は、この辺をついての表現なのである。

例の「上野の駅から九段まで、勝手知らないじれったさ。…………空を突くよな大鳥居、こんな立派なお社に、神と祀られ…………母は泣けますうれしさに」と歌ったのは、紛うかたなく戦後のことである。ここに宗教が現実の人間社会でもつ機能が、その恥部が露骨に示されている。宗教としての（観念の目くらましとしての）天皇制の機能もまったく同質のものである。

第二点の死者との共生感こそが日本文化の本質であるという主張に対する批判に移る。江藤の主張の根拠は柳田国男である。かつて70年安保闘争敗北後、御多聞にもれず柳田にブレタ経験をもつ者として、柳田それ自身に対する批判もさることながら、意図してか、それとも都合のいいところだけの引用のために柳田をよく知らずしてのためか、明らかに誤った引用で自分の論を立てて、あたかも日本人全体の心性に立脚しての主張であるかのように振る舞う江藤には我慢がならない。

ところで、「文化」という概念のあやうさについて最初に一言いっておきたい。近頃用いられる「文化的アイデンティティ（同一性）」とは、マルクス主義者風に言うなら「階級を解体する」概念であり、別の言い方をするなら個々人の差異を覆い隠すという意味で、中曽根が言って問題となった「日本は単一民族国家である」というのと何ら異なることのない排外主義的概念でしかなく、それより若干ソフィストケイトされているような感じがする分だけ罪が深い。戦後社会において、人間関係の結合軸であった「家」が解体過程に入り、高度経済成長を支えた「会社まるごと一家」という幻想も今や破れ果てたこの時に、「文化的アイデンティティ」を求める声が大衆の間に湧き上がってきたといいたいのであろうが、決してそうではなく、情況の先読みをして、象徴天皇制というイデオロギー的結合軸の外側に、ソフトに枠組みを設定すべきであると考える者達が意図的に仕掛けている装置である。「自律」に対立する概念として「文化的アイデンティティ」主張があり、これの旗手が正に江藤と梅原猛なのである。

さて江藤の柳田である。江藤は柳田の「先祖の話」を引用している。この文章は１９４５年4月から5月にかけて書かれたものである。時代が時代であるから柳田の精神はかなり昂揚していて、「ただ私などの力説したいことは、この曠古の大時局に当面して、めざましく発露した国民の精神力（大東亜戦争のこと）特に生死を超越した殉国の至情には、種子と特質とかの根本的なるもの以外に、これを年久しく培ひ育ってきた社会性、わけても常民の常識と名づくべきものが隠れて大きな働きをして居るのだといふことである」などと口走ったりしていて、柳田を弁護するつもりはまったくないので、これもまた柳田の本音なのであろうが、この著作の中心は何と言っても「（常民は）先祖は祭るべきもの、そうして自分たちの家で祭るのでなければ、何処も他では祭る者の無い人の霊、即ち御先祖は必ず各々家に伴うものと思って居る」というところにある。「家」は、たんに家族が死者を祀る場というのではなく、これを基盤にして、死者と生者は、祖先の思いとこれにこたえる生者の供養という宗教行為によって結ばれた共同体であるというのである。確かに書かれた時代情況を反映して、国がどうのと述べている部分がありはするのだが、柳田が決して家族国家論者でないことなど周知のことであって、柳田はこの著作においても「家」にこだわり続けている。この柳田の「家」を基礎とする「こうした祖先崇拝は、小家族の親しさや団結をつよめるものであるが、〈自分たちの家で祭るのでなければ、何処も他では祭る者の無い人の霊〉を崇拝の対象とするために、各家において個別化された信仰となる。ことに、日本の祖先崇拝は、血のつながりによるのではなく、他家から嫁入り婿入りした者も、自分の出自の家ではなく、血縁関係のない祖先を祭るのであるから、中国、韓国の祖先崇拝のような、同族、一族という、小家族をこえた大きな祭祀集団を上位にもつものではない。分家すれば、その分家した者が第一代の祖先となって、本家とは別になるので、日本の祖先崇拝は、無限にスプリットして行く。閉鎖的で、先代先代とたどって行く垂直的な線であらわれる」（柳川啓一『祭と儀礼の宗教学』）ものなのである。だからこそ、「檀家」、「氏子」、「講」などという「家」を単位とする宗教の相互補足的関係を作らねば、「家」を超える横断的関係の形成が困難であったのであり、それが宗教教団を取り込んだ権力の宗教政策として推進されてきたのである。しかし、これとても近世以降の江戸、大阪等大都市における都市化のプロセスのなかではシステムとして安定したものでありえなかったし、まして現代ではズタズタである。それがいいか悪いかはここでは問わないし、明治以降このズタズタになった既成教団を基盤としての大衆の観念的統合システムにかかわり得るものとして、権力は別の装置を作り上げていたのであり、この装置の有効性をこそ江藤は称揚すべきであったのだが、勿論その装置が何であったかなど教えてやる必要もなく、ここでは、柳田の用い方の誤りだけを指摘しておく。「家」と「国家」など直接的につながるような観念であるはずがなく、まして江藤のように個々の人間関係とは切断された「英霊」が見つめているなどと、それこそごく普通の日本人が考えるわけがないのである。「お父ちゃん」「お兄ちゃん」でしかない。それとも「あんにゃ」か。それにしても柳田の祖霊論は高度に抽象化された神学であり、これの援用で日本人一般の心性構造の現実を切り出したつもりになってしまったところに天皇制神学の教義学者江藤の面目躍如たるところがあるし、「日本人一般」あるいは「日本人は」と言ってしまうところに教義学のそもそものまがまがしさがあるのである。

江藤は、更に日本人の死者との共生感を論証する根拠として『万葉集』中の柿本人麻呂の歌二首と折口信夫の解説を挙げている。

さゝなみの志賀の唐崎幸くあれど大宮人の舟待ちかねつ

さゝなみの志賀の大曲淀むとも昔の人に復も逢はめやも

の二首である。「天智天皇が近江の大津に俄かに遷都されたけれども、その都は廃都になって荒れはててしまった。その情景を読んでいる」（江藤）歌であるが、これを折口が「志賀の旧都の精霊の心を宥めるという鎮魂の意が込められている」と解説しているのだそうである。宮廷歌人として抜きん出た力量をもった柿本人麻呂は、その青年期を近江朝大津で過ごしたと推測されているので、後に久し振りに大津を訪れた際、深く懐旧の情をもよおしたであろうことは現在の私達にも充分理解のできることであるし、当時の霊魂観からして、こういう歌を詠むこと即ち「昔の人に復も逢はめやも」と言葉にすることで、それが現実に近いものとしてあり得るとする言霊信仰を人麻呂がもっていただろうことは想像に難しくない。がしかしである。そう素直に江藤の主張を認めることはできない。というのは、この歌が作られた頃の大和朝廷内の権力をめぐる関係は、律令官僚体制を着々と固めてきた藤原氏と、天智・天武による皇親政治の継承を企ろうとする暗闘の時代であり、人麻呂は明らかにこの皇親政治派であった。そうであるからこそ当時も花形宮廷歌人であった人麻呂が、にもかかわらず朝廷の実権を掌握していた藤原氏讃歌を一首も作っておらず、それは宮廷歌人としての職務内容中大きな位置をもっていたであろう挽歌もまた藤原氏一族に対しては残していないのである。こういう位置にいた者の歌を挙げて日本人一般、それも千年を経た日本人の心性の依りどころとされてはたまらないのである。断言しておくが、私には三波春夫の歌、さだまさしの歌、彼らの歌詞のどこにも共通性を見出すところはないし、将来同時代人として責任を問われても、「あんなヤツと僕は関係ない」としか言いようがない。

結語

「日本人が、明治立国以来、常に海外に向って言い続け、今次大戦の敗戦にいたるまで主張しつづけて来たことは、〝人権平等〟の原理の実現だった。皮膚の色によって人は差別されてはならないと言ってきた。それを国際社会で最初に主張したのは日本人だった」などと言い放てる時代にしていること、この江藤の本がどの程度売れるのか知らないが、次々と本を書いているところを見るとかなり読者があるということなのであろうが、そういう時代思潮のありかたにしていることについては、私達自身深く責任を感じたい。責任を感じてみたからと言ってどうにもなるものではなく、やはりどうにか打ち返す努力を継続的にしなければならないと考えている。

（天皇制を撃つ連続講座実行委員会　小田原紀雄）

・『検証［昭和の思想］Ⅰ「国際化という〈ファシズム〉」』（１９８８年12月、社会評論社）

395
日本文化論の移相
日本浪漫派と梅原猛

はじめに

保田與重郎[*1]の代表的著作のひとつ『改版日本の橋[*2]』に「日本の旅人は山野の道を歩いた。道を自然の中のものとした。そして道の終りに橋を作った。はしは道の終りでもあった。しかしその終りははるかな彼方へつながれる意味であった。（中略）はしが仲介の具としてつひにはかなたへと結ばれる終りと端を意味したといふことは、抽象的に人文的に諸はれるのである。（中略）日本の橋は道の延長であつた。極めて静かに心細く、道のはてに、水の上を超え、流れの上を渡るのである。ただ超へるといふことを、それのみを極めて思ひ出多くしやうとした。」なる文章がある。『共同研究・転向』[*3]第八節「日本浪漫派」で山領健二が「日本浪漫派は〈日本の橋〉の思想である」と鋭い指摘をした際に引用した箇所としてつとに有名である。この保田特有の嫋嫋として論理性を拒絶する文体のこの箇所に触れる度に、「断絶への架橋」という非論理的言葉が胸中に湧き、「破壊と建設を、同じ瞬間に一つの母胎で確保する考へ方」と保田自身が解説したイロニーなるもののもつ、非論理故の欺瞞と一種の魅惑とを感ずる。同書で保田は「私はここで歴史を云ふよりも、美を語りたいのである。日本の美が、どういふ形で橋にあらはれ、又橋によつて考へられ、次にあらはされたか、さういふ一般の生成の美学の問題を、一等に哀れで美しさうな日本のものから展いて、今日一番若々しい日本の人々に訴へたいのである」（傍点筆者）とも書いている。即ち歴史を題材にしつつ、あるいは歴史観にかかわるところの問題を、保田特有の美意識の展開として述べようとしているのである。この辺に保田の欺瞞と魅惑との源泉があるのであろう。

次に梅原猛[*4]の「〝日本〟の成りたち」（雑誌『創造の世界』62号）の中の一文を引用してみる。

「日本の歴史学は戦後津田左右吉の歴史学を主流としてやってきた。（中略）津田は日本の歴史を応神天皇以後からしか考えようとはしなかった。しかしこの説には私はたいへん疑問をもっているのです。じつは記紀に語られている日本の神話には、たいへん重要な日本国の起源についての情報が含まれていると思うからです。というのは日本の神話では、アマテラスオオミカミとスサノオノミコトがだいたい中心となっていて、アマテラスおよびその子孫は、外から農耕文化をもって渡来し天つ神といわれている。それにたいしてスサノオおよびその子孫は、ずっと日本に土着していて国つ神といわれている。そして日本の神話は、外から渡来してきたアマテラスの子孫が、土着しているスサノオの子孫を征服して国をつくったという物語になっているのです。そういうふうに定められていると、神話は主張しようとしています。しかしそれにもかかわらず、日本の神話はアマテラスとスサノオを姉弟にしている。つまり渡来農耕民による土着狩猟採集民の支配を前提としながら、アマテラスとスサノオを姉弟にすることによって両者を同一化しようとしているのです」というのである。

この土着狩猟採集民とは即ち古モンゴロイド＝縄文人であり、渡来農耕民即ち新モンゴロイド＝弥生人である。神話の解釈といい、この縄文人、弥生人理解といいかなり眉ツバものではあるが、該博な知識とそれぞれの領域での専門家の研究成果の引用とによって裏打ちして、一定の説得性を有してはいる。しかし、問題は、スサノオ＝縄文人＝アイヌという梅原の主張が前提とされて組み立てられた説であることにある。かなり政治的にきわどいのである。梅原「日本学」なるものは全体としてこのきわどさを孕んでいる。保田は歴史を語るに彼の美学をもってしたが、梅原は歴史を語るに彼の「想像の世界」の展開をもってする。そして両者に共通するのは日本史の知識量と近代・近代主義への怨嗟である。

そこで本論の目的であるが、保田を通して、「日本浪漫派」[*5]の再検討ということでもないし、梅原が新「日本浪漫派」であると言いたいのでも勿論ない。

優れて現在的課題としてある「国際日本文化研究センター」が、この時代にもつ位置と役割について、所長である梅原の仕事を手掛りに検討すること、そのために、かつて日本浪漫派が時代に果した役割との対比でそれをしてみたい。そしてそれは、保田、梅原が歴史を扱う扱い方に、ある共通項があることを明らかにすることで為し得るであろうと考えている。

「日本浪漫派」保田の時代への位置

(1) 保田の日本文化観及び歴史観

保田の歴史叙述は彼の美学の展開となっていることは先に指摘した。その彼が日本文化をどうみていたのか少し見てみよう。

後鳥羽院を論じてこういっている。

「後鳥羽院の承久の決意が、建武にうけつがれ、ひいてそれが維新に実現されたといふ如き考へ方を、我々といへどある時期に知的な考へ方から疑つたこともなくもない。今日のわかい人々が、さういふ古風の歴史観を疑ふことは、私の見聞から云つて無理もないと思はれる。しかし諸子が、各々の成長の間に、日本の文芸と芸能の歴史を知り、あるひはその古典や古記から日本人の就中志をもった詩人の、代々の生命の生き方、あるひはその表現様式や発想を知つた時、この一見古風にして、神秘の呪文をふくむ如き史観が、整然として我々の悲願の如く一貫されてゐる事実を知るであらう。わが国の古学神学の人々は、さういふ史観を知識学として教へられたものでなかつた。彼らは我国に伝る古記録としきしまのみちの姿の中に、一つ一つがいのちをもつことばとして、さういふ考へをよみとつたものであつた」(「物語と歌」)。

要するに保田にとっての歴史とは、後鳥羽から建武を経過した後に明治維新の勤皇の志士たちの精神へと至る「いのちをもつことば」＝言霊の歴史であって、「その時代の一等最後のやうなマルクス主義的だつた学生」保田が「知」即ち「道」の終りに架橋した「歴史精神」とでもいうべきものなのであろう。代表作のひとつである『戴冠詩人の御一人者』で、記紀神話の伝える歌謡によって「日本武尊が上代に於ける最も美事な詩人であり典型的武人であったといふことは、僕らの英雄の血統、文化の歴史、ひいては文芸の光榮のために云はれることである」というとき、彼にとって歴史は、あれこれの事象を、文献批判的手法によって可能な限りの像として結ばせようなどという賢しらな営為からではなく、日本武尊、柿本人麻呂、大伴家持、西行、松尾芭蕉といった詩人達の精神のあり様の中にのみ真に日本の歴史精神が存するということなのである。それは、藤原不比等の治世下で宮廷職業歌人であった人麻呂に何故藤原氏讃歌、あるいは藤原氏一族の者への挽歌といったものが一首も無いのか（『萬葉集』に一首も残されていないのか）というような類のごく常識的な問いを差しはさむ余地さえ排除している。先に引用した『日本の橋』で保田は、こうも言っている。

「日本の文化は回想の心理のもの淡い思ひ出の陰影の中に、その無限のひろがりを積み重ねて作られた。内容や意味をなくすることとは、雲雨の情を語るための歌文の世界の道である。日本の橋は概して名もなく、その上悲しく哀れつぽいと私はやはり云はねばならぬ。（中略）大恋愛小説の表現の代りに、日本の美心は男と女の相聞の道に微かな歌を構想した。日本の歌はあらゆる意味を捨て去り、雲雨のゆききを語る相聞かりそめの私語に似てゐた。それは私語の無限大への拡大として、つねに一つの哲学としてさへ耐へ得たのである。」

「あらゆる意味を捨て去」ったかすかな「私語」としての「相聞」的表現一点に賭けて、それが「無限大への拡大」的解釈へと至るその姿勢が「一つの哲学としてさへ耐へ得た」と言い切っているところに保田の歴史観が端的に示されている。保田論を書くつもりはないので、乱暴な言い切りを許されたいが、「歴史的主観の無限大への拡大」としか言い様がない歴史観である。

第二次世界大戦末期、「みたみわれ」という意識を学徒兵の一部にうえつけて、いわば「聖戦」で死ぬことに根拠を与えるに大きな役割を果たした『萬葉集の精神　その成立と大伴家持』[*6]から、保田の日本文化論にかかわるところを若干見てみよう。「萬葉集の成立を、その詩歌創造の契機から闡明せんとした」意図のもとに著されたこの書は、「大伴家持論と云ふ形から、人麻呂と家持の精神史上に於ける意味より入り、後鳥羽院以後隠遁詩人の美学を心持として、国学の伝統を追はうとするもの」で、「著者の文芸の美についての思想は、文学史観に立脚するものであり、それはわが国の歴史観に他ならない」と保田の歴史観を鮮明にしている。

この書で保田のする主張は大要以下の通りである。

萬葉集の成立は、記紀の撰述と同様に、其の契機を壬申の乱に負う。壬申の乱とは外来文明の側に立つ近江朝と、仏教・儒教渡来以前の固有文明に立つ大海人皇子との争乱という悲劇であった。ただ、壬申の乱が萬葉成立の契機としたならば、この乱は甥と叔父間の皇位継承を巡る争乱であるから、萬葉は宮廷人の歌集ということになり、多く含まれる庶民の歌が位置付かない。そこでこの点については、近江朝による外来文明攻勢におびやかされた庶民の生活意識における終末の予感を文芸的に表現したものであって、「しかもそれらの終末感の表現こそ、つねに庶民を純粋に宮廷に結びつけてゐた紐帯として歴史を形づくつてゐたものである」ということになる。

また、萬葉集の要に大伴家持があるとし、家持は、単に萬葉集の編者という位置にとどまらず、萬葉集を一貫する固有文明保守の立場を貫き、それを更に高次で継承・発展・創造にまで至らせた人物であるとする。また家持における「その最も高い文明の意識とは何かと云へば、当時の一般国民各層のもつた大君の観念を強くあまねく描いて、しかもそれらの最高の意識をうつし出したことである」とも言う。そして極めつけは、「前期萬葉集に於ける中枢の歌人たちは皇国の歴史の精神を辛苦してよくうち守つた。それは天真のままに生れた偉大の文芸でなく、切迫した悲願と述志の歌であつた。しかもその詩人となる瞬間に彼らは、人麻呂のやうに慟哭するか、赤人のやうに嗚咽せねばならなかつた。」「今日の心で萬葉集をよむものは、まづ前期の歌人の悲痛な祈念を思ふべきであつた。さういう祈念から萬葉集は展開したのである。それは人麻呂から家持へゆく道である。人麻呂に於ては神の国の思想として見え、彼の慟哭による祈念で対せられた皇国の精神は、これらの先人の努力による思想の安定を反映した後期の家持にいたつては、臣の心をこめた大君の思想として、また臣の志としてあらはれる」となり、結論的には、「ここにいふ国民に於ける志といふのは、今日のことばとして云へば、在野草莽の志の悲願と云へばよい」し、「即ち萬葉集の精神は一つの復古保守の志である」となるのである。

長い引用は終りにしよう。要するに、保田にとっての日本文化とは、「臣の心をこめた大君の思想」をあらわす「臣の志」以外のものではないのである。そして、日本史とは即ち、この「臣の志」が貫徹する場としてのみあるべきなのであり、それ以外のものなど一顧だにする必要のないものなのである。

先年、中・高校生向けの日本通史を書きかけて逝った、古代史家であり萬葉学者であった北山茂夫が、営々とした学的営為の末に、「宮廷内乱史観」とでもいうべき、萬葉期日本史に与えた歴史解釈などからすれば、殆ど噴飯ものの思い込みの噴出でしかない。興味のある方は北山の『萬葉の世紀』『萬葉の時代』『大伴家持』等を参照されたい。

(2)　保田＝日本浪曼派の、時代への位置

「だからわれわれは自分たちの力、自分たちの手で、大は保田とか、浅野とかいう参謀本部お抱えの公娼を始め、そこらで笑を売っている雑魚どもを捕え、それぞれ正しく裁き、しかして或るものは他の分野におけるミリタリスト

や国民の敵たちと一緒に、宮城前の松の木の一本々々に吊し柿のように吊してやる」とまで杉浦明平に言わせた保田が、彼の生きていた時代に、特にその時代の青年達に与えた影響はどういうものであったのだろうか。

ここで、橋川文三が『日本浪曼派批判序説』[*7]で、「もっとも要約的に保田＝日本ロマン派の精神史・精神構造を示す文章」であり、「日本ロマン派解釈の恰好な素材」であるとして引用した保田の文章を見てみよう。

「満洲事変がその世界観的純潔さを以て心ゆすぶつた対象は、転向と言つた形でなく、我々の同時代の青年たちの一部だつた。その時代の一等最後のやうなマルクス主義的だつた学生は、政治的なもののどんな汚れもうけない形で、もつと素直にこの新しひ世界観の表現にうたれた。時の新しひ決意は、当時の左翼経済学の意見をしりめにして進んだ、又国の運命は彼らの云いふらした見透しを打破するやうな結果を次々に生んだ、と我々はその頃判断してゐた。事実がどうか知らないが、そうして明白に満洲国は前進した。即ち『満洲国』は今なほ、フランス共和国、ソヴェート連邦以降初めての、別個に新しひ果敢な文明理想とその世界観の表現である。

我々の世界観を、本当の地上表現を伴ふものとして教へたのは、やはりマルクス主義だ。この「マルクス主義」は、ある日にはすでに純粋にソヴェートと関係なく、マルクスとさへ関係ない正義を闘おうとする心持になつてゐた。日本の状態を世界の規模からするといふ考へ方から、しかしさういふ心情の合言葉になつたころにマルクス主義は本質的に変化したのである。

さて、「満洲国」といふ思想が、新思想として、また革命的世界観として、いくらか理解された頃に、我々の日本浪曼派は萌芽状態を表現してゐたのである。しかも、さういふ理解が生れたころは、一等若ひ青年のあるデスパレートな心情であつたといふことは、すべての人々に幾度も要求する事実である。……現在の満洲国の理想や現実といつたものを思想としての満洲国といふのではない。私のいふのはもつとさきの日本の浪曼主義である。」

これから橋川は、「明かに『時代閉塞の現状』の再現であり、その反射として『深い夢を宿した強い政治』への渇望が不吉な醱酵を開始するエポック」という状況の発生の経済史的分析の要約を経て、「日本ロマン派は、前期共産主義の理論と運動に初めから随伴したある革命的なレゾナンツであり、結果として一種の倒錯的な革命方式に収斂したものに過ぎない」という有名な仮説を立てるに至る。要するに福本イズム[*8]と日本浪曼派とはコインの表裏の間柄であって、「少くとも、現実的に見て、福本イズムに象徴される共産主義運動が政治的に無効であったことと、日本ロマン派が同じく政治的に無効であったこととは、正に等価であるというほかはないのではないか？　いずれもが、大戦後の急激な大衆的疎外現象――いわゆる、マス化・アトマイゼーションをともなう二重の疎外に対応するための応急な『過激ロマン主義』の流れであったことは否定できないのではないか？」というのである。日本浪曼派の思想史的位置についてはこれに尽きるであろう。

　そういう日本浪曼派とは同時代の人間にとって一体何物であったのか、何をしたのかについては、第二次世界大戦敗戦直後、先に引用した杉浦明平が『文学時標』に書いた「保田與重郎」が、すべてを明らかにしているように思う。「満腔の憎悪」（橋川文三の表現）をたたきつけたこの文章からいくつかを拾ってみよう。

「あの頃保田與重郎ほど待望されていた人間はない。彼が登場すればそれで壮大なる喜劇の主役は揃うのであった。」

「保田與重郎こそバカタン（芳賀檀のこと）はもちろんあの悪どい浅野晃や亀井勝一郎さえ到底足許にも寄りつけぬ、正に一個の天才ともいうべき人間であった。」

「剽窃の名人、空白なる思想の下にあるデマゴーグ――あのきざのかぎりともいうべきしかも煽情的なる美文を見よ――図々しさの典型として、彼は日本帝国主義の最も深刻なる代弁人であった。」

「しかし彼の最大の功績はそういうニイチェや折口信夫の改竄によって年に何十冊かの本を出し、而してあの悩ましく怪しげな美文で若者を戦争へかり立てた点にあるのではなく、むしろ経済学の難波田春夫などと同じく思想探偵として犬のように鋭敏で他人の本の中の赤い臭をかいではこれを参謀本部第何課に報告する仕事にあった。而して彼が自ら『草莽の臣』と称する所以は、本来スパイたる彼が狐のように草の葉を頭へ載せることによって文学者に化けていたということらしい。」

　この辺で良かろう。最後の「本来スパイ」などという言い方にどこまで実証性があるのか知らない。保田より若干若く、思想の領域で仕事をしようと思った者の目にそう写ったということなのであろう。

このような最大級の怒りに満ちた罵倒のほかに、中野重治や高見順らの見解[*9]も残されているがそれらを扱う紙幅はない。

要は、橋川の言うように「昭和」初期、我国独占資本主義の急激な、そうであるが故に当然多くの矛盾を孕んだ発達の過程で、大恐慌を必然化ならしめ、特に農村を基盤とする中間層の未曾有の解体、それに対する社会主義運動全体の一サイクル終えた運動的疲弊の中から、天皇制権力の言語に絶する暴力的弾圧とも相まって転向者が続出するという情況下にあって、「日本ロマン派の成立は『ナルブ解体』を直接動機とするというより、むしろ大正・昭和初年にかけての時代的状況に基盤を有するものであること、また、プロレタリア的インテリゲンチャの挫折感を媒介としながらも、もっと広汎な我国中間層の一般的失望・抑圧感覚に対応するものとして、その過程の全構造に関連しつつ形成された」「独自な政治思想としての農本主義的神政理論」が保田の思想であり、そうであればこそ、決して一部の青年・学生に影響を与えたというに限らず、時代の思想として位置をもったのである。橋川のように「いかれた」とまでは言えないにしても、根深いところで日本人の足下をゆする思想であったには違いない。

梅原猛と「国際日本文化研究センター」

（1）「国際日本文化研究センター」構想

今さら中曽根前首相と「新京都学派」の関係あるいは政学協同とでもいうべき「国際日本文化研究センター」のキワモノぶりについて言挙げすることもなかろう。その辺については立命館大学で彼の元同僚であった岩井忠熊の、日本共産党の立場からする批判が結構面白く示唆されるところも大きい（岩井忠熊著『天皇制と日本文化論』文理閣）。ここでは、梅原が起草し、先に逝った桑原武夫との連名で中曽根宛に提出された「『国立日本文化研究所』設立私案」（一九八六年二月）から、この機関設置の意図を若干見ておくことにする。

Ｉの設立趣旨で、「……日本は、いまや世界における自らの存在の意味を問われ、世界史のなかで果たすべき役割について顧みる時代に入った。日本文化の本質と日本人の思想と行動についての世界の人々の関心は、これまでにない高まりを見せている。」と「国際国家日本」の世界史的役割を強調し、「かかる歴史の方向を見極め、それに適切に対応することにより、国際社会におけるわが国の立場をより強固にするための方途のひとつとして、ここに『国立日本文化研究所』（仮称）の創設を強く要望する」。

　また「かつて欧米人の『異国趣味』として始まった日本学は、いまや日本研究という新たなよそおいをまとい、ひとり欧米先進国のみならず、発展途上国をも含む全世界の国ぐにへと、その担い手の幅を拡大している。」ともいい、近代合理主義の行き着く果てにまで至ってしまって、新たな文化の在り方を求めて苦しい模索を続けているであろうと充分予想されるヨーロッパ文明に対し、「日本の文化」を何の留保もなしに次の時代の文化として提示するという、何やら一九四三年の元祖京都学派による座談会記録と論文集『世界史的立場と日本』[10]を髣髴とさせる。それに、確かにアジア諸国において「ルック・イースト」とか言われる、「先進諸国」による永い収奪から脱する道を求めて、ある種の日本の近代化路線への追随運動があることを承知しているが、梅原は、反近代主義者であるはずであり、「発展途上国」が、梅原が称揚してやまない「縄文文化」に学びたいなどと考えているわけではなく、どこまでも日本の近代化の方法を学びたいと考えていることは重々承知の上でこれを言っているとするならば、梅原という人物は、結局のところ口では近代主義への怨嗟を言いつつ、とどのつまり、近代合理主義のひずみを手直しして、更により良く発展する近代主義を幻想しているに外ならない。これは今更断定するほどのことではなく、新京都学派といわれる人々が、桑原武夫以下、上山春平もみな基本的に近代主義者であって、時代が要請する近代主義への若干の疑念をうまく取り込み、「日本の伝統」などというものと接合させる方法として、梅原は縄文文化などという不確かであるが故に何とでも解釈のしようのあるものを持ち込んでいるにすぎないのである。それは、梅原らが、「日本学」研究プロジェクトとして例示した四六の課題が端的に示しているので、少々長く、繁雑にはなろうが、全課題を掲げておくことにする。これを見れば「国際日本文化研究センター」構想の全体像が明らかになるだろう。

一、日本人の起源と形成過程に関する研究。二、日本人及び日本文化の地域性に関する研究。三、東アジア、太平洋地域における人類集団と文化の移動に関する研究。四、日本文化論としての周縁文化論。五、東西文化史観の構想。六、縄文型日本文化と弥生型日本文化の構想。七、「一つの周縁文化理論」の構想。八、深層日本文化論への展望。九、日本文化の美的構想。十、「平和」の比較文化史研究。一一、外国文化「摂取」の類型率（大化改新・フランスルネッサンス・鹿鳴館文化）。一二、大陸と半島と島国における文化意識の比較研究。一三、「鎖国」と「開国」の文化的ダイナミックス（平安日本、徳川日本、韓国、ロシア、タイ、ビルマ）。一四、日本人の日本列島像の変遷―比較国土学（秋津洲、東支那海、太平洋）、一五、伝統文化における歴史の意味（伝統の支配の下における過去、現在、未来の意識）。一六、日本人の伝統的心性研究（中国、韓国と比較して）。一七、近代化と伝統。一八、外来思想の受容と創造。一九、日本人の神観念と霊魂観の比較文化論的研究。二十、日本人の自然観の比較文化論的研究。二一、日本人の人間観の比較文化論的研究。二二、日本における感性と美の思想。二三、日本における礼の思想。二四、文武の芸を通じての日本人の自己修練の型。二五、日本人の自我意識と自と他の関係。二六、日本における技術の思想。二七、日本における家の思想。二八、日本におけるエリートの思想文化と民衆の思想文化、宮廷文化、武士の文化、知識人の文化。二九、中央文化と地方文化。三十、日本人の個人、社会、国家、世界についての思想。三一、庶民の生活水準。三二、日本人の近代化を可能にした要因は何か。三三、青少年問題の文化的背景。三四、家族のあり方についての国際比較。三五、日本人の人間関係について。三六、日本人の宗教性（一神教、多神教）。三七、リーダーシップの研究（国際比較）。三八、会議の研究。三九、身体性について（東洋医学と西洋医学）。四十、箱庭療法の国際比較。四一、日本文化と産業政策。四二、日本における技術受容と技術進歩。四三、日本企業における労使関係。四四、幕末の生活水準（幕末日本の生活水準はイギリスのそれに匹敵したとの説も。人口学者、人類学者、社会学者、歴史学者、経済学者などの共同作業で幕末の生活に光をあてる）。四五、ライフサイクル研究（日本人の人生観の変遷を知ったうえで、現代日本の青少年問題、親子関係、老人問題などの課題を研究する）。四六、日本の近代化の比較社会論的研究（日本と西洋、中国などの社会構造、価値観、世界観の比較研究）。

以上である。これをして、「伝統」と「近代化」とのより良い折衷路線と言わずして何と表現できるか。いずれにしてもこの社会は、ある種の「伝統」と「近代化」との結合としてしか成り立ちようのないものであり、我々の生活もこれを抜きに考えようのないのは事実であるが、問題は、梅原が考える「伝統」なり、「文化」、「歴史」、「感性」、「宗教性」等々の中身にあるのであって、次項でそれを検証したい。

(2) 梅原「日本学」とは何か

梅原は、日本古代史家でもあるかのように日本古代史に関する多くの著作があって、歴史上の人物としての天皇には種々言及しているが、現天皇、あるいは天皇制についての発言は、極度に抑制していて、本音を明かさない。ただいずれにしてもどこまでも文化の問題として天皇を扱おうとする仕方において保田に似ている。梅原が天皇、天皇制について触れているのは、山本七平との対談で、天皇という存在を「大変結構なこと」であると前提した上で「われわれの国の伝統は人類にとってきわめて大事なものを秘めている。そのシンボルが天皇である」とまで言い切っていながら、その一方で、天皇の「その文化的アイデンティティの意味については、まだわれわれは知恵が浅いからよくわからない」と、煙幕なのかそれとも「知恵の浅い」者には理解できないほどの「文化的アイデンティティの意味」を持った存在として天皇はあると言いたいのか、どちらともとれる表現をしているのが数少ない例であろう。

それでは梅原が日本文化をどう見ており、「日本学」なるものをどういうものと考えているかについて検討してみよう。勿論先に挙げた「国際日本文化研究センター」の扱うべき課題で大要は把める。ここでは、やはり前掲の『創造の世界』62号の「〝日本〟の成りたち」から、梅原が描く日本文化なるもののトータルなイメージを明らかにすることから、梅原の「歴史」を扱う、その扱い方を描出したい。何しろこの講演をもとに執筆された論文で、梅原は「今、私の日本文化の形成についての説が、いろいろ誤解されて引用されたりしておりますので、今日は、私の説の真実の話をしたいと思います。それが、もしまちがっていたならば、私はいかなる批判をも甘んじてうけたいと思っています」と意気ごんでいる。先ず、世界史的にも日本列島の歴史は古いものであり、「メソポタミア、エジプト、インド、中国に大農耕文明が形成される以前に、この東アジアの東端の日本列島において、土器をもった狩猟採集文明がすでにできあがっていた」と主張し、この文化の形跡から知られるのは、白木の「柱」に対する崇拝であり、「伊勢神宮は『心御柱《しんのみはしら》』をつくることから御遷幸の祭りをはじめる」ことに見られるように、「これら縄文遺跡は、日本には農耕以前にすでに相当に成熟した文化、狩猟採集文化が存在」していたことを示すのみならず、日本文化ともかなり共通しているものをすでに含んでいた」という。梅原がこうあれかしと望む「現代の日本文化」にとってはいざ知らず、伊勢神宮の「心御柱」が「現代日本の文化」と深くかかわっているなどという言い方で誰が納得するであろう。

この先が、本稿の最初の部分へとつながり、記紀のアマテラス神話形成期の日本で、氏姓制度もまた作られたとする。この氏姓制度は、基本的にカースト制度であったが、律令の時代に入って、このカースト制を何とか緩和しようとした。その政策の中心にあったのが、梅原が愛してやまない聖徳太子である、というのである。聖徳太子は、仏教を思想的背景とした平等思想を有した人物で、彼の「十七条憲法」、「冠位十二階」こそその思想の集約的表現であったとする。ところが、この聖徳太子の理想主義的平等思想によって幾分か身分制度は緩和されたものの、先のアマテラスとスサノオを姉弟にすることによって、「融合」をはかりつつ、しかしなお、「一体化できない人たち」、つまり縄文の狩猟採集文化を保持せんとする人たちに対しての差別は続き、「この構造がずっと徳川時代までもちこされ、明治になってもこのことが十分に思索されないまま現在まできている」。つまり、「いわば古墳時代のカースト制が、ある部分においては今日まで未解決のままもちこされている」と、「歴史というか、日本の政治の形態の問題」を梅原は把握している。

そして、「政治的な権力は、渡来した農耕民たちがもっていた。そして農耕民の国づくりの原理によって彼らは日本の国をつくった。だから政治理論とか農耕をはじめとするさまざまな技術については、渡来系の人たちのものを採用したけれども、文化については土着のものが、渡来系の人たちの文化をはるかに上まわって採用された」として、「アイヌ語は日本語の祖語である」という説を、音と意義における近親性を両語の間に捜し求め、かつて金達寿が「日本の中の朝鮮文化」で用いた方法と近い方法で展開する。金達寿もそうだが、だからどうした、としか言い様のない方法で、日朝間では、先進文化としての朝鮮文化が大きく日本文化に作用を与えたであろうし、アイヌと「日本人」とは、関東地方以北では混住に近い形が、かなり後世まで続いていたのであるから、双方が影響し合うなどということは、どれほど想像力の貧しい者にでも想像がつくことである。

アイヌ語が日本語の祖語であるなら、宗教においても両者に同質性があると主張する。即ち、「日本人の基本的な考え方は、人間はこの世とあの世をいったりきたりしている、つまり永遠に輪廻しているというもの」で、「山川草木悉皆成仏という思想」＝「人間はもちろん動物、さらに山や川まであの世にいけるという考え方」であり、アイヌ文化の中にある宗教性、ユーカラに示される熊の地上の形態と神の国の形態がまったく同じものとして描かれているところに、「生きとし生けるものはすべて永遠に回帰するという哲学」があるとする。

そして当論文の結論は、「だから現代でも『古事記』『日本書紀』の神話は生きているのです。われわれは記紀神話を克服しなければならない義務を課せられているのです。神話が示すように日本は本来、多民族国家、複合国家である。それを単一化しようとしてつくられたのが日本国家なのです。しかしどうしても単一化できない部分を残している、そしてそれを差別した、これが古墳時代いらいの日本国家の本質であった。さきに弥才（和魂洋才をもじった梅原の造語縄魂弥才の弥才＝引用者）について反省すべきだといったのは、じつはこの点なのです。われわれは自分の歴史をのっぺりした単一民族国家としてとらえるのではなく、複合国家として歴史を立体化してとらえなければならないと思う」となる。「私の説の真実の話」というほどのことはない。結論はごく平凡である。ただ、この論文の基になった講演が１９８６年11月の札幌でのものであったことはある意味をもつ。即ち、中曽根が「日本単一民族」発言で批判をあびたのが１９８５年であったことを思い起こすなら、そして彼が同年の軽井沢セミナーでの講演で、梅原、上山の名を挙げて「最も科学的な根拠に立った日本のアイデンティティを確立する『日本学』をつくってくださいと言っているんです」と言った一年後、一応学者として仕事をしている梅原にしてみれば、中曽根の水準のままに放置しておくことはできなかったのであろう。

長々しい引用をしてきたが、梅原の思想を検討するための最低限の義理として許されたい。

梅原「日本学」なるものがどの程度のものであるかの検討に入ろう。

結論的に言うならば、先に述べたように、記紀神話によってふくらませた「想像の世界」を、縄文文化の諸層に投影し、都合のいいようにつなぎ合わせたものが、彼の「日本学」である。日本文化論などと言ってみたところで、縄魂弥才なる彼の造語が象徴的に示すように、かなり眉ツバものである。そのいい例が、日本の歴史の古さを強調し、日本には旧石器時代（無土器時代）はなかったとされてきたが、現代の考古学では、例えば群馬県の岩宿遺跡が旧石器の遺跡であることは既に学の水準で検証済であるというのだが（これ自体は勿論正しい）、そうであれば、何故梅原の日本史の遡行は縄文で止るのか。記紀神話の中に、この時代の影響は皆無なのか。この時代は当然、大陸の一部として日本列島はあったであろうから、この時代の人々の歴史（神話という形式で残ったにせよ）の検討から、大陸文化との共通性はないのか。もし共通性なり影響がみられるとするならば、記紀神話が日本文化の古層、固有性を証し立てるものとはいえないではないか。日本の古代史学には全くの門外漢である者にとっても、この程度の疑問を提示できるのである。

そもそも縄文文化＝アイヌ文化という図式そのものからして、何の実証的根拠もない。古モンゴロイドだという人種的類似性を百歩譲って認めるとしても、大陸北方には同種の人種は多くあり、それらの人々がすべて縄文文化の形跡を残しているなどとは、いくら何でも梅原は言えまい。この程度の指摘をしていれば際限のないところであるが、更に、一、二屋を重ねるようなことをしておこう。

聖徳太子の冠位十二階が、平等思想を基底にした身分制度（梅原のいうカースト制）を緩和するものであったという説について。確かに、当時の氏姓制度下では下位に属していたものが、大徳、小徳等に抜擢された例はある。しかし、これを指して身分制度の緩和などと言えるものであるかどうか。更に諸豪族との力量の拮抗関係の中で、朝廷権力の強化の手段として、たいした勢力ではなかった氏から、有能な者をピックアップすることによって、その氏総体の力を朝廷側につけさせようとした政略であったに過ぎないのではないか。その意味で仲々の政治家であったというのなら、同意しないでもないが、「晩年は仏教の平等思想と自分の地位の矛盾でたいへん悩んだ」とまで言うに至っては、贔屓の引き倒しとでも言うしかない（こういう文章では不適当であろうことは承知の上で、これがどの位マンガ的かの例を挙げておく。松永伍一が西郷輝彦をして、世界に通用する歌手であるともち上げ、『秘愛』なる気持ちの悪い題の詩集を百部限定で作り、一号を西郷に百号を自分が、というのと同程度である）。

「アマテラスとスサノオを姉弟にした」記紀神話の精神を充分に理解しなかったが故に、徳川から明治にかけてまで日本は身分制度を止揚しえなかった、というについては、評論する気も起こらず、何とでもいえとしか言葉がない。揚げ句の果て、「アマテラスとスサノオ」の関係の如く、「複合国家として歴史を立体化してとらえなければならない」となると、アイヌの同化＝支配を、異種の存在を認めた上でやれとそそのかしてでもいるかのようで（遠慮してこう言っているのである。そそのかし以外の何物でもないことは承知の上で）、危険なアジテーターとしての梅原が浮上してくる。

保田と梅原、その時代への役割の同質性

梅原は『神々の流竄』で、日本の戦後歴史学が「唯物論」的であると批難して、「人間は、卑俗な唯物論者が信じるよりはるかに精神的存在」であるから、「神の研究」を怠っては、日本史の実層に迫れないと言っている。勿論この「神」が「天皇」であるなどと梅原は言わないのだが、が、日本の文化を語る際に、「神」と「天皇」とを全く無関係に論ずることが不可能であることなど周知である。梅原が「天皇」を避けて、「神」を語れば語るほど、梅原は重々すべてを承知の上でそれをやっていると考えないわけにはゆくまい。

保田の語る「天皇」も、統帥権を有する権力としての「天皇」ではなかった。その意味では三島由紀夫の「文化概念としての天皇」[*11]に近い。勿論時期的には保田の方が先である。三島がかつて橋川などよりはるかに保田＝日本浪曼派に「いかれていた」ことはよく知られたことであり、丸山邦男氏の表現によれば、三島は「日本浪曼派からの戦後

復員兵」である。

保田にとっての天皇とは、日露戦争に際して明治天皇が詠んだとされる次の歌

よもの海みなはらからと思ふ世に
など波かぜのたちさはぐらむ

をして、日露戦争が「まことに平和主義のために戦はれた」ものであり、この歌から「我々の民族は明治に於て和魂の皇祖皇宗の正しい教へを天皇によって新しくされた」ことを感ずるのである。

ここに表れた保田の歴史的現実を直視することを避けた、別の言い方をすれば、小ブルジョアの観念的危機意識の増幅を、彼の空想的ロマン主義で克服しようとする資質は、橋川が「日本ロマン主義と戦争」（前掲書所以）で引用した保田の『蒙疆』[*12]の叙情的な文章が典型的に示している。橋川からの孫引きを許されたい。

奉天に於て、そうして大連に於て、私はいまわしい事実の少しをきいたことを悲しむ。大連を船出する少しまえにも、遺憾な事件が大連に起ったそうである。しかし我らの民族の宿命的な今日の動きに対し、ついに私は希望を感じつづけた。大陸は我らの古い伝えの理念のまえに今展かれているのである。

私は往路朝鮮を通りつつ、文禄慶長役の降倭の代表の如く伝説されている慕夏堂の遺文集を興味ふかくよんだのである。今日一二の降倭的なものがいたということは、悲痛の恥辱であるが、それは今日の若い新しい倫理の母胎の責任でないということが私に確信されるのである。

上関、八達嶺には、皇軍が大日章旗をかかげた。古来漢人が蒙古人と幾度か戦闘をくりかえした土地である。青竜橋の長城のはるかの上にも日章旗をかかげて一人の兵士が立っていた。こういう壮大な浪漫的風景を一年半前の日本人は想像しただろうか。浪漫的な座興の語が現前し、私はそれを己れの眼で眺めたのである。日に二度通る汽車を送るために、見上げる長城の上に彼らはただ一人で日章旗を守っていた。私は即興の詩人でな

いことをこの時に悲しんだ。

何も目に入っていないのである。戦争も、それに参加した兵士の、それに巻き込まれた民衆の、それぞれに立場の相違はあるにせよ、実存的苦悩はあったはずであろうに、そうした対象を全体像として把握しようとする姿勢を完全に放棄している。橋川が「意識的な無恥」とまで言わざるを得なかった、「過激ロマン主義」の果ては、歴史的現実に真向うことを下品とする感性の悠久の詩情のなかにたゆとう腐り切った小ブルジョワの保守性でしかない。三島とてとどのつまり同質であろう。

ところで、保田と三島の間に和辻哲郎[*13]を置いてみると、梅原にまで至るひとつの連続線が見えてくる。和辻の『国民統合の象徴』所収、「国体変更について佐々木博士の教えを乞う」からの引用である。

「ところでわたくしが前に天皇の本質的意義としてあげたのは『日本国民統合の象徴』という点であって、必ずしも国家とはかかわらないのである。もし『国民』という概念がすでに国家を予想しているといわれるならば、人民とか民衆とかの語に代えてもよい。とにかく日本のピープルの統一の象徴なのである。それは日本の国家が分裂解体していたときにも厳然として存したのであるから、国家とは次序の異なるものと見られなくてはならない。従ってその統一は政治的な統一ではなくして文化的な統一なのである。日本のピープルは言語や歴史や風習やその他一切の文化活動において一つの文化共同体を形成して来た。このような文化共同体としての国民あるいは民衆の統一、それを天皇が象徴するのである。」というのだが、ここにも歴史を科学的・実証的（こういう書き方をすると、何やら自分がえらく公式マルクス主義者になってしまったようで奇妙な感じがするが、とにもかくにも最低限の、という意味で）な検証の上で、一歩でも事実に近づこうとする努力をあらかじめ捨ててしまった、思い入れだけの天皇観、日本共同体論がある。「とにかく、日本のピープルの統一の象徴」などと言ってしまっては、みもふたもない。

この和辻の敗戦直後の主張が、「日本浪曼派からの復員兵」三島に大きな影響を与えたであろうことは想像に難くない。戦後の大衆社会化状況と「議会制民主主義」という大枠を全面的に否定することのできなかった三島にとって、にもかかわらず、「日本文化」と「日本民族」とはアプリオリに防衛すべき対象であり、それが解体の危機に瀕しているという焦りを突破しようとする時、侵略戦争から国家総力戦へと至った第二次世界大戦の敗北という未曾有の危機を乗り切った天皇制に幻想を抱かざるを得なかったのである。

それでは、こういう系譜に、梅原と「国際日本文化研究センター」はどう接続するか。これが単純に順接するものでないことは、既に述べた。新京都学派と言われる人々を、新日本浪曼派と名付けてすますことができたり、あるいは「世界史の哲学派」ともいわれた京都学派とほぼ軌を一にする集団であると言えるのならかえって事は簡単である。それらは未だ完全に内在的批判が貫徹されていないとは言え、それでもほぼ橋川によってとどめを刺されたに等しし、類似、先行するこれらの思想潮流とは何よりも思想の依拠する社会的基盤が余りにかけ離れている。確かに、経済の高度成長という時代は遠く去り、「家」や「郷土」の意識内での解体後を支えた、「会社家族」が安定的な拠り所であるという時代も終った。何しろ国鉄が解体するという状況などかつて考えてもみなかったことである。しかしそれにしても日本浪曼派の時代とは違うし、和辻の、敗戦直後という誰もが新しい時代のイメージさえもつことが困難だった時代とも異なる。

それでも、同じ「文化」をかざして登場した梅原と「国際日本文化研究センター」とが、たかだか、四、五十年を隔てたくらいで、全く突然変異として生まれ出るはずがないのであって、そこには何らかの共通項が必ず存在する。社会的基盤の共通項としては、形は変ったにしてもやはり「民族的アイデンティティ・クライシス」としか言い様がなかろう。勿論これはどこまでも、そう思った者にとってのクライシスであって、階級的な視座などからすれば全く違った分析が可能なようなものではあるが、それでも保田の時代は、先に橋川の分析を引用したように誰の目にも「時代閉塞状況」は明らかであったし、和辻の時は、誰にも時代の意味が計測しづらい時であった。三島は、大衆の意識状況と反比例する形で彼の危機意識を煽った傾向があり、その点では、戦前・戦時下の保田とも異なるところがあって、三島自決直後、毎日新聞のインタビューに答えて橋川の言った如く、「あの天皇というのは三島のイメージであって、歴史的でもなければ政治的でもない。いわゆる右翼の天皇論の系列にもはいらないんです。あれは三島独特の超越神であって、三島が自分の頭の中で作り上げたビジョンであり、むしろ彼個人の怨念と決意の投影としか考えられないようなものなんです」というものであって、大衆社会状況と、あるいは戦後の裕仁という存在のあり方に対して三島が絶対的な距離をとろうとした「彼個人の怨念と決意の投影」として自らの生と思想を意志して反時代的に位置付けたものであろう。

では、「文化」を標榜して現時点からするなら最後に登場している梅原にとって、現在という状況はどういうものとしてあるか。あるいは彼が考慮に入れているであろう「アイデンティティ・クライシス」はどういう質のものであろうか。第一に「価値基準」と考えられてきたものの一切が基準たる位置を失った。これは、いつの時代にもあった危機煽動などというレベルの話ではなく、今は日常生活での身の律し方まで含めて一切が基準を失った時代である。第二に、先の論文の引用で明らかにしたように、天皇制文化による一元的なカバーの下にある単一民族国家という幻想が完全に破れてしまった時代にあることである。梅原はまだアイヌだけを焦点化しているだけだが、突然時務情勢的になって恐縮だが、先の沖縄国体での知花氏による日の丸焼き捨てという闘いは、確かに闘いの現象としては両知花氏によるもののように見えるが、これは沖縄という天皇制文化圏の外においてだからこそ可能な闘いであり、それを可能にする文化的基盤が沖縄に存したという証左なのである。「文化」という曖昧な概念で全体をカバーしたいと欲する者にとって、「単一民族国家」幻想を破るもうひとつの要因として最近の未熟練労働力市場へのアジア人労働者の大量進出も大きな意味をもつことになるであろう。大都市においては混住といって過言でないくらいの状況が作られつつある。正に一部の人々にとっては「アイデンティティ・クライシス」＝ナショナリズムの危機、逆に言えばナショナリズム昂揚の好機なのである。同様の問題は、多国籍企業労働者の意識のあり様にもあるだろう。

その他、種々微細な、それでいて時代状況を画するかもしれない現象には事欠かない。しかし、大きくこの時代を把えればこういうことだろう。この「アイデンティティ・クライシス」をイデオロギー的に突破する時代の子として梅原は登場し、それに学的粉飾をつけるものとして「国際日本文化研究センター」は創設された。まだ全容を明らかにしていないが、ほぼ彼らの時代への位置はこれで提示できたように思う。

日本における「アイデンティティ・クライシス」突破のイデオローグのキイワードは「文化」であり、「文化」を語る際の語り口は、歴史を語りつつ、該博な知識を、一切の文献批判、資料批判を抜いて恣意のままに用いるやり方である。そして、彼らは必ず「文化」を語りつつ「神」を口にする。保田の日本武尊、後鳥羽しかり、梅原の記紀神話、聖徳太子しかりである。文体は論理性を唾棄し、情への訴えを主とする。

【注】

＊1やすだよじゅうろう（1908-1981）評論家。奈良に生まれる。大阪高卒後、東大美学科卒。1932・3、「コギト」を創刊。同誌は、弾圧という外圧と大衆的基盤を失うという内在的な根拠の崩壊とによりマルクス主義文学運動が解体後に、ドイツ浪漫派の影響下に、日本古典文芸の復興を目指した。経済的疲弊と思想的混迷との時代閉塞状況下、青年層を中心に「頽廃のイロニー」としての時代精神を標榜して、小林秀雄らと共に大きな影響を与えた。「日本浪曼派」の代表的論客。反進歩主義、反近代主義の立場から、民族的美意識の「血統」「系譜」の確立を意図しておびただしい評論を発表。『英雄と詩人』、『日本の橋』、『戴冠詩人の御一人者』、『蒙疆』、『近代の終焉』、『後鳥羽院』などが初期代表作。戦争の拡大と共に、日本主義イデオロギーの誇吹者としてマスコミの寵児となり、『文学の立場』、『美の擁護』、『民族と文芸』、『和泉式部抄』、『万葉集の精神』、『機織る少女』など続々刊行。しかし初期作品に比して時代の新鮮さなく、空疎な「美文」として影響力は縮小していった。戦後、公職追放されていたが、追放中に京都で祖国社を創立、月刊雑誌「祖国」を刊行。「大東亜戦争」を明治維新を継承する精神の発露であると展開。1964年以降論壇に再登場したが、既に時代へのインパクトはもっていなかった。

＊2『保田與重郎全集』（講談社・第4巻所収）

＊3『転向』全3巻（思想の科学研究会編 1959-62 平凡社）

転向という言葉の本来の意味は、勿論、単に方向や立場をかえるということに過ぎない。しかし、通常、支配権力の弾圧によるか、あるいはそれを予感して思想的立場を捨てることを指す。1933年6月1日、日本共産党幹部鍋山貞親、佐野学が獄中から転向声明を発表し、共産主義思想の放棄と天皇制への恭順を示したことにより、一ヶ月間に左翼思想犯獄中者の三分の一に近い転向者を出した。同書は、こうした転向者に見られる転向の思想とでもいうべきものを明らかにしようとした共同研究である。転向の結果として深い沈黙に至るのではなく、自ら積極的に天皇制と軍国主義の賛美者になってゆくという、他に類例を多く見ない転向のスタイルを明らかにしている。同時に、いわゆる偽装転向者の屈折した言動のひだにもわけ入って、ひとつの日本人論たりえている。

＊4うめはらたけし（1925－）仙台生まれ。京都大学で哲学を学ぶ。『隠された十字架――法隆寺論』（1972年）で法隆寺は聖徳太子の怨霊をまつる目的でつくられたという「大胆」な推論を展開、話題を呼ぶ。以降、「古代史」ブームの中心で浮上し、猛烈ないきおいで書きまくり、「梅原日本学」なる呼称もジャーナリズムで定着するまでになっている。『君は弥生人か縄文人か――梅原日本学講義』（中上健次との対談）なる著作もある（1984年）。集英社より「壮大で、遠大な梅原日本学の集大成」なるキャッチフレーズのもとに全20巻の著作集が出されている。

＊5 文芸雑誌の名。後にそのグループに属する人々も指す。1935・3－38・8まで刊行される。神保光太郎、亀井勝一郎、中島栄次郎、中谷孝雄、緒方隆士、保田與重郎の創刊メンバーのほか、緑川貢、太宰治、檀一雄、山岸外史、芳賀檀らが同人に加わる。ナルプ（日本プロレタリア作家同盟）解散前後、思想的混乱と知識階級の不安を反映して、リアリズムを通過したロマンティシズムの確立を目した文芸・思想運動。それぞれに屈折した個性はあるものの、総体として日本精神への回帰の方向をたどり、国学への復興、日本主義文学の勃興に道を拓き、「大東亜戦争」という政治へと呑み込まれていった。

＊6『保田與重郎全集』（講談社・第5巻所収）

＊7『保田與重郎全集』（講談社・第23巻所収）

＊8 北浦千太郎による「アンチ福本イズム」（『改造』1927―3）によって命名された当時の日本共産党のイデオローグの日本革命運動方針理論。後に27年テーゼで、「論理的範疇の分離結合の遊戯」であり、「純粋な意識的な方面だけを過度に不適当に強調し、経済的・政治的・組織的方面を完全に無視し」、「インテリゲンチャの許すべからざる過重評価、労働大衆よりの遊離、宗派主義」と完膚なきまでに政治的・組織的に論破された。ただ「労働大衆よりの遊離」などというのは、どっちもどっちで、「『方向転換』はいかなる諸過程をとるか我々はいまそれのいかなる過程を過程しつつあるか」（『マルクス主義』1924・10）というような文体や福本和夫の論理構造が、何故に当時の左翼青年に大きな人気があったのかについては明らかにされていない。「左翼風保田與重郎」とでも思っておけば当たらずとも遠からず。

＊9中野、高見共にいわゆる転向文学者。中野の『村の家』は、〈転向〉文学の白眉と言ってよかろう。テーマは、近代主義の装いをもった合理主義として機能することの多かった日本マルクス主義と、伝統的な論理と倫理との相剋である。こういう視角をもった中野に、保田に対する杉浦のような罵倒ができようはずもなく、「人民文庫」の立場で日本浪曼派と渡りあった高見は、「この保田與重郎における反俗精神」、「私は、終戦直後－戦争中は、神さまみたいに言われていた保田與重郎が、戦犯呼ばわりされたとき、保田與重郎というのは、日本の現代評論史において、小林秀雄につぐ人物であると書いたことがある。俗悪な政論的弾劾から、彼の持っていた『精神の珠玉』を守りたかったのである。私は彼の『精神の珠玉』を信ずるのである」（『昭和文学盛衰史』二）と言っている。

＊10京都学派とは、西田幾多郎、田辺元を中心としたその弟子をも含む京大哲学科出身者のグループを指す。西田、田辺という独特の、

ある種カリスマ性をもった観念論哲学体系の吸引力と、東大に対する京大という一種の在野性とに魅かれて、多くの若い哲学徒が集った。その中には三木清、戸坂潤なども含まれていた。1930年代に至り、先の西田、田辺より一世代若い、西谷啓治、高山岩男、鈴木成高、高坂正顕らは、「世界史の哲学」なる時局迎合的主張を展開し始め、「大東亜戦争」をして「世界史を形成する道義的生命力」であると正当化する哲学を擁立した。「世界史的立場と日本」（『中央公論』1942年1、4月号、43年1月号の連続座談会）は、こうした主張の全国展開である。このうち西谷と鈴木は、雑誌『文学界』42年9、10月号の座談会「近代の超克」にも出席して、ヨーロッパ近代を超克するには、天皇制を軸とする日本文化をもってするしかないと主張。三木清は「昭和研究会」（近衛文麿のブレーン集団）の文化担当イデオローグとなっていく。

＊11 三島は、その著書『反革命宣言』において、彼が一命を賭して守るべきは、「日本の文化・歴史・伝統」即ち「国体」であると主張した。その「国体」概念の中核として「天皇は、われわれの歴史的連続性・文化的統一性・民族的同一性の、他にかけがえのない唯一の象徴」であるとし、自衛隊市ヶ谷駐屯地での「右翼前段階蜂起」とでもいう行為は、こうした三島の主張の延長線上での「千万人といえども我往かんの気概を以て、革命大衆の醜虜に当たらなければならぬ。民衆の罵言讒謗、嘲弄、挑発、をものともせず、かれらの蝕まれた日本精神を覚醒させるべく、一死以てこれに当らねばならぬ。われわれは日本の美の伝統を体現するものである」という宣言に等しい。

また三島は、『文化防衛論』で、「雑多な、広汎な、包括的な文化の全体性に、正に見合うだけの唯一の価値自体として、われわれは天皇の真姿である文化概念としての天皇に到達しなければならない」と述べ、彼の美意識の集約点に、幻想としての文化の全体性を体現する天皇という幻想を据えたのである。

＊12 『保田與重郎全集』（講談社・第16巻所収）

＊13 わつじてつろう（1889-1960） 哲学者。兵庫県生まれ。一高時代、天野貞祐、九鬼周造、岩下壮一らと同級。東大哲学科で岡倉天心の講義に感銘を受ける。第二次「新思潮」に参加し、「新思潮」、「スバル」に評論を発表。『ニイチェ研究』発表後、夏目漱石を知り大きな影響を受ける。『ゼエレン・キェルケゴオル』、『偶像再興』、『古寺巡礼』、『日本古代文化』などを著した。これらの著作を評価され、西田幾多郎の招きで、京大倫理学助教授となる。『日本精神史研究』、『原始仏教の実践哲学』、『正法眼蔵随聞記』、『人間の学としての倫理学』を発表し、東大教授に転ずる。以後、『風土』、『面とペルソナ』、『鎖国』など著作多数。戦後、安倍能成、小宮豊隆、志賀直哉、武者小路実篤、柳宗悦らと生成会創立。機関紙「心」の編集委員。東大定年退官後、学士院会員。日本倫理学会初代会長。文化勲章受章。正倉院評議員会評議員。

15

「教会と聖書」

教会と聖書

合冊　Vol.6

第61号～第72号　(2007年4月～2009年4月)

「教会と聖書」発行委員会

396

サロメもつまんないけれどマタイもつまんない
――ついでに川端康成は一層つまんない

・「教会と聖書」（「教会と聖書」発行委員会）第61号（２００７年４月15日）

大変なことになってしまった。長く教会に関わって生きてはきたが、キリスト教ふうに考えたり、語ったりはしないことを原則としてきた。仕事だから聖書を読みもするのだが、これも日曜日にそれらしく振舞うために仕方なく読むようにしてきただけで、それ以上ではない。

『教会と聖書』のこの欄をこれまで担当なさってきた方々の文章を読ませていただきながら、みなさんいつも聖書を読んで、キリスト教ふうに思考しておられることに驚いたというのが正直な感想で、わたしなど朝起きたら商売道具の日本の古典文学の本を広げて読み始め、たいてい泥酔している就寝前にはアウトドア雑誌『BE-PAL』を読むという具合である。幸いというかだらしがない結果か、いうところの「牧会」なるものはまったく必要とされていない教会にいるので、ウィークデイはキリスト教と無関係に過ごしている。

牧師は５人いるのだが、常時日曜日の集まりに参加しているのは２人なので、２人で交互にお話をしている。３月４日は私の番だったのだけれど、土曜日の夜遅くに旅から帰って、朝までに話の準備をせねばならず少々あわてた。

この旅というのは、昨年の初夏、エドワード・サイードを主として翻訳している友人中野真紀子が言い出しっぺで、パレスチナ・カフェというのを羽生伝道所を会場にしてやった。オリーブの葉と牛乳の空きパックなどを材料に紙漉きをしてハガキを作ったり、いろいろ資料を集めてパレスチナ風料理をしたり、これまた友人にして怠惰な学者である藤田進と中野真紀子がお話をするという集まりがパレスチナ・カフェである。40人くらいの人が参加してくださった。中野さんという人はやるって言ったらやるからね女性だから、昨秋から、来年もやろうね、そのためにはオリーブの葉がたくさんいるから入手方法を考えてよ、と言い始め、たまたま小豆島につてがあったものだから、剪定時期であるこの季節に小豆島まで出掛けて、剪定した枝から葉をむしり取るという作業をやって来た旅である。いくらでもどうぞ、と言われたのだが、結構くたびれる作業で、それでもハガキなら1000枚でも作ることができるという量はいただいた。そうなると中野さんは、作業をしつつ、一カ所ではこんなに使わないから何カ所かでやろうよ、それにこちらからアハリー・アラブ病院に入院している人たちにオリーブのハガキで見舞いを書き、あちらにもたくさん送っておいて、返事をいただいて、それを方々で展示をしようよ、と次々にアイデアを出す。

そんな楽しい旅から帰って、聖書を広げるとマタイによる福音書14章1節~12節という、私にとっては面白くもなんともない箇所である。とにかく勉強が嫌いだから、あまり聖書を真面目に読まないし、説教というガラでもないので、とにかく仕事だから精読しなければと怠惰な自分を叱咤して、現在はマタイを順に講解している。何が面白くないか。確かに物語としてはあれこれ想像を刺激してはくれる。ヘロデ・アンティパスという男のツラを思い描いてみたり、「少女」サロメのなにやかやで見たり読んだりした場面と自分の読後のイメージを比較してみたりもするのだが、ここから何を読み取ればいいのかさっぱり興味が湧かない。歴史的な事実関係がいい加減であることを言揚げしたり、ティベリアスの王宮とヨハネが投獄されていたマケルス砦との距離を、夜中にパレスチナの地図を広げて計測してみると、150キロメートルほども離れていて、こんなことあるはずがないではないかと慨嘆したりももちろんしない。そんなことではなく、マルコの並行記事にはない、マタイ14章12b「そしてやって来てイエスに報告した」が気に入らない。マタイよ、これじゃあスケベ根性丸出しで、身も蓋もないではないかと、気分が萎えてしまうのである。それに、13節の「退く」も気に入らない。マタイは4章12節でも、ヨハネ逮捕の情報に接して、イエスが「ガリラヤへ去った」と、ここでも「退却」を意味する言葉を用いている。マッチョ小田原にとってイエスはもっと「雄々しく」あれだ、などと茶化してくださる向きもあるだろうが、そんなことではない。四分封領主ヘロデ・アンティパスが「王」として君臨する「ガリラヤ」へ「去る」はないだろうと思うのだ。そんなこんなで、まるでやる気の出ない箇所であった。

こんなことを書いていたのでは責任を果たせまいから、では先週はどうしていたのか振り返ると、先週は羽生伝道所は相方の星山京子さんに任せて、私は山下竜嗣さんに誘われて、東駒形教会で「教育基本法・憲法〈改正〉の欺瞞―身捨つるほどの祖国はあり」という題でお話をさせていただいたのだった。主任が戒能信生さんの教会である。この教会には「社会グループ」というのがあって、そこで午後1時から、ということで出掛けた。「分かり易い話を」と何度も山下さんから念を押されていたのだが、教育基本法だの憲法だのという難しい話が私にできるはずもなく、もっぱら安倍首相の「美しい国へ」について語らせていただいた。

「美しい国」と言えば川端康成のノーベル文学賞受賞記念講演である。柄谷行人が『終焉をめぐって』所収の「歴史と他者」と題された武田泰淳論の中で、川端の『雪国』について面白い見解を開陳している。この作品には「鏡」がしばしば登場するが、主人公である男にとって「女たちが現実にどうであろうと、彼は鏡に、いいかえれば自己意識に映った像以外になんらの関心ももたない」、即ち「他者」との出会いを端から放棄する観念の装置を発明したことを指摘している。「『雪国』とは、〈他者〉にけっして出会わないように作り出された〈他の世界〉である。ここでは、歴史的文脈さえ消されている」として、『雪国』が発表された当時に勢い盛んであった日本浪曼派の保田與重郎らを、「根拠あるものを一切軽蔑することによって、さらに軽蔑すべきものに積極的にコミットしてみせることによって、つまりなにものかをそれが無根拠であるがゆえに選ぶということによって、ただ自己意識の優位性を確保するといった類のロマンティック・イロニーである」とした上で、それでも彼らは「単純な排外的ナショナリズムではなく、むしろ少しも価値を認めていない〈日本〉にあえて加担してみせるというタイプのねじくれた自己意識であった」のに対して、「川端はそれを一切括弧にいれてしまう装置を発明した」「『雪国』とは、そのような装置である。それはいっさい現実を見ないこと、〈鏡〉の中に映った像のみを愛でることである。かくて、どんな戦争イデオロギーとも無縁で、滅びゆく〈美しい日本〉の像のみが定着される」という。

ところで「美しい」=「美し《うま》」という語を用いた歌がある。『万葉集』一・二の「大和には　群山あれど　とりよろふ　天の香具山　登り立ち　国見をすれば　国原は　煙立ち立

つ　海原は　かまめ立ち立つ　うまし国そ　蜻蛉島　大和の国は」である。この「美し国そ　蜻蛉島　大和の国は」の「美し」の原文の漢籍表記は「可怜」で、「賢いことを良しとする」の意である。事実かどうかはともかくとして、作者は息長足日広額天皇（おきながたらしひひろぬかのすめらみこと）即ち舒明天皇ということになっている。蘊蓄はどうでもいいのだが、要するに言いたいことは、「美し」とは、人間関係における強弱の強から、即ち支配の側から用いられる言葉であるということである。天皇などから「可怜」などと言われたくない。況や安倍などという小僧においてをやである。

こんな話の準備というほどのことでもない準備をしつつ、柄谷は川端が「発明した文化装置」というけれど、実は人間はずっと昔からこういう装置のことを知っていて、宗教という観念の装置もその一例ではないかと私は考えている。もちろんそれだけではないことも承知しているけれど、この辺りのことを今後少しずつ書かせていただこうと考えている。

またところで、東駒形教会に行って、久し振りに『時の徴』という小冊子を目にしたので、買わせていただいた。失礼だが、まだ続いていることに感動した。ついでに言えば、『福音と世界』という雑誌もまだ続いているとのことで、なんと「戦責告白」について畏友久保田文貞が書いているのだそうだ。私はキリスト教世界からはまるで「無縁の衆生」だからこういうことも知らない。その『時の徴』に東海林勤さんが「個人の尊厳か国家の道か——教育基本法の問題——」という文章を寄せられている。東海林さんには多く教えられたし、お人柄は好きなのだが、これはいけないと、目に触れたばかりに批判を言わせていただいた。そもそも題が気に入らない。「個人の尊厳」も「国家の道」も共に近代主義の産物ではないか。これをどちらを選ぶかなどと並べること自体が誤りである。紙幅が尽きそうなので悪口だけで申し訳のないことだが、新教育基本法の問題点として挙げられている小見出しの「愛国主義と能力主義」、「国家による教育の統制・支配」は、まことにもってそうなのであるが、では旧教育基本法はそうではなかったのか、という視点が欠如している。今更フーコーを持ち出すことはないけれど、「学校」など歴史の初めから「小国民養成機関」以外であったことなどない。旧教育基本法が学校の現在を作り、はっきり言うが、安倍政権を生み出す教育を担う教員たちを養成したのではないか。教育基本法改悪反対で国会前に集まった教員たちで、面白い人はほぼ皆無だった。それでも応援に行きはしたのですよ、このフテクサレ私も。高橋哲哉に何がデリダだ、このヤローとも言いたかったのだが紙幅が尽きた。

397

・「教会と聖書」62号（2007年5月15日）

　土日〈キリスト者〉でしかなく、とにかく机に向かう時間はまるでないというか、作りたくないので、時間さえあれば畑にいるという者に「聖書」をどう読んでいるかなどという無理難題を押しつけた本紙の編集者にすべての責任があると居直って、今回も適当なことを書かせていただく。

　受験シーズンが終わって、予備校稼業は暇だろうとよく言われるのだがなかなかそうはゆかない。なにしろ予備校講師というのは元祖非正規雇用労働者で1年のうち長期休暇期間を除いた8ケ月しか通常の収入がない。要するに日雇い労働者である。稼ぎのない期間、ゆっくりしていては糊口を凌げないので、なんとか収入を得る方法を考える。そうはいっても口先三寸稼業しかしたことのない身に何ができるわけでもなく、通常、予備校が使う〈学的〉には一切の価値・意味のないテキスト原稿を書くことと、生徒諸君を連れて見聞を広めるためと称する旅のガイドをして小銭を稼いでとりあえず飯の種とする。

　3月19日から22日まで、「中山道の旅」をした。毎年春・夏休みの期間にこういう企画旅をしているのだが、春の中山道の旅は今年で5回目。東京・日本橋を出発して、ただひたすら旧中山道を歩く旅である。雪の碓氷峠を越え、吹雪の諏訪湖を過ぎ、氷雨の木曽路を山村工作隊もどきで、どうせ敗北にきまっている人生の無為の予感にうち震えつつ歩きつづけ、今年は滋賀県醒ヶ井から京都・三条大橋の終点への旅だった。

　19日午前10時、醒ヶ井駅前集合。駅前の水の宿駅でとりあえず地酒の4合瓶を買う。ガキどもと歩くのにシラフで行けるかの気分。昨年ここに一泊しているのでなにやら懐かしい。とにかく湧き水の豊かな清々しい水の町。ここから歩き始めて、番場の忠太郎で有名な番場宿を通り過ぎる（とは言うが、若者は誰も番場の忠太郎など知らない)。ここだけではないのだが、これまでの道中でも、かつてそれなりに栄えたであろう街道沿いの宿場のほとんどは、まるで廃村にでもなってしまったかのような寂しさである。だらだらと長いゆっくりとした上り坂を老体に鞭打って、摺針峠へ。峠からの琵琶湖の眺望で名高い所なのだが、湖の手前にエレベーター会社の実験塔が聳えていて、琵琶湖の眺めは切断されている。下って彦根。近世史では名高い彦根ではあるが、中古文学を仕事としている私には、同行している若いスタッフが「営業を打ってください」などとせっつくものの、知っていることは大してない。とにかく黙って歩く。ひたすら南下を続ける。目的地は今夜の宿地近江八幡。翌日はさらに南下を続け、瀬田の大橋を渡って石山寺へ。ここは中古文学にとってはそれこそ名所で、営業を打たないわけにもゆかず、ガキ相手に和泉式部と冷泉天皇のガキ敦道との相聞の解説などやらかす。またまた歩き続けて三井寺へ。宿坊泊。この夜は、参加している大学生諸君の中に関東神学ゼミナールの日本シソウ史研究会に参加している若者がいて(この青年は中山道をとうとう歩き通した)、彼の発案で、大学生中心にE・サイードの『オリエンタリズム』の読書会。みな結構真面目に準備をしているのに驚いた。

翌日は山科を通り抜けて逢坂関の前でまた営業をして、国道1号線沿いの不愉快な道を歩いて京都・三条大橋のたもとへ。中山道の旅最後の宿は、千條派というか「あおう合宿派」といおうか、とにかくまあ仲間うちでは馴染みの興正会館。未成年者が大半の打ち上げ宴会。

ところで、アラン・バディウが火をつけたのだろうけれど、ヨーロッパの思想界では、ジジェクやアガンベンらによるパウロ論ばやりで、どれも結構楽しく読んでいて、これの紹介やら批判やらを書きたいと思ってはいるのだが、昨年から、「このまま死にたくない」などと悪あがきをしている老人たちがワラワラと集まって季刊雑誌など出すことになり、会議なのか残された時間の少なさからくる焦り呑みなのか判然としない集まりがひっきりなしで、まるで時間がない。私は「このまま早く死にたい」派なので、もう何もせずにいたいのになかなかそうはさせてもらえない。

ついでに言えば、呑んだ勢いで調子のいいことを言ったものだから、なんと、この頃は新約学の佐藤研さんと二人で羽生伝道所で坐禅までやっていて、そこでの話もかなり面白いのでこれも紹介したい。
そんなこんな、思いばかりが火と燃えてのオジサンの心だ、の気分で日々過ごしています。

398
酒を呑みつつ パウロを考える（1）

・「教会と聖書」63号（2007年6月15日）

どうやらわたしはパウロを面白くなく読んできたようである。あるいはもっと正直に誤読してきたと言ったほうがよいのかもしれない。例えば荒井献編『パウロをどうとらえるか』（新教出版社　1972年）に収録されている論文「パウロ主義批判の視点」で田村信征は「現実の矛盾の中ではじき出され、疎外され、その疎外の中で自己の復権をかちとっていこうとすることが、パウロのような観念的収奪によってまるめられていくという宗教構造としておさえておくことが重要なのである」と「現実の苦悩が倒錯された形で幻想生産のエネルギーに転化されていくことへの歯止めは、ただこれに現実を対峙させればすむというような単純な問題ではないのである。屈折させられた観念形態を通してしか現実をみていくことができない人間には、その観念的上昇過程をひとつひとつ現実との拮抗のなかでおさえていく以外にないのである」という。こういう言説はわたし自身のものでもあった。田村の名を挙げて、これからこういう言説を批判的に切開したいのだが、もちろん田村は親しいから後にうっとうしい問題を引きずることがないので名を挙げたに過ぎない。同様の主張は70年代初頭のわたしらの大方がしていたところである。

では、親鸞『歎異抄』のなかの有名な言葉、「慈悲に、聖道・浄土のかはりめあり。聖道の慈悲といふは、ものを憐れみ、悲しみ、育むなり。しかれども、思ふがごとくたすけ遂ぐること、きはめてありがたし。浄土の慈悲といふは、念仏して、いそぎ仏になり、大慈大悲心をもつて、思ふがごとく、衆生を利益するをいふべきなり。今生に、いかに、いとほし、不便と思ふとも、存知のごとくたすけがたければ、この慈悲、始終なし。しかれば、念仏申すのみぞ、末とほりたる大慈悲心にて候ふべき」もまた「観念的収奪」であるのか。ここに示される「現実との拮抗」に対する深い「諦念」も「現実の苦悩が倒錯された形で幻想生産のエネルギーに転化され」たものとして「歯止め」をかけられなければならないのか。

　道元の「行仏」の思想、吉本隆明のまとめによれば「人間は死んでから浄土へ行くとか、浄土へ行くために修行をするとかいうことはまったくない。修行したり坐禅すること自体が浄土なのだ。人間は修行して仏の悟りにちかづくのではなくて、じぶんが修行しているその姿とか、山や川や谷の水の音を聞いているそのこと自体が仏なのだ」というまさに「現実」をまったく捨象してしまった思想に深く傾倒していた良寛には、「寛政甲子夏」という長編詩があって、その一部を引用すれば、「凡民無小大　作役日以疲　畛界知焉在　堤塘竟難支　小婦投杼走　老農倚鋤欷　何幣帛不備　何神祇不祈　昊天杳難問　造物聊可疑　孰能乗四載　今此民有依」。要するに洪水のために凶作になった農民の状態を記した詩なのだが、「孰能乗四載　今此民有依」は、「誰か、立派な為政者があって、この農民に拠り所を与えることはないのか」と激しい政治批判を展開している。もう場違いな漢詩を引用したりはしないが、良寛には徳川体制文化に対するほとんど絶対的なほどの拒絶を示す詩もある。それでいて、「無能の生涯作す所なく　国上山巓に此身を托す　他日交情如し相問わば　山田の僧都是れ同参」などと国上山中腹の五合庵に住んで托鉢の日々である。これもまた「現実の苦悩が倒錯された形」なのか。

　こういう「教会と聖書」紙にはとても不似合いなことを書きつつ、酔った頭で、パウロをどう読めばいいのかについて考えようとしている。こんな途方もないことはとても素面ではできない。とりあえずはアラン・バディウ『聖パウロ─普遍主義の基礎』（河出書房新社　2004年）の「われわれがパウロの作品で採り上げる論点は、寓話から切り離すことが形式的に可能であるような或る一つの特異な結合である。そして、厳密に言えば、この結合の発案者こそ、パウロその人なのである。すなわち、主体を巡る或る一つの命題と法にまつわる或る一つの問いかけとの間《あわい》の移行《パサージュ》─通過を創設する結合が、それである。パウロにとっての課題は、いかなる法が、その同一性をことごとく剥ぎとられた主体、その唯一の『証拠─試練』がまさに或る一つの主体によってその出来《しゅったい》を宣言されることにある或る一つの出来事に吊り下げられた主体を構造化できるのかに説明を与えることであった」という、長原豊／松本潤一郎コンビによる例によって例の難解な日本語訳を通した「言表」を念頭に置きつつ、考えはじめることにする。

・「教会と聖書」64号（2007年7月15日）

酒を呑みつつ パウロを考える（2）

ばかなことを書き始めたものだから、「パウロ論」をお書きになりますか、などと揶揄というより嘲笑に近い表情で言われたりするが、何、いい年して「論」など書くのは学者ふぜいの者であって、古来、齢六十にもなれば日本人は「随筆」である。「心にうつりゆくよしなし事を、そこはかとなく書きつくれば、あやしうこそものぐるほしけれ」の世界である。残念ながら「つれづれなるままに、日くらし硯にむかひて」てではなく、「あたふたと夜中に酒を呑みつつ」ではあるが。

ところが、行ってダマスコスの近くまで来ると、突然、天からの光が彼をめぐり照らした。サウロは地に倒れ、「サウル、サウル、なぜ私を迫害するのか」という声を聞いた。そこで、彼はたずねた、「主よ、あなたはどなたですか」。すると答えた、「私はお前が迫害しているイエスである。起きて町に入りなさい。そうすれば、お前のなすべきことが告げられるであろう」。サウロと共に来た者たちは、ものも言えずにそこに立っていた。声は聞いたが、誰をも見なかったからである。サウロは地から起き上がった。しかし、目を開けても何も見えなかった。
（岩波版『新約聖書』荒井献訳）

この有名な使徒行伝9章の「サウロの回心」と言われる事態をどう考えたらいいのだろうか。パウロの思想だの〈神学〉だのを考える前に、この「特異な」パウロの「体験」をわたしなりに考えることを通してしか話を前へ進めようにも進めようがない。

「回心」といえば、夏目漱石の『硝子戸の中』を思い起こすのだが、このほとんど語り尽くされた感のある作品を通して漱石における「回心」を考えるのは、それらを読んでおられないであろう読者に、思いつくままに書かれたかのようなあのだらだらと長い文章を簡単に紹介することなど酔っぱらいには面倒である。そこで、漱石の初期作品である『夢十夜』に触れて柄谷行人が『漱石論集成』（第三文明社　1992年）で面白い指摘をしているのを紹介することで済ませたい。なにしろ『硝子戸の中』についてはは膨大な量の分析・解説があるのです。柄谷は『それから』の代助の弁明中の「二個の者がsame space ヲ occupy スル訳には行かぬ」という言葉に触れて、「このとき、彼は人間と人間の関係を、どんな抽象（観念）的な媒介によってもみていないので、肉体的な空間（space）においてむき出しにされた裸形の関係としてみているのである」とした上で、「『夢十夜』の第三夜に、盲目の子供を背負って歩いていると、（背中の子に：筆者注）百年前にお前はおれを殺したなといわれ、そういうことがあったなと思い出した途端、背中の子供が重くなるという話がある。もしこれが〈原罪〉的なものを暗示しているのだとすれば、漱石が〈原罪〉をキリスト教的な意識の原罪とはまったく違ったものとして把握していることに注目すべきだ。つまり、漱石は人間の〈原罪〉を、背中の子供をかつて殺し今度はその子供が石地蔵のように重くなって彼を圧迫するというような、きわめて肉感的なイメージによってとらえているのである」とし、先の代助の言葉とこの『夢十夜』との理解から、「漱石の生をたえず危機に追いこんでいたのは、彼自身の存在の縮小感である」と分析している。わたしが示唆を得たのは、漱石の「回心」といわれるものが、この縮小感からの解放であったのかもしれないという手掛かりであった。しかしこの「回心」は何も漱石に限ったことではないのではないかとも思っている。ひとはひととの関係においてのみ「精神の新たな地平が開示される」と今さらながらわたしは考えている。

佐藤研さんは（こういう文章で「さん」はおかしいのだが、何分にもわたしの坐禅の先生なので）『悲劇と福音』（清水書院）で、Iコリント9章1節、15章8節、ガラテヤ1章16節のパウロの言葉を挙げて、使徒行伝の「記事の描写の細部は、パウロとは無関係に創作された可能性が高い」とした上で、「パウロが何も体験しなかったというのではない。間違いなく彼は、自分にとって決定的なことを体験したのである。一般にはそれを彼の〈回心〉と呼ぶ。しかしながら、パウロ自身は〈回心〉ないしそれに相当する言葉を使用してはいない。したがって、パウロの体験を問題にするとき、〈回心〉という言葉から想像されるように、パウロが一つの神からもう一つの別の神に鞍替えしたように考えてはなら」ず、「むしろあの体験は、彼がこれまで仕えてきたイスラエルの神が、全く新しい次元を開示したということなのであ」り、「〈イスラエルの神による、生けるイエスの啓示〉の体験だった」と整理している。この指摘は面白いのだが、もう一つ不満が残るのは、「イスラエルの神が、全く新しい次元を開示した」の内容が、「イスラエルの神による、生けるイエスの啓示」であったという点である。ここでは「なぜ〈生けるイエスの啓示〉がなされたか」が問われていない。別の言い方をすれば、「生けるイエスの啓示」がなぜパウロに固有に生じたかが問われていない。

　前回、わたしは親鸞の『歎異抄』の「浄土の慈悲といふは、念仏して、いそぎ仏になり、大慈大悲心をもつて、思ふがごとく、衆生を利益するをいふべきなり」という言葉を引用したが、これは、「今生に、いかに、いとほし、不便と思ふとも、存知のごとくたすけがたければ、この慈悲、始終なし」という「自力」による衆生の済度という「幻想」からの「回心」を示しているのではないかと考えているからである。もちろんこの場合も「一つの仏からもう一つの仏への鞍替え」などではなく、親鸞の「信」の内において生じた大転換である。パウロもイスラエルの神の下で、「主の弟子たちを脅迫し、殺害しようと意気込んでいた」（使徒行伝9章1節）。それがイスラエルの在り方であると信じていたのだが、その「信」の内に突如として別の道があることを認識した、ということではなかろうか。どうしてこういう大転換が起きるのか。漱石が示したというより柄谷がそう考える「存在の縮小感」、親鸞においては衆生済度の実践が、その実践が深まれば深まるほど心の底にどうしようもなく生じてくる無力感あるいは為すべきことの成就の不可能性の認識が、「大慈大悲心をもつて、思ふがごとく、衆生を利益するをいふべきなり」という「観念世界」へ誘うのではないか。そこから親鸞が「しかれば、念仏申すのみぞ、末とほりたる大慈悲心にて候ふべき」という新しい境地に至ったことを「観念と現実との転倒」あるいは「観念への逃避」などと、かつてのわたしは考えたが、それは「観念」なるものの意味を理解していなかったからであると今は考えている。親鸞においては「諦念」の先に新しい「他力」の世界が開け、より一層衆生済度の実践が深まったように、「観念」が開示する「現実」もまた存在する。パウロは、徹底した「ユダヤ教イエス派」弾圧の実践を通して、弾圧する対象である「背中の子ども」から己の実践の無意味を知らされたのではないか。柄谷がキリスト教の「原罪」をどう考えているか知らないが、「罪」の認識は「むき出しにされた裸形の関係」においてのみにあるとわたしは考える。というより、「むき出しにされた裸形の関係」以外のところで「原罪」などとひとを脅かすようなことを言ってきたところにキリスト教の頽廃があると私は考えている。冗談ではないのだ。いよいよ磔刑に処せられる師匠を棄てて逃げ出したことが「むき出しにされた裸形の関係」以外の何だというのか。あらかじめ人間とはそういうものであるなどというのではなく、師匠を見殺しにしたという事実を「原罪」などという「観念」に仕立てあげたのがキリスト教である。パウロもまた、弾圧しても弾圧しても雲霞のごとくわき出るイエス派というユダヤ教社会の矛盾・桎梏を知ってしまった者たちの存在の前に、打ちのめされたのではないか。いい加減なユダヤ教徒でなかったが故に。佐藤さんいうところの「生けるイエスの啓示」はこういう者にのみ示されると考える。

もう酒がまわり過ぎて、何がなんだかわからなくなってきたので、ここらで辺りで「心にうつりゆくよしなし事」をそこはかとなく書き続けるのを終わりにする。

・「教会と聖書」65号（２００７年８月15日）

酒を呑みつつ

パウロを考える（３）

編集者には大変なご迷惑をおかけしてしまった。「教会と聖書」紙の発行が遅れたのはわたしの責任なので最初に編集者と読者にお詫びしておく。

パウロの「回心」なるものについていい加減なことを前回書いて、次は、「回心」の続き話で、若い頃から教会で聞かされてきた「パウロの信仰義認論」なるものについて、パウロが、例えば確かに「ガラティアの諸教会へ」２章16節に「だが、人間はイエス・キリストの信によるのでなければ、律法の業績からでは義とされない、ということを知って、我々もまたキリスト・イエスを信じたのである。キリストの信から義とされるためである」（田川建三訳）

と書いてはいるが、直前の1章12節には「私は人間からその福音を受け取ったわけでもなく、教わったわけでもないのだ。イエス・キリストの啓示によるのである」（同訳）とも書いていて、「啓示」によって受け取ったのであればもうそれで十分で、というか、福音が体に入ったのであろうから、何もいつまでも「信」にこだわる必要あるいは必然性はパウロにはなかったのではないかと思ってきたことについて書こうと、酒を呑みつつ準備をしていたのだが、二つの理由でこれを後回しにすることにした。

一つ目の理由は、関東神学ゼミナールには新約学の講座が二つあるのだが、そのうちの上村静さんが担当しておられる講座では現在「使徒行伝」の英語で書かれた註解書6冊を、受講者が1冊ずつ定められた箇所の訳を担当して発表することになっていて、まともに読めもしない英語に苦労しているのだけれど、8月の同講座の際に、ちょうど例の9章の「回心」話のところがわたしの担当に当たってしまった。講座の前日まで仕事先の生徒を連れて淡路島で合宿をし（洲本教会の北里秀郎さんに大変お世話になった）、本州に戻ったその足で、今度は自分が出している『リプレーザ』という雑誌の仕事で紀州中辺路に行き、「山の作家」として中辺路のど真ん中である野中に腰を据えて発信を続けておられる宇江敏勝さんにインタビューをし、そしてまたそのまま京都へとって返し、関わっている運動の全国会議に参加して基調報告をするという、老体にはこたえるスケジュールをこなしていたので、とても英語の註解書を訳すなどというもともと能力がないうえに時もなく、旅の間に連れ合いに訳してもらって受講したのだが、この内容が気になって、もう一回「回心」話について書かなければならないような気分になってしまった。担当しているのはFitzmyerという、上村さんによるとカトリックの新約学者だそうで、当たり障りのない見解ではあるのだが、「ルカはサウロをキリスト教共同体へと組み入れなければならない。これがサウロへの呼びかけの物語である。それはしばしば特徴づけられるサウロの心理的『回心』の報告ではなく、神の恵みが迫害者の生をもいかにして変えるかの物語なのである」という、本当に当たり前すぎるほどの「ルカの意図」について、前回の私はまったく考慮の外に置いていたので、この「ルカのスケベ根性」について一言書いておかなければ、「サウロの回心話」

について の見解としては不十分だと自覚したせいである。

二つ目の理由は、パウロとは何の関係もないのだが、わたしの古い友人が、現在日本基督教団というところで愚劣極まりない議論が進められている「聖餐論」について話す場に参加して、これに参加している若造から「わたしたちはキリスト教解体派とは違う。一線を画している」と言われ、言外に「解体派には神学がない」と来ないでくれよがしのことを言われたとかなんとかという話を聞いたものだから、カッとなって、キリスト教世界で口をきくことに甚だしく空しさを感じたためである。わたしに向かってこれを言うなら、わたしはイエスに倣って暴力を否定する思想は一切持ち合わせていないので、老体ではあるがヤル気概において衰えてはいないから、その場で血達磨にしてやるところだった。オープンコミュニオンをしていながら、それを公然化することに脅えて、教団権力を恣にしている連中の攻撃からなんとか身をかわしたい屁理屈（それがコイツラのいうところの「神学」というのだ）を、ありもしない知恵を絞っている連中に、本紙の読者にこの一味もいるだろうから、一言なしでは済まされない気分になったのである。いまさら言うまでもないが、わたしは、ヤクザの隠語・符丁と同列のキリスト教用語で、キリスト教業界に生き残るための屁理屈＝「神学」とジャレルこととはとっくに訣別した。だがな、この頃また流行りだして引用するのも気がひけるが、ヴァルター・ベンヤミンが『パサージュ論』において、「こうした思考の経緯を修正してくれるのは、歴史はたんに科学であるだけではなく、それに劣らず想起（Eingedenken）の一形式でもあるという考えである。科学が〈確定〉したことを想起は修正することができる。想起は未完成なもの（幸福）を完結したものに、完結したもの（苦悩）を未完結なものに変えることができるのだ。これは神学である。だが、想起においては、わたしたちは（中略）歴史を原則的に非神学的にとらえることを禁じられているような経験をするのである」と言ったり、エルンスト・ブロッホが「青年、ヒンデンブルク、共和国」で、「古いものは依然として、しかもいやらしく、小市民的に俗悪になって存続している。精神的なもの、倫理的なものはまるで手を触れられず、まるで変革されない。夢を追求する熱意を欠いては、いかなる革命も完全なかたちでは存続しえないのに、そういう熱意を政治のなかへ呼びいれることは、敬遠されている。政治のなかにあるのは支配的な労働組合官僚のあじけない紋切型と、しまつにおえぬクソ啓蒙ばかりだ。（中略）社会主義が経済学になる以前に神学だったこと、経済学になって幻想を払拭した以後にも依然として、いやいよいよもって神学であることは、忘れられている」と言ったりしている「神学」は知っているのだ。キサマらに云々されるまでもなく十分「神学している」。腹立ち紛れにブロッホなど読み返しているうちに、文体がブロッホの訳文の影響を受けてしまうほど「神学している」。

名前を挙げて叩きのめしてやりたいけれど、本紙に迷惑をかけるので遠慮しておくが、わたしの友人に生意気なことをヌカシタ若造、ほんのごく一部の知識のひけらかしでしかないが、たとえばベンヤミンやブロッホを読んだことがあるか。オマエのせいでいい年して、大昔、吉本隆明が花田清輝にケンカを売ったような水準になってしまったではないか（何を言っているかオマエにわかるか？）。オマエが死ぬまでかかっても読み切れないほどの「読書」＝「神学する」ことをわたしらはずっとしてきたのだ。本当にキリスト教業界の、腰の引けた、どうにかして業界の「進歩派」として生き延びたいだけの若造はイヤダ、イヤダ。

というようなことを呑みつつかつまた激怒しつつ思っていたら、楽しいかな今総会期第3回常議員会に「オープン・コミュニオン」を公言した「北村慈郎教師に対する教師退任勧告」なる議案が出されるそうである。北村さんは泰然としておいでであろう。信ずるところを既に存分に開陳されたのだから。若造ども、どうする？ キサマら北村さん一人を人身御供にして逃げのびるつもりではなかろうな。それでは佐藤研さんいうところのQ集団の「喪の作業」をキサマらもしなければならなくなるぞ。否、必ずさせるぞ。一人ひとり名前を公開してやるからな。それが利敵行為だなどとキサマらには言わせない。いやしくも宗教などというタブラカシを生業にしているのではないか。最後のところ「自爆」する覚悟もない者が、「阿片」の再生産稼業などするのではないのだ。

それにしても山北というキリスト教ファシスト、よくやりますなあ。宗教というものがどういうものであるかみっちり教えてくれ、巷の人びとを教会に寄せ付けない方策を次々に示してくれて、すばらしいお手本です。日本の「伝道」は「ここに道あり」です。そしてくどいけれど若造ども、こんな世界で精々延命しろ。

酒を呑みつつパウロを考える（4）

・「教会と聖書」66号（2007年9月15日）

前回は失礼をした。日本基督教団常議員会は見事に北村慈郎さんに「教師退任勧告」を出した。自滅への道をまた大きく一歩踏み出したことはまことにもってめでたいことである。予想した通り、その場に「オープン・コミュニオン」をしている牧師が多数いたが、誰一人として「自分もやっている」とは発言しなかった。もうこんな連中に腹を立てることはやめにして、静かに酒を呑みつつ残り少ない時をのんびりと過ごそうと思っている。

本稿はもともと「パウロを考える」のが目的であったのだが、前回ついあんな調子で「若造罵倒」などしてしまって、本来の目的のために準備していたヴァルター・ベンヤミンの『パサージュ論』における、「こうした思考の経緯を修正してくれるのは、歴史はたんに科学であるだけではなく、それに劣らず想起（Eingedenken）の一形式でもあるという考えである。科学が〈確定〉したことを想起は修正することができる。想起は未完成なもの（幸福）を完結したものに、完結したもの（苦悩）を未完結なものに変えることができるのだ。これは神学である。だが、想起においては、わたしたちは歴史を原則的に非神学的にとらえることを禁じられているような経験をするのである。とはいえわたしたちは、それを直接的に神学的に諸概念を用いて記述するわけにはゆかない」という言説をまったく別の脈絡の中で用いてしまった。実はこれは〈ルカ〉による『使徒言行録』でのパウロ記述批判のために準備をしていたものだった。同様にエルンスト・ブロッホが「青年、ヒンデンブルク、共和国」で、「古いものは依然として、しかもいやらしく、小市民的に俗悪になって存続している。精神的なもの、倫理的なものはまるで手を触れられず、まるで変革されない。夢を追求する熱意を欠いては、いかなる革命も完全なかたちでは存続しえないのに、そういう熱意を政治のなかへ呼びいれることは、敬遠されている。政治のなかにあるのは支配的な労働組合官僚のあじけない紋切型と、しまつにおえぬクソ啓蒙ばかりだ。（中略）社会主義が経済学になる以前に神学だったこと、経済学になって幻想を払拭した以後にも依然として、いやいよいよもって神学であることは、忘れられている」と言っていることも、ベンヤミンがブロッホと接触することを通してマルクス主義に接近したこと、しかし同時に野村修に言わせれば彼が「歴史的唯物論と神学とをいわばひとつの楕円の二つの焦点」として思想営為を続けたことを通して、歴史記述一般にも先のベンヤミンの主張するような陥穽があるという指摘に援用できないかと考えてメモを取っていたものだった。とんでもない無駄をしてしまった。

これも前回引用したのだが、Fitzmyerが、「ルカはサウロをキリスト教共同体へと組み入れなければならない。これがサウロへの呼びかけの物語である。それはしばしば特徴づけられるサウロの心理的『回心』の報告ではなく、神の恵みが迫害者の生をもいかにして変えるかの物語なのである」という今さらの言説を、本論に戻る前提として、荒井献の『総説新約聖書』第4章「使徒行伝」で、再確認しておく。荒井は「本書の課題はむしろ、地上に顕現した復活のイエスによるプログラム的予告（1章8節）によれば、〈主〉まだ〈キリスト〉として再び天に挙げられたイエス（高挙の主）によって降された聖霊の導きにより、高挙の主の証人たちによって遂行される、〈エルサレム、ユダヤとサマリアの全土、さらには地の果（本書の叙述範囲ではローマ）まで〉に至る、福音（本書の特徴的な用語では〈神の国の教え〉）の拡大を叙述することにある」のであり、「本書の著作意図」は「第一に、〈イエスの時〉を対象とする福音書に続いて、本書により〈教会のはじめの時〉をエルサレムからローマに至る福音の拡大として理想的に描写することによって、〈教会の時〉に生きる異邦人キリスト者の信仰の土台を固めると共に、それによって彼らの信仰を覚醒・強化すること、第二に、教会の環境世界とりわけローマ当局に対し、キリスト教の政治的無害性を護教的に印象づけることにある」という。これ以上付け加える言葉もない。だから Fitzmyer が言うように「使徒言行録」は「サウロの心理的『回心』の報告」などにルカはどんな意味でも関心はなく、これも荒井の指摘を待つまでもなく「〈劇的挿話の様式〉（ディベリウス）、とりわけ〈悲劇的・感動的歴史記述〉（プリューマッハー）の手法」を用いて、「使徒言行録」9章の叙述になったのである。

「教会」で「教会の時」をその都度喜びをもって確認することを大切に思われる人にとってはそれでいいだろうが、わたしのようなひねくれ者にとっては、ルカの描いた歴史が科学だとはもちろん思わないが、ベンヤミンのいう「歴史はたんに科学であるだけではなく、それに劣らず想起（Eingedenken）の一形式でもあるという考え」に基づく「科学が〈確定〉したことを想起は修正することができる。想起は未完成なもの〈幸福〉を完結したものに、完結したもの（苦悩）を未完結なものに変えることができるのだ。これは神学であるという主張に強く惹かれる。「科学」を「史観」と置き換えれば、そのままルカ批判の言説ではないかと思うのだ。

もう少しベンヤミンにこだわると、ベンヤミンが『ドイツ悲劇の根源』の「認識批判的序説」で用いたというより、これに関する二次文献を通じて衆知された「Konstellation」という概念について、ベンヤミンは理念と事物の関係を、「理念の事物に対する関係は、星座Sternbilder の星々に対する関係に等しい」、「さまざまの理念は永遠のKonstellation である」と説明している。わたしの言葉ではうまく説明できずもどかしいので、『アドルノ―非同一性の哲学』（講談社）から細見和之の説明を借りると、「星々が存在するのと同じ意味では、星座なるものは存在しない。星座とは星と星の関係・布置であり、それはそれとして見るものがいなければ表立ってはこないのだ。そのような連関を発見することが、ベンヤミンにとっては理念の叙述なのであって、それはまた、そのような理念のうちに現象を救済することにほかならない」ということである。

ルカの描く「歴史」という「星座」の中に置かれたパウロの位置について、ルカ「史観」を「想起」を通して修正しなければ、どうにもパウロそのものにたどり着けないことを、この頃痛感している。それはベンヤミンが「歴史の概念について」補遺テーゼAで「歴史主義は歴史のさまざまな要素の因果関係を確立することで満足する。しかし、いかなる事実も、それがなにかの原因だとしても、そのことだけですでに歴史的事実なのではない。それは、死後の生において、何千年も隔てられているやもしれぬもろもろの出来事によって、歴史的事実となったのだ。このことから出発する歴史家は、数珠を爪繰るようにもろもろの出来事の連なりをたどることをやめる。自分自身の時代が以前のある特定の時代と出会っている状況布置（Konstellation）をかれは把握する。そのようにしてかれは現在の概念をメシア的な時間のかけらが混じりこんでいる〈今の時〉として根拠づけるのである」という指摘からも言えるのではないか。

　もっともベンヤミンが用いる「今の時（Jetztzeit）」という概念は、古代イスラエルの預言者たちがメシア到来の時を示すのに用いた語であって、それ自体を丁寧に検証しなければ、いい気になって用いているととんでもない落とし穴に陥ることになりかねないが、ここでやっとパウロの「ローマ人への手紙」11章5節「今この時にもまた、残りの者が、恵みの選びに従って生じたのである」との関連が付けられた。

　サウロの「回心」のルカ的歴史主義からの解放、今という時の読者であるわたしの位置とパウロの時代との状況布置を把握しつつ読むとこれがどう読めるかについては前々回書いた。今回は、こんなことを考えながら「聖書」という書物を読んでいるということを記した。

・「教会と聖書」68号（２００８年2月28日）

酒を呑みつつ パウロを考える（5）

　本紙前号で、約束した連載を一回落とすという恥知らずなことをしてしまい、編集者なかんずく小林昭博さんにとんでもないご迷惑をおかけした。衷心よりお詫び申します。

　受験屋稼業の繁忙期も一段落したので、さあとりかかろうとPCの前に座ったものの、なにぶんにも長く間隔を空け過ぎたのと、そもそも日常的にキリスト教について考えることはほぼないので、前回の続きを、と思っても、ベンヤミンを引用しつつ「今の時」について何やら書いたのは記憶しているが、どういう気分でそんなわけのわからないことを考えていたのか脈絡がたどれなくなってしまった。まあどうせ「酒を呑みつつ」なのだから、今回もまた今思い付くままに書かせていただくことにする。

　久保田文貞、板垣弘毅、田村信征と私とが年寄りで、あとは若い人たちと一緒にやっている関東神学ゼミナールでは、毎月第一月曜日を「日本シソウ史研究会」にしている。随分長くやっているので、いろいろな本をみんなで読んできたのだが、先月からのテキストはジョルジョ・アガンベンの『例外状態』である。アガンベンの「ホモ・サケル」シリーズの第3冊目のもので、私の紹介で間違っていたりするといけないので、どういう内容のものであるか、訳者上村忠男の解説から引用しておくことにする。

「例外状態というのは、たしかに法律が部分的ないしは一時停止した状態のことであろう。が、このことはただちに法の撤廃を意味するものではないのではないか、むしろ、一部の法学者の言うように、それは政治的なものと法的なものとが未分化のままに交叉する両義的な縁あるいは〈閾〉に位置しているとみるほうが当たっているのではないか。そして、もし例外というのが、法が生に関連させられ、自らの一時停止をつうじて生を自らのうちに包摂しようとする独自の装置であるとするならば、例外状態についての理論は、生きているものを法に結びつけると同時に見捨ててしまうような関係、すなわち《ホモ・サケル》シリーズにおいて問題中の問題として考察全体の中心に設定されてきた生政治的な関係を定義するための前提条件となるのではないか、と。

　こうしてアガンベンは、公法と政治的事実のあいだ、また法秩序と生とのあいだに横たわる、この〈無主の地〉の探索におもむこうとするのである。アガンベンが期待をこめて語っているところによれば、〈おそらくはそのとき初めて、西洋政治史において鳴りつづけることをやめないでいる問い、すなわち政治的に行為するとは何を意味するのかという問いに答えることが可能となるだろう〉というのである。」

　というようなことが書いてある本である。しかしまあこれでもいったい何のことかと思われるだろうから、関東神学ゼミナールでどうしてこんなキリスト教といかなる意味でも関係がないかのような本を読んでいるのかについてご理解いただくために、いつもながら長い引用だが、もう一カ所アガンベンから引用しよう。

「なぜ『政治神学』（筆者註：カール・シュミットの著作で、ナチスの政治に多大な影響を与えたとされている学者の主著の一つ）においては例外状態の理論が主権の学説として提示されうるのか、その理由が理解される。例外状態に法秩序を繋留することを保証するのである。

　しかしながら、ここでは決定は規範の無化そのものにかかわっているかぎりで、すなわち、例外状態というのは外でも内でもないひとつの空間〈規範の無化と停止に対応する空間〉を包含し捕捉することであるかぎりで、〈主権者は、通常の状態において効力を発揮している方秩序の外にある（steht ausssehalb）が、しかしまた、憲法が全体として停止されうるかいなかの決定に責任を負っているために、その秩序に属している（gehört）（ibid.p.13）。

法秩序の外にあり、しかしまた法秩序に属している。これこそは例外状態の位相幾何学的な構造である。そして例外に関して決定する主権者は、本当を言えば、論理的にみて、自らの存在においてこの構造によって定義されているからこそ、主権者自身もまた、脱却─所属という撞着語法によって定義されうるのである。」

「例外状態は、論理と実践が互いを決定不能常態にし、ロゴス〔言葉〕をもたない純粋の暴力がいかなる現実的指示対象ももたない言表内容を実現するふりをしている、ひとつの閾の存在を印づけているのである。」

ここまで引用すれば、私どもがこんな本を読んでいることの意味がご理解いただけるであろうか。要するに「閾」の〈領域〉でキリスト教を読み替えてみればどういうことになるのであろうか、と考えているのであるので何やら小難しい言葉で書かれているので常人には理解不能な高邁な内容が語られているかのようではあるし、事実また私のような者には本当のところ理解できていないのかもと我田引水して何かを語ろうとするのに若干の躊躇はあるのだけれど、しかし他方、ここで言われていることはアガンベンほどの明晰さでわかっていたかどうかはともかくとして、「ズラス」などという表現で語ってきたことと割合近いのではないかと思ったりもしている。「キリスト教の外にあり、しかしまたキリスト教に属している」ような在り方をこれまでもしてきたし、キリスト教との関係を「脱却─所属」という言葉どおり撞着語法でもって処してきたようにも考えている。

昨今の日本基督教団における「聖餐論」をめぐる攻防というのか、なんと言ったらいいのか、アハハな状況を見物しながら、例外状態を決定する主権者である私としては、閾のあたりで揶揄を武器に笑いのめすに如くはなしという気分でいる。

ところで話は変わるが、羽生伝道所では月1回坐禅会をしている。指導者はかの新約学者佐藤研先生である。わざわざ遠方からお運びいただいてご指導くださっている。若いころ読んで何がなんだかまるで理解できなかった道元などをまたぞろ繙いたりもしている。老いた頭にはほとんど理解不能なまでの難解さであるが、読みつづけているうちにいつか少し解った気分にでもなれるだろうかと淡くはかない希望を抱いている。

既に旧聞に属することだけれど、佐藤先生が『禅キリスト教の誕生』という本を出された。ご恵贈いただいたので一生懸命読んだ。第11章「〈禅キリスト教〉の概要」に次のような言葉がある。「究極なるものは〈人格的〉でも〈非人格的〉でもない。いや、むしろ逆に同時に、〈人格的〉であり、〈非人格的〉であるとすら言える」。文脈を抜いてこういう引用をしたのでは未読の方にはそれこそ何のことか理解不能であろうから、少しこの言葉が置かれている文脈を説明するなら、「禅キリスト教」の「教義」について、「〈禅キリスト教〉には、明確に言語的に定義された〈教義〉は存在しない。〈教義〉があり得ないということ自体が教義、という言い方すら可能かもしれない」とした上で、「しかし、言語表現の次元を観察するなら、事柄把握の或る傾向性は明瞭に読み取れるであろう。それは神論とキリスト論の次元で明瞭に現れるものである」と、「神論」の展開に入る。「禅キリスト教の潮流の中で最も重要な点の一つは、〈神〉と〈人〉の質的・絶対的隔絶が前提され、標榜されることがないということであ」り、「〈神〉と〈人〉が本質的な原事実において〈一つ〉であるという体験知が、禅キリスト教の潮流の基本にあることは否定できるもの」ではなく、そこでは「〈神〉と一つでありながら、現象態の自己の罪悪性と不完全性を鮮明に意識し、最も謙虚になるという、一見矛盾した逆説的存在形態がありうるということである。これは言語論理のレベルでは解明不可能な事態であるが、禅の言葉で言えば、〈全別〉でありながら〈全同〉であるという、事実を最も公平に見た表現となるのである」が、これを「人間論」として表象するなら、「〈人間〉はその生来の罪性のまま、その究極の本質において、すでに〈人間〉をはみ出しており、すでに人間の底が抜けている何ものかなのである。禅の体験はそれを証するものにほかならない」のだそうだが、私自身の体験としてはまだまだ未熟で、とてもこういう心境には至っていない。ただこういうことだけは言えるようには思っている。人間の罪性については徹底的に、言葉の真の意味でそのとおり認識しているつもりである。

自らの馬齢を重ねた年月を顧みて一点も自らに恃むところはない。しかし、そういう程度の存在が観念の投影として「神」を創出したのであれば、「神」に人間を「はみ出した」姿を見ることには同意する。随分不遜な物言いであると感じられるむきもあろうが、人間を抜きに「神」を語ることなど少なくとも近代的知性を前提にするならただのまやかしでしかないことは当然であろう。

同著はつづけて禅キリスト教では「〈神〉をただ〈人格〉的に理解するという仕方にも修正が施される」とし、「これにはしかし、欧州キリスト教の神観念の、抑圧的構造の歴史とそれからの解放という現在段階の契機が強く関わっているであろう」と前提して、「究極の原事実は、〈人格〉〈非人格〉の二者択一を超えた相を具えている。究極なるものは〈人格的〉でも〈非人格的〉でもない。いやむしろ逆に同時に、〈人格的〉であり、かつ〈非人格的〉であるとすら言える」と先の引用になるのである。

ここにアガンベンの例外状態としての「閾」の存在を見ることに無理があるだろうか。私には、キリスト教をここまで「ズラして」眺めることにしか展望はないように思われるのだが。

・「教会と聖書」69号（2008年6月13日）

酒を呑みつつ パウロを考える（6）

前回、アガンベンの言説について酔った頭で何やかやと訳の分からないことを書いたことは記憶しているのだが、とにかく生きていることは恥を晒すこと以外のなにものでもない者にとって、自分が書いたもの、話した言葉は全部忘れることにしているので、前回の原稿からの脈絡はたどれないのだが、もう次号の原稿督促が編集者小林昭博さんから来ていて、明日3月24日からまた仕事の旅で、4月半ばまで机に向かうことはないので、今日はイースターなのだそうだけれど、わたしどもの教会では何の特別なこともなく、午前中の集まりが終わったあと、畑仕事を一緒にして、みんなで一杯やって、いい気持ちになったところで、とにかく明日出発するまでに書けという同労者星山京子さんからの叱咤で、正真正銘酒を呑みつつこれを書き始めた。しかし、もう5時間も呑み続けているので何も頭に浮かばない。そこで、今日（3月23日）の羽生「伝道所」でのおしゃべり担当の星山さんのお話の冒頭部分の引用でもしていれば何か思い付くこともあろうかと、そこから始めさせていただく。わたしどもの「伝道所」では、横田勲さんの「大した力もない者が口先三寸の説教をしてはならない。全文を書き記せ」という教訓を守っているので、こういう場合、至極便利である。

> パウロの名前について。13章1節からの解説で「ヘブライ語名のサウロからラテン名のパウロになることで、異邦人伝道の舵取りをバルナバに代わってパウロがするのだということを読者に印象づけるためでしょうけれど、実際にこの演出は効果的であったろうと思います」

と書きました。ジョルジョ・アガンベンはこの問題について次のように書いています。「サウロ（Saulos）もまた、かれの名前のほんの一語のみを変えることによって、すなわち、シグマ（Sauols）にピ（Paulos）を取って代えることによって、ヘレニズム化したユダヤ教によく通じていた『使徒言行録』の作者によれば、その変化に対応して「新しい調和」を想起しうるものであったのだ。じじつ、サウロスというのは王家の名前であって、それをたずさえている者は、美しさにおいてのみならず、大きさにおいても、他のあらゆるイスラエル人を凌いでいるのであった。したがって、シグマをピでもって置き換えることは、王家から賤民への移行、大きなものから小さなものへの移行以外のなにものをも意味していないのである―ラテン語でのパウルス（Paulus）は「小さい、取るに足らない」の意味である。

　そして『コリント人への手紙一』15章9節において、パウロは自分自身を「使徒たちのなかでも一番小さな者（elachistos）」と定義しているのであった。」「使徒は、召命によって自由人から「メシアの僕」に定められた瞬間に、奴隷と同様、かれの名前を失って―それがローマ名であろうとユダヤ名であろうと――、たんなる通り名でよばれなければならないのである」（いずれも『残りの時』）。アガンベンは、パウロという渾名に内包されているのは「「たんに小さい」を意味することにすぎない」ところからも、パウロの「召命」の次元を読み解こうとしています。アガンベンの『残りの時』は、パウロ書簡の注解をしているわけではありません。タイトルの『残りの時』は「コリント人への手紙一7章29節「兄弟たちよ、それからわたしはこう言いたいのです。時は縮まっています。残りは、妻のある者もない者のように……」(アガンベン/上村忠男訳)からきています。この残っている時間が「パウロにとっては、すぐれてメシア的な状況であり、唯一の現実的な時間なのである」とアガンベンは読み解く方法の根拠を示して、本の帯によれば「パウロが「召命」と名づけたこの次元の経験は、遠くヘーゲルの止揚に、マルクスの階級に、そしてデリダの差延にもその共鳴板を見いだす。ベンヤミンとともに著者が試みる、「メシアニズム」の再生は、世俗化と啓蒙による近代という精神史の常識を揺るがす起爆力を持ち、現代の生存と政治の命運に知られざる視野を提供する」ということです。長々と本日のテキストとは関係のない、どちらかというと定点羽生(週報にこういうコーナーがあるのです=筆者註)に紹介したほうがよいことを並べましたが、聖書を聖なる書物だとは考えていない者が聖書を読むときに、聖書学の範疇だけからでは腑に落ちないことが多いので、こうしたものからも示唆が与えられているということで紹介しました。

　パウロの渾名論についても決してアガンベンの独創ではないのですが、しかし、多くの注解書はそのことをさしたる問題ではないとして簡単に流しているように感じます(わたしが知らないだけかもしれませんが)。キリスト教がキリスト教であるために重要ではないことは、ささいなことになってしまいがちですが、別の視点からすればそれは大きな理由があります。パウロ自身は自らがサウロであったことを記していない中で、著者であるルカが最初にパウロをサウロとして登場させた理由と、パウロがサウロであったことを語らない理由は別にあるのでしょう。われわれは聖書学の研究者ではないので、書いてないところから自由に発想するのは勝手ですから、この名前一つとっても、パウロと後のキリスト教のイエス理解、終末理解等に隔たりがあったのかもしれないことを読み解く楽しさがあるのではないかと思います。

　ふーん、そういうことかという程度にしか理解できないのだが、引用の終わりにある「パウロが「召命」と名づけたこの次元の経験は、遠くヘーゲルの止揚に、マルクスの階級に、そしてデリダの差延にもその共鳴板を見いだす。ベンヤミンとともに著者が試みる、「メシアニズム」の再生は、世俗化と啓蒙による近代という精神史の常識を揺るがす起爆力を持ち、現代の生存と政治の命運に知られざる視野を提供する」それがパウロが現代に提起する「すぐれてメシア的な状況であり、唯一の現実的な時間なのである」ということについては、さすがに酔った頭にもガツンとくるものがある。パウロの「召命」がヘーゲル、マルクス、デリダにまで「世俗化と啓蒙による近代という精神史の常識を揺るがす起爆力を持ち、現代の生存と政治の命運に知られざる視野を提供する」と言われたのでは、しばし飲酒の手を止めざるをえない。ここでいう「ベンヤミンとともに」とは何を言っているのだろうか。そうすると、まことにもって都合のいいことに、私どもの「伝道所」の週報には「今週の言葉」というコーナーがあって、週報制作者であるわたしがちょっと気になった言葉を紹介しているのだが、先週から偶然ヴァルター・ベンヤミンの「歴史哲学テーゼ」を紹介していた。これまでにも適当に引用したりしていたのだが、一度みんなで丁寧に読んでみようと考えてのことである。ついでばかりだが、先日、九州にいらっしゃる本多香織さんにお目にかかったら、ベンヤミンの「歴史哲学テーゼ」のことを話しておいでだった。キリスト教というか、教団と言ったらいいのか、よくわからないが、お若い方でベンヤミンなどを読んでいらっしゃる人があるのを知って大変嬉しく思った。久保田文貞など狂喜乱舞しておりましたですよ。

こんなどうでもいいことを書きながら、今週のわたしどもの週報の「今週の言葉」として紹介したベンヤミンの「歴史哲学テーゼ2」をここで引用する。

「人間の感情のもっとも注目すべき特質のひとつは」、とロッツェはいう、「個々人としては多くの我欲があるにもかかわらず、人間全体としては現在が未来にたいして羨望をおぼえないことだ」。よく考えてみると分かるが、ぼくらがはぐくむ幸福のイメージには、時代の色――この時代のなかへぼくらを追いこんだのは、ぼくら自身の生活の過程である――が、隅から隅までしみついている。ぼくらの羨望をよびさましうる幸福は、ぼくらと語りあう可能性があった人間や、ぼくらに身をゆだねる可能性があった女とともに、ぼくらが呼吸した空気のなかにしかない。いいかえれば、幸福のイメージには、解放のイメージがかたく結びついている。歴史の対象とされる過去のイメージについても、事情は同じだ。過去という本にはひそかな索引が付されていて、その索引は過去の解放を指示している。じじつ、かつてのひとたちの周囲にあった空気の、ひとすじのいぶきは、ぼくら自身に触れてきてはいないか？　ぼくらが耳を傾ける様々な声のなかには、いまや沈黙した声のこだまが混じってはいないか？　ぼくらが希求する女たちには、かの女たちがもはや知ることのなかった姉たちが、いるのではないか？　もしそうだとすれば、かつての諸時代とぼくらの世代とのあいだには、ひそかな約束があり、ぼくらはかれらの期待をになって、この地上に出てきたのだ。ぼくらには、ぼくらに先行したあらゆる世代にとひとしく、〈かすか〉ながらもメシア的な能力が付与されているが、過去はこの能力に期待している。この期待には、なまなかにはこたえられぬ。歴史的唯物論者は、そのことをよく知っている。」

さあ、この「メシア的な能力」というのがなかなか大変で、ごちゃごちゃ何を言っているのか自分でもよくわからないのだが、ここらで「記憶」というまた小難しい問題が登場する。パウロが抱えた「ひそかな約束」、パウロの記憶の中に沈んでいた「解放のイメージ」には、「いまや沈黙した声のこだま」が混じっていたのではないか。アガンベンがいうメシア的な能力が付与されたぼくらには〈沈黙した声〉＝過去からの期待に耳傾ける〈応分の責任〉があるのではないか。パウロのいう「召命」は、こんなイメージさえ酔った頭に与える。こんな時代に「キリスト教をやっている」というのは、こういうことを「妄想する」ことではないのか、とまた酔っ払い言説で、小林さん申し訳ありません。

酒を呑みつつ パウロを考える（7）

・「教会と聖書」71号（2008年12月2日）

またまた原稿が遅れて本紙の編集者にご迷惑をおかけした。夏には二つの合宿と、糊口を凌ぐための夏期講習というのをこれも二つするので、訳の分からない日程をこなして、今日9月1日になってやっと2〜3時間の時間がとれたので、小林昭博さんの「ヤレヤレ」という顔を想像しながら、まだ朝だから酒は呑んでいないのだが、まあ頭の中はいつも酩酊状態だから同じようなものだけれど、酒を呑まずにパウロを考えることにした。

今年の関東神学ゼミナールの合宿は、8月6～8日に恒例の静岡県の山中・稲子で開催した。例年通り、新・旧約の研究者各お一人、キリスト教とは関係のない課題を担っておいでの方お一人を講師に、真摯にかつ賑やかな合宿をした。今年の合宿の特徴は、遠く沖縄、九州、北海道からの参加者も含めて、なにしろ40人になんなんとする参加者であり、それも若い人たちが多かったことだろうか。

この原稿の課題がパウロであるから、新約についてのみ触れるが、今年の新約学の講師は青野太潮先生にお願いした。依頼したテーマは、『十字架の神学」の展開』の第Ⅰ部7章で既に展開されているのであるが、「パウロからマルコ」へのキリスト教思想の展開過程を丁寧に学ばせていただきたい、というものであった。2時間の講義を2回、実に懇切丁寧にお話しいただいた。詳細については関東神学ゼミナール発行の通信「ｆａｄ」が報告するであろうから、そこに譲る。

ところで、「教会と聖書」紙前号にわたしは「アガンベンがいうメシア的な能力が付与されたぼくらには耳傾ける〈応分の責任〉があるので〈沈黙した声〉＝過去からの期待にはないか」などといい加減な思い付きを記した。今回はこれについても う少し考えているところを述べることにする。

ヴァルター・ベンヤミンは「歴史の概念について（＝歴史哲学テーゼ）」の第Ⅸテーゼ、有名な「歴史の天使」で、クレーの「新しい天使」と題された絵から、かれの「歴史の天使」の着想を得、「かれ（＝歴史の天使）は顔を過去に向けている。ぼくらであれば事件の連鎖を眺めるところに、かれはただカタストローフのみを見る。そのカタストローフは、やすみなく廃墟の上に廃墟を積みかさねて、それをかれの鼻っさきへつきつけてくるのだ。たぶんかれはそこに滞留して、死者たちを目覚めさせ、破壊されたものを寄せあつめて組みたてたいのだろうが、しかし楽園から吹いてくる強風がかれの翼にはらまれるばかりか、その風のいきおいがはげしいので、かれはもう翼を閉じることができない。強風は天使を、かれが背を向けている未来のほうへ、不可抗的に運んでゆく」

と書いている。

今村仁司『ベンヤミン「歴史哲学テーゼ」精読』によれば、「このような廃墟の破片を寄せ集め、組み立てる操作は、比喩的な語りであるが、天使の比喩のなかにある行動は、歴史哲学的認識そのものである。過去のなかに、まだ可能性を残して、復権を期待する人・物・出来事を、分析的に見いだし、見いだされた可能的事物を概念的に組織して理論的言説に組み立てる。これが救済や解放の喩えで目指されていることであった」ということらしい。

ところでわたしはこの連載の第2回目に、夏目漱石の『夢十夜』の柄谷行人の解釈を引用しつつパウロの「回心」についての私の理解の一端を述べた。今回は青野さんのお話しから刺激を受けて、まだぞろ「回心」であるが、青野さんは「彼（＝パウロ）が迫害した人々は、ヘレニストと呼ばれたギリシア語を話すユダヤ人で、イエスの直弟子たちのほとんどがユダヤ教の枠内にとどまった上でのキリスト教の展開を主張したのに対して、ユダヤ人以外の異邦人もまた全く同様に神によって愛され召されているのだと主張して、異邦人伝道を行なっていた人々であった。彼らはまた、ユダヤ教徒にとっては最も神聖なエルサレムの神殿に対する批判を展開したことが、福音書記者ルカが書いた使徒行伝の七章に見られる彼らの指導者ステファノの思想から推定することができる。それゆえに彼らの主張は、かつての排他的なユダヤ教徒パウロにとっては最も許しがたい類のものであったのであるが、まさにその彼らの主張に彼は影響され、ついにはそれに共鳴して、自分自身もまた『異邦人の使徒』としての歩みをなすに至ったのである」と「回心」について書いておられる。と同時に、パウロの言葉には「伝承されたイエスの言葉がいくつか言及されるし、そうと断ってはないがイエスの言葉の反映と思われるものもかなりある」とも主張される。

アガンベンを出して、次にベンヤミンの『歴史哲学テーゼ』を引用しておいて、青野太潮とはいかなる繋りであるのかと、やっぱりこいつ呑んでいないと言いつつ、本当は朝から呑んでいるのではないか、既に酩酊しているのではないかと思われよう。正直なところ書いている当人も、この話うまくまとめをつけることができるのだろうかと不安におののいている。

パウロは当然「聖書のユダヤ史」を熟知していた。その歴史は「ぼくらであれば事件の連鎖を眺める」のであるが、そしてその「ぼくら」のようなボンクラな頭でも実証史学はもちろん史的唯物論で示される「事件の連鎖」としての「歴史」について、ほんとうにそうなのだろうかと少々眉唾な思いでいるのだが、パウロもまた「歴史の天使」のように、「ただカタストローフのみを見る。そのカタストローフは、やすみなく廃墟の上に廃墟を積みかさねて、それをかれの鼻っさきへつきつけてくるのだ」と思っていたのではないか。

青野さんが指摘されるように、Iコリント15：3～5に示されるように、「パウロは『受け継ぐ』『伝える』という伝承の継承を表す術語を用いつつ、次のように言っている。『私はあなたがたに、まず第一に、私も受け継いだことを伝えた。すなわち、キリストは、聖書にしたがって、私たちの罪のために死んだこと、そして埋葬されたこと、そして聖書にしたがって、三日目に死者たちの中から起こされていること、そしてケファに現われ、次に十二人に現われたことである』」と、このまま読めばいかにもパウロが「事件の連鎖」として歴史を認識しているかのようであるが、これはパウロの歴史認識を示すものではなく、イエスの直弟子ではなかった自分ではあるが、「イエスの生涯が贖罪の死、埋葬、復活、顕現へと凝縮されて、短い信仰告白の定型として述べられている」もので、「正統」教会の枠の中にいることを印象付けるための言葉にすぎない。

ここまで書いたままで日常生活に追われて数週間放置した。

もう小林さんから督促メールも来なくなったので、今号〔編集者注：前号〕には間に合わないと判断されたのであろうと思うが、それでもせめてやる気はあるのだということころだけは見せておきたいので、丁寧な展開などどうせできはしないのだから、一挙に結論だけ述べておくことにする。いつか展開できればいいのだが。

使徒行伝の例の「サウロが旅をしてダマスコに近づいたとき、突然、天からの光が彼の周りを照らした」というパウロの回心物語について、青野さんはIコリント2：2の「十字架につけられてしまったままのキリスト」との出会いが彼をして回心させたのであるとすると、わたしには、この瞬間にパウロは「たぶんかれはそこに滞留して、死者たちを目覚めさせ、破壊されたものを寄せあつめて組みたてたい」とベンヤミンが「歴史の天使」の思いを表現したようなことを思った、というより、瞬時に「かれはただカタストローフのみを見る。そのカタストローフは、やすみなく廃墟の上に廃墟を積みかさねて、それをかれの鼻っさきへつきつけてくるのだ」という廃墟の積み重ねであるところの歴史の断片に、ある刺し貫く「意志」を実感した。彼にはこの時、歴史に「継承性・継続性」が垣間見えたに違いない。というか、歴史に「意味」を見いだしたか。

「しかし楽園から吹いてくる強風がかれの翼にはらまれるばかりか、その風のいきおいがはげしいので、かれはもう翼を閉じることができない。強風は天使を、かれが背を向けている未来のほうへ、不可抗的に運んでゆく」ことになる。ベンヤミンはこの「未来」を「進歩」と言い換えているが、歴史において「継承性・継続性」＝「意味」を見いだしうるのは瞬時であって、「継承性・継続性」を常態のものとして主張し始めると、「強風は天使を、かれが背を向けている未来のほうへ、不可抗的に運んでゆく」のは必然で、パウロもまたキリスト教の歴史というありもしない「連鎖」の中に位置付いてしまった。

今夏の合宿からこんなことを思ったりした。今回もまだ「アガンベンがいうメシア的な能力が付与されたぼくらには〈沈黙した声〉＝過去からの期待に耳傾ける〈応分の責任〉があるのではないか」について展開する余裕がなかった。宿題にしておく。

BOOK REVIEW

書評

小田原紀雄
ODAWARA Norio

上野英信『出ニッポン記』潮出版社
野添憲治『塩っぱい河をわたる』社会評論社
身を立つる道なき人々の記録

「炭鉱労働者の海外移住は、きのうきょうに始まったものではない。たとえば一九〇八年六月十八日、笠戸丸で移住した第一回ブラジル移民の状況を伝える記事の中にも、『石炭臭失せざる炭坑夫』というような文字が見られる。かなり早い時期から炭鉱労働者の流出は始まっていたのだろう」。「第二次世界大戦後もやはり、炭鉱労働者のラテンアメリカ移住は、かなり早くから始まっている。朝鮮戦争の特需景気が去って中小炭鉱が軒並みにつぶれ、ちまたに失業者があふれる一九五三年には、早くも筑豊からブラジルへ去ってゆくひとびとの姿が見られた。そしてその数は、石炭不況の深まりとともに急速にふくらみつつ、やがて

399　色川大吉『新編　明治精神史』（中央公論社）

著者ははしがきで、透谷の苦悩に触れて〈「最下流の人民」の深みに達することをしなければ、日本人の精神の「地底の大江」を捉えることはできない〉と書いている。こういう言い方は、百万遍革命について語っても革命は成らないように、ともすると単なる呪文に堕しやすいのだが、色川の一種狂気を孕んだ「最下流の人民」の歴史への志向は、彼をして「豪農民権」研究者などと侮って言う者らの精神史（思想史）の書き変えを迫るところにまで至らせている。勿論志向性の強弱が到達点を決定するのでないことなど自明だが、例えば、多摩地方における自由民権運動の担い手達の「人間発掘」作業の中で北村透谷に出会い、色川は透谷に「エリートと民衆との分裂の悲劇を一身に演じた人間」を見、「その裂け目に深く身を沈めることによって、日本型モダニズムを底辺から撃つ視点」を彼の中に見る。そこから秩父の蜂起農民の「通俗道徳型思想の呪縛を切り破った抵抗型、徹底抗戦型―現状変革型の人民像」へと手繰り、天皇制形成期における支配者の思想と別の原理、あるいは意志してそれを突き破ろうとした人民の精神のあり方を浮き上がらせる。この作業により、日本民衆は天皇制の権力・思想構造にすっぽりはまっていたという従来の思想史の書き変えを迫るところに達したというのは性急ではあるまい。

色川は精神史研究の目的として二点を据えている。㈠その時代の全人民の思想、時代思想、国民思想、道徳思想であるかのような擬制をとった支配階級の思想を、その成立過程から、いかにそれが「擬制」であるかを民衆思想との対比を通じて明らかにし、よって民衆にその擬制からの脱出と自立の道を示唆する。㈡支配階級の虚偽意識の曝露にとどまらず、解放へ向けた民衆自身によ
より積極的な思想的営為の再生と創造をたすける。そのために、民衆自身の生活意識と「内縛の論理」としてある支配思想のもつ固定観念との関係を明らかにし、「内縛の論理」を内側から破砕するしたたかな思想を探る。

私は「民衆にその擬制からの脱出と自立の道を示唆する」などというおこがましいことは言いたくはないが、栄光の明治百年史の対極に人民の解放への苦闘史、それも天皇制の呪縛のもとでそれを越えようとした人民の思

想的営為の中から解放への道を探り出しておく仕事は、70年代中期にかかろうとする現在緊要である。ただ色川の森崎和江の『奈落の神々―炭坑労働精神史』に触れて「祖先崇拝中心の民衆精神史は書き変えられねばならない」という言い方(「日本読書新聞」)には同調できない。森崎が炭坑労働精神史の試みを、ゲザイ人における禁忌を手掛りとしたように、「常民」における祖先崇拝こそ生活意識と「内縛の論理」の緊張(矛盾)の集約された形態として、新たな問い直しを必要としているのではなかろうか。

(「指」274号、1974年7月)

400
平岡正明『歌入り水滸伝』(音楽之友社)

竜将軍はどれほどの政治的読みがあったのか、殺すべき日帝警察さんに〈自首〉という挙に出、竹中労大人は『現代の眼』12月号で〈転向〉を宣言する。それも言うに言欠いて〈政治〉を語らず〈沖縄〉と〈文化〉についてのみ語るのだそうだ。箱根の山に居を構えるに及んで下界の常識から遠のいてこのオッサン何をトチクルッテいるのだ。一体竹中が〈政治〉を語ったことあるのかね。竹中はダメだと言っているのではない。分というものを知らなければならない。吉本隆明ではもうタタナくなった70年代初期に世にいう三バカの果たした役割はそれはそれとしてあった。吉本にどれほどボロクソ言われようとも、消耗した日、下宿で一人三バカの放言を読みつつ革命=ロマンの夢をギリギリのところで繋いだ者は決して少なくはなかったはずだ。そう、死んだ斉藤龍鳳と同じく三バカは初めからロマンの徒だったはずだ。

学ラン着てスクリーンに美少年ぶりを晒した平岡正明の顔などどうみても〈政治〉家向きじゃあないよ。70年代後期、平岡は露出してくる。残りの二バカは野垂れ死ね。敗北の風吹きまくる敷島の国の荒野をゆく二バカの野辺送りの行列の先頭で平岡よ、あなたは都はるみの『涙の連絡船』を唄え。あなたが言うように、はるみの歌には「アジアも母のような腕を日本歌謡曲に投げている」という日本→アジアへの水路の逆転の構図の透視がある。竜は沖縄、朝鮮、アイヌを語り、労は沖縄、アジアを語る。しかし、日本→アジアというベクトルの逆転が情況の中に醸成されつつあることを読めぬ者は今後を生きれはしないのだ。

しかし私には森進一を語って永山則夫に至り、笠置シヅ子を論じて黒人ジャズからカウント・ベーシーに至るという芸当はとてもできない。ましてチータの軍歌に艶歌を聞き、「ブルース的で、ちょっと奴隷的ながら、反抗のきざし」を読みとるなどという業などできっこない。そもそも歌謡曲をまともに聞いたことがないのだ。阿久悠が読書新聞にこの本を評して「歌謡曲への偏愛を梃子として」などと書いていたが、私はひとり都はるみに愛を捧げている。歌謡曲にではなく、都はるみの歌に。丁度松永伍一が西郷輝彦に思い入れをしているように。松永など世界に通用する日本人歌手は尾崎紀世彦と布施明と愛するテルテルちゃんだけだなどと恥じらいを捨てて断言するくらいだ。愛することって恥じらいを捨てることなのねってな具合だ。挙げ句の果て西郷に捧げる詩集『秘愛』を限定版百部つくって、最初のナンバーを西郷に、最後を自分が。ここまでいかなきゃあ。私など都はるみの顔の五個所の黒子の位置をぴたりと当てる。歌謡曲を馬鹿にしているのではない。単純な事で、論を立てて物申すより、一人の人に純愛を捧げて生きたいと念じているだけの事よ。あのイキバリこそ素晴らしい。テックの頃のあなたがなつかしい。

（「指」２７９号、１９７４年12月）

401
田川建三・伊谷隆一講演集『索々』
（早大ＹＭＣＡ元会員有志）

我々はいつまで「前段階蜂起」を繰り返さねばならないのか。〈学生キリスト者〉（こういう存在の規定の仕方そのものを問題にせねばならぬのだが、とりあえず〈　〉に入れて使用する）の〈闘い〉は旧くＳＣＭより、明学大〝闘キ同〟にしても既に7、8年前の事になっている。そしてこの講演集を編集発行した早大ＹＭＣＡ元会員有志の人達まで、それぞれの〈闘い〉は後に続く者らに如何に継承されてきたのだろうか。それぞれは情況への真向いの中で常にゼロから出発せねばならなかったのではないか。そしてそれは常に「前段階蜂起」として終ってしまって来たのではないか。かくいう私共も、日本キリスト教団内でいわゆる万博闘争を開始した時、そしてそれがキリスト教批判へと向い出した時、批判的にしても学ぶべき運動にしろ、人にしろ持たなかった。というより知らなかった。その時、せめて自分たちの〈闘い〉の「戦記―闘争史」だけは残しておこうと思ったものだった。しかし、無謬の党が存在し、救国と革新の為に全人民を領導するという神話を全人民の側で信じない限り、〈闘い〉は常に〈敵〉のみ否定的に教訓化し着実に継承してゆき、こちら側はいつかまた誰かが突破口を求めて蜂起し続けるほかないのかもしれぬ。それとも、細くて、闘争者もまたそれを意識せざるとも人民の歴史を貫いて真紅の糸が継承されていると信じておくか。

　この講演集の内容について言えば、田川建三氏の「イエス理解をめぐって――パウロのキリスト論とマルコのイエス理解との対比――」は、氏自身がこれ以降様々に展開され、後に書かれた物を我々は先に読んでいるので、特に目新しい事はない。しかし、パウロ主義批判こそ我々がやり抜かねばならない課題である事を再確認させられたし、平田清明に触れて公式マルクス主義では射程の及ばない地点で我々のなすべき宗教一般の原則的立場とでも言うべきものについて再度考える機会を与えられた。田川氏も意図されたのであろうが、宗教批判の入門書、あるいはそこから己れら一人一人歩き出すべく力を得る為のものとして高く評価したい。

　伊谷隆一氏の「近代と反近代の超克」と題する講演については評者自身の好みの偏向性の故であると思っているが、正直なところ何をおっしゃっているのかよく理解できない。曰く「思想そのものが立っていく根拠を自分達がどこに創り上げていくか、それをまさに自分達が背負い込んで来ているところの、この土壌そのものの中で、そして、多くの非名の人らの怨みとも悲しみともいえないような生き死にの姿を負うなかでいかにして練り上げていくか。あるいはいかにしてしぼり出していくか」、あるいは「究極のところで出てきているのは、変わらざる所の暮らしってやつは一体何であるか」とか言う言い方で、〈民〉が支えた近代と反近代とそこでの暮らしの何が言い得、それを〈負う〉とはまた如何なる事であるのか。この人には、朔太郎や與重郎やという人達から、さて〈民〉の暮らしが見えて来ますかな、と言っておこう。

（「指」291号、1975年12月）

402
斎藤龍鳳『なにが粋かよ——斎藤龍鳳の世界』（創樹社）

「強者の寛容」を人間の感情の中で最も下劣なものとして、己れの全存在を賭して否定しようとした男、斎藤龍鳳が死んで5年になる。評者最終ページ、斎藤龍鳳略年譜1971年の頃、「三月二十五日午後八時頃、中野区大和町のアパートで、ガス中毒による心臓ショックで死す。枕元にアトラキシン、新グレランなどの空ビンがあった。〈コーラが飲みたい、今日はよく勉強した〉という走り書き以外は、遺書らしきものはなし。享年四十三歳」。

私は彼によって毛沢東が言っている革命家の三つの条件というのを教えられた（私は毛沢東という男のもつ尊大さがどうしても好きになれないので著作は必要以外読まないし、斎藤の如く毛を愛してML派に所属するという気にはどうしてもなれなかった。これが龍鳳の唯一の誤りである）。一つ、革命家は若くなければならない。一つ、革命家は貧乏でなければならない。一つ、革命家は無名でなければならない。革命家というより革命戦士といった方がよいかもしれぬ。否、両者は同じであるべきかもしれぬが、現状は決してそうではない。龍鳳の不幸は、これを同時に生きようと、現在（60年代後半から70年代初頭）の時期で志向した故であるかもしれない。彼は確かに貧乏であったかもしれない（一日三度のメシを喰うヤツに革命はできないと彼は言っている）が、若くもないし、無名でもなかった。しかし、43歳にして、〈今日はよく勉強した〉と誰が書いて死ねるか。私は映画評論家としての彼のファンであったが、1967年、龍鳳39歳の年、街頭で自家用車を破壊中に逮捕されたというニュースに接した時の衝撃を今も忘れることができない。この男は狂い咲きか、と思った。30代も後半の男が、左翼の常識ではベタベタと自己弁護に努めるか、精々のところ随伴文化人として救援運動に署名するか、その程度の事をしているのが普通と当時の私は思っていた（代々木の官僚は勿論共産主義者ではないから別）。しかるに。

この著書中の『私の共産主義者への道』と題する論文で、「無名戦士が無名のまま死ぬことを畏れない出版物が、地下からわれわれの手にとどきはじめた。それから数年が、共産主義的人間の貌を見ることのできた年月である。」「すでに党派を失い、すぐれた分派もなく、広大な宇宙のなかで自己否定をつづける一個の謀叛人として、過去形の私や彼らは、全地球を相手にしていた、自分のなかの自然主義、知識人根性を卑しむべきものとして排斥した。心温まる人生論のかわりに否定の弁証法があり、遙かな道のかなたに、ほんとうの共産主義者がいるという仮説があった」と斎藤は己れを語っている。私も最も共産主義者らしい貌をした人達が代々木六全協の前後に存在したことを疑わない。そして60年代後半を闘い、今苦闘を続ける我々の世代の中にもこの人々はいるはずである。

村上一郎のように志高い文武両道者のおもちではなく、かつての『アサヒ芸能』あたりにトップ屋（最近はフリージャーナリストというのだそうだが）として穴場めぐりの雑文を書きつつ、大衆の日常の最深部から鋭く暴力性を抉ろうとし、クスリづけの己れの身体と格闘しながら文武両道者でありえたいと死ぬまで念じ続けた斎藤。彼から学ぶ最も大きな点は、どれほど追いつめられようと、いかなる場所からも反撃を開始しうるということであり、その身構えのもつ迫力である。どうせ忘れられてゆくのであろうから、今回はるる哀惜の想いをつづった。

（「指」293号、1976年2月）

403 色川大吉『燎原のこえ——民衆史の起点』（筑摩書房）

著者による『明治の精神』、『歴史家の嘘と夢』に続く第三評論集である。しかし収録された論評は1949年から76年という四半世紀間に書かれたものであり、全体を通して著者の問題意識の持続性の強靱さを充分示している。構成は、Ⅰ人と思想、Ⅱ民衆の武装と法、Ⅲ文学と演劇、Ⅳ教育を考える、Ⅴ旅に思う、Ⅵ同時代に想う、の6章から成る。「あとがき」によると、収録された評論、エッセイは、章割りにこだわることなく、透谷との出あい—『若菜集』の成立—昭和の幽霊ばなし—〝海つばめ〟を追って—「かもめ」覚え書—東国のあけぼの—〝大学の嵐〟の後に—私の柳田国男—〝どさ号〟日本をゆく

―新しい地平に、という順で読まれることにより、著者の民衆史の起点が鮮明になる過程が示されると同時に、戦後の自分史が浮上してくるということである。この自分史を常に明らかにしてゆくということは、最近色川が積極的に主張するところであるが、表現に関わる者として当然のことでありながら仲々困難ではある。

私は、既に本誌において『明治精神史』を紹介しているし、色川の著作には割合とまめに目を通すようにしているつもりであるが、不勉強な私にしてとその理由を考えてみると、色川には失礼かも知れないが、その学者らしからぬ自由な発想と、思い入れの強い文体のせいではなかろうかと思ったりする。その良い例が柳田国男の学問との出会いとそれへの固執のしかたである(「私の柳田国男」)。多くの歴史家から厳しい批判を浴びながら、柳田から「科学としての日本民俗学」を学んだのではなく、「柳田がある対象に深い美を感じ、それから真実へ、普遍へと迫ってゆくその思索の仕方、その研究の過程そのものに深い啓示をうける」といい、福田アジオらからする柳田批判を受けつけない。発想の自由さということでは、魯迅に触れて透谷に及び(「魯迅の〝暗黒〟」)、植木枝盛に触れて戦後民主主義に及ぶ(「植木枝盛と戦後民主主義」)といった具合である。

猶、「新しい地平へ」で、近世末期から現代に至る住民抵抗の拠点となった地域共同体の問題を再考すべきと提起している。近代主義批判の一視覚であろう。合わせて「共同体と個」の関連についても、マックス・ヴェーバーの個我概念という西欧近代が生んだ範疇に依りかからず、「日本の歴史に厳然としてある民衆的な個我形成の多種多様な事例に注目」するところから始めるべきであるとし、百姓一揆の指導者あるいは秩父暴動の組織者ひいては地域共同体から疎外されて流民と化した人々の個我形成の仕方に注目せよと主張する。しかしこの点に関して言うなら、在村的組織者の研究を進める一方で、個我概念を再検討し、地域共同体を祖先崇拝―「家永続の願い」という規範で支えた層における個我の問題にまで立ち入ることなしには「共同体」の実像は見えてこまい。同時に、ここまでくると黒田喜夫における「あんにゃ」が射程に入ってくる。とまれ、色川はもうしばらく注視するに価する。

(「指」306号、1977年3月)

404
菅孝行・松本健一対論『ナショナリズムのゆくえ』『共同体のゆくえ』（第三文明社）

『ナショナリズムのゆくえ』の最後の「来たるべき社会への道を探る―討論の主題について」と題する菅さんの文章の冒頭で、氏は「共同体論とか近代批判とか、日本の近代の特殊性とか転向とか」いったたぐいの問題は「究極のところ何のために論じられなければならないのであろうか」と自問し、氏の立場を、「私の日本近・現代史への関心や、その前史としての近世以前の歴史や文化や思想への関心は、あえて言ってしまえば、この世界の支配秩序をどう覆せるか、そのために何がどう変わらねばならないか、という点に集結される。」としている。即ち「政治権力をどうやって取るかということへの関心とは別の次元」の「政治権力を取れる現実性を生み出す主体的条件をどうつるくるのか、ということへの関心」であるという。

天皇制なり天皇制イデオロギーにかかわってあれこれ考え、言葉にするとはそういうことであろう。その意味では対論相手の松本健一が、かつてそこそこに面白い領域で発言しながら、昨今の体たらくになってしまっているのは特に珍しいことでもなく、共同体論とかナショナリズムとかに触れて、出口が見つからなくなってしまった者の数名の中の一例でしかない。しかし、近頃思うのだが、ここらあたりの問題領域が、はなから己の問題とならず、政治権力奪取という戦略の中の一戦線として反天皇制戦線に登場している人達も結構多くて、それはそれで一緒にやれるところはやりたいと思ってはいるが、やはり何かしら違和感は否めない。確かに、最近の露骨な天皇制イデオロギー攻撃に対しては、どれほど微力であろうと政治戦として反撃してゆかねばならないことは重々承知している。にもかかわらず、この闘いは、己のうちに天皇制イデオロギーにからめとられるような質の残滓もないと自認する者達だけで決着のつくような闘いでないことは自明であり、だからこその共同体論やナショナリズムというこの頃流行らない課題を再度提出しようという本書の刊行ではないのだろうか。誤解を恐れずに言うと、例えば権藤成卿や橘孝三郎や、その他誰でもいいのだが、保田與重郎だとか北一輝とか、こういったヤバイ者達に触れて己のうちにヤバサを一点たりとも感じない人達の反天皇制論というのは、どうも私には付き合い辛い。それは、天皇制に吸引されるなどということとは別のことだと、私には思える。以前どこかに書いたような気もするが、反天皇制に関わる者として、私は、このあたりの思想的な綱渡りをすることに耐えられない勁さを持ちたいと思っている。そうでないと、いつの日か近代主義に足を掬われるのではないか、と思えるのだ。

　ついでのようになってしまうが、本対論の中でもちょっと触れられている『萬葉集』について。必要あって、2年ばかりこれを丁寧に読んでいるのだが、決して『古今集』に対置しうるような質ばかりがあるわけではなく、天皇制初期形成過程の古代共同体のコアの部分に、素朴であるだけストレートにだかされたのか、だいたのか、それこそヤバサがあるのだが、それにしてもこれを民衆思想史の中で位置付ける作業の必要性を感じている。

　東歌の中から、男のいい気なものだが、ふと今の我々の男と女の関係を、ひいては権力と性の問題を考えさせられる一首を。

　人妻とあぜかそを言はむ然らばか隣の衣を借りて着なはも

（「反天皇制運動」No.20、1985年11月1日）

405
浅見定雄
『偽預言者に心せよ！』（晩餐社）

本著からいくつかの文章を引用しよう。

「そもそも天皇家の人びとが、一般の献血運動に参加することがあるだろうかということだった。ないと思う(私はある)。もしそんなことをしたら、恐れ多くもカシコキあたりの血が、どこの馬の骨ともわからぬ人間の体内に入ることになるからだ。ゆえに皇族は一般国民に血を提供しない。しかし受けることはするわけである。もちろん人の命はだれであろうとかけがえないものゆえ、ヒロヒト氏もひとりの人として輸血をうけることはあってよい。しかしそれなら、一般庶民の87歳の老人も、まったく同じ扱いを受けられるのでなければおかしい。何よりも、人の血を受けることがあるならば与えることも原則的にあるべきではないか。」

「『自粛』ムードへの反論でも、ヒロヒト氏個人の戦争責任をあげつらうだけでは十分でないということである。たしかに、それも限りなく大切なことである。（中略）それなのにある人びとは言うのである。『でも天皇も心の中ではつらいと思っているのかも知れないし、それに高齢で、重病で、死のうとしているのだから…』。こうなってくると問題は、ヒロヒト氏個人のことではすまない。『自粛』も、彼が『天皇』だから起こるのだ。これでは、個人的に戦争責任のない今の皇太子が即位して病気になってもやはり『自粛』は起こるだろう。いまや『象徴』天皇制自体が問題なのである。ここまでくれば、ちょうど自民党が『自主憲法制定』を党是としているのとは逆の方向からだが、私たちも憲法の一部改正くらいは言わなければいけないのではないか。」

「勝負はあった。ヒロヒト氏が個人としても平和愛好者であったかどうか。しかしとにかく、天皇（制）を擁護するためには彼らもそう言わなければならない。面白いではないか。天皇より「平和」という価値の方が上位で、天皇はそれによらないと弁護できないのだ。天皇が、明治憲法の規定するように陸海軍を統帥し宣戦を布告する存在であったと言ってはまずいのである。しかし仮に、ヒロヒト氏がそれほどの平和愛好者だったとしよう。その彼をもってしてもなお『天皇』の名で起こった南京大虐殺やフィリピンの悲劇や日本中の大空襲や沖縄・ヒロシマ・ナガサキの惨禍を妨げなかったとすれば、今後どんな偉い天皇が現れても天皇制の悪用を妨げる保障はない。恐ろしい制度だ。こうなればもう、天皇制そのものを廃止するほかないのではないか。」

本当に長々しい引用で申し訳がないが、余計な解説をするよりもこの方が余程本書の性格を正確にお伝えできると思ってのことである。

「天皇制」批判の言説は、これまでともすると生硬であった。最近やっとこの点についての反省の上にたったものが見られるようになったが、本書の表現は白眉である。こういう形でごく普通の言葉で天皇制の本質に迫る批判を展開したいものである。

これから即位式・大嘗祭に向けて大きく運動を作り上げてゆかなければならない時に、本書から学ぶところは大きい。

勿論本書の内容は、天皇制批判だけに限らない。教育・「原理」についても平易かつ簡明な文章で、切り味鋭い論説が述べられている。

是非、一読をお薦めする。
（「靖国・天皇制問題情報センター通信」第44号、１９８９年12月31日）

406
旧無我利道場（山田ナオミ　坂本式子　新井孝男　今野鋭気　北村昌之）
『島に生きる──追放運動三年目の報告』（インパクト出版会）

本書に作家松下竜一が一文を寄せて、「奄美宇検村久志が異様な状態になってから、私は何度かミオさんたちの報告記を私が発行する『草の根通信』にいただいているが、それを読むたびに感動させられるのは、そこに溢れている楽天的なまでの〈人間へのやさしいまなざし〉によってだった。（中略）新井孝男さんが松魂塾のダンプカーに無法にも轢かれて重症を負ったときの報告記ですら、結びの文章は次のようになっている。〈恐怖と憎しみから本当に解放されるためには、やっぱり『愛がなくちゃね』。ウヨクの兄ちゃんたちとも『村民会』の人らと、いつの日か本当に出会えることを夢みて、畑にリハビリに、精出すことにしましょう〉あえていえば、このとめどもない人間愛、かえってムラ社会とは異質だとしてうとまれていく悲劇が、いま南の島の一隅に突出しているのだといっていい。」と書いている。

本当にその通りである。松下さんらしい視線の優しさを引き出すやさしさをもった人々だとわずかな付き合いの私もそう思う。

ただ、それにしても、なぜこうまで彼女らや彼らは苦しまねばならないのか。いったい何をしたからここまでの暴虐に耐えねばならないのか。誤解を恐れずにわざと言おう。ここに「田舎ファシズム」の恐ろしさが象徴的に示されている。いい加減な付き合いで日々互いに関与し合うことをできるだけ回避している都市生活者と異なり、ベッタリ丸ごとの付き合いを強制される暮らしのあり方の中で現れるファシズム。

これでも「暮らし」か、と思える中でものびやかなこの人たち。心弱った時に励まされる本がまた一冊増えた。
（「靖国・天皇制問題情報センター通信」58号、１９９０年７月31日）

407
土肥昭夫／田中真人編著『近代天皇制とキリスト教』（人文書院）

田中真人さんからお送りいただいたのであるが、何分に大著であり、学問とは縁遠い者にとって、これを読み通すことだけでも困難であるから、批判を加えることなどハナから諦めざるをない。

従って、今回はただ紹介だけをさせていただくが、それではわたしごときにわざわざお送りくださった畏友田中さんのお志に添うことにならないし、わが「情報センター」としても、日本基督教団の中の機関ではあるし、今後キリスト教世界で天皇制を語ってゆく際に、この著作を抜きにしてはできないであろう、という程度のことはわたしにも解るので、できるだけ早い時期に、複数の者で、この大著の批判を試みたい。幸い「情報センター」では、今年度の全国活動者会議のテーマを、まだ未定ではあるが、この著作の題と同じでやりたいと話していることでもあるので、いずれにしても本気で取り組まざるをえない。

さて、紹介である。同著は、同志社大人文研の第10から11期研究会（89年から94年度）第一研究の「近代天皇制とキリスト教の研究」班の研究成果をまとめられたものである。全体は三部で構成されているが、最初に土肥昭夫さんによる総論が置かれている。第一部は「近代日本のキリスト教メディアにみる天皇制」で、12のメディアが検証の対象にされている。中には日本基督教団の機関誌である「教団新報」の戦時下のものも取り上げられている。第二部は「主要キリスト者における天皇制」で、著名なキリスト者が厳しい検討にさらされている。例えば、賀川豊彦については、「賀川の協調主義／戦時下アジテーターへの傾斜／天皇制と優生思想」という具合である。第三部は「特定研究」で、籠谷次郎さんによる1880年代から敗戦時までの「同志社における学校儀式の展開」、飯沼二郎さんによる「天皇制と氏神信仰」の二論文からなる。

簡単な紹介で申し訳のないことであるが、キリスト教と天皇制との関係について冷静に考えなおしてみる良い機会になるであろう。

（「靖国・天皇制問題情報センター通信」196号、

（1996年4月30日）

408
玉川信明
『エロスを介して眺めた天皇は夢まぼろしの華である　御落胤と偽天皇』
（社会評論社）

わたしこのテの本好きです。キモチワルーというのが好きなのです。世の中で何が嫌いといって、まず第一は体育会立派なボディー（機動隊見りゃコライカンナとだれでも思うでしょ）。これはテメエがブクブクだからのヤッカミでは勿論なく、高校生までスポーツをやっていての実感として、あんな、体を作るまでの「男と男」の「爽やかな関係」というのが嫌いなのです。つまり、三島由紀夫の「楯の会」、あれですよあれ。

次に嫌いなのが健康的な男女の交際。観念の「校則」みたいなやつで縛りあげられた明るい青年男女のグループ交際なんざあ「ミン」に任せておけばいいのであって（といっても、このごろそのテの人に会ったことないのだけど）男と女なんてのはもっとアレなもんでしょ。言葉にならない「グチャグチャの哀しみ」ってものがあるじゃありませんか。

こんなこと四十路も半ばになろうという男が口にすることではないのだけれど、この頃何もかもが「清潔・健康」で厭なのですよ。なんだ、あの類の筋肉がひきつりそうな「紀子」とかいう女の「清潔・健康」イメージは。これもイカンあれもイカン、差別だ差別だと言っているうちに、それ自体は至極まっとうな主張で、いちいちうなづくしかないことなのだけれど、そんな中で私たちは唾棄してやまなかった「ミン」に限りなく近づいてしまっているのではないのであろうか。この頃、いわゆる「左翼」の人たちとあっていると、本人は勿論意識していないのだろうけれど、「紀子好きタイプ」が多くなっているようで気持ち悪い。ワタシラはもっと不逞の輩だったはずなのではないでしょうかってなもんですよ。

不逞の輩の不逞の輩たる所以は、自由を渇望するが故に（こういう言い方も嫌味ですけどね。要するに普通と言われている生き方ができないだけのことですけど）、市民社会に棲息する人々からうとまれ、蛇蝎のごとく嫌われるという一点に賭けてあったのではないかなあと日頃のテメエの暮らしぶりの市民主義的なのを嘆きつつ思うのですよ。

　このどうでもいい前置きの結論は、要するに右翼的であろうと左翼的であろうと「清潔・健康」は人民の解放運動にとって敵対概念であって「不潔・不健康」からこそ将来は展望できるというだけの話なのです。

　ところでこのテの本についてです。「不潔・不健康」の塊みたいな本です。だから好きなのです。

　編者の玉川信明さんの解説文に「今日においては数々の活字に描かれているように、『古事記』『日本書紀』等日本古代の記録には至るところ、宮廷を中心とする陰謀と残酷の物語が登場する。幾多の権力の狭間にある王たちがその渦の中に巻き込まれ、凄惨な殺戮を繰り返した。中でも、21代雄略、25代武烈の言行の数々には、息をのまされる。雄略は『朝にまみゆる女を夕べに殺し、夕べにまみゆる女を朝に殺した』。中国地方の豪族キビノタサの妻ワカ姫を初め、他人の女房を分捕るのは朝飯前。天下は〝悪徳天皇〟と呼んだが、即位前に兄弟含め五人を殺害していた」とあるのですが、この雄略、『万葉集』四千五百首のしょっぱなに「籠もよ　み籠もち　ふくしもよ　みぶくし持ち　この岡に　菜摘ます児　家聞かな　名告らさね　そらみつ　大和の国は　おしなべつ　我こそ居れ　しきなべて　我こそませ　我こそは　告らめ　家をも名をも」という呑気な歌を残したことになっている人物です。本当はどうだかわかってものじゃあないことは当然のことですが。それでもとにかく、こんなある意味で「天皇制」の初期段階ののんびりした、未だ権力というには可愛らしい状態にあったことを思わせる歌と、先の玉川さんの指摘する雄略のイメージとの大きな乖離、ここにこそ私は人間存在の哀しさを見てしまうのですよ。こんなもんじゃないの、人間なんて。ワタシラだって似たようなものなのだけれど、只一点助かっているのは、天皇や皇族に生まれなかったということだけの話でさ。

　この本は、題にある通り、御落胤と偽天皇についてこれまでにも方々で書かれたものを収集しているのだけれど、キモチワルイの最たるところは、やっぱりなんてったって、「第壱章　御落胤之章　壱ノ弐　かつての後宮女官の生態」です。「明治天皇」の「お局」たちの「生態」で、ネエネエシッテルーてなもんです。葉宝光子、橋本夏子、柳原愛子、千種任子、園祥子というバケモノヤシキに囲われてしまって気の毒といえば気の毒、しかし、かと言って私たちが同情して差し上げる必要は皆無の女たちの「生態」は読む者をして「グチャグチャの哀しみ」に誘ってくれること間違い無しです。「淫猥」だなあと、しみじみスケベ心をも揺さ振ってくれます。その昔、ペルシャ帝国のトプカピ宮殿というのに行ったことがあるのですが、様々の金銀財宝などには当然のこととして関心がありませんから、唯一記憶に残っているのは、例のハーレムです。石の建物で、廊下を挟んで続く「宮殿美女」たちの部屋の話は、今現在歩いているかのように鮮明に記憶が蘇っています。キモチワルイのです。これも昔々入れられた留置所のように、外から内部が丸見えなのです。この廊下を歩きながら、一族の命運をかけて、「寵愛」を欲してじっとみつめる視線にたじろがずにいられる男というのは、わたしナンザア厭ですね。耐えられない。

そんなことを永くやっていると、「美智子」さんのツラになるのですよ。「紀子」さんも間もなくですかね。だからといってわたしは全然同情しませんけどね。

この本の大部分を占める「偽天皇」の話については、これはもうはっきりしているのであって、天皇制などというものがあるから、日々の暮らしの堪え難い苦しさの中から、フッと、「我こそは……」という人がでてくるのですね。

結論です。コイツラには「猥雑」という面白みがなくて、ただ「陰惨」、「猥褻」、「陰猥」というところなんでしょうかね。

ためになる本です。

（『インパクション』66号、1990年10月）

409 田中伸尚『日の丸・君が代の戦後史』（岩波新書）

一読類書と異なること明白である。ただの「日の丸・君が代」についてのウンチクなどではない。「はじめに」の中で、最近の「日の丸・君が代」をめぐる攻勢を例示した箇所で、わたしども日本基督教団靖国・天皇制問題情報センターで発行している『日の丸・君が代NO！通信』を典拠として挙げてくださっているからなどと言うようなことからではなく、田中さんが該博な知識とそれを支える徹底的な資料の渉猟との中から戦後象徴天皇制とまっすぐに対峙してこられつつ、なお運動の現場にいる者としては多く田中さんから学んで来たし、可能であれば現場の情報を田中さんに届けたいと願って来た。こちらの勝手な思い入れであることは承知の上で、今回、言葉の真の意味で時宜にかなった本書が出版されたことを、田中さんにお礼を申し述べたいと同時に、自らの喜びともしている。

本書は、八章で構成されている、第一章占領下の「日の丸」「君が代」１９４５～１９４９、第二章再定着化をめぐる攻防１９５０～１９５７、第三章押し出された「日の丸」「君が代」１９５８～１９６８、第四章強制と抵抗の狭間で１９６９～１９８１、第五章裏切られた沖縄１９８２～１９８８、第六章義務化と抵抗１９８９～１９９８、第七章法制化へ１９９９、終章若い世代は考える。後にも触れるが、この年表の項目が過不足なく、戦後政治史を大掴みにするのには好都合である。

何点か思いつくままに教えられた箇所を挙げる。ごく一般的に「戦後民主主義」は「象徴天皇制」と共にあった、という言い方がされるし、わたしもそう言って来たのだが、さしたる根拠があってのことではなかった。本書第一章２「君が代」への軋み、からその根拠を示された。即ち、田中さんは「これは筆者の推論だが、ＧＨＱは『天皇制の分身』だった教育勅語の排除に消極的だったように、やはり天皇制の存続方針と関係があったのではないか」と「日の丸」「君が代」にこだわったＧＨＱはこれを押し込み、「君が代」を不問にした事実を、極東委員会第四部会（教育問題担当）の46年7月2日の会議におけるフィリピン代表が「日本に対する教育政策」と題する文書と、それへのＧＨＱの対応を挙げて実証している。「国体護持」を条件にポツダム宣言を受諾した日本政府が、天皇制の存続を企図するのは当然であるが、敗戦直後から、その形態についての議論はともかくとして、ＧＨＱには天皇制の存続を政策的に選択するつもりがあったのである。

この評は、沖縄は恩納村の友人宅で書いている。86年の天皇在位60年式典と87年沖縄国体という、時の首相中曽根の「国際化を支えるナショナリズム」攻勢が激化する時代を、わたしもまた反天皇制運動の末端につらなる者として走り抜き、知花昌一さんを知ることとなった、あの時代である。沖縄国体への天皇の出席予定と、85年8月28日付、高石邦男文部省初等中等教育局長名による

「日の丸・君が代」の学校における「徹底通知」。それを受けた沖縄県議会による10月16日の「国旗掲揚と国歌斉唱に関する決議」。紙幅がないので断言のみにするが、普天間基地の知事及び名護市長の受け入れ発言と、沖縄サミット。構造はまったく同じである。気分が重い。

先に触れた年表の件であるが、１９５２・７・21破壊活動防止法施行とある。田中さんは守備範囲が違うのでないものねだりするつもりはないが、昨今治安法の強化とナショナリズムの攻勢の時期的一致の問題について、誰かがやっておかなければならないのでは、という思いがしきりにする。

（「靖国・天皇制問題情報センター通信」２８７号、２０００年２月15日）

４１０
藤野豊『「いのち」の近代史―「民族浄化」の名のもとに迫害されたハンセン病患者』（かもがわ出版）

熊本地裁の判決から３日目にこれを書いている。画期的な判決だった。もちろん手放しで喜ぶほど元患者さんたちの現状が生易しいものではないことは多少知っているし、日本の裁判も上級審へ行けば行くほどひどい状態であることも知ってはいるが、それでも心の底から深い喜びが湧いてくることも事実である。

本著作は５月１日付けで発刊された。著者には被差別部落史にかかわる著作があり、『日本ファシズムと医療』（岩波書店）、『日本ファシズムと優生思想』（かもがわ出版）というハンセン病に関わる著作があることはよく知られているし、わたしもその何冊かは読んだが、歴史学にはまるで門外漢であり、素養のかけらもない者であるから、正直なところ読了するのに困難を覚えた。しかし本書は作者による「序」にあるように多摩全生園で出される月刊誌『多磨』に連載されたもので、初出が歴史学の素人を対象としている分だけ、大部の本ではあるが、一気に読み終えた。

簡単に紹介できるような内容の質と量ではないので、わたし自身がキリスト者であるという理由と、天皇制に対する批判を自分の課題としているということから、その点にだけ絞って紹介させていただく。

まずキリスト教がハンセン病に対して犯してしまった誤りについてである。著者は「安部（磯雄）はなぜ、これほど『優秀なる種族を得る』ことにこだわったのだろうか。私は、そこにキリスト教の『選民』思想があると考える」と言う。根拠は、「人間が如何にして自分を淘汰することが出来るかといふに、私は産児制限に頼る外ないと信じます。普通産児制限は子供の数を制限することが主なる目的の様に考へられて居りますけれども、これは単に第二の問題であって、第一の問題はこれによりて優秀なる種族を得るといふことにあるのです」（『産児制限論』）。「一国一社会の民族の改良を念とするならば、人種の改良といふことが必要となって来る。もしこの社会に優種の人種ばかりであったならば、どれだけ社会の進歩を助け、社会の改造が出来るかわからない。然るに、この点に何等の顧慮もなく、優種も劣種もただ自然に生まれるがままに、放任して居るために、社会の構造も思ふ様に出来ないし、又優良な社会も」（「産児調整の社会的意義」『太陽』32巻13号）等である。この延長線上で1930年代後半に至り、安部は「断種」を強く求めるようになった。

賀川豊彦の差別性については、日本キリスト教団の中でも、部落解放センターからの指摘を受けて大きな問題になった。「人間そのものを鋳型に入れて改造しなければならない。鋳直して酒を飲まなければ相当によい結果が生まれるのである。低能はアルコール許りが原因でない。低能と梅毒の関係は非常に深いものであることを否定しない。そしてアルコールも非滋養に影響を持っている」（「優生学上よりみたる禁酒問題」『雲の柱』6巻4号）などと根拠も示さず断定し、「生理的に、筋肉運動に少しでも欠陥がある場合に、道徳能率は上がらないと云ふことである。私が何故癩病問題を喧しく云ふかと云へば、それは国民の社会的能率を上げる為に云ふのである」（「社会問題として見たる癩病絶滅運動」『雲の柱』6巻3号）と言ってはばからない。

この安部も賀川もこれらの著作が1920年代のものであってみれば、戦時体制に向けた時代の思想であることは免れ得ないであろうし、現在のキリスト教でこれをこのまま支持する者は多くはなかろうが、しかし、キリスト教の伝道を強く主張する人々の中に、「遅れた人」とまでは言わないにしても、自ら思想、信仰の優越性を自明のこととして、こちら側に向けて「教化」するという発想が皆無とは言えない。信仰とは相対化が困難なものであるが、だからこそ相対化の努力を不断に続けなければいつでも選民思想に転化する。

藤野の指摘を待つまでもなく、ハンセン病に限らず天皇制が差別を隠蔽し糊塗してきたことはつとに知られている。藤野は「一方では、隔離の強化によりハンセン病患者への迫害を強め、他方では、貞明皇后の『同情』を強く打ち出すという政策は、一見すると矛盾するようである、しかし、後者により前者の残虐性を覆い隠し、さらには、そうした悲惨な患者まで皇室は憐れみの心をもっていると、天皇制そのものがもつ残虐性（侵略・自由への弾圧等）をも覆い隠しているように、両者は不可分の関係にあったのである」。そしてまた、このように直接に天皇制との関係が顕でないにしても、ハンセン病史の中で悪名高い光田健輔のいた長島愛生園に見られる「家族主義」もまた天皇制国家支配の論理である「家族国家観」に基づくものであったことも藤野は周到に指摘している。

最後に、藤野が今後の自らの学的方向として、「被差別部落とハンセン病」の歴史を重層的にとらえてゆきたい、と述べている方向に賛意を示すと同時に、期待を述べておきたい。『被差別部落』という言葉を、狭義の意味（かつての『未解放部落』）とは別に、その文字通りの意味での被差別部落にハンセン病患者が多いという説は、偏見には違いないが、しかし、その背景になった歴史的事実は確かにある」のであり、「患者はひとりもいないのに、『癩部落』と言われ」、「被差別部落と同様に婚姻忌避をされた地区」もあるのだから、この「被差別部落」という言葉を広義に理解して、日本近代史をもう一度とらえ直したい、という藤野の課題は、歴史学という世界でのことだけではなく、この国の近代の意味を考え続ける者すべてに、大きな示唆を与えることになるであろうことは明らかである。

藤野さん、ご著書ご恵贈ありがとうございます。

（「靖国・天皇制問題情報センター通信」３１９号、２００１年５月15日）

411
天皇・天皇制論を読む
『岩波講座　天皇と王権を考える　第一巻 人類社会の中の天皇と王権』①

「権力とは？　支配とは？　いま、人類社会の根源的問いに挑む」という課題を掲げて、岩波書店から全10巻の「講座」が敢行され始めた。編集委員は網野善彦、樺山紘一、宮田登、安丸良夫、山本幸司。宮田登は既に亡くなったが、このメンバーを見るだけで十分に刺激的である。

この「講座」のみならず、ここ数年、天皇・天皇制論の新しい展開がなされており、本紙としてこれの紹介も任務であると考えながら、膨大な量でもあって、日常の些事に追われて生きている者には困難であることを理由に避けてきたが、教育基本法改悪の試みの中で、「伝統」だの「文化」だのという言葉を用いながら、再び「文化的ナショナリズム」を煽る風潮が強くなっている昨今、天皇・天皇制論の現在を紹介するのは焦眉の仕事であろうと考えるに至った。

何しろ、改憲論者橋爪大三郎が「天皇家に不自由を強いる」国民の「無責任」を指摘し、「天皇制を廃止して、共和国になる」ことを主張し、日本共産党が徳仁・雅子夫妻の娘誕生に祝意を表する国会決議に賛成する、という一見ねじれた現象さえ現れている時代である。判断を誤ることなく時代を読み解きたい。

岩波「講座」は毎月刊ということであり、各巻が気鋭の論者による論文で構成されているので、一巻を1回で紹介するには無理があるので、本紙が隔週刊ということもあって、当面一巻を2回で紹介する。また随時この「講座」以外の書物についても紹介したい。

さて第一巻「人類社会の中の天皇と王権」である。冒頭に網野による総論が置かれている。本稿では、この網野の「総論」を紹介する。「天皇」について論ずる、あるいは考える際の導入になるだろう。

本「講座」刊行の意図を「人類社会のきわめて長い歩みの中に、『国家』を歴史的存在として位置付けた上で、〝国家とはなにか〟を根底から明らかにし、その今後のあり方を追究するとともに、『国家』をこえる未来の見通しまでを、徹底的に考えぬいてみる必要がでてきた」とし、「『公』『公共』『自由』の問題を含めて、『国家』をこえうる人間の結びつきのあり方、新たな人類社会像が追究されなければならない。これは人類の生存を賭けて、現実がわれわれの前に提起している問題なのである」とする。

この課題を「日本人」として担うとなれば、「『日本国』

そのものであり、またそれと不可分の関わりを持ちつつ現代まで存続している王権――『天皇』の問題であることは、あらためていうまでもないほど当然のこと」である。ここから網野の独壇場の世界である。「倭」にかかわる「日本」という国名、あるいは王朝名、また「天皇」という称号はいつから用いられたか、このことさえ明らかにされず、戦後歴史学においてさえ、「日本国」と「天皇」を真に相対化・対象化して、歴史的にとらえ切ることを放棄したのではないか、という鋭い指摘がなされる。具体的には、「北海道・東北の旧石器の遺跡によって『日本の旧石器時代は数万年以前に遡る』などといわれても、一向に不自然を感じないのが、最近にいたるまでふつうの『常識』であった」が、「こうした表現によって『日本・日本人の起源は数万年前まで遡る』という全くの誤読が広く植えつけられ、さらに北海道・東北北部は成立当初の『日本国』の国制下になかった、つまり『日本ではなかった』事実もおおいかくされてしまう」という問題である。これに対して「天皇」については「大日本帝国憲法」下という困難を抱えつつ、明治以後の天皇のあり方を「天皇制」と規定し、その「打倒」「廃止」を綱領に掲げた日本共産党という存在があったし、これを絶対君主制とみるか、立憲君主制と規定するかについての「講座派」と「労農派」の論争もあったし、「天皇」を敬愛し、その存在を願う立場からではあったが、津田左右吉、和辻哲郎、柳田国男などの研究もあった。当然戦後は一時期「天皇制」論が活発に展開されたが、「象徴」としての天皇のあり方が定着すると同時に、これを問題にすること自体、その存在を社会に印象づけるとして、これを論ずるを回避する傾向が「戦後歴史学」の主流の側から主張されることになった。いずれにしても「戦後歴史学」が「日本国」と「天皇」に正面から立ち向かうことをしなかった結果が、「『新しい歴史教科書』などに見られるような底の浅いナショナリズムが、いまなお社会に影響力を持ちえているという事態を許す」ことになったと網野は言う。

1980年代に入って歴史学全体が大きく転換しはじめ、単純な〝進歩史観〟や〝一国史観〟への批判が高まり、「『天皇』『王権』をテーマとした、諸学の協力の下での研究、とくに『前近代の天皇』についてのさまざまな角度からの追究が本格的に活発化」し、「日本国」出現以後にも複数の「国家」があり、「天皇」だけではないいくつかの、それぞれに個性を備えた「王権」があったことが明らかにされ、世界の諸王権と比較、研究する道が開けてきた。

また同時に、「首長と平民＝一般人民、また首長相互の関係は、時代や地域によってきわめて多様であった」ことも明らかにされ、従来、「王権」「国家」のあり方、その前近代についてはもっぱら農業に目が向けられてきたが、こうした視点が依拠した〝生産力第一主義〟〝進歩史観〟そのものが根底的に批判されるに至った。

こうした問題の指摘は網野の読者にとっては馴染みの深いところであるが、本「講座」は、こうした視点から「天皇と王権」をヨーロッパはもちろん、アジア、イスラーム諸国、諸民族においても論じてみようという壮大な試みである。

次号以降、少ない紙幅ではあるが、丁寧に紹介し続けたい。

（「靖国・天皇制問題情報センター通信」３４２号
２００２年５月31日）

『岩波講座　天皇と王権を考える　第一巻 人類社会の中の天皇と王権』②

今ごろになって思うのだが、わたしにとっての例の「二七テーゼ」「三二テーゼ」は殊の外重いようだ。そんなものからとうに脱出したと考えてきたが、わたしだけでなく、案外、天皇制論の枠組みとしてこのテーゼの位置は今も大きな影響力を持っているのかもしれない。

安丸良夫の「天皇制批判の展開―講座派・丸山学派・戦後歴史学」は天皇制論の歴史を学ぶ者には手頃なテキストになっている。天皇制を君主制一般と区別された絶対主義権力と規定した三二年テーゼの紹介から、これの上に理論構築された『日本資本主義発達史講座』に代表される講座派マルクス主義の歴史理論を、１・明治維新以降の日本近代社会の全体を、経済的範疇を基礎においた一つの首尾一貫した構造として把握したこと、２・その際、近代日本の国家は、半封建的な農村を基底においた絶対主義国家として捉えられ、天皇制はそれを集約する権力規定として把握されたこと、３・全体として前近代性を強調する特徴づけが、矛盾の激化・革命的展望の強調と結びつけられていたことなどにおいて、著しい特徴があったと整理している。このような講座派の理論に対して、犬丸義一が、天皇制の相対的独自性を認識した三二テーゼの意義を認めつつ、しかしこのテーゼでは天皇制のイデオロギー的性格、とりわけその「半宗教的役割」に触れていない点を批判したことはよく知られるところである。戦後の天皇制論は丸山真男とその学派によって、天皇制をその経済的基盤と権力構造から捉えた講座派に対して、「思想構造乃至心理的基盤」分析から開始された。丸山の『現代政治の思想と行動』、石田雄『明治政治思想史研究』、藤田省三『天皇制国家の支配原理』、神島二郎『近代日本の精神構造』など丸山学派の仕事を挙げれば際限もない。晩年の丸山が裕仁天皇の死に際しての例の「自粛」について、「病気の平癒を祈る臣下の内面的な心情が失われるのに反比例して、あたりを伺いながら『まあこの際うちもやめておこう』という偽善と外面的画一化とが拡大したのが今度のケースなのである」（『丸山眞男集』第15巻）と認識していたことを安丸の論文から教えられた。喪失した「内面的な心情」をシステムによって掬い取ることのあやうさは宗教の側に身を置いている者には日々察知させられるところである。

丸山派から出発し、丸山批判の先鋒となった橋川文三は『日本浪漫派批判序説』において、日本浪漫派とは「非政治化され、情緒化された形での革命思想」であるとし、60年代末、わたしなども赤線を引いて読んだ。今となってはなぜあれほどまでという思いがするが、柔な保田與重郎から入って、朝日平吾、中岡良一、井上日召、橘孝三郎、北一輝らの心情に暗い衝撃を受けた。安丸は次に菅孝行『天皇論ノート』に触れ、吉本隆明から網野善彦へと至る。安丸は、この二人を「吉本と網野は、天皇制の連続性を強調する点では共通するが、面白いことにその根拠の説明は、吉本は水田農耕社会に、網野は非農耕的な職能民などに求めており、ちょうど正反対になっている。また、天皇制研究は近代天皇制研究にどのような示唆を与えうるかによってその有効性がテストされているはずだと考えてみると、二人の説明は同じ先験的本質主義で、近代天皇制に則して論じるための論理的次元を欠如していると思う。歴史研究者のなかにもこの二人から影響を受けた人が少なくないはずだが、こうした大議論は吉本・網野という金剛力の持ち主にだけ可能なもので、歴史学的な天皇制研究はこれとは異なった手法と位相で展開されざるをえなかった」と書いていて、深夜にこれを読みつつ笑いが止まらなかった。網野が編集の責を負う「講座」でこれを書くのであるから、安丸良夫ならではである。がしかし、安丸論文には、大衆運動として展開された反靖国運動から裕仁天皇の死前後の反天皇制運動への言及はない。アカデミズムの限界である。

米谷匡史の「津田左右吉・和辻哲郎―象徴天皇制論」は、「日本思想史・日本文化史研究の視座から積極的に発言し、天皇制の『国民化』をおしすすめた、津田左右吉・和辻哲郎」を、戦後象徴天皇制に根拠を与えた思想として論じているが、津田左右吉についてはこの視点から本紙において既に天野恵一が論じ尽くしたところである。

鶴見太郎の「日常へ降りる天皇像―民俗学・文化人類学・文学研究における天皇制」は、柳田国男と折口信夫を主に論じつつ、柳田に影響を受けた戦後の中野重治の問題、例の『五勺の酒』を俎上に乗せている。

こうして紹介を続けていれば際限もないのだが、栗原彬の「現代天皇制論―日常意識の中の天皇制」は、かつて戸坂潤が『思想と風俗』において、1930年代の風俗の中に「国体」や「日本イデオロギー」をとらえた視点と同様の切り口で現代天皇制論を展開している。反天皇制運動に関わって生きている者に特に刺激的な論点はないが、「臣従関係と排除の構造を内包する制度としての天皇制は改められなければならない。同じ関係と構造を組み込んだ想像のシステムも内破され、新しい親密圏と公共圏が構築される必要があります。私が他者と共に自由であるために。全てのいのちに『あなたに存在してほしい』（アウグスチヌスの「愛」の定義）と言えるために」と生真面目に発言している姿勢には、いかにも栗原らしさを感じさせられる。

Ⅱ章の「さまざまな王権」は、金子修一が「古代中国の王権」を、島田修が「ローマ帝国の王権」を、樺山紘一が「ヨーロッパの王権」を、佐藤次高が「イスラームの王国と王権」を、そして永渕康之が「東南アジアにおける王権と儀礼」を論じているが、こちらに消化する力がなく教科書でしかなかった。三二テーゼの影響を強く受けていると冒頭に書いたのはこのことである。

（「靖国・天皇制問題情報センター通信」343号　2002年6月15日）

413
『岩波講座　天皇と王権を考える

『第二巻　統治と権力』①

本巻の序論はヨーロッパ中世史家樺山紘一が担当している。序論の構成は、「一　王という性格」において、例えば秦の始皇帝の中央集権政策等という王国や天皇の政治的リーダーシップのあり方について表現するが、それはたんなる象徴的指称に過ぎないのではないかという一般論に対して、樺山は、確かに象徴上の名辞という側面がつよいにしても、そこにはおのずから人格としての国王や天皇の実質上の存在が含意されているのであるから、統治政策は、事実、権力者をとりまくさまざまな人的な、あるいは機構上の脈絡のなかで創始され、実行されはするが、個別日本の王権たる天皇の統治実態を解明するにあたって、比較史という視角を重視する、とする。「一　王という実在」においては、本巻では、一国を統治する政治上の支配者の「継承」、「資質」、「戦う・裁く王」としての性格を比較検討することを示す。「三　統治の集団と機構」では、われわれ読者には最も関心の強いところではあるが、「国王あるいは天皇による権力と統治のあり方を論ずるにあたっては、まず狭義の主体を解明するところからはじめ（中略）、国家政治のあり方が視野におさめられ（中略）、王権の名のもとに構築される統治機構の全容が問題となる」と当然の指摘の上で、「軍備制度、財政制度、地方行政といった歴史をつらぬく共通項目から、ごく近代的な性格をもつ議会制度にいたるまで、諸統治機構は、いずれも王権を正当性の根拠としつつ、ときには独自の行動形態をとる。それが王権に寄生しつつ、自己の利益を追求する場合もあり、また明確に王権と対抗を意識しながら、しだいにその権力基盤を拡大してゆくこともある。天皇絶対制ともみなされがちな近代日本政治にあっても、その天皇大権の実質は、こうした微細な勢力関係によって規定されている」と、これまたごく常識的な指摘をしているのであるが、これを比較史という視角から抉り出してみるという、その一点に本巻の魅力があるだろう。「四　集約と服属の原理」では、「歴史上に成立した多数の帝国は、その建設者がことなった由来をもち、ことなった文化を保持する政治共同体を包摂した。一般には、異民族の植民地としての支配と説明される。支配の形成は、あらましは軍事力によって達成されるとはいえ、その政治的な服属は、別途の根拠や感情によって合理化されねばならない。（中略）

その忠誠原理は、もともとの国内習慣にそっているとはいえ、『異民族』というハードルを越えるための装置として、より説得力をよそおうことが可能である。しかし、植民地側の『臣民』にとっては、知性や情意における深刻な苦悩をともなうものであった」とし、その典型としてオスマン帝国と日本統治下の朝鮮を取り上げている。同時にまた、王朝が他の王朝によって打倒されたり、王政自体が廃止されたりした場合の、旧王朝の支持者たちの新権力への対応にもうひとつの忠誠観念を見、それをフランス革命の進行と収拾過程の歴史から読み取ろうとする。「五　本巻の構成」で、以上紹介した視角をまとめて、「王権による統治の原理や現実を、できるだけ世界史の構図のなかで把握し（中略）、日本における天皇の統治や地位の問題を、比較の観点から客観化したいとも願った」とする。

「第一章　身分と行動」の最初の論文は日本近代史専攻の鈴木正幸による「天皇大権とその内実」。鈴木はまず、かつて日本近代の天皇が、絶対君主に比せられたことの誤りの指摘から論を起こす。天皇制論に関心のある者にとっては既に常識の範囲ではあるが、戦後象徴天皇制を護持するあるいは天皇制にかかわりたくない者の論拠となっている天皇絶対君主制という位置付けがどのように間違っているかについての鈴木の論を簡単に紹介しておく。第一に、ヨーロッパ絶対君主制と近代天皇制とでは、その歴史的前提となる前近代国制が著しく異なっていた。ヨーロッパ絶対君主制には、封建的領有の分節構造に根ざす権力の分節性が歴史的前提としてあり、王権と諸身分の二元的権力構造を克服できなかったが、近代天皇制は、その歴史的前提となる封建的領有のあり方が総体的領有性（領有制の非分節的構造）であったため、権力の一元的性格は著しく強かった。しかしこのことは、君主自身の権力の超出には結果しなかった。その結果第二に、ヨーロッパ絶対君主制では、封建的領有の私権的性格ゆえに、絶対王権の拡大は、絶対君主の私権の拡大となり、したがって絶対君主自身の権力強化に結果したが、日本では、近世の総体的領有制のゆえに、君主権力は国家権力に埋没し、国家最高機関的であった。第三に、17～18世紀と19世紀中葉とでは、王権とその国を取り巻く世界的環境が異なっていた。維新変革が行われた19世紀中葉の世界システムは、欧米の主権国家群を中心としており、その欧米列強の強制によって世界システムに編入された日本は、植民地・従属国化せざらんとすれば、国家主権を確立しなければならず、国家主権の確立が主、王権の確立は従であった。そのためには、君主制であっても、国民が国政に参加する君民共治体制の確立が不可欠であった。自由民権運動勃興前の1872年、太政官左院少議官大給恒が「議院ハ銃、民権ハ弾丸ノ如シ。一之レヲ欠ハ護国ノ用ヲ為スヲ能ハズ」と述べているのがその証左である、とする。

これを前提にして、帝国憲法と憲法諸草案にみられる天皇権を多角的に検討し、「天皇の統治権とその制約は、近世国制の伝統、19世紀中葉の世界システムおよび維新変革のあり方を前提とし、国家の対天皇優位、政府の対天皇優位という現実の構図の中で成立した。しかし、政府は議会に対する政府優位の正当性を確保するために、国家＝天皇、天皇の対政府優位の形式（天皇親政）を採らざるを得ず、しかも、実質的に政府の対天皇優位を維持しようとした。この形式を根拠づけるものが帝国憲法であった」と結論する。

（「靖国・天皇制問題情報センター通信」346号、2002年7月31日）

414
『岩波講座　天皇と王権を考える　第二巻　統治と権力』②

和田萃「神器論 ―戦う王、統治する王」は、序論において樺山が、「国王は現実の統治業務にあって、その真価をとわれる局面があった。典型的には、王の戦闘能力、もしくは戦闘指揮能力である」とし、「陣営の先頭にたち、部隊を鼓舞する戦闘者」としての「戦う王」という側面と、「多くの歴史社会にあって、王は国内における最高の統治者として行動している。かりにみずからが立法者でないにしても、あるいは明確な立法をおこなわないからこそ、司法上の最終決着」を委ねられる「裁く王」としての両側面を持つとして提示した王権の姿において、日本古代史上における立証的な論文である。「日本古代において、戦う王として伝承された代表的な人物は、ヤマトタケル（倭建命・日本武尊）やワカタケル大王（雄略天皇）であり、実在した人物では大海人皇子（後の天武天皇）であった」として、記紀を批判的に検証する。

また、「八咫鏡は歴代の王・大王・天皇による国家統治の正当性を示すレガリア（宝器）であり、草薙剣は大和王権が東国を王化した際のレガリア、八尺瓊勾玉は歴代の王・大王・天皇の正身（むねざ＝身体）を護るレガリアであったと言ってよい」という立場から、「統治する王」としての天皇の位置を検証する。

佐藤彰一「戦う王、裁く王―西ヨーロッパ初期王権論」は序論をも含めた三論文をまさに比較史の立場から検証する論文の趣である。というより、そういう構成を編者が採っている。東ゴート王権、フランク王権、カロリング王権という西ヨーロッパの初期王権を代表するゲルマン人のそれらの比較検討は、こちらの浅学のゆえにただ教科書を読むと同様のことしかできないのが残念であるが、「ゲルマン人集団において4、5世紀の民族移動期はいわゆるエトノスそのものの形成過程と、軍隊の指揮権力の保持者が戦勝を通じてみずからの求心力を高め、確立した王権に結晶させる政治過程、この二重のプロセスが進行した時代であった。（中略）ここでは、王権は軍隊を統治するすぐれて『戦う王』として出現する。（中略）これと対照的にフランク王権は、長くローマ帝国の周縁にあってその文化に馴染んだばかりでなく一時期は帝国政界の中枢にまで浸透したこともあり、属州ローマの支配・支配体制の存続をみずからの王権のアイデンティティとみなすのが自然であった。最初の王朝たるメロヴィングの王権は、クロヴィスの代までの軍隊王権的性格とうって変わって、現実には軍隊の統率を実践はするものの、『戦う王』としての側面は後退気味であり、『裁く王』としての特質も希薄で」、「役人王権」の名称を与えている。こうした時代を経て、「古代イスラエル王ダビデさながらの王権イデオロギーを新たに創出し、かくて新しいアイデンティティを宣揚したのがカロリング王権」であり、「カール大帝（シャルルマーニュ）にその典型がみとめられるように、この段階にいたってヨーロッパ王権の理念がひとつ完成した形態をとった。カールは『戦う王』であり、『裁く王』であり、奉仕と勤務の多寡、軽重にしたがって征服の果実を財貨と土地の形で惜しみなくふるまう、『繁栄をもたらす王』であった」という。

ここに至って、読者は比較史という方法による天皇制の「特殊性」に寄りかかってきた従来の論が終わりを告げられていることを認識せざるを得ないであろう。

Ⅲ「競合と連繋」の最初の論文は、本郷恵子「公家と武家」である。鎌倉時代、「鎌倉幕府に操られる天皇位がもはや相対的な意味しかもたず、その権威が著しく低下したのは明らかだが、いっぽうで、叙位除目によって決定される、公家政権が主宰する位階官職の体系は依然健在であった」ことは誰しも知っているところであるが、「上は将軍から下は中小の御家人にいたるまで、官位体系の一端に連なっているという意味では、少なくとも形式上は、朝廷の人事権のもとにあったことになる」という事実の具体層を、「天皇を頂点にいただく公家と、幕府に集う武家のあいだには、支配権としての実効性は別として、見かけ上の入り組み関係が常に存在していた」ことを資料に基づいて明らかにする試みである。白河による院政から鳥羽、後白河へと継承される院政期の権力構造を分析しつつ、他方でJ・バタイユの方法を援用しつつ、院の高権の結果としてもたらされた豪華な造営事業から仏神事の挙行が、逆に、受領によって地方から続々と運び込まれる富を消尽する装置として院が機能したことを論ずる。こうした歴史に現象した民衆（とりあえず院政にとって代わる武士階級）のエネルギーを、「自らの権利に、より高い実現可能性を与えてくれる支配者を求める人々のエネルギーが、鎌倉期を通じての公家、武家両政権の並立と葛藤を越えて、次の時代の扉を開こうとしていた」ととらえる視点は、特に真新しいものではないが、再確認しておく必要があろう。近代初期の、そして戦後象徴天皇制について考える際にも落としてはならない視点である。

（「靖国・天皇制問題情報センター通信」347号、
2002年8月15日）

415
『岩波講座　天皇と王権を考える　第二巻　統治と権力』③

王権による統治を考える際に、植民地支配の問題を抜きにすることはできない。本巻の編集の責を負う樺山紘一の表現によれば、〈歴史上に成立した多数の帝国は、その建設者が、ことなった由来をもち、ことなった文化を保持する政治共同体を包摂した。一般には、異民族の植民地としての支配と説明される。支配の形成は、あらましは軍事力によって達成されるとはいえ、その政治的な服属は、別途の根拠や感情によって合理化されねばならない。そのさい、きわめてしばしば、帝国の首長である「皇帝」、もしくはそれの担当者への個人的、人格的忠誠がひきあいにだされる。その忠誠原理は、もともとの国内習慣にそっているとはいえ、「異民族」というハードルを越えるための装置として、より説得力をよそおうことが可能である。しかし、植民地側の「臣民」にとっては、知性や情意における深刻な苦悩を伴うものであった。それを圧殺しながら、古代帝国にあっても、さらに近代帝国の植民地にあっても、皇帝（カリフ、スルタン、天皇など、ことなった名称であれ）への忠誠観念は、きわめて強調された。これこそ、国王という人格性を前面にたてた王権の特質である〉ということである。この問題は単に植民地支配時代の「異民族」の「知性や情意」に深い傷を残すだけでなく、植民地支配が終焉した後にまで大きな影響を及ぼすことは、ここ数年来のポスト・コロニアリズムの論議が明らかにしているところである。いうところの「琉球処分」以来の戦前・戦後を一貫するヤマト王権と沖縄との関係の有り様を、「異民族」支配としての「植民地」というよりヤマト側の意識としては「国内植民地」であった沖縄が同質の問題を抱えていることはほとんど常識の範囲であろう。もちろん植民地支配した側の意識にも大きな傷を残している。雑誌『部落解放』02年9月号は、「ポストコロニアリズムと沖縄」特集を組んでおり、気鋭の論者がそれぞれの立場から鋭く問題の所在に切り込んでいて面白い。

本巻では、尹健次が「植民地と天皇制」と題してこの問題を論じている。「日本の植民地主義の特徴は、天皇崇拝を軸とする神道国家と国民文化の押しつけであり、それは天皇・民族・国家をひとまとめにした「日本」という価値概念（加藤周一）の絶対化に基盤をおくものであった。この場合、日本の朝鮮侵出にあたって、天皇・天皇制がどう位置づけられ、どう組み込まれたのか、また朝鮮の側で日本の侵略、植民地支配がどう受け止められ、天皇・天皇制がどう認識されたかが大きな問題となる」という指摘から論を始め、「植民地下の朝鮮で刊行された雑誌や書籍をみると、朝鮮総督府の御用雑誌などを除いては、朝鮮人が天皇・天皇制について公然と論じ、活字化されたことはあまり見あたらない。1920年代後半以後、朝鮮の知識人が天皇・天皇制の動きにでるが、朝鮮人キリスト者が神社参拝拒否の動きにでるが、朝鮮の知識人が天皇・天皇制側、ないしは天皇制イデオロギーと正面から対立し、対決することは、1936年6月に第7代朝鮮総督に就任した南次郎による「内鮮一体」政策の開始までほとんどなかった」が、その理由は「朝鮮人にとって天皇・天皇制はあくまで抽象的、象徴的なものであり、また恐怖にみちたものであった。内心でどう考えたかは別にして、朝鮮人が天皇・天皇制を批判の対象にすることは社会主義者であれ、民族主義者であれ、ほとんど不可能であった」からであり、それは、「天皇制が秘める差別・抑圧の機能は、異民族支配においてもっとも鮮明になる」からであると尹は主張しつつ、しかし「韓国では植民地支配の問題は、天皇・天皇制と直接に関わるというよりは、むしろ日本の支配に屈服した〈親日派〉の問題として考察されてきた」きらいが強いという。1990年代韓国で脱近代論や脱植民地主義に示される植民地近代をめぐる近代性、植民地性という分析視角が大きな意味をもって展開されており、進展が期待できるとのことである。日本においても、ポスト・コロニアリズム論議の「流行」に先行して、「反日」か「親日」かとの二分法的、二項対立的考察の空しさについては、読みやすいところでは、加納美紀代が『越えられなかった海峡－女性飛行士朴敬元の生涯』（時事通信社）で、また支配の側においてこれがどういう問題を引き起こすかについては、池田浩士が『カンナニ－湯浅克衛植民地小説集』という大著の「解説・湯浅克衛の朝鮮と日本」で既に論じていた。尹はこの問題について、「朝鮮半島で近代国家を展望するには二つの問題が重要となる。ひとつはその展望が民衆を基盤にするものであるのかどうか、もうひとつは朝鮮半島の地政学的位置からして周辺国との関係を正しく認識したものであるのかどうか」と立論し、これは「歴史や社会構造における自らの位置を確認する歴史認識の問題と深くかかわってくる」という。「親日派」などという問題も、こういう磁場で考えなければ歴史の中における意味と教訓を引き出すことはできないだろう。「『日本国民』に包摂されてしまったアイヌ・沖縄人をどう認識するのか」ということにもつながる問題だと指摘もする。

そこから、「日本のアジア主義」検討へと向かう。「近代日本のアジア侵略に関わる理念なり思惑なりを跡づけてみると、それは幕末の『国体論』や『大陸雄飛』『征韓論』からはじまり、『亜細亜主義』『脱亜論』『日鮮同祖論』『八紘一宇』『文化統治』『内鮮融和』『日満一体』『東亜新秩序』『東亜共同体』『東亜連盟』『大東亜新秩序』『大東亜共栄圏』、等々、数多くあったが、それらはすべて、日本のアジア支配、異民族支配を正当化し、合理化しようとするものであった」。この空虚な「政治的プロパガンダのためのスローガン」と「皇国」理念が合体して、「どこまでも日本を優位に置」き、「アジア主義そのものが侵略を合理化し、隠蔽するイデオロギー」となりはてた。

ところで「植民地と天皇制」という問題の立て方をするならば、そこには「植民地主義」の近代性への「擬態と模倣」という問題が新たに浮上する。小森陽一の『ポスト・コロニアル』（岩波書店）は、この問題領域を鋭く切り取っている。

続いて尹は、「朝鮮の『文明化論』の落とし穴」で、「親日派」とされた人々の思想が、それほど単純なものではないことを例挙して論証する。そこから日本植民地主義とアジア主義、それの空虚な思想的コアとしての天皇制イデオロギーの役割について照射しているが、紹介の紙幅を越えた。


（「靖国・天皇制問題情報センター通信」第349号、2002年9月15日）

416 『岩波講座　天皇と王権を考える

第三巻　生産と流通』①

本巻の責任編集は網野善彦である。従って「序論」を担当している。基本的な姿勢は、大きな話題となった青森市三内丸山遺跡の発掘調査によって、「〝常識的〟な縄文時代の社会像は、まさしく一変、根底から覆った。そこでは列島をこえる海上交通に支えられた広域的な交易を背景としつつ、豊富な山野河海の産物と樹木の栽植、あるいは穀物栽培によって、千年以上ともいわれる長い間、安定した定住集落が営まれており、その遺跡からは巨大な木造建築をはじめとする多くの住居跡、文字通り膨大な土器に加えて、精緻かつ繊細な木器、漆器、織物等の多彩な生産物をはじめ、高度な精神生活を示すさまざまな遺物が見出された」ことによる人間の歴史についての見方の大きな転換である。これは単に縄文時代の理解の転換にとどまらず、「漂泊・遍歴から定住・定着へ、自給自足経済から商品交換・貨幣経済へという定式、あるいは狩猟・漁撈・採集から農耕・牧畜、そして工業へという社会経済史の発展段階の〝常識〟そのものが、もはやそのままでは成り立ち難い」ことが証明された。

さらにこれは「日本列島の社会像の問題にとどまらず、全地球規模で間違いなく同様の重大な変化がおこっている」と網野は主張し、注目すべき例としてフィリップ・カーティンの『異文化間交易の世界史』（田村愛理・中堂幸政・山影進訳、ＮＴＴ出版、２００２年）の成果を挙げる。即ち、石器時代にまで遡る全世界の異文化間の交易を担った「交易離散共同体」（交易ディアスポラ）を追究する作業を通して、カーティンは「紀元前２０００年にかけてメソポタミアに出現したシュメール人のウル第三王朝を「神殿経済」―複雑な灌漑システムによって耕作可能な土地のほとんどを管理し、非農業的な加工品を含む多様な産物を生産・分配する神殿支配層の官僚的・独裁的な運営に基づく自給的な経済―ととらえる学説が、半世紀以上の長きにわたって生きつづけ、ようやく１９７０年代に入って考古学と歴史学の連携によって覆された、とのべている。カーティンによると、実際にはその時期、大規模な灌漑事業は出現せず、土地は私的な個人が管理し、広域的な交易活動が行われ、物価変動が見られたのであり、この王朝は〈「水力」社会を運用するための官僚組織〉を全く必要とせず、むしろ古くからの長距離交易に支えられていた」という。残念ながらカーティンの労作を読んでいないのでただの孫引きでしかないことが残念であるが、事実そうだとすれば、我々が学んできた古代史の理解に大きな転換が生じているのであろう。王権存立の根底の一部を支える経済的基盤の理解に転換が生じているとは即ち王権そのものの理解の転換が迫られる。

同様のことは、本巻所収の畑守泰子の「古代エジプトにおける灌漑と王権」も論じている。畑守もこれもまた常識として教えられたウィットフォーゲルの「水利（水力）社会」論―国家の管理する大規模な治水灌漑事業に支えられた農業経済が優位な社会において「東洋的専制主義」が成立、存続する―が、今も根強く生きていることを指摘しつつ、それが実証的にも成立せず、歴史的事実とも矛盾することを詳述している。畑守によれば、ナイル川においては自然のままの灌漑に若干の手を加えた程度の方式が、王朝成立以前から行われ、逆に本格的な人工灌漑は統一国家形成のかなり後のことであって、しかもそれは王の主導ではなく、小地域の灌漑であり、治水灌漑とエジプト王権は一貫して関係がなかったこと、また確かに王権はナイル川の水位の測定・記録を行っているが、それは作物の収穫量や税額の算定のためではなく、むしろ宗教的儀式と深い関わりがあってのことであることを明らかにしている。これについて網野は「注目すべきは、水上交通用の水路が早くから王権によってひらかれている点で、畑守はとくにふれていないが、これが広域的な交通・交易とかかわりがあったと見ることは十分に可能であろう」とコメントしている。

三内丸山遺跡が示し、カーティンが指摘するところに従えば、異文化間の交易は石器時代にまで遡り、人類史のかなり古い段階において「商業」が成立していたと考えることが可能であるというより、事実としてそうであったと確定する根拠がさまざまに提示され始めている。考えてみるとこうした視点をもっと以前から持ってもよかったであろうに、それがなされなかったのは、人類社会の歴史全体の中で、これまで文明あるいは国家と王権との関係で、農耕が実態よりも過大に評価されてきたことによるのであろう。

このことは日本の王権＝天皇制の理解にとっても重大な問題である。こうして「網野史観」が全面展開されるが、本巻所収の桜井英治の「天皇と鋳物師」は網野史観に手厳しい批判も加えており、今谷明の「王権と都市」の壮大な試みと併せて次回紹介する。

（「靖国・天皇制問題情報センター通信」359号
2003年2月28日）

417
『岩波講座　天皇と王権を考える　第三巻　生産と流通』②

大津透「農業と日本の王権」は、その「はじめに―勧課農桑」の冒頭に、本論の課題として、網野善彦が多年指摘してきた、日本古代史で百姓を「班田農民」と言ってきたような水田一元史観の虚構性を前提にして、「たしかに網野が指摘するように日本の近世にいたるまでの水田一元史観の起源が日本の律令国家にあることは一面の真実であり、古代国家の成立に果たした稲作の役割は大きい。しかし水田だけに注目すると他の多様な生産活動を見失うという批判は古代国家についてもあてはまる」としつつ、ただハタケの評価にとどまらず、律令に定める地方官の職掌は「農桑を勧課すること」（職員律68摂津職条・69大宰府条・70大国条）であり、地方行政の最末端である里長の職掌も「農桑を課せ植ゑしむ」（戸令1為里条、唐令の里正は「課植農桑」とありほぼ同じであることから、「律令国家においても王権と農業といえば、水田耕作（陸田も）とあわせて、養蚕（あるいは麻）も欠かせない対象」であることをふまえつつ、「律令を中心にすえて古代国家の土地支配の構造」と「天皇の農耕祭祀へのかかわり」を考えたいと、課題を設定している。その上で、文献資料の唐・宋に至るまでの広汎かつ詳細な検討から、石母田正の、天皇は畿内という共同体を代表して、豊穣をもたらす呪術的霊威を備えた存在であったという仮説を前提に、「一地方では、国造そして郡司層が田地を所有し勧農の主体であった。そうした在地首長制的支配の世界へ、国司を通じて天皇の支配が浸透していくが、その時期は墾田永年私財法や班田図の整備からいえば八世紀中葉にはじまるが、祈年祭幣吊や祈雨の国司への委任や御斎会（ごさいえ）のはじまりなどの祭祀の面では八世紀後半から九世紀初めに画期がおける」と結論する。そして更に、丸山裕美子の「天皇祭祀の変容」（『古代天皇制を考える』〈日本の歴史08〉講談社、01年）を援用して、「摂関期には一国を統治する受領の制度が整い、平安時代になってからは地方の神社祭祀の国司への委任が進んできたが、受領のもっとも重要な赴任の儀礼として国司神拝が成立し、国司による国内神社秩序の再編も進む。神々に農作や養蚕の順調な経営を祈るのであり、受領が勧農の主体となる。地方の祭祀を受領に任せた天皇は、伊勢神宮を中心とする16〜22社奉幣や、石清水や賀茂の臨時祭などの祭祀を行うが、天皇の権威は純粋化したと評価されている」としている。最後に、水田一元史観の成立の根拠として、天皇の祭祀が稲の祭祀を基本としたことの意味が大きいとする従来の説に加えて、「摂関期の受領支配下に田図を基礎にする徴税や民衆把握が行われたことが、後世に与えた影響」を指摘しているのは重要な視点の提示である。

桜井英治の「天皇と鋳物師」は、冒頭からいうところの網野史観批判を開始する。網野の「遍歴から定着へ、血縁的結合から地縁的結合へ、全国組織から地域的組織へ」という網野のシェーマに対して、先ずは、大山喬平が「供御人《くごにん》・神人《じにん》・寄人《よりうど》（『日本の社会史6　社会的諸集団』岩波書店、1988年）で「特定の集団が供御人であることは、その集団の全存在を規定していたわけではない。彼らが諸方兼属の身分として現れるということは、それだけ供御人としての存在が限定された領域でしか意味をもちえないことの表現である」と主張しているのを引いて、網野の供御人がもたらす効果への過大評価を批判し、「天皇と結びつくだけでは万全ではなかった」事実を、供御人が、同時に寺社と結びついて神人の称号を兼帯していたことの事実と意味を実証する。更に桜井は、市村高男の「中世鋳物師研究の視点と方法」（石井進編『帝京大学山梨文化財研究所シンポジウム報告集考古学と中世史研究』名著出版　１９９１年）が網野の「諸国遍歴の鋳物師」というイメージそのものを批判し、網野が分析した畿内鋳物師とは別に、狭小な遍歴範囲しかもたない、在地から成長してきた土着の鋳物師も多数存在したと主張していることを紹介し、「権力側の史料にもとづいて描かれた歴史像はどうしても権力と結びつく者の見方を映し出してしまう。思えば、網野の非農業民論自体そうした既存の歴史学への批判から出発したのだが、いまや網野の発掘した非農業民の歴史についても、それは権力と結びついたごく一部の者の歴史ではないのかとの異論が提起されてきた」と痛烈である。「水田一元史観」から網野の「非農業民論」を経て、流通・生産を媒介に新たな天皇イメージがこの辺りから登場するのだろうか。期待をしたい。

日本中世史家今谷明の「王権と都市」は、「多義性のある〈王権〉の語について、狭義には天皇制を、広義には西欧の kingship に則って広く王制の意で用いることとし、ひいては〈王権と都市〉を、前近代史における世界共通の問題として措定し、比較史的視点も導入しつつ展望することとしたい」とまことに壮大な展望をもった論文である。これを消化して紹介する能力など到底持ち合わせない。素人なりになるほどと理解できたのは、国王・教会・領主と都市の関係の重視から、周辺の農村・地域との有機的な連関の中で都市を把握する最近のヨーロッパ中世史の研究の成果に注目し、そこに「日本の中世都市を考察する際の有力な視角」があるとの認識から、「新王権」としての武家は「新しい都市を地方に創出したわけではなく、旧来の都市を換骨奪胎して」その拠点とした例として、六波羅・博多、守護所としての堺・尾道を挙げている点のみである。

本巻には、門外漢としてただ新知識を得たにとどまるが、林俊雄「遊牧民族の王権―突厥・ウイグルを例に」、山川田順造「職能民と王権―西アフリカの事例から」、前回挙げた畑守泰田勝芳「貨幣と王権―中国と日本」、前回挙げた畑守泰子「古代エジプトにおける灌漑と王権」等、理解力のある人が読めば刺激的なのであろう論文が多数収録されている。

（「靖国・天皇制問題情報センター通信」３６０号
２００３年3月15日）

４１８
『岩波講座　天皇と王権を考える第四巻　宗教と権威』①

本巻の編集責任は日本思想史家安丸良夫が負っており、本巻序論は安丸が担当している。ピエール・クラストル『国家に抗する社会』、Ａ・Ｍ・ホカート『王権』のいわば民族誌的記述を引用するところから筆を起こし、「首長制と神聖王権のあいだにはあまりに遠大な距離があって、私たちは天皇制という神聖王権の道を古代史の中で具体的にたどることができない」が、「王権には、元来、人々の想像力に訴えて、世界の全体性をコスモロジー的に代表してその支配下の共同体に臨む、宗教的権威がそなわっている」ことは想像できるし、「こうした王権においては、王自身が神であるとともに最高の祭司であるかもしれない。また、権力と祭司権がなにほどか分離して、たとえば王の姉妹が祭祀を主催するかもしれない。そしてのちには、世界宗教やそのほかのさまざまの文化資源と接触することで王権と宗教との関係はいっそう複雑なものになるが、しかしそれでも王権が宗教によって正統化されるということには、王権というものの本質にかかわる深い由来がある」ので、本巻では「宗教的権威との関係で天皇と王権の正統化の問題をとりあげ」た、としている。

では天皇制の正統性はどのように担保されたか。安丸は熊谷公男の『日本の歴史03　大王から天皇へ』の仕事の成果を利用しつつ、「今日の私たちが通念としている天皇制の特徴の多くは、七世紀末、天武・持統朝期に成立したものである。天皇という名称自体がそうだし、大嘗祭を中心とする即位礼、大極殿という名称、皇后・皇太子などの呼称もこの時期に成立した。天皇号には、新羅などの王よりも格がうえで、中国の皇帝号に対抗するという意味が込められており、日本という国号もこの時期につくられた。五・六世紀の大王（おおきみ）のばあいは、その地位につくためには豪族による推戴という契機が不可欠であり、即位式におけるレガリア（鏡と剣）の奉呈は、そうした群臣の象徴だった。ところが、七世紀なかばの王権で『天』と『日』の観念が強調されるようになり、天武朝において天照大神の子孫である現人神天皇という理念が確立された」のであって、「こうして、七世紀末から八世紀前半にかけてつくられた天皇制の正統性神話がのちに神道（思想）とされ」、「明治維新をはさんで近代日本の天皇制と結びつき、重大な役割を果たすことに」なったとする。同時に「八世紀なかば以降、天皇制は仏教と深く結びついて権威化され、さらに道教やのちには儒教によって正統化された。こうして、天皇制をめぐって、神道と仏・道・儒は複雑な習合観念と儀礼とをつくりだしていく」。

ところで、現代の天皇制論は、「マルクス主義史学も近代主義諸理論も、近代天皇制を絶対主義国家権力と規定し、天皇制の前近代性や古代的性格を強調して、近代と民主主義をそれに対置するという二項対立的な見方をとり、その意味で啓蒙主義的進歩主義の立場に立って」きたが、本講座の編集者の現在の立場は、「近代の国民国家の一類型として近代天皇制を論ずる傾向にあり、前近代性や古代的性格などとされる諸側面も近代国民国家の内部編成の問題として考えよう」としている、と明快である。

また序論の紹介だけで紙幅が尽きそうだが、安丸は現代天皇制について、「現在の天皇家や皇族は、日本社会の現状に適応してその役割を果たそうと懸命に努力しており、政治的社会的対抗関係の実態面からできるだけ離れてそのうえに立つ、抽象的精神的権威であろうとしているのではないかと思う。国民国家的諸儀礼への参加と権威づけ、功績ある人々への栄誉の賦与、外交儀礼、福祉とエコロジーへの配慮などがその主要な活動であり、天皇家と皇族の現存メンバーのパーソナリティにも配慮してみて、彼らが日本社会の権威主義的再構成に積極的に乗り出すほどの活力をもっているようには見えない。しかし、そのように見えるのは、おそらく表層的な観察の限りにおいてであり、天皇家や皇族の個々人を超えたシステム的次元では、日本社会における権威的なものの中枢は、近い将来も含めてなによりもまず天皇制とのかかわりで存在している、と私は思う。昭和天皇の病気と死をめぐる自粛騒ぎやそれに続く諸状況、最近の日の丸・君が代や靖国問題などに、そのことが端的に表現されている。そして、権威的なものを求めるエントロピーは、平穏な日常性からは見えにくい社会の深部に蓄積されるものなのだが、危機的な状況のもとではそれが思いがけないような形とエネルギーを伴って社会全体を席捲する。人間性と社会のより深層的な部分に、私たちがまだよく理解し得ていない、権威ある中心を求めるそうしたエネルギーが秘められており、天皇制はそのことにかかわる問題圏をもっともよく示唆しているのだと考える」という。一部批判がないではないが、穏当かつ冷静な現代天皇制分析であろう。

本巻も、「朱子学的王権」論だの、ビザンツの「聖なる皇帝と異端」だのと、筆者にはまるで未知の世界の論文もあるのだが、少なくとも日本思想史における宗教と権威の問題については次回丁寧に紹介したい。

（「靖国・天皇制問題情報センター通信」３４４号 ２００２年６月30日）

４１９ 『岩波講座 天皇と王権を考える 第四巻 宗教と権威』②

水林彪の「古代神話のイデオロギー構成」は、記紀神話なるものはけっして原始社会に由来する古伝承ではなく、『古事記』に代表される神話は、7世紀末から8世紀前半にかけての古代天皇制の正統化イデオロギーにほかならないことを、余すところなく明らかにしていて、世間（反天皇制運動の担い手たちも含めて）の常識の転換を促す。「『古事記』神話と『日本書紀』とは一見すると似ているようでありながら、真実は全く異なるもの」であって、最高神は女神アマテラスと暴れ者のスサノヲという二人の神が印象的な「記紀神話」なるものは、古代という時代には存在せず、後世の本居宣長の『古事記伝』を代表とする「記紀神話」が欲しい・必要とする者たちによって二書の物語を適当に塩梅し再構成されたものに過ぎない。水林によれば、「『古事記』神話と『日本書紀』神話とは、それらが書かれた八世紀前半期のいわゆる律令国家ないし律令天皇制とよばれる体制をそれぞれの仕方で正当化しようとした政治的作品なの」であり、「『古事記』神話と『日本書紀』神話の相違は、その時代の国家像ないし王権像をめぐる深刻な対立の表現」である。これを文献を駆使して立証する。立証過程の緻密な展開は紹介する能力を持ち合わせない。結論は「記・紀の対立は、7世紀後期王権（孝徳、斉明、天智、天武）から8世紀前期王権（持統、文武、元明、元正、聖武）への転換およびこれにともなう新旧王権概念の鋭い対抗に根ざしていたように見える。7世紀後期王権のイデオロギーは、孝徳、斉明、天智、天武の謚号から判断すれば『天』一元論であり、八世紀前半王権のそれは、持統、文武、元明、元正の謚号から判断して、『日子』とともに『倭根子』を不可欠の一要素とする『天・地』（『日・根』）二元論にほかならないが、後者が『古事記』神話として結実したとすれば、前者は『日本書紀』神話という形をとってまとめられた」という。時あたかも「新しい歴史教科書」問題を抱え、教育基本法改悪策動の中で「伝統・文化」が強調される時代にあって、水林論文はこちら側の論拠として学ぶところ大である。

佐々木馨「顕密仏教と王権」は、黒田俊雄の「顕密体制論」が「まず第一段階は密教による諸宗教の統合（9世紀）であり、第二段階は全宗教の密教化の中での天台宗の自己主張の所産たる浄土教の発展（10世紀）であるが、第三段階としては、11世紀における王法・仏法の相依の思想の成立の段階」としたことに多くを学びながら若干の疑義を提出する。主たる批判点は「国家権力＝体制と神祇信仰を物差しに、中世国家と仏教のありようを、神祇信仰を受容する『体制仏教』―『公家的体制仏教』と『武家的体制仏教』―と、それを排斥する『反体制仏教』およびそれを超克する『超体制仏教』」という視点である。「律令国家形成期の天皇王権は、二つの権威をもとにその集権化を展開した。一つは国内的な神祇信仰であり、今一つは国際的な儒教である。この神儒一致に自らの宗教的権威を求めた天皇王権は、異文化の仏教が公伝されるや、それをも国際的権威として受容した。（中略）古代天皇王権は、このように『王法仏法相依』論による『顕密仏教』と『王土王民』論による『神国思想』を両輪にして構築されていた」。ここまでは黒田の論を前提にしているのだが、黒田には『日本霊異記』の中に着実に継承され結実している行基とその集団によって、思想史上のひとつの明確なうねりとして発現した「超体制宗教」の位置についての考察が欠落しており、もちろん行基に続く空也・行円たちの系譜の行動的な「超体制宗教」、また慶滋保胤の思想的な「超体制宗教」が「王法仏法相依」論を破る思想であったことが無視されており、同時に「反体制宗教」としての親鸞、日蓮についての考察もない。これらは現在の地平から見るならば「天皇王権の相対化の営み」ではなかったか、と佐々木は主張する。

金龍静の「戦国期一向宗の地平」は、多くを黒田の「顕密体制論」を立証の前提にしつつ、「顕密体制」的な権威と権力が中世後期に崩壊し、自立的な権威・権力が形成されていく過程を、一向宗の動向を中心に追跡している。金龍によれば、すべてを阿弥陀一仏信仰に包摂する論理と、仏教と王法・世法を分離する二元論の流れが存在したが、戦国期の本願寺教団には、具体的次元でのさまざまな妥協にもかかわらず、新仏教の独自性が頑強に維持されていたことが資料から明らかにされている。

大桑斉「徳川将軍権力と宗教―王権神話の創出」は、幕藩制国家が世俗国家であり、将軍権力は世俗権力であるという通説を、既に四半世紀近く前に批判した深谷克己と、上野千鶴子の「将軍家が〈祭司王〉的側面がまったくない完全な〈世俗的王権〉だという見方には疑問がある」という文化人類学の視点からの問題提起を受けて、「徳川将軍権力と宗教の関わりを（中略）具体的には、権力正当化の源泉としての家康神格化や、東照大権現の論理、それに基づく仏教治国論などを取り上げ、それらは一群となって徳川将軍権力の始祖神話を創出した」と仮説して、その論証を試みている。

その他、桂島宣弘は「近代天皇制イデオロギーの思想過程―徳川思想および平田篤胤像の転回を中心に」で、戦時中に「神道史上空前絶後の一大偉人」などとされたがゆえに、戦後は近代天皇制イデオロギーと強く結び付いている存在と捉えられ、「第一線の戦犯」としてイメージされ、丸山真男により「無内容にして、荒唐無稽なウルトラ・ナショナリズムに陥らざるをえなかった」とされた平田篤胤の再評価を試みている。刺激的な論文であるが、紹介の紙幅が尽きてしまった。

（「靖国・天皇制問題情報センター通信」第345号、2002年7月15日）

420
『岩波講座　天皇と王権を考える　第五巻　王権と儀礼』

本巻の序論を担当しているのは、編集委員の一人日本思想史の安丸良夫である。その序論の冒頭、安丸は「王はどのようにして超越的な権威性と支配の正統性を獲得するのか。これは王権論にとってもっとも根源的な問いであるが、さしあたっての形式的な答えは、広義の即位儀礼を通してということである」とし、また「いずれにしても王にはなんらかの神秘的威力が塗り込められているのだが、王にそうした神秘の力を付与するのが広義の即位儀礼である」という。これ自体はごく常識的な論であるが、つい先頃のような気がしながら既に14年にもなろうとする昭和天皇の死から現天皇の即位儀礼の過程を振り返ってみるならば、まさにあれが天皇が天皇たる根拠の演出であった。

以下、安丸による序論を紹介する。「天皇制における広義の即位儀礼は、8世紀ごろから践祚（せんそ）・即位の礼・大嘗祭（だいじょうさい）の三段階に分けられている。現天皇のばあい、昭和天皇が死去してすぐ、1989年1月7日午前10時に剣璽（けんじ）等が現天皇に渡されて践祚の儀が行われた。即位の礼は翌年11月12日、大嘗祭は同22日夜から翌日にかけてだった。践祚は祚（くらい）を践（ふ）むことで、皇位を表象するレガリア（宝器）が前天皇の死去にすぐ引き続いて新天皇に引き渡されて皇位が継承される。即位の礼は、新天皇が高御座（たかみくら）に登って内外に即位を宣言し、それに続いて祝賀の行事を行うものである。

ここでは大方の見解が一致するところである。問題は、王権に神秘な力を付与し、この神秘な力が王の権威性を示す根拠となる大嘗祭をどのように理解するかである。

大嘗祭そのものは「1466（文正元）年に行われてから220年余の廃絶をへて1738（元文3）年にふたたび復興された。その後、近世後期の国学や水戸学では、大嘗祭は天照大神に由来する天皇位の正統性を根拠づける神秘的な宗教儀礼として重んじられ、この見方は近代に継承された。そこでは天孫降臨神話に依拠して、天照大神から引き継がれる天皇の神性＝現人神としての天皇の特質が重要視され、また瑞穂国という豊穣観念が強調された」。後に「昭和天皇の即位を目前にして折口信夫『大嘗祭の本義』が発表され、天皇霊や聖婚説などを含む斬新な見解が人類学的知識を援用しながら展開されると、折口説は圧倒的な影響力をもつようになり、その後は折口説の流れにそって多くの大嘗祭研究が発表された」のである。

折口以後の大嘗祭研究においては岡田精司『古代王権の祭祀と神話』をまず挙げねばならないだろう。岡田は新嘗祭（にいなめさい）の政治的性格を強調して、「農耕儀礼の枠は保ちつつも、天皇に服属と忠誠の誓いを捧げる場としての政治的儀礼に転化しているところに、即位の大嘗祭にまで発展してゆくその本質があると考えられる」とし、新嘗祭と一世一回の大嘗祭との間に大きな飛躍と断絶があるとする。この岡田説に影響を受けつつ最近の古代史研究の成果を援用しながら大嘗祭論を展開するのが中村生雄であるが、その中村は本巻に「即位儀礼―王の誕生と国家」を寄せている。中村は「大嘗祭の儀礼の中核は律令制以前の〈服属儀礼の換骨奪胎の結果〉だ」と主張する。「大嘗祭に先立って毎年行われてきた新嘗祭は、もとより農耕儀礼を背景とするものではあるが、政治的従属の態度表明を食物供献や饗宴という形で表象したものであり、それを天皇一世一回の重要な儀礼へと発展させたものが大嘗祭にほかならない」という。この一見して差異がはっきりしないかのような両者の説であるが、岡田が新嘗祭と大嘗祭の間の「飛躍・断絶」を強調するのに対して、中村は「大化以前における贄（にえ）の貢納にも儀礼的祭祀的性格の由来を求めて、律令制以前との連続性を強調している」。また岡田は即位儀礼全体のなかでの大嘗祭の位置と意味を相対化している（岩井忠熊他編『天皇代替わり儀式の歴史的展開』所収「大王就任儀礼の原形とその展開」）のに対して、中村が大嘗祭の服属儀礼としての性格を強調する点では、折口大嘗祭論と大いに異なるが、即位儀礼の中核を大嘗祭におく点では、折口説の継承である。

これらの説の検討の上で、安丸は「大嘗祭とは、天皇位の継承を天皇家の直系に固定するためにその血統の神秘的権威化をはかった追加的儀礼」であり、「より一般的にいって、大王（おうきみ）という名称にかわって天皇という呼称が用いられるようになったのは7世紀末の天武・持統朝からであり、天皇位を権威化するさまざまの制度もこの時代に整備されたことが知られていて、大嘗祭もそうした権威化と制度化の一側面だった可能性が強い」ととりあえず結論する。

「ところで儀礼は、様式的に整序され昇華された形象徴的な意味を表象するのであり」、その中に「塗り込められていた対抗軸」があることに注意しなければならない、と安丸は主張する。「儀礼がなにがしかを排除している」のではないかということである。山口昌男『天皇制の文化人類学』やルネ・ジラール『暴力と聖なるもの』、網野善彦『異形の王権』等への目配りの結果である。そして「儀礼はくりかえしのなかでその意味が昇華されて抽象的な意味表象となり、形式的に整序されて伝統化される。こうした抽象化・形式化・伝統化がどんどんすすむと、儀礼がなにに対抗し、なにを排除し抑圧していたのかが見えなくなるが、しかしよく注意して見ると、秘められた対抗関係と暴力性が垣間見えてくる。現代天皇制も皇室の人たちの上品で穏和で礼儀正しい表情の背後に暴力的な抑圧を隠しているのであって、そのことはたとえば天皇制批判の言動がむきだしの暴力に晒されたさまざまの事例が物語っている」という。

（「靖国・天皇制問題情報センター通信」第350号　2002年9月30日）

421
『岩波講座　天皇と王権を考える　第七巻　ジェンダーと差別』①

本巻の序論担当は安丸良夫である。本人も少し述懐しているが、「差別」はともかくとして「ジェンダー」についてはとても得意とする領域ではないに違いない。こういうことをのっけから言うのは編集委員各氏に失礼かもしれないが、「岩波書店」の姿勢として、本「講座」の編集委員が「網野善彦・樺山紘一・宮田登・安丸良夫・山本幸司」と男性ばかりであることの無理ははっきりしている。「ジェンダーは、第一義的には性差についての知や表象とされるが、しかしそれが社会関係・権力関係を表象するうえで重要な役割を果たしていることはフェミニズム理論が私たちに教えたところである。そのさいに女性的なものが社会関係を支える理念的なものを規範化・理想化して表象するばあいがすくなくないことは、注意すべきところである」のは当然のことで、現代において天皇制を論究するのに「ジェンダー」という視点を抜いてこれが十全になされるはずがないのであるから、編集委員の中に女性が入り、企画段階からフェミニズム理論からの意見を採り入れるべきであった。

安丸が近代社会における女性のジェンダー役割の内面化について検討する際に引用しているドロシー・トンプソンの「ヴィクトリア女王」という論文（トンプソン『階級・ジェンダー・ネイション』ミネルヴァ書房、2001年）を、筆者は読んでいないのだが、以下のように指摘しているとのことである。「19世紀前半のイギリスでは政治的急進主義の影響力が大きく、そこでは女性の政治参加も広く見られた。だが、1840年代に急進主義の思想と運動が消滅して、労働者階級の女性は家庭へ引きこもるようになった。ヴィクトリア女王の治世（1837~1901年）は、家父長制的家庭道徳が賞揚された男性中心主義の時代にぴったり照応しているが、それでは、［徹底して男性中心となっていたこの世紀において、なぜ一人の女性が63年もの間王国の最高の公的地位を占めることが許容されていたのであろうか］、とトンプソンは設問する。トンプソンによれば、ヴィクトリアは［公的な役割と私的な役割とを一身に結合させた最初のイギリスの君主］であり、視覚的には彼女は、つねに子供たちに取り囲まれた家族のなかでの母親役割において表象されていた。夫アルバート殿下の突然の死に引き続く長い期間にわたる公務の放棄も、悲しみにうちひしがれた妻の服喪として好意的に受け取られた。こうした表象は、実際のヴィクトリアがどのような人物であったかということとは別の問題であるが、家庭道徳の体現者・擁護者としての女王像は、その時代のイギリスの国民感情に適合的で、急進的共和主義を骨抜きにする役割を果たした。」

美智子―雅子という名の皇族二人の女性が現代天皇制にとってどういう位置にあるかについて考えなければならず、また「女帝」論議が一時期ほどのかまびすしさからは少し停滞状況にあるとはいえ、これはいよいよ迫り来る「女帝」という現実を前にした静けさであることは誰しもの認識であるので、その意味では本講座で「ジェンダー役割」に関して取り上げているのは時宜を得ている。

これは今後の問題としてだけではなく、近代天皇制を考える際にも落としてはならない視点であった。かく言う筆者も残念ながら問題の所在についてはおぼろげに、感覚的に捉えていたとは思っているが、それがどれほど大きい問題であるかについての明確な理論的検討はまったくしてこなかった。

本巻では片野真佐子が「近代皇后論」を書いていて、至極刺激的かつ教示されるところが大きかった。安丸が序論で片野論文に触れている箇所から引用しておく。「1871（明治4）年、従来の女官を総罷免して後宮の権力は皇后美子（はるこ）に集中され、美子は外国人を謁見したり富岡製糸場や学校に行啓したりして、近代化の先頭に立つ皇室を女性役割の側面から演出することに努めた。１８８６（明治19）年にはじめて洋装で華族女学校に行啓し、憲法発布式や大婚25年記念式典のパレードでは、美子は天皇とおなじ鹵簿（ろぼ）に並んで、女性の地位向上を印象づけた。片野によると、美子は「強烈な政治的個性を発揮した女性」で、日露戦争開戦にさいしては、怯む睦仁（むつひと）とは反対に、美子の夢枕に坂本龍馬が立ったという話が広がって、国民の士気を高揚させたのだという。皇太子嘉仁（よしひと）とその妃節子（さだこ）の時代から宮中は一夫一婦制に転換し、節子は若さと清新さで皇室に対する国民の親近感の裾野を広げた、と片野はのべている。しかし、嘉仁と節子の住まいが青山御所から宮城に移ると、内廷には先代の女官制度が存続しており、二人の生活に制約が強くなった。それに加えて天皇となって間もなく嘉仁の病状が深刻な状態となり、節子は嘉仁の身辺に配慮するとともに、いわゆる宮中某重大事件問題、皇太子洋行問題、裕仁（ひろひと）の摂政就任問題などに積極的にかかわらざるをえなくなっていった。」

片野の「近代皇后論」では、このように睦仁・嘉仁を支えてジェンダー役割を懸命に果たした近代日本の皇后像が捉えられていると同時に、こうした役割を果たす者への精神的重圧、葛藤・矛盾にも触れ、「家父長制家族のなかで主婦役割を果たす女性がジェンダー役割を強く内面化することは、近代社会の重要な特質で、このことはとりわけ社会階層の上層で顕著な現象だった」ことが抉り出されている。また、「皇后」など、そうした存在の極限形態であろう。「日本でも西欧でも、近代の王室は家庭道徳を模範的に体現して国民の理念像たることが求められており、放恣で身勝手であることやスキャンダラスであることは許されていない。このことの内実には日本と西欧に大きな懸隔があるけれども、この問題を原理的に考えつめてみると、特定の家族によって王権が担われるということが、平仄のあわない矛盾であることが見えてくると思う」と安丸は指摘する。イギリス王家のダイアナの悲劇は、正にこの矛盾から生じたものであろう。未だに日本の皇室は矛盾を露呈していないが、そうであればこそ矛盾はより一層深刻であるに違いない。

（「靖国・天皇制問題情報センター通信」３５１号
２００２年10月15日）

422
『岩波講座　天皇と王権を考える　第七巻　ジェンダーと差別』②

義江明子「古代女帝論の過去と現在」は、この領域についてはまったく無学な筆者にとって大いに刺激的な論文である。古代日本の女帝については、「巫女説」と「中継ぎ説」とがあったが、「〈巫女説〉は、国政統治者が男性であることを前提として、女性の例外的即位を特殊能力〈神と交通する巫女の力〉で説明する考え方である。一方の〈中継ぎ説〉は、皇位の父系継承を前提として、女帝はそれを補完するために仮に即位したとみる。いずれも、女性の国政統治を例外とみる点では共通している」として、現在にまで至る男性研究者による通説を整理する。このような通説の要因は、「近代の日本は女帝排除を法制として定めた。これはたんに前代からの延長上でなされたのではない。また、皇位継承だけに関わる議論でもなかった。母后摂政の伝統と女性の政治能力容認との関係、女帝の結婚と男尊女卑の夫婦観とのかねあい、厳格な男系継承実現と妾公認の必要性など、さまざまな議論を経た上で、女帝や女性摂政を容認するそれまでの慣習を否定する法制化がなされたのである［日本近代思想体系２『天皇と華族』早川紀代、１９８８年］。女帝排除と、参政権・行政権からの女性一般の排除および父権家族秩序による社会編成は、たがいに響き合っている。そうした近代日本のジェンダーを前提として古代を振り返った時に発せられた問い、それが〈古代になぜ女帝がいたか〉という問いであり、女性統治者の存在を説明し得る答えとしての〈巫女説〉・〈中継ぎ説〉だったのではないか。古代史の学説の根底に、近代の言説が透けて見える。〈中継ぎ説〉の淵源は皇室典範制定の議論の中にあり、〈巫女説〉には近代の現人神天皇観が微妙に影を落としている」と痛烈かつ適切な指摘である。「巫女説」と「中継ぎ説」とを適当に使い分けてきた筆者など言葉もない。ここから古代史資料を渉猟し、「古代の王権は社会を統合する権力だった。『日本書紀』の記す神武天皇以降を数えれば、現在までの１２５代の天皇のうち女帝は10代8人だが、世襲王権が一応成立し、史実として確認できる6世紀の継体以降、8世紀後半の称徳没時までをみれば、23代のうち8代6人が女帝である。この時期は、対外的にも対内的にも、古代の国家体制を確立し王権の基盤を固める、もっとも重要で困難な時期だった。そこで〈なぜ女帝がいたのか〉という問いを立てること自体、問い直されるべきことなのではないか。女帝は〝王者〟の一人として、王権の課題を担って生きたのである。その裾野には、経営機能・政治機能を持つ王族・豪族女性の広がりがあった」と結論する。このような歴史に変動が見られるのは、8世紀末~9世紀にかけてである。「王権だけではなく、所有・経営のあり方、家族・婚姻のしくみなども大きく変化する。古代の女帝の終焉は、それに連動する動きとして理解すべきだろう。以後、摂関期の国母（こくも）に顕著なように、キサキとなって後継皇子を生んだごく一部の貴族女性が、〝母〟として大きな権威を持ち時には権力を行使する〔『日本史研究』「摂関政治成立の歴史的前提」古瀬奈津子、2001年〕。〝王者〟から〝母〟への変化は大きい。しかし一方で、女性の国政関与を不可とする通念は、依然としてごく乏しい」。近代の出発点においても「女帝の存在は過去の身近な現実であり、女帝容認は〈当時の不文の現行法〉だった」が、「明治の皇室典範制定の過程で」「女帝は〈中継ぎ〉だったとの歴史解釈が定着し、それを規範として近代の女帝排除は正統化された」。更に「西欧的な夫婦像の模範を示し天皇を支える近代皇后像を創出し、その期待に応えて〈明治天皇睦仁の妻〉美子（はるこ）皇后は国民統合に大きな役割を果たした。王権内部の女性は〝妻〟として明確に位置付けられたのである」。「〝王者〟～〝母〟～〝妻〟という王権女性の位置の変化は、それぞれの時代の王権の生き残り戦略に沿っている」。こうした王権に関わる女性の歴史を追いつつ、義江は「現代の私たちは、男女共同参画社会への期待や少子化の現実のもとで、どのような新たな〝史実〟の創出に立ち会おうとしているのだろうか」と問いを投げかけている。現代の「天皇家」に男系男子が生まれる可能性が云々される時、我々は「王権」をどのように考え、またそれの維持そのものが問われている。

勝浦令子「往来・遍歴する女性たち」は、網野善彦の研究を女性の立場から継承するもので、筆者には大変興味深いものだったが、本紙のような反天皇制運動への詳細な紹介は割愛する。

片野真佐子「近代皇后論」は前号で紹介した。同氏の「近代皇后像の形成」（『近代天皇制の形成とキリスト教』所収／富坂キリスト教センター編、新教出版社、1996年）と併せて読まれることを勧める。

本巻は、「差別」という天皇制の根幹に関わる領域の問題も扱っている。編者安丸良夫は、「歴史家は各時代における差別の具体相の把握をさしあたっての課題とするほかないのだが、差別の歴史的研究が現象記述として深められることが、むしろかえって、なぜそのような差別が存在しているのか（成立したのか）という問いを見えなくしてしまう可能性がある。そこで、現象記述としての差別をなぜという問いに結びつけるためには、差別を社会的なものの全体性のなかで理論的に捉えなおす必要がある」という当然の指摘の上で、社会学や人類学の成果（ヴィクター・ターナー『儀礼の過程』思索社・1976年、メアリ・ダグラス『汚穢と禁忌』思潮社・1985年、ピーター・バーガーとトーマス・ルックマン『日常世界の構成』新曜社・1977年等）から学びつつ、これを日本に当てはめて「差別と排除は社会集団を成り立たせている重要な原理だが、しかしそれが厳しく制度化されるのは社会全体の成層化の進展に伴ってのことであり、そのさいにどのような汚穢と恐怖が措定されているかによって差別と排除の具体相が異なってくる。その意味で差別は、権力編成の社会史が集約される次元である。中世後期から近世初頭にかけての被差別民の歴史には大きな変動が存在したけれども、〈以上のべたような〉構造的枠組が近世的差別の原型となり、習俗的には近代へも引き継がれたのであろう」として、中世に成立した差別の諸側面を扱った伊藤喜良の「王権をめぐる穢れ・恐怖・差別」論文を位置付けている。

菊池勇夫「固有文化と馴致する権力－アイヌ」は「馴致と抵抗」という視点から近代におけるアイヌ政策を捉えていて、「固有文化を日本風に改造する」ことによって「馴致」してきた歴史を、一般的な理屈としてではなく、史実として教えられた。

巻末には「女性と近代」の章があり、粟屋利江「カースト秩序とジェンダー」、牟田和恵「家族国家観とジェンダー秩序」、井野瀬久美恵「表象の女性君主―ヴィクトリア女王と中心に」、加納美紀代「母性天皇制とファシズム」と、近年のフェミニズムの立場からの研究が並んでおり、男にとっては「王権・天皇」論の再考を促され、目から鱗が落ちる。

（「靖国・天皇制問題情報センター通信」第352号、2002年10月31日）

423 『岩波講座　天皇と王権を考える第八巻　コスモロジーと身体』①

本巻の目的は「王権をめぐるマクロコスモス—天皇・王の支配する空間・時間の布置や構造、神話大系、さらに祝祭や天変地異と王権の関わりについて論じ、また一方でミクロコスモス—王の自然的身体と政治的身体の両面から、その誕生と死にまつわる儀礼や民族的観念を取り上げる。王権をめぐるコスモロジーの両極に関わる諸問題について考察する」というところにあるということである。

本巻の編集責任を負う山本幸司の「序論」の紹介から始めよう。

「どのような民族であれ、人間の生活する社会とそれを取り巻く自然界との、双方を含む秩序ある全宇宙、すなわちコスモスについてのある観念を持っている。／王制を採る民族であれば、その中に王がどのような存在として位置づけられているかが重要な問題となる。」本巻では、「このように既定したコスモロジーに王権の問題がどのように位置づけられているかを、多様な角度から検討することを通じて、日本の天皇権がどのような特質を有しているかを明らかにするところにある」。その意味では「神話」の検討から着手するのが順当なところであろう。したがって、本巻の冒頭に「『古事記』神代神話のコスモロジー」（嶋田義仁）、「王権と宗教儀礼—古代バビロニア・アッシリアの場合」（月本昭男）が並べられる。

また現在の我々のは、「時間と空間とが物理的・抽象的なものであって、その限りにおいて均質である」と認識しているが、この認識が一般化したのは近代以後のことであり、それ以前の時代においては、「時間も空間も不均質で、しかも人文界の事象と不可分に結びついたもの」と認識されていた。「したがってコスモスの内部もまた、決して均質ではない。王制を持つ民族では、多くの場合、価値の中心である神と王とを巡って、コスモスの内部に同心円的に構成される多元的な空間が存在する。日本の場合でいえば、そうした多元的空間を形成するのが、〈日本〉という地理的空間であり、さらにその中心となる〈都〉という首都空間である」。この課題については、「認識空間としての「日本」」（応地利明）、「天皇と都市空間」（古瀬奈津子）両論文が担当する。

宗教社会学者W・スタークによれば、世界中の神聖王権のタイプは、①王が神、あるいは人間の間における神々の代理者であるもの。②王が神々の僕、あるいは選ばれ、高められ、塗油された人間であるもの。—この場合、彼はまたある意味では人間の間における神々の代表であるかもしれないが、それ以上に神々の前における人間たちの代表である。③王は司祭のようなもので、彼は神聖な行為を行う限りにおいて神聖であるに過ぎない、とする。「要するに超自然的諸力と人間との中間的存在としての王が、それらの諸力とどのような距離を持っているると想定するかが、王権の神学の相違を構成するわけである。その意味で一種の仲介者である王は多くの場合、コスモスに異変が生じ人間共同体に何かの災厄が起これば、仲介者として失敗の責任を問われる存在でもある。このような思想の代表が中国における天人相関説である。また日本においても不徹底な形においてではあったが、中国の影響下に天皇の災害に対する責任を負う思想が展開した」。これを詳述するのが「災害・怪異と天皇」（山下克明）論文である。同時に王権に期待されるのは、「人間生命の存続、作物の豊穰、災害の回避、病気の治癒能力であった。「王権に期待される、このような豊穣あるいは治病の守護者としての役割が、近代における社会福祉や自然保護への王権の接近の、一つの歴史的根拠になったことはいうまでもない」ことは、反天皇制運動に思想的であれ実践的であれ、ちょっと関わった者は実感として知っており、撃ち辛い点であることも思い知らされている。この点については「古代の天皇と病者」（丸山裕美子）が展開している。

コスモス内部の同心円構造は、「同心円の中心になればなるほど、コスモスの価値を独占する超自然的諸力や王との関連性が強くなり、最終的にその中心が帰着するのは王その人の身体である。／日本において、このコスモスの中核という意義を担う王の自然的身体の誕生が、どのように他の階層と違った形で扱われていた」かを「天皇の出産空間―平安末・鎌倉期」（森本仙介）論文が担当する。

「天皇・天皇制論」にとって「コスモロジーと身体」という課題がどういう位置を持つのかについて、運動現場に身を置く者にとって焦眉の課題とは思えないに違いない。わたし自身そうであった。しかし、本巻を通読して再考しなければならないことを痛感した。例えば、嶋田論文「『古事記』神代神話のコスモロジー」は、記紀神話は、神代神話のうちに天皇家の正統性を裏付けるためのイデオロギーによって形成された、と一般的に考えて切って捨てていたが、考えてみれば当然のことであるが、「記紀神話をイデオロギー的政治神話と規定するだけでは理解しがたい民衆神話の残存」があり、これを掬い出すことから、日本古代の民衆意識を探ろうとする労作であり、実際、天皇制批判の射程を近代天皇制に一応限っている現在の運動現場では問題にし辛いところではあるが、「農耕社会が終われば天皇制も終わる」とご託宣を垂れたまだ生きている人の言説が、ほぼ農耕社会とは言えない現在の日本においても天皇制・天皇制イデオロギーが揺るぎないものであることを見せつけられている我々には、もう終わったものであることは衆目の一致するところであろう。では、批判の視座と射程をどこに据えるのか。

（「靖国・天皇制問題情報センター通信」354号 2002年12月15日）

424 『岩波講座　天皇と王権を考える 第八巻　コスモロジーと身体』②

反天皇制運動にとって批判・無化の対象が近代天皇制であることは言を俟たない。筆者自身がそうであったが、日本民衆の生活意識との乖離の認識から日本民俗学や古典学などに分け入って、天皇・天皇制イデオロギーの存立基盤そのものへと迫りたいと願いつつ、しかし現実にはその方法は、「日本」の「王権」という比較検討にさらしてみなければその実像さえ明らかにすることができない「天皇・天皇制」の「特殊日本的」な諸相ばかりをあげつらうというナショナリズムの隘路に嵌まり込んでしまうしかないことに膨大な時間を費やしてしまった。今となっては吉本隆明の「南島論」などもその内に入れてよかろう。農耕社会が解体すれば必然的に天皇制も解体するなどという粗雑きわまりない刺激的な論究など、今時だれがそれとして受け取るだろうか。

岩波講座の試みは、「日本」そのものを相対化しようという点において高く評価できる。ただ、何分にも運動現場の問題意識と違い論者＝研究者の論文が多く、単なる天皇制研究論文集にはしたくないという編集委員の意図とのズレは如何ともし難いうらみは残る。本巻の「コスモロジーと身体」というテーマなどまさにその典型で、運動者の意識に上ったことのない領域で運動者が本巻所収の論文から学びとることは容易ではない。

巻頭の嶋田義仁による「『古事記』神代神話のコスモロジー」は、その序にあるように、津田左右吉の『神代史の研究』、『古事記及び日本書紀の研究』に端を発する「神代史は、それが作られた時代の朝廷に権威をもつてゐたものの思想によつて構成せられた、皇室の起源及び国家の由来に関する物語」であり、「一貫した着想とほぼ整つた結構とをもつてゐるので、そこに知識人の智能のはたらきが見えてゐるが、詩人的な空想の動きは認められない」という「記紀神代神話は天皇制国家の権威づけのために政治的に作為された一種のイデオロギー神話であり、歴史的事実でないことはもとより、本来の神話的性格さえも失っている」という戦後記紀神代神話研究の定説を覆そうという意図に貫かれ、「神話学をそれだけで孤立させず、民俗学や、民族学、さらには宗教史学の諸成果とすり合わせるなかで、神代神話の理論体系を解読する試み」をすることを通して、「一部政治的為政者のためのイデオロギーであり、民衆の生活や思想とは無縁なものと考えられてきた神代神話を、日本列島に生きた民衆の思想として真に国民の神話として捉えなおす」ことができた、とする。「真に国民の神話」たりうるか否かはともかくとして、日本列島に生きた民衆の多くであったに違いない稲作民が生きていた世界観の輪郭は提示できているように思う。

月本昭男「王権と宗教儀礼—古代バビロニア・アッシリアの場合」は、こちらの教養がついていかないので、編者山本幸司の紹介の孫引きである。「メソポタミアの王権思想は天上的・神的起源を持ち、王杖・冠などの王権象徴物も天からの付与物とされた。しかしシュメルと違ってバビロニア、アッシリアにおいて、王は神そのものではなく、神々に選ばれ王権を託された民の代表者であり、女神との聖婚も行われない。新王の即位式は王権象徴物を付与する儀式として行われた。アッシリアでは、即位式は主神の神殿で祭司から王に額帯と王杖が付与され、祝福の祈願を受ける儀式と、国の職務責任の罷免・再任命の儀式とから構成される。王の即位式が、王権の更新の儀式と国家体制の更新の儀式をかねて行われたのである」ということである。王権と国家体制との関係において天皇制との比較研究から何かを生み出せるのかもしれないが、その点についてては見当がつかない。

応地利明「認識空間としての「日本」」は、一例を挙げれば、1881年の二度目の北海道「巡幸」をした天皇を取り上げ、「「開拓使諸計画」にしたがって、シャッポルの地に建設が開始されていた札幌を訪れる。それは「土人」の地である内陸への巡幸であり、彼らの帝国臣民への編入を意味した。1889年の憲法発布の年には、アイヌをそれまでの「土人」に代えて「旧土人」と表記することになる。つまり彼らは異域の「異形の人間」から決別して、〈浄なる空間〉に編入された「天皇にまつろう臣民としての人間」となったことの宣明であった。その総仕上げが1899年の「北海道旧土人保護法」の公布である」と、「四至（しいし）」という観念に基づく、天皇を浄性の極として浄↓穢へと拡がる価値的空間として天皇制の側が「日本」を観念していたことが示され刺激的である。

細井浩志「時間・暦と天皇」は、苦笑いしつつ読んだ。素人の誰でもが考えることだが、素人の素朴な考えと違って、古代律令国家では官僚機構運営の必要から、中国の暦法・時法が導入され、陰陽寮や頒暦の制度も整備されはしたが、天皇には中国の皇帝のように時間を支配するという意識は希薄で、所与の時間の枠内で臣下とともに支配されるという色彩が強かったことが立証され、時間管理が天皇の正統性根拠であると強く意識するのは、天皇の側よりも、むしろ天皇に反対する勢力の側であって、だからこそ源頼朝や南朝方の独自年号の使用などにそれが表れていたとする。とすると、「元号法」反対運動そのものが間違っていたのではないが、ずいぶん粗雑な論理を展開していたものである。

（「靖国・天皇制問題情報センター通信」356号　2003年1月15日）

425
『岩波講座　天皇と王権を考える　第九巻　生活世界とフォークロア』①

本巻の編集者山本幸司が「付記」として、「本巻は当初、宮田登氏によって構想が立てられたが、宮田氏が急逝されたため山本が引き継ぐこととなった。宮田氏の意図をどこまで実現できたか、はなはだ心許ないが、事情を記して大方の御寛恕を請いたい」と記しているような事情があるからか、山本による「序論」は所収論文の紹介が主で、編者の編集意図は多く述べられていない。

早速、所収論文の紹介に入りたい。「第Ⅰ章　王の生活世界」所収の榎村寛之の「天皇の饗宴」は、「宮廷における王や王一族の生活を考えた場合、厳密な意味で王家の人間に公的な場と切り離された私生活が存在するかどうかは疑問である。／王の行う行為のすべてが政治的な意味を持つとすれば、一般人にとって私的な行為であっても、王にあっては何らかの政治的意味合いを帯びることになる」（山本幸司）のは当然で、榎村論文は、古代における天皇と貴族層たちの共同飲食儀礼もまた国家的行為という儀礼的性格をもった饗宴としての政治的意味を論じている。この領域では早く直木幸次郎が『夜の船出』所収「宴と笑い」において、「7世紀後半には、都市貴族的宴会が成立し、額田王などの専門歌人が登場する要因になった」と指摘し、石上英一が『講座　前近代の天皇』第4巻所収「律令制と古代天皇支配による空間構成」において、「天智朝の政権の抱負や世界像が宴席の詩の中で象徴的に表される」としている等、7世紀後半から9世紀頃に至る歴史の中での饗宴の役割についての検討は進められてきているし、吉川真司が『日本史研究』320号所収「律令官人制の再編」において、「饗宴を官人制の展開の中に積極的に位置づけ」、「「五位以上集団と天皇は上日（勤務評定）と宴会（人格的結合）で結ばれていたが、こうした「官人秩序」（君恩―奉仕関係）は9世紀に崩壊した」と指摘することで、「おもな問題点は、ほぼ言い尽くされている」（榎村）ということである。

しかしその上に更に榎村論文が書かれなければならない理由を榎村は、「総じて近年の研究は、宴そのものより物質的な給付である「賜禄」に興味を移し、その基礎史料が「儀式」などであることから、平安時代を重視する傾向にある。／私は先に、7世紀後半から8世紀の饗宴の特質を、宴と饗という名称をもとに考察し、天皇が貴族たちとの同質性を強調した「宴」と、貴族を含む官人層との異質性を強調した「饗」を使い分けることで、王権の所在を表象化し、王権の強化を図っていたことを論じた（『日本史研究』440号所収「飲食儀礼から見た律令王権の特質」）。本論文ではその観点をより深化させるため、饗宴という儀礼のもたらす効果について、参加者のみならず、饗宴を見る者の役割、饗宴を主催することの意味などについても考えたい」とする。

この問題は、現代天皇制もまた「儀礼」を媒介としてその存在に政治的意味付与をしていることを考えれば、我々にとっても重要な意味を持つ視点である。長くなるが、編者山本が榎村論文を過不足無くまとめているのでそれを引用する。

「「饗」というのは天皇が貴族・官人層との異質性を強調するために行う公式性の強い儀礼であり、「宴」は天皇が貴族たちとの同質性を前面に出して、君臣の一体感を醸成するための儀礼であった。すでに記紀の伝承世界において、宴は無秩序な親睦儀礼、饗は緊張感を孕んだもてなしという違いを示しているが、7世紀以降の国家体制において、こうした相違は一層顕在化する。饗の性格が顕著になるのは、外国使節や国内の化外の民に対して行われる服属儀礼の一環として行われる時である。その際、そうした儀礼的性格は、単に天皇と使者との間の儀礼にとどまらず、儀礼の観衆である官人層あるいは一般民衆に対して、服属関係を印象づけるのに有効であった。それによって天皇を中心とする官人集団の求心力もまた強められたのである。饗に伴う化外の民に対する賜位もまた観衆を意識し服属を印象づける儀礼であったが、それに対して与えられる賜禄は、主権者の富の再分配であると同時に天皇と官人との親近関係を物的に表示するものであった。／7世紀後半の国際的緊張が沈静化し、王権が中央集権的な内政整備に力を注ぐようになるにつれて、饗の重要性が低下し、宴の機能が重視されるようになる。奈良時代には天皇と五位以上の官人との親睦儀礼である宴と、六位以下の官人が賜わる公式な恩恵施与としての饗という階層差別が生じるが、時には百官を対象とした宴が行われることもあり、その選択は天皇に任された。さらに藤原京の成立によって、都宮の中に饗宴の場が確立され、一般民衆と区別された身分である貴族・官人層の地位が、空間によって視覚的に表現されるようになる。／ここで示されている共同飲食に限らず、宮廷における儀式は、その進行過程における手続の違いや、儀式で与えられる栄誉や恩恵に細々とした差異を設けて、臣下の地位の微妙な上下関係を表現するとともに、それを通じてエリートたちを王朝支配のシステムに統合する点で、政治の場そのものであるが、それればかりでなく時に宮廷は第三者の存在を意識した劇場空間であるという点でも政治の場だったのである」。

特に真新しい視点ということではなく、反天皇制運動の中で実感として既に獲得していた視点ではあるが、研究者の史料に基づく緻密な論は、現代天皇制が様々に展開する儀式・儀礼の意味を読み解く大きな手がかりを与えてくれる。

（「靖国・天皇制問題情報センター通信」３６１号
２００３年３月31日）

４２６
『岩波講座　天皇と王権を考える　第九巻　生活世界とフォークロア』②

古橋信孝の「天皇の言葉と和歌」は、連綿と、相も変わらず毎年新年に「歌会始」を続けている「天皇家」と、数年前にはあの岡井隆まで召人を務めたように、「日本人」のごく一部の人々によっては重大な意味を持っているのであろう「和歌」との関係を考察して、面白く読んだ。結論において古橋は、「天皇、言葉、和歌という関係は、この地上世界において、心という隠されているものの真実が和歌によって初めて言葉になり、その関係を支えるものとして天皇が存在するということである。しかし、天皇は和歌においてはほかの人々と対等でしかない。ここに漢文と和文の関係を重ねれば、漢文は世界性であり和文は地域性といえる。そして、和歌は口誦の言葉を象徴したものであり、口誦の世界は私的な生活世界と深く関わる。さらに、かな文、和文の正式な文書における始まりは、天皇の宣明だった。つまり、天皇は日本という地域性と私的世界を象徴するということになる。もちろん、天皇は公的な存在だが、律令制を国家の枠組みとしていることにおいて、地域性から私的な領域までを象徴することになった。しかし、私的な領域は天皇など関係なく進行していくものである。したがって、天皇は、律令制が崩壊すれば実際の力を失うが、存続することも可能となる。いわば空虚な中心として。そして和歌も天皇の空虚化にともない形式化するか、私的な領域にはりついて存続することになった。私的な領域は限りなく続くものだからだ。これが和歌や天皇が日本の文化の中心にあり続けた理由と思われる」という。この結論を導くのに、「多言語、多文化の日本列島」が「権威によって朝廷の言葉が共通語として成立していく」過程を示し、共通語の一つのモデルとして『続日本紀』の「宣明体」、即ち、「漢文訓読的な言い方や文章語を使った特別な言い方として天皇の言葉であることを示し」た歴史が明らかにされる。同時に文化としての「みやび」の成立過程が解明され、「都市の中心には宮廷があり、宮廷の中心には天皇がいる。しかし、『みやび』という宮廷文化をあらわす言葉が宮廷、天皇を離れて成り立っている。天皇は関係ないというレベルになっている」ことが「日本文化」にとって大きな問題であることが述べられる。そこから「天皇と和歌」の関係に分け入り、「君臣唱和」から「君臣一体」へと至る和歌の歴史が明らかにされるが、その過程で、「和歌」に多少でも関心がある人は誰でも気づいていながらその意味を納得的に説明できずにいた、「天皇も臣下も和歌によって、心で感じたこと、思ったことをあらわすことができる。和歌にとっては、天皇も臣下も対等だった。それは、和歌に詠む限りは敬語を使わなくてもいいということからも確かめられる」ということもまた明示される。これは「日本文化」を考える際には大きな問題で、「漢字、漢文が世界を観念、制度の側から捉えるのに対し、和語、和文は身体、変化から捉えるのである。もちろん近代の概念でいえばナショナリズムだが、漢語、漢文に対して、自分たちの生活や文化、言葉、美として、和語、和文、和歌が価値づけられたのである。和語、和文はまさに生活全体にかかわる言葉だった」と、古橋は言う。この辺りのところをきちっと押さえて、学校教育における「国語」なる科目の位置を考えたいし、文部科学省の教育基本法改悪の試み、「文化・伝統」の強調の意味するところについても考えたい。

福澤昭司の「民族社会と天皇制」についても面白く読んだ。柳田国男の有名な「民俗学の話」の中の「それからずつと気がついて考へて見ますと、宮中のお祭は村のお祭とよく似て居ます。中間の神社のお祭は色々やかましい儀式があつたりして違つてゐるが、宮中のお祭と村々の小さなお宮のお祭とは似てゐる。これではじめて本当に日本は家族の延長が国家になつてゐるという心持がはつきりします。民間の年越の祭とか収穫の感謝の祭とか、自然のお祭といふものを、宮中と同じやうにやつてゐることは、民間の者が知ることはいくらも機会があるけれども、天子様がお心付きになるやうな時代が来たのは本当に悦ばしい有難いことだと思ひました。それが私のこの学問をする大きな刺戟になつて居ります」という「家族主義的国家観のプロパガンダ」の指摘から論を起こし、赤坂憲雄が『象徴天皇という物語』で柳田を批判して、柳田の論が「大嘗祭と無縁に生きてあった村々の常民大衆と、天皇制＝国家の祭祀とを仲立ちする思考の回路となった」こと、また、「民俗学が持つ思想的危うさ」に触れて、「常民への／常民からの眼差し＝方法が、時代と刺し違えるほどに深い徹底性をもたぬときにはたやすく天皇制＝国家を草の根から支えるイデオロギーに堕してしまうのだということを、肝に銘じておくのもよい」という主張を紹介して、まず自らの学の土俵である民俗学に縛りをかけておいた後に、「王の力」として「時間の支配」が大きな問題であることを立証する。「時間が天皇制支配の道具になっていたとはいっても、現在に至るもそうだとはなかなか認識しづらいものである。しかし、改元に際して顕著に露呈されてくるように、時間と天皇とは直接に結びつき、与えられたことが当たり前として我々の内側に位置づいているものなのである。さらに、時間は支配される一方で、民衆の側には時間を与えられたいという願望があることも事実である。自らの行為によらず、与えられる『世直し』への期待は、改元に際しての民衆の心性に見られた。こうして時間の支配は、与える側と与えられる側の共犯関係によって成り立っていることが明らかとなる」という福澤の指摘の後半部分については、反天皇制運動の思想的営為の中では、それほど問題にされて来なかったがゆえに、今後の課題となるだろう。

赤坂憲男の「流離する王の物語―貴種流離譚の原風景を求めて」も、民衆のなかの天皇信仰の問題を抉って刺激的な論文である。

また小松和彦の「異界と天皇」も「異界」なるものが日本人にとってどのような意味を持っていたかを明らかにして、考えさせられた。

所収されている論文の半分も紹介できないことを申し訳なく思う。紙幅の都合だけでなく、川田順造の「王のことば―西アフリカの事例から」や杉山正明の「チンギス・カンのイメージ形成―時をこえた権威と神聖化への道程」などは力不足の故、歯が立たなかった。お詫びする。

（「靖国・天皇制問題情報センター通信」３６２号
２００３年４月30日）

427 『岩波講座　天皇と王権を考える第十巻　王を巡る視線』①

本巻の編集担当は日本中世法制史・思想史家山本幸司である。従って「序論」を担当している。まずその序論の紹介から始める。本巻の編集意図として「一方において王権を取り巻く人々が王権をどのように認知していたか、そして他方において、王権の側では自分のどのような姿を周囲のものたちに認知させせようとし、またそのために、どのような方法を用いたか」を検討することにあるとする。こういうテーマ設定をすると多読な読者は先行する仕事として多木浩二『天皇の肖像』(岩波書店)、T・フジタニ『天皇のページェント―近代日本の歴史民族誌から』(日本放送出版協会)をすぐに想起されるであろうが、これらの先行する仕事を評価しつつ、「王権を巡る視線」を時代的にも空間的にも巾を広げて検討するのが本巻の目的である。

山本はこうした意図のもとに、「王権は周囲の視線を統制・管理するとともに、自らの側からは周囲を監視し統制する視線を注ぎかける」ものであるが、このような領域の問題を史料を通して検討しようとする場合、例えば日本においては、「貴族・武士および江戸幕府という限定された政治世界においてしか扱え」ないという限界があり、このような「社会上層の権力に近い人々より、下位にある広範な被治者の権力に対する見方が、権力の側から問題にされるというのは、被治者が単なる受動的な政治の客体から脱却し、意志を持った能動的な存在として政治の舞台に登場」した明治維新による近代天皇制以降の段階であり、ヨーロッパでは16世紀の絶対王政以降であるとしている。従って本巻所収の論文では「Ⅰ天皇のイメージ」では、美川圭「貴族たちの見た院と天皇」、高橋典幸「武士にとっての天皇」、藤田覚「江戸幕府の天皇観」の3論文が近代以前の天皇を巡る視線を扱っており、同章所収の孫歌「〈一木一草〉への視線―中国から見た天皇制論議」は、外からの視点を入れているが、時間的には中国近代からの天皇制観であり、「Ⅱ王権のイメージ形成」が近代天皇制を扱って、その分量と視角の豊富さも当然ながら多い。

山本の序論においても、氏が中世史家でありながら、そこで問題にされているのは近代以降の天皇制である。「記号・表象・パフォーマンスなどによる表現と、王権の経済的基盤や政治機構との関係は、どちらも権力の正統性を保証する点では、同じくらい重要な要素である」という認識から、記号・表象・パフォーマンスの目的を、とりわけ正統性根拠を明確に表現することである。①権力が拠って立つところのいくつかの原理・原則、と②正統性根拠を被治者に訴えかけてその共感と支持を得ること。③それを通じて時の権力それ以前の権力と同時代の他の国の権力と区別することにある、とする。その上で、「記号や表象・パフォーマンスは、それぞれ切り離されたものではなく、全体として一つのシステムを形成しているのが一般的である。そのシステムにおける主要な記号は可視的なそれであり、権力を求め、権力を揮おうとする人びとは、そのシステムの中で承認あるいは協賛を得ようとする」と、誠に正しい指摘をしている。

その具体例が、「記号・表象として、まず挙げられるのは国旗である。また王制にあっては国家は君主の姿に人格化され、君主のイメージは、一方では通貨・切手や装飾的なメダルなどにおける公式の肖像として、他方では公共の広場における彫像のような巨大な記念物として、人々の面前に登場する」として、イギリスやスペインの例を挙げた上で、日本における「巡幸と御真影」を問題にする。

「王政復古という形で明治新政府が発足した段階で、政府当局者にとって最大の課題は、（略）天皇の存在について、国民に広く知らしめることであった」。「教科書歴史」（こんな言葉があるのかどうか知らないが、例の歪曲新歴史教科書が出て以来これへの批判ばかりが強いが、それ以前の歴史教科書も相当ひどいものであった）では問題にもされていないが、ほとんどの民衆にとって天皇の存在など認識外で、天皇という存在そのものを「視覚化するという目的に向かって採用されたのが、1868年の大阪親征および東幸に始まり、1880年代中半まで行われた天皇の巡幸であった」。そして、「これを引き継ぐような形で行われるようになったのが、天皇の肖像画を写真にした御真影の下付であった」。

E・ホブズボウムがいうところの「過去からの連続性を暗示する一連の儀礼的ないし象徴的特質」としての〝創られた伝統〟が、以後この国の民を呪縛する。

それらの具体例については、Ⅱ章で羽賀祥二が「天皇と巡幸」、原武史が「〈国体〉の視覚化―大正・昭和初期における天皇制の再編」で詳細に論じているので、次号で紹介する。

しかし、「天皇のイメージを国民に浸透させるに当たって、明治政府はヨーロッパから学んだ新たな儀式やシンボルの導入を迫られ」、それを実施しもしたが、「象徴言語は一方で伝統的社会の心理的習慣にもっとも強く結びついているので、完全に近代的・ヨーロッパ的な事物で固めた場合には、その華麗・壮大さによって民衆に天皇の権力を印象づけることは可能であったとしても、内面的な服従をもたらすような権威として天皇像を民衆の心に浸透させることはできない。儀式やシンボルは、権威として確立しようとすれば、何らかの形で伝統的な要素と結びつくことを必ず要求される」ゆえに、天皇制は「民俗学でいう生き神信仰」と結びつけ、「外来神や貴種信仰」と結びつけ、「外来神や貴種信仰と関連する、生きている人を神として祀る生き神信仰の基盤の上で、天皇も新たな生き神として民衆の世界に根を下ろした」のである。日々「生き神としての天皇という側面が強く意識され、いわば日本で行われてきた神祀りの手法」で扱われた「御真影」の呪縛力は、現時点では想像もできないほどの力であった。

（「靖国・天皇制問題情報センター通信」３６３号
２００３年5月31日）

428 『岩波講座　天皇と王権を考える　第十巻　王を巡る視線』②

羽賀祥二「天皇と巡幸」は、既に多くの人々に論じられてきた領域の問題である。とりわけ敗戦後「巡幸」の持つ意味について、新憲法に象徴天皇制として存続を可能ならしめた「巡幸」については、ほとんど論じ尽くされたと言って過言ではない。

羽賀は近代天皇制の初発段階での「巡幸」を扱う。そもそも「王政復古と〈ご一新〉という形をとった明治維新」は「神武天皇」をシンボルとして前面化し、「〈神武創業〉への復古、天皇親政の名のもとに、天皇制度の根本的な改変がおこなわれた」と、羽賀は明治近代国家初発段階での「天皇」を位置づける。しかし、政治制度の激変期の国家のシンボルとしての天皇の地位やイメージは、そもそも政治家たちの国家のイメージが手探り段階であるから、それらのいちいちに対応することが可能でなければばならない。従って、「神道祭司としての天皇、大元帥としての天皇、倫理的指導者としての天皇、社会的君主としての天皇」に、「立憲君主としての天皇」という一様ならざるイメージを担わされる。

先に天皇の「巡幸」については論じ尽くされた感があると記したが、羽賀はこれらの論を三つに大別する。その一は、色川大吉『近代国家の出発』、田中彰『近代天皇制への道程』、遠山茂樹『明治維新と天皇』らの「天皇制イデオロギー論」からの研究であり、その二は、宮田登『生き神信仰』に見られる「天皇に関する民俗信仰を通じて天皇制の宗教的な特質を解明する研究」であり、その三は、佐々木克「天皇像の形成過程」（飛鳥井雅道編『国民文化の形成』所収）、多木浩二『天皇の肖像』、T・フジタニ『天皇のページェント』、原武史『可視化された帝国』らの「〈見る—見られる〉という天皇と民衆の視覚的な相互関係に視点をおく、すなわち視覚的支配論からの研究」とに分かれて整理している。日本近代史家の羽賀は、これらの作業を前提にして、イデオロギー論と視覚的支配論とを統合する視点を提示することによって、近代天皇制論を前へと進めようと意図した論文が本論である。まずエンペラー（皇帝）では表しきれないイメージを持った存在「ミカド」としての日本近代史への登場の意味を問い、続いて、「巡幸」の果たした役割を「〈自然〉な形で人民に浸透する君主の意思、これが天皇という君主権力の持つ威力であった」として、「社会的功労者の発掘と顕彰」という新しい視点を示し、続けて大元帥＝戦争指導者としての明治天皇イメージを作るための役割を問題にする。同時に「巡幸」は「聖蹟」と記念碑の建立を必然化して、支配領域の確定、すなわち「食す国」日本の再現を企図したものとして位置づける。論の最後に羽賀は「天皇や随行した側近が視聴した事物を和歌によむという行為は、これまでの研究では等閑視されてきた一つの文化であり、今後検討されてよい事柄だろう。巡幸後の記録や〈聖蹟〉発掘のなかで、和歌が天皇の事績の記憶として呼び起こされ、いっそう天皇の権威をひろく認識させていくようにうながしていったからである」と、今後の課題まで提示している。

近年続々とその仕事が発表されている原武史（本紙今号に松崎功が書評している『出雲という思想』も原の著作である）は、「〈国体〉の視覚化—大正・昭和初期における天皇制の再編」を本巻に寄せている。論文の冒頭に青木保『儀礼の象徴性』の中の有名な指摘を置いている。

「儀礼が国家にとってことさらに重要な意味を有するのは、王あるいは支配者がその権威と権力を国家全体に示すための象徴的装置が必要とするからだけではない。儀礼が民衆に国家というものの本質を具体的な形で示すというだけでもない。盛大な儀礼を行なう、というその行為自体に〈国家〉の存在が現われ、またそれがすなわち〈国家〉そのものに他ならないからだ」がそれである。原は本論の目的を1925年公布の治安維持法で初めて法律用語として登場した「国体（本紙読者に誤解があろうはずはないが、国民体育大会の略称と区別する意味で「國體」と表記すべきとわたしは考えている）」は、37年に文部省が編纂した『國體の本義』により一挙に「国民化」したが、この「國體」の登場こそが近代天皇制の再編を示すものであると原は主張する。「再編の特徴を一言でいえば、明治中期以降、観念的な見えない存在となっていた天皇（摂政）が、再び地方視察を積極的に行いながら、具体的に見える存在になったことが挙げられる。これだけでは明治初期と同じであるが、決定的な違いは昭和天皇（26年までは摂政・皇太子。26年から天皇）が生身の身体をさらすとともに、狭義の政治から疎外されていた学生生徒や女性、植民地の住民を含む万単位の〈臣民〉と相対する〈一君万民〉ないし〈君臣一体〉の空間が、植民地を含む全国各地に設定され、親閲式や奉祝会、奉迎会などの新しい儀礼が行われるようになることである」という。こうした儀礼を通して、「〈国体〉は言葉で理解するものではなく、何よりも身体ごと体験するものとなった」。原が「全国」をいう場合に必ず慎重に「植民地を含む」としている点に注意していただきたい。近代史家原は本論で「満洲国」における「國體」の展開を扱って、可視化した天皇制に新しい視点を示してくれる。

本巻では、一夫一婦制モデルとしての天皇家ファミリーを扱った川村邦光「天皇家の婚姻と出産」や、「近代天皇制とは、そもそもメディア天皇制だったのではないか」とする吉見俊哉「メディアとしての天皇制―占領から高度成長へ」などを面白く読んだ。

長かった紹介のための連載を終えるが、「戦争国家」に変貌しようとしている日本にあって、天皇が再び戦争指導者として登場することはあるまいが、朝日新聞社刊の「AERA」6・23号が現天皇夫妻を妙な持ち上げ方をした提灯原稿をトップに掲載し、「両陛下は、少なくともこの15年間の日本の現実に、やはり相当の危機感を抱いておいでではないか」などと結論させている。本紙で和気理作氏が扱われるかもしれないが、天皇・天皇制の動向からはまだまだ目を離せない。

（「靖国・天皇制問題情報センター通信」364号 2003年6月30日）

429 姜尚中・森巣博『ナショナリズムの克服』（集英社新書）

帯に上野千鶴子が「治ってしまえばあれはビョーキだったとわかる、爽快なナショナリズム論」という推薦文を寄せていて、まさに至言である。在日の立場から「日本」について鋭い批判と分析を続け、今や「日本」を代表する論客の一員であるという何とも言いようのない位置にいる姜尚中と、オーストラリア在住の自称国際的博奕打ちで作家の森巣博（知る人ぞ知るのだろうが、この人はいったい何ものなのだろうか。該博な知識と的を射た批評性はただものではない）との異色の対談。表紙裏の紹介をそのまま引用すれば、「テーマは、1990年代以降、日本に吹き荒れている、ナショナリズムの嵐です。第一部で、日本型ナショナリズムの歴史を通観。第二部で、グローバル化によって変質する国民国家像と、国境なき後の世界の未来について、刺激的な意見交換を繰り広げます。国家とは何か、故郷とは何か。本書は、ナショナリズムを理解し、何ものをも抑圧しない生き方を模索するための入門書です」という宣伝にウソ偽りのない痛快至極の、新書という形態の良さを存分に生かしたお得な必読書。両者の対談の中に登場する「人物・用語」の巻末に附された解説から人物についてほんの一部を挙げると、カルチュラル・スタディーズの祖といわれるレイモンド・ウイリアムズからデリダ、金石範、ジェリー・ルービン、坂口安吾、ニーチェ、室生犀星、ラカン、ロラン・バルト、ドゥルーズ、クロカン、吉本、大塚久雄、柳田国男、網野善彦、廣松、アルチュセール、マックス･ヴェーバー、橋川文三、丸山真男、山之内靖、グラムシ、吉見俊哉、そしていったいどうなっているんでしょうかの加藤典洋等々。本紙の読者のみなさん、がんばりましょう、天皇・天皇制批判というのも並大抵なことではできないことを思い知らされます。最後に森巣の言葉を。「『族』という概念を殺したところで成立する

『無族協和』」。「民族という病」を越えて、すなわち日本人は天皇制という病理を解体してこういう世界へ行くことができるのだろうか。

(「靖国・天皇制問題情報センター通信」№5号=通算357号 2003年1月31日)

430
「特集：近代天皇論」(『大航海―歴史・文学・思想2003』45)(新書館)

三浦雅士が編集人である。だからということでもなかろうが、「光格天皇・仁孝天皇・孝明天皇・明治天皇・大正天皇・昭和天皇―日本の19世紀と20世紀をになった6代の天皇」という特集内容のトップバッターが松本健一「光格天皇から昭和天皇まで」。「平安時代や徳川時代が、白村江や豊臣秀吉の朝鮮出兵で負けて内に閉じこもった結果、平和で豊かで安定し、文化が栄える時代が続いたのと同じ道すじで、大東亜戦争に負けて島国に閉じこもり、平和的、文化的な天皇のもと、豊かで安定した時代を作ってきた。経済至上主義に陥って、ナショナル・アイデンティティを喪失するという欠陥も孕んだが……」などと虚しい慨嘆をしてみせて、「戦後の昭和天皇は、病気で亡くなる直前はまさに日本の大いなる神主として、国民を見守る役割を果たそうとしていた。昭和六十二年、自分が病床にいながら、今年の長雨で米の実りはどうかと発言したが、そこには戦後の日本人がみんな『私』の欲望に従って必死に生きてきたなかで、唯一天皇だけが日本全体のことを考えてくれているという天皇伝説、天皇信仰を蘇らせた」のだそうだ。それにしても特集の題の中に「19世紀から20世紀をになった」とあり、松本の文章中に「平和的、文化的な天皇のもと」とあって、いったいこの人らは歴史の担い手をどう考えているのか。

特集のすべてがこの調子なのではない。片野真佐子の「近代皇后研究に向けて」は、この間出色の近代皇后論を展開してきた片野の仕事の延長線上にあり、岩波講座「天皇と王権を考える」第七巻『ジェンダーと差別』所収の同氏の論文の焼き直しではあるが、天皇制の一翼の担い手としての皇后の位置を鮮明に描いている。

徹底討論と題された、島田雅彦と原武史の「皇居前広場の記号論」も、島田の「崩御」という言葉が少々気になるが、全体としては面白く読める。

（「靖国・天皇制問題情報センター通信」5号＝通算357号）

431
姜尚中、齋藤純一、杉田敦、高橋哲哉
『思考をひらく―分断される世界の中で』（岩波書店）

本書の宣伝文句は「われわれを震撼させた9・11のテロ事件は、果たして『文明の衝突』の帰結なのか。世界を「文明」と「野蛮」に分割する暴力は、無制限なグローバリゼーションによって我々の社会をも分断しようとしている。その暴力に対抗し、境界線を超えてゆく新たな構想力の可能性はどこにあるのか。／シリーズ（シリーズ　思考のフロンティア　全16冊・別冊1）の最後を飾る、4人の編集協力者による白熱の徹底討議」ということである。「はじめに」を姜尚中が書き、第Ⅰ章の「文明と野蛮」では姜尚中が「〈文明の衝突〉とグローバル化の地政学」と題し、高橋哲哉が「〈文明〉とその他者との分割をめぐって」と題して発題を行い、4人で討議し、第Ⅱ章の「分割と境界」では齋藤純一が「〈見棄てる〉という暴力に抗して」と題し、杉田敦が「境界線と政治」と題して発題して、また4人で討議という内容で構成されている。

「はじめに」で姜尚中は、9・11が開いた世界の状況を、「まず改めて目を見開かされたのは、絶望的な貧困と飢餓の蔓延する世界と、金融資産と実物資源を独占的に支配する世界との、目も眩むような落差である。アフガニスタンとニューヨークは、そうした地政学的な断絶を象徴していたのである。絶対的な無関心の暴力に曝され続けてきた内戦の地と、過剰な関心を浴びる世界都市、この両者を引き裂いてきた関心（attention）のエコノミーは、現在の世界システムの不均衡な構造を反映している。その場合に見落としてならないのは、世界の貧困が、人的・物的資源の〈不足〉から始まったのではなく、〈むしろ、失業と全世界的な労働費用最小化を基盤とした汎世界的な過剰生産体制の結果〉（ミシェル・チョスドフスキー『貧困の世界化』柘植書房新社）として生み出さ

れていることである」とし、「いまやグローバル化した世界経済システムでは、通常の循環的な下降を解決する伝統的なメカニズムが有効に作用せず、その長期的な傾向は〈均衡からはるかに遠い〉〈分岐点〉(bifurcation)に近づきつつある(I・ウォーラーステイン『アフター・リベラリズム』藤原書店)」との認識に立ち、「同時多発テロが戦慄的であったのは、こうした〈分岐点〉への接近を一挙に早めたのではないか、そうした懸念が多くの人々の頭をよぎったからではないか」と指摘する。そして、「近代のフロンティアに立つ米国によって発動される根絶戦争は、数十万の難民と無国籍者を絶望と死の淵に追いやろうとしている」「近代のフロンティアにまとい続けている〈呪詛〉である」という。この事態に「思考のフロンティアは、まさしくそれに答えなければならない」と言う。

4人の論客による「答え」を求めての真摯な討議の記録が本書である。

姜尚中の提起は確かにそうなのだが、しかし一方で、やはりこの「近代の危機」は多くの日本人にとって未だそれとして認識されているとは言えないのも事実であろう。この裂け目の深淵を前にしても、やはり遠い世界の出来事であるような風景を我々は日々目にしている。というより立脚点を「文明」の側に置いて、それを自問することさえない日本人ばかりである。

天皇制問題に関する「通信」で本書を採り上げる必要を考え、これの紹介をするようにと依頼をした編集者の意図は、本書から「なぜまだ他人事なのか」、〈天皇帝国日本〉の民衆にとっても決して他人事で済まされるものではないのではないか、という問題を引き出せということなのであろう。

その点については、高橋哲哉がその発題の中で、「新しい歴史教科書をつくる会」会長の西尾幹二の発言を引用して、「しばしば反欧米感情を剥き出しにする論者(西尾幹二)が、〈近代化〉した〈文明〉国家・日本を〈野蛮〉な〈中国〉〈朝鮮〉から差異化するために、なんの屈託もなく〈西欧的な基準〉に訴えている」ことを指摘した上で、「日本近代の〈文明〉言説は、福沢諭吉をもって嚆矢とする」とその『文明論之概略』における「〈文明〉〈半開〉〈野蛮〉の三段階論で人間の歴史を説明しようとした」ことの誤りを指摘し、丸山真男も含めて戦後思想がこれを批判的に克服することができなかったことの結果が、先の西尾幹二を含めて坂本多加雄、佐伯啓思、西部邁等による「1990年代後半の日本で、〈脱亜論〉を含めた福沢諭吉再評価の動き」を許したのだと主張している。高橋は加藤典洋もまた、「つくる会」とは政治的立場を異にしつつ福沢の「脱亜論」を肯定しており「ネオ・ナショナリズムのもう一つの指標」であると位置づけている。

おそらくはこの辺りの問題と天皇・天皇制イデオロギーとの関係を解明することが、日本近代の「超克・克服」の道筋を明らかにすることになるに違いない。

もちろんこのような視角の設定と同時に、姜尚中がその著作『ナショナリズム』において、敗戦後日本におけるアメリカへの圧倒的に過剰な関心とその結果としてのアジアの「消失・揮発」というメカニズムの構造を切開してみせた問題とを、併せて考えることができるならば、アジア世界における日本の位置とアジア諸国、とりわけ中国及び韓国・朝鮮との共時性の分断として現れる日本ナショナリズムの根底に届く思想を構築することができるのかもしれない。

(「靖国・天皇制問題情報センター通信」9号＝通算361号、2003年3月31日)

432
原武史『〈出雲〉という思想——近代日本の抹殺された神々』(講談社学術文庫)

埼玉県所沢市にある西武球場近くの中氷川神社、その本殿は出雲大社と同じ大社造りと呼ばれるもので(伊勢神宮に見られる神明造りと双璧をなす古典的な建築様式)、社叢の中にひっそりと佇むその本殿は、〈出雲〉を彷彿とさせ、ある種の「感慨」を覚える。

氷川神社は埼玉・東京を中心に(いわゆる武蔵国)200社以上あるが、他の道府県にはわずか数社しかない特異な神社で、その祭神はいずれも出雲ゆかりのオホクニヌシ、スサノヲ、クシイナダヒメ等になっており、いわば武蔵国は出雲の神々の祭祀圏であったことが伺える。

本殿が大社造りの氷川神社というのは極めて例が少ないが、スジから言えば真っ当この上なく、皇祖＝アマテラスを祀る伊勢神宮に拮抗すべき正統な国つ神、あるいは本書の中で核心的な問題として紹介されている「幽冥界の主宰神＝オホクニヌシ」を祀る神社として、その宗教的権威と伝統的権威を象徴するためには、全ての氷川神社は出雲大社と同様の大社造りの本殿に押し並べてするべきではなかったかとさえ思える。もしそうであったなら、原武史の言うように〈出雲〉＝近代史の「思想的トポス」の実感は更に深まったに違いない。

ところで、なぜ武蔵国に出雲の神々が？　という謎解きは本書「第二部　埼玉の謎」に触れられているが、タイトルにちりばめられた「出雲」や「神々」から、ともすれば古代史や記紀神話解釈の書と受け取る向きがあるならば、その期待は大いに裏切られる。

著者は、記紀神話のあれこれの解釈論議ではなく、江戸から明治にかかる近代の国学〜神道論（争）を丁寧に追いながら、そこに示された思想を解析し、明治政府における宗教政策と権力闘争を重ね合わせる事で、如何にアマテラスを皇祖とする「国体」が確立されていったかを解き明かしている。

著者は本書について『近代日本における「国家神道」「国体」の確立を、〈出雲〉に対する〈伊勢〉の〝勝利〟ととらえ、その意味で抹殺されたもうひとつの神道思想〜しばしばそれは「復古神道」と呼ばれる思想系列に属する〜の系譜を描き出す事を試みたものである。』としている。それは換言すれば近代天皇制支配の正当化の作業が如何に行われたのか、を思想的な側面から描き出したといえよう。

平田（篤胤）派の神学に貫かれた、スサノヲ・オホクニヌシこそがそもそも「地」の正当な支配者であり、また幽冥界を主宰するオホクニヌシによって、人も天皇もその死後は平等に審判を受けるとする思想は、アマテラス〜ニニギ〜天皇が一貫して支配者であったとする思想を根底から揺さぶるものであった。

それればかりか、平田篤胤の没後門人である六人部是香などは、オホクニヌシの幽冥界主宰の原理を更に推し進め、天皇といえども『「大御心」を悪事に用いて世を乱したり……オホクニヌシの「御諭言」を用いなかったり、「其の神語を嘲り誹謗」した場合』凶徒界に落ち、『凶徒界の統領』になるとし、その実例として後鳥羽上皇や後醍醐天皇を挙げている。

明治政府による宗教統制政策の中で、対仏教やキリスト教に対して一枚岩かのように見えた国学や復古神道内部において激しい祭神論争が闘われ、神道国教化を目指す際の思想の核心をどこに置くのかという問題において、スサノヲやオホクニヌシを祀る〈出雲〉と平田派は、かかる思想によりやがて新政府の中から一掃されるに至る。

「万世一系」の〈伊勢〉派に対し、〈出雲〉派は祭神論争や神学論争を果敢に挑み、圧倒するのだが、結局のところ伊勢神宮と同じアマテラスを祀る賢所を宮中斎祭所とする天皇の勅裁により、〈出雲〉の「抹殺」が政治的に諮られたのだ。

と同時に、〈出雲〉には、「生き神」として古代より世襲の出雲国造が綿々と続いてきたのだが、「生き神」という点においても天皇〜〈伊勢〉に敗北する事となる。ところで、幕末から明治初期にかけての一連の「神仏分離」や「廃仏毀釈」が、平田派国学や〈後期〉水戸学などによる復古神道の興隆によるものとしばしば流布されているし、われわれ自身も復古神道〜国家神道〜天皇制国体イデオロギーとして、大枠を理解してきた。

国体イデオロギーの確立に、後期水戸学も平田派国学〈神学〉も同様に貢献してきたとする「通説」に原武史は疑問を呈している。和辻哲郎から丸山真男に至り、今日まで続くそうした「通説」自体が、国体イデオロギー確立のために仕組まれた歴史の改ざんの結果なのではないかと思え、著者の指摘は重要だ。

少壮の学者・原武史による本書は、近代天皇制を考えるうえで刺激的な一冊となった。本書を読みながら近隣の氷川神社めぐりをし、また廃仏毀釈の民衆的エネルギーと神仏分離の諸施策についても改めて考える機会を得た。打ち毀された寺院の跡には学校が建てられ、そこでの「教育」を通じて天皇制国体イデオロギーの流布が効果的に進められた事情、あるいは神社合祀令のはたした意味など、あらためて近代における宗教と政治をめぐり、やや過剰気味に刺激と思考が拡大した一冊であった。なお、〈出雲〉に対する〈伊勢〉の勝利のそのあとにくる、靖国と国家神道こそが最大の問題だと思うのだが、ともあれ本書はその部分は範囲外であり、〈出雲〉の敗北に対する原武史の歯軋りが随所から伝わってくる。

（「靖国・天皇制問題情報センター通信」12号＝通算３６４号、２００３年６月30日）

４３３ 岩田重則

『戦死者霊魂のゆくえ――戦争と民俗』（吉川弘文館）

帯に「『英霊』ではない鎮魂の形。故郷に帰った戦死者たちを、人々はどのように供養したのか」とある。全編日本民俗学の先駆であり虚像も含めて巨人である柳田国男に対する鋭い批判を含んだ論考である。これまでにも柳田批判は様々に展開されてきたが、その多くは部分的批判にとどまっていた。日本民俗学が未だ柳田の影響力から脱しきれない証左である。近くは赤坂憲雄がかなり辛辣な批判を展開しているが、1961年生まれという若い学究にして初めてここまでの批判が可能になったのかと、ある種の感動を覚えた。

即ち、柳田の「祖霊研究」という、いわば独壇場であった学域（果たして柳田が学問であったかどうか未だ疑問は溶解していないが）にまで批判が及んでいる点についてである。反天皇制運動に資するために発行されている本紙では、主要に第1章を扱いたいのであるが、第2章において著者は、第1項「〈家永続の願ひ〉の虚構」と題して、以下のように展開する。1929（昭和4）年12月15日『大阪朝日新聞附録九州朝日』（門司支局発行）の新聞記事を巡る柳田の扱いの問題である。

もともとの「朝日新聞」の記事は、「45枚の位牌を携へ95歳の老人が漂泊の旅を続ける」と題し、「14日雨の中を傘も持たず僅かに45枚の位牌がはいつた風呂敷包みを一つ提げたよぼよぼの老人が門司署を訪れたが、取調べたところ愛媛県伊予郡上灘町松田兼太郎（95）といひ係累は殆ど死にたえ、加ふるに老衰と貧困のため養ひ手もなく同町役場で旅費を恵まれ先祖代々の位牌を45枚もたづさへ福岡市にをる唯一人の孫をたづねて門司まで来たところ旅費はつかひ果たし無一文になり同署へころげこんだものとわかり同署から2円と居合わした大里池上熊治から1円50銭を恵まれて福岡に向つた」というものであるが、これを柳田は『明治大正史世相篇』第9章「家永続の願ひ」で、「珍しい事実が新聞には時々伝へられる。門司では師走なかば寒い日に、95歳になるといふ老人が只一人傘一本も持たずにとぼとぼと町をあるいて居た。警察署に連れて来て保護を加へると、荷物とては背に負うた風呂敷包みの中に、ただ45枚の位牌があるばかりだつたといふ記事が、ちやうど一年前の朝日に出て居る。斯んな年寄の旅をさまよふ者にも、尚どうしても祭らなければならぬ祖霊があったのである」と書き換えこの書き換えの責任がすべて柳田にあるのかどうかは定かではない。著者はこの辺りを丁寧に展開しているが、著者が言うように「祖霊信仰そしてその象徴である位牌とは、柳田の思想そのものであった」のであり、柳田の著名な『先祖の話』が「1945年4月から5月にかけて、沖縄戦のさなかに執筆され、〈自序〉のみが敗戦をはさんで10月22日に執筆された」事情を鑑みても、敗戦末期、柳田が「社会的使命感」から日本人の祖霊信仰について異様に高ぶった精神の中で主張したものであることが明らかにされている。

第1章を紹介しようとして、異様に長い寄り道になっているが、日本人の「祖先崇拝」なるものに対して、とりわけ「靖国神社問題」に関する発言の中に、柳田に依拠するかのような言説、それも誤った理解（差別を根底とするキリスト者たちの）を前提にしているものが目立つので、せずもがなの余計なおせっかいをしてしまった。

さて、第1章である、「戦死者たちの五十回忌」と題されている。冒頭に宮本常一の「日本の習俗」の一文が掲げられている。「昭和21年の夏私は東北地方を一巡したのであるが、いたるところで高灯籠の立っているのを見かけた。家のまえに高い棹をたて、棹のさきには杉の葉がつけてあったが、その下に白い灯籠がつりさげられてあった。その高灯籠が時には森の中に何本もたてられているところがあった。大東亜戦争のために戦死した人たちの霊を迎えるための目じるしとしたものであろう」という一節である。立てた者すべてが一際高く立てようとしただろう。帰ってくる目じるしであるのだから。

著者は1990年代半ば、山梨県から静岡県のムラを歩いて頻繁に目にした光景として、「この地域では、アジア太平洋戦争の戦死者墓地が、寺院境内墓地あるいは共同墓地の中に比較的目につきやすい一角にまとめられていることが多い」が、「1990年代の半ばには、こうした戦死者の石塔に、かならずといってよいほど、4尺（約1・2m）あるいは6尺（約1・8m）の板塔婆とは異なる、独特な形状を持つ異形の塔婆が置かれていた」という。これらは、日本の民俗学で、「先端が二又の分岐した塔婆を二又塔婆（ふたまたとうば）、先端に枝葉が残された塔婆を梢付塔婆（うれつきとうば）」と呼ぶものだそうである。「こうした、先端が二又や梢付の、生木を利用した特殊な塔婆、ふつうの板塔婆とは異なるこうした二又塔婆、梢付塔婆は、東北地方・関東地方・中部地方のムラを歩いていると、戦死者の墓地ではなくともよく目にすることができる」ものであり、これらは「戦死者のためである以前に、ふつうの死者のために立てられる、一般的な民俗事象であった」という。

研究者による著作であるから、例証が多い。それらを通して明らかにされるのは、柳田が日本における祖霊信仰を問題にして、敗戦末期になって未婚者の死もまた「祖霊」として扱わねばならないと、無理なこじつけをせずとも、「50回忌の二又塔婆・梢付塔婆の示すところは、つまるところ、たとえ未婚者であったにせよ、既婚者であったにせよ、戦死者についても、その家でふつうに生き死んだ人々と同じように死者祭祀が行われ、それが50年という長い歳月を経た最後まで完結されていたという事実である。本来、戦争がなければ、ふつうにそのムラで生き、死を迎え、子孫によって祀られる、その家の人生儀礼の体系に、戦死者も他の死者と同じように組みこまれている。戦死でなければ当然そうなるはずであった、ふつうの死者祭祀が行われ完結した、という民俗的事実があるだけであった。日本の家は、自己の民俗に、戦死者を回帰させていたのである」という事実である。

そして結語は、先の事実を踏まえ、「そうした事実が存在していること、それ以上に必要な何かがあるのであろうか。ふつうの死者のように家での戦死者祭祀も済まされ本来戻るべきところに戻って行った、それでよいのであり、たとえば、国家が不自然な多重祭祀を生み出すことなど、死者への冒涜のきわみといってよいだろう」。「靖国神社問題」批判はここに尽きる。

（「靖国・天皇制問題情報センター通信」13号＝通算３６５号、２００３年7月31日）

434 小森陽一『天皇の玉音放送』（五月書房）

本紙でも「天皇制存置派言論クリップ」の欄で和気理作氏が紹介しておられた『文藝春秋』２００３年7月号に掲載されたヒロヒトの側近であった田島道治氏執筆の「国民への謝罪詔書草稿」を筆者は「あとがき」で取り上げている。書評を「あとがき」について紹介することから始めるというのもおかしなやり方ではあるが、この「朕、即位以来茲ニ二十有餘年、夙夜祖宗ト萬姓トニ背カンコトヲ恐レ、自ラ之レ勉メタレドモ、勢イノ趨ク所能ク支フルナク、先ニ善隣ノ誼ヲ失ヒ延ヒテ事ヲ列強ト構ヘ遂ニ悲痛ナル敗戦ニ終リ、惨苛今日ノ甚シキニ至ル。」に始まる無責任極まる文書の内容とこれが、「敗戦後のヒロヒトの一連の文書と同じである。まず〈祖宗〉、すなわち皇祖皇宗、自らの祖先である〈万世一系〉の血統に対して畏敬の念を表明している。次に〈勢ノ趨ク所〉という言い方で、戦争にいたるまでの過程を、自らの意思決定としてではなく、事態が進行するなりゆきとして対象化し、開戦の責任を回避している。そして〈悲痛ナル敗戦〉という表現で、運悪く敗戦にいたったという、やはり自らの戦争への関与を抜き去り、自然現象の推移であるかのように描き出している」と痛罵している。こういう批判は既に天野恵一氏が丁寧になさった領域であるし、こうして一々を批判していたのではすぐに紙幅が尽きるので、ことほど左様であるとするに留めるが、日本文学の研究者小森ならではと教えられたのは、この文章中の「朕ノ不徳ナル、深ク天下ニ愧ズ」という「〈愧ズ〉という表現は、複数の意味を持つ。過ちや罪を認めているとも解釈できるし、面目を失い名誉を汚したことをはばかるという意味にもとれる」というのである。もし後者の意味で用いているとすればこの文書が「国民への謝罪」などというしろものではない。その上後半の「内外各般ノ情勢ニ稽ヘ敢テ挺身時艱ニ當リ、徳ヲ修メテ禍ヲ嫁シ、善ヲ行ツテ殃ヲ攘ヒ、誓ツテ國運ノ再建、國民ノ康福ニ寄與シ以テ祖宗及萬姓ニ謝セントス」に至っては、戦後もまた天皇として続投することの宣言である。どこまでも厚顔無恥な男であり、かつまた制度である。

本書の特に目新しい分析があるわけではないが、読書することが甚だ少ない筆者としては、この旺盛な読書量を持つ博識な小森から教えられることは多かった。1938年から46年まで滞日したジャーナリストであるロベール・ギランは、その著、『日本人と戦争』で、誰が命名したか、実際とは似ても似つかぬ「人間宣言」と言われてきた「終戦の詔書」の分析をして「この詔書の中で、敗戦という言葉はいちども発せられておらず、もちろん降伏という言葉も使われなかった。残忍な原子爆弾がこの戦争の終結の理由だとされた。そして詔勅が別のところで述べているように、『曩ニ米英二国ニ宣戦セル所以モ亦実ニ帝国ノ自存ト東亜ノ安定トヲ庶幾スル』だけがこの戦争の目的だとされた。そこでもし、旧軍人が将来自分達の好き勝手に歴史を書き直す機会を得るならば、彼らはこのテキストを基盤に次のように言うこともできよう。われわれが戦争をやめたのは、われわれの敵の非人間的行動にのみ依るものであった。わが天皇は麾下の軍隊が深手を受けていないにもかかわらず、殺戮を止めることに同意されたのである。なぜなら、天皇は日本国の救世主であるばかりでなく、いかなる残虐行為にも反対する。人間文明の防衛たらんと欲せられたからだ」、と指摘している。戦後の、そして近年のマスコミで堂々と主張されているのは、正にこの論調である。1979年の著作であるから、ロベール・ギランはその時点で今の天皇・天皇制をめぐる、また日本のナショナリズムを煽る論調の登場を予見していた。小森の著作の主張もこのギランの言説を敷衍したものといってよかろう。

　こうして戦後を始めたのであってみれば、後は反省のそぶりをして見せることなど何ほどのことでもない。保守政党内の右派勢力の臆面のない居直りは問題にもならないが、保守陣営の中のいわば良心派であってさえも、また細川政権の反省の身振り、村山政権の社会民主主義も何もあったものではない戦後保守の後始末にしても、「玉音放送・〈人間宣言〉」の延長線上の紆余曲折でしかない。

　象徴天皇制とは、このように時々の権力の意のままに変容することが可能であるという意味において、実に「天皇制の完全形態である」。後は要は天皇制を護持することだけが肝要である。小森の象徴天皇制批判は、ヒロヒト天皇制の身の処し方についてあれこれと批判し、「民主主義」の立場と相容れないものであると匂わせつつ、いかにも隔靴掻痒の感がある。思い切って「天皇制など捨てて、〈人民民主主義〉をうち立てよう」とはならないものか。

　しかし小森「天皇制論」はこんな紙幅ではなく、必ずきちっと批判的に切開しておく必要があるものであることだけは書き記しておきたい。

（「靖国・天皇制問題情報センター通信」17号＝通算369号、2003年11月30日）＊署名は「柿沼栄治」

435 宮台真司・姜尚中『挑発する知

——国家、思想、そして知識を考える』（双風舎）

「国民国家の幻想性は、いやま〈新しい歴史教科書をつくる会〉の面々でさえ踏まえる常識であり、むしろそれを踏まえたうえで、市民の利益になるように国家を操縦すべく、国家に徹底的にコミットする意欲をかき立てることこそが必要」であり、それを丸山眞男の方法に依拠してなさんとする社会システム理論先行の気鋭の学者宮台は、「姜さんの近著『反ナショナリズム』（教育資料出版会）、『ナショナリズムの克服』（森巣博さんとの共著・集英社新書）を読むと、ポスト・コロニアリズムやカルチュラル・スタディーズの路線に則って〈国民国家〉の幻想性を糾弾して」いると、「まえがき」から挑発する。続けて「〈国家の幻想性を認識せよ〉という主張と、〈幻想的な国家を操縦せよ〉という主張とでは、あきらかに主張も目的も違います。前者は〈認識〉が目的であり、後者は〈操縦〉が目的です」とリベラルアートとエンジニアリングという学問の伝統的在り様がこの主張の違いをもたらしており、「私見では真理性に基づく記述（リベラルアート的な目的プログラム）よりも、機能に基づく記述（制御の学的な条件プログラム）のほうがトタリテート（全体性）において優位な――梯子を外されにくい――時代になったと思う」と姜を挑発する。

本書は要するに、この宮台からの挑発を姜尚中がどう受け止めどう反論するかがすべてである。「Ⅰ戦争と暴力」、「Ⅱ非暴力の社会はありえるのか」、「Ⅲ右翼と左翼」、「Ⅳ国家を考える」、「Ⅴ丸山眞男からアジア主義へ」、「Ⅵメディアと正義」、「Ⅶ知識人を考える」と、何分にも広域にわたる該博な知識を繰り出しての論戦であるから、本紙1ページの紙幅でとても紹介できるものではない。そこで筆者にとって比較的に関心の深いⅤ章に限って紹介と若干の批評を試みることとする。

姜尚中は丸山眞男の思想を整理して「基本的には、戦後のある時期まで、ナショナリズムとデモクラシーをどうやって内的に結合するかということが、彼の最大のテーマだった」とし、その常識的にはあり得ないかのように考えられる思想の根底に福沢諭吉のいうところの「一身独立して、一国独立する」とフランス革命以来の近代主義革命という「ひとつの理想」とがあったとする。ごく常識的な理解である。そこから「日本はいまだ近代というものを獲得できない。ならば大日本帝国の実在に賭けるよりは、戦後民主主義の虚構に賭ける」というのが丸山の決意であったというのも穏当な理解である。実はここに丸山が意識していたか否かは別にして、一つの詐術がある。一つは既に安川寿之輔によって明らかにされたことであるが、福沢の「一身独立して、一国独立する」は、後発帝国主義に特有なナショナリズムの表現でしかなく、いうところの「8・15革命伝説」は昭和天皇による詐術でしかない「人間宣言」にその出発点があったにも関わらず、この二つに依拠して「ナショナリズムとデモクラシーの結合」を考えたことにそもそもの誤りがあった。また姜は「いったん帝国を形成した国は、否応なしに複数のネイション＝国民を包摂せざるをえない。／だから帝国主義は、国民主義の延長であると同時に、その否定体であるということです。帝国になるためには、国民主義だけではだめなんです。国民主義から発しつつ、帝国のアンブレラの下に、他民族や多人種を包摂しなければいけない」とし、「帝国をくぐりぬけた国は、いわゆる国民国家の歴史の初発に戻ることはできないのです」と丸山の「近代国民国家」への「決意」が「日本という国家が自立する過程で、否応なしに混合物を包摂してしまうという決意ができなかった」がゆえに「単一民族国家を内心受け入れてしまうことになった」と、そもそも戦後日本の「ナショナリズムとデモクラシーの結合」の成り立ちの不可能を指摘し、丸山の限界をえぐり出す。

この点で受けて立つ宮台は、「丸山眞男を理解することは、〈一身独立して、一国独立〉すなわち〈自立した国民が国家を操縦する〉という観念を理解することです。どう操縦するかといえば、国民のためになるように操縦するということです」と論点をはずして、「愛国心とは、国家に一体化することではなく、国民のためになるように国家を操縦する意欲ですね」と「認識」から「操縦」へと問題を転換する。

単純に結論を下すつもりはないし、宮台のいう「アジア主義」が「アジア主義はもともと弱者連合」であり、「アジア主義自体はけっして大陸侵攻を正当化するような思想ではありません」という地平で考えられており、「国家の操縦」の視点から「アジア主義」の見直しを、という提起は、姜尚中の「東北アジア」とも絡めて考えてみなければならない問題提起ではある。

（「靖国・天皇制問題情報センター通信」22号＝通算374号、2004年4月30日）

436
関根賢司『テクストとしての琉球弧』（ロマン書房）

日本古代文学専攻の関根は、1975年から18年間琉球大学にいた。「起伏にとぼしい関東平野の、ムラにとりかこまれたちっぽけなマチの、貧しい職人の家に、七人きょうだいの長男として、1940年（昭和15年、皇紀は2600年と謳われていたという大戦前夜）に生まれた」（本書所収「昭和史を読む一冊―中野孝次『麦熟るる日に』）関根が、沖縄にいたことの意味を、そこで『赤と青のフォークロア』（那覇・オリジナル企画、1981）、『異郷・沖縄・物語』（オリジナル企画、1984）、『おきなわ通信』（オリジナル企画、1986）、『おきなわ論評』（大阪・海風社、1989）、『ヤポネシア私行』（海風社、1991）、そして本書を書いた意味の大きさを今わたしどもは再度思い起こしてみなければならないのではないか。同じく本書所収の「今年の秋―続・酒歴一通」で「ある席のスピーチで僕が、十数年ひたすら泡盛を飲みつづけてきて、と言いだしたとたんに、近くの席にいた詩人のひとりから、いくら泡盛を飲んだって沖縄は分からないよ（ヤマトゥンチューのお前なんかに）と野次られた」と書くような関係がいよいよ進行の度合いを深めている沖縄―ヤマトの今の時に、何をどう言われようと抗弁できはすまいと沖縄の側から日々責められる言葉にわたしもまた晒されているのだが、そして事実またそういう状況を許している己に自責の念がないわけでもないが、しかしそういうことなのか。「日・琉のはざまに―5・15断章」で関根が、関根の畏友藤井貞和の『古日本文学発生論』初版（1978）の「あとがき」の「書きはじめた初期、本土の古代文学のほうから、南島文学の世界をながめるという姿勢であったのが、途中から、南島文学をとおして本土の古代文学をみる、というように視点の逆転が行われた」とあることを紹介した上で、「親しい沖縄の友人から『永住の覚悟は出来たか』『沖縄の土になったら』と言われる度に、その心やさしい同化への誘い（帰化の促し）のなかに潜んでいるあまりにもオキナワ中心的な発想に対する無自覚に困惑し、東洋の（曖昧な）微笑を返すことだけが僕の答えであった。アイヌ、琉球、ガイジンを差別し排除し同化を強いてやまないニッポンの縮図、オキナワ」と呟きを記さねばならないような関係をわたしらはいつまで続けるのか。

わたしごときが何も言うことはないので、関根の発言二つを記して責めを果たす。

「オキナワに住まう研究者の多くが、人文・社会・自然科学の別なく、なにやら奇妙に一致して〈オキナワ〉を研究テーマとして、オキナワのために！　というスローガンを大合唱しているような風景、郷土愛に燃え使命感に憑かれている熱狂ぶりが、ふと、天皇と日本（国家・精神）のために供犠として捧げられていた戦前の教育・研究の光景を想い出させるということであった。学問・研究は、即効薬のような有用性を急務としていたのであろうか。他者あり故に吾あり、というふうに考えている僕には、沖縄（我）が沖縄（我）を知るには、方法としての〈他者〉という風や水に、もっと吹かれ侵される必要がある、と思われてならないのだ」（「沖縄研究私見」）

「日本人による日本論、日本的なるものをめぐってなされる言説のほとんどがそうであるように、他者を媒介としない沖縄びとによる沖縄についての表現の多くもまた、緊張を欠く弛緩であるほかはなくて、それの剰余が澱のように淀んで沖縄の精神風土を縁どっている」（「他者としての小劇場」）

（「靖国・天皇制問題情報センター通信」27号＝通算379号、2004年9月30日）

437　三浦修平『靖国問題の原点』（日本評論社）

10月16日の朝日新聞書評欄で、あの宮崎哲弥氏が「断言するが、近年上梓された夥しい靖国関連書のなかで、読むに足る内容を備えているのは本書のみである。」と絶賛したのがこれです。宮崎氏の立場には賛否両論あるでしょうが、書評の鋭さ、深さは流石だなと思わされました。私はかねてから靖国神社のあり方に反対していますが、この本は、私がこれまできちんと見ていなかったものについて教えてくれました。それが、靖国神社の戦後改革は日本の守旧派の利害関心を多分に反映した「ねじれ」を含む改革だったこと――すなわち「靖国問題の原点」です（ちなみに8月13日のNHKスペシャルも、同様の視点で作られていました）。ここにきちんと光を当てず、あえて単純化した二項対立が展開されてきた結果、「靖国護持派と反対派の苛烈な対立にはついていけないが、あの戦争で亡くなった人々を何らかの形で追悼してほしい」という素朴な、おそらくはかなり多数の人が持つ感情の受け皿がなかったのではないか、というのが著者の考えです。

本書ではこの「ねじれ」を、歴史・宗教・社会学から非常に丁寧に解説しています。決して単純ではない話が、小説家でもある著者の語り口によって、すっと頭に入ってきます。因子分析の手法や、図表なども使われていて、それ自体も面白いです。特にメインテーマの第六章「靖国神社戦後改革の真相」と、第五章「『公』と『私』の日本的構造」（「公共の施設」でありながら「宗教施設」であるという二面性を持つ靖国神社がなぜ成立したのか、この社会学的な分析は不可欠）は、必読です。また、第五章では特に、本書の「もう一つのテーマ」というべき、天皇制についても鋭い分析と提言がなされています。最終章で述べられる靖国神社の行く末も、非常に合意が得やすいものと思われました。

著者の三浦修平氏は、経済学者で仏教徒で小説家でもあります。そして、戦後の靖国神社の宗教法人化を決定した幣原内閣で内務大臣を務めた、三浦忠造氏のお孫さんです。その事実を知ったとき、著者は自分こそこういう本を書かねばならない、と決定したとのこと。そのためか全体を貫いているのは非常に真摯な姿勢です。極めて客観的であり、冷静です。自分で「片手間」だと謙遜していますが、20年という研究の成果であり、強いパッションに支えられた明晰な文章は、著者のライフワークのひとつに違いありません。

（「靖国・天皇制問題情報センター通信」41号＝通算３９３号、２００５年11月30日）

４３８
書肆天皇制
――天皇制を一から学ぶために
「〈日本〉文化と天皇制」

「〈日本〉文化と天皇制」ということであれば、一般的に記紀から始めることになるのだろう。

★『古事記』

上・中・下三巻から成り、上巻は神代の物語（＝神話）。中巻は神武天皇から応神天皇まで15代の〈歴史〉を記し、下巻は仁徳天皇から推古天皇まで18代の〈歴史〉、計33代の〈歴史〉を収めている。〈日本建国史〉ということなのだが、いちいち〈 〉を付けているのは、この神話の時代を〈日本〉と括っていいものかどうか、また〈建国史〉と〈歴史〉の範疇に入れていいものかどうか、と筆者は迷いはしないが、そこのところは読者諸賢の判断におまかせする。とにかく史書としての客観性にははなはだ乏しく、倭建命の東征物語や木梨之軽太子の悲恋物語など文学的潤色に富む物語を含みつつ、古代王権の所有者としての天皇の姿を、素朴な氏族伝承の形で記録している。〈日本〉文化という視覚からは、総計百首以上の歌謡を収録しており、歌体は多様で、〈日本〉歌謡における万葉前史を知る貴重な資料である。

ただ、素人が原文を読むのはやっかいで、中山千夏著、築地書館刊の『新・古事記伝1・2・3』を読むか、小学館刊「日本古典文学全集」第1巻『古事記・上代歌謡』（全文訳が付いている）が手頃である。

★『日本書紀』

六国史〈奈良時代から平安前期にかけての天皇の命を受け、朝廷で編纂したいわゆる官撰の国史六部の総称〉の第一に当たる。全30巻のうち、冒頭2巻が神代、以下28巻に神武天皇から持統天皇まで40代の〈歴史〉を記している。『古事記』と異なり、ここに記される〈歴史〉は、専制的古代国家の頂点に位置する天皇を支える、新しい天皇観に立って描かれている。純漢文体編年式記述で、これも素人に簡単に手が出せるしろものではない。購読されることを勧めはしないが、それでもという方は、岩波文庫に全5冊、ただしこれは原文、注釈、書き下し文だけ。小学館の「新編日本古典文学全集」は全文訳も付いている。

しかし、こうして始めると、じゃあ★『万葉集』はどうなのだ、★『源氏物語』も取り上げるのか、と際限のないことになるので、その辺りは当然とばす。四鏡など歴史物語も取り上げない。

★北畠親房の『神皇正統記』は、南朝の正当性を主張し、天皇の系譜の書物は既に多数あるものの、改めて一書を記す理由を「神代より継体正統のたがはせ給はぬ一はしを申さんがため」として、天地の初めからこの国だけは天照大神の〈御裔〉が天皇位を継承して今日に及んでおり、天皇位は、時には直系ながら傍流に伝えられた事実もあったが、再び本流に戻り連綿と続いてきた。これこそ天照大神の神意であり正理であるともいうべき天命であると、他国とは違う国柄を主張している点において、最近の「皇位継承」問題について、「皇統連綿」「万世一系」という言葉まで用いないにしても、内容的にはほとんど同様のことを主張している輩の論拠を知るには好都合であるので、取り上げておく。岩波文庫は品切重版未定。岩波「日本古典文学大系」も在庫切れ。松岡正剛の『千夜千冊』の中の1冊に全文訳があるが、出版社が教育社で、筆者としては少々の事情があって、この出版社からの購入を勧めるわけにはゆかないので、図書館を利用していただきたい。

★本居宣長著『直毘霊《なおびのみたま》』は読んでおきたい。北畠の『神皇正統記』からいっきに時間をとばして近代に入るつもりでいたが、仏教・儒教の渡来以前の〈純粋固有〉の日本古代の道、真淵が考える日本の伝統文化の根底に流れているとする「国意」を論じた★賀茂真淵の『国意考』も、発表後１００年近く、国学・儒学者数人で論争が続けられた書物であり、これを無視することはできまいと思いつつ、しかし、現代において「右派言論＝心情」の根を知ろうとすれば、真淵よりやはり本居宣長であろうと思って取り上げる。『直毘霊』の署名は「なほらひ（直会）」＝祭儀が終わった後、神にささげた供物をおろして飲食するという、『宣命』に「けふは大新嘗の豊の明かり聞こしめす日にあり」とある〈古来〉の精霊の意を体して、「世の中の悪を正す」と意気込みの高さを示す。契沖・真淵らの国学の伝統を継承し、かつ漢学者伊藤仁斎・荻生徂徠の復古学の影響を受けて書かれたものである。ただし、漢学は国学と対立し、その自己本位の作為や巧知は〈日本の道〉の自然な発展を阻害したが故に、漢籍によらず日本古典によって知られる最古の神代の事を、何の思弁も加えずに、そのままありのままが真の事実であり、しかも神への信仰を支えとして、その事実が本来あるべき〈神の道〉であり、またそれは人情の自然に合致するものであると展開する。この書が『古事記』『万葉集』の古典としての復権を促した意味は大きい。第二次世界大戦下、学徒兵がわずかに許された持参私物の中に『万葉集』をしのばせていたと巷間に伝わる話は、本居に由来するのであり、ただ「右派言論」のみならず、多くの日本人の心情の底にこれなしとはしない「主情」であろう。この点に関しては★柄谷行人が『終焉をめぐって』（現在入手するには講談社学術文庫が最も安価である）の「歴史と他者」の中で「国学者本居宣長は、中国の理論を斥けるだけでなく、〈理論〉そのものを斥けたのである。中国の思考やインドの思考を〈からごころ〉や〈ほとけごころ〉とよんで批判したとき、彼が対置した〈やまとごころ〉とは、一切の理論や作為を斥けたところにかんじられる〈もののあはれ〉である。それはいいかえれば〈知〉〈真〉と〈意〉〈善〉に対して〈情〉〈美〉を根底におくことである。日本の文学が１９３０年代の後半の『日本回帰』においてあらわに示したのは、『雪国』がそうであるように、世界を〈情〉〈美〉において見ることであった。そして、それが恥ずかしげもなく露出したのは、まさに厳格に〈知〉と〈意〉を優位におくマルクス主義の崩壊のあとで、その知的・倫理的拘束から解放されたのである」と書いているのが、現在の日本の思想状況を考える上でも示唆に富んでいる。賀茂真淵の『国意考』は吉川弘文館刊の『増訂賀茂真淵全集』を図書館で、また本居宣長の『直毘霊』は岩波文庫は在庫切再版予定なしなのでこれも図書館を利用するしかない。

こんなことを書いているうちに、とんでもないことを引き受けてしまったと既に後悔が先に立つ。際限のない蟻地獄に陥ってしまいそうである。こんなことをしていては3回や4回の連載で終わるものではない。もう何の系統・脈略もなく、書棚から適当に紹介する。

★上田正昭『日本の原像――国つ神のいのち』

この著名な古代史家の30年以上前に出された書は、現在読んでも示唆に富む。教育基本法改悪が取り沙汰されるこの頃、本稿で取り上げた『古事記』『日本書紀』を、「両書の仕上げが、天皇制イデオロギーや律令的国家観に依拠していることは『古事記』が〈邦家の経緯、王化の鴻基〉を明らかにするためであることをのべ、また『日本書紀』が儒教的な君主の徳治主義と、対外的な国家意識を基調に編纂されているのをみても明らかである。『日本書紀』が書名とした日本という国名じたいが、朝鮮半島に出兵した倭軍干渉戦争（６６３年）以後に古代貴族層内部にたかまってきた国家意識に由来するものであった」などと、本書は初出は別の短文の編集ではあるが該博な知識から得るものは大きい。さらに、小泉首相の靖国神社参拝をめぐってあれこれとかまびすしいが、本書に収められている「鎮魂の原点」で上田は、「痛恨の死は、ともすれば忘却の彼方に葬り去られようとする。鎮魂いまだならずというべきだろう。鎮魂、その言葉のひびきに、人は死の静寂を感ずる。事実、タマシヅメの語感には、しじまの気配がつきまとう。だがそのようなうけとめかたのみでよいのか。鎮魂の原初の姿をたずねあぐんで、タマシヅメよりもタマフリの方が古いことを気づくようになった。たましいを鎮静ならしめる前提に、タマフリがあったのだ」という。

★土方和雄『「日本文化論」と天皇制イデオロギー』(新日本出版社)

この高名な日本共産党のイデオローグであった人の著作は、「あとがき」末尾に中江兆民の言葉を挙げて、「民権論」が「其実行として新鮮なるものが、理論として陳腐なるは、果たして誰の罪なる乎」としているところにみられるように、80年代初頭から台頭し始めた「全体制的な気流」に対するマルクス主義者の正面からの闘争宣言である。いまや日本中の大学で息をひそめているマルクス主義者たちに、この気概を思い起こしてほしいものである。「第一章〈文化概念〉としての天皇制――ひとつの思想史的序説――」は、★三島由紀夫の『文化防衛論』(新潮社)を挙げて、徹底的に論難する。〈恋闕〉などといまどきの若い人にはもちろん、「もとより、表現されたものとしての伝統文化は、つねに複雑な混合と融合の様態をしめしているが、われわれは民族共同体的・超階級的な日本文化を、事実にてらして認めるわけにはいかない。三島をはじめとする〈日本文化論〉者たちは、つねに二重、三重の歴史的詐術を強引に呈示する。それは、まず日本民族が古来より単一民族であったかのような非実証的な前提であり、したがってまたいかなる時代にあっても未分裂な文化統一体を保持していたかのように思念する錯覚であり、さらにその核心に超歴史的な文化価値を措定する感性的独断である。三島における〈みやび〉論や〈「菊と刀」の永遠の連鎖〉論が、このような反歴史的・反実証的な詐術の上に成立していることは、あらためて言うまでもあるまい」とする批判は、「新歴史教科書」問題に対する批判としても、今更の感なきにしもあらずではあるが、学べるところは学んでおきたい。

(「靖国・天皇制問題情報センター通信」No・46＝通算400号
2006年6月30日)

439

自著を語る

松沢哲成『天皇帝国の軌跡』（れんが書房新社）

（インタビュアー：小田原紀雄）

小田原　前書きで松沢さんの言われる天皇帝国の基本体質は「前近代からの負の遺産として近現代史へと持ち込まれていた」とあり、それで第1章で工藤平助、林子平、本多利明を扱っておられるわけですが、いうところの天皇帝国は「征服－差別－搾取」の天皇帝国の構造であり、そういうイデオロギーを近世末期に持っていたということは分かるのですが、それを経済的に保障するということをどうお考えでしょうか。松沢さんの言われている下層史観、寄せ場史観と我々が若い頃学んできた唯物史観とどう違うのか。おそらく、今、右派の人が松沢さんの本を読んだら、これはマルクス主義と同じだと思うのではないか。もちろん、違うと意識しておられると思いますが。ここ20年くらいで既に江戸の近世末期の経済状態は近代以前とは言えないという言い方をされています。

松沢　本書で「〝それら一連の思想は封建色の濃いナショナリズムで近代的なそれに達していない〟とする通説的見解は当たっていないと考える。」と書きましたが、これは丸山真男の議論で、これが近世と近代をハッキリと分けてしまった。私としてはそうではなく、18世紀の半ば以降は既に近代の萌芽を持っていたということを、第1章で扱った3人で実証しようとしました。この3人は既に近代的な思想を持っているということを強調しています。江戸末期の寄せ場村とそのネットワークは既に近代国家体制になっていたということです。幕藩体制は中央集権体制と地方諸藩との雑居併存状態であった。その中央集権制の部分が肥大化していったということはそう無理なことではない。マルクス主義の経済発展論にもいくつかあって、対外的な圧力によって開国して近代が出現するというのと、他方で事実発展論というところで分化してくる。わたしは、どちらかというと服部之聡の影響を受けていると言えますが。経済発展というよりは、政治支配のあり方が、より経済を牛耳る仕組みの萌芽になってきたのではないか。寄せ場は下層の人々の労働力を集めて各地に拠点を作っていきました。当時、寄せ場は非常に多かった。私の出身地の筑波にもあった。あちこちに拠点や村をつくって、それを軸にして全国ネットワークをつくろうとした形跡がある。そういう意味で、後期幕藩体制は近代の第一歩であると考えている。そういうふうに考えたほうが分かりやすい。古代奴隷制から封建制にいたるまでスパンが非常に広く、マルクス主義の唯物史観は、封建時代は中世から近世なんて幅で、前期と後期を分けて言わざるを得ない。近世後期は近代国家との連続性で考えた方がいいと私は考えています。

小田原　マルクス主義をかなり意識しておられる。経済発展論、下部構造規定論に対して、天皇帝国は政治体制が主導するという側面をかなり強く出したいというところがあるわけですね。そこからすると、幕藩体制の後期は中央集権国家になっていたということでしょうか。

松沢　経済的に考えて、権力がどうやって包摂していくかという観点から見ようとしている。マルクス主義的な視点からはそれでは厳密性がないと言うかもしれない。というより私としては厳密でなくてもいいと考えている。

小田原　厳密だといってきたマルクス主義が、逆にいうと政治イデオロギーに対してスカスカのものになってしまったということでしょうか。

松沢　近代の規定はいわば講座派によっているところがある。それは資本主義の発展というよりは、遅れた資本主義という規定でやっている。封建制をどうするかというところです。しかし、実はそこが決定的に違うのではないかと考えている。もちろん女工とかの搾取、抑圧のされ方をみると封建的というか家父長制的支配といいたいし、飯場などがんじがらめの封建的人間関係です。飯場なんかでは酷いことをされても一部の人間は仁義を感じてもどってきたりして、多少は封建的だなあと思うところはある。しかし全体的な枠組みとしては、近代国家の構築のなかで自由が制限されていることもあって、封建制度のせいばかりとはいえない。全体的な枠組みが重視されるべきではないか。山田盛太郎などや、社会学の方々は、労働の過酷さについてはいうが、たいていは封建的という言葉が出てきて、封建規定にしばられている。それでは全体はみえてこない。日本近代の入り口は70年代のシンガポール、台湾など、あとから発達した資本主義国家の急速な発展と類似しているとみるべきではないか。

小田原　松沢さんが言うところの後発帝国主義の形態とは、そういう方法をとらざるを得なかったということですね。とはいえ、若い頃はマルクス主義者だったでしょ。

松沢　60年代安保まではね（笑）。

小田原　わたしのような者でさえ、マルクス主義の歴史観を引きずっています。どのあたりでそれは違うのではないかと思いましたか？

松沢　60年安保で負けたわけですから。当時の考え方では、マルクス主義体系ってがんじがらめだった。全部くっついてて、縫い合わされてて、個人の生き方も規定されていた。それが失敗して、全部パーになって再構築するのは大変だった。だから60年安保で疑問から出発して、マルクス主義を乗り越えたいと考え、67年の10・8以降、再構築に向かったということです。68年に一度、樺記念で東大の中でデモをやった。そしたらたまたま、医学部闘争の人たちが占拠していて、少し元気が出て、少し繕った。当時は宇野経済学でがんじがらめだったのが、それは違っているのではないかと考え、再構築をしていった。60年代半ばに、加藤晴康や柴田三千雄などとの研究会を通して、絶対王政論、政治的支配、連携と対抗とか考えて、少しずつ縫い合わせていった。東大闘争で、自分たちが社会でどういう位置にいるか考え、東大は体制に組み込まれて商品化されているとして、何とかしなければならないと考えた。そのときは一生懸命、既成体制にからめとられている自分たちの立場を何とかしなければならないと考えたが、まあ、学生だからね。あとになってから、少し足りないということになって、70年の末頃から山谷へ行った。偶然なんです。刑法改悪闘争というのが70年代末にあって、その頃、山谷メーデーやるから来いと言われて、行ってみれば偉そうな現役の労働者にどつかれたりして、その後、越冬に関わるようになった。その頃、日雇全協が出来た。それから影響を受けて、山岡強一さんの文章なんかを読んだ。すぐに山岡さんのような文章がいいとは思わなかった。収容所列島とかいうのあったよね。反日闘争史観がいいと思ったこともあったが、反日では寄せ場の運動は出来ないと山さんと話していた。目前に居る労働者は日本人だからねえ。今回はそこは削った。

小田原　そこは国内における収奪と差別という表現にな

っているんですね。

松沢　近代以降に生まれたことではなく、限りなく昔からあったということです。

小田原　マルクス主義と徐々に距離をおくというのは誰もがそうかもしれませんが、純理論的にマルクス主義と決裂したという連中は右に振っていきますよね。

松沢　伊藤隆なんかそうですね。

小田原　60年安保以降なのだと思うけれど、現場にかかわるところからマルクス主義の理念に疑念を持つというか、検証作業を開始するということが運動家の間では多く見られました。松沢さんの場合はそれが学問領域だったということでしょうか。書斎型の研究者ではないですよね。寄せ場学会で仕事をしておられるから、現場との往還の中で学問を考えるということなのでしょうか。マルクス主義批判を開始したと考えずに、あらっと思ったら随分違うところに立っているというか。今回は第二次世界大戦下までですが、この続きを書かれる予定は？

松沢　元気だったらねえ。最近、70年代頃からのノートを見て、80年頃に天皇帝国の歴史みたいなメモがあって、そこに戦後史もあるので、やりたいと思っています。

小田原　戦後史の中での天皇制のイデオロギーというのは全く違いますね。差別－搾取という規定では戦後はなかなか難しい。

松沢　ある意味でワンクール終わってしまった。戦後民主体制の問題があるから難しい。70年代くらいから新帝国の再建という感じですよね。戦後民主主義体制の位置づけの問題と言えます。

小田原　小泉以降スッキリ戻っているという感じがするが、その途中はなかなか難しい。そのあたりの構想は？

松沢　40年代後半、50年代、60年代、戦後民主体制、あるいは民主主義というのがどの程度、地に着いたものかというところが問題になるでしょう。思想の体験でのくくりはあるが、もう少し全体的な、労働者の側、下層労働者の問題ですが、その仕組みはどうなっているかということが問題だと思う。

小田原　私なんかが寄せ場にかかわるようになったころから、労働者は東京オリンピックの頃の話はするけれど50年代のことは言いませんよね。

松沢　普通は60年から寄せ場は形成されたと展開しているが、それは違う。日雇い労働者は進駐軍の荷役関係、石炭労働者、などがいました。

小田原　出身地の呉で子どもの頃、たくさんそういう労働者を見ました。

松沢　山さんなんかも触れてはいる。船本の本の年表でも触れている。飯場はＧＨＱの指令で廃止になってはいるが、実際は残っている。普通の歴史では下層労働者を扱うと、ニコヨンの話だけになってしまう。そうではないところを考えている。企業そのものもそうだが、労働者はどうなっていたかというのがあって、実際には非本工の労働者がいた。そこを見ていく必要がある。手配師などが会社員になったり労務になったりしているというのは聞いている。

小田原　戦後あった形が、なんとなく東京オリンピック以降、寄せ場なんか華やいで、それが今、完全に、おそらくは戦後直後の労働状況にもどってきている。ものすごい下層の労働者を大量に作り出すとか。そこらは、きちっと歴史的な経過をおさえておかないと、この国というのは、そういうことを通してまた侵略戦争に向かっていくということをみんなが理解できないという感じがする。過酷な下層労働者収奪が戦争へ向っていくという構造があるわけでしょ。

松沢　しばしば下層を先頭にして対外戦争をしている。日清戦争のときには、○○組というはっぴを着て、そのまま戦場に行っている。将校の服を着ている横で、はっぴで大八車。シベリア出兵の最初の動員も下層労働者。初期の山谷の争議団などは、そういうのに動員されないようにしようよな、というのが最初の動機。三里塚でも、農民を潰す戦闘員に日雇いがなっているのがよくないというのが、三里塚との最初の関係。そういう意識は最初はあった。しかし今争議団自身がもうなくなってしまったからね。最近、釜ヶ崎を歩いたが、寄せ場が汚くなっていた。三角公園も汚かったね。疲弊している。闘争の拠点だったのに。案内の説明でも、かつては闘争の拠点だったなんて言わないからね。少しずつ戦前、戦時中、各企業の非本工の位置、どういう階層を形成してきたかというのをやっています。造船業や鉄鋼業における期間工の報告があるので、その繋がりで戦後のことをやろうと思う。それと戦後民主体制はどうなっているのか。初期の２・１ゼネストの話までは、日共の話で、解放軍規定だから、それじゃどうしようもない。小さな争議にも実際にはＧＨＱが介入していた。

小田原　歴史としてそういうことを全部、松沢さんがするのは大変ですよね。寄せ場学会は社会学畑の人が多くて歴史学は少ないですよね。

松沢　経済も少ないいから、それは弱いね。

小田原　山谷は、働きに行く者と棄てられきった者とハッキリ分化してきた。山谷の労働者の数が減ったというのは、棄てられた者は死んでいってるんじゃないですかね。そこらじゅうに高層マンションがあるので、一部で仕事があるのでしょうが。

松沢　しかし、そこに働く人は供給元が違うようです。遠隔地から来ている。沖縄ナンバーの車が来ていたりということもある。そういう意味で、交通の発達はマルクスじゃなくてもすごいと思うよね（笑）。

（「靖国・天皇制問題情報センター通信」54号＝通算406号、2006年12月31日）

440
E・W・サイード『人文学と批評の使命——デモクラシーのために』（岩波書店）

武田泰淳や竹内好がまったく読めなくなってしまっている日本の若者に接して唖然とすることが多い。高校で漢文を教えはしているが、入試対策程度のほんのおざなりなものだから、漢語のなんたるかを実感できていないので、武田の遺した小説はともかくとして、例えば『黄河海に入りて流る——中国・中国人・中国文学』などに手が出せないのである。このあたりのことについては、柄谷行人が『終焉について』所収の「歴史と他者——武田泰淳」で、「明治維新以前においては、日本の知識人にとって、中国の学問と文学はつねに規範であった。むろんそれに対して反撥がナショナリズムを生み出しはしたが、神道のようなものも実際は中国からの理論や論理に依存していたのである。江戸時代に、そのことに最も自覚的であった国学者本居宣長は、中国の理論を斥けるだけでなく、『理論』そのものを斥けたのである」と指摘しているのが正鵠を得ているだろう。これが現代にまで及んでいるのである。先の論で柄谷は、「ところで、明治維新以降においては、西洋が中国にとってかわる。

しかし一九三〇年代の西洋への批判は、かつての中国への批判と同型である。それは西洋に対してなんらかの『実質』を対置するのではなく、たんに『空虚』を、あるいは『美』を対置するのである」とも指摘していて、わたしは深く同意した。

サイードの『人文学と批評の使命』を紹介しようとして、まるで関わりのないことから書き始めたが、それはサイードが本書第一章「人文学の圏域」の中でコロンビア大学の「西洋人文学」の講座を紹介し、「一、二年生全員がこの週四回の厳しいクラスを取らなければならないという考えは、あらゆる実質的なかたちで、コロンビア大学の教育の絶対的な、断固たる中心になっている。課題図書のおそろしいほど王道をいく質の高さ――ホメーロス、ヘロドトス、アエスキュロス、エウリピデス、プラトン、アリストテレス、聖書、ウェルギリウス、ダンテ、アウグスティヌス、シェイクスピア、セルバンテス、ドストエフスキー――のためでもあるし、こういった難解な書物を読むことばかりか、それを読むことの意義を外の世界に向かって擁護することにも、莫大な時間が割かれている」と言い、「こういった偉大な書物をそれぞれの歴史的文脈から引き離し、もともとは違ったかたちで読むのなら、なんらかの批判的な目線が必要」だとして、「原典への言及もない翻訳で読むことを批判」していることに驚いたからである。教養課程を軽んじ、「実学」否「益学」ばかりが幅をきかしている日本の大学と比して、彼我の差は埋めようもないほどである。もちろんこれはコロンビア大学においてのことであって、他は「軍産学共同路線」であり、日本が後追いをしているだけのことであることは明白である。

サイードが博覧強記の学者であることはいまさら言うまでもないが、サイードがサイードであるのは、「わたしの関心は、実際に使える人文学、自分がなにをやっていて、学者としてなにに義務を負っているか知りたいと願い、その原理を自分が市民として生きている世界につなげたいとも思っている知識人や研究者にとっての人文学にある」として、「人文学がなんらかのかたちで対峙しなければならない状況の変化はさまざまあって、対テロ戦争と中東の大規模軍事行動、つまり先制攻撃という新しい米軍の原則もその一つだ。しかも、最近の言説ではじつに多くのことばが『人間《ヒューマン》』を核にしている。そして『人間的』『人道的』なものを暗示している以上、人文学《ヒューマニズム》の意義を考察するよう、たえず迫られることになる」と主張することにおいてである。

　ところでサイードはアメリカの大学でフランスの理論（「思考と認知のシステムは個々の主体の力を超えたところで存在しており、このシステム（フロイトの『無意識』やマルクスの『資本』）の内部にいる個人は、システムを超えることはできず、それを用いるかそれに用いられるか選ぶしかない」とする現代思想）に賛同し論じた最初の一人だと自負しつつ、「理論の反人文主義《アンチヒューマニズム》イデオロギーにあまり影響を受けなかった」理由を、「わたし自身が政治活動と社会活動を続けるうちに確信できたことだが、世界中の人々が、正義と平等の理想によって動かされることがあるし、実際に動いている—南アフリカの解放闘争の勝利は完璧な一例だ—し、自由と教養というこの理論に結びついた人文主義の理想はいまも、虐げられた人々に、たとえば不正な戦争や軍事支配に抵抗し、独裁と暴虐を打ち破ろうと立ち向かう力を与えている」とする。もちろんこれも皮肉な言い方をすれば「サイードの人文学」であって、人文学一般の現状がこうであることなどない。サイード自身をそれを認識しており、「人文学は事実上、価値観、歴史、自由などの批判的探求という本来の関心から逸れて、多くの場合アイデンティティに乗っかった自堕落な専門性とことば紡ぎの向上と化しており、内輪ことばと専門的な弁論は、仲間内とその弟子たち、他の学者にしか向けられていないように見える」と指摘している。その意味でサイードは徹頭徹尾理想主義的であり、可能性を信じることにおいて楽観主義的である。

　この資質が、中野真紀子らによって多数翻訳されているサイードのいわゆる「政治活動と社会活動」に属するパレスチナ関係著作が、長く絶望的な状況に置かれているパレスチナを語ってイスラエルおよびアメリカ合衆国に対する厳しいことばで貫かれていつつ、読者をして絶望的な気分に陥らせないのであろう。

　このように本書を紹介していると際限のないことになる。また、挙げられている参考文献はほとんど邦訳のないものばかりであるから、そもそも正確な紹介ができるはずもない。

　今夏出版されたばかりの本書をとにかく読もうと思ったのは、第五章「作家と知識人の公的役割」という94年に翻訳出版された『知識人とはなにか』のいわば続編とも思われるものを読みたかったからである。これはインターネット時代の知識人論とでも言うか、「公共領域で政策に関わる党派的知識人」が膨大に垂れ流す「公共の言説が、いかに色濃く利害や権威、権力に浸っているかを雄弁に語っており、こうした利害が総体としてどこまで届いているか、その範囲と多様性といったら文字通り想像することすらできない。わかることと言えばただ、すべては新自由主義的なポスト福祉国家体制を受け入れることにかかっていること、この体制は市民の訴えにも自然環境にも耳を貸さず、伝統的な国家間障壁や主権性に縛られないグローバル企業の巨大構造にだけ反応する」言説の時代に、サイードが知識人の役割をどのように考えているのかを知りたいと願った。これに対してサイードは、「いつも自分に言い聞かせているのだが、頭においておくべきは、別の言語が使えるわけではないこと、わたしが使う言語は、国務省や大統領が、人権やイラク『解放』戦争を唱えるときの言語と同じものでしかないことだ。だからわたしはその言語を使って、主題を捉えなおし、主張しなおし、圧倒的に有利な立場にある敵たちが、とてつもなく複雑な現実を単純化し、裏切り、ときには貶め解消すらしているなかで、現実に結びつけなおす」ことであり、「われわれが生きる時代の決定的特徴とは、メディア——政府の正説が主流となる傾向が強く、オルタナティブはたしかに存在していると断言できるとはいえ、知識人が主流派に抵抗するのは事実として難しい」状況にありながら、「抑えこんでくる集合的力の集合体と、その働きを正当化し、隠蔽し、神話化し、同時にそれへの反論や異議を妨害するのに用いられる言説」と同じ言葉を用いて、「知識人の役割は、弁証法的に、対抗的に、これまで述べてきた抗争を明るみに出し、解明し、押しつけられた沈黙に、また見えざる権力の働きによって正常に見せかけられている静寂に、可能ならいつでもどこでも異議を唱え、それを打ち破ることだ」という。まさにその通りなのだが、気の遠くなるような知的、体力的継続性と断固たる楽観主義とに裏打ちされなければとうてい可能ならざる道である。サイードは生涯これを続けて逝った。

最後にサイードが「まえがき」に記した言葉を書き写しておく。「人文学は、ふつうごく限られた領域の活動だと思われているが、それが社会学や政治学になることなしに、他の次元の知的な営みとどのように、どんなかたちで関係できるのか、わたしはずっと考えてきた」

（村山敏勝・三宅敦子訳）

（『リプレーザ』第1号、2006／2007 winter）

441
大野のり子
『記憶にであう──中国黄土高原 紅棗《なつめ》がみのる村から』
（未来社）

もう15年ほど昔のことだろうか、名古屋の千種駅から10分足らずの所で呑み屋をやっていた大野のり子（当時は別姓を名のっていた）が、店をたたんでいなくなってから、しばらくの間はどうやって生きているのだろうかと気になったが、わたしはそもそもうっとうしい「記憶」の残滓も残したくないと生きてきたいい加減な人間だから、そのうちすっかり忘れてしまっていた。2年ほど前だっただろうか、わたしの職場にふらっとその大野が現れた。写真展を日本ですることになったので帰ってきた、というのだが、こちらは呑み屋の大野としか「記憶」がないので、写真展などと言われても空白の時間を急に埋めるには年をとりすぎていて、ウロウロヨロヨロしてしまった。とりあえず、協力できることは協力しますと通り一遍のことを口にするしかないのだが、「日本軍が三光作戦を展開した村に住んで、人々の顔を写真に撮らせてもらっている」と驚愕するしかないことをさらっと口にする。出版された本の奥付で大野の年を知ったのだが、わたしとほぼ同じ時代を生きた人である。まあ、失礼だがそこそこのおばさん（おばあさん？）になっている大野が、わたしどもの世代にとって戦争責任の象徴的な表象である「三光作戦」が展開された地にいて、そこで暮らしているということ、それ自体が信じられない。まして「三光作戦」を体験した人々の顔写真を撮らせてもらっているというに到っては、常識では考えづらい。本の帯に「はじめに」から採った言葉が記されているのだが、「この村であったことを、日本に帰ったらみんなに伝えてほしい」と言われたというのだけれど、本当にそんなものなのだろうか。

こんな次第だからとても書評というわけにはゆかない。写真集でもある本書を、掲載誌の都合で写真を掲載しないで紹介するので、読者にどこまで信頼していただけるかわからないが、本音のところで、かつて「美しく」語られた「国境・民族を超えた人民の連帯」などという幻想を信じ切れない旧態依然たる「左翼」である私にとって、大野の実践は想像力を超える。帯に高橋哲哉が「戦後60年、初めて出会った日本人と現地の人々との稀有の交流の記録」とまさにその通りの言葉を寄せているのだが、こういうのを「稀有の交流」などと言表することが、適切であるのかとふと考えてしまう。「日本人に母親を生きたまま焼かれた過去」をもつ老人に、遠慮がちに「60数年ぶりの日本人の来訪をどう思うか」と尋ねると、「感動した。ほんとうに遠いところをよく来てくれた」と語り、「老人は不自由な身体をおして門口にじっとたたずみ、いつまでも私たちを送ってくれたのです」に至っては、絶句する。

こういう聞き取りと撮影の期間を経て、大野は「2005年6月、それまで住んでいた北京を引き払って、私はひとり紅棗がみのる村に転居」する。いよいよ日本軍が「三光作戦」を展開した村に単身で住み込むことにしたのである。そこで大野の言い方を借りれば、「老いた天使たち」ということになるのだけれど、この「老いた天使たち」の驚愕するほどの記憶力を大野は「記憶する力の強さ」と表現しています。「彼らは、日常生活の些事から共同体の約束事、村の歴史に至るまで、すべて自らの脳の細胞にひとつひとつ刻み込むことによって記憶している」のだそうです。したがってもちろん、親や肉親や尊敬する村の長老たちが日本人に殺された場面は重々記憶しています。「多くの老人が、実に細部にわたって、当時のことを鮮明に覚えていて、こちらがびっくりさせられることがたびたびだったのです」とも記しています。

しかし、「ひとりあたり平均年収一〇〇〇元といわれる貧しい村々で、村人たちと酷寒酷暑をともにし、同じ屋根の下、同じ井戸の水を汲みながら、多くの老天使たちと出会うなかで、私が日本人であるということは、以前ほど重要なことではなくなってきたのです」と大野が記す、この現実は、「記憶の力」とどこでどういう折り合いを付けるのか、日本の都会で左翼的言辞を、社会的にほとんど何の規定性もないからこそ、自らの存在証明ででもあるかのように吐き散らして生きてきたわたしを打ちのめします。

あれこれ言おうと思えば言えるようにも思うのです。苛酷な日常が「記憶する力」はそれとして維持しつつ、本来の怒りを忘却させてしまったのではないかとか、「記憶」とはそもそも現在のあり方に規定されるものであるから、「記憶」そのものの意味を、現在的あり方を抜いて考えることそれ自体が誤りであるとか、屁理屈はいくらでも言えるでしょう。

しかし、そういう屁理屈は大野が撮っている「老天使」たちの深いしわに刻み込まれた、民衆の暮らしの苦、にもかかわらず大地に根ざして生きている民衆の「生きる力」を眼前にする時、絶句するしかないというのが本音です。

若い頃、わたしも諸外国をウロウロしましたが、老人になった今、誘われてもどこにも行きたくない。食べ物が口に合わないなどといい加減な理由を言って断っていますが、大野がいる間に日本人が「三光作戦」を展開した村に行ってみたいと、少し考え始めています。

「五歳で父が死に、その年の二月に母も死んで、日本人が村の壕を焼いたときすでに私たち兄弟は孤児だった。私はそのとき十歳で、七歳の妹が壕で死んだ。私は別の村にいて、翌日家に帰ったが、すでに死体はなかった。子どもの死体は崖から捨てられて、夜になると狼や野犬が食べた。あの事件のあとに狼が多く出没するようになった。その後、私たち三兄弟は鉄くずを拾ったり、炭鉱で働いたりして、自分たちで生活した。」と語る老人の前で、安易な謝罪など何の意味も持たない、そういう場で「記憶」を考え直してみたいと思っている。

(『Ripresa2』No.1 winter2009)

442
特集「靖国・教育・天皇制」(『季刊 前夜』10号)

巻頭のノーマ・フィールドの「天皇、天皇制と資本主義国家―新たな戦後のために」はさすがに冷静な分析が行われている。特段新しい分析というのではないが、戦後60年の天皇制のなんたるかについて、日本人の大多数が日常で意識せずに済ませている問題を鋭く突きだして、現代日本人の常識が外観から見るとどれほど非常識であるかの警告を発している。「金と権力の癒着は多かれ少なかれどの社会でも問題だ。日本の場合、天皇制と資本は矛盾するかに見えるが、だからこそ相互補強効果を発揮しうるのである。天皇の神話的要素が資本の俗物性を覆い隠し、逆に〈人間天皇〉が資本の抽象性、合理性を補い、それに右翼の非日常的怖さが加わり、常識としての無批判が蔓延してきたのではないか。常識としての無批判は無関心とほとんど区別がつかない」。「国家も天皇制も資本も互いに面をかぶり、国際的合理性も愛国心も兼ね備えて圧倒的多数が経済的にも精神的にも不自由に追い込まれている時代を操作しているようにいえる」。そして結論、「ほんとうの戦後はこれからではないか」。こうした言葉をアジアの人々の視線の中に看取する感性を捨ててしまった日本人の今、とりわけ小泉・安倍と続く政権を許している自らを恥じねばならないだろう。

特集冒頭に高橋哲哉の特集に当たっての言葉が示されている。南原繁の敗戦翌年の「天長節——記念式典における演述」の中の言葉が引用され、安倍の言う「戦後レジームからの脱却」なる主張の虚構を暴いている。戦後憲法とつい先頃改悪された教育基本法に「熱烈にコミットした」南原の認識が顕わにする、高橋のいう「日本国憲法体制そのものに内在する矛盾」の指摘に全面的に賛意を表す。雪崩れ打つ「護憲」主義の危うさ、いかがわしさに辟易しているので、広義の「左翼」、「平和勢力」に対する痛打ではあろう。がしかし、では特集全体を通して戦後憲法体制に内在する矛盾を抉り出せているかとなると、批判の言葉は多いのだが、臓腑に堕ちる主張は多くない。これは批判として言うのではなく、それほど我々の今そのものが迷妄の内にあるということなのであろう。

田中伸尚、鵜飼哲、高橋哲哉三氏による座談会は、鵜飼の現状分析、「この間の加速度的な右傾化は、現代のグローバリズム、ネオリベラリズムに対する日本的な反応であり、素材は結局古いものが多い。ただし、それをどう組み合わせ、活用するかは別の問題です。外に敵を求めることで新しい質の国民統合を進めるプロセスに入っているけれども、実体的な統合の軸は戦前と同じ形では安定させることはできないでしょう。そういう意味で、日本の保守派はいくつもの解決不可能な矛盾を抱えながら、信じ難い責任転嫁の論理を振りかざして、その矛盾をエネルギーに転化してきていると言えるのではないでしょうか」が見るべきところか。しかしこれとて特段新しい分析ではないし、なぜ「日本的な反応」で事足りなんと日本人はするのかが問われなければ、日本人はアホだから、と言っているに過ぎない。確かにアホではあるけれど。この座談会で田中が本紙の合冊に触れている。感謝して、今後の精進に努めたい。

る。

1975年に作られた茨木のり子の詩が再録されている。

戦争責任を問われて／その人は言った／そういう言葉のアヤについて／文学方面はあまり研究していないので／お答えできかねます／思わず笑いが込みあげて／どす黒い笑い吐血のように／噴きあげては　止り　また噴きあげる　三歳の童子だって笑い出すだろう／文学研究果たさねば　あばばばばとも言えないとしたら／四つの島／笑ぎに笑ぎて　どよもすか／三十年に一つとてつもないブラック・ユーモア　　野ざらしのどくろさえ／カタカタと笑ったのに／笑殺どころか／頼朝級の野次ひとつ飛ばず／どこへ行ったか散じたか落首狂歌のスピリット／四海波静かにて／黙々の薄気味わるい群衆と／後白河以来の帝王学／無音のままに貼りついて／ことしも耳すます除夜の鐘

今の状況で、天皇制批判にはこの毒こそが必要なのだとつくづく思う。高橋哲哉はこれを採録して「黙々の薄気味わるい群衆」と例えば高橋がある意味で指導的立場を持った新教育基本法制定反対運動の質をどう考えているのであろう。はっきり言って、単純な戦後民主主義用語の発言がこの運動の中から多すぎたように私は感じている。「守れ」と言われて何を「守る」のか、国会前にいてそぞろ背筋が寒かったのは私だけだろうか。

ともあれ、在日する外国人、日本人の若者たちの主張の鋭さなど、読了後何かしら読んだ気に久しぶりになれる号だった。

（「靖国・天皇制問題情報センター通信」55号＝通算407号、2007年1月31日）

443 上野英信『出ニッポン記』（潮出版社）野添憲治『塩っぱい河をわたる』（福音館書店）

身を立つる道なき人々の記録

「炭鉱労働者の海外移住は、きのうきょうに始まったものではない。たとえば一九〇八年六月十八日、笠戸丸で移住した第一回ブラジル移民の状況を伝える記事の中にも、『炭鉱臭失せざる炭坑夫』というような文字が見られる。かなり早い時期から炭鉱労働者の流出は始まっていたのだろう」。「第二次世界大戦後もやはり、炭鉱労働者のラテンアメリカ移住は、かなり早くから始まっている。朝鮮戦争の特需景気が去って中小炭鉱が軒並みにつぶれ、ちまたに失業者があふれる一九五三年には、早くも筑豊からブラジルへ去ってゆくひとびとの姿が見られた。そしてその数は、石炭不況の深まりとともに急速にふくらみつつ、やがて一九六〇年に至って頂点に達する」と書かれていることだけからでも、「下層」の民衆が国策にいおって「棄民」された日本近代史の裏面があぶり出されている。上野が「筑豊からブラジルへ去ってゆく」と「去る」という言葉を選び採った実感に悲しみが塗り込まれている。

「ところでこの一九六〇年は、炭鉱労働者にとっては到底忘れがたい三池闘争の敗北の年であるが、ここで注目すべきことの一つは、総資本対総労働の決戦とうたわれたこの血なまぐさい大闘争のさなかにあって、三井鉱山が解雇者対策の主要な一環として、ブラジルをはじめ、ラテンアメリカ諸国への集団移住を計画し、積極的にとり組んでいることである」からは、「国策」なるものが資本の意を受けてのものであることも当然ながら示される。「下罪人」などと蔑まれて辛苦して生きてきた挙げ句地球の裏側に棄てられていったかつての仲間たちへの訪問記が『出ニッポン記』である。この『ニッポン』をどういう音声で読むのか、この頃のNHKのアナウンサーやプロスポーツの応援に行って『ニッポン・ニッポン』と怒号する奴輩に発音させてみたいものだ。

久しぶりにこの本を読んだのは、本誌今号でインタビューをさせていただいた野添憲治さんにお目にかかるに際して、野添さんの『塩っぱい河をわたる』を読んだからである。上野の本が地底の下罪人の棄民の記録であるなら、こちらは地上の下層百姓の開拓という国策棄民の歴史の記録である。秋田と青森との県境にある小さな山村に長男として産まれた農民が、進取の気性を持っていたがゆえに国策に乗せられて、中国民衆が営々と耕し続けてきた土地であることも理解せず、満蒙開拓という侵略の最先端であり、傀儡国家満州国の防衛戦の最前線でもある地に夢を託して一家で行く。敗戦間近にはその地に捨て去られ、塗炭の辛苦の末に帰国してみても耕す土地もない。生まれ故郷の山村よりさらに山深く、踏み分け道しかない土地での二度目の開拓にも敗退し、南米へと戦後棄民政策に乗るしか道はなく、再び故郷を見ることなく彼の地で死ぬ。こういう人の一生を知って、上野の炭鉱労働者もそうだけれど、同じ時代の空気を吸い、同じ近代国家日本の民として生きた時間を共有する者として息を飲む思いでしばし沈黙するしかない。

下層の民の生きた記録を丁寧に残しておかなければならないと痛切に思う。わたしなどに到底できることではないのでどなたかにお願いするしかないのだが、かつてわたしも少々手伝わせていただいた東京の日雇い労働者の寄せ場山谷に労働者会館を建設する際の呼びかけ人に名を連ねることを快諾していただいた上野英信は死んだ。野添さんも既に高齢である。不甲斐ない己が本当に恥ずかしい。

5月中旬の小雨降る能代は肌寒かった。駅前の商店街の店の大半が閉じてしまっている風景はうすら寒い。東北秋田は今また為政者どもに棄てられようとしている。野添さんが「上野さんとは手紙のやりとりだけでお目にかからなかったのだけれど、南米で上野さんが炭鉱労働者のその後を求めて歩かれた所と私が歩いた所はほとんど一緒なのです。日本からは世界の果ての地に行っても、地底の民も農民も貧しい者は同じ道を辿るのですね。寄り添って生きていたのです」と語られた言葉が忘れられない。

（『リプレーザ』第3号、2007 summer）

444 森秀人『甘蔗伐採期の思想——沖縄・崩壊への出発』（現代企画室）

■釣師森秀人は未だ預言者でもある

所収の「黄泉の国の夏」に森は「毛遊びと沖縄歌謡の島、人情あくまでもあたたかく共同の労働と共同の生活が戦前までつづいてきた国、沖縄。薩摩の支配と人頭税にもめげず、明治政府の植民地化にも負けず。琉球語使用禁止令にも屈服せずに、沖縄の沖縄的なレーゾンデートルを守りつづけた島。その島国が、しかし戦争と、それにつづく基地化の波を通して崩壊していった歴史は、私達に何をもたらしたか」と書いている。

本書は60年代初頭から70年代初頭の約10年間に雑誌に発表されたルポルタージュを編んだものであるが、この「黄泉の国の夏」だけは90年に現代企画室で復刻されるに際して書かれたものである。80年代に入ってすっかりない。

釣師森秀人になっているかと思いきや、現代企画室編集者太田昌国を案内人にして、船戸与一を読み、ウカマウ集団制作の映画『地下の民』を鑑賞し、「踊りとはそこから出てきたところに回帰するための人間の営為なのであろうか。そこというのは勿論、人間の原初的な黄泉のことに違いない」と、帯に「〈復帰〉論喧しい1960年前半、その論議の中に戦闘的に分け入った沖縄自立論。〈ヤマト〉に浸食される沖縄の現在を予測して、本書は、哀しくも、預言者の悲哀を手にした」とある資質を未だ維持していることに、考えてみれば当然のことではあるが、誰も彼もが言説による主張を微妙に時代に添い寝するようにずらしている時代にあって、驚いたものだった。それにしても復刻からもう17年にもなることに馬齢を重ねた時間を思って茫々とする。

■沖縄解放論

「祖国復帰運動」最盛期の波間に重く激しい一石を投じた「沖縄解放論」を再読することから始めよう。本書を読む大半の人々の関心もここに集中しているはずであるから。敗戦直後の日本共産党が進駐軍である米軍を「解放軍」規定をするという誤りを犯したのと同様に、沖縄人民党もまた戦後米軍支配を沖縄独立のチャンスであると誤解して始めた。実際には戦後冷戦構造下で、アメリカ合衆国の対ソ連前線基地化政策でしかなかったのに、「幻想の独立の夢を追い、あたかもそれが容易に実現するかの如く考えていた」のである。朝鮮戦争開戦によってこの幻想はうち破られる。その時点から「沖縄の知識層の、独立への希求の挫折」が生じ、「日本への復帰志向」が拡大した。他方、森によれば、「昔から、日本と中国の二大国のあいだにあってリャンペン的従属を強いられてきた沖縄人民の血が、世界でもめずらしいほどに、かれらをしてインターナショナリストに仕立てあげていた」し、「植民地的従属の歴史の負の圧力を、沖縄人民は正のエネルギーに見事に転じ、人種的偏見のきわめてすくない体質を獲得した」沖縄民衆にとって、「自己の帰属について」は「暮らしのよくなるほうにつけばよい、といった日和見主義があった」ので、沖縄戦終結直後には「祖国復帰」などという発想はそもそもなかったにもかかわらず、「アメリカの最前線基地として、いわば、アメリカ帝国主義の直属基地として宿命づけられた結果、沖縄人民はふたたび、いや、まえよりもいっそう苛酷なかたちで、戦争政策の犠牲を強いられはじめる。

ここにおよんで、状況は一変し」、知識層が始めた「祖国復帰運動」に合流していくことになるのだが、森も「注目しなければならないのは、この運動が、決して、愛国心の発露とか、民族意識の形成とか、そうした観念にささえられているものではない」と指摘しているように、最前までの戦時下での体験からくる厭戦感情は大変根強く、「基地反対闘争」との結合がこの運動を大きくしたことを確認しておかねばならない。これの認識が甘かったがゆえの「復帰」の単なる言い換えでしかない「奪還」論などが日本の側から出た原因である。

森の言うように、「世界でもめずらしいほどに、かれらをしてインターナショナリストに仕立てあげて」おり、「いわば祖国は世界である」とするはずの沖縄民衆ではあったが、朝鮮戦争下、再び自ら選択したのではない戦時下を体験させられる民衆は「日本に復帰すれば、とりあえず、現在の苦況から脱出できる」と幻想した。しかし、沖縄は「祖国」日本によって1952年4月「対日講和条約」発効により、「日本国民とその政府によって、日本の領土として認定されたうえで、アメリカに売却され」るという手ひどい裏切りを経験することになる。いささか危険な表現ではあるが森の「わたし流の解釈で表現するならば、放蕩親父（日本）が遊郭（米国）に自分の娘（沖縄）を売りとばしたのである。しっかりした娘ならば、あんな親父は自分の親ではないと自分のほうから縁切状をたたきつけることで、親父の親権を否認し、売られることに抵抗したであろう。ところが、娘（沖縄）は、売られる危険のせまったそのときにおいて、みずから親父の娘であることを名乗りあげ、親父（日本）は喜んで遊郭に娘を売りとばしたのである」という認識が、森の沖縄への熱い思いを伝えて、譬えの危うさを割り引いて、的を射ているだろう。

こうなれば、「日本に復帰しようという運動は、必然的に、日本を美化し、日本の犯罪をインペイし、日本に帰ると幸せがくる、という称名念仏の精神運動に転落」したのもまた必然であると森は言う。

ここから徹底した沖縄エリート批判が展開される。そして有名の森のテーゼ。「極端にいえば、日本のブルジョアジーは日本国すべてをアメリカに譲ることも可能で、日本人民が選挙を信じ日本国家を信じているかぎり、それは合法的である。日本の人民がそれを許容しないから、日本政府はそのような暴挙をしないが、抗議の声の小さい沖縄では可能だった。瀬戸内海の小さな離島が米人のバイヤーに買われそうになり、値段が折合わず日本人観光業者が落札した。値段が折り合えば離島どころか、日本だって買いとれる。日本のブルジョアジーが、そのほうが利益があると思えば、日本はいつでも自由にアメリカのものになりうる。そしてそれは合法的である。それが資本主義の原理・民主主義の原理である」。「いっさいを革命抜きで考え論じてはならぬ。沖縄の問題を沖縄の革命として、あるいは日本の一地域の革命として考えたとき、はじめてそれは日本のあるいは世界の革命と連絡する。そうでない、人道主義、同情主義、特殊問題化、反米主義、民族主義、統一主義、市民主義、民主主義――等の理念を先行させるならば、それらの勢力は、革命主義とのあいだに戦闘を避け得ないだろう。そして革命主義のみが、沖縄を解放させうることはあきらかである」。

この「革命主義」をどういう内容のものとして読み解くか、言葉の勇ましさにたじろいではならないように思う。幻想であると笑い飛ばしてしまうなら、ただの現状肯定主義との痛罵をあびることを覚悟せねばならない沖縄の現状であり、それを座視している我々の現状である。

■琉歌、沖縄歌謡について

沖縄解放論に紙幅をとりすぎた。残り少ない紙幅では、どうしても「甘蔗伐採期の思想」を取り上げねばならないが、その前に大好きな恩納なべの琉歌に触れておきたい。本書には「琉歌への招待」「沖縄歌謡のエロティシズム」が収録されている。森も紹介しているが、恩納なべに「恩納松下に禁止の牌の立ちゆす恋忍ぶまでの禁止やないさあ」という歌がある。歌意は「恩納番所の松の木の下に、禁止事項を記した碑がたっているが、まさか恋忍ぶことを禁止する事項まではあるまい、そんなことしても恋人に会いたいという気持ちを押し止めることなどできはしない」ということであろうか。実に大らかな民衆の思いの表出である。森の言う「民衆の自立した芸術集会」である毛遊び（モーアシビ）の際に謡われたものであろう。「ほんとうに情熱的に恋することのできるナベだから、毛遊びの禁止にたいして民衆の声の代弁者になりえたのである。そこには、その関係には、うたびとと庶民との密着の倫理がある。すでに悟ったものが、意識的に民衆の代弁者になろうとしている、現代のいやしい疑似芸術思想は、ここにはない。わかっちゃっている者に、つねに混迷のなかを歩む民衆の心情の世界を代弁することなど、できはしないのだ」。まさに至言である。恩納なべの代表的な歌の一つに、「恩納岳あがた里が生まれ島　もりもおしのけてこがたなさな」がある。歌意は「恩納岳のあちらがわに、私の恋人の生まれた村がある。この邪魔になる山をおしのけて、わが恋人の村をこちらがわにひきよせたいものだ」（島袋盛敏『琉歌大観』による）である。琉歌に深入りすることは許されない紙幅であるが、この歌にみられるような自然とのおおらかな一体感と性意識の節度ある豊穣さが沖縄の人々のからだと心にあるように私には感じられる。それは今に引き継がれていると感じる瞬間もあるのだが、戦後沖縄の在り様はこれの解体過程そのものであり、それに手を貸している己らがただ辛い。

■甘蔗伐採期の思想

「基地の労働者は、うたわない。わたしは、こんなに歌を知らない労働者をはじめてみた。たまに、日曜日にでも、数人が集まって、さてうたおうとすると、一緒にうたう歌がない。せいぜい小学校の学校唱歌ていどである。まったくの奴隷状態である。アメリカは、自己の民主主義を守るために、沖縄の多くの労働者を、無気力な、非人間的な状況につき落としている」のであって、このような労働者にとって、祖国復帰運動デモに参加したり、ベースアップを求めて赤旗を掲げてデモをする官公労に組織された労働者は夢のようだと、62年段階の沖縄の労働者の状態を森はルポしている。そしてこの「うたわない労働者」に対する「民政府（アメリカ）と琉球政府」という「実はひとつの政府」と結託した「本土」資本の搾取に対する徹底した批判を展開する。この植民地政策としか言い様のない苛酷な収奪の実体を暴露しつつ、翌年に発表した「沖縄解放論」では完膚無きまでにこき下ろした沖縄人民党の比較的若い活動家たちを高く評価しているのは『月刊労働問題』という発表媒体の性格によるのだろうか。しかしそれでも森らしさは見せていて、「都市労働者の歌の喪失と対応」してひどい搾取下の長時間労働ではありながら、「村々には、月あかりの晩に伐採した甘蔗のまわりに集まって男たちが蛇皮線を、女たちが琉球歌謡の合唱をきそいあって楽しむといった、日本ではみられない伝統的な農村風景」への愛着を表明し、末尾に沖縄の現状につき「沖縄問題は、アメリカの対沖縄支配なのではなく、あきらかに、日本とアメリカの対沖縄支配なのである」と、「日本本土に住む日本人であるわれわれ」として考えなければならない点を指摘している。

ともあれ、遊びに行くにしても基地建設反対運動の支援に行くにしても沖縄へ行く人には読んでほしい本の一冊である。

冷たい血は夢みる樹にも流れおりいま家系失せし
墓標にかわる
盗まれし血をあきらめて寝るときに逆さまに吊ら
れし仏壇ひとつ

勝連敏男詩集『声の貌たち』から

(『リプレーザ』第2号、２００７ spring)

445
『歎異抄』

もう40年以上前、高校生だったころ、「倫理・社会」という科目の時間に近森先生という方から『歎異抄』についてのお話しを聞いた。安芸門徒の端くれみたいな家に生まれたので、親鸞の名くらいは聞いていたが、『歎異抄』について教えられたのはそのときが初めてであった。「善人なをもて往生をとぐ、いはんや悪人をや」というい わゆる「悪人正機説」の真意をそのとき理解できたとは思わないが、切々と語られる先生の様子からただならぬ気配を感じて、その日学校の帰りに本屋によって『歎異抄』を入手した。

先の言葉の続きの、「しかるを世のひとつねにいはく、悪人なを往生す、いかにいはんや善人をや。この条、一旦そのいはれあるににたれども、本願他力の意趣にそむけり」を読み、さらに「親鸞は、父母の孝養のためとて、一返にても念仏申したること、いまださぶらはず。そのゆゑは、一切の有情は、皆もつて、世々生々の父母・兄弟なり。いづれもいづれも、この順次生に、仏になりて、たすけ候ふべきなり」から、それまで自分が考えたこともなかった思想の世界があることをぼんやりと理解した。

以後この「悪人正機説」についての真宗学者、仏教学者及び親鸞研究家の見解を多数読んだが、もう目から鱗のような気持ちになることはなかった。

ついでのようだが、この近森先生からはヘルダーリンの詩も教えていただいた。どうして親鸞とヘルダーリンなのかについては伺わないままにしてしまった。

大学生になって型通り左翼思想に取りつかれたが、キリスト教にも興味をもって『聖書』なるものを読むようになり、そこに「幸いだ、乞食たち、神の王国はそのあなたたちのものだから。幸いだ、いま飢えている者たち、あなたたちは満腹するだろうから。幸いだ、いま泣いている者たち、あなたたちは〔大〕笑いするだろうから」（「ルカによる福音書」岩波版『聖書』佐藤研訳）という言葉を発見して、親鸞の『悪人』とここでいう「乞食・飢えている者・泣いている者」について深く考えねばと思うようになったが、キリスト教の専門家たちからこの言葉に納得のゆく解説をついぞ聞いたことがない。吉本隆明の親鸞論を通して「非知への着地」という親鸞が「最期」にたどりついて地平について学んだ。ただ早くから専門家への絶望を身に付けてしまったので、「無知」でどこが悪いと居直って、既に老齢に達してしまった。

（『リプレーザ』第8号、２００９ winter/spring）

４４６ エンツォ・トラヴェルソ『全体主義』（柱本元彦訳、平凡社新書）

帯に、社会学者大澤真幸が「全体主義という言葉は、20世紀に現れた圧政が古典的な専制とはまったく異なっているとの自覚から案出された。にもかかわらず、この言葉の乱用は、スターリニズムやファシズムといった政治の現実を明るみに出すよりも、それらの実態を隠蔽するのに寄与してきた。本書は、全体主義の概念がたどってきた変遷の全体を見通しうる地図を描いてみせることで、この概念の複雑で多様な意味内容を明快に整理する。つまり本書は、ひとつの概念の歴史を通じて、20世紀という最も身近な過去を理解する試みである」と書いている。

「訳者あとがき」に「２００１年フランスで全体主義研究のアンソロジーが刊行された。その序文が増補改訂され、一冊の本として出版される。本書『全体主義』（Il totalitarismo）はこれを全訳したものである」として、著者のエンツォ・トラヴェルソの紹介は、「1957年、イタリア・ピエモンテ州のガヴィに生まれた。ジェノヴァ大学を卒業後（現代詩専攻）、〈ポテーレ・オペライオ〉（アウトノミアの中心的グループ）のシンパとして活動していた。1985年からフランスに在住。現在はアミアンのピカルディー大学およびパリ社会科学高等研究院で教鞭を執る。ナチスによるユダヤ人虐殺に関する著作がとりわけ名高いが、ツェラン、アドルノ、ベンヤミン、クラカウアーらの研究者としても知られる」と記している。限られた紙幅であることがわかっていながら、長い引用をしたのは、トラヴェルソが研究対象にしているのがすべてユダヤ系の学者・研究者であることを示したかったからである。

ユダヤ系亡命者ハンナ・アーレントが『全体主義の起源』で、「全体主義が明らかにしたのは西洋史の底を流れる地下水脈であって、それが地上に現れ、われわれの伝統を侵害したのである」と、この民の艱難の歴史を思うなら、叫び出したいほどの思いを抑えて「西洋史」の一方での「真実」を喝破したことを我々は知っているし、日本の60年世代「左翼」にとって、思考の手引きでもあった、同じくユダヤ系亡命者ヘルベルト・マルクーゼが『エロス的文明』の序文に、「強制収容所、大量虐殺、世界戦争、原子爆弾は、〈野蛮状態に落ちた〉結果ではない。それは科学や技術や開発のとどまるところを知らない近代的成果の帰結だった」と書き記したことも記憶の底にある。だからこそトラヴェルソは「全体主義の概念は〈亡命者の政治文化〉のなかを歩んできた」と、ディアスポラ・ユダヤ人に視座を据えて、20世紀思想史を概観しようとする。

著者が、本著の「結論」において、「全体主義の誕生、その理論の変容、その受容と運用に光をあてながら、知識人たちの議論がどのように変遷してきた」をまとめている。以下の通りである。

（1）1923～33年、「全体主義的な」という形容詞が反ファシズム陣営で用いられはじめる。それがしだいに深められ洗練され、イタリアのファシズム――全体主義（Stato totalitario）と、ドイツの「保守革命」――全体国家（totale Staat）――によって正真正銘の概念的内容が与えられる。

（2）1933～47年、全体主義の概念は、イタリアであれドイツであれ、亡命者の反ファシズム文化のなかで普及し、スターリニズムに対する左翼からの批判が現れはじめる。１９３９年から、ナチス・ドイツとソヴィエト連邦を比較するために広く普及する。

（３）１９４８〜89年、全体主義の概念は、かつてそれが大きな影響力をもった国（アメリカや西ドイツ）で斥けられるが、ソルジェニーツィンの『収容所群島』の翻訳を機にフランスで復活し、東欧からの無数の反体制亡命者によって再発見される。

（４）１９８９年以降。ベルリンの壁の崩壊。東西ドイツの統一、ソ連の終焉、ワルシャワ条約の撤廃などによって、議論は新たな展開を見せる。全体主義は20世紀を読み解くひとつの鍵、勝利した西側諸国の正統化の道具になる。

ヨーロッパの研究者であるから、日本の「天皇制」に射程が届いていない。がしかし、ファシズムといいスターリニズムといい、そして、紙幅がないので途中を全部省略するが、最近の若者たちの「ＫＹ」思想に見られる「ソフト全体主義」＝「右に倣え主義」をどこで突き破るのか、我々に突きつけられている問題は多かろう。このまま事態が推移すれば、我々は「ソフト全体主義」＝「右倣え主義」＝「そして嬉し楽しキリスト教主義」に埋没して、異様な言論者としての自然死だけが待っているのではないか。ま、それもそれでいいかとも思わないでもないが。

＊署名は、「久垣伸夫（年金生活者）」（「靖国・天皇制問題情報センター通信」１０１号＝通算４５３号、２０１０年11月30日）

４４７
加藤周一『日本文化における時間と空間』（岩波書店）

何のめでたさもない年が明けた。年末年始の休みというのは退屈極まりないもので、全国各地では大雪だったりして、大変な思いをなさった方々も多いようだが、関東地方は穏やかな好天気に恵まれて、朝から酒を呑んでみたりするのだが、これもまた何となく我ながら恥ずかしい気分にもなって、落ち着かない。

そこで、そういえば加藤周一が死んでもう2年になるのだなあなどと思って、『日本文化における時間と空間』を再読する。酔眼朦朧としての読書であるから、意識が集中せず、論理明晰な加藤の思想展開を読むには不適当であるが、新春ののんびりした気分で、あちらこちらに寄り道したりなどして、今年もこんな具合にいい加減な読書をしながら1年を過ごせるといいなあと、恙なきことだけを祈りたいような気分である。さて、「あとがき」に「1950年代前半に、私はパリで暮らしていた。そして西欧の文化の基礎的な部分が日本のそれとは対称的に異なるのを感じ、帰国してから日本の近代文化の生々しい「雑種性」を指摘するとともに、その積極的な意味を強調した」とある。『雑種文化』（講談社）のことである。同著は吉本隆明によって「さしずめ、西欧乞食が洋食残飯を食いちらしたあげく、伝統詩形に珍味を見出しているにすぎない」と、学生時代に中村真一郎・福永武彦らと「マチネ・ポエティク」を結成して、新定型詩運動を進めたことまで引き合いに出してこき下ろされたのだが、この書物の中核をなす論文は「日本文化の雑種性」と「雑種的文化の希望」であり、パリでヨーロッパの知識人や市井の人々との交流を通して、それまで常識として考えられていた日本文化論の本質主義的枠付けを批判的に再検証し、日本文化の固有性とか特殊性といったものが形成された歴史過程に戻すことによって、そこに「雑種性」を見いだした。吉本がどう言おうとも、イデオロギーでしかなかった「日本文化論」に別の物差しを持ち込んだことについては評価すべきだろう。この延長線上で、加藤は日本文学を2つのタイプに分類している。1「西洋」「東洋」との文明の格闘と獲得を考察するタイプ（鴎外・漱石の系譜）、2いかに生きるかを考えるタイプ（内村鑑三の系譜）であり、自らを1のタイプと規定している。

同じ「あとがき」の続きに、「1960年代にはカナダの大学に職を得て、日本文学史を講じ、文学をとおして、日本精神史（または思想史）の本質的な特徴を見きわめようとした。その私なりの成果が『日本文学史序説』（筑摩書房）である。外来思想と土着思想を二つのベクトルと考え、外来思想の「日本化」をベクトル合成の結果とする。土着思想の基本には「此岸性」と「集団指向性」を考えた」と記している。また、「私は多くの国の、多くの大学で、日本文化における時間または空間の意識について講演した。そして成蹊大学では一学期をとおして時間と空間の意識と表現について講義した。その講義の草案がこの本の出発点となった」と本書成立の経過を記している。こうやって見てみると、『雑種文化』の56

年刊行から、本書刊行の07年まで、50年間の長いスパンで「日本文化論」を考え続けてきたことに驚きを覚えざるをえない。

本書の内容に立ち入る前にあれこれと周辺的なことばかり書いているが、ここで、そうそう雑誌『現代思想』09年7月臨時増刊が「総特集加藤周一」で、その中に小森陽一と成田龍一が「加藤周一を読むために」という対談をしていたな、と思い出してそれを読み直した。加藤が戦後、評論家として仕事をし始めて以来、天皇制批判と知識人の戦争責任追及と原爆の問題という3つの主題を抱えて発言をし続けてきたという誰もが知っていることもあるが、小森の発言に中にある加藤の『美しい日本』（角川書店）で、「漱石の位置づけられ方も、文明開化する日本と先進国西洋のはざまに立ったといった単純なものではないのです。数千年来の漢字文化圏の文化の歴史と、そして大英帝国の産業資本主義を推進する現実とを見比べながら、日本の問題を考えようとした知識人として、改めて位置づけられている」など、いろいろ教えられることも多い。この対談から、加藤が51年10月、まさに朝鮮戦争のただなかにフランスに行き、60年安保闘争後にまた日本を離れてカナダに行っているという、知っていたはずのことであるが、この時間的な符合に何か意味があるのではないかということを教えられた。こういうことについて考えるには、鷲巣力編の『加藤周一が書いた加藤周一』（平凡社）が便利である。加藤周一の「あとがき集」である。『言葉と戦車』（筑摩書房）の「あとがき」に68年パリの「五月革命」の時には日本にいたが、7月にはパリに出向き、8月初旬にはソ連軍介入直前のチェコスロヴァキアを一周し、9月中旬には住居を北太平洋岸の町に移し、ヴェトナム戦争末期のアメリカ合衆国の激動と学生の抵抗、黒人青年たちの反乱を間近で観察し、11月はじめに、中国における文化大革命が一段落したことをアメリカで知る。そしてその都度、誠実な発言をし続けている。

「日本文化論」という壮大な計画のもとにすすめられた緻密な作業と、時代に抗う知識人としての責務を果たさんとする強い意志の持続による発言と、この両輪があってこその加藤なのであろう。

まだ、本書の紹介に到らない。書いている当人がほとほと飽きてきたので、こんな駄文を読まされる読者はたまらないだろうと想像しながら、でもまだ、言いたいことはある。これが瞬時に消費し尽くされない著作の力なのであろう。

それはこういうことなのである。本書で加藤は「始めと終りがある時間、両端の閉じた有限の直線（線分）として表現されるような歴史的時間の表象は、ユダヤ・キリスト教的世界の特徴である」とし、「この時間概念はヘレニズムのそれとは対照的にちがう。近代ヨーロッパの歴史意識を生みだしたのは、このユダヤ教的時間であって、ギリシャ的時間ではない」（p.15）、また「始めあり終りある時間直線の上でのみ、過去は水に流すことができず、未来の風はどこへ向って吹くかわからないのではなく、特定の終局へ、「約束の地」へ、すなわち究極の目的へと収斂するのであり、究極の目的こそがそこに到るまでの過程で起こるすべての出来事を意味づけるのである」（p.16～17）と、日本文化における「今＝ここ」的時間を論ずる参照枠組としても重要であるという指摘をしている。これについて、まったく学的領域は異にするのだが、新約聖書学の佐藤研が『はじまりのキリスト教』（岩波書店）で、初期ユダヤ教後半期の死生観を論じて、「初期ユダヤ教の多くの部分に浸透している黙示思想の時間観は、基本的に「線」的である。もっとも終末時においては始源の調和的世界が回帰するという表象もあるので、一定の「円環」的要素もないわけではない。しかし、終末において到来する「神の王国」がその後いかに「発展」し、その後に何がくるのか、という問いは全く考慮されることがない。その意味で、古代以来の東洋思想の根幹にある「輪廻」思想とは基本的に発想のパターンが異なっている。ただし、こうした「線」的な黙示思想的思考そもそもの発生が、これまで外国による被支配を主とする不条理からの解放の希求に主たる座を持つことを考えれば、なにゆえ時間が円環的構造に成り切らなかったかが理解できよう」と概ね加藤の指摘と同様のことを述べている。

またそういえばなのだが、「序説」と題するには大部な『日本文学史序説』であるが、江戸期について第七章から第九章で触れている。なにぶんにも古代から戦後までの「通史」であるから、無い物ねだりをしても仕方がないが、とりわけ江戸期に関しては概観したという印象が強く残っている。日本史学でも江戸期をどう位置づけるかが大きな課題であるようだが、わたしはこの点については子安宣邦の「『江戸思想史講義』（岩波書店）から大きな示唆を受けた。子安はその「序」を「方法としての江戸」と題して、「方法としての江戸」とは、この竹内（筆者注・竹内好）の「方法としてのアジア」を貴重な示唆として構成される歴史批判のための方法的な視座である。西洋近代を追走しながら、その対抗として自己形成した日本の近代史を読み直し、とらえかえすべき批判的な視座、それが「方法としての江戸」である。「江戸」といっても、それは決して対抗としての実体的な江戸・徳川日本の主張ではない。「実態としての江戸」の語りとは、西欧的近代の転移としてある近代日本に対抗するもう一つの近代、すなわち徳川日本の再構成的なナラティブでしかないであろう。だが「方法としての江戸」とは、日本の近代史の外部に構成される〈歴史への批判的な視座〉の主張である」と記している。

またそういえばだが、加藤と竹内好との間の相互に敬意を表しつつ、根底的な批判のやりとりがあったことを思い出す。わたしなどなんとなく加藤・中村・福永などとは世代はもちろん、出自が異なり、竹内の生き方に先に馴染んでしまったので、加藤の言説にある種の違和感を抱くのだろうが、それを書き始めると際限のないことになるので、この辺りで妄言をやめるべきだろうと理性では思っている。しかし、酔眼朦朧どころではない、酔頭滅裂な状況に入ってきたので、思い切って言うが、先の小森—成田対談で、小森が「加藤周一の『日本文学史序説』で文学史を考えようとした者にとって、世代論から近代史がすごくクリアーに見えました」などという持ち上げ方は、いかにも小森だな、という思いと、俯瞰というか鳥瞰というか、そのときどきの事態に遠い自分は問いの対象にならず、大きな構図の中に「日本精神史（思想史）」を置いてこの頃流行の言葉で言えば「腑分け・仕分け」をしているという風には思えないか。インテリの仕事とはそういうものだろうと、大声で叱責を受けそうだが、逆にどうすればいいのか己の有り様の提示にとまどいながら生きているという立ち位置で60年代以降を生きて、加藤などの仕事に関心を払いつつ、己らの60年代以降の時代を、暗くぐもった思いで不細工に生きた者からすれば、このような近代主義的な座標軸を設定したところでの「時間—空間」の世界史的整理は、それはそれとして学ばせていただくが、そんなものなのかな、という思いは残る。これは加藤を批判の対象にさえしないという身振りを採ってきた吉本にも言いたい。小森よ、そうは思わないか。

＊署名は「長谷川伊佐衛門（素浪人）」
（「靖国・天皇制問題情報センター通信」１０３号＝通算４５５号、２０１１年１月31日）

４４８
内山節『共同体の基礎理論——自然と人間の基層から』（農山漁村文化協会）

大塚久雄の著名な著作（現在も岩波文庫にある）と大胆不敵にも書名を同じくする本で内山が何を言うのか、なにしろ著者が内山だから予想できはするのだが、それにしても刺激的で、M・ヴェーバーから学んだ大塚をどう批判するのだろうと久しぶりに胸躍る思いで読んだ。

まずは大塚批判から。「大塚の『共同体の基礎理論』は１９５５年に刊行されている。その頃は戦後の民主化の内容が問われている時代でもあり、社会主義が未来へのエネルギーを強くもちつづけていた時代でもあった。共同体的な社会が封建主義の社会とほとんど同義語で使われ、近代化、市民社会化、民主化が絶対善のように語られていた時代でもある。共同体は否定の対象であった」。「歴史は封建主義から資本主義へ、そして社会主義へと乗りこえられていく。この課程を社会史的に書き直せば、共同体社会から市民社会へ、そして社会主義社会へとなる。共同体社会は欧米では乗りこえられた社会であり、「遅れた資本主義」である日本では、まだ乗りこえきっていない社会としてとらえられていた。共同体の特徴のひとつである自然との結びつきも、大塚の『共同体の基礎理論』では人間が自然に緊縛されている、土地に隷属しているととらえられ、つまり前近代的な自然への隷属として描かれていた。乗りこえなければならない対象として」共同体は認識されていた、とヴェーバーと戦後日本のヴェーバリアンの特徴でもあるマルクスのいうところの史的唯物論による史観の影響も含めて、その発展史観がバッサリと斬って捨てられる。この点についてはわたしも同意する。思えばわたしも「血縁共同体」、「地縁共同体」を拒絶したくて故郷を出奔し、一人息子でありながら遂に「家」へ戻らなかった。室生犀星の「故郷《ふるさと》は遠くにありて思うもの　たとえ異土《いど》の乞食《かたい》とな

るとても　帰る所にあるまじやその心もて遠き都へ帰らばや」という詩の一節もこれであろう。

それから半世紀過ぎて、「社会主義が未来へのエネルギーを喪失したばかりでなく、近代的な市民社会もその問題点が目立つようになってきた。個人がバラバラになった社会は資本主義の駒として人間が使われるばかりであり、孤立、孤独、不安、ゆきづまりといった言葉の方が、個人の社会にはふさわしいことが次第に明らかになってきた。代わって、関係性、共同性、結びつき、利他、コミュニティ、そして「共同体」が未来へ向けた言葉として使われるようになってきた。自然と人間が結びつきをもっていることも前近代の象徴としてではなく、むしろ未来への可能性として語られるようになった。農村＝遅れた社会という観念もいまではすっかり消えている。むしろ都会の頽廃の方が人々の課題になっている」と内山は言う。その通りだ。同意する。今年に入っての「朝日新聞」など「孤族」という言葉を流行らせたいのかと思うほどこれを多用している。資本主義社会の爛熟の果てのひとびとの生活の有り様はそうとう凄惨なことになっている。これが欧米型市民社会を目指して追従した結果である。

これに対して内山が提示するのは、内山が東京と往復して暮らす群馬県上野村での暮らしからと、日本全国の農山村の観察から得た日本型「共同体」の再評価である。「自然をシゼンと読んで人間の外に展開する自然の世界を指す言葉として使われるようになったのは、外来語の自然を翻訳するところから発生した。自然を人間と分けてとらえないそれまでの日本の発想では、自然界をまとめて外的対象としてとらえる言葉がなかったのである。それまで自然はジネンと読まれるのが一般的だった。自然は訓で読めばオノズカラシカリとなるが、ジネンはオノズカラという意味で使われた言葉である。今日でも私たちは、自然にそうなった、それは自然の成り行きだ、というようなかたちで自然という言葉を用いることがあるが、それがジネンの名残だと思えばいい」という日本人の自然観、すなわち「純粋にオノズカラのままに展開する世界」の中で「人々はオノズカラのままに展開する自分たちの世界をみながら、どこかオノズカラのままに生きることのできない部分をもっている自己を悲しくみていた」ので、この「純粋にオノズカラのままに展開する世界」との折り合いのつけ方として「共同体」＝「自然が含まれる以上、ある種の非合理性を内包しなければ、日本の共同体は成立しない」という「共同体」を形成して、そこで「皆様とともに生きる」という生き方を日本人はしてきた、と内山は言う。こうした生き方をこれまでの越えるべき対象としての「共同体論」からするなら、日本人は「集団主義」であるとして近代主義的個の確立こそがと説かれたのであるが、内山はそれを全面的に否定する。「共同体」の成員として誠実に生きながら、「山に入る」という私度僧という生き方を選択する徹底した「個人主義」的生き方をも容認し、それを「共同体」で支えてきたという多層的精神がそこでは育まれていたというのである。この多層的精神が「共同体」内に多層的「共同体」の形成を生みだして、「ゆるやかな共通性」を確認しつつひとびとは生きてきた。

内山は、「これまで私たちは共同体を簡単に考えすぎたようだ。それは共同体を乗りこえるべき対象、古い社会としてとらえてしまったからなのだが、とりわけ日本の共同体はそんなに簡単なものではない。自然と人間の共同体であり、生と死を総合した共同体であることが、日本の共同体に複雑な仕組みを与えることになった。さらに中世以来の自治の精神がかたちを変えながらも流れつづけ、江戸期以降は家業の精神が共同体に影響を与えた。それらのことが日本に独特の共同体を展開させた。その共同体は多層的共同体としてつくられ、小さな共同体が積み重なることによって共同体の社会ができるという性格をもっている。共同体はひとつの統合体ではないのである」と中間的に結論づける。

紹介していると際限ないことになるので、このあたりでやめるが、前に筆者もまた、近代主義的「共同体論」の影響を強く受けて家郷を捨てたと書いたが、この雑文が掲載される「情報センター通信」の発行元がキリスト教関係の組織であることを思うと複雑な気分である。日本近代キリスト教こそ、「共同体」からの脱出、「家」を捨てることを強く求めた教えであった。同じように、日本のマルクス主義者も、例の「とめてくれるなおっ母さん、背中のイチョウが泣いている」ではないが、「家」を出て主義者になった。

ただ、内山の指摘に同意することは多いのであるが、ではさて、どうするかとなるとはたと立ちすくむ。内山は「この共同体は現代の私たちに、未来に向けてのどんなヒントを与えてくれるだろうか」と、そのヒントも語っているので、それは読者のみなさんがそれぞれ読んでヒントを得ていただきたい。

＊署名は「赤兎馬伊佐（Newborns 協会）」
（「靖国・天皇制問題情報センター通信」１０４号＝通算４５６号、２０１１年２月28日）

４４９
兵藤裕己『〈声〉の国民国家　浪花節が創る日本近代』（講談社学術文庫）
井上寛司『「神道」の虚像と実像』（講談社現代新書）

偶然なのだが、柳田國男批判の二著を続けて読む機会があったので、ちょっと紹介しておこうかな、という気分になった。あの熱かった60年代末から70年代初頭の季節が去ったのち、わたしもご多分に漏れず、深い陥穽に嵌り込み、どこに突破口を開こうかと、貧しかったのに柳田全集など買い求め、柳田が日本民衆の心性の在処を示唆してくれるのではないかと、夜を日についで読みふけったものであった。何分にも膨大な著作量で、読んでも読んでも終わりがこないのに、いい加減うんざりしたが、読みながら思っていたことを、今、思い起こしてみると、これは、「学」というより、「日本常民」の「常識」を形成したいとするイデオロギーに裏打ちされた言説なのではないかということだったように思う。「民俗学」を仕事として柳田と格闘しておいでの方も多いだろうに、こういう素人からする無礼な切り捨て方はいかがなものであるかと自分で思いもするが、およそ2年ほど柳田に沈潜して、戦後日本の荒廃した状況下、柳田はオピニオン・リーダーの役割を果たしたいと気分がはやったのではないか。それは、『「神道」の虚偽と実像』の著者井上寛司が指摘しておられる。「終戦の四日前に当たる一九四五（昭和20）年八月十一日の日記『炭焼日記』に、「いよいよ働かねばならぬ世になりぬ」（『定本柳田國男集』別巻四）と記した柳田は、敗戦の翌年に刊行された『祭日考』（「窓の燈」）の中で、次のように述べている。「是からさき神道はどうなつて行くのか、どうなるのが民族全体の為に、最も幸福であらうか、それは微力で直ちに決しられないとしても、少なくともそれを考へるのに、どれだけの予備知識を持つて居なければならぬか、少なくともその最後の問題に、答へようとするのが自分の最近の仕事であった。」（『定本柳田國男集』11）。

こういう立場を言論人が採った場合、そこから傾斜して行く方向は自明のことであった。近代国民国家意識の涵養にひたすら邁進する。井上寛司氏によれば、「GHQや神道界からの大きな期待と支持」を受けて、「1、超歴史的・非歴史的な志向方法、2、自国中心主義、3、恣意的な歴史の解釈」を突き進むしかない。柳田批判としては、少々雑かなと、素人のわたしも感じるが、大枠の指摘としてはこういうことであろう。かつて、20年ほど前のわたしは新京都学派の梅原猛を目の敵にして、本紙でも梅原「日本学」の嘘臭さを何度も書いてきたが、梅原に道を拓いたのが柳田であるという指摘を、今回、井上寛司の著作から教えられた。結局、イデオロギーでしかない「日本文化論」の地平を拓いたのは柳田「神道」論であるという井上の指摘は鋭い。

わたしたちは、「日本人はね、……」とか、「日本文化というのはね、……」と、日常的に何気なく発言しているのであるが、その「常識」が実は「国民国家における善良なる臣民」の意識形成というイデオロギーに乗せられているものであることに思い至らなければならないのだろう。

『〈声〉の国民国家』（兵藤裕己）の柳田批判は、「柳田國男は、『岩波講座日本文学』の一冊として「口承文芸大意」を書いている。「口承文芸」は、オーラル・リテラチュアを翻訳した柳田の造語である。だが、オーラル（直訳すれば、口頭の、声の）に対して口承（口頭で伝承される）という訳語をあてた時点で、同時代的な声の文学は、柳田の問題関心から周到に排除されたらしい」という指摘から、「大正から昭和初年の社会主義運動のもりあがりと、それにつづく国家主義的な時代風潮は、柳田民俗学の成立に、ある重要なモメントとなって作用しただろう。民族＝民間伝承の世界に日本社会のアイデンティティを「復元」的に再構成するくわだては、昭和初年の柳田によって、ある危機意識をもってすすめられた」と、先に引用した井上の指摘とその主張において接合することになる。

『〈声〉の国民国家』は、桃中軒雲右衛門論である。この稀代の浪花節語りが、出自を曖昧にしているけれども、いずれにしても江戸の下層社会から登場し、祭文語り、デロレン、チョボクレの世界から、大劇場で大衆を大動員する芸人になってゆく過程は実に面白い。日本近代の社会主義が社会の上層部に依拠して、大衆を愚弄してばかりいるときに、この「賤民芸能者」と国権主義へと転向した玄洋社の頭山満や内田良平がどういう連携を創り出したか、左翼のはしくれを生きた者として、著者の指摘は胸に響く。

ただし、全面的に著者の主張に同意するということではない。著者が芸能史の専門家であるということから、勢い、芸能の側面ばかりが強調されるのだが、時代の動向というのは、そういうことばかりに起因するわけではなかろうと留保をつけておく。そうではあるが、「左翼」のお高くとまったスタイルが大衆に拒絶されたことは事実であり、考えさせられるところである。勉強しようという心づもりではなく、ちょっと楽しんでみようかなという御仁にぜひお勧めする。

（「靖国・天皇制問題情報センター通信」115号＝通算467号、2012年1月31日）

450 大道寺将司×辺見庸（序文・跋文）『棺一基　大道寺将司全句集』（太田出版）

類化しない　統《す》べない　かれやかのじょだけのことばを　百年かけて　海とその影から掬《すく》え　砂いっぱいの死者にどうかことばをあてがえ

（『眼の海』「死者にことばをあてがえ」から）

東北大震災後、こう詩の言葉を紡いだ辺見庸が、多発性骨髄腫に苦しみつつ東京拘置所在監の死刑囚大道寺将司を、「つらかろうけれども、作句をつづけてほしい。医者や薬はむろん大事だが、最後は言葉にしか救われない。わたしはかつてそうだったし、いまもそうだ。ともかくまれ、言葉を探《あなぐ》るしかない」と強く促して、本書は成った。「序のかわりに」として綴られた「〈奇しき生〉について」で辺見は、「生きるとは、それじたいが現に証しなのではない。実存はたちまちに自己証明になるというものではない。生きるとは、たぶん、生きる主体が生きてあることをどうにかして証そうとすることである。なにか証そうとするあえない試み、それが生ではないだろうか」と記す。大道寺将司は苛酷な環境下で生きている。「生きる主体が生きてあることをどうにかして証そうとする」方法には多様性があるはずだけれど、大道寺にとっては「作句」以外にない。体内から絞り出すような極限の短詩形の言葉に、「歴とした生者である」大道寺は生存の証しを示すしかない。

かつて、もう茫々たる歴史の闇に沈もうとするほどの、彼らの意志を後継することもできずに空しく時間が経過したが、ヒロヒト天皇を東アジア人民の名において処刑せねばと考えた一群の若者たちがいた。「日本人＝帝国主義本国人民」の誡が立たないと考えた、今から思えば「倫理主義」に傾き過ぎた発想ではあるが、しかし戦後日本を生きる者が容易に捨て去った「人倫」に思いを潜めた稀有な若者たちであった。大道寺もその一員であった。

書名は、

棺《かん》一基《いっき》四顧《しこ》茫々と霞みけり

から採られた。「著者じしんから提出された三字なのである」ということである。

刑死者の服を纏ひし寒き春

大道寺は東京拘置所の運動場でたまさかに見かけたのかも知れぬ刑死者のジャージを纏っていたようである。

もう一度だけ辺見の言葉を引用しよう。「生きるとは、生きる主体が生きてあることをどうにかして証そうとすることである。ひとの尊厳の根は、そこにある。句のうちに燻《くゆ》る悩乱もまた、生きる主体が生きてあることをどうにかして証そうとした必死の痕跡なのである。友として、同じ表現者として、わたしはこの燻る悩乱に学んでいる。」

以前、わたしが関係していた雑誌「リプレーザ」に大道寺に句を寄稿してもらっていたのだが、これに掲載させてもらった句も本書に所収されている。

しぐるるや石塊《いしくれ》の嵩身に纏ひ

これに評を担当していただいた作家にして歌人である畏友小嵐九八郎は「かつてのデモで機動隊に対峙した時の情景を越え「石塊」が譬喩としてずーんとくる。今の若者にも、デモと無縁だが職場や田畑や海で生きる中高年にも届くはず。人生って、それぞれ、それぞれの理由で、つらいから」と、いかにも小嵐らしい軽やかな言葉を選びつつ、それでいて心胆にとどく評をしてくれた。己一個、自らの生き方の不十分さも存在の卑小さも十分知りつつ、しかしなお生きてあることを時代に刻印したかった。

表紙に採られた句。

胸底は海のとどろやあらえみし

はろばろと夜寒《よさむ》の故里《こり》を浅眠り

「全句集」掉尾に掲載された句。

若きらの踏み出すさきの枯野かな

遠くにいる者には想像を絶する悲しみと胸底のはかない思いを抱いて生きているであろう東北地方の若者たちに、「絆」などという空虚極まりない、マスコミどもが垂れ流す邪意と騙しの意あふれる言葉にまどわされることなく、「踏み出すさき」は「枯野」であると覚悟してほしいという大道寺の「祈り」が聞こえてくる。

ぜひ、手に取ってほしい。次世代に、こういうふうに生きた人があると継承してほしい。

（「靖国・天皇制問題情報センター通信」117号＝通算469号、2012年3月30日）

451　外村大『朝鮮人強制連行』（岩波新書）

帯に「朝鮮人強制連行の歴史は、〝朝鮮人のために日本人が覚えておくべき歴史〟ではない。それは、本書で述べてきたように、民主主義を欠いた社会に於いて、十分な調査と準備をもたない組織が、無謀な目標を掲げて進めることが、もっとも弱い人びとを犠牲にしていくことを示す事例として、奴隷的な労働を担う人びとを設定することでそれ以外の人びともまた人間らしい労働から遠ざけられるようになっていった歴史として記憶されるべきである。（本書より）」とある。

蓋し至言である。この国の資本と政治は、「民主主義を欠いた社会に於いて、十分な調査と準備をもたない組織が、無謀な目標を掲げて進めることが、もっとも弱い人びとを犠牲にしていくことを示す事例」を現在も排出し続けている。都市に溢れかえる路上生活者たち、非正規雇用でギリギリの水準で生かされている人びと、そして現時点で最も注目しなければならない「十分な調査と準備をもたない組織が、無謀な目標を掲げて進めること」の代表的な事例が、大都市に電力を供給するために、政治が責任を負わなければならない農村部の経済的疲弊を札束で張り倒して抱えさせられた原発という爆弾であろう。東電福島第一原発の周辺に住んでいた人びとを「故郷」から追い出して、「他郷」での不安定な暮らしを強いているのだが、この人びとのどれほどが原発の恩恵を受けたというのか。そして、原発爆発の後始末作業にかかわっている原発労働者たち。こういう人びとを犠牲にしておいて、自分らの「人間らしい労働」が守られているると考える多くの「連合」傘下の労働組合運動は、遠からず己らまた「人間らしい労働から遠ざけられるようになっていった歴史として記憶される」ことになるに違いない。そして、『明月記』の藤原定家ではないが、「世上乱逆追討、耳ニ満ツト雖モ之ヲ注セズ、紅旗征戎吾事ニ非ズ」とうそぶいて生きている大多数の日本人もまた同じ道を辿ることになろう。

わたしなどの世代の人には、朴慶植『朝鮮人強制連行の記録』（未来社、1965）が記憶に深いはずである。そして、この領域の研究は「日本人の責任」として深化・拡大されていると素朴に信じていたが、本書の「序章」から、確かに自ら希望して植民地朝鮮から日本内地への就労を希望した人もいたことは事実であるが、「ではなぜ、一方で無理やり朝鮮人を連れてくるようなことが行われたのであろうか」、「では暴力的な動員を生じさせた要因は何だったのか」、「朝鮮人に対する動員のあり方について、日本人に適用する法令や制度、あるいは実態がどのように違うのか」などという誰もが持つであろう疑問について「詳細に論じた研究は見当たらない」し、「こうした疑問や課題に挑戦しようとする歴史研究者は現代日本ではほとんどいない」と教えられて驚いた。

本書は植民地朝鮮からの労務動員政策について、「計画の策定から、動員の実態、そしてその崩壊まで」を「基本資料で実態を明らかにする」意図で記されているので、新書版とはいうものの決して読みやすくはない。随所に示される一次資料に注目しつつ読み進めなければならない。

しかし同時に、「朝鮮人労務動員は、日本帝国および その植民地下の朝鮮社会を対象とする歴史研究の上で大変重要な問題である。これとともに筆者はそれが意外に現代社会の直面する問題、具体的には外国人労働者の導入・活用、処遇といった問題とも類似性をもつのではないか」というアクチュアルな問題意識に貫かれているので、単に日本の過去の「負の歴史」を記憶にとどめておかなければならないというようなことではなく、今現在を生きるわたしたちの生き方、考え方に大きな示唆をも与えてくれる。

蛇足であるが、何も大阪の橋下に限ったことではなく、権力への隷従と奴隷的労働への忍従がますます求められる時代になってきた。若い人たちに歴史を生きる姿勢を本書から是非学んでほしい。
（「靖国・天皇制問題情報センター通信」118号＝通算470号、
2012年4月30日）

452
金時鐘『化石の夏 金時鐘詩集』（海風社）
細見和之『ディアスポラを生きる詩人 金時鐘』（岩波書店）

等しければ

故国と日本と
私との絡みなら
へだたりはともに　等しければよいだろう

慕うことと耐えることとと
愛することが同じなら
耐えねばならない国もまた
等しい距離のものなのであろう

昨日の今日が今であり
今がそのまま明日になるなら
未来も過去も今この時の生きているものともいえ
るだろう

世代が替わり　時代は移っても
習慣《ならわし》の一つも合わさるのなら
異郷にも根づく家郷はあったと
己れ自身に言ってもいいだろう

へだてた国が同じならば
秋夕《しゅうせき》の夜《よ》の仰ぎ見る月も同じかろう
千年に亙《わた》った願掛けを月迎えに思う思いが等しけ
れば

※秋夕＝日本の旧盆に相当する日。旧暦8月15日の中秋の名月の日で、祖霊を祀り、墓参りをする。三大名節（いわれのある佳き日）のうち、最も親しまれている盛大な祭日。
※月迎え＝原音ではタㇽマジと発音する。秋夕の夜、中秋の名月

に願掛けをするならわしから、月をお迎えするという意味で使われる。

細見は『ディアスポラを生きる詩人』第5章「吉本隆明と金時鐘」で、「しかし、ほんとうにこのふたり（筆者註：吉本隆明と金時鐘）はそんなにかけ離れた存在なのだろうか。あるいは、このふたりをもっぱらかけ離れた存在、いわば両者を根本的に通約不可能にしているものこそが私たちの「戦後」ではなかったか」と問いを立てて「とはいえ、ふたたび両者の差異は消し去りようもない。戦時下の吉本は「アジアの植民地の解放」というイデオロギーを自分なりに信じていたという。その点は金時鐘もまた同様だったろう。しかし、金時鐘はまさしくその当の「アジアの植民地」のただなかで朝鮮人としてのありようを奪われて育たざるをえなかった存在なのである。若い吉本が信奉していたイデオロギーが解放すると漠然と称していた、その具体的な対象のひとりが金時鐘のような存在であったはずなのだ。そういう彼ら、彼女らにとって、吉本らの世代が考えていた「解放」とはいったい何だったのか。／本来日本の「戦後」とは、吉本らが抱えていたであろう世代的な一種の内的な植民地体験と金時鐘ら朝鮮人の文字どおりの植民地体験、この二つの植民地体験がどのようにしてか出会うことによってこそ、出発すべきものだったのではなかったか」と述べている。

がしかし、こういう出会いはついになかった。吉本と金時鐘との間にもなかったし、日本の戦後思想はとどのつまり意図的にこれを回避してきた。

続けて細見は「吉本と金時鐘の「自立の思想」の同一性と差異を、きわめて乱暴なことを承知で、つぎのふたつの詩句に圧縮して、私たちは受けとめることもできるだろう」として、筆者自身が強く影響を受けた「ちいさな群への挨拶」の有名な詩句である

ぼくがたおれたらひとつの直接性がたおれる
もたれあうことをきらった反抗がたおれる
ぼくがたおれたら同胞はぼくの屍体を
湿った忍従の穴へ埋めるにきまっている

を挙げ、金時鐘の、これまただれでもが知っている「新潟」（在日にとって新潟は特別な意味を持つ地である）の

ぼくこそ
まぎれもない
北の直系だ！

を挙げて、「吉本は「ちいさな群」との訣別によって、自分の実存と反抗の「直接性」を鮮明に提示する。それにたいして金時鐘は、「ぼくこそ／まぎれもない／北の直系だ！」と叫ぶことによって、当時の朝鮮民主主義人民共和国、韓国、日本の現状すべてにたいする、決定的な違和を表明する。そこに打ち出されているのも切り立つような金時鐘の実存だが、それは「北の直系！」という意識と相即せざるをえなかったのだ」と、二人の「自立の思想」の同一性と差異とを提示する。

このあわいをこそ日本の戦後思想は紡ぎあわすというか、抱え込んで呻吟しなければならなかったのに、わたしたちには残念ながらそれを見通す視座がなかった。老齢の域に至り、なすすべもなく昨今の日本の状況を田舎暮らしの中から見ていて痛切にそれを思う。

独島（竹島）の所有権をめぐる韓国大統領の発言に対して、「陛下に対して無礼である」という発言がまかり通り、在特会などという輩どもの無知と蒙昧とに裏打ちされた心ない言説に、臓腑の煮えくりかえる思いを抱きつつ、しかし、結局わたしらの「思想」が弱かった結果でしかないのではないかと、慚愧の念に堪えない。

「情報センター通信」などという場にふさわしくない文章であることはわかっている。しかし、反天皇制運動にとりあえずの大きな課題がない現在、ゆっくり考えてみなければならないことがあるのではないかと、ここ数年考えている。

くどさを承知で、金時鐘の詩をもう一つ挙げる。「在日を生きる」ということをゆっくり考えていただきたい。

祝福

今年もまた賀状は書かずじまいだ
あらたまる間もなく年は来るので
あいさつはそのまま
国を離れた時のままであるからだ

いつしか言葉までが衣更えをしてしまった

基数詞でさえ行李の底で樟脳づけだし

あいさつ一つこちらではもはや装うことでしか交
わせない
だから親しい友ほど言葉がないのだ

朽ち葉に憩う大地のように
うず堆《たか》い賀状の底で眠っているのは私の祝福だ
押しやられてひそんだ母語であり
置いてきた言葉へのひそかな私の回帰でもある

凍《い》てついた木肌の熱い息吹は
とうていあぶく言葉では語れない

（「靖国・天皇制問題情報センター通信」１２２号＝通算４７４号、２０１２年８月31日）

453
中野敏男／波平恒男／屋嘉比収／李孝徳〔編著〕『沖縄の占領と日本の復興―植民地主義はいかに継続したか』（青弓社）

本書の成立事情については、編著者の波平が「はじめに」で、「本書は、私たちがここ数年取り組んできた東アジアにおける「植民地主義の継続」を問うという共同研究の成果の一部で、２００５年2月に刊行した岩崎稔／大川正彦／中野敏男／李孝徳編著『継続する植民地主義―ジェンダー／民族／人種／階級』（青弓社）のいわば〈続篇〉にあたるものである」と記している。この〈続篇〉では、問題意識としては継続しつつ、「沖縄の占領と日本の復興」に絞り込んでいる。前著の「はじめに」で李孝徳が述べていることだが、「植民地主義への問いは常に「現在」の問いとしてあり、私たちは、植民地主義をたんにかつての宗主国と植民地化された諸地域との支配・被支配の関係をめぐる過去史の問題に還元し矮小化することも、またその継続を「戦後」の一時期にだけ限定視することもできず、むしろさまざまな装いのもとに再編され変成しつつ現在にまで継続しているものと見なさざるをえない。その限りで、植民地主義をめぐる問いは、常にその現在における継続の具体的態様の批判的分析や、それを通じた実践的克服という課題を念頭に置きながら、さまざまな視角から、さまざまな歴史的時期や具体例に即しながら、繰り返し再審にかける必要がある問いとして、私たちの前に横たわっている」。

まさに言葉の真の意味で、「沖縄の現在」は、「植民地主義をめぐる問いは、常にその現在における継続の具体的態様の批判的分析や、それを通じた実践的克服という課題を念頭に置」くことを強いている。オスプレイ配備をめぐる沖縄民衆の闘いにおいて、いわば「左翼の言説」としてではなく、「差別」、「植民地」という表現が頻出する状況を、「継続する植民地主義」という視角から、「再審」にかけ、再考する必要があろう。

すでに数年前に刊行された書籍を、今、取り上げるのは以上のような理由である。

したがって、本書には、在日、在韓国の研究者の優れた論考も含まれており、それらに触れて深く考えさせられたのではあるが、本稿で取り扱うのは「沖縄」に関する論考に限る。

なかなか本題に入れないが、本書の思想的枠組みとしては、前著の題からお察しいただけるとは思うが、本書の「おわりに」で、中野敏男が「かつての植民地が政治的形式においては「独立」を遂げたこの時代に、「新植民地主義」という問題関心から発して植民地主義についてより根底的な認識が求められ、以前より深くその本質に立ち入った理解がなされるようになってもいる」。そこでは、「植民地主義というのは、単に領土的・主権簒奪的な支配だけをさすのではないし（それゆえ政治的に「分離」していても植民地ではありうる）、また単純な収奪や搾取だけのことなのでも決してなく、むしろ人間のカテゴリー化を本質属性としながら、それによって差別的な秩序を構成して支配しようとする統治形式であり、この統治はそれゆえにこそ諸個人の社会意識や自己認識（アイデンティティ）にまで深く食い込んで支配関係をそこに刻印するものなのである」とし、こういう視角を現代の我々が獲得するに至った著作や思想家の名を列挙している。エメ・セゼール『帰郷ノート・植民地主義論』、フランツ・ファノン『黒い皮膚・白い仮面』・『地に呪われたる者』、エドワード・サイード『オリエンタリズム』・『文化と帝国主義』、そしてスチュアート・ホール、ガヤトリ・スピヴァク、ホミ・バーバ、ディペシュ・チャクラバルティ、レイ・チョウなどなど。これらの名から、このいわば共同研究が、カルチュラル・スタディーズとジェンダー論とを「ポストコロニアル批判」を鎹《かすがい》にした方法でなされていることを、賢明な読者はご理解いただけることと思う。

さてやっと「沖縄」からの論考である。まず屋嘉比収（2年前の初秋、53歳の若さで逝ってしまった）の「重層する戦場と占領と復興」。「帝国日本の総力戦体制と植民地主義の暴力は敗戦によって解体されるが、その植民地主義の残滓はアメリカの冷戦戦略によって編成・再編され、戦後東アジアで共産主義と反共主義の対立激化を惹起させるとともに、新たな植民地主義の暴力と国民化・主体化をめぐる軋轢が幾重にも折り重なる「支配の構図」を生み出した。そして、その戦後東アジアでのアメリカ支配の構図における一つの縮図として位置づけられるのが、沖縄の「戦後」であり、沖縄の「現在」だといえる」。「戦場として地上戦を経験し、占領地となった被占領者の視点からすると、むしろ「戦場」「占領」「復興」は時系列に単線的に推移したのではなく、重層的に混在し同時並行的に進展した」。宮城公子「軍事占領と性暴力―問題の所在」。つい先頃、またもや「軍事占領」下における「性暴力」事件が起きた。宮城が「植民地的・軍事的欲望が現在進行形であることは周知の事実である」とし、「その歴史の再検討および継続的な暴力構造に分析的視線と同様、実践的対抗を遂行する必要がいま特に大きい」と記す思いを深く受けとめたい。宮城晴美「沖縄のアメリカ軍基地と性暴力―アメリカ軍上陸から講和条約発効前の性犯罪の実態を通して」。「事件が起こるたびに、沖縄県は「再発防止」「綱紀粛正」をアメリカ軍当局に要請し、アメリカ軍も受け入れるという〝儀式〟は繰り返されるが、本質的には何も変わっていない」。今回も同様であるが、オスプレイ配備直後の沖縄においては、もはやアメリカ軍のみの「綱紀」の問題ではなく、「日本政府＝日本人」の「綱紀」が問われるであろう。新城郁夫「沖縄占領とゲイ身体政治―植民地の男性セクシュアリティ」。「植民地あるいは占領地において、植民地「主体」たるネイティブ男性は、植民地主義あるいは占領のプロジェクト自体に組み込まれている去勢化の力によって、男性主体形成の可能性を奪われるといった、それ自体男根主義的（ファロセンティック）なポストコロニアル言説のなかにはたらいている認識論的暴力を再審するためには、いったいどのような身体の政治的可能性が思考されなければならないだろうか。あるいは、こう問い直してみるべきかもしれない。いったい、いかなる忘却と隠蔽の作用によって、植民地における男性セクシュアリティに関わる権力論的課題が、ジェンダー規範的な性幻想のなかで性的自己同一性の神話の領域にすり替えられてきたのであったかと」。この新城が一貫して主張してきた視覚について、正直なところわたしには今のところ理解できているとは言い難い。ゆっくり学びたい、可能であれば教えを受けたいと思っている。「植民地における男性主体形成に関わる非エディプス的権力関係を、ジャック・ラカンの鏡像段階論を援用しながらきわめて示唆的に叙述することに成功しているフランツ・ファノンにしても、あるいは、そのファノンの植民地主体形成におけるアイデンティフィケーションの危機の政治を深く読み替えて、植民者側の主体形成の転倒性を明らかにしたエドワード・W・サイードの叙述にしても、その叙述が、被植民者男性主体の不可能性に関わる段になると、それまでの大胆かつ精緻な思考を手放すかのような性急さをもって、去勢化とマスキュリニティ喪失という「欠如」モデルを差し出し、それを、主体化に頓挫してきた男性の未発達状態として固着しようともくろんでいるようにさえ読めてしまうのである」となると、ファノンもサイードもそれなりに読んできたつもりではあったのだが、もう、手も足も出ない。

ともあれ、沖縄からの発言を注視し続けていなければならないと思っている。植民者（コロン）として日本―沖縄の近現代史を生きてしまっている、今、現在の「植民地主義」者のわたしとして。

（「靖国・天皇制問題情報センター通信」124号＝通算476号、2012年10月31日）

454 小山靖憲『熊野古道』（岩波新書）

この3月に、ほぼ15年ぶりに熊野古道を訪ねる機会ができて、しばらく熊野へ行かなかった間に出版された熊野に関する本をぼちぼちと読んでいる。以前、インタビューをさせていただいたことのある宇江敏勝さん（中辺路町野中在住の作家）は相変わらず旺盛な活動をしておいでで、新宿書房から次々に新著が出ている。今それらを追っかけて読んでいる。今回の旅は大学進学の後、文化人類学を専攻し、日本における妖怪について学びたいという生徒を連れて行くことにしているので、宇江さんが11年に刊行された『山人伝』、そして12年8月刊の『幽鬼伝』（ともに新宿書房）を丁寧に読んでいる。熊野の豊かな自然を背景に、妖怪や亡霊、精霊と人間との関わりを描いた作品集で、木樵たちが狸になぶられて自分で小屋を壊してしまうといった動物譚など面白く読んでいる。

「情報センター通信」という場でこの種の本の紹介はいかがなものかとお考えの向きもあるだろうけれど、反靖国・反天皇制などと運動の中でしばしば口にするのだけれど、「日本人の心性」などと反論されると、「そんなものはイデオロギーに過ぎない」などと言い返すしか手段を持ち得ない思想の貧しさについて、筆者自身が痛感しているので、敢えて紹介する。

『熊野古道』の著者小山靖憲は、「熊野は奈良時代から山林修行の地として知られていた」として、日本で最初の仏教説話集である『日本霊異記』で取り上げられている、世俗的な官寺・氏寺から離れ、深山に山寺・山房を営み精進練行する僧の一人として、熊野に住んで修行した永興《えいごう》禅師の話を紹介している。永興禅師の話は『日本霊異記』下巻の第一・第二にあり、おおよそ次のような話である。「永興は奈良興福寺の僧であったが、称徳天皇の時代に熊野の村に来住し、海辺の人を教え導き、また呪文を唱えて病気を治すこともあった。そのため、人は永興をほめたたえて菩薩とあがめ、都より南にいたので南菩薩ともよんだという。ある時、一人の僧が永興をたずねてきた。その僧は法華経を唱えることを行としており、持ち物は法華経一部のほか、白銅の水瓶一口と縄床（縄で作った椅子）一足だけだった。一年ほど永興のもとで修行したが、これから山林修行をし、さらに伊勢国に行くつもりだといって去ることになった。永興は少しの食糧を与え優婆塞《うばそく》に見送らせたが、僧は途中で優婆塞に食糧を持たせて還し、麻縄と水瓶だけをもって山中に入っていった。それから2年たって、村人が熊野川の上流の山で木を伐って船を造っていたところ、法華経を読む声がするので探したが見つからなかった。その半年後、再び山に入るとまた経を読む声がするので、このことを永興に伝えた。永興が声の出所を探したずねると、「一つの屍骨有りき。麻の縄を以て二つの足に繋ぎ、巌に懸かり身を投げて死せり。骨の側に水瓶有り」であった。その後3年たって、山人が経を読む声がまだ続いているといって来たので、遺骨を拾おうと出かけてみると、「髑髏《ひとかしら》を見れば、三年に至るも、その舌腐ちず。菀然《むせか》に生《あざやか》にして有り。諒《まこと》に知る、大乗不思議の力にして、経を誦《ずん》じ、功を積みし験徳なりといふことを」という具合である。

本書では取り上げていないが、文化人類学・民俗学者小松和彦に『憑霊信仰論』（講談社学術文庫）という著作があり、この中に、14世紀中頃の成立される『神道集』巻二「熊野権現事《くまのごんげんのこと》」のなかの一挿話として語られている五衰殿《ごすいでん》物語を中心内容とする熊野本地譚《くまのほんじたん》も薄気味悪くすさまじい物語である。

こうした「物語」を生み出す熊野という地、現在和歌山県下である熊野地方に限らず、熊野という地名は日本各地にあるのだが、こう名づけられた地に残る「物語」を知ることも、反靖国・反天皇制の思想構築にとって必要なことではないのかとわたしは思う。「靖国に祀られる」ということの意味、それが多くの日本民衆に与えた影響について考えようとするなら、たかだか別のイデオロギーを対置して越えられたと考えるなど浅はかなことであるようにわたしには思われる。

院政期に大流行し、近世には「蟻の熊野参り」とまで言われるほどになり、それが「浄・不浄を嫌わず」という熊野権現の思想（＝イデオロギー）に根拠があるとすれば、「天皇制国家の宗廟」（子安宣邦『国家と祭祀─国家神道の現在』青土社）伊勢神宮に対する日本人の心性構造も似たようなものであろう。靖国神社に対する感情についても言をまたない。

（「靖国・天皇制問題情報センター通信」127号＝通算479号、2013年1月31日）

455
島薗進『国家神道と日本人』（岩波新書）

2004年刊の『国家と祭祀─国家神道の現在』（青土社）で、思想史家子安宣邦は、1977年の津地鎮祭事件に対する最高裁大法廷判決について、「国家から宗教の完全な分離を規定する政教分離の憲法原則を現実主義的な解釈をもって現状追認的に逸脱させたものだということができる。〈政教分離原則は、国家が宗教的に中立であることを要求するものではあるが、国家が宗教とのかかわり合いをもつことを全く許さないとするものではなく、宗教とのかかわり合いをもたらす行為の目的及び効果にかんがみ、云々〉という多数意見を表明する言葉は、法的判断の原則性を状況主義的判断の無原則性へと逸脱させる思想態度を見事に表明している。同時にその言葉は、戦後日本国家の現在にいたる歴史過程が憲法原則から状況主義的な無原則性をもって逸脱し続けてきた過程であることをも告げている。／国家の非宗教性を規定する憲法原則からの一度なされた逸脱は、この原則が抑止していたものの復活への道を容易に開くことになるのだ」と、2013年靖国神社春季例大祭への多数の閣僚参拝と、それに対する中国・韓国の反発、またそれを好機到来というか、ためにする誘い水というべきか、ただちに応酬する安倍政権による日本ナショナリズムの鼓吹を予見したかのような認識を示している。

また、「国家神道の現在とは、神道的国教の理念の近代史における挫折の確認の上に、〈国民宗教〉としての神道的国教の再生が神道家・神道史家らによって語られる時としてある。この神道的国教の再生の語りを可能にしたのは、国家の非宗教性を規定する憲法原則という箍《たが》をはずした最高裁の無原則的な逸脱である」とも。

そして、子安の問題関心が、「近代国家が国家的祭祀性、あるいは国家自体の宗教性をもってどのように成立するかにある」として、「近代国家は国権の発動として対外的戦争を行うことのできる主権性をもつとともに、国民が国家のために戦争を行いうる目的としての国家という理念性をもつことが要請される。近代国家がそれ自体の神聖性をもった国家として成立するゆえんである。近代日本国家はそれ自体のために祀るのである。国家権力そのものの成立とその永続のために祀るのである。この国家の祀りは近代国家における政教分離原則を超えた国家そのものがもつ宗教性であり、祭祀性である。端的にいえば近代国家は対外戦争をすることができ、国民が国家のために死ぬことができる国家として成立する。そして国家のための死者を国家はその永続をもたらす礎として祀るのである。近代日本国家は神道的祭祀をもって祀ってきた。この国家の宗教性・祭祀性という問題は決して近代日本国家に特有の問題ではなく、近代国家一般に共通する問題である」がゆえに、「日本の近代国家としての祭祀性・宗教性の問題を、私は国家神道の問題として考えようとするのである」と子安は言う。島薗の『国家神道と日本人』を紹介しようとして、子安宣邦の『国家と祭祀―国家神道の現在』に触れているうちに、既に約束した本紙1ページ分の紙幅の3分の2を超えた。残りの紙幅で済ましては島薗に失礼過ぎるから、次号にまで跨ることを許されたい。

島薗の『国家神道と日本人』の上梓は、「あとがき」によれば2010年5月2日である。とすれば、島薗は当然、子安の『国家と祭祀―国家神道の現在』を読んでいたはずである。というより日本思想史学会元会長であり、出版時、書評紙などで大きく取り上げられた同著を読んでいないはずがない。しかし、「参考文献」にはこれが挙がっていないし、本論でも言及はない。これはなぜなのか。子安が日本思想史専攻の研究者であり、島薗が日本宗教史・宗教理論専攻の研究者だから、専攻領域の差によるなどという説明では済むまい。専門領域を異にする著者・著作はあまた挙げている。

わたしが、島薗の『国家神道と日本人』を精読したいと思ったのは、このような「素人の勘ぐり」が底流にある。島薗の著作執筆の動機については、「はじめに―なぜ、国家神道が問題なのか？」の以下の引用から明らかである。

「第二次世界大戦後、GHQ（連合国軍最高司令官総司令部）は日本の軍国主義や超国家主義は宗教のあり方と深く関わっていたと考えた。とりわけ政教関係に大きな問題があったとして早急に手を打とうとした。日本人を無謀な侵略戦争に導いた宗教とイデオロギーの悪影響を取り除かなくてはならないとの判断だ。そこで1945（昭和20）年12月15日にいわゆる「神道指令」が、46年1月1日にいわゆる「天皇の人間宣言」が下された」。「これをもって国家神道は「解体されたと理解されてきた」が、「1945年以後も国家神道は存続している。明治初期には国民になじみが薄かった国家神道も、明治後期以降、次第に天皇崇敬と結びついた民間の運動に支えられ、民間の運動と呼応しながら強化されるようになっていった。戦後は民間団体となった神社・神職組織（神社本庁）が国家神道運動の主要な担い手の一つとなった。戦前に比べ薄められてはいるが、「神の国」の信仰を受け継ぐ国家神道は今も多くの支持者がいる。それも信教の自由に属するが、他者の信教の自由（日本国憲法20条）、思想・良心の自由（日本国憲法19条）を抑圧しない範囲にとどめなくてはならない」」。

それはそうなのだがとして、島薗の執筆動機の主たるものは、「国家神道とは何か」が見えなくなっているために、日本の文化史・思想史や日本の宗教史についての理解もあやふやなものになっている。当然、「日本人」の精神的な次元でのアイデンティティが不明確になる。

「「国家神道とは何か」を理解することは、近代日本の宗教史・精神史を解明する鍵となる。その作業を通して、明治維新後、私たちはどのような自己定位の転変を経て現在に至っているのかが見えやすくなるだろう」と言う。

島薗の問題関心の視覚はこれでほぼ明らかであろう。ところでしかしなのだが、筆者が傍点を附した島薗の主張についてはいかがなものか。このあたりに、島薗が子安の著作に触れたくない理由があるのではないかと、「素人の勘ぐり」をしているが、それは次号に。

（「靖国・天皇制問題情報センター通信」132号＝通算484号、2013年6月30日）

教会電話 FAX 048(561)7612

日曜日集会次第

黙祷

聖書　マタイによる福音書10章26節～31節

説教　恐れず、言い表せ

小田原　紀雄

対話

▽8月6日(日) 午前11時～
所の合同礼拝を小田原担当。
▽8月7日(月) 午後6時～
▽8月8日(火) 午前10:50分
さんのための「古文」授業。
▽8月10日(木) 12:00～ コ
▽8月13日(日) 午前11時～
所の合同修養会。於:早稲田

今週の言葉 (82

『山家集』中・幾
かずならぬ心のとがにな
知らせでこそ
＊人の数にも入らぬ身が
することもなく、ひたすら

うちむかふそのあらまし

年3月10日

2
2

1節～36節

は

小田原　紀雄

報告と予定

●先週礼拝後、羽生伝道所臨時総会を開催しました。議題は、「2002年度より星山京子さんを羽生伝道所担任教師として招聘する件」です。出席者は佐々木俊也、小田原緑、小田原紀雄の３人でしたが、「任期は特にを定めない。月１回の説教を担当していただく。また、現状の予算からして交通費を月額１万円支払うことで了解をお願いする」ということで、全員の意志一致を見ました。

星山さんはこれまでも埼大通り教会の伝道師でありつつ、羽生の仲間としてお付き合いさせていただいてきましたが、2002年４月１日をもって、「血盟の誓い」を立てた同志として羽生に参加していただきます。星山さん、宜しくお願い申し上げます。

●３月８日、小田原紀雄は、大阪教区社会委員会主催の学習会の講師として出張。「9.11と今の日本」と題して講演。会場は阿倍野教会。小田原が来るということで、京都から黒多健さんが、足立こずえさんに同行していただてい、わざわざ参加してくださいました。嬉しいことでした。先頃お連れ合いを亡くされた竹内宙さんも参加され、今後の生活のことなどについても話し合うことができました。

●３月３日の礼拝後、教会敷地の奥の方に造成した畑に土を入れました。佐々木さんが大奮闘。９日、星山さんと小田原緑、紀雄の３人で肥料を入れ、じゃがいもを６kg植え付けました。その他春植えの野菜の種も播きました。

●教会は今、梅の花が盛り。桜桃の花も１分咲き。

定点羽生に

●目取真俊の『沖縄／
縄の文化状況の現在に

このエッセー（大城
中の「光源を求めて」
代を生きてきた詩人や
判もないのだろうかと
城への批判者であった
吉本隆明の影響を指摘
時受けた批判の鬱憤を
代」というコンセプト
あたりなど、論争が起
天皇の下手くそな琉歌
でいる程度なら陰で
ない。しかし、いずれ
うなエッセーである。
れば、50年代、60年
い世代には、大城の
況として受けとめら
を生きた者が別の角
そこから論争が生ま
健全な検証も可能と

だが、ここ何年か
囲気を見ると、大城
こる望みは薄いかも
マ社会で、みなさん
る。」

目取真俊のイラ

456

説教題：わたしだ。恐れることはない。

●2002年7月28日

＊ヨハネによる福音書6章16節～21節

16夕方になったので、弟子たちは湖畔へ下りて行
った。
17そして、舟に乗り、湖の向こう岸のカファルナ
ウムに行こうとした。既に暗くなっていたが、
イエスはまだ彼らのところには来ておられなか
った。
18強い風が吹いて、湖は荒れ始めた。
19二十五ないし三十スタディオンばかり漕ぎ出し
たころ、イエスが湖の上を歩いて舟に近づいて
こられるのを見て、彼らは恐れた。
20イエスは言われた。「わたしだ。恐れることは
ない。」
21そこで、彼らはイエスを舟に迎え入れようとし
た。すると間もなく、舟は目指す地に着いた。

◆先週のいわゆる「五千人の供食」に続く奇跡物語です。この「湖の上を歩く」奇跡物語は、マタイによる福音書14章22節～27節、マルコによる福音書6章45～52に並行記事があります。マタイ、マルコ共に供食の奇跡と湖上歩行の奇跡が連続していますので、もともとの伝承が続いたものとしてあったのでしょう。ヨハネが共観福音書とは違う伝承を持っていたことは先週お話ししましたが、この「異能の人間」に対する民間伝承としては実に理解し易いというか、いかにも古代の人々の驚きの表現としてこういう風に語り継いだであろう奇跡物語は、広く伝播していたものなのでしょう。

◆湖上を歩くイエスに弟子たちは恐れを感じます。弟子たちが湖上で突風に悩まされ、マタイ、マルコによれば恐怖のあまり大声で騒いだりしたようです。しかし「わたしだ。恐れることはない。」というイエスの言葉を聞き、イエスを舟に迎え入れ、向こう岸に着きます。マタイ、マルコの並行記事と比較して、ヨハネはあれこれと著者としての解釈を付加する必要を思わなかったのでしょう。さっぱりしています。ヨハネにとって恐怖におびえる弟子たちの様子を詳細に描くことを通して、イエスの奇跡を強調する必要はなく、「わたしだ」だけが言い

たかったのに違いありません。
◆この湖上歩行の奇跡物語を教会はどのように読み継ぎ、語り継いできたのでしょうか。
◆16~17　イエスと弟子たちは別々の行動をし、弟子たちだけで舟を漕ぎ出すというモチーフは、共観福音書にも好んで用いられています。これはイエスが復活し昇天した後、終末時に再臨するまでの間、地上に残された弟子たちとは、即ち教会を意味しており、その教会が経験するイエスの不在性が課題となり、終末論的な「現在」をなお、イエスが共にあることを信じて過ごす弟子たちの信仰が問われています。18は、教会への迫害を象徴しています。日本の教会は今でも世に受け入れられないことを「強い風、荒い波」にさらされていると考えているほどにまでマゾヒスティックです。19は、父から派遣され、第二の出エジプト（過越）を実現するために、しるしを媒介に接近してくるイエスの現臨と受け取り、20でイエスの真相が顕現され、21で弟子たちが舟（教会）の中に受け容れるという物語と読んで来ました。
◆この読み方が誤っているとは思いません。著者の意図もそうだったのでしょう。しかしそれにしてもこの救済史的読み方のシェマティックというかスタティックというか、絶句するしかないつまらなさは何ということでしょう？
◆救済史観の予定調和をそのまま受け容れることを求められているのであれば、わたしはすぐにキリスト教を捨てたいと考えています。もちろん「救済」があるという希望が現在の不安を絶えさせていることは事実ですが、不安の中にあってこそイエスに問いかけ、祈り、のたうちまわりつつ自らの生き方を面白がっていられるのではないでしょうか。そうでなければ、ただ寝て待っていればよいことになってしまいます。
◆湖上歩行の奇跡物語も、救済史観の中に据えてしまわなければかなり面白く読むことができます。弟子たちは、自分たちを置いてひとりで山に登って行ってしまったイエスに対して、「いつもそうなんだよな、一人で世界の苦悩を背負っているみたいなツラして、ふっと独りになりたがるんだよ、いい年をして」とでも考えたでしょうか、イエスを置いてガリラヤ湖へ漕ぎ出します。1スタディオンは185メートルだそうですから、23~30スタディオンといえばかなりの沖合にまで漕ぎ進んでいます。水深もあったでしょうし、相当な泳ぎ手でもないかぎり簡単に岸まで泳ぎ着くことはできません。そんな所で突風に出会えば、それはもう恐かったに違いありません。不安にかられ恐怖に陥ったであろうことは想像に難くありません。そんな時、「わたしだ。恐れることはない。」という声が聞こえ、イエスがすぐ側まで来ているのですから、その喜びはどれほどだったでしょう。

◆要するに自立して行こうとしはするのだけれど、常に不安にさらされ、時には恐怖さえ経験するのだけれど、イエスは必ず助けに来てくれる、不安・恐怖に耐えてさえいればばイエスはそれを放置したままにはしない、という信仰というより信頼の物語としてこれを読んだほうがずっと身につまされるのではないでしょうか。こういう意味で「救済」を言うなら言ってもいいとは思いはするのですが、「自立」の契機を抜いてあらかじめの「救済」を信じてしまうとキリスト者の「生」は面白くもなんともないものになってしまいます。

◆この「自立」という契機もまた「神＝イエス」の掌の上のことだ、とキリスト教は考え、教えて来ました。こういう考え方に対しては、「おーおーそうかい」とだけ言っておきましょう。それが嬉しいならそう考えればいいのだけれど、では不条理としか言いようのない現実に直面している人間に、それも神様のお許らいの中のことですと言えるなら言ってみればよい。昨日の夕刊に群馬県で起きた女子高校生殺害事件が報じられていたけれど、この女性の親に面と向かって、「あなたのお子さんが理不尽な殺され方をしたのも神様のご計画のうちで、必ず救いはあります」と言えるヤツは言ってみろ。世界中で苦難の中に茫然と立ちすくんでいる人々は数多いけれど、それらの人々すべてに言ってみろ。

◆とてもそんな、とわたしには思われるのだけれど、言うヤツがいるんですよね、これが。そいつらのがどうもキリスト教信仰としてまっとうらしい。だとすればわたしのはキリスト教でなくて結構ですとしか言いようがないではないですか。

◆そうではないはずです。人間は、信仰があろうがなかろうが、信仰の対象であるはずの相手は隠されていて、「自立」的に生きるしかありません。いつも独りです。この世の中に独りで投げ出されています。だからこそ、「わたしだ。恐れるな。」という言葉が真実、渇きを癒やしてくれる言葉として意味があるのです。その結果イエスを受け容れるかどうかなど大した問題ではありません。そういう言葉が人間には必要だということだけで十分です。

457 定点羽生から

●2002年1月20日

●「定点羽生」などといっても、ほとんどの夜、羽生に帰って寝るというだけのことですから、羽生のことを書こうと思っても何も思い付きません。羽生でしていることと言えば、ただひとつ中央公民館に「万葉サークル」というのがあって、そこの講師をしているだけです。でもこれもなんだかんだと言っているうちにもう15年にもなりました。公民館でお世話していただいているサークルの最長不倒記録だそうです。

●このサークルの構成メンバーは全員女性。年令など正確にはもちろんわからないのですが、恐らく平均年令は70歳くらいでしょう。とにかくみなさんお元気で、飽きもせずに古典文学作品を読み続けておられます。わたしは仕事ですから何が面白いんだか、ともう飽き飽きしているのですが、どうも最後の方をお見送りするまで続けなくてはならないのではないか、とちょっと「いつまで続くぬかるみぞ」の気分です。

●ところが、このサークルでどういう風の吹き回しか、日本の古典文学を読むのに、漢詩の素養がいるなどと言い始めた方があって、そうだそうだということになって、今年から『唐詩選』をテキストに勉強を開始しました。漢詩についてはわたしもズブの素人ですから、勉強に大わらわです。もともと嫌いではありませんから、楽しく学んでいますが、50も半ば過ぎて新しいことを勉強するのはくたびれもします。

●そこで五言古詩をひとつ。

送別　王維

下馬飲君酒　馬より下りて君に酒を飲ましめ
問君何所之　君に問う　何くにか之く所ぞと
君言不得意　君は言う　意を得ず
歸臥南山陲　南山の陲に歸臥せんと
但去莫復問　但だ去れ　復た問うことを莫けん
白雲無盡時　白雲は尽きる時無からん

●2002年2月24日

9・11をどう考えるか。黙っている時はたいていその事を考え続けています。エドワード・W・サイード、ノーム・チョムスキー、スーザン・ソンタグなども読み続けているのですが、申し訳ないけれど大した示唆を得られるほどのものではありません。

一方でパレスチナはいよいよどんづまりの状況を呈してきました。アラファトよりもシャロンの方が政治的には追い詰められて来たようにも思いますが、これはどれほどの軍事力で殺戮と破壊を進めようとも、即座にパレスチナの洋々たる未来のある青年たちによる「自爆攻撃」という他者の批判の口を封じてしまうような悲しい戦術による反撃の結果ですから、手を叩いて喜ぶわけにはゆきません。とうとうというか当たり前というか、女性の「自爆攻撃者」が出てしまいました。もう総がかりのゲリラ戦です。

アメリカ国籍を持つパレスチナ人であるサイードが「ネルソン・マンデラのような人物、あるいは申し分のない資格をそなえた和平調停者のパネル主催で、相互の承認と信頼を示す象徴的なジェスチャーが交換され、それによって正義と思いやりが和平進展に欠かすことのできない要素として確立されるよう努力すべきである」と言うのは、その通りである。が、サイードよ、こんな言葉を今の状況の中で口にするのはあまりに虚しくないか。こんな言葉が「自爆攻撃」を敢行しようとしている若者に何の意味を持つと思うか。サイードよ、あなたの真摯さについて、あなたの故郷パレスチナへの熱い思いについて一点の疑念をも持つものではないが、毎日毎日皮膚がヒリヒリするような絶望を内側に抱えた焦りを生きているパレスチナの若者たちの、親も兄弟も愛する人も、そして自らの未来も捨てた決断を止められるか。彼らを煽る「大人たち」を責めるのは、彼ら若者への侮辱である。

☆与謝蕪村の師宋阿の死去に際しての追句

●２００２年６月30日

我泪古くはあれど泉かな

を思い出している。戸村先生の重篤の報に接してのことである。戸村先生に対して師などという感懐を抱いたことはないが、山谷の会館建設の仕事をご一緒させていただいた。その頃のことを思うとやはりなんとも言えない思いになる。

☆師といえば、多くの方々にお育ていただいたのに、わたしは徹底した不精者だから、何のお礼も申し上げることなくお別れした方々がたくさんある。その第一は、桑田博先生であろう。今日諸運動の中でそれなりの位置を持って生きていられるのは先生のおかげである。色々なことを教えていただいた。やっと一人前になって、これからお礼奉公をさせていただかなくてはと思っていた矢先の突然の死だった。お電話で「ひと仕事するから力を貸せ」とおっしゃって、何でもしますとお答えしたのに、先生から何のご連絡もないまま時間が経ったので、こちらから連絡を差し上げたときには、もう余命わずかということであった。桑田先生は何も書き残さなかった。多くのお仕事をなさったのに、ついにたった一冊の遺稿集が編まれただけだった。「夜道は暮れない」がその題である。いかにも桑田先生らしい書名である。

☆せっかくだから蕪村の句の中から好きなものを少しあげておく。

ゆく春や逡巡として遅ざくら
遅き日のつもりて遠きむかしかな
日は日くれよ夜は夜明けよと啼く蛙
百姓の生きてはたらく暑かな
ごつごつと僧都の咳やかんこ鳥

458
説教題：裏切りを予告された者の悲しみ

●2003年11月23日

＊ヨハネによる福音書13章21節～30節

21イエスはこう話し終えると、心を騒がせ、断言
された。「はっきり言っておく。あなたがたの
うちの一人がわたしを裏切ろうとしている。」
22弟子たちは、だれについて言っておられるのか
察しかねて、顔を見合わせた。
23イエスのすぐ隣には、弟子たちの一人で、イ
エスの愛しておられた者が食事の席に着いてい
た。
24シモン・ペトロはこの弟子に、だれについて言
っておられるのかと尋ねるように合図した。
25その弟子が、イエスの胸もとに寄りかかったま
ま、「主よ、それはだれのことですか」と言うと、
26イエスは、「わたしがパン切れを浸して与える
のがその人だ」と答えられた。それから、パン

切れを浸して取り、イスカリオテのシモンの子ユダにお与えになった。

27ユダがパン切れを受け取ると、サタンが彼の中に入った。そこでイエスは、「しようとしていることを、今すぐ、しなさい」と彼に言われた。

28座に着いていた者はだれも、なぜユダにこう言われたのか分からなかった。

29ある者は、ユダが金入れを預かっていたので、「祭りに必要な物を買いなさい」とか、貧しい人に何か施すようにと、イエスが言われたのだと思っていた。

30ユダはパン切れを受け取ると、すぐ出て行った。夜であった。

◆ひとは常にひとを裏切って生きています。どうも問題はその裏切りの程度だけのようです。そうでなければ人間社会など成立しようがありません。逆に「真実の人」ばかりで人間社会が成立するとは思えません。わたしは「裏切り者」がおり、自分もまたその一人であることを自覚していますので、「真実の人」ばかりの社会など息苦しくてとても生きていたいとは思いません。社会主義国家の崩壊は、社会の下部構造のところにおいて、全員に「真実の人」たることを求めてしまい、実際にはそういうことはあり得ないのに、それを強引にそうあれとしたために、社会全体を相互監視体制に組み込まざるを得ず、その息苦しさの結果、内部から崩壊の芽を作り出してしまったことに要因の一つがあるように思います。

◆一部非公然の運動にも関わって生きていました。もちろん大したことはしませんでしたが、それでも、裏切り者がいないことを前提にしてしか成立しない運動の息苦しさは多少経験しました。そういうことに関わりながら、いつもこんな世界は誤りであると考えていました。ひとは常にひとを裏切るものです。当人に裏切りの自覚があるかどうか、客観的には裏切りともいえないような程度のことでも、当事者間では決定的な裏切りであるように思って、相互不信に陥る場合もありました。そういう時に、人間は裏切り者を指弾して、こういう人間がいるからと倫理主義的に他者を責めることによって、運動の目的遂行それ自体の意味を問わずに済ませてしまってきました。わたしはどうもそのあたりが気になって仕方がないのです。裏切りは人間が人間である限りこれを捨てることはないと、まず考える方がいいのではないでしょうか。そして裏切り者が出てしまうと目的遂行そのものが一挙に困難な局面に立ち至ってしまうような目的とは何なのかを考えなおした方がいいように思うのです。その最も無残な現れが「連合赤軍」でした。何人もの前途有為な青年が命を落としました。同世代の人々でしたから、もしかすると自分もあの中の一人であったかもしれないと、胸が引き裂かれるような痛みを覚えました。

◆イスカリオテのシモンの子ユダは、金に心を売った者とされてきました。裏切られたと考えた多数派の側は、裏切り者の裏切りの動機が低レベルであればあるだけ嘲りの感情を煽りやすく、その分、気分の収まり具合もいいでしょうから、金目当ての裏切りなどと薄汚い理由をつけただけかもしれません。ただルカ福音書だけが金を理由にしていません。

◆さて、ヨハネ福音書における「ユダの裏切り予告」の記事について考えてみます。洗足物語に続いて置かれた本日のテキストですが、ヨハネは洗足物語における彼の「受難・復活物語資料」にはなく、ヨハネによる付加部分（13～18）において、既にユダの裏切りを予告しています。詩編41章10節の引用である「わたしのパンを食べている者が、わたしに逆らった」は、明らかにユダの裏切り予告です。そして本日のテキストで、ヨハネはもう一度この予告を繰り返します。洗足物語はヨハネの独自性が際立っており、彼が手にしていた「受難・復活物語資料」に大きく依拠し、そこに彼の考えを付加したものでしたが、「ユダの裏切り予告」については、もちろんヨハネ独自の資料に基づいてはいるのですが、共観福音書（マルコ14章17～21）の表現との一致が強くなっています。マルコとヨハネの「ユダの裏切り予告」記事の異同を対称するため、マルコの記事を引用します。

＊マルコによる福音書14章17節～21節

17夕方になると、イエスは12人と一緒にそこへ行かれた。

18一同が席に着いて食事をしているとき、イエスは言われた。「はっきり言っておくが、あなたがたのうちの一人で、わたしと一緒に食事をしている者が、わたしを裏切ろうとしている。」

19弟子たちは心を痛めて、「まさかわたしのことでは」と代わる代わる言い始めた。

20イエスは言われた。「12人のうちの一人で、わたしと一緒に鉢に食べ物を浸している者がそれだ。

21人の子は、聖書に書いてあるとおりに、去っていく。だが、人の子を裏切るその者は不幸だ。

生まれなかった方が、その者のためによかった。


マルコの記事とはっきりした違いの一つは、23「イエスのすぐ隣には、弟子たちの一人で、イエスの愛しておられた者が食事の席についていた」と、25「その弟子が、イエスの胸もとに寄りかかったまま」と表現される「一番弟子」であるはずのペトロよりイエスに愛されていたその名が明記されていない弟子の存在を示していることです。24には「シモン・ペトロはこの弟子に、だれについて言っておられるのか尋ねるように合図した」とまで書くほどにイエスに愛された弟子は、この場面にだけ登場するのではありません。イエスが十字架につけられる直前の19章26節~27節「イエスは、母とそのそばにいる愛する弟子とを見て、母に、『婦人よ、御覧なさい。あなたの子です』と言われた。それから弟子に言われた。『見なさい。あなたの母です。』そのときから、この弟子はイエスの母を家に引き取った。」とあり、イエス復活の場面の20章2節「そこで、シモン・ペトロのところへ、また、イエスが愛しておられたもう一人の弟子のところへ走って行って彼らに告げた」と本日の場面以降の重要な場面には必ず登場させています。共観福音書では影も見せないこのイエスに愛された弟子とは一体だれなのでしょうか。もちろん誰もが推察するようにこのイエスに愛された弟子こそ「ヨハネ共同体」です。イエスに最も信頼され、彼の母の後事まで託される者、「かつて神と共にあり、今神そのものである」キリスト・イエスの正統な継承者こそ「ヨハネ共同体」であることを、記者ヨハネはこういう形で示しました。

◆マルコとのもう一つの違いは、大貫隆が指摘しています。本日のテキストの末尾、さらっと読んだのでは読み落としてしまいそうになる30「ユダはパン切れを受け取ると、すぐ出て行った。夜であった」の「夜であった」です。この箇所については大貫に全面的に負っているので、あれこれの粉飾をつけず、『ヨハネによる福音書―世の光イエス』から引用します。この「夜であった」という場面設定は「ヨハネ福音書全体の文学的構成の上できわめて重要な意味を持っている。つまり裏切り者ユダが『出て行った』ことによって、今初めて『光の子』（弟子たち）が外の夜から分けられ（「裁かれ」）て、かれらとイエスだけが明るい光に照らされた晩餐の席にいるのである。それはちょうど、暗い舞台の上でそこだけ明るいスポットライトを浴びた場所のように浮かび上がっている。／ヨハネは以下のイエスの告別説教全体を終始このような舞台照明のもとにおいており、けっして途中でそれを忘れたりしていない。これは彼が、告別説教に続くイエスの逮捕の場面を夜に設定してユダやローマ兵たちを「松明やともし火」をもって登場させているのをみても明らかである」ということである。なるほどと同意するしかないのだが、これは単にヨハネの舞台演出が巧みであるという問題ではなく、イエスの「神性」の表現を考え抜いた末に辿り着いた場面設定であろうということです。12章25節「光のあるうちに歩きなさい」、26「光の子となるために、光のあるうちに、光を信じなさい」という言葉は、ここで言葉を用いずに、場面設定という方法で再確認させられます。「ヨハネ共同体」の構成員にとっては、ほとんど宗教的トランス状態に入ってしまうような心地になったでしょう。今、わたしたちは光源を確実に認識して、光と共に光の中を歩いている。イエスが最も愛された弟子として、という感じでしょう。

◆これほどまで「光と闇」を鮮明に対比されると裏切りという「闇」は、日本人の感覚ではよく理解できないところですが、27「サタンが彼の中に入った」と徹底的に否定の対象になってしまいます。しかしここで、「サタンが入った」のは、人間が人間社会に生まれ、そこで成長するにあたって必然のことではないか、と問いを立てるとどういうことになるのでしょうか。裏切り＝転向とは単純な問題ではありません。金に目がくらんだのは、『金色夜叉』のお宮ならずとも、金が欲しかったことは事実であるにしても、裏切り者にも三分の理屈があります。このへ理屈を抜いて考えてしまったから、キリスト教は「神の代理人」という誤った歴史を延々と続けてしまったのだとわたしは考えています。「キリスト教倫理」などというありもしないことを考えたりすることになったのです。ユダはイエスのやり方に批判とまでは鮮明でなかったにしてもある程度の疑問を持っていたのかもしれません。その疑問の内容については「聖書」は当然何も書いていませんのでわかりません。詮索することはしません。とにかくある種の疑問が生じてきて、その心の隙間に権力がつけ込んだのです。イエスを売るようにと。売っていいとは申しませんが、売ってしまう弱さを誰もが抱えていることをあらかじめ含んでおく必要は痛感します。そもそも関係の中で生じた齟齬を裏切りと認識してしまうこと自体を考えなおさなければならないとわたしは思っています。この問題は簡単なことではありませんので、今回はこの程度にしておきますが、少なくとも組織・運動は「裏切り」を前提にして、「光と闇」などという二項対立的な組織原理を立てるのだけはやめにしてほしいとは言っておきたいと思います。「ヨハネ共同体」に対してどれほど多くの人々が恨みを抱いて去って行ったことか。かつての仲間だった人々が日本基督教団に対して嫌悪感だけをもって去って行くのを見送った悲しみが心に沸き上がってきます。辛いことでした。

◆『聖書』は『聖書』であるがゆえに、このユダによる「裏切り」という悲劇の意味を深化して考えようとはしていません。だから逆に、これまで多くの「ユダとは誰か」を考える著作が著されてきました。聖書学より文学のテーマとして。しかしわたしは、「ユダ」の本質を考えることも必要でしょうが、「ユダ」という存在を設けなければ成立しない宗教とは何なのかについてより深く考えたいと思っています。イエスが十字架につくには、ユダが必要だったのですが、いつも「裏切り者」を内部から生み出すことを宗教としての存続エネルギーにする宗教とは何なのかについてです。「悪より救い出してください」と同意ですが、そんなおびえたような祈りを日々しなければならないとは、辛いことです。

459
定点羽生から

●2003年1月5日

◆なんだか泣いてばかりの一週間だった。横田勲先生との思い出を一生懸命探るのだけれど、どれひとつとして具体的な像を結んでくれなくて、ただうつろな気分で寝てばかりいた。とにかく一日中寝てばかりいた。

◆35年間というお付き合いというか、面倒を見ていただくばかりの関係であったが、どうしてこれほど長く、たいした喧嘩もせずにいつ会ってもうれしい関係が続いたのだろうと不思議な思いがする。先生が忍耐強かったと言えばそれまでだが、激しい時代を共に生き、残念な別れ方をした人たちも多かったし、なんとなく疎遠になる人も多かったのに、なぜだろう。

◆キリスト教に対するスタンスも近いとはとても言えな

いものだった。教団への関わりにおいて共に逃げ出さずにいたことは事実だが、それでも意見が分かれることはたびたびあった。なにしろ35年だから。

◆酒が好きだったからだろうか。何があっても「まあ、呑もう」だった。何百回呑んだだろうか。昼間から呑み屋の開いている所を探して歩いたことが何度あっただろう。親しくしていた仲間とあれこれあって辛い決別をした時など、世間様の時間など知ったことではない。「まあ、いいや、しょうがないよ、まあ、呑もう」だった。

◆わたしが色々考えた末牧師になった時、当然ある様々な批判に、「うるせえ、小田原が牧師になったのが俺は嬉しいよ。神様が小田原を呼んだんだよ、文句あるか」と酔っ払って叫んでくださって、横田がああ言うんじゃ仕方がない、と収まった。

◆桑田、横田と酒飲みの師を二人とも失った。

●2003年12月14日

◆稼ぎのための仕事と活動とが立て込んでいて読書する時間がなかった。クソッである。『聖書の言語を超えて――ソクラテス・イエス・グノーシス』（東大出版会）を読みかけたが、まだ紹介するほどには理解できていない。従って今のところ（11日午前10時半）書くことを思い付かない。まだ日曜日までには時間があるので軽い本の一冊でも読むことにしよう。

◆結局本を読む時間はなかった。13日（土）の久しぶりの登山について書いておくことにする。星山、緑、紀雄3人での久しぶりの低山ハイキング。午前7時には出発という予定だったが、結局出かけたのは9時。目的地は秩父・皆野の破風山。快晴・無風の絶好の初冬登山。秩父困民党の歴史において つとに有名な椋神社の境内に車を置かせてもらう。椋神社の辺り民家はあるものの、ひっそりとして人の気配せず。老人ばかりになっているのであろう。かつてここで絹相場への中国の参入により絶望的な経済状況に陥った秩父の農民が、免租を求めて明治政府に闘いを挑み、山間部を走り回って「恐れながら天長様に逆らい申すので加勢しろ」とオルグし、ほとんど各戸から一人ずつの若者が出て、ここで鬨の声を上げて、大宮郷（秩父市）へ駆け下った頃の熱気はおよそ感じられない。死を決しての叛乱軍であり、事実膨大な数の農民が死んだ。一時秩父市を占拠するも、急遽高崎から派遣された政府軍との戦闘は、圧倒的な武力の差によって敗勢に陥り、以後秩父山塊を奥へ奥へと敗走を続け、途中で群馬、信州からの援軍を得ながらも敗退の勢いを止めることができず、ついに三国峠を越えて佐久にまで落ちて、軍隊の形態を留めることができず敗北した。この栄えある革命軍の闘いは、「暴動」と卑しめられ、参加者を出した家は「暴徒の家」とののしられて、つい最近まで屈辱に甘んじて来た。しかし学生による60年代後半の闘いの中から、秩父困民党再評価が始まり、「暴動」のどこが悪い、「暴徒」で結構、農民の武装蜂起から学ぼうという機運が生じた。しかしその熱も潰えた。「暴力」の犠牲はいつも弱い立場の女・子どもだという愚劣きわまりない市民平和主義が蔓延するこの社会にあって、断固として人民の対抗暴力の復権を掲げた思想を堅持しなければならない。でなくてはガキに飯も食わせられない、カカアが過労の末病気になっても医者に診せてやれない塗炭の生活苦の中から、鍬や鎌を持って叛乱に参加したオットウらを見殺しにしてしまう。

一日中快晴・無風。山頂でおいしい食事。山を下る途中で「暴徒の末裔」の84歳の元気なおじいさんと話をする。梅の木の剪定について教えを受ける。車で日野沢の温泉へ。ゆったりと温泉につかって、久し振りの3人での山行の疲れを癒やす。家へ帰って、櫃まぶしと湯豆腐、春巻きという豪勢な夕食で、泡盛の豆乳割りを呑む。楽しい一日だった。

百万人署名運動は、この日、空自のイラク侵略戦争参戦阻止を掲げて小牧闘争。闘争をさぼって山行。この借りは必ず返さなければならない。

460

●2004年5月2日

説教題：わたしの国はこの世に属していない

＊ヨハネによる福音書18章28節〜38節a

28 人々は、イエスをカイアファのところから総督官邸に連れて行った。明け方であった。しかし、彼らは自分では官邸に入らなかった。汚れないで過越の食事をするためである。

29 そこで、ピラトが彼らのところへ出て来て、「どういう罪でこの男を訴えるのか」と言った。

30 彼らは答えて、「この男が悪いことをしていな

かったら、あなたに引き渡しはしなかったでし
ょう」と言った。
31ピラトが、「あなたたちが引き取って、自分た
ちの律法に従って裁け」と言うと、ユダヤ人た
ちは、「わたしたちには、人を死刑にする権限
がありません」と言った。
32それは、御自分がどのような死を遂げるかを示
そうとして、イエスの言われた言葉が実現する
ためであった。
33そこで、ピラトはもう一度官邸に入り、イエス
を呼び出して、「お前がユダヤ人の王なのか」
と言った。
34イエスはお答えになった。「あなたは自分の考
えで、そう言うのですか。それとも、ほかの者
がわたしについて、あなたにそう言ったのです
か。」
35ピラトは言い返した。「わたしはユダヤ人なの
か。お前の同胞や祭司長たちが、お前をわたし
に引き渡したのだ。いったい何をしたのか。」
36イエスはお答えになった。「わたしの国は、こ
の世には属していない。もし、わたしの国がこ
の世に属していれば、わたしがユダヤ人に引き
渡されないように、部下が戦ったことだろう。
しかし、実際、わたしの国はこの世には属して
いない。」
37そこでピラトが、「それでは、やはり王なのか」
と言うと、イエスはお答えになった。「わたし
が王だとは、あなたが言っていることです。わ
たしは真理について証しをするために生まれ、
そのためにこの世に来た。真理に属する人は皆、
わたしの声を聞く。」
38ピラトは言った。「真理とは何か。」

◆本日のテキストには、共観福音書すべてに並行記事があります。その中で、マルコがほぼ正確に史実を反映しているといわれています。そこでまず最初にマルコを見ておきます。15章1節に「夜が明けるとすぐ、祭司長たちは、長老や律法学者たちと共に、つまり最高法院全体で相談した後、イエスを縛って引いて行きピラトに渡した」とあります。この記事は重要な問題を孕んでいます。サンヘドリンは涜神という宗教上の罪（マルコ14章58節「わたしは手で造られたこの神殿を打ち倒し、三日あ

れば、手で造らない別の神殿を建ててみせる」とマルコ14章62節「イエスは言われた。〈そうです。あなたたちは、人の子が全能の神の右に座り、天の雲に囲まれて来るのを見る〉」が神殿＝神への冒涜に当たるとされました）のゆえにイエスに死刑を宣告したのだとしたら、なぜ自ら彼に対して刑の執行をしなかったのでしょうか。レビ記24章15節b〜16節には「神を冒涜する者はだれでも、その罪を負う。主の御名を呪う者は死刑に処せられる。共同体全体が彼を石で打ち殺す。神の御名を呪うならば、寄留する者も土地に生まれた者も同じく、死刑に処せられる」とあります。それなのに自ら執行することをせずにピラトに引き渡したのはなぜでしょうか。ヨハネ福音書18章31節はその理由を「ピラトが、〈あなたたちが引き取って、自分たちの律法に従って裁け〉と言うと、ユダヤ人たちは、〈わたしたちには、人を死刑にする権限がありません〉と言った」と、当時のユダヤ人は死刑執行権をローマ人に奪われていたからだとしていますが、これは史実としてはどうもはっきりしないところです。荒井献も１９７４年10月に発行されたその著『イエスとその時代』で、「イエスの逮捕から処刑に至る経過、とりわけイエスの処刑をめぐるユダヤ当局とローマ当局の関係に関する資料となると、福音書のいわゆる〈受難物語〉以外にはほとんど存在しないだけに、この〈物語〉からその背後にある史実の経過を推定していくことは極めて困難なのである。否、むしろそれはほとんど不可能に近い。なぜなら、イエスの〈受難〉に関する最古の文書資料に当るマルコ福音書（14章〜16章）における〈十字架に至るイエス〉が、明らかに十字架から復活に至る〈神の子〉キリストとしての叙述の対象とされているからである」としているのですが、他方で同じ年の4月発行の『イエス・キリスト』では「私見によれば、イエスが大祭司による予備的訊問に付された上で、ローマ総督の裁判に引き渡されたことの史実性を疑う根拠はない」としているのです。オイオイ本当のところはどうなんだあ！と問い質したくなるではないですか。大貫隆は『イエスという経験』でこの点については至極あっさりと「当時ユダヤはローマ皇帝の直轄支配下に置かれ、ユダヤ側の最高法院はユダヤ法（モーセ律法）によって死刑判決を下すことは認められていたものの、それを執行する権限は皇帝を代理するローマ総督に取り上げられていたのである（ヨハ18：31）。そのため、イエスはピラトゥスから改めて審問されるのである」とヨハネ福音書の表現を根拠にしています。はっきりしないことを新約学者でもない者があれこれと言ってみても仕方ないのですが、大祭司による審問の場面では、「しかし、イエスはだまり続け何もお答えにならなかった」（マルコ14章61節a）とイエスは「沈黙」を貫いています。14章61節aでは「沈黙」を守り、62では言いたいことを言っているイエスが描かれていますが、この点については、大貫はこれも至極あっさりと「61b～64aはマルコ福音書の著者が書き加えたいわゆる編集句である」としています。研究者の仕事としてはこれでいいのでしょうが、イエスの深い「沈黙」、現代の用語で言えば「黙秘」の意味することを考えてみようとするなら、これではおさまりがつきません。61b～64aはマルコのキリスト論でしょうし、説教題としてのヨハネ福音書の18章36節の「わたしの国は、この世に属していない」という「イエスの言葉」もまた明らかにキリスト教成立以後にキリスト教の人々によって書かれた文言に違いありません。イエスはどうだったのか。本当にそんなことを考えていたのか。そのことを考えずして本日のテキストをすらっと読むことはできないのです。

◆マルコ15章4説bではイエスの「沈黙」にいらだったピラトが再び尋問します。「何も答えないのか。彼らがあのようにお前を訴えているのに」と言いますが、イエスは「もはや何もお答えにならなかったので、ピラトは不思議に思った」とあります。これに対してヨハネ福音書のイエスは饒舌です。ピラトに「お前がユダヤ人の王なのか」と問われて、36「わたしの国は、この世に属していない。もしわたしがこの世に属していれば、わたしがユダヤ人に引き渡されないように、部下が戦ったことだろう。しかし、実際、わたしの国はこの世には属していない」などと訳の分からないことを言います。まるでこの問答は麻原さんのようです。こんな言葉は裁判の際の弁償になっていません。ピラトも頭がグラグラしたに違いありません。「この世に属していない」などと言われれば、37「それでは、やはり王なのか」と言わざるを得ないではありませんか。福音書の「受難物語」におけるピラト像とユダヤ資料から得るそれとは多くの点で一致しません。ピラトはティベリウス帝の執政官で反ユダヤ主義者のセイヤヌスの腹心の部下で、ヘロデ・アグリッパは皇帝カリグラへの書簡の中でパレスチナにおけるピラトの弾圧政治について「買収、暴行、略奪、虐待、徴発、裁判手続きなしの絶え間ない処刑、意のままの最もひどい残酷行為」が日常茶飯事であったと書いています（フィロン『ガイウスへの使節』38：302、ルカ13：1にもその片鱗がうかがえる）。誇張があるにしてもそういう面もあったのでしょう。また彼はユダヤ人の宗教感情を無視するだけでなく、それを軽蔑し、徴発行為をしたことも事実です。紀元29年に皇帝礼拝で用いられる「ひしゃく」を刻んだ硬貨が、続いて30年には神的な皇帝の「杖」を描いた貨幣がピラトによって発行されています。ヨハネ18章28節b「彼ら（ユダヤ人たち）は自分では官邸に入らなかった。汚れないで過越の食卓をするためである」とまで律法を遵守しようとするユダヤ人たちにとって不愉快きわまりない総督だったに違いありません。こういう人物ですから、最高法院がイエスの涜神の理由として挙げた2つについて、ピラトには何の関心もありません。18章33節の「お前がユダヤ人の王なのか」という問いはそれを示しています。大祭司は涜神を問題にしているのに、ピラトは属州の王の決定権というローマ帝国の権威に関わる問題として、「ユダヤ人の王＝メシア」として（政治的な反ローマ運動の指導者として）現状の変革を企図するイエスという存在を問題にしているのです。

イエスの刑死の理由・意味を整理しておくなら、以下のようなことになるのでしょう。

イエスはヘロデ・アンティパス治下のガリラヤに生まれ、そこで成人し、公の活動の最後には、ローマ総督ポンティウス・ピラトゥス（在任26～36年）が皇帝に代わって支配していたユダヤ（首都エルサレム）に上って、そこで最期を遂げたのですが、この時代はまさに「叛乱と熱狂」の時代で政治的メシア運動が頻発しては敗北していくという時代でした。しかし、イエスはこうした運動に関連したという史実はどこにも発見できません。旧約聖書の「ナジル人」以来の禁欲主義の伝承（民数記6章）に固着して、文明化、世俗化した目の前のユダヤ教の現実に対して激しく否を唱える洗礼者ヨハネから洗礼を受けたということは、イエスも後に道を分かつことになりましたが、洗礼者ヨハネ集団の一員として活動をしていたのでしょう。かつて土井正興が描いてみせたような反ローマ運動の指導者であったということはありませんでした。イエスは反律法的言動、その極限としての「涜神」のゆえにユダヤ当局と衝突し、ユダヤ当局に煽動・動員されたユダヤ民衆によって、ローマ総督に「ユダヤ人の王と僭称している」として虚偽の訴えを受け、ピラトが治安と自らの保身のためにその訴えを受け容れて死刑にした、というところでしょうか。もちろん、ピラト自身、ユダヤ民衆の間で受け入れられつつあるイエスの「運動」を治安上好ましくないと考えていたであろうことも十分想像されます。

◆さて、「沈黙」です。ヨハネ福音書のイエスは饒舌です。それはヨハネの「神学」にとって必然です。1章1節～2節「初めに言があった。言は神と共にあった。言は神であった。この言は、初めに神と共にあった」のですし、14「言は肉となって、わたしたちの間に宿られた。わたしたちはその栄光を見た。それは父の独り子としての栄光であって、恵みと真理に満ちていた」のですから。ここまで言われたイエスは、徹底的に自己を弁証しなければなりません。これはこれでいいのです。困難な時局を生き延びようとする際に、決してその方法が良いとは申しませんが、そういう状況下であったという前提を了解すればこれも十分受け入れられます。しかし、歴史のイエスがこんなことであったはずもまたありません。既に述べましたが、イエスの「受難」に関する最古の文書であるマルコ福音書も、田川建三の言葉を借りれば「イエスの死を記念するために教団の者達が書き、くり返し読みあげたに違いない福音書の受難物語から、歴史の事実を再構成することはほとんど不可能である。そこには教団の信仰があまりに色濃く投影されている」(『イエスという男』)文書の一つですから、そういうものとして読まなければならないのですが、それにしても大祭司による訊問の場面でも、ピラトによる審問の場面でも「沈黙」の痕跡を残しています。この沈黙をどう考えたらいいのでしょうか。「沈黙」は「黙秘」とは異なります。「黙秘」は裁判という場での勝利的な展開のための戦術です。しかし、イエスは「裁判」という場でも「沈黙」しているのですから、この「沈黙」は「裁かれる」こと自体の拒絶を意味しています。そこから「わたしの国は、この世には属していない」というヨハネの言葉になったのでしょうが、歴史のイエスがこんなタワケタことを口にするはずがありません。否、観念の位相において違う水準にいるという意味での象徴的な言葉としてなら理解できないでもありませんが、それにしても説明を拒否してしまっていて、これでは会話は成立していません。自分だけが「彼岸へ行ってしまった」宗教的観念の極致です。

イエスの「沈黙」を事実の前の「たじろぎ」と受け取ることはできないでしょうか。イエスの公活動の期間の反律法主義的言動がどれほどのものであったかについても、反律法主義を立て前とする教団の中で書かれた文書しか持っていないわたしどもに、その詳細は想像するしかないところがありますが、いずれにしてもイエスの存在は、ユダヤ当局からは見捨ててはおけないものとして受け取られていたことは事実です。そういう言動を日常とする者として、自らの「受難」の可能性についてはこれまた日常的に予感していたでしょう。しかし、事がここまでに至るとは、イエスでなくとも、誰でも危機の予感は、常に楽観的に考えたいとする傾きを持ちます。イエスも例外であったとは思いません。イエスはいよいよの時に直面してたじろいだ。言葉を失ってしまった。イエスの「沈黙」はそういうものではなかったでしょうか。「たじろぐ」を「たちすくむ」と表現してもいいようにも思います。

「人間世界で生じる事実の前のたじろぎ」に人間として生きていることの悲しみ・弱さが集約的に表現されます。「助けてください」という祈りが生まれる瞬間です。この「たじろぎ」を失ってしまうことを傲慢というのではないでしょうか。

461 定点羽生から

●2004年1月11日

◆羽生市の中央公民館で「万葉サークル」という日本古典を読む会を始めて16年になる。ここ2年間は、ちょっとしたはずみで漢詩を基本的には『唐詩選』をテキストにして学ぶことになったが、昨年末で一応終わりにして、今年からは小林一茶の「父の終焉日記」を手がかりとして、広く一茶の俳諧を学んでみようとしている。そのために、久しぶりに一茶を読み直している。

我と来て遊べや親のない雀

雀の子そこのこそこのけお馬が通る

などの句で有名な一茶だが、良寛が手鞠が上手な優しい翁であったなどというのと同様に、ただ孤独で、小さいもの弱いものの視点から世を見た俳人などという先入観だけで済まされるのかどうか。

一茶41歳。享和3年(1803)10月12日下総脚中の吟。「けふ一かたけたらへざりしさへかなしく思ひ侍るに、古へ、翁の漂泊かかる事日々なるべし」なる詞書。

三度食ふ旅もつたいない時雨雲

「かたけ」は「片食」で当時の習慣であった二食のうちの片ほうの意。「たらへ」は「足らふ」の未然形。この日は俳人にとっては記念すべき芭蕉忌である。原野・原始林・沼地の多いはるばるとした旅の憂苦に、昔の芭蕉の旅を思いやったのである。

もう一句。

心からしなのの雪に降られけり

文化4年（1807）10月27日「国に行かんとして心すすまず」と記しながら江戸を立って9日目に柏原に入った。遺産問題解決のためであった。「雪の日や古郷人のぶあしらひ」もこの時の吟。「心から」の左に「漢書ニ有若人不能留芳百年臭残百年」とある。「若人芳を百年留めること能はず、臭百年残す」という何ともすさまじい執念の深さであることか。

一茶、一筋縄ではゆかぬ俳諧師である。

芭蕉に憧れ、芭蕉ほどの教養も才能もなく、常々弟子に「我が俳諧を学ぶことなかれ、正風（芭蕉風）を心にかけて精進せよ」と教訓していたと、一茶門の有力俳人佐藤魚淵が『迹祭』に記している。芭蕉門の高弟たちから「俗俳」などという心ない悪態をつかれ、それに耐えつつ、にもかかわらず魚淵が裕福な暮らしをしていたことを利用し、魚淵も一茶を利用するという関係を維持して、芭蕉の句碑を建立させたり、筑後高良山の桃青霊神（芭蕉の霊）を一茶門の中心地長沼に勧請して、粗末ながらも社殿を造営させて祭りを行ったりしている。十五歳で故郷を出ざるをえなくなって、小器用にたち振る舞うことなどできない性格で、どこでどうしていたものかその青年期の経歴も辿りようがない一茶。B級俳人の性根の据え方から学ぶことは多かろう。楽しみである。

●2004年8月22日

星山さんと良寛の漢詩をテキストに基礎的な漢文の読み方の勉強会をしようと約束したのに、なかなか実施できる時間を取れません。何しろ互いに忙しいものですから、予定の欄に書くスペースがなくなったのだけれど、21日（土）の夜は、PINCH！の会議も入っているようで、星山さんのスケジュールも尋常なことではありません。そこで、今回の22日は小田原紀雄は日本堤伝道所に出かけて教会を留守にしますが、良寛の詩を一つ選んで、その読み方、鑑賞についてこの欄に記し、せめてもの責任を果たします。七言絶句一首。

禪板圃團把將去　　禅板圃団把り将ち去る
賊打草堂誰敢禁　　賊草堂を打す誰か敢えて禁ぜむ

終宵弧座幽窓下　　終宵孤座す幽窓の下
疎雨蕭々苦竹林　　疎雨蕭々たり苦竹の林

承句（第二句）だけ返り点を付して読みますが、残りは全部日本語の順に読めばよい楽に読める漢詩です。これが良寛ほどの力量を持った人にしてやはり日本人の漢詩です。どうしても日本語の語順に馴染みがありますから。これが中国人の詩ですとそうは行きません。読み方について留意すべきは、可能な限り熟語は日本語の日常語で用いられることがないものでもそのまま読むようにします。絶句は承句と結句とが押韻になっていますので、「禁」と「林」は韻が明確になるように漢音で読みます。

語訳です。「禅板」は坐禅に疲れた時、身を寄せかけたり手をのせたりするものです。「圃団」は坐禅の時に敷く丸い敷物。「打」は入ること。「疎雨」はまばらに降る雨。「蕭々」は物の音。この詩では竹林に降りかかる雨の音を表して、日本語の擬声語で表現すればパラパラくらいのところでしょうか。「苦竹」はまだけのこと。

通釈すれば、禅板と圃団をみな盗人がとって持ち去ってしまった。しかし、だれがこの草庵への盗みを止めることができようか（誰の「か」～禁ぜむの「む」で反語表現です）。夜通し静かな窓の下で一人坐禅をしていると、まだけの林にぱらぱらと雨がわびしい音で降ってきた。

神無月のころ蓑一つ着たる旅人の門に立ちて物乞ひければ、古着脱ぎてとらせぬ。そして夜嵐のいと寒く吹きたりければ、いづこにか旅寝しつらむぬば玉の夜のあらしのうたて寒きに

何もなくて、着ている古着を脱いで与えるしかなかったあの物乞いは、今ごろどこで旅寝をしていることやら、このどうしようもなく寒い夜に。同様に村里を盗賊が襲ったと聞き、良寛は日記に「嘆くべし世上人心の冷ややかなるを、知らずいづれの処にか障がいを保たむ」と記しています。良寛はかなしいのです。「かなし」は「悲し」とも「哀し」とも「愛し」ともすべてその意は同じです。良寛のようになりたいとは思わないけれど、しかし自分は「哀し」。

●２００４年10月24日

♥生徒との読書会用で野沢尚『ひたひたと』（講談社）

を読む。まったく知らない作家だが、有名な人なのだそうで、先頃自殺したということである。達者なストーリーテラーだけど、別段何の感想もない。こういう私小説の延長線上にある小説が最近の若者の身の丈にあっているのだろうと、しみじみと寂しい。

♥いつかゆっくりと読むこともあろうかと買っておいた雑誌『ユリイカー特集　梁石日』（2000年12月号）を読む。「今週の言葉」に上げた金時鐘の言葉はこの特集所収の「梁石日の詩の所在」という情理を尽くした先輩金時鐘の文章の引用である。その中に「なかでも不出世の詩人、命脈の限りをすでに見据えて横たわっている病床の黒田喜夫を、石神井のひと間の自宅まで再三訪ねては〈破顔一笑、目下の生を紅顔の名残に躍らせて笑いとばし〉（梁石日の唯一の詩集『夢魔の彼方へ』への黒田氏の跋文）て、悲運の生を氏が終えたあとの葬儀までも、恵まれなかった夫人を扶けて滞りなく済ませた梁石日の人間味は、思いおこすたびに眼がかすむ」という文がある。昨夜一杯やりながらこの話をサブちゃん夫婦に語ったのだが、この事実をわたしが知ったのはもう随分前のことで、その時わたしは心の底から在日の心ある人たちに「済まない」と思ったことを今思い返している。在日の人たちの前で這いつくばることが歴史を生きる日本人の姿であるなどと考えている者たちとは、わたしははるか以前に訣別した。日本人にそれを求める宗斗会と激しく対立して、「お前の先生の桑田博はお前のような男ではなかった」と言われた時、「桑田は佐喜眞と小田原を育てはしたが、男を見る目がないから、あなたとか、沖縄の富村とか知念などというゴクツブシどもを生きながらえさせた責任も取らずに死んだのだ。裏返して言えばあなたらが桑田の優しさをむさぼり殺したのだ。責任を取ってほしい」と言い放って、在日の一部とも訣別した。わたしが「済まない」と思うのは、戦後日本革命を在日朝鮮人に担わせ、揚げ句の果て見殺しにした日本共産党、その日本共産党から除名された、わたしが最も尊敬し、今でも何かといえば引用してみんなに知ってほしがっている黒田の葬儀を、朝鮮総連と激しく対立して命まで狙われた梁石日が助けてくれたこと、この死なばもろともの生き方を最後まで貫いて見せている姿勢に対して「済まない」と、日本左翼の一員として思うのである。

♥詩人長谷川龍生の「新たなる〈恨〉の領域へ—梁石日の側面をとらえて」もいい文章である。いろいろ書いてあるが、「梁石日には、〈恨〉の意識が、日本人特有の〈怨〉

の意識をかさね持っていて、そこが生々しく迫力をつくり出すものなのである」という文の意味を考え続けたい。「在日文学」への一つの視点かも知れない。

♥テロリスト　生きる道はすべて閉ざされた／亡命の日々は／ついに一つの幻想でしかない／何ものかにおそれを寄生させねばならぬ／思想の壊滅のあとにくるものは／ひそかなる尾行なのだ／権力がつねに死を意味するなら／何ものも信じてはならない／ただ隙を狙うのだ／凝っと激しいアクションを見つめ／その中の一人を撃つ／撃て！民衆にまぎれて／李承晩一派のあとにつづくものを

♥まぎれる民衆さえすべて敵の手に落ちた今の日本を生きて、この社会に叛乱を企てる者には、もはやテロリストになる道さえ断たれているのではないか。では孤立した心乱れてしか生きられない者にどういう道が遺されているのだろう。

●2005年4月17日

462

説教題：「従う」という受動性の意味

＊マタイによる福音書4章23節～25節

23イエスはガリラヤ中を回って、諸会堂で教え、御国の福音を宣べ伝え、また、民衆のありとあらゆる病気や患いをいやされた。

24そこで、イエスの評判がシリア中に広まった。人々がイエスのところへ、いろいろな病気や苦しみに悩む者、悪霊に取りつかれた者、てんかんの者、中風の者など、あらゆる病人を連れて来たので、これらの人々をいやされた。

25そして、ガリラヤ、デカポリス、エルサレム、ユダヤ、ヨルダン川の向こう側から、大勢の群衆が来てイエスに従った。

◆ルカの並行記事を見ておく。6章17節～19節「イエスは彼らと一緒に山から下りて、平らな所にお立ちになった。大勢の弟子とおびただしい民衆が、ユダヤ全土とエルサレムから、また、ティルスやシドンの海岸地方から、イエスの教えを聞くため、また病気をいやしていただくために来ていた。汚れた霊に悩まされていた人々もいやしていただいた。群衆は皆、何とかしてイエスに触れようとした。イエスから力が出て、すべての人の病気をいたしていたからである」。

◆テキストの全体をＥＫＫのウルリヒ・ルツ（小河陽訳）は次のように解説する。「マタイは、イエスの教えと癒やしの活動から何かある個々の記事を記す前に、総括的要約を構想する。それを再度取り上げる多数の箇所によって（9：35に並んで、8：1、同16、12：15〜16、14：35、19：2）、典型的なものという印象が生じる。5〜9章の中で続く、イエスの告知と癒やしの活動を記す諸断片が個々の例である。したがってマタイは、イエスの業についての歴史的伝記的経過を記そうとするのではない。むしろ、彼は全体像でもって始め、この全体像を、この後に続く叙述の中で個々の例でもって具体化するのである」。正にその通りである。12節は、9章35節の「イエスは町や村を残らず回って、会堂で教え、御国の福音を宣べ伝え、ありとあらゆる病気や患いをいやされた」で殆ど逐語的に繰り返されており、それによって、マタイは5〜9章の構造をも先取りしている。当然ルツからの受け売りであるがシュニーヴィントは、「言葉のメシア、説教するメシアが5〜7章で、行為のメシア、癒やしを行うメシアが8〜9章で描写されている」と言っているとのことである。事実その通りに配列されている。

◆23節ａの「彼は、ガリラヤ全土をめぐり歩いて」は、マタイがイエスは居住地であるカファルナウム周辺にいることを想定していることを示している。この地域設定と24節の「そこで彼の噂は、シリア一帯に広まった」とはつじつまが合いにくい。しかし、ここは佐藤研の訳注によれば、マタイの教会がシリアにあったことにより、その事実がテキストに逆侵入した例であるとのことである。このことはどうでもいいようなことではなく、新共同訳は「諸会堂で教え」となっているが、原点に忠実に訳せば「彼らの会堂で（*ἐν ταῖς συναγωγαῖς αὐτῶν*）教え」であり、この「彼ら」がイスラエルを明示することから、佐藤の注の正当性もまた明らかである。本日のテキストにとって重要な点は、つづく「王国の福音を宣べ伝え、民の中のすべての病とすべての患いとを治し続けた」である。ここでは「教える（*διδάσκω*）」、「宣べ伝える（*κηρύσσω*）」が先であり、「治す（*θεραπεύω*）」が先ではない。勿論マタイがイエスの「治癒行為」を軽視していたというのではないが、それに増してイエスはイスラエルの教師であり、シナゴーグで教える人であることを示している。またマタイにとって「教える」と「宣べ伝える」が二つの異なった事柄を意味するものではないことは文脈から読みとれる。「王国」つまり「天の王国」の到来の近いことを「宣べ伝える」ことがイエスの「教え」の中心であると考えていたのである。

◆教えに並んでイエスの病気治癒行為がある。マタイは、イエスのもとにあらゆる病人が持ち込まれたこと、そして彼はどんな病気も治したことを強調している。しかし、この際にも、8章14節~17節「そしてイエスは、ペトロの家に入ると、彼の姑が床に伏して熱病を患っているのを見た。そこで彼は彼女の手に触った。すると彼女から熱が去った。そして彼女は起こされ、彼に仕えだした」という記事から看取できるように、イエスの奇跡力を誇張することよりは、むしろ、宣教に対する神の僕の従順を強調したいと考えていた。

◆以下は書かれているままに読むしかない。

◆しかしそれにしても、このようなイエスの活動の伝承の担い手はどういう人たちだったのだろうか。冒頭でルカの並行記事を読んだが、マルコに並行記事はない。しかしだからといって、この伝承がQ資料にのみ依拠しているとは考えられない。なぜなら、確かに23節はマタイ固有の表現であることは疑えないが、マルコ1章39節(同14、同21、同34、6:6参照)「そして彼はガリラヤ全土にある彼らの会堂に行き、〔そこで〕宣教し、悪霊どもを追い出し続けた」に密接に結び付いて表現されたものであることもまた疑えない。従ってマタイは彼のマルコ資料の広範な部分を概観し、それを抜粋しているのである。だからこの場合、Q資料及びマルコ資料総体の伝承の担い手はどういう人たちだったのだろうかという問いである。荒井献は『イエス・キリスト』の中で「このような伝承を担った人々が、イエスが元来そのもとに立ったガリラヤの民衆、とりわけいわゆる〈罪人〉あるいは〈地の民〉とどのような関係を保ったのか」と問いを立て、本日のテキストの言う「彼に従った」者たち、荒井の表現を借りるなら「無資格者=罪人」がその担い手ではなかったかと言う。伝承の担い手たちは当然イエス死後に伝承を継承しようとする者たちで、この人々が復活信仰を生み出したと考えられる。荒井はこれを、「復活信仰を、〈無資格者〉(「罪人」)と共に生きたがゆえに処刑され、神に捨てられたかに見えたイエスに対し、神が決定的な然りを宣したという、ほかならぬ〈無資格者〉による信仰告白」であり、「イエスに対する神の然りは、それを告白する〈無資格者〉に対する神の然りを含意しているのであるから、彼らはこの〈然り〉をキリストの出来事の中に聞き取って、それに自らの生を託したのである」から「復活信仰は元来〈無資格者たち〉のものであった」と言う。続けて、「しかし、この復活信仰を信仰告白伝承の中に定型化し、それを宣教していった指導者的人物は、同じ〈無資格者〉と言っても、〈罪人〉〈地の民〉の意味における無資格者たちではなかった。彼らはむしろ、ユダヤ教律法学者にその成員を多く送り出した漁師や手工業者、いずれにしても当時の知識人だったのである」とし、だから「イエスの十字架が贖罪論的に解釈」されたり、「イエスの死・復活-高挙が宇宙論の中心に据えられ、キリストの出来事がヘレニズム・ユダヤ教の〈知恵〉の運命と同定され」ることになった。その結果、「問題がイエスの死と復活の救済的意味に集中されていて、彼らの告白には生前のイエス、特にこのイエスの〈罪人〉に対する振舞いをいれる余地が直接的にはない」ことになったと言う。その通りである。ここまでは荒井の主張に完全に同意する。しかしここからは異を唱えざるをえない。なぜなら、「彼ら（=原始キリスト教の指導的人物）は確かに〈無資格者〉としての自覚を持っていた。しかしそれは、彼らが社会的=宗教的に〈罪人〉の層に帰属していたからというのではなく、神の意志（律法）に従順でありえなかったという意味における〈罪人〉としての自覚である。彼らがこのような意味における〈無資格者〉に対する神の然りをキリストの出来事の中に聞き取り、それに自らの生を託して、復活信仰を信仰告白伝承に定型化して宣教していったゆえにこそ、その場合の〈キリストの出来事〉の中に、彼らとはその社会層を異にする〈罪人〉（「地の民」）に対するイエスの振舞が少なくとも第一義的に入ってこなかったのである」とまで言うのであれば、そもそも「宣教」そのものへの批判へと向かわなければならないのではないか。言い方を換えれば、キリスト教という宗教の言説による表象である「宣教」は、それ自体が観念化の道を辿るしかないのであって、荒井が続けて、これらの人々による宣教とイエスとの相違を問題にして、パウロを例に挙げて「教会内だけの差別の廃絶」などと批判し、「ナザレのイエスはまさに社会の現実の只中でほかならぬ〈罪人〉（「地の民」）の地平に立ったのではなかったか。

そのようなイエスの振舞が当時の社会構造を突き崩す結果を伴ったゆえにこそ、彼は国家権力により反逆罪に問われて十字架刑に処せられたのである」とまで言うのであれば、再度言うが、「宣教」の内容ではなく、「宣教」そのものを問わなければならないように思う。

◆「ガリラヤから、デカポリスから、エルサレムから、ユダヤから、ヨルダン〔河〕の向こう岸から」やって来た「多くの群衆」は「イエスに従った」。ただ「従う」という受動性にこそ私は意味があるように思う。日常生活の桎梏を逃れるために従容としてただ「従う」しか群衆に道はなかった。越後から常陸へと移動する親鸞に多くの民衆が従ったように、江戸時代の農民が「逃散一揆」という手段を採って過酷な収奪から逃げ出したように、状況に「従う」という受動性が実は支配の秩序を大きく揺るがす。他に方法がなかっただけのことではあるが、ここに社会構造の根底を解体する可能性が垣間見られたからイエスはユダヤ教支配層とローマ帝国とに二度殺された。イエスの十字架刑は「群衆」の「従う」という受動性が引き出したのではないか。これを「宣教」という能動性に転化することによって、結局は支配秩序の現状固定化を導き出してしまったのが、原始キリスト教の歴史ではなかったか。「宣教」して「教会」という枠に囲い込んでしまうようなことをしてはならないと私は考える。羽生伝道所は「通りすがりの場」以上のものであってはならない、と私は考える。

463

説教題：幸い、貧しい者

●2005年5月1日

＊マタイによる福音書5章1節〜3節

1イエスはこの群衆を見て、山に登られた。腰を下ろされると、弟子たちが近くに寄って来た。

2そこで、イエスは口を開き、教えられた。

3心の貧しい人々は、幸いである、天の国はその人たちのものである。

◆「山上の説教」という新約聖書の中で最も有名な箇所であり、ほとんど語り尽くされている感がありますから、今更何を付け加えることが可能か、何とも悩ましい箇所です。しかし、「説教語り」にとって避けて通ることのできない箇所でもあります。これまで新共同訳聖書の小見出しに従って区分して語ってきましたが、ここは思い切り小さく区分して「心の貧しい人々は、幸いである。天の国はその人たちのものである」という「山上の説教」の第一項だけで、考えるところを述べてみます。

◆それにしても最初に、「山上の説教」全体を概観しておきます。イエスの病気治癒行為と福音宣教の活動に接して「大勢の群衆」がイエスに従ってきます。イエスはこの群衆を見て、山に登ります。なぜ山に登ったのかはわかりません。ただ言えることは、弟子と群衆とに静かに語りかけるための場所が必要だとマタイは考えたのでしょう。並行記事のあるルカにこのマタイ5章1節～2節はありません。これは、マタイの弟子及び群衆の位置付けにかかわることです。マルコ福音書と異なり、マタイでは弟子批判は展開されていません。13章10節には「弟子たちは近寄って」とあり、同様の表現は15章12節にも見られます。弟子たちは、イエスによって、「ここにわたしの母、わたしの兄弟がいる」とまで言われる存在なのです。マタイの時代の「教会」で弟子たちが示した位置がこれの背景にあるのでしょう。群衆もただ単にイエスの活動の「場」という位置だけではなく、悪霊を追い出すイエスに接して9章33節「驚愕し、『こんなことは、今までイスラエルに起こったためしがない』」という存在ですし、8章1節「イエスが山を下りられると、大勢の群衆が従った」とあるように、イエスに「従う」人々として描かれます。この群衆の描かれ方からはマタイの教会の宣教の姿勢が伺えます。

◆さて、「山上の説教」の全体ですが、いかにもイエスによるひとかたまりの「説教」のようですが、そうではありません。伝承史的に見れば、これらは様々な段階で形成、加工されたものであるのは確実です。すぐにそれがわかるのは、この9つから成る「祝福」の最後の11～12節だけは、それまでの8回の祝福とは別の場で形成されたものということです。8回は簡潔な韻文であるのに対して、これだけは散文です。それに例えば3節が「その人たち」であるのに、11節は「あなたがた」です。この呼びかけ対象の違いは思想の違いを反映しているに違いありません。また新共同訳聖書の翻訳では省略されているのですが、8回の「祝福」命題の理由を示す「なぜなら」の語句はすべて「ὅτι」で導かれているのに対して11節以下では「γάρ」です。このような表現上の差異だけでなく、内容においてもこの「説教」はひとかたまりではありません。11～12節はイエスに従う者に対するユダヤ教からの迫害を前提にしています。しかし、イエスの時代にそういうことはありませんでしたから、これは明らかに後世＝マタイの時代の教会の事情を反映しています。現在の信仰者の受ける苦難が過去の預言者のそれと対比され、救済史的視野において終末での救いが捉えられているというのもイエスの思想とは異なります。明らかにマタイの思想です。というより、マタイとルカが依拠したQ資料の中に既にこういう思想の萌芽があったのでしょう。いずれにしてもイエス没後の考え方です。

◆従って、11～12節の9つ目「祝福」は別にして考えるしかありませんが、最初の8つにしたところで、マタイとルカに共通しているのは3つしかありません。この3つを比較検討してみますと、マタイ3節「心の貧しい人々」＝ルカ20節b「貧しい人々」、マタイ4節「悲しむ人々」＝ルカ21節b「泣いている人々」、マタイ6節「義に飢え渇く人々」＝ルカ21節a「飢えている人々」となっています。表現に差異はありますが、モティーフの共通性は疑えず、Q資料にまで遡れることは確実です。いずれにしても日々の暮らしにおいて疎外されている人々に喜びが与えられるという「救い」の希望を語っています。ところが、マタイ5節の「柔和さ」、7節の「憐れみ深さ」、8節の「心の清らかさ」、9節の「平和を実現する行動」となると、他者に対する能動的な態度が語られており、「幸い」の宣言を受ける者に2つのタイプが示され、これは明らかに由来の異なる伝承が組み合わされていることを示しています。ここまで言えばお気付きでしょうが、最初の3の型はイエスにまで遡る可能性が高く、他はQ資料としてまとめられている過程での伝承ということになります。

◆さて、「心の貧しい人々は。幸いである。天の国はその人たちのものである」です。佐藤研さんは「幸いだ、乞食の心を持つ者たち、天の王国は、その彼らのものである」と翻訳されており、「乞食の心を持つ者たち」に注をして、「直訳すれば、『霊において乞食である者たち』。自分に誇り頼むものが一切ない者の意」とあります。さて、イエスがこれを口にしたのでしょうか。まず「天の国」はイエスの言葉であるはずがありません。明らかにマタイの言葉です。マルコとルカは「神の国」を用いますが、マタイは「天の国」です。ご存じのとおりモーセの十戒の第三戒に「あなたの神、主の名をみだりに唱えてはならない」という言葉があります。マタイはユダヤ教による迫害を回避したいと考えたか、それともそもそも本気で律法遵守を考えていたか、今それを問わないにしても、とにかく「神」という言葉を避けています。また「心の貧しい人々」と「貧しい」に「心の」を付加したのもマタイです。田川建三の『イエスという男』によれば、マタイとルカの伝える伝承から最大公約数をとって、元来イエスが語ったであろうと思われる言葉を再現すれば、「幸い、貧しい者　神の国は彼らのものとなる。幸い、飢えている者　彼らは満ち足りるようになる。幸い、泣いている者　彼らは笑うようになる。」ということだそうです。この「幸い＝μακάριος」という言い方は、旧約聖書伝来のものの言い方で、箴言3章13節「幸い、知恵を見いだす者」、詩篇2章12節「幸い、主（なる神）により頼む者」、詩篇41章2節「幸い、貧しい者のことをおもんばかる者」とあるように、田川によればごく一般的に神によって祝福される者は幸運を得て、この世で繁栄することができるという意味である場合、宗教的に敬虔に、正しい信仰の持ち主は神によって祝福されるという意味の場合、倫理的な生き方をする者は神に祝福されることを意味する場合と、如何様にもとれる表現のようです。

では、「幸い、貧しい者」とは、神によって何を祝福されるのでしょうか。田川流に言えば「貧しい者が幸いであるはずがない」のであり、「キリスト教はイエスのこの言葉を客観的真理として説教しつづけることによって、貧しい者達を貧しいままに押さえつけ、結果として金持共の社会的横暴を正当化する役割を果たしてしまった」とまことに以て正しいことをおっしゃるのですが、本当にそうでしょうか。ここのところについては後に少し丁寧に展開します。ただマタイが「心の」を付けたことが果たした役割については徹底的に批判をしておかなければならないようには思います。「心の貧しい者」と言われて、「心は貧しくない」と反論できる者はおそらく一人もいないでしょう。「罪深き者」と言われて、自分はそういう者ではないと言い返せる者など一人もいないのと同様です。誰しも心の隅に辛さを抱えています。林晃は『山上の説教・マルコ福音書講解　イエスの実像と虚像』においてここのあたりのところを、「バブル崩壊後、『清貧』な生活が見直され、心豊かな生き方を求めはじめました。貧乏人のほうが、金や物にこだわらないから、人間関係に素朴でいい、われわれは富や地位や権力にこだわるから、醜い争いが起こり、人を蹴落とすことばかり考え、虚構の人間関係にふりまわされている。こんな生活、こんな生き方にあきあきした。出直したい、やり直せるものならやり直したい。マタイがこういう人たちに向かって、『あなたたちは、実際に貧しくならなくてもいいが、心が（精神的に）貧しい人は幸いである』と説教すれば、救われる思いがしたでしょう」とその考え方の多くを田川に依拠して述べています。一面それは正しいと思います。でもここには、マタイが説教する対象への検討がありません。「バブル崩壊後」などと現代世界の、それも豊かな地球の北半分で暮らす者の暮らしの在り方への反省を迫る説教として「心の貧しい者」を捉えたのでは、まるで意味が違ってしまいはしないでしょうか。宗教の脱歴史性に自分の方から落ち込んでしまっています。ここは荒井献の『イエスとその時代』の指摘から考えた方がいいように思います。荒井は、Q資料の担い手の属する社会層を「小市民」であったとしています。イエス没後、イエスの教えを直接に聞いたか、それともごく身近な時代を生きた人々の伝承の担い手のすぐ傍に居て、あの壮絶な人生とその終わり方の理不尽を知りながら、しかし己の日常は小市民である人々が「幸い、貧しい者」という伝承を継承したのです。そこにはある屈折がなかったでしょうか。この伝承の担い手たちにとってイエスはまだ過去の人物になり切ってはいなかったはずです。イエス没後50年を経るかどうかという時代です。ちょうどわたしどもの世代の者にとって、あの1960年代末から70年代前期の「革命的」な時間を生きた時から40年を経た今と、その時間の幅はほとんど同じです。それに今ほど状況が激しく変転する時代ではありません。この伝承の担い手たちの心には苦いものが残っていたに違いないのです。それを知っていたからこそ、マタイは「心の貧しい者」と言ったのです。内面化・精神化という面もあったでしょうが、わたしにはそれよりもマタイの「宣教のたくらみ」のように思えます。イエスは「貧しい者」はきっと救われると言った、それをあなた方は聞いた、聞いてそれを伝えてきた、イエスは挙げ句の果て死刑にされたけど、あなた方は生きている。幸いだろう「心の貧しい者」たちよ、実はそのイエスこそキリストであり、教会はそのイエス・キリストを継承している者たちの集まりですよ、ここへおいでよという誘いではないでしょうか。

◆さて、田川に戻ります。田川は「実際に幸福ではありえない『貧しい者』をつかまえて、『幸い、貧しい者』と宣言してみたとて、何の意味があるのか。しかし、逆説的反抗とはそういうことではないのか。貧困は苦痛なのだ。貧困が幸福であるはずはない、とはいうものの、それだからとて、幸いなのは豊かな者だけであって、金持こそ幸福、と言うのが現実の真理を言いあてている、などと冷淡に居直ってみても、それでは貧しさの中に苦労して生きぬいている者の矜持が許すまい。いや、これはやせ我慢の矜持ではない。金持が幸福で、貧しい者が不幸だなどということが当然のこととして認められてよいはずはない。もしも此の世で誰かが『幸いである』と祝福されるとするならば、貧困にあえぐ者を除いて誰かが祝福されてよいものか。もしも『神の国にはいる』なんぞと言えるとしたら、俺たち貧しさをかかえてすったもんだやっている者達をおいて、どうして言えるのか。いや、『神の国にはいる』なんぞとは言うまい。神の国は貧乏人のものなのだ。きっとそうしてやる」と息巻いていますが、この観念性はどんなものでしょう。「俺たち」って誰のことだよ、まさか自分もそこに入れてはいないだろうな、とわたしは言いたい。それにイエスとキリスト教とをこんなに明確に区分けできるものだとわたしは考えません。既に触れましたが、イエスの思いだけを引き出した人々の思いを切断して、この言葉伝承を継承したことなど無理があります。「俺たち」の中に田川もわたしも入りはしませんが、伝承の担い手たちは確実にそこに入れなければ、言葉伝承の解釈において誤りが生じてしまいます。

◆さてその上で、現代を生きる者として「幸い、貧しい者」をどう読むかです。現代を生きると言いましても、そこには日曜日に「教会」に集まっておしゃべりできるという社会層の者という限定を付けてのことです。わたしは言葉どおり「貧しい者は幸いである」と受け取ります。貧しいから社会変革の希望を抱けた。貧しいからこその運動の継続の中で多くのすばらしい人々に出会えた。貧しいから横田勲に会った。貧しいから山谷の労働者と知り合えた。貧しいから「飢えている者・泣いている者」に心を寄せることが十分ではないにしてもできた。北軽井沢の別荘に閉じこもって学問をしている人にはついに理解することができないに違いないほど豊かな出会いを今も経験し続けている。「希望」は「逆説的反抗」などという屈折から生み出せはしない。「希望」は現状の「貧しさ」が生み出すとわたしは考えています。

464 定点羽生から

●2005年8月28日

♥今週も何も読まないまま過ごしてしまいました。もちろん「説教」に一部触れましたが、仕事の都合で大岡昇平の『野火』を読み返しましたし、9月1日からの関東神学ゼミの夏期セミナーを受講するための準備として、佐藤研の『悲劇と福音』を読み直したりしてはいるのです。でもこれらは仕事がらみの読書であって、それ自体が楽しいというわけにはゆきません。考えてみれば、若いときからずっとこうやって仕事にかまけて読むべき書、読みたいと思った書を後回しにして来たのですね。そうしてもう60歳という人生の終わりに近づいてしまいました。

♥今、仕事も運動も離れてゆっくり読んでみたいなあと考えているのは、アジアの文学です。久保田文貞さんがこの頃読んでいるクレオールの文学やわたしも一時期ちょっと読んだマグレブの文章なども確かに気になるのですが、ごく最近のことですが、近代主義批判の一つの方法としてのクレオールとかマグレブというのに少し気恥ずかしい気持ちを持ち始めているのです。近代批判という場合、近代と接点を持っていない文化を対置してみたところで、気分の問題としては近代に距離をとった感覚になれるのかもしれませんが、これでは昔ながらの近代に前近代を対置しただけのことで、近代批判にならないので、近代をもろに被りながらなおかつそこに近代との齟齬を生じている文化を探し求めることになってしまい、そうなればいきおい西欧列強によって植民地にされた地域の文化からそれを読み取ろうということになってしまいます。なんだか、埋蔵鉱物探しのような気分になってしまうのですね。これが気恥ずかしさの原因です。読んでみたいなと思うアジアの文学にしても、やってみるとまたぞろ同じ気分に陥るのかもしれません。でもまあ、これはしがらみのようなもので死ぬまでついて廻るのでしょう。

♥今週はいつかやりたいと願ってきた関東神学ゼミナールの第1回夏期セミナーを開催します。通常の講座では時間的制約があって、講師にゆっくり語っていただき、質問が熟成してからそれをするという時間がなかなかとれません。一緒にやりたいと願ってきた、金性済先生が旧約学の担当として参加してくれることになりましたし、上村静さんのご紹介で佐藤研先生が新約学を担当してくださいます。なにしろ豪華です。冬期セミナーもやって年2回を定例化するのが夢なのですが、さてそうなると横田組の集まりも冬にはあるので、春期セミナーということになるのでしょうか。横田組の集まりは、大泉の女性たちが楽しみにしておいでかもしれませんし、今年は大阪へ行ってしまった小林明さんが、横田組には必ず参加すると言っているようなので、なんとしても実施したい。しかし、春には「21世紀東北アジアキリスト者研究交流会」も既に始めているので、これも大切にしたい、ともう無茶苦茶なスケジュールになってしまいます。そうそう、キリスト教世界とは関係ないのだけれど、名古屋の堀直樹さんが生徒を対象とせず、大人と卒業生を対象とした「佐渡セミナー」を定例化できないかと言ってもいるのです。一年中スケジュールに追われることになりますが、晩年になったわたしにとって、これが最後のお務めか。

●２００６年7月30日

海老坂武『フランツ・ファノン』（みすず書房２００６）を読む。本書は１９８１年に講談社から出た『人類の知的遺産』シリーズ中の一冊であった（因みに、荒井献の『イエス・キリスト』もそれである）。そのときに読んだので、我が家のどこかにあるのだろうが、今はとても見付けることはできない。ただ、今回再読したのは、「Ⅳ　２００６年にファノンを読む」という章が書き下ろされており、９・11以後の世界でファノンを読むとはどういうことかについて、海老坂の意見を知りたいと思ったからである。

海老坂は「ファノンは新しい人間―〈全的人間〉の像を、暴力を原動力とする非植民地化の運動自体の中から描き出した。植民地化された身体がどのようにしておのれをつらぬく暴力に目ざめ、これを対抗暴力として外在化させつつ民族の意識を獲得していくか、あるいはまた、闘争をとおして人間と知覚世界が、人間と道具や技術との関係がどのように変わっていくか、また人間相互の関係がどのように変わっていくか、これに注目した。そして、この非植民地化の運動が目指すべき方向として望み観られたのが〈全的人間〉の建設であった。それは社会主義体制とはかかわりなく、いまここで、第三世界の建設作業そのもののうちからつくり出されるべき規範的人間であった」と言う。

これを前提として、ここ数年来はやりの「クレオール性、ポストコロニアリズム」を検討する。言葉は厳しい。エドゥアール・グリッサンの『アンティルの言説』をまとめて「創造の根をアンティル人の雑種性の中にまず求め、独自のアフリカ＝カリブ海型文化を発展させること、これによって分裂を乗り越え、統一の絆を織り出しつつ、カリブ海の〈関係性〉の中で民族－国家を創り出すこと」が彼のビジョンであるとする。そこでクレオールにおけるファノンの残滓を探し求めるのだが、現在のクレオールでは無視することはできないが、可能であれば接触したくない思想家としてファノンが扱われていることを明らかにしている。それは、「カルチュラル・スタディーズ」や「ポストコロニアリズム」でも同様で、アーニャ・ルーンバ『ポストコロニアル理論入門』、ホミ・バーバ『文化の場所－ポストコロニアリズムの位相』を取り上げながら、「どのテクストもそろって彼の暴力論は無視しているのだ。暴力論はどうやら使えないのだ。けれども、暴力論を視野からはずしたファノン論とは一体何なのか」と不満を漏らす。

そうである。9・11以降、「戦争」とは「帝国の警察活動」の意であり、「国家テロリズム」としか言い様のない世界情勢の中で、市民主義的に反暴力だけを言い募るアホども、また暴力論を回避したところでおためごかしの言説をまき散らしている輩、名を挙げることはしないが、結局そういう立場は世界の現状を肯定・固定化することを欲しているのであって、パレスチナに代表される被抑圧民衆の現状を湖塗するだけでしかない。だからといって「単ゲバ」を称揚したいのではもちろんない。「敵」の暴力性、システムとしての暴力体制を打破する道を探る際に、民衆の側の暴力をあらかじめ封じるような思想からは、いかなる意味においても、現状を打破する運動は作り出せないと私は考えているだけである。

465
説教題：告白なんかするな

●2007年7月1日

＊マタイによる福音書16章13節～20節

13イエスは、フィリポ・カイサリア地方に行ったとき、弟子たちに、「人々は、人の子のことを何者だと言っているか」とお尋ねになった。

14弟子たちは言った。「『洗礼者ヨハネだ』と言う人も、『エリヤだ』と言う人もいます。ほかに、『エレミヤだ』とか、『預言者の一人だ』と言う人もいます。」

15イエスが言われた。「それでは、あなたがたはわたしを何者だと言うのか。」

16シモン・ペトロが、「あなたはメシア、生ける神の子です」と答えた。

17すると、イエスはお答えになった。「シモン・バルヨナ、あなたは幸いだ。あなたにこのことを現したのは、人間ではなく、わたしの天の父なのだ。

18わたしも言っておく。あなたはペトロ。わたしはこの岩の上にわたしの教会を建てる。陰府の力もこれに対抗できない。

19わたしはあなたに天の国の鍵を授ける。あなたが地上でつなぐことは、天上でもつながれる。あなたが地上で解くことは、天上でも解かれる。」

20それから、イエスは、御自分がメシアであることをだれにも話さないように、と弟子たちに命じられた。

◆マルコ福音書8章29節の「あなたはメシアです *σὺ εἶ ὁ χριστός*」というペトロの告白に、マタイが「〈生ける神の子〉です *ὁ υἱὸς τοῦ θεοῦ τοῦ ζῶντος*」を付加して、マタイのキリスト論を示しました。マタイ福音書のクライマックスです。マタイ福音書の中心部分を為すのは4章17節～16章20節で、イエスの教えと活動を記しています。4章17節「そのときから *ἀπὸ τότε*」以後、イエスの公活動を通してメシアとしての彼の働きが示されてきましたが、その結びに当たって、ペトロの言葉によってイエスとはどのような人物であるかが、一番弟子の口を借りて、これ以上ない形で表現されます。このペトロの告白に対してイエスは最大限の言葉でもって祝福を与えます。もちろんマタイはこの資料をマルコから得ていますので、いつものようにマルコと比較検討しつつ読みます。

◆冒頭に示しましたように、本日のテキストの核であるペトロの「告白」の差異についての検討から始めます。マルコの記す「あなたはメシアです」の「メシア」と訳されている言葉は衆知のように「*Χριστός*」です。これは、イエスの「復活」の後に成立した教会の信仰を背景にしています。後にギリシア語を話す教会では「クリストス」は固有名詞として用いられるようになりましたが、本来は、「油注がれた者」を意味するヘブライ語メシアのギリシア語訳で、称号でした。新共同訳聖書では、クリストスが称号として用いられている場合はメシアと訳し、固有名詞として用いられている場合はキリストと表記しています。イスラエルの祭司（出29：7、21）、預言者（王上19：16）、王（サム上10：1）は神から油を注がれて聖別されました。イエスの活動との関連で引用されているイザヤ書61章1節「主はわたしに油を注ぎ、主なる神の霊がわたしをとらえた」は「貧しい人に良い知らせを伝えるために」神が派遣した者を「油注がれた」者としています。ユダヤ教のメシア観についてあれこれと蘊蓄を傾けていては際限のないことになりますが、イエス時代の一般のユダヤ人の間には、ダビデの家系から生まれ、ユダヤ人のためにエルサレムを異邦人から清め、ダビデの王国を以前にまさる栄光と反映のうちに回復する地上的支配者としてのメシアの待望が広まっていました。こうした背景の下で、原始キリスト教会は早くからメシア（クリストス）を終末的な救済者イエスの称号の一つとして用いましたが、そのユダヤ教的意味内容は大きく転換され、地上的支配者ではなく、イエスの死と復活の中に終末的な救いの出来事を見るという「信仰」の対象をキリストと称することにしました。Ⅰコリ15章3b～5の「キリストは、聖書に従って、三日目に〔死者たちの中から〕起こされていること、そしてケファに現れ、次に十二人に〔現れた〕ことである」というパウロの言葉がそれを示しています。マルコにおけるペトロの「告白」はこういうものでした。マタイはこれに「〈生ける神〉の子です *ὁ υἱὸς τοῦ θεοῦ τοῦ ζῶντος*」を付加したのですが、そうすると意味内容としてどのような変化が生じるでしょうか。マタイは突然ペトロの口に「神の子」を入れたわけではありません。別の言い方をすれば、ここでのイエスはペトロに対して最大限の賛辞を与えていますが、「神の子」はペトロの専売特許ではありません。イエスが「神の子」であることは、マタイ福音書では既に2章15節「わたしは、エジプトからわたしの子を呼び出した」とホセア書11章1節を引用して「神の子」であることを示していますし、3章17節「これはわたしの愛する子、わたしの心に適う者」という天からの直截の声で表しています。従ってイエスについてのペトロの「告白」は、ペトロが師匠についてあれこれと考察した結果の見解というのではなく、既に神が確証しているイエスの本性をペトロが発見ないし発明したのでしょうか。どうもそうではないようです。ユダヤ教の傍流であったクムラン宗団の『フロリレギウム（詞華集）』4Qフロリレギウム（詞華集）一10―11節に「わたし（主）は彼（ダビデ系のメシア）の王座を〈永遠〉に立てる。わたしは彼の父となり、彼はわたしの子となる」とあります。また同宗団の『会衆規定』2章11節以下には本文の欠損があって確実ではないけれども、「神が彼らの中にメシアを生むとき」とも読める表現があります。原始キリスト教会は、こうしたユダヤ教傍流にあった考え方を導入したというのが、まあ常識でしょう。マタイの専売特許は、これに「生ける」を付したことです。もっとも、神が「生きている」というのもヘブライ語聖書以来の伝統的な信仰表現です。イザヤ書37章4節「生ける神」の力によって死を克服して復活したのだという教会の復活信仰を投影し、これを織り込んだと解し得るでしょう。ペトロの「告白」の言葉で用いられる二つのキリスト論的名辞「メシア」と「神の子」の後者は復活顕現を基盤にして成立した「告白」です。マルコ福音書が書かれた時代の教会とマタイ福音書が書かれた時代の教会の「信仰」の間に、こういう差異が生じたのです。

17～19節はマルコにマタイが付加したもので、マタイが固有に所有していたアラム語資料に基づくものと考えられています。それは言語的に見て、第一に、「ペトロ‐岩」はギリシア語では「*Πέτρος‐πέτρα*」となっていて完全な対応にはなりませんが、アラム語では両方とも「ケファー」だそうで語呂合わせがうまくいき、名前とペトロの「岩」みたいな性格とが一致するようです。第二にシモンに対する「バルヨナ *Βαριωνᾶ*」の呼称は明らかにアラム人の名であること、第三に人間に対する「血肉」*σὰρξ καὶ αἷμα* いう表現（新共同訳では直訳を避けて「人間」としている）などがその根拠です。これがアラム語伝承にあったとなるとイエスの真正の言葉かな、と一瞬ドキッとします。わたしの敬愛するイエスがこんな調子のいいことを言うなんて、それに三度イエスを拒んだペトロの性格のどこが「岩」なんだよ、とペトロに責任はないのだけれど「ペトロの末裔」と称するローマ法皇なんぞという不愉快な存在が念頭に浮かんで、すんでのところで「信仰」を失いかけたところですが、あにはからんや大丈夫です。これがイエスの言葉でなんかあるはずがありません。第一に「教会 *ἐκκλησία*」という語は共観福音書中本書にしかなく、しかも今日のテキストと18章に限られています。ということは「教会」はマタイにとっての関心事であってイエスのものではありません。第二に、イエスは終末が間近に差し迫っているという緊張感とほとんど追いつめられたかのような情熱で生涯を生きたのであって、自分の死後に教会が設立され、「岩の上に教会を建てる」などと、教会の維持・発展などを考えたはずがないこと、第三に、イエスは「あなたに天国の鍵を授ける」とペトロが授けられた鍵で地上の権威を行使する時代が来るなんぞ考えたはずがないこと、第四に、イエスの思想のどこにも宗団を形成しようとした痕跡はない。宗団を形成するとは内と外とを区別することを意味するが、五千人の供食、四千人の供食の奇跡物語に示されるようにイエスに自らを中心とした集団・党派を形成しようとする志向性は見られないこと、第五に、ペトロの「告白」「生ける神の子」が復活顕現を背景にしていることは既に指摘したが、同様に「陰府の力」に対抗するという発想もまた復活以後の成立であること、第六に、19節でペトロに約束される権威「地上でつなぐこと」、「地上で解くこと」はアラム語の「アサール」「セラー」に由来して、これはラビがラビとして行う法的判断ないし判決を表す特定用語で、あれほどまでにファリサイ派に対抗意識を抱き続けたイエスが用いる用語ではないこと、等々。どうだマタイ、これは元来は復活したイエスのペトロへの顕現物語（Ⅰコリ15：5、ルカ24：34）の一部であったものを、あんたがイエスの生涯に組み込んだのだろう。びっくりさせるのではないのだよ。

◆とまあ、初代教会の中軸であったペトロの権威を明確にしたいというマタイの手口は手口として、本日のテキストのマルコと重なった部分について少し検討しておきます。マルコでは、イエスは「人々は、わたしのことを何者だと言っているか」と弟子たちに尋ねますが、マタイは「人々は、人の子のことを何者だと言っているか」と「人の子」をイエスの自称にしています。これはマタイ福音書では既に8章20節、9章6節で自称にしているからというようなことで済ませるわけにはゆきません。「人の子」はユダヤ教黙示思想では天地創造の前からいる先在者であり、世の終わりに神に代わって救済者あるいは審判者としてのメシア的な働きをする超自然的存在です。従ってこの弟子たちへの質問は、自らを神の権威を持って終末論的に現れることが期待されていた「人の子」であると宣言しつつ、人々の理解を弟子たちに尋ねる形になっています。そしてその後、ペトロに教会の権威を授ける話を置くことによって、マタイは教会の頭がイエス自身であり、この権威の継承者がペトロであるという構図をこのペリコーペの冒頭に置いたのです。こうして今に至るまでの教会の権威のオーソドキシーが形成されました。

◆それにしてもわたしどもは既にこのペトロが三度もイエスを拒絶したことを知っています。ペトロを卑しめるつもりは毛頭ありません。人間の弱さを示す標本にされたペトロが気の毒なくらいに思っています。そのペトロに復活後、最初に顕現したという話から、あの弱いペトロも救われるのだと希望が持てたのですから、ペトロに感謝したいほどです。でもしかし、ここでのペトロの「告白」は愉快ではありません。わたしどもの教会では教団信仰告白を読むことをしていません。「告白」などわたしはしたくない。否、ひと前で声を出してするようなことではないと思っています。

466 定点羽生から

●2007年3月25日

先週は1週間旅暮らし。18日の日曜日に家を出て早稲田泊、19日早朝囲碁さんと東京駅で会って、名古屋へ。名古屋駅で名古屋コスモの諸君と落ち合って、東海道線で醒ヶ井へ。醒ヶ井から歩き始め、ちょっとキツイ摺針峠を越えて、彦根へ。遠く琵琶湖を眺めながらの下りは楽しい。彦根から近江八幡へは初めて乗る近江鉄道。近江八幡の休暇村泊。琵琶湖畔でなかなか眺望のいい宿であった。生徒たちと楽しい宴会。早朝、雪が降り、露天風呂から眺める雪の比叡山も風情がある。朝食後は水郷巡り。途中で伝馬船を生徒にも漕がしてくれてサービス満点。およそ45年ぶりに私も漕いだのだが、船頭さんから初めてではないですねと言われて満悦。それから秀吉の弟の名前を忘れた人の近江八幡城へロープウェイで登り、比良山系を遙かに臨む。早朝の雪で比良山系は雪景色。そこから歩いて石山寺へ。面倒だけれど堀さんに促されて少々営業を打つ。石山寺から三井寺駅へ近江鉄道で移動。三井寺の宿坊円満院泊。また楽しい宴会。翌朝、営業を打ちながら三井寺見学。ここから歩いて逢坂峠越へ。ただひたすら歩く。昼食は途中のコンビニで買った弁当を小さな公園で食べて、ただひたすら歩く。山科を通り過ぎ、東山の峠を越えると京都。途中南禅寺に寄って見学。三条大橋へ。これで中山道を5年かけて踏破。やれやれ。しかし、三条大橋のたもとの高山彦九郎の土下座姿を誰も知らない。「恋闕」などという精神について語る。ここから興正寺会館へ移動。同会館泊。最後の夜は打ち上げで、近くの飲み屋で楽しく宴会。そして宿に戻ってサイードの『オリエンタリズム』序説の読書会。花蓮姐さん、琉球宮城、石黒、宇佐見、宮本翼など卒業生を対象にしたものだが、現役たちも数人参加。それなりの読書会であった。翌日はそれぞれで京都見物。私は堀、宇佐見、石黒と四条河原で宴会。少々寒かった。

●2007年9月16日

2007年9月14日。正確にははっきりしませんが、とにかくおよそ20年ぶりに「義弟」益永利明さんに会ってきました。互いに頭髪がうすくなっているのは当然ですが、こちらが末期症状の資本主義そのものの体型をしているのに対して、わたしより2、3歳若いとはいえ、60歳の「老人」である利明さんは、法務省が獄中者の健康を配慮して実によく管理をしてくださっているので、健康的な体型で、まだしばらくは元気でいられるなと安心し、心の中で法務省官僚と東京拘置所看守のみなさんに感謝の祈りを捧げたくなるほどでした。冗談はともかく、元気な彼に会えて本当に嬉しく思いました。つもる話は山ほどあるのですが、彼が「ところで教会の方はどうですか」と、キリスト教の話に振ってきましたので、どうせ面会時間は10分ですから大した話もできなかったのですが、わたしがどういうつもりで「教会をやっている」かについて少し話しました。もともと知的な人ですから、東拘でキリスト教の「教誨」を「取っている」ことに対して、かつてわたしは苦言を呈したことがあるのですが（誰だとは言いませんが、シビレルようなウソを真顔で言う例によって例の牧師ですから）、今回話をしていて、彼が佐藤研などの著作を読んでいることを知り、キリスト教との距離について、つまらない小さな衝突なしに話ができるのではないかと、少々安堵しました。ゆっくり、キリスト教ではなく、イエスの思想について話をしてゆきたいと、今、心から思っています。

先週の木曜日、滋賀県の水口に行き、谷村徳幸牧師と話している時、クソ谷村のヤローが「小田原さんは宗教家になってこられました」などとヌカシテ、何をヌカスかこのクソ坊主、と思ったけれど、ああ、自分がどう考えていようが他人にはそういうことなんだろうと観念しました。谷村さんが一丁アガリオヤジだ、と言ったとは思っていませんが、観念して宗教家をやって行こうと思っています。わたしは宗教にかかずらわる者とは、一切合切を爆砕する性根を据えた者の意であると考えていますので。

●2008年11月9日

◆死刑執行が頻繁に続きます。つい先頃には再審の準備に入っていた人までが殺されてしまいました。世界の趨勢は死刑制度の廃止に向かっており、国連人権委員会から、制度をすぐに廃止できないのであれば、せめて執行を停止するように求められているにもかかわらず、この国はそうした勧告を嘲笑うかのようなやり方を続けています。義弟益永利明が死刑確定囚ですから、気が気ではありません。最低でも月に2回は会いに行っているのですが、もう少し回数を増やさなければと考えています。

◆もうずっと以前から「人が人を殺す」ということはどういうことであろうかと考え続けています。殺すことそれ自体を絶対に回避すると断言することはできません。人間はどういう事態に直面するかわかりませんし、故意でなくとも人を殺すことはあり得ます。わたしが考えているのは「敵を殺す」ということについてです。「死刑囚」というのも「社会の敵」であるとする断定によります。究極の「死刑執行」である「戦争」も「敵を殺す」ことですが、でも本当に「殺さなければ殺される」というような局面でだけ「敵を殺している」のではありません。アメリカ軍によるアフガニスタン、イラクでの侵略戦争の場合、圧倒的に優位に立つ軍隊が「殺されそうになった」から「敵を殺している」のではありません。

◆「革命」における「殺人」も同じようなものです。「社会主義革命」はその「社会主義」のイメージがどのように変化しようとも、とにかく資本主義という制度を人類史において止揚しなければならないと考えていますが、しかし、武力で資本主義を解体しようとする際の「殺人」をどう考えるのか、思案のしどころです。
◆先頃、作家の小嵐九八郎さんにインタビューした際にもこのことが話題になりました。東アジア反日武装戦線の大道寺将司、益永利明、連合赤軍の永田洋子さんたちがやったことの意味を考えつつ、しかし彼ら彼女らがいつ殺されてしまうのか、心が痛みます。
◆死刑について真剣に考えようと思っています。

467
説教題：試練と激情

●2009年8月9日

＊ヨブ記1章13節〜22節

13 ヨブの息子、娘が、長兄の家で宴会を開いていた日のことである。
14—15 ヨブのもとに、一人の召使いが報告に来た。
「御報告いたします。わたしどもが、牛に畑を耕させ、その傍らでろばに草を食べさせておりますと、シェバ人が襲いかかり、略奪していきました。牧童たちは切り殺され、わたしひとりだけ逃げのびて参りました。」
16 彼が話し終らないうちに、また一人が来て言った。「御報告いたします。天から神の火が降って、羊も羊飼いも焼け死んでしまいました。わたしひとりだけ逃げのびて参りました。」
17 彼が話し終らないうちに、また一人来て言った。
「御報告いたします。カルデア人が三部隊に分かれてらくだの群れを襲い、奪っていきました。牧童たちは切り殺され、わたしひとりだけ逃げのびて参りました。」
18 彼が話し終らないうちに、更にもう一人来て言った。「御報告いたします。御長男のお宅で、御子息、御息女の皆様が宴会を開いておられました。
19 すると、荒れ野の方から大風が来て四方から吹きつけ、家は倒れ、若い方々は死んでしまわれました。わたしひとりだけ逃げのびて参りました。」

20ヨブは立ち上がり、衣を裂き、髪をそり落とし、
地にひれ伏して言った。
21「わたしは裸で母の胎を出た。裸でそこに帰ろ
う。主は与え、主は奪う。主の御名はほめたた
えられよ。」
22このような時にも、ヨブは神を非難すること
なく、罪を犯さなかった。

◆C・G・ユングはその著作『ヨブへの答え』（みすず書房）に「『ヨブ記』はじつに、われわれの時代にとって特別に重要な意味をもっている神体験のあり方の、原型の役を演じているのである。この種の経験は内からも外からも人間に襲いかかるものであり、それを合理的に解釈し直したり、そうすることによって悪魔祓いの要領でショックを和らげようとしても無駄である。ありとあらゆる知的操作や感情的逃避によって激情から解放されようとするよりも、その激情を認めてそれに従うほうがましである。たとえ激情に身をゆだねることによって暴行の悪しき性質をすべて模倣し、そのためそれと同じ過ちを犯すことになっても、そうなることこそまさに、そうしたことが起こることの目的なのである。すなわちそうしたことが人間の中に入り込むべきであり、それゆえ人間はその作用に打ち負かされるべきなのである。それゆえ彼は敏感でなければならない。なぜならそうでなければその作用が彼に及ばないからである。ただし彼は何が自分を刺激したかを承知しているべきであり、あるいはむしろ知ろうとすべきである。なぜならそうすることによって彼は一方では暴力の盲目性を、他方では激情の盲目性を、認識へと転換させるからである」と記している。また、「神の野蛮と非道を目のあたりにして」、「われわれは神の中に分裂と苦悩があることは承知してはいるが、しかしそれがあまりにも無軌道で、それゆえ道徳的に無力であるとなると、理解ある共感を呼ぶどころか、時間をかけなければ治らない傷のように後をひく無軌道な激情をかきたてられてしまう。怪我の種類が傷つける武器によって決まるように、激情のあり方もそれを引き起こした暴行によって決まるのである」とも記している。

◆２００９年夏、『ヨブ記』を読もうと考えた理由のひとつは、「天井のない監獄」下にあるパレスチナ民衆と共にいたい、彼らに対する「神の野蛮と非道」とに、遠くにいてつい忘れてしまいがちな自分を叱咤し、せめて日曜日だけでも彼らの苦しみに「同伴」していたいと願

ってのことである。もちろんパレスチナ民衆だけではない。アフガニスタンの、イラクの、グルジアの、チェチェンの、そして世界中で「神の野蛮と非道」に晒され続けている民衆の「激情」に「同伴」していたいと考えているからである。腐敗しきったブルジョア社会に身を置いて、己もまたその「腐敗」の一端を享受しつつ、あたかも「腐敗」とは無縁で生きているかのような錯覚に陥る頽廃について、我が身を切り刻むような辛苦をしながら、徹底的に「倫理的」である生き方とはどういうものであるかを、己もまた「腐敗」まみれである事実を凝視しながらではできない「神の野蛮と非道」に晒されている民衆との「同伴」のあり方を考えたいと思って『ヨブ記』を読むこととした。7日の夜、小島四郎さんに、上野駅構内にある呑み屋で、『リプレーザ』の編集委員の生き方について、こんな話をした。小島さんは黙って誠実に聞いてくれた。真剣に「倫理」が問われている時代である。

◆ヨブへの「神の野蛮と非道」行為の第一は、半遊牧民の族長であるヨブにとって大切な財産である牛とろばが略奪され、牧畜に当たる、略奪民からの襲撃に備えて武装した屈強な若者たちの殆どが殺されたことである。この若者たちもまた当時ではヨブの貴重な財産であった。この襲撃を実行したのは、「シェバ」。アラビア南部の地名で、かつてシェバ王国が栄えた、そのシェバの民がこれをしたというのであるが、ここでは砂漠の略奪民の総称であろう。第二は、ヨブだけでなく、パレスチナの大地に生きる半遊牧民にとって最も大切な財産である羊が「神の火」によって焼き亡ぼされる。「神の火」とは、『列王記下』1章10節に預言者エリヤが五十人隊長に向けて、「わたしが神の人であれば、天から火が降って来て、あなたと五十人の部下を焼き尽くすだろう」という「雷」を指す。その際にまた、ヨブに属する羊飼いである屈強な若者たちの命も奪われる。第三は、カルデア（＝バビロニア）の人間によってヨブにとって大切ならくだが略奪され、同様に、らくだの管理をしている屈強な若者たちの命が奪われる。シェバと同じくここでのカルデアも略奪民の総称である。新共同訳聖書は「牧童たち」、「羊飼い」と訳しているが、これらの言語は「若者たち」であるらしい。しかしこの「若者たち」は「武装した屈強な若者」である。これほど短い文章で、文学的には鬱陶しいほど、なぜ三度までも同じ言葉を連続して用いているのかと、その意味を考えなければならない（ヘブル語ができないことが何とも口惜しい。何分にも翻訳からでは言語表現の意味に深く入り込めない。もっと若い時に勉強しておけばよかったと悔やまれる）。いわゆるイスラエルによるカナンの「土地取得」にかかわる問題である。現在わたしどもは塩野靖男先生からマックス・ヴェーバーの『古代ユダヤ史』を学んでいるが、「神話」としての、モーセに率いられてエジプトにおける奴隷状況を脱して、苦難の旅を続けた後に、ヤハウェが「約束」した土地への「入植」が「平穏」に行われたのではないことは明かである。聖書の世界の側からこの問題を考えるなら、『古代イスラエルの世界－社会学・人類学・政治学からの展望－』（R・E・ゴメンツ編、木田献一・月本昭男監修）所収のE・W・デイヴィス「土地―その権利と特権」が「旧約聖書の信仰という観点からすれば、土地の約束は次の二つの理由で重要である。第一に、この約束は、民が住んでいた土地は歴史の変化や偶然がたまたま彼らをそこへと導いたといったものではなく、イスラエルがひとつの民族となる前にヤハウェによって彼らのために運命づけられていたものだという事実を強調している。イスラエルのカナン占領は、それゆえ、歴史的に偶然生じたことではなく、歴史における神の目的行為の一部とみなされることになった。第二に、この約束はイスラエルがカナンの地にもともといたのではなく、神の意志によってそれが与えられたことをイスラエルに思い起こさせることに役立った。このようにイスラエルの所有となった土地は、アブラハムが彼の祖先から当然の権利として受け継いだものではなく、ヤハウェの好意による賜物として無償で与えられたものなのであった」と宗教的観念による歴史の「読み替え」の典型として明らかにされている。「歴史の読み替え」とは、「欲しいと思ったので奪った」ことを「神の意志によってそれが与えられた」と「読み替える」ことの謂である。既にその土地で生きている人々があるのに「与えられた」結果を出す際に、何が行われたのかについては想像するに難くない。『申命記』の記述を見てみよう。『申命記』８章７節～９節「あなたの神ヤハウェはあなたを良き地に導き入れるとき、それは平地にも山地にも川の流れがあり、泉や淵〔の水〕が流れ出ている土地で、小麦、大麦、葡萄、無花果、石榴が実り、オリーブ油と蜜のある土地であり、あなたはそこで何不自由なくパンを食べることができ、何も不足することはないし、そこの石は鉄を含み、その山からあなたは銅を掘り出すことができる土地である」などと、この土地は絶賛されている。6章3節にある「乳と蜜の流れる地」という定型句が繰り返される。しかし、他方、当然といえば当然であるが（ヘブル語聖書は古代人の「宗教的観念」を思いきり表明しているが、近代イデオロギーと違って、常に反省的契機を含んでいる）、7章7節〜8節の「あなたたちが他のすべての民よりも数が多かったから、ヤハウェはあなたたちを慈しみ、あなたたちを選んだのではない。あなたたちはすべての民の中でもっとも数が少なかったからである。まことに、ヤハウェはあなたたちを愛し、あなたたちの先祖に誓った誓いを守り、強い手をもってヤハウェはあなたたちを導き出し、奴隷の家、エジプトの王ファラオの手からあなたを贖い出したのである」と戒め、8章17節には、「またあなたは、あなたの心の中で、『私の力と私の手の強さが、私のこの富を築いたのだ』と考えるかもしれない」と傲りを批判し、同章18節は「しかし、あなたはあなたの神ヤハウェを思い起こさなければならない。あなたの神ヤハウェこそが、富を築くことのできる力をあなたに与えたからである」と、「傲るな」と厳しい批判を加えている。こういう表現の裏にすさまじい現実があったことをわたしどもは読み取らなければならない。「私の力と私の手の強さ」が何をしたかについて深く洞察しなければならない。「宗教的表象」の裏側をきちんと読み取るなら、ヘブル語聖書に記録されたような反省的契機を放棄して軍事力によって「占領」を貫徹しようとしている現在のイスラエル国家は断じて許せない。亡きハンナ・アーレントが残した著作は、現イスラエル国家の建設に「瞬間」でも手を貸してしまった己の思想に対する強い反省を含んでいる。ボヤーリン、イラン・パペなど存命の思想家たちがイスラエル国家に厳しい批判を加え、「傲り」を慎み、「弱い思想」＝「ディアスポラとしてのイスラエルに存在の意味がある」のではないかと、問いかけることの意味を、『ヨブ記』を読みながら考えたい。

◆ヨブに加えられた「神の野蛮と非道」の第三は、ヨブの7人の息子と3人の娘の命が「大風」によって一度に奪われる。こういうことが起きないように、ヨブは常に「彼らを聖別し、その朝は早く起きて彼らのすべての数の全焼の供犠を捧げ」ていたのである。ヤハウェに子どもたちを守ってほしいと祈り続けたのである。にもかかわらずの「神の野蛮と非道」である。ユングが言うように「無軌道な激情をかきたてられ」て当然であろう。しかし、このような報に接したヨブは、「その着物を裂き、頭髪を剃り、地に伏し、（ヤハウェを）拝し」た。「着物を裂き」は「激情」にかられた際にとる振る舞いであり、「頭髪を剃り」は『エズラ記』9章3節に「聖別」されたはずのイスラエルの民が周辺諸民族と雑婚して「〔イスラエルの〕聖なる種はこの地の民に交ざってしまいました」と聞いたエズラが「私は〔身にまとっていた〕衣と上着を引き裂き、頭髪とあごひげを掻きむしって、呆然としてその場に座り込んでしまった」とあるように、これまた「激情」にかられた際のイスラエルの振る舞いである。ヨブも「激情」にかられた。この「神の野蛮と非道」とを、どうして受け入れることができるであろう。当時のイスラエルにおいて、まっとうな「信仰」を保つということは、こうした「神の野蛮と非道」とによるまことにもって理不尽極まりない仕打ちをまるごと受け入れることである。「神を畏れる」ことが「信仰」であり、一切を「神の祝福」として受け入れて生きなければならないと教えられる。しかし、「激情」にかられたヨブにそれが可能であろうか。

◆「私は裸で母の胎を出た、裸でかしこに帰ろう。ヤハウェが与え、ヤハウェが取り去りたもう、ヤハウェの名は賞め讃えられよ」と、「ヨブは罪を犯さず、神に対して謗言を吐かなかった」。「裸で母の胎に帰ろう」は、「母なる大地＝母胎」に帰る、すなわち「墓に入る」を意味する。岩波版『ヨブ記』は並木浩一さんの訳であるが、ここで「賞め讃えられよ」と訳されている言葉について、並木は註で「直訳は『祝福されよ』」としている。先週のテキストであった1章6節～12節のヨブをめぐる「天上会議」において、サタンがヤハウェに「あなたが手を差し向けて彼の全財産を奪ってはいかがですか。彼はあなたに面と向かって讃えるに決まっています」と皮肉極まりないことを言う場面で用いている「讃える」が「ヤハウェの名は賞め讃えられよ＝ヤハウェの名は祝福されよ」である。理不尽、不条理、悪、非道、どんなに言葉を重ねても容認し難い現実を前にして、しかしこれも「神の祝福」として受け入れるという「信仰」をヨブは示す。こういう存在の在り方はひとりヨブだけのものではあるまい。「信仰」を生きた人々が数多く示したはずである。書物の大半を教会に移したので典拠を示せないが、越後の農婦であった妙好人の言葉にあった「一人で来て、一人で帰るありがたさ」などもその一例である。わたしもまた「信仰」などないが、突きつけられた現実を粛然として受け入れることはできるのではないかと考えている。多くの民衆はこうやって「生」を繋いできた。そうでなく生きてはいられなかった。黙って耐えた。

◆キリスト教イデオロギーが許せないのは、例えばこの『ヨブ記』に言及して、「新約聖書」の中の「ヤコブの手紙」に見られる「見よ、私たちは耐え抜いた人々を、幸いな人々として讃えているのだ。あなたがたはヨブの忍耐のことを聞き、主の〔目論んだ〕結末を見た。主は断腸の想いでおり、慈しみ深いからである（5：11）」などど、「試練」を忍耐すれば最後には神から償いを受けるという、ヨブの「激情」を抜いた宗教イデオロギーに仕立て直してしまうことである。ヨブは苦しみ抜く。

468
定点羽生から

●2009年4月12日

毎日をバタバタと生きています。何をどう処理してきたのかふっと気がかりになるほどです。

3月から4月前半の今日まで、3つ旅をしました。沖縄へ行きました。沖縄の運動について気になることを処理するのが目的でした。宮城正明さんと長嶺勇さんと知花昌一さんに会いました。いろいろと話しましたが、今後の運動にうまく繋がってくれればと祈るような思いです。

仕事で、生徒たちを連れて神戸から高松まで旅をしました。平家が敗走する道程を追っての旅の2回目です。OG・OBたちも7名も参加してくれました。生徒たちやOG・OBたちに、わたしと一緒に旅をした「記憶」が残ってくれただろうかと祈るような思いです。生徒ではないのですが、新名さんの息子の信君と甥にあたる新名君という高一の男の子も同行しました。新名君は家庭の事情があって、小6の時から一人で暮らしています。二人で早朝のお風呂に入って、いろいろと話をしました。旅に出るのに、15歳の少年が、自分の旅の準備をして一人で出かけて来たのです。東京駅で別れましたが、また一人で暗い部屋に戻るのです。事情があり、本人は「一人に慣れているから」とは言うものの、胸が締め付けられるようでした。OBの平野君が丁寧に面倒を見てくれました。新名君の将来が豊かであるように祈るような思いでいます。みんなから、「夏には淡路島で会おう」と言ってもらって、「きっと行きます」と答えていました。また会いたい少年です。

羽生の公民館の「万葉サークル」のみなさんと名古屋の徳川美術館へ行きました。昨年が「源氏物語千年紀」ということで、徳川美術館が持っている「源氏物語絵巻」鑑賞の旅でした。一日旅行でしたが、みなさんが楽しんでくださったかどうか。このときも、いつものことながら名古屋の堀さんにお世話になりました。

そういえば、4月8日には、生徒を連れて川越にも行きました。緑さんに手伝ってもらって、豚汁を作って軽トラで運びました。入間川の河原で凧揚げをして、豚汁で昼食。その後「小江戸川越」の街を散策。新年度の生徒たちとの交流が目的でしたが、一緒にやって行こうというこちらの思いを十分に若者たちに伝えられたかどうか祈るような思いです。

「今週の言葉」に書きましたが、40年以上前の「同志」奥浩平の遺稿集の復刻について、未知であった川口さんから協力要請がありました。何ができるか一生懸命に考えようと思っています。死んでしまった「日本の最良の息子の一人」奥浩平さんよ、あなたは21歳で死んでしまったけれど、ボクは64歳まで馬齢を重ねています。真っ直ぐに闘って、真っ直ぐに死んでしまった若者がたくさんいたことを今の若者にどう伝えればいいのだろう。生き残ってしまって「無惨」を晒している者として、できることはして死にたいと願っています。

横田耕一憲法連続講座を始めました。2月12日に福岡でお目にかかって一杯ご一緒した際にお願いしたことが実現しました。なんとか発展的に展開してくれればと願っています。

5月に土肥昭夫先生が「情報センター通信」に連載してくださった原稿を本にするために、京都へ行って土肥先生の奥様と打合せをします。いい仕事ができるようにと祈っています。

●2009年8月9日

♥8月5日から7日まで広島へ行ってきました。8月6日は何年前になるのかまったく記憶がありませんが、父が死んだ日です。8月6日午前8時15分には、広島から20キロメートルほど離れた呉の町でもサイレンが鳴ります。呉から広島に仕事や学校で通っていた人びとが多数あったからでしょう。このサイレンを聞いて、父は原爆で死んだ友人たちの名を何人も挙げて、「みんな死んだなあ」としみじみとしていました。その1時間後、父も死にました。友人たちが迎えに来たのかと、ふと思いました。

♥今回広島へ行ったのは、父の「命日」とは関わりありません。愛が薄いのだろうかとは思いますが、死んだ者はもう死んだのであって、恋々とすることは止めにすることにしていますので、すぐ近くまで行きながら墓参りをする気にもなりませんでした。そもそも故郷など「たとひ異土の乞食になるとても帰る所にあるまじや」と考えていますので、懐かしいという感情もありません。ただ、8月6日に顔を出した2つの集会のどちらでも、死んでしまった妹と仲良くしてくださった方がいらして、妹の名が出た時には、まだつい最近の死ではありますし、少し心が動きました。元参議院議員で新社会党委員長の栗原さん、産婦人科医で集会を主催された河野さん、お二方とも、「小田原さんがいらっしゃらなくなったので呉へ行く楽しみがなくなってしまった」とこもごも語ってくださいました。しっかり生きたのだなと嬉しくもあり誇らしくもありました。でも、妹の墓参りをしようとも思いませんでした。愛が薄いのかもと書きましたが、実はそんなことはなく、グズグズと心の中で引きずる人間であることは自分で重々承知しています。だから逆に意地でも未練たらしくすまいと、アホな頑張りをしているだけです。

♥広島へはもちろん集会があって出かけました。2つの集会とそれぞれの交流会を知花昌一さんと一緒に駆け回りました。どこへ行ってもごちゃごちゃと「政治」の話をしておりました。どれほどの成果があったのか現時点ではまだわかりませんが、少しでも良い結果が出ればと願っています。

♥予想していなかった出会いもありました。京都にいる古くからの友人である寺田君が来ていて、元京大同学会委員長にして、関西ブントの代表的な人格で、関西の「9条改憲阻止の会」の責任者である新海さんを紹介してもらいました。寺田君は関西の10・21集会関係者5名と車で来たとのことでした。新海さんもご一緒で、寺田君は長く新海さんが社長をしておられた「宝船」で働いていたのです。新海さんと親しく呑むことができ、今年の京都での集会への参加を要請されました。寺田君が元気で活躍していることは知っていましたが、久し振りに会って一緒に呑む気分は格別でした。

♥8月24日から27日まで仕事で、生徒を連れて淡路島に行くのですが、その時に淡路教会の永井満牧師とお会いすることにしました。あまり牧師などという変な仕事をしている人とは会いたくないのですが、これはまあ仕方のない局面ではあるなあと思っています。

♥知花昌一さんが今期限りで村会議員を辞めて、京都へ出て来て「親鸞」を学ぶということは昨年聞いていたのですが、これからもずっと一緒に同じ方向を向いて生きようと、酒を呑みつつ語り合ったことでした。くたびれたけれどまあ良かった広島行きでした。

●2009年9月6日

名古屋の生徒の一人が、国学院大学の日本文学科のAO入試を受験するとのことで、課せられたレポートの相談に来ました。二千字で、日本文学および民俗学に関するものを書けとのことなのですが、インターネットで調べたようなものは認めず、すべての引用にはテキストと掲載ページを記せと、今時の大学では結構まっとうな要求です。夏休みの間に準備をしていて、歌舞伎の「京鹿子娘道成寺」の基底にある「道成寺伝説」について書きたいとのことで、既にかなりの文献を読み込んでいました。女生徒ですが、彼女が図書館で借りて読んだ著書を挙げると、『道成寺絵とき本』、『日本伝説研究第四巻』、『あやかし考――不思議の中世へ』、『口頭伝承〈ヨミ・ハナシ・カタリ〉の世界』、『怪異の民俗学②妖怪』、『呪歌と説話・呪い憑き物の世界』、『空より参らむ』と相当なものです。添削指導などをしていて、日本文学を学びたいと話しているのを聞いてはいましたが、わたしのいい加減な授業を受講している若者の中に、これほどの人があるとは驚きました。

「道成寺伝説」とは、例の安珍と清姫の物語で、勝手に安珍に片思いを寄せた清姫が、安珍にうまくかわされて、恋しい思いが憎しみに変わり、安珍を追って日高川を泳いで渡る大蛇に変身し、安珍は道成寺に逃げ込んで、そこの僧たちに鐘の中に隠してもらったところ、清姫はこの鐘に巻き付いて、鐘ごと安珍を焼き殺すという、例の「深情け」話ですが、こんな説話にたくらみがないはずがないので、そこのところを読み解きたいのだそうです。彼女は、これは「蛇淫」話ではなく、道成寺が仕掛けた「鐘」宣伝話ではないかと、まことにもってズバッと読み抜いています。

道成寺は熊野街道沿いにあるのですが、藤原定家の『熊野御幸記』にも藤原宗忠の『中右記』にも道明寺の名は見られません。これはどうも中世に大流行した熊野詣に乗じて作られた「道明寺縁起」で創作された物語のようです。

それにしても一生懸命ですから、『日本霊異記』や『今昔物語集』から「蛇」、「鐘」にまつわる話を引き出して協力せねばなりません。わたし自身にも興味深いところですが、さてさてそんな時間がとれますかどうですか。

♥しかし、こんな生徒に出会えるので、もう64歳にもなるのに、予備校稼業がなかなかやめられません。彼女がうまく大学に合格できたら、久し振りに熊野詣をして、道明寺に寄ってみようかなと、うれしい夢などみています。

●2010年3月28日

旅が続きました。3月18日から20日までは熊本・水俣へ。大学生の平野君も含めて生徒が4人、名古屋の障害者団体「ワッパ」の堀さんと清川さん。それに星山と小田原。また水俣で生徒の松井君と合流。そこに名古屋コスモ出身で熊本学園大学大学院に学びながら水俣病闘争の支援に関わっている川辺君も合流。堀一家集合の図。かつて水俣病患者の激しい闘いが続いていたころ、支援に入ってそのまま水俣に住み着いた大沢さんご一家のお世話になって、水俣病関係諸施設・諸関係見学。近代技術批判はもちろんとして、多く学ぶところがあった。川辺君がすっかり水俣に溶け込んでいて、水俣の人々に信頼されている光景を目にして、教師稼業冥利に尽きる思いであった。阿蘇山中腹の捨てられた農家に住み、3時間までの範囲は自転車で移動しますと平然という若者の将来に幸あれと祈る思いがした。川辺君、がんばれ。この旅に向けて、栗原彬著『「存在の現れ」の政治――水俣という思想』(以文社)を読む。この本について詳述する紙幅はないが、「押しつけられた表象をかなぐり捨てて本来の自己を提示し、非決定の存在を我有化しない他者とともに溢れ出させるパフォーマティブな行為、政治。それが、「存在の現れ」の政治です」という主張には教えられること多く、また同感した。ただ「本来の自己」を提示すると栗原は言うが、「本来」そのものを既成事実として傷つけられてしまった人々に、この言葉は重すぎないかという危惧を抱く。

3月23日から25日まで、河合塾コスモの春期セミナーで生徒諸君と塩飽諸島へ。旅の間じゅう雨で寒く、彼岸日和りそのもの。23日早朝に名古屋を発ち、岡山を経て瀬戸内大橋を通って丸亀へ。丸亀はまるで死んだ町になっている。海上タクシーをチャーターして、塩飽本島へ。かつての塩飽水軍の拠点。この旅に向けて『戦国水軍の興亡』（平凡社新書）を読む。藤原純友の反乱の際に、朝廷は瀬戸内海制海権確保のために塩飽水軍を味方に付けて、海戦に持ち込めば勝機ありと考えた純友軍の思惑を打ち破ったと言われる。時代は下って、源平の合戦では、平家はこの塩飽水軍の力を期待したが、その際には塩飽水軍全体としては動かず、この水軍中の真鍋水軍のみが平家に合流。無惨な敗北を喫した。塩飽本島の海の民は後に回船業に転身し、江戸末期、幕府は唯一擁していた軍艦咸臨丸でサンフランシスコに使者を送ったが、この船の水夫は中国大陸との交易により大海を渡る技術を持っていた、この塩飽水軍の末裔たち。回船業として栄えた人たちの豪壮な家が並ぶがすべて今は無人。町並み保存センターが管理するその家の一軒に泊めてもらった。生徒諸君は「歴史」を感じてくれたか。

469
説教題：試練を喜びとできるか

●2011年3月6日

＊ヤコブの手紙1章1節～11節

1神と主イエス・キリストの僕であるヤコブが、離散している十二部族の人たちに挨拶いたします。

2わたしの兄弟たち、いろいろな試練に出会うときは、この上ない喜びと思いなさい。

3信仰が試されることで忍耐が生じると、あなたがたは知っています。

4あくまでも忍耐しなさい。そうすれば、完全で申し分なく、何一つ欠けたところのない人になります。

5あなたがたの中で知恵の欠けている人がいれば、だれにでも惜しみなくとがめだてしないでお与えになる神に願いなさい。そうすれば、与えられます。

6いささかも疑わず、信仰をもって願いなさい。

疑う者は、風に吹かれて揺れ動く海の波に似て
います。
7そういう人は、主から何かいただけると思って
はなりません。
8心が定まらず、生き方全体に安定を欠く人です。
9貧しい兄弟は、自分が高められることを誇りに
思いなさい。
10また、富んでいる者は、自分が低くされること
を誇りに思いなさい。富んでいる者は草花のよ
うに滅び去るからです。
11日が昇り熱風が吹きつけると、草は枯れ、花は
散り、その美しさは失せてしまいます。同じよ
うに、富んでいる者も、人生の半ばで消えうせ
るのです。

◆毎週続けて「ヨハネの黙示録」を読むというのもつまらないので、今回から「ヤコブの手紙」と交互に読むことにします。この説教臭い書簡形式の文書は、若い時から、不愉快千万だと思って丁寧に読まずに過ごしてきたのですが、佐藤研著『はじまりのキリスト教』所収の「ヤコブの手紙は何を意図して書かれたか」を読んで、少々刺激を受けたので、初めて丁寧に読むことにします。

◆最初はまず、佐藤さんからの受け売りです。「ヤコブの手紙」を丁寧に読んだことがないのはみんなのはずですから。佐藤さんは「周知のごとく」と書いておられますが、これはさすがの私も知っていましたが、この文書はルターが『九月聖書』の序文で「藁の手紙」という蔑称を与えたため、読まれることが少なくなったというか、教会ではほとんど無視されることになりました。何やかやといっても、もう長いキリスト教との付き合いですが、仲間のうちでこの文書が話題になったことは皆無だということからも、置かれた状況が察せられるというものです。教会で無視され続けた理由はもう一つあるのだそうです。それは、2章14節以下の「わたしの兄弟たち、自分は信仰を持っていると言う者がいても、行いが伴わなければ、何の役に立つでしょうか。そのような信仰が、彼を救うことができるでしょうか。もし、兄弟あるいは姉妹が、着る物もなく、その日の食べ物に事欠いているとき、あなたがたのだれかが、彼らに、「安心して行きなさい。温まりなさい。満腹するまで食べなさい」と言うだけで、体に必要なものを何一つ与えないなら、信仰はそれだけで死んだものです」などが、強烈な

パウロ批判と受け取られ、「聖パウロ」大先生を批判するとは何事か、ということになったのだそうです。これについては、「M・ヘンゲルの主張するように、ヤコブ書は主の兄弟ヤコブがパウロの宣教活動全般を直接批判するために、パウロが舞台から去った直後に記したものであろうか。しかし、この見解は、テキストをかなり大胆に、ということは不自然に解釈し通さないと出てこないように見える」のだそうです。「Der Jakobusbrief als antipaulinische Polemik」と題する論文のようですが、邦訳されていないようで、読みようもありません。題からするとかなり刺激的で、刺激物が好きなわたしとしては読んでみたいものです。

◆岩波版『聖書』の「ヤコブの手紙」の訳者は小林稔さんで、「解説」に「成立状況」を以下のように書いておられます。「この手紙の著者はパウロに好意的でなかったエルサレム教会の指導者ヤコブを名乗っており、パウロを批判しているように見える。額面通りだと擬人ヤコブが62年に殺される前に書いたことになる。しかしよく見ると手紙が批判するのは「業によってではなく信仰によってだけ義とされる」、つまりパウロの主張から「律法の」を除いて一般化し、信仰に「だけ」を加えた、いわゆるパウロ主義である。したがって、匿名の著者がヤコブの死後、彼を名目上の著者とし、パレスティナ以外の地に離散しているキリスト者たちに宛てた手紙と見るべきであろう。執筆年代としては、通常は100年頃が想定されている。執筆場所は、パウロの影響があって、しかも故ヤコブが尊敬されていた地域ということから、通常はパレスティナかシリアのどこかと考えられている。教会内のある人々が大土地所有者に憧れ、貧しい人々を踏み台にしてでも富の蓄積と地位の向上に奔走し、教会で指導的な地位を求める、そのような事態に直面して著者はこれを書いたようである」。

◆さて、やっと本文に入ります。1節「神と主イエス・キリストの僕であるヤコブが、離散している十二部族の人たちに挨拶いたします」の「離散している」は*ἐν τῇ διασπορᾷ* ですから、「ディアスポラにいる」でしょう。「十二部族の人たち」が新約聖書に出て来るとちょっとギョッとしますが、ここではヘブル語聖書でいう「部族間の契約、連合によって成立したイスラエルの民は自らを族長ヤコブの十二人の息子たちの子孫と見なしていた」ということをそのままに用いたというより、全イスラエルの象徴的表現というか、自分たちこそ真のイスラエルと考えるようになっていたキリスト者を意味するのでしょう。そうではあるのですが、キリスト教がユダヤ教を嫌悪しつつなお出自に誇りを持つナショナリズムとついに切れていないことを示すでしょうし、他方で「真のイスラエル＝十二部族」は、必ずしもユダヤ人キリスト者に限られてはいず、キリスト者の総称であるという考え方にも、わたしには強い抵抗感があります。「異邦人伝道」という美しい名の拡張主義の臭気を嗅ぐからです。2節「わたしの兄弟たち、いろいろな試練に出会うときは、この上ない喜びと思いなさい」の「喜び」は*χαρά*で、1節最後にある「挨拶を送る」*χαίρειν*と同根の名詞です。1節末尾の単語の2節の2番目の単語とが同根の語句を用いているのなどは、ある種の文学的な「遊び」というか修辞なのでしょうか。ギリシア語に不案内な者にはよく理解できませんが、なかなか面白い、これからも修辞的な表現に注意していようと思わされます。この「喜び」については、「ペトロの第一の手紙」の1章6節に「今はまだしばらくの間、さまざまな試みに悲しまなければならないとしても、あなた方は歓《よろこ》んでいる」とか4章12節～13節に「愛する者たちよ、あなたがたに試みとして生じる火があなたがたの中に燃えるのを不思議なことが起こるかのようにいぶかしがっていないで、キリストの苦難に与ればそれだけ、歓びなさい。キリストの栄光の顕れの時にも歓喜して喜ぶことができるように」とありますから、「公同書簡」と言われる文書が書かれた時代、1世紀末のキリスト教では一般的な考え方だったのでしょうか。この自虐というかマゾヒズムというか、苦難を耐える時にはある意味で必要な姿勢ではあるのですが、宗教というものは、というよりもっと一般化して人間の観念は時代状況によって強いられた、その状況を生きて抜け出したいという願望から生じた考え方を、状況を抜きにして象徴化し、さらに絶対化する「性癖」がありますので、このあたりのところは重々警戒したいところです。現天皇アキヒトさんのオヤジのヒロヒトさんが危篤状態に陥って、不愉快なことに「自粛騒動」が起きましたが、日本基督教団の「靖国・天皇制問題情報センター」に、「私たちも弾圧されるのだろうか」などというとぼけた電話をかけてくる牧師が多数いました。それに対してわたしが「現在の日本のキリスト教など誰が弾圧するか。キリスト教主義を掲げる大学を見ろ。毒にも薬にもならないどころか、体制にとって好都合な人間育成機関に成り下がっているではないか。「試み」を

「喜ぶ」としなければならないほどの毒を研ぎ澄ませ」と応答すると、「はあ」と力ない声を出して電話を切ることがしばしばありました。事大主義というか誇大妄想というか、ドミティアヌス帝の治世下で起きた、迫害といえば迫害ではあるのでしょうが、それほど深刻なものではなかったのではないかと思われる状況をマイノリティーであるが故の悲しい自虐的悲哀なのでしょうか、「故郷喪失は世の送り定めとなる」をもじって「苦難を喜びとするのは世の送り定めとなる」ような観念を公同書簡は残してしまいました。たいへん残念なことです。3節～4節「信仰が試されることで忍耐が生じると、あなたがたは知っています。あくまでも忍耐しなさい。そうすれば、完全で申し分なく、何一つ欠けたところのない人になります」は、「はい、そうですか。よくよく承っておきます」とその自虐精神の崇高さに敬意を表しておきましょう。じゃあ、「主の祈り」の「試みにあわせないでください」は何なのか。「主の祈り」についてのあれこれはおいておくとして、「試みにあわせないでくださ い」という文言は好きですよ。だって、転ぶかもしれないもの。学生時代に最初にパクられて、親爺は「考えがあってしていることだから放っておけ」と言ったらしいが、クソ警視庁がお袋を東京まで（それまでお袋は東京など一度も来たことがなかったのに）おびき出してわたしに面会させ、お袋は「体は大丈夫か」と言っただけだったけれど、その後でクソ公安刑事が「あんなお袋を泣かせていいのか。小田原、真人間になれ。まだやり直せる」とかなんとか抜かしやがって、それでもお袋をアクリル板越しに見るのは辛かった。でも、わたしの体験など「屁」みたいなものです。しかしそれでも、この程度の「迫害」でも人間は転びそうになる。フランツ・ファノンが記録したフランスによる植民地アルジェリアの抵抗する人々に対する「試み」がどれほどのものであったか。ついに心が壊れてしまった人々が多数出てしまったことをファノンの著作を通して知っている者として、「試練を喜びとする」という考え方には共鳴できません。ただ「試練が忍耐を生む」というのは事実でしょう。武田泰淳の『ひかりごけ』で、人肉食を咎め立てられた船長が裁判長に「あなたは人間の肉を食べなければならないような状況に陥ったことがありますか。わたしは言うことはありません。わたしは我慢をしています」と言う、そういうことなのでしょう。自分は「試みにあわせないでください」と願っていますが、人間は信じられないような艱難にも耐えうるものであるということについては同意します。そうではありますが、それを「喜び」として受け取ることはしたくありません。5節「あなたがたの中で智恵の欠けている人がいれば、だれにでも惜しみなくとがめだてしないでお与えになる神に願いなさい。そうすれば、与えられます」は、しみじみとそうですね、わたしも神に願おうとは思います。6節「いささかも疑わず、信仰をもって願いなさい。疑う者は風に吹かれて揺れ動く海の波に似ています」などと、高みから言い切れる人というのはどういう人なのでしょう。親鸞さんが「念仏は、まことに、浄土に生まるるたねにてや侍るらん、また、地獄におつべき業にてや侍るらん、総じてもつて存知せざるなり。たとひ法然聖人にすかされ参らせて、念仏して地獄におちたりとも、さらに後悔すべからず候ふ」と喝破したように、いいのです。本当にそうかなあ、と思いつつ師匠の言説に従うことをとおして、何かに至りたいというのが人間ではないでしょうか。あまり信仰が固い人は苦手です。こんなに断固として言い切られると、わたしなど腰が引けます。7節「そういう人は、主から何かいただけると思ってはなりません。心が定まらず、生き方全体に安定を欠く人です」は、まったくもってその通りです。「生き方全体」が迷いそのものですから、そいういう者に「主は何も与えてはくださらない」というのであれば、「そうですか」と、すっきりと自らのだらしなさを認め、「主」になにかを期待することはやめます。でも、こういう高みからの説教で何を言ったことになるのでしょう。またぞろ商売ネタですが、『十訓抄』という鎌倉時代の説話集があって、題名からして明らかなように、徹底的に「訓話的」な説話です。若い人たちはみな「ありえねえ」と初めから拒絶して今時の若者には訓話にさえなりません。

◆ほとんど茶化しているかのような読み方ですが、わたしとしては結構楽しんで読んでいます。これでこの人はなにを言いたいのだろうかと関心が募ってきました。次回は「富んでいる者」に対する徹底的な批判です。佐藤さんも「富者志向批判」とヤコブ書の特徴を挙げておられます。

定点羽生から

●2011年3月27日

♥3月27日午前5時54分、また小さな揺れを感じる。羽生などという今回の未曾有の地震被災地から遙かに遠隔の地に居住している者でさえ、ふと不安を感じるのに、東北地方太平洋沿岸部で大地震とそれに伴う津波を経験し、一人ひとりにとってかけがえのない命を奪われた人びとに、このいつまでも続く余震がどれほどの不安をかきたてるものか。想像しよう、せめて想像力を働かせることで、この人びとに寄り添えないものかと思うのだが、あらかじめ諦めの気持ちに陥ってしまう。

♥教会に避難してきている2家族9人は親戚のどなたかが危篤状態とのことで、昨日午後、2台の車に分乗してあわただしく、せっかく逃げてきた避難所に帰っていった。Yさん（お母さんの一人）が「また戻ってきていいですか」と不安そうに言うので、「いつまで居てもらってもいい。お米もたくさん送ってもらっているので、わたしら老人夫婦では食べきれない」と笑っておいた。新居崎さんが「福島は差別されている」と怒りのメッセージを発しているが、まったく同感する。自分らが使用する電力は東北電力であるにもかかわらず、主として東京に居住する者たちのために圧倒的に使用される東京電力の原発を抱え込まされ、この大山鳴動するばかりの被害である。福島の農業は壊滅である。被曝被害を恐れて米軍はもちろん自衛隊も福島入りするのを躊躇するような状況である福島の避難所に戻って行く気持ちはどんなものか。ここでもわたしの貧弱な想像力は及ばない。しかし、それでも親族の命に寄り添いたいという思いが不安を吹き払うのであろう。3歳のHちゃん、91歳のおばあさんを連れて帰っていった。長年の同志であった妹の死にも、あまり好きな人ではなかったが、それでも子どものころにはかわいがってもらった長姉の死にも、わたしは立ち会わなかった。「血」などうっとうしいという思いがそうさせたのだが、この人たちの今回の決断を間近に見て、考え込んでいる。

♥この人びとに向かって「天罰」だと言い放った石原慎太郎という男に、近代文明批判のつもりなのだろうが、その感性に対して、今さらながら「天誅」を下したい思いが募る。

●2011年10月16日

♥チューこと竹内宙さんがパクられた。在特会とのいざこざに巻き込まれたらしい。チューと小田原の関係は、我々の仲間内では知らぬ者のない、長い間の血盟の同志である。この程度の弾圧でひるむようには思想形成をして来なかったはずだから、宙については一切心配していない。ただ。宙さんが牧会する教会は、宙さんの経歴を知っているわけではないので、勾留が長引き、日曜日の説教を長く休むということになると、動揺するのではないかと危惧する。16日（今日）の説教には京都教区議長が行くということなので、この点はよかった。谷村さんの働きであろう。関東横田組関西派遣団はみんちゃんも含めてよくやってくれている。もちろん星山がセンターの役割を果たしていくだろうこともわかっている。誇らしい。「団結」などという言葉は好きではないけれど、「一旦緩急あれば」それぞれが自らの任務を自覚して、為すべきわざを為してゆくのが、関東横田組の「組織原則」であることは全員承知しているはずで、今回の事態に際してはうまく機能している。早くに死んでしまった横田オヤジ、俺らはしっかりやっています。山下がちょっとヨロヨロしていますが、今回の事態には反応をしてきたようなので、こいつとは一度呑んでゆっくり話してみます。他の若い者は頑張っています。報告が遅くなりましたが、今夏のｆａｄ合宿も実りの多いものでした。先生からいただいた数え切れないほどの「恩」、きちんと若い人に継承して、日本基督教団の中に踏みとどまって、「イエスの徒」として生き抜きたいと思っています。

♥昨日（14日）は、授業の後で、「歌の修辞法」の勉強会をして、８時過ぎに教室から講師室に降りてくると、なつかしい顔が二人待っていた。二人とも名前は思い出せないのだけれど、そのうちの一人に、関西外語大に進学した三重県の山奥の出身で、現役のころ、千種駅のホームの立ち呑み屋でいつも一緒に呑んでいた娘がいた。もちろん、呑みに行った。「まともな就職先がなくて、先生にはどういう仕事だかわからないだろうけれど、ネイルの仕事をしているんだけど、こんなこと、一生の仕事かよ、と思ってさ。そうなると、猛烈に先生に会いたくなって、コスモに電話したら、『今日は名古屋泊です』と言われたから、やったあ、と思って来た」とのこと。「あんた、いくつになったんだ」。「26」。女が勝負に出る年です。「あんた、いい女になったなあ。ここで一生の仕事を掴むかどうか、潮時だぞ。できることは全力で応援するから、勝負に出ろ」。オヤジがド田舎の酒屋だとは知っていたので、田舎に帰って、拠点を築いて、そこから勝負に出ろとアドバイス。オヤジはピザ屋に展望を拓きたいらしい。すかさず堀さんが「石焼き窯を作りに行ってもいいぞ」と応援。姓は忘れたけれど、エミちゃんとか言ったような気がするが、「ゆっくり考える。先生、また来ても邪魔じゃない？」。「あんたとの付き合いに面倒だなという顔をしたことがあるか」。「また来る」。

中学生の時に母親が家を去って、「なんで、わたしだけこんな目を見るんだよ、とグレてね」と言っていた娘が、今、一生の岐路に立っている。背中いっぱいに大きな星形の入れ墨をしているらしく、「見せたげようか」というから、「お前の背中なんか見たくない」と言っていたかつての少女である。

ド派手な白いコートを着て歩いていた少女が、7、8年経って、どう生きるか身悶えしている。こういう若者に出会える仕事をしていて、嬉しい。

●2012年4月1日

471 説教題：親と「はぐれた」神殿での少年イエス

＊ルカによる福音書2章41節～52節

41さて、両親は過越祭には毎年エルサレムへ旅をした。

42イエスが十二歳になったときも、両親は祭りの慣習に従って都に上った。

43祭りの期間が終わって帰路についたとき、少年イエスはエルサレムに残っておられたが、両親はそれに気づかなかった。

44イエスが道連れの中にいるものと思い、一日分の道のりを行ってしまい、それから、親類や知人の間を捜し回ったが、
45見つからなかったので、捜しながらエルサレムに引き返した。

46三日の後、イエスが神殿の境内で学者たちの真ん中に座り、話を聞いたり質問したりしておられるのを見つけた。

47聞いている人は皆、イエスの賢い受け答えに驚いていた。

48両親はイエスを見て驚き、母が言った。「なぜこんなことをしてくれたのです。御覧なさい。お父さんもわたしも心配して捜していたのです。」

49すると、イエスは言われた。「どうしてわたしを捜したのですか。わたしが自分の父の家にいるのは当たり前だということを、知らなかったのですか。」

50しかし、両親にはイエスの言葉の意味が分からなかった。

51それから、イエスは一緒に下って行き、ナザレに帰り、両親に仕えてお暮らしになった。母はこれらのことをすべて心に納めていた。

◆この短い物語の中心は49節のイエスの口に記者ルカが入れた言葉、「どうしてわたしを捜したのですか。わたしが自分の父の家にいるのは当たり前だということを、知らなかったのですか」です。こういう可愛くないことを親に向かって実際に言い放ったガキがいるとしたら、そんなヤツなど張り倒してしまえばいいのですが、記者ルカは大まじめにこれを書いたのでしょうし、キリスト教はこういうイエスを「イエスが復活によって天の父と子として人々から認められ信じられるものであること、そして人々にイエスが天の父と子として認められるのは、彼の公生活の教えとその延長たる復活後の教え－弟子を介して－によるということである」（教団出版局刊『新約聖書注解』三好迪）と解釈して、有り難がってきました。別に宗教でなくとも、この手合いの話はそこらじゅうにあるもので、わたしが小学生の時に読んだ野口英世の伝記には、「英世は3歳の時から親孝行でした」と書かれていました。ルカ神学をからかうつもりはありませんが、ここのところについてもう少し考えてから、今日のテキスト全体の構造についてお話ししたいと思います。

◆新共同訳聖書の49節の「わたしが自分の父の家にいる」の「家」について、索引はヨハネ福音書2章16節「わたしの父の家を商売の家としてはならない」という、例のイエスの「宮清め」の際の言葉を示しています。この「父の家」は明らかに「エルサレム神殿」です。そこで、原文に当たってみます。まずルカ2章49節の「自分の父の家」ですが、「*ἐν τοῖς τοῦ πατρός μου*」です。ヨハネ福音書2章16節の「わたしの父の家」は「*τὸν οἶκον τοῦ πατρός μου*」です。「*οἶκον*」は「*οἶκος*」の単数・対格ですから、明らかに「家」ですが、ルカの「τοῖς」は慣用的に「家」を示唆する言葉ではありますが、精々、「所」くらいの意味しかありません。では、同じルカ福音書2章46節の「神殿の境内で」は、どう表記されているのでしょう。ここでは「ἐν τῷ ἱερῷ」ですから、明らかに「神殿」です。こんなどうでもよいようなゴチャゴチャしたことを言っているのは、イエスが言ったとされる「自分の父の家に」が、「神殿境内」と同定できるかどうかはっきりしないにもかかわらず、キリスト教では、これを同一の場所と「信仰」的に読んできたのではないかということです。文脈からして大きくはずれた訳だとは思いませんが、もしかすると「ヤハウェの神がいるということで聞く話が面白くて、ずっとここに居ようと思っていたことが分からなかった?」くらいの意味だったのかもしれないのです。それ以後のイエスが自在に「ヘブル語聖書=旧約聖書」の引用をするのは、若い時に耳学問としてたっぷりユダヤ教会堂でその知識を採り入れていたからであるという指摘はつとになされています。

◆さて、テキストを初めから読んで行きます。41節、「さて、両親は過越祭には毎年エルサレムへ旅をした」というのは、イエスの両親、ヨセフとマリアがごく普通のユダヤ教徒であったということの証しです。サンダーズ(E.P. Sanders) が covenantal nomism と言い、佐藤研がとりあえずの訳語として「契約的遵法主義」とした、「トーラー」に忠実な生き方です。イエスも「トーラー」に忠実な生き方です。イエスも「トーラー」の暗記から教育を始められました。江戸時代までの日本人男子の教育(武士階級の男子に限ってのことですが)が「論語」の素読・暗記から始められたのと同様のことです。夏目漱石もこうして育てられました。イエスは徹底的に「トーラー」を幼く柔らかい頭にたたき込まれました。とにかく、「トーラー」のごく一部である「ミシュナ」を上村静さんから教えていただきましたが、頭が痛くなるだけで、こんなものを暗唱できるようになるということなど、ただ絶句するしかありませんでしたが、これをユダヤ人男子は課せられて育ったのです。イエスもそうだったでしょう。

◆このような教育が5歳から7年か8年続きます。そして13歳になると成人です。ユダヤ教で「バル・ミツヴァ」と言います。「戒めの子」という意味です。つまり成人して「トーラーにある戒めの子」=ユダヤ人のできあがりです。このような教育がイエスに限ったことではなく、すべてのユダヤ人男子に課せられていたのです。イエスはその中でもかなり優秀でもあったでしょうし、心の傾きとして「宗教」が人間社会で持ってきた位置、人はなぜ生きるのか、人はどう生きるのか、という問いに真摯に真向かうという性向を持っていたのでしょう。マルコ福音書12章29～30節に律法学者がイエスに「すべての掟の中で、第一のものはどれでしょう」と尋ねたのに対して、イエスが「第一のものはこれだ、『聞け、イスラエルよ。我らの神なる主は、一なる主である。そこであなたは、あなたの想いを尽くし、あなたのちからを尽くして愛するであろう』」と答えたという記事がありますが、これが、別段イエスに特化する必要もなく、ユダヤ人男子一般の訓練だったのです。その中でもイエスはかなり宗教的な観念＝「生の意味を問う」という傾向が強かったのでしょう。でも、これも特別にイエスに特化することではありません。わたしも含めて、わたしのキリスト教世界の友人たちはみんなそんなものです。若いときにキリスト教にかかずらわって、そのくだらなさを嫌というほど味あわされて、去ればいいものを、それ以後50年近くもこれにこだわって生きているのですから。それはともかくとして、「バル・ミツヴァ」＝日本語に訳すと成人式というところでしょうが、この頃の日本人は20歳になってもほとんどただのガキに近い若者が多いのですが、これは社会の有り様の反映であって、わたしの食いぶちとしている仕事の世界＝平安時代の若者たちは15歳にして立派に父親になったりしていたのです。イエスもそうだったでしょう。「聖書」に記述はありませんが、10歳代でイエスも結婚したでしょう。社会的習慣として結婚しない成人男子などいなかった時代です。もちろん例外もあったでしょうし、異性婚を強いられて耐え難かった人もいたでしょう。しかしまあ、ここでもまた言いますが、イエスを人間の中で特化することにわたしは反対しますので、というよりごく一般的な男であったイエスが、行くところまで行った、というところにキリスト教のおもしろさがあると考えていますので、端から、今日のテキスト、ルカ福音書記者のように、クソガキのくせして「わたしが自分の父の家にいる」などとぬかすことなど許せないのです。

◆まあ、ごく普通のユダヤ教徒一家の長男として、イエスは「バル・ミツヴァ」の祝いとしてエルサレム神殿につれて行かれます。当時の敬虔なユダヤ教徒の果たすべき義務でしたから。

43節以下は、まあ、ルカさんの苦心の文学的表現と読みましょうか。こういう皮肉な言い方をするのは、「少年イエス」という、読み飛ばしてしまえば12歳のガキですから少年と言えば少年です。ですが、この「少年παῖς」は使徒言行録3章13節、26節、4章27節、30節にも登場し、「復活のイエス」の呼称になっているのです。ルカのたくらみは深いのです。

◆ユダヤ教的というか、「契約的遵法主義」的な暮らしをしている者にとって、春の「過越祭」と「徐酵祭」とそれに続く「五旬節」、秋の「大贖罪日」とそれに続く「仮庵祭」の、せめてどれかにエルサレム神殿にお参りしたいというのは常識でした。イエスも親に連れられてお参りしました。何分にも多数の巡礼者でしたから、親とはぐれてしまう者たちも多くいたでしょう。

◆かつて我が国の近世末期に、「おかげまいり」という「熱狂的」な「大衆運動」がありました。国学者本居宣長の『玉勝間』によりますと、「凡閏四月九日より、五月廿九日まで、五十日の間すべて三百六十二万人なり」というほどの、昨今の反原発運動の盛り上がりどころではない、地殻変動が生じたかのような事態がありました。その中でもわたしが強く興味を引かれる、「ぬけまいり」と言われる面白い現象がありました。『元禄宝永珍話』によりますと、「祭司従僕其主にいとまを乞わず、家を出て参詣」と記されている伊勢神宮参詣です。この「おかげまいり」について詳細に述べることはしませんが、エルサレム神殿巡礼も伊勢神宮参詣も、支配者からすれば日々の過酷な収奪と搾取に対する大衆の不満のガス抜きという意図をも含めて、大衆は日常の桎梏を宗教的な感情の噴出という形で表現することが歴史的にも多々あり、これについての記録・研究も多数残されています。「ぬけまいり」にも、まだ10歳にもならない「小僧」さんが、丁稚奉公先を抜け出して、単身で伊勢参りをしたという記録が残されています。多感な少年の「過激」な行動は、身辺の民衆の屈折した、あるいは忍従するしかない日常に対する憤懣の象徴的な表現であるのです。かつてわたしどもが若かったとき、国家権力に激しい闘いを挑んで、ほとんど絶望的な戦闘を繰り広げましたが、親に生活基盤を支えられた学生の甘えた行動であるという批判はありましたが、それでも、佐世保エンプラ闘争が象徴的ですが、民衆の支えがあったからこそできたのです。「ぬけまいり」もそうでした。両親に連れられてエルサレム神殿にお参りした多感なイエスも同じような思いを持っていたかもしれません。

◆「人々は一生懸命生きており、神様はそういう者たちを必ず守ってくださる」と教えられているのに、幼い時から学ばせられた「トーラー」にはそう書いてあるのに、現実には、一切の展望なく、収奪と差別にさらされながら生きている人々ばかりではないか、どうして「神」によって「選ばれた民＝イスラエル」の現実に「神」は応答しようとしないのか、イエスはエルサレム神殿でわかったようなことを語る祭司たちの言葉から、何かを聞きだそうとしたのではないでしょうか。「ぼくは、ここでもっともっと聞かなければならないことがある」と思っているうちに両親とはぐれてしまったのだと、わたしは思いたい。「親とはぐれる」という生き方は、若者にとって苦しいことではあるけれど、ここをくぐらなければ、何事もなせないとも思うのです。それをきれい事の宗教的な観念の中に丸め込んでしまうから、キリスト教など嫌なのです。「少年イエス Ἰησοῦς ὁ παῖς」は「復活のキリスト」ではなく、ガキイエスとしてその存在の意味を考えましょう。

472 定点羽生から

●2012年3月4日

自分の生業といいますが、糊口を凌ぐ、要するに商売に関することはほとんど書くことはないのですが、今週は、現在、羽生市の公民館で語っている『建礼門院右京大夫集』について、少し考えていることを書くことにします。というのは、関東神学ゼミナールのシソウ史研で堀田善衛の『方丈記私記』をテキストにしているのですが、わたしの体調がすぐれなかったことと、愚妻が怪我をしたことで、レポーターの久保田さんが「方丈記を読むのに小田原がいなくては」と難色を示したとのことで、二ヶ月休みにしてしまったことが気になっているのです。これでは鴨長明の『方丈記』と『建礼門院右京大夫集』とどういう関係があるのかわからないのですが、平清盛の娘で高倉天皇の中宮になり出家して建礼門院と名のった女性に、右京大夫という召名（女房の呼び名）で仕えた女性は、出仕する際に藤原俊成の養女になっています。その時の俊成の官職が右京大夫でしたから、この名が付けられたというのがほぼ定説です。ということは藤原定家と建礼門院右京大夫は義理の兄妹にあたり、定家は『新古今集』撰集の際に右京大夫に撰集資料として詠作の提出を求めたという記録がありますので、定家はこの女性の歌が気に入っていたのでしょう。

ここからです、問題は。堀田善衛が『方丈記私記』に定家の『明月記』の「世上乱逆追討耳ニ満ツト雖モ、之ヲ注セズ。紅旗征戎吾ガ事ニ非ズ」を引用して、この俊成の子にしてエリート貴族の芸術至上主義的立場と鴨長明のかの有名な「去安元三年四月廿八日かとよ。風烈しく吹きて、静かならざりし夜……」の傑出したルポルタージュ文学の先駆けともいうべき表現とを比較しつつ、「その頃、日本中世の文学、殊に平安末期から鎌倉初期にかけての、わが国の乱世中での代表的な一大乱世、落書に言う、「自由狼藉世界也」という乱世に、たとえば、藤原定家、あるいは新古今集に代表されるような、マラルメほどにも、あるいはマラルメなどと並んで（と若い私は思っていた）、抽象的な美の世界に凝集したものを、この自由狼藉世界の上に、「春の夜の夢の浮橋」のようにして架構し架橋しえた文明、文化の在り方に、深甚な興味を私はもっていた。けれども、鴨長明氏、あるいは方丈記や、発心集などの長明氏の著作物や、その和歌などには、実はあまり気をひかれるということがなかったのである」が、「後日に、ヨーロッパを旅行して、石造建築物を栖とする人々の時間観念、あるいは歴史観、または歴史と伝統を貫いて行こうとする理性、さらにはそれを変革しようとする革命観、革命のための理性といったものに思い及ぶとき、そこにおのずからまったく異なった世界観があるということにも、当然、当時としては思い及ばなかった」という反省から本書が成立するのですが、わたしなどは、堀田のような知性とはかかわりのないところで日本中世文学に触れましたので、藤原定家に代表される芸術至上主義に対して、当初から違和感を持ちました。上級貴族の邸の堀の外の世界が、阿鼻叫喚・絶望のうめきに満ちた世界であった時代に、それらにまったく関心を払うことなく作歌に励むことができる心性に触れて理解不能というか理解を拒絶した思いにかられたものでした。『建礼門院右京大夫集』所収の歌にも同様な感想を持っています。一、二の歌を挙げてみたところで、どれほどの理解を得られるかとは思いますが、たとえば、

物思へば　心の春も　しらぬ身に　なにうぐひすの　告げにきつらむ

とにかくに　心をさらず　思ふことも　さても
と思へば　さらにこそ思へ

と、恋に悩む女心を詠んでいますが、この歌が詠まれた頃は、鴨長明の『方丈記』によれば、「古京はすでに荒れて、新都はいまだ成らず。ありとしある人は皆浮雲の思ひをなせり」と記した頃なのです。戦乱の中で命を落とす民衆のことなどまるで。

実は、堀田善衛の著作にも同じ感じを持っていましたが、『路上の人』を読んで、初めてこの作品をもう一度読み返そうと思うようになったのです。堀田ら戦後近代主義知識人たちの仕事については、現在、ある研究会で加藤周一の著作を読んでいますが、加藤にはまだザラッとした「違和」を感じます。

●２０１２年９月16日

柴田作治郎先生のことが気にかかっています、お世話になりながら、多忙を理由に、実は面倒だったりして、育てていただいたたくさんの先生方と丁寧なお別れをせずに生きてしまいました。柴田先生には物心両面で、個人的にではなく、わたしがかかわった運動を支えていただきました。山谷の会館建設の際には１００万円ものカンパをいただきました。先生ご自身がけっして楽な暮らしをしていらっしゃらないことを知っていましたので、老後に残しておいてくださいと申し上げたけれど、「君が苦労しているだろうと思って貯めた金だ。自分のためには使えない」と、置いてゆかれた。その先生が弱ってこられた。すぐにでも御見舞いに行きたいけれど、小樽はなにぶんにも遠いし、先生は星山が一緒のほうが喜ばれることはわかっているので、星山が教団総会の仕事を終えるまで、じっと待っている。作爺、もう静岡の山奥、稲子でお会いすることはなくなりましたね。「小田原、合宿に行きたいが金がない」と電話があり、「何をおっしゃっておられますか、そんなものはなんとでもしますからおいでください。羽田まで田村の車でお迎えに行かせます」と、３回３年やりとりし、講師の話を一番前の席で背を丸めて聞いていらした姿が、若い人たちをどれほど励ましたことか。作爺、11月には必ずお目にかかりに行きます。以前ご一緒した寿司屋へ、お連れ合いのみどりさんもご一緒に行けますかね。星山に手を引かせます。とにかく、もう少し生きていてください。

●２０１２年12月30日

2012年も間もなく終わる。今年は大切な知己、友人、同志が次々に亡くなって苦しかった。春、全金田中機械支部委員長としてスト破りのために会社が雇った労務ヤクザとの激しい攻防を闘い抜き、擬装倒産攻撃を打ち破って組合管理の会社として、今も健在な田中機械を率いて来られた大和田幸治委員長が84歳で亡くなった。現役の委員長であり、死の3日前まで組合事務所に顔を出されたとのこと。この方に可愛がっていただけたからこそ、わたしは関西での運動で一定の役割を果たせた。夏には、大和田委員長の右腕と言われ、多くの「戦場」を共にした田中機械闘争委員長、同志辻岡尚が死んだ。大和田委員長のお別れ会の時、喉頭癌でもうほとんど出ない声を振り絞って闘いの継続を誓う挨拶をした辻岡に、「もう一度呑もうな。まだ死ぬなよ」と言ったのに、それから3週間後に死んだ。秋には、いろいろなことがあって信州・望月に帰った同志中野誠一が死んだ。一緒にいろんな運動で苦労を共にしたのに。「再起して反原発運動をやるんだ」と言っていたそうだ。そしてつい先頃、大飯原発再稼働反対闘争に最初たった一人でテントを張って闘いの火ぶたを切り、後から続いた若者たちに慕われた同志吉岡史朗が脳内出血で死んだ。大好きな呑み友だちだったのに。「三里塚闘争の再建に力を貸してくれ」と言いに来て、その直後の死だった。

12月になって、小樽の柴田作治郎牧師のお見舞いに、星山と一緒に小樽へ行った。そこらじゅうに生気を失った老人が話をするわけでもなく、ただうつろな目をして座っている病院だった。暗い雰囲気の病院で、もう生還する可能性のない老人を引き受けている病院なのだろうとの印象をもった。作爺はもう星山もわたしも識別できなくなっていた。山谷労働者福祉会館も靖国・天皇制問題情報センターもたくさん助けていただいた先生だが、もう生きてお目にかかることはなかろうと覚悟せざるをえなかった。お連れ合いのみどりさんと先生の亡き後の処理、とりわけその蔵書の始末について相談した。いよいよの時には声をかけていただきたい、役に立つ若者を小樽に来させるということを約束して分かれた。

つい先日沖縄へ行って、三里塚闘争の再建のための会議をしてきた。まず沖縄と三里塚を結び、そこから再建運動に着手する。同志吉岡よ、やるからね。

●2013年3月17日

作爺大会みたいな「週報」だけれど、勘弁していただきたい。こうやって言葉を重ねながら喪失感をなんとかかんとか埋めていきたい。札幌からの帰りに、「精進落とし」で軽く一杯やりながら、星山が「もう北海道へ来ることはないかもしれないね」と言った。絶句した。北海道へ来れば作爺がいる、作爺を誘って一杯やろうと思って通い続けた。数えたことはないけれども、何回もの講演会を作爺にセットしていただいて、北海道にもたくさんの友人を得た。

昨日、お別れ会で、林炳澤（イム・ピョンテク）さんに会った。素晴らしいスピーチだった。多くは語られなかったが、「北海道外キ連（外国人住民基本法の制定を求める北海道キリスト教連絡協議会）の精神的支柱であった柴田先生を失ったことは、今後いっそうその喪失感に苦しむだろう。私はキリスト者ではないが、柴田先生から〈当事者〉抜きの運動などあり得ない、と事務局にお誘いいただいた。この〈当事者に聞こう〉という先生の言葉にどれほどささえられたか。柴田先生、ありがとうございました」と林さんはおっしゃった。久し振りの邂逅に「先生、お髪が薄くなられて」と言われた。林さんにはまた会って飲みたい。

●2013年7月28日

♥仲山友さんが畑作業の手伝いに金曜日の夕方からやってきてくれて、教会への進入路の左の畑の草を緑さんと二人で片づけてくれた。わたしは相変わらずあちらこちらが痛くて作業に加われず、だらしのないことで恥ずかしい。ただ、雨が降ってばかりで、せっかく友さんが来てくれたのに、たいして仕事ははかどらなかった。

♥山谷マンモス交番の悪徳ポリ公を「成敗」して、無期懲役で旭川刑務所にいる磯江さんとの「交通」を確保するための通信である「磯江通信」が送られてきた。磯江さんの獄中からの手紙と、それへの応答、釜の水野阿修羅さんの「寄せ場をなくすな」という投稿。長く会っていない武田和夫君の「磯江さんと、山谷と私」という連載。サンちゃんこと三枝明夫の、アフガニスタンでソ連軍の埋めた地雷を踏んで戦死した南條直子の遺著に触れての、右翼ヤクザに射殺された山岡強一の思想というか山谷争議団－日雇全協の組織論の展開、またそこから南條に戻って、「彼女の求めたものは、アフガンや山谷で襤褸をまとって闘う、その近代主義のイデオロギーに卑しめられている、人間の裸の実存、その人々との生の関係であった」という評価。そして、おそらくキムチであろうが、編集委の後記、「中の磯江さんも外の僕達も、歳老いたロートルのポンコツ野郎達の集まりですが、こうして何とか関係し続けてやっています」と書いている。かつて都会の闇を疾駆して、友が殺され・死に、わたしは老いて生きている。

●2013年9月22日

♥とにかく体調が最悪。鬱気分。何もできないし、何も考えられない。とにかく寝ている。1日18時間くらい寝ている。寝ながら、まあとにかくできることはして生きていこうという思いと、し残してきた多くの仕事を思い、とどのつまりなんというつまらない人生だったのかと涙が出る。支えてくださっているみなさんには申し訳ないけれど、今は、もう早く楽になりたいという思いだけである。

♥こういう時には、あれこれ考えずに、とにかく寝ることだということは経験的に承知しているので、もうここまでにして、寝る。

473
説教題：
言うことはひとつ
「時は至った。回心せよ」

●2014年1月14日

＊ルカによる福音書10章1節〜12節

1その後、主はほかに七十二人を任命し、御自分
が行くつもりのすべての町や村に二人ずつ先に
遣わされた。
2そして、彼らに言われた。「収穫は多いが、働
き手が少ない。だから、収穫のために働き手を
送ってくださるように、収穫の主に願いなさい。
3行きなさい。わたしはあなたがたを遣わす。そ
れは、狼の群れに小羊を送り込むようなものだ。
4財布も袋も履物も持って行くな。途中でだれに
も挨拶をするな。
5どこかの家に入ったら、まず、『この家に平和
があるように』と言いなさい。
6平和の子がそこにいるなら、あなたがたの願う

平和はその人にとどまる。もし、いなければ、
その平和はあなたがたに戻ってくる。
7その家に泊まって、そこで出される物を食べ、
また飲みなさい。働く者が報酬を受けるのは当
然だからである。家から家へと渡り歩くな。
8どこかの町に入り、迎え入れられたら、出され
る物を食べ、
9その町の病人をいやし、また、『神の国はあな
たがたに近づいた』と言いなさい。
10しかし、町に入っても、迎え入れられなければ、
広場に出てこう言いなさい。
11『足についたこの町の埃さえも払い落として、
あなたがたに返す。しかし、神の国が近づいた
ことを知れ』と。
12言っておくが、かの日には、その町よりまだソ
ドムの方が軽い罰で済む。」

◆別段深くこだわるつもりはありませんが、先週、μαθητήςを「弟子」と翻訳するのは日本語の感覚にとっていかがなものかと申しました。バプテスマのヨハネが周辺に集まった人びとと作った関係にしても、イエスに付き従った人びととの関係にしても、そこには、卒業とか免許皆伝とかいう通過儀礼がありません。これを「師弟関係」と認識するには少し抵抗を覚えるという程度のことです。ですから、先週のテキストであったルカ9章57節～62節の小見出しを、佐藤研さんが「信従志願者」としているのはよろしいのではないかと申したのですが、本日のテキストの小見出しは一転して「弟子派遣その2」です。トホホというところですね。

◆共観福音書に並行記事がありますので、共観表を作ってみます。（注：次ページ）

◆長い引用で申し訳ありません。新約聖書学の授業ではありませんので、3福音書の精緻な比較検討がしたいのではなく、こうやって並べると、いうところの「弟子派遣説教」はマルコによる伝承を骨子として、これにマタイとルカが若干の手を加えていることが明らかであるということと、マタイとルカが共にというか、マタイがQ文書から資料を得たのでしょうか、それをルカが利用して、マタイ9章37節b～38節、ルカ10章2節bを「弟子派遣説教」の前に付加していることが明らかになります。この言葉は、荒井献訳・註『トマスによる福音書』（講談社学術文庫）p２３５以下の記述を引用するなら、

マルコ 6:7-13

7 さて、彼は12人を呼び寄せる。そして彼らを2人ずつ遣わし始めた。また、彼らに穢れた霊ども〔に対する〕権能を与えるのであった。8 そして彼らに指図して、道中は一本の杖のほかには何も携えないように、パンも、革袋も持たず、帯の中には銅〔貨〕も入れず、9 ただ皮ぞうりをはき、そして「下着も二枚は身にまとうな」〔と命じた〕。10 そして彼は彼らに言うのであった、「どこでも〔一軒の〕家に入ったなら、そこから出て来るまで、そこに留まれ。11 そしてあるところがあなたたちを受け入れず、あなたたちに聞〔き従わ〕ないならば、そこから出て行く時に、あなたたちの足の裏の埃を払い落とせ、彼らへの証しと〔なるためだ〕」。12 そこで彼らは出て行って、人々が回心するようにと宣教した。13 また彼らは、多くの悪霊を追い出し、多くの病人たちに油を塗り、治し続けた。

マタイ 9:37-38、10:5-16

9:37 それから彼の弟子たちに言う、「収穫は多いが、働き人が少ない。38 だからあなたたちは、収穫の主に願って、彼の収穫のために働き人たちを出してもらうがよい」。

10:5 イエスはこれら12人を遣わし、彼らに命じて言った、「異邦人らの道には行くな、またサマリア人たちの町には入るな。6 むしろ、イスラエルの家の失われた羊のもとへ行け。

7 そして行って、宣べ伝えて言え、『天の王国は近づいた』と。8 病弱な者たちを治し、死人たちを起こし、らい病人たちを清め、悪霊どもを追い出せ。無償で受けたのだ、無償で与えよ。9 お前たちの帯の中には金〔貨〕も銀〔貨〕も銅〔貨〕もたずさえるな。10 旅路には革袋も、下着二枚も、皮ぞうりも、杖も〔持って行くな〕。なぜなら、働き人が自分の糧〔を得るの〕はふさわしいことだからである。11 町や村に入ったら、その中で誰がふさわしいか、探し出せ。そしてそこから出て来るまで、そこに留まれ。12 また、家に入ったら、その〔家の者たち〕に挨拶せよ。13 そして、もしその家がふさわしいのならば、あなたたちの平安がその〔家の者たちの〕上に来るように。もしふさわしくないのならば、あなたたちの平安はあなたたちのところに戻って来るように。14 そして人があなたたちを受け入れず、あなたたちの言葉も聞かないならば、その家あるいはその町から出て来る時に、あなたたちの足の塵を払い落とせ。15 アーメン、私はあなたたちに言う、さばきの日にはソドムとゴモラの地の方がその町よりも堪えやすいであろう。

16 見よ、この私が、狼どもの只中に羊〔らを遣わす〕ようにあなたたちを遣わす。だから、蛇のように賢く、鳩のように無垢になれ。

ルカ 10:1-12

1 さて、この後、主はほかの7〔2〕人を任命し、彼らを〔おのおの〕二人ずつにして、自分が間もなく行く先々のすべての町と場所とに遣わした。2 そして彼らに言った、「収穫は多いが、働き人が少ない。だからあなたたちは、収穫の主に願って、その収穫のために働き人を出してもらうがよい。

3 行け。見よ、わたしは狼どもの只中に子羊〔の群を遣わす〕ようにあなたたちを遣わす。4 財布も革袋も皮ぞうりも持って行くな。そして道中は誰にも挨拶するな。5 ある家に入ったら、まず言え、『この家に平安〔あれ〕』。6 そこで、もし平安の子がそこにいるならば、あなたたちの平安はその者の上に憩うだろう。もしそうでないならば、それはあなたたちの上に返ってくるだろう。7 またその家に留まり、彼らのもとにあるものを食べたり、飲んだりせよ。なぜなら、働き人がその報い〔を得るの〕はふさわしい事だからだ。家から家へと渡り歩くな。8 また、町に入り、人々があなたたちを受け入れるならば、あなたたちに提供されるものを食べよ。9 そしてその中で病弱の者たちを治せ、そして彼らに言え、『神の王国はあなたたちに近づいた』、と。10 しかしあなたたちが町に入り、人々があなたたちを受け入れないならば、その〔町の〕大通りに出て言え、11『われわれの足についている、お前たちの町の塵すらも、われわれはお前たちに対して打ち払って〔行く〕。しかしながら、神の王国が近づいたという、このことだけは知っておけ』。12 私はあなたたちに言う、かの日にはソドム人たちの方がその町より堪えやすいだろう。

「73　イエスが言った、「収穫は多いが、働き人が少ない。だから、主人に願って、収穫のために働き人を送り出すようにしてもらいなさい」　マタイ9章37節〜38節・ルカ10章2節に並行。珍しくマタイ本文とルカ本文は一致、しかも、両本文（Q）がトマス本文にほぼ一致している（トマス本文にはQの「収穫の主」がないのみ）。この場合、「収穫の」を削除する思想的必然性がトマスにはないので、トマスがマタイあるいはルカ本文によったとは言えないであろう」とし、「語録33と共に、グノーシス派に宣教を促す言葉か。（語録33　1イエスが言った、「あなたが自分の耳に聞くであろうことを、あなたがたの屋根の上でほかの耳に宣べ伝えなさい。2誰でも明かりをともして、それを枡の下に置かないし、それを隠された場所に置かない。むしろそれを燭台の上に置く。入って来たり出て行ったりする人々がすべて彼らの光を見るように）」。当語録1節は、マタイ10章27節－ルカ12章3節に並行する。こういう作業をしながら、実は心は焦っています。こういうことをしていると趣味に走り、日曜日のない教会で話すという枠組みを逸脱してしまう、際限のない深みに嵌ってしまい後戻りできなくなってしまうという焦りです。まして荒井の「私見によれば、トマス福音書のイエスの言葉は確かに隠されている、つまり秘教ではある。しかし、それは決して局外者に対して閉鎖されているのではない。言葉の隠された意味を「解釈」できる資質のある者──「私の奥義にふさわしい人々」（トマス福音書62）──にはむしろ開かれている。そもそも言葉の解釈を聞き、それを受け入れることが入会の前提である」などという記述を読むと、お主荒井、お主は柳田國男に遠野の伝承を語った佐々木喜善を知っているな。佐々木に、遠野物語を聞かせてくれたおばあさんの一人が、本願寺から目の敵にされた隠し念仏の信者だったことも知っているのか。そりゃあそうかもしれないな、東北地方を宣教拠点とした荒井源三郎先生の子息だものな。佐々木喜善が以後、大本教の信者になって、宮沢賢治が亡くなる直前、昭和でいえば5〜6年ころに花巻で賢治と会って、神道系新宗教・大本教と、宮沢賢治が入信していた仏教系新宗教・国柱会とで、あれこれと宗教談義をしているのも知っているか、などとそれこそ無際限な妄想世界に陥ってしまいます。もっとも、これはただの冗談ではなく、宗教観念などという人間の奥深い感情・情念の発露である観念を、近代主義的な聖書学などという方法で、その全体像を掬い取れるはずがないと、わたしが考えているからですが。でもまあ、ここらあたりでやめにしておきます。

◆しかしそれにしても、マタイとルカはなぜ「弟子派遣説教」の直前にこのQ文書からの文言を置いたのだろうか。荒井が言うように、「グノーシス派に宣教を促す言葉か」ということになると、現時点での定説となっているのは、マルコが書かれたのは紀元後70年代、南シリア辺りに対して、マタイ、ルカは80年代、マタイはギリシア語が使われていた西シリア辺り、ルカはエジプトとパレスティナ以外の地中海沿岸の、ユダヤ教に強く影響されていた大規模の都市ということであるから、わずか10年ばかりの間に原始キリスト教会にグノーシス派が大きな影響を持つ勢力として伸張していたのか、それとも単に地域的な問題であったのか、そのあたりのことはわたしの力では如何ともしようがない。佐藤訳の聖書には註もないし、田川も「いわゆるQ資料から取られた句。ルカもこの句を弟子派遣の説教の冒頭に置いているから、もともと「Q資料」でもその位置に置かれていたものであろう」とにべもない。日曜日語り稼業の者としては、イエスの言葉宣教に携わる者はもっともっと必要なのだが、現有勢力ではこれが精一杯である。同労者を増やしてくださいと神に祈れ、ということにしておくしかないのか。

◆さてやっと「弟子派遣説教」です。まずは原型を提示したマルコから。マタイ、ルカとの相違を明らかにすることを主たる目的として読んでみます。マルコよりマタイ、ルカの方がより厳しい旅装を求めていますが、いずれにしても伝道者に課せられた規制は相当に厳しいものです。伝道だの宣教だのといってみたところで、イエスがバプテスマのヨハネから受け継いだ「*πεπλήρωται ὁ καιρὸς καὶ ἤγγικεν ἡ βασιλεία τοῦ θεοῦ· μετανοεῖτε καὶ πιστεύετε ἐν τῷ εὐαγγελίῳ* 時は満ちた、そして神の王国は近づいた。回心せよ、そして福音の中で信ぜよ」と語るしかないのですから、13節に示されているように、「彼らは、多くの悪霊を追いだし、多くの病人たちに油を塗り、治し続けた」とイエスがそうしながら自説を説いて回ったようにするしかありませんでした。ヤコブへの手紙5章14節「あなたがたの中で病気の人がいれば、教会の長老たちを呼びなさい。長老たちは主の名において〔彼に〕油を塗り、彼のために祈りなさい」とあるように、当時の一般的な風習に倣った行為をして歩いたのでしょう。現代医学からすればほとんど「まじない」の領域です。これで病気が治ったとはとても信じられません。でも本当にそうでしょうか。もちろん現代医学を全否定する気持ちはありません。イエスから派遣された者たちが、古代の人々が暮らす村々を訪ねます。これまで聞いたこともない異様なことを言う連中を簡単に信用するはずがありません。それでも、極端に質素な身なりをし、真摯に語り続ける放浪の伝道者の生き方から、何かを感じる人があったかもしれません。だからこそ10節「どこでも〔一軒の〕家に入ったなら、そこから出て来るまで、そこに留まれ」と、その家で食と住を保証してもらうことへの信義を尽くせとイエスは教えるのです。要するに関係性の中でしか、言葉も行為もその本来の意味を示すことはないと教えているのではないでしょうか。自らの言葉と行為の軽さを深く反省します。

◆マタイが10：5－6で「異邦人らの道には行くな、またサマリア人たちの町には入るな。むしろ、イスラエルの家の失われた羊のもとへ行け」と記していることについては、わたしは本質的な意味があるとは考えません。異邦人伝道、それもさんざん差別してきたサマリア人への伝道を通してでも新たな展開を図るしかなかったキリスト教ですが、そういうことをすれば様々な摩擦を起こすことは当然で、ここは、とりあえず異邦人伝道は手控えてイスラエルへの伝道に集中しようという程度のことでしょう。

◆本日のテキストであるルカについては、7節の「働き人がその報い〔を得るの〕はふさわしい事だからだ」が、少々気になる表現ですが、これも考えてみれば、それほど傲慢な言葉とも思えません。この言葉の前に、伝道者としての厳しい自律を求める言葉があり、すでに大都市においては「キリスト者」がかなりの数いたようですから、それらの家に滞在して伝道に従事する場合に、食住を提供されるのが習慣化していたのでしょうから。

◆わたしには、3福音書に共通しているのですが、受け入れられなかった場合の対応といいますか、最後の決着の付け方は気になります。一般的に敬虔なユダヤ人は異教徒の地からユダヤ人の地へ戻る前に、足や衣服の埃を汚れたものとして払い落とす風習があったと言われますが、この個所はそうは読めません。だとしたら異邦人伝道を志すというのはどういうであるのか。キリスト教に「開拓伝道」という不快な言葉がありますが、わたしはこの表現は「異邦人伝道」を継承する思想性の上での発想であると考えています。「未開地」において苦難を生きているので「開拓」してほしいと誰が頼んだか。自らの宗教・思想の優位性を勝手に信じ込んだ輩が、失礼千万にも、営々とした暮らしの営みの歴史を持つ人々の世界に土足で踏みこむことを異邦人伝道・開拓伝道というのではないか。そこには、苦難の歴史を生きた人々との共感、それでも日々の暮らしの中でほんのわずかでもあった喜びの共受の感覚もない。共感・共受を生きようとすることなく余計な口出し・手出しをすることを「侵略」というのである。キリスト教は、否定しつつも出自のユダヤ教から継承した侵略主義的イデオロギーを今日もまだ止揚できないままである。それでもまだ、この「弟子派遣説教」には、伝道者に清貧を求める慎ましさがあって、ほっとする。現今の「伝道者」の無様な暮らしの有り様には言葉もない。キリスト教は歴史の時間の幅でいえば間もなくその歴史を閉じる。

474 定点羽生から

●2014年2月22日

♥我が家の早咲き梅はもう満開だけれど、教会の梅はどうなんだろう。足下がおぼつかなくて、それを見に行くこともできずにいる。

♥案外意外なことなのだが、良寛に「梅」の句は一首しかない。

　今日来ずば明日は散りなむ梅の花

句意は「今日あなたが見に来なければ、明日になったら、このように美しく咲いている庭の梅の花も、きっと散ってしまうでしょう。ぜひ今日見に来てください」というところであろう。もちろんこの句は『古今和歌集』巻一春歌上所収、在原業平の「今日こずは明日は雪とぞ降りなまし消えずはありとも花と見ましや」があっての句である。そうではあるが、歌の趣はまったく異なる。業平の歌は「あたなりと名にこそたてれ桜花年にまれなる人もまちけり」（=すぐに散る、誠意に欠けていると評判になっている桜の花なのです、けれど、一年にたまにしか来てくださらないお方をだって、このとおりちゃんと待っているのです）への贈答歌で、「私が今日来なかったら、明日は雪となって消えていたろう。たとえ、雪のように消えないでここにいたとしても、私の花として見ることができるだろうか」と応じたもので、同じ「花」

でも桜と梅とでは華やぎが異なると同時に、良寛の句は、彼を師と慕う岩田州尾の夭折への追悼句です。

♥上村さんの壮行会で、文貞さんが柄谷行人の近著『遊動論　柳田國男と山人』を見せていた。長いものを読めなくなっているのが悔しい。

475
説教題：永遠の命

●2014年6月2日

＊ヨハネによる福音書3章16節

16神は、その独り子をお与えになったほどに、世を愛された。独り子を信じる者が一人も滅びないで、永遠の命を得るためである。

◆日曜日の話を担当するのはひさしぶりですし、この半年ばかりの間に大きな体験をしましたので、私的な世迷いごとのような話から始めることをお許しください。過度のアルコール摂取によるアルコール性肝硬変が心不全・肝不全・腎不全を引き起こし、親しく担当して面倒を診て下さった若い医師から、「すんでのところでしたよ」と言われてしまいました。多くの方にご迷惑をおかけし、恥ずかしい限りです。深く反省しています。

◆2月の後半から、ほとんど意識が混濁していて、しばらくの間なにがなんだかわからないで過ごしたようですが、その時に体験した（と本人思っているのですが）「死」について少し話します。大雪でした（あの関東地方の大雪の反映でしょうか）。どういうわけか、教会の森の中に雪に半ば埋まった空の棺があって、わたしは浴衣姿でその中に入って、待っていました。間もなく敬愛する師横田先生と、先生と一緒にイエスが来てくださると、心は妙に満たされた思いでいました。あとひと跨ぎだと思っていると、今もすぐ近くの羽生総合病院で働いていらっしゃるベテラン看護師に「アンタなにをしてんの」と引きずり出されて、瞬間、現実に戻ったようです。話はこれだけです。

◆「永遠の命（ζωὴ αἰώνιος）」という語句が新約聖書記者は好きなようで、というよりユダヤ教から分離独立する過程にあるキリスト教にとって、重要な概念だったのでしょう。新約聖書全体で43個所、なんとヨハネによる福音書だけで23個所用いられています。*ζωή* はもともと名詞で、生命、生存を意味します。*αἰώνιος*（一生・世代）は *αἰών* の形容詞化です。これで「永遠の生命」となるのです。ところで *ζωή* ですが、ここには①生きる、生活する。②元気である。ぴちぴちしている、の意味があります。つまり *ζωὴ αἰώνιος* とは、「一生元気で生きる」ことを意味します。ユダヤ教・あるいはユダヤ社会のあれこれの桎梏を逃れて、自由でいたいと当時のイエス周辺で生きていた人びとは考えていたことがここに現れているのかもしれません。

◆東北地方に住んで新約聖書のケセン（気仙）語訳をつづけておられる山浦玄嗣医師は、ヨハネの本日のテキストを以下のように訳しておられます。

　一人息子オ与《け》やったほどに
神さまアこの世オ愛しんだ。
これア全でこの和《わ》子に
その身も心も委ねる者さ
誰も滅《き》しゃまんねアように、
何時でも明りく活き活きど
生きる力ア与べっだ。

なるほど、と唸ってしまいます。

◆もうずっと昔のことですが、滋賀の水口教会の谷村牧師が、前任地の主任牧師から説教者として干されていた時、「説教がしたい」とつぶやくのを聞いて、そんなものかねと思いましたが、今日になって、なるほどと思います。なにしろ勘が鈍ってしまいますし、聖書を読む手続きといいますか、思考の回路を失念してしまって、どうにもこうにも手間取ります。そこで今日は少しズルイのですが、師横田オヤジの説教集『傍らに立つ者』を借ります。横田は「死のほろび」と題して、パウロの書簡「テモテへの第二の手紙」（キリストは一方で死を無力にし、他方で生命の不死性を光のもとに導いた、福音を通して1章10節）をテキストに、「できることなら〈まるで共有や共存の世界があるかのように〉適当なところで手を打って〈家庭〉とか疑似組織の中に逃げ込みたいのですが、どうしても、それらが〈形骸〉のようにしか見えてこないのです。しかし、〈一番ほしいものを与えられないのに、まるで共有や共存の世界があるかのように〉振舞うのが〈きたなく〉思え、また〈自分の死〉こそがほろぼされねばならないとかんずるのが〈愛の対局〉からでないことも事実です」と森崎和江の『渦巻く』を引きつついいます。吉本隆明のいう「関係の絶対性」とはどういうことなのか、理解したくてもがき回った若い時の日々が思い出されます。
◆しかし、「形骸を歩かせるのはきたない」と感得し、「共有や共存」の擬態を見抜いてしまった者に、後戻りの道はありません。

　死をもて贖いしもの育まんに　ああまた統一戦線
　をいふ
　　　　岸上　大作

では横田は退路を断たれた者にどうしろというのでしょうか。教会はしばしば、イエスの「復活」をあげて、「キリストは死を滅ぼした」といいます。こんな空念仏なんかクソ喰らえです。ここ1～2年の間だけでさえ、かつて戦場を共にした敬愛する同志をたくさん失い、そのうちだれが生き返った。

　がしかし、イエスは今もわたしを「生きよ」と促します。もう一度横田を引用します。「〈死んでいる〉としか言いようのないいまわしい〈わたしの生〉の傍らに立ちいまもはげましていて下さるのだから〈うつむいていた顔をもう一度あげ、この出口のないようなきみやきみを囲む情況に立ち向かっていき、きみのとり結んでいる諸関係を変えていきなさい。きみはできるんだ〉という迫り」がイエスの声だというのです。
◆長年キリスト教稼業をやってきて、こんなことは知っているつもりでいましたが、そうではなかったのですね。それがどんな幻想に終わろうとも、代替する思想的根拠を今のところわたしは持ち合わせませんので、「誰も滅《き》しゃまんねアように、何時でも明りく活き活きど生きる力ア与べっだ」と、イエスから視線を離すことなく、もう一度やり直してみようと考えています。
◆わたしの幻想は個に閉塞する方向へ傾斜していた。これをアルコールのせいだけにすることはできません。イエス理解、あるいはもうキリスト教理解といってもいいのですが、理解の根幹が揺らいだとは思っていません。今までのようにとがった鋭利さでキリスト教批判をするのをしばらく休もうというだけのことです。
◆わたしが「待っていた」のは、これに気付くことだったのかもしれません。

476

説教題：「パウロの旅」は…①

●2014年6月8日

＊ガラテヤ人への手紙　2章16節
16けれども、人は律法の実行ではなく、ただイエス・キリストへの信仰によって義とされると知って、わたしたちもキリスト・イエスを信じました。これは、律法の実行ではなく、キリストへの信仰によって義としていただくためでした。なぜなら、律法の実行によっては、だれ一人として義とされないからです。

◆言わずと知れているように、佐藤研著『旅のパウロ』（岩波書店）の題からお借りした。ただ、別段この題に思い入れがあってのことではない。きょうの話のきっかけくらいに思っていただければよい。佐藤は本書序章の冒頭に松尾芭蕉の

野ざらしを心に風のしむ身かな

を置き、「日本には芭蕉を筆頭に、先の見えぬ旅を自分本来の場とし、宿命とした多くの文人や求道者が出ました。（中略）同じように、「野ざらしを心に」、膨大な距離を命賭けで踏破した新約聖書の人物は、何と言っても使徒パウロです」と書き起こしています。41歳で「野ざらし紀行」の旅に出る芭蕉の心境とパウロのそれとが佐藤には重なって感じられたのでしょう。しかし、日本文学の素人である佐藤にあれこれと言うつもりはないのですが、わたしには少し的外れな感じがします。同じ芭蕉を挙げるのであれば、わたしなら

旅に病んで夢は枯野をかけ廻る　（笈日記発句）

旅人と我名呼ばれん初しぐれ　（笈の小文発句）

を挙げるでしょう。しかしそれにしても、この三句ともにパウロの、ある種の熱狂主義に突き動かされた切迫感が感じられません。誰が言ったか「虚無僧よ虚無僧よどこへ行く　風の間に間に　風なきとはき　吹いて行く」ふうの風狂の趣を感ずるのです。芭蕉晩年の「かろみ」がここに現れています。これは決して芭蕉の到達した精神の高みをを軽んじて言っているのではありません。ここに芭蕉の自分を突き放した凄味があるように思っています。

◆同じく挙げるのであれば、芭蕉ではなく西行ではない

でしょうか。日本の句・歌の話ではありませんのに長くなって申し訳ありません。結論のところでうまく繋がりますかどうか。小林秀雄に『西行』という文章があって、その中で小林は、

　見るも憂しいかにすべき我心　かかる報いの罪や
　ありける

の歌をひいて、「かういふ歌の力を、僕等は直に感ずる事は難しいのであるが、地獄絵の前に佇み身動きも出来なくなった西行の心の苦痛を、努めて想像してみるのはよい事だ」と記した上で、小林は、「黒きほむらの中に、をとこをみなみな燃えけるところを」の詞書を持つ五首を挙げています。

　なべてなき黒きほむらの苦しみは
　　夜の思ひの報いなるべし
　わきてなほ銅の湯のまうけこそ
　　心に入りて身を洗ふらめ
　塵灰にくだけて果てなばさてもあらで
　　よみがへらする言の葉ぞ憂き
　あはれみし乳房のことも忘れけり
　　我が悲しみの苦のみ覚えて
　たらちをの行方を我も知らぬかな
　　同じほのほにむせぶらめども

です。西行、晩年に至って奥州の旅で地獄絵を見ての歌ですが、これが、

　ねがはくは花のしたにて春死なん
　　そのきさらぎの望月のころ

と同じ西行だと思えますか。日本じゅうを遊行し、大峯修行まで積んだ西行がなおかつこれです。長くなりました。①とした所以です。

◆さてやっとパウロです。パウロの思想の真髄は「信仰義認」であると教会は語ってきました。若いときからそう教えられてきましたし、もう二昔ほども前までごく親しくしてきました田川建三さんの「パウロ主義批判」の影響も大きく、そういうものだとして「信仰」のかけらも持ち合わせていないわたしは、パウロを敬して遠ざけていました。事実、パウロ自身が「信仰義認」論者であると読まれて仕方がないような表現をしているのです。現在ほとんどの教会が用いている新共同訳聖書のガラテヤの信徒への手紙2章16節は「*εἰδότες δὲ ὅτι οὐ δικαιοῦται ἄνθρωπος ἐξ ἔργων νόμου ἐὰν μὴ διὰ πίστεως Ἰησοῦ Χριστοῦ, καὶ ἡμεῖς εἰς Χριστὸν Ἰησοῦν ἐπιστεύσαμεν*」を「けれども、人は律法の実行ではなく、

ただイエス・キリストへの信仰によって義とされると知って、わたしたちもキリスト・イエスを信じました」と訳しています。ここからのギリシア語の正確な訳については、わたしには手も足も出ませんので、再び佐藤を借りますが、佐藤によれば、この個所は「人はイエス・キリストの信（*πίστις*）を通してでなければ、法（*νόμος*, 一般に言う「律法」つまり（トーラー））の業からは義とされることはない」と知って、私たちもまたキリスト・イエスを信じ（*πιστεύω*）たのである」ということです。田川建三も『新約聖書　訳と註』で、「だが、人間はイエス・キリスト**の**信によるのでなければ、律法の業績からでは義とされない、ということを知って、我々もまたキリスト・イエスを信じたのである」と、何の註も付けずさらっと訳しています（これを佐藤はわたしの方が先の訳だとわざわざことわっているのがおかしいですね）。

◆ここではゴチックにした「の」に注意してください。この「の」は主体的属格の「の」で、これを入れるとイエス・キリストの側の「信」ということになります。要するに、「キリストが顕している信、すなわち誠実さ、によって私たちは義とされる」ということであり、「私たちがキリストを信じるから義とされる」のではないということです。あえて言えば、「根源的な義認」がなされている。いわば、もう先に決まってしまっているということです。「その根源的な事実を追認するということが私たちのやることです」（佐藤前掲書）。

◆ただ、「信仰義認」論にはそれなりの歴史があって、ルターによる少なくとも宗教改革まで遡らなければなりません。今日はとてもそこまでの時間はありません。また、自分自身の問題として、では親鸞の「他力本願」思想とどう違うのか、親鸞自身が問うている際限のない頽落に嵌るのではないかという問いが生じます。このあたりの問題とわたしにとっての「行」への関心とを考えなければなりません。

◆それにしても最近の浄土真宗本願寺派の門主の交代式の華美さは何でしょう。親鸞思想などとちゃんちゃらおかしい。キリスト教もまさに他人のふり見て我がふりなおせです。

477

●2014年6月29日

説教題：「パウロの旅」は…②

＊ガラテヤ人への手紙　3章1節

1ああ、物分かりの悪いガラテヤの人たち、だれ
があなたがたを惑わしたのか。目の前に、イエ
ス・キリストが十字架につけられた姿ではっき
り示されたではないか。

◆先週、パウロは「信仰義認」主義者ではないと申しました。注意深くお聞きになったかたはすぐにお気づきになったはずです。パウロは、同じガラテヤ人への手紙3章15節～4章31節で、その「信仰義認」者ではないという主張を正面から否定します。これは頭脳明晰なパウロにしてどうしたことでしょう。

◆その内容は直後に譲るとして、パウロが小アジアのほぼ中央部に位置するガラテヤ地方に、最初に足を運んだのは、彼の第二回伝道旅行の時であった（使徒26章6節）と推測されています。この地に教会を設立したという記述はありませんが、この地にも当然ユダヤ人はおり、その人びとを対象に「宣教」したものと思われます。この書簡がいつ、どこで執筆されたものか推測の域を出ませんが、通常は、その内容から、第三回伝道旅行における二回目のガラテヤ訪問の後に、ユダヤからの新しい「宣教者」たちによって、パウロの主張が退けられ、ガラテヤの教会の人びとに混乱が生じていることを耳にして、53～55年のエフェソ滞在中に書かれたとされています。

◆さてその内容ですが、他人には論理矛盾に感じられるけれど、本人には至極明快な論理構成なのでしょう。本人が怒りにまかせて激しく言い募っているのに、他人がそれを小綺麗にまとめるのはいかがかとは思いますが、後の展開のためにパウロには無礼なことをします。

❶3章21節「それでは律法は〔神の〕約束に対立するものなのか。断じてそんなことはあってはならない。なぜならば、もしも生命を与えることのできる律法が与えられたのなら、義は本当に律法によって存在しただろうからである。しかし聖書は、イエス・キリストへの信仰によって、信じる者たちに約束が与えられるために、そのすべてのものを罪のもとに閉じ込めたのである」（青野訳）

↑「律法によってあらわにされた罪に幽閉されるという表象。イエスによる「解き放ち」の逆説的前提。

❷3章27節「実際、キリストへと洗礼を受けたあなたがたは、皆キリストを着たのである。〔もはや〕ユダヤ人もギリシア人もなく、奴隷も自由人もなく、男性も女性もない。まさに、あなたがたすべては、キリスト・イエスにおいて一人なのだからである」。

❸4章3節「このように私たちも、未成年者であった時には、宇宙の諸力のもとで奴隷状態にさせられてしまっていた。しかし、時が満ちた時、神は、〔一人の〕女から生まれ、律法のもとに生まれた自らの子を、送って下さった。それは、律法のもとにある者たちを彼が贖い出すためであり、私たちが〔神の〕子としての身分を受けるためである」。

❹4章9節「それなのに、今やあなたがたは神を知りながら、否、むしろ神によって知られておりながら、どうして再びあの弱々しくて貧しい諸力へと立ち帰ろうとし、再び新たに奴隷としてそれらに仕えることを欲するのか」。

　要するに、①出自がユダヤ人であるパウロにとって律法（この場合「割礼」が主たる問題であるが）、これを全否定することはできず、律法はあくまでイエス・キリストへの信仰へと導く途中経過であること。→②今や、律法の規制を離れて、聖書によるイエス・キリストへの信仰によって、信じる者たちに約束が与えられた。→③そこでは、奴隷も自由人もなく、あなたがたすべては・キリスト・イエスにおいて一人である。→④ユダヤ教律法に従って生きるとは、則ち未成年期であったのだから、成人した今、あなたがたに律法は必要ない、という論理構造になっています。

◆佐藤と青野との間に随分の距離を感じますが、今そのことは問いません。ここでは、青野が、その著作『「十字架の神学」の展開』において、次のように指摘していることを前提として話を進めます。青野は、パウロは「まずは、不信心な者を無条件に義とする神を受容するという意味の信仰を語り」、「信仰義認の現実は、すでに旧約の時代の彼らにおいても成立していたのである。イエスをキリストと告白する信仰は、この事実の上ではじめて得られるのであ」るとします。パウロの論理展開を追っているかのようですが、青野自身がパウロそのままに考えているようです。だからといって、「聖書」に向かう青野の姿勢は真摯かつ誠実で疑いの余地はありません。そもそも *πίστις*（青野は信仰と伝統的に訳していますが）など論理的整合性で計ることなどできないとわたしは考えています。どこまでも実存の問題です。例の青野がしばしば言及する、ガラテヤ書3章1節の「あなたがたには両眼の前に、十字架につけられてしまったままのイエス・キリストが公に描き出されたのに οἷς κατ' ὀφθαλμοὺς Ἰησοῦς Χριστὸς προεγράφη ἐσταυρωμένος」がここでは強く継続を示す現在完了形が用いられている。日本語の完了・存続の助動詞「たり」と同様の役割である。「たり」は本来「てあり」から転じたもので、「〜ている」の意である。このように感じ取ったのはパウロの感性であって、ただ文法的正確さの問題ではあるまい。

◆これがダマスコ途上でのイエス・キリスト体験と深く結びついている。いわゆるパウロの「回心」である。パウロはこれを「天啓」と受けとったかもしれないが、それは当時のユダヤの習慣で多くの人智を超越した現象の表象と考えて、わたしは以前あるところに、これを夏目漱石の『夢十話』の中のひとつと比較検討してみせたが、はなはだ評判が悪かった。「聖書をもって聖書を語らせよ」というのは如何にも正しいかのようであるが、ただの怠慢だとわたしは考えている。

◆つづきは来週。

●小田原紀雄は、2014年8月23日に死去。69歳。

ゆ

よ

り

わ

と

な

に

の

は

ひ

ふ

さ

し

す

せ

た

ち

つ

て

か

き

く

け

こ

主要交流人物索引

あ

い

う

え

お

あとがき①
「斗う人」の人間的記録

中西昭雄

小田原紀雄さんと親しく付き合うようになったのは、雑誌『リプレーザ』を創刊（２００６年冬）する時だから、彼の晩年のことになる。この雑誌は、小田原さんが中心になって編集された同人誌で、第1期8号を刊行した。格別の編集方針があったわけでなく、小田原さんが集めた8人の同人の活動領域がそのまま内容となった。毎号、小田原さんが引用する詩や短歌などの韻文の一節を導きとして、その号の内容を考えることが編集方針といえばいえた。

創刊号は、寺山修司の

マッチ擦るつかのま海に霧ふかし
身捨つるほどの祖国はありや

が引用された。このあまりにも有名な短歌から、「身捨つるほどの祖国」を私ら流に考えようというのが、小田原さんの提案だったが、「祖国」や「ナショナリズム」という言葉に違和感をもつ面々の反応は鈍く、誌面は鋭さに欠けていた。小田原さんはこの雑誌では、毎号、会ってみたい人のロングインタビューを掲載した。

予備校で日本古文を教えていた小田原さんが、古典文学に造詣が深いことはそれなりに知っていたが、運動で駆けずりまわる日々のなかで、日本思想や文化の深みに思いをめぐらしてみたい、というのが、この雑誌への想いだったのだろう。そうした想いが、8号では十分に発散できなかったと思うが、私が印象に残ったのは、『歎異抄』への思い入れの大きさだ。そこでの「悪人正機」に対する共感が、牧師の身にとってはどういう意味をもっていたのか？

小田原さんの遺稿を編むことを手伝うことになって、彼がいろいろな運動のなかで提唱・体験してきたことと、古典など日本文化への関心がどう同居するのだろうか、を考えつつ原稿を読んでいった。

まず、原稿量の想像を超える多さに圧倒されることになった。

小田原さんが携わった運動のメディアでの原稿は、巻頭言や後記、コラムなどで長いものは少なかったので、全部を集めてみてもそれほどの量にはならないだろう、とたかをくくっていた。ところが、多岐にわたる活動のなかで記述されてきた記事が発掘されると、その量はとてつもなく膨大で、遺稿集のスタイルを超絶するものとなった。

ジャンルごとに編年で構成された記述・記録群をながめると、この著作は、1970年代からの現代史を考察するときのクロニクルとして大きな意味をもっていることに気づく。歴史記述の大半は、その時代のマスメディアから時代意識を読みとっているが、そこでは抵抗する民衆の姿や意識が軽視され、権力への批判も鋭さに欠けた微温湯《ぬるまゆ》の記述になっている。小田原さんのほぼ毎週毎の行動記録は、権力とラジカルに格闘する民衆の声を代弁しつづけている。

さらに、この小田原「全記録」から読み取りたいことは、私たち日本の抵抗運動が、紋切型やマンネリ、あるいは教条的で新たな展望を開けないできた弱さを知ることと、その克服の手立てを見つけられないか、ということだ。小田原さんは、日本文化の古層を知ることなしには天皇制との四つ相撲はむずかしい、と考えるようになった。また、沖縄の基地闘争と反天皇制の連結した関係を、身体的に実感するポジションにたどり着いてもいた。こうした小田原さんの生涯は、「斗う人」というのがふさわしい。「闘う」という文字ではなく、立て看風の文字で「斗う」と書きたい。そこにあるテレ、戸惑い、軽みを大事にしつつ、彼の人生をたどってみたい。

小田原「全記録」を編集しながら、こんなことを考えていた。

あとがき②
南無や大悲の地蔵尊!

久保田　文貞

小田原紀雄が亡くなって4年経ちもうどんな敬称も似合わなくなった気がして、ここではすべて小田原と呼ぼう。思慮深い友人たちは早すぎた小田原の死を噛みしめ、〈ごくろうさん〉と手を合わせ、〈今はそっとしてあげよう〉と思うものだろう。でも、私のような小心者で浅はかな人間は〈オイ、まだ逝かせないぞ、やってもらわなければならないことが山ほどある〉となおも一緒に呑んで語らって、その声が聞こえてくるはずだと未練がましいのだ。というわけで、早くから小田原の遺稿集を出そうという声を聴いたか、挙げたかして、11月の偲ぶ会「小田原ですが」の後、遺稿集の最初の編集委員会から私は参加することになった。編集委が立ち上がって初めのうちは集めた遺稿を読み合わせていこうということになった。読み合わせは関東神学ゼミ「日本シソウ史研究会」に引き継がれて、その後1年半ほど彼の書き物を読み合わせ、合評を繋いでいった。そうしたなかで編集委と編集実務の要であった星山京子さんの下に小田原が多面にわたる活動の中で書いたものが続々と集められていく。読み合わせどころではなくなった。それらを取捨選択して編集することもかなわない。結果、集まったものを項目ごとに整理して集めたものを全部出すことになった次第。

この本の章立てをみると、1960年代後半から小田原の歩んだ軌跡が浮かんでくる。私が小田原と個人的に知己を得たのはお互い22歳、68年三鷹にある某神学校の編入試験のとき。面接の時に堂々と学生運動を弁じた小田原は入学を拒否されたというところだろう。入学した私に、後で彼は「オマエは〈召命〉されたような顔を繕っただけのことだ」と、そうかもしれない。翌年9・1―2集会（反万博青年・学生・教職らが教団常任常議員会へ介入）で種々の教団・教区の問題が噴出していくわけだが、以後、教団批判を展開していった運動の集会や教団・教区の会議に出ていくと、いつも小田原がいた。ここに収録している文章で初期のものは彼が70年代にビラや『指』に書いたものだ。政治闘争を主とした学生運動の傍ら、教会青年としてキリスト教の課題もしょい込みながらどこに身を置くか、青年小田原の苦悶がつづられている。

　私が編集委の初めの頃、一番惹かれて丁寧に読んだのが「南無や大悲の地蔵尊」３篇である。その１は小田原らが東京教区常置委員会から権力にウラレ、逃亡中に書いたもの。政治闘争にもキリスト教にも幻滅し確固たる居場所をなくして、どこに何があるか必死で探し歩く姿が窺える。栃木の小さな農村の小さな経済の中の地蔵信仰の寺で青年小田原がなにを見、読み、聴いたか。子を産まなかったことにするよりなかった女たちの声が浸み込んだ地蔵尊、でもそんな地蔵尊の祀りを仕切っている坊主たち、境内に寄生する旦那や女将たち……。小田原はそんな女たちの〈信〉を胸の内にしっかりと畳み込み、歩み出していったのだろう。やがて逮捕されるのを覚悟の上で身を表し、どこにでも行ける小田原。

　それでもキリスト教に突っ込んだ足を最後まで抜き取ることがなかったのは、亡き我らが恩師横田勲がいう「母斑」としてそれを受け取るよりなかったからだろうか。でもその中で、小田原がとった立ち位置は小田原ならではのものだった。先に挙げた「南無や大悲の地蔵尊」で見た女たちとその信に代理される表象は、モダニズムとしてほとんどがスベリまくってきた近代日本プロテスタント・キリスト教が観念としては見ているつもりになっていたとしても、視野に入れることさえできなかったものだ。桑原重夫をはじめ小田原らは、日本の教会・教団が外してきた教会・教団自体のあり様をそこから批判点検し、それまで取り組んでこなかった活動を教団の中に招きいれ、起こしていった。

　こうしてみると、小田原がその始めから天皇制を見据えて動いてきたことがよく分かるだろう。天皇とは、そんな底辺を生きるよりなかった女たちの真反対、その一番高みに〈まします〉。そこからひしひしと民を手放さず、締め付けていく天皇らをおしいただく制度に抗うことは小田原の必然であった。小田原は全国を飛び歩いた。沖縄は、もうひとつの小田原が立とうとした立ち位置だ。全国にちらばる寄せ場も。労働運動というより、組合からはじき出された弱小の組合員、労働者たちも。政治闘争からも見切られた活動家たちに待っている投獄、あるいは過酷な余生も。みな小田原が身を寄せ、択びとった立ち位置の一つ一つである。その時々の文章をぜひ読んでいただきたい。

あとがき③

赤字続きの対小田原「貸借対照表」

田中 等

7月も半ばを過ぎて、中西、久保田、星山の3氏からの「あとがき」原稿が、意外と早々に届けられた。のんびりと構えていた僕は、たちまちのうちにケツに火がついた。つまり、入稿がないのは4人のうち、僕だけやんか……まさか！　2日にいちどの血液人工透析の合間に、組版・装幀作業を行いつつ、本日（7月22日）を迎えてしまったというわけなのである。こりゃ、家のクーラーの電気代節約も兼ねて、近くの図書館の一室で、いざ、原稿書き……という次第。いや〜、まいった、まいった。

　人生長くやっていると、いろんな人との〝貸借関係〟ができ、ねがわくば最終的には貸—借関係を相殺することが上手くできればいいのだが、必ずしもそうはいかない。たとえば、僕の姉夫婦に、その昔途方もないほどの世話をかけたものだが、そのうち少しでもその借りを返そうとは思ってはみるが、結局なにもできないまま僕も齢70をむかえ、ここにきて「赤字決算」は確定したようなものである。

　さて、この〝貸借関係〟に関して小田原紀雄さんとのバヤイは……と過ぎし四半世紀ほどを振り返ってみると、これといった〝貸し〟もないまま、〝借り〟ばかりが想起されてまったくもって心苦しい。アイヌの店設立、三多摩ネットワークや植樹祭の講演、敗戦50年決議（清瀬）の議会傍聴、沖縄問題、対馬旅行、ハンセン病問題の数々、『リプレーザ』（中西さんと出会っちゃった！）等々、〝借り〟は枚挙に暇がないが、さて、〝貸し〟となるとはなはだ覚束ないのである。かつて池袋の片隅に事務所を構え、細々と仕事をしてたおり、ときたま小田原さんがやってきて、新聞広告やチラシづくりのお手伝いをやらせてもらった記憶があるだけである。つまり、基本的には、対小田原関係でいえば、〝債務超過〟（赤字！）の関係史を刻んでばかりで、僕の側の〝貸し〟はといえばいくばくもない、といった按配なのである。

　そんなこんなで、いつも僕は負い目を感じてはいたのだが、小田原さんはつねに人格穏和風（対一般市民！）

な人柄だったぶん、特段なにかをめぐって衝突も対立もなかったのだが、以下の3つの出来事だけはちょっとだけ折り合いが悪かったように思う。つまり、ひとつには──某一人芝居をめぐって、ある日、家に電話をいただいて早稲田教会に観にこないか、といったまではいいが、木下順二だか千田是也だかなんだかを引き合いに出してその芝居について持ちあげるのには面食らって、そんな古くさい（制度的な）ドラマトゥルギーに僕は関心がない旨伝えると……小田原さんは多少心象を害し若干気まずくはなったが、僕は結局カミサンと観劇に行ってことなきをえた、というハナシ。僕はこうみえても「構造論的文化革命主義」とでもいうべき立場で、なんだかその昔、えらくイキがっていたような気がする。

ふたつめは──某新聞のコラムに、小田原さんの仲介でハンセン病問題の寄稿をしたのだが、そこでハンセン病裁判をめぐって「人権」概念のある種無力＝療養所の納骨堂から死者が蘇生して出てきたわけではない……という、いささか粗っぽいギロンを記したところ、事後、小田原さんから「『人権』の重みを解っていない……云々」と、苦言を呈されたことである。僕としては、「人権」などという抽象概念はクソみたいなものだと考えており、いまも裁判なる一種のリチュアリズムの象徴的なコトバだと考えており、やっぱし小田原さんも、フランス革命以来の時代の奔流には抗しえないもんだな、と。

もうひとつは──『リプレーザ』Ⅰ期で、僕があるメンバーの生硬さに嫌気がさして、辞めてしまったことである。カネの問題（じっさい、道楽につむぐカネはないのだ！）をかかえながらも、小田原さんとの「義理と人情」で辛うじて継続してきたのだが、それもなんだかアホくさくなって、小田原さんの飲み屋での説得にもかかわらずⅡ期とやらからトンズラを決め込み、ちょとだけ関係がギクシャクした時期があった、ということである。

と、まあそんなことどもから、一見ロジカルな小田原紀雄さんは、全体的に人─人の「義理と人情」をこそ第一義的に重んじてきた人だったんじゃないかな、と。

ま、きわめて大雑把だが、僕の対小田原「貸借対照表」を一瞥したわけだが、僕の側の赤字決算＝〝借り〟の多さがそれで減じたわけでないのは自明であろう。そこで、せめてもの恩返しの心算として本書の組版を請け負ったのだが、これで小田原紀雄さんの生前の諸業績を顕彰することにつながれば、多少、僕の気分はほぐれるのである（御霊思想みたいなもんやな）。

——僕は、もともと宗教（キリスト教、仏教、神道その他）をあまり好まない。が、小田原さんの遺稿をあらためてながめながら、この間生まれて初めて『聖書』（旧約、新約）を完読してみたが、『法華経』や『阿弥陀経』同様、やっぱり理解不能なのだ。だからこそ、いうところの解釈学が成り立つのだろうが、やれアダムとイブが禁断の果実を食べただの出エジプトがどーのだの、最後の晩餐だのゴルゴダの丘でキリストが磔刑にあっただのギロンはかったるくてついていけないのだ。こんなおよそ迂遠なハナシ、小田原気質にはなじまないと思うのだが、それをしばしば真顔で語るところに小田原紀雄の宗教者としての神秘的な一面があるから不思議だ。

ま、この遺稿集を契機に、この「石流れ木の葉沈む」昨今の政治や社会の情況を考えてみたいと思うのだが、もうどーしょーもないな。僕に残された少ない人生はあまり多くはないだろうし、全般的な人生の「貸借対照表」＝総決算を、できればトントンぐらいにもっていく努力はやりたいものだ。

あとがき④

ひとりひとりの革命を……！

星山　京子

この本を出すことを、小田原さんの周辺にいる人たちと決めたとき、わたしは躊躇しました。わたしが知る小田原さんは、こういう形で自分の書いてきたものが出されることを望んでいないのではないかと思ったからです。ですから編集作業は、小田原さんが死んでから遅々として進みませんでした。けれども、本の出版は小田原緑さんと、ずっと昔から小田原さんとかかわる人びとの強い意志でしたから、わたしもその思いに寄り添いながら作業を進めてきました。

小田原さんが書いたものは膨大です。その全てをここに収めることはできませんでした。もうこれが最後と思っても、次から次へと出て来ます。そして、このあとがきを書いている今も、あそこにもあったはずだと思い出すのです。ですから、読者の中には「なぜあれがないのだ」と憤慨される方もおられるでしょう。そのことについてはお詫びするしかありません。ごめんなさい。

多くは紙媒体でしか残っていませんから、たくさんの仲間たちが原稿集めやデータ化、校正に協力してくれました。この本が出来たのは、小田原さんを思う、小田原さんの仲間たちの篤い気持ちであふれています。順不同でお名前を挙げます。安田和人さん、横山潤さん、谷村德幸さん、ブンテイさん、小林明さん、車田誠治さん、上村静さん、高田絵里さん、真下弥生さん、桜井まりこさん、新名知子さん、森友紀さん、伊早坂貴宏さん、杉野輝さん、なすびさん、村上満里子さん、天野恵一さん、宇賀神寿一さん、吉田忍さん、大川大地さん、平野良子さん、中川信明さん、松浦裕介さん、塩野谷恭輔さん、千葉宣義さん、滝川宗夫さん、山中幸男さん、長尾由美子さん、堀直樹さん、田村信征さん、岡本育大さん、小林昭博さん、岩田雅一さん。ありがとうございました。お名前を落としてしまっている方もいるかもしれません。それほどたくさんの方にご協力いただきました。また、インパクト出版会の深田卓さんには快く出版元を引き受けていただき深く感謝しています。そして何よりも膨大な時間と労力とを注いで編集をしてくださった中西昭雄さんと田中等さんに衷心より御礼申し上げます。小田原さんの本を何としても出すというお二人の「愛と誠」（この言葉は、小田原さんが気に入ってよく使っていました）に支えられ、この本はこのような形になったのです。

ひどい時代になりました。打ち込みをしながら、あるいは校正をしながら、小田原さんの文章ひとつひとつに励まされる思いでした。時には涙で校正紙が読めなくなることもありました。闘っても闘っても、この国は自由とは対極のところへ突き進んでいます。この本が、皆さんおひとりおひとりの闘いの助けになるのであれば、小田原さんもどこかできっと本を出したことを許してくれるだろうし、喜んでくれるのではないかと思います。

最後に、暗黒の時代でもなお道は開けるのだと希望の光をたくさん残してくれた小田原紀雄さんに、本当に本当にたくさんのありがとうを！　どんな時でも、自分の歩みを邪魔する何ものにも抵抗し続け、仲間と一緒に、ひとりひとりの革命を目指します。

【編集委員】
久保田文貞、板垣弘毅、田村信征、谷村徳幸、山下竜嗣、小林昭博、宇賀神寿一、滝川宗夫、山中幸男、星山京子、田中等、中西昭雄、小田原緑

磔刑の彼方へ（上・下）――小田原紀雄社会活動全記録

2018 年 8 月 23 日　第 1 版第 1 刷発行（小田原紀雄の命日のために―）

著　者　小田原紀雄
発行人　深田卓
発行所　インパクト出版会
東京都文京区本郷 2-5-11
03-3818-7576　fax03-3818-8676
impact@jca.apc.org
郵便振替 00110-9-83148

小田原紀雄社会活動全記録編集委員会
（編集委員：久保田文貞、板垣弘毅、田村信征、谷村德幸、山下竜嗣、小林昭博、宇賀神寿一、滝川宗夫、山中幸男、星山京子、田中等、中西昭雄、小田原緑）
編集委員会連絡先：
日本基督教団羽生の森教会：埼玉県羽生市桑崎 1331-2　Tel & Fax：048-538-4585
靖国・天皇制問題情報センター
東京都新宿区西早稲田 2-3-18　キリスト教事業所連帯合同労働組合気付
Tel & Fax：03-3207-1273　Mail：contrebraquer@yahoo.co.jp
編集　中西昭雄、星山京子ほか
組版・装幀　田中等ほか
写真　ⓒ岩田雅一、吉川信之ほか
印刷・製本　上毛印刷株式会社

ISBN978-4-7554-0287-6